Cosima Wagner · Die Tagebücher

Vollständiger Text der in der Richard-Wagner-Gedenkstätte aufbewahrten Niederschrift

Herausgegeben von der Stadt Bayreuth

Die Bände III und IV der Tagebücher Cosima Wagners runden das Bild eines menschlichen und musikgeschichtlichen Dokuments, wie es in dieser Vollständigkeit und Unmittelbarkeit sonst nicht überliefert ist.

Mit den Aufzeichnungen des Jahres 1878 beginnt eine »Glückszeit« ohnegleichen, sie enthält die im privaten Bereich erfülltesten und für den Künstler Richard Wagner zugleich schöpferischsten Jahre. Unbeeinflußt von allen äußeren Widrigkeiten entsteht, täglich neu inspiriert, der »Parsifal«, dem »Die Sieger« folgen sollen sowie eine Reihe von Symphonien, zu denen bereits Themen gesammelt werden. Bewegend sind die letzten Begegnungen und Gespräche mit Franz Liszt.

In den politischen Auffassungen Wagners tritt ein Wandel zutage: Enttäuschung, Abkehr, eine überraschende Absage an die Wirklichkeit des »Deutschen Reiches«; vernichtend urteilt er über Bismarck und die Sozialistengesetze, wenn auch nicht aus Sympathie für die oppositionellen Parteien des Reichstags. Wagner gewinnt eine unmittelbare Anschauung vom Elend der unteren Schichten. Man diskutiert den Plan, sich in den USA niederzulassen.

Im letzten Lebensjahr kommt es bei den zweiten Bayreuther Festspielen zur Aufführung des »Parsifal«, die Hermann Levi dirigiert. Am Vorabend des Todes von Wagner, der 1883 im Palazzo Vendramin in Venedig an einem Herzanfall stirbt, enden Cosimas Aufzeichnungen. Wagner hatte fünf Jahre zuvor prophezeit: »Ich werde unter deinen Händen sterben.«

Für die Edition zeichnen:

Martin Gregor-Dellin, geb. 1926 in Naumburg/Saale. Autor von Romanen (u. a.), »Der Kandelaber«, »Föhn«), der Biographie »Richard Wagner«, von Erzählungen und Essays. Mitglied der Deutschen Akademie für Sprache und Dichtung und der Bayerischen Akademie der Schönen Künste.

Dietrich Mack, geb. 1940 in Stolp, Promotion in Theaterwissenschaft 1967 in Wien, Kulturreferent der Stadt Kaiserslautern, Leiter des Forschungsinstituts für Musiktheater der Universität Bayreuth, seit 1981 Abteilungsleiter Fernsehspiel beim Südwestfunk Baden-Baden. Autor zahlreicher Publikationen zu Richard Wagner und den Bayreuther Festspielen.

Cosima Wagner
Die Tagebücher

Band IV
1881–1883

Ediert und kommentiert von
Martin Gregor-Dellin und Dietrich Mack

R. Piper & Co. Verlag München / Zürich

ISBN 3-492-00554-3
2., durchgesehene und im Anhang
revidierte Auflage, 14.–23. Tausend 1982
(1. Auflage, 1.–10. Tausend dieser Ausgabe)

Gesetzt aus der Times-Antiqua
Umschlag: Design Team München
Schutzumschlagfoto: Archiv für Kunst und Geschichte, Berlin
Satz: IBV Lichtsatz, Berlin
Druck und Bindung: Clausen & Bosse, Leck
Printed in Germany

Inhalt

Band III

Band IV

1881

Januar

Sonnabend 1ten R. hatte keine gute Nacht, er meint, der Tee, den er gestern ausnahmsweise getrunken, sei ihm schlecht bekommen. Aber er zwingt sich, ruhig im Bett zu bleiben, vor Angst, seinem Doppelgänger zu begegnen; ich selbst war gestern abend durch ein Geräusch beängstigt worden (wahrscheinlich eine Maus). Er ist aber in der Frühe heiter, und er knüpft wieder an das Gespräch über die Introduktion der Es dur Symphonie an, von welcher er behauptet, die Musiker wüßten nicht, was sie mit ihr anfangen sollten, und die er gern neu instrumentieren möchte. »Marsch oder Tanz ist alles, es gibt kaum absolute Musik«, sagt er. Beeth. hat den Gedanken nicht gehabt, den ich mit dieser Introduktion verbinde, einer Prozession, die ich so deutlich und in ihren verschiedenen Teilen sehe, daß ich sie aufführen könnte, aber die Themen-Gestalten haben sich ihm aufgedrängt, und nun mußte er sie in eine Symphonie-Form bringen.* – Er ärgert sich über die »*Dummheit*« der meisten Menschen, mit denen er spricht, u. a. wie ihn gestern J. Rub. angehört habe und nun ganz mathematische Ausführung seines Gedankens hätte haben wollen. Und er führt das aus, daß die Intelligenz alles sei und die Charakter-Verschiedenheit viel weniger als die des Geistes das Zusammenleben störe. Wir gehen zum Bürgermeister und wünschen das Neue Jahr den trefflichen Freunden. Zu Tisch unser Freund Feustel, eine Natur, mit welcher R. immer gern verkehrt. R. blickt auf die Vergangenheit zurück und sagt, daß er dem König geschrieben die Bemerkung von Dr. Schanzenbach, welche Freude es gewesen sei für diejenigen, welche die bösen Zeiten mit erlebt hatten, uns nun alle im selbigen Münchner Theater, R. vom Publikum herzlich begrüßt zu sehen; »man muß aushalten können«, sagt R. – Wie wir nach dem Kaffee uns die Mahlzeit in einer Umarmung segnen, sagt R.: »Zwei Sterne begegneten sich«, unsere Blicke trafen sich und schenkten sich unsere Geister! – – – Wir gehen im Hofgarten spazieren und haben wieder Aufregung wegen Marke, doch geringere. Abends erzählt R. mit Rührung von einem blinden Sperling, den eine Schar Sperlinge pflege, füttre, mitnehme auf den Zügen. Rub. bringt die Konzerte von Mozart, das führt das Gespräch auf diesen Genius, und R. spielt und singt das

* Auf der zweiten und dritten Seite danach unten dazu nachgetragen: »F, c, dis aus dem 1ten Satz der Es dur, ›was ist das für ein Schrei der Wollust‹, ruft R. aus, ›für ein Seufzen, Sichdrehen, was soll der Musiker damit, wie das plötzlich hineintönt, und wie müßte man mit einem Orchester studieren, um so etwas herauszubringen‹. Ich / sage ihm, in Mannheim hätte man es vielleicht nicht gehört, jedenfalls aber empfunden; da lacht er und sagt, ja wenn sie mit mir spielen, da wissen sie nicht, wie ihnen ist; was war das, fragen sie sich. Tausig sagte mir von der Freischütz-Ouvertüre: Ich weiß nicht, was du am Schluß gemacht, aber es war unglaublich.«

Quartett aus »Don Juan«, daß er für ein vollendetes Meisterwerk hält. »Was M. für ein Künstler war, kann man nicht aus seinen Symphonien und Klavierwerken ersehen, da sind einzelne herrliche Themen gestreut, der Zusammenhang aber ist lose. Hier aber, was ist da alles in einem Musikstück gefaßt; wenn es gesprochen würde, eine abstoßende Situation, durch die Musik aber wird es zu Elviren's Klage. O die Musik! Alles Leiden der Welt wird bei ihr zur sanften Klage und alle Sünde erscheint als Leiden. Wie empfindet man es hier?« Er spielt das Stück noch einmal. Dann liest er uns einen Aufsatz: Die Mode und die Industrie, bei Gelegenheit eines Vorfalles in Wien (Vermählungs-Feier des Kronprinzen und Bestellungen in Paris, wogegen Remonstrierungen). R. ist einverstanden mit den darin ausgesprochenen Gedanken, daß eben Paris die Mode beherrschen muß – er sagt: »Man hätte etwas von dem letzten Krieg erwarten können, nun hat man gesehen, es war nur eine Soldaten-Geschichte, es war nichts da, und somit hat Paris weiter zu herrschen, und ist es ganz lächerlich, von einer deutschen Mode zu sprechen. Am besten gingen die Frauen in Militär-Kostümen.« Sein letztes Wort im Bett ist ein Ausruf über die Dummheit von Gladstone, der die Politik des alten Ministeriums übt, nachdem er selbst früher für die Boers aufgetreten sei. – (Für die boors aber rege man sich.) Vorher hatte er den Wunsch ausgesprochen, Carlyle zu sehen. – Freude an uns, an unsren Kindern. – Wieder Zurückkommen auf Zürich. – Hätt' ich ihm da gesagt: Komm! aber Hans war da – – Tristan! Ich: Wir mußten uns bewähren. – Er dringt in mich, die Medizinen einzunehmen, und sagt, ich sollt' bei jedem Trunk Eisenwasser ihn leben lassen! – –

Sonntag 2ten R. hat gut geschlafen, das Wetter ist kalt und hübsch, wir gehen am Vormittag im Hofgarten spazieren, wie wir [hin]austreten, sagt er: Er habe immer die Neigung nach links und es nicht gern, wenn jemand, den er liebe, ihm zur Rechten säße. – Abends instrumentiert er, sieht aber angegriffen aus und fürchtet, sich erkältet zu haben. Wir beginnen die »Spanierin in England« und staunen über die konventionelle Anmut derselben; es erinnert an die gleichzeitigen Bilder von Veronese, an die späteren von Tiepolo, an die Behandlung der antiken Stoffe in der Oper, wo alles mit Tanz ausgeht. R. macht mich darauf aufmerksam, wie die Adligen alle nichtssagend seien, immer dieselben, gar keine Gestalten. R. faßt dies alles unter den Begriff Renaissance.

Montag 3ten R. hatte keine sehr gute Nacht, doch ist er heiter gestimmt. »In sieben Jahren feiern wir unsere Silberne Vermählung. Seitdem habe ich keiner angehört, vordem wußte ich nicht, ob Frau von Bissing oder Frau Wesendonck die für mich bestimmte war.« – – Wir lachen, und er gedenkt der drei Mädels in Blau (Boni, Loldi, Eva), wie hübsch sie sich im Theater ausgenommen hätten. Lulu andersfarbig dazu in der Loge. – Wir gehen vor- und nachmittags spazieren im Hofgarten, freuen uns des »Frühlings-Wintertages«, alle Bäume sind weiß, es ist kalt, aber mild und sonnig. – R. hat in der Frühe seine Aufsätze in den Bayreuther Bl. durchgesehen und sich ihrer gefreut. Er beabsichtigt noch einige Ausführungen. – Abends Feustels und Wolz. und Rub., allgemeines Gespräch. R. meldet, daß die Athene des Phidias soll aufgefunden worden sein. Ferner bei der Erzählung, daß Bismarck den Pfarrer Stoecker habe entlassen wollen und der Kaiser noch schwanke, sagt R., es würde gehen mit den Juden wie mit den Jockeys in Paris bei den Aufführungen des Tannhäuser, man würde die Polizei nicht etwa gegen sie gebrauchen, sondern um sie zu schützen. – Abschied von Lusch, die nach Berlin zu Mimi geht. Wie wir allein sind, R. und ich, verlieren wir uns in dem Bild – an Malwida denken wir und manche resignierte Seele. – Wie er die Kinder um sich versammelt sieht, sagt R.: »Wenn ich denke, nach einer 30jährigen Sterilität um mich herum fünf Kinder auf ein Mal.« Er nimmt sich vor, den Brief an Hans 4 Wochen nach dem Datum abzusenden.

Dienstag 4ten Gute Nacht für R. und für mich – – schönes Wetter. R. liest die Novellen von Gobineau mit Interesse daran. – Wir gehen um 1 Uhr im Hofgarten spazieren.* Ein Skizze von der Kundry, welche Jouk. bringt, gefällt uns gut. – »Eigentlich«, sagt R., »müßte sie wie eine Tizianische Venus nackt da liegen.« – Nun muß das durch Pracht ersetzt werden. Ein hübscher Brief von Standhartner erfreut ihn und bringt ihn auf Reminiszenzen aus Wien; St. sei der Beweis davon, daß man durch die Musik den Wienern beikommen könne, wie er auch bei seiner Niederlassung alles darauf gegeben habe. Slavisch erschreckend und angenehm zugleich nennt er die Schädelbildung Standhartner's. Wir gehen am Nachmittag im Hofgarten spazieren, freuen uns des schönen Winterwetters (die Sonne hatte uns in dem Saal erfreut, »und es ist immer die untergehende«, sagt R., die diese Beleuchtung gibt, »wie ein Lächeln des Gottes«. Das Bild von Beeth. freut ihn in der Verklärung), des Eises, der Untergangs-Glut, der erscheinenden Mondsichel; dazwischen arme Weiber, denen er gibt und die uns segnen. Wir wandern auch im Garten, und da sind es bettelnde Kinder, die uns belagern, und der Abendstern, der uns erfreut. – Wie ich R. sage, daß, so schlecht ich sähe, ich bei Tisch deutlich sein Antlitz wie etwas Uneinnehmbares, Zurückhaltendes, gleichsam das

* Auf der nächsten Seite, unter Mittwoch, am unteren Rand: »Wie ich um 1 Uhr frug, was er getan habe, sagte er: ein Hemd angezogen, und klagt über die Nöte, die er dabei durchmache. Neulich sagte er: Meine Hände sind zerstreuter als mein Kopf.«

innere Wesen vor äußerem Angriff Schützende und Abschließende und den Blick als das Gebende, Spendende, das Innere Erschließende sehe, sagt er mir, daß ist dein Wille*, der dich alles so sehen läßt (ich streiche das Epitheton, weil ich der Bezeichnung nicht sicher bin). – Und in seeleninnigster Befriedigung trennen wir uns; der untergehenden Sonne Glut, des Mondes keusches Gold, des Sternes glänzende Reine drang segnend in mein Herz, alles alles spricht von Nirgendswo-, Nimmerwann-Land, dahin das Herz sich sehnt! – – Abends wollen wir die Novelle von Cervantes beschließen, allein es ist uns nicht möglich. R. liest dafür den Geheimrat Tusmann** aus den »Serapions-Brüdern« vor; das erfreut uns; R. sagt, das ist ein Original, es freut mich, daß wir Deutsche solche aufzuweisen haben, und ein Gedanke ist immer dabei, bei Hoffmann.

Mittwoch 5ten R. hat keine gute Nacht und fühlt sich schwer. Er liest in der Frühe mit Vergnügen in den Novellen von Gobineau, mit vielem Vergnügen, namentlich der »Persische Magier« gefällt ihm, und er findet, daß die französische Sprache mehr als irgendeine moderne die Höflichkeit des Orients wiederzugeben im Stande ist. – Um 12, wie er zur Arbeit herunterkommt, findet er Geschäftsbriefe, das hält ihn ab und verstimmt ihn. Ihn an der Arbeit glaubend, mache ich einige Besuche mit Boni; heimkehrend sehe ich ihn, uns entgegenkommend, in der Allee. Er hat die andren Kinder Schlittschuhe laufen gesehen; er ist aber nicht wohl! Und ein Spaziergang (»Hol' der Teufel den Ozon«, ruft er dabei aus), den wir im Hofgarten unternehmen, dient zu seiner Erholung nicht, denn es ist sehr windig. – Bei Tisch kam das Gespräch auf die Heftigkeit und darauf, ob die Liebe ohne Eifersucht sein könne; R. sagt: »Es ist ein entsetzlicher Gedanke, und die Basis, die Wurzel von allem wird einem entwunden, wenn man annimmt, ein andrer kann es mitgenießen – da sieht man, was für ein kühnes Ding der Liebes-Bund ist.« – Gestern sagt R., er wolle seine Gedanken über das Eigentum noch für die Blätter fassen; wie heilig der Begriff gewesen, sehe man daran, daß der Räuber, der Eroberer, auf dieser Annahme der Heiligkeit fuße. Und doch, wenn nicht jeder welchen hätte? – Abends instrumentiert er etwas an Parsifal und sagt, wie das merkwürdig sei, er habe die Stelle instrumentiert: »in heilig ernster Nacht nahten sich des Heilands holde Boten«, nun habe er zufällig das Buch geöffnet und gesehen, daß er in der Skizze das Wort *dereinst* ausgelassen habe, das habe er gleich wieder eingesetzt, denn für den Rhythmus sei es ihm sehr willkommen gewesen; solche Worte wie Heiland dürften nicht

* Vor »Wille« »herrlicher« gestrichen, s. folgende Bemerkung. ** Geschrieben: Dustmann, s. Anm.

gedehnt werden. Abends liest uns R. die »Brautschau« zu Ende, d. h. nicht ganz bis zu Ende, denn R. findet es dilettantisch und daß es sich in Fadheiten verliert. – R. findet die Form der Mozart'schen Konzerte ungemein plump, bei hübschen einzelnen Einfällen.

Donnerstag 6ten R. hat sich durch Medizinieren eine bessere Nacht verschafft. Er nennt mich scherzend den Napoleon der Schläfer, Napoleon ist jetzt seine Hauptbezeichnung. – Noch im Bett sagt er, wenn du mich gut hältst, gut kleidest, gut nährst, dann komponiere ich noch »Die Sieger«. – »Die Schwierigkeit ist hier die Lokalität und die Sprache. Bei dem Christentum ist die erhabene Simplizität, im Buddhismus ist so viel Bildung, und Bildung ist sehr unkünstlerisch.« Wir sprechen davon, daß ungefähr dasselbe Thema (die Erlösung des Weibes) in beiden, Parsifal und Sieger, behandelt würde. »Es ist noch gar nicht zu ermessen, welche Wirkung der 3te Akt von P., wenn er gut gegeben wird, machen wird.« – Deshalb möchte er jemand anders als Materna für Kundry, deren Gesicht ihm nicht zusagt; denn sie müßte tiefe erhabene Blicke da haben! – »Ob wohl die Formel zu finden wäre«, fährt er nach einer Weile fort, »um so einen armen Menschen wie Levi zu taufen – ich glaube, ich könnte sie finden.« – Und er spricht erweitert seinen Gedanken über Glauben, Liebe und Hoffen [aus], wie er ihn in dem jüngsten Aufsatz niedergelegt hat. »Nicht schroff genug kann man gegen alles sein, was unsere moderne Kultur ausmacht. Wenn ich denke, daß Bismarck auf Entlassung des Pfarrers Stoecker angetragen hat, und wenn ich an unsre Zukunft denke, mit dem Kronprinzen, und vor allem sie. Wenn ich mir vorstelle, daß solche Frauen sich gewisse Gespräche einfach verbieten (wie das Thema der Vivisektion).« – Wie ich sage, daß die Frauen nicht für alles verantwortlich zu machen sind, »doch«, ruft er aus, »die Männer sind elende Soldaten, die Frauen repräsentieren noch das einzige, woran man sich wenden kann in idealen Sachen; wenn man da auch nur auf Leder trifft, ist es entsetzlich«. – – Wie ich bei Gelegenheit der religiösen Auslassungen sagte: »Ich hoffe auf ewigen Frieden nach unserem Tode«, – sagt er: »Das sind Geheimnisse, wir liefen nicht mit unseren fünf Sinnen so herum, wenn wir das wissen könnten.« Er instrumentiert, frägt mich, ob ich die Flautillen gern hätte, und sagt: Ich wisse nicht, was das wäre, wenn eine Stelle drei Mal uminstrumentiert werden müßte. Wir gehen im Hofgarten spazieren, wo Fidi Schlittschuh läuft. – Bei Tisch kommt er auf die Erzählung von Hoffmann zurück und sagt, sie sei gänzlich unwürdig gewesen, unter uns vorgelesen zu werden, er sei förmlich beschämt, sie vorgeschlagen zu haben. Während er die Novellen von Gobineau sehr rühmt. – Zum Kaffee ergibt die Sendung von dem Bild des Grafens seitens G^fin^ La Tour ein

Gespräch über diese Art von Beziehungen. Wie ich sage, daß die G^{fin} sehr erschrocken wäre, wenn man irgend etwas anderes annehme als eine Freundschaft, sagt R.: »Was ist aber das alles, was treiben sie abends miteinander geistreiche Gespräche; da kommt es immer heraus, daß die eine eine Gans, der andre ein dummer Kerl ist, denn wenn man nicht in solchem Verkehr annimmt, daß es auch – ich möchte sagen – physisch wohltuend ist, so ist diese Huldigung an Platon eine Albernheit.« – Am Nachmittag arbeitet er, drei Takte machen ihm zu schaffen, und er zitiert mir den 2ten Aufsatz von Helm über die Quartette; diese Freiheit der Stimmführung in der Fuge 133, ungefähr so ging es ihm auch, das sei sein Drang. Er würde mir eine Nebenstimme zeigen in der Erzählung von Gurnemanz. – Abends wird die Frage der Kostüme und Dekorationen erörtert.*

Freitag 7ten R. hat eine ganz erträgliche Nacht gehabt und arbeitet am Vormittag an seiner Partitur. Am Nachmittag gehen wir im Hofgarten spazieren, wo die milde windlose Kälte R. sehr anmutet. Zu Tisch hatten wir Freund Heckel, der wegen einer Konferenz hieher gekommen ist. Allerhand rückblicklich Nibelungisches. R. arbeitet, immer noch sind es die drei Takte (es neigten in heilig ernster Nacht), die ihn beschäftigen. Er fühlt sich müde. Abends vieles über Graf Gobineau, dessen »Ottar Jarl« mich sehr fesselt und das Gespräch auf die alten nordischen Sitten führt. – Ein Brief von Lusch macht uns Freude durch Natürlichkeit und Überlegenheit. (Seine Antipathie gegen die Engländer drückte R. heute wieder aus.)

Sonnabend 8ten R. hat eine erträgliche Nacht gehabt. Wir sprechen noch von Lusch's Brief in der Früh, »ja«, sagt er, »wenn sie glaubt, jemand wie dich wiederzufinden«, und er meint, daß große Roheit doch eigentlich in der großen Welt selbst bei den Frauen sei und daß die Männer nur vor Pferden zu sprechen wüßten. – »Ein Mann wie Schleinitz unterscheidet sich ungemein, wenn er auch herzlos sein mag.« – – Es ist R. nicht ganz recht, daß die Freunde zur Konferenz da seien, er habe keine rechte Lust zum Aufführen, während er mit großer Lust damals die Dichtung hervorgebracht habe. – Um 12 ruft mich R. und zeigt mir, wie er seine hübschen Pantoffeln unter seinen großen Stuhl gestellt habe und daß ihm so etwas Vergnügen mache, wenn er eintrete. Wie ich ihm sage, daß ich das verstünde, sagt er: »Ja, aber bei dir sorgst du für die Lieblichkeit nur

* Zeichen im Text, unter Sonnabend unten nachgetragen: »R. zeigt den Artikel über den Philosophen Hartmann in Spamer's Lexikon, und wir ergötzen uns an dem Ausdruck: ›die feige persönliche Entsagung‹ – R. meint, diese Aufsätze seien jetzt alle von Juden gemacht.«

durch niederträchtige Bilder von mir.« – – Dann sagt er mir, er habe Lust, die Arbeit über die jetzige Judenfrage zu machen, ich hätte sie ihm angegeben, und er wollte es jetzt gern tun, fragen: »Was findet der Jude, wenn er zu uns kommt?« – – R. arbeitet, nachdem wir im Hofgarten gewandert sind. – Zum Abend Herr Schön, Pohl und Heckel; R. unmutig, erstens, daß er seine Haustracht nicht behalten will, macht es ihm unbehaglich, zweitens die Unlust, über diese Dinge zu reden. Er findet die guten Leute alle gar zu ungenügend und dürftig, und der erste Moment der Begegnung ist seinerseits herb und ziemlich lähmend. Doch erholt er sich bald, macht Witze mit und über Pohl, und wie Rub. das von meinem Vater arrangierte Hummel'sche Septett uns spielt, ist R. von bester Laune und amüsiert sich an dem altmodisch anständigen, füllselreichen Musikstück. Nachher spielt er mit Rub. vierhändig die Ouvertüre zu Rienzi. Wie nun unsre Freunde gegangen sind, bleiben R. und ich – es ist gleichsam, um sich wieder zu finden, und wie schön, wie herrlich ergibt sich dann die Findung. (R. wollte Hans' Gesundheit ausbringen, ich bat ihn, es zu unterlassen.)

Sonntag 9ten R. hatte keine gute Nacht. Aber bei unserem Frühstück erheitert er sich, und es ergibt sich ein eingehendes Gespräch über die *Geduld;* ich habe sie öfters gerühmt, heute gibt mir R. recht und preist sie als den eigentlichen Mut; zitiert Friedrich den Großen, Marius und Morosini und die Christen, welche Kriegsdienste weigerten und sich martern ließen. – »Lenz ist da«, ruft er aus, wie er mich mein Ei öffnen hört, und behauptet, es klänge, wie wenn der Specht an den Baum klopfe. Er scheint mir heiter auch um die Mittagszeit, wo er mir seinen Frack zeigt und sagt, er wolle feierlich für die Gäste sein. – Wie aber die Mahlzeit angekommen ist, sieht er schlecht aus, ist verstimmt und so unwohl, daß er den Tisch verläßt. Bald aber kommt er wieder, und allmählich erheitert er sich. Es werden die Resultate der Konferenz besprochen und das jetzige Verhältnis des Patronat-Vereines zu den Aufführungen, welche nun doch für Geld gegeben werden. – Wir gehen dann im Hofgarten spazieren, denn R. fühlt sich wohler. Abends, bevor unsre Freunde kommen, setzt er sich zu mir mit ernstem Gesichte: »Dich verehre ich immer mehr«, sagt er, »aber alles übrige wird mir immer gleichgültiger. Der Abend kommt und unsere Gäste mit ihm, und es wird R. mitgeteilt, was in der Konferenz festgesetzt wurde. Er ist damit zufrieden und sagt mir: Es sei dies nicht die übelste Art der Gesellschaft, wo ein gemeinsames Interesse besprochen wird. Auch ist er heiter, gegen alle ungemein freundlich und gütig. Wie wir für uns sind, liest R. mir einiges aus den Novellen des G^fen Gobineau, nachdem ich ihm mitgeteilt, was ich Stein über die Geduld [geäußert] und über das Glück, welches ich als zu hebenden Schatz – daher das *Schätzen* – betrachtete, welches vielleicht da am schwersten zu entwinden wäre, wo eine Erfüllung scheinbar da wäre (unsere Festspiele). R. meint, diese Art der Empfindung würde nicht leicht begriffen werden.

Montag 10ten Unser Morgen-Gespräch bezieht sich auf diesen enterbten Teil der Menschheit, zu welchem kein Strahl der Religion, geschweige denn der Kunst dringen kann. Wie eine Ironie empfinden wir es, da von der christlichen Entsagung zu sprechen, wo alles Hunger, Not, Druck, Stumpfheit ist! – Molle kommt an aus Bremen (daher prämiiert*, sagt R.!); ein schönes gutes Tier. Und ein Brief von Dr Neumann mit sehr großen Anzeigen. R. sagt den Kindern, er würde so reich werden, daß er sich Hosen mit Löchern anschaffen werde, damit das Geld überall »durchkleckre«. – – Wir gehen in Jouk.'s Atelier, um den Zaubergarten zu betrachten, der noch immer nicht ganz geglückt ist. R. fühlt sich etwas angegriffen; beim Kaffee aber kommen wir in ein eingehendes Gespräch durch meine Mitteilung über den »Ottar Jarl«. Wie ich sage, daß Gob. für die Poesie des Mittelalters die Originalität vindiciert, kämpft R. gegen diese Meinung und sagt, sie habe sich aus dem Orient durchaus genährt, und nur die altheidnischen konfusen Traditionen seien ächt, der Parzival des Wolfram nicht, und deshalb, trotz wunderschöner Züge, mache er eigentlich keinen Eindruck. »Das erste Original-Werk ist mein ›Ring des Nibelungen‹ – der zweite Teil des Nibelungen-Lieds ist es auch, der erste ist eine Kompilation.« – Er hebt hervor, wie er aber die Sympathie des G^{fen} für die Helden des 11ten Jahrhunderts, welche durch die große, unabhängige Energie ihres Wesens nach allen Raub- und Eroberungstaten fähig waren, vor der Heiligkeit sich zu beugen und Heilige zu werden. Er fährt fort: »Wohl wünschten wir auch dem deutschen Wesen etwas Besonderes zuzuerkennen, das eigenartig Besonnene, fähig, alles Fremde ruhig aufzunehmen und wiederzugeben!« – Wir gehen in den Hofgarten spazieren, sehen die Kinder Schlittschuh laufen, Fidi der Quäker (wegen seines runden Hutes). Abends schreibt R. an D. Neumann, sich beklagend, daß immer etwas Geschäftliches ihm jetzt käme. Darauf unsere Freunde Schön, Heckel, Feustel. R. in ganz guter Verfassung, verliert sie aber, wie Freund Feustel in etwas breitspuriger Weise von dem jetzigen Wohlstand spricht und es erzählt, daß die Bauern glücklich sind, wenn sie den Juden Soundso sehen, der ihnen das Vieh abkauft. R. wird heftig, bereut es und sagt mir nachher, daß ihn nichts so angriffe, als gewisse Plati-

* Wortspiel: RW wird das »bremiert« gesprochen haben; alles Sächselnde vermag Cosima im Schriftlichen phonetisch nicht wiederzugeben.

tüden anzuhören und das sich hinreißen Lassen, eine Erwiderung zu geben, die doch nicht verstanden werden könnte. Ein heitres Moment ergab sich, wie Feustel, bemerkend, daß die Schuld der Juden es doch nicht allein sei, daß die Leute beschwindelt worden seien, ernstlich frägt: »Wer befiehlt denn über meinen Geldbeutel?« »Ich«, sagt R. – – Die französische Entwickelung der Dinge interessiert R. immer. Die Anti-Semiten-Agitation soll immer größere Dimensionen annehmen!

Dienstag 11ten »Ach, was geht mich das an«, höre ich R. nachts sagen, ich: »Was?« »Die Neutralität von Korfu, von welcher ich soeben geträumt habe.« Er schlief nicht schlecht, und er begibt sich um 12 Uhr an die Arbeit, nachdem er wegen Molle (seine Schuld) sich brieflich erkundigt. Beim Frühstück und auch beim Mittags-Tisch sprachen wir noch über Freund Feustel optimistische Sophismen und auch über die Kaiserin Augusta, welche, scheint's, Lusch einige Malicen zudenkt. R. sagt: »Diese Wesen sind so rein gar nichts, sie können selbst nicht beglücken, denn wenn sie einen in ihre Nähe ziehen, ist es eine Schererei, nun bleibt ihnen nur Malicen zu begehen übrig.« – Beim Kaffee sprechen wir wiederum von den Gobineau'schen Novellen, die R. sehr fesseln. Im Hofgarten erzählt er mir von den Chilenen, die nun vor Lima stehen. Abends scherzt R. bei Gelegenheit einer Gabe, die ich Fidel gemacht, und sagt, er wollte den Goldstift auch sehen, er gedächte Fidi zu beerben. Er drückt seine freudige Sicherheit aus, daß unseren Kindern nichts geschehen könne, und ich bin so töricht, daß, anstatt mich dessen zu freuen, mich eine Art Angst erfaßt; ich drücke sie nur durch eine Bewegung und einen Ausruf aus, doch wie unrecht und wie noch nicht meiner Herrin und nicht einzig erfreut, wenn er Freude ausdrückt! Ich lese den *illustre magicien* vor, der R. auch beim zweiten Male sehr erfreut, namentlich die Scene, in welcher der Zaubrer Kassem die Weisheit lehrt und worin nur die Wirkung auf Kassem gezeigt wird, dann die erste Scene zwischen Kassem und seiner Frau und die Rückkehr von der Schwester. – R. hat sich ein Notiz-Büchelchen oben in seine Ankleidestube genommen, weil er beim Ankleiden immer, wie er sagt, musikalische Einfälle habe. – Briefe von Lusch an ihre Schwestern unterhalten und erfreuen uns.

Mittwoch 12ten R. hatte eine ziemlich unruhige Nacht, doch arbeitet er und hat sein strahlendes heitres Gesicht, wie wir bei Tische sitzen, wo er den neuen Wilhelmj'schen Wein, Rauenthaler »Richard Wagner«, mit Vergnügen trinkt. Wir stoßen auf unser Wohl an, R. sagt: Ich habe im stillen auf das der Kinder getrunken, und mir ist es, als ob er den gestrigen Übermut gleichsam für mich segnen wollte. Immer Freude an Gobineau. Um 4 Uhr Spaziergang im Hofgarten, die Luft recht angenehm. Darauf begibt sich R. zur erfreulichen Not der Arbeit, und wie zu Mittag holt er mich abends ab. – Zu Mittag war er noch mehr innerlich absorbiert von seiner Arbeit. Abends die Freunde Jouk., Rub., Humperdinck. – R. spricht von Mozart, »wie einsam so einer ist«, und daß nach ihm alle die ordinären Werke »Dorfbarbier«, »Donau-Weibchen« etc. entstanden. »Ja, Schule!« ruft er ironisch aus, »jetzt nach 30 Jahren sehen sie sich den Lohengrin an, wie der ungefähr gemacht sei.« – Neulich, wie einer sagte, Jesus sei ein Jude, sagt er, daß sei ungefähr, wie wenn einer sagte, Mozart käme den Salzburgern zugute. – Aber ein rechter guter Klostertag heute, voller Stille und Arbeit, und abends immer wie der Sternen-Strahl und in der Frühe wie der Morgen-Tau seine Worte zu mir, die ich oft nicht niederzuschreiben wage. Und der stete Zusammenhang! Ich schrieb heute an Herrn Marsillach über sein Buch, und beinahe alles, was ich darin sage, bringt R. heute als Tischgespräch! – Abends sagt er: Ich freue mich, daß ich nicht nach Amerika zu gehen brauche, es geht *Ich-Neumann* hin – das alter ego, rufe ich aus, und wir müssen sehr über R.'s Einfall lachen. Eine Broschüre von Pr. Dühring gegen die Juden ist wahrhaft entsetzlich durch den Stil.

Donnerstag 13ten Gute Nacht und stets dieselbe liebe Kloster-Ordnung. Der Geburtstag von unserem Freund Jouk. gibt R. Veranlassung, seine ganze Güte zu zeigen. Um 4 Uhr unser alter Kampf-Genosse Carl Brandt! Gegen Feustel's Ansicht hat sich R. an ihn gewandt und [ihn] berufen, um die Aufführung des Parsifal zu besprechen. Viele Erinnerungen, vor allem aber viel Hand und Fuß, alle möglichen technischen Fragen; die Musik zum Einschreiten in den Gral nach der Zeit für die Wandeldekoration angehört. – Am Schluß gibt R., humoristisch zu Joukowsky sich wendend, aus den Fl. Blättern [zum besten]*: »Ein Offizier ruft seinen Freiwilligen zu: ›Aufgepaßt, hier sind Sie nicht im Kolleg.‹« – – Hier sei man nicht im Atelier und sei man aus dem Dilettantismus heraus. Es ist R. einerseits peinlich, andrerseits wohl, daß es Ernst wird. Und das bedeutet Brandt. Gar seltsam ist es nun, den Speer besprechen zu sehen, wie er mit Drähten gehalten werden wird – während bis jetzt nur seine Seele uns gegenwärtig war. – R. hat immer große Freude an Gobineau, er ruft aus: Gott, daß ich den einzigen originellen Schriftsteller so spät kennenlerne.

Freitag 14ten Gute Nacht, gute Arbeit, und viel Brandt. – »Dieser kalte Brandt«, ruft R. aus. Dieser unser Freund war auf dem Theater oben und erfreut uns durch die Freude, welche er an der Wohl-Erhaltung von

* [ ] statt irrtümlich »erzählt«.

allem gehabt. Maquettes sind heruntergeschafft worden, um sich mit Freund Jouk. zu verständigen. – – Am Nachmittag, während der Fach-Mann und der Dilettant sich beraten, gehen – R. und ich – wir spazieren, sehen Fidi zum ersten Mal Bogen machen, freuen uns der beiden Hunde, die gar erheiternd inmitten des Schnees sich ausnehmen und über die Brücke uns entgegenkommen. Die Kälte ist groß. R. freut sich des Vollmonds, der ganz protzig am Himmel da steht, »wie wenn Gottlieb ihn herausgestellt hätte«, er erzählt uns, daß bei einer Theater-Aufführung man plötzlich gehört hätte: »Gottlieb, zieh den Mond heraus.« – Ich mit einem Schal um den Kopf bin der h. Hubertus von Dürer. Bei Tisch ließ er mich als: »unsere liebe Frau von Wahnfried« leben!... Abends hat er einen Brief an Herrn Batz zu schreiben, der bei Gelegenheit der Aufführung des Tristan in Leipzig sich ungemein anmaßend wieder benimmt. Feustel bewundert die präzise Fassung dieses Schreibens. Aber R. klagt, daß er immer Neumanniaden, Batziaden etc. zu betreiben habe. – Abends viele, viele Erinnerungen an der Nibelungen Not mit Freund Brandt; R. bespricht noch mit ihm einiges wie die Beleuchtung der Taube am Schluß und lacht immer wieder darüber, daß es blutiger Ernst sei, wenn Brandt erscheine. Und wenn wir dann für uns bleiben, dann ist es, als ob nichts auf dieser Welt bliebe als unsere Liebe. Und mein ganzer Tag ist ein Gebet, daß ich ihrer würdig sei.* – Wie ich R. von der Nachahmung Christi spreche und sage, ich möchte wissen, ob er sie lieben würde, antwortet er: »ich stecke im Teufel der Kunst drin!« – – – In der Frühe hatte uns ein abends vorher erhaltener Brief von Lusch mit seinen Auslassungen über die Welt-Wesen zu der Bemerkung gebracht, daß sie dort wohl keinen Mann finden wird. Sehr lachen müssen wir, als, wie ich einen Freund von Stein erwähne (Delbrück), in ganz andrer Beziehung R. ausruft: »Nun Delbrück, wäre das nichts?« – –

Sonnabend 15ten R. hat eine gute Nacht und arbeitet; doch bei Tisch fühlt er einiges Unbehagen. Es ist sehr kalt, aber wir gehen dennoch spazieren im Hofgarten, viel immer über Brandt sprechend, dessen Besuch ihn sehr erfreut hat. – Abends lese ich die Novelle von Gobineau, »Gamber-Ali«, vor. Freund Feustel schickte mir das Protokoll der Ausschuß-Sitzung, und ich freue mich, im Schluß-Paragraph die Wendung zu sehen, welche es gestatten wird, R.'s Wunsch zu erfüllen, nämlich den Bülow-Fonds seinen Kindern zuzustellen. (Längere Betrachtung mit R. der Karte von Asien nach der Lektüre der Novelle.)

Sonntag 16ten Die Betrachtung der Geschichte und der Entfaltung

* Am Rand: »Abends gedenkt R. mit Dank in rühmendsten Ausdrücken des Königs.«

der Raub-Tier-Energie des Menschen bringt mich in der Frühe auf die Frage, ob nicht sie die Kunst hervorgebracht hat. »Sicher«, sagt R., »und deshalb ist sie eine Ausflucht und ein trauriges Surrogat, sie ist nur etwas, wenn sie Religion ist, nicht wenn die Räuberhauptleute über die Kunst ihrer Dolchgriffe zu urteilen verstehen. Merk dir das«, fügt er scherzend hinzu und mich bei der Morgen-Trennung umarmend. Er arbeitet und freut sich, daß seine 30 Partitur-Seiten schon ein gewisses Gewicht ausmachen. Noch bevor er zur Arbeit geht, gleich nach unserer Trennung, kommt er zu mir in meinem alten Fuchspelz, den er mir zur Überraschung hat in einem Tag mit schwarzem Samt überziehen lassen. Und er freut sich, daß es ihm geglückt ist, und schilt mich darüber, daß ich alles ableugnete, Kälte und alles, und ist überschwenglich wiederum wie immer!

Gobineau's Novellen machen ihm immer Freude. Wir gehen, ich neu bepelzt, im Hofgarten spazieren, nur mit Molly diesmal, weil Marke ein Glasscheibchen im Fuße hat; sie ist ganz zutulich. Vorher hatte ein Brief eines »verwunschenen Prinzen«, wie er sich nennt, mit vielen Reden über das Rein-Menschliche R. zu der Bemerkung gebracht: »Zur Zeit, wo ich meine Korrespondenz mit Uhlig hatte, da wäre ich im Stande gewesen und hätte den Menschen mir angesehen. Damals wollte ich um jeden Preis das Rein-Menschliche überall finden, in Karl R.*, Uhlig, überall.« – – – Er arbeitet auch abends und ruft mich zum Bock, den er hat holen lassen und der ihm sehr gut schmeckt. Ich fand ihn in Gespräch mit Freund Jouk. über die Minnesänger, insbesondere das Gedicht des Kaisers Heinrich, das ich vorzulesen gebeten werde. Die zarten Wendungen gefallen R. sehr, und er läßt sich darüber aus, was das für eine vollkommen ausgebildete Zeit war damals, und wie unterschiedlich. – Wir bringen den Abend mit Plaudern zu, u. a. sagt R., »wenn die Russen auch Konstantinopel hätten, würden sie doch oben in Petersburg bleiben und von da aus die neue Gegend regieren«. – – Wie wir für uns bleiben, R. und ich, geht er an das Klavier und spielt eine leidenschaftlich klagende Melodie aus der »Straniera«, dann eine nicht unähnliche im Charakter aus »Romeo und Julie«, den langatmigen Charakter derselben hervorhebend, der auch bei Spontini sich wiederfände, während bei Mozart leider fast alles kurzatmig sei. Er geht dann auf Rienzi über und sagt, er verstünde, daß, mein Vater und ich, wir Freude an dem Werk hätten, denn es wäre dieser Zug des Adels darin. – – Wie wir uns trennen zur Umkleidung, geschieht es im seligsten Gefühle der Untrennbarkeit, er empfiehlt mir seine Gesund-

* Ritter.

heit und sagt: »Denn ich will schändlich lange leben, fünfzehn Jahre über das natürliche Alter, um die Zeit nachzuholen, die wir verloren haben.« – –*

Montag 17ten R. träumte Gedanken, die mich intensiv einnahmen! Und hatte keine ganz gute Nacht gehabt. Aber er arbeitet. Bei Tisch erzählt er von dem Krieg gegen die Turkomanen, eine andre Novelle des Grafen. Ein Bericht, den ich gebe, über einen Besuch bei Berrs, wo der Mann irrsinnig wird, bringt R. auf die Bemerkung, daß jedermann in der Leidenschaft dem Wahnsinn nahe sei, d. h. der Festhaltung einer Vorstellung bei Übergehung aller übrigen. Wir sprechen von »Othello«, und er gedenkt dessen, was »vor nicht lange war«. – – Vom Gedächtnis, sagt er, schwänden die Namen am ersten, weil sie eine Konvention wären, die nichts Wesentliches mit der Person, die man ganz deutlich sähe, zu tun habe. Wir lesen die Worte des Kronprinzen an den Geheimrat Magnus, und wie die Frage erhoben wird, was er nur tun könne, sagt R.: »Das M. halten.« – Wie ich meine, daß diese aggressive Art wohl aus Angst entstamme, sagt R.: ›Ja, und aus dem Begriff, liberal sein, mit der Zeit gehen, Ideen, welche die Kronprinzessin mitgebracht habe.‹ Ihr »ach nein, Fritz« betreffs Bayreuth vergäße er ihr nicht, sagte R. neulich. Am Vormittag war für mich durch eine Bekannte die Frage der Konfirmation der beiden Mädchen erhoben worden; ich spreche R. davon, er kommt dadurch zu dem Entschluß, den Brief an Herrn Frege abzuschicken. Wie ich zum Abendbrot hinunterkomme, nachdem wir uns ganz freundlich nach dem Spaziergang getrennt haben, finde ich ihn in sehr aufgeregter Stimmung; Rechnungen, die ewige Not mit der neuen Wasserleitung, vielleicht auch die Absendung des Briefes, kurz, er ist tief verstimmt, und wie einige unserer Freunde kommen, trägt ihre Gegenwart nicht dazu bei, seine Trübe zu verscheuchen. Er versucht die Es dur Symph. von Mozart mit Humperdinck und spricht über die Schwierigkeit, das Adagio richtig zu nehmen, und zeigt, wie es gewöhnlich in Konzerten gespielt wird. Darauf aber spielt uns Rub. den ersten Teil der Sonate 106, und die Freude daran ist grenzenlos! Ja wir können uns über den Eindruck gar nicht fassen, und wie wir allein sind, R. und ich, so entströmen uns so viele Worte der Befreiung und des Glückes, daß ich Mühe haben werde, sie zu fassen – R.: ›Wie in die Werkstatt des Willens sei man da eingeführt, man sehe alles

* Unter der Seite nachgetragen: »Ein Ingenieur aus Helsingfors schreibt sehr hübsch an Wolz. über seinen Wagnerianismus und die Blätter. Er bedauert den Aufsatz über Schumann von J. R., und R. gibt mir nicht unrecht, wie ich meine, daß derselbe ebenso scharf, aber dann eingehender, ausgeführter hätte sein sollen. Schu. als Oratorien-K., als Symphonist, als Opernk. etc. – –«

wie im Inneren der Welt sich regen und rühren.‹ – ›Wer das in Begriffe umsetzen könnte, hätte den Schlüssel des Welt-Rätsels.‹ – ›Rufe der Leidenschaft, auf welche die Werkstatt sich öffnet.‹ – »Selbst Shakespeare ist damit nicht zu vergleichen, denn was er schafft, hängt zu sehr mit dem Elend der Welt zusammen.« – – »In der Symph. läßt Beeth. die andren spielen, hier spielt er selbst.« »Und das alles in der Form einer Sonate, das ist eine Sonate.« – – Wir beschließen den verzückten Abend, indem wir gedenken, daß wir nun 17 Jahre miteinander leben!

Dienstag 18ten R. ist etwas unwohl, hat Ohrensausen; wie wir nach dem Frühstück uns trennen, umarmt er mich: »Sei gesegnet, verzeih alles, wie ich dir verzeihe, daß ich da bin, denn eigentlich sollt' ich längst bei Hammerklaviern sein.« – – Er kommt spät hinunter, versieht die Biographie mit einer Widmung an Mimi, sieht Stoffe an, weil er neue Paletôts für die Kinder wünscht; ich meinte, die alten wären noch gut, aber er wünscht es. Beim Kaffee sprechen wir viel von Semper; neulich schon erinnerte er sich mit Vergnügen, daß er das Textbuch zum Tannhäuser sich kaufte. Er denkt, daß er in Zürich in dem Umgang mit Herwegh sein Buch über den Stil ausarbeitete in den späten Wirtshausstunden, und daß Herwegh ein guter Anempfinder war. Wie erwähnt wird, daß er die Franzosen sehr rühmt, sagt R.: »Sie haben die Idealität unsrer Realität.« – Bei Tisch klagte er über seinen Katarrh und sagte, er möchte zwei Maulschellen auf ein Mal bekommen, damit der Schnupfen durch die Nase herausfiel!* Im Hofgarten spazieren, Freude an dem *Quäker* (Fidi), von welchem R. findet, daß er in dem Hut und langen Paletôt ganz aussehe wie mein Vater. »Alle Kinder müssen nach deinem Vater ausfallen, ich behalte nur Eva!« – Er arbeitet vor dem Abendessen, und nachher macht uns Fidi Zauberkünste vor, dann lesen wir die Erzählung von Gobineau, und R. freut sich dieser neuen Beziehung, dieses feinen Kopfes, und rühmt das Cervantische dieser Novellen. Abends, in seinem großen Stuhl der Ankleidestube ausgestreckt, sagt er: »Und nun soll ich mich auf Parsifal freuen, auf das Einstudieren von Jäger.« – Wie ich aber, ablenkend von allem Ernsten, mich seines Gewandes freue, es ist rosa, »ja«, sagt er, »das ist das, wo mir wohl ist, wo eine Verständigung mit Feustel komplett unmöglich ist«. – Gestern, wie wir durch sein Arbeitsstübchen gehen, sieht er mein Bild über dem Klavier an, spricht aber von dem andren Pastell-Bild von Lenbach: »Das sieht mich geisterhaft an, ermahnt mich zu allem Ernsten und Guten.« –

* Am Rand nachgetragen: »Bei Tisch spricht R. wieder seinen Vorsatz aus, 94 [Jahre] alt zu werden.«

Mittwoch 19ten R. hatte keine ganz gute Nacht und fühlt sich nicht wohl. Er entschuldigt sich, daß er klage, ich sage: ›Das sei ja der große Kummer der Liebe, daß sie nicht die Nöte des Lebens überwinden könne.‹ – »Ja, sie macht sie uns aber vergessen«, erwidert R., und wirklich, gar bald sind sie im Zwiegespräch zwischen uns vergessen! – – Nur kommt immer der Tag. – Viel wurde an Andalusien gedacht in den letzten Tagen, und immer heißt es, wir brächten den nächsten Winter in Sevilla zu! R. rühmt, wie wohl ihm Italien getan, insbesondre Siena! – Ich erzähle R. von dem 14jährigen Hund der alten Frau von Aufsess, welcher ihr entführt worden ist durch die Polizei aus jetzigen Vorsichtsmaßregeln. R. sagt: »So ist alles, sie kümmern sich nicht darum, daß die Lebensmittel verfälscht werden, daß die Tiere gequält werden, aber plötzlich heckt einer das abstrakt aus, daß in einem gewissen Alter die Tiere Tote werden. Ich wüßte nicht, was ich täte, wenn einer mir in das Haus käme und einen Hund wegnähme.« – R. geht heute allein im Hofgarten spazieren, weil ich nicht ganz wohl bin; gegen Abend kommt Freund Levi, es wird musiziert, d. h., R. trägt einige Balladen von Löwe vor, wie er sagt, um zu zeigen, »was an uns Germanen verlorengegangen ist«. – Wir freuen uns dieser Erzeugnisse immer sehr, worin, wie R. sagt, die Poesie mehr wirkt als die Musik. Dann kündigt er dem Kapellmeister zu seinem Erstaunen an, daß er den Parsifal dirigieren wird; »vorher nehmen wir einen Akt mit Ihnen vor. Ich möchte, es gelänge mir, die Formel dafür zu finden, daß Sie sich ganz unter uns als zu uns gehörig empfinden«. – – Das umschleierte Gesicht unseres Freundes läßt R. davon abbrechen, aber wie wir allein sind, besprechen wir länger diese Frage. Wie ich R. sage, daß das Schwierige hierbei mir schiene, daß die Gemeinde, in welche der Israelit aufgenommen würde, selbst Christus verlassen habe, über welchen sie schreibe, während früher das Blut für ihn vergossen wurde und alles ihm aufgeopfert. R. sagt, er sei ihm wohl treu geblieben, und in seinem letzten Aufsatz habe er ungefähr angegeben, welche die Formel sein könnte. »Das Schlimme ist es«, ruft er aus, »daß alle Erscheinungen in Zeit [und] Raum sich uns kundgeben und dadurch dem Wandel unterworfen sind.« Wie wir uns zuerst trennen, sagt er: »Es ist ein verfluchtes Thema, welches du da aufgebracht hast«, – ruft er scherzhaft aus, und wie wir wieder zusammenkommen, knüpft es sich wieder an, wir kommen überein, daß diese fremdartige Race nie ganz in uns aufgehen kann. R. erzählt mir (und ich schreibe es hier nieder, weil er ohne jeden Hohn, mit tiefstem Ernst zu wiederholten Malen es mir sagte), daß, wie unser Freund sich ihm bescheidentlich nahte, ihm die Hand küßte, er, R., ihn sehr innig und herzlich umarmte und dabei an der Emanation mit der ungeheuersten Prägnanz dessen inne wurde, was Racen-Verschiedenheit und Trennung ist. Und so ist den guten Juden unter uns immer ein wehmütiges Los beschieden.

Donnerstag 20ten R. schlief gut, er sprach leise beim Einschlafen, und ich hörte u. a.: »Das beste Weib der Welt.« Wie ich es ihm mitteile, sagt er: So ist es, wenn der Schlaf freundlich ist, weiß man nichts von ihm. – Bei Tisch aber fühlt er sich nicht wohl, aufgeregt und mit Verdauungs-Beschwerden. – Wir sprechen vom h. Augustinus, den Freund Levi mit sich führt, in den ich hineingeblickt und der mir wegen des Gott-Schöpfers, der immer darin gepriesen wird, nicht gut gefällt. R. rügt beim Kapellmeister die Trübseligkeit und sagt: »Ich denke, daß von Menschen wie wir so freundschaftlich aufgenommen zu werden, genügen sollte, um heiter zu sein. Oder seid ihr abergläubisch, habt ihr Seelengeschichten?« Er spricht dann von Rub., wie dieser immer mit sich beschäftigt sei, bei allen guten Eigenschaften dies nicht loswerden könne, und vergleicht, um wie viel besser Levi daran sei, der einen Wirkungskreis habe. Er rät zu einem »weitherzigen Leichtsinn«. – Mich nennt R. Blumen-Mutter, weil ich öfters jetzt Astern trage, schilt aber, daß ich à la vieille mich kleide, will nicht zugeben, daß ich alt bin! Er geht spazieren mit Jouk. und Levi, dann arbeitet er, mit humoristischer Klage darüber, daß die Novelle »Les amants de Kandahar« ihn so fesselte, daß er zu spät immer an die Partitur komme. Trotz des korrumpierten Zustandes des darin geschilderten Orients, sagt R., käme ihm dennoch Europa wie ein Barbaren-Land vor mit dieser »Epauletten-Wirtschaft« u.s.w. – Frankreich, in welchem die neuen Wahlen zu Gunsten Ferry's ausgefallen sind, macht ihm Vergnügen, und auch die Antwort, welche Gladstone wegen der Boers gegeben hat. Er hofft noch immer, daß in England mit dem Zusammenbrechen der äußeren Macht im Inneren der rechte Mensch erstehe. – Abends bitten wir Rub., uns nochmals den 1ten Satz von 106 zu spielen, um die gleiche entzückte Freude daran zu finden. – Ob bei einer Stelle ais oder a sein sollte, meint R., könne er nicht entscheiden, bei der berühmten Stelle in der Eroica sage er einfach, so klinge sie ihm schlecht, und wenn man ihm ein Vergnügen machen wolle, spiele man sie anders.* – Er erzählt von der neuen Fassung, die er der Ballade im Fl. Holländer gegeben und leider verloren habe. So sei es ihm im Lohengrin mit der Stelle gegangen: »ich sank in süßen Schlaf« – er habe sie ganz wundervoll gehabt und nie wiedergefunden; was da stünde, sei ein Ungefähr. – Wie wir allein sind und

* Am Rand der Seite: »›Heiraten Sie meine Frau, dann werden Sie heiter‹, sagt R. zum trüb aussehenden Kmeister.«

ich ihn wieder treffe nach dem ersten Abschied, finde ich ihn sehr gereizt durch seine beiden Finger (Daumen), die ihn schmerzen und an die er sich beständig stößt. Doch glückt es mir, ihn diesen Ärgernissen zu entwinden, und ich habe das Glück, ihm sagen zu können, wie er mir so das Göttliche sei und vorstelle, daß ich immer frommer werden könne und mit immer sicherem Verständnis den Mystikern folgen könnte, in ihm die Welt verachten lernen und durch ihn den Segen des Friedens empfah'n. – Deshalb auch vielleicht für mich das größte Opfer, mit ihm der Welt sich zu nähern, für die man nur leiden darf!... Und auf sein Wesen und die Äußerung desselben kommend, sage ich ihm, daß er für mich der einzige Mensch sei, dessen Wort, dessen Sprache ihm sei, was dem Blatt die Farbe, der Blume der Duft, etwas Unwillkürliches, fern von jeder Absicht, daher sehr oft rücksichtslos scheinend; wenn er nun merkt, daß er durch die Unwillkürlichkeit jemanden gekränkt hat, dann will er es auf alle Weise gut machen, ja bis zur Verleugnung seiner Gefühle. – Manche Unverständige haben ihn deshalb für unwahr gehalten! Mich hemmt nichts mehr, ich fasse alles! – – Folge einer jeden Äußerung wie einem Fluß, dessen reinen Quell und Mündung in die unendliche Tiefe ich kenne.

Freitag 21ten R. hat gut geschlafen und geht an die Arbeit. Doch finde ich ihn verstimmt, wie ich hinunter zu Tisch komme. Sein Finger schmerzt ihn, und ein Brief des Herrn Batz ärgert ihn und läßt ihn bereuen, nur ein Wort gesagt zu haben, da begäbe man sich auf das Terrain der Leute. Bei Tisch führt uns das Gespräch auf verschiedene Frauen, und R. resümiert seine Abneigung gegen sie also: »Sehr begabt, sie haben aber keine Seele, manche Männer aber auch nicht. – Kein Mensch kann mir etwas sein, deshalb habe ich mir eine Familie angeschafft, und nur wer der Familie sich einfügt, ist mir etwas.« – – Beim Kaffee liest er uns in einer anti-jüdischen Zeitung eine Anekdote über Rossi und einc über den Pfarrer Delitzsch, den er gekannt hat, mit Heiterkeit vor. – »Auch mir erklärt es manches, daß D. Jude war, es war ein unangenehmes Wesen«, sagt er. – Mit einigem Übermut sage ich ihm, daß, wenn ich ihn noch so verstimmt anträfe, nach einer Weile Zusammenseins sei er wieder gut gelaunt und heiter: »Wir sollten uns vereinigen zum Sterben«, antwortet er ernst! – Wir gehen aus, die Hunde werfen R. bald vor Freude nieder, und in dieser Anhänglichkeit der Tiere an ihn erkenne ich eines der Zeichen des wunderbaren Zusammenhangs R.'s mit der Natur. Die Tiere lieben mich auch sehr, ihn aber scheinen sie mir zu begrüßen, als ob keine Scheidung stattgefunden hätte. Wie wir heimkehren, fühlt R. Marke's Ohr und findet es immer steif: »So etwas vergeht nicht«, sagt er, »das ist wie mein Finger, er erträgt es aber besser.« – Ich: »Er hat keinen Parsifal zu komponieren.« »Es ist wahr«, sagt R., »und jede Seite fordert eigentlich eine neue Erfindung.« – – Ein Brief von Frau Pusinelli macht ihm Freude, sie zeigt die Verlobung ihrer Tochter an. Er arbeitet, sehnt sich aus dem epischen Teil heraus zum Drama bei Parsifal's Auftritt. Abends lesen wir die sehr reizende Erzählung »La guerre des Turcomans« aus. – R. blickt dann wieder auf die Karte, und ich entsinne mich dabei, was er heute bei Tische sagte, daß immer die dümmsten Stämme unter den Völkern bestimmt seien, über die anderen zu herrschen, die Tatze des Stärkeren protzig auf alles zu legen: die Makedonier in Griechenland, die Mauren bei den Arabern, die Preußen bei den Deutschen, die Türken in Asien. – Er rühmt den Grafen Gobineau sehr und hat eine große Freude an der Erzählung »Les amants de Kandahar«. (Mir fällt auch bei der Karte ein, daß er neulich den Golfstrom als das brutale Element erwähnte, der alles bestimmt, »nun kommt alles darauf an, ob man mit ihm geht oder sich gegen ihn stemmt«. – – – Wie immer bei ihm Physik und Metaphysik zusammenfließen, ungefähr wie in Schiller's »Wallenstein« die Erinnerung an Max und Jupiter.) – – Heute früh sagte er mir, wie hübsch klangvoll Fidi sagt: »Adieu Papa«, wenn er ihn nach der Douche verließ. – Er klagt über die Teersalbe und daß er nur noch schlechte Gerüche merkte.

Sonnabend 22ten R. hat gut geschlafen. – Beim Frühstück kommen wir auf die Absendung des Briefes an Frege zu sprechen und auf die möglichen Folgen desselben. Ich weiß die Zeit, wo mich diese Tat und was sich an ihr für die Kinder knüpfen wird grenzenlos beunruhigt hätte, nun fühle ich mich ergeben, vertrauensselig in alles, was R. tut, und entschlossen, alles freudig zu tragen. – R.'s Finger quält ihn, und ich finde ihn sehr verstimmt, als ich hinunter zum Mittagessen komme, es ergibt sich, daß Teer nicht das Richtige war. – Allerhand ist angekommen, Broschüre von Paul de Lagarde u. a. R. blickt hinein und findet den Stil so, daß man nicht wisse, ob er für eine Sache sei oder nicht. – Dr. Förster schickt einen Aufruf zur Gründung einer anti-semitischen Zeitung, R. erzählt, daß er von Neapel aus ihm geschrieben habe: »Sehen Sie, ob Sie in Fürst Bismarck's Kram passen«, – – und Sie scheinen in den Kram zu passen, denn Sie adoptieren sein ganzes Programm. »Wir Bayreuther mit unseren Ideen werden sehr einsam bleiben.« – – Bei Tisch gedenkt R. Blandinen's bei Gelegenheit von Ollivier und Ferry, letzterer, der Blandine angebetet hat, führe das Programm von Ollivier aus, nämlich, wie er selbst einmal R. sagte, alle Reformen auf politischem Wege zu erfüllen. Während des Tisches ist R. allmählich heitrer geworden und ruft selbst aus: »Ein fetter Kapaun verjagt die üble Laun'.« – – Der Spaziergang mit dem Hundejubel vorher ergötzt ihn trotz Kälte und einem, wie er findet, ironischen Sonnen-Untergang. Er arbeitet abends und kommt zu Parsifal's Pfeil-Schuß. – Abends wenden wir uns zu Gobineau. (Gestern, wie ich die Mitteilung machte, daß Gobin. eine böse Frau gehabt, ergeht sich R. darüber, wie schrecklich es sei, daß ein in der Jugend empfundenes Bedürfnis nach Ergänzung nun das ganze Leben hindurch als Elend geschleppt würde. Er erwähnt diese naive Scheidung bei den Orientalen, und wie falsch die Stellung der Frau bei uns sei, einerseits die Form ritterlicher Anbetung, und dabei die geringschätzigste Meinung von ihr.) – Freund Wolz. besucht uns, wir geben die Lektüre auf, und vieles wird besprochen – Erwiderung auf Angriffe wegen der Öffentlich-Gebung der Aufführung. Dann die Garantie-Scheine und auch die Subskription auf Parsifal, auf welche R. sich freut, »ich freue mich auf ein kleines Kapital, immer angenommen, daß ich meine Schulden mit meinen sonstigen Einnahmen bezahlt habe«. Es ist der Geburtstag Mimi's, wir trinken auf ihr Wohl, ihrer rühmend gedenkend; wir haben ihr die Biographie geschickt, nun besitzen sie fünf Freunde: der König, mein Vater, Wolz., Glasenapp & Mimi. – – Wie die Freunde fort sind, sage ich: »Wie traurig, daß nichts mehr im Glase ist.« – Augenblicklich ruft R. Wolz. und Jouk. zurück und wird noch eine halbe Flasche Champagner befohlen! Sehr heiter – »so genial sind nur wir«, ruft R. aus – machen wir einen zweiten Schluß des Abends. – R. hat an Lilli Lehmann wegen Verteilung der Blumenmädchen geschrieben. – R. sagte zu Wolz., er habe über die Bedeutung des Wortes frei nachgedacht und sich an den schweizerischen Sinn, wie er ihn einmal vernommen, gern gehalten, »das ist ein freier Mann«, so sei ihm im Kanton Appenzell ein Führer empfohlen worden – frei, das ist wahr, der nicht braucht zu lügen, sonst wäre frei immer etwas Negatives; Befreiung, frei von dem und jenem, hier aber sei die Lüge das Negative. Die Wurzel des griechischen Eleutheros, Lud, hinge, sagt Wolz., mit unserem lauter zusammen, so daß es dem von R. bevorzugten Sinn nicht fern wäre.

Sonntag 23ten R. hatte eine gute Nacht. Beim Frühgespräch ergeht er sich lang und tief über den Mutterschoß, über das eigne Leben darin, die Heiligkeit davon, und endigt mit einer Lob-Preisung Goethe's, welcher in diesen Natur-Bildungen das Göttliche erkannte. Wie man aber sich einen persönlichen Gott habe vorstellen können, der alles das gemacht habe! Er sagt auch, er begreife sehr gut, wie Goethe aus dem Gefühl der Heiligkeit der Natur aus getrieben worden sei, dem einzelnen nachzusehen, denn man könne nicht genug das einzelne verfolgen; im großen und ganzen sie verfolgen, die Natur, einen Kosmos geben, sei eine Torheit. – Wie wir uns in diesen Betrachtungen ergehen, erscheinen Isolde und Eva, um für ihre neuen Paletôts zu danken. R. freut sich der

Mädchen, jetzt geht es nicht mehr en cachette, sagt er, sie sind da, erwachsen. – Vor Tisch kommt er zu mir, meldet sich als »alter Holzschuher«, er habe eben bemerkt, daß er ihm sehr ähnlich sei. Ich teile ihm die unendliche Rührung [mit], die ich empfunden, als ich im Lohengrin kürzlich wieder einmal geblättert und das Brautlied gelesen, dann den Schluß des 2ten Aktes; daß ich nicht begriffe, daß nicht alles in Deutschland dieser »keuschen Glut« zugejubelt hätte. »Zu dem deutschen Gehirn kommt man immer wie durch eine Art von Stockschnupfen«, sagt er. – Seine Tantièmen in Wien scheinen gut ausgefallen, jetzt begännen die Msinger zu wirken, so hoffe er, daß es immer besser würde. Einige Freunde zu Tisch, nachträglich auf Freund Feustel's Geburtstag getrunken. Wir gehen dann spazieren im Hofgarten, viel Volk, unsere Kinder nicht dabei. Erinnerungen an Tribschen, an die Einsamkeit! – Abends allerhand über die Anti-Semiten-Agitation und darauf die Novelle »Les amants de Kandahar« vom G^{fen} mit großer, wahrer Freude daran gelesen. R. ist auch bei der zweiten Lektüre ganz eingenommen davon, die erste Liebesscene da findet er wundervoll.

Montag 24ten Keine ganz gute Nacht für R. und für mich. Der Morgen etwas dadurch getrübt, auch hat R. Geschäftsnöte mit Leipzig, welches, wie es scheint, nicht richtig die Zahlen der Aufführungen angibt, wobei R.'s erstaunliches Gedächtnis auch für diese Dinge ich bewundre. Große Kälte – ich gehe mit R. nicht spazieren, weil es mir heute übermäßig schwer fällt. Abends lesen wir in der Zeitung von Herrn Glagau »Der Kulturkämpfer« einen guten Aufsatz gegen die jetzige Naturwissenschaft. – R. sagt: Er trüge sich mit allerhand herum (Schriftstellerisches). Sein Finger ist kuriert! – – Gestern, wie von Lenbach die Rede war und manches Unreife über ihn gesagt wurde, sprach R. mit der ihm eigenen Besonnenheit sich aus und sagte: »Gut, er stellt den Moltke, den ihr alle seht, mit Perücke und angenommener straffer Haltung nicht dar, er sieht diesen nicht, er sieht die Idee Moltke und gibt sie wieder, manchmal mit Übertreibung. Das, was sie sein Pappeln* nennen, kommt von der falschen sozialen Stelle, welche dieser aus dem Volk stammende, nicht gründlich gebildete, nun berühmt gewordene Künstler nun einnimmt. Und wenn ihm vorgeworfen wird, daß er über alle andren Maler abspricht, so ist das dadurch gemildert, daß er seine Malerei nicht um ein Haar höher schätzt.« – – –

Dienstag 25ten R. träumte von Auseinandersetzungen mit Minna, von dem Gehalt, das er von der großen Oper beinahe immer in Träumen

* Gemeint wahrscheinlich das sächsische »Babeln«, für Plappern, Schwatzen.

bezieht (zuweilen 12 000, zuweilen 6000 M), dann auch von den Kindern, ob er sich von ihnen trennen würde, aber unbestimmt. Er sagt: »Wenn ich nur nicht in der Todesstunde derlei fasle.« – – Er arbeitet, und wir gehen im Hofgarten spazieren, zufrieden mit dem harten klaren Winter. – Fidi hatte heute ein kleines Examen von dem Volks-Schul-Oberlehrer zu bestehen, er besteht es gut und wird von uns heiter dafür belobt. Wir freuen uns auch seiner Bogen auf dem Eise, ach! und segnen sie alle. – Die Depesche von W. Frege wird dahin beantwortet, daß R. sehr zufrieden ist, wenn der Brief nur übermittelt wird! – – Abends teilt uns R. zwei Briefe mit, der eine von Herrn v. Weber, seine Abstention in der Anti-Juden-Bewegung trotz der drollig schlimmsten Erfahrungen erklärend, der andre von Lilli Lehmann. Letzteren beantwortet R. sofort, um das Verhältnis zu Hülsen in der Angelegenheit des »Ringes« ihr klar darzustellen. Wir müssen über die »deutsche Tat« von L. L. lachen, und wohl mit Recht sagt R., daß Hülsen schon mit ihnen fertig geworden wäre, wenn er, R., nicht sein Nein dazwischengelegt hätte. – – Das Gespräch kommt dann auf Heine, und R. erzählt, wie er ihm seinen französischen Text zum Fl. Holländer gebracht habe, wo u. a. er anstatt *amant* amateur (von Erik zu Senta) gesagt hatte. Auch einer freundlichen persönlichen Erinnerung an Halévy gibt R. Ausdruck. – Es vergeht der Abend in gemütlichem Gespräch, nur sagt mir R. nachher, daß, wenn einige dabei sind, er das Gefühl habe, als ob er nun in's Blaue schwatzen müsse. Andre Male, wenn er etwas auseinandersetzt, vergleiche ich ihn mit Friedrich dem Großen, wie er Ziethen vor der Schlacht bei Torgau die Instruktionen gibt. Er spricht von der Überflüssigkeit der B. Blätter seit der neuen Wendung der Dinge. (Die Briefe Weber und Lilli L. in einem der grünen Kartons im Saal: Freundes-Briefe – die Antwort auf die Depesche im Eckschrank, rote Mappe 1.)

Mittwoch 26ten »Weibchen, wir gehen nicht nach Bayreuth zurück, Cicero ladet mich ein, hier zu bleiben«, so höre ich R. sprechen! In der Frühe aber hat er alles vergessen. Wir sprechen bei dieser Gelegenheit über die Römer, und trotzdem R. die kalten, klugen nicht mag, sagt er: »Es ist bei den Alten noch immer eine Möglichkeit, an etwas anzuknüpfen, je weiter aber man in der Zeit fortschreitet, um so weniger, und so ist mir der Verfall eine ganz unumstößliche Tatsache.« – – Fidi berichtete von der schlechten Behandlung, die ein Lehrling in der Werkstatt erfährt, das ergibt Betrachtungen über die Roheit des Menschen, die Freude, die er daran findet, den Schwächeren zu quälen! Wenn keine Menschen es sind, dann Tiere. Um die Mittags-Zeit ruft mich R. und zeigt mir den Brief des Kunstgärtners sowie seine Antwort darauf (siehe Eckschrank). –

Abends erzählt er humoristisch seine Erfahrungen mit dem Max.-Orden, mit der schließlichen Verwechselung von Eule und Lyra! Dann lesen wir mit Entzücken den *Vidriera* von Cervantes. Da haben wir ihn wieder ganz vor uns, den Dichter mit seinem wehmütigen Lächeln, seiner Erkenntnis der Welt, seiner Empfindung der Narrheit und ihrer Mitwirkung bei allem Bedeutenden; die Grausamkeit der Menschen, die Güte der Klöster etc. R. frappiert öfters der volkstümliche Gebrauch des Wortes Willen ganz im Schopenhauer'schen Sinn. – Und alles so persönlich, immer ein blutendes Leben, das lächelnd zu uns spricht. – Vor der Lektüre war R. wieder einmal auf den ersten Satz der Eroica gekommen und [hatte] seine grenzenlose Bewunderung dafür ausgedrückt. Gewiß sei Beethoven förmlich erschrocken, wie er das geschrieben hatte. Und alles so direkt in der Musik, während in der Dichtung müsse man immer erklären. – – Ich teilte R. mit, was ich mit den Kindern in der fr. Geschichte gelesen hätte (Episode Duplessis-Mornay und H. IV.), R. sagt darauf: »Die Akzeptation der Monarchie ist der Ausdruck des Pessimismus.« – –

Donnerstag 27ten R. hatte eine gute Nacht, und wie ich im Bade bin, kommt er an die Türe des Zimmers von außen und macht Siegfried's Stimme nach, mir guten Tag sagend. Beim Frühstück dreht sich das Gespräch um die Lektüre von gestern, die uns wiederum Cervantes so nahe gebracht hat. Auch ein Brief von der Schwester Jouk.'s, den R. auf meinem Tisch gesehen und gelesen hat, gibt Stoff zu einer ernstlichen Unterhaltung. – Wie ich um die Mittagszeit durch den Saal komme, sitzt R. am Schreibtisch und ruft mir zu: »Weißt du, warum ich so zerstreut bin, weil ich zu viel an dich denke«, und knüpft hieran solche Dinge für mich, daß ich, zu mir herauf, um Demut den Gott erflehe, der mir das zuteil werden ließ! – Allerlei bringt die Post, u. a. einen Brief von Lusch, nach der Lesung desselben ruft R. aus: »Das ist ein Genie.« – – Wir gehen spazieren, R. und ich, trotz windigem Wetter, beobachten Fidl, der beinahe allein auf dem Eise seine Bogen macht und der R. vielen Spaß durch die Erzählung gemacht hat, daß er bei H. Popp eine Brille zertreten habe, dieselbe koste aber nur 80 Pfennig. – – Dem jungen Gießel gibt er – auch zu R.'s großem Spaß – 20 Pf. für Zauberleistungen und erzählt, daß die Jungen dem Zaubrer geraten haben, Heringe sich dafür zu kaufen. – Vor dem Spaziergang hatte uns Jouk. seine Skizze von dem Gral gezeigt und R.'s Approbation erhalten. Am Nachmittag kommen auf meine Bitte an H. v. B.* Skizzen aus München desselben Gegenstandes und erweisen sich als gänzlich unbrauchbar. Abends lesen wir in der Novelle: »La danseuse«

* Kabinettssekretär Ludwig von Bürkel.

von Gobineau, nachher Gespräch R.'s mit Jouk. über das Schicksal seiner Schwester. Wie wir allein sind, frägt mich R. in seiner Ankleidestube, ob mir Familien-Dinge Sorge machten? Ich: Nein. Da erzählt er mir, er habe eine Depesche von Pr. Frege, dieser schicke ihm die Briefe unübermittelt zurück. – Nach einer flüchtig lächelnden Bemerkung über diese Männlichkeit lange Beratung über was zu tun sei. Ich schließe damit, daß ich R. sage: daß alles, was er tue, wolle, recht und richtig sei, wenn ich auch Segen nur von unserem innersten, von der Welt losgelösten Walten erwarte, keinen von irgend etwas, was wir nach außen versuchen! – Nach langem anhaltenden Gespräche gehen wir zu Bette.

Freitag 28ten R. hat gut geschlafen, und wenn unser Gespräch sich sorglich in der Frühe wieder zu dem Gegenstand, der uns hauptsächlich beschäftigt, [wendet], so geschieht es doch so, daß in Anspielung darauf zu Mittag R. von einem erzählt, welcher von Wettrennen mit Hindernissen gesprochen, »nun, welches Hindernis?« »Ich hatte kein Pferd.« – R. meint, er habe kein Pferd, nämlich Hans lese die Briefe nicht. Aber er arbeitet, und wenn er auch sagt: »Parsifal langweilt mich, ich möchte etwas andres machen«, so ist er doch durch die gute Arbeit erheitert; erinnert sich im Gespräch meiner Ankunft in Tribschen und wie ich gesagt hätte: »Nun gehe an den Siegfried«, und wie er alles schließlich doch vollendet hätte nach großen Unterbrechungen und mit Freude trotz des augenblicklichen Unmutes. Gestern erzählte er von dem Puppentheater in Heidelberg, unsrer Freude daran! Selige Erinnerungen tauchen da auf, wie wir da abgesondert von der Welt waren und wie allein auf der Welt, die Kinder noch klein! – Abends die Freunde, Rub. spielt uns das Adagio von der Sonate 106, worin R. den Beginn der ganzen modernen Musik (Schumann, Brahms) und ich beinahe mit Schrecken gewahre, daß ein für eine höchste Stufe der Kunst gehaltenes mir wenig Eindruck mehr macht und mehr wie eine Improvisation, einem großen Künstler zur Vertretung aufgegeben, als wie ein Kunstwerk. »Wie anders 111«, sagt R., der wenig eigentlich Beethoven'sches in dem Stück finden will. – Nachher kommt das Gespräch auf mein[en] Vater, St Gallen (1856), wo er die 106 spielte, das Leben damals, »so ein Unterboden von Mist und Schnupftabak, wo so etwas aufblühte«. – – Und immer wieder abends und am Tag Hans und was wir wohl zu tun hätten. – (Eine lächerliche Photographie wurde ihm zur Unterschrift geschickt, er schreibt darunter: »So schön bin ich nicht.«)

Sonnabend 29ten In Folge von allerhand und hauptsächlich von dem einen bin ich in der Frühe so schwer und müde, daß ich das Frühstück überschlafe und kein Gespräch zu notieren habe. Bald aber ist alles wieder im Zug, und Konfirmanden-Angelegenheiten wie ein Besuch bei einer armen Nachbarin, deren Mann irrsinnig geworden; sie klagte mir ihr Leid, ich riet zu einer ärztlichen Konsultation. – R. aber kam gleich auf die Anstalt des Dr. Falko, und diesen seinen guten Rat teilte ich ihr mit. R. arbeitet, schreibt aber noch Dr N. wegen geschäftlichen Sachen, Aufführungsrecht, Paris etc. – Beim Kaffee erklärt er unserem Freund Jouk., was die Welt-Schuld zu bedeuten habe, sie sei eben eingegangen, gerade wie wenn man eine Schuld von seinem Vater erbt, und die Entsagung tilge sie. R. geht mit Jouk. spazieren, ich warte auf K.r. Kraußold; da dieser nicht kommt, gehe ich zu ihm, dann wieder zum Dekan. Die Taufschein-Angelegenheit bringt R. wieder auf seinen Hauptwunsch der Einkindschaftung. Nach dem Abendbrot lesen wir die Novelle: »La danseuse de Samakha« zu Ende, mit großer Ergriffenheit namentlich von dem Hauptmoment. – R. ergeht sich dann darüber, wie untergehende Racen wie diese Lesghier noch heroische Frauen hervorbringen – »die Frauen haben noch die Renaissance hervorgebracht«, – sagt er – und merkwürdig, wie das der Sch.-Theorie entspricht, daß man Charakter vom Vater, Intelligenz von der Mutter erbe. Auf sein Thema der Schuld zurückkehrend sagt er: »Die Erkenntnis aber, die Vorstellung ist sündlos, außer wenn sie vom Willen geleitet wird. Aber es ist entsetzlich, wie dieser Wille im beständigen Begehren ist; wenn das Kind vom Mutterleib sich entfernt, begehrt es mit der Heftigkeit, mit welcher Dschingis-Khan die Welt haben wollte.« – Auf den Zusammenhang der Dinge zurückkommend sagt er: »Keiner stirbt eher, als er muß, und das gibt den Zusammenhang, die Verkettung von allem, ergibt auch die kontrahierte Schuld.« – Ein Bericht über mein Gespräch mit K.r. Kraußold erregt bei R. den Wunsch, den Brief von Rothschild an Pfarrer Stoecker, worin dieser den Pfarrer verhöhnt, zu lesen: »Versteht sich«, sagt R., »hängt diese Frage mit dem ganzen Bestand des Besitzes zusammen, und so lange dieser bleibt, wie er ist, sind sie unsere Herrn.« – – Die Bewegung aber interessiert ihn, und er lacht, wie ich ihm sage, daß sie mir so besonders deutsch dünke, denn in keinem Lande würde sie nur begriffen werden. – »Gute Nacht, arme Djéhâne«, sagt mir R., der sich vorher erinnert hat, wie in traurigen Zeiten ich so außer mir geraten konnte, daß ich Sachen zerschlug, ja Ohrfeigen verteilte, worüber wir sehr lachen müssen, da es mir nicht ähnlich sieht. Der Narben lacht, wer Wunden nie gesehen!

Sonntag 30ten R. schlief gut – unser Frühgespräch wendet sich zu der Erkenntnis und ihrer Sündlosigkeit, gestern noch sagte R. zu Jouk., das Beste, was einer tun könne, sei die Kunst-Beschäftigung, und zwar nicht im Dienst dieser oder jener Macht; er kommt darauf zurück und sagt, die Kunst ist die Verklärung der Erkenntnis, wie die Religion die Verklärung des Willens ist. Auch beim Mittagstisch kommt er darauf, bei Gelegenheit des Fisches, wie entsetzlich es sei, daß der Mensch, dem die Natur einzig die Sympathie gegeben habe, dieselbe ertöte. R. arbeitet, er ist etwas gedrückt aber, die Gespräche sind ernst, und mein Anteil an dem Schicksal der Nachbarin ergibt gerade auch keine Heiterkeit. – Abends spielt uns Rub. das a moll Quartett von Beeth. – zu unsrer größten Freude, »keiner weiß, was darin alles ist«, ruft R. aus, und er kommt auf seine Eindrücke in Paris zurück und wie merkwürdig es gewesen sei, daß es gerade in Paris war, »wie ich nach Deutschland zurückkam, da war alles puff puff, wie in einem Sack«. – Da Rub. sagt, daß er die 9te erst durch das Programm von R. verstanden habe, gebe ich R. mein Erstaunen darüber zu erkennen, daß ein Musiker dessen bedürfe; R. sagt: »Gerade ein Musiker, denn der erste Satz z. B., der eigentlich keine Melodie hat und mit diesen Quinten beginnt, das sagt dem eigentlichen Musiker nichts, viel eher wirkt es – gespenstisch – auf den phantasievollen Laien.« – Er ist der Ansicht, daß er und mein Vater viel zu der Verbreitung der Beeth.'[schen] letzten Werke beigetragen haben, und erzählt, wie sie »seiner Zeit« aufgefaßt worden wären. – – Beim Abendbrot hat er bei Gelegenheit von Loldi's scheuem Wesen an Jeanne d'Arc gedacht und ihren Beruf besprochen (mit Beziehung auf den König v. F.) – und ihr entsetzliches Los. Er freut sich dann, daß ein Deutscher es war, der das Andenken dieses Wesens wieder herstellte. – Ich knüpfe an seine Betrachtung der Schrecklichkeit der Geschichte und des Daseins die Bemerkung, daß es eine seltsame Prüfung sei, für eine Welt, die man so erkennt, zu arbeiten, daß bei ihm der Schaffenszwang sie zur Freude machte. – Über die k. Kirche, deren schauderhafte Realistik R. bei Gelegenheit der Erfahrungen, die Jeanne d'Arc machen mußte, heute erwähnte, sagte R. neulich, wie sie in der Auffassung unsres Daseins – von Blandine, Daniel und mir – werktätig gewesen sei. Fürstin W. hatte uns meinem Vater als unter einem Fluche geboren dargestellt, und in Folge dessen auch die Erhaltung unseres Lebens nicht von besonderem Werte. –

Montag 31ten R. erzählt mir seinen Traum, wir wären in einem Saal gewesen bei uns, aber nicht dieses Hauses, er wäre am Kamin gestanden, ich hätte zu spielen begonnen, sehr schwermütig; er habe sich gefragt, was ist das, vielleicht von Chopin, sei aber beinahe eingeschlummert, da habe ich ihn schmerzlich extatisch angesehen, den Blick, den er kenne, und habe immer trauriger und trauriger gespielt wie eine Improvisation, er habe sich mir genähert, mit der Hand mich berührt: »Ach! höre auf« – gesagt und dabei bemerkt, daß ich kniete. »Mein Vater geht heute fort, ich muß ihn begleiten«, »ach! da muß ich mich auch fertig machen«, er geht in seine Ankleide-Stube, will Feuer machen, kein Zündhölzchen brennt an, im Eifer dabei bemerkt er einen der großen Hunde: »Wie kommt der nur hieher?« und wacht auf. Darauf ist R.'s Tag nicht sehr gut, er arbeitet zwar, aber klagt über Unruhe und Aufregung, seine Finger schmerzen ihn. Der Kmeister Levi kommt von seiner Reise zurück, erzählt allerhand von der Theater-Welt, nicht gerade Erbauliches. – R. spricht mit großer Befriedigung von dem Aufsatz von Stein und ist auch zufrieden mit den anderen Produkten dieser Nummer. – Wir gehen, R. und ich, im Hofgarten spazieren; es ist Frühlingsluft, sehr mild und angenehm, und wir wandern sehr lange mit den beiden Hunden. – Abends aber fühlt sich R. nicht wohl, sehr aufgeregt, und ein Glück ist es zu nennen, daß die Besprechung des Spieles von: Schreib-Tafel her, und ob man wegen: »Da steht Ihr Oheim«, wirklich die Tafel nehmen soll, auf Hamlet uns führt. R. entscheidet gegen die Tafel, alles sei hier Aufregung, keimender Wahnsinn, Hamlet der moderne Mensch, zerbröckelt und der Tat unfähig, die Welt erkennend wie sie ist. – Wir sind froh, ein wenig für uns zu sein, wie die Freunde sich entfernt haben, und R. klagt über die große Aufgeregtheit, welcher er preisgegeben ist, und auch über den befangenen Umgang mit den Israeliten, mit denen man immer »pathetisch« sein müsse. – –

Februar

Dienstag 1ten R. hat eine unruhige Nacht gehabt und fühlt sich sehr aufgeregt; wir sprechen in der Frühe noch über Hamlet und auch wieder über die Juden, ich sage bei Gelegenheit Rub.'s, daß man an ihnen recht zum Christen werden müßte, was R. lachen macht. Gegen Mittag kommt R. zu mir und zeigt mir in der Schrift von Pr. Dühring, »daß der Deutsche gemeiner als jeder Jude sein kann« – in der Tat sind die zwei Seiten über R. traurig. Beim Kaffee liest [R.] uns dagegen aus der Novelle »Vie en voyage« vom G^{f} Gobineau einen Ausspruch über das Leben und einen über Europa seitens eines Muselmannes, die merkwürdig prägnant sind, und wie wir dann im Hofgarten spazierengehen, sprechen wir über die Überlegenheit des Muselmannes, der die Ergebenheit gegen den unbegreiflichen Gott so nahe hat, Gefühl, welches der Jude nicht kennt. R. arbeitet. Abends Freund Feustel, dem R. den Auftrag gibt, die 40 000 M. Hans zurückzustellen mit der Angabe, daß ihm durch Briefe an Pr. Frege die Motivierung dieser Zurückstellung zu Gebote stünde. Freund Feustel sehr verständnisvoll. – Der Brief von A. Rothschild an Pfarrer

Stoecker wird besprochen, man nimmt an, es sei dies eine Mystifikation, wenn auch man sicher wähnt, daß die Israeliten also sprechen. Am Schluß des Abends Erinnerungen an Tribschen, an die Kinder mit Richter, in der Frühe hatte ich in mein[em] ersten Tagebuch nachgesehen. – Von unsrer Reise über den Brünig (1866) sagt R., »das war unsere große Zeit« – von Tribschen sage ich, das war unsere gute Zeit. R. verspricht mir, nach dem Parsifal die Biographie zu beendigen. – Wie wir von unserem Spaziergang heimkommen, sage ich R., daß ich für einen Gesichts-Ausdruck, einen ganzen Wechsel bei ihm in Haltung und Miene, die Bezeichnung *Schwendi Fluh* habe, und daß es mir gar schmeichelte, auf dem schroffen, abwehrenden Felsen heimisch zu sein! Er sagt, ja, zuweilen käme ihm plötzlich der Unsinn an, daß er spräche, und er zöge sich zurück. – Eine Amsel sieht er im Hofgarten, gestern hörten wir etwas wie Zeisige, und sie schienen uns von Baum zu Baum zu folgen: »Meine Herrschaften, ihr seid zu früh.« – Wie Freund Jouk. sagt, daß hier Levi immer so viele Illusionen genommen würden, sagt R. lachend: »Ja – wie Schneehaufen werden sie ihm karrenweise entfernt.«

Mittwoch 2ten R. hat gut geschlafen und begibt sich in der Frühe an eine schriftstellerische Arbeit. Bei Tisch erzählt er, wie er noch einmal in tiefen, tiefen Schlaf versunken sei, wonach er an den Aufsatz gegangen sei, zuerst aber im braunen Buch mit Freuden gelesen habe. Ein Brief von Lusch macht uns Freude, ängstigt uns aber auch beinahe durch die Schärfe des Blickes und die Schnelligkeit des Urteils. Nach Tisch Spaziergang mit R. im Hofgarten, wir hören einen Specht ganz stark klopfen, und R. sieht ihn auch. Er spricht mir dann von seinem Aufsatz. Gegen Abend kommt Dr. Landgraf; ein übler Prozeß, der dem jungen Staff gemacht wird, beschäftigt alle hier und auch R. etwas, der nach dem Besuch zu mir heraufkommt und sagt: Ich bin schadenfroh, in gewissen Punkten empfinde ich Schadenfreude, wenn die Menschen schlecht sind, und er zeigt mir eine Anekdote, von dem jungen Mann in Wien erzählt, die allerdings recht traurig ist. – Abends lesen wir in Gobineau's Novellenbuch »La vie de voyage« mit großem Interesse. R. meint, der Graf müsse unglücklich sein, seine Freundin, die G[fin] La Tour, scheint ihm nicht genügend ausgestattet, um einen Mann zu beglücken, denn: »Eine Frau, die malt«, ruft er aus. – Daß man die Menschheit als solche nicht lieben könne, man müsse bei der Familie anfangen. Und daß wir einsam sind und daß die Spiele uns ein Opfer sind – – – R. lacht und sagt: »Schließlich kann ein ärztliches Attest einem immer das Zeug vom Halse halten.« – –

Donnerstag 3ten R. sieht angegriffen aus; er geht aber an die Arbeit und ist gegen Mittag, wo er mich in meiner Stube abholt, zufrieden mit dem Resultat. Nach Tisch viel über Klöster gesprochen, über die Trappisten, und R. macht den Witz, man habe zu wählen zwischen l'attrape (wohl der Welt) und la Trappe. Wir gehen spazieren und müssen über die Natur-Beobachtungen der Zeitungen sehr lachen, welche einerseits melden, die Hasen hätten doppeltes Fell bekommen, und acht Tage darauf, die Stare seien da. Wir wohnen dem Exerzieren bei, »Epaminondas« zu Pferd, wie R. sagt, und denken an Fidi. R. meldet, Bismarck soll die Taschen voller Gesetz-Entwürfe haben, u. a. auch gegen Trunksucht, »woher das Übel kommt, wird nicht untersucht«. – – Abends lesen wir eine Novelle von Cervantes, »Die Macht des Blutes«, und sind gar wenig erbaut, ja müssen selbst Roheit der Empfindung sehr peinlich empfinden. »Das ist Renaissance«, sagt R., »diese Schönrednerei bis in die entsetzlichsten Situationen.« – – »Shakespeare selbst ist nicht ganz frei davon, aber nur in den Lustspielen« – »Cervantes hat bei den Großen nur antichambriert, nichts erlebt, das Volk hat er gekannt, deshalb lese ich nur gern die Novellen, welche im Volke spielen.« – Am Schluß des Abends sieht er den Globus an und ist durch die Vorstellung erheitert, daß, wenn der Golfstrom nicht bei Panama zurückgedrängt wäre, unser Europa eine Eismasse wäre. – Im Hofgarten kommt ihm, wie er einen Soldaten (grün mit roten Aufschlägen) sieht, ein Traum wieder, und er erzählt mir, wie er im Traum gesehen, daß die roten Aufschläge als Strafe zu blutigen Wunden geworden seien.

Freitag 4ten R. hat gut geschlafen – er arbeitet mit Freude an seinem Aufsatz. Briefe von Dr N. über Rechte in Paris will er gar nicht mehr beantworten. – Bei Tisch Gespräch mit den zwei Konfirmandinnen über die großen und kleinen Propheten, Gedenken der Gestalten von Michelangelo, die R. als trauernde Gestalten über die Décadence [empfindet]; scherzend fügt R. hinzu: Es geht mir mit M.Angelo wie Spontini mit den Tuben: »Je ne veux pas bannir cet instrument de l'orchestre.« Boni gestern auf dem ersten Ball, die Mädchen in der Vorbereitung, Lusch in der großen Welt, melancholisch von dort berichtend! Fidi der einzige, der noch die Kindlichkeit in ihrer ganzen Harmlosigkeit darstellt. Schönes Wetter, »die Stare siegen«, wir gehen spazieren, R. und ich, begegnen dem Dekan C. »Du wärst mir Dittmar«, ruft R. aus und setzt mich in Staunen durch sein Gedächtnis; er erinnert sich, daß ich von dem ersten Besuch des Dekans erzählte, dieser habe gebeten, als Ersatz für Dittmar ihn zu nehmen, selbst für die Partie Whist. Letzteres hat sich ihm eingeprägt als typisch. Heimkehrend hören wir das zarte Piepen eines Vögelchens, »ich möchte entstehen wie Homunculus, sagt er«, meint R. – Beim Abendbrot Scherze mit Loldi über die großen und kl. Propheten und mit

Boni über die Ball-Erfahrungen. Darauf unsere Freunde; Versuch mit der »Vestalin« etwas mißglückt, dann aber das letzte Quartett von Beeth., das *unsrige!* R. faßt unsere Empfindungen während des Spieles so zusammen: »Es ist wie eine Gnade, daß man solch ein Wesen in der Dummheit* belauschen darf.« – Wie alle fort sind, »spülen wir den Abend weg« mit Champagner, R. und ich, und sprechen von Beeth. – »wenn man so ein Wesen gekannt, gesehen hätte, er hätte bei uns nicht ausgehalten, aber es wäre zu unerhörten Ausbrüchen, Schreien der Wonne und Extase gekommen. Er wäre dann seine Wege gegangen, wie ungefähr dein Vater. Es ist nicht denkbar. In meinen Träumen habe ich ihn und Shakespeare gesehen, und immer mild tröstlich zu mir«. – Im Hofgarten frugen wir uns heute, ob wohl noch große Männer zu erwarten seien?... Italien, Spanien, Frankreich wie tot, und Deutschland?

Sonnabend 5ten Die Kinderstimmen erfreuen R., und von Fidi sagt er: »Das ist die reine Nachtigall.« ⟨Dann kommt er wieder mit Heiterkeit auf das »dumme Thema« zurück, »daß ein Mensch wie Beeth. so eine dumme Melodie schrieb, und wir sehen dabei ganz ein Tier, das sich einfältig stellt«.⟩** Da ich mit meinen Zahnschmerzen immer [noch] nicht in Ordnung bin oder schweige, sagt R. fragend: »Napoleon der Zahnschmerzen?« – Er schreibt, und da das oben, wie er sagt, »in der Luft« vor sich geht, so holt er mich zum Speisen ab. Er erzählt von den Pleiaden von Gob., die etwas unreif seien, aber hübsche Züge enthielten. Beim Kaffee Freude an Fidi: er hat durch das Schreinern ganz schwielige Hände und Hühneraugen darauf bekommen, er klagt aber nicht darüber und läßt sich ohne jede Bewegung das Hühnerauge ausschneiden. – Dann kommt ein Buch an, das ich für gestern (*R.'s* Tag) für R. bestellt, Hederich's Real-Lexikon. Es ist das darin nicht, was R. meinte: die Oper, dafür aber Artikel, deren er sich auch entsinnt und die wirklich unbeschreiblich sind, wie Laïs und Thaïs. – – Die Lektüre ergibt ein Gespräch über die deutsche Literatur und darüber, daß die großen Geister alles sich geschaffen haben. Wir gehen spazieren, die Kälte ist wieder groß, die Hasen behalten recht, und R. spricht bei dieser Gelegenheit über die Einheit in der Natur, welche solche Vorkehrungen trifft. Wir sprachen in der Frühe auch von der Überlegenheit der Tiere, schon ihres Pelzes wegen, während der arme Mensch schwer bekleidet einen üblen Gang und Haltung erhält. – Beim Kaffee hatte noch R. vom Grafen Tyskiewicz erzählt, der R. in die »Zauberflöte« begleitete und der alles darin kindisch armselig fand und dage-

* »Dummheit« – nachträglich von fremder Hand überschrieben und umgeändert in »Einsamkeit«. ** ⟨ ⟩ von fremder Hand mit Tinte unkenntlich gemacht.

gen aus der »Vestalin« das Duett der Freundschaft 1ter Akt erwähnte, das sei etwas! Dieser deklamatorische französische Haranguen-Stil erinnerte gestern R. an die Wahl-Sitzung 49 in Paris, welcher er beiwohnte, und wo er die 7 Montagnards anhörte, die alle vorzüglich gesprochen hätten. – Abends wiederum Hederich, Artikel Aspasia, Tragödie und Drama, auch Perikles zu großer Erheiterung. Dann frägt mich R., was wir lesen wollen in Shakespeare, und ich bitte um die Scene zwischen H. IV. und seinem Sohne beim Tode des Königs. – Und wir bereuen es nicht und sind in Erschütterung und Verwunderung eigentlich über alles: über die Sprache, die R. als zuweilen kanzleiartig wuchtig und dabei immer natürlich bezeichnet, über das erste Benehmen des Prinzen, kein Schmerz beim Tode des Vaters, ganz wie in den vorangegangenen Teilen, und dann die Erschütterung durch die Worte des Vaters; und der König auch nur Klugheits-Lehren, nachdem er so erschütternd war – alles nur Wahrheit, wie die Natur selbst. Wir suchen auch die Stelle auf, wo der König aufseufzt und sagt, keiner würde wohl das Buch des Schicksals nicht schließen, weil wir im Hofgarten darauf gekommen waren. – »Schrecklich ist alles, und wenn man sich nicht einen verklärten Blick in die Befreiung gewinnt, da ist das Ganze nicht viel wert.« ––

Sonntag 6ten R. war etwas unruhig, aber erst in der Frühe. – Beim Frühstück sagt er: »Ich und Lessing, wir haben unsere ersten Eindrücke vom Theater gehabt – bei Goethe war schon mehr Dilettanten-Komödie.« Dann spricht er wieder von der Sprache in Shakespeare, von dieser Würde im Witz und der Ironie, und dieser Majestät – da ist Race. (Gestern verglichen wir das Englische mit dem Deutschen, wobei das Deutsche uns als viel edler erscheint.) R. arbeitet. Zu Tisch haben wir Freund Feustel, immer uns willkommen. Im Hofgarten spazieren; Gespräch darüber, daß man so viele Kräfte in diesem Klima ausgeben muß; »noch einmal will ich so was machen«, sagt R. nachdenklich, »dann leuchtet wohl von selbst Euch der Gral«, füge ich scherzend zu, was R. sehr erheitert, »ich sehe schon Levi ihn enthüllen«, sagt er. Und dann: »Ich bin dazu bestimmt gewesen, immer in Prosa (im Leben) auszuführen, was ich dichtete, die Scene mit dem Schwan, man wird glauben, sie sei aus meiner Ansicht über die Vivisektion entstanden!« – Ich füge hinzu, daß die Jagd im Tristan etwas Dämonisches hat wie die bewußte Sünde, im Gegensatz [zu] der Tragik der Daseins-Schuld des Liebes-Paares. Er geht an seine Partitur; holt mich zum Abendbrot ab und sagt mir, all sein Dichten und Schaffen sei ein Trachten, um das zu erreichen, was ich als Leben ihm gäbe! –– Und andres noch, das ich nicht nachzudenken wage! –– Abends lesen wir den ersten Akt von: »Eifersucht, das größte Scheusal« und sind von dem

Schwall von Leidenschaft darin, von der geläufigen tragischen Weltanschauung, ganz hingerissen. R. liest noch als Hauptbeispiel dieser Art das Sonett an den blassen Stern beim Ausgang der Schlacht in »Weine, Weib, und du wirst siegen«. – Von der Scene in H. IV. sagt er bei der Heimkehr vom Spaziergang: »Es ist rein, wie wenn man so eine Scene zwischen einem Könige und seinem Sohne belauscht, etwas, wovon man sonst nie eine Kenntnis erlangen würde.« – Ich erinnere ihn an das grüne Neapel nach dem Gewitter, ein ähnliches Staunen wie hierüber errege immer mir Shakespeare. – »Bei Calderon sieht man den Künstler«, meint R.

Montag 7ten Ich bitte R. um das »dumme Thema«, damit Du, Siegfried, genau weißt, was er meine. Vieles noch über den ersten Akt von »Herodes und Mariamne«. R. arbeitet. Zum Mittags-Tisch einige Freunde und daher von R. weniger zu berichten, denn wenn er auch ganz gut aufgelegt ist, so scheint er mir doch immer nicht so er. Er geht mit Loldi und den Freunden spazieren, weil Zahnschmerzen und die Sorge um die kleinen Nachbarn mich zu Hause halten, er habe ganz die Loldi als mich genommen. – – Abends schreibt er an der Partitur, indem er immer wieder sagt, wieviel lieber er Symphonien schreiben würde, »jeden Augenblick des Dramas wegen lege ich Themen weg, ich kann nicht so verfahren wie z. B. selbst noch Weber, der seinen Eremiten mit einer Tanz-Weise einführt, weil sie ihm gerade einfiel«. »Nicht zu viel schematisieren«, ruft er Rub. zu, »an Ihrer Stelle würde ich den ganzen Tag Klavier spielen.« – – Abends teilt R. den Auszug der Rede des Reichskanzlers mit! Und darauf lesen wir die beiden letzten Akte von »Herodes und Mariamne« – immer gefesselt, wenn auch oft abgestoßen durch das seltsame Gemisch von Leidenschaft und Trockenheit, poetischem Schwung und Prosa, tiefster Erkenntnis der Dinge und Opernhaftigkeit. – Kein Vergleich möglich mit Shakespeare, und doch auch Wahrheit, z. B. das Wiederauftreten von Oktavian, die Wiederbelebung der Leidenschaft, wie er erfährt, daß M. mißhandelt wird; das sind Motive aus dem Leben, sagt R.

Dienstag 8ten R. hat gut geschlafen und arbeitet mit Freude an seinem Aufsatz; bei Tisch erregt ihm Isolden's Starrheit Sorge; Fidi der einzige, der normal dünkt, wenn auch oft abwesend; R. sagt von dieser Stumpfheit der Kinder, daß sie wohl immer etwas im Kopfe hätten, wie z. B. er sich ein Schiff hätte bauen wollen und die Überraschung der Seinigen sich ausgemalt hätte, wenn er auf dem Kahn auf der Elbe herangekommen wäre, und dann hätte er eine Kaninchen-Zucht anlegen wollen, das hätte seine Mutter entdeckt, an dem Poltern der Tiere in der Kommode. Wir gehen trotz starkem Sturmwind spazieren und sind heiter über unsere Resolutheit. Bei dem schwierigen kleinen Pfad von dem Gitter zur Allee sagt R.: »Ganz das deutsche Wesen, keine Energie mehr, alles schmierig panschig.« – – Abends singt R. »Herr Oluf« und »Der Wirtin Töchterlein«, in letzterer Ballade korrigiert er Löwe in der Roulade des Schlusses und gibt der Ewigkeit ihren würdig ernsten Charakter. Wie die Freunde sich entfernt haben, spricht er von uns, mindestens 15 Jahre zu spät, und von einer andren Beziehung und der vielen unnützen Unruhe, die sie brachte, sagt er scherzend: »J'ai si peu dîné, konnte ich da sagen«, das Wort von Chopin zitierend, welcher sich damit bei der Dame des Hauses für Nicht-Spielen entschuldigte. – Von Bismarck sagt er, es sei die Karikatur des homme fort, von dem George Sand spricht. – Er erzählt mir auch, daß er heute einen 73 im braunen Buch niedergeschriebenen Gedanken in seinem Aufsatz angebracht hätte. – Er sah beim Klavier, wie er heut sang, so schön, so kindlich strahlend erhaben aus, daß ich es ihm sagen muß.

Mittwoch 9ten Der Windsturm jagt in der Nacht unsere Fenster auf, wir erwachen, springen beide auf, und ich fürchtete für R., doch legt er sich wieder heiter in's Bett und sagt: »Der Sturm war so groß, daß er meine Compresse mir losmachte« – und lachend gehen wir wieder zum Schlafe über. – Wie er nach dem Frühstück wieder aufsteht, sagt er, das Instrumentieren mache ihm keinen Spaß, er schriftstellere lieber, das Instrumentieren sei Kombinieren. Wie wir uns zu Tisch wiederfinden, klagt er über seine Finger; wie ich ihm sage, daß es [mir] so leid täte, gerade ihn mit seinem Temperament solchen kleinen Qualen ausgesetzt zu sehen; »das Temperament bringt sie hervor«, sagt er. – ⟨Es wird von Wolz.'s Art, seinen Augenbrauen gesprochen, nach welchen man annehmen müßte, daß er die Welt um[wende], und »ich bin die Energie selbst und habe gar keine«, setzt R. in so humoristischem Ton hinzu, daß wir sehr lachen müssen.⟩* Beim Kaffee kommt es zu Wort, daß in Rußland Hungersnot sei; R. möchte dem Großfürsten-Thronfolger schreiben, die Hauptstadt nach Odessa zu verlegen, aber die Fürsten, die derlei tun, kämen nicht mehr vor; was geschehen wird, wird aus Not, durch das Volk und zerbröckelt geschehen. Es wird dabei Frankreich gelobt, welches, da einmal es keine Religion mehr gebe, nun auch die Gespenster abgeschafft habe. Trotz Regen gehen wir im Hofgarten spazieren, »die schlechteste Luft läßt dich fühlen«, »daß du Richard mit Cosima bist« – beschließe ich. »Das wäre hübsch«, höre ich ihn plötzlich hinsagen, »was?« »Das kann ich nicht gleich sagen«, und darauf, »wenn eine Melodie Begleitung von

* ⟨ ⟩ von fremder Hand mit Tinte unkenntlich gemacht.

einer andren würde, diese verschwände und die Begleiterin durch die Violoncelli zum Hauptthema gemacht würde, und so abwechselnd. Etwas Ähnliches habe ich im Kaiser-Marsch. Der Kaiser-Marsch«, fügt er hinzu, »ist wohl die hübscheste Instrumental-Komposition, die ich gemacht habe; er zeigt, was man so neben Beeth. bringen kann.« – Von Carlyle sagt er, wie richtig er die fr. Revolution beurteilt habe, »als ein[en] Drang, es mit Wahrhaftigkeiten zu tun zu haben«. – Boni's Ball-Toilette macht ihm Vergnügen. – Abends plaudern wir zusammen über alles, meinen Vater, die Israeliten – und endlich über die Schröder-Devrient. Jouk. frug, ob sie schön gewesen sei – R.: »Was soll ich darauf sagen, alles war Leben, Seele, Wärme und ein Ausdruck der Freude, wie ich ihn nur bei Cosima gesehen habe. – Bald hat ein Gesicht den Ausdruck des Schmerzes, aber die begeisterte Freude – auch an der Grisi sah ich diesen Ausdruck, wie sie das Wort Gioia ausrief, und Judith hatte etwas davon.« Von letzterer sagte er: »Gegenüber all den Steifheiten war sie mir damals, 1876, durch ihre natürliche Wärme sehr angenehm.« – Daß er sich sehne, Instrumental-Kompositionen zu machen, sagt er wieder; aus einer ähnlichen Stimmung sei der Tristan entstanden. Und schriftstellern täte er gern, er könne sich aber nicht vorstellen, daß er so bald zum Dichten wieder komme, »ich habe genug Rätsel aufgegeben«, fügt er hinzu.

Donnerstag 10ten Der deutschen Sprache gedenkt R., und wie in ihr alles zu finden sei, z. B. das Wort Recht, woraus ein so abstrakter Begriff entnommen worden sei, das bedeute *die Richte,* die man einer Sache gebe. – Gegen Mittag ruft er mich und liest mir seinen neuen Aufsatz vor: »Erkenne dich selbst«. – Ob die Juden überhaupt erlöst werden können, ist die Frage, die sich uns, daran anknüpfend, aufwirft – ihr Wesen verurteilt sie zur Realität der Welt. Sie haben das Christentum entweiht, d. h. für diese Welt zugerichtet, und von unserer Kunst, die nur eine Flucht sein kann vor dem Bestehenden, werden sie auch eine Welt-Eroberung erwarten. – Brief von Lusch, sehr originell-eigentümlich – R. meint, das Temperament von Hans wirke da sehr mit, aber sie würde, durch eine bessere Erziehung geleitet, wohl niemals zu gewissen Unverständigkeiten sich hinreißen lassen wie: »Ein zum Judentum bekehrter Christ« u.s.w. Auch sagt R.: Er bilde sich ein, das Wiedersehen von Lulu müßte auf Hans einen höchst wohltätigen Eindruck machen. – R. geht heute mit Jouk. spazieren, durch Wind und Wetter, bis zu Senfft – während ich mit unserer armen Nachbarin hinauf in die Anstalt fahre. Abends lesen wir einen Aufsatz in der »Deutschen Reform«, der so viel bedeutet wie vollständige Anlehnung der Anti-Semiten an die Konservativen. Dann die Fortsetzung von *W.'s* Aufsatz »Der Wagnerianer als Schriftsteller«, der uns so rührt, daß ihn R. herüberkommen läßt und auf das Wohl dieses Wagnerianers trinkt. Viel über die Judenfrage, immer kommt R. darauf zurück; wer sind wir? – – Von Carlyle's Photographie sagt er: »So müssen wir aussehen, rechtschaffen und traurig.« – – Er behauptet, sein Aufsatz habe mir nicht gefallen, was sehr heiter klingt. – Beim Abendbrot waren wir auf Friedrich den Großen zu sprechen gekommen, und R. sagt: »Alles verzeiht man ihm, alles nimmt man gern mit hin, weil man eben einen Charakter vor sich hat.«

Freitag 11ten Ich werfe es R. vor, nicht zu wissen, daß sein Aufsatz mir vom größten Werte sei, R. versetzt ungläubig: »Du hast ganz recht, alles, was man schreibt, alle Artikel, ist dummes Zeug.« Und wie ich mich wehre, sagt er, ich sollte doch Scherz verstehen; das sei gerade, wie wenn der Präsident gesagt: Meine Frau findet mich langweilig; »so sage ich, du kennst alles, alle Gedanken sind zwischen uns besprochen worden, so kann so ein vorgelesener Aufsatz keine Freude machen; für mein Gefühl ist es so«. – – Wir lachen über den Präsidenten und trennen uns heiter. Gegen Mittag finde ich R. zu meinem Bedauern den Schluß seines Aufsatzes verändernd. – Bei Tisch ist er anfangs immer ein wenig gereizt, seine Finger schmerzen ihn, aber allmählich erheitert er sich, und beim Kaffee ist er sehr gut aufgelegt, wenn auch das schlimme Wetter ihn ausführlich auf seine venetianischen Projekte zu reden bringt. Ich weiß nicht, wie Mozart erwähnt wird; R. sagt: »An ihm sieht man recht, was die Welt ist – wie leicht wäre es gewesen, es ihm gut zu machen, ihm [zu] sagen: Mozartl, komm her, du sollst es gut haben – und so ein Wesen mußte mit der gemeinsten Not kämpfen.« – Vor einigen Tagen sagte R.: »Wie rührend das klingt, wenn er, der Salzburger, Österreicher, in diesem scheußlichen Zustand des Reiches sich ein deutscher Musiker nennt.« Wir gehen im Hofgarten trotz schlimmen Wetters (Platzregen) spazieren und rühmen Italien, welches das ermöglichte.* Abends *Cercle:* Zumpe aus Frankfurt, *W.s,* etc. – – Rub. spielt zuerst die Blumenmädchen und dann die 33 Variationen, zu staunender Freude. R. betont den Reichtum dieser »tollen«

* Dieser Seite beigelegt zwei Zeitungsausschnitte: »Musik in Hospitälern«, beginnend mit dem Satz: »Die schöne Idee unseres großen Meisters Richard Wagner, die Musik auch zur Krankenpflege zu verwenden, verwirklicht sich in England.« Randbemerkung Cosimas: »›So‹, meint R., ›wird man bei Lebzeiten zur Fabel.‹« – Aus »Deutsches Familienblatt«, II. Band, Bild mit bürgerlicher Idylle, drei Damen im Salon nach einem Gemälde von A. H. Bakker Korff, mit Cosimas Aufschrift: »R. rührt dieses Bild – er betrachtet es lange – freut sich, daß einer so gesehen hat – findet namentlich die singende ›alte Jungfer‹ ungemein seelenvoll, auch die Zuhörenden überraschten, seien es Jungfern, Witwen, Verheiratete. Der wohlhabende Bürgerstand darin, alles interessiert ihn, auch die Tracht – mit unseren gebundenen Kleidern, meint er, sei so etwas nicht möglich.«

Kompositionen, »mit je drei von diesen Variationen hätte er eine Symphonie schreiben können«. – – Wie die Freunde fort sind, liest er mir den veränderten Schluß seines Aufsatzes, er scheint mir entsprechender dem Ganzen als der erste, und R. sagt selbst, er habe ja über uns, nicht über die Juden schreiben wollen. Und doch muß ich es ihm sagen, wie unheimlich mir die Empfindung ist, daß er auf meine Veranlassung hin etwas verändert; von ihm sei mir jede Eingebung heilig. – »Du Törin«, sagt er, ›als ob nicht alles harmonisch sei‹. – Und in Wahrheit von den tiefsten bis zu den geringsten Gedanken kommt uns das Nämliche an, heute z. B. sagte er, er sei versöhnt mit dem neuen Gebäude der Freimaurerloge, und einige Augenblicke vorher wollte ich die Bemerkung machen. Und so glaube ich, daß meine Anknüpfung an den ersten Schluß nur seine Empfindung aussprach. Wie wir gelesen hatten, dachte er an die traurige Musik, welche die Schahs von Persien sich vor Schlafengehen machen ließen – »diese könntest du einzig machen – es wäre ungefähr ›o sink hernieder, Nacht der Liebe‹ «. – »Ah! das ist wohlig, das ist nicht traurig, ein Schwelgen nach der wilden Auseinandersetzung des Zustandes.« – »Es ist mir noch unbegreiflich, daß ein Publikum mit Interesse wie in München dem folgt«, ich: ›Und doch, es sei das Lieblingswerk gerade der *Barbaren,* wie z. B. Lenbach‹, R.: »Ich gebe gern zu, daß die großen Musik-Komplexe darin etwas Berauschendes haben.« – – – Es erfreute ihn im Hofgarten ein kleines Mädchen mit rotem Tuch um den Kopf und Schulmappen und Bücher; »das sehe ich gern«, sagt er, »das hat so etwas Ehrbares, Pflichtgetreues«. Und über Br. Bauer's Ausdruck, der Deutsche sei gelassen, der ihm von je sehr gefallen hat. Ich sage: Nicht nur an seinen schlimmen, sondern mir schien an seinen guten Eigenschaften ginge der Deutsche durch die Mischung mit dem Israeliten zu Grund, z. B. an seiner Begierdelosigkeit, die ihn so zur Idealität befähige und die nun zum lässigen Stumpfsinn ausartet unter dem Druck dieser Süchtigen. –

Sonnabend 12ten R. hatte eine sehr unruhige Nacht, und er fühlt sich den Morgen über unbehaglich, doch arbeitet er etwas, und wir gehen nach Tisch im Hofgarten spazieren, froh, daß es wieder trocken und kalt sei. Abends lesen wir den Aufsatz von Stein und finden ihn sehr gut und freuen uns dieser Natur, gedenken dabei Nietzsche's! ... Die vornehmere Geburt käme, meint R., Stein und Wolz. zustatten. R. ist aufgeregt, aber nicht unwohl. Beim Mittags-Tisch hat er einen Aufsatz der kleinen Oberfränkischen Zeitung über Langlebigkeit uns vorgelesen. – – Nach der Lektüre des Aufsatzes von Stein sagte R., es sei für ihn ganz eigentümlich, sich so erwähnt zu hören, mit Shakespeare verglichen, und er zitiert wieder lachend seine Lieblingsgeschichte: »J'aime votre rude franchise.« –

*Sonntag 13ten** R. hat gut geschlafen, schreibt seinen Aufsatz ab und ist ganz heitren Mutes mit dem Obersten Schäffer und Frau, die wir zu Tisch haben, um ihnen für Boni zu danken. Wie wir nachher im Hofgarten spazierengehen, sagt mir R.: Es sei ihm ganz merkwürdig gewesen, das starke Gealtertsein des Paares wahrzunehmen, sie hätte wohl dasselbe an ihm bemerkt. Abends »Der Eifersüchtige aus Estremadura« mit großem Eindruck davon gelesen. – R. ist als Lektüre auf Pott geraten und freut sich, gleich da auf Gobineau zu treffen. – Es war kalt heute, und wir schlichen mehr als wir gingen im Hofgarten, der »ganz voll ist von Parsifal«, wie R. bemerkt.

Montag 14ten Ich habe eine schwere Nacht, und in Folge dessen verschlafe ich den Morgen. Gegen Mittag kommt R. zu mir mit seinem neuen Hut, vom Grals-Orden ihm zugeschickt. Er steht ihm prächtig. R. schreibt seinen Aufsatz zu Ende. Bei Tisch erzählt er von dem Buche eines Pr.s Pott, in welchem er plötzlich Gobineau's Werk über Ungleichheit der Racen eingehend besprochen und kritisiert findet. Er teilt uns den Hauptgedanken Gobineau's von dem Untergang der Menschheit nach 14 000 Jahren Bestand mit, welcher ihn und uns interessiert. Beim Kaffee nimmt er seine italienischen Pläne wieder auf, meinetwegen, sagt er; wie ich versichre, daß das Klima hier mir durchaus nicht schade, sagt er: »Dann soll deine Gesundheit der Vorwand sein.« – Die Au von Parsifal läßt uns der Schweiz im Frühjahr gedenken, dieses Zaubers, und Tribschens überhaupt, »das war eine Berge«, sagt R. und erzählt, wie er mich versteckt halten konnte. – Wir gehen spazieren, betrachten unseren Abbé auf dem Eis, kehren heim, und die Operation geht vor sich, d. h., R. läßt mich eine von seinen übermäßig gewachsenen Augenbrauen abschneiden und in meinen Halsknopf einlegen. Abends lese ich seinen Aufsatz vor, R. hört stehend zu, unterbricht mich zuweilen mit Zeichen des Wohlgefallens und umarmt mich dann. Durch die liebevolle Intensität seines Lauschens und Blickens war, ich glaube es, meine Fähigkeit der Wiedergebung gesteigert, und wenn er es zufrieden war, daß ich seine Gedanken mitteilte, selig war ich, sie auszusprechen. Das Gespräch geht von dem Aufsatz aus und berührt alle Gebiete, auch die Theorie Gobineau's, woran R. die Bemerkung knüpft: Daß die Menschheit untergeht, ist gar keine Unmöglichkeit; nur wenn man außer Zeit und Raum die Dinge betrachtet, weiß man, daß es auf etwas andres ankommt als auf Racenstärke, gedenkt man des Evangeliums; und er fügt scherzend hinzu: »Wenn unsere Kultur zu Grunde geht, ist es kein Schaden, wenn sie aber durch die Juden zu

* Fälschlich »14ten« datiert.

Grunde geht, ist es eine Schmach.« Er kündigt eine neue Arbeit: »Heldentum und Christentum«, an. – Von den »Nouvelles asiatiques« spricht er wieder rühmend und sagt, wie unter der majestätischen Dummheit des Mohammedanismus sich bei den Völkern des Orientes eine gewisse Kindlichkeit erhalten habe. Und wie sie auch Vornehmheit hätten, wie das z. B. bei den beiden Schweigenden in der ersten Novelle zu erkennen sei. – Die Russen seien befähigter, den Orient zu kultivieren, meint er, als die Engländer, die wie ein *Comptoir* darauf gesetzt seien. – Wie wir allein sind, geben wir uns ganz der Stimmung [hin], die die Lektüre uns eingegeben hat – o könnte man in solchen Augenblicken sterben!

Dienstag 15ten R. erzählt mir seinen komischen Traum, nämlich daß der stotternde Graf Du Moulin seinen Aufsatz vorgelesen und bei dem Wort *Bitz*barkeit (ich hatte ihn gestern auf den Fehler aufmerksam gemacht) so gestottert hätte, daß wir alle lachen mußten. – Er teilt mir einiges aus dem Aufsatz von C. Fr. gegen Moltke's Äußerung, der Krieg käme von Gott, mit und schließt: »Aber es müßte ein König sein, der müßte die Sorge um sein Volk haben und dazu bestimmen, diese Militär-Wirtschaft aufzugeben, nun sehe man sie sich an!« – Er macht ein kleines Gedicht an die Gralsritter, welches ich dann auch absende. Bei Tisch sagt er mir, die Arbeit an der Partitur mache ihm mehr Freude, nachdem er sich durch eine andre Arbeit unterbrochen habe. Beim Kaffee macht Dr. Landgraf eine kleine Operation an seinem Finger, der ihn immer schmerzt. – Er erzählt von dem zänkischen Ton des Pr.s Pott und dessen lächerlicher Wut gegen Gobineau, weil dieser an den Verfall glaubt und sich nicht darum kümmert, daß es jetzt Eisenbahnen gibt! – Wir gehen bei herrlichem Wetter im Hofgarten spazieren; R. sagt plötzlich: Ich verstehe es, daß Beeth. die Variationen-Form so gern wählte; da konnte er viel schöpferischer sein als in einer andren, denn schließlich kommt es auf Gestalten, auf Melodien an, und die konventionelle Form der Symphonie hat seine Schöpferkraft viel mehr eingeengt als die Variation. – Beim Abendbrot finde ich R. ein wenig gereizt; ob es die Arbeit ist, oder das Buch? »Ich lese wieder ein deutsches Mehl, es ist, wie wenn man schlecht gemahlenes Mehl zwischen die Zähne bekommt.« – Der Gedanke von Gobineau dagegen nimmt ihn immer mehr ein, und wie ich ihm sage, »wenn wir keine Zeit und Raum annehmen, gibt es auch keinen Verfall«, sagt R.: »Es beschäftigt mich eben der Gedanke, ob die Moralität nicht zu retten sei als das, worauf alles tendiert, das Bestehen ist dann ganz gleichgültig.« – Er bleibt etwas in dieser Stimmung, bis die h moll Fuge von Bach gespielt wird. »Was das für eine Welt ist«, ruft er aus, »Planeten, die umeinander kreisen, kein Gefühl, und doch alles Leidenschaft, Willen, gar kein Intellekt, die Beeth.['sche] Kunst dagegen ist das tanzende Paar.« – Darauf bitten wir um die Msinger; wie Rub. das Vorspiel zum 3ten Akt gespielt hat und die erste Scene, sagt mir R.: »H. Sachs hat die Eva geheiratet«, steht auf, erklärt: »In der ersten Scene steckt das ganze Verhältnis der deutschen Kunst«, was die andren nicht verstehen, und läßt noch einmal spielen und singt bis zum Preislied. »Noch nie grüßte so freundlich uns der Herr.« – R. ergeht sich dann über Deutschland, von dem er überzeugt gewesen wäre, es würde diesem Werke zujauchzen – freilich, die Aufführungen seien so schlecht, und er gerät in eine unwohltätige Aufregung. – Ich entferne die Freunde, wir bleiben allein, »ach, was tut es, ob es aufgeführt wird, ob Deutschland sich so oder so benimmt, wir haben es«, er: »Es ist auch nur zu den andren, daß ich so sage«, und wir ergehen uns in Freude und Erinnerungen! »Das paßt alles nicht«, sagt er, »ich habe die Eva geheiratet.« – Ich: »Aber nach Herwegh's Aussage bist du Sachs und Walther zugleich, und nach mir bist du alles, Tristan und Marke, Lohengrin und Parsifal«, – und wir knüpfen [daran] freundliche Erinnerungen an Herwegh und an alle, die freundlich zu unsrer Vermählung uns beglückwünscht haben, Sulzer, Marschall und manchen. Und immer wieder auf die Msinger, von dem Vorspiel zum 3ten Akt sagt er: »Das ist das Schönste, was ich geschrieben habe«, er spricht dann von den Sonnen-⟨strahlen⟩*stäubchen, die um Sachs an diesem Morgen spielen, und immer wieder heiter: »Aber [es] paßt nicht, paßt alles nicht.« – Er wird nachdenklich, ich befrage ihn, »eine Fagottstelle«, »das Instrumentieren ist dein Schustern«, sage ich, »du hast wohl recht«, erwidert er. Dann gibt er seinem Ärger Ausdruck, immer mit Lehrbuben es zu tun zu haben wie den Musikern, die um ihn sind. Aber bald kommen wir zu unseren Themen zurück und zu Schopenhauer, von dem R. annimmt, daß er ihm vielleicht allenfalls bis zu Loh. und T. gefolgt sein würde, von da ab sicherlich nicht. Von seinen Irrtümern in der Anwendung seiner so richtigen Theorien. R. sagt: »Da könnte man meinen, der Künstler kann Philosoph, der Philosoph aber nicht Künstler sein.« – – (Vorher hatte er auf Rub.'s Befragen Mendelssohn's »dämonische«, durch das Schweigsame unheimliche Koboldart beschrieben und angedeutet, wie der Eindruck des Tannhäuser's ihn wohl hätte würgen können, er sei nicht lange darauf gestorben.) – Und wir trennen uns glücklich, nachdem unsere Seelengeister in einander sich verloren! – Vor Tisch hat R. mit mir für Eva und Loldi Uhren ausgesucht.

⟨In diesen Tagen freute sich R., im Ring des Nibelungen das vollstän-

* ⟨ ⟩ eingefügt.

dige Bild des Fluches der Geld-Gier gegeben zu haben und des Unterganges, welcher daran geknüpft ist.⟩*

Mittwoch 16ten R. gedenkt seiner Kindertage; wie er, von einem Besuche seines Paten Träger heimkehrend, von diesem auch mit einem abgetragenen grauen Frack und einer türkischen Weste beschenkt, über welche R.'s Mutter gelacht habe, von seiner Familie in Dresden zärtlichst empfangen wurde. Er geht an die Arbeit, seine Finger reizen ihn aber. Er holt mich zu Tisch ab, und ich teile ihm den begonnenen Brief an Lusch mit, der, ohne daß ich es wollte, nur Hans Sachs gewidmet ist, und das französisch.** Bei Tisch über Gob., welcher den Brahmanismus dem Buddhismus vorzieht, ich meine, daß, wenn man die Realität der Dinge betrachtet, er wohl nicht unrecht hat, der Buddhismus löste auch alles auf. R. geht mit Jouk. spazieren, kehrt heim, entrüstet über die Militär-Musik, die soeben gehört: »Und mein Sohn soll nach diesem Klang marschieren!« Das bringt ihn auf Auswanderungs-Gedanken. Marke hat ihn dazwischen erheitert, der seines steifen Beines wegen hinfiel wie ein Mensch, und dann, weil R. und Jouk. lachten, nicht über den Graben vor ihnen springen wollte, sondern wartete, bis sie den Rücken gekehrt hatten. – Advokat Hofmann meldet den Verlust des Prozesses wegen des Autographen in Würzburg, R. findet darin auch ein Exempel deutschen Rechtes und wünscht, daß Wolz. es bespräche. – Abends Cervantes: »Die vornehme Dienstmagd« zu größtem Gaudium gelesen: »Ach der Süden«, ruft R. aus, und öfters: »Shakespeare«, – und er hofft, diese Gegenden zu sehen, welche noch nicht so abgegriffen seien wie Italien und wo man unter sich Guitarre spielt und singt, nicht für die Fremden wie in Neapel. – Und abends unter uns wiederum, daß wir 15 Jahre zu spät zusammenkamen, »wir hätten eine Stadt Wahnfried gegründet in Amerika«; er gedenkt früherer Beziehungen, die er aufrechterhalten und sich verklärt habe, weil er sich nicht eingestehen wollte, wie erbärmlich sie waren; ich sage ihm, daß sei sein Drang bei allen Beziehungen, er müsse den Mensch sich idealisieren, mit welchem er umginge, dadurch schaffe er ihn auch für eine Weile besser als er wäre, wo das nicht möglich, da ging er, R., nicht um.***

Donnerstag 17ten Eva ist heute geboren, sage ich zu R., nachdem wir von allerhand gesprochen haben; wie er sich entfernt hat, kommt er wie-

* ⟨ ⟩ der Tageseintragung nach Trennungsstrich angehängt. ** Ab hier auf dem hinteren Deckel des Heftes. *** Ende von Heft XVI, ab »Weile« letzte Zeile an den Rand geschrieben. – Heft XVII beginnt mit der Eintragung: »Meinem Siegfried – mit dem Geburtstag von Eva begonnen. Möge die brüderliche Liebe unter Euch erhalten werden, meine Kinder!« Erste Seite überschrieben »Februar 1881«.

der, umarmt mich und sagt: Ich glaubte doch nicht, daß er den Tag vergessen habe! Um 1 Uhr gratulieren wir Eva, und zwar zum ersten Male in meiner grauen Stube, R. spielt in der seinigen das Preislied. – Bei Tisch erinnert er mich daran, daß ich sie das Kind der Treue genannt hatte. Wir sprechen viel von der Odyssee, weil Jouk. Eva eine schöne Ausgabe davon gegeben hat, und wir gehen viele der herrlichen Züge dieser göttlichen Dichtung durch. – Beim Kaffee Eva's Geburt, meine innere Heiterkeit dabei, trotz allem. Dann gedenkt R. einer Episode seiner Jugend in Possendorf, wie er mit den Kameraden spazieren gegangen sei und einer von ihnen, Bernhard Lingg, Sohn des Besitzers des Lingg'schen Bades, habe nach einem Vogel – einer Goldammer – mit Steinen geworfen, und R. entsinnt sich noch des getroffenen, flatternden, endlich dahinsinkenden Vogels. Wir gehen spazieren, R. und ich, und zwar weil es auf den Wegen unsauber, auf dem Eise, das noch fest, aber nicht gut zum Schlittschuhlaufen ist. Viel über Cervantes und Shakespeare. – Die beiden Mädels in der Konfirmandinnen-Stimmung nennt R. die beiden Vidrieras – sie seien wohl von Glas! Wie wir heimkommen, trennen wir uns zärtlich, und nach einer Weile, wie ich in der Schlafstube die Kleider wechsle, kommt er noch einmal und nimmt noch einmal Abschied. – Wir beendigen die Novelle mit vieler Freude, und die Geschichte des Schwanz[es] erinnert R. an seine Spiel-Nacht in der Jugend, er erzählt sie Jouk. und sagt: »Wie muß ich da, armer Junge, ausgesehen haben und welchen Blick gehabt, als ich wieder gewann«, – ich meine, daß an diesem einen Fall man sein ganzes Schicksal hätte voraussagen können. – Wie wir allein sind, spielt er auf dem Klavier und sagt, der nachhallende Ton mit dem Pedal mache ihm immer Freude, es sei wie in ein Tal gerufen. – Vorher *auf die Talentlosigkeit der Deutschen, auf die Traurigkeit der Juden-Agitation, die sich an Bismarck anlehnt (er meint immer, es könnte dem die mißverstandene Auslassung an Dr. Förster zu Grunde liegen), auf die bevorstehende große Auswanderung kommt er zu sprechen. In der Frühe, von Schiller sprechend, sagt er: Er sei der ernsteste, tiefste gewesen, am Abend sagt er: Er habe es wirklich dazu gebracht gehabt, gute Stücke zu schreiben, Goethe habe dilettiert, wenn er auch unbedingt der größere Dichter gewesen sei. Von Grillparzer, sagt er, habe er in Berlin im Königstädter Theater ein Stück gesehen, das ihm gefallen habe: es habe Sch.'s Einfluß da noch geweht, dann seien unter Schlegel's Einfluß die Trochäen

* Zeichen im Text, auf der nächsten Seite unten: »Jouk. sagte: Heyse, meinte R., habe das Schauspiel unmöglich gemacht; ich sage, sie sollten nur ein gutes Lustspiel schreiben, das würde neben den W.'schen Sachen sicher gefallen; R. meint, sie könnten es gar nicht.« »Von Kleist sagte er, er verhalte sich zu Schiller wie Schubert zu Beethoven.«

und die Schicksals-Tragödien gekommen, und es sei alles verloren gewesen. Wie wir hinaufgehen, erneutes Gedenken vergangener Zeiten; er meint, Hans sei nie über 15–17 Jahre hinausgekommen, er sei kein Mann geworden, während er glaube, daß Fidi's Alter der Mann sein würde – ich meine, für ihn, R., das Alter, da erst zeige sich alles, was er sei. »Wir werden sehr einsam bleiben«, sagt er, und scherzend: »Isolani« – Wortspiel, wie er sie gern macht, Marke nennt er Lomellino von Lümmel, und wie ich von Dr. Strecker melde, daß er Parsifal verlange: »Wohl weil er vorgestreckt hat?« sagt er. – Gestern sagte er zu mir scherzend: »Du mußt ein ganz schlechtes Gewissen gegen mich haben, daß du in allem mir so nachgibst und dich schmiegst«, – und ich werde ernst darob, und mir ist es, als ob ich selbst nicht das Recht an das Glück hätte, ihm gehorchen zu dürfen! Und mir besteht die Last des Lebens darin, daß, indem ich jeden Augenblick mich ganz hingeben möchte, ich dennoch bestehe, ja vieles selbst nicht aussage, um die Ruhe nicht zu stören, die besser für ihn ist als die Extase!... Ich mußte ihm aber gestern sagen, daß er in der Nacht von Eva's Geburt ein Wort zu mir gesprochen, das über alle Seelen- und Leibesschmerzen mich hinweggetragen; er wollte es wissen, ich konnte es nicht aussprechen; für Dich, Eva, sei es hier niedergelegt als Dein Segen: »Ich habe nie geliebt« – – sagte er, mir seine ganze Liebe zuwendend! ... »Gute Nacht, ihr hübschen großen Mädel«, sagte er heute den beiden, unter diesem Stern so gediehenen Wesen.

Freitag 18ten Gute Nacht, aber immer schmerzvolle Finger. – Bei Tisch teilt er mit – und schon gestern –, wie der deutsche Gelehrte in diesem Buche von Pott ihn anwidre; nicht einen Gedanken brauche so einer zu haben, nur Zitate kämen vor, W. v. Humboldt findet R. sehr seicht. – Dann zitiert R. mit vielem Vergnügen mancherlei aus den heutigen Fliegenden Blättern. Nach Tisch erregt das Portrait von George Eliot eine Art Schrecken durch die Häßlichkeit. – Wir gehen spazieren, es ist nicht gar schön, wir sehen einer Amsel zu, die sich in einer kleinen Lache beim Zaun emsig badet und dann unserem Garten zufliegt. – Abends erhalten wir den Besuch des Herrn Irwine, der ungenannt sein wollende Spender, ein stiller ernster Schotte. Rub. spielt Orgel-Fugen von Bach; R. sagt zu mir, »das ist etwas wie die Cervantes'sche Novelle, aber keiner würde mich verstehen«, ich glaube es zu tun, und daß er das Leben meint, das scheinbare Durcheinander und doch geregelte bunte Naturleben, worin die Akzente der höchsten Passion, der klagendsten Sensitivität sich vernehmen lassen. Dann läßt R. die Hebriden-Ouvertüre spielen und freut sich des schönen Werkes, meint aber, ein Programm sei dazu notwendig, denn wie er es zum ersten Mal gehört habe, in Leipzig, mit dem Titel Hebriden-Ouvertüre, mit welchem er nicht wußte was anfangen, habe er gar nichts verstanden. – Mir ist es, als ob in diesem Werk die Heldensage zum Märchen würde, Brünnhilde zu Dornröschen. – Wie die Freunde sich entfernt haben, verweilen wir noch, R. hat einen guten Eindruck von dem Schotten gehabt, mir breitet er sich darüber aus, daß jetzt die Natur keine schönen Münder mehr hervorbringt! – Und dann ruft er aus: Wie schön, allein zu sein – wir müßten uns Menschen kommen lassen, um immer wieder dieses Glück zu empfinden, und er läßt eine halbe Flasche Champagner kommen, um darauf zu trinken. Und Erinnerungen tauchen wieder auf, und zärtliche Vorwürfe werden mir gemacht, und wie's mir nahegeht, wird gemeinschaftlich gelacht! – (Als ich gestern von den Zweifeln, die ich früher hegte, ob für meine Kinder meine Wege die rechten gewesen seien, [sprach], sagt R.: Nun, deine älteste Tochter ist ja ein wahres Meerwunder.)

Sonnabend 19ten »Ich bin der Napoléon des Frühstücks«, so wendet sich R. zu mir, nachdem er mit Tee und Eiern fertig ist. Er erzählt mir von Fidi bei der Douche. Und dann, wie er aufgestanden ist, gedenkt er der H.-Ouvertüre und Mendelssohn's, des Unheimlichen, schweigsam Lauernden, plötzlich heftig Sprechenden. – Er erzählt nach Tisch, wie hübsch er gewesen sei und wie er mit 30 Jahr[en] so jüdisch geworden sei. Er ergeht sich bei Gelegenheit eines Aufsatzes über Wien und seine Israeliten darüber, wie schrecklich das sei, daß wir dieses jüdische, fremdartige Element unter uns hätten, und wie alles bei uns verloren sei. Wir gehen spazieren, R. und ich, die Stare sind da und andre Vögelchen, kiwitt, kiwitt, und R. spricht von den Nachtigallen, die ihm vor 6 Jahren versprochen worden seien, was mich beinahe erschreckt, da ich gerade in Unterhandlungen wegen solcher Vögel bin. Marke's Bellen nach einer Katze läßt uns eine Weile am Gitter warten; wie er R. harrend sieht, tut er nicht desgleichen, sondern springt über den Graben, schnüffelt an den Bäumen und kommt endlich *nonchalant* nach, was uns sehr unterhält. Abends ein Blick auf die Opernhaus-Treppe in Paris; Grauen über diese Pracht! – – Dagegen ein Bild von Zigeunerinnen zeigt uns Race.* – Lektüre von der »Betrüglichen Heirat« von Cervantes, da schwierig vorzulesen, durch R. vorgetragen. Herrlich das Gespräch der beiden Hunde! – R. zeigte mir seine Blas-Instrumente, welche Mühe sie ihm gemacht, und sagt, »gar nicht Rossini'sch« arbeitete er. Boni hatte uns durch Mangel an Verständnis Kummer gemacht (sie verstand es nicht, mit Anmut sich

* Dazu auf der folgenden Seite unten: »Und als Gegenbild zu den Zigeunerinnen Sklaven-Transport in Afrika, das sind wir, ruft R. aus. Und sagt dann, das müßte als Aufführung im Pariser Opernhaus dienen!«

zu entfernen, wie die Erzählung uns ihretwegen genierte), R. war außer sich gekommen, aber er ging ihr gleich nach, hinauf, es nicht ertragen könnend, in Zwiespalt mit den Kindern zu sein. Und ich muß es ihm sagen, daß alle Gefühle, die ich der Gottheit entgegentrug, ich sie ihm nun darbringe und nicht mein Glück, nein mein Heil bei ihm finde. – Vieles dann über Cervantes und Shakespeare, und Goethe dazugesellt, als Dichter des »Faust«, als Gestaltensehender und -bildender. – Und von der Anmut der Form bei dem Spanier meint R., es sei arabischer Einfluß, wie auch in Italien, wo unter den Hohenstaufen in Sizilien, wo alles sarazenisch gewesen sei, die italienische Poesie begonnen habe.

Sonntag 20ten Die Gedanken von Verfall und Untergang verlassen einen nicht; wie das Gespräch gleich in der Frühe daran anknüpft, sagt R.: »Was ist das Ewige?« Und er gedenkt des Stückes »Numancia«, des Kindes, das sich noch retten will und dann doch lieber stirbt, als ein lebendiges Zeugnis für den Triumph von Rom abgibt. »Ungeheuer wichtig aber«, fügt R. höhnisch hinzu, »daß solch eine Stadt eingenommen wird«, und wir gedenken Moltke's Rede gegen den Frieden und der Möglichkeit, welche damals in Frankreich war, den Frieden der Welt zu schenken, Festungen zu schleifen, Elsaß-Lothringen unabhängig wie Belgien und die kleinen Staaten entlastet von der Notwendigkeit, große Armeen zu halten. – Gestern beim Gespräch über Mendelssohn gedachte R. des Disraeli'schen »Tancred«, worin gezeigt wird, daß alle bedeutenden Leute Juden seien, R. sagt, »das sind zumeist deutsche Juden, und Disraeli übersieht, daß es das deutsche Talent ist, welches so verwertet wird«. – Wie ich um die Mittags-Zeit R. hinuntergehen höre, will ich ihn begrüßen, aber er ist sehr gereizt durch die Finger, die ihm alle Manipulationen erschweren. Aber wie ich zu Tisch komme, ist er bereits erheitert. Er spricht viel von dem Buche des deutschen Gelehrten, darin er wieder einmal erkennt, daß die deutsche Wissenschaft gar nichts weiß, und »wenn es nach mir ging, nicht ein Kreuzer würde für sie ausgegeben«. »Einerseits diese Armee, andrerseits diese Professoren«, ruft er aus. Zum Kaffee lese ich einen Brief von Lusch vor. Dann kommt Dr. Heß und kündigt Kautschuk-Finger an, das beruhigt R., und unser Spaziergang mit einigem Star- und Specht-Gezwitscher geht heiter vor sich. Beim Kaffee erzählt R., er habe unserem Knecht Krug eine kleine Ermahnung wegen des Spätheizens zukommen lassen und einen eigentümlichen Eindruck von dem guten Schelm gehabt. »Wie ein seltsamer Embryo ist so ein Wesen, Gott, wenn ich es mit Molly vergleiche, welche Sicherheit, Vollkommenheit in dieser –.« Ich sage, es sei schwer, sich vorzustellen, was so ein Wesen nun, durch eine Revolution etwa mitgenommen, dächte, »es würde ihm gehen wie dem Turco bei Daudet«, meint R., Gedanke, der bei meiner Frage mir schon angekommen war. Die Verheiratung der Tochter vom G^{fen} Hatzfeld an H. Bleichröder, der mit seiner Familie deshalb katholisch wird, gibt Veranlassung zu trüben Betrachtungen. Es wird angenommen, daß die Schulden des G^{fen} dieses zu Stande bringen. Wie wir vom Spaziergang heimkommen, gedenkt R. der Stelle im Parsifal, die er eben instrumentiert, ›waren die Menschen, die mir wehrten, bös'‹? Er freut sich des Lachens von Gurnemanz dazu und sagt, es mußte diese große Kindlichkeit ausgedrückt werden, die Gurnemanz glauben macht, das sei der Erwartete. – Im Hofgarten hatte R. des Portraits der Louise Michel in der I. Z. gedacht, »so werden die Frauen; wenn die Männer versinken, flüchtet sich der Heroismus in [sie]*. Aber grauenhaft; von einem Witzling ist noch Erbarmen zu erwarten, von solch einer Witzlosen nicht«. – Abends hatten wir eine andre Tisch-Ordnung, R. wünschte nicht in der Mitte und mir gegenüber, sondern am Ende neben mir zu sitzen, wir machen es nach seinem Wunsch, aber es mißfällt ihm, und er will wieder als unser König in die Mitte kommen. – Wir lesen in dem Gespräch der beiden Hunde weiter, dann phantasiert R. etwas, dem Tristan sich nähernd, und beginnt auch das Vorspiel, ich erinnere ihn daran, daß ich von ihm es so schön gehört habe; er sagt, er habe früher häufig gespielt, auch das Vorspiel zu Lohengrin, z. B. in Mariafeld bei Willes, denn Frau Wille habe sehr gut zugehört, sie habe das Schaudern der Seele bei Kunst-Eindrükken gehabt. – Ich gedenke, daß ich Tristan kennenlernte, wie mein Bruder todkrank bei mir niederlag und mit mir die Klänge einatmete – – Liebe und Tod verschlungen! Nach dem Gespräch hat R. mir mitgeteilt, daß die Blasinstrumente ihm Not machten, und mir gezeigt, was er ausradiert und verändert habe bei der Stelle »wer ist gut«. – – –

Montag In der Frühe kommt wieder das Gespräch auf die Auslassungen von Moltke, früher meinte man, der Christ sei nur im Kampfe mit sich, »nein, mit den Franzosen«, unterbricht mich R. heiter. Auf die Wunde des Amfortas kommen wir zu sprechen, sie hat für mich durch ihren symbolischen Charakter etwas unsäglich ideal Ergreifendes, und wir ergehen uns darüber. Wie ich zum Mittagstisch herunterkomme, sehe ich R. ganz erheitert, die ihm von Dr. Heß angeratenen Kautschuk-Finger sind angekommen, sie tun ihm wohl, nehmen ihm die Gereiztheit, und das genügt, um ihn der herrlichsten Stimmung wiederzugeben. Wir gehen bei schönem Wetter spazieren, freuen uns unser, worauf R. sagt: »Unser Verhältnis macht sich«, und lesen abends zu wahrem Entzücken die Episode der

* [ ] statt irrtümlich »ihnen«.

Hexe in dem Gespräch der beiden Hunde. Unmöglich zu definieren, worin die Gewalt dieser Dichtung liegt, unmöglich, mit etwas andrem sich zu befassen. Es erinnert an Kundry, an Diotima, die Weissagung ist von unergründlicher Tiefe. »Herr Gott, sind das Sachen, ist das ein Wesen«, ruft R. immer wieder aus! – Leider aber war dieser Lektüre eine vorangegangen, Auslassungen von H. v. Hülsen, welche R. am Schlusse des Abends wieder in den Sinn kommen, er wünscht, daß ich darauf erwidre.

*Dienstag 22ten** Ich beschäftige mich nachts mit der Erwiderung, aber in der Frühe kann ich mit R. gut über Cervantes sprechen. Unerschöpflicher Gegenstand, und dabei unnahbar! R. kommt zu der Stimmung, Hülsen laufen zu lassen, wie er aber das sieht, was ich niedergeschrieben habe, ist er für sofortige Einrückung in die A.A.Z. – Bei Tisch sage ich ihm, daß der Schluß der c moll Symphonie mir nicht aus dem Sinne komme, und er sagt, das falle ihm dadurch sehr auf, weil er in der Frühe sich diesen Siegesgesang einzeln analysiert habe, diese jubelnde Freude über nichts, fügt er heiter hinzu. Jouk. präsentiert seine Skizzen; der Zaubergarten ist noch nicht geglückt. Wir gehen spazieren, und zwar auf die Eisbahn, weil die Alleen rings umher unsauber sind. Fidi läuft ganz allein darauf! Wir trennen uns zufrieden; wie ich aber herunterkomme, fühlt sich R. nicht wohl. Er begibt sich zu Bett, ohne ihn begehen wir den Musik-Abend mit Tristan!

Mittwoch 23ten Wie ich, zu R. zurückgekehrt, ihn nachts gefragt, wie es ihm ging, sagt er: »Nicht sprechen, ich fühle mich wie eine Pflanze.« –– Und in der Frühe fühlt er sich viel wohler. Dr Neumann schreibt an mich, daß Gefahr im Anzug wäre, daß die Juden den »Ring« in Berlin nicht besuchten; R. rät ihm, Berlin aufzugeben und nach London gleich zu gehen; die Bürgerschaft hat kein Geld, der Adel und der Hof werden Hülsen's wegen ausbleiben und die Juden der Agitation wegen. All das aber ist unerfreulich in hohem Grade, wie alles da draußen Seiende! Trotzdem R. sich angegriffen fühlt, gehen wir im Hofgarten spazieren; von dem Buche von Pott berichtet R. und den kühnen, sehr aristokratischen Auslassungen von Gobineau. Es reift sein Aufsatz »Heldentum und Christentum« in ihm. Er fühlt sich aber abends angegriffen, und es gehört das Genie von Cervantes dazu, um uns wieder ganz in unser Geleise zu bringen. Wir beendigen das herrliche Gespräch; wollen darauf Hoffmann's Fortsetzung lesen, es geht aber nicht. »Es ist wie Kladderadatsch«, sagt er.

* Fälschlich »23ten« datiert, irrtümlich um eine Zahl voraus bis einschließlich Freitag, 25. Februar 1881.

Donnerstag 24ten R. hatte eine schlechte Nacht, seine Finger quälen ihn, und heute kann er selbst nicht schreiben. Er hat wohl einen Moment Heiterkeit vor Tisch, aber er vergeht bald, alles schmerzt und regt ihn auf. Der Dr. Landgraf, welcher zum Kaffee kommt, meint, die Gummi-Finger hätten ihn so gehitzt, er nimmt sie ab; das Gespräch mit Dr. Landgraf unterhält ihn, dieser erzählt von der Schule, daß die Kinder, welche schlechte Noten bekämen, eben gedacht hätten, sie seien unter dem Schicksal 3–4 geboren. Und er teilt mit, daß, wie er einmal für seinen Sohn den deutschen Aufsatz gemacht habe, dieser dieselbe schlechte Note erhalten habe. – (Siegfried hat heute seine erste Lateinstunde.) Wir gehen mit R. bis zur Birk spazieren, freuen uns des hübschen Ländchens, gedenken dabei Sienas! – Beim Abendbrot erzählt R. von Vater Geyer, seiner Güte, seiner Sorgsamkeit, und von dem damals herrschenden Sinn für das Theater. R. gedachte gestern eines von seiner Mutter ihm erzählten Geschichtchen, daß vor dem Theater eine Frau mit ihrer Bude saß, welche Markstörtchen verkaufte, und daß in den Zwischenakten die Studenten, um sie zu »ennuyieren«, wenn sie wußten, daß sie keine Törtchen mehr hatte, welche von ihr verlangten, ihre Nüsse und sonstigen Waren unbeachtet lassend, was sie zu Flüchen hinriß. – Abends besucht uns Freund Wolz., R. sagt ihm, daß wir in unseren Blättern keine Spezialität wie die der Vegetarianer vertreten können, sondern nur immer das Ideal festhalten und zeigen und die draußen die Spezialitäten verfechten [sollten]; so könnten wir auch an der Juden-Agitation keinen Anteil nehmen. – Allerhand wird besprochen und auch meiner Erwiderung an H. v. Hülsen freundlichst gedacht. – Wie die Freunde sich entfernt haben, bleiben wir, R. und ich, traulich noch beisammen. R. setzt eine Depesche an den Dr Neumann auf, wegen Aufgebung von Berlin. – »Die intellektuale Gleichheit ist nicht hervorzubringen«, sagt R., Graf Gob. gleichsam erwidernd, »aber die moralische Gleichheit, diese zu erlangen, darauf könnte man dringen.« – Abends beim Einschlafen sagt er: »Verweile doch, du bist so schön, das kann man von dem Augenblick sagen, wo der Tag abgeschüttelt ist, und, im großen Sinn, [von] dem Tode.«

Freitag 25ten R. hat keine gute Nacht! Er fühlt sich auch bei Tisch unwohl. – Eine Depesche von H. Neumann meldet, daß Berlin nicht aufgegeben werden kann. Nach Tisch kommt in eingehendster Weise die Sprache auf Jouk.'s Verhältnis zu Pepino, durch einen traurigen Liebschafts-Zwischenfall angeregt! Ich lasse mich so weit hinreißen, es als *albern* zu erklären, und bereue es! Wir sprechen darüber mit R., wie wir zusammen unter Schneeflocken zur Birk spazieren gehen, und es ist mir dieser Gegenstand beinahe lieber für R. als wie Semiten-Ag., Berlin u.s.w. R. liest mir im Tagblatt die Debatten vor, in welchen Fürst Bismarck erklärt, er habe nur die Größe und Einheit der deutschen Nation im Sinne, im übrigen regiere er mit allen Parteien. Es klingt ein wenig protzig und ziemlich hohl. Abends Whist. R. ist gereizt und aufgeregt durch seine Finger. – R. sagte über das Verhältnis zu P.: »Es ist etwas, wovon ich den Verstand, dafür aber keinen Sinn habe. Übrigens ist das Beste an allen Verhältnissen das, was wir selbst hineinlegen. Alles ist Erscheinung.« – (R. hatte auch eine deutsche Karte heute kommen lassen, um mir das eichelne Taus zu zeigen, mit welchem er Marke seiner Zunge wegen vergleicht. –) Spät abends Brief von Dr Neumann, er gibt Berlin nicht auf.

Sonnabend 26ten R. hatte eine sehr üble Nacht, und die Finger reizen ihn immer mehr; er träumte u. a., daß ich um die Mitternacht erst heimgekehrt sei und ganz ruhig gemeldet, daß ich Kostüme bei Lenbach probiert habe, »willst du denn, daß ich mich gleich umbringe?« habe er außer sich gefragt. – Der Dr. kommt, sieht die Sache an, verordnet Umschläge! – Wir gehen spazieren und zu Freund Jouk. mit den beiden Hunden, Marke sieht sich förmlich die Bilder an! – Unser Freund ist krank und wohl auch traurig. – – Wir wandern dann im Hofgarten, hören eine Amsel in der Ferne, trauriger Klang, in Schmutz und Schnee! Abends große Mäßigkeit und gänzliches Alleinsein. R. erzählt von Veränderungen, welche Hans in der »Einladung zum Tanz« von Weber vorgenommen hat, und findet sie *naseweis* und durchaus ungerechtfertigt. Wir sehen die Bücher über Indien von Jacolliot durch und sind jedesmal abgestoßen durch die Miene der Europäer inmitten der Asiaten. –

Sonntag 27ten Die Nacht war recht übel, und so gut wie gar kein Schlaf wollte sich einfinden! Dennoch, zu meiner Verwunderung, ist R. beim Frühstück heiter. Auch arbeitet er an seiner Partitur, und wie ich um die Mittagszeit herunterkomme, zeigt er mir den Brief der: Société des amis du divorce, welche ihn zum Ehrenmitglied ernennt. Zu Tisch kommt eine Depesche an, den Erfolg des Lohengrin in Neapel meldend. Wir haben als Gast den Pr. Toussaint, welcher Siegfried Latein-Unterricht gibt und der ganz geweckt zu sein scheint. R. und ich, wir gehen dann spazieren, und er gedenkt bei der Heimkehr an Hans' Geburtstag in München (1868), wie er nach dem Diner, welches er bei Queroy uns gegeben, allein durch die Straßen von München gewandert sei. Seltsames Gefühl habe er gehabt in diesem Moment des Aufatmens, der Suspension von allem, es war eine Pause. – »Die Bosheit der Menschen hat uns dem Leben wiedergegeben«, sage ich, und R., »ja – wir wären sonst still zu Grunde gegangen«. – Abends arbeitet R. Dann haben wir Freunde und Musik, die c moll Symphonie, von Rub. gespielt, und Scenen aus 1ten und 2ten Akt Siegfried, Siegfried und Mime, R. Mime, Herr Jäger Siegfried. – Beim Spaziergang war R. über den Schmutz empört und schwört, keinen Winter mehr hier zuzubringen! – –

Montag 28ten Die Nacht war ganz erträglich, und R. sagt, er wisse nun, wie er es anfangen müsse, um gut zu schlafen: er müsse nur viel essen und trinken. Viel sprechen wir von der c moll Symph. R. sagt, beim Marsch würde plötzlich der Vorhang aufgezogen; denn das vorhergehende Flimmern sei wie ein leises Lerchenschwirren und bereite eigentlich nicht darauf vor. – R. arbeitet und unterschreibt lächelnd den Dankbrief an die Gesellschaft der Freunde der Ehescheidung. Er ist immer [noch] nicht zufrieden mit seinen Fingern. Ein Brief des Königs erfreut R. und einer von Lusch ergötzt uns, obgleich immer ernste Betrachtungen sich hieran knüpfen. – Bei schönem Wetter gehen wir die Konnersreuther Chaussee herunter spazieren, Die Trockenheit erfreut R. und auch, daß ein Bauer die beiden Hunde betrachtet und sie laut rühmt. Dann sprechen wir von Juden, schließlich aber – erkenne dich selbst – von deutschen Professoren, und R. nennt sie Trüffelspürer –; da ich ungemein darüber lachen muß, so sagt er, daß der Ausdruck eigentlich von seinem Onkel A. Wagner herrühre, literarische T.-Spürer habe der gesagt. Abends mit Freund Wolz. lesen wir den Aufsatz von J. Rub., welchen R. in vielen Teilen gut findet, z. B. in dem, was er über die Tonalität sagt und ihre Bedeutung in der Mozart'schen Symphonie. – Dr. Landgraf besuchte uns zum Kaffee, und es kam die Rede auf das Zuchthaus und eine dort eingesperrte Frau, welche ihr Kind umgebracht hat. Der Dr. konstatierte bei ihr eine vollständige Abwesenheit von Gewissen, was sie gleichsam als nicht verantwortlich erscheinen läßt; doch aus utilitaristischen Rücksichten muß sie bestraft werden. Das Gespräch führt sehr weit und tief; Ungleichheit der moralischen Anlagen, woher sie komme, und ob sie nicht zu überwältigen sei, ob das nicht das Streben der Menschheit zu sein habe, die Gleichheit zu gewinnen. Der Dr. spricht mit großer Anerkennung von dem Zuchthaus-Direktor und seinem Einfluß auf die ihm Anvertrauten; R. zitiert das Beispiel aus N.-Amerika, von Gleizès angeführt, daß die Gefangenen durch die vegetarianische Kost ganz mild geworden seien.

März

Dienstag 1ten R. hat gut geschlafen, und unser Tag beginnt ganz heiter. Er sieht mit Vergnügen eine spanische illustrierte Zeitung an. Auch um die Mittagszeit, trotzdem seine Finger immer [noch] nicht heilen, ist er guter Dinge. Er ergeht sich über den Mund und das Meisterstück, welches die Natur hier geleistet hätte, aus einem Zug, der nur ein Schlitz zum Essen zu sein brauchte, das edle Werkzeug der Rede zu machen. – Neue Nachrichten bestätigen den Erfolg von Lohengrin, und aus Spanien wird gemeldet, daß die Aufführung des Lohengrin in Madrid mit der Säkular-Feier für Calderon zusammenfällt. Wie ich R. sage, es wären hübsche Dinge bei dieser Gelegenheit zu sagen, meint er, es sei dort alles erstorben. – Er sieht die Korrekturen des Briefes »mehrer Wagnerianer«, er war gegen den Plural, ich bat ihn beibehalten zu dürfen wegen der Anrede: wir, die mir urbaner schien. Wir gehen spazieren, wiederum die Konnersreuther Chaussee, bei grauem Himmel und üblem Boden, dazu bei der Heimkehr einen sehr heftigen Wind. R. fühlt einen Brustkrampf, und ich werde besorgt, doch erholt er sich und ruft, wie er von der Siesta zur Arbeit hinuntergeht: Ein Sohn ist da. – Da ich selbst unten war, erzählt [er] es mir und sagt, er bedauere es nur, durch allerlei Umstände gedrängt, es nicht beständig gegenwärtig zu haben, welche »Glorie des Glückes« er habe. – Die Buben, Fidi's Freunde, toben zur Fastnacht auf der Galerie herum. R. korrigiert dann: »Erkenne dich selbst«, und zum Abend empfang[en] wir nebst dem glücklichen Schriftsteller Rub.: einen Gymnasiallehrer Köhler, der drei Tage hier zugegen war, bevor er sich meldete, und zuerst ein ganz befangenes, um schließlich ein so lebhaftes Wesen, wenn auch noch konfus, zu entwickeln. – R. empfiehlt den ganz mit seinen Behörden Zerschlagenen an Lesimple, und auf eine Andeutung von mir hin gibt er ihm Hoffnung, zu Ostern bei Fidi als Hauslehrer einzutreten. Er hat die eigentümliche rheinische Lebhaftigkeit. Wie er fort ist, nehmen wir *Parsifal* vor, die erste Erzählung von Gurnemanz. Es dünkt uns schön, daß wir also die Fastnacht feiern –; wie ich von dem Eindruck, den in früheren Tagen das Bekreuzen mit der Asche auf mich machte, sprach, meint er, es seien wohl schöne Gebräuche und traurig nur, daß sie so bedeutungslos geworden seien. Abends, wie ich zu ihm komme, erzählt er mir, er habe, im Spiegel sich sehend, Richard zu sich gesagt und sogleich empfunden, daß dieser Name in gar keinem Zusammenhange mit ihm stünde, »was ist das, Richard, so dumm«, ich sage ihm, daß früher er mir gesagt hätte, er höre es gern, wenn ich ihn so riefe: »O, das ist etwas anders«, sagt er, »das ist dann wie die Vereinigung zweier Wesen.« –

Mittwoch 2ten R. schlief gut, trotzdem er viel im Schlafe sprach; der Tag ist hell, die Sonne wärmt uns schon. R. arbeitet an seiner Partitur; seine Finger quälen ihn aber immer noch, und der Dr., welcher heute kommt, scheint gar nicht helfen zu können. Lusch's Brief, der ihre Vorstellung und ihr Defilieren bei Hof beschreibt anläßlich der Vermählungsfeierlichkeiten, unterhält R. und auch mich. Wir sprechen davon auf unserem Spaziergang im Hofgarten, bei welchem wir mehr waten als wie gehen. Vor dem Abendbrot kommt R., die c moll Symph. zu mir singend, herauf, leider aber ist er gleich verstimmt durch einen Frauen-Besuch, welchen er bei mir findet, und er fühlt gleich wieder Brustschmerzen. Abends lesen wir den ersten Akt von »Dame Kobold«. Danach Betrachtung des Werkes »Indien« von Schlagintweit.

Donnerstag 3ten R. hatte eine gute Nacht; die Depesche von Frau Lucca amüsiert ihn, und er läßt italienisch erwidern. Er legt das Buch von Pott bei Seite und ärgert sich darüber, daß er nun Musik für die Dekorationsmaler machen müsse (Wandlungs-D. im ersten Akt). Bei Tisch scherzt er über die Religionsstunden, bringt die übrigen Kinder zum Lachen, Loldi aber zum Weinen. Ich erwähne die »Dame Kobold« von gestern, meinend, daß die Gestalten den Eindruck eines Schattenspieles machten; R. sagt, ja, und wobei die Verwirrungen, in welche sie geraten, von einem gelenkt werden zum Guten, zur Brechung des Willens. Da ich, um R. etwas aufzusuchen, viel am Morgen in der indischen Literatur umhergesucht habe, so befaßt sich das Gespräch viel mit Indien. Beim Kaffee aber spricht R. von den Boers und sagt, er habe sich in das Comité zu ihrer Unterstützung – vorläufig Pflege der Verwundeten – eingeschrieben. Und er erzählt von einer jüngsten perfiden Handlung der Engländer, die ihnen nichts genützt hätte, denn sie wären trotz ihrer Mehrzahl durch die Boers geschlagen worden. – R. sagt, die Boers seien derselbe Schlag, der den Spaniern so viel zu schaffen gegeben hätte. Bei schönem Sonnenschein begeben wir uns auf die Chaussee nach Eremitage: »Kunigunt, da kommt die Wärm von unt'«, rat mal, wer das gesagt, frägt mich R. – »Schnappauf«, fährt er fort, »der hinzugefügt, ich hab' nix gspürt.« – Es kommt mir die Erinnerung an die h. Kunigunde und ihren Gang auf dem glutroten Rost – und wir freuen uns dieses Volksgedenken, welches Naturerscheinung und Heiligkeit vereinigt. Freude auch an dem Theater; es sähe aus wie Walhall, meint R. – Ich erlebe den kleinen Triumph, daß R. mir sagt, ich habe recht gehabt in Bezug auf Perugia, der eine Blick und die Farben und Hügellinien seien bedeutender als in Siena, er habe es nur nicht Wort haben wollen. Wir trennen uns bei der Heimkehr, R. geht nach Hause mit Marke, ich mit Molly zu Fr. Berr; wie ich heimkomme, ist Marke ungewöhnlich zärtlich gegen mich, R. erzählt mir, daß er ihn unverwandt lange, lange forschend angeblickt habe, wie er in das Haus gegangen sei, gleichsam fragend, wo ich wäre, da ich stets mit ihm zurückkehre! – Abends Freund Wolz. – Vieles über indische Weisheit, R. liest das letzte Gespräch aus den Upanishads vor; dann über Racen und Gestaltung der Erde mit Anknüpfung an die Theorie von Gleizès, welche ihm zu hoffen gestatte, und an einzelnes von Jacolliot.* Dann auch Empörung von R. gegen die Art, wie unsere Gelehrten Dinge wie die indischen behandeln, und die ganze historische Schule. – Wie wir allein sind und wir uns noch über die unergründlich tiefe Weisheit der Inder ergehen, frage ich R., ob er nicht dennoch fände, daß sie dem Christentum gegenüber im Nachteil seien, ja kleinlich erscheinen; daß sie die Welt zu ordnen und zu regeln versuchten, während das Christentum uns aus ihr hinausleitet. Er gibt mir recht; und er hatte mir schon unterwegs erzählt, wie arg es die Brahmanen in der Begaukelung des armen, verachteten Volkes getrieben hatten. – Gestern kam R. auf das Symbolische in seinen Werken, davon könne nichts in Shakespeare sein, denn es sei der Geist der Musik; daß Calderon mit Symbolen sich abgegeben, sei von Übel und nähere ihn der *Oper*.

Freitag 4ten R. ist in der Frühe gleich etwas gereizt, seine Finger quälen ihn und die Wasserleitung, wiederum nicht in Ordnung, versagt ihm das Bad. – Doch erholt er sich bald, er sagt mir, wie störend ihm die kleinen Dinge seien, da er doch seine Partitur im Kopf habe und auch gern an seine neue Arbeit gehen möchte. Unser Gespräch nach Tisch kommt wieder auf den Brahmanismus, auf die Religion der Intelligenten, »wir gehören dazu«, sagt R., »wir machen mit unserer Kunst Hokuspokus vor –«. Bei nicht schönem Wetter gehen wir im Hofgarten spazieren; R. sagt unter anderem: »Eigentlich ist ein jeder Staat ein Verband von Denunzianten, die Angst vor dem Denunziertwerden bedingt allen Verkehr.« – Wie wir uns Fidi's, auf dem Eise einsam, freuen und die Hunde ihm nachgehen, wird er plötzlich von dem Wächter angeschrien, die Hunde vom Eise zu nehmen; heftiger Ärger R.'s, der solche Ermahnung gar nicht ertragen kann; und der Ärger verursacht ihm gleich Brustkrämpfe. – Er schreibt an den Hofgärtner – und ist beim Abendbrot erholt von seinem Ärger; wie ich, von meiner Lektüre mit den Kindern ausgehend, über den Kardinal de Richelieu spreche, sagt er: Er könne diese Kerle im roten Kleid mit dem Spitzenkragen und der vierek-

* Zeichen im Text, auf der folgenden Seite unten: »Bei Gelegenheit seiner Diatribe gegen die Historie führt R. die Assyrer an, deren Bildwerke im Louvre und im British Museum ihn mit Staunen und Bewunderung erfüllt hätten.«

kigen Mütze nicht ausstehen! – Abends lesen wir die zwei letzten Akte der »Dame Kobold« mit ungemischter Freude aus. – –*

Sonnabend 5ten R. sagt mir in der Frühe: »Zuweilen ist mir das Problem des Daseins, das, worauf alles ankommt, was die Essenz des Christentums ausmacht, ganz nahe.« Von da aus sprechen wir über den Brahmanismus, von welchem R. sagt, daß man die Güte in ihm kaum vorfände. Wir lesen das Werk des G^fen^ G. gemeinschaftlich, d. h. er ganz frühe und ich gegen Mittag. Nachdem ich die Umschläge ihm gemacht habe und er zur Arbeit sich begibt, halten wir uns noch oberhalb der Treppe auf, über die Ansicht des G^fen^ über Zivilisation und Christentum sprechend. R. lacht über uns beim Kaffee und sagt, wir seien verrückt! Der Hofgärtner hat ihm höflich erwidert, was R. freut, er sagt: »Man sieht doch, daß man für die Leute kein Schund ist.« – Bismarck's Auftreten im Reichstag empört R. – Wir gehen im Hofgarten spazieren trotz Regen. Abends singt er ein Volkslied, welches er unsäglich ergreifend findet, und dann vieles aus dem 3ten Akt der Msinger, dessen Reichtum ihn ganz verwundert. – Wie wir allein für uns sind, verlieren wir uns in die entferntesten Gebiete von Religion und Philosophie – er hält noch die Möglichkeit einer Regeneration der Menschheit fest, glaubt an die Bildung einer Gemeinde, will aber nichts davon hören, wie ich, von Loldi sprechend, sage, ich glaube, sie hätte Neigung zur Loslösung von der Welt. – Fidi brachte gute Noten von dem Latein-Lehrer.

*Sonntag 6ten*** Gute Nacht, aber entsetzliches Wetter; die Hähne hätten vor Mitternacht gekräht, das sei ein Anzeichen. – R. komponiert zum »Parsifal« Musik zu, *4 Minuten Musik.* – Wir speisen bei Großens, R. sieht Kolbs zum ersten Mal seit langen Jahren wieder. Er spricht von den Boers mit leidenschaftlicher Erregtheit, empört, daß unsrerseits nichts zu ihrer Unterstützung geschieht. Wie wir die Freunde verlassen, sagt R.: »So ein Diner ist mir doch viel lieber als bei Ouroussoffs.« – – Wir verplaudern den Abend.

Montag 7ten Da die Stimme mir versagt, bleibe ich oben auf meiner Chaiselongue. R. kommt zum Kaffee zu mir herauf, ärgert sich über die Transparent-Photographie an meinem Fenster, namentlich über den vorgeschobenen unteren Teil des Gesichtes, scherzt darüber, wie angenehm es unten, ohne »zänkische Frau«, ohne mich sei. Ich verbringe meinen Tag in Sorge um Lusch, und zwar um ihren Charakter! Drei Briefe sende

* Darunter am Seitenende nachgetragen: »Gestern, wie eine Broschüre über Recht von einem Pr. Ihering mit sehr verbindlichem Brief ankam, sagte R.: ›Das muß dir doch angenehm sein, einen so anerkannten Mann zu haben.‹ – –« ** Fälschlich »5ten« datiert, irrtümlich eine Zahl zurück bis einschließlich Dienstag, 8. März 1881.

ich an sie ab, und wie ich R. die Mitteilung von Mimi anvertraut habe, schreibt er auch, ernst und schön. – Abends kurze Plauderei in meiner Stube, einiges über Bismarck, welcher die Stadtverordneten öffentlich verklagt hat. Dann gehen R. und Jouk. hinunter und sehen sich die neuen Lieferungen über Indien an.

Dienstag 8ten Unser erstes Gespräch gilt Gobineau, den R. rühmend: einen närrischen, aufgeregten Kerl nennt.* Zu mir gewendet sagt er heiter: Aus dem deutschen Reich bin ich geschieden, sehr gern will ich aus der Weltordnung scheiden. Mit Dr. Landgraf zum Kaffee die Frage der Boers besprochen, das Verhalten des deutschen Reiches dazu, als diese um Schutz gebeten hätten, »da werde ich mittun und gleich eure Semiten-Agitation unterschreiben«. – Ein neuer Brief von Moltke hat wenig Freude gemacht; eigentlich sind es nur Worte, die dieses große Fach-Genie zu hören gibt über die Notwendigkeit und Güte des Krieges. – Jouk. zeigt mir eine neue Skizze des Zaubergartens; immer [noch] nicht getroffen! R. etwas ärgerlich darüber. Dagegen entzückt von den Lieferungen aus *Indien,* frägt, was unsere Dome viel zu sagen hätten neben diesen Pracht-Werken. Es sieht nach Frühjahr aus; R. geht spazieren, der Orkan treibt ihn heim, nachdem er die Amseln gehört: »Die Natur in ihrem Lebenstrieb ist so gut«, – von da gelangen wir zu Aischylos, Calderon, Goethe, Shakespeare: »Denn mit dir muß man ja immer solchen Unsinn treiben.« – »Goethe, Cervantes, Dante sahen und schufen Gestalten, D. Q., Sancho, Faust, Mephisto; Dante, Vergil waren Wandrer, die um sich blickten, während Aischylos aus einer religiösen Gemeinde aus als Priester sprach, Shakespeare nicht das eine, nicht das andre, der Rätselvollste.« So nimmt er Abschied von mir, um nach dem Ausgang sich umzukleiden und komponieren [zu] gehen! Es macht ihm Not: »Gestern fand ich schlecht, was ich vorgestern machte, heute das schlecht von gestern, da sieht man, was das ist.« – Abends zeigt er den Brief des Kapitäns Darmer und seine Antwort, teilt auch die Erfolge der Boers mit, schließlich liest er ein modernes indisches Stück vor, das uns entzückt, ja tief ergreift. Wir zögern nicht, es über die Intermeses zu stellen, und immer tiefer sinkt in unserem Begriff alles Europäische gegen das Asiatische. Lange noch darüber gesprochen und alle Einzelheiten durchgenommen.

Mittwoch 9ten In der Frühe wiederum Indien und vor allem das kleine Stück! Nach Tisch habe ich R. mit einer Anekdote vom Lehrer Gutmann zu ergötzen; derselbe wollte nicht mehr Fidi in die Lateinstunde begleiten,

* Vermutlich hierher gehörend, zwei Seiten später unten: »Er sagt, Pott mache ihm den Eindruck des schwer bepanzerten, steifen deutschen Studenten, während Gobineau leicht, mit dem Florett aufträte.«

weil der Latein-Lehrer neulich den Satz zu übersetzen gegeben habe: »Bei den Römern unterrichteten Sklaven die Knaben« – sonst sei er höflich und freundlich gegen ihn. Bei Tisch spricht R. heiter von der Eifersucht und sagt: Er mache den feierlichen Schwur, mit keiner andren Frau sich abzugeben! – Viel über die Boers, die Engländer geben in etwas nach. – Schlimmes Wetter, R. geht nicht aus; wie er zu mir kommen will, findet er mich Unterricht den Mädchen gebend (fr. Geschichte), er nennt mich lachend Aspasia! Abends nehmen wir den 3ten Akt aus Tannhäuser vor, mir ergreifend wie eine Erfahrung aus der Heiligen Geschichte. R. freut sich namentlich des Gebetes und der großen Einfachheit desselben, daß er damals, so jung er war und so wenig technisch ausgerüstet, so sicher gewesen wäre, dieses lange Stück so schmucklos zu halten. – Wir sprechen von seiner jetzigen Arbeit; daß er in seinem Buche die anschwellenden Posaunen gefunden, verhilft ihm zu der Nachkomposition: »Wenn du aber glaubst, daß ich einen Takt schreibe, ohne an dich zu denken, an dein katholisches Auge, so soll dich der Fluch der letzten Hölle treffen«, sagt er mir, wie wir hinaufwandeln. – Und wie er sich auskleidet, freut er sich des »Ringes« – die anderen Werke alle stecken in einer gewissen Konvention, das lebt im Wald, und er schließt mit einer Betrachtung der Germanen, die daraus nichts wieder zu wecken gewußt hätten.

Donnerstag 10ten Allerhand, aber nicht Unerfreuliches von Lusch. – R. hatte eine gute Nacht, ich eine schlechte, in Folge dessen verschlafe ich das Frühstück und R.'s Aufstehen. Er kommt später und neckt mich, daß ich nur in seiner Gegenwart schliefe, dann aber aufstünde. Er verläßt mich, um mich bald darauf zu rufen: »Jetzt ist mir alles klar« und mir seine neue Zwischen-Musik zu spielen. (Gestern, wie er sie entwarf, hatte ich mich wiederum hingelegt, war eingeschlafen und hatte ihn im Traum aus Tristan die Scene, wo Isolde ankommt, so leidenschaftlich spielen hören, daß ich ausrief: »Er ruft mich« – und nun erwachte.) – Freund Feustel speist mit uns. R. geht wiederum nicht aus, des Wetters wegen. Abends arbeitet er, ist etwas verstimmt, erzählt aber ergreifend von seiner Lektüre (Jacolliot, Indien). Ärgert sich, daß man an Logen in Berlin denkt, während das ganze Berlin ihm ein Grauen sei, freut sich über die Chilenen, die er von je gern gemocht.

Freitag 11ten R. hatte eine gute Nacht, er geht heiter an die Arbeit, aber wie ich um die Mittags-Zeit herunterkomme, finde ich ihn verstimmt durch das Unterleibsleiden, über welches er stets zu klagen hat. Er spricht über Indien, über das Tröstliche der Brahmanischen Lehre, daß der Paria sich sagen durfte, wenn er sanft sein Erdenlos ertrüge, daß ihm eine edle Wiedergeburt bevorstünde; daß die ganze Genesis beständig in ihrer Gesamtheit vorlag. – R. hat Not mit dem Zaubergarten, den Freund Jouk. immer nicht trifft. Dann fährt er mit diesem und Fidi aus und geht auf dem Perron der Eisenbahn spazieren, da das Wetter alles übrige unmöglich macht. – R. arbeitet dann vor dem Abendbrot, und nachher lesen wir den merkwürdigen Brief des Engländers und sehen mit wahrem Gaudium das herrliche Werk von H. Burgkmair, »Der Weißkunig«, mir aus der k. Bibliothek in München geliehen. »Diese Kraft der Gewänder«, ruft R. aus. Dann spielt R. die »Oberon«-Ouvertüre und manches aus »Oberon«, es sei ihm, als käme er in seine Heimat, sagt er, wenn er zu Weber komme. Die Hebriden-Ouvertüre sei ja ein viel größeres künstlerisches Meisterwerk als die »Oberon's«, aber hier sei Seele, Feuer! – Trauriges Gespräch über Hans zwischen R. und mir, ich nehme mir vor, nur mehr darüber zu schweigen. Um zehn Uhr, wie wir noch im Saal versammelt waren, hörte ich einen fernen Klang, wir öffnen die Türe nach der Halle und hören Isolde und Eva, welche den »Gruß der Getreuen« im Bett für sich singen. Es rührt uns sehr und veranlaßt R., diese schöne Episode aus seinem Leben zu erzählen. Und die lieben Kinder sind es, die uns auf Hans führen!

Sonnabend 12ten Keine gute Nacht für R., er hat große Unterleibsbeschwerden. Doch arbeitet er an seiner 3-Minuten-Musik, völlig mit der Uhr in der Hand. – Bei Tisch klagt er über sein Befinden. – Er geht aber aus und bringt mir vom Garten die ersten Schneeglöckchen*, rührender, teurer Gruß! Abends Freund Wolzogen, mit welchem alles durchgesprochen wird; Kosmogonie, indische und christliche Weisheit, alles! ––

Sonntag 13ten Gar schlimme Nacht, das alte Unterleibsleiden quält R., und er ist in Folge dessen in der Frühe sehr verstimmt, sieht auch sehr angegriffen aus. Er erzählt aber bei Tisch aus seiner Lektüre (Jacolliot). Zum Kaffee Besuch eines G.rats Löher, Archivist, welcher R. erzählt, die Tannhäuser-Ouvertüre hatte ihm in den Jahren [um] 1852 Mut zum Deutschsein gemacht. – R. geht spazieren, immer ohne mich, des Hustens wegen; er arbeitet dann an seiner Partitur und bringt mir ein Blatt, welches wir H. Bovet in Paris schicken; Freund Feustel zum Abendbrot, der R. mitteilt, daß er in Meiningen Hans aufgesucht habe, nicht getroffen und sich binnen acht Tage den Punkt ausgebeten, wo er ihn sprechen könnte. – Rub. spielt uns abends die Pariser Tannhäuser-Musik, und ich erlebe es eigentlich zum ersten Male, daß R. eine große Freude daran hat; »wenn einer mir sagte, ich sollte so etwas machen, es wäre mir unmöglich«. Die Fülle daran gefällt ihm, denn er sagt: Es sei gar kein Leichtes, so ein ausgedehntes Allegro zu schreiben. Er frägt sich auch, wie wir allein sind, was

* Beigelegt einige getrocknete Schneeglöckchen.

denn die Bedeutung der alten Tannhäuser-Ouvertüre mache, die doch in vieler musikalischer Beziehung hinter den Weber'schen zurückstünde und die Mendelssohn gewiß verächtlich behandelte, das sei die Plastik der Motive – »ich habe nie genöhlt*«. – – Es seien alles Motive, und z. B. sein Tannhäuser-Thema darin bräche mit der Gewohnheit, das zweite Thema lieblich zu machen; er glaube, daß neben musikalisch vollendeterem Vorangegangenen sie sich doch als neu ausnähme. – – Und zum Schluß sagt er, daß er gern mich sähe, wenn seine Musik gespielt würde; er würde Aufführungen machen und sich so setzen mit der Brille, daß er mich betrachte, da hätte man etwas zu sehen – und segnet mich, und selig gehen wir zur Ruhe!

Montag 14ten »Endlich haben sie ihn doch gefaßt«, sagt R. in der Frühe und liest mir die Depesche von der Ermordung des Zaren.** Ich bin sehr bestürzt; R. aber erwägt mit großer Ruhe die Kräfte, die da in Bewegung gesetzt sind, und ist namentlich durch den Zug, die zweite Bombe zu werfen, sehr erstaunt. Unser armer Freund Jouk. ganz erschüttert, wir sprechen viel bei Tisch von dem Kaiser Alexander, dessen Beschränktheit zugleich mit seinen guten Absichten dieses tragische Los bereitet haben. – R. geht dann aus, er freut sich, daß die Schneeglöckchen die Kälte so wacker überdauert haben, und pflückt sie deshalb für mich nicht ab. Abends lesen wir das »Wundertheater« von Cervantes, mit Freude an dem genialen Einfall. Sonst fährt R. fort in dem Buche über Indien. Er erzählt bei Tisch von den arabischen Pferden. – Eine Pression seitens einer antijüdischen Zeitung erwidert er sofort mit Postkarte. Mag mit dieser Sache nichts zu tun haben, überhaupt mit dem deutschen Reich, seit dem Benehmen in der Vivisektions-Frage. (Blatt aus der Partitur des Parsifal an H. Bovet geschickt.)

Dienstag 15ten R. hat gut geschlafen; ein Mittel von Dr. Landgraf ist gut angeschlagen. Er schreibt an den König und liest mir abends einen Teil seines herrlichen Briefes vor. In der Frühe kamen wir auf unser Hauptthema der Moralität der Welt, »wir philosophieren zu viel«, sagt er lachend. G[f] Gobineau schickt eine Arbeit über Asien für die Blätter ein. Immer neue Einzelheiten über den Mord. R. ordnet eine Fahrt nach Eremitage [an], die Sonne ist strahlend, aber der Wind noch heftig. R. sagt dann zu mir: Voriges Jahr war es schöner! Abends die Freunde Wolz., H., Rub., über den Mord sagt R.: Die Dummheit wäre hier getroffen worden; als Dramatiker interessierten ihn die Mörder; wenn er es zu behandeln

* Sächsisch: gequengelt; Lesart »gewählt« unwahrscheinlich. ** Depesche beigelegt, s. Anm.

hätte, könnte er sie nicht ganz uninteressant darstellen. Es sei Wahnsinn von beiden Seiten, zwei Dummheits-Bomben, die aneinander platzten. Der Kaiser, welcher Liberale nun nicht mehr habe vornehmen wollen, es seinem Sohne überlassend und dabei nicht abdankend, als ob die Ereignisse warteten. »Dieser Wahnsinn des Herrschens«, ruft R. aus. Jetzt der Thronfolger, der nun aus Pietät gegen seinen Vater auch hängen, verbannen, einkerkern muß und nicht human sein darf. Ein Genie gehörte eben auf diesen Posten. – Wir bitten Rub., noch einmal die Musik zum Venusberg zu spielen. – R. erzählt mir, bei der Probe in Paris habe ihm Wesendonck gesagt: »Das sind ja ganz wollüstige Töne –.« »Er fürchtete wohl, ich hätte seiner Frau so etwas vorgetanzt«, sagt R.! Und dann: »Da, wo es Wesendonck gefällt«, bezeichnet er die Stelle der drei Grazien. Wie die Freunde fort sind und wir auf verschiedene Fragen kommen, erzählt er mir, in seinen Knabenjahren habe er von einem Schauspieler Stein diesen Ausspruch gehört: »Die Dummheit müßte man bestrafen, nur die Dummheit«, das habe ihm damals seltsam geschienen, jetzt fiel es ihm ein. – Wir kommen durch die Bemerkung ›Humperdinck und Rub.‹ auf Güldenstern und Rosenkranz, und R. gedenkt der Stelle, wo König und Königin sie verabschieden, und wir lesen die Scene wieder. Und immer wieder mit Staunen! … ⟨Dann kommen wir wiederum auf Hans, es kränkt R., wenn Lusch von »meinem Vater« schreibt. Er soll seine Kinder nicht empfangen können, weil er nicht allein lebe.⟩*

Mittwoch 16ten R. hat gut geschlafen, und ein schöner Sonnenschein bewegt ihn dazu, eine Fahrt nach dem Theater anzuberaumen. Am Vormittag beendigt er seinen Brief an den König. Bei Tisch ist er darüber sehr heiter, und auch unsere Fahrt glückt außerordentlich. Der Hund Faf, Nachkomme von Marke, entzückt durch seine Schönheit. Und Briefe von G^f^ Gobineau an mich mit halb ausgesprochenem Wunsch, sich hier niederzulassen, und von Kmeister Levi, ergriffen durch »Erkenne dich selbst«, berühren R. eher angenehm. Abends wünscht er Whist zu spielen, nachdem er sehr heiter u. a. über Balzac gescherzt hat: »La femme de trente ans commence à 40 ans.« – Er bemerkt, daß keine Französin [bei] ihm je Interesse erweckt habe, und er frägt, wo denn diese interessanten Balzac'schen Frauen wären. – Auch aber bei den Frauen andrer Nationen, die er aufzählt, findet er wenige, welche an diese interessanten Gestalten erinnerten. Beim Whist gedenkt er der Partie in Magdeburg, die ihn ganz trunken zu seiner Geliebten geführt hätte! Wie selten ist er heute sprudelnd humoristisch, er behauptet, weil er mich nicht zu Worte kom-

* ⟨ ⟩ von fremder Hand mit Tinte unkenntlich gemacht.

men lassen wollte, meines Hustens wegen. ⟨Seine gute Laune und sein Witz erstreckten sich unter andrem auch auf Hans, von dem er einfach beim Kaffee sagte, er sei unausstehlich! Was mir in meiner gedrückten Stimmung darüber zu einer großen Heiterkeit verhilft.⟩* Immer wieder aber ist es Faf's Schönheit, welche R. in Gedanken erfreut. Daß er uns nicht erkannte, gemahnt R. an Siegfried und Wotan!

Donnerstag 17ten R. hatte eine gute Nacht.** – Gegen Mittag kommt er herauf, meinend, ich hätte auch die B. Bl. gelesen; daß ich sie nicht erhalten, ist ihm eine Enttäuschung, die ihm eine Art Ärger verursacht. Er rühmt das Offene Schreiben so hoch, daß es beschämend ist. Wir gehen spazieren bis zum Wäldchen, Lerchen umschwirren die Luft! Ein Häschen macht R. Spaß, und das Städtchen im Sonnenschein blickt uns traulich bei der Heimkehr an. Abends etwas Whist und »Don Juan«; von dem Masken-Terzett, »das ist das, was ich in meiner Jugend immer nachzumachen trachtete«, sagt R.; er klagt über das viele Durcheinander des Schönsten und der bloßen Klapper-Musik, bis endlich er die Schluß-Scene, den Steinernen Gast singt, zu unserer aller staunender Bewunderung. Er zeigt uns dann, wie es der Dichter sei, der eine solche Musik hervorzubringen vermöchte!

Freitag 18ten Nicht eine ganz ruhige, aber doch eine erträgliche Nacht für R. Er liest in der Frühe in den Zeitungen, und die Auslassungen von Herrn St.-Saëns sind ihm aus dem einen Grunde unerfreulich, weil es ihn noch kränkt, wenn man annimmt oder anzunehmen vorgibt, daß er einen Erfolg in Paris suche. Er arbeitet. Evchen, erkältet, fehlt unserem Tische! R. kommt durch die Beilage der B. Bl. (eine Schrift über die Vivisektion) auf das Entsetzliche des Lebens, er schließt wehmütig heiter: »Man erhält sich nur durch ein Sammelsurium von Ensemble.« – – Gobineau's Buch, das er liest, macht ihm weniger Freude als Jacolliot, dies sei »grüne Weide«***. – Der Aufsatz von Springer mit den schönen Zitaten – namentlich mit dem Gedanken von Buddha, auf den besonders R. meine Aufmerksamkeit leitet – macht uns Freude. Wir gehen spazieren nach der Konnersreuther Chaussee hin, der Himmel ist grau, aber unsere Stimmung ist freundlich. Abends unsere Freunde; mit Feustel kommt R. immer in's Politisieren; er setzt wiederum seine Gedanken auseinander über Rußland und daß der Kaiser A. das »Opfer seiner Dummheit« gewesen sei. Dann wird musiziert, aus Tannhäuser (2ter Akt). – – – Wie alle fort sind, erleben wir wiederum die Freude, uns zu haben!

* ⟨ ⟩ von fremder Hand mit Tinte unkenntlich gemacht. ** Zeichen im Text, am untern Rand: »Er wachte auf mit der Absicht, den Kindern ein studentisches Trinklied vorzusingen, was er mir schon im Bett vorsingt.« *** »Weide« korrigiert, ursprünglich wohl »Seide«.

Sonnabend 19ten R. hatte eine gute Nacht, kam in der Frühe wiederum auf die Äußerungen St.-Saëns gegen ihn, um sich zu fragen, was sie veranlaßt haben könnte. Ob er wirklich glaube, er, R., wünsche einen Erfolg in Frankreich, oder ob er vorgäbe, das zu glauben, oder ob er verhindern wolle, daß R.'s Werke aufgeführt würden. – R. arbeitet an seiner Partitur, freut sich einer Stelle, die ihm eine p-Bezeichnung, welche Rub. nicht verstanden hatte, erklärt, und sagt, wie fremd ihm so bald seine Sachen würden. Brief von Lusch an R., der durchaus will, ich hätte ihn eingegeben. Wir gehen spazieren, R. und ich, im Hofgarten, weil es da geschützter ist gegen den Wind. Abends liest R. »Der Arzt seiner Ehre« vor, und der Eindruck ist ein so gesteigerter, daß R. ausruft: »Man ist ein Tor, daß man nicht bloß die ungeheuer seltenen großen Dichter immer wieder liest.« – – Vieles dann über das Thema der Eifersucht, Don Gutierre ist zu verstehen. (Rätsel bei Tisch: Was ist vorne Silber, hinten Gold? Die Mama! – – Wegen meinem Haar.)

Sonntag 20ten Boni's Geburtstag – Evi leider zu Bett. Die Nacht war für uns etwas unruhig, weil die Lektüre bis über die Mitternacht hinaus gewährt hatte. Doch ist R. nicht unwohl, nur etwas angegriffen. Viel über Donna Mencia – warum sie ihrem Gemahl nicht gesteht, daß der Infant da sei, eben weil sie den Infanten liebe. Dann will es uns dünken, weil der Katholizismus den Selbstmord nicht gestattet, daß die furchtbarsten Dinge zum Schauspiel werden, ja oft im Lustspiel-Ton behandelt werden. Nach den Zeilen, mit welchen Mencia ihrer Zofe ihre Liebe für Enrique im ersten Akt gesteht, ruft R. aus: »Das ist ein Dichter, das ist ein Künstler!« – Boni wird bei der Bescherung mit einer Improvisation R.'s über das Thema der Elisabeth, welches er in den Marsch übergehen läßt, begrüßt und erhält dabei ihre Gaben. Bei Tisch Jouk. und Rub. – letzterer, immer etwas absonderlich, gibt es R. ein, ihm anraten zu wollen, eine Italienerin heiraten zu wollen. R. gedenkt der frühen Zeiten, wie er mich vor 18 Jahren besucht hatte. Der graue Wagen und allerlei. – Wir gehen dann im Hofgarten spazieren, Freude an den Amseln, deren Schlag R. am schönsten findet nach dem der Nachtigallen. Beim Abendbrot gedenkt er Minna's, sagt, daß er sie aus Eifersucht geheiratet habe, erinnert sich mit Grauen daran, daß gewisse Vertraulichkeiten vor Vorgesetzten Minna nicht empörten. Abends spielt er aus der »Zauberflöte« und aus »Oberon«. Von letzterem erzählt er, wie es ihn als Knaben von zehn Jahren melancholisch gemacht habe, ihn nicht schön zu finden wie den »Freischütz«, und wie er sich dann über die einzelnen schönen Züge gefreut habe. Das c, h, a, g, f, c, d, c in der schönen Arie hatte ihn empört. »Ach, wir sind arme Wesen, wir Deutsche«, ruft er aus, von Weber, seiner Nötigung, nach London zu gehen; sein Trachten, es ein wenig im Rossini'schen Stil zu machen, besprechend. Er sprach es heute wieder aus, wie gerne er Symphonien schreiben würde, wie gern er mit dem Orchester, ungern aber mit den Theater-Sängern zu tun hätte. »Aus dem Tagebuch« würde er sie betiteln; dann aber findet er den Titel zu prätentiös. – Und die Entstehung der Welten stellt er sich vor, irgendeine Zentral-Sonne, die sich zu drehen beginnt, aus Verlangen, nein aus Angst, und nun sei dieses Angstwirbeln überall und alles ziemlich gleichgültig, bis man den Dingen eine moralische Bedeutung gäbe. Von unserer Gesellschaft sagt er mir, daß Erscheinungen wie Voltaire ihm darin so individuell und losgelöst vorkämen, daher ohne eigentliche Kraft.

Montag 21ten R. hatte eine gute Nacht. Bei Tisch erzählt er von dem Urteil von G^{f} Gobineau über Frankreich, welches ihm sehr einleuchtet. Wir gehen spazieren trotz des Regens, die winzigen Knospen, welche sich an den Sträuchern zeigen, zeigt er mir und sagt: »Es ist wie Eva's Niesen« (so unmerklich!). – Die jetzt in Rußland geforderte Eidformel empört uns – auch scheint diese kleinliche Vorkehrung so unnütz! – – Gegen Abend, bevor er hinunter zur Arbeit geht, will ich R. noch begrüßen, geh' in sein Stübchen, er ist bereits in sein[em] Ankleidezimmer; ich warte auf der Wendeltreppe und höre ihn sagen: »Hätte lieber Kuren als Notizen – schon gut, er weiß, daß das Kind Verwandtschaft in Brasilien hat –«, und nach einer Pause, »das ist wie prädestiniert, sie nehmen alle die südlichen Länder ein«. – Ich frage, was denn dies alles zu bedeuten habe, sage ihm, was ich gehört, er besinnt sich, lacht und sagt: »Wie ich meinen Finger ansah, fiel mir der Dr. ein; dieser ist über Land wegen eines Kindesmordes, das Kind ist verschwunden, und es entstand in mir der Roman, Schnappauf habe das Kind bei sich versteckt (von einer reichen Verwandtschaft in Brasilien wissend), um es seinem Sohne zu verheiraten! Und mit Brasilien fiel mir ein, daß alle Einwanderungen da von Katholiken ausgehen und der Norden nur den Protestanten angewiesen bleibt.« – Wir lachen sehr über diesen lauten Monolog. – Abends erzählt er, er habe Fidi oben aus Tristan, Lohengrin, allem möglichen singen hören, und die Worte seiner Mutter an ihn, R., seien ihm eingefallen: »O Sohn, an dem ich Wohlgefallen habe«, – er erwarte sich viel von Fidi, würde es wohl nicht erleben. Beim Abendbrot beklagt er es humoristisch, daß so viele Mädchen da wären, es gäbe keine Männer, sie würden alte Jungfern werden. – – Abends Freund Wolz. – Erinnerungen an die Nib.-Aufführungen; Kummer R.'s über Betz. Dann viel Allgemeines, Welt-Entstehung, unsere Kultur geringfügiger als die vergangenen, z. B. die assyrische, auf etwas anderes käme es an. Auch auf die Russen kommt er zu sprechen und meint: Einen brutalen Barbaren wie Bismarck brauchten [sie], um sie rücksichtslos nach Konstantinopel zu führen. – Er bedauert es, daß seine Dichtungen nicht in einem etwas weiteren Sinne besprochen worden sind, z. B. der Ring nach der Bedeutung des Goldes und des Unterganges einer Race daran. Die *M*singer nach dem in Sachs ausgesprochenen deutschen Typus, etwas derb, wenn man wolle, aber etwas, im Gegensatz zu dem romanischen. – – Wie wir uns abends grüßend verlassen, gedenken wir unseres gemeinsamen Todes – so würde ich ihn auch in Nirwana empfangen –, meinen wir. Und daß wir uns wiedergefunden, nicht erst hier begegnet hätten. – (Er zeigt mir als Zeichen seines Fleißes die Seite 80 der Partitur, die er heute vollendete, und besonders die Fagott-Stelle darin.)

Dienstag 22ten Hohenzollern-Wetter, d. h. Schnee zu Frühjahrs-Anfang! – – Wie R. mir guten Tag wünscht, sag ich ihm, wie schön er sei; er erwidert heiter in Zettel's Ton, »das wohl nicht«, und wir kommen auf diese Shakespeare'sche Scene wieder zu sprechen. – Dann geht er zuerst zu Lektüre (Gobineau), später zur Partitur. Mittagessen und Kaffee gehen ohne besondere Gespräche vor sich, nur daß R. Jouk. davon abrät, irgend etwas andres Rußland zukommen zu lassen als den Ausdruck seiner Submission. – Gegen 4 Uhr Brandt und die Gebrüder Brückner; viel Technisches; Brandt immer ausgezeichnet. Wie alle fort sind, so geraten R. und ich, wir in eine große Heiterkeit über den absonderlichen Umgang mit eigentümlichen Wesen wie die guten Maler. Wie R. mich aber beklagen will, weil ich den größeren Teil der Zeit mit ihnen zubrachte, so erkläre ich, wie leicht, wie erfreulich solcher Zwang, der doch etwas fördert, gegen den gewöhnlichen Gesellschafts-Zwang; und dabei könnt' ich mir noch stolz sagen, daß ich ihm etwas abnehme! – – (Wie gestern Rub. und Humperd. die Blumenmädchen sangen, sagte R., wenn auch keine Bl.mädchen, so doch wenigstens Rettichjungen!)

Mittwoch 23ten R. träumt französisch laut von Dieben und ruft die Polizei herbei. Wir sind beide etwas müde, doch bei Tisch, wo wir unsere Gäste wieder haben, ist er übersprudelnd von guter Laune und Witz. Brandt sagt, er habe ihn seit Tribschen nicht so gesehen. Sowohl das Vertrauen in Br. als die seltsame Erscheinung der beiden Maler begeistern ihn zu völligem Übermut. Wir gehen darauf im Hofgarten spazieren, »Lächeln unter Tränen, Schneefrühlingsstimmung« (als welche R. auch unsere Stimmung bei den Proben damals bezeichnet. Viele Erinnerungen sind ausgetauscht worden mit Brandt, der Wurm ohne Hals, die Amsel, welche zur Elster wurde – und dann immer wieder das Attentat, des Kaisers Los dadurch so tragisch, daß er als guter Mensch, aber kein Genie, es gar nicht begreifen konnte – Vorteil der Nihilisten gegen die Herrscher, sie haben keine Angst, und diese haben Angst). – – Marke aber erwürgt ein Huhn. Abends Whist, R. hat Glück, was ihm Spaß macht. Am Schluß liest er aus »Hamlet« mit einer solchen ergreifenden Eindringlichkeit, daß mir's ist, als ob niemand auf der Welt den herzlichen, vornehmen, bitteren, ironischen, zurückgehaltenen und expansiven Ton des Helden haben konnte außer ihm. Er bezeichnet ihn als die Verkörperung der Renaissance, das Wesen, bei welchem das naive Handeln des Mittelalters aufhöre. Die Auslassungen gegen Ophelia (das Malen, Trippeln etc.) begleitet R. mit dem Ausruf: »Worunter leidet unsereiner denn, wenn er mit höfischen Leuten zu tun hat«; und nach dem Gespräch zwischen Polonius und Hamlet sagt er: »Gott, wenn man nur so ein Gespräch erführe.« – Daß Kaiser Wilhelm zuerst bei der Nachricht des Attentats gesagt haben soll: »Also die Eskorte nützt doch nichts« – ergötzt R. – – – (Bei Tisch hatte er gesagt: Nun würde er Vegetarianer, er äße bloß noch Lämmerschwänzchen.) Wie wir allein sind, bespricht R. das Sein oder Nichtsein und sagt, wie frei von allen kirchlichen Vorstellungen diese Betrachtung sei. Hamlet stünde wie der erste Mensch dem Tode gegenüber und empfindet die Angst, aus dem Traum des Lebens zu erwachen, erwachen zu dem Schlafe, der vielleicht Träume – Wiedergeburten – hat.

*Donnerstag 24ten** R. hatte eine gute Nacht, aber zu Mittag, nach der Arbeit, fühlt er sich nicht wohl, steht öfters auf während des Tisches. Und leider erregt meine Äußerung, daß die Nihilisten dem Volke ferner stünden als wie der Zar, sein heftiges Mißfallen. Wie ich meine, daß diese Verschwörer keine Berechtigung hätten, im Namen der Bauern aufzutreten, ruft R. aus: »Berechtigung! Hat denn der Zar Berechtigung? Hier handelt es sich um Kräfte, um Recht als *Jus,* Kraft, wie die Römer es nannten; seitens der Herrschenden gibt es keine Kraft, seitens dieser Verschwörer aber eine.« – Abends erzählt er, wie sein Schwager Gal Meck seinen Kosaken habe prügeln und dann die Knute küssen lassen! Die Menschen könnten sich nicht so schnell verändert haben. – Er geht mit Jouk. im Hofgarten spazieren, ich, von einem Gang in der Frühe müde, bleibe zu Hause, lese über Brahmanismus, was mir gestattet, zum Abendbrot das Gespräch [darauf] zu bringen, woraus dann die Lektüre des ersten Oupnekhats (Colebrooke) über den Tod sich ergibt. – (Viel wurde ich heiter über meine Juste-milieu-Ansichten gehänselt bei Gelegenheit der Nihilisten.)

* Fälschlich »25ten« datiert, irrtümlich eine Zahl voraus bis einschließlich Sonntag, 27. März 1881.

Freitag 25ten R. hat gut geschlafen. Unser Gespräch gilt dem Brahmanismus, R. rühmt diese Religion der Intelligenz, um aber das Christentum dagegen zu erheben, die Religion des Leidens. Wie er um die Mittagszeit zu mir kommt, sage ich ihm, daß die Auffassung der Hunnen-Invasion seitens G[f] Gobineau mir einen Anhaltspunkt gegeben hätte für die Nihilisten-Bewegung, da es wohl jetzt nur auf Zerstörung ankommt. Bei Tisch kommt unser Gespräch wieder auf Indien. R. fühlt sich aber immer schwer. Wir gehen spazieren, nachdem er die Kostüm-Bilder von Jouk. besehen hat. Der Windsturm treibt uns heim. R. arbeitet und zeigt mir frohlockend eine Seite, wo er wenige Instrumente ausgeschrieben hat (wo Gurnemanz und Pars. sprechen). Abends läßt er die neue Zwischen-Musik aus Parsifal spielen, und darauf nimmt er die »Entführung aus dem Serail« (Osmin, und Osmin und Blondchen, die türkische Musik) zu unser aller größtem Ergötzen vor. Wie wir allein sind und R. eine h. Flasche Champagner bestellt hat, erzählt er von der Entstehung dieses genialen Werkes, von dem Verhältnis von Mozart zu seiner späteren Frau, »das war wie mein Verhältnis zu Minna Planer, nur hat das bei mir keine Blüten getrieben«. – –

Sonnabend 26ten R. hatte eine gute Nacht. (Um die Mittags-Zeit kommt er zu mir, um seine Freude über das Kapitel über Zivilisation von Gobineau mir auszusprechen ⟨das war gestern⟩*.) – Das Kostümbild von Kundry wird besprochen und festgesetzt. Wir gehen dann im Hofgarten spazieren, kommen wieder, R. und ich, auf »Hamlet« zu sprechen, ein zwischen uns unerschöpfliches Thema! Abends lesen wir Vorrede und Einleitung zum »Willen in der Natur«. R. klagte heute wieder über Schmerzen in der großen Zehe. (›Die Könige seien heutzutage die Pensionäre der Zivilisation‹, sagt R. – die Juden hielten sie noch.)

Sonntag 27ten R. hat gut geschlafen, aber wir haben zwei Kinder, Boni und Loldi, an Hals-Affektionen krank. Reduzierter Mittagstisch. R. verstimmt durch Feustel'sche Mitteilungen an mich über Nicht-habhaft-Werdung von Hans. Allmählich aber erheitert er sich, und beim Kaffee sagt er seinen jetzigen Lieblingseinfall: »Ich kann mich nur irren in Dingen, die ich verstehe; in Dingen, die ich nicht verstehe, gehe ich nach Autoritäten, in der Strategie werde ich mich nicht irren.« – Neulich sagte er, er würde sich es zutrauen, im Moment einer Schlacht den Ausschlag geben zu können, und ich bin davon überzeugt. – Spaziergang nach der Birk, nachdem Jouk.'s Kostüm-Bilder akzeptiert wurden. Der Wind weht stark und belästigt sehr, Italien immer wieder. – – Ob ganz von hier fort, dann

* ⟨ ⟩ eingefügt.

will R. alles abbrennen, denn es wäre ihm zu peinlich gewesen, die fremde, gemeine Einrichtung in Tribschen zu gewahren. Abends weiter im »Willen in der Natur«, nachdem R. manches von Gobineau mitgeteilt hat und den Gesang eines Paria aus Jacolliot vorgelesen. – Schön improvisierte R. heute vor der Lektüre und sagt, er habe immer Freude daran.

Montag 28ten R. hatte eine gute Nacht. – Das vollständigste Frühjahrs-Wetter lockt ihn vor Tisch in den Garten, und nach Tisch gehen wir bis zum Studenten-Wäldchen, von Lerchenschwirren begleitet! Freude R.'s daran und traurige Gedanken, daß die Menschen nichts Besseres mit solch einem Vogel anzufangen wüßten als ihn »in's Maul zu stecken«. – Das Wohl über diese Äußerungen des Willens nachzudenken wäre seitens des Menschen, der erkenne. Wie wir auf dem Rückweg sind, sieht R. den Rauch einer Fabrik, der steige so gerade wie die Lerche, »die eine singt, der andre stinkt«. – – Er arbeitet an seiner Partitur. Abends kommt Freund Wolz. R. sagt, er möchte gern die B. Bl., wie man das Kind vom Nabel abschneidet, freigeben. Dann: »Gobineau sagt, die Germanen waren die letzte Karte, welche die Natur auszuspielen hatte, Parsifal ist meine letzte Karte.« – – Wie wir allein sind, ergeht er sich über die Musik: »O, was ist solch ein Dreiklang! Alles verschwindet für mich dagegen; wenn er wieder eintritt, so ist es nach allem Toben, Wüten, Irren wie die Rückkehr von Brahma zu sich.« »Geht mir mit der bildenden Kunst«, und dann kommt er wieder auf die Herrlichkeit der Musik und sagt mir, er habe, wie er an die Klänge von Palestrina und Bach, denn diese verstünde er darunter, auch an das Gedicht von Herwegh auf mich gedacht, und knüpft Teuerstes, Holdes daran! – »Wie wäre ich kalt, mich glücklich nur zu nennen!« ruft R. beim Abschied nach dem Spaziergang [mir] zu.

Dienstag 29ten R. hatte eine gute Nacht, und er ist immer froh bei der Arbeit. Herrliches Frühjahrswetter. Wir fahren nach Fantaisie und gehen dort spazieren. Abends nehmen wir die »Schlacht bei Vittoria« [vor], von welcher R. das Kindliche des Anfangs hervorhebt, das Prachtvolle der Sieges-Hymne rühmt und sich freut, wie B. nun des »trockenen Tones satt wird und den Teufel spielt«. Das naiv Volkstümliche erinnert ihn an »Egmont«, und wir nehmen mancherlei aus der Musik daraus vor. R. spielt selbst die Klänge vor Klärchen's Tod in wunderbarer Weise. »Sie stirbt wirklich«, ruft R. aus, »und er empfiehlt sie dem Ferdinand! Aber so ist es, und diese Wahrhaftigkeit macht das Werk so liebenswürdig. Schön ist es, daß sie ihm erscheint.« – – Wir sprechen davon, daß diese Musik, die wiederum nur für das Stück gemacht sei, eigentlich bei den Aufführungen verloren ging. R. meint, bei uns im Saal, für einige, müßte sie aufgeführt werden. In Zürich habe er sich viele Mühe damit gegeben. Bei der berühmten Oboestelle, die er mit dem Lerchenschwirren vergleicht, gedenkt er Kummer's in Dresden. So würde er sie nie wieder hören. Zwischen dem 1ten und 2ten Teil von der »Vittoria-Schlacht« liest er aus der Biographie die Episode dieses Konzertes vor. Wie wir allein sind, kommt er auf die Akkorde, die wie aus der Liturgie klingen, und spricht es aus, wie ergreifend diese seien. Am Schluß dieser Musik ruft er aus: Wir Musiker sind Blausäure, wenn die Musik beginnt, ist alles übrige nichts! – –

Mittwoch 30ten R. hat gut geschlafen und zieht mich mit »altem *Saxe*« auf; ich bemerke nämlich, daß eine Dose aus diesem Service in Gebrauch genommen ist, und soll ganz kläglich ausgerufen haben, aber der »alte Saxe«; welcher Ausruf R. sehr ergötzt. Leider ist ihm nicht wohl, und der Umschlag des Wetters verursacht ihm Brustkrämpfe. Wir gehen im Hofgarten spazieren, aber ohne Erholung. – Bei Tisch hat sich R. darüber ausgelassen bei Gelegenheit des Buches von G^{f} Gobineau, daß die ausgezeichneten Franzosen wohl alle Völker im Stande zu verstehen seien, nur nicht die Deutschen. »Wir nehmen uns nicht gut aus, aber wenn es bei uns zum Richtigen kommt, dann bringen wir wohl die einzigen ganz universalen, vorurteilsfreien Köpfe hervor.« Er meint, daß selbst Carlyle in vielem befangen war. »Aber«, sagt er, »wir nehmen uns nicht schön aus, wir sind durchaus unangenehm.« – – Abends fühlt er sich schwer – ein Brief vom Kölner Theater-Direktor hat ihm vielen Ärger zugetragen. – Von der heutigen Abend-Seite seiner Partitur (*88*) sagt er, sie habe ihm viel Not gemacht. Beim Mittag hatte er gesagt: Ich würde mich über die Trompete freuen.

Donnerstag 31ten R. hatte eine etwas unruhige Nacht; las viel in Gobineau, ärgert sich über seine Kelten und über manches, behält aber doch Freude an dem geistvollen Mann. Er arbeitet. Unser Friedel ist heiser, und will's etwas ernstlich erscheinen. Rauhes Wetter. Wir gehen dennoch im Hofgarten spazieren, und allmählich legt sich der Wind. Freude an einer Amsel, die herrlich ruft. Vor dem Abendbrot geht R. zu Fidi, er gesteht mir aber, daß er nicht recht mit ihm zu sprechen wisse, er sei sich wie affektiert vorgekommen, als er ihm hätte Klavier spielen wollen. Abends sehen wir einige Kostüm-Bilder durch (Racinet); die Renaissance-Gemächer (Galerie in Fontainebleau) findet R. steif und ungemütlich. Dann spielen wir Whist mit Strohmann, und zum Schluß des Abends diktiert mir R. für Kmeister Levi seine Besetzung des Chores. – Er war bei Tisch etwas verstimmt über das Essen u. a., beim Kaffee springt er auf, um zu seiner Partitur zu gehen, etwas auszuradieren, und sagt mir von der Arbeit aus: »Du kannst jetzt verstehen, was es heißt, wenn ich so schlabre, was mir im Kopfe herum geht.« – (Es fällt mir jetzt der Scherz [ein], den er Dienstag abend mit Humperdinck gemacht, indem er ihm riet, »Egmont« als Oper zu komponieren, die Dichtung von Goethe und die Musik von Beethoven zu nehmen.)

April

Freitag 1ten R. hat gut geschlafen. Beim Frühstück sagt er, er würde noch eine Oper schreiben, worin der Held den Namen Lenardo tragen würde. Das führt uns auf die Namens-Wahl, und R. bezeichnet als unbegreifliche Gedankenlosigkeit von Goethe, für seinen deutschen Roman italienische Namen (Lothario, Lenardo) gesucht zu haben. Friedel ist heiser, und es klingt gar traurig, wie er auf das Siegfried-Thema, von seinem Vater in der Halle gepfiffen, mit leisem, kaum hörbaren Pfiff antwortet! R. ist auch etwas gereizt bei Tisch. Wir gehen in dem Hofgarten spazieren, und der erste April läßt sich für uns nicht lustig an! Wir sind aber abends ganz heiter, eine Orgel-Fuge von Bach und Variat[ion]en über das Thema der Eroica hören wir gutgemut an; über erstere äußert R., daß viel Konventionelles in der Fuge (nicht im Präludium) sei, bei letzterem wundert sich R., daß Beeth. das Thema gar nicht moduliert. Wie alles fort ist, tanzt R., bestellt ein halb Fläschchen Champagner, und wir plaudern gut, während mir zwar Tränen unaufhaltsam aus den Augen fließen. Müdigkeit der Augen oder des Herzens? Ich weiß es nicht. Anfangs des Abends besprach R. sein Grauen vor der Reise nach Berlin, und mir gesellt sich dazu der Gram (für Lulu) über unser wahrscheinliches Zusammentreffen mit Hans.

Sonnabend 2 R. hat gut geschlafen. Das Morgengespräch führt auf etwaige Bosheit der Musiker (Brahms, Berlioz); R. sagt, daß sie vielleicht gereizter sind. Mir geht es immer tiefer auf, daß, wenn er (R.) zuweilen Dinge sagt, die kränkend und sehr verletzend sind, er vollständig unschuldig dabei ist und mit dämonischem Instinkt das Richtige trifft. Daß man wehrlos dagegen ist, das ist es, was einen so unbehaglich stimmt. Er schreibt heute drei Partitur-Seiten und zeigt mir es, daß er an die Stelle gekommen ist: mein Sohn Amfortas. – – Beim Kaffee allerhand Zeitungen durchgenommen. – Wir gehen dann im Hofgarten spazieren; aber der rauhe Wind bekommt R. nicht, Brustkrämpfe greifen ihn an, und wie wir heimkommen, setzt er sich auf das Biklinium, kann nicht gut zuerst hinaufgehen. Abends Whist und darauf den Aufsatz von G^f Gobineau. – Wie wir erfahren, daß Herr Förster durch Israeliten mißhandelt worden ist, sagt R.: »Die Deutschen haben die Rezensenten nie geprügelt, die Juden aber prügeln die Deutschen!«

Sonntag 3ten R. hat eine unruhige Nacht gehabt, viel in Gob. gelesen, und er mediziniert in Folge dessen in der Frühe. Wir gehen nicht aus, ich bin die längste Zeit bei Fidi, mich seiner Geduld und Freundlichkeit erfreuend. Briefe von Lusch und Gräfin La Tour beleben unsere Kaffeestunden. Von dem Buch des G[fen] G. meinte R., man merke ihm das Unreife an, und dicke Bücher solle man eigentlich nicht schreiben; er würde sich schwer dazu entschließen, die Geschichte von Grote zu lesen, gleich aber wieder die Arbeit von O. Müller über die Dorier. Abends lesen wir den Vortrag von E. v. Weber über die Boers. Das Werk über die Racen wird auch hiebei besprochen und ist sehr anregend. Zum Schluß, wie wir ganz unter uns sind, R. und ich, Besprechung von der Inscenierung von Parsifal. In der Frühe hatte R. aufgezählt, wie viele englische Ministerien er bereits erlebt, und von Canning's Kopf, den er auf Pfeifen als Kind gesehen habe mit der Inschrift: »Liberté civile et religieuse pour tous.« – Wie ich Abschied von ihm nehme in der Frühe nach dem Kaffee, spricht er: »O gönne mir, daß mit Entzücken ich deinen Atem sauge ein!« ... Wir besprechen dann Lohengrin; Elsa's Entsetzen, wie sie hört, daß er von Glanz und Wonne kommt! – »Ein ganz hübsches Sujet«, sagt er scherzend. Auch hat es die Nation anerkannt.

Montag 4ten R. hat gut geschlafen; er träumte, wohl in Folge unseres letzten Gespräches über Parsifal, vom Abendmahl; daß er es nahm und das Schnappen* nach dem Weine erweckte ihn. – Unser Thema bleibt die Theorie der Racen von Graf Gobineau und was daran sich knüpft von R.'s Gedanken. – Ein scharfer Nordwind verhindert auch heute den Ausgang. Traurige Betrachtungen über das Klima, unser hübsches Haus, das zu verlassen immer schwer sein wird! Ein Erfreuliches ist heute, daß Dr Neumann schreibt, wir brauchten erst am 30ten in Berlin zu sein. Wie von großem Reichtum die Rede ist und was damit zu machen, sagt R.: »Mit Geld läßt sich nichts Gutes anfangen, man kann die Menschen damit nicht verändern; vernichten muß man es.« – – Ein Herr Wanner schlägt vor, den »Ring« in den Städten, wo er nicht aufgeführt würde, vorzutragen. – Ein andrer schickt Dramen, »im W.'schen Geist entworfen«. – R. sieht sie nicht an und sagt: »Ein Beispiel, aber keine Ermutigungen kann ich geben.« – – – Abends spielt uns Rub. die Chrom. Fantasie zu R.'s unendlicher Freude daran; »was soll man vom Fortschritt annehmen«, ruft er aus und setzt uns auseinander, daß seitdem die Formen eher kleinlicher geworden seien. – Wie Freund W. mit uns allein zurückbleibt, setzt ihm R. unser Verhältnis zu Hans auf das deutlichste auseinander.

* »Schnappen« nachträglich von fremder Hand abgeändert in »Schlürfen«.

Dienstag 5ten R. hat gut geschlafen, ich wachte plötzlich wie durch einen innerlichen Herzensschrei auf und frug mich, wer wohl in Gefahr sei? – Allein, R. war wohl, und dieser Stich war wohl nur der versprengte alter Zeiten. Die Zeitung bringt eine Rede von Bismarck über das Prestige; R. sagt: Die Franzosen sprechen eine Sprache, ohne Kenntnis der Wurzeln derselben, nur nach der Konvention, und wir gebrauchen sie dann, ohne die Konvention zu verstehen. Ich mache einen Besuch bei der armen Nachbarin und berichte, daß sie ihren Mann im Irrenhause gesehen und daß diese ganz mild und resigniert sei, was R. sehr rührend findet. Vieles über die Kostüme in Parsifal und die Requisiten; Jouk. zeigt die Trauer-Tracht der Ritter. Wir gehen nicht aus, des Nordwinds wegen. Abends wandre ich hinunter, um zu sehen, wie es ihm geht; er arbeitet emsig an einer Bratschenstelle, will nicht, daß ich fortgehe, wirft mir aber vor, daß er sich deshalb verschreibe. Abends spielt uns Herr Rub. eine der ersten Sonaten von Beeth. R. findet kein Vergnügen daran. Er las uns vorher die Frauen-Scene aus: »Der Armen Wesen ist Anschläge« – ganz berauschend durch Fülle und Tiefe der Leidenschaft. Nachher aber den ersten Akt von »Macbeth«! Furchtbar schön. – Wie alle fort sind, sprechen wir zusammen, und wie wir uns zum Auskleiden getrennt haben und wiederum zusammenkommen in dem grünen unteren Stübchen, sprechen wir wiederum, und R. blickt in die besseren Zeiten, wo diese wie Shakespeare, welche wie Propheten in der Wüste, nun wie zum Gottesdienst herbeigezogen werden. So *war* die Welt, zuerst ein Akt gesagt, und dann zum Abendmahl.

Mittwoch 6ten R. hat ganz gut geschlafen und geht gern an die Arbeit. Freund Groß, der mit uns speist, findet, daß er sehr gut aussieht. Wie wir uns beim Kaffee zur gesegneten Mahlzeit umarmen, sagt R. zu den Freunden, wir leben noch in den Flitterjahren, denn wir haben mindestens 15 Jahre nachzuholen. Ich besorge allerhand Nachbars-Besuche (dort auch die Bräune hinzugekommen), auch Jägers, weil der arme Mann erkrankt ist; wie ich dies R. erzähle, schilt er mich zuerst, und wie ich ihn bitte, nicht böse zu sein, zitiert er Schopenhauer's Wort über das gute Herz: Was ist Baco[n] von Verulam dagegen? Er findet das herrlich von Schopenhauer und geht von da aus auf die Besprechung der Auswanderung und der künftigen Gemeinde [über]: Ein Gelübde müsse sie zusammenhalten, z. B., daß sie nur diese oder jene Speise zu sich nehme. Beim Abendbrot sagt er mir, die Musik zu Klärchen's Tod, das Übergehen zum a moll sei ihm in dem Sinn. Ein ganzes Buch könnte er darüber schreiben, über die Musik als Ausfluß der Religion – er kommt darauf zurück am Abend, »was dieses c in dem a moll ist!« – – – Wir spielen, Boni, er und ich, Whist ganz traulich*, und dann plaudern wir zu zwei unten und dann noch einmal oben (im grünen!), diesmal über Gobineau's Aufsatz, den ich übersetze, über die arbeitsamen, instinktsicheren Chinesen. – (Wir waren aus, viel liebes Vogelgezwitscher, aber Nordwind.)

Donnerstag 7ten Der Ausgang ist R. nicht gut bekommen, und sein intensives Gedenken der Musik zu Klärchen vermischt sich im Traum mit Fidi's Unwohlsein, und er hört sie als auf Fidi sich beziehend und wacht wehmutsvoll auf. Er meldet mir dies von der Nebenstube aus, wie ich in's Bad gehe, und tut es aber französisch, womit sogleich die Heiterkeit sich ergibt. Er arbeitet, kommt bis zur Seite 103, beginnt den 2ten Band von G^{f} G. mit Vergnügen daran. Freund Humperdinck speist mit uns; er frägt um Tempi der Pastorale und meint, das Finale ließe etwas nach in der Stimmung. R. sagt darauf, nachdem er aber den Schluß verteidigte – »ja, wie abschließen! Am besten ist es wohl immer, wie ein[en] Traum ausklingen zu lassen! In der c moll, kann man sagen, ist das Finale die Hauptsache, das übrige ist wie eine Préface. In der F dur ist es ihm vollständig gelungen. In der Eroica war er in der Blüte seiner Fantasie und hat einen Einfall nach dem andren gehabt, aber die meisten wissen gar nicht, was sie damit anfangen sollen«. – Wir gehen nicht aus. Gegen Abend meldet sich Herr Francke aus London wegen Tristan und Meistersinger; wie es scheint, eine gesicherte Unternehmung. – Wie von den Meiningern und ihrer Unternehmung, auch des Herzogs gesprochen wird, sagt R.: »Er sieht aus wie ein alter Sachsen-Herzog, und man könnte sich sehr gut vorstellen, daß er auf das Schwert gestützt dem Carolus Magnus: du sagte, wenn du glaubst! Und das alles stumpft sich in künstlerischen Spielereien ab.« – Wie beim Abendbrot der Herr Francke erzählt, sein Vater sei in Königstein Stadtmusikdirektor gewesen, sagt ihm R.: »Sagen Sie Stadtmusikus, o das macht uns Ehre; mein Großvater ist Toreinnehmer in Leipzig gewesen.« – – Aber all diese Unternehmungen nach außen bekümmern mich, weil sie R. müde machen; Gedeihen gibt es für ihn nur in der schaffenden Ruhe; was von außen kommt, bringt ihm nur Ermüden. Einen dieser Morgen sprach er von Pest und hatte ganz vergessen, daß ich mit ihm dort war, so gespenstisch fühlen wir uns, wenn wir »draußen« sind! – – Recht heiter war es, als gestern am Schluß des Abends wir beim Ofen im Saale einen silbernen Lorbeerkranz und zwei bronzene Leuchter entdecken! Gar nicht wissen, woher kommend und seit wann da

* Am Rand nachgetragen: »Beim Whist singt er Tristan, den ich den ganzen Tag gesungen, und sagt, sein damaliges Leben dazu sei: une tempête dans un verre d'eau gewesen; dann gedenkt er mit Schauder des jetzigen Publikums – im Tristan z. B. lauter krumme Nasen und dazu diese Akzente.«

liegend! ... R. rühmt die Engländer gegenüber den Deutschen; wo sie dächten, nichts zu wissen, seien sie Aufmerksamkeit, auf dieser Aufmerksamkeit sei dann etwas zu bauen. »Wir aber, wir wissen alles, wir sind schauderhaft! Ich kann es sagen, denn: J'en suis!« ... Wie Herr Francke bemerkt hatte, daß Hanslick eine Mücke sei, war R. sehr ärgerlich und wies ihm nach, was ein solcher Mann alles verhindre, Kräfte, die daseien, und Mittel brachlege.

Freitag 8ten R. hat gut geschlafen und arbeitet. Zu Mittag haben wir Herrn Francke und wird das letzte über die Unternehmung in London besprochen. R. geht dann ohne mein Wissen aus und kehrt mit Brustkrampf und großer Empörung gegen das hiesige Klima zurück. Abends hat er sich allmählich erholt, es werden die zwei ersten Sätze vom Es dur Quartett von Beeth. zu R.'s größter Freude daran von Rub. sehr schön gespielt; dann geht es zum Fl. Holländer, und die Tempi werden vergriffen – R. singt den ersten Monolog vom Holländer ergreifend. – Wie wir allein zurückbleiben und zusammen plaudern, gestehe ich ihm, daß, um die Freude an dem Quartett zu haben, ich frei von jeder Präokkupation sein muß, während seine Werke mich im Strudel der Not ergriffen. Jetzt z. B., mit den Gedanken an Berlin und noch vielen Nöten, könnte ich nur traumartig empfinden, wie schön dies sei – er gibt mir recht und wiederholt es, daß diese erhabensten Dinge für künftige selige Zeiten, wenn solche je kommen sollten, seien.

Sonnabend 9ten R. hatte eine etwas unruhige, doch keine schlechte Nacht, und bei dem Abschieds-Mittag-Mahl, das wir der Familie Staff geben, ist er von übersprudelnder Heiterkeit und solchem Witz, daß ich nur es beklage, nicht alles wiedergeben zu können. Der Wind ist immer sehr rauh, und wir gehen nicht aus, R. nur ein wenig im Garten. Die Fl. Blätter mit Reglements für Soldaten haben gestern schon uns viel Spaß gemacht, und auch heute abend noch. Die I. Z. bringt das Bild des ermordeten Kaisers, und R. knüpft daran die erhabene Bemerkung, daß er sich dächte, eine große Beruhigung müßte über so ein geängstetes Wesen mit dem Moment des Todes kommen; die Beruhigung des Willens, gewiß kein Bewußtsein davon, aber in den Worten: im Palais sterben, liegt die Ergebung, und ich denke mir ein großes, erlösendes Gefühl. Nun nicht mehr sorgen! – Während unser Kaiser für mich etwas Triviales nach dem Attentat hat; gleich wiederum Rapporte anhören, Regiment soundso viel. – Am Schluß des Abends liest R. die ersten Scenen aus den »Fröschen« des Aristophanes, zu großem Gaudium daran. R. sieht das Ganze vor sich, Volk, Dichter und Darsteller, und freut sich der Freiheit und Genialität. Er hebt es nachher zu mir hervor, wie diese Komik, deren Auslassungen in ihrer Drastik für Frauenohren etwas schwierig [sind]*, doch viel ächter ist als unsere Komik, welche nur das erfaßt, was der Mensch scheint, seine Stellung und derlei. Während dieses sich an das allgemein Tierische des Menschen wendet, es in Konflikt mit seinen Eigenschaften als Gott bringt und inmitten einer Feier zur Ehre dieses selben Gottes, mit Anrufungen der da sitzenden Priester desselben, Wirkungen von unnachahmlicher Komik hervorgebracht haben muß. Ähnliches habe Cervantes mit D. Q. und Sancho Pansa gesucht. – Wie wir zur Ruhe gelangt sind und ich der Geburt von Isolde gedenke, bitte ich R., mich zu segnen, daß ich gut werde – »was soll ich dann sagen?« erwidert er, ich: »Das Gute braucht nicht gut zu sein.« – –

Sonntag 10ten R. hatte eine unruhige Nacht, träumte von Verwundeten und von Angstgeschrei. Auch arbeitet er heute in der Frühe nicht und ist bei Tisch angegriffen. Doch feiert er Loldi bei der Bescherung und abends mit Klängen aus Parsifal. Wir sprechen viel über Rußland immer und über die Theorien des Grafen G. Wir gehen spazieren bei immer rauhem Winde. Abends besucht uns ein Musikdirektor Kniese aus Frankfurt, der sich als Volontair für die Aufführungen anbietet. Das Gespräch führt auf Tenoristen u.s.w., die Depeschen des in Angst wegen der Francke'schen Unternehmung geratenen Dr Neumann geben auch äußerlichen, durchaus unerfreulichen Stoff ab! R. klagt es, daß er unter den Musikern nur roheste Handlanger als seine Vertreter habe! Nun gehen wir die alte Not wieder ein, und es bangt uns beiden, jeden in seiner Weise, davor! – – Ein begeisterter Brief von Beeth. an Kotzebue gab uns in der Frühe Heiterkeit! – – – –

Montag 11ten In der Frühe, nach einer besseren** Nacht, liest mir R. das Manifest der Nihilisten vor! Dann bringt er mir um die Mittagszeit das Manuskript von Graf Gobineau, dessen dringendes Bedürfnis für die B. Blätter, wie er heiter sagt, er nun nachweisen will. [Es]*** hat ihn aber interessiert und gibt Stoff zum Gespräch beinahe des ganzen Tages. »Wenn der Bauer über den Jäger kommt«, zitiert R. und fährt fort, »wenn der Musiker über den Staatsmann kommt – sie sind aber zu unweise«, ruft er aus. Wir gehen wiederum nicht aus; R. arbeitet an seiner Partitur, und abends wird wiederum mit Freund Wolz. nur über die Invasion von Osten her, halb scherzhaft, halb ernstlich, die alles mit ihrer Arbeit überfüllenden Chinesen besprochen.

* [ ] statt »ist«. ** »besseren« eingefügt, dafür »nicht« gestrichen, danach »sehr guten« versehentlich stehengelassen. *** [ ] statt »Sie«, die Arbeit.

Dienstag 12ten R. erzählt mir in der Frühe, er habe von seinen »alten Liebsten« – alle durcheinander in einer Person – geträumt, die sich an ihn gedrängt hätten, um in das Theater zu kommen, so daß er froh gewesen wäre, aus Mißverständnis von Gendarmen arretiert zu werden. – Er arbeitet und freut sich des Eindruckes, den der Chor im ersten Akt machen wird. Wir gehen spazieren, etwas im Garten, dann im Hofgarten. Abends ist unser Freund Levi hier – alles ist ganz gut, nur wie der *Zerkel* sich bildet, entsteht für R. eine große Pein, der großen Schwere unserer guten Freunde wegen. Er liest einige Scenen aus »Hamlet« (Anfang 2ten Aktes), und Levi zitiert uns aus »Cymbeline« eine Stelle, welche als Motto gegen die Vivisektion dienen könnte. »In Shakespeare ist alles«, ruft R. entzückt aus. Nach dem Fortgang der Gesellschaft bleiben wir auf, R. zuerst den Unsinn solcher Réunions heiter besprechend, während bei mir das Originelle sich eingestellt hat, daß ich gar nicht die Langeweile empfand, sondern durch eigene Gedanken eingenommen, durch die Scenen aus »Macbeth« überwältigt, mir das Bleierne des Abends entging. – Der Abend endigt mit der Besprechung der Nihilisten; wie der Kmeister sagt, das Manifest wie überhaupt das Benehmen dieser armen Menschen errege seine Bewunderung, sage ich, daß ich wohl grenzenloses Mit-Gefühl mit diesen Menschen haben könnte, jedoch keine Bewunderung. R. verweist mir dies und meint, man dürfe hier von Mord nicht reden; gerade wie ein Kaiser gegen den andren im Krieg Minen lege, so täten es diese Menschen. Er zitiert Thrasybulos und manches, ich nenne die jesuitischen fanatischen Mörder, die auch einer Sache zu dienen vermeinten. R. sagt: Nein, diese wären tückische, schlechte Menschen; unter den andren könne er sich sehr gut ein treues, gutes Bauerngesicht denken. Wie ich sage, daß der Mord undeutsch ist, lacht er mich mit den Pensionären des Hofgartens aus, diese mordeten nicht. Gern will ich schweigen und mich bescheiden, wenn es mich auch dünkt, als [daß] seit dem Antritt des Christentumes wir an die antike Welt nicht mehr unsere Beispiele anknüpfen können. – Zum Kaffee hatte R. des h. Paulus gedacht und ausgesprochen, er hätte wie W [Name unleserlich] sagen können, wenn ich auf Prügel etwas gegeben hätte; er stellt sich ihn vor im Areopag und sagt, diese römische Welt habe solch eine naive Gestalt noch hervorbringen können – jetzt undenkbar.

Mittwoch 13ten In der Frühe herrscht zwischen R. und mir große Heiterkeit über den gestrigen Abend; R. behauptet, die Leute erwarteten immer von ihm: »Allhier agieret Pickelhäring«, er solle irgend etwas vorbringen! – – Dann kommen wir auf Shakespeare zu sprechen, auf die Absorption einer ganzen Race durch ein Individuum; wir besprechen diese erste Scene von Banquo's Abreise, der Begegnung mit Macbeth, und empfinden es auf das deutlichste, daß eine ganze Anlage der Natur in solch einem Wesen sich verkörperte und nun zu Ende ging. Die Musik bleibt uns! Dies unser immer wiederkehrendes Thema! – – Aber zu Mittag finde ich R. nicht wohl, sehr angegriffen; die Kostüm-Bilder von Herrn Seitz zu Parsifal bringen in ihrer Meisterlichkeit uns alles Elend entgegen, was uns von allem scheidet! Blumen-Mädchen wie Café chantants-Walküren – dabei alles schön. – Wahre Trübsal über R. in Folge dessen! – Zuweilen sieht er ganz aus wie Siegfried! – – – Er nennt Levi den Assyrer und scherzt über die *Assürana,* mit welcher er Whist spiele. – Beim Mittag spricht man von den zu beschaffenden Glocken zum Parsifal und von den Glasglocken, die im Münchner Theater sind. R. lacht und sagt: Solche Polyphemischen Käse-Glocken wären das Rechte.

Donnerstag 14ten R. hatte eine unruhige Nacht, holte sich Gobineau's »Essai« und las darin. Er ist aber doch nicht verstimmt in der Frühe und kann arbeiten. Bei den Mahlzeiten bleibt viel die Rede von der Besetzung der Partien. Abends teilt R. den Freunden seine Trauer über die Kostüm-Entwürfe mit; wo alles Unschuld sein sollte »abgelebte Frauen« – »in meiner Kunst ist alles keusch«, darf er stolz sagen! Es wird aus Parsifal musiziert, Amfortas 1ter und letzter Akt mit Schluß!... Wir bleiben noch lange auf in seliger Stimmung.

Karfreitag 15ten Es träumte mir von Sternen, die fielen, und von dem Wunsch, den ich dabei dachte; am Posilip war's und die Kinder zeigten mir, daß das, was gefallen, Glasscheiben waren, die sich von einander lösten. Es rührt mich, daß der Traum die Inbrunst des Wünschens abnimmt, die des Tages Mühen mir vielleicht nicht gestattet, und vor dem Sinn mir das bringt, was mein Innerstes erfüllt. In der Frühe höre ich das Vorspiel zu »Parsifal«, durch den Kmeister recht gut gespielt. Zu Mittag fasten wir, R., die Kinder und ich, und darauf gehe ich in die Kirche mit Loldi und Eva; den Kindern wie mir ist die Kreuzigung von Tintoretto gegenwärtig und ihnen wie mir die drei Uhr-Stunde und der Wunsch, den man frei da hat! – – R. arbeitet, und abends besucht uns Dr. Schemann mit Freund Wolz. R. erklärt sich aber von diesen Abenden, wo er immer alles, was ihn beschäftigt, äußerlich vortragen muß, sehr angegriffen. Er sagt, nicht[s] von Vereinen mehr zu erwarten, er habe es getan, nun erwarte er alles von Individuen.

Sonnabend 16ten R. fühlt sich nicht wohl; er ist müde und will abends niemanden mehr sehen. Zu Tisch haben wir Wolz.s und Dr. Schemann, und es geht ganz erträglich. R. und ich, wir gehen nach Tisch spazieren, das Frühjahr ist da. Für mich allerhand, unter andrem der neu angekommene Herr Köhler – eine Art wildes Tier, ob zu bändigen? Abends Whist. (Siegfried immer heiser.)

Sonntag 17ten R. hatte keine sehr gute Nacht, doch erholt er sich so weit, daß er an meine Portiere, nachdem wir uns getrennt haben, kommt und mir sagt: »Ich werde die christlichen Feste komponieren, das werden meine Symphonien sein.« – – Glücklich darüber wandle ich mit Dr. Schemann zu Theater und Bürgerreuth, bei herrlichem Ostermorgen. Aber wie ich heimkomme, finde ich R. leidend; er setzt sich zu Tisch, steht aber bald auf und legt sich zu Bett. Der Dr. findet seinen Puls erregt; verordnet ihm etwas Kalmierendes. – Er liest im Bett, ich schreibe an Lulu in der Nebenstube, zum Abend aber steht er wieder auf, um sich gegen 9 Uhr mit mir wieder in's Bett zu legen. (Depesche von der Enthüllung der Büste in Leipzig.)

Montag 18ten R. hat nicht geschlafen, war aber ruhig und ist so munter, daß er mir in's Bad ruft, ich möchte auf meinem Schreibtisch nachsehen, was ich dort fände, und ich finde das beiliegende Blatt.* Auch arbeitet er an seiner Partitur. Das Buch von G^f Gobineau macht ihn müde, und er spricht sich wieder darüber aus, wie man sich vor dicken Büchern hüten müsse. Wir fahren bei schönem Wetter aus und freuen uns der lieblichen Gegend. Ich gehe dann mit Loldchen und Evi zur Prüfung und zur Beichte, und sehr ergriffen kehren wir heim. R. hat indessen das Ev. Matthäi gelesen und sich an den vielen Anspielungen an das Alte Testament gestoßen. – Whist-Partie. – Der Arzt ist nicht sicher, ob R. morgen der Handlung wird beiwohnen dürfen.

Dienstag 19ten R. hat gut geschlafen. Unser erstes Gespräch führt uns, ich weiß nicht wie, auf die Antike; ich sage ihm, daß die Gewandung mir dadurch ein besonderes Leben zu geben schien, daß man gleichsam die Bewegung erwartete, welche diese Fülle von Falten entwickeln würde. Die Nacktheit errege das Gefühl mehr der Ruhe. – R. gibt mir recht und sagt, die Malerei namentlich hielt' er auf Irrwegen, wenn sie den weiblichen Körper, der nicht eigentlich ästhetisch schön sei, nackt wiedergebe. Dann trennen wir uns und finden uns in der Kirche wieder, wo R. zur h. Handlung nach der Predigt kommt. Auch er ist ergriffen, tief ergriffen, und sagt mir, er habe große Hoffnungen wieder geschöpft; der Geistliche tue nichts zur Sache, die schwarzen Gewänder haben ihm die Scheidung vom gewöhnlichen Leben bedeutet, und er hat unser aller feierliche Erschütterung mit Freude wahrgenommen. Er wünscht, Levi zu taufen und

* Zettel, von Cosima und (kursiv) Richard Wagner beschrieben: »Ich bin heute unterwegs, Freund, sollte ich aber nicht kommen, so / *Bereite dich zum Sterben! 2 Stunden hast du noch! Don Gutierre di Wanfredo.* / Ostermontag 1881 (April 18ten).«

keine Juden zum Abendmahl zuzulassen. Er spielt abends aus *Parsifal* für mich. Das Gespräch kommt wieder auf Statuen. – Ich schrieb an Lusch die Stimmung, erwiderte Herrn Seitz, der sehr freundlich, aber verzichtend mir geschrieben.

Mittwoch 20ten R. schlief gut, ich träumte von Gefahr, die ihm drohe, er weckte mich, weil ich stöhnte. Er arbeitet, und wir gehen spazieren; er meinte in der Frühe, es würde am Ende mit den christlichen Festen nicht gehen, weil er zu viel lustige Themen habe, das sei nicht christlich. Herr Köhler bei Tisch, etwas mühsam. Doppelfenster fort seit gestern, Lenz' Verklärung. Wir gehen spazieren. Abends Feustel, bedeutsame Nachrichten bringend über Batz & Voltz und viel Scherzhaftes dazu. Von den *Auteurs* befragt über Tantièmen, hatte R. an Freund Nuitter geschrieben, ob er denn noch lebe. – Der Abend schließt mit einer großen Erregung seitens R., weil Freund Feustel in gewohnter breiter Weise das deutsche Reich zu rühmen beginnt. R. sucht ihm darzustellen, wie wenig Weisheit da vorherrschend sei und wie ganz anders Lage und Anlagen hätten können benützt werden.

Donnerstag 21ten Es dauerte lange, bis R. von seiner Erregung sich erholen konnte, er rühmt meine Vernunft, da ich doch dabei auch fühlte. Viele Briefe, Herr Seitz lehnt definitiv ab, Herr Francke schickt den Kontrakt, G^f Gobineau schreibt sehr freundlich, der Advokat aus Würzburg macht Forderungen! R. schreibt an seiner Partitur. Abends haben wir ein heiteres Whist.

Freitag 22ten R. träumt, daß ein Papst mit dem Aussehen von dem Musiker Bruckner ihn besuche, durch meinen Vater eingeführt (ungefähr Kaiser v. Brasilien), und wie R. ihm die Hand küssen will, küßt sie ihm S. Heiligkeit und nimmt darauf eine Flasche Cognac mit. Mittagessen mit Freund Feustel, der in der Voltz-Batz'schen Angelegenheit ungemein an.* R. hat seine Einführung der Arbeit des G^fen Gobineau begonnen. Wir gehen im Hofgarten spazieren, immer die Besen. Abschied von den Nachbarn Staff. Gespräch hierüber. Abends Freund Wolzogen, immer viel Racen-Gespräche.

Sonnabend 23ten R. hat gut geschlafen, und die Arbeit macht ihm Vergnügen; daß seine Büste neben der von Benedix aufgestellt ist, ergibt manchen Scherz. Weniger unschuldig sind die übrigen Dinge, und er muß abends manchen Geschäftsbrief schreiben (an Voltz und Batz, an Dr. Strecker wegen London). Heitrer Mittagstisch vorher mit Wolzogens; Gespräche über Klima (es ist recht kalt noch). Wir gehen spazieren, aber

* Satz unvollständig.

nur kurze Zeit. Ein Brief von Loulou meldet, daß der Vater am Tage unserer Ankunft fortreist! Das arbeitet in R., er schreibt an meinen Vater in vollster Wahrhaftigkeit! Ich sage: Ich würde den Brief nicht schreiben; er hält ihn zurück, fordert ihn dann von mir wieder und schickt ihn ab! Daß mein Vater an uns vorbeifuhr, empört ihn so. Den ganzen Abend ergeht er sich darüber, doch ohne Heftigkeit, weil kein Widerspruch da ist, und besänftigt geht er zu Bett. (Beim Kaffee gedachte er des Giorgione in Braunschweig; der Adam blicke schwermütig, als ob die Maja ihm den Schleier vorhielt.) Einiges auch über Ch. Kalb, zu meiner Freude findet R. schön, was ich ihm zeige.

Sonntag 24ten R. hat gut geschlafen; es ärgert ihn aber gleich am Morgen die vorlaute Ankündigung der Aufführungen in London. Er läßt mich in seinem Namen an Direktor Neumann und an Herrn Francke schreiben. Trotz aller Pein haben wir einen heiteren Mittagstisch, wobei R. die Kinder über ihre Empfindlichkeit auslacht, und ein schöner Brief des Königs bringt eine gar gute Stimmung hervor. ⟨R. meinte gestern, wenn wir den König nicht hinter uns gehabt hätten, so würde mein Vater uns haben links liegen lassen.⟩* Wir gehen ein wenig spazieren. Dann begibt er sich an die Partitur, ist aber müde beim Abendbrot und erklärt sich übler Laune. Ich ersuche Herrn Rub., uns etwas von Bach zu spielen, er tut es (Orgel-Fuge von Bach), zuerst die berühmte a moll und dann die kleinere, ich glaube No 6. Beim Beginn der letzteren sagt R., er freue sich der fantastischen Anarchie. Das Thema bezeichnet er als menschliche Stimme, die zur Vogelstimme übergeht, die Gattung als Vogel spräche da. Bach wäre der eigentliche Musiker. Die andren, Mozart, Beethoven, näherten sich mehr dem Dichter. Er warnt Rub. vor dem Tempo rubato und wiederholt, daß es nicht zu bezeichnen sei, worin das liege, und keine Tempobezeichnung könne es [an]geben. Bach führt uns auf die Choräle, die ihn genährt, und auf die Abendmahl-Feierlichkeit; R. sagt, daß es schön sei bei uns, daß sie ganz aus dem Leben führe, während die Rosen und Buntheiten des Katholizismus ihm schauerlich seien. Dann liest er seine »Einführung« vor, was uns in derselben Stimmung erhält. – Wie ich Freund Wolz. nach der Arbeit von Dr. Schemann frage, ruft R. aus: Wenn der Deutsche feurig ist, da ist er auch sicher faul; was mich sehr heiter stimmt.

Montag 25ten R. hatte eine erträgliche Nacht, ist aber doch leidend und später verstimmt.** Die Kontrakt-Angelegenheit mit London, die

* ⟨ ⟩ von fremder Hand mit Tinte unkenntlich gemacht. ** Zeichen im Text, auf der nächsten Seite, unter Dienstag, unten nachgetragen: »In der Frühe gedachte er der Worte von Frau Hurtig beim Tode Falstaff's und lachte laut darüber.«

Reise nach Berlin, Hans' Benehmen, alles drückt ihn nieder, und er klagt es, daß er nur Exaltiertheit oder tiefe Herabgestimmtheit kenne. Das Wetter ärgert ihn auch, und beinahe hauptsächlich. Um ihn etwas zu zerstreuen, erzähle ich ihm von dem Bilde (Überraschung) und den Sitzungen! Jägers bei Tisch; er mir Vertrauen einflößend. Kein Spaziergang, für mich Einrichtung des Häuschens für Herrn Köhler; während ich dort bin, sucht mich R., um mir die Skizze des ersten Aktes zurückzugeben, sein erster Akt ist in der Instrumentation beendet! – – – Abends kleiner Ärger für ihn durch einen Brief von Darwin zu Gunsten der Vivisektion oder vielmehr der Physiologie. Wir spielen dann Whist mit Loldi, da Boni rheumatisch unwohl ist.

Dienstag 26ten R. hatte eine sehr schlechte Nacht und ist den Tag über in der deprimiertesten Stimmung. Die Nachrichten, welche Lusch über die Anwesenheit ihres Großvaters gibt, tragen auch nicht dazu bei, ihn zu erheitern. Er macht einen Zusatz an seiner »Einführung«, da er merkt, daß ihm mit dem Gobineau'schen Aufsatz das geschehen ist, was mit vielem (dem Scherzo in dem B.'schen Quartett u.s.w.) [ihm widerfuhr], nämlich daß er ihn viel bedeutender gedacht hat. Der Dr. beruhigt mich. – Wie R. sich eine Veränderung des ganzen Wesens wünscht, sagt der Dr. scherzhaft: Wenn ich es vermöchte, täte ich es nicht, würde mich jedenfalls sehr bedenken. – Er bedauert es aber, daß R. so viel einnimmt. Whist, aber ohne Heiterkeit. – Die gestrige telegraphische Anfrage von Herrn Neumann nach dem Pferde (Grane) hat R. sehr geärgert.

Mittwoch 27ten Bessere Nacht für R. und bessere Stimmung, wie immer, wenn er keine Menschen sieht. Die Depesche von Feustel bringt Beunruhigung, die von Lusch* eine Art von Befriedigung. – Wir verlegen unsere Reise. Wir versuchen es, etwas im Garten spazierenzugehen, aber Regen und Schnee stößt uns zurück. R. liest in G^{f} Gobineau's Buch und gibt ihm in seinem harten Urteil über die Griechen recht. Abends spielen wir Whist, R. mit dem Strohmann. Dann liest er aus dem Aufsatz des Grafen vor, die Stelle über Rußland, und geht in freundlichster Weise auf den Artikel über Jouk.'s Vater über, den er als wohlwollend phantasievoll bezeichnet. Er trinkt etwas Champagner, und wohlgemut gehen wir zur Ruhe.

Donnerstag 28ten R. hatte eine gute Nacht, träumte von Frau von Kalb, daß diese ihm »Avancen« machte, lacht sehr, wie ich, in Gedanken bei Parsifal, einen lauten Ton ausgebe – nennt mich Chanteclair. Den

* Beigelegt, aus Berlin, 27. 4. 1881: »Durch heute erfolgtes Wiedersehen unsagbar erschüttert bitte ich um Eure Gedanken. Wäre es möglich, Eure Ankunft einen Tag zu verschieben wegen Hotel und anderen Fügungen, erwarte Antwort. Lulu.«

Vormittag über ist er aufgeregt, um Einzelheiten zu erfahren. Briefe von Lusch und von Feustel geben wenig Auskunft, nur daß Lusch durch das Wiedersehen sehr ergriffen sei. R. findet es natürlich, daß sie nun schwer ihm entgegenkommt; die Natur sei mächtig. Ich meine eher, gegen mich könnte sich ein Gefühl wenden. Bei Tisch hebt er bei Gelegenheit streitsüchtiger Äußerungen von Loldi das Eigentümliche des weiblichen Wesens hervor. Nach Tisch gehen wir zu Frau v. Schoeler gratulieren, und er ist sehr heiter, obgleich er sehr ärgerlich gegen das Wetter ausging. Der alten Frau sagt er: Wir würden sie im Porte-Chaise nach Transvaal bringen. Abends unsere Freunde, R. kommt auf den Gedanken, den Schluß der 9ten spielen zu lassen und etwas zu markieren. Er kann nicht genug sein Staunen über zuweilen das Kindliche und immer erhaben Naive dieses Werkes ausdrücken und glaubt nicht an die Popularität desselben, wenn nicht Aufführungen stattfinden, von denen er das Geheimnis zu haben behauptet.

Freitag 29ten R. hatte eine gute Nacht. Mit einiger Beklommenheit geht er den Ereignissen entgegen, dem Briefe meines Vaters etc.: »Bei uns muß doch alles gesalzen und gepfeffert sein.« – – Er wünscht keinen Abschied an der Eisenbahn, weil man da des Schicksals nicht Herr sei, und wie ich an frühere Zeiten denke, sagt er: Für uns gab es keine Eisenbahnen, nur Hinrichtungsstätten. – Um Mittag erhalte ich einen Brief von Hans, vier explosive Dankes-Zeilen! – – Um 1 Uhr Abfahrt mit M. Groß. R. bald heiter, wünscht immer Jouk. herbei, um die sächsische Gegend zu bewundern. Wie wir uns Leipzig nähern, bei *Luppa,* erzählt er von einem Eindruck seiner frühesten Jugend, eines Mannes, der einer Frau in dem Postwagen den Hof machen wollte und der er die Hand auf die Knie legte, die Frau wies ihn züchtig ab; das war ein erster Eindruck von Frauen-Zucht bei R. – – Vom Pfeifen sagt er, es sollten die Dramatischen viel mit der Eisenbahn fahren, um sich an das Durchfallen zu gewöhnen.

Traurige Ankunft nach heitrer Fahrt. Feustel allein auf dem Bahnhof! – Lusch auch nicht im Hôtel!*

Sonnabend 30ten Gute Nacht. – Um 10 Uhr Lusch! Viele Berichte über das leidenschaftliche Wiedersehen mit ihrem Vater! Daß er bestän-

* Unten nachgetragen und auf der folgenden Seite unten: »Freitag 29ten. Wie es spät wird und ich den Kindern geschrieben habe (2 Postkarten), schlafe ich ein, und wie ich aufwache, finde ich R. in der tiefsten Rührung, und zwar über mich. – Einmal, wie ich die Augen aufgeschlagen und die Hände bewegt, hatte / er sie mir wieder zusammengelegt und dann mir gesagt: ›Schlaf weiter, du bist so schön!‹ Und so fühle ich seinen Segen über [mir] und fühle, daß er es war, welcher das Wiedersehen bewirkte, das mich beglückte! Sanfte Tränen entfallen unseren Augen, wohl sind wir selig in dem unseligen Leben!« [ ]: Cosima schreibt »mich«.

dig von mir gesprochen hätte; R. etwas deprimiert. Die Vermittelung durch Feustel recht ungeschickt begonnen. Besuche bei Mimi, dann zu den Sängern, L. Lehmann – Mahlzeit bei Schleinitzens, die Lusch nicht genug rühmen können. Der Graf sehr originell, freundlich und interessant. Abends Lusch noch bei uns. Das arme Kind wild aufgeregt; R. in seiner Wahrhaftigkeit spricht seine Gedanken über ihren Vater aus – es schmerzt mich, denn ihr Naturell ist wie in Aufruhr, physisch und moralisch!

Mai

Sonntag 1ten D^or^ Neumann in der Frühe wünscht keine Beiwohnung der Probe, Besprechung wegen London, kein Resultat. Brief von Hans an mich! Ich antworte und bitte ihn, seiner Tochter einen Anteil an seinem Leben zu gönnen. – Ich bitte R., Lusch etwas zu schonen, er gibt mir recht. – Wir machen Besuche, heute vornehme, R. im Wagen wartend, führt uns aber zur Passage, um die Wachsfigur von Beaconsfield zu sehen (Rausch). Er erhält sehr traurige Eindrücke von der Bevölkerung (Métisen) und ist gedrückt, daß die Arbeit nicht für ihn beginnt. Abends wiederum Mahlzeit bei Schleinitzens, nach welcher Helmholtzens kommen und der berühmte Professor die augenscheinlichste Mühe sich gibt, R. sich als dessen Freund zu zeigen. Nach dem Abend fahren wir ein wenig umher, sind müde, R. und ich, auch traurig. Ich tief, tief! ––

Montag 2ten R. hat gut geschlafen. Ein Brief aus Leipzig bietet ihm sein Geburtshaus zum Kauf an, worüber R. sagt: Ich kann nicht noch einmal geboren werden. – Wie Georg R. frägt, ob er Wäsche zum Wechsel mitnehmen soll, sagt R., »nein, heute dirigiere ich nicht, heute wird nur räsoniert«. Wir kommen auf die Bühne, R. wird mit Tusch empfangen, erwidert scherzhaft: Wenn so viel Lärm gemacht wird, kann man kein vernünftiges Wort sprechen. Es beginnt die Probe (1 & 2ter Akt Walküre), R. zuerst nicht bei mir, kommt aber dann; es geht ganz erträglich – das Orchester erstaunlich –, so daß R. die gute Laune behält, wie Frau Vogl beim Holen des Geschirrs die Handlung nicht mit der Musik zusammengehen läßt, zu unterbrechen und aus[zu]rufen: »Das müssen wir noch einmal machen, sonst läuft H. v. Hülsen weg.« – Und bei einer Stelle: »Das gefällt selbst H. v. Hülsen.« Das Orchester erfüllt uns mit Staunen, und wir dürfen an unserem Freund Seidl eine wahre Freude haben. Wir erleben an Scaria die gewissen Wiener Striche. R. hebt hervor, wie unsinnig sie seien, z. B. des Wandrers Eintreten, während eher in dem Verlauf der Scene etwas gekürzt werden könnte.* Der Ton, in welchem H. Scaria spricht, erinnert an peinliche Erfahrungen. Wir speisen zu zwei, R. und ich, und fahren dann in die Probe (3ter Akt Walküre) – viel Not mit Maschinerie und Beleuchtung, ein Herr Scheibe, Sachse, macht vielen Ärger, auch zuweilen stimmt er scherzhaft. Wir fahren heim, nicht zu spät, und sind beide zusammen. Lusch rauscht von einer Soiree des Kronprinzen herein, die Berichte davon stimmen nicht hoch!

Dienstag 3ten R. hatte eine gute Nacht. Lilli Lehmann besucht in der Frühe; Besprechung von den Blumenmädchen; scherzhafte Erwähnung, daß H. v. Hülsen hier Tannhäuser am Abend des Rheingoldes und der Dr Pollini in Hamburg einen Zyklus einrichtet. Briefe von den Kindern! Um 11 Uhr fahren wir in die Probe, R. mit Mimi, ich mit Lusch. Erster Akt Siegfried, Mime »ein Jüdchen«, sagt R., aber vortrefflich, Vogl gleichfalls sehr gut, deutlich und bestimmt. Seidl aber wird von R. als Perle begrüßt. Er speist mit uns, um 6 Uhr H. Niemann in großer enthusiastischer Erregung, wir fahren mit ihm in die Probe (2 & 3ter Akt Siegfried), Scaria in der Scene mit der Wala: überwältigend – Materna leider sehr stark gestikulierend, einen Strich machend (da sehe ich Grane), der Vogl außer Kontext bringt, R. empört und zu einer sehr lauten Auslassung veranlaßt. Verstimmung während der Probe, am Schluß viel Weinen und Klagen im Korridor. H. Niemann meint, es habe alles der schadenfrohen Miene von Vogl gegolten! ... Seidl große Fassung.

Mittwoch 4ten R. hatte eine gute Nacht. Ich schreibe Briefe. Er geht zur Materna, welche abermals zu weinen begann, R. schneidet ihr dies ab, indem er sagt, er sei nicht gekommen, um das Gewäsch von gestern wieder anzuhören. Ich besuche auch das Sängerpersonal. Um 3 Uhr finden wir uns wieder und speisen traulich zu zwei. Darauf in die Probe von Rheingold, sie findet mit Klavier statt; die erste Scene geht allenfalls, aber alles sonst, Beleuchtung, Scenerie etc., ist sehr übel, R. gedrückt, sagt, derlei habe er vor 50 Jahren in Magdeburg durchgemacht und nicht geglaubt, es würde sich wiederholen! Beinahe lautlos fahren wir heim, und unter wenig Gesprächen, die R. immer auf das soeben traurig Erlebte lenkt, nehmen wir um die Mitternacht unser Abendbrot ein.

Donnerstag 5ten Die Nacht war etwas unruhig; ich bitte R., mir zu erlauben, ihn zu begleiten, wohin er zu gehen hat, weil seine Stimmung eine gedrückte ist; wir machen zuerst Einkäufe für ihn, dann fahren wir in das Viktoria, wo er eine Probe zu überraschen denkt. Der Portier empfängt ihn mit Excellenz, und auf der noch erleuchteten Bühne angelangt, meldet

* Zeichen im Text, unter Dienstag unten nachgetragen: »dies geschah andren Tags«.

mit Knicksen eine Frau, daß alles vorbei sei. Wir fahren zum D^{or}, um einiges noch wegen Beleuchtung festzusetzen, vorher aber war R. so gut gestimmt gewesen, daß er mir vorgeschlagen hatte, in das Museum zu gehen. Ernster, erhabener Eindruck von den Pergamenischen Gruppen in der Rotunde. Hinauf dann zu den Bildern. Wir kommen vor: »verbotener Eingang«, bleiben stehen, ein Herr sagt uns: »Für Sie gibt es keinen verbotenen Eingang«, führt uns kühn durch, raunt dem erstaunten Kustoden etwas in's Ohr und kehrt wieder: »Ich habe wohl die Ehre, mit R. Wagner zu sprechen«, »mein Name ist Wagner«, »darf ich um Ihre Hand bitten«, und verschwindet. Wir blicken noch einmal nach dem griechischen Fund und fahren zum D^{r}. – Das Mahl bei Schleinitzens beginnt seitens R.'s etwas gedrückt, aber allmählich belebt er sich. Das Werk von Gobineau bildet zumeist das Thema seines Gespräches. Der Minister, vom Leben Mitteilungen gebend, immer in hohem Grade fesselnd und originell. Wir fahren mit Lusch in das Theater. R. wird mit Tusch empfangen und enthusiastisch begrüßt. Die Aufführung ist so vortrefflich im ganzen, daß R. von der Bühne ab und mit den Sängern danken will. Er hält eine kleine Anrede und verweist auf die Künstler, diese hätten das Verdienst und [ihnen] gebühre der Beifall.* Wir fahren in etwas müder Stimmung heim, erheitern uns allmählich und bleiben Champagner trinkend noch eine Weile zusammen. Scaria als Wotan vortrefflich und das Ganze ungemein belebt. R. fand es nicht schlecht, daß ein Zwischenakt gemacht wurde. Leider waren Dämpfe zwischen der Rheinscene und dem Walhall, um das Geräusch der Verwandlung zu übertönen, notwendig – ein peinlicher Unsinn. Vom G^{fen} Gobineau einen Brief, er ist in Wahnfried und, wie es scheint, ganz zufrieden mit den Kinderchen.

Freitag 6ten R. hat gut geschlafen, aber er ist erkältet. Freund Stein ist da, immer willkommen. Wir fahren zum Theater, R. stellt den Kampf in Walküre her, mit unglaublicher Behendigkeit. (In der Probe hat er mich zwei Mal erschreckt durch das Klettern von einer Loge in die andre, Proscenium 1ter Rang.) Er ist ermüdet, legt sich gleich zu Bett, wie wir nach Hause kommen, und zu Tisch gegen 4 Uhr ist er wieder gut gestimmt, behauptet, Stein habe das bewirkt. Er frägt sich aber, ob er in die Aufführung gehen soll oder nicht, er tut es. Empfang, Tusch; erster Akt für uns wie verfehlt, er geht auf die Bühne, spricht mit den Sängern. Zwischen 1ten und 2ten Akt viele Besuche, die ihn ermüden. Zweiter Akt besser

* Dazu unten und auf der folgenden Seite unten nachgetragen: »Von der Rede und namentlich von dem Andringen der Sänger, die nicht mit ihm herauswollen, ist R. sehr erschöpft – wir bleiben in der Loge eine Zeitlang, und / während das Publikum sich verläuft, wohnen wir im dunklen Hause, wunderlich genug, einer Maschinerie-Probe bei! – – –«

in der Darstellung, der Kampf sehr geglückt. Am Schluß ist R. wie erschöpft und sehr gereizt; er grüßt das Publikum von der Loge aus; schon nach dem ersten Akt hat er vom Publikum gesagt: »Es ist Simon und Judä, es rast der See, er will sein Opfer haben.« – – Wir gehen gleich zu Bett. Bei der Hinfahrt freute uns ein freundlicher, stattlich blonder Schutzmann, R. wünschte nicht hinter die Wagenreihe, »Sie, Herr Wagner, halten wir nicht auf«. – Und auf der Bühne redet ihn ein Spiritusfabrikant aus der Nachbarschaft des Theaters, der die Dämpfe ermöglicht hat, [an] und sagt: Es ist der Höhepunkt meines Lebens, Ihnen die Hand zu reichen. (R. war mit meinem Aussehen zufrieden, fand das Haar recht gemacht.)

Sonnabend 7ten Schlechte Nacht, R. läßt den Arzt rufen, er hat eine kleine Halsentzündung. Dr. Zwingenberg verordnet ihm etwas, verneigt sich tief ehrerbietig und sagt: »Nun bin ich um einige Zoll höher, daß ich Sie ge[se]hen. Schon im Jahre 1851 habe ich ›Oper & Drama‹ gelesen.« – – – R. und ich, wir bleiben allein zusammen, nehmen ein trauliches Frühstück zusammen ein, er ist aber bald müde. – Ein Brief von Frau v. Heldburg meldet von der Ergriffenheit von Hans durch das Wiedersehen mit seiner Tochter. – R. gedenkt des einen Blickes des Hundes Schnauz, den wir nun doch entfernt haben! Er liest mir aus Gobineau's Werk den Passus über das römische Reich. – Wir sind abends allein, R. geht früh zu Bett.

Sonntag 8ten Er hat eine schlimme Nacht, träumt von Siegfried's Sturz in einen Abgrund, daß wir ihn mit fehlendem Gesicht (wahrscheinlich Erinnerung an die Pergamenischen Funde) sehen, aber doch beleben; er gleich gehen wollend, wir aber von einer Frau gewarnt, ihn nicht zu früh gehen zu lassen, schon ein Kind sei dann wirklich tot gewesen. Wir bleiben zu Hause, R. liest in Gobineau. Dr Neumann von der Probe sehr bedenklich. Und abends bewährt sich der Traum, der Siegfried des Sängers Jäger durchaus erfolglos, ja er reizt das Publikum zu Demonstrationen. R. erscheint nicht am Schluß. Eindruck einer Niederlage und eines Sonntags-Publikums. – R. vergleicht Jäger und Vogl – die Sänger – und sagt vom letzteren, »auf der Bühne will man das Glänzende; hat man kein Gold, nimmt man Silber, hat man dies nicht, so nimmt man Blech; Holz aber und Leder will man nicht«.

Montag 9ten Großmutters und Bruders Geburtstag, R. hatte keine ganz gute Nacht. – Wir fahren in die Probe zur Scenerie und von da zu H. Niemann, den R. bitten will, den Siegmund zu übernehmen, da Vogl den Siegfried behalten soll. R. schreibt auf einen Zettel, da er nicht zu Hause: »Siegmund heiß ich, da mich Niemann nun doch singt.« – – Wir fahren dann heim, und R. liest mir den Anfang des K. 3, Band 4 des Werkes von Gobineau, das ihm sehr gefällt – es regt wiederum in ihm seine Gedanken über »Heldentum und Christentum« an. – Abends Götterdämmerung; R. und ich, wir sind – trotz aller Mängel der Darstellung – sehr davon ergriffen; wir sind bei den letzten Worten Brünnhilde's ganz an einander gelehnt, mein Kopf auf seinen Arm, und: »Was wir alles mit einander durchmachen«, ruft er mir zu. – Er geht auf die Bühne und hält seine Anrede. Wir bleiben lange zusammen auf. ⟨(Der Kronprinz wünschte R. in seiner Loge zu sehen, R. läßt sich entschuldigen.)⟩*

Dienstag 10ten R. schreibt an Freund Wolz. über Jäger und sagt Neumann, daß es sich hier um eine Amputation handle. – Ein kleiner Junge, den er im Hôtel de Rome hat die Besorgungen machen sehen, hat ihm so gefallen, daß er ihn gern als »Groom« engagieren will und mit dessen Vater heute früh spricht. – Die erste Bonne von Lusch und Boni besucht mich, viele Erinnerungen, gar rührend, daß sie sich in der Menschenhecke aufgestellt, um uns beim Rheingold vorbeifahren zu sehen. Dann für mich Dr. Herrig und der arme, ahnungslose H. Jäger! – – – Wir frühstücken bei Schleinitzens mit Seidl, worauf R. in das Hôtel de Rome zu einem Künstlerdiner geht, welches aber als jüdisches Familien-Hôtel-Diner sich zu seinem Ärger herausstellt. Abends empfangen wir den alten Pr. Werder, dessen R. rühmlichst gedenkt, Helmholtz, Niemanns (er singt nicht, aus für uns nicht ganz klaren Gründen) etc. – Endlich um 11 Uhr sind wir mit Lusch auf dem Bahnhof und fahren ab.

Mittwoch 11ten Gegen Nacht erfreut R. die Stimme eines Knaben, der ganz laut melodisch: »Würstchen – Brötchen« anbietet – und dieser Ruf bleibt stehend bei uns. In der Früh Kaffee im Leipziger Bahnhof und wiederum in Sachsen das »Gescherre«. – Um ein & halb Uhr Ankunft – die lieben Kinder alle, Graf Gobineau und Freund Paul** dazu, Siegfried mit strahlendem, unverwandtem Blick auf seinen Vater. – Abends R. sehr müde, frühes Auseinandergehen –.

Donnerstag 12ten R. hat sehr gut geschlafen und ist sehr heiter. Große Freude an den Kindern. – Gleich an die Arbeit, nämlich Sitzung bei Joukowsky, Vorlesung des Grafen aus seinem »Amadis«, und mit dem Grafen endlose Gespräche über alles. Es ist rauhes Wetter – R. denkt an seine Partitur. – Abends liest R. dem Grafen die Seiten aus seinem Werke (Band 4, K. 3), die er so liebt, und nachher spielt er das Vorspiel zu Parsifal vor. Worauf sich ein Gespräch über das Wort gotisch zwischen R. und

* ⟨ ⟩ am 18. Mai, wie nach der Tintenfarbe zu schließen ist, nachträglich eingefügt; zu dem Vorfall s. Anm. zu 8. Juni 1881! ** von Joukowsky.

Gobineau ergibt, G[f] Gobineau die Ansicht R.'s über diesen Ausdruck nicht teilt, sondern es von der Renaissance her stammend deutet.

Freitag 13ten R. hatte eine gute Nacht; der Tag läßt sich hübsch an. Eine gute Depesche über »Rheingold« erfreut uns, und R. drückt wiederholt sein Erstaunen [aus] über die Möglichkeit eines solchen Erfolges in Berlin. – Wie ich vom Atelier mit Lusch komme, läutet er die Mittagsglocke, ich, ohne zu ahnen, daß er es ist, vollende ein Gespräch mit dem Grafen, er ist ärgerlich darüber, daß ich ihn nicht erriet – und es ergibt ein mürrisch-humoristisches Gespräch zu Tisch. Ich erklärte ihm entschuldigend, daß der Graf mir gerade ein chinesisches Sprichwort sagte – »wenn meine Frau nur chinesische Sprichwörter hören kann, die gehen ihr über alles«, – heißt es plötzlich. Wir sind abends beide sehr sehr müde, R. und ich.

Sonnabend 14ten R. träumt, daß ich ihn verlasse. Er ist den Tag über nicht wohl. Er kommt am Nachmittag zu Jouk., um das Bild (die »Überraschung«) anzusehen, zuerst ist er über die Technik erstaunt, aber die Portraits gefallen ihm. Abends ist er nicht bei uns, legt sich früh zu Bett. – Gute Depesche über Walküre.

Sonntag 15ten R. gedenkt in der Frühe seines Werkes, des »Ringes«, und freut sich dessen, u. a. des »Rheingoldes«. Er sieht angegriffen aus, und ich fürchte, daß das Chinin, das er nimmt, ihm nicht bekommt. Er liest in Gobineau, und am Nachmittag hat er einen langen Aufenthalt mit mir im Garten. Er freut sich des frischen Grüns, der Tiere, und wie Graf Gobineau sich zu uns gesellt, werden viele Geschichten, u. a. Falken-Anekdoten erzählt. Bis gegen 7 Uhr sitzen wir im Garten. Abends liest R. aus seiner Biographie die Stellen auf Bakunin bezüglich vor. Er freut sich dann mit mir, das über diese Persönlichkeit niedergeschrieben zu haben.

Montag 16ten R. hatte eine gute Nacht, nachdem er ein Mal aufgestanden war. Er liest mir in der Frühe einen Bericht über die Walküre vor, welcher recht verständig ist. Zu Mittag bringt R. die Korrektur der »Einführung« zu Wolz. und überrascht uns, Lusch und mich, in Kappe und Jacke (das Wetter ist sehr warm) im Atelier von Jouk. – Abends spielt uns Rub. den 3ten Akt der Götterdämmerung vor. – R. schwankt zwischen Freude an dem Werk und peinlichem Gefühl, daß der Graf keinen Eindruck in solcher Vorführung davon haben könnte.

Dienstag 17ten* R. träumt, daß ich wegen unglücklicher Liebe sterben wollte, bereits dazu angezogen war und einen Blumenkranz in den Haaren, er, wütend, ruft mir zu, aber noch vor ein paar Tagen hast du mich

* Irrtümlich »Donnerstag«.

Puschel genannt! – – Er beginnt seinen Brief an den König, und das verstimmt ihn etwas, er sagt: Die Anrede nur zu finden, daß sie denen des Königs entspräche! – Auch bleibt er trotz allen Beteuerungen dabei, daß der Graf keinen Eindruck von der Götterdämmerung hätte haben können, da es keine Symphonie sei. – Am Nachmittag zeigen Brückners mit Herrn Brandt die Maquettes vom Tempel und vom Zaubergarten und befriedigen durchaus. Abends kommt das Gespräch auf den Franzosen, und wie ich sage, daß sie keine Dichter hervorgebracht hätten, unterstützt mich R.

Mittwoch 18ten R. war ein Mal auf die Nacht. In der Frühe unterhält ihn der Ruf des Pfaus, er sagt, es sei wie der Schrei eines heftig erstaunten Weibes – »Herr Jeses!« – Er beendigt seinen Brief an den König, worin er die Dekorationsmaler verteidigt, die der König hart beurteilt hat; R. lacht und sagt, »da kommt man bei mir nicht an, Gerechtigkeit will ich haben«. – – Wir fahren zum Theater hinauf mit dem Grafen, R. sieht es mit stolzer Heiterkeit an; und abends, wie er liest, daß die Nibelungen in Berlin manchen ermüden, ist er völlig froh, dieses erwähnt zu sehen, weil er es richtig findet. – Wie ich zum Abendbrot hinunterkomme, finde ich ihn mit wehmütig sinnendem Blick des Sonnenuntergangs letzte Strahlen verfolgend; er ist etwas zerstreut gegen mich, und dann teilt er mir mit, daß er über den Musikdirektor Heim in Zürich einige Worte geschrieben hat auf Ersuchen von Freunden. – Gewiß war sein Tod in Gedanken ihm nahe, wie er da ausblickte. Abends entspinnt sich ein Streit zwischen dem Grafen und ihm über die Irländer, welche Gob. unfähig zur Arbeit erklärt. R. wird sehr heftig, auch er würde nicht arbeiten unter den Bedingungen, und er geißelt die englischen Vornehmen. Der Graf geht in seinen Gedanken so weit, dem Evangelium einen Vorwurf daraus zu machen, für die Armen eingetreten zu sein. Doch endigt alles sehr freundlich, R. bekennt, daß er die Frage im einzelnen nicht kenne, und der Graf sagt ihm: Vous voyez la chose en philosophe et moi en homme d'affaires.

*Donnerstag 19ten** R. hatte eine gute Nacht; gestern vor der Diskussion über die Engländer war die Rede vom deutsch-französischen Krieg; der Graf erzählt die wunderlichsten Anekdoten von der Borniertheit der Franzosen, u. a. von einem G^{al}, der, zum dritten Mal nach dem Fluß fragend und die Antwort erhaltend: C'est la marne, ausruft: Ah mais c'est une mauvaise plaisanterie. R. kommt heute darauf zurück und lacht noch sehr. Bei Tisch teilt uns der Graf einiges über Persien mit, welches uns zeigt, wie philosophisch dieses Volk angelegt ist. R. scherzt, sagt: er ging

* Über der Seite: »(7ten Juni das Tagebuch wieder aufgenommen)«.

an seine Partitur *de race mélan[és]ienne.* Abends erregen die Beschreibungen des Grafen die Lust, nach Athen zu gehen, so stark, daß der G^f^ versprechen muß, an Freunde dort zu schreiben wegen Unterkommen für den Winter.

Freitag 20ten R. hatte eine gute Nacht, und er sitzt bei der Arbeit, wie ich gegen 1 Uhr von dem Nachbarhause komme, er öffnet mir die Türe des Saales, stößt sich den Finger dabei und ist bei Tisch in Folge dessen und allerhand Miseren (keine Tinte, seine Feder verbogen) sehr verstimmt; es sei, als ob er durchaus nicht zur Arbeit kommen sollte! – Die Ritter'schen Kinder kommen an, höchst willkommen zu Proben, die wir denn auch gleich vornehmen. Das Wetter ist leider recht ungünstig, und wie R., um sich zu zerstreuen, zu Jouk. hinübergeht, ärgert er sich darüber, daß er Fidi's Portrait verändert habe; ich treffe ihn in dieser Stimmung und weiß nicht recht, wie ich ihn bitten soll, den morgenden Tag zu erlauben, daß Eyßers in dem Saal arbeiten; ich tue es doch, und wie ich ihn später wiedersehe, finde ich ihn in Tränen, wie er sagt, gerührt durch sein Gedenken meiner. Der Abend vergeht freundlich. – Beim Kaffee zitierte R. von Thomas a Kempis den Spruch: Um das zu dulden, muß man Gott sein, und er fand es richtig, das Göttliche in der Duldung der Demütigung zu suchen.

Sonnabend 21ten R. träumt, daß ich gehe und daß ich Jouk., der dazwischentreten will, sage, er wäre ein Schaf, was uns alle sehr heiter stimmt. Er kann nirgends sein! Die Eyßers arbeiten an der Überraschung, und in der Halle halten wir Probe! Bei Tisch sagt er heiter, er möchte, die Bescherung begänne gleich! Beim Kaffee erscheinen Standhartners, Vater und Tochter; Vorstellung und Erinnerung an Wien. Für uns »Kinder«-Proben! Abends spricht R. von dem Aufsatz des Grafen, und der Graf stellt seine Gedanken den Freunden dar. Heitere Stimmung.

Sonntag 22ten R. hat gut geschlafen, gegen 8 Uhr geht der Blumengruß vor sich und glückt sehr, die von Fidi Parsifal dargebrachte Uhr freut R., und die Blumenkostüme gefallen ihm. Die Wappen der Wagner-Verein-Städte überraschen ihn wirklich, und auch die Decken gefallen ihm. Er wandelt mit mir im blauen Gewand in göttlicher Stimmung zum Sommerhäuschen hinauf, und wir tauschen Goldfedern und Verschen! Unser Mittagstisch besteht aus: Standhartners 3 (mit Gustav!), Ritters (die Eltern), der Graf, Jouk., Boni, Lusch und Fidi; in der Halle Eva, Loldi, Ferdi Jäger, Julchen und Elsa; letztere haben sich unbemerkt zu entfernen, damit von der Galerie herab der Gesang der Strophe erklinge – Siegfried spricht sein Stein'sches Gedicht sehr gut; die ewige Jugend läßt er schön leben, und ergreifend mit voller Stimme singt dann Elsa von oben: »Nicht

Gut noch Pracht« u.s.w. – – – Beim Kaffee erscheint Faf vom Festspielhaus mit dem Theater-Zettel für heute abend auf dem Rücken. Prächtig spielen die lieben guten Kinder die beiden Schwänke von Lope und Sachs, und besonders gut sagt Lusch den verbindenden Epilog von Wolz. Am Schlusse des Stückes von Sachs war J. Rub. mit dem Vorspiel zu den Msingern eingefallen, und wie R. dann in den Saal sich begab, empfingen ihn die umgekleideten Kinder mit dem »Gruß der Getreuen«; am Schluß des Abends nach dem Mahle kam der Kaisermarsch mit verändertem Text. Alles herrlich von den lieben Kindern geleistet, und doch glückt es nicht ganz, die Stimmung festzuhalten. Vor Tisch hatte R. die Militär-Musik, die er ein wenig zu meinem Kummer zugelassen, verstimmt, und es bedurfte des Toastes von Siegfried, um seine Stimmung zu erheben. Abends waren die Freunde ihm durch ihre Schwere peinlich, er hielt Standhartner fest, ohne sich zu sagen, daß dann auch der Stiefsohn bleiben würde, diese ihm unleidliche Gegenwart verhinderte ihn daran, das zu sagen, wovon sein Herz überströmte, und er war darüber bis zum Schmerz unglücklich! Mich freut das Gelingen – daß Unberufene dazwischentreten, ficht mich nicht mehr an, wie es früher mich schmerzte: »Alles Vergängliche ist nur ein Gleichnis!« bleibt mir gegenwärtig.

Montag 23ten Kichern der Kinder zieht mich in ihre Stube, »Papa hat gestern 12 Überraschungen gehabt, 1° der Blumengruß, 2° die Wappen, 3° die Militär-Musik (!), 4° der Toast, 5° der Gesang, 6° der Faf, 7° Lope, 8° der Epilog, 9° das Vorspiel, 10° der Gruß, 11° der Kaisermarsch, 12 der U-August (Gustav Schönaich); den heiteren Einfall melde ich R., und wir müssen herzlichst lachen. Doch gerät er wieder in Wut, wie er von dem ihm Unleidlichen Abschied nehmen soll. Mittagessen zu 4 – (die Kinder speisen mit Ritters in der Sonne) –, R. ist etwas müde. Abends aber verlangt er die Stücke, und die Kinder spielen sie für uns im Saal, sehr heiter und gut. Abschied von den lieben Ritters.

Dienstag 24ten R. hatte eine gute Nacht. Eine Depesche von H. Neumann frägt an, ob wir zum 4ten Zyklus kämen? Ich glaube, um den Kindern seinen Dank auszusprechen, entschließt sich R. dazu, und wie ich stutzig etwas bin: »Seien wir keine Philister«, ruft er aus. Großes Durcheinander, hin und her mit Freund Groß, Salonwagen bestellt, ich frage schüchtern, ob ich nicht mit dem sehr müden Grafen hier bleiben könne, nichts gilt, ein Extra-Zug bis Neuenmarkt wird bestellt, und zu Freund Groß sagt er launig: Wenn es darauf ankommt, Geld wegzuschmeißen, bin ich leidenschaftlich dabei! – Um die Mitternacht sitzen wir alle reisebereit in der Speisestube, um ein Uhr fahren wir fort und

Mittwoch 25ten um ein Uhr Mittag sind wir nach einer heiter-übermütigen Fahrt in Berlin und steigen mit den beiden Freunden im Hôtel du Nord ab. (Unser Würstchen-Brötchen-Junge erweist sich in der Frühe als dumm!) Um $7^1/_2$ Uhr sitzt alles im Rheingold! Wobei leider mancherlei Ärger für R. Doch die Kinderköpfe erheitern ihn.

Donnerstag 26ten Gute Nacht für R. – Hübsche Adresse der Vegetarianer an ihn. Schöner Brief des Königs. Dann Gespräch mit H. Neumann, wobei R. erfährt, daß die Plätze an die Presse 10.000 M. Einnahme entzogen. R. fährt mit den Kindern in [den] Zoologischen Garten und besucht dann mit ihnen die Gräfin par excellence. Lusch besucht eine Frau Overbeck und erfährt da Seltsamkeiten von ihrem Vater, die sie aufregen. Abends in die Walküre, der Graf mit einem von Jouk. geborgten Hut, der uns sehr erheitert. Die Aufführung gut und schlimm, Fr. Hofmeister als Sieglinde bedeutend, Fr. Vogl als Brünnhilde weniger, viele grobe Fehler der Regie, die R. verstimmen, und als schließlich er inmitten eines gaffenden Publikums auf die Wagen warten muß, verläßt ihn die Fassung ganz. Sorge um Lusch, große erhabene Erschütterung durch das Werk und R.'s ärgerliche Verstimmung bilden ein verzweigtes Ganzes, dem meine Heiterkeit nicht gewachsen ist, und ich erwache

Freitag 27ten wie im Taumel, so daß ich auf R.'s gänzlich unbefangene Stimmung nicht, wie ich es gern möchte, eingehen kann. Ich führe die Kinder in das Museum (gestern in das Schloß); heimgekehrt finde ich R., der nicht zu dem von ihm für sämtliche Kinder mit der Gräfin abgemachten Frühstück gehen will. Das Traurige des *Draußensein* kommt in seiner ganzen Gewalt über mich, und ich breche in Tränen aus! R. verspricht zu kommen, tut es auch, und wenn anfangs bei der freundlichsten Freundin sehr verstimmt, so erholt er sich bald, und in bester Stimmung versucht er die Stimme eines Tenoristen. Den Abend bringen wir im Hôtel friedlich zu. Einem Dr. Herrig zeigt R., wie ohnmächtig, weil mutlos die Wagnerianer als Journalisten seien, sie hätten sich nicht getraut, den Brief an Hülsen abzudrucken.

Sonnabend 28ten Gute Nacht. Ich wandre mit Daniela zum Photographen, da ihr Vater sich beklagt hat, daß er kein Bild von ihr empfangen! Von da in das Gewerbe-Museum und in das neue Museum, wo Siegfried, der alles in Berlin sich ansieht, uns plötzlich antrifft. Mittagessen im Hôtel mit dem guten Seidl. Dann in »Siegfried«, manches gut, vieles nicht, der Enthusiasmus immer derselbe große. R. traurig. Ganz irre könnte er an seinem Werke werden. Seine Freude heute die Beendigung von dem Werke des Grafen. (Gestern sagte er von der Berliner Bevölkerung: es sei viel *race grise* mit roten Nasen.)

Sonntag 29ten Gute Nacht. Die Kinder fahren nach Charlottenburg;

ich in der Frühe in's Museum, dann mit R. zu unserer Freundin Kathi Ekkert, die ich vorgestern recht krank gefunden habe. Die arme Frau ist wie starr, doch stammelt sie die Worte: Lieber Meister! – Wir verlassen sie bald und fahren durch den Tiergarten – schöne Frühlingsluft und schmerzlichste Eindrücke! Mein armes Kind hier wiederum so unruhig geworden, daß ich mir es vorwerfen muß, es so wenig christlich ergeben erzogen zu haben. R. beruhigt mich scharf, ich gehe in [mich]*, und inmitten des Schmerzes empfinde ich wie eine Seligkeit. – War es die unbewußte Nähe des Todes, die ich empfunden hatte? Bei Tisch im Hôtel erzählt der Graf, seine Schwester, die Benediktinerin, habe nach dem »Kunstwerk der Zukunft« gefragt und was das bedeute. R. erwidert erklärend: Je unkenntlicher die Racen, je gesunkener die Menschheit, um so kräftiger und deutlicher müsse sich das Kunstwerk bejahen. Lusch, die ich um Wein gebeten, meint, ihr Vater habe ausgeredet, und bittet ihn für mich, R. wird darüber ärgerlich und heftig, und heftig auch weint die Kleine, übermüdet durch alles auf sie Eindringende. Nicht gerade gut vorbereitet, dennoch aber erheitert fahren wir in die Götterdämmerung. Mancherlei wiederum quält R., und als H. Neumann nach seinem Geschmack eine Ovation ihm darbringt, läuft er verstimmt davon. Ich bemerke ihn sehr erregt, gehe ihm nach und bringe es über ihn, daß er das Publikum ein letztes Mal von der Loge aus grüßt. – Glücklicher Weise kommen wir zu heiterstem Lachen bei der Heimfahrt, da wirklich dieses israelitische Arrangement etwas Unerwartetes an sich hat. Mit Humor und Schwermut gehen wir zur Ruhe!

Montag 30ten Öfters wacht R. auf, rufend: »Das erlauchte Haus, pfui Teufel!« – Ich fahre um 10 Uhr nach Potsdam, um es den 5 Kindern zu zeigen. R. bleibt zu Hause und empfängt den Brief von H. Neumann, worauf er erwidert. Um 4 Uhr holt er uns auf dem Bahnhof ab, verfehlt uns leider und ist über sein Mißgeschick verstimmt. Wir fahren alle wiederum zu der Freundlichen, speisen da und bringen den Abend bis 10 Uhr in angenehmster Weise zu. Zu Hause empfangen wir noch H. Schön, welcher seinen Empfang durch den Kronprinzen mitteilt, worauf R. sehr heftig seine Ansicht von dessen Benehmen gegen ihn im Verlaufe der Jahre sagt. (Bei Tisch hat R. über das Buch des Grafen »Dogme et Philosophie« seine Freude ausgedrückt.) Um elf Uhr fahren wir ab, nachdem ein 2ter Brief von H. Neumann R. um öffentliche Reparation, d. h. Beiwohnung der Walküre mit irgendwelcher »theatralischer Aktion« gebeten. Seidl am Bahnhof erklärt, nichts gewußt und mit H. N. gebrochen zu haben.

* [ ] für »mir«.

Hübscher Salon-Wagen, die Nacht ganz leidlich, der Graf liebenswürdig besorgt um die Kinder. Ankunft

Dienstag 31ten um 2 Uhr. Freude, dazusein. Der Garten sehr schön, R. vergnügt über seinen Wappensaal. Die Müdigkeit treibt bald zu Bett.

Juni

Mittwoch 1ten Alles hat gut geschlafen, und das Wetter ist herrlich. R. liest am Vormittag »Philosophie und Dogma« im Sommerhäuschen und preist sich glücklich, wir verbringen eine gute Zeit im Garten, Molly beschert uns Junge und verläßt sie, um R. nachzugehen. Wir nehmen den Kaffee im Sommerhäuschen und sprechen über Lyrik, in welchem Punkt der Graf durchaus mit R. übereinstimmt und nebenhin erklärt, daß die italienische Sprache durchaus undichterisch sei. Wie ich mit R. der schönen Luft mich erfreue, sage ich ihm, man müßte eigentlich den ganzen Tag im Walde sein und abends ein Werk von ihm hören; er gibt mir recht und meint, diese Gemeinsamkeit beim Beachten eines Dramas sei die erwünschte, da fühle man sich Mensch mit Mensch. Abends haben wir eine philosophische Plauderei mit dem Grafen.

Donnerstag 2ten Und trotz des freundlichen, schönen Tages hat R. keine gute Nacht. Er wünscht, an seine Partitur zu kommen. Wir ruhen zusammen am Nachmittag im Sommerhäuschen. Dann fahren wir zu Feustels, die uns gestern besuchten. Er zeigt den Brief von R., und es ist uns recht, daß er gedruckt wurde. Ein Bierstündchen im Garten mit dem Grafen bringt allerhand Gespräche über Tiere, besonders Hunde; dann zeigt R. seine Dosen und ich meinen grünen Stein, und ich erzähle, wie in der Sylvester-Nacht ich ihn verlor und wiederfand! – Ein Bericht im Tagblatt über Beziehungen des Königs zu Schauspielern berührt R. peinlich. Dann wird über Shelley gesprochen, den R. als keinen Dichter ansieht, und abends erzählt uns der Graf viel von Persien, wobei Europa immer sich nicht gut ausnimmt.

Freitag 3ten R. hatte eine schlechte Nacht und ist nicht wohl. Bei Tisch explodiert er förmlich zu Gunsten des Christlichen gegenüber dem Racengedanken. Der Dr. rät zu einer Fahrt, wir unternehmen sie nach Eremitage. – Heitere Stimmung, doch abends fühlt er sich matt und entfernt sich.

Sonnabend 4ten R. hatte eine gute Nacht und verbringt den Vormittag im Sommerhäuschen, »Dogme et Philosophie« lesend. Er zitiert daraus das Wort von Thomas von Aquin über die Gerechtigkeit und meint, darüber seien wir hinaus. Wir fahren alle nach Fantaisie und sind ungemein froh der schönen, blühenden Zeit. Abends Freund Wolzogen. R. spielt das Vorspiel zu Lohengrin. Dem Grafen schenkt er die Gesammelten Schriften mit der Widmung: »Normann und Sachse, das ist der rechte Bund, was noch frisch und gesund, daß das blühe und wachse.« (Blandine brachte die Nachricht von dem Tode von K. Eckert!)*

Sonntag 5ten R. hat gut geruht und möchte im Sommerhäuschen das Frühstück einnehmen, ich bin aber heiser. Er erzählt mir von einem Gespenst, welches Siegfried und Georg gestern abends um 10 Uhr gesehen – wir deuten es auf Rausch, der im Spital sehr krank ist. Und ich benutze das Gespräch, um R. die Mitteilung von dem Tode unserer armen guten Freundin zu machen. Um 12 Uhr kommt nun Rausch im Fieber, halb gekleidet, schrecklich aussehend, verlangend nach seiner Stube! Das Gespräch gehört Geistergeschichten an! R. ist verstimmt durch die Eindrücke; Gewitter-Schwüle zuerst und dann Gewitter. Wir nehmen den Kaffee im Sommerhäuschen, dann geht R. mit Jouk. in die Stadt, um zu sehen, ob er trotz Pfingsten eine Kette für *S.'s* Uhr kaufen kann. Es glückt. Abends spielt er mit Rubinstein das Idyll – viel Rührung und Gedenken, er erzählt die Geburt, und wir sind ergriffen, wenn auch immer gestört durch Unberufene.

Montag 6ten Siegfried! Freudenskind! Friedenskind! Um 2 Uhr Bescherung. Vierzehn dann bei Tisch; R. frägt, wer den Toast bringt, Freund Feustel steht auf, sagt einige Worte, die Siegfried mit dem erschrockenen Ruf unterbricht: Ich habe noch keinen Champagner. – Viel Heiterkeit darüber. Am Nachmittag wird der erste Akt im Arrangement von H. Rub. vorgenommen, nur bis zu Amfortas' Ausbruch. Leider etwas unruhig. Abends viel über Siegfried, der, wie sein Vater ihm sagt, daß es eigentlich ein Unsinn sei, daß er eine goldene Kette habe, erwidert: »Du kannst sie vielleicht zurückgeben.« – – R. findet, daß er Byron ähnlich sieht.

Dienstag 7ten R. träumt wild, daß H. v. Staff mit einem Flintenschuß seinen Hund Peps getötet hat! – – Ich gelange dazu, ihm meine tröstliche Empfindung von dem Tode unserer guten Kathi mitzuteilen, die ich gestern Mimi schrieb. Er gibt mir recht, und daß im ohnmächtigen Kampf gegen das Widerwärtige sie plötzlich nicht mehr wollte. Mit Rührung erinnern wir uns ihrer Depeschen beim 2ten Zyklus, dann meines Besuches, wo sie mir sagte: Ich werde Sie nicht mehr sehen; darauf R.'s und mein[es] Besuchs und ihrer Starrheit dabei (»o der Tod ist etwas Ernstes«,

* Beigelegt ein Brief von Ernst Dohm, Berlin, 3. Juni 1881, an Cosima, ebenfalls mit der Trauerbotschaft.

sagt hier R., »er lächelt nicht mehr«), dann der günstigen Aussage der Ärzte, des beruhigenden Briefes der Tochter; und nun der Tod – sie war kuriert und wollte nicht mehr! – – Abschied vom Grafen sehr herzlich, R. liest uns beim Kaffee eine Anekdote aus dem »Dogme et Philosophie«, es klagend, daß er es dem Grafen zum Abschied hätte vorlesen wollen, aber durch die Abschieds-dehors (Besuch von Wolz.) daran verhindert worden wäre. Um 5 Konferenz wegen der Aufführung. Darauf besucht R. Wolz. und Schemann. Beim Abendbrot erzählt er, man habe ihm den Aufsatz von H. Lindau geschickt über sein Benehmen bei der N.mann'schen Rede, und er sagt, gegen diese schamlosen Wesen sei man doch ganz waffenlos. – Besprechung dessen, daß H. *N*mann gewiß R.'s Entrüstung gar nicht verstehen kann, da er ihm eigentlich eine Huldigung zudachte! – Abends viel über unseren lieben, ausgezeichneten Gast gesprochen. Wie wir im Bett sind, sagt R.: »Schwindet, ihr Wölbungen droben«, und wie das albern sei, dies singen zu lassen, während ein Instrumentalstück den Vorgang wiedergeben würde und Goethe die Worte nur gebraucht hätte, eben weil er die Musik nicht hatte.

Mittwoch 8ten R. hatte eine gute Nacht und arbeitet. Das graue kalte Wetter aber erregt seinen Mißmut. Er erklärt, für den Winter den ganzen unteren Teil der Fenster verdecken zu wollen. Immer vieles über den Grafen, der uns in jeder Hinsicht eine so wertvolle Bereicherung des Lebens geworden ist. Beim Kaffee anonymer Brief. – Es scheint wiederum viel Staub aufgewirbelt worden zu sein. R. geht ein wenig mit Marke im Hofgarten spazieren. Abends ärgert ihn H. Köhler durch Mitteilung von seinen Nöten in Berlin. Er läßt Freund Wolz. und Dr. Schemann herüberkommen. Dann entfernt er alle, wie er sagt: nervösen Elemente, und wir müssen über das heitere, blitzende Kinder-Gesicht herzlich lachen, ⟨mit welchem er den Lindwurm unter den Abschiednehmenden betrachtete⟩.* – –

Donnerstag 9ten Die Nacht war gut, aber das Wetter ist rauh. Doch arbeitet R. Bei Tisch teilt er uns mit, wie gern er den Pfauen-Ruf habe, das Wilde daran, und wie es ihn freue, von Lebendigem umgeben zu sein. Kein Spaziergang wieder; R. schreibt an *K*meister Levi, er hoffe das Ehepaar Vogl würde gehörig würdig empfangen worden sein. Solche Briefe (mit freundlichen Worten) schrieb er am liebsten, sagt er mir. Abends die Freunde Wolz., Schemann, Rubinstein; R. klärt Rub. über den Begriff der Ehre auf, mit Schemann spricht er über Byron und namentlich über »Don Juan«, dessen letzte Gesänge ihn sehr gelangweilt hätten. Zum Schluß

* ⟨ ⟩ von fremder Hand mit Tinte unkenntlich gemacht; bezieht sich auf Wolzogen.

wird unser Liebling, das Es dur Quartett gespielt; beim Scherzo sagt R., es sei Nußknacker und Mausekönig. – Er rühmt die Vollendung dieser Werke. – Wie wir allein sind, werden wir heitrer, wir gedenken der Kinder von Molly, dann der meinigen, wie ich sage, ich könnte mir eigentlich gar nicht vorstellen, daß ich diese fünf zur Welt gebracht, und dabei sagt R.: – und er zitiert die Stelle aus der Ilias, zwischen Diomedes und Glaukos.* – (Briefe vom Grafen, von Frau Helmholtz, welche für die Eckert'schen Kinder sammelt, Berechnungen von dem Neumann'schen Kassierer, die Schuld bei Freund Feustel ist getilgt.) –

Freitag 10ten R. hatte eine gute Nacht und begibt sich in der Frühe an die Arbeit, nachdem er in dem Werk des Grafen Gobineau (»Dogme & Phil.«) gelesen. Das Wetter ist rauh, düster und kalt, es heißt, ein Planet sei uns zu nahe. Das führt zu weiten Betrachtungen, die Ideen des Grafen werden vorgenommen, um schließlich auf Schopenhauer zu münden. Daß er sonfi sein möchte, sprach einmal R. vor und für den Grafen humoristisch aus. Wir machen einen Sprung miteinander in den Garten, dann arbeitet er, und ich bitte ihn, mir den griechischen Satz aufzuschreiben.** Abends plaudern wir zusammen, und beim Einschlafen vernehme ich R.'s letztes Wort: »Die Liebe meines Weibchens erhält mich am Leben, sonst nichts.« – – (Auf die Depesche Seidl's hat R. bündige Erklärung gefordert.)

Sonnabend 11ten R. hatte in der Frühe einen Brust-Krampf, und das kalte, rauhe Wetter entreißt ihm eine völlige Verzweiflung. Ein Aufsatz in der Zeitung über die Nacht des Bauernstandes in Bayern (die meisten Güter sollen verpfändet sein) ergibt das traurige Thema unseres Tischgespräches. In Rußland ist ein Komplott gegen den Kaiser entdeckt worden, und in Paris streiten sich Fromme und Atheisten um die Leiche Littré's! – Man geht nicht aus und denkt an Heizung. Abends bringt »Don Quixote« (die Episode mit dem Löwen und dem Puppentheater) wieder eine freundlich-heitere Stimmung hervor, und R. und ich, wir können es uns nicht genug sagen, wie einzig wir dieses Werk finden. –

Sonntag 12ten R. hat gut geschlafen, ein Brief von Seidl bringt leider in etwas roher Form Nachrichten über H. Neumann, in Folge dessen R. an Dr Förster schreibt. Bei Tisch sagt er, wie peinlich solche Beziehungen ihm seien, wo man an lügenhafte, beschränkte, phrasenmachende und doch wiederum begeisterte Leute zu schreiben hat. Er liest seinen Brief beim Kaffee vor, in welchem er sich namentlich über die Regie des H. Neumann beklagt und Reformen darin verlangt; er lacht dazu und sagt,

* s. Freitag. ** Beigelegt, s. Anm.

er wüßte keinen einzigen Menschen zu empfehlen. Das Wetter heitert sich auf, wir begeben uns auf den Sommerhäuschen-Turm, und abends vor der Mahlzeit sitzt R. im Garten mit Kindern und Jouk. Nach der Mahlzeit plaudern wir zusammen, unser Verhältnis zum Nachbarhaus besprechend, welches wir heute in pleno bei uns zu Tisch hatten. R. spricht es aus, wie diese ganze Familie durch die Begeisterung des Sohnes, förmlich auf seinen Stern hin, sich hier, und ohne eine Schwierigkeit zu machen, niedergelassen habe, und wie man eine wahre Verpflichtung habe, ⟨welche den Mangel an Anmut leicht überwinden lasse.⟩*

Montag 13ten R. hatte eine gute Nacht, und er ist emsig an der Arbeit. Eine lächerliche Geschichte, welche beim Kaffee von R. vorgelesen wird und darin öfters die Juden vorkommen, läßt R. bemerken: Das ist allerdings in den letzten sechs Monaten gewonnen worden, daß man die Juden mit Namen nennt. Am Nachmittag machen – R. und ich – wir einen Besuch beim Bürgermeister und werden vom Sturm überrascht, wir flüchten uns unter das Kirchenportal, und R. klagt über den Wind, der ihm den Eindruck eines protzigen Gendarmen macht, der auf ihn losführe und [ihn] packte, eine Vorstellung, die widerwärtig in der Revolutions-Zeit ihn ängstigte. Nach dem Besuch beim Bürgermeister hat sich der Wind gelegt, und R. schlägt mir vor, zu *Angermann* zu gehen. Wir führen das Vorhaben aus und durch und kehren gemütlich heim, wo wir noch ein Weilchen im Garten uns ergehen. Der Wind hat sich gelegt, aber R. ist ganz erfüllt von dem schlechten Klima und spricht bestimmt davon, nächsten Winter fort zu sein. Abends Erinnerung an die Schweiz, an die schönen Tage, dann auch an die Überschwemmung. R. vergleicht mich mit Sieglinde: »Weiter, weiter.« Wie wir allein sind, kommen wir auf unsere Beziehungen zu sprechen, »Tristan und Isolde«, sagt R., ich frage ihn, ob ich nicht unsere Korrespondenz vernichten sollte, da wir vielleicht stürben, ehe Siegfried die genügende Reife habe. R. sagt: »Noch nicht, aber vielleicht später, denn da war keine Spur von Goethe-Stein'schem Verhältnis, da war alles blutig.« Vorher, wie von der Reise gesprochen ward, sagte er: Er sei froh, daß es so qualvoll für uns gewesen sei, da es doch andren auch qualvoll sein mußte. – Der Brief von Hans an Daniela gibt uns auch Wehmütiges zu besprechen; er ist bitter über seinen Aufenthalt in London; und auch diese gewünschte erneuerte Beziehung bringt Bangen und Langen!...

Dienstag 14ten R. hat gut geschlafen und begibt sich nach der Lektüre an die Arbeit. Das Wetter läßt sich besser an, und wir wandern nach dem

* ⟨ ⟩ von fremder Hand mit Tinte unkenntlich gemacht.

Kaffee zum Turm hinauf, wo wir eine längere Sitzung machen. Vorher wandelten wir im Garten, besahen unsere Tierwelt – von den weißen Pfauen sagt R. im Vergleich zu den bunten, die das Leben seien, »das sind wie erhabenere Wesen, wie der Geist von Hamlet's Vater«. – Die kleinen Hündchen machen uns Spaß, die Kinder haben bereits Namen für sie. Wie R. sich an die Partitur begeben will (nachdem er von H. Batz einen langen, leidigen Geschäftsbrief empfangen und denselben beantwortet), ersuche ich ihn, den verhältnismäßig guten Tag zu benutzen und im Garten zu weilen. Er tut es, und mit Freund Wolz. verplaudern wir eine geraume Zeit. Abends auch, wobei R. von seiner Kindheit mitteilt, wie er an eine Felsenwand, wie er 5 Jahre alt war, aus dem Wagen bei einer Fahrt von Dresden nach Meißen geschleudert wurde und ihm nichts geschehen war. – Immer viel über den Grafen und seine Werke, eine Depesche desselben aus Auvergne bringt uns erfreuliche Nachricht über seine Ankunft.

Mittwoch 15ten Ich habe jetzt in der Frühe immer Sitzung bei Freund Jouk. mit Lusch, da sie gern ihrem Vater ein Bild von sich nach Weimar bringen möchte. R. arbeitet an seiner Partitur. Wie von Alexandersbad die Rede ist, sagt er: Er zöge Heiderabad vor, wenn es schon ein Bad sein soll. Wir sind am Nachmittag im Pavillon und erfreuen uns des Seins in den Wipfeln. Ein sehr eigentümlicher Brief von Dr. Schemann läßt mich über Meister und Jünger in ihrem Verhältnis zu einander nachsinnen! Eine Zeitung aus Berlin bringt einen schönen Aufsatz über unsere Freundin K. Eckert und einen Brief von Mozart, den R. als unecht erklärt, d. h. zusammengestellt. Wir sprechen über Lusch und Hans, und ich sage zu R., daß in dem Übermut, der mir nicht immer erwünschte Form annimmt, vielleicht eine förmliche providentielle Hülfe [liege] gegen die Eindrücke, die ihr nun werden.

Donnerstag 16ten Heute lasse ich Lusch ohne mich sitzen, um den absonderlichen Brief von Dr. Schemann zu beantworten. R. arbeitet an seiner Partitur und sagt mir: Die Aversion, die er für Zaubrer und böse Wesen habe, würde ihn vielleicht dazu treiben, die Sieger zu schreiben, weil da alles sanft sei. Schwüles Wetter und Gewitter, wir unternehmen dennoch eine projektierte Fahrt, der Himmel begünstigt sie, über Eremitage fahren wir nach dem Riedelsberg, empfangen bei Betrachtung des Gärtners schlimme Eindrücke von der Härte der reichen Menschen, fahren nach Bürgerreuth, halten uns ein[en] Moment mit Vergnügen dort auf, besuchen Faf auf dem Theater, unseren guten Dr. auf seinem Gütchen und kehren sehr heiter heim. Abends Plauderei mit Rub. und Humperdinck; das Album für die Schiffbrüchigen liefert Stoff!... Dann sagt R., er sei immer eigentlich froh, wenn ein Abend ohne Musik gewesen sei, weil bei ihm Musik Extase heiße und er es nicht liebe, wenn man mit ihr spiele. – Wie wir allein sind, immer wieder über Hans! Der seiner Tochter u. a. schreibt, er sei beständig in Kleinem wie im Großen verraten worden.

Freitag 17ten Die Nacht war zwar ganz gut für R., doch fühlt er sich nicht wohl. Er beginnt seinen Brief an den König. Wir fahren mit den drei Kleinen nach der Waldhütte – der schöne Weg erscheint aber R. lang, und er fühlt Beängstigungen. Wie wir uns am Tisch in der Hütte setzen, ist er wohler, und eine heitre Stimmung kommt über ihn. Die Heimfahrt beginnt mit einer kleinen Aufregung, der Kutscher – sagt mir Loldi – habe einen Vogel gefangen, und er wolle ihn im Kasten nach Hause bringen; ich verlange die Freiheit des Vogels, R. kommt hinzu, debattiert und fordert sie, worauf der Kutscher sich entschließt. Wir sind still bei der Heimfahrt, nur wie die Kinder ausgestiegen, sagt mir R.: »Auch das Buch von Gobineau ist mir jetzt peinlich wie alles, was Geschichte ist. Und ich bin immer für die Rebellen, jetzt z. B. für die verfolgten Babis.« – Wir kommen nach Haus um 9 Uhr, der Brief eines Duisburger Herrn, welcher an eine Besprechung des Wolfram'schen Parzival eine Studie über den Parsifal anknüpfen will, ärgert R. Er sagt, ebensogut hätte mich eine Geschichte von meiner Amme anregen können. – Er kommt auf die jetzigen Trachten der Frauen [zu] sprechen, und wie Lusch darauf erwidert, sie zwängen wenigstens die Frauen dazu, mit kleinen Schritten in den Salon zu kommen, so ist er sehr ungehalten, und im Zwiegespräch darauf gebe ich ihm meine ganze Schwermut darüber zu erkennen, daß, indem man diese Kinder für die Welt erzog, sie wiederum in unsere Welt sich nicht ganz einfügen können. R. beklagt es, darauf gedrungen zu haben, daß sie ihren Vater wiedersähe. Ich – gebe alles dem Gotte anheim und wünsche, wünsche von ganzer Seele: das Gute siege!

Sonnabend 18ten R. erzählt mir, daß ich laut gesprochen hätte im Traum und Einlaß verlangt hätte: da, wo man nicht spricht. R. sagt zu mir, du hast recht, man sagt Unnützes und hört Albernes. – Er schreibt am Vor- und Nachmittag an seinem Brief an [den] König. Zum Kaffee führt uns das Gespräch auf die Heiligen, und R. eifert gegen die heute so landläufige Ansicht, daß sie gegen einen späteren Gewinst gleichsam tugendhaft seien. Wir bringen den Nachmittag bei unserem Freund Jouk. zu, R. kommt nach Beendigung seines Briefes und bringt ein neues Bild von sich, von dem spanischen Maler Egusquiza gemacht. Man ist damit nicht sehr zufrieden, meint, man fände keine Farbe für ihn, mich freut ein jedes Portrait von ihm. – Wir kehren allein heim, R. und ich, und setzen uns im Garten, die blühenden Akazien erfreuen uns; und die Kinder drüben heiter zu wissen und wir beide für uns seiend, tut uns wohl. Abends Plauderei mit Freund Wolz. – über den *Babi* in Persien. Wir gehen friedsam zur Ruhe.

Sonntag 19ten Über Klima hin und her sprechend, sagt R., es gebe ein Mittel, dem allen enthoben zu sein: zu sterben, ich gebe ihm recht und sage, wie oft es mich ankommt, wenn ich mich zu schwach in dem Kampf empfinde! Und daß der Tod sicher eintreffe, der beruhigendste Trost. Dann gehen wir über zu dem, was man tut, und daß vom Mitleiden sprechen eigentlich eine Torheit sei, da alles hier das Ausüben sei. R. sagt, durch das Denken aber könne man es auch üben und dadurch, daß man eine Abhülfe vorbereite für einen schrecklichen Zustand, der doch nicht von der Natur gewollt sei. Zu Mittag *K*meister Mottl aus Karlsruhe, einiges wird über Brahms u. a. gesagt, und R. gibt seine ganze Antipathie gegen diese Erscheinung zu erkennen. Wie R. zur Ruhe geht, bitten wir den Kmeister, uns den 3ten Akt von Tristan zu spielen; er tut es, und zwar so gut, daß wir alle furchtbar erschüttert sind. Freund Jouk. verläßt uns ohne Abschied für einen kleinen Abstecher nach Baden. – R. teilen wir unseren Eindruck mit, wir verweilen einige Zeit inmitten der Wipfel im Sommerhaus, wo ein heftiger Regen uns überrascht. Abends wünscht R. »Coriolan« und freut sich dessen und sagt: »Das ist Race, das ist für Gobineau«; und ich: Tristan ist die Musik für die Aufhebung aller Schranken, also auch der Racen. – Es kommt ein Brief von Dr Förster aus Leipzig, sehr ausgesucht.

Montag 20ten R. hatte eine gute Nacht, wir frühstücken im Garten, und ich lese R. einen schönen Brief des Grafen Gob., worauf R. seiner gedenkend sagt: Es sei sein einziger *Contemporain*. Bei Tisch sprechen wir noch von dem Eindruck des 3ten Aktes von »Tristan«; R. sagt: »Ei, das ist ja alles nicht wahr«, dann aber zu mir: »Freilich, du weißt, daß es wahr ist.« – Ein Brief von H. Neumann zeigt an, daß der Konflikt so gut wie aufgehoben ist. R. antwortet ihm, und er wird uns wohl Mitte Juli besuchen. Herr Brandt ist hier, und wir verbringen eine Stunde mit ihm »in den Wipfeln«. Leider hat R. wieder seinen Brustkrampf, und ich kann nicht ohne Schwermut an die Vorbereitungen zum nächsten Jahre denken. Er selbst vor einiger Zeit zitierte in Bezug darauf Brünnhilden's Worte: »Schwer sind mir die Waffen.« – – Bei Tisch sprach er über die Babis und meinte, dies sei die künftige Religion von Asien. Abends ergeht unser Gespräch sich über das Verhältnis des Künstlers zum Publikum, Erscheinen auf der Bühne, Reden etc. – R. meinte, der Moment des Enthusiasmus brächte solch eine Nötigung mit sich.

Dienstag 21ten R. beginnt seine Kur, trinkt zwei Gläser Rakoczy, und wir frühstücken im Sommerhäuschen. Er arbeitet dann an seiner Partitur, und am Nachmittag verweilen [wir] fast beständig im Garten. Herr Köhler, Siegfried's Lehrer, kommt, seiner abstrusen, absonderlichen Art entgegnet R. mit einem ruhigen zuhörenden Ernste und sagt ihm darauf die herrlichsten ermahnenden Worte zur Freundlichkeit, zum Umsichblikken, nicht in sich Grübeln. – Abends viel wiederum über Gobineau und Babi! – – Wie wir am Nachmittag unter der Pergola zusammen wanderten, R. und ich, teilte er mir seinen Plan der nächsten Arbeit mit (»Heldentum und Christentum«) und sagte, er verführe auch dabei immer als Dramatiker, teile sich seine Arbeit ein wie in Akte. – Die Masken von Beeth. & Weber sieht R. nicht gerne, ich entferne sie. ⟨Er vergleicht es mit dem Spielen mit dem Kreuz.⟩*

Mittwoch 22ten R. hatte eine gute Nacht, er fährt fort mit seiner Brunnenkur. Zu Mittag unsere Freunde Wolz.; unter seinem Teller findet Hans die Weisung (in Versen), mit seiner Frau nach Stockholm zu fahren. – Große Hitze, wir bleiben zu Hause, gegen 7 aber gehen wir in das Sommerhäuschen und nehmen das Abendbrot, R. und ich, allein ein. Die Kinder sind wieder auf weiter Wanderung. Ein Gewitter naht, sie kehren heim, sehr heiter. Wir, R. und ich, beschaulich. – Bevor wir hinaufgingen, hatte R. mit den kleinen Hund[en] sich ergötzt, die nun alle aus der Kiste entschlüpfen. – (R. hat nicht gearbeitet.)

Donnerstag 23ten Großes Gewitter die Nacht, und dann wieder Schlaf. – Brief von Hans Wolz.**, dem gestern abends R. noch eine Sendung nachschickte in der Besorgnis des Ungenügens. Gestern meldete er mir, daß er kaum das längst zwischen uns Besprochene abgemacht hatte, als von Frankfurt um den »Ring« gebeten wurde; heute erbittet sich auch Herr. N. die Konzession für Frankfurt und Prag. Gegen 5 kommt R. zu mir und liest mir, was er eben in dem Gobineau'schen Buch gelesen, über die Theater. Mein Einfall, den letzten Abend mit Lusch und Freund Brandt auf der Bürgerreuth zuzubringen, wird von R. akzeptiert. Wir überraschen den Wackeren in der Arbeit auf der Bühne und vereinigen uns zu einem schlichten Mahle auf Bürgerreuth. Das Theater wirkt wie ein Wunder!

Freitag 24ten Johannistag! Sehr früh auf, die Vögel belauscht, in großer Wehmut. Abschied von Daniela, die zu ihrem Vater nach Weimar geht. Dann in das Spital unseres guten, gestern abend gestorbenen Rausch's wegen. Nach Hause – viele Tränen (R. hat Lusch vor allem die Heiterkeit empfohlen!), Unterbrechung durch Graf und Gräfin Nakó; ich

* ⟨ ⟩ angehängt, über den Rand der Seite. ** Dankesbrief Hans von Wolzogens vom 22. 6. 81 beigelegt.

zeige ihnen die »Sehenswürdigkeiten«, R. bewundert, daß ich derlei kann, aber kaum mehr vernehme ich, was um mich von Fremden gesagt wird! Gewitter. – Kurzer Abend, da die schlaflose Nacht mich recht müde gemacht. R. kam auf das *Lacrimosa* von Mozart und spielt es mir; unsere »Blumen und Bänder« von diesem Jahre! – R. liest mir einiges aus dem Buche des Grafen. Wir gehen früh zu Bett.

Sonnabend 25ten R. hatte eine etwas unruhige Nacht, doch trinkt er seinen Brunnen. Ich habe eine Erörterung mit dem armen Herrn Köhler, der gar schwierig ist!... Am Nachmittag Beerdigung unseres guten Rausch's, ergreifend in [ihrer]* Schlichtheit; Überlegenheit des Protestantismus über die k. Kirche durch die Abgesondertheit und Machtlosigkeit. – Besuch von H. Brandt und H. Staudt, zu aller Erstaunen sind die Gas-Schläuche in gutem Stande!... Abends das persische Stück aus dem Buche des Grafen: »Les noces de Kassem«, erschütterndste Wirkung!

Sonntag 26ten Wir sind früh auf, R. und ich, er nimmt seinen Brunnen, und wir frühstücken im Gartenhaus, von wo aus der Regen uns bald vertreibt. Unser Gespräch wendet sich zu der gestrigen Lektüre, und es ist ein unerschöpfliches Thema. Am Nachmittag Besuch von unserem Freund Kmeister Levi; Besprechungen von der Aufführung. Abends Geplauder, immer viel Gobineau, dessen Buch (Religion etc.) R. vollendet hat.

Montag 27ten Brief von Lusch – traurige Betrachtungen, R. erwähnt es, wie schwierig seine Lage würde durch die Auffassung von Hans, welcher von mir spricht und ihn zu erwähnen vermeidet. Bei Tisch Besprechung der Besetzung des Chores. Dann einiges aus seinem Leben seitens R.'s mit der Auslassung: »Ich war nie verliebt; wenn der große Teufel losgeht«, sagt er, zu mir sich wendend, »das ist etwas andres, das ist keine Verliebtheit, das hört dann auch nicht auf.« Abends kommt Herr Köhler, aber trotz mein[em] Bemühen gelangen wir noch zu keinem möglichen Verkehr. Der Kmeister spielt uns einiges von Bach, unter andrem den letzten Chor der Passion. R. spricht darauf von seiner Vorliebe für den einen Chor im »Paulus« nach der Steinigung vom h. Stephan. Er hebt es hervor, in welcher Décadence wir seien; Mendelssohn hatte Einfälle, darauf Schumann ein närrscher Grübler, und nun Brahms ohne irgend etwas! (Kein Brunnen.)

Dienstag 28ten Keine sehr gute Nacht für R.; dennoch Spaziergang mit Rakoczy und Frühstück im Garten. Immer wieder Lulu, und Klage über das Klima, und Kummer über Ungeschick der Menschen, welches

* [ ] statt »seiner«.

uns zwingt, heute die arme schöne Molly scheren zu lassen. R. diktiert mir einen Brief an den Tierarzt. Es ist kalt am Abend, R. empfindet es sehr. Wir nehmen aber aus Parsifal zweitem Akt die erste Scene zu großer Freude vor.

Gestern rühmte R. Siegfried's sanften Willen; »er ist gut, der Knabe«, sagte er, »er hat einen sanften Willen, dabei ist er lebhaft, und so gleichmütig besonnen«. Auch seine Art, musikalisch zu sein und alles zu pfeifen, ohne Lust aber Klavier zu lernen, erinnere ihn an ihn selbst in seiner Jugend. – Von den Mädchen sagt er, nun seien es keine Kinder mehr, die Blume sei da, die Knospe nicht mehr. – Eine Theorie der Sterne macht ihm Spaß, nämlich daß, wenn wir jetzt das Licht von Sternen sehen von vor mehreren 1000 Jahren, die dort uns in der Zeit und [den] Zuständ[en] von Abraham sehen müßten!... Nach Tisch beim Kaffee sprach man von Bismarck und der Jovialität, mit welcher alle Interessen geführt würden; R. sagt, er sei jetzt ohne jede Teilnahme dafür. – –

Mittwoch 29ten R. hatte eine gute Nacht, aber das schlechte Wetter verhindert uns daran, im Garten zu frühstücken. Um die Mittagszeit kommt er etwas erregt zu mir herauf, »hier ein hübscher Brief«, ich: »etwas Schlechtes«, »o du wirst sehen«, ich lese, staune zuerst, stimme dann aber in R.'s erregte Heiterkeit ein; wie aber der Brief dem armen Kmeister gezeigt wird, kann er sich nicht fassen, ihm scheinen solche Unwürdigkeiten neu!... Marianne Brandt kommt, R. bietet ihr die Kundry an. Dann führen R. und ich Siegfried zum Rektor der Gewerbe-Schule zum Turn-Unterricht. Abends einiges aus Tristan und Götterdämmerung, R. nicht sehr damit zufrieden – melancholisch gegen alles, was seine Werke betrifft, gestimmt.

Donnerstag 30ten Zahnschmerzen für mich, der Dr. erkennt einen Abszeß am Zahnfleisch; [ich] will liegen bleiben, aber Hans Richter mit ganzer Sonnenheiterkeit ist zu empfangen und der arme Freund Levi – der keine Fassung findet – zu entlassen! – Der Mittagstisch durch unzählige Anekdoten von Richter sehr erheitert. Auch erzählt er von dem beispiellosen Erfolg der neuen Venus-Musik in London. Er ist der Theater-Unternehmung ganz sicher. Erinnerungen an Tribschen das liebste! Abends für mich die arme Frau Jäger! An Freund Levi telegraphiert R. – Das Leben, und der, welcher darin etwas will!

Juli

Freitag 1ten R. hatte eine ganz gute Nacht, und er begeht seinen Morgen-Spaziergang mit den Kindern, nimmt aber das Frühstück aus Rücksicht für mein Zahnweh bei mir ein. Um die Mittagszeit bringt er einen Brief unseres armen Kmeisters, welcher um die Entlastung von der Direktion bittet. R. schreibt ihm, Mut zu haben & es ihm nicht so schwer zu machen. Mittagessen mit Richters und M. Brandt! – – Brief von Lusch, daß Hans mich zu sehen wünscht! R. darüber erregt; ich meine, für die Kinder sei es besser, wenn ich willfahre. Wir fahren zusammen nach Eremitage, wo die Kinder mit Richters sind. R. sagt, er bereue es, es durchgesetzt zu haben, daß Daniela ihren Vater wiedersah. Abends Kundry's zweiter Akt mit Marianne Brandt durchgenommen. R. niedergestimmt durch den Unzusammenhang der Aufgaben, die er gibt, und der Menschen, die sie leisten.

Sonnabend 2ten Gute Nacht für R., schöner Morgen, er geht im Hofgarten spazieren mit den Kindern, wir gehen ihm mit Richters entgegen und frühstücken alle im oberen Pavillon in heitrer Stimmung. Abschied von Richter. Um 1 Uhr Zurückkunft unseres armen Freundes Levi auf R.'s herrliche Erwiderung seines Briefes. Unbefangenste, ja selbst sehr heitre Stimmung bei Tisch. R. fordert *hebräischen* Wein! Er erzählt viel von den Elefanten aus dem Buche von Jacolliot, und vieles wird von Richter mitgeteilt. Am Nachmittag schreibe ich Lusch, in welchem Sinne ich ihr ja zur Begegnung sagte, und teile dies R. mit. Abends erzählt R. vieles aus seinem Leben, die Proben zu Rienzi, und daß nichts Ähnliches ihm widerfahren sei. Da Freund Levi uns erzählt, er sei in dem Dom von Bamberg gewesen und er seine Neigung zum Katholizismus zu erkennen gibt, so spricht R. von den kirchlichen Akten bei uns und rühmt die Einfachheit und Innigkeit derselben. Er gibt Levi zu verstehen, daß er daran gedacht habe, ihn taufen zu lassen und mit ihm zum Abendmahl zu gehen.

Sonntag 3ten R. hatte eine unruhige, wilde Nacht, und in Folge der Douche in der Früh einen Brust-Krampf, der ihn davon abhält, sein Wasser zu trinken. Beim Mittagstisch ist er noch traurig darüber, und ein törichter Brief unseres Freundes Heckel, welcher eine eigenhändige Antwort erbittet, trägt nicht dazu bei, ihn besser zu stimmen. Auch an Herrn Batz hat er zu schreiben. Glücklich bin ich, wie er seiner Lektüre (Jacolliot) und der Elefanten gedenkt! Ein längerer Brief Jouk.'s aus verschiedenen Stationen ärgert ihn ebenfalls, er mag es nicht, daß, was er als zu sich gehör[end empfindet], sich entfernt, und wenn er die Rosen blühen sieht, möchte er sie Jouk. zeigen. – Ein Rückblick auf andre Freunde läßt uns die Behauptung aufwerfen, daß viele Beziehungen von Zeit und Raum abhingen, ja lokaler Art seien; was unseren armen Freund Levi entsetzt. Vieles gehen wir aber durch und müssen dabei bleiben. – Die Kinder melden von Glühwürmchen, wir eilen in den Hofgarten und haben einen vollständigen Sommernachtstraum-Zauber. Große Freude daran! Leider bringt die Erinnerung an den Heckel'schen Brief die Erbärmlichkeit wieder vor, und die Erwähnung der Musiker, welche meinen Vater verfolgt, veranlaßt bei mir eine vollständige Explosion. Wir beschließen aber den Abend dennoch gut, indem wir das Kapitel über das persische Theater (Gobineau) lesen.

Montag 4ten R. hatte eine gute Nacht, er trinkt seinen Brunnen, und wir frühstücken im Pavillon. Er nimmt Abschied vom Kmeister, indem er ihm scherzend sagt, bei seiner Depesche zu bleiben: reumütig mutig. Ich erhalte einen Brief von Lusch, ihr Vater besteht auf dem Rendezvous. Ich bespreche es mit R., welcher ärgerlich wird, als ich sage, daß ich Hans gern eine Besprechung nach einer langen, heißen Fahrt ersparen möchte und deshalb möglichst weit entgegen reisen. Eine übermäßige Traurigkeit überkommt mich; R. klagt es, daß er hier nur stumm zu sein habe; ⟨und daß Hans bewußt oder unbewußt maliziös die Lage benutze⟩.* Wir sind allein zum Abendbrot, meine Kräfte versagen mir, und wie R. mir hübsche Züge von den Elefanten in Indien vorliest, kann ich meine Tränen nicht zurückhalten. Doch die Glühwürmchen helfen und ein schöner Mondschein und eine laue Nacht, und vor allem die lieben, lieben Kinder: »Du mußt nicht traurig sein«, sagt Loldi, und sie hat recht. O wie recht! Wie könnte ich klagen?

Dienstag 5ten Die Nacht war gut für R., trotzdem er aufstand, um etwas an den Fenstern zu richten; zwei Sterne glänzen ihm entgegen, er glaubt, sie seien vom Wagen, und geht in Siegfried's Stube. Aber es sind zwei einzelne, die er nicht kennt. In der Frühe vernehmen wir heiter den Hahn, darauf Pfauen und Vögel. Wir nehmen unser Frühstück im Garten-Pavillon. R. verwünscht seine Partitur, doch arbeitet er daran. Am Nachmittag, nachdem der Mittags-Tisch mit der gesamten nachbarlichen Familie eingenommen worden war, kehrt unser Freund Jouk. zurück und wird von R. scherzhaft schlecht empfangen. Allerhand Erzählungen gegenseitig; Spaziergang im Hofgarten unter Mondscheinstrahlen und Glühwürmchen-Leuchten. – Eine Depesche von Lusch beruhigt mich über das Befinden meines Vaters und stimmt mich dennoch traurig; die Ermattung dauere an. R. schlägt mir vor, nach Weimar zu reisen, weil er

* ⟨ ⟩ von fremder Hand mit Tinte unkenntlich gemacht.

die Stimmung bemerkt. – Wie ich in der Früh ihm sage: »Sei mir gut.« – »Nur zu gut«, sagt er, »sonst hätte ich mehr Gleichmut.« – (R. sah heute göttlich strahlend aus.)

Mittwoch 6ten Ich erzähle R. im Garten-Pavillon, daß ich geträumt, Jouk. nähme Abschied, Loldi dabei krank, wobei R., »er kommt mir wie der lebendige Abschied vor«, ein Ausdruck der mich merkwürdig gemahnt. – R. arbeitet. Ich hole unsere Freundin G[fin] Schl. ab, welche gar lieb und freundlich ist und den Tag bei uns zubringt. Wir gehen im Hofgarten spazieren, und zum Schluß liest R. den ersten Akt vom »Arzt seiner Ehre« auf meine Bitte vor, weil Mimi mir gemeldet, sie habe bis jetzt kein Interesse für Calderon fassen können.

Donnerstag 7ten Das heiße Wetter hat sich etwas abgekühlt, R. begeht heiter seine Promenade, wenn auch allerhand Präokkupationen vorliegen; z. B. größere Ausgaben als Einnahmen, was uns 5000 M. Schulden darstellt. Mittagessen mit unsrer lieben Freundin und Abschied von ihr, nachdem R. darüber gescherzt hat, wie Frauen zusammen plaudern können. Brief von Lusch, welcher mir sagt, daß Weimar ihrem Vater zur Begegnung recht wäre; ich entscheide mich aber für Nürnberg, weil ich in einem Tag hin und zurück kann, und R. ist dessen zufrieden! Abends Plauderei über Indien; veranlaßt durch das Buch von Jacolliot.

Freitag 8ten R. hatte eine gute Nacht, und bei frischem angenehmem Wetter nehmen wir unser Frühstück im Sommerpavillon ein. Darauf wandre ich zu Freund Feustel, um allerhand Geschäftliches, namentlich die Publikation von Pars. zu besprechen; der Kontrakt mit Schott ist schlimm, aber ich glaube, einen Weg ausfindig gemacht zu haben, um Dr. Strecker zur Annullierung zu bewegen. Der Kaiser refüsiert, einen Garantie-Schein zu nehmen, was ich aber R. nicht melde. Er richtet nach dem Kalender vom nächsten Jahre die Aufführungen ein. Er ist etwas angegriffen von der Kur, doch raumt er eine Fahrt nach Fantaisie und Abendbrot mit Forellen bei Dommayer an; es fällt sehr hübsch aus, und der Begriff, unterwegs zu sein, kommt uns in belebendster Weise an der Landstraße an. Zweien Handwerksburschen, die er vorbeiziehen sieht, läßt er Siegfried nachlaufen, um ihnen unaufgefordert ein Almosen zu geben. – Wir kehren um 9 Uhr heim, sehr befriedigt, und sprechen noch über den »Ring«, R. hebt hervor: »Der Zorn von Wotan ist schön, weil er zur Brechung des Willens führt.« – – Es wird auch festgesetzt, daß Jouk. R.'s Portrait nun für mich macht. – Wie ich zu R. bezüglich der Bosheit mancher Menschen [sagte]: Verzeih ihnen, sie wissen nicht, was sie tun, sagt er halb scherzend, halb im Ernst: »Wende das nicht zu viel an, ich verwerte es in meiner nächsten Arbeit.«

(Nürnberg 2 Uhr nachmittags
Goldner Adler!)

Sonnabend 9ten R. hat gut geruht, aber auch diesmal seinen Stern (wir meinen Mars) begrüßt. Meine Nacht gehörte den Zahnschmerzen, und so frühstücken wir nicht zusammen. Er ist tagsüber angegriffen, und ich fürchte, daß das Wasser ihm nicht bekommt. Besuch von unserem Freund Glasenapp aus Riga; abends läßt mich R. aus dem Buch von Jacolliot eine Fabel vorlesen. Beim Kaffee hatte er es erwähnt, wie die Schönheit in Indien jede bildende Kunst wohl überflüssig mache und wie diese wohl nur dann erstehe, wo sie eine Sehnsucht ausdrücke.

Sonntag 10ten Um 8 Uhr ruft mich R., ich beeile mich, er und Siegfried bringen mich auf die Eisenbahn. Abschied! O wie empfindet es sich, daß man zusammen sterben muß! Fahrt wie im Traum und träumerische Freude an Lerchengesang und Dörfern. Um 1 Uhr Lusch am Bahnhof, sehr sehr gut, das arme liebe Kind!* Traurige Berichte von dem Gesundheitszustand ihres Vaters. Um 2 verläßt sie mich. Die traurige Weise! Wer könnte, wer wollte noch froh sein? Von 4 bis halb sieben Hans bei mir. Versuch, die heftigen Wallungen seinerseits niederzukämpfen und seine Ungerechtigkeit gegen Daniela zu besiegen. Unlösbare Aufgabe! Er ersucht mich, noch den morgenden Vormittag dazubleiben, da er mir nicht, wie er es gewünscht habe, das vorgetragen, was er wolle.** Ich gebe es zu. Abends zu drei! Wehmütige Lebhaftigkeit!

Montag 11ten Seltsame Nacht, gegen die Mitternacht höre ich eine starke Detonation. R.'s Depesche*** stimmt übertraurig, »was könntest du wehren, elendes Weib?« – Zweite Unterredung; er wisse nicht, ob weiß weiß, schwarz schwarz sei, sagt mir Hans, er habe gar keinen Leitstern mehr. Ein nervöses Zucken überfällt ihn, wir nehmen Abschied! Ich hole Daniela ab, möchte ihn gern noch einmal sprechen, aber er wünscht es nicht. Heimfahrt unter Tränen mit Daniela. Ankunft im Hafen; R. glücklich, uns wiederzuhaben. Er erzählt, er habe gestern abend ein Whist

* Beigelegt Cosima Wagners Telegramm aus Nürnberg, 10. 7. 1881, 1 Uhr 40: »Gut angekommen. Lusch wohl am Bahnhof. Wir grüßen alle, Gott [?] Kinder Freunde. Goldener Adler sehr still.« ** Beigelegt Telegramm Cosimas, Nürnberg, 10. 7. 1881, 7 Uhr 25: »Gute Stimmung, wenn auch wenig bis jetzt gefördert, morgen vormittag abermalige Unterredung verabredet unter Bedingung Deiner Genehmigung. Würde dann ein Uhr Zug nehmen. Auch Zahnarzt vielleicht. Mein ganzes Sein geht als Gruß zu Dir.« *** Telegramm RWs aus Bayreuth vom 11. 7. 1881, 7 Uhr 40, beigelegt: »Was ist hier zu genehmigen, was nicht schon im voraus genehmigt ist, da die Beherrschung der Lage dem andren zugestanden worden? Das Telegramm gelangte gestern halb zehn Uhr an mich. Das Gute siege!« Und Cosimas Antwort aus Nürnberg, 11. 7. 1881, 9 Uhr 10: »Traurig erkennend, daß Gruß so ausfallen mußte, melde mit Dank und Gruß, daß Abfahrt 1 Uhr 32. Hoffe Mißverständnisse aufklärend Abend. Anderes daran künftig zu knüpfen.«

anberaumt, sei schändlich schlechter Laune gewesen. Alles ist traurig, was ich zu berichten habe, und dennoch kommt das heimische Gefühl über uns, und wir können es ohne Krämpfe besprechen. Doch ist eines mir klar, daß ich nur mit ihm und den Kindern sein kann und darf, daß aller andre Verkehr mit Fremden & auch mit Freunden eine Prüfung und ein Unrecht ist! ... Als ob ein neues Leben für mich begänne, trete ich nach dieser Begegnung wieder in dieses Haus ein, ohne Trost und doch mit Frieden, einzig durch sein Glück beglückt und tief im Herzen das Bewußtsein einer unsühnbaren Schuld. Das eine zu genießen, das andre nie zu vergessen, dazu helfe mir Gott! – Für Lusch spielt R. das Thema von Kurwenal, »auf eigner Weid und Wonne«, für mich gedenkt er gerührt und scherzend des Schlusses der »Schweizerfamilie«, »ich habe ihn wieder«. – Mir ist die Weise Kurwenal's das Bezeichnende für mein Gefühl in Wahnfried, Schmerz und Not allüberall; tief im Innersten der Gram, und dennoch die Möglichkeit, zu gesunden. Aber nur hier und in der Beschränkung auf die Lieben.*

Dienstag 12ten Gute Nacht, auch für R., und trauliches Frühstück mit Lusch im Pavillon. R. frägt sie, ob sie wohl glaube, daß ihr Vater zum »Parsifal« käme und daß er ihn sehen würde. R. meint, im Hause wäre es wohl nicht denkbar, denn wie sollte der Abschied sein, aber vielleicht im Theater. – Um die Mittagszeit ruft uns R. mit Volks-Liedern, und wir begeben uns zu Feustels, um dort ein Familienmahl einzunehmen. Eigentümliche Empfindungen im Gedenken der ersten Frau und des ganz andren Tones, welcher da herrschte. R. gibt diesen Empfindungen einen drastischen Ausdruck, wie wir heimfahren. Abends die Freunde Glasenapp, Porges, Wolz., Jouk.; mit letzterem gerät R. in eine Art Auseinandersetzung: es wurde von Turgenjew erzählt, daß er unseren armen Freund Pohl in einer Novelle verewigt habe; R. spricht darüber, wie unkenntnisvoll die Franzosen und die mit ihnen zusammenhängenden Fremden Deutschland gegenüber seien; nichts anderes wüßten sie vorzubringen als die Wurst und die Pfeife, »ich bin der erste, der mit den Deutschen nicht zufrieden ist, aber wenn ich eine solche Oberflächlichkeit sehe, dann, sage ich denen, ist Bismarck ganz recht. Und es ist schlimm, denn die Franzosen beherrschen die Welt mit ihrem article de Paris«. Wie Jouk. erwidert, daß die Urteile der Deutschen über die Russen nicht minder vorurteilsvoll seien, erwidert R.: »Das ist doch etwas ganz anderes; in Rußland liegt alles einfach vor, mit einer gewissen barbarischen Grazie der Offenheit, während wir sehr schwierig zu erkennen sind. Und was wir

* Am Rand: »Wie R. zur Ruhe sich begibt: ›Du bist der Himmel auf Erden‹ – –«.

von den Russen wissen, wissen wir durch ihre Schriftsteller wie Turgenjew und Gogol; während kein Schriftsteller jetzt uns zeigt und man uns selbst nicht durch unsere guten Schriftsteller kennenlernen kann.« – Man kommt auf den »Rattenfänger von Hameln« zu sprechen, und R. sagt, daß er das Gedicht empfohlen habe, es sei aber hiermit gegangen wie mit so vielen: »Zuerst in dem Drang der Jugend, unter dem Schein des Sirius bringt einer etwas hervor, und dann wird's immer schlechter, keinerlei glückt mehr.« – Er zitiert Halévy, vor allem Marschner, ja selbst Spontini, auch bis zu einem gewissen Grade Weber, den aber die Krankheit hemmte, »während bei den ächten Kerlen wie Beethoven es immer toller wird; es ist nicht abzusehen z. B., was Mozart noch produziert hätte«. – – – Er hatte selbst Goethe mit seinem Werther zitiert, »nur daß der ›Faust‹ sich zum Werther verhält wie eben Goethe zu Goethe«. – Die Zeichnungen zu den Requisiten verstimmen einigermaßen, und schließlich erklärt R. den Freunden, sie seien langweilig, erwarteten, daß er sie unterhalte. Er schenkt jedem von uns 5 Thaler von Tantièmen, die er erhalten hat. – Briefe von G. Sand an meine Mutter, welche Daniela mir gebracht hat, bringen mich auf die Empfindung, daß die damalige französische Gesellschaft ganz anders als die jetzige gewesen sei. R. sagt, von der deutschen kann man sich nur fragen, ob es damals mehr Juden oder jetzt gab, oder wie sie damals waren und nun sind. Ob ich von einer deutschen Frau ähnliche Briefe erwartete; ich meine von Frau v. Kalb, ja, »diese gehört dem andren Jahrhundert«. R. hat eine halbe Seite instrumentiert. –

*Mittwoch 13ten** R. und ich, wir frühstücken im Sommerhaus; es ist etwas schwül, R. empfindet die Folgen des gestrigen Mittagessens. Wir kommen wieder auf Hans zu sprechen, R. sagt, »mir war zu helfen – ihm war nicht zu helfen«. – Ich sage R., daß ich in diesem Fall so deutlich die Tragik des Lebens und die unsühnbare Schuld des Daseins empfinde, nämlich *meine* Schuld; denn wie keiner wäre Hans befähigt gewesen, R. zu folgen, wie keiner der Führung so bedürftig, und nun trat ich dazwischen; wie je sich täuschen über die Sünde! Und wenn R. mir sagt: Dein Verbrechen war ein guter Wahn, so kann es mich wohl dazu befähigen, ihn heiter-friedlich anzublicken, niemals aber mich über den Jammer meines Geborenseins täuschen! – – – Den Tag über klagt R. über die »Vergiftung«, er sieht nicht ganz wohl aus. Beim Kaffee spricht er über indische Sitten, die entsetzlich durch den Mißbrauch scheinen, welche die

* Beigelegt ein Zeitungsausschnitt, offenbar vom gleichen Tage, Berlin, 12. Juli, »Die Bouillontasse Richard Wagners«, über die mit einer Inschrift versehene Tasse des Theaterrestaurants, aus der RW »während der Generalprobe zur Walküre« trank.

Priesterkaste mit den Menschen treibt. Abends sitzen wir lange im Garten, R. steht auf, wandert ein wenig, und wie Wotan strahlend sehe ich ihn aus dem einen Gang erscheinen; in beiden Händen hat er ein Glühwürmchen, welches er mir bringt. (In der Frühe, als ich das wunderliche Urteil Hans' über das Zusammensein mit D. mitteilte, sagte R., »ja, man hätte gern klagen gehört, aber bei uns geht alles mit einer scheußlich einförmigen Ruhe vor sich. So etwas wie unser Zusammensein kennen die gar nicht. Denke an deinen Vater z. B. und seine Beziehungen zu Frauen.« – Am Nachmittag liest er das endlose Programm des Magdeburger Festes und unter andrem die Erklärung des K.-Marsches: »Lauter Mißverständnisse!« sagt er, und wir sehen uns in Gedanken als Gespenster durch die *Schule* wandern! Was da alles als Wagnerianismus getrieben werden wird!*

Donnerstag 14ten Immer schönes Wetter und Brunnenkur. Von Amerika Bitte, eine unveröffentlichte Oper zu liefern für das nächst-jährige Fest, von Italien Antrag, eine Messe zu komponieren. Ich sage zu R., daß, wenn ich diesen Haufen von Berühmtheit sich immer steigern sähe, ich bedauerte, daß nicht eine andre Frau, welcher das Spaß machte, an meiner Stelle wäre – R. versteht den Unsinn zuerst nicht; wie ich mich dafür entschuldige, sagt er, »nein, das Unnütze braucht nicht auch das Unausgesprochene zu sein«. – – Er sehnt sich danach, an seine Partitur zu gehen und mit der Kur fertig zu sein. Daß L. Lehmann ihm nicht geantwortet, ängstigt ihn und mich. Er begibt sich an seine Lektüre (Jacolliot, Indien), nachdem ich ihm von der fr. Revue Nouvelle einiges mitgeteilt und wir gemeinschaftlich die Beobachtung angestellt haben, daß den Deutschen durchaus die Fähigkeit abzugehen scheint, zu beobachten und das Beobachtete zu schildern. R. meint, das Beobachtete würde sich bei uns immer sehr kleinlich ausnehmen. Er hat Geschäfts-Briefe zu schreiben, u. a. an H. Vogl, weil in Königsberg man den Tristan geben will. Bei Tisch erzählt er allerhand Geschichten aus Jacolliot. Das Abendbrot nehmen wir im Pavillon als Familie Ruhe (in allen Wipfeln ist Ruh') ein. Das Gespräch kommt auf meinen Vater und seine Verhältnisse, und R. sagt, es spräche nicht für einen, wenn er es mit einer schönen und edlen Frau nicht aushielte, dagegen häßlichen der Gefälligkeit wegen Beständigkeit widmete. Er fügt hinzu, daß es doch bezeichnend für den Mann sei, bei

* Zeichen im Text, auf der übernächsten Seite, unter Freitag, unten nachgetragen: »Zu Mittwoch abend. Im Garten sagte ich R., daß ich ein Mskript über Schop. läse, in welchem die Theorie über Musik kritisiert wird. R. erwähnt des Bildes der Dreistimmigkeit, wonach nur im Sopran die Melodie liegen dürfe, welches ein Irrtum als Gesetz, das man nicht als solches zu erwähnen brauche, denn es sei zugleich ein geistvolles Bild.«

welcher Frau er es aushielt, und daß eine häßliche ihm etwas Furchtbares sei, wenn nicht ein Strom von Güte ihr aus dem Gesichte einem entgegenkomme. Abends Jägers, Wolz., Porges. Wiederum ruft R. aus: »Gott, seid ihr langweilig!« Eine Ausgabe Grillparzer's, durch Hans' Wunsch zu Lusch gekommen, bringt uns auf »Sappho«, R. liest die ersten Scenen, wir müssen über die Plattheit staunen. »O Germanien!« ruft R. aus, welcher manches gar komisch gelesen hat und u. a. den Namen Phaon immer wie einen Pfauenruf ausgesprochen hat.

Freitag 15ten Ich treffe R. im Hofgarten, wo er mit Kindern und Hunden spazierengeht. Wir frühstücken darauf im Lusthaus; das Tagblatt bringt eine Beschreibung der Erstürmung der Bastille: »Keine Heldentat, aber ein Ereignis«, sagt R. Wie wir darauf von der Begegnung mit Jäger sprechen und ich es beklage, daß er die Engagements, die sich ihm geboten haben, abschlug, auch noch vor nicht zu langer Zeit, sagt R.: »Er betrachtet sich wie die sibyllinischen Bücher, je mehr er einschrumpft, um so kostbarer.« – – Er frägt mich nach der Anzahl der Sibyllen, und das Werk M.Angelo's überdenkend sagt er, der christliche Gedanke dieser Voraus-Verkündigung erscheine sehr großartig, namentlich im Vergleich zu den Ausgeburten des Brahmanismus. Alles strebe dem jüngsten Gericht zu. Wir kommen auf die gestrige »Sappho«, auf die Bilder, wie der volle und der leere Busen, und wünschten den Kritiker zu finden für die Blätter, welcher alle diese Götzendienerei entlarvte. Daran wäre wohl nicht zu denken; »und doch«, meint R., »ich werde zuweilen jetzt in politischen Blättern zitiert, und ich möchte wohl hoffen, daß aus unseren kleinen Blättern etwas werden würde. Ich freue mich, wenn der Pars. fertig ist und ich Symphonien und Aufsätze schreibe«. – Er arbeitet und liest. Bei Tisch immer viel von »Sappho«, von der Parodie durch seinen Vater Geyer. Abends nehmen wir das Abendbrot im Gartenhaus und verbleiben im Garten bis 10 Uhr. R. ist etwas niedergestimmt und gereizt, die Entbehrungen, welche die Kur ihm auferlegt, sind ihm peinlich. Doch gedenkt er nochmals der Sixtinischen Kapelle und sagt mir, wenn ich sie wiederum den Kindern erkläre, wolle er dabeisein. Der Brahmanismus selbst in seiner Lehre des Mitleides sei herzlos, alles nur Einsicht. – Wie wir von der Freundin des G^{fen} G. sprechen und ihrer Malerei, sagt R.: Eine Frau, die ein Atelier hat, ist etwas Schreckliches. Eine schriftstellernde ist schlimm genug, aber man spricht, man schreibt Briefe, daraus ergibt sich das übrige, wenn auch eine Frau mit eigener Arbeitsstube, Bibliothek, zu vergleichende Bücher auch schrecklich ist, aber das Malen, ein so spezifischer Beruf, mir greulich. – –

Sonnabend 16ten Ich treffe R. im Garten-Türmchen mit Dr. Landgraf. Die Kur ist beendigt, und gegen den Krampf-Husten wird R. Salz-Luft gebrauchen. – Unser Frühstücks-Gespräch kommt auf Hans zurück! Immer wieder auf sein Elend. – Ich teile R. mit, daß Hans sich auch bei Gelegenheit der Juden mit H. Hillebrand in Florenz entzweit habe. R. meint: »Alle diese Renaissance-Menschen sind Juden-Freunde.« Die jugendlichen Bäume um uns ziehen unsere Aufmerksamkeit auf sich, sie gleichen Olivenbäumen; wir sprechen von der Beschäftigung damit, der Botanik, endlich von Tieren, von der Auster und der wunderbaren Bildung der Perle, von der Schnecke und ihrem Gehäuse, wir kommen zum Menschen, und ich frage R., ob meine Idee falsch sei, daß die schönen Verzierungen der Germanen ihnen gleichsam angeboren gewesen wären, nicht das Resultat einer längeren Kultur. Er gibt mir nicht unrecht, kommt auf die Griechen zu sprechen, daß ihnen alles die menschliche Gestalt gewesen sei, den Spartanern an sich selbst, den Athenern im Bild, und dies sie auch frei gemacht habe. R. arbeitet heute nicht, ist dennoch gut gestimmt, erzählt, daß Jacolliot dadurch auch gut sei, daß man viel überschlagen könne. – Gewitter. Im Saal Gespräch über die Herausgabe von Parsifal und Schott. R. entschließt sich, selbst zu schreiben. Frl. Uhlig hat geschrieben. R. hat keine Neigung dazu, seine Original-Briefe zu kaufen. Über Levi einiges gesprochen, welcher R. unangenehm geworden ist. – Nach dem Kaffee spielte R. die »Freischütz«-Ouvertüre vor, ganz herrlich.* Abends spielt Rub. einiges aus demselben Werk; bei dem uns entzückenden Duett zwischen Agathe und Ännchen ruft R. aus: »La brute germanique! die hat das hervorgebracht!« »Don Juan«- und Egmont-Ouvertüre wird gespielt durch Rub., und letztere dabei auf mir durch R. zur größten Heiterkeit, nur den Bullrich – wie er sagt – gab er dem Sofa, die hohen wiederholten *c* auf meinen Kopf! – Vieles aber hat er gegen den Vortrag einzuwenden! – Unter gegenseitigen Scherzen nimmt er von Lusch Abschied. Und wie ich, um mit R. zur Ruhe mich zu begeben, durch die Badestube komme, sagt er: »Weißt du, was ich mir jetzt sagte: Das Mädel wird sich als Epitaphium setzen können: ›Er hat auch ⟨mich⟩** gern gehabt, und das ist viel, denn er hat nur meine Mutter geliebt.‹« – – (Dannreuther meldet den Ankauf der Tamtam für die Glocken.)

Sonntag 17ten Nach guter Nacht für R. nehmen wir unser Frühstück in unsrer Schlafstube ein, zum ersten Mal wieder Butter, aber auch Kälte! – Er kommt auf Schott wieder zu sprechen, den Brief, den er schreiben will, und wie schwierig man zu des Lebens Blume, dem beschaulichen Sinnen gelangt! Wie er von mir Abschied nimmt, befühlt er Brust und

* Am Rand nachgetragen: »Viel über seine Hunde hat R. heute gesprochen.« ** ⟨ ⟩ von andrer Hand mit Bleistift eingefügt.

Herz, [dann] sagt er: »So lange das noch warm ist und klopft, da geht alles«, und erzählt mir, wie es ihm Spaß gemacht habe, neulich seine Berloques mit dem Herzschlag hin und her gehen zu sehen. Mir fällt es dabei ein, daß seine Sprache wie in unmittelbarem Zusammenhang mit seinem Herzschlag zu stehen schiene, während bei andren Wesen der langsame Schlag nicht Kraft genug hat, um die Worte einzugeben, und sie wie von außen angeflogen papageienartig oder durch mühseliges Nachdenken eingegeben sind. Bei ihm alles Müssen. – Wir sprechen auch in der Frühe von Hans, und er stimmt mir bei, wie ich sage, daß der Tod eines so Unseligen keine Erlösung erscheint, »es ist ein Schrei«, sagt er. Er schreibt am Vormittag seinen Brief an Feustel über Schott & Dr. Strecker, und wir speisen zu zweit, da die Kinder mit Großens eine Land-Partie machen. Gestern sagte er, wie er es erwähnte, daß er gar keiner Freunde bedürfe, im Gegenteil: »Die Kinder sind zwischen uns, eine nicht gern entbehrte Störung.« – – Eingehend plaudernd über allerhand vergeht der Mittagstisch, unter andrem über den jetzigen Pariser Luxus, von welchem R. sagt, daß er sich denn doch kläglich neben dem altrömischen ausnähme. Zum Kaffee teile ich ihm einiges mit, u. a. den merkwürdigen Ausspruch des Rabbiners. Er liest mir dann seinen Brief über sein Verhältnis zur Firma Schott, der wirklich ausgezeichnet ist. Was ihm am widerwärtigsten im Verkehr mit solchen Menschen sei, sagt er, das sei ihr Schweigen, wenn er ihnen die Dinge vorgestellt habe. – Am Nachmittag überarbeitet er ihn. Dann begeben wir uns in'[s] Türmchen, wo er Bier trinkt; wir machen uns dann auf, die Badeanstalt zu sehen; es ist uns, als ob wir auf dem Lande wären und von unserem Gute zu einem Freigut gingen. Die Badeanstalt gefällt, wir wandern bei schönstem Wetter über die Eisenbahn und den Hofgarten zu unserem eignen Staunen heim! Da R. dem Schuster nichts zu verdienen mehr gibt. Abendbrot vor dem Hause, Gespräch über Hans, R. streng – ich bitte ihn, nicht zu behaupten, daß er [ent?]weder bald sterben noch ganz gemütskrank werden würde, da ich mich vor solchen Aussprüchen fürchtete. Wolz. und Porges kommen. R. nimmt »Templer und Jüdin« vor, die Scene vor Gericht, und erzählt, wie das, von dem genialen Sänger Hammerstein gegeben, auf seine Jugend gewirkt habe, dieses Gespräch zwischen Bois-Guilbert und Rebecca. Daß er sich oft früge, woher denn seine Eindrücke gekommen seien, daß er so »in's Zeug« gegangen, und daß er sich dann entsinne, sehr gute Sänger und Sängerinnen gesehen zu haben. – (Beim Heimgang im Hofgarten erzählte er mir von seinem Stiefvater und wie dieser ein Vogelschießen eingerichtet habe, Frau Hartwig abgezeichnet habe, wie sie zielte; dann zu einem Geburtstag von R. Knaben eingeladen habe, welche roh gewesen seien, was ihn, Vater

Geyer, sehr traurig gemacht hatte, wie etwas freundlich Vorbereitetes und nun Mißglücktes!) – Gegen $10^1/_2$ Uhr nehmen wir zärtlich von uns und dem traulichen Tage Abschied. Wir erblicken den Mond von R.'s Stübchen aus. Mir fällt dabei ein, daß er neulich die Sterne erwähnte, die er in Neapel wie losgelöst von der Himmels-Wölbung wie ein Netz gesehen; ich betrachtete sie mit bloßem Auge und sah sie groß und zauberisch, mit dem Glas dagegen klein und nichtssagend, vieles knüpfte ich an diese Bemerkung. – Wie R. im Bett ist, sagt er: »Dieses Jahrhundert hat eine gute Tat vollbracht, es hat dich geboren«, was wohl Lachen bei mir erregt und doch mich ernst gemahnt und dem Gebete mich zuwendet. – (Ich schreibe dies am Montag unter Lärm des Militär-Kommandos – R. sagte neulich, wie er es im Hofgarten hörte: »Diese rauhe Sprache, als ob alles immer im Zorn und Wut gesprochen werden müßte! –) – – Zum Kaffee, wie ich nach dem Briefe an Dr. Str. sage, »mit den Zinsen der erlangten Summe reisen wir nach Palermo oder wo[hin] wir wollen«, lacht R. und sagt, es [sei?]* wie die Geschichte »Junge, du reitest das Füllen zu Schanden« und den Jungen prügelt, der an den zu reitenden mit der noch zu verkaufenden, ganz erbeuteten Füllen dachte. Das habe seine Mutter oft zitiert, die mit seiner ersten Frau ihm das Populäre zugeführt habe. – Die kleinen Hunde kommen schon zum Abendbrot betteln, was R. sehr unterhält, daß sie schon wissen, was Souper ist! – Auch über Platen's gestern begonnenen Aufsatz haben wir beim Mittagsmahl gesprochen, über Goethe dann und sein dramatisches Können im »Faust«, »wenn er sich nicht verliert«, – »freilich, wenn er sich verliert, da ist das Detail interessant«. – – –

*Montag 18ten*** Um $11^1/_2$ Uhr kamen die Kinder gestern abend heim, ich begrüßte sie noch vom Fenster meines Ankleidestübchens. Um 5 Uhr in der Frühe höre ich R.'s Stimme in der größten Aufregung. Von der Badestube aus hat er es gesehen, wie Krug eines der Hündchen in die Grube unbemerkt hat fallen lassen! Er ruft den Gärtnergehülfen, und dieser zieht das Tierchen mit einem Rechen heraus! – Ich lese R. einiges aus der Zeitung vor, u. a. ein Zitat von Schopenhauer gegen die Juden, und R. kommt zu dem Scherz »*des Juden zu viel*«. Er vollendet seinen Brief an Feustel über die Firma Schott. Mittagessen mit Wolz.s, das letzte vor ihrer Abreise, allerhand geplaudert; R. erzählt von den Schären, dem Einlaufen in ihnen, er rühmt Helsingör, von der See aus hat er's gesehen; es sei, als ob es Shakespeare gekannt habe. – Wir sprechen davon, einmal

* Der folgende Satz auch durch Einfügungen nicht entwirrbar, unverändert belassen. ** Fälschlich »17ten«, irrtümlich eine Zahl zurück bis einschließlich Donnerstag, 21. Juli 1881.

wieder Tribschen zu besuchen, aber R. meint, es würde uns melancholisch wieder machen. Vor einer Woche ungefähr hatte er ein Lob dem teuren Orte gesungen und sich erinnert, was er alles da geschaffen; die Kinder hatten sich es gemerkt und meinten, wir wollten wieder hin. Viel Spaß macht ihm die ihm heute eingefallene, schließliche Wendung seines Briefes über die albernen Legate von Schott selig! – Aber er ist unwohl, das Bier ist ihm nicht bekommen, und wir ziehen uns früh zurück.

Dienstag 19ten R. hatte eine ganz erträgliche Nacht. Wir frühstücken im Türmchen; daß Fidi von der Signorina Sigfredo genannt wird, unterhält ihn; er lacht über diese »Idealisierung, wodurch alles zu nichts wird«; neulich sprach er sich über die Frauen-Namen, nach männlichen gebildet, [aus]; die alten Deutschen hätten weibliche gehabt. Er liest mir in der Zeitung ein übersetztes schönes Sonett von Camões vor. Die Anzeige von den Reden des Fürsten Reichskanzler bringt ihn zu dem Ausruf: »Wenn das der einzige taugliche Staatsmann für die Deutschen ist, tant pis!« – Abschied von Wolz.s – R. geht gegen halb eins hin. Um 1 Uhr Dr Neumann, welcher R. nicht mißfällt. Rede von einem in Berlin zu erbauenden Theater für den Ring, von wo aus der Direktor seine Unternehmungen nach außen beginnen würde. Wir fahren zum Theater hinauf, große Freude an der dortigen Arbeit, herrlicher Anblick diese durch gute Handwerker belebte Bühne! Das Ganze ein Stolz. Wie ragt es empor, schlicht und groß, nur dem Erhabenen geweiht. – H. Neumann besichtigt das Inventar, um es anzukaufen. Abendbrot im Garten, Linden-Duft! Abschied von H. N., welcher R. frägt, ob er ihm verziehen, worauf R.: »Sie haben mir ja nichts getan, nur nicht gewußt, wer ich bin; ich hätte nicht bleiben können, um keinen Preis, wenn ich auch zugebe, daß es eine schändliche Situation für Sie war.« – –

Mittwoch 20ten R. hatte eine etwas unruhige Nacht, zuerst träumt er, ich hätte ihn nicht lieb, dann daß Juden ihn umgaben, die zu Gewürm wurden. Wir frühstücken im Türmchen, R. gedenkt des Besuches beim Theater, der ihm entschieden Freude gemacht hat. »Es war ein ganz artiger Tag gestern«, sagt er, darauf Bezug nehmend. Auch Herrn Neumann beurteilt er freundlich und sagt, es sei eine Persönlichkeit; er kenne überhaupt keine Deutschen mehr, es sei alles so verwischt. Er denkt daran, daß er im Jahre 52 behauptete, kein Jude würde Schauspieler – und nun! R. arbeitet an seiner Partitur Vor- und Nachmittag. Dazwischen Mittagessen mit den Freunden Großens; Adolf photographiert uns im Saal. Bei der Siesta liest R. in Jacolliot eine indische Erzählung, die ihn so fesselt, daß er sie mir abends wiedererzählt. Wir speisen im Freien. Gestern hatte R. zu Joukowsky, auf ihre beiderseitige Neigung für das Weiche anspielend, [gesagt]: »Das Unbegreifliche, hier wird's getan, das angenehm Weichliche zieht man gern an.« – – Er verändert es heute dahin: »Das sanft Bestreichliche hat's uns getan, das angenehm Weichliche zieht man gern an!«

Donnerstag 21ten Eine Zahnschmerzen-Nacht bringt mich um die Freude, mit R. zu frühstücken, Lusch ersetzt mich. Zu Mittags-Tisch kommen allerlei Reminiszenzen an Schiller und unter andrem an »Fiesco«; wie der Schluß erwähnt wird, daß Verrina F. beim Mantel zieht, sagt R.: »Und singt, schier 30 Jahre bist du alt.« – – Beim Kaffee gedenkt er der Egmont- und auch Leonoren-Ouvertüre und sagt: »Es ist doch ein ganz andrer Geist über die Musik gekommen, gewisse Begleitungsfüllsel sind nicht mehr möglich; waren schon bei Weber nicht mehr da und erscheinen bei Beethoven nur, wenn er für Theater schrieb. In der Symphonie ist alles thematisch bei ihm, und man konnte schon an seinen Quartetten von der mittleren Periode anknüpfen, um das zu vermeiden.« – – Er arbeitet. Das Wetter ist rauh; wir gehen nicht aus. Abends sucht uns eine Sängerin, Frl. Wülfinghoff auf, was R. zu einem wahren Ausbruch der Verzweiflung bringt! Er findet es grauenhaft, mit solchen Wesen zu tun zu haben.*

Freitag 22ten (?)** Das Wetter ist kühl, wir frühstücken zu Bett. R. hatte eine gute Nacht, und er arbeitet emsig. Nachmittags besucht uns Freund Brandt, allerhand vom Theater meldend. R. macht noch allerhand Scherze über Frl. Wülfinghoff. – Eine Paria-Fabel (der den Göttern für Hühnerfund laut dankende und dadurch verratene und erdrosselte Schakal) liest uns R., es übersetzend, vor. Vieles aus diesem Paria-Dasein teilt er uns mit. – Wie ich nach dem Frühstück mich zur Tages-Arbeit begab, kam R. zu mir und zeigte mir in der I. Z. das Portrait von Dürer von sich in der Jugend; sehr, sehr hübsch. Dann um die Mittags-Zeit in den Fl. Blättern einen Dialog zwischen einem Förster und einem Fürsten, von welchem er sagt: Es sei das Beste, was die Blätter gebracht hätten. – Abends aber ist er sehr müde.

Sonnabend 23ten R. hatte eine unruhige Nacht. »Ihr seid Teufels«, sagt er zu mir, indem er die kleine Fahrt bespricht, welche, die Kinder und ich, wir heute vormittag vornehmen. Um ein Uhr finden wir ihn wohl und heiter wieder. Er hat gearbeitet. Er erzählt immer viel von Indien aus dem J.'schen Buche, und mir sagt er, wie wir am Nachmittag zusammen im

* Ende von Heft XVII. Das Heft XVIII beginnt mit der Eintragung: »Meinem Siegfried geweiht / Juli 1881 / Vater unser der Du bist im Himmel!« ** Datierung nachträglich korrigiert bis einschließlich 24. Juli.

Garten wandeln, daß er auf das Bild des Elefanten zurückkommen würde, welcher sich gleich bleibt durch alle Zeiten, während der bevorzugte Mensch und seine Kultur zur Dekrepitüde kommen. Abends Reminiszenzen aus Opern, »Robert d. T.«, »Norma«, »Straniera«. – Dann aber die »Ruinen von Athen«, deren Chor der Musen R. besonders liebt. – Er hat heute drei Seiten instrumentiert, und wir speisen heiter im Garten und verbringen den größeren Teil des Abends da.

Sonntag 24ten R. sehr unzufrieden mit seiner Nacht; klagt heftig über einen Brustkrampf; fürchtet, daß die Douche ihm nicht mehr bekommt, ist gegen die Luft hier eingenommen, die ›ausgauchse und ausschnauze‹ und von welcher er sich immer wie von einem Gendarmen angefaßt fände. Doch gelingt es mir, wie er von andren Klimaten spricht, ihn auf Indien zu lenken, und unser Gespräch nimmt bald eine freundliche Wendung. Er arbeitet und gelangt bis zur Mitte seiner Partitur (weniger 3 Seiten). Ein neues Blumenmädchen von Jouk. reizt ihn zu Witzen, diese Bohnenblüte sei Klingsor's Küchenmädchen. Das Wetter ist schön, wir gehen zusammen in dem Hofgarten spazieren und entwerfen allerhand Partien. Abends besuchen uns die Freunde Porges und Groß. – Die Gruppen-Photographie ist sehr artig ausgefallen; gespenstisch sieht es in dem Stereoskop aus, und R. sagt: »So findet sich die heutige Welt mit der Kunst ab, (was die bildende betrifft) mit der Photographie, was die Musik mit Lieder-Vereinen.« – –

Montag 25ten R. beginnt seine Kur wieder und geht in der Frühe spazieren, um dann an meinem Bette zu frühstücken. Seine Nacht war erträglich. Ich bleibe einen guten Teil des Vormittags im Bett. R. arbeitet an seiner Partitur. Trübes, regnerisches Wetter. Nach Tisch zu 4 zu der alten Trödlerin Frau Sänger, R. verliert bald die Geduld und kehrt heim, wo er liest und arbeitet. Er kommt gegen Abend zu mir, um mich über einen Irrtum, den Wolz. in seinem Aufsatz begangen hat, zu sprechen. Wolz. verwechselt darin Titurel mit Amfortas und bezieht das: »sein Stamm verfiel mir« auf die Gralsritter! Abends lesen wir in Jacolliot das Kapitel über den Elefanten, auch zu der Kinder großem Vergnügen.

Dienstag 26ten Wir werden in der Frühe von der Militär-Musik begrüßt, zuerst gewährt es uns einiges Vergnügen, dann aber erschreckt uns die Gemeinheit; »und gestern noch«, sagt R. bei Gelegenheit des Chores aus den »Ruinen v. Athen«, »gedachte ich der Musik mit Rührung wie eines von aller sichtbaren Welt fern Abliegenden, das emporsteige, um Freundliches zu sagen«. Um die Mittagszeit meldet Herr Brandt, daß wir die Zauberdekoration sehen können. Wir besprechen ernst-heiter Deutschland und seine Organisation, namentlich seine Fürsten, »ich kann mir nicht vorstellen, daß ich vor einem solchen noch mit Devotion mich stellen könnte«, sagt R., »mit Ausnahme des Königs von Bayern; das ist ein schönes Verhältnis, das ist mein Freund«. – – Daß unser guter Gärtner-Gehülfe von der Arbeit zum Militär auf drei Jahre genommen wird und dadurch Fleiß und Freude am Fleiß verliert, erregt R.'s Mißmut. Auch das Klima entrüstet ihn; wir machen uns auf zum Theater; schon am Fuß des Hügels empfängt uns der Sturm. Im Inneren alles schwarz; auch regnet es auf die Bühne. Aufgeregte Stimmung, bald aber Entschluß zu warten. Vesperbrot im Künstler-Zimmer, Bier, Butter, Schwarzbrot, vom freundlichen Werkmeister Kranich dargeboten; R. sehr weich und heiter gestimmt, gedenkt mit mir der Stimmungen im Jahre 1876, ähnliche Begeisterung ist über uns, die Kinder spielen mit Marie Groß und Jouk. »Hasch-Hasch«. Die Sonne scheint, Kranich ruft, der Zaubergarten ist aufgestellt, und die Tamtam werden versucht; schöner Glocken-Ton. R. geht auf die Bühne, er sagt die Worte: »Du weißt, wo du mich wiedersiehst«, und zeigt die Stelle, entrückte Stimmung, Traumleben, Glück! Wir kehren mit dem guten Bürgermeister in sehr schöner Stimmung heim. Abends versuchen wir es, »Über allem Zauber Liebe« von Calderon zu lesen, sind aber förmlich angewidert von dem unwahren, spielerischen Wesen darin. R. meint, man müsse die mythologischen sehr von den spanischen Sujets bei C. sondern. Mich erinnert diese Dichtung an gewisse Kompositionen von Tiepolo-Pyramiden in den Lüften u.s.w.

Mittwoch 27ten R. hatte eine unruhige Nacht; und seine Verstimmung gegen das Klima ist groß. Aber mit Vergnügen gedenkt er des gestrigen Nachmittages. – Ein Brief von der armen Nathalie gibt Stoff zu Rückblicken auf das Leben. Ich sage es ihm mit vollster Überzeugung, daß wenige (wenn überhaupt einer) wie er dieses Verhältnis so freundlich aufgefaßt und dahingenommen hätten. Wir fassen den Entschluß, nach Kräften der Armen zu helfen. Das Wie ist für uns noch nicht erfindlich. Abends unsere Freunde Rub. und Hump. R. etwas ärgerlich über die Energielosigkeit des letzteren. Ich bringe R. auf den Einfall, den er heute am Tag gehabt, die Elfen- und Handwerker-Scenen aus dem »Sommernachtstraum« uns vorzulesen, er tut es zu unserem Entzücken. Die Elfen wie zum letzten Mal erscheinend, so rührend; der Streit zwischen Titania und Oberon, »den müßte man den Herrn Franzosen zeigen«, sagt R., »ob etwas Ähnliches an Zartheit und Feinheit je vorgekommen«. – Immer weniger, selbst in Gedanken daran, will die Mendelssohn'sche Musik einem dazu gefallen. – Wie ich R. sage, daß ich mein »Vater unser« bete, sagt er: »Es ist eine Beschwichtigung des Willens.« – –

Donnerstag 28ten Unser Frühgespräch wendet sich dem »Sommernachtstraum« zu, wir müssen noch sehr über das »keine Silbe« von Zettel lachen, welches ihn als vollständiges Original dahinstellt, ein Wesen, wie sie eben die Natur und Shakespeare hervorbringt. Und wie individuell seine Lustspiele alle, während bei Calderon die Charaktere immer dieselben sind. Wir geben uns ganz dem Zauber von Oberon und Titania in der Erinnerung hin. R. arbeitet. Bei Tisch erscheint er etwas angegriffen. Das Wetter ist schön, wir gehen im Garten spazieren. Jouk. bringt ein Blumenmädchen; mir bangt ein wenig vor der Kostümfrage. – Auf dem Klaviere liegt die Partitur des »Freischütz«, und R. sagt: »Ich habe sie soeben hergenommen, um zu zeigen, wer mein Meister war«, und er zeigt mir die zwei ersten Takte des Orchesters bei der Arie von Agathe: »wie nahte mir der Schlummer« – die breite Lage der Bläser, »er war der erste, der so etwas schrieb; bei den andren findet es sich vor als Trouvaille, bei ihm ist es aber mit Bewußtsein«. – Gegen 5 Uhr Konferenz mit dem Verwaltungsrat; wie die Herrn eine Weile zusammen sind, kommt R., mich zu holen, er wisse nicht, was er ihnen sagen solle. Wir besprechen den Bau der Loge für den König, die Kopie und auch die Angelegenheit N. Planer's (wobei R. immer unbegreifend lächelnd seiner ersten Frau gedenken muß, die es über das Herz brachte, ihrer Tochter zu verschweigen, daß sie ihre Mutter sei!). Wir müssen nachher viel darüber scherzen, daß er nicht ohne mich mit andren sein mag. Ich sage ihm, weil er nicht zu salbadern vermöge, was ich so schön verstünde. Wir gedenken der Zeiten in München, wo er mich immer holen ließ, ich oft nicht konnte! »Überhaupt ich ohne dich, das wäre etwas Hübsches.« – – – Abends liest er – des Calderon'schen Stückes eingedenk – den Gesang der Odyssee: Aiolos & Kirke. – Herrlichster Eindruck; wie die heiligen Täler bezeichnet werden, wo Hermes dem Helden erscheint, bemerkt R.: »Wie erhaben das ist; und was darin an Leid und Qual sich abspielt, die Natur immer objektiv, immer heilig.« Mit einem letzten Lachen über Zettel seitens R. im Bett nehmen wir Abschied von dem Tag.

Freitag 29ten R. hatte eine üble Nacht, dann einen anhaltenden Brustkrampf in der Frühe. Er bleibt zu Bett, der Dr. erkennt darin Indigestion und dazugetretene Erkältung. Wir speisen ohne ihn! Abends aber, nachdem ich den Tag über bei ihm gewesen bin, steht er auf, ist aber sehr matt. Wie »ein Zuckerguß von Trivialität« – sagte neulich R., sei über einem unsrer Bekannten.

Sonnabend 30ten R. hat gut geschlafen und empfängt den Dr. ganz heiter, den herrlichen Sommer preisend, in welchem wir 6 gute Tage gehabt! Er steht wie gewöhnlich auf und arbeitet an seiner Partitur. Nach Tisch fahren wir über Rollwenzel nach Aichig, er freut sich der lieblichen

Gegend. – Abends anhaltende Gespräche über das Verhältnis von Tieren zum Menschen; über die Grausamkeit in der Natur, neben welcher aber die Möglichkeit zum Guten gegeben sei. Wir hätten uns an diese Möglichkeit zu halten, und aus dem übrigen erstehe die Trauer, die uns zukomme, und die Bedeutung* der Religion. – Bei Tisch und auch abends erwähnt er, wie peinlich das sei, die Franzosen in ihren Auslassungen über die Deutschen immer so kindisch, ja albern zu finden, selbst dann, wenn sie noch so angenehm und frei über alles übrige urteilen können wie z. B. Jacolliot. – Bei der Fahrt gab das Gespräch es an, daß wir alle von Tieren abstammten, weil Evchen plötzlich wie eine Schildkröte R. erschien mit dem langen Hals, dem kleinen Kopf, den glänzenden Augen. R. scherzte, er sei ein Floh gewesen, Loldi meinte, ich ein Elefant, R. sagte: »Ein Pelikan oder ein Strauß, auf dem ich als Mohr saß.« – –

Sonntag 31ten Wir knüpfen an das gestrige Gespräch an, und R. sagt, er denke dem Gegenstand viel nach, um »sich keine Worte vorzumachen« – ich drücke meine Zweifel darüber aus, daß je für die Allgemeinheit etwas geschehen könne; in der Politik sehe man, was aus den Bestrebungen großer Männer würde; was sie getan, bleibt, selten aber wird es fortgeführt und ihr Ziel erreicht. R. kehrt zurück, nachdem er mich bereits verlassen hat, und sagt: »Aber ein gewisses Gefühl für Gerechtigkeit hat die Masse« – und er zitiert ein Faktum aus der französischen Geschichte und der Okkupation von Indien. Er arbeitet und sagt mir, er sei zu dem Punkt gekommen, wo ihm die Arbeit nicht gefiel. Die Nachbarschaft zu Tisch, Rub. und Porges dazu, letzterer den Kindern und mir seine Arbeit über Tristan lesend. R. etwas unbehaglich wie immer, wenn Fremde da sind, aber freundlich. Er gedenkt Alwina Frommann's mit warmen Ausdrükken. Gegen 6 Uhr kommt Dr. Landgraf und findet R. wohl. Das Gespräch ergeht sich über die jetzige Art, die Kinder zu behandeln, wofür der hiesige Rektor ein Beispiel abgibt; ohne jede Güte und Einsicht, so daß man die Knaben stumpf und gleichgültig macht. Wandern im Garten, milde Stimmung. – Abends kommt R. auf »Wilhelm Tell« von Rossini und spielt daraus, einiges sehr anerkennend, wie die Zusammenkunft der Kantone (namentlich der 3te), anderes in seiner Seichtigkeit und Gemeinheit heiter empfindend. Das Liebesgejodle von Arnold und Mathilde namentlich belustigt uns sehr, ich meine, sie könnten ebensogut Kühe melken oder Butter machen. – »Was hat die gekränkte Tugend mit der Rache des Lasters gemein?« ruft R. aus, das seltsame Geschick bedenkend, welches seine Kunst auf ein gleiches Terrain brachte als solche Erzeugnisse. »Das

* »Bedeutung« eingefügt, dafür »Notwendigkeit« gestrichen.

gehört nicht zusammen; lieber das Neue ganz verwerfen, nur ist dieses Alte etwas steril geworden. –« – Am Nachmittag sprachen wir über »H. und Dorothea«, und er hob an Goethe die Vorliebe für tüchtige, wahrhaft kräftige Frauen wie Dorothea und Elisabeth (»Götz«) [hervor]. »So muß auch die deutsche Frau sein – denn ein indisches Wesen wird sie doch nie.«

August

Montag 1ten Mit dem »Steh nur auf« und dem Jodeln werde ich hinuntergerufen. Wir nehmen unser Frühstück im Sommertürmchen. Ein Brief von G[f] Gobineau über die Franzosen erregt R.'s Freude, der wäre ächt. Ich spiele mit Lusch 4händig aus der Götterdämmerung, R. sagt, es freue ihn das Werk. Leider kommen in dieser Ausgabe lauter Andeutungen wie: Wanderlust-Motiv, Unheils-Motiv etc. [vor]. R. sagt, am Ende glauben die Leute, daß solcher Unsinn auf meine Anregung geschieht! – Schwüler Tag, R. arbeitet – um 6 Uhr machen wir uns auf nach dem Weg über das Irrenhaus hinaus, trotz bedeckten Himmels. Wir erfreuen uns der hübschen Gegend, rasten im Wald und kehren gegen 8 Uhr heim. R. liest uns abends seinen Aufsatz über »Kunst und Klima« vor; wie wir darüber sprechen, sagt er: »Es sollte so viel heißen wie: ›Sprecht nur nicht von Kunst‹, aber an eine Zukunft habe ich selbst nicht geglaubt. Nur aber mit dieser Welt und ihren Kunstanstalten nichts zu tun haben, und ich entwarf den ›Ring des Nibelungen‹, und ich bin mir dort treu geblieben, es hat wohl Einbiegungen gegeben, aber es waren keine Konzessionen.« *R. zeigt uns* den Sternen-Himmel, Wagen und *Kaffeestraße,* nämlich lange, streifige, schmale schwarze Wolken!*

Dienstag 2ten An unser gestriges Gespräch anknüpfend sagt R.: »Die Not ist der Trieb zur Tätigkeit, dann, wenn der Trieb ein idealer ist, so tritt bald die Erkenntnis ein, und es bleibt die Tätigkeit nur gleichsam, um das Leben zu fristen, da wir keine edle Gemeinsamkeit haben.« Wie ich ihm sage, daß jede noch so kühne Auslassung einer großen Persönlichkeit mich dadurch fessele, weil sie das Zeichen sei, wie sich der Große im Leben hilft, sagt er zu mir: »Du bist ja viel weiter als wie ich in all diesen Fragen«, und tagsüber scherzt er mit mir darüber, daß meine Haut schauderte, wenn er einen konstruktiven Gedanken fasse. Und daß ich an das

* Drei Seiten später, unter Mittwoch, unten nachgetragen: »Zu Montag. Abends sprachen wir über die Messen von Cherubini, und R. meinte, die Messe sei kein künstlerischer Vorwurf; die Nötigung z. B., das Credo durchzukomponieren, und dann die abgebrochenen Stücke.«

Kunstwerk der Zukunft nicht glaubte. – Ich begehe einen bösen Irrtum; indem ich die Partitur-Seiten Herrn Humperdinck übergebe, schlage ich sie in ein vorbereitetes Blatt ein. R. sehr außer sich; wir bekommen den Bogen zwar gleich wieder, doch hat er eine halbe Stunde verloren und ist sehr ungehalten. Nachher aber ist er grenzenlos gut, bereut es, gegen mich so heftig geworden zu sein, während ich trostlos über mein Mißgeschick bin. Bei Tisch reizt ihn Freund Porges, ohne eigentlich viel zu sagen, weil R. eine Anhänglichkeit an Schelling bei ihm supponiert. Er eifert dagegen, daß, wenn ein Mann wie Kant einen großen Gedanken ausgesprochen habe, nun Scharlatanismus damit getrieben würde; und mit diesem sich abzugeben zeige, daß man unfähig sei, den Gedanken zu fassen. Er entfernt sich beim Kaffee, kommt aber bald wieder, und das Gespräch nimmt einen ruhigen Verlauf. Gegen Abend, wie wir darauf zurückkommen, besprechen wir das Thema der Anhänger; der Heiligkeit kann man teilhaftig werden, ob des Genies? Ist sehr zweifelhaft. Wirklicher Anhänger Schopenhauer's R., der seine eigenen Wege wandelte, selbst produktiv, und der Sch. mindestens ebenso viel hätte bringen können als dieser ihm. – R. gedachte im Garten der Suleika-Lieder der schönen Art, wie Tichatschek sie gesungen habe, und er nimmt einige von den Liedern vor; bei »Wer nie sein Brot« macht er uns darauf aufmerksam, wie unmöglich die Musik so ein Wort wie Brot verklären könne, und er spricht es dabei aus, daß die ganze Lyrik ein Unding sei, keine Gedichte zu komponieren seien; die Musik habe da einzutreten, wo die Worte selbst in ihrer größten Expansion Handlung seien. – Wie die »Forelle« erwähnt wird, sagt er: »Schumann hat wohl den Hering komponiert!« – Bei Schubert stört ihn häufig die Prosodie. Wir kommen zu Tristan, R. spielt uns das Vorspiel und einen Teil des ersten Aktes bis zu dem zweiten Gespräch mit Brangäne. Es macht ihm, wie er sagt, mehr Freude, auf diese Weise sich begleitend es vorzunehmen, und für uns sind es göttliche Augenblicke!... Die Einrichtung von Stein's Stube bei Jouk. bringt das Thema auf die bildende Kunst des 15ten Jahrhunderts und die wunderbare Erscheinung ganzer Generationen, welche so sehen und wiedergeben. R. meint, es sei etwas Ähnliches mit der dramatischen Literatur in Spanien, doch sei wohl die italienische Malerei bedeutender. – Über das Klima in Bayreuth improvisiert R. folgenden Vers:

⟨»Oberfranken, ihr Kinder, hat zwar einen gräßlichen Winter,
Dennoch ist der Sommer dort noch viel abscheulicher.«
*RW.⟩**

* ⟨ ⟩ von RW selbst geschrieben.

Mittwoch 3ten Wir frühstücken wieder nicht im Garten; R. klagt über den Wind und ärgert sich über die meteorologischen Beobachtungen: wechselnde Winde, Niederschläge. In seinem Sinn arbeitet sich »Das Heldentum« aus, und er wirft es mir wieder humoristisch vor, daß ich nicht an das Kunstwerk der Zukunft glaube! Er arbeitet, und in der Erwartung unseres Freundes Stein schreibt er ein Gedicht auf ihn. Herzliche allgemeine Freude über die Einkehr dieses lieben Freundes bei uns. Erinnerungen, es sind nun bald zwei Jahre, daß er kam; dazwischen Italien. R. sehr heiter aufgelegt; wir sprechen u. a. von Berlin und erwähnen es, daß, wie wir gestern von diesem Jahr 81 gesprochen und Jouk. meinte, er habe nicht viel geleistet, ich dagegen remonstriert; R.: »Und ich, wenn ich nicht Neumann davongelaufen wäre, hätte ich gar nichts getan!« R. erläutert den Scherz weiter: »Ja das Heldentum!... Alle Vernunft spricht für aushalten, aber das Müssen zwingt.« – – Beim Kaffee hebt R. es humoristisch rügend hervor, daß ich die Vorlesungen von Porges über Tristan anhöre, und [wie] ich ihm sage, es sei mir etwas schwierig, die Verkettung ihm zu erklären, bricht er launig ab: »Kennen Sie den Kuckuck? Er pflegt seine Eier in fremde Nester zu bringen, der Elefant tut das nicht u.s.w.« – Dann geht er übermütig auf mein Aussehen über, bringt es mit Porges' Vortrag zusammen und ergeht sich in lustigen Einfällen. Am Nachmittag fahren wir nach Eremitage; er spricht über Gobineau, über Indien, den Orient überhaupt, »der lebt; ist älter als wie wir, aber lebt« – und fügt hinzu: »Es gibt keinen ähnlichen Triumph der Priesterschaft als wie den unerschütterlichen Glauben der Parias.« – – Abends im Garten gespeist, bei Mondschein – »ich bin glücklich«, ruft R. aus. – Im Saal nehmen wir Tristan und I. wieder vor, er spricht und singt bis zum Schluß des 1ten Aktes; er meint, zu ausführlich in dem Spiel zwischen Tr. und I. gewesen zu sein, wenn nicht ganz große Darsteller dafür da seien; und um sich davon zu überzeugen, liest er die Scene zwischen den Helden vor: »Keiner will es sagen und es gestehen, bis es zur Umarmung kommt, wo die ganze sittliche Welt in Trümmer zu gehen scheint.« – – Wie Molly in den Saal kommt, sagt R., er habe am Nachmittag, manches darüber sinnend, das Thema des Allegros vom 1ten Satz der A dur Symphonie gesungen, da seien die beiden Hunde auf ihn gekommen, gesprungen; geleckt, was ist denn dem? – Er habe an dieses göttliche Abbild der Welt (der Symphonie) viele Gedanken angeknüpft.

Donnerstag 4ten Frühstück im Bett; R. findet es kalt draußen. Er arbeitet aber, und unser Mittagstisch mit Stein, Köhler und Jouk. ist sehr heiter. Siegfried sehr glücklich, Stein wiederzuhaben. Über die deutschen Völker-Namen wird gesprochen, Vandalen, Sueven u.s.w. Kaffee im

Türmchen, Freund Brandt kommt, uns einzuladen, Abschied von seinen Arbeitern zu nehmen. Abends im Garten das Abendbrot und darauf aus der Götterdämmerung (Schluß) musiziert, zu unsäglicher Freude.

Freitag 5ten Immer nicht im Garten gefrühstückt, R. sagt die Luft dafür nicht zu. Er arbeitet und zeigt mir vergnügt die eingelegte Halbseite. Wir sind auf dem Theater von 12 bis 1 und sehen nicht nur die Zauberdekoration, sondern auch ihre Wandlung zur Einöde. Alles prächtig, mich ergreift es sehr, diese technische Arbeit im Dienste des Phantastischen. Viel Verkehr für mich mit Stein in Bezug auf Siegfried. Abends eine Sängerin – Carrie Pringle –, welche die Arie der Agathe recht erträglich singt (R. meinte neulich, man könnte einige Menschen wohlwollend nur: der Erträgliche, der Ausstehliche bezeichnen). Wie er den neuen Klavierauszug nimmt und die Lage des ersten Akkordes sieht, sagt R.: »Aus diesem spiele ich nicht, sieh', wie Weber es gesetzt hat.« – Darauf wird das Duett mit Ännchen, das Trio, und von Jäger auch die Arie »Durch die Wälder« [gesungen]. Nachher macht mich R. aufmerksam auf den Unsinn in dem Duett, wie Max als begleitende sekundierende Stimme noch die Worte wiederholt: »Die Sonne verfinstert etc.« – R. sagt, wenn ich es dirigierte, würde ich einfach dem Sänger sagen: Lassen Sie das aus! – – –

Sonnabend 6ten Frühstück im Türmchen. – Gestern entwarf R. den Plan, bis Januar mit seiner Partitur fertig zu sein und dann uns über Venedig, Korfu nach Athen, von da ab nach Palermo zu begeben! – Er arbeitet emsig heute auch seine zwei Seiten. Wir nehmen Abschied von Brandt, der mit uns speist und der Richard hochleben läßt. Abends verscheucht ein plötzliches Gewitter uns aus dem Garten; allerhand Gespräche mit den Freunden Rub., Jouk., Stein, über Schopenhauer, über die alte Oper, welche noch Sänger hervorgebracht habe; »jetzt hätten wir's Musikdrama« – sagt R. und spricht das Wort M.drama so unsäglich komisch sächsisch aus, daß wir viel lachen müssen. »Wenn sie Caroline heißt«, zitiert er aus W. Scott's »Gefängnis von Edinburgh«, »wenn es denn Musikdrama heißt –«. Die Oper brachte auf W. Tell, dieser auf die so komisch von der Oper verstandenen Schweizer; und R. spricht sehr zu ihren Gunsten von der Bewaffnung im Jahre 52. Beim Kaffee dagegen hatte er von der Verfahrenheit Bismarck's und seiner Gesetzgebung gesprochen, von welcher er nun alles zurücknehmen müßte. Bei Tisch von Kundry, wie sie in der Einöde auszusehen hätte; er gibt mir nicht unrecht, wie ich vorschlage, daß sie nicht wie die Blumen welke, sondern in der dramatischen Aktion ihr Gewand scheinbar zerreiße, den Schmuck von sich werfe. – – Daß unser Freund Humperdinck den Preis von der Meyerbeer-Stiftung (4500 Mark) gewann, ergibt allerlei Scherzhaftes. – Von Rubinstein, den

R. wegen einer Absonderlichkeit apostrophiert, sagt R. nachher: »Wenn er wüßte, wie schwer er uns ist, würde er es uns leichter machen.«

Sonntag 7ten Im Bett gefrühstückt, an den 25ten August gedacht, von welchem R. sagt: »Er hat mir sehr wohl getan, es war für uns nicht notwendig, aber es war gut.« Er arbeitet an seiner Partitur, jeden Tag macht er jetzt 2 Seiten. – Die Zeitung bringt einen Aufsatz »Kant und Darwin«, und R. hebt hervor, wie überlegen die Auffassung des Instinktes seitens Schopenhauer der von Darwin sei. Der Tag bringt uns Herrn Francke mit Anliegen für London; R. wenig dadurch erfreut, die Teilnehmerschaft vom Direktor Pollini daran ist ihm besonders unangenehm, und er spricht humoristisch, wie recht Gobineau habe, von der semitisierten Kunst zu sprechen. Abends peinigt ihn die Versammlung unsrer Bekannten auf's äußerste, und eine Ungeschicklichkeit des Preisgekrönten bringt ihn außer sich. Der Konzertmeister Francke bietet es an, die Sonate op. 96 von Beeth. zu spielen, und es geschieht; R. hält sich launig über das Gequietsche der Geige auf, die keine Melodie spielen könnte, wie ein Nürnberger Spielzeug klinge. Das Trio des Scherzo aber läßt er wiederholen. Beim Finale meint er: »Sonderbar! das kann man kaum Kultur-Musik nennen.« – – ⟨Wie die Freunde alle sich entfernt haben⟩*, klagt R. auf das bitterste über diesen Umgang, und da er sich im Sprechen nicht beruhigen kann, so entferne ich mich. Nach kurzen Augenblicken höre ich unter meinem Fenster: »O Mathilde« singen, und zwar mit Jouk. Er hat diesen samt Stein abgeholt, und er fordert mich auf zu einem Spaziergang. Bei schönem Mondschein wandern wir durch den einsamen Hofgarten zu vier, und eine schöne heitere Stimmung stellt sich ein.

Montag 8ten R. lacht noch über sein Ständchen und über Stein's Grund, nicht zu singen: ›Jouk. habe eine so schöne Stimme.‹ Hübsches Wetter; R. arbeitet; bei Tisch wird noch der Humperdinck'sche Fall viel erwogen, R. behauptet, diese Preisgewinnungen seien unheimlich, die Westfalen überhaupt kuriose Leute, und wie er von der »kalbsfleischigen Malice« spricht, müssen wir sehr lachen. Am Nachmittag unterzeichnet R. den Kontrakt mit Herrn Francke, wobei R. seine große Geschäftssicherheit wieder bekundet. Abends Ernst von Weber; vieles über die Bewegung der Anti-Vivisektion, daß die Kronprinzessin einem Experiment bei H. Du Bois-Reymond beigewohnt hat und sich durchaus befriedigt erklärt hat. Dann vieles über Kolonisation und Reisen; er erweckt R. Lust nach Madeira und nach Zante. – Am Nachmittag hatte sich Steingräber

* ⟨ ⟩ von fremder Hand geändert in: »Wie der Freund sich entfernt hat«, das Wort »alle« unkenntlich gemacht.

eingestellt, um R.'s Auftrag zur Konstruktion des »Glocken-Klaviers« zu empfangen.

Dienstag 9ten R. hatte eine gute Nacht und arbeitet in der Frühe wie am Nachmittag; die Mitteilungen von H. von Weber über Zante beschäftigen ihn, und es mutet ihn eigentümlich an, daß, wie er die Zeitung aufmacht, die Insel Zante als die »Blume der Levante« erwähnt wird. H. v. Stein hält den Kindern und mir einen ersten Vortrag über Schopenhauer's Theorie der Kunst, über welchen wir R. bei Tisch Mitteilung machen. Ein stürmisches Wetter hält uns von der Luft ab. Dr. Strecker schreibt an R. Bedauern, ihm nicht dienen zu können, wie sie möchten, R. beginnt eine Antwort, die so humoristisch ist, daß er sie mir unter lautem Lachen mitteilt und wir sie, die ganze Korrespondenz, abends unseren Freunden vorlesen. Dann spielt und singt R. die Scene zwischen Evchen und Sachs und beklagt sich hernach launig zu mir, daß sie nicht genügend anerkannt worden sei. Wie ich ihn darüber necke, sagt er – im Ernste, er sei förmlich froh, wenn er etwas von sich nach Zeiten wieder ansähe, es gut zu finden; denn in der Arbeit und selbst beim Parsifal ging es ihm jetzt so, daß ihm alles schlecht scheine.

Mittwoch 10ten Immer trübes Wetter, und R. hat einen Brustkrampf! Ich lese ihm einen Brief von Malwida vor und vermeide, daß er spräche; darauf begebe ich mich nach Eremitage mit dem armen Freund Rubinstein, der wiederum einmal außer Fassung ist, und höre dessen Klagen an. R., dem ich dies bei der Heimkehr erzähle, staunt und scherzt, ja zieht mich gehörig dafür auf, gibt mir aber zu, daß man zuweilen nicht anders könne, nur dem Zusehenden erschien dies seltsam und extravagant. Wie ich mich mit Jungfer Züß vergleiche, sagt er: ›Heute sei es schon mehr Katharina von Siena!‹ Er findet, daß ich gut aussehe, und wie Dr. Landgraf dies gleichfalls bemerkt, sagt er: ›Es seien die guten Taten, die ich verrichtete!‹ Ach! wäre es nur möglich durch den guten Willen dazu, zu helfen. Viel über Siegfried's Erziehung gestern und heute mit Stein. Abends heitere Plauderei mit den Freunden, er rät Rub. zur Heirat, uns hatte er zu Mittag gesagt: Italiener, die verschlucken einen Juden! – – – Dann spricht er von dem zweiten Thema der »Euryanthe«-Ouvertüre und spielt ein so ähnliches von Marschner, daß wir sehr lachen müssen, indem wir sagen, das sei wahrscheinlich Schule. Wir sprechen von der Oper, »und doch«, sagt R., »erfüllt es einen mitleidig respektvoll, wenn man sieht, was in dem absurden Genre geleistet worden ist«. – Da wir Stein darüber necken, daß er gerade Professor werden soll, sagt R., es sei vielleicht nicht schlecht, daß er in Halle just dieses durchmachen müsse. »So«, sagt er, »mußte ich die ganze Opernkapellmeisterkarriere durchmachen.

Und wenn man darüber nachdenkt, so sagt man sich, daß nichts hätte anders sein können, als wie man es erlebte.« – – Von dem Krieg und dem Frieden von 1871 sprechend, sagte R.: »Man kann sie sich nicht zynisch genug vorstellen, die Art und Weise, wie die Staatenlenker mit den Geschicken der Völker umgehen.« – Wie Jouk. erzählte, H. v. Weber habe ihn nicht angesehen, scherzt R.: »Ich müßte Sie vorstellen: Jouk., welcher den Kaiser Alexander III. nicht erzogen hat.« – – Neulich, wie R. die Pfeife der preußischen Militär-Musik erwähnte, meinte er, es sei etwas ganz Wildes, »aber es ist diesen Herrn ganz gleich, ob sie als Groß-Mogul oder sonst etwas sich zeigen«. –

Donnerstag 11ten Die Zeitung bringt uns in der Frühe den Aufsatz von Tappert über 8 an Herbeck gerichtete, soeben in der N. freien Presse erschienene Briefe von R. – Es ist ihm so unangenehm, daß er die Zeitung wegwirft. Bei Tisch besprechen wir diese Art unserer Gesetzgebung, aus einem Briefe einen Besitz des Empfängers zu machen. Scherzend nach dem Frühstück auf meinen gestrigen Spaziergang mit Rub. zurückkommend, sagt er, er würde mir und Malwida einen Taucher-Apparat machen lassen, zur Rettung [von] allerhand Menschen. Dann scherzt er: Die ewige Jugend stelle sich bei ihm ein, und wie ich: »Brüderlein fein« sage, lachen wir sehr, denn mit ihm kann man übermütig vom Alter sprechen. Nach Tisch geht er von dem kühnen Scherz: Stein solle seinen Vater verheiraten, über zur Frage der Auswanderung; Vereinigung mit den Boers; »wenn man auch die Verwirklichung des Gedankens nicht erlebt, so hat man doch ein Ziel, dessen Erreichung man einer andren Generation überläßt«. – Seine Partitur-Arbeit nimmt ihn sehr ein, er zeigt mir es, wie er für Sextett das hat setzen müssen, was er für Quartett beabsichtigte. – Ein Aufsatz über Demonstrationen gegen Juden bringt ihn zu der Äußerung: »Das ist das einzige, was sich tun läßt, die Kerle hinauswerfen und durchprügeln.« Bei Gelegenheit der Auswanderung meinte er, im Drang der schlimmen Zeiten, die nicht ausbleiben würden, müßte man eine Kontribution von einer Milliarde erheben, mit dieser alles bestreiten, um dort dann die neue Gesellschaft [zu] gründen. Bis dahin aber geworben haben und die religiöse Basis dieser Gesellschaft festgesetzt haben. – – Abends geht R. etwas in den Garten und fordert uns dann auf zu einem Spaziergang im Hofgarten. Darauf spielen wir ein sehr heitres Whist. (Er hat an Dr. Strecker geschrieben, freundlich heiter.)

Freitag 12ten Die Illustrirte Z. bringt ein erschreckendes Bild des algerischen Rebellenführers Abu Hema, welches uns über Mischracen viel nachdenken läßt, und eine sehr ergreifende Darstellung, Körner am Abend vor seinem Tode mit Friesen, Lützow und einigen andren. Eine ganz andere Zeit und andere – freudig begeisterte – Menschen zeigt uns dieses Blatt. In Körner findet R. unseren Freund Stein wieder, »am Abend vor der Auswanderung«, füge ich hinzu. Gegen Mittag bringt Jouk. ein Bild, welches uns erfreut; gestern abends, wie R. sich ein wenig zur Ruhe begeben, hatte Lusch mich sitzend mit orientalischen Decken umgeben, Jouk. brachte den Globus, und indem ich die Kinder machen ließ, frug ich Stein nach den Gegenden, wohin man auswandern würde, mit der Hand auf sie zeigend. Diesen Moment hat unser Freund liebenswürdig festgehalten. Es macht R. Vergnügen: So müsse es sein, sagt er, immer etwas sehen und machen. Unser Klima (wir haben wieder rauhes Wetter) bringt R. immer wieder auf die Auswanderung, man solle Siegfried darauf erziehen, Stein hätte dann zwei Generationen vor sich. Stein hält seinen zweiten Vortrag am Nachmittag in Gegenwart R.'s; über Sch.'s Ansicht der Baukunst; er ist sehr schön, gefällt R. sehr, welcher sagt: Stein sei unser Stolz. – Am späten Nachmittag übe ich meinen Teil für 4händige Götterd. mit Lusch. R. kommt zu mir, hört mir zu, lobt mich! Dann ich zu ihm: »Jetzt sind die Mädels fort!« Und er zeigt mir das Partitur-Blatt und erklärt mir wiederum die Frage zwischen Sextett und Quartett. Beim Abendbrot erzählt er aus Jacolliot eine hübsche Kinder-Legende von Krischna und kommt auf die Göttlichkeit der Evangelien, ihrer Einfalt wegen, zu sprechen, »und plötzlich das Leiden!« ruft er aus. Die Griechen hatten ihn auch beschäftigt, der Zusammenhang zwischen ihrer Geschichte und ihren Epen, die Schlacht bei Marathon, die 1000 Platäer, der Rückzug der 10000 bringen ihn auf die Ilias, deren Stoff ihm wenig behagt; der Streit um die Briseis ist ihm widerwärtig, und »anstatt daß der Agamemnon umgebracht wird, wird Hektor getötet, mit welchem man doch mehr Sympathie hat als mit Hektor*«. Wie er nach dem Abendbrot sich zur kurzen Ruhe begeben hat, sehen wir das Leben der Maria von Dürer an, u. a. ein Lieblingsblatt von R., der h. Jos. hobelnd und die Engel helfend dabei; ich weiß nicht, wie mir der Vers: »es waren hochbedürftige Meister, von Lebensmüh bedrängte Geister« mit solcher Bestimmtheit einfällt, daß die Tränen mir aus den Augen quillen. Ich gedenke der Stimmung, der überwältigenden, wie ich dies zum ersten Mal von den höchst Bedürftigen [vernahm] und wie es mir zu Mute war, die Meister, die man gern als siegreich-heitre Beherrscher denkt, nun plötzlich wie in ihr[em]: Ecce homo – zu schauen. Und das fiel mir bei Dürer ein! – – R. tritt zu uns, er gibt Jouk. gegen mich recht in der Ansicht, daß die Pergamenischen Reliefs das Werk einer Schule seien, während in den Früh-Renais-

* »Hektor« von fremder Hand mit Bleistift zu »Achill« verbessert.

sance-Werken im selben Berliner Museum ein Gedanke sich ausspräche. Er spricht von »Schausp. und Sänger«, welches er gern wiederlesen will in Bezug auf »Heldentum & Christentum«, er meint, er habe die Sänger und Sch. gut bedacht. Später spielen wir Whist.

Sonnabend 13ten Sowohl das Wetter (»im Winter kann man kaum Schlittschuh laufen, im Sommer kaum baden«, ist R.'s Résumé) als auch die Betrachtung der äußeren Dinge – u. a. des Berliner Kongresses und seiner Behandlung der orientalischen Frage – bringen bei uns den Gedanken einer vollständigen Zurückziehung von allem nach der Aufführung des Parsifal. »Wie Lykurgos«, sagt R., »gehen und sehen, was sie aus meiner Sache machen.« Am Nachmittag steht er an der Fenstertüre des Saales und überlegt es, ob man den Kindern so allen Boden entreißen dürfe. Bei Tisch viel über das Klima, doch ist er emsig bei der Arbeit, die ihn unbedingt freut. Abends unser Freund Cyriax; in seiner heitren, offenen Weise frägt ihn R. über die Einnahmen seines Geschäftes und findet sie gering. Dann spricht man von großen Städten, und R. leugnet es, daß man besser in Paris als in London das Elend tragen könne. Abends die »Pastorale«, von Rub. gespielt, man müsse sich hüten, in einen leidenschaftlichen Akzent zu verfallen. Bei einzelnen Stellen im ersten Satz ruft er aus: »Das ist mit Kadenz gearbeitet.« Er beklagt die Wiederholungen, welche die Sache unbedeutend machen, und findet im ganzen doch etwas von dem Ton der Bergerie des 18. Jahrhunderts. Bei einer Stelle zitiert er Polonius: »Pastoral, Comico-Pastoral, Tragicomico-Pastorale.« – – Wie ich ihm nachher sage, daß das Klavier mir öfters recht peinlich dürr klänge, sagt er: »O, wie wir uns in allem verstehen, es ist schrecklich.« – Er ist immer Vereinigungen abgeneigter. (Er hat den Kontrakt mit Frankfurt abgeschlagen.) Ein Brief von H. Vogl über die Partie der Kundry für seine Frau bringt R. die ganze Theater-Misère recht nahe, und er beklagt es, daß er mit solchem eitlen Material arbeiten müsse. Nach dem Parsifal würde er nur Symphonien schreiben.

Sonntag 14ten R. hat erträglich gut geschlafen, aber das leidige Wetter – immer kalt und grau – verstimmt ihn. Er arbeitet und vollendet heute die Seite 201. Die Zeitung bringt wieder Nachricht von Hetzen gegen die Juden in Rußland, und R. meint, es gäbe nur das, Äußerung der Volkskraft, und sagt: Gobineau hat recht, sie fühlen – die Russen – sich noch als Christen. Wir haben einen Nachmittag bei Jouk. R. kommt herüber, betrachtet die Photographie der Sixtina, gedenkt der kindischen und boshaften Bemerkungen Nietzsche's darüber – »was der Mensch schlecht ist, nur um etwas zu sein«. – – Der Abend vergeht plaudern[d]; unter anderem über das Verhältnis der Erde zur Sonne und daß letztere erkalte und daß sie durch ihr zufallende Körper sich erwärme. R. liest die Konklusion von G.'s Werk. Sie leuchtet ein, und mir will es bedünken, daß all dies ziemlich gleichgültig sei gegen das Sterben eines großen Menschen; müssen diese vergehen, was sind dann Massen und Himmelskörper?

*Montag 15ten** Böser Tag, der für R. mit einer Brust-Beklemmung beginnt. Er hilft sich mit der Arbeit; aber am Nachmittag flimmern ihm die Augen. Wir machen uns zum Spaziergang auf, und er und ich, wir kehren bald um; zuerst verletzen ihn die Gesichter, die er sieht, dann aber bekommt ihm die Luft nicht. Abends läßt er uns in Jacolliot die etwas sehr umständliche Bestattung eines Brahmanen lesen, ein grauenhaftes Bild des ausgebeuteten Aberglaubens, darauf »zur Erholung« den Dialog zwischen dem Athener und dem Melier aus dem Werk von Thukydides, völliges Aufatmen in der einfachen, schlichten und so hoch durchgebildeten Sprache. Das erinnert R. an den Pfaffen Lamprecht, und er liest seine Lieblingsstelle zwischen Candacis & Alexander vor. – »Das beleidigt mich«, spricht R. beim Umkleiden für sich, der Gesichter auf dem Spaziergang gedenk[end], die ihn noch dazu angaffen.

Dienstag 16ten R. war einen Teil der Nacht auf, er fühlt sich sehr unwohl und ist von dem bösen Wetter auf das tiefste deprimiert. Doch arbeitet er, speist mit uns und wohnt selbst dem Vortrag von Stein bei. Letzteres aber mit Anstrengung – er begibt sich dann zu Bett, sehr matt und aufgeregt zugleich. Wir sind eine Weile zusammen, ich erkläre ihm, mich auch zu Bett begeben zu wollen, und wie wir da liegen, gedenken wir Aygill's und seiner Tochter, die gerne stürben und es doch nicht tun. Lachend stehen wir auf; R. nimmt seinen Tee im Saal einsam und entsendet an unseren Tisch für Stein ein lobendes Wort über seinen Vortrag. Dann versammeln wir uns um ihn; er liest aus Gobineau aus dem Kapitel, was er zitieren will (im 4ten Band, worin l'homme est l'animal méchant par excellence vorkommt). Der Dr. kommt, verordnet Pillen, um 10 Uhr begeben wir uns zur Ruhe. – In meiner Stube wandelnd hat R. einen Band G.'scher Gedichte gefunden und die Metamorphose der Tiere gelesen, die er der Form und dem Inhalte nach recht schlecht findet.

Mittwoch 17ten Die Nacht war für R. nicht so schlimm wie die vorige, aber doch unruhig, und er bleibt zu Bett den größeren Teil des Tages. Das Wetter ist sehr schlimm, und R. ruft aus: O wenn doch der Wind das v. Theater fortnehmen wollte, ich baute es gewiß nicht wieder auf. Und wie ich ihm etwas schmeichle, sagt er: Wir haben hienieden nichts andres zu

* Beigelegt ein Gruß- und Dankgedicht Wolzogens aus Krokan, Thelemarken, »An Wahnfried«, vom 12. August 1881, unterschrieben »Ein Wanderer«.

tun als uns lieb zu haben. Wie ich ihm von den elektrischen Experimenten in Paris spreche, sagt er: »Ja, wir sind auf dem schönsten Weg zum Crétinismus.« – – Er liest die Arbeit von Stein über die »Wanderjahre«. Abends versucht er Whist zu spielen, aber es greift ihn bald an. – Lohengrin vergleicht er heute heiter mit dem Galgenmännchen, welches aus der Flasche gezogen ist (die Flasche der Gral).

Donnerstag 18ten R. hat besser geruht, und wir nehmen unser Frühstück heiter ein; er gedenkt unter andrem noch der Goethe'schen Hexameter und meint: »Derlei soll man nur machen, wenn man es kann; wer, T., reitet einen denn, Hexameter zu machen.« Dr. Helferich besucht uns behufs Untersuchung der Figur der Kinder. Der Kostümier aus Frankfurt a. M. besucht uns auch und erfreut durch Lebhaftigkeit und Verständnis; es ist uns, als ob wir sehr gut mit ihm führen. Jouk. gibt die Skizzen. Dr. Helferich interessiert durch Mitteilungen aus seinem Fach. Abends aber bringt uns der etwas mißglückte Vortrag des Einzuges in die Gralsburg durch Porges und Humperdinck, das darauf R. auch nicht ganz zusagende Spiel des Msinger-Vorspieles durch Rub. eine unharmonische Stimmung, welche schließlich in Scherzen sich entladet. »O wär ich doch in meinen Hallen Isis und Osiris los«, ruft R. aus. ⟨Und beim Einschlafen sagt er, es sei ihm, wie wenn er inmitten von »verfaultem Salat« lebe.⟩* – (Er hat abends des Besuches in Eisleben gedacht und mit größter Bitterkeit die Vernachlässigung dieses ehrwürdigen Ortes erwähnt, auch des Domes zu Magdeburg, er geht von da zu der Verurteilung des preußischen Wesens über, welches keinen Sinn, keine Ehre, dareinsetzte, diese Denkmäler zu erhalten.)

Freitag 19ten R. hatte eine etwas unruhige Nacht, wilde Träume. – Der Tag ist wieder grau; wir nehmen Abschied von unserem Freund Rub. wie von einem unlösbaren, uns in Mit-Leidenschaft ziehenden Rätsel. Auch Dr. Helferich verläßt uns. Bei Tisch kommt das Gespräch durch Stein's und Jouk.'s sozialistische Reden auf Sokrates, durch diesen auf Platon und Xenophon. Zum Kaffee ergibt die Besichtigung der Illustrirten Z. bei R. die Betrachtung, daß bei allen deutschen Festen (Kyffhäuser hier) das Bierglas die Hauptsache sei. Das Münchner Schützen-Fest und der Zug – wie alle Maskerade – mißfällt ihm entschieden. – Gegen 5 Uhr, wie er seine Seite geschrieben hat, fahren wir nach Bürgerreuth, wohin die Kinder sich bereits begeben haben; er ist in Sorge um die Vorbereitungen zum Pars. – Sänger etc., [er] meint, es sei kein rechtes Feuer dahinter. Der Himmel ist bedeckt, doch ist der Aufenthalt oben angenehm

* ⟨ ⟩ von fremder Hand mit Tinte unkenntlich gemacht.

– nur daß die zum größten Teil weibliche und, wie es scheint, alt-jüngferliche Bevölkerung des Plätzchens R. förmlich entsetzt. Bei der Heimkehr freuen wir uns der spielenden Hündchen, welche R. schon neulich mit seinem Amoretten-Haufen (Tannhäuser) verglich, wobei er mir sagte, er habe es also gewünscht, daß so ein Haufen auf dem Boden lag und plötzlich aufschießend durch die Luft flog, um von dort die Pfeile zu versenden. – Abends spielt und singt er »An die entfernte Geliebte« zu unsrer größten Rührung, »der ganze Schubert ist da angegeben«, sagt er und kommt dadurch auf die Schlechtigkeit Nietzsche's (über Schubert und Beeth.) und die ganze traurige Erfahrung! Die ewig verneinenden, kopfschüttelnden Bäume geben uns ein trauriges Bild des Lebens – entbehren sollst du, sollst entbehren.

Sonnabend 20ten R. hat einen Brustkrampf und fühlt sich angegriffen, doch arbeitet er und beginnt ein Gedicht an den König zum 25ten. – Der Himmel erhellt sich gegen Abend, und wir machen einen Spaziergang durch die Wiesen. Abends Freund Feustel, Besprechung des Verhältnisses zu Dr. Strecker; Freund Feustel meint, R. könne seine Sache durchsetzen. Ein Zeitungs-Aufsatz über sozialistische Bewegungen in China im 12. Jahrhundert bringt R. zu der Äußerung, daß wir in allem gegen die Orientalen zurück seien, schon dadurch, daß wir uns einbildeten, es begänne die Welt mit uns.

Sonntag 21ten R. hat gut geruht und entwirft die 4 Strophen seines Gedichtes. »Ich bin üppig«, sagt er heiter, nachdem er darüber gescherzt hat, wenn man in einem Reim eingeklemmt sei und einem nichts einfiele, »ich mache 5 Strophen«. – Bei Tisch gedenkt er der Herrlichkeit des Golfes von Neapel und wie nichts eigentlich darauf gefallen wollte, wegen der prächtigen Linien; er vergleicht den Vesuv mit Marke! So ein Wesen, zugehörig, traulich, fremdartig. Die Zeitung bringt einen schönen Brief von meinem Vater (1849) über R. »O, was Liszt ist, daß er ein Wesen ›hors de concours‹ ist, das weiß ich; ich brauch nur an meinen Gehirn-Kasten anzuklopfen, um ihn ganz vor mir zu haben. Aber ich beklage es, daß wir uns so fremd geworden sind durch falsche Einflüsse; d. h., wir sind es uns auch nicht, aber sind uns so wenig.« – – Am Nachmittag, nachdem wir zusammen den Hunden zugesehen haben, kommt er herauf und zeigt mir die 4 Strophen! ... O Schweigen, Schweigen! ... – – –

Abends H. Winkelmann, der Tenorist, der sich schon am Nachmittag präsentiert hatte. Er singt ein wenig aus Rienzi; das Gespräch kommt auf die Schwierigkeit, jetzt auf den Riesen-Theatern den Werken wie »Zauberflöte«, »Entführung« gerecht zu werden. R. erwähnt es auch, daß selbst die Einführung Shakespeare's auf unserer Bühne uns mit andren

Erwartungen in das Theater gehen ließ. Auch hätten die Sänger alle Naivität für: Osmin etc. verloren. Er und andre ernste Leute hätten noch früher selbst den »Dorfbarbier« mit Vergnügen gesehen, das sei unmöglich. – Partitur sollte ich studieren, empfiehlt mir R., damit ich die Freude der musikalischen Linien ganz empfände.

Montag 22ten R. vollendet sein Gedicht und schickt es mir durch Siegfried um die Mittagszeit herauf, ich entsende dagegen die Dose! Wie wir zu Tisch gehen, sagt er: »Ganz anders hätte die letzte Strophe werden sollen, aber man kann nicht wissen«, und später, »ach Unsinn, wir werden uns einander keine Gedichte machen!« Er hat an H. v. Bürkel auch geschrieben, des Baues der Loge wegen. Bei Tisch entbrennt ein Streit über die romanische und germanische Schönheit, ich trete für letztere zu entschieden ein und kränke Freund Jouk. etwas, so daß R. mir unrecht gibt. Im Sommerhäuschen wird aber dann friedlich die Beschreibung der Kostüme vorgenommen. – Abends wählt unter alten Schmuck-Sachen, die zur Ansicht kamen, R. Ketten für mich, meint, ich hätte nichts! – Da H. Winkelmann aus Angegriffenheit nicht singen kann, so nimmt R. die Löwe'schen Balladen vor und singt sie uns herrlich wie immer, die Anlagen der Deutschen daran zeigend, gerade an diesen durchaus dilettantischen Werken. – Wie wir uns trennen abends, sagt er: »Wir leben, so lange wir uns lieben – das ist schlimm, wir werden nie sterben.« –*

Dienstag 23ten Ein Zeitungs-Aufsatz über den mittelalterlichen Bauern führt ein Gedicht an, wo der Ritter sagt, er sei ein *Edelkunne;* der Ausdruck gefällt R. sehr, auch daß der Bauer *Bau*mann genannt wird. Dann beginnt er seinen Aufsatz und sagt heiter davon: ›er nähme seine alten durch und schmiere einen neuen daraus!‹ Freund Groß ist bei Tisch, das ergibt einiges Geschäftliche, und dann wird photographiert in dem Saal und im Garten. J. bringt die Grals-Schale, sie wird von R. akzeptiert. Allerhand Telegraphisches wegen Freund Seidl, der, in Banden von Frau Kindermann, zu kommen zögert, wobei mir scheint, daß man ihn freigeben soll. Fahrt nach Fantaisie, sehr hübsch, die Kinder mit den Freunden in der Schweizerei und dann durch das Dorf, R. und ich durch einen kurzen Weg zu Dommayer, die andre Gesellschaft erwartend. Heitre Stimmung. Abends das Recitativ von Rienzi und Rienzi und der Kardinal, worauf der Hymnus an die Freiheit, leider nicht so gesungen, wie wir es kennen, und »Fanget an« und »Am stillen Herd« nicht! Wie wir uns [am]

* Zeichen im Text, unten nachgetragen: »Von Löwe wird erwähnt, ob er nicht eine ›Braut von Corinth‹ geschrieben; das führt auf das Goethe'sche Gedicht, welches uns beinahe kindisch vorkommen will, jedenfalls wenig geschmackvoll. – Dagegen ein kurzes Gespräch mit Eckermann uns sehr erfreut. (Das Buch lag auf dem Tisch, R. nahm es.)«

Nachmittag zum Garten begeben, gedenkt R. des Anfangs von »Heinrich V.« und ruft aus: Über alle alle unerklärlich ist doch Shakespeare; wie er den Tod des Falstaff erzählen läßt durch den Pagen, der dann heldenmütig stirbt! – Und [wie] die spätere, in der französischen Werbung angegebene Seichtigkeit des Königs gleichsam vorbereitet wird und alles unausgesprochen, es ist aber da. Nie kann man die Welt erleben wie durch ihn.

Mittwoch 24ten R. schreibt an seinem Aufsatz und ist mit dem Beginn zufrieden. Dann studiert er mit H. Winkelmann, welcher gelehrig sei; doch ist es R. sehr müde, wie er sagt, immer wieder von neuem und ganz von vorne anfangen zu müssen, auch mit Ziegelsteinen, anstatt mit Marmorblöcken zu tun zu haben. Unser Mittagstisch ist in Folge seiner Angegriffenheit etwas gedrückt, beim Kaffee kommt die Frage der Racen wieder auf, er schreibt seinen Aufsatz in Hinblick auf Gob., sagt R. – Er ruht aus und ruft mich dann in den Garten, wo wir wiederum uns an dem Familienleben der Hunde ergötzen. Abends aber spielt er das Parsifal-Vorspiel, in unsäglicher Weise, überbeseligend! Wie wir uns zur Ruhe begeben, ruft er mir wie Othello zu: Wenn ich dich nicht liebe, so stürze das Chaos ein – und geht von da wieder zu Shakespeare über; die andren gingen immer wie um die Sache herum, bei ihm aber sei alles unmittelbar!

Donnerstag 25ten Ludwigstag! In die Kirche. R. aber vorher Rosen und Dosen hingelegt.* Er freut sich, und wie ich heimkomme, ist die göttlichste Stimmung da. Er trägt die Decke hinunter, zeigt sie als Werk der Kinder den Freunden, zu denen sich auch Seidl zugesellt hat, mit welchem R. die heitersten Scherze macht über sein Verhältnis zu Frau H. Kindermann. Die Kinder sehr freundlich auch gestimmt. R. arbeitet an seinem Aufsatz, dann, nachdem er im Garten** eine Weile mit mir gewesen ist, ordnet er eine Spazierfahrt an. Abends singt H. Winkelmann die Schmiede-Lieder, und Seidl spielt den Einzug in die Gralsburg zu unser aller größter Freude und zu R.'s vollständiger Zufriedenheit. – R. singt heute die Melodie der Msinger und sagt: »Wenn eine Melodie gar keinen Atem zuläßt, dann ist sie schön.« – Er spricht von Streichungen, die er im Tristan anbringen will im dritten Akt, u. a., weil es über das Maß des Erlaubten ging – und tagsüber wiederholt er mir zärtlich: Uns bleibt nur noch, mit einander zu sterben – wir sterben zusammen! – Die Photographien sind sehr hübsch geworden. (Beim Frühstück, ich weiß nicht bei

* Dazu ein Gedicht-Entwurf »25ten August mit Dose und Decke« am 20. August von Cosima beigelegt. ** Zeichen im Text, auf der nächsten Seite, unter Freitag, unten nachgetragen: »mit Freude an Marke, den er ein ›Ur-Thema der Natur‹ nennt, ›ohne jede Verzierung‹ – – –.«

welcher Gelegenheit, kamen die Verse: eilende Wolken, Segler der Lüfte, über die Lippen, R. sagt: »Das waren die Sachen, die Schiller so populär machten, es war, als ob das einzig Poesie wäre.«)

Freitag 26ten R. hat ein wenig Kopfweh, aber er erholt sich bald; es freut ihn, in der Ill. Z. das Schloß Püchau zu sehen, wohin unsere kleinen Hunde abgeschickt worden sind. Er arbeitet an seinem Aufsatz. Die Anwesenheit zu Tisch des Ehepaars Sachse-Hofmeister droht anfänglich ihn etwas zu verstimmen, doch gleitet man an den Schwierigkeiten vorbei. Und da das Wetter ganz sommerlich ist, machen wir zuerst eine Sitzung im Pavillon und dann eine Fahrt mit der eben angekommenen M. Brandt. Darauf wird abends vor dem Abendbrot etwas gearbeitet und schließlich geplaudert. Ein schöner Sternhimmel leuchtet uns, doch ist R. und mir immer seltsam zu Mute bei dem veränderten Dasein. »O wäre ich in meinen Hallen etc.«, flüstert er mir zu.

Sonnabend 27ten Erste Probe zwischen Kundry und Parsifal! R. göttlich in allen seinen Angaben, in der Allgegenwärtigkeit, in der Hellsichtigkeit seiner Gestalten bis in ihre kleinsten Regungen. Leider aber wenig Hoffnung, daß er wiedergegeben wird. Mittagessen mit der ganzen kleinen Gesellschaft, trübes Wetter, doch ist R.'s Stimmung gut. Abends kommt er auf den Einfall, den Klavierauszug vom »Otello« vorzunehmen, und er singt mit Seidl und M. Brandt das Trio des ersten Aktes zu unglaublich komischer Wirkung. Der Abend erhält dadurch eine heiterste Färbung; aber unsere Stimmung betreffs der Ausführung des Parsifal ist gedrückt. Er versendet die Briefe an die andren Künstler.*

Sonntag 28ten Immer trübes Wetter; R. wirft allen Unwillen, den er gegen Erscheinung und Vortrag von M. Brandt hat, darauf, daß sie kein S aussprechen kann. Sehr heftig sagte er gestern bei Tisch, sie müßte einen »Maul-Doktor« konsultieren. Freilich würde das ganze Publikum kein S haben, seufzend gibt er das zu! – – Heute um 1 Uhr wiederum Probe der Hälfte der Scene zwischen P. und K., abends einiges aus dem Schluß und 3ter Akt von H. Wink. Müdigkeit, welche der Verzweifelung gleicht. Doch der Vortrag von dem 3ten Akt Siegfried, das heißt Siegfried's Erscheinen und Wecken der Brünnhilde, erhebt uns über allen Mißmut. Neapolitanische Lieder, von Pepino gesungen, beschließen den Abend. R. lobt P. sehr und sagt mir, es sei ihm gewesen, wie wenn griechischer Himmel sich über ihm eröffnete. – (»Ich spiele falsch, aber richtig«, sagte

* Zeichen im Text, auf der folgenden Seite, unter Montag, unten nachgetragen: »Beim Abendbrot erzählt uns H. Wink., daß er den Herzog von Braunschweig gesprochen hat und daß er gebrochen deutsch ungefähr wie die Ungarn affektiere, auch sei sein ganzes Dienstpersonal französisch!«

R. zu H. Humperdinck, indem er an seiner Statt die Begleitung übernahm.)

Montag 29ten R. hat gut geschlafen, und die Klagen über das Wetter gehören zu unserem täglichen Brot. Er arbeitet an seinem Aufsatz und sagt mir, er habe einen Einfall gehabt, wolle mir den aber so nicht mitteilen, weil es wie ein Witz aussehen würde, und es sei ernst. Beschäftigung mit der Rosen-Portière. Da M. Brandt erkältet ist, gibt es kein Probieren, und wir sind unter uns. Seidl's Persönlichkeit wird besprochen, und R. hebt es hervor, wie er die ihm mangelnde Kultur durch sein schweigendes Verhalten ersetzt. Das Wetter ist schön, wenn auch durchaus herbstlich, R. ordnet den Kaffee im Türmchen an, ich lese einiges aus der Broschüre »Deutschland und seine Professoren« von dem spiritistischen Pr. Zöllner. Unter andrem eine Note der Jesuiten an Kaiserin Eugénie, sehr wirres buntes Zeug. R. bestellt eine Fahrt über Fantaisie bis zur Schanze, ein schönes Wetter ergibt einen lieblichsten Blick; der kleine Halt bei Dommayer an der Landstraße verfehlt nicht, auf R. seine freundliche Wirkung zu machen, auch spricht er heiter mit dem Wirte, sagt, er verkehre gern mit solchen Leuten, und fährt fort: ›Wie man sich von dem Volk getrennt fühle, das merke man, wenn man durch die Felder in abliegende Ortschaften geratend die Landleute anspräche.‹ Wie wir im Wagen zu der Heimfahrt uns begeben, da ruft er aus: »Nein, dieser selige Tag! Kein Abgeben mit Unmöglichkeiten.«* – Viel Plauderei abends in heiterster Stimmung; die Luft war kräftig und hat R. entschieden wohl getan. Er blickt auf das Familien-Bild und bittet Jouk., es in Öl auszuführen, die »verfehlten Täuschungen«, wie er heiter sich ausdrückt, nicht zu beachten.

Dienstag 30ten R. hatte eine gute Nacht, und nachdem die Decke aufgehängt worden ist, begibt er sich an die Arbeit und liest sie mir dann vor. Freundin Brandt belebt das Haus mit Solfeggien und den Klängen der Kundry, was R. mitunter recht aufregt. Er geht aber an seine Partitur, nachdem er einen entschiedenen und freundl. Brief an Dr. Strecker in der Verlags-Angelegenheit geschrieben hat. Er war etwas verstimmt gegen Abend, doch erheitert er sich und erzählt dramatisch von Theater-Eindrücken seiner Jugend, u. a. vom »Fortunatus' Abenteuer« in Wien, macht dabei den Wiener Dialekt herrlich nach. – Gegen mich ist er über-

* Auf der nächsten und übernächsten Seite, unter Mittwoch, unten nachgetragen: »Gestern, Montag, beim Spaziergang gedachte er des: ›Laß das Gespenst machen, was es will‹, bei Gelegenheit der Freiheit, die wir Freunden und Kindern gewährten, und das führt ihn zu einer / Lobpreisung dieser Art Einfälle von Goethe und des ›Faust‹, ›das ist Goethe; wenn man mir kommt mit ›Iphigenie‹, ›Hermann & Dorothea‹, gut, schön, aber das waren Versuche, aber ›Faust‹ und auch die ›Wanderjahre‹, das ist er.‹ «

schwenglich gut; wie ich hinunterkomme am Nachmittag, meint er: Er sei außer sich, wenn er dächte, unfreundlich gegen mich gewesen zu sein. Und abends: »Daß ich es aushalte bei all dem Ärger und den Nöten, das zeigt, wie gut ich es habe – aber wenn ich mit dir nicht einig bin, dann hört alles auf.« – ›In der Musik sei hoffnungsvolle Resignation‹, sagt R. heute. – Und zu unserer erkälteten Brandt, welche von Stern-Schnuppen spricht, sagt er: »Die Stern-Schnuppen brachten Ihnen Stock-Schnupfen.« – –

Mittwoch 31ten Gute Nacht für R., er ruft zu mir im Bett: »Wer dich vergleichlich findet, hat es mit mir zu tun«! Die Decken machen ihm Vergnügen, und er arbeitet. Eine idyllische Scene hat ihm gleich in der Frühe große Freude gemacht, zwei von der Köchin gekaufte Enten, welche sich badeten und denen der Hühnerhof zusah; R. befiehlt, daß die Lustigen nicht für die Küche verbraucht werden. Der Brief eines Vegetariers aus Slavonien macht uns Spaß, und sonst vergeht der Tag ganz freundlich mit einer Fahrt zu Großens und unter Solfeggien und Studien von Freundin Brandt. Nur ein rücksichtsloses Benehmen von H. Köhler, welches zu dem Entschluß drängt, ihn zu entlassen, bekümmert mich ernstlich, eine trübe Erfahrung! – Loldchen unwohl; R. sagt, sie gliche den Medusen, welche wir in den etrurischen Gräbern bei Perugia gesehen; von diesen sprechend sagt er weiter: »Merkwürdig, gar keine Leidenschaft, und diese Runde, wie ein Vollmond, eine vollständige griechische Kultur.« – Bei Tisch erregt die Besprechung der möglichen Verwendung des Palais des Hausministeriums für einen Prinzen eine Erwähnung des Verfahrens von Bismarck gegen diejenigen, die er nicht mag! – – Abends nimmt R. Hagen's Wacht vor, wie er sagt: um zu sehen, was er gestohlen hat, und knüpft daran die Scene von Waltraute; unsere gute Brandt singt sie und schön trotz Heiserkeit und zu unsäglichem Eindruck. (Gestern vor [dem] zur Ruhe Gehen sang R. etwas aus Tristan, und indem er sich des überschwenglichen Melos freute, frug er sich, von wo es wäre: »Ach! es ist ja Tristan!«) – Ein zufällig ihn ankommendes Zitat, das ist Herrenrecht auf Arras, bringt ihn auf die unbegreiflich zarte Sitte, die bei Schiller herrscht, und wir kommen dann, ich weiß nicht wie, auf den Dialog von Plutarch zwischen Odysseus und Kirke, um dieselbe alte Freude daran zu finden. Die gute, mir sehr zusagende Brandt nennt in vorteilhaftem Sinn R. durchaus Tier, gar kein Falsch sei in ihr. Und wie man sagt, daß ein jeder wohl einem Tiere ähnlich sehe, sagt R.: »Ich einem Floh, daher auch die Gunst des Königs.« – – Allerhand Erinnerungen sind ihm an Königsberg, an die ersten Tage seiner ersten Ehe dadurch [gekommen], daß Frl. Brandt Königsberg als Theater erwähnte. R. erzählt, wie die Studenten ihn ausgezischt, weil sie meinten, er wolle den Kapellmeister verdrängen!

September

Donnerstag 1ten R. hat gut geruht und geht, abgesehen von dem schlimmen Wetter, heiter an den Tag. Er arbeitet an seinem Aufsatz und auch an der Partitur. An letzterer macht er eine kleine Harmonie-Veränderung bei: »holde süße Mutter« und sagt: »An solch einem Werk könnte man das ganze Leben arbeiten.« Unsere gute Brandt studiert bei uns; R. kommt auf Händel, zieht die »Cäcilien-Ode« vor und läßt von M. Br. seinen Lieblingssatz singen: »Töne sanft«, was sie aber vorzutragen nicht versteht und R. es ihr vorführt. Aus »Judas Maccabäus« spielt er den Marsch, der ihm überaus gefällt, und behauptet beim Abendbrot, daß sicher Händel God save the King komponiert. »Es war ein Lump, aber ein genialer Kerl.« – Mich gemahnt die Erscheinung etwas an Rubens, und wie ich Beethoven'sche Züge in dem Marsch finde, fällt es mir ein, daß in der »Schlacht bei Vittoria« Beeth. keinen besseren Ausdruck für englisches Wesen als die Händel'sche Weise hatte und daß beides identisch geworden. – Vor Tisch werde ich in mein Gemach geführt und muß sehr darüber lachen, daß R. durch Jouk. das Portrait von Egusquiza hat übermalen lassen! Vor einigen Tagen klagte er mich an, daß ich alle diese schlechten Portraits von ihm aufbewahrte; auch die Lenbach'sche Skizze ist ihm widerwärtig; er wisse gar nicht, was er von mir denken solle! Alles in heiterster Weise, nun ist der Spanier ganz rosig geworden! – Heute war der sächsische Tag für R., er sagt unter andrem, »wenn ich so um das Klavier *gackle*!« Und von Fitji – – spricht [er]. Und Siegfried lehrt er, mit ihm zu pfeifen und ihm zu erwidern! – Am Nachmittag, wie wir zusammen im Garten wandeln, spricht er mir von seinem Aufsatz, und auch am Abend kommt er darauf zurück und hofft, die Ansichten Gobineau's dahin erweitert zu haben, daß ihm selbst etwas Tröstliches zugeführt werde, indem diese Ansichten vollständig mit hinübergenommen würden. – Am Abend ruft er aus: »Wie schlecht ist es doch mit dem Verstand der Menschheit bestellt, daß sie sich in solchen Klimaten niedergelassen und – Bettler unter sich hat. Was soll man von einer solchen Gattung denken?« – Den Luxus, den er in Paris bei H. Fould angetroffen, erwähnend, sagt er: »Marmorbilder stehen und sehen mich gähnend an, was hat man euch hiehergetan?« – –

Freitag 2ten R. hatte eine gute Nacht, und der Tag bringt die sehr angenehme Sicherheit, daß Marianne Brandt die Kundry wird gut singen können. R. läßt mich herunterrufen, weil er so mit ihr zufrieden ist, und sie rührt uns auf das tiefste in den ersten Worten an Parsifal. Das Äußere, meinen wir, wird zu überwinden sein, da, wie R. uns sagt: »alles bei Kundry ist Kostüm, die Häßlichkeit, die Schönheit, alles ist Maske«. – Die Angelegenheit des neu eingesetzten Trierer Bischofs Dr. Korum, welchem schließlich der Eid erlassen wird, bringt R. wieder auf die Art und Weise, wie Bismarck die Angelegenheiten behandelt, so auch den Kampf mit Rom! Ich lese den Besuch eines Reporters bei Dr. Korum, in welchem die freundliche Zurückhaltung des Bischofs uns die ganze Überlegenheit der Katholiken zeigt, »sie sind die einzigen, welche noch die Brahmanen bei uns fortsetzen«, sagt R. – Seine Arbeit beschäftigt R. sehr, und er sagt mir abends, die Bedeutung davon sei vom Detail und von der Umgebung abzuziehen. Wir spielen Whist, ich immer mit R., da er gern mit mir verliert, aber es nicht leiden kann, wenn ich gegen ihn gewinne. Immer trübes, feuchtes Wetter, wir gehen nicht aus, R. sagt: die Luft *belle* ihn an. – Der Gesundheitszustand des Präsidenten Garfield scheint etwas sich zu bessern, und R. erzählt mir, daß, wie er von seiner Frau Abschied nahm und sie bat, nach ihrem Hause sich zu begeben, da, wenn kein Wunder geschehe, die große Trennung bevorstehe: »Das Wunder wird geschehen«, soll die Frau mit höchster Kraft ausgesprochen haben, und soll wirklich auch der Zustand zum Besseren sich neigen! – Von Trennung sprechen wir, und daß sie unwiederbringlich sind, d. h. der Eindruck, den sie gemacht. Und alter Zeiten gedenkt R. und der vielen Qualen! »Es ist doch viel hübscher geworden, viel hübscher«, wiederholt er. – Man sprach von dem Wunsch, Geld zu haben, den ich nicht kenne, R. sagt: »Gewiß, ohne dich und die Kinder wüßte ich nicht, zu was ich Geld brauchte, aber so, im Eisenbahncoupé mit den vielen Kinderköpfen an den Fenstern, gerade wie im Theater sie von der Seite gebogen und gespannt zu sehen, das ist die Freude.« –

Sonnabend 3ten Trüber Tag, Regen, grauer Himmel, R. hat Kreuzschmerzen. Er arbeitet an seinem Aufsatz und auch an seiner Partitur. Den ganzen Tag, wie er mir sagt, gehen ihm die Klänge der Trauer-Musik – Herzeleide –, wie sie Parsifal beim zweiten Eintritt in die Burg geleiten, durch den Sinn. Abends spielen wir Whist. R. war allein im Hofgarten spazieren gegangen und besucht dann unsere Nachbarin Fr. v. Schöler, wo wir uns treffen. Abends kommt das Gespräch auf Trachten, und R. sagt: »Was die Griechen so vornehm macht, das ist die Einfachheit; plötzlich in dieser assyrisch-persischen Üppigkeit die göttliche Einfachheit ihrer Trachten und Bauten.«

Sonntag 4ten Die Kinder und ich, wir lesen mit Stein den »Beethoven« aus, dann spielen, Lusch und ich, wir das Vorspiel zur Götterdämmerung, darauf liest mir R. seinen Aufsatz vor, und ich schwebe im Erhabenen. Beim Mittagstisch hatten wir H. Humperdinck, den R. loben kann über seine Begleitung von Marianne Brandt. R. und ich, wir gehen spazieren, es ist ein schöner Tag, vollständiges Idyll das Leben der Hunde hier; R. läßt den Springbrunnen hoch springen, freut sich daran, erscheint im blauen Gewand als Wotan und liest dann vieles aus Hafis abends uns vor. Vorher hatte er darauf gedrungen, daß das ganze Haus mit den Freunden den Springbrunnen bewundere! Er ergeht sich – während ich oben mich umkleide – über Musik und Melodie, und am Schluß des Abends bedenkt er, ob er vielleicht ganz vergessen würde, verdrängt durch einen, der es dem Publikum leichter machen würde; aber, schloß er, »es wird nicht leicht fallen, es leicht zu machen«. – –

Montag 5ten Abschied, Abreise, um 4 Uhr Loldi in Hof abgegeben; R. liest in »Trois ans en Asie«; die Gegend des Erzgebirges gefällt ihm, vor allem aber Tharandt. (Er, ich, Eva und Siegfried!) – – Die 2 älteren Mädchen in Kaibitz, Isolde auf Bug.

Dienstag 6ten Gute Nacht im Hôtel Bellevue; erster Gang für die Kinder: der Zahnarzt, ich lasse sie dort und besuche allein die Galerie, um dann mit R. zu Dr. Jenkins zu gehen und mit allen wiederum in die Galerie. Einiges, was ich R. zeige, macht ihm Freude, u. a. die h. Familie auf der Rast von Bol, »ein schönes Bild!« ruft er aus, und wie wir darüber sprechen, sagt er: »Vielleicht schon über die Kunst hinausgehend, weil der Gegenstand als solcher sentimental fesselt.« – Wir frühstückten vorher im Belvedere, und R. freute sich der schönen Lage. Während ich allein in der Galerie war, hatte R. beim Rasieren den Chor des Holländers im Theater einüben gehört und sich sowohl der schönen Stimmen gefreut als über die Tempi geärgert. Er schickt zum Chordirektor und läßt bitten, etwas langsamer. Um 2 Uhr speisen wir auf der Terrasse Bellevue und fahren dann durch den schönen großen Garten in den Zoologischen Garten, wo der Elefant und andre Tiere uns Freude machen, die Menschen und ihr unsinniges Umgehen mit den Tieren wenig. Abends der Holländer. – Viele Rührung für mich, für R. einen guten Eindruck von der Sängerin Malten, welcher er es sogleich in ihrer Garderobe sagt. Er zeigt den Kindern und mir vieles aus seinen Kinderjahren, u. a. die alte Kreuzschule. – Das Theater, von außen wohl schön, befriedigt uns innen sehr wenig.

Mittwoch 7ten R. hatte eine gute Nacht; er bleibt in der Frühe zu Haus, »Trois ans en Asie« lesend mit vielem Vergnügen, darin aber unterbrochen von dem Besuch des Kmeisters Schuch, der sich aber, wie er sagt, sehr bescheiden benahm und dem er die falschen Tempi namentlich in der Ballade (Anfang zu langsam, Folge zu schnell) gut sagen kann. Ich wandle durch die Galerie mit Evchen, dann gehen wir zum Zahnarzt, wobei ein[en] Haupt-Scherz die Zusätze bilden, welche R. in einem Brief von mir an Jouk. macht! Wir frühstücken in Belvedere, und da ich R. viel von den Canalettos erzählt, sagt R. von einem Herrn, der ihn unverwandt ansieht, »er nimmt mich für einen Canaletto!« Wir fahren nach dem Waldschlößchen, wo R. ein Glas Bier trinkt und eines dem Kutscher gibt, dabei viel Vergnügen hat, da dieser sehr langsam trinkt und der Kellner hierzu bemerkt: »Der Kutscher hat kein Gefäll.« – – Die Albrechtsburg (früher Finleder) zeigt uns R., die Wohnung seiner Amme, nicht weit vom Monument August des Starken, welche er oft als Kind besucht hat, die Stille Musik, den Weg nach dem Weißen Hirschen, wo er als Knabe von 12 Jahren so geweint habe, weil er vergebens mit seiner Schwester Ottilie dem Bruder Albert entgegen gegangen sei und spät zu Fuß heim mußte. Dann in Kietz' Atelier und schließlich ein sehr angenehmes Diner bei Jenkins. Die verschiedenen Klimaten werden besprochen, R. behauptet: Bei uns sei Sommer und Winter gleich, die Bäume würden aus Langeweile bei uns grün. – Die Bilder aus Athen machen den Eindruck der Öde.

Donnerstag 8ten R. hatte gestern verschiedenen Rendez-vous zum Frühstück gegeben, diese kommen nun und stören ihn sehr. Mit Elsa Uhlig spricht er ein offenes Wort über den Verkauf der Briefe. Dr. Strecker, der ihn vergeblich in Bayreuth aufgesucht, findet sich auch ein, wie aber endlich Kmeister Wüllner kommt, schickt er mir ihn endlich in die Galerie nach. Mit R. fahre ich zu Jenkins, wo R. allerhand Scherze immer zum besten gibt. Um 2 speisen wir auf der Terrasse mit Dr. Strecker, dem R. sagt: »Mein Zahnarzt hat mir geraten, viel vom Hause Schott für den Parsifal zu fordern.« Nachdem mit Dr. S. abgemacht wurde, daß abends noch einmal mit ihm konferiert würde, fahren wir nach Pillnitz. R. zeigt mir den Hof, wo er die Musik für den heimgekehrten König aufgeführt, wo Fr. v. Lüttichau gesessen, zeigt er auch. Ein unbekannter Herr (Hofrat Braun), der uns auf den Führer warten sah, führte uns hinein, da aber ein Schwall Menschen uns folgte, entfernten wir uns bald. Darauf fahren wir nach Groß-Graupen, wo Lohengrin entworfen wurde. Aus dieser Enge und Dürftigkeit strahlte diese Welt von Glanz und Schönheit aus. R. zeigt uns die Wege, die er oft gemacht, und wir kommen bis zu der romantischen Lochner Mühle, wo wir etwas einnehmen. Spät abends in der Dunkelheit kehren wir heim. Dr. Str. findet sich ein; R. apostrophiert ihn zuerst sehr heftig darüber, daß er gemeint hätte, R. durch das Textbuch in der Hand zu haben; dann, wie Dr. Str. sich entschuldigt, geht R. auf seine Darstellung ein, daß trotz des großen Erfolges die Werke noch immer kein gutes Geschäft seien, und der Kontrakt wird festgesetzt. R. glaubt dem sehr schicklich sich benehmenden Mann und läßt einiges von seiner Forderung nach. – Ein seltsamer, bei R. häufig wiederkehrender Zug ist es, wie er am Schluß Dr. Strecker nach seiner Braut frägt, und dieser erstaunt, fast erschrocken meldet, er habe seit 8 Tagen sich verlobt. Und so groß ist R.'s Billigkeitsgefühl, daß er, wie wir allein sind, es bereut, eine Nachforderung von 15000 M. gemacht zu haben.*

Freitag 9ten R. hatte eine gute Nacht, ist zufrieden mit dem Abschluß des Geschäftes und nimmt freundlichsten Abschied von Dr. St. – Um 12 Uhr kommt er zu Dr. Jenkins, von da gehen wir zu Pusinellis, wo wir uns angesagt haben. R. ist sehr ergriffen, umarmt unsere gute Freundin auf das herzlichste und spricht rührend von dem verstorbenen treuen Freunde. Wie er heimkehrt, bekommt er seinen Brustkrampf; der Besuch eines Rezensenten Dr. Hartmann greift ihn an, und wir gehen etwas angegriffen in die »Preciosa«. Die Aufführung des lieblichen Werkes ist unerfreulich, die Tempi falsch, seltsamer Weise nehmen die Musiker auf dem Theater den Marsch richtig, welchen der Kmeister verschleppt hatte. Die Deklamation durchweg unsinnig, viel Israel und daher alles wie Maske.

Sonnabend 10ten R. hatte eine unruhige Nacht, er bestellt den Zahnarzt ab. Wir speisen bei uns und fahren dann nach dem Kirchhof, um Weber's Grab zu besuchen, dann gehen wir nach Marcolini; R. zeigt uns alle Plätze, die ihm vertraut, auch das schöne Neptun-Bassin; erzählt von dem Besuch meines Vaters da – und es freut mich, daß Lohengrin in dem schönen Raum vollendet wurde. Er zeigte vorher den Weg, den das Leich[en]begängnis Weber's genommen. So wird dieses Dresden mir förmlich heimatlich! Im Theater sehen wir »Figaro«! Großes Leiden unter dem Sujet und den Schlüssen, beides für mich bis zur Unerträglichkeit und vollständiger Verhinderung, die Schönheiten zu genießen. (R. besuchte Tichatschek.)

Sonntag 11ten R. hatte keine gute Nacht, er ruht am Morgen aus, Fidi geht in die Kirche, und wir fahren dann alle zusammen beim Conditor vorbei und dann zu Jenkins. Von da zu einem Frühstück bei unseren Freunden Schlesingers, Londoner Angedenkens. Heitres Zusammensein, da R. die hübsche Frau sehr angenehm ist. Abends der »Freischütz« eine Freude, eine Labung, seelenvolles Walddüften. Eines aber verwundert R. sehr, daß die Tradition für die Darstellung dieser Werke so verlorengegangen ist, daß das Ännchen gar nicht weiß, wie die typischen Bewegungen sind (mit der Schürze, Begleitung der Klarinette). R. macht mich auf die Verwendung der tiefen Oboe, auch der Flöte, alles Weber's Erfin-

* Fünfzehn Seiten später, unter dem 26. September, folgender Nachtrag: »Note zu Donnerstag 8ten. R. spricht beim Abend-Tee über den Fl. Holländer und sagt mir, es habe ihn traurig gemacht, so vieles darin zu finden, Geräuschvolles, Wiederholungen, kurz so vieles, was dem Werke schade.«

dung, aufmerksam. Beim Schluß der Oper naht sich ihm schüchtern aber enthusiastisch ein Frl. von Zettwitz, die es nicht unterlassen könne, ihm zu danken.

Montag 12ten R. hat wieder eine Sitzung bei Dr. Jenkins, die ihn sehr angreift. Das Verfehlen in der Porzellan-Sammlung, wo wir uns Rendezvous gegeben hatten, erregt seine Heftigkeit. Trauriges Mahl. Darauf Spaziergang über Loschwitz und Blasewitz. Er freut sich, Weber's Haus erhalten zu sehen, und zeigt uns den Ziegenbach, wo er es versuchte, einen Kahn zu bauen, um damit in Dresden anzukommen, und das Staunen seiner Familie sich vorstellte. Die Gegend gefällt uns, R. rühmt die Biegung des Flusses; gar peinlich ist es, von der Königin zu hören, daß sie Pillnitz nicht liebe und selten da sei – R. meint, sie liebten alle ihr Volk nicht! Wie wir nach Hause kommen, stehen zwei hübsche Mädchen mit Blumen da, auf R.'s Befragen sagen sie, sie seien die Töchter des verstorbenen Rektors der Kreuzschule und verehrten R. so sehr! – Abends fahren wir zu unsrer Freundin Pusinelli und nehmen von ihr herzlichen Abschied!

Dienstag 13ten Viele Zahlungen!... Und eine letzte Sitzung bei Dr. Jenkins für R., worauf er mit Fidi Bier trinken geht und ihm das Klepperbein'sche Haus zeigt, worin er als Kind so viel verkehrte. (Auch die Apotheke zeigte er mir, von wo aus die Rechnung an seine Mutter, Alltee für den kleinen Richard, zugegangen ist.) Abreise um 2 Uhr; Hartmanns an der Bahn, wie R. mit Frau H. über ihr Gefühl für einen Kmeister scherzt und sie erwidert: Mit Kleinigkeiten gebe sie sich nicht ab; Wagner, Shakespeare, Beethoven: »Oh, von Shakespeare und Beethoven dürfen wir beide die Schuhriemen nicht auflösen«, sagt er, und wie sie sich des »wir« freut, sagt er: »Der Enthusiasmus macht alles gleich.« Wir kommen in Leipzig um 6 Uhr an, Dr Neumann mit Kmeister Seidl am Bahnhof, vom ersten sagt R.: »Ein Rosenstock voller blühendem Ernst.« Er fährt mit den Kindern spazieren, und dann gehen wir in's Theater, wo viel Israel wieder herrscht. Merkwürdige Organe vor allem. Das Stück von Benedix: »Der Vetter«, erscheint sehr ungeschickt.

Mittwoch 14ten In der Frühe um 6 Abreise; der Direktor Neumann, den R. später eine assyrische, für ihn lebendig gewordene Inschrift nennt, zahlt – kurioser Weise – unsere Billetts und muß seitens R.'s viel Scherz darüber vernehmen. In Neuenmarkt empfängt uns ein Hagelwetter. In Bayreuth aber die Kinder und Freunde. R. hat leider gleich seinen Brustkrampf! Doch ist er beim Mittagstisch heiter. Wie man von dem sächsischen Fürstenhaus spricht, sagt er: »Das sind alles mehr als Gespenster, Nachkommen von Gespenstern.« Aber ein Brief von Herrn Batz verstimmt ihn sehr, er muß ihn beantworten, und so ist der Beginn des Abends ein gedrückter; allmählich aber erheitert man sich und wird gegenseitig erzählt.

Donnerstag 15ten R. hat gut geschlafen, aber es ist so kalt, daß er davon verstimmt ist; er beschäftigt sich mit seinem Aufsatz und teilt uns nach Tisch die zusagenden, sehr hübschen Briefe der Sänger mit. Abends hat er sich »blau« gekleidet und wünscht daher die sich anmeldenden Franzosen nicht zu empfangen. Wolz.s besuchen uns und teilen manches von ihrer Reise mit.

Freitag 16ten Er fühlt sich leidend, spricht von Konstantinopel – dann auch von den B. Bl. und der Konstituierung eines Comités, welches sein Werk hier fortsetzen wird, wenn er verreist und ganz den Ort verläßt. Zu Tisch haben wir Mr et Mme Lascoux, sehr feierliche Wagnerianer, die allerhand von München und auch von den Aussichten in Paris erzählen. Abends arbeitet er an seinem Aufsatz, und wie ich ihm vorschlage, zu diktieren, sagt er scherzend: »Das geht nicht, wenn die Sache überflüssig ist.« – – Gestern sagte er zu Wolz.: »Wir beide übereilen uns im Schreiben.« – – Lascoux' bringen den Abend mit uns zu. R. spielt das Vorspiel zu Pars. Nachher aber wird ihm die fr. Konversation sehr lästig, er verschwindet, will nicht Abschied nehmen, geht aber doch den Gästen nach, trennt sich von ihnen, sie Isis und Osiris nennend, was sie wohl kaum verstanden!

Sonnabend 17ten Die Blätter und ihr Ende und [ihre] Wiedergeburt beschäftigen uns immer; dann kommt R. auf das Thema der Juden als Schauspieler, daß er noch im Jahre 53 schreiben konnte, es gebe keine, und nun! Und wie sie mit der Sprache umgingen! – Heute vollendet er seinen Aufsatz. Freund Groß, den wir bei Tisch haben, erzählt uns von H. v. Bürkel und daß dieser nun doch meine, der König würde das Orchester bezahlen. – R. spricht mit mir über seine Arbeit, bezeichnet sie als *»sehr kühn«*. Abends spielen wir Whist.

Sonntag 18ten Heute nennt mich R. die Schönheits-Müllerin, weil ich alles zum Guten mahle, zum Ausgleich! Gott gebe es, daß ich nun dem entspreche! – R. schreibt an den König und liest einige Stellen, die Skizzen und Orchester sowie dessen Dirigenten betreffend, mir vor. Gegen Mittag sehe ich ihn leidend, er trinkt unmittelbar vor Tisch Tee; doch während des Mittags erheitert sich seine Stimmung. Nachher liest er uns den Brief des Weinhändlers, der ihm Spaß macht. Er raumt eine Spazierfahrt an über Fantaisie nach dem hübschen Punkt, wie er aber über die Wiese dann geht, bläst der Wind, und sein Brustkrampf befällt ihn. Er denkt an Korfu mit Sehnsucht. Abends spielt er aus »Freischütz« mit innerstem Behagen daran, dann aus dem Venusberg, sich freuend, daß dies »auch Melodie« sei.

Montag 19ten Zum zweiten Male meldet mir R., der Parsifal, glaube er, würde gefallen, es sei das Merkwürdigste, was er gemacht. Er arbeitet an der Partitur, liest in der Zeitung Berichte über die »Utopia« von Thomas Morus, findet das Werk seicht, »da sind doch die ollen Griechen in ihren Konzeptionen weiter gewesen«, meint er. – Am Vormittag schickt er Fidi, um zu melden, daß es schönes Wetter sei, wir gehen zusammen im Hofgarten spazieren, zweimal setzen wir uns dabei. Abends liest uns Stein seinen Brief für die B. Blätter vor, den R. sehr gut findet. Wie wir im Hofgarten von der Wendung dieser Blätter sprechen, sagt R.: »Laß doch das Gespenst machen, was es will.«

Dienstag 20ten R. hat gut geruht und arbeitet. Wie beim Kaffee das Gespräch auf Eros und Anteros, verschmähte Liebe, kommt, sagt R., Anteros ist Parsifal. Die Liebe in unserem Sinne hätten die Griechen gar nicht gekannt. Die Nachricht des Todes des guten Präsidenten, Garfield's, nach langem Kampf wirkt ernst; seine Abstammung aus dem Volke wird erwähnt. – Um 5 Uhr hat R. Konferenz, unmittelbar vorher fühlt er sich sehr leidend, setzt sich in [den] Garten. Die Besprechung aber läuft gut ab, es werden Ankündigungen, Preise der Plätze etc. bestimmt. Darauf fahren wir nach dem Riedelsberg mit den Freunden, wo wir unsere Kinder abholen. R. spricht den Wunsch aus, einen *»Strapontin«*, wie er, von dem Namen des Bänkchens darin erheitert, ein Coupé nennt, zu haben. Abends bringen die Kontrakte mit London ihm Ärger, er stellt H. Francke Verpflichtungen auf und sendet die Kontrakte zurück. Eine Fledermaus flattert umher, mir sehr unheimlich, R. treibt sie fort.

Mittwoch 21ten R. emsig an seiner Partitur; ⟨die Erwartung meines Vaters bringt das Gespräch auf seine Beziehungen und sein Leben, daß wir darin nur eine Nummer seien⟩.* Wir besprechen wieder, daß im späteren Alter Männer allein viel hülfloser sind als Frauen, wir zitieren M.**; R. sagt: »Ja, schon deshalb, weil die Frauen gern zeigen, daß sie etwas für sich sind, die Männer brauchen das nicht.« – Wir fahren nach dem Theater, besichtigen den Logenbau, woran der Bruder unseres guten Poliers Gräfe nun arbeitet. – Dann die Werkstatt, worin die Walzen der Wandeldekoration gehobelt werden. Es freut diese Tätigkeit R. sehr, all dieser Aufwand für einen idealen Zweck, und er gedenkt Brandt's mit Dank und Anerkennung. Ein törichtes Benehmen der Kinder, auf eine mildeste Ermahnung von ihm, erregt meinen Unwillen; er aber ist erfüllt davon, daß er ihnen unrecht getan hatte. Und abends läßt er bei Wolz. »Woodstock« holen und liest die Scene nach der Durchsuchung des

* ⟨ ⟩ von fremder Hand mit Tinte unkenntlich gemacht. ** Thomas Morus.

Schlosses. – Beim Kaffee hatten wir viel über Minna gesprochen, ihre Schönheit anerkennend und daß ein richtiger Instinkt R. zu ihr geführt, »damit waren alle Dummheiten für mich abgeschnitten und dachte ich nur an arbeiten«. – Er beklagt sie, daß sie ihn geheiratet.

Donnerstag 22ten R. empfängt heute 40000 M. von Dr. Strecker, bietet allen Geld an! Um 3 Uhr kommt mein Vater an; R., ich und alle auf die Bahn, er sieht wohler aus, als wir erwarteten; R. redet ihm auf das herzlichste zu, ganz bei uns zu bleiben, und schließt: »Du bist aber ganz wie Köhler, du mußt deine Freiheit haben.« – (Daß er die Dose, welche ich ihm zum 25ten August gab, als das Werk eines Dilettanten bezeichnet, ist für mich wieder eines jener Zeichen seines Sehens, die mich immer wieder in Erstaunen setzen.)

Freitag 23ten R. hatte eine gute Nacht, aber er fühlt sich leidend, und die Kälte ist groß. Am Vormittag hat er zu seinem Unmut eine Eidesleistung für H. Fürstner vorzunehmen; wir besprechen das Traurige davon bei Tisch. – Dann kommt man auf Vegetarismus, und mein Vater erheitert uns sehr, indem er uns das Motiv aus »Norma« vorsingt, welches der Mäßigkeits-Verein singt: »We belong, we belong, we belong to the temperance, the temperance society, to the temperance society!«* Ein Brief von Batz erregt Ärger; R. und ich, wir fahren zu Freund Groß. Er antwortet an Batz. Abends haben wir Whist, das er bald verläßt, um »Woodstock« zu lesen, in welchem ihm viele Schwächen, Ausmalungen auffallen. Neulich sagte er, W. Sc. sei wie Gobineau; die Gesetzmäßigen, hier die Stuart, könnten tun, was sie wollten, sie bleiben göttlich, während jemand wie Cromwell bei aller Gerechtigkeit gegen ihn nur als Kuriosum-Original gezeigt wird. Zu Mittag, wie Wolz. zu meinem Vater ging, wirft er ihm 50 Pf. durch's Fenster! – Briefe über Tristan entwinden ihm unmutige Ausrufe, daß er ganz woanders sei, und ob man glaube, daß man immer in derlei steckenbliebe.

Sonnabend 24ten Das Wetter hat sich zum Schönen gewendet, das Barometer ist gestiegen. R. arbeitet an den Korrekturen des Aufsatzes und will meinen Vater und mich im Atelier bei Jouk. überraschen, verfehlt uns aber. Wolz.s speisen mit uns, das ergibt immer einige gute Ge-

* Vier Seiten später, zweite Note unter dem 26. September (vgl. 8. September) Nachtrag, auf der folgenden Seite unten fortgesetzt: »Zu Freitag 23ten. R. spricht beim Kaffee über den amerikanischen Krieg: ›Gut!‹ sagt er, ›man spricht so über Amerika‹ (er selbst, indem er den vorlauten jungen Jenkins beobachtete, hatte gesagt: Möglich, daß diesen die Welt, aber deshalb weiß ich auch, warum sie mir nicht gefällt), / ›und daß wir nichts damit gemein haben; und doch ist dieser Krieg der einzige, der zu Gunsten der Humanität geführt worden ist und für einen Gedanken.‹ Mein Vater hört auf seine darauffolgende Schilderung aber aufmerksam zu, was ihm angenehm auffällt.«

spräche über Etymologie zwischen ihm und R., doch ist er bei Tisch schon etwas verstimmt; abends aber ergibt allerlei – unser Diener betrunken, Unglück für ihn im Spiel, welches er dann verläßt, vor allem, fürchte ich, der Mephisto-Walzer, von meinem Vater gespielt, nebst einer Unterhaltung mit Porges, während wir andren beim Whist sind – eine ganz entsetzliche Stimmung. Er braust auf, und ziemlich erschreckt geht alles auseinander. Ich belausche ihn oberhalb seiner Wendeltreppe, um zu wissen, was zu tun, und höre zu meiner Freude: »Noch soundso viel Seiten! Ich will froh sein, wenn ich meine Partitur vollendet habe« – darauf gehe ich zu ihm, und wir schütten unsere Herzen aus, ach! über so manches! wozu das Tête-à-tête mit Porges und der betrunkene Georg mit der Guitarre (Pepino hatte gesungen) die heiteren Motive abgeben. (Vor dem Abendbrot habe ich einen Strapontin besichtigt.)

Sonntag 25ten R. hatte aber keine gute Nacht; in der Zeitung steht eine Beschreibung der Jouk.'schen Kostüme, wobei vieles verkehrt angegeben ist; sie ist von F. Muncker und ist für R. wieder ein Beweis von der Flüchtigkeit, mit welcher jetzt alles geschieht. Er arbeitet, klagend über die Zerstreutheit. Zu Tisch haben wir die Bürgermeisters, es geht alles ganz gut, und um halb fünf erscheint der »Strapontin«! ... R. und ich, wir fahren zusammen, alles unterhält ihn, selbst das Gucken der Leute, die Pferde, der Kutscher – auch ist das Wetter schön. Ich hatte zur Ansicht den Wagen angeboten, er will ihn aber behalten, schon aus dem Motiv, daß ein Mann ihn hier auf sein Risiko gemacht hätte, und wer sollte dann ihn unterstützen. Abends haben wir ein heitres Whist (ich leider nie mit ihm!); er entfernt sich aber, sieht zu und* ruft meinem Vater zu: »Wenn du so ein schönes Haus hättest, würden wir dich viel öfter besuchen – oder so eine Frau.«

Montag 26ten »Jetzt liebe ich nur Ruhe, Tristan, das hat sich noch einmal ausgerast und Siegfried hervorgebracht, aber jetzt sind mir leidenschaftliche Sachen zuwider, diese Stimmung stört mich beim Parsifal, ich möchte nur so Sachen machen wie in der Walküre, wo sie das Wasser holt, oder die Scene im 3ten Akt von Parsifal (Salbung und Taufe).« Um Mittag unsere Freundin Judith Gautier; ich weiß noch nicht, ob R. angenehm oder nur peinlich, wie er sagt. Er fährt mit mir spazieren nach der Seite von Heinrichsreuth, er spricht davon, wann wohl die Kohlen entdeckt worden wären und ob man wohl hoffen könnte, daß einmal die Menschheit nicht mehr in die Bergwerke ging, ein Urwald von Amerika genüge ja als Brennstoff für die Menschheit. Vor allem aber das Klima! Darauf

* Zeichen im Text, am Rand: »und auch immer: ›Porges fehlt‹, ruft er aus, ›es fehlt etwas!‹«

kommt er immer zurück. Dann lacht er laut auf, Gänse beobachtend: »Das sind Opfer der Kultur, so entschieden für Schwimmen und Fliegen gemacht und nun durch den Menschen zum Watscheln gezwungen.« – Seltsamer Abend mit Mme Gautier – wie die andren sich zum Whist setzen, sagt R.: Das ist nun wieder Porges! – Mir ist seltsam zu Mute, ich entferne mich; wie ich zurückkomme, liest R. in Burnouf seinen Stoff von den »Siegern«. – Mir ist heute die zurückgekehrte Loldi alles, die Kinder überhaupt, die mir den Sinn des Daseins aufrechterhalten. Was hätten Kinder je ihren Eltern zu danken, gegen das, was sie den Eltern bringen?

Dienstag 27ten Der h. Cosmas!... Ich vermied es gestern, auf R.'s Auslassungen über Judith's ihm peinliches Wesen einzugehen, und hatte immer das Gespräch auf die Kinder gebracht. Er ist darüber traurig heute, weint und sagt, wenn zwischen uns etwas wäre, dann sei für ihn alles aus; ich suche in ihrer ganzen Milde die Empfindung verständlich zu machen, die mich die Fremde im Hause so stark fühlen läßt, daß ich mich gestern abend auf einen Augenblick entfernte. Wir trennen uns heiter, ich selig, daß ich verständlich das so leicht zu Vergreifende dargestellt hatte. Bereits bevor ich zum Bade ging, war er in meiner Stube erschienen: »Wie wollen wir unseren Sarg machen, wie willst du's, aus Zinn oder Holz? Denn vor dem Tode hört der Unsinn nicht auf, für uns gibt es nur noch den Tod.« – Ich richte meine kleinen Gaben und lege sie in seine Stube, während er sich umkleidet. Er kommt dann zu mir: »Nun habe ich wieder deinen Namenstag vergessen! – Ja, du lebst mehr für mich als ich für dich, und deshalb die geringe Freude, die ich an meinen Arbeiten habe.« Dann kommt er mit dem Atlas und zeigt mir die Reise, welche Gobineau in zwei Monaten gemacht hat. – Wie ich ihn bei der Partitur begrüße, meint er: »Kunst und Liebe gehen nicht zusammen«, er gebraucht aber die neue Dose mit Vergnügen. Bei Tisch rühmt er meinen Vater, daß er Cosmas, den Heilkundigen, mir zum Schutzheiligen gegeben. Dann aber kommt er auf »Faust« und die tausend Fratzen, die das Leben stören, wie schön das von Goethe ausgedrückt sei, und erzählt Stein von dem Sarg, worauf Stein ihn daran erinnert, daß er in Neapel sich auf das Totenbett legen wollte. Man spricht vom Tintenfisch und wie er sich rette und verschwände, und R. sagt: »So hat der liebe Gott es gemacht, als er die Welt geschaffen hat, er ist verschwunden.« – – Vorher sagte er zu meinem Vater: »Du hast mich erfunden, nun mußtest du deine Ware poussieren.« – Wir fahren mit Loldi über die Allee von Eremitage nach dem Theater und dann heim, mit großer Befriedigung. Dann arbeitet er und klebt zwei Takte in der Erwiderung Parsifal's an Kundry, von welchen er meint, sie seien Meyerbeerisch; der Anlauf zu etwas wie in Grâce, und dann wüßte keiner, wie das behandeln. Beim Abendbrot kommt er auf die Vivisektion zu sprechen und sagt: »Das Verhältnis zu den Tieren ist so einfach, so leicht ist es uns, gegen sie gut zu sein, während das Verhältnis zu den Menschen so kompliziert ist und so schwierig; das wäre ein Weg, es zu finden.« – Wie ich hinunterkomme, finde ich R. am Klavier und unsere Freundin in großem, ziemlich freien Aufputz: »Ich bin überrascht worden«, sagt er mir, er spielt das Vorspiel und später noch einiges. Viel Staunen seitens der Kinder und zum Komischen gehende Kundgebungen seitens der Freunde!

Mittwoch 28ten R. klagt es laut, daß alles, alles Lüge sei! So z. B. meint er, daß, seitdem mein Vater den Walzer gespielt habe, die Unschuld der Beziehungen gewichen sei. »Auch der preußische Staat besteht aus Lüge, ihnen nicht bewußt.« Er arbeitet Vor- und Nachmittag und teilt uns mit, wie er anstatt der Klarinette ein Violin-Solo angebracht habe bei: »so schüttelte sie die Locken«. Bei Tisch haben wir nebst unsrer Freundin Jägers, die Armen. R. und ich, wir fahren nach Mistelbach, und er meint, alles sei gut, wenn wir zusammen sind. – Abends spielt er Whist, die schöne Judith setzt sich zu ihm und erklärt dann, mit ihm spielen zu wollen, und nimmt sich die Gruppe (Lusch mit dem Vater) heiter-liebenswürdig aus. – Viel Scherz durch Eva's mimisches Talent. – Aber Explosion gegen Porges betreffs Jägers.

Donnerstag 29ten R. las in der Zeitung, daß in Amerika die Auffindung einer Diamant-Grube in kürzester Frist eine Stadt habe entstehen lassen: »Da sieht man, wo die Menschen stehen, daß das Metall, was nur ein Zeichen zu sein hatte, eine Erleichterung des Tausches, eo ipso etwas ist, woraus Leben entsteht.« R. arbeitet, sieht die 2te Korrektur seines Aufsatzes durch und trägt sie zu Wolz., er kommt von dem kleinen Gang mit Brustkrampf zurück. Bei Tisch Judith und ihr Freund, Herr Benediktus – Israel, Bemerkung R.'s über das Organ, das filzige, etwas fette der Israeliten. Schönes Wetter – für R. und mich eine Fahrt auf der hübschen Konnersreuther Chaussee. Viel Vergnügen an der Gegend; R. etwas außer sich über die Zunahme von Israel. Abends fühlt er Schmerzen an der Seite und bestellt den Dr. Beim Abendbrot ist er noch heiter, er erzählt die Geschichte von Mr. Jadin und daß in seinem Hause in Meudon nur »Crapauds und araignées« gewesen wären. Doch ärgert er sich darüber, französisch reden zu müssen, und er entfernt sich bald, nachdem der Dr. dagewesen ist, sein Übel als Rheumatismus angesehen hat und einen Umschlag verordnet. »Ma chère enthousiaste, prenez pitié de moi«, sagt er zu Judith, Abschied nehmend und sich entschuldigend. Auf dem Spaziergang besprachen wir seinen merkwürdigen dämonischen Zug, mit welchem, ohne die leiseste böse Absicht zu haben, [er] die Menschen trifft; so heute in dem Unbehagen der Unruhe sprach er, wenn er König wäre, würde er diese und diese Ministerien austeilen, zu Joukowsky gewendet sagt er: à vous celui de la chétiveté; da gerade Jouk. sehr schwächlich ist und sein Talent dadurch auch dürftig bleiben mußte, war er etwas betroffen, bis ich ihm erklärte, daß es allemal ein Zeichen von Unbehagen bei R. sei, wenn er so seinen Stachel ausläßt, allerdings träfe er dann mit dämonischer Sicherheit immer den wunden Punkt. – Er schrieb heute gemeinschaftlich mit meinem Vater an den Weinhändler Feldheim.

Freitag 30ten R. hatte eine unruhige Nacht, das Mittel des Dr.'s hat ihn nur beschwert. Es werden 3 Blutegel angelegt – die drei Grazien nennt sie R., und er muß zu Bett bleiben. Er klagt darüber, daß seine Partitur die umgekehrte peau de chagrin sei; je mehr er daran arbeite, um so mehr verlängere sie sich. Ich bleibe oben, und da der Arzt ohne Besorgnis ist, komme ich in meine eigentliche Stimmung. »So liebe ich es, für mich zu sein bei dir« – sage ich ihm; er, »und ich bei mir für dich«. – – Ich lese seinen Aufsatz zu wiederholten Malen und spreche ihm meine himmlische Freude daran aus. Er liest in »Trois ans en Asie« mit vielem Vergnügen, nur die Auslassungen zu Gunsten der k. Kirche bedauernd. So bringen wir den Tag zu; nur abends sendet er mich zum Vater und spiele ich mit diesem und den Freunden ein Whist. Der Dr. erschien im Verlauf des Tages und bleibt unbedenklich, obgleich die rheumatischen Schmerzen stark sind.

Oktober

Sonnabend 1ten R. hat gut geschlafen. Aber ein Mißverständnis betreffs des Bades regt ihn sehr auf. Doch beruhigt er sich bald, und wir frühstücken heiter trotz seiner Schmerzen. Er steht auf, kann aber an peau de chagrin nicht arbeiten und begnügt sich mit Lektüre. Bei Tisch viel über unsere Freunde, alles, was an ihnen uns fremdartig dünkt, ist Sache ihres Stammes, der keine Sitte aufkommen ließ, das Gute aber ihr individuelles Eigentum; darin kommen wir überein. Allerhand Geschäftliches, Neumanniaden, London etc., auch Levi-Orchester. Ich mache es mit Freund Groß ab. Zum Abendbrot sind wir ohne meinen Vater, den eine Drüsenentzündung sehr schmerzt. R. spricht von dem Begriff der Ehr-Furcht, das sei die Scheu vor dem Ehrwürdigen und auch des Unehrwürdigen. Das Wort habe sich spät gebildet, aber sei gleich verstanden worden, denn der Sinn habe im Volke gelegen. – Abends läßt er mich aus

»Trois ans en Asie« vorlesen, vorher aber, vor Tisch, spielt er mir aus Tristan: »O sink hernieder« vor. – Und immer Gespräche über seinen göttlichen Aufsatz. – Bei Tisch bringt ihn eine von Jouk. erzählte Anekdote eines Generals, der 10.000 Fr. einsteckte, auf den französischen Begriff der Ehre; sie begehen alles, aber unter der Konvention des Schweigens darüber; derjenige, welcher tölpelhaft genug ist, es zu sagen, den stechen sie tot.

Sonntag 2ten R. hatte eine verhältnismäßig ruhige Nacht, er nimmt sein Bad und sagt mir heiter, daß ich ihm durch meine Kundgebungen über seinen Aufsatz völlig Vertrauen daran gegeben hätte. Er liest in »Trois ans en Asie« und arbeitet; entsendet einige Zeilen an Marianne Brandt, Variante zu: fühlst du im Herzen nur andrer Schmerzen, des Atmens wegen. Unser Mittagstisch verläuft freundlich, R. spricht viel von der Massage, die er anwenden will. Mein Vater ist auch wohler, es wird aber kein Spaziergang unternommen. Abends studiert R. den Atlas, den Weg nach Korfu! Geht darauf an die Arbeit, aber klagt über Erkältung. Abends halb Whist und halb Gespräch mit Wolz., dem er seinen Irrtum betreffs Parsifal nachweist. Wie er scherzhaft von und zu mir spricht, sage ich ihm, er sei schlimm, darauf er: Wollte ich dir gerecht sein, würde ich verrückt. Und wie wir uns heute früh begrüßen, schluckt er immer dazu und sagt: Damit kein Kuß in der Luft sich verlöre!

Bei Tisch erzählte er den Kindern den drolligen Traum, den er dadurch gehabt, daß er mit einem Finger in der Nase eingeschlummert sei, es habe sich eine Stalaktit-Höhle ihm gezeigt, dann ein Milch-Teich und endlich die breiige Masse des Gehirnes! – Wie mein Vater von seiner Abneigung gegen die jetzige Goethe-Literatur spricht*, sagt R. humoristisch: »Goethe hat überhaupt in meinen Augen sehr viel verloren, daß er so wenig Geld hatte; ich dachte, er hätte 100.000 Thaler gehabt, nun seh ich, er hat auch für Geld geschrieben!«

Montag 3ten R. hatte eine gute Nacht, und er arbeitet. Zu Tisch haben wir einen Medailleur H. Wittig, der gern R.'s Portrait machen möchte und den R. über seine blaue Brille, hinter welche er sich zurückzöge, hänselt. Dann sagt er ihm: »Machen Sie mich im Schöpfungsakt mit dem Radier-Messer in der Hand.« Kein Ausgang und Kälte. R. denkt an Venedig, wird aber durch den Gedanken an alle Beziehungen abgeschreckt. Da der Medailleur auch das Portrait des Papstes gemacht hat, bemerkt R. über dessen Mund, »ein zur Beredsamkeit ausgebildetes, bedeutendes Freß-Organ«, er habe gewiß keine Barmherzigkeit; und so seien jetzt die meisten

* Irrtümlich »ausspricht«.

Münder. Abends Whist, dazwischen tritt er an seinen Arbeitstisch und frägt meinen Vater, ob er die Pauke unter F gebraucht hätte, mein Vater sagt: Nein, es klänge nicht gut, R. aber sagt: Er würde es doch tun, und mir sagt er in's Ohr die Stelle, für welche er es gebraucht: »ich sah ihn – ihn«. – – Dann auch spielt er die Ouvertüre zu »Lumpaci Vagabundus« und ist eigentlich sehr heiter, wenn auch manchmal von Gedanken eingenommen. »Wenn Gott mich nur ungeschoren läßt«, ruft er scherzhaft aus, »aber mit dem Gesetz der Schwere plagt er mich fürchterlich.« –

Dienstag 4ten Der Brief einer Freundin, welche schreibt, daß, wenn die Welt zu Grunde gehen würde, sie nur Tristan retten würde, bringt R. auf die Bemerkung, daß er es deshalb verstünde, weil er in Tristan ununterbrochen der Musik sich hingegeben habe. In den andren Werken erheische das Drama eine größere Kürze der musikalischen Strömung. Er läßt sich wieder massieren. Wie das vorbei ist, nehmen wir heiter unser Frühstück ein, wobei er als drastischstes Bild des Willens zum Leben den Säugling anführt: dieses Toben, wie er hungrig ist, und die augenblickliche Beruhigung, wenn er befriedigt wird, worauf dann die Faulheit eintritt oder bei einigen der Spiel-Trieb. Er habe es bei den Hündchen beobachtet. Er arbeitet und sitzt dann dem Medaillen-Mann, worauf wir trotz Schnee und Kälte eine Fahrt [antreten], bei welcher wir viel über Philosophaster wie Schelling u.s.w. sprechen; bei Gelegenheit der Frage, die ich mache, ob er glaube, daß C. Frantz seinen Aufsatz verstehen würde und durch denselben von Schelling auf Schop. geleitet würde, R. meint nein. Abends aber befindet er sich nicht wohl, er spielt etwas Whist und zieht sich zurück mit W. Scott (»Trois ans en Asie« hat er beendigt). »Zwischen Krämpfen und albernen Menschen mache ich meine Arbeit«, ruft er klagend aus! Wir hatten einige Bekannte. Freund Wolz. muß er einen neuen Irrtum in seiner Arbeit über Parsifal nachweisen, den nämlich, daß er Parsifal an dem Mahl teilnehmen läßt.

Mittwoch 5ten R. träumt in der Nacht von mir, daß ich gehe, ruft aber »Minna«; er steht auf, spricht davon und träumt wieder, diesmal sagt er: Es war[st] doch du. In der Frühe fühlt er sich nicht wohl, beklagt sich dann über den Doktor und sagt darauf scherzend, man müsse ihn nur schmähen lassen, dann ging alles vorüber. Wir denken an die Ferne, an Palermo, er liest im Baedeker darüber und geht dann mit einer Art Heiterkeit an seine Arbeit. Aber der Nebel ladet nicht zu einer Fahrt ein. Ein Brief von Fürstin Marie Hohenlohe fordert mich auf, meinem Vater meine Daniela ihm zur Begleitung zu geben! ... Abends spielt mein Vater uns zur größten Freude 2 Sonaten (E dur – As dur) von Beethoven. Darauf wird Whist gespielt, und R. freut sich, daß »niemand« da sei.

Donnerstag 6ten R. hatte eine gute Nacht, und da Sonnenschein uns wieder leuchtet, hoffe ich auf eine gute Stimmung, aber der Wind bläst, R. unerträglich. Dafür aber kommt Brandt, mit ihm die Brückners; wie wir von der Fahrt nach dem Theater, wo wir die Loge besichtigt, zurückkommen, werden die Maquettes zu *R.'s* höchster Befriedigung gezeigt; die Wandeldekoration namentlich erfreut uns alle sehr. Abends einige Gäste; mein Vater spielt die Variationen von Beethoven, und zwar derart, daß R. frägt, ob man glauben könne, Beeth. habe es so gespielt? Er glaubt es nicht und rühmt es, wie bei dieser Einfachheit jede Melodie wie eine Gestalt auf uns zukäme. Der Tag und der Abend verliefen freundlich.

Freitag 7ten R. läßt sich noch massieren und geht mit guter Stimmung zur Arbeit, doch wie er in den Garten spazierengeht und Marke im Bassin ein Fischchen fangen sieht, regt er sich sehr auf, will vergeblich das Tier retten. Bei Tisch darauf ist er sehr unwohl und sehr deprimiert. Trotzdem spricht er freundlich mit Stein über dessen dramatische Scene »Cornelia«. Wir fahren zusammen die Konnersreuther Chaussee; daß er meinen Vater nicht bewegen kann, hier zu bleiben, erregt seinen Unwillen. Und alles, jeder Umgang ist ihm zur Last, er entfernt sich beim Abendbrot, mit meines Vaters Erlaubnis folge ich ihm, beruhige ihn, und es endigt der Tag mit einem friedlichen Whist. Es wird auf Bitten der Fürstinnen Hohenlohe und Wittgenstein beschlossen, daß Daniela ihren Großvater begleitet. R. gibt es zu, ist aber unwillig, daß von draußen, wie er sich ausdrückt, kommandiert werde.

Sonnabend 8ten R. hatte eine gute Nacht, ist auch in guter Stimmung für die Arbeit. Man spricht von der Sedan-Feier bei Tisch und frägt, ob die andren Nationen ihre Siege feierten, die Engländer Waterloo z. B., R. sagt: »Die nicht, bei denen ist es ein Geschäft, *business*.« – Heute leuchtet uns die Sonne, wir fahren, R. und ich, freuen uns des herrlichen Sonnenunterganges und des Mondes. Und wie ich bei meinem Vater bin und über Lusch's Reise spreche, so hören wir draußen: »We belong, we belong« singen, R. steht im Mondschein! Wir holen ihn, er zeigt meinem Vater: »ein andres ist«, wie er es eben gemacht, und mein Vater lobt ihn, daß er die Überstürzung gemieden. Darauf gehen R. und ich durch den Garten im Mondschein spazieren. Beim Abend-Tisch ist er sehr heiter, doch, wie mich dünkt, aufgeregt. Freund Wolz. kommt, Gespräch mit ihm; die andren spielen Whist, und R. ärgert sich, daß dies so ernst geschieht. Der Abend geht zu Ende, wir bleiben im Saale, R. und ich, ich sehr niedergeschlagen, da Daniela es nicht schön* aufnahm, daß sie mit

* »nicht schön« nachträglich von fremder Hand geändert in »recht schwer«.

ihrem Großvater geht, und auch sonst ich viele Besorgungen für ihre plötzliche Reise hatte! Die Wappen des Saales werden erwähnt, der Salon von Mme Minghetti und Mimi, Mißverständnisse entstehen, wehmütiger Unfrieden ist da, R. verläßt das Bett, doch folge ich ihm sogleich und beruhige ihn und bitte ihn, wenn ich etwas ihm Unliebes gesagt, es meiner Übermüdung nachzusehen!

Sonntag 9ten Er fühlt sich übel und übergibt sich; doch kommt er zu Lusch's Bescherung, die wir um drei Tage voraus begehen, ich mit gar traurigen Gefühlen! Nach Tisch kommt das Gespräch auf die Form der Beerdigung; R. ist nicht sehr für die Verbrennung der Leichen, er meint, daß dann die Zeremonie in einem Abschied von der Leiche bestehen sollte und sie dann weggetragen würde. Aber es sei ein andrer Gedanke, nebeneinander zu ruhen. – Wir fahren heute wieder, und wie wir zum Abendbrot uns setzen, sagt R. zu mir, ich sollte der Fürstin W. telegraphieren: »Mein Vater bleibt, mein Mann kommt, Krug kann nicht« – was uns sehr lachen macht (das war gestern, Sonnabend). Mein Vater spielt die Sonate 111 und vorher die A dur, Frühlingsnahen nennt sie R., von welcher R. das Tempo des Finale etwas langsamer wünscht, da es in dieser Sonate nie zu leidenschaftlichen Akzenten käme. Mein Vater ist ihm zu Willen, und R. freut sich dieses »Frühjahrs-Knospen und -Rauschen«. – Während die andren Whist spielen, sprechen wir mit R. von Stein, und er sagt: »Das ist ein großes Wickel-Kind, das man noch entwickeln muß.« Wie wir abends Abschied nehmen, sagt er mir: »Du Lamm Gottes!« Und er fährt fort: »Agnus Dei, es müßte eigentlich heißen ›Agnus Mundi qui tollis peccavi Deus‹.« ––

*Montag 10ten** Abschied! Trübes Wetter. – Sehr trübes Gefühl. R. trennt sich hier von Vater und Kind, wir, die Kinder und ich, begleiten sie. Bei Tisch Besprechung des Schicksales von meinem Vater, auch von Caroline W., und da ich einzig ihrer großen Seiten gedenke und erwähne, daß, wenn sie gegen uns heftig wurde und meinen Vater aufreizte, es aus Kränkung durch R. geschah, der sich einmal ihren Besuch verbat, so sagt mir R.: »Gut, aber wenn sie Größe hätte, so mußte sie verzeihen, es zu einer Erklärung kommen lassen, anstatt nur zu hetzen.« Wir fahren zusammen über die Allee von Eremitage zum Theater, begrüßen den schönen Faf, gehen die Bretter der künftigen Königsloge hinauf und kehren heim. Um 7 Uhr werden es 28 Jahre, daß ich R. zum ersten Male sah;

* Drei Seiten später, unter 13. Oktober, unten nachgetragen: »Note zu Montag 10ten. Wie R. zum Frühstück hinzukam, sprach man von Stimmführung, und es freute ihn sehr, daß mein Vater der Führung im 2ten Akt Lohengrin gedachte, der Chöre; niemand außer ihm beachte das, meint R.«

ich bringe ihm den kleinen Kompaß, und er gibt mir den Ring, den er für Weihnachten bestimmte, einen wunderschönen Opal! Wir ergehen uns in Erinnerungen, auch seiner Frau Minna gedenkt er und wie sie ihn in Dresden verließ! Aber beim Abendbrot gedenken wir Tribschens und des Christkindchens damals und des Knecht Ruprecht, all der seligen Zeiten, darauf liest er uns einen Teil von »Ignaz Denner« vor. (Viel spielt R. mit der Boussole.)

Dienstag 11ten R. hatte eine gute Nacht, erst in der Frühe findet er den Gruß, mit welchem ich den Kompaß begleitete. – Die Brustbeklemmungen stellen sich wieder ein, und unser Tischgespräch besteht in der Vormalung der Nil-Fahrt. Die Nachricht von dem plötzlichen Tod des österreichischen Ministers Haymerle, von dem R. meldet, er habe zuerst einen Brustkrampf und dann einen Herzschlag gehabt, hat auf ihn Eindruck gemacht! – Doch siegt seine Heiterkeit immer, und wie bei Tisch Fidi erzählt, jemand habe ihm ein Straußen-Ei geschenkt, sagt R.: »Wenn du es aufmachst, da ist das Leben Jesu darin.« – Wir fahren im Strapontin beinahe bis nach Drossenfeld, mit großer Freude an der Gegend, ganz »selig« findet sie R. bei einem Grund, wo Kühe weiden. Heimgekehrt empfängt er Dr. Landgraf, welcher ihm vorschlägt, Dr. Leube kommen zu lassen, der eine Autorität für Unterleibsleiden ist. R. schreibt darauf an Dr Neumann wegen Dresden, ohne vom Berliner Projekt zu sprechen, auf welches er sich jedoch nicht einlassen will. Dann arbeitet er bis: »Mein ganzes Liebes-Umfangen« (238), und abends plaudern wir über allerhand. Die Kinder wohnen einem Vortrag des Dr. Brehm bei. – R. nimmt die »Euryanthe« vor, immer mit Bedauern über die vielen Banalitäten, Rache-Arie, Schlüsse etc., er zeigt u. a. das Hinzuziehen des ländlichen Liebhabers Rudolf, um ein Quartett zu machen! ... Nachrichten von Lulu – nicht gar erfreulich! Hans schreibt, einverstanden mit der Reise unseres Kindes, aber krank! ...

Mittwoch 12ten Lusch's Geburtstag! – R. bringt ihr ein Hoch bei Tisch. Im übrigen wird von Nil-Fahrt und von Palermo gesprochen, das uns Rub. selig beschreibt. Es wird gearbeitet, wiederum eine Veränderung an M. Brandt geschrieben und der »Urmensch« von Baer gelesen, aber mit großem Mißfallen an den jetzigen deutschen Büchern. Wir fahren über Eremitage zum Theater, sehen den schönen Faf und kehren zur Arbeit heim. Abends besucht uns Freund Wolz. mit seinem Gast Dr. Hering, dessen Gesprächigkeit R. anfangs etwas ärgert, den es aber dann freut, über ältere Beziehungen wie den Philosophen Professor Weiße reden zu können, ›die jungen Leute wüßten nichts‹ – – (er hat heute an Dr Neumann geschrieben).

Donnerstag 13ten Brief von Lusch und über sie. R. spricht von den Sternen: warum sie sich gesondert hätten, Gott liebe es, wie es scheint, zu individualisieren. Das Wetter ist sehr schlimm, Erinnerungen an die Villa d'Angri, an die Nacht auf der Terrasse, wie man alles wandeln und vor sich gehen sah, »man kam sich wie der liebe Gott vor«, sagt R. – R. arbeitet, und da um ein Uhr die Sonne scheint, höre ich ihn im Garten rufen und sehe ihn mit den Hunden gehen. Nach Tisch fahren wir die Konnersreuther Chaussee hinauf, er teilt mir einiges mit aus dem »Urmenschen«, unter andrem, daß der Autor sage, weiter könne man über den Ursprung nichts sagen, da der Pr. Müller keine weiteren Forschungen gemacht! Was uns sehr unterhält. Dann ergeht er sich über die Schönheit eines darin abgebildeten Nubiers und meint, die weiße Race stamme denn doch von der schwarzen ab. Er arbeitet, und abends lesen wir die Geschichte von Starkardr (Uhland) in Anknüpfung an die von Aygill, die uns R. abends vorher gelesen und die uns alle entzückte. – Als zwei Nidingswerke spielt R. die ersten Takte der c moll Symphonie! – Wir sprachen von den Sonaten, R. rühmt an diesen letzten Werken von Beethoven, zumal an den Quartetten, daß alles Beiwerk nun abgefallen und nur thematische Arbeit da sei. – Von Bach sagt er neulich: »Wie die vormenschliche Welt.« –––

Freitag 14ten R. hatte eine gute Nacht; er empfängt einen Brief des Königs, worin nur ein Passus zu Gunsten der Toleranz gegen die Juden ihm etwas unangenehm ist, wogegen es mir dünkt, als ob Fürsten nicht anders empfinden könnten. Er liest weiter in den »Urmenschen« und macht sich darüber lustig, daß nichts anders darin vorgeht, als daß Professoren zitiert werden. Die Abbildungen der verschiedenen Menschentypen aber interessieren ihn; er zeigt sie und sagt von den Papuas, die könnten im Jockey-Club sein, und auch daß man die Juden dazu bringen könnte, sich also zu frisieren, wenn man ihnen zustimmte, »noch ein wenig mehr Locken, und noch ein Fähnchen darin«. – – Es interessiert ihn darin die Hypothese der Entstehung der Sprache beim Menschen. – Er kommt dann auf seinen Lieblingsgedanken zurück, daß aus unsrer kleinen Gemeinde ein Kern sich ausbilde, der dann die Auswanderung befördre. »Ein Beispiel geben«, und er kommt auf »Egmont« zurück, auf die ächte deutsche Größe, die Goethe darin so kennzeichnet, daß er dem Alba gegenüber und seinem sorglichen Festhalten an diesem und jenem den Freimut der Nicht-Achtung des Lebens stellt. Ich erwähne dazu Schiller, dessen Briefwechsel mit Humboldt mich jetzt ganz einnimmt. (Wie wir neulich von Alexander Humboldt sprachen und von dem scheinbar unerklärlichen Weltruf des Kosmos, sagt R.: »Er reiste mit einem Herrn von

Humb – – ug.«) – – – Wir fahren, R. und ich, nach Fantaisie zu, es ist Föhn-Luft und dabei gar herbstlich in der Färbung. Abends besucht uns Herr Marsillach aus Barcelona, mit welchem ein etwaiger Aufenthalt in Sevilla besprochen wird! R. ist sehr freundlich gegen den Fremden, doch sagt er mitten [drin] zu uns: »Kinder, das ennuyiert mich.« – Der Spanier nimmt Abschied von R., indem er ihm sagt: »Les gens du Nord sont faits pour créer, ceux du Midi pour admirer.« – – Im Bayreuther Tagblatt stand, daß wir hier blieben; R. sagt, das hätte ich hineinrücken lassen, um eine moralische Pression auf ihn zu üben. Wie er mir auch sagt, mit dem Starkardr hätte ich einen Trumpf gegen den Aygill ausspielen wollen. Wir sprachen viel über die Normannen, ihren wilden Stolz, daß aber die Goten und Vandalen größere Kultur-Wesen waren und man Karl's des Großen Melancholie begreifen kann, als er die Schiffe sah. Aber der Stolz, die Unbändigkeit, das sei das Interessante an diesen Wesen, bei all ihrer Herzlosigkeit. – Er kommt auf das Buch von Gobineau zurück und sagt: So einen geistvollen Gedanken, eine geniale Hypothese, das interessiere ihn, während dieses vorsichtige Zitats-Wesen ihm widerwärtig sei. – Von dem Ausdruck, das ist spanisch für mich, kommt R. auf den Gedanken, es müsse von den Niederländern kommen, welche ihre Herrscher nicht verstanden.

Sonnabend 15ten Arge Sturmnacht, und R. hat wieder in der Frühe seine Brustkrämpfe. Doch arbeitet er und berechnet, daß ihm nun noch 90 Seiten Partitur blieben. Bei Tisch befrage ich ihn über Humboldt und Schiller, er meint, daß erst mit Schopenhauer eine gewisse Bestimmtheit über Gegenstände der Philosophie gekommen sei, daß bis zu ihm man darin immer gefaselt hätte; wie ich ihm zustimmend sage, daß sowohl er als wie Schopenhauer diese ganze Welt über den Haufen geworfen hätten, dies aber nicht das wäre, was an dem Vorwort zu erwähnen mir schien, sondern etc., läßt mich R. nicht weiterreden, und ein für ihn charakteristisches Moment kommt hierbei zum Aus[druck]*, nämlich daß, wenn er etwas ausgesprochen hat, er gern die Angelegenheit dann für erledigt hält und es nicht liebt, wenn man seinen Gedanken annehmend eine andre Seite des Themas hervorhebt. Wie wir uns darüber erklären, sagt er mir, es hätte ausgesehen, als wollte ich sagen, dies sei nicht der Standpunkt, um das Buch zu betrachten, und meine Erörterung habe ihn in dem Moment nicht interessiert. – Über Geschichte sprechen wir auch, und er hat nicht großes Interesse mehr daran, weil er der Ansicht geworden, daß keine Besserung zu hoffen sei; ich frage ihn, ob nicht als Natur-Erschei-

* [ ] statt versehentlich Aus»spruch«.

nung es immer interessant sei. Bei Tisch erzählt er uns den hübschen Zug von Alfons von Aragonien wieder, dem man riet, 12 Männer zu wählen, die gerecht, tapfer, mild etc., »gebt mir einen solchen, und ich gebe ihm mein Reich«, habe der Wahrhaftige gesagt. Wir fahren beim Sturmwind aus; zu Freund Groß, dann über Eremitage heim und wiederum zu unserem Freund, da 20 000 M. von Dr Neumann gekommen sind. Wie der Briefträger sie ihm überreicht, sagt ihm R.: Die möchten Sie wohl gerne haben, – o wenn es auch nur ein Viertel wäre, ruft heiter der gute Mann aus! – Abends liest R. uns »Ignaz Denner« aus, zu unser aller Vergnügen. Vorher war viel von dem Urmenschen die Rede gewesen, von der Abstammung von einem Paare; bereits gestern sagte R., die jetzigen Theologen stützten sich auf Darwin. »der kann noch vollständig dumm gemacht werden«. – –

Sonntag 16ten Die Zeitung, welche jetzt die Portraits der Wahlkandidaten – wie von den steckbrieflich Verfolgten – [bringt], mißfällt R. sehr und namentlich auch, daß sie jetzt einen ganz ultramontanen Kandidaten vorschlägt, so verläuft sich der Anti-Semitismus! R. meint, die Katholiken seien doch keine rechten Deutschen, man müsse sich an Luther halten, der aus diesem Gefühl heraus empört gewesen sei; und so seien die Südlichen keine rechten Deutschen – ich meine, sie hätten aber die meiste Anlage zur Kunst, »nun ja«, sagt er, »das ist eben schwarzer Einfluß – wie Gobineau es ansieht«. – – Wir stehen darüber heiter auf. Er liest weiter in der Humboldt'schen Vorrede, und es freut ihn dessen Annahme, daß der Mensch, wie er die Sprache hervorgebracht hat, ein mildes, besonnenes Wesen, welches wie ein Kind gespielt hat, muß gewesen sein. – Der junge Volontair-Kopist Hausburg speist bei uns. R. frägt ihn, ob er Mittel habe, und entschuldigt sich gleichsam für dieses direkte Wesen: »Oh, in Ihrem Alter, da hatte ich nichts, da war ich großer Musikdirektor in Lauchstädt.« – – Wir fahren nach Drossenfeld und freuen uns der Goldammern, die auf einem Acker flattern. Da R. es wünschte, verspreche ich ihm für morgen ein Billard, meine aber, für die Mädchen würde es nicht gut, ihre Figur könnte schief werden, worauf er: »Und wenn ich schief werde, unsere Aschsäcke werden wir gegenseitig schief tragen!« – – Abends aber fühlt er sich so leidend, daß wir einen ganz betrübten Abend haben und daß wir aus den Plänen zur sofortigen Abreise nicht herauskommen. R. ganz niedergedrückt. Die Luft ist so rauh, daß er keinen Schritt mehr macht!

Montag 17ten Die Nacht war besser für R., als ich zu hoffen wagte. Mich weckte der Hahn, und ganz deutlich hörte ich ihn nach dem Erwachen noch drei Mal Richard Wagner rufen. Das Billard kommt an, R. findet es aufgestellt, wie er herunterkommt, und es macht ihm Spaß, zwischen jeder Seite geht er kegeln. Auch kommt er herauf zu mir, mich beklagend, daß ich einen so unruhigen Mann hätte! Dann läßt er mir durch die Kinder sagen, er sei im Garten. Er erwähnt es, daß Neumann ihm völlig eudämonisch sei, er verdanke ihm jetzt die größte Theater-Einnahme. Von Berlin habe er sich gesagt, ungefähr 900 Mark würden es sein, und richtig, es traf so ein. Vor und nach Tisch versammelt sich die Familie um das Billard. Beim Kaffee sagt R. sehr heiter: »Ich wünsche nur, mein Ziel zu kennen, welches mir gesteckt ist, um ja nicht zu viel zu tun; schändlich zu denken, daß man zu viel tue.« – Fidi's Museum, zu welchem er durch's Fenster gelangt – weil ich die Stube verschlossen halte –, macht R. vielen Spaß. – Der Inspektor aus Leipzig ist auch eine erfreuliche Erscheinung, da er alle Dekorationen im besten Zustand gefunden hat. So daß wir diesen Tag preisen können. R. beschließt ihn mit der Lektüre der »Frauentreue« aus den »Gesammtabenteuern«, d. h. der sehr guten Inhalts-Angabe; es rührt uns sehr die große Ehrbarkeit, ja beinahe Kleinbürgerlichkeit bei aller Kühnheit. Im Ehemann erkennt R. seinen Marke. – Spät abends, wie wir uns trennen wollen, sagt R., »nein, wie kann man nur vom Menschen sprechen, während es noch Sklaven unter uns gibt« – und er ergeht sich hierüber.

Dienstag 18ten Er fährt in seinem Thema in der Frühe insoferne fort, als er an den Menschen wiederum denkt, wie er die Sprache ersann, und sich dessen Milde, Güte, Liebenswürdigkeit und Begabtheit vorstellt. Wie wir uns zu Tisch wiederfinden, spielt er die kleine Melodie, auf welcher die Seiltänzer in Eisleben ihre Kunststücke machten, die er später nachbildete. Er spricht von dem Briefwechsel zwischen Schiller und Humboldt und dem beinahe spielerischen Eindruck, den es macht, wenn sie untersuchen, ob Schiller den Griechen ähnle oder nicht; auch das Grübeln über Versarten bedauert er. Abend[s] spielt er Billard und freut sich, wie er die Caroline getroffen.

Mittwoch 19ten Er kommt auf etwas zurück, was ich ihm gestern von meinem Vater erzählte, wie er den Arzt zu R. kommen sah: »Der Autor von Lohengrin und Tristan ist schwer zu kurieren.« Vom Lohengrin sagt R., er sei ganz mit ihm zufrieden, an dem Tannhäuser hat er noch einige Anklänge an das Opernhafte (welche machen, daß z. B. im Duett zwischen Elisabeth und T. die Sänger die Plätze beinahe wechseln müssen) auszusetzen. Auch scheint er ein gewisses Mißverhältnis zwischen der neuen Scene und dem Werk doch zu empfinden. Ein Brief von H. Schlesinger, alle Einzelheiten der Nil-Fahrt berührend, stimmt R. heiter und verlangend. Er ist bei Tisch ganz heiter, und wie die Rede darauf kommt, was nun aus unserem Freund Stein würde, sagt er: »Stimme von oben, ver – *Hall* – end: Heinrich, Heinrich.« – – Nach Tisch erhalte ich einen sehr lebendigen Brief aus Rom vom guten Lusch, der R. auch sehr unterhält. Wir fahren über die Eremitage-Allee nach dem Theater. Heimgekehrt beschließt R. den 2ten Akt vom Parsifal! – – Freund Wolz. kommt, und wir bringen den Abend abwechselnd mit Plauderei und für R. Billardspiel zu. – Ich bespreche es, daß vor 26 Jahren ich zum ersten Male die Tannhäuser-Ouvertüre hörte und – – mich verlobte.

Donnerstag 20ten R. hatte eine gute Nacht, und da der Tag sehr schön ist, schlage ich ihm vor, gegen ein Uhr nach Fantaisie zu fahren; wir tun es auch, aber leider ist ihm der kleine Spaziergang von der Wirtschaft zur Schweizerei peinlich, die Herbstluft findet er kalt, er lacht über die »Schönheit« des Himmels und wiederholt, wie langweilig das sei. Im Wagen hatte er mir schon gesagt, er sei neugierig, wer von den Kindern zuerst eine Pyramide ersteigen würde!... Heimgekehrt wird er von einem Brustkrampf befallen, es dauert lange, bis er zu Tische erscheint! Er erheitert sich aber bald, und alles ist Nil-Fahrt; die Lexika und die Karten werden studiert, zu Fidi sagt er: »Du findest dort nichts wie Mumien, Vettern und Basen« – und zu uns, daß er mindestens bis zum 5ten Katarakt gelangen müsse; er sieht sich und uns im Turban, läßt sich den ganzen Tag fächern, kurz, der Plan dient wenigstens zu einer großen Zerstreuung der Gedanken. – In der Frühe hat er den neuen Dialog von Stein gelesen – wie er ihn zuerst im Manuskript sah, sagt er, ihm sei dabei zu Mute wie dem fr. General, der zum dritten Mal la Marne nennen hörte, c'est une mauvaise plaisanterie, er sagte: Noch immer Plutarch. – Aber er liest es und findet namentlich die eine Rede des Solon über die Ägypter und ihre Auffassung vom Leben sowie über die Atlantis ganz ausgezeichnet und rühmt Stein und liest abends uns die Stelle, die er meint, vor. Die Erwähnung des Buches von Gobineau bringt das Gespräch wieder auf die Griechen und die Mischung, aus welcher die Kunst hervorgegangen sei. Das Merkwürdige ist für mich hierbei, wie R. die Gedanken der andren bis in ihr Innerstes erfaßt und neu gestaltet, derart, daß man zugleich durch ihn die Autoren kennenlernt und auch von ihnen weniger befriedigt wird, weil man durch ihn sie so deutlich hat ergänzend verstanden. – Beim Abendbrot meldet R., H. Neumann habe telegraphiert, er betrachte den Kontrakt wie gebrochen seitens des Verwaltungsrates und er kaufe das Inventar nicht. R. sehr wenig dadurch affiziert. Ein Brief von G^{fin} La Tour über die Freude, welche Gobineau durch den Aufsatz von R. gehabt. – Der Abend, welcher ganz ruhig-freundlich vorübergegangen war, endigt mit Auslassungen gegen das Portrait von Lenbach in meinem Salon und über die Gesinnung, welche R. bei mir für L. annimmt. Da ich schweige, sagt er: »So steigen die Fledermäuse auf, so quälen wir uns, d. h. wir, ich quäle.« – – – Wir lachen, aber in seinem Zimmer, für sich sprechend, kommt er darauf zurück. Er kann nicht verstehen, daß ich die Skizze aufgestellt habe! – Sicher wird sie morgen entfernt.

Freitag 21ten Wir stehen spät auf, denn R. hatte eine etwas unruhige Nacht. Im Laufe des Tages gesteht er mir, daß, wie er aufwachte, er sich gefragt habe, wo er sei, und der Gedanke der Nil-Fahrt ihm plötzlich wie ein Wahnsinn erschienen sei und gar den 3ten Akt da zu schreiben. Er liest in W. v. Humboldt und schreibt mehrere Briefe, bespricht auch die Angelegenheit Neumann mit Freund Groß, und es bleibt bei der gelassenen Auffassung. Die Fl. Blätter und die I. Zeitung zerstreuen R., und er zeigt uns daraus ein altes Portrait auf Leder von Luther und vor allem eine Abbildung von Hunden, unter welchen der Pinscher ihn ganz hinreißt. – Wir machen eine Fahrt nach Drossenfeld hinaus und gehen dann zu Steingräber wegen der Instrumente, die die Glocken begleiten sollen. Auch gehen wir zum Schneider für Fidi. Zu Hause entwirft R. die Depesche an meinen Vater und befrägt mich – ›wie sie sei‹, sage ich, würde ich nichts daran verändern: »Bei einer solchen Gesinnung kann aber manches schlimm ausfallen.« – »Dann ist es auch gut, weil von dir!« – – Er spielt darauf sehr heiter zwei Partien Billard mit Stein, sie greifen ihn aber an, und mit Beklemmung vernimmt er die Mitteilungen von Rom, den Brief von Rub. über Palermo. Nach Tisch spielt er noch eine Partie Billard, aber etwas spät, wie er sich schon ausgeruht hat. – Wir lesen die Rede von Freund Feustel an seine Wähler und staunen über die Herzlosigkeit, welche jetzt das Salbadern eingibt. Namentlich die Betrachtung der irischen Frage empört R. auf's tiefste. Nachdem eine Bevölkerung so weit gebracht worden sei, nun ihr einen Vorwurf daraus machen, daß sie keinen Fleiß habe. – Abends sucht R. in der »Vestalin« die Stelle auf, auf welche mein Vater ihn aufmerksam gemacht, *die Schmiede* aus dem »Barbier«, er findet sie, und wir haben Gelegenheit zu bewundern, wie viel genialer Rossini schon dadurch, daß es in einer komischen Situation angewandt ist, verfahren ist. – Und von den Hunden ausgehend bespricht er die Gesichter der Professoren, ›sie sähen aus wie *oxydierte Stiere!*‹ – –

Sonnabend 22ten R. hatte eine unruhige Nacht, er erscheint angegriffen, bei Tisch erzählt er, er habe seinen Aufsatz »Wollen wir hoffen« wieder gelesen. Dann bittet er, daß man die Gesundheit meines Vaters bald [aus]brächte, weil er sich nicht wohl fühle; Freund Wolzogen tut es, aber es bleibt die Stimmung eine gedrückte, und wie R. den Tod des Konsistorialrats Kraußold erfährt, sagt er: Das war mein Vorgänger, nun lebe ich noch 10 Jahre; wir erinnern an die Prophezeiung von 94 – er schüttelt mit dem Kopfe und bedauert es des öfteren im Laufe des Gespräches, den alten Freund nicht wiedergesehen zu haben. Er gedenkt seiner Rede zu meinem Geburtstage beim Konzert und sagt, er habe das Gefühl, als ob ein herzlicher Zuspruch solch einen Menschen am Leben erhalten könne, während in moralischer wie physischer Dürftigkeit so ein Leben zu Grunde ging. Und er erzählt die Geschichte eines Soldaten, der in der Amputation beim Vergehen war und den sein Lieutenant durch herzhaftes Befragen wiederbelebt habe. – Er zieht sich früh zurück, geht zu Bett, die Kinder feiern den Geburtstag mit Charaden bei Freund Jouk., und ich verweile in der Nähe, bis R. nicht mehr sich im Bett wohl fühlt und wir beide hinuntergehen in [den] Saal, wo er mir die Abbildung der japanesischen Beamten, wie sie vom Mikado – und zwar in europäischer Tracht – [empfangen werden], zeigt! – – Abends Abschieds-Plauderei mit Stein; R. aufgeregt durch die Unruhe unserer Projekte, meint, man müsse ihn mitnehmen, er müsse das nicht zu bestimmen haben. Er beklagt es, das Haus verlassen zu müssen.

Sonntag 23ten Üble Nacht für R., er steht aber auf und liest »Publikum in Zeit und Raum«, freut sich dessen und sagt mir, wie er um Mittag zu mir kommt, er schriebe jetzt über das Männliche und Weibliche in Kunst und Religion – »da kommst du auch darin vor«. – – Ich konsultiere Dr. Landgraf, der zu einer baldigsten Abreise für R. rät. Ich bestelle die Stuben in Palermo, R. scheint damit zufrieden. Mit Jouk. scherzt er über dessen bevorstehende Abreise und sagt von ihm: »Bis er die Schwester *vom* Gatten befreit.« – – Er klagt darüber, das Haus verlassen zu müssen, das schöne trauliche. Wir fahren die Konnersreuther Chaussee entlang unter Regen, an dem »Krummstab« vorbei, die Gegend immer lieblich, der Himmel aber traurig. R. wünscht, daß G^{f} Gobineau uns nach Palermo begleite. – Die Rede Feustel's nimmt wiederum die Breite der Zeitung ein und ärgert ihn dadurch, daß sie den Rom[an]: »In Banden des Nihilismus« unterbricht! – Gestern interessierte ihn die Nachricht von goldenen Särgen mit reichst geschmückten Leichen, auf den balearischen Inseln gefunden. – Wir fahren etwas aus, und bei der Heimkehr liest R. eine Gespenster-Geschichte von Apel, die ihn so unterhält, daß er sie uns beim Abendbrot erzählt; er erwähnt dabei, daß der Ton, der damals in dieser Gesellschaft herrschte, ihm vollständig verschwunden dünke. – Nach dem Abendbrot spielt er eine Partie Billard, während ich mit den Kindern kleine Spiele spiele; dann spielt er wundervoll aus der »Euryanthe«; aus dem ersten, dem 2ten, dem 3ten Akt, immer mit derselben Freude daran und demselben Kummer. Und wohl kann er sich es vindicieren, wie er es tut, zuerst der Melodie auf der Bühne die Breite gegeben zu haben und nicht den Jubel plötzlich mit Liedertafel-Musik unterbrochen zu haben. Er zitiert als Beispiel den 1. Akt-Schluß von Lohengrin. Wie wir oben in der Ankleide-Stube sind, sagt er mir, er fühle sich eigentlich ganz wie in den Jugend-Jahren, so daß es ihm manchmal völlig lächerlich vorkäme, einen grauen Kopf zu haben.

Montag 24ten R. hat eine gute Nacht und geht etwas im Garten. Nach Tisch erregt Lulu's Brief unseren Kummer, ja Zorn durch Mitteilungen über Fürstin C. W.* – Das »ewig Weibliche« wird besprochen, R. meint aber, die Frauen würden sich nicht in dieser Weise hervortun, wenn die Männer nicht erbärmlich wären. Unsere Magd Marie bringt schluchzend die Lampe, weil sie von unsrer Abreise gehört hat. Es rührt sehr, auch R. – – Erinnerungen an Vreneli und den Abschied in Tribschen. Vorher war R. wieder zu mir gekommen: »Aber du gehst mit mir.« – – Abends Freund Wolz., R. spricht vom »Faust« und sagt: So etwas Einziges wie diese beiden Teile gäbe es gar nicht; im ersten dieses Treffen, und im zweiten habe Goethe am Schlusse seines Lebens wie Beeth, wieder »für seine Weise« schreiben wollen. Die Zwischen-Zeit, »Iphigenie«, »Tasso«, nun gut, da hat er gezeigt, so ist man, wenn man nicht sich selber ist. Die Kinder spielen uns eine Charade ganz ausgezeichnet, und dann spielt R. T. und Isolde, und alles alles Schmerzliche ist aufgelöst, und die hehre Wonne der Wehmut fließt durch alle Adern! – Dann erzählt R. – in Anknüpfung daran, daß er bedauert, Wolz. nicht mitnehmen zu können –, daß die Schröder-Devrient einmal in leidenschaftlicher Erregung zu ihm gesagt: »Ach! was wissen Sie davon, Sie Ehe-Krüppel«, und es sei ihm so seltsam vorgekommen. Er wäre 32 Jahre gewesen.

Dienstag 25ten R. hat eine unruhige Nacht, er nimmt Abschied von unserem Freund Jouk., dessen Diener Pepino es vorzieht, hierzubleiben, aus Angst, in Italien gelassen zu werden. Wir sprechen viel von dem absonderlichen Fall. Nach Tisch beschäftigt uns eine Lieferung von Indien, und da ich bemerke, daß in Indien auch die Sage von der mütterlichen Jungfrau sei, sagt R.: ›Ja – das deutet darauf, daß das Weib früher dagewesen sei, d. h. nicht in der Zeit.‹ Er versucht es heute, auszugehen, und zwar allein, aber er kommt ganz elend heim. Er meint, es müßten die Leute im Hofgarten ihn für betrunken gehalten haben. An jedem Baum habe er sich angehalten. Nicht einen Schritt mache er mehr hier. Abends lese ich eine Apel'sche Gespenster-Geschichte vor – »Paulinzell« –, die aber R. nicht so gut gefällt wie die erste. Aber die Anknüpfung an die da-

* Carolyne Sayn-Wittgenstein.

maligen Ereignisse – Schlacht bei Möckern u.s.w. – gefällt ihm. Er hält eine so lebendige Schilderung jetzt nicht mehr für möglich.

Mittwoch 26ten R. hatte eine gute Nacht, er hat aber seinen Aufsatz aufgegeben. Mein Vater dankt für das Telegramm. In der Zeitung zeigt er mir den Aufsatz über »Heldentum und Christentum«; wir beklagen es, daß es so unbedeutend sei und nicht wenigstens geschwiegen worden wäre. R. betrachtet mich, während ich lese: »Ich werde dich wohl noch ansehen können? Ein edles Menschen-Angesicht, das verklärt die ganze Schöpfung, und wie selten ist es!« – Wie ich von Lusch spreche, sagt er: »Ach! wir können nur sterben, denn die Sorge wird nicht aufhören, die Kinder ziehen uns immer wieder hinein, die Mädchen am meisten, die mit fremden Existenzen sich mischen müssen.« – – Um halb vier Pr. Leube aus Erlangen. Lange Konsultation. Bestes Ergebnis. R.'s Organe ganz gesund; nur strenge Diät und viel Luft notwendig. Große – ach, übergroße Freude nach stillem Bangen! Ein Stündchen Plauderei mit dem trefflichen Dr. Abends Großens und Wolz. Viel über die bevorstehende Reise und gemütliches Plaudern, auch Billard-Spiel. Es wird von Novellen gesprochen, und R. erzählt von etwas, was ihm eingefallen sei bei seinen Spaziergängen bei Zürich im Sihl-Tal, »wo der Retter« – ein ganz einsam lebender, Gerechtigkeit ausübender Mann – »zum Störenfried wurde«. – Er spricht auch von seiner Arbeit und bedauert es, daß man den Ausdruck: die Weiber, nicht gut brauchen könne, denn Frauen hätten einen ganz andren Sinn. – Neulich rühmte er es an Goethe, wie er die deutsche Sprache gekannt hätte; er staune immer wieder auf's neue darüber.

Donnerstag 27ten R. hatte eine gute Nacht, nur in der Früh hat die Medizin des Dr.'s Leube etwas zu stark gewirkt. – Gestern hatte er mit Wolz. die Zukunft der B. Blätter besprochen und ge[hofft]*, daß wohl sich eine Gemeinde [würde] bilden können, welche durch Kritik des Bestehenden – z. B. der Universitäten – die Zeiten nach dem vollsten Untergang vorbereitete. – Eine Bitte von Fr. von Marenholtz an mich, die 100jährige Feier von Fröbel zu fördern, zwingt ihm ein gewisses Achsel-Zucken ab, daß man nur glauben könne, durch Kinder-Erziehung dem Übel steuern zu können. – Ein Brief von Lusch läßt uns wiederum einen Blick in das weibliche Wesen werfen (F. C.)**. ––– R. schreibt allerhand Geschäftsbriefe, und ich lese ihm die Wahlrede des Pfarrers Stoecker in Dresden vor. Sie gefällt durch Schlichtheit und Wahrhaftigkeit, nur be-

* Bei Zeilenwechsel Wort unbeendet gelassen. ** Fürstin Carolyne, d. i. Carolyne Sayn-Wittgenstein.

dauern wir die Notwendigkeit, mit dem Fürsten Reichskanzler zu gehen, und daher dies kleinlaute Zugeständnis des Militärs etc. – – Dann spielt R. vieles aus »Oberon« und wiederum »Euryanthe«, und wir freuen uns der zarten schönen Züge.

Freitag 28ten R. fühlt sich nicht ganz wohl. Er liest in Lubbock – »Der Urmensch« –, fühlt sich aber bald davon abgezogen. Bei Tisch allerhand Sorge um die Kinder, Loldi etwas barsch gegen mich, mit Eigenwünschen, R. ihr nicht unrecht [ge]geben, ich traurig. Wir fahren zum Theater, besichtigen den Logenbau und besuchen dann Freund Feustel, der mit großer Zuversicht von den Aufführungen des künftigen Jahres spricht. Abends besprechen wir mit Freund Wolz. die Rede von Pfarrer Stoecker, und R. sagt, das Schlimme sei bei dem Aufruf: wer gegen den Fortschritt ist, stimme mit uns; R. meint, die Fremden könnten das gar nicht verstehen. Dann spielt R. aus »Vampyr«, und wir staunen über die Gemeinheit des Textes (z. B. in der Arie des Vampyr) und über die naiven Plagiate aus Weber und Mozart, bei Zeichen von Talent, wie die Verführungsscene. »Es ist aber sehr gut, so etwas vorzunehmen, damit man nicht zu gut von so einem spreche.« Wie lernt man Weber's Zartheit da schätzen. Den Anfang der Ouvertüre findet R. famos, und er spielt ihn – bei allen falschen Tönen – mit hinreißender Charakteristik. – Spät abends kommt R. auf Männliches und Weibliches zurück und sagt, das Wesen des Weibes sei das Mitleid mit dem alles nach außen verfechtenden Mann. Wenn nun der Mann verkomme, höre das Mitleid auf, und die Frau würde hart. – In der I. Z. sieht R. lange die Abbildung des Sozialisten-Prozesses an, wie Irrsinnige sehen die Angeklagten aus, die Richter aber sehr übel; und das Publikum zusehend – ein trauriger Anblick. Dagegen erheitern die Fl. Blätter sehr, und mancherlei Wortwitz entsteht, wie: in Foggia ist man futsch, als Othello steige ich in viele Hotellos, und andres. Doch während der Fahrt sind wir ernst, und wie wir im Wagen uns vom Theater wenden, frägt mich R.: »Was würdest du wohl Pilatus geantwortet haben, wie er frug: was ist Wahrheit; – – – das, was man dem Lügenhaften nicht sagen kann?« Ich: »Ich glaube, ich hätte auch geschwiegen u.s.w.« Er: »Ganz richtig, die Wahrheit ist, nicht zu sprechen, sondern zu handeln, der ganze Schwerpunkt liegt in der Moralität.« – Nach diesem Gespräch fahren wir still die Bürgerreuther Chaussee bei prächtigem Sonnenuntergang herab, dieser Teil unsrer Gegend gefällt R. besonders, und heute – ist es wegen des Abschiedes – ist es mir besonders verklärt. – – – Vor dem Spiel abends hat R. uns eine Stelle aus der Vorrede zur »Physik des Himmels« von Kant vorgelesen, sich auf die Zweckmäßigkeit der Schöpfung beziehend; die Darstellungsart gefällt ihm. – – – Zwei mongolische Männer auf einer neuen Lieferung von »Indien« erwecken mit ihren fremdartigen Gesichtern den Ausruf: »So werden unsere Beherrscher sein.« – –

*Sonnabend 29ten** Gute Nacht, doch ernste Stimmung, bis eine Umarmung alles löst und die Sendung Schnappauf's den vollsten Übermut herrschen läßt. Dieser kommt nämlich zu mir und frägt mich im Namen »des Herrn«, ob ich nichts auszurichten hätte; ich sage nein, der Bote: »Ich glaube, der Herr haben gemeint, an ihn« – worauf ich lachend Grüße schicke, die er aber selbst auch lachend gleich empfängt. Er hat weiter in Kant gelesen, mit Freude einerseits, aber auch mit Bedauern über einige Unklarheiten. Beim Mittagessen (die Nachbarschaft) wird der Besuch von Gambetta bei B. erwogen, die eigentümliche israelitische Geheimtuerei G.'s und B.'s einfaches: Er soll mir eine Karte abgeben, und ich besuche ihn dann wieder. Doch glaubt R., daß Bismarck und Europa G. haben will, um Rom zu befriedigen, die [?] gewiß Ferry beseitigen will und mit diesem Internationalen wenigstens Unruhe und allerhand Konzessionen erwartet. Beim Kaffee spricht Dr. Hering sich für die Simultan-Schulen aus, und zwar mit präziser Seichtigkeit, R. gerät in äußerste Wut, nachdem er ihm ein paar Mal auseinandergesetzt hat, daß zwischen dem Jesuiten und dem Juden der deutsche Protestant untergehen müßte. Wie Dr. H. sagt, er könne gar nicht begreifen, wie R. von dem Verfall der Zeit spräche, da er selbst ein Zeichen der Verbesserung und Hebung sei; R. sagt: »Die Spitzen, die hervorragen, sind nur da, um den Verfall zu kennzeichnen.« – Er entfernt sich, und wie wir fahren, sagt er, er könne es gar nicht begreifen, so in Wut geraten zu sein, aber ein solches Individuum bezeichne ihm die ganze Gattung, und er – R. – früge sich dann, wie er dazu komme, mit solchen Wesen zu verkehren! Wir fahren an dem »Krummstab« vorbei, den R. bemerkt und auf welchem er einen Raben sitzen sieht! Wie wir heimkommen, sehen wir Fidi mit Ferdi Billard spielen, und wie Fidi eine Kugel nicht trifft, pfeift er: »Und ob die Wolke sie verhülle«, was R. sehr heiter stimmt, und er hinzufügt: »Die Kugel bleibt am Billard stehen.« ––– Abends Gespenster-Geschichten von Apel, u. a. »Der Totentanz«, der uns recht gut gefällt – wenn auch etwas outriert. Dann spielt R. aus »Jean de Paris«, für mich, wie er sagt, das Lied des Troubadour – ein wenig einförmig dünkt es bei aller französischen Zierlichkeit, die jetzt – scheint es – auch in Frankreich nicht mehr da.

Sonntag 30ten R. hatte eine gute Nacht und verbringt seinen Vormittag mit Kant, auch mit Briefen. Brandt schreibt sehr hübsch und übernimmt die Leitung des Ganzen. Kalter Wind, R. versucht es, auszugehen,

* Irrtümlich »28ten«.

kehrt aber bald mit Sorge vor der Gesichtsrose heim. Zu Tisch »Werbel und Swemel«, unsre beiden Musiker. H. Humperdinck zeigt seine schöne Abschrift von der Partitur; R. betrachtet die Stelle, »die Klage, die furchtbare Klage«, und fürchtet zu stark instrumentiert zu haben, namentlich mit Blasinstrumenten. Wie ich mir erlaube, ihm zu sagen, daß da gewiß die Darsteller nie das Ganze der Situation werden geben können, es eine Wohltat sei, daß sie vom Orchester getragen seien, und daß das mächtige Orchester nie störe, sondern hebe (wie bei dem Wecklied der Wala), so gibt er mir recht und sagt: »Der Kothurn ist notwendig.« Auch habe er an sein Theater gedacht. – Wir fahren nicht aus, wandern auf und ab im Saal, einiges Häusliche besprechend. Dann setzt sich R. an das Klavier und spielt den 3ten Akt von Pars. wundervoll! Abends haben wir unsere Freunde vom Verwaltungsrat und Jägers. R. läßt aus »Euryanthe« singen, »unter blühenden Mandelbäumen«, und das darauf Folgende, wobei er den Lysiart singt. Wie die Gäste sich entfernt haben, ruft er Wolz. noch herbei, läßt Champagner kommen, versucht es, den Freund noch zu überreden, mit uns nach Palermo zu gehen, und geht dann über: »Ich habe es dir nicht gesagt«, – zu mir: »Aber ich habe neulich das Gesicht des Prinzen Heinrich ganz deutlich vor mir gesehen, ein fleckiges, verwüstetes Gesicht mit buschigen Augenbrauen, woraus ein zorniger Blick hervortreten kann. Sein Humor kommt aus der Sinnlichkeit. Seine Sinnlichkeit ist Trinken. Die Scene mit Poins ist widerwärtig und die mit seinem Vater, wie er die Krone aufgesetzt hat, nur Affektation«; ich meine, daß diese Affektation natürlich sei; R. gibt mir recht, nicht aber, wie ich meine, auf seinem Gesicht müsse auch Beruf zu seinem Amte zu lesen gewesen sein; dann aber wieder, wie ich meine, daß jede Interpretation unmöglich schiene, da von dem Augenblick, wo man sagen möchte, es ist so, schien es immer noch anders. »Unbegreifliches Wesen, dieser Shakespeare, er will den National-Helden verherrlichen und kann nicht anders, muß ihn so zeigen. Im ›Hamlet‹, da hat er sich ausgesprochen, ›Hamlet‹ gibt uns den Kommentar zu dieser Welt. Aber ein ganzes Leben könnte man über die Scene zwischen Sohn und Vater nachdenken. Er, H. V., ist der untergehende Stern, der letzte eines Heldenstammes. In H. VI., da ist die Schwäche da.« Wie unser Freund uns verläßt, ruft R. für sich aus, »H. V., es sieht nach etwas aus und ist nichts«, in der Bitterkeit, daß er unseren Freund nicht überreden kann, mit uns zu ziehen. Dann, oben, erzählt er mir von seiner Kindheit etwas, das ich jetzt vergessen habe (in Palermo den Satz vollendet).*

* Ab »von seiner Kindheit« nachgetragen.

Montag 31ten Packen und räumen, »bald«, meint R. würde ich singen können: »Mich freuen alle Fliegen, während hier: mich fliehen alle Freuden.« Ich bin sehr müde von allerhand, was zu bedenken und abzumachen ist, und wie wir zusammen sprechen und R. auf ein zärtliches Wort von mir, »ohn einander sind wir nicht mehr zu denken«, gleichgültig zerstreut mir erwidert, bricht meine große Müdigkeit in Unmut aus, und ich sinke in tiefsten Schlaf. Wie ich erwache, ist R. still, aber weint, ich sehe das Blatt*, er will es zerreißen, nachdem wir uns umarmt haben, ich rette es aber, und weil ich es gerettet, erzähle ich den Vorgang; dann geht es wieder an die Arbeit. Abends Freund Wolz.; man spricht von der Parallele zwischen Wallenstein und Bismarck, die im Tagblatt gestanden, und R. spricht seine Bewunderung für Gustav Adolf aus, zugebend, daß auch etwas Wahres daran war, daß die deutschen Fürsten aus einer Art Patriotismus sich so schlecht gegen den großen König benommen. Heute fiel R. Eva's Anmut auf.

November

Dienstag 1ten R. hatte eine gute Nacht, und es geht an das Packen und an das Abschiednehmen. Zu Tisch die guten Freunde Groß. Um 7 Uhr abends Abfahrt. Siegfried weint! Vor unsrer Abfahrt war R. nach der Eisenbahn gefahren, um nach dem Wagen zu sehen; im Moment, wo er ankam, war er fortgefahren worden auf ein andres Gleis für eine halbe Stunde. Wie wir im Salon-Wagen sind, sagt R., jetzt sähe er Georg den ganzen Tag Billard spielen mit seiner Frau, ich zitiere das »Unterbrochene Opferfest«: »Mit seiner Gattin leben geziemt dem Mann allein«, »hier wäre der Fall, wo nicht erlaubt sei, was sich ziemt«, erwidert R. – Diesen Satz, den er für den dümmsten [hält], den man sich vorstellen kann, läßt mich R. daran erinnern, daß in Frankfurt (1862), wie mich die Sätze des Antonio ein wenig seltsam dünkten, er in mir die Bewunderung für den »Tasso« geweckt, die nun feststünde, und nun möge er es nicht mehr. »Ich gebe zu«, sagt R., »daß es eine wahrhaftige Darstellung ist, aber einer Welt, die einem nichts sagt.«

Mittwoch 2ten Gegen 8 Uhr in München. Kmeister Levi erwartet uns mit einem Frühstück. Große Kälte, der enorme Bahnhof zwingt R. zu einem langen Gang, wobei sein Brustkrampf wiederkehrt. Gegen 9 Uhr Abfahrt. R. liest mit Interesse und gibt mir zu lesen einen Aufsatz über

* Nicht aufgefunden, offensichtlich vernichtet, Szene nicht aufklärbar.

Schiller und Sizilien (»Taucher«, »Bürgschaft«, »Braut von Messina«). Bald sind wir in den Bergen, Schnee-Landschaft, R. erzählt, er denke hier immer an Parricida, er [ge]denkt auch des Tannhäuser und erzählt mir, wie es heller wird von einem ersten Eindruck in Boulogne, wie er [in] einer französischen Zeitung deutsch zitiert [fand]: »Es föngt an«, und zwar mit ö. – Wir sehen uns Muster für die Kostüme zu Pars. an. – Wie Fidi den Walzer aus »Freischütz« pfeift, bemerkt R., es sei wie: »und wenn die Wolke sie verhülle«, ich meine, die große Hand habe Weber die None eingegeben, »ja«, sagt R., »die Oktave hat er falsch gespielt.« – R. liest in Kant die »Physik des Himmels«, findet es merkwürdig, fremdartig, umständlich in den Ausdrücken. In Bozen Freund Jouk., der uns bis Verona begleitet; Kostüme besprochen und vieles.

Donnerstag 3 R. hat in seinem Stübchen ganz erträglich geschlafen, und es geschieht die allgemeine Begrüßung in Pesaro vor Rossini. Von da ab lauter freundliche Eindrücke, viel Grünes und das Herbstliche golden, Ancona herrlich, Osimo lieblich. Leider hat R. durch die Unordnung der Kinder Ärger; er schilt sie heftig. Langsame Ankunft, R. sagt, es sei merkwürdig, wie lange es dauere, wenn man schon da wäre. Endlich um elf Uhr in Neapel. Mondschein und Stille. Ankunft in Hôtel Bristol, Müdigkeit. R. bekümmert, daß er die Kinder gescholten, meint, es sei immer ungerecht.

Freitag 4ten Nicht ganz gute Nacht für R., der ungewohnten Betten wegen, bald jedoch vergessen. Neapel in vollstem Licht vor uns ausgebreitet! – Auf mir lastet eine schwermütige Stimmung, die ich mir vorwerfe, und wie R.'s Uhr fällt und stockt, scheint es mir eine Strafe für diese meine Bangigkeit. Pr. Schrön begrüßt uns, dann fahren wir, R., ich & Fidi (die andren voraus), nach der Villa d'Angri. Wiedersehen unsrer guten Gärtners-Leute, bis zur Villa Postiglione gefahren. Um 3 Uhr Mittag, um 5 Fahrt nach dem Schiff über Pizzi Falcone, uns armen Nordländern unglaublich.* Auf dem Schiff Ärger für R. der Kajüten wegen. Um 6 Uhr bei Mondschein Abfahrt, R. geht bald hinunter, ich lagre die Kinder auf dem Verdeck und setze mich zu ihnen, R., der in der ersten Frühe heraufkommt, sagt, ich hätte ausgesehen wie Hekuba bei den Leichen. Er erzählt mir, die Chloral-Pillen, welche Jouk. ihm gegen die Seekrankheit gegeben, hätten als *agents provocateurs* gewirkt! Allmählich entdecken

* Nächste Seite, unter dem 6. November, unten nachgetragen: »*N. zu Freitag, Neap.* Schöne Karten von Italien fesseln R., er spricht von der früheren Kartographie und vergleicht die Darstellungs-Art von Kant in der ›Physik des Himmels‹ damit. – Und wie wir die heitre Fahrt über Pizzi Falcone machten, betrachtete R. das Volk und sprach: ›Das ist hier das unbewußte Leiden!‹«

wir, was alles wir auf unserem Schiffe haben: Pferde, Ochsen, Hühner, Zuchthäusler, Militär und sonstige Italiener, es ist der erste schöne Tag seit Wochen gewesen, und nun fuhr alles. R. freut sich der lebhaften Unterhaltung zwischen Fidi und einem Soldaten.

Sonnabend 5ten Ankunft um elf Uhr bei Sonnen[schein].* Allgemeines Winken auf Barken und Hereinstürmen der Erwartenden, was R., da es uns an dem Aussteigen hindert, sehr empört. Dann aber lacht er mit uns. Ankunft in Hôtel des Palmes, Stuben 24, 25, 26 mit Treibhaus-Terrasse auf dem Garten, die Kinder im Parterre uns gegenüber. Hübsch traulich und grün alles. Rub. begrüßt uns, wir frühstücken bald, packen aus und fahren durch die – uns auf Neapel nicht viel sagende Stadt. Ich meine zu R., daß dies wohl nicht der Ort unserer künftigen festen Winter-Niederlassung sein würde.

Sonntag 6ten Ganz gute Nacht trotz einigem Mangelnden in den Betten. Die Sonne lacht uns zu, und wir ihr auch. Unsere erste Tat ist die Rettung von Vögeln, denen man mit Lockern und Leim-Käfigen nachstellt. Fahrt nach der Flora, die R. sehr gefällt. Abends langer Aufenthalt im Mondschein auf der Terrasse (Treibhaus). Das Idyllische von Palermo beginnt uns zu fesseln. Und grenzenlos gütig ist R. gegen mich in seinem Wohlbehagen. – Melancholische Nachrichten über Lusch und Vater. R. hat die Absicht, meinen Vater zu bewegen, ganz zu uns zu ziehen.

Montag 7ten R. hatte eine unruhige Nacht, weil er mediziniert hat, doch sieht er gut aus. Er richtet seinen Arbeitstisch im Salon ein, und es gefällt ihm da gut. Wir fahren am Nachmittag nach Monreale.** Erhabener Eindruck, »was sind das für Menschen gewesen, die so etwas erbauten«, ruft R. aus! Der Klostergang entzückt uns. Das Orangen-Tal stimmt märchenhaft, und wie wir heimkommen, bleibt uns nur Shakespeare übrig – wir beginnen »H. VI.«, 1. Akt, unter größter Teilnahme der Kinder. R. sieht so schön jugendlich bei der Lektüre aus, daß ich es ihm sagen muß. Und wie wir diesen 1ten Akt besprechen, sagt er: »Er ist der Einzige.« – »Was sind das für Bilder«, rief er aus, wie er von Exeter las: »Gefangnen gleich am Wagen des Triumphs.« – – Und am Schluß des Abends setzte er sich an['s] Klavier, um mich darauf aufmerksam zu machen, wie schön einheitlich das Recitativ von der Arie der Agathe im »Freischütz« sei, wie nur einleitend.

Dienstag 8ten Gute Nacht und zum Frühstück noch Sonne, dann aber

* Bei Seitenwechsel unbeendet gelassen. ** Nächste Seite, unter Dienstag, unten nachgetragen: »Gestern, unterwegs nach Monreale, vom Wagen aus, fällt R. ein kleiner, sehr selbständiger Pudel [auf], wie er diese Art besonders gern hat, und abends gedenkt er noch des Tierchens, dessen Verständigkeit ihm aufgegangen war.«

umwölkter Himmel. R. begibt sich an die Partitur, 1te Seite des dritten Aktes, und ruft mir zu: »Ich habe mich nicht verschrieben.« In herzlich-heitrer Laune speisen wir mit den Kindern und gehen dann zu Fuß spazieren die Via Maqueda, Läden betrachtend. Die Luft ist ganz mild. – Gestern, wie wir uns bei Tisch setzten, gedachte R. des Mit-Leidens mit den Tieren und sagte, wie lange es gedauert hat, bis die Menschheit sich besann; ich meine, es sei wunderbar genug, daß es dazu kam; R. meint durch das eigne Leiden. – Und von den vielen Sternen und Sonnen sprechend, die er in Kant aufgezeichnet findet, sagt R., es sei ihm dabei zu Mute wie dem fr. General mit der Marne: »C'est une mauvaise plaisanterie.« – Abends liest R. uns den 2ten Akt von »H. VI.« 1ten Teil, wiederum – die Scene des Rosen-Streites insbesondere – zu namenlosem Eindruck. Es bleibt unmöglich, von etwas andrem zu reden. Wie ich R. sage, daß das Spiel mit dem Symbol der Rosen an Tr. und Isolde's erinnert hätte (die Leuchte), sagt er: »Ja, es ist musikalisch« – und »wenn einer spricht, was der andre antwortet, das muß man immer bei Shakespeare beachten« – eine Torheit, irgendeinen mit ihm vergleichen zu wollen. Und: »Wenn eine Gemeinde geschaffen würde, müßte eine Kanzel errichtet werden, um durch Shakespeare zu erfahren, was Geschichte ist.« Er meint auch, daß dadurch, daß zu den Historien Sh. wahrhafte Züge gehabt, diese Stücke ganz anders wirken als die, wo er nur Novellen vor sich gehabt, wo doch einiges Konventionelle sich mischt. Und selbst das ihm so widerwärtige Renaissance-liche, Nestor, Hektor, findet er hier lebendig.

Mittwoch 9ten Mücken-Kampf für R., ich schlage ihm vor, die Betten zu wechseln, und er erreicht dadurch etwas Schlaf, in der Frühe aber ist er in Folge [der] gestrigen großen Diät-Fehler (Bier, Tee, Grog, Champagner hintereinander) recht elend und den Tag über. Es ist Sturm am Morgen, zu Mittag aber scheint die Sonne. R. teilt mir Auslassungen von Lassalle über die Presse mit, die sehr bedeutend sind. Wir fahren aus, R. und ich, und besuchen die Kapelle Palatina, die uns einen herrlichen Eindruck macht. Über den Abend wirft die Mitteilung des Prozesses Pizzo einen düstren Schatten; und es wird mir bang zu Mute, wie ich höre, daß Siegfried den Berg Pellegrino mit H. Türk bestiegen hat. Abends Plauderei, doch etwas trübselige mit Freund Rubinstein, welche Erinnerungen an »R. den Teufel« nicht heitrer machen.

Donnerstag 10ten R. schlief ruhig. Ein stürmischer Morgen läßt uns das Frühstück nicht im Treibhaus, sondern in unserem Salon, seinem Arbeitszimmer nehmen. Er freut sich des Arrangements, auch der mitgenommenen Decken und Kissen: »Ich liebe das Freundliche«, ruft er aus, und wie ich bemerke, daß, selbst wenn sie alt sind, sie noch hübsch aussehen, sagt er: »Ja, wenn die Farbe vergeht, bleibt die Idealität der Empfindung, wenn Makart schwindet, bleibt Lenbach.« – Wir kommen auf Lassalle zurück und seinen Ausspruch, daß selbst die Griechen müßten von einer solchen Presse verdummt worden sein. »Nur hätten sie sie nicht hervorgebracht«, bemerkte R., »das sage ich immer, was sind wir, die wir so etwas aufkommen lassen.« Wie ich die Bemerkung mache, daß mir die Deutschen eigentlich nicht geschaffen schienen, um einen Staat zu bilden, welches immer wie Sterilität in sich schlösse, sagt er: »Ja, es ist eine assyrisch-semitische Idee; wir Deutschen waren geschaffen, um kleine arbeitsame Gemeinden zu bilden wie die Boers; die Franzosen dagegen für die Monarchie.« – Daß Bismarck sich gegen die Antisemiten-Bewegung ausspricht und die Rede davon ist, daß der Pfarrer Stoecker seines Amtes entsetzt werde, bringt R. auf den Gedanken, daß, da er einsieht, daß er sie nicht bei den Wahlen durchgeführt, der Reichskanzler die Agitation aufgibt und nun mit den Juden paktiert! ... Aus dem deutschen Reiche müsse man treten, meint R., um nicht zu vielen Kummer daran zu haben. R. arbeitet und zeigt mir die volle Seite Partitur. Wir gehen nicht aus, können aber doch auf der Terrasse wandern, wo unter andrem auch die Affen R. vielen Spaß machen; er will dem einen einen Taps geben, dieser kommt ihm aber zuvor und schlägt R. Abends Freude an Siegfried, der unaufhörlich hier wieder zeichnet. Und 3ter Akt von »H. VI.«, wo vorzüglich die Einzelrede des Exeter uns bewegt. Im übrigen liebt R. die Scenen in Frankreich nicht sehr. – Und immer wieder Weber.

Freitag 11ten Schöne Sonne, heitres Frühstück. Arbeit für R., er freut sich, über eine schlimme Stelle am Schluß des dritten Aufzuges gekommen zu sein. Abends, wo er die zweite Seite schreibt, gedenkt er der unrationellen Art, wie Berlioz zuweilen die Instrumente einführt, und freut sich, diese Stelle glücklich ausgeglichen zu haben. Nach den Stunden gehen wir – die Kinder und ich – spazieren, und R. auf ein halb Stündchen. Nach Tisch machen wir, er und ich, eine schöne Fahrt nach Villa Giulia, freuen uns des vielen Blühenden; eine Palme, deren fruchtbeladene Blätter herabhängen, erfreut R., auch große rote Blüten, die wie Schmetterlinge ihm aussehen, und Meer und Berge erfreuen. Heute war kein Diät-Fehler begangen, und in der Frühe erging er sich über das Schreckliche des Gelüstes. Abends 4ter Akt von »Heinrich VI.« und darauf durch das zufällige Zitat »o glaube mir« etc. die erste Scene zwischen Faust und Mephisto zu erneuter Bewunderung. »Das könnte doch nur ein Deutscher«, ruft R. aus, und bei Faust's Worten: »So setzest du der ewig regen«, u.s.w. hält er an, um uns recht die Größe und Herrlichkeit davon empfinden zu lassen. Während in der späteren Unterredung das: »ich dächt, ihr ließet euch belehren, assoziiert euch mit einem Poeten«, ihm künstlich, gemacht erscheint und mißfällt. Die schöne Freiheit mit den Versen gefällt ihm ganz besonders, wie: »wenn man euch Fliegengott, Verderber«, etc., das man rasch lesen solle, meint er.

Sonnabend 12ten Schöner Morgen, die seltsamen und unangenehmen Scenen der Pucelle in »H. VI.« werden besprochen, R. sagt: »Förmlich Mühe macht es ihm, das merkt man«, dagegen gedenken wir [mit] Freuden des heroischen Idylls von Talbot und Sohn. Um 12 kommt Dr. Berlin, R. etwas an der Diät verändernd. Bei Tisch macht R. wieder die Bemerkung, daß es ihm ganz seltsam sei, 68 Jahre zu sein; er erstaune immer, wenn er sähe, daß er einen grauen Kopf habe, er meine immer, er habe den Kopf von Fidi. Neulich machte er die Bemerkung: »Ich bin doch kein Gespenst, mit meinem Parsifal rücke ich mit wiederum Neuen heran.« – – Wir machen einen 2stündigen Spaziergang, der R. entzückt, an dem englischen Garten, göttliche Luft und unsägliche Farben. Heimgekommen schreibt R. an seiner Partitur, und abends beendigen wir den 1ten Teil. Was Patriotismus wert sei, sehen wir an den traurigen Scenen der Pucelle, während ein Deutscher, frei von jeder Schranke, Schiller, die Wahrheit sah. – Wie die Auslassungen Schopenhauer's besprochen wurden, sagt R.: Er war ein Philosoph, aber kein Weiser. – Am Schluß des Abends ruft mich R. auf die Terrasse, um mir die herrliche Sommernacht zu zeigen.

Sonntag 13ten Gute Nacht für R. und eine einzige herrliche Morgenluft, die wir frühstückend auf der Abteilung der Treppe zum Garten genießen. Rosen, die der Wirt mir bringt, duften R. ganz besonders; er meint, bei uns hätten sie keinen Geruch mehr gehabt. Wir gehen dann spazieren, besuchen Freund Rub., und R. schreibt eine halbe Seite. Am Nachmittag fahren wir nach Punto Gallo und sind entzückt von der Heimkehr durch die Favorita. R. beendigt noch seine Seite, und abends liest [er] den ersten Akt vom 2ten Teil vor, wobei wir uns erstaunt fragen, wie es möglich sei, derart gefesselt zu sein, durch so fremdartige, uns kalt lassende Verhältnisse und so unsympathische Charaktere, und jedes Wort spannt, selbst die Kinder.

Montag 14ten R. schrie auf diese Nacht und teilte mir am Morgen mit, er habe wiederum geträumt, ich verließ ihn mit irgendeinem verwünschten Maler, keinem bekannten, nachdem in seiner Stube ein Bild herausgenommen worden war und ein Loch in die Tapete gemacht, worüber er nichts zu sagen gehabt. Er habe das Gefühl großer Ungezogenheit seinerseits dabei gehabt und habe es auch dazu gebracht, daß ich zurückkäme, um mich mit ihm zu erklären! Er wisse, was das heiße, er sollte aufwachen, und da nähme der Traum das Gräßlichste vor.* – Er ist aber sehr heiter beim Frühstück, und er sagt mir: »Du wirst dich wundern, wie ich in meiner nächsten Arbeit das deute, daß die Sonne weiblich ist.« Dann kommt er auf den Sternen-Himmel zu sprechen, auf das Merkwürdige der Kenntnis seiner Art: »Freilich«, fügt er hinzu, »das Gesetz, einmal gefunden, gilt es nur, es anzuwenden«, und plötzlich: »Was der Mensch für ein steifes L. ist, daß er nur flache Linien kennt, um der Natur nahezukommen, während die Natur gar keine hat, bis der Künstler kommt, welcher der Natur ihre Wellen-Linien abnimmt.« – Spät abends gestern hat er Marie Hohenlohe's gedacht und: Was solche Wesen innerlich schlecht sind, das zeigt ihr hämisches Verhalten gegen M. Dönhoff bei Gelegenheit der Patronatscheine; das richtet sie. – Bei Tisch erzählt R. seinen Traum den Kindern, Boni frägt, wo blieben wir, »eben«, sagt R., »ich dachte, die Kinder bleiben nun wohl bei mir, und da wird sie wohl zurückkehren«. – Die Kinder lachen. Dann spricht er von der italienischen Geschichte zu ihnen, von der Bedeutung von Venedig. Endlich von »H. VI.«, und er hebt es hervor, wie Warwick bloß den normannischen Charakter der Erobérer vorstelle und den Drang, eine andre Wirtschaft herzustellen. – Vor Tisch waren R. und ich ausgegangen**, ihm einen Hut zu kaufen, und nach Tisch gehen wir in den englischen Garten spazieren; abends den 2ten Akt des 2ten Teiles mit tiefer Erschütterung. Vorher sprach R. von den 2 Seiten, die er geschrieben, und erwähnt es, wie ungern er grelle Effekte habe, wie er immer suche, sie zu vermitteln, verständlich zu machen, nicht sie als Schroffheiten wirken zu lassen; und er zeigt die Stelle des Gurnemanz: kalt und starr, und freut sich, sie heute mit gedämpften Hörnern begleitet zu haben. Er sagt, das habe ihn bei der Anhörung der Nibelungen gefreut, daß die größten Kühnheiten, zu welchen er greifen mußte, nicht unvermittelt aufträten. Man müsse ja bei solchen Vorwürfen, wie er sie habe, zu exzentrischen Farben greifen, man käme da nicht aus »notte [e] giorno faticar«, aber darin bestünde die Kunst, daß sie nicht als Exzentrizitäten wirkten. Er hebt es hervor, wie in »H. VI.« die milden, resignierten Worte in der wilden Umgebung wirkten, mir waren die zwei Zeilen bezüglich des Wunders ganz besonders aufgefallen. – Bei Tisch hörten wir einen Schuß, ich frug, ob die Vögel gejagt würden, »ja«, sagte der Kellner aus Ancona und meinte, das Volk hier sei so zurück, daß man es nur allmählich zu

* Zeichen im Text, zwei Seiten später, unter Dienstag, unten nachgetragen: »Darauf klagt er sich seiner Ungezogenheit an, und sehr heiter seiner ›gemeinen Neigung zum Pampen‹ – er könne es nicht lassen, zum Kaffee eine Masse Butterbrot zu essen, nichts schmecke ihm so gut, und es bekäme ihm schlecht.« ** Zeichen im Text, unten nachgetragen: »durch die Via Maqueda, die R. V. Macbetha nennt, wie unsere Stabile: Via Staberl.«

mehr Sitte bringen könne; sonst hätte man gleich Revolutionen. Wir denken über das Wort nach und fragen uns, was wohl das elende Volk für Beispiel von Adel und Geistlichkeit erhielt? – – Die Lektüre von Sismondi, die ich jetzt mit den Mädchen vornehme, bringt das Gespräch vor dem Abendbrot, wie R. eben mit seiner 2. Partitur-Seite fertig ist, auf die Frage der Ketzer und ihrer so tiefen Ansichten, den unserigen so sich nähernden: »Ich glaube«, sagt R., »mit dem bewußten Leiden sind wir der Sache nahegekommen.« – Ein Brief von Gf Gobineau gibt es ihm ein, ihn durchaus telegraphisch her zu zitieren, »nous comprenons que vous ne comprenez rien«, ich schreibe lieber, um unseren Freund dringend zu bitten, zu uns zu kommen.

Dienstag 15ten Schon vor dem Frühstück geht R. spazieren. Dann schreibt er an seiner Partitur, und bei hellster Sonne gehen wir zu Mittag aus, wo wir in einem Square-Garten mit Entzücken einen blühenden Passions-Blumen-Strauch gewahren. Nachmittags wandern wir R.'s Lieblings-Weg – Strada di libertà – entlang, er arbeitet noch an seiner Partitur, und abends liest er uns den 3ten Akt des 2ten Teiles vor. Da gibt es nur Schweigen, Staunen und das gehobene Gefühl, daß man besser wird. – Vorher hatte R. mir die I. Zeitung gezeigt mit zwei Bildern aus der Fürstenwelt; namentlich die Uniform des österreichischen Kaisers, wie er den Toast auf das italienische Königspaar [aus]bringt, erregt seinen Unwillen, der kurzen Uniform wegen, welche selbst keine Manschetten zuläßt und den Arm bei dem Zurückschieben des Ärmels durch die Bewegung des Toastbringens so kahl hervorblicken läßt.

Mittwoch 16ten Nachts um 12 war ich durch einen Traum erschreckt, es war mir, als ob Fidi mich rief, wir machen uns durch die langen Gänge auf, R. und ich, und sehen ihn ganz ruhig schlafen, kehren dann zurück, ich sehr betrübt, durch mein Aufschrein R. gestört zu haben. Beim Frühstück spricht er von der Musik und wie das seltsam sei, z. B. der »Faust« eigentlich nicht zu komponieren, und bei dem meines Vaters, wie der Chor kommt, »alles Vergängliche etc.«, hätte man das Gefühl, »warum hat er das nicht früher gesagt«, während das Magnificat am Schlusse des »Dante's« etwas andres [sei]. Dann sprechen wir von »H. VI.«, und R. macht die Bemerkung, daß zum ersten Mal das Volk (beim Tode Gloster's Gerechtigkeit fordernd) hier in der Art auftritt, wie es später z. B. von V. Hugo als Ganzes so oft gebraucht worden wäre. Dann spricht er von der Kürze der Reden, die so sei, daß man in einem gewissen Sinn das komponieren könnte. Vieles Spaziergehen heute wiederum, Freude an den Rosen in unseren Gärten. Am Nachmittag Spaziergang zu Marina, wo wir viele Freude an Meer, Berge und Sonne haben. Vor dem Abendbrot ist die Zeit durch Besprechung eines Briefes von H. Neumann und allerhand daran sich Knüpfendem mit Paris und London gefüllt. Es scheinen Schwierigkeiten zu entstehen. – Abends entrückt uns der 4te Akt von »H. VI.« allen diesen Nöten! Vorher hatte R. heiter des Spruchs gedacht: »Die Hand, die samstags ihren Besen führt, wird sonntags dich am besten karessieren«, und im »Faust« die hübsche Scene uns gelesen.

Donnerstag 17ten R. hatte keine ganz gute Nacht, und daß sein Bad heute früh mißglückt, erregt ihm üble Laune, die er aber gar bald heiter mit mir bespricht.* Dann Shakespeare und kein Ende, R. freut sich, daß die Sonette von ihm da sind, die ihn persönlich nahebringen, er stellt sich ihn heiter vor, »ungefähr wie ich«. – Er geht an die Arbeit, und wir machen uns um Mittag auf, um uns nach dem Befinden von Freund Rub. zu erkundigen, kehren bald zurück und ergehen uns im Garten, R. und ich, wo er über Musik, namentlich die letzten Sätze der Symphonie zu mir spricht, hervorhebend, daß z. B. in der F dur Symphonie Beeth. alles kurz gehalten hätte, gleichsam vorbereitend, um alles auf das Finale zu werfen, ähnlich in der c moll; »in der Pastorale, da windet er sich, und das Finale von A dur, so lieb man es hat, kann man sagen in einem gewissen Sinn, das ist nicht mehr Musik, aber nur er konnte es machen. Die letzten Sätze sind die Klippe, ich werde mich hüten, ich schreibe nur einsätzige Symphonien«. – – – Nachmittags Ärger für R. durch Besuch, gestörter Spaziergang. Abends der fünfte Akt von dem 2ten Teil.

Freitag 18ten R. hatte eine gute Nacht und nimmt sein Bad; einige Unregelmäßigkeiten versetzen ihn in großen Unwillen, der sich jedoch zur Heiterkeit wendet. Ich sehe einige Wohnungen an, und R. spricht mit dem Wirte wegen Veränderungen; ich weiß nicht, ob dies bloß ihn so nervös macht, aber beim Spaziergang hat er alle seine Beschwerden wieder, wir setzen uns des öfteren auf Bänke, und ganz matt kommt er heim. – Zu Mittag spricht er von Parsifal, daß wir uns alle wundern würden, und insbesondere von dem Gebet. Da zeige es sich: unmöglich, dies in Worten zu geben, da wären Begriffe, und alles damit aus. Ich könnte mir wohl keine Idee von diesem Gebet machen; ich meine, daß ich es kenne, »o, am Klavier, das ist nichts, da ist die Instrumentation entscheidend«. – Abends keine Lektüre, ich erzähle ihm von unsrer Lektüre mit den Kindern, Sismondi, Manfred's Schicksal, und das bringt uns auf die »Sarazenin«.

* Nächste Seite, unter Freitag, unten nachgetragen: »Zu Donnerst.: Fidi erzählt den wehmütigen Traum: Sein Vater habe als fl. Holländer von uns Abschied genommen, die wir in einem Dampf-Schiff waren, ich und die Kinder alle; ich hätte in der Kajüte unten von R. Abschied genommen, wäre ruhig gewesen, wie Fidi meint, um ihnen das Herz nicht schwer zu machen, besonders geweint hätten Loulou und Eva.«

Sonnabend 19ten R. hatte eine gute Nacht trotz eines gewaltig wütenden Sturms. Wir machen unsere letzten Bedingungen mit dem Wirt und richten uns nun definitiv ein, was zugleich manche Mühe, aber auch viele – des Resultates wegen – Vergnügen macht. Der Präfekt macht R. einen Besuch und erweist sich ihm als ein gescheiter und wohlunterrichteter Mann, der es weiß, mit wem er es zu tun hat. Wir gehen heute nicht aus, Sturmes und Einrichtungs halber. Abends liest R. uns den 1ten Akt und die Hälfte des 2ten von »H. VI.« 3tem Teil. – R. erzählt von einem Affen, der seine Musikdirektor-Zeit in Magdeburg unterhalten hat und der Marianne hieß, im »Damenkrug« zu sehen war und Minna einen Apfel zurückwarf, weil er ihn sauer fand.

Sonntag 20ten Unser erstes Gespräch gilt Shakespeare, R. meint, daß diese Helden, »die man selbst kaum Helden nennen kann«, ganz und gar wie die alten Vikinger seien, sie erinnerten an Ägill, wir gehen den merkwürdigen Zug der Flucht Warwick's durch und staunen über die dichterische Fülle, mit welcher Shakespeare einen Gegenstand ausgestaltet hat, der so wenig Anziehendes darbot. R. will einen Brief an den König schreiben, kommt aber nicht dazu. Bei Tisch interpelliert R. Bonus und fügt hinzu: Ich weiß, ich kann aus der Gnade nicht mehr heraus; und man kann sagen, wer herauskam, der war nie darin. Er lacht über die Idee, aus der Gnade herauspurzeln! – Wir sprechen von Semiten und daß sie mit dem Zeitungs-Wesen immer Gemeinschaft hielten; R. sagt, Rubinstein nicht; wie erwähnt wird, daß er doch immer merkwürdig unterrichtet ist, sagt R.: »Ja, es zieht ihn immer wieder hinein, es ist wie mit Ignaz Denner, welcher, nachdem er schon die Heilige gefunden, immer wieder von Trabacchio heimgesucht wird. Das sind die Züge, die an Hoffmann mich gebunden haben, er hat sie gewiß nicht erfunden, aber doch gestaltet.« – Wir besuchen die K. Palatina, die R. entzückt. Nach Tisch schläft R. lange, es ist 5 Uhr, wie er erwacht, so daß wir nicht mehr ausgehen. Wir wandern auf der Terrasse, einer von den Affen ist tödlich erkrankt durch die Unvorsichtigkeit eines Knaben, der ihm Kaktus zu essen gab, der andere jammert um den Gefährten! »Was soll man von solchen Wesen erwarten, die so aufgestutzt gehen«, ruft R. unwillig aus, und wir verlassen die uns verleidete Terrasse. – Abends Plauderei und Vergnügen an den Fl. Blättern.

*Montag 21ten** Unser erstes Gespräch ist jetzt beinahe immer Shakespeare, und heute, wie ich die milden Vorwürfe hervorhebe, welche

* Beigelegt ein Zettel mit der Aufschrift: »Fidi ist ein Esel«, in griechischen Buchstaben von RW geschrieben, mit Zusatz von Cosima: »Von R. in Fidi's Stube geschrieben.«

H. VI. Salisbury macht, so sagt R., »das ist, weil Shakespeare jeden sieht, den er sprechen läßt; alles«. Wir empfangen aus Rom einen Auszug aus »Marc Aurel« von Renan, mich ergreift die Gestalt, R. findet ein wenig Nählerei* dabei und Gehenlassen, das einem Kaiser nicht ziemt. R. beginnt einen Brief an den König [am] Vormittag, am Nachmittag fahren wir nach der Villa Tasca, welche entzückend ist und R. sehr erfreut, auch der Anblick des ganz rosigen Meeres erfreut ihn, und wie wir heimkommen, ruft er mich, um mir zu zeigen, welchen Blick er von seinem Ruhestuhl aus habe; die herrliche Palme des Gartens gegenüber, und mich beglückt es, daß er dies heiter beachtet! Er schreibt weiter an seinem Brief, und abends lesen wir den 2ten Akt und den Anfang des 3ten Aktes von »H. VI.«. Da heißt es schweigen! Wie ich zu Tisch scherzend bemerkte, Aischylos habe es leichter gehabt mit den wenigen Personen, sagt R.: Das ist der Unterschied zwischen Mythus und Geschichte. Und nach einer Weile Schweigen, eines zeigt uns Shakespeare immer, die furchtbare Beschaffenheit der Welt, insofern könnte man ihn für den größten Pessimisten halten.

Dienstag 22ten Immer Shakespeare! Wie wir gestern die Scene in der Schlacht beendet hatten, rief R. aus, »das kennt man gar nicht«; und am Schluß des Abends sagt er mir: »Es ist mir, als ob nur ich und Schiller, wir dieses Stück kennten.« Er hebt es hervor, wie sie alle groß im Sterben seien. – Heute vormittag beendigt er den Brief an den König und sagt mir, er habe das Thema der Juden besonders behandelt, ihm gesagt, daß sie den Sinn für das Ächte sich bewahrt hätten, den die Deutschen so ganz verloren hätten, und daher manche sich an ihn klammerten. – Dann, daß er hier als Deutscher sich gern fühle, da er die Spuren großer Ahnen vorfände; er bemerkt zu mir, daß hier eines der wenigen Länder sei, wo man die Deutschen lieber hätte als die Franzosen. Wir machen eine Fahrt nach der Villa Belmonte, die uns viel Vergnügen macht, und der Gang bekommt R. sehr gut. Wir empfangen dann den Grafen Tasca, welcher uns mit den Kindern morgen zum Frühstück einladet. Abends Schluß des 3ten Aktes und IV. Akt von »Heinrich VI.« – R. müde, aber mit dem Gefühl, daß die Luft ihm bekommt. – –

Mittwoch 23ten Ein Bettler, der uns gegenüber, an einem Tür-Pfeiler sich gegen Nordwind schützend, bereits um 6 Uhr in der Frühe sein Tagwerk beginnt, erregt R.'s Aufmerksamkeit. Die Einheimischen geben aber selten. Um halb eins fahren wir mit den Kindern nach Villa Camastra des G^{fen} Tasca mit den Kindern; sehr hübsches, üppiges Déjeuner in den

* Soll »Nöhlerei« oder »Neelerei« bedeuten, phonetisch unkorrekt.

anmutigen Räumen alten Stils. Die gräflichen Wirte ungemein freundlich-natürlich, die ältliche Frau kennt Deutschland und zeigt R. seine Photographie. Das Wetter ist herrlich, und der Garten entzückt uns wieder. Doch ist R. etwas müde bei der Heimkehr, und da er nicht ruhen kann, wie er es wünscht, ladet er mich zu einem Spaziergang noch gegen 6 Uhr ein; wir wandern in schöner, ruhiger Luft, betrachten die Mondsichel, erkennen die ganze Mondscheibe und kehren zu Abendmahl und Lektüre zurück. Wir beendigen »H. VI.« mit Grauen über das Bild der Welt, welches Sh. uns gibt. R. bemerkt, wie diese Welt immer roher wird, im Beginn ist es eine Schwierigkeit, Gloster aus der Welt zu bringen, nun wird einfach gleich erstochen und dann – Edw. IV. – zum Vergnügen gegangen. Wie ich hervorhebe, wie gleichgültig das Verhältnis von L. Grey und Edw. einen lasse, während trotz der Grauenhaftigkeit das von Marg. und Suffolk einen fessele, sagt R.: Ja, es ist tragisch. Er macht uns aufmerksam auf die Merkwürdigkeit der Ermordungs-Scene von H. VI., wie Gloster gleichsam sich für zu seiner angelegten Tat gereizt ausgeben kann! Wir erwägen die verschiedenen Todesscenen und die Stammes-Zärtlichkeit, die einzige, die sich hier kundgibt. Und haben beständig darüber uns auszulassen. Heute beim Frühstück, welches wir im Salon nahmen, sagt R.: Willst du Herrn Tocqueville sehen? ... Guck, im Spiegel. Er sah sich mit der neuen, ihm von den Kindern gemachten Kappe.

Donnerstag 24ten Unser Frühstücksgespräch ist noch immer »H. VI.«. R. begibt sich an die Arbeit und schreibt heute zwei und einhalbe Partitur-Seiten, trotzdem die etwas üppige, ihm sehr wohlschmeckende Mahlzeit gestern ihm nicht ganz gut bekam. Wir spazieren am Nachmittag im englischen Garten und verplaudern den Abend. – R. erzählt von seinen stehenden, immer wiederkehrenden Träumen; einen u. a., wo er in Paris Friederike Meyer verlassen oder vergessen hat. Dann über Orchester-Erfahrungen. – Daß Dr. Strecker das Vorspiel zu P. jetzt herausgeben will, ärgert ihn wie beinahe alle Kundgebungen von außen (H. Neumann kündigt wiederum den Prozeß dem Verwaltungsrat an!). Er sagt, wie gut das nächstes Jahr auf dem Nil sein würde, er würde 3 Monate nichts hören. – Die Thronrede wird besprochen, wobei alles auf Steuern ankommt! Und ein Scherz von J. Gallmeyer macht R. viel Spaß, der der berühmten Schauspielerin gedenkt, ihres Enthusiasmus für ihn und ihrer Bescheidenheit, ihn nicht aufzusuchen. »Solche Naturen müßte man studieren«, sagt er. – Ich erzähle von der Korrespondenz Talleyrand's mit L. XVIII., die Rettung von Sachsen; R. meint, es würde viel besser gewesen sein, es Preußen zu geben und diese dem Protestantismus treulose Dynastie zu entfernen. – Heute sagte R., er sei überzeugt, daß das jetzige Studium der

Natur-Wissenschaften die Menschen vollständig herzlos mache. – Ein Blick auf ein aufgefundenes Bild N.'s I. in der Jugend bringt die Bemerkung hervor, wie viel mehr Racen-Schönheit und auch Ausdruck in diesem Kopfe als etwa in dem Bismarck's – »ich kann die Glatzköpfe nicht leiden«, ruft R. schnurrig aus, »das hat mir schon Cäsar verleidet«. – Wie ich R. von dem Wiener Kongreß berichte, sagt er: »Das war die gute Zeit für Beethoven, er nahm 4000 Gulden im Konzert ein!« – – Er erzählt, daß er sich verschrieben habe und bei der Bratsche eine Bemerkung für Kundry geschrieben.

Freitag 25ten R. fühlt sich nicht wohl, Folge einer Indigestion. Er schreibt doch seine Seite, ißt aber wenig zu Mittag, unterläßt den Spaziergang und legt sich um 6 Uhr zu Bett. Nachdem er noch durch einen Brief des H. Francke an mich Ärger wegen Tristan in London gehabt; sie möchten es für Hamburg haben für Vorstudien: »Nichts kann man rein erhalten«, sagt R.

Sonnabend 26ten* Vor dem Frühstück noch schreibt R. an Frl. Malten in Dresden, um ihr zu sagen, daß er sie gern als Isolde wie auch als Kundry haben würde. Er kommt zum Tee, etwas müde, doch erholt, und wir lachen sehr, wie er mir meldet, daß er bereits Kaffee getrunken. – Er spricht von dem Verhältnis von Schwester zu Bruder und sagt, es sei merkwürdiges, metaphysisch-physisches Gesetz, daß diese Bündnisse nicht gediehen. Vormittags, wie ich die Briefe an H. Francke schreibe, kommt er zu mir und empfiehlt mir den »Rückblick« über die Festspiele zu lesen, wie er es eben getan; ich habe ebenfalls Freude daran, nämlich daß alles gesagt wurde. Wir fahren zur Flora und freuen uns der märchenhaften Palmen-Allee; bei diesem Spaziergang fällt es wieder vor, daß R., was ich denke, ausspricht, wovon ich nur ein Beispiel anführen will: den klaren Himmel betrachtend frug ich mich, ob wohl in Spanien die Färbung südlicher sein könnte: »Du wirst noch den Guadalquivir sehen müssen«, sagte mir kurz darauf R. Wie wir heimgekehrt sind, kommt er bald wieder zu mir; er ist wieder genesen und heiter! Abends 1ter Akt von »R. III.« … Vorher hatte er von seiner Angst, fertig mit der Partitur zu werden, [gesprochen]; er fürchte, vorher zu sterben, diese Angst habe er bei jeder Arbeit gehabt. Dann zeigt er Rub. eine Feinheit in der Instrumentation (Aufhören der 1ten Violine, Ersetzung durch 2te Seite), die ihn sehr freut. Er sprach davon, nur noch Symphonien schreiben zu wollen, und fügt hinzu: »Aber die gehen nicht, die Konzert-Institute führen es nicht auf«, wir besprechen das Schicksal des Siegfried-Idylls und gedenken mit

* Irrtümlich »Sonntag«.

Freude der Anerkennung meines Vaters. »O ho ho!« ruft R. aus, »mit allem, was an ihm ärgert, ist er doch ganz unvergleichlich; der einzige, der ein Gefühl für gewisse Sachen hat.«

Sonntag 27ten R. hatte einen so lieblichen Traum von meinem Vater, daß es ihm fast Sorge erregt. Derselbe habe aus den Msingern so schön gesungen, wie R. nie etwas gehört, darauf hätten sie sich beide umarmt und in die Augen lange und so eindringlich wie im höchsten Freundschafts-Erguß geblickt. Sulzer sei auch dabeigewesen, habe ein Album mit Illustrationen aus den Msingern gehabt: das hätte ich dir nie zugetraut, sagte ihm R. – Beim Frühstück sehe ich eine Frau, ihr Frühstück auf einer Terrasse nehmend, und ich sage R., daß ich mir so eine vereinsamte, beschauliche Frau glücklich denken könnte, einen Mann nicht; R. sagt: »Was willst du, die einsamen Zeiten waren meine besten, Luzern, Venedig«, das bringt uns auf Minna und ihr Leid, da sie keinerlei Freude und Genuß vom Umgang mit R. haben konnte und nur Angst und Bangigkeit vor der absoluten Entfremdung, nachdem das Elend sie nahegebracht, z. B. wenn ein wenig Geld eingenommen wurde, eine Art Heiterkeit entstand. – Ich mache die erste Wanderung durch die Stadt und erzähle dann bei Tisch unsere Eindrücke. R. kommt durch den Ätna auf den Hekla und Island und das Leben der Vikinger dort. – ⟨Ein Brief von Freund Wolz. erregt R.'s Unwillen durch die [3 Wörter unlesbar] der B. Blätter [3 Wörter unlesbar] und er jammert über das, was er gefunden an Hilfe und Verständnis.⟩* Er wolle Wahnfried verkaufen, Neumann die Aufführungen von Pars. übergeben, hier sich ansiedeln. O Solon, Solon, Niemann! ruft er aus (weil dieser prophezeit hat, man würde noch auf dem Grabstein lesen: Hier ruht Meyer Cohn). – Er ist sehr müde und angegriffen. Abends spricht er mit H. Türk über die jetzige griechische Aussprache des Ai, er sage ä, jetzt sei es ai, seit wann; und der Ruf ä – korrespondiere für ihn dem Weh, es habe etwas Grauenhaftes in AiAia, welches er durch die neue Aussprache verlöre.

Montag 28ten Er hat eine unruhige Nacht, und meine kleine Spende für den Jahrestag** trifft ihn im Unbehagen an, doch macht sie ihm Freude, und er kommt mit der Kappe auf dem Kopf zum Frühstück. – Er arbeitet, wie er mir sagt, eine schwierige Stelle, und wünscht sich überhaupt leidenschaftlich die Beendigung dieser Partitur. Ich erzähle ihm bei Tisch von

* ⟨ ⟩ von fremder Hand mit Tinte unkenntlich gemacht, die nicht entzifferten Wörter bezeichnen Beiträge der Bayreuther Blätter, s. Anm.; danach Zeichen im Text und am Rand der Nachtrag: »Auch der König fällt ihm dabei ein, von dem er las, daß er sich Stücke über L. XV. bestellt und [für] jedes 2000 M. bezahlt, weil sie nicht erscheinen.« S. Anm. ** Beigelegt ein mehrmals ausgebesserter Entwurf einer Strophe »28. November« von Cosima.

unserem Morgen-Ausgang mit den Kindern und hoffe, daß sein Unbehagen vom Scirocco herrührt. Wir fahren nach der Favorita zu, steigen aber nicht aus. Ich sage ihm von den B. Blättern und den Aussprüchen Kant's, u. a. über das Leben (von Bruno Bauer zitiert), und daß ich immer wie einen Zusatz dazu zu machen hätte, wenn ich an uns denke. R. wiederholt mir, was er in der Frühe mir mit dem Scherz Monsieur Schicksal [gesagt]: »Es kam dem Weltgeist auf unsere Erhaltung an, und nun wurde es so eingerichtet, daß man es im Leben aushielt; das übrige, was noch dabei ist, hat mit dem Leben nichts zu schaffen.« Bei Tisch wiederholte er es mir, daß er es stets beklage, daß wir nicht zehn, fünfzehn Jahre früher uns gefunden hätten. – Wir verplaudern den Abend; R. liest zu unsrer Belustigung, aber auch zu unserer Bekümmernis den Aufsatz von Porges über meinen Vater, dessen Wohlgemeintheit und im einzelnen Sinnigkeit nur noch die Unklarheit der Ausdrucksweise schrecklicher macht! Ich lese dann den Aufsatz über Luther vor von Bruno Bauer, der uns allen behagt. R. findet den Stil von Stein etwas geziert (Brief an W.). – Eine Depesche von Niemann: Heute Tristan, gedenken Sie unser, erregt unser lächelndes Staunen. Mich freut es, daß es auf den heutigen Tag fällt. –

Dienstag 29ten Sehr unruhige Nacht für R., eine Art Krisis, die er selbst nicht für unheilsam hält, die ihn aber angreift, auch kommt ein Kampf mit Mosquitos dazu. In der ersten Frühe erblickt er in der Straße ein junges Mädchen, welches ein Kindchen im Arm und einen Korb am andren, Unrat aufliest, zugleich einen ungezogenen kleinen Bruder zurechtweisen muß. R. sagt: Er hätte gern Geld gehabt, um dem wunderschönen Mädchen etwas zu geben, und zugleich den Jungen züchtigen [wollen]. Er liest den Aufsatz von B. Bauer noch einmal und ist empört über den Passus über das Christentum, der mich von diesem Autor nicht wunderte, während es mich freute, daß er Luther verstand. – Es ärgert auch R., daß er, gleichsam über Kant sich dünkend, dessen Urteil korrigiere, es zeigte, daß er Kant und R.'s vorangegangenes Zitat von Schiller gar nicht verstanden, beachtet. Da wir R. von unserem Morgen-Spaziergang durch die Straßen erzählen, erhält er Lust, und wir sehen allerhand wieder, Gancia, S. Francesco d' Assisi, das ihm gefällt, zeigen ihm, wie durch ein enges Türchen und eine armselige Küche man zu einem reizenden Hof und einer Kapelle kommt. Es unterhält R. Siegfried's Sicherheit im Urteil, er meint, was für ihn die Theater-Welt gewesen sei und die Gespenster mit Bärten und sonstigem, wozu Musik gemacht würde, das sei für Siegfried Italien gewesen, welches er mit sieben Jahren zuerst gesehen. Abends spricht R. von der Analyse der Beeth.-Quartette durch Helm, er freut sich dessen und wünschte, daß Ähnliches für seine Werke geschehe.

Ich meine, daß die Popularität wohl immer der Analyse vorangehen müsse, R. sagt, nein, die Sachen wie die letzten Quartette könnten nicht populär sein, wenn man sie nicht studiere, man könne auch die Tempi nicht richtig finden, öfters seien die Bezeichnung[en] B.'s irreführend, und das Pariser Quartett, so gut melodisch sie es oft gespielt, hätte große Fehler begangen. Er glaubt mir nicht, wie ich ihm sage, daß ich das Gefühl habe, daß diese Sachen bei den Deutschen lebten, trotz schlechter Aufführungen. – Vielen Spaß macht es ihm, daß mein Vater als Judenhetzer aufgeführt wird, ein Auszug aus den »Bohémiens«, der sehr energisch ist, wird jetzt in den Zeitungen hervorgehoben. Auf unserem Spaziergang kommt R. darauf zu sagen, er begriffe dieses ewige Philosophieren nicht, er fände es absurd; »Gott«, ruft er aus, »ich habe mich doch auch mit diesen Dingen abgegeben, aber ich lebe doch daneben, ich lese meinen Roman« (die »Perrücke der Prinzessin Narischkin« liest er wirklich und teilt uns daraus mit), »während dieses Denken, man müsse der Sache durch Spintisieren nahekommen, recht albern ist.«

Mittwoch 30ten R. hatte eine gute Nacht, fühlt sich aber nach dem Bade müde. Beim Frühstück kommt er heiter auf das Zitat über die Juden zurück, »nein, dein Vater als Judenhetzer!« Aber der Ausdruck Popularität für Meyerbeer scheint ihm unrichtig, Celebrität hätte man sagen können, aber nicht P.; Weber sei populär gewesen. – Wir sehen uns um nach populären Gestalten; er nennt Garibaldi, Nap. I. mit dem kleinen Hut, den er Friedrich dem Gr. nachgemacht habe. Auch die Frage, ob das wirkliche Genie fett werden kann, wird erörtert, »nicht, wenn es gut geboren, von Adel ist«, meint R. Wir gehen zum unpopulären Cäsar über, gedenken des Shakespeare'schen, aufgeregt heftig und bombastisch zugleich, durchaus unsympathisch, während er durch Antonius' Gefühls-Schwall wie ein Gott erscheint. Shak. erinnert daran, daß wir gestern des: »sprich wie ein Mensch aus dieser Welt« gedachten; R. holt den Band und liest die Scene der Meldung von dem Tode H.'s IV. vor. Darauf begibt er sich zur Arbeit, ich fahre mit den Kindern zu der Grotta della Regina. Vor Tisch sagt mir R., er schreibe jetzt: ich bin kurzer, du bist langer, im Orchester zwischen Horn und Oboe, bei der Au. (Er gedenkt des Gedichts von Walther v. der Vogelw., welches Lusch in Tribschen ihm hergesagt.) Bei Tisch aber klagt er über »die gräßlichen Blutgeschichten, welche die ganze Konzentration der Extase« forderten, er habe es schon beim Tristan verschworen. – Wir kommen auf die Heftigkeit zu sprechen, und wie ich bemerke, daß ich dem Heftigen gegenüber immer wie in einer Art von Schuld der Kälte vorkäme, sagt er scherzend: »Nichts macht sanft wie mit einem heftigen Menschen leben; z. B. mit Minna, ihre ewige Aufgeregtheit hatte mich ganz ruhig gemacht, und sie hat mir gesagt, daß nichts sie so außer sich gebracht als meine Ruhe bei der einen Scene in Zürich. Es war keine Leidenschaft im Spiel, das tiefste Innere war nicht berührt, so konnte ich gelassen zu mir sagen: Also das hast du wieder durchzumachen«, und: »Bei dir wird es immer seltener, aber wenn es kommt, dann ist auch alles aus, dann hat das Leben ein Ende.« – – Bezeichnend ist es für seine Art, was er mir sagt: »Die Menschen, die wegbleiben, verschwinden mir, sie haben ihr eigenes Schicksal außerhalb des meinigen, so Joukowsky« (er blieb in Deutschland der Kostüme wegen), »so auch Lusch.« – – Nachrichten aus London über die Neumann'sche Angelegenheit sind eher unerfreulich. Um drei Uhr besuchen wir, R. und ich, eine Villa in der Nähe der Favorita; wir haben immer Freude an der Luft, an der Gegend, R. fühlt sich hier entschieden wohl. Auch arbeitet er regelmäßig. Abends liest er uns den 2ten und die eine Hälfte des 3ten Aktes von »R. III.« vor, und das ist schon zu viel für unsere Art es zu lesen und den Eindruck, den wir von jeder Einzelheit erhalten. Die Einführung der Nachricht vom Tode Clarence's nach der nichtssagenden, durch den Zustand des Königs rührend wirkenden Versöhnung, der erschütternde Ausruf der Königin und das Bild des bittenden Stanley, durch welches Edward zum Ausbruch seines Leidens kommt! »Das ist eine ganze Tragödie«, sagt R. Dann Hastings, sterbend, »weise bist du wieder im Sterben« kann man zu allen Shakespeare'schen Gestalten sagen. – Am Schluß des Abendbrots war R. aufgestanden und hatte italienische Melodien, vorzüglich von Bellini (»Piraten«, »Lucia«, »Somnambula«) gespielt, von welchen er sagt, daß auf die in Verzierung sich lösende Rossini'sche Phrase diese Melodie die Herzen hätte aufgehen lassen, die nur Leiden, Klage sei. Darauf kommt er auf die Schröder-D. zu sprechen, wie schön sie als Romeo gewesen wäre; sie wäre nicht mit Helm und Rüstung, wie man bis dahin gesehen hatte, gekommen, sondern im Waffenrock, und das blonde Haar sei so schön gewesen, auch als Lucrezia und in der »D. Anna« habe es so schön gewirkt. – Neulich kam er auf die None und ihre Bedeutung zu sprechen, wie nichtssagend das Thema des Ensembles am Schluß des »Freischütz« wäre ohne sie. – Boni erzählte, daß, wie sie in einem Laden Handschuhe für mich aussuchte und gleich ein Paar wählte, man ihr sagte, nur alle unbezahlt zu nehmen, der Name sei so bekannt! – –

Dezember

Donnerstag 1ten R. hat gut geschlafen, beim Frühstück unterhält er uns mit der Erzählung der Wegreißung von der Perücke der Fürstin N.* Dann kommen wir auf »R. III.«; R. hebt die plötzliche Heftigkeit der Rats-Sitzung hervor; »die Leute können doch nicht glauben, daß in dem Moment im Garten der Arm ihm verwelkt sei, aber der Schrecken ist verbreitet, und man kann sich die beiden, Buck. und Gloster, furchtbar lachend darauf vorstellen«. – Wir besprechen auch die Scene der beiden Prinzen, und R. sagt, wie auch die Clarence'schen Kinder gut gezeichnet seien. – – Dann unterhalten R. die Schreie auf der Straße, so wenig ihn das italienische Geplappre anmutet, um so mehr unterhalten ihn die Rufe und die Bemerkung Schn.'s, daß für 10 Oliven ein Mann ein Geschrei mache, wie wenn er die Welt feilböte. Fidi erzählt beim Mittag bei Tisch, daß sich gestern die ganze Straße um ihn gerottet habe, wie er eine Kirche (S. Domenico) abgezeichnet habe, das unterhält R. – Wir kommen dann wieder auf »R. III.«; mir ist es besonders nahe getreten, wie durch die furchtbare Wirklichkeit [hin]durch der Dichter seine Gestalten durch das Leiden verklärt, die Margarete, die zur Sibylle wird, Elisabeth zur Heroin mit ihrem »Willkommen«, Anna zur Büßerin durch das Geständnis! – R. sagt: »Das ist die Idealität.« – – Beim Kaffee lese ich, daß einige 20 Millionen mehr für die Armee ausgegeben werden, R. sagt scherzend: »Deutschland ist ein bis an die Zähne gewappneter Bettler. Es ist nicht gut, uns auf der Straße zu begegnen.« – Er hat immer Ärger durch die Notizen über Parsifal, gleichsam andeutend, er habe dasselbe über die Nibelungen auch gesagt. Er spricht davon, etwas darüber zu veröffentlichen; ich rate ihm ab. – Es regnet, er geht nach der Siesta aus, und zwar zum Buchhändler, und erzählt mir, wie er hineingekommen wäre, habe er nicht mehr gewußt, was er suche: Renan? Das bestellt ja Cosima, endlich Jacolliot, von dem die nichts gewußt hätten. Aber Relief-Karten haben ihn angezogen, die liebt er sehr, »es ist einem, wie wenn man überall da wäre und sich einrichtete«. – Die Zopf-Kirche Domenico mit der Säule des Heiligen hat ihn angewidert, »dahin führte die Renaissance«; ich meine, es sei ebensowenig ihr der Vorwurf zu machen, als der Palestrina'schen Musik die Entstehung der Opern-Arie zuschulden zu legen, aber er bleibt dabei, die griechische Kunst habe noch lange nach ihrem

* Zeichen im Text, am Rand: »und bei dieser Gelegenheit ergeht sich R. über das Grauen der Perücken, was alles zu dieser weißen Masse gebraucht worden wäre und wie gespenstisch es auf ihn gewirkt hätte.«

Untergang die Welt beeinflußt, aber mit dieser Beflissenheit, es schön zu machen, das Herbe zu meiden, wäre man zum Rokoko gekommen. Es sei im Keim der Sache etwas Verderbtes gewesen. »Die Leute wie Nietzsche, durch den Renaissance-Mann Burckhardt, sprächen es ja aus, was sie wollen: Erasmus, Petrarca, sie sind mir verhaßt.« – Beim Abendbrot erzählt er von seiner Seite, und daß er sich viel verschrieben. – Er erregt das heiterste Lachen der Kinder, indem er mitteilt ein Bild, welches er sich, um unsere Welt zu charakterisieren, vorhält: »Schöne Pferde, edel, willig, feurig, dazu ein tüchtiger, guter, ordentlicher ernster Kutscher, drinnen im Wagen als Herr dieser Wesen: ein aufgeschwemmter jüdischer Banquier!« – Wir sprechen von dieser Welt weiter, und er sagt, er würde sich nie mehr entschließen können, ein Wort über Politik zu sagen, ⟨nur solch einen Namen wie Bismarck zu nennen⟩.* Dagegen solch ein Thema wie das Männliche und Weibliche, das würde er gern – »wie man Wolken vor sich treibt« – bearbeiten. Abends liest er uns bis zum Schluß des 4ten Aktes vor; inmitten all des Grauenhaften, Erschütternden, müssen wir über all den Witz und Humor öfters lachen; das Volk, welches nur hört, wenn der Sprecher spricht! Die Scene mit Buckingham's *»Atem-Schöpfen«*, der Ausruf über Richmond auf der See. – – – Da Fidi vor der Lektüre sich verabschiedet, sagt R.: »Machst du recht, mein Junge, daß du zu Bett gehst! – Und doch«, fügt er nachher hinzu, »hätte mich kein Gott in seinem Alter gehen machen. O Gott, wie mich die Sachen einnahmen!« – Später, wie der Lehrer Fidi's Fleiß rühmt, sagt R., auf seine Passion für Architektur zurückkommend: »Das ist mir gerade recht so, einen komponierenden Jungen hätte ich nicht brauchen können.«

Freitag 2ten R. hatte eine gute Nacht, doch nach dem Bade überkam ihn wieder sein Krampf. Doch ist er heiter und erholt beim Frühstück, er erzählt, er habe im Bad an die Mitteilung von dem Buckingham über die Haltung des Volkes gedacht und des grandiosen Humors, der in dieser Mitteilung liege. Das ergibt noch vieles über Shake. ⟨Unter a., sagt er, wäre ihm besonders grauenhaft, daß Anna vor den wüsten Träumen ihres Gatten nicht schlafen könne.⟩** Dann bittet er den Himmel mit Hände-Falten um leichte Seiten! Sachen wie in der »Zauberflöte«: durch sie ging all mein Glück verloren. Er habe die extatischen Wunder satt. – Auch das Wühlen im Schmerz mit den tiefen Klarinetten sei er müde – ich singe das Thema des Finales aus der F dur Symphonie, »ja das – das macht Freude«. – – Er spricht dann von dem Übergang von Hagen's Wacht zu Brünnhil-

* ⟨ ⟩ von fremder Hand mit Tinte unkenntlich gemacht. ** ⟨ ⟩ am Ende der Tageseintragung hinzugefügt, durch Zeichen herangezogen.

den's Monolog, »immer Tristan«, ruft er humoristisch aus, »immer nur sprechen sie von Tristan; welche überströmende zärtliche Liebe darin liegt in Brünnhilden's melodischem Nachsinnen, keiner hat es bemerkt«. – Er arbeitet, geht vor Tisch in den Garten. Bei Tisch erzähle ich von meinem Besuche des Museums. Es regnet sanft, aber es ist hell, und R. zeigt mir, wie verklärt der Pellegrino erscheint. Wir gehen aus durch Gäßchen, R. zeigt einen Palast, den er gestern auf seiner einsamen Wanderung entdeckt und der sehr großartig ist. Alles unterhält ihn, das Leben auf der Straße, einzelne Blicke wie auf die herrlichen Türme des Domes, absonderliche Pfauen, wir treten in eine Kirche (S. Oliva) und besuchen auf einen Sprung Freund Rub. – Fidi erzählt seine Zeichen-Abenteuer, daß ein Mann die Menge von ihm bei S. Francesco durch Salat-Werfen entfernt habe. Abends beendigen wir »R. III.«; mit ihm, meint R., hört das Interessante auf, nun kommen die »Flachen«, wie er selbst Richmond nennt. Der Tod von Buckingham wirkt wieder wie eine Verklärung. – – Beim Kaffee hat ein Brief von Kmeister Levi einige Fragen betreffs Parsifal aufgeworfen, R. sagt, er habe nicht mehr den Eifer dafür, das müßte ihm abgenommen werden.

Sonnabend 3ten R. war diese Nacht eine Stunde auf, hat das Berliner Tage-Blatt gelesen; darauf hat er gut geschlafen, und am Morgen, noch vor unserem Frühstück, ist er spazieren gegangen zum englischen Garten. Den Pfeiler-Bettler hat er nicht gesehen; gestern aber ließ er sich über diesen Jammer aus, er meinte, man müßte nichts andres den Leuten wiederholen, welche die Fortschritte in Italien rühmen, als: Eure Bettler. Dann kommt er auf Heiterkeit und Ernst und sagt: »Weißt du, warum die meisten Menschen keinen Humor haben; weil sie sich immer verstellen, der Wahrhaftige kann sich gehen lassen und mit der Sache spielen, der Lügner müßte immer an sich denken; z. B. Gobineau, der uns den wahren Grund nicht sagen kann, warum er nicht kommt, er muß sehr ernst sein, während du, die [du] es durchsiehst, mit ihm scherzen kannst.« Ich sage ihm, wie mich dies frappiert, da dieses das Thema meines eben begonnenen Briefes an Jouk. sei, der uns seine Not – wegen seiner Schwester – gestanden hat. Dann kommt er auf das Wort »jüngst«, was das hübsch sei, keine Sprache außer der deutschen habe es, es sei etwas andres als letztens, der Jüngste Tag habe ihm immer einen dämonischen Eindruck gemacht, so das Jüngste Gericht. Er arbeitet. Um die Mittagszeit gehen wir im Garten spazieren, er zeigt mir den Orangenbaum, unter welchem, und den Rasen, auf welchem er sich mit Fidi »kollern« will. Er ist zufrieden hier und denkt daran, 6 Monate des Jahres hier immer zuzubringen; in Deutschland für die Musik leben, die allerdings dort zu Hause sei, wenn es dunkel würde, die Lichter sich anzündeten, nun in's Theater, er erinnert daran, welche schönen Eindrücke wir im vorigen Jahre in München hatten. Aber hier will er leben. Traurig erwähnt er es, daß er so gern Freunden das hier gönnen würde, aber er wisse keinen. Graf Tasca, der uns gestern besuchte, hat er um Empfehlung einer Villa gebeten. Ich lese zum Kaffee einen Brief von Stein vor, dieser erzählt von der Roheit der Sozialisten bei Wegführung eines der Ihrigen. »Ja«, sagt R., »wenn ihnen keine Idee nahegebracht wird!« Ein großes Beispiel müßte ihnen gegeben werden und grenzenlose Aufopferung ihnen gezeigt. Er kommt dabei immer wieder auf das Verhältnis zu den Tieren. Er geht spazieren mit den Mädchen, am Meer und durch die Straßen. Abends plaudern wir; Siegfried erzählt, daß er auf der Straße angehalten wurde, befragt, ob er der Sohn R. W.'s sei, auf sein Ja habe der Mann (Photograph) zum andren gesagt: Tutto il tipo Wagneriano. – R. zeigt die Notiz über den König* und meint, wie seltsam das zu seinem Briefwechsel passe, und wittert üble Dinge. Dann ärgert er sich über die Sprache, in welcher die Witterungs-Verhältnisse geschrieben sind. Ich lese die geschichtliche Übersicht im Baedeker vor, und am Schluß des Abends ruft mich R. auf die Treppe des Glashauses, zeigt mir den Mond und freut sich der herrlichen Luft. Mir steht gleich die Öde all dieses Schönen nahe, wenn man getrennt wäre. »Wir haben es erfahren«, sagt R., »und selbst, wenn wir die Kinder nicht hätten, wir könnten uns nicht freuen, auch wenn wir wüßten, daß sie vergnügt und wohl zu Hause wären.« – Wie er nachmittags sieht, daß ich die Korres. v. Talleyrand beende, sagt er mir, er würde es nicht lesen, und doch fügt er hinzu, alles ist interessant, es kommt nur darauf an, wer es liest.

Sonntag 4ten R. hatte eine gute Nacht und steht früh zu einer kalten Abwaschung auf. Er sagt mir, er habe sich das selbst verordnet, wisse sehr gut, wie er daran wäre, ärgere sich, wenn man ihn wie einen schwächlichen, künstlich ängstlich zu erhaltenden Menschen behandle. Genau das Gegenteil von dem, was er in Bayr. sagte! Wo er sich krank fühlte. – Halb im Ernst, halb im Scherz spricht er beim Kaffee von dem Verfall der Menschheit, gegen welchen man immer mit Anführung von Telegraphen und Eisenbahn remonstriere. Dann sagte er, er möchte einen Landstrich bewohnen, der keine Bettler habe. – Er sieht wohl aus und teilt mir beim Kaffee nachmittags mit, daß er hier eine ungemeine Freude habe, wenn er an seinen Schreibtisch sich setze. Kein Feuer zu brauchen, freut ihn, und die schönen Pflanzen. »Es ist doch schön«, denke er, »daß du eine

* Nicht aufgefunden.

solche Partitur schreiben kannst, ohne Angst und Schweiß, mit Behagen.« Es sei hier alles traulich, ganz anders als in Neapel, wo es so aufregend sei. Er geht heute allein aus, ein schlimmer Fuß hält mich zurück, und kommt nach zwei Stunden zurück, etwas müde, wie mich dünkt. – Bei Tisch erzählt er mir: Er habe die »Physik des Himmels« aufgegeben, weil er zu wenige Kenntnisse davon hat, und begänne nun »Über die Racen« von Kant. Und am Schluß des Tisches sagt er, er würde gern einen begabten jungen Mann kennenlernen, aber keine Frau, die machten immer Unruhe. Nach dem Spaziergang arbeitet er und erzählt mir: er früge sich, ob er die Baßklarinette gebrauchen solle, ich: »Bei welcher Stelle?« Er: »Bei der Taufe«, er sei zwar nicht so weit, überlege es sich aber, »die Kerle müssen üben«. – Beim Abendbrot gedenkt er der Schweiz, die ihn zwei Mal geborgen habe, zwei Mal habe ich in denselben Gefühlen den Boden-See übergangen, mit dem Gefühl, den Unsinn hinter mir zu lassen. Dann gedenkt er der Aufführungen der Beeth.-Symph. in Zürich und meint, was Korrektheit anbeträfe, habe er nirgends wieder so gute erzielt, weil er da Zeit gehabt hätte. Wir gedenken der andren herrlichen Aufführungen und der alten Tribschner Zeiten. Er gibt Boni die Reden von Bismarck zu lesen, im Reichstag. Wir staunen über diesen Ton, über dieses beständige: ich. – Am Schluß des Abends öffnen wir die Türe des Glashauses; eine milde Luft umfließt uns, R. fühlt sich hier wohl!... Von der Schönheit von *S.*'s Auge spricht er mir heute: »Der Kerl ist ganz Auge.« Er spielte auch etwas aus Parsifal, scherzhaft sich ärgernd, daß man immer »Tristan« jetzt hervorhebe. Er meint dann, wenn die Sache der Aufführungen nicht ginge, würde er sie H. Neumann übergeben, damit dieser ihm Geld schaffe und er Spanien, Nil u.s.w. bereisen könne. Ein R.-W.-Kalender wird ihm heute aus Wien zugeschickt mit einigen Irrtümern.

Montag 5ten R. schlief gut, nimmt eine kalte Abwaschung und kommt heiter zum Frühstück, nachdem durch die geschlossene Türe [hin]durch er wie öfters hier die Kinder mit Mendelssohn's Musik zu Pyram. & Thisbe [begrüßte]. Wie ich ihm sage, daß ich sie eigentlich nicht liebe, sagt er: »O widerwärtig – die Trompeten bei Bohnen-Blüte war witzig – aber diese ganze Sommernachtstraum-Musik hat mir von je mißfallen; aber alle Intendanzen wetteiferten, um dies Meisterwerk zu bringen; Eduard Dev., das war so ein rechter Typus dieser kalten, perfiden M.-Enthusiasten.« – (Letzteres nicht wörtlich, aber der Sinn.) Wir kommen heiter auf die Feier des 100. Konzertes in Bayreuth, dessen Rede wir gestern im B. Tagblatt gelesen. Das wäre das Charakteristische, sagt R., die Selbstzufriedenheit all dieser Leute. Daß man eigentlich nichts mehr der Welt zu sagen hätte, ist dann immer der Abgesang! Wir denken an Schop. und daß er eigentlich sehr würdig sein Leben geführt hätte; seine Sorge um die Verbreitung seiner Werke ist dadurch erklärlich – meint R. –, daß sie beinahe eingestampft worden wären. »Denk' nur an Tristan«, sagt R., »wenn nicht der Druck wäre, wie wäre es dem bald ergangen.« – Er entsinnt sich, daß Hans ihm von seinem Besuch bei Schop. erzählt hat, die Frage, welche der Philosoph an ihn machte: Haben Sie bemerkt, wie der Hund Sie angesehen hat? »Und es ist wahr«, sagt R., »so ein[en] intensiven Blick wie den, mit welchem ein Hund einen Ankömmling prüft, gibt es gar nicht wieder.« – Der Morgen ist hübsch, und bei Tisch erzählt R., daß er gearbeitet hat, »o die Musik!« ruft er aus, »man wird erst hier sehen, was für eine Möglichkeit der Klage in der Wonne sie enthält! Das gefällt mir nicht im Adagio der 9ten Symphonie, dieses sich Ermannen zu einer Art von Triumphgesang, eine Besiegung, die gar nicht notwendig ist, die eo ipso da ist in der Musik.« – Durch Loldi's Melancholie über einen Verweis, den ich ihr bei der Geschichtsstunde geben mußte, ist unser Tisch etwas getrübt, weil R. die Kinder nicht traurig sehen kann. Auch ist der Himmel grau. Wir gehen spazieren, etwas zum Meer, trotz Regen, und dann um das Politerma herum nach Hause, R. hält einen Jungen, der seinen Hund mißhandelt, an, und da er schwer mit dem Italienischen dabei fortkömmt, knüpft er daran den Entschluß, die Sprache zu lernen. – Abends lese ich für mich die neuerlichen Reden und Gegenreden im Reichstag, die Parteien sind zerschlagen, »einzig«, meint R., »hat der Sozialismus Kraft, denn jeder wenigstens führt ihn im Munde«. Abends lese ich aus der »Italienischen Reise« Palermo vor, R. langweilt die Beschreibung der See-Reise, ich überspringe vieles und komme zu den Tollheiten des Fürsten Pallagonia; R. bemerkt, daß Goethe sich gern bei solchen Schnurren aufgehalten hätte. Über den Reichstag sagt er noch: »Daß niemand auftritt und ein besonnenes Wort spricht und zu Bismarck sagt: Du hast uns diese Gesetze gegeben, du hast uns zu dem Punkt geführt, über welchen du klagst; und alle nur in Sorge, er möge abtreten.« (Brief von Lusch, R. findet das Leben, welches sie führt, trivial.) Die Mädchen erzählen, vor dem Dom (Seite) sehen sie einen Volkshaufen, sie wollen erfahren, was da sei, und entdecken ihren Bruder zeichnend, umringt von Neugierigen, die aus allen Ecken und Enden sich ihm anschließen.*

Dienstag 6ten Eine Mücke stört unsere Nacht. Doch ist R. früh an der Arbeit, noch vor dem gemeinschaftlichen Frühstück; er möchte, daß ich ihn überrasche. Allein ich ahne es nicht und rufe ihn. Bei Tisch erzähle

* Am Rand nachgetragen: »Er beschließt einen Brief an Wolz. für die Blätter Januar.«

ich von unserer Lektüre mit den Kindern (Epoche der Sizilianischen Vesper, Sism.), und er ergeht sich darüber, was die Kirche für eine Macht war, all die Klöster, Bauten, Heiligsprechungen. Alles ging von ihr aus. Die beständigen Zerstörungen, Wühlereien zeigen ihm, daß es dem Weltgeist gar wenig darauf ankomme, ob hübsch gemalt oder gebaut würde. – Er läßt sich bei Tisch auch wieder einmal über die Bärte, dieses tierische Zeichen [am]* Menschen [aus], die er nicht leiden könne. Nach Tisch kommen wir beide auf dem 1ten Satz der c moll Symphonie an, und R. spielt daraus und sagt: »So etwas wie dieses Ausbrechen in Begeisterung, in Freude, das hat vor Beethoven keiner gehabt, Mozart kennt das gar nicht, Weber hat etwas davon, und das ist eine der Stellen, welche, wenn man sie deuten könnte, uns die Welt erklärten.« Er verspricht uns, zwischen den Aufführungen Symphonien aufzuführen. – »Ach«, ruft er plötzlich beim Kaffee aus, »was brauche ich das Fagott tief blasen zu lassen.« – Ich: »Wo?« Er: »Bei der Taufe, ich kann es überhaupt nicht leiden, das Fagott.« Dann erzählt er, er habe in Siena falsch liniiert, »es ist schrecklich, wenn man Pedanterie und Genialität in einem Beutel bekommen hat, eine wahre Qual«. Ich meine, daraus bestünde das Genie. – »Ach, diese Welt«, ruft er aus, »es ist etwas Schreckliches!« Und etwas nachher, wenn er sich eine Zeit und ein Verhältnis denken könne, wo er gern gewesen wäre, das wäre in Cheronea mit Plutarch, der sei beinahe dicht an dem Höchsten gewesen, habe so viel erfahren gehabt, und nun unter dem Flügel-Schlag der Antonine, aber gerade in Cheronea. »In Stratford bei Shakespeare nicht, das hätte man nicht ertragen, der konnte nur mit so Leuten umgehen, die keine Ahnung von ihm hatten.« – Wir gehen spazieren, der Dom – Äußeres – entzückt ihn, erinnert ihn an indische Bauten, und er meint, er sähe aus wie eine Königsburg. Er weile gern in einer Stadt, wo solch ein Gebäude sei, aber das Regenwetter läßt doch das Bild der Nil-Reise vor ihm aufsteigen. Wie heute R. der Lage der Mädchen erwähnte, durchdrang es mein Herz, die ich mit Schwermut das Gefühl des Fremdseins und Entfremdetwerdens für die Kinder in mir trage. Da ruf' ich den Gott an, den Schweigenden, und erflehe mir Kraft zur Verscheuchung aller der trüben Stimmungen, die sich auf mir lagern, und ich glaube, meine Kinder, daß, wenn ich friedsam harre des Beschiedenen, auch für euch ich mehr Segen auf euch herabbeschwöre, als wenn ich es versuchte, euch anderes um den Preis der Ruhe zu erkämpfen. Sei der Segen, der gewiß mit euch ist, durch mein Sorgen nicht gestört, alles dem Gott anheimgegeben – und Gott! gib mir, erhalte mir die Kraft der Heiterkeit! – R. erzählte

* Ursprünglich »dieses Tierische *im* Menschen«, »Zeichen« eingefügt.

bei Tisch aus dem Kant'schen Buche über die Racen, welches ihn durch seine Naivität der Darstellung erfreut. Abends will ich dem kleinen Kreis die Reden von Bismarck vorlesen, allein R. unterbricht mich. Wir beschließen den Abend mit Besprechung der B. Blätter; R. meint, daß sie einzugehen haben, nur Wolz.'s Schicksal geht ihm nah. Er ist gereizt etwas gewesen, und des öfteren rufe ich den inneren Gott, daß er Gewalt über die bösen Geister mir gebe. Wenn wir ganz allein sind, dann ist es immer gut! Aber das ist nicht möglich. Heute schrieb er im braunen Buche auf, daß der Grund, weshalb er mit Menschen nicht umgehen könne, die dummen Fragen seien, die an ihn gerichtet würden und die ihn zur Verzweifelung brächten (»was denken Sie von Gounod«, u. a.). – Heute früh verglich er die jetzt beregneten Palmen mit einem aus der Maskerade zurückkommenden Spanier.

Mittwoch 7ten R. ist wiederum früher aufgestanden und hat für sich gefrühstückt, doch leistet er mir etwas Gesellschaft. Ich besuche das Museum mit Loldi bei sehr regnerischem Wetter, welches macht, daß wir mit R. nur eine Fahrt, keinen Spaziergang machen. Bei Tisch erzählt er von seiner Lektüre (Kant), die ihn fesselt. Der große Erfolg von Tristan und Isolde in Berlin, von unserer Freundin Mimi berichtet, freut und erstaunt ihn zugleich, und er erkennt den Ehrgeiz in Niemann, der ihn nicht ruhen läßt. Musikalische Notizen lassen es ihn ausrufen: »So ernst wie ich mit meinem Tristan nimmt es keiner, weder Dichter noch Musiker«, und er meint, er sei wirklich nicht zu klassifizieren. Gestern, wie die Rede von den B. Blättern war, meinte er, wie die Kritik darin hätte sein müssen, z. B. das ganze Klavier-Wesen müßte verdammt werden u.s.w. – Abends bringt Rubinstein die ersten Korrekturen seines Klavierauszuges und spielt es zu R.'s Befriedigung. – Er wurde heute ärgerlich, wie ich ihm einen Brief von Freund Groß mitteilte, und sagte dann zu Tisch, er schäme sich vor mir, aber die beiden Dinge im Leben, einerseits die Trägheit, mit welcher alles ginge, andrerseits die Hetze, das rege ihn auf. Zum Beispiel, wenn etwas zu zahlen sei, diese Pünktlichkeit, und wenn etwas erwartet würde, dieses Zögern! – Ein Brief von Fürstin Wittg. über die Bedeutung von Visiten-Karten macht uns vielen Spaß.

Donnerstag 8ten Immaculata! Die Kinder begleiten ihre Gouvernante zu diesem seltsamen Feste und erzählen gar wunderliche Dinge davon. R. arbeitet, und bei Tisch, wie ich ihn von einer Episode aus der Pisanischen Geschichte (Meloria-Schlacht und ihre Folgen) [unterrichte], so sagt er, es ginge da her ganz wie in der Natur, mit derselben naiven Grausamkeit, und es sei so in der ganzen Art gewesen, bis dieser eine Moment gekommen sei, den er *Jesu* nenne, und für den empfindenden Menschen sei das

Treiben in der Natur grauenvoll! –– Wir gehen spazieren auf der Terrasse oberhalb des Meeres und freuen uns des Anblickes auch bei wolkigem Himmel. R. arbeitet dann emsig und angestrengt bis $7^1/_2$, und auch dann kommt ihm das Abendbrot zu früh! Abends liest er uns den »Taucher« vor*; wie ich daran erinnere, daß die Episode unter Fr. II. soll geschehen sein, ergeht er sich leidenschaftlich über Fürsten und Große und ihre Grausamkeit. Er kommt auf die jetzigen und sagt: »Diese Fähigkeit, die Menschen zu 1000 vor sich fallen zu sehen und eigentlich immer eine Art von guter Laune zu behalten, nachher in's Ballett gehen, und alles unter den Begriffen von Epauletten, Engagement, Retraite, à la suite. Überhaupt Uniform, das ist die Hauptsache, daß ein jeder denke wie der andre.« Er ereifert sich sehr, und mir ist es, als ob die Gegenwart der fremden Elemente nicht ganz unschuldig an seiner Erhitzung sei, wenn er auch seine Ansichten ausspricht. – Mozart nannten wir heute den Renaissance-Musiker. – Und wie er das Toben des Meeres betrachtete, sagt er: »Und das einzudämmen, das hilft Faust über alle Gretchen-Leiden –– Spielerei!« ...

Freitag 9ten Heute hatte R. wiederum einen Brustkrampf in der Frühe; doch kann er arbeiten, und zu Mittag ist er ganz wohl. Der naiv-unverschämte Bettler am Pfeiler, »unser Säulen-Heiliger«, läßt R. die Bemerkung machen, daß wir ihm Schaden brächten mit unserem langen Aufenthalt, da er denn mehr von Hin- und Her-Reisenden einnehmen könnte. Wir wandern zum englischen Garten, begegnen dort dem Grafen Tasca, welcher uns in seinem Wagen nach der Zisa führt, ein merkwürdiges arabisches Haus. Abends liest mir R. aus dem Werk Kant's über die Racen einige Seiten vor, welche uns sehr fesseln; R. sagte bei Tisch, Schop. habe recht, ihn den originellsten Denker zu nennen.**

Sonnabend 10ten R. hatte eine gute Nacht, und beim Frühstück führen wir das Gespräch über das Thema der ersterbenden Keime aus Kant

* Zeichen im Text, auf der nächsten Seite, unter Freitag, unten nachgetragen: »Es rührt sehr, nur vermißt R. das Atem Einhalten in der Tiefe bei der Beschreibung von dem, was ihm zu dulden auferlegt war. R. sagt, er würde so etwas nicht vergessen haben, er verfahre darin ganz praktisch.« ** Drei Seiten später unter Sonntag nachgetragen, auf der folg. Seite unten fortgesetzt: »Zu Freitag dem 9ten. Beim Abendbrot hatten wir mit den Kindern über Alte Geschichte gesprochen; R. erzählt, daß ein Pr. Weiße einmal mit einer sprechenden Geste gesagt: Der Peloponnesische Krieg habe die Blüte Griechenlands abgestreift – mit diesem Wort sei ihm, R., alles verleidet worden; gar keinen Sinn habe er für die Römer gehabt. ›Und, Gott verzeih mir meine Sünde, ich war immer für das Genie, für Hannibal gegen die Römer, / wenn man auch die Energie bewundern muß, mit welcher sie z. B. sich rasch eine Flotte schufen und mit dieser wirklich die Karthager schlugen. Auch Regulus hat mich amüsiert.‹ Einen Leit-Artikel, den ich vorlese, über Gladst. und die irischen Zustände, ärgert R. durch die Ungerechtigkeit gegen den Minister, von dem er nur sagt, er hätte nicht Minister werden sollen.«

fort. Er arbeitet, ich suche mit den Kindern Photographien aus für die Freunde in Bayr. Bei Tisch erfreut ihn der endlich angekommene Rheinwein. Nachher fahren wir nach der Cuba, dann nach der Zisa, und endlich steigen wir im Garten Florio ab, der wunderschön ist und in welchem ein Pracht-Uhu R. und unsere ganze Bewunderung erregt. »Das ist die Natur«, ruft R. abends aus, »ohne Verstellung, grauenhaft, aber wahrhaftig; und wie ein Löwe, schöner als ein Löwe sieht der Kerl aus.« Wir betrachten ihn lange und kehren zu ihm zurück, nachdem der liebliche Garten uns sehr angemutet hat. Die Stadt gefällt ihm immer mehr; die Teilung durch die zwei großen Adern, um das Gewirr der kleinen Straßen zu bemeistern, findet er durchaus richtig, und es gewährt eine große Freude, durch die Porta Nuova über die Stadt hinweg das Meer zu sehen. – Abends ereifert er sich wieder, und zwar bei Gelegenheit des Theaterbrandes in Wien, nach welchem er gefragt wurde. ›Das nichtsnutzigste Volk säße in einem solchen Operntheater; wenn in einer Kohlengrube arme Arbeiter verschüttet würden, das ergriffe und empöre ihn, aber solch ein Fall berühre ihn kaum.‹ Dann kommt er wieder auf die Armee, und daß er Siegfried gern frei vom Dienst machen möchte; wie einer sagt, für den Ruhm stürben die Soldaten, ruft er aus: »Weil sie sich mehr vor dem Unteroffizier als vor der Kugel fürchten, eine Kugel ist manchmal gnädig. Fragen Sie mal, ob die Soldaten bei Spichern für den Ruhm gestorben sind.« (Wie er es gestern am Schluß des Abends ausgerufen hatte, wie schrecklich die Welt sei, sage ich ihm, daß ich den Kindern gern einige Heiterkeit bewahren möchte und deshalb oft meine Eindrücke verschwiege, er gibt mir recht.) Er liest uns »Die Bürgschaft« (sich ärgernd, daß Möros Damon heiße), welche er weniger gut findet als den »Taucher«, und bemerkend, daß Schiller die Kreuzigung nicht richtig verstanden, mit dem Galgen verwechselt habe, denn das Charakteristische der Kreuzigung sei die Langsamkeit der Pein. Und dann »Der Gang nach dem Eisenhammer«, das Gespräch zwischen Robert und dem Grafen findet er zu dramatisch, Othello-artig, aber alles übrige erfreut und rührt ihn gleich uns, die Beschreibung des Messedienst[es] mit all der Umständlichkeit, während das Grauenhafte sich erfüllt, besonders – »ein herrliches Wesen spricht da zu einem«, – und er freut sich des schönen Ausdrucks in S.'s Gesicht, wie er zuhört. – In der Frühe heute freute er sich über die Bildung der Worte bei Kant, das Anarten z. B., während die jetzige Wörter-Bildung Herabminderung, nichts wie Unsinn sei.

Sonntag 11ten Stürmische Nacht, auch für R. unruhig; in der Frühe scheint die Sonne, aber sie muß weichen, und der Tag bleibt meist trübe, doch zeigen sich zwei Regenbogen. Vor Tisch, wie ich ihn begrüße, radiert er noch aus, was er in Siena unrichtig liniiert. Bei Tisch kommt unser Wirt zu uns, er ist Schmetterling-Sammler und erschrickt uns förmlich durch die Nachricht, daß ganze Arten Schmetterlinge ausgegangen sind durch das vielfache Sammeln. Kein Ausgang außer ein wenig im Garten für R. – Abends arbeitet er wieder, ist aber so müde, daß er nach dem Abendbrot ein wenig schlafen muß. Die Konzentration, die Anspannung der Arbeit strengt ihn an. Ich schlage vor, wiederum aus Goethe vorzulesen, und es macht ihm Vergnügen, mit Ausnahme der Beschreibung von Tempeln! Das findet er sehr langweilig, »wir wollen Leben haben« –– der Ausdruck »Schrittstein« für Trottoir gefällt ihm. Wie wir allein sind – nachdem [er] den Lehrer Siegfried's, den jungen Türk, ermuntert hat, ein wenig lebensvoller dem Aufenthalt hier entgegenzusehen –, sage ich ihm, daß ich gar gut es verstehe, was er gestern sagte, daß er keine »polyphone Spielerei« wie in den Nibel. im Pars. anbringen werde, z. B. das Waldweben. Hier sei alles zu ernst, zu konzentriert, es sei selbst kein Schwelgen im Leiden wie beim Tristan. Er fährt fort: »Gott, wenn man denkt, von wo ich ausgegangen bin, Magdeburger Kmeister, wo man 4 erste Violinen hatte, so ist es eine Freude, für 12 zu schreiben und sich ein Genüge zu tun; im Ring bin ich da, um Natur-Effekte wiederzugeben, am weitesten gegangen.« Die Nachrichten von dem Erfolg auch der 2ten Aufführung des Tristan erstaunen ihn, »da, kann man sagen, hat sich vieles verändert, wenn das gefällt«. – Er möchte aber Striche machen, und er sagte neulich, er fände, er habe zu dick instrumentiert (2. Akt). – Viel klagt er noch über seine Arbeit, »könnte ich nur so eine A dur Symph. schreiben, ich würde nicht die schönen Einfälle von Beeth. haben, aber die Arbeit wäre nichts im Vergleich zu der meinigen«.

Montag 12ten Die Nacht wieder unruhig, doch ist er heiter beim Frühstück. Der Name Mozart beschäftigt uns (Muothart), R. findet ihn schön klingend, er meint, man hätte Guiscard so bilden sollen: Witzhart. »Mendelssohn hätte sich Händel'ssohn nennen sollen!« – Und Gott weiß, wie wir da auf Fürst. Wittg. zu sprechen kommen, ich sage scherzend, ich würde gern gesehen haben, wie zwei solche Naturen wie die seinige und die ihrige ausgekommen wären: »Nicht vier Wochen hätte ich ausgehalten«, sagt er, und schnurrig fügt er hinzu: »Ochs und Esel zankten sich, wer die meiste Weisheit hätte, keiner wankte, keiner wich!« – Um 12 Uhr fahren wir zum Palast des G[fen] Tasca; R. findet ein Potpourri aus den Msingern auf dem Klavier und spielt daraus, dann sehen wir uns die im kindlich bunten Geschmack reich ausgeschmückten Räume [an]. – R. klagt am Nachmittag beim Spaziergang mit mir (englischer Garten) über die Absorption durch seine Arbeit, und insofern nehme er an, was ich ihm vorhin gesagt, daß er immer geduldiger würde, denn ich könne nicht glauben, wie präokkupiert er zuweilen sei, wie so eine Oboe ihm durch den Kopf ging u.s.w. Der Spaziergang erfreut uns wie immer, auch gedenken wir des Uhu; R. lacht über die Deutlichkeit des Rufes, als ob er sprechen lernte. Die Ohren erinnern uns an Hermes, und wir sprechen davon, wie die Motive bei den Griechen immer der Natur unmittelbar entnommen seien. Er arbeitet; abends erscheint er mir etwas aufgeregt. Er erzählt von seiner Kindheit, von Weber, von der »Humpel-Marie« – Weber, von einem Oboisten Wußtlich, der eine Liebe gehabt, von der er hörte, der unter Weber gespielt, von dem ihm gemeldet wurde, er sei an der Schwindsucht gestorben, was für immer den Begriff des Tragischen an die Oboe für ihn geknüpft; von der Musik im Großen Garten. Unterschied nun, seriöse Konzerte!... Dann spricht er von der Fuge von Bach, wie er in der Jugend bei Gelegenheit der Mendels.['schen] Aufführung der Passion von Bach von einem Musiker in Leipzig hätte sagen hören, B. sei ein großer Rechenmeister, aber Händel habe mehr Phantasie gehabt. Er spricht von der Fuge v. Bach wie von einer untergegangenen Gattung, gegen welche die Fuge in Sonate 106 z.B. eine Kinderei sei. – Mich betrübt es, mit ihm nicht allein sein zu können, wobei ich das Gefühl habe, ihm die Ruhe zuzuführen. – Beim Abendbrot erging er sich wieder in der Betrachtung, ob unser Weltganzes, welches bereits so edel in einigen Köpfen und gar in einigen Herzen sich abgespielt hat, nicht einen ethischen Zweck haben sollte, wie er so schön schon erschaut worden ist. »Oder sollten wir wirklich nur da sein, um alle wieder Gras zu fressen, möglich ist's.« – Und darauf spricht er es aus, wie über alles der gute Mensch zu gelten habe, aber wie selten dieser sei! – Gestern beim Frühstück stellten wir die Betrachtung über Unsterblichkeit an, d. h. Leben im Gedenken andrer, wie fraglich dies sei, da selbst ein Wesen wie Goethe in seinem Urteilen über Dahingegangene so unbestimmt und fast konventionell gewesen sei.

Dienstag 13ten R. hatte eine unruhige Nacht und Brustkrämpfe Vor- und Nachmittag. Er zwingt sich zu einer Seite. Ich wandre durch die Stadt; er spricht mir dann von den Briefen, die angekommen seien, und da ich ihm erzähle, Malw. sage bei Gelegenheit der Heiligsprechung, die Leute meinten, nun würde Moltke kommen und ihnen das Temporale zurückgeben, meint R.: »Er tut es gleich, wenn der Kaiser es wünscht, er ist wie Schott« (der ein Mal sage, es sei ihm gleich, was er drucke), »es ist ihm gleich, wen er niederschießt.« Wir gehen aus, G^{f} Tasca führt uns in eine Villa beinahe gegenüber dem englischen Garten, ganz herrlich durch Aussicht und Bäume. Bei der Heimkehr aber fühlt er sich sehr leidend. Es gelingt, den Abend recht still und ruhig zuzubringen. Er erzählt, wie schlecht die beiden Romane, die er in den Zeitungen gelesen, geworden, das Interessante wäre wahrscheinlich aus Memoiren entnommen gewesen, und das übrige nun sehr elend hinzugefügt. Keine Sonne heute! Der Nil sehr in Gedanken-Aufschwung.

Mittwoch 14ten R. hatte eine gute Nacht und arbeitet emsig. Wir fahren am Nachmittag zur Villa Florio und besuchen den Uhu, nachdem wir einige Besuche empfangen haben. Einem Geistlichen übergibt er seine Schrift über Vivisektion. Abends ergehen sich unsere Gespräche zuerst über die Orgel-Fuge von Bach, von welcher R. sich nicht vorstellen kann, daß sie sich gut auf der Orgel – deutlich – mache. Und dann verfallen wir auf die »Stumme von Portici« und selbst »Fra Diavolo«; ja aus den »Falschmünzern« und aus der »Braut« hat er gespielt, mit Hervorhebung der Auber'schen Verdienste, Einfälle und Lebhaftigkeit. Er klagt über seine Arbeit – hebt es aber hervor, daß »Parsifal« sein versöhnendstes Werk sei.

Donnerstag 15ten Ich hörte R. die Nacht stöhnen und ausrufen: Gute Cosima! Er erwacht in wehmütiger Stimmung und erzählt seinen Traum: »Wir waren so wie bei deinem Vater, Hans und Lulu auch, und ich, gleichsam, um zu zeigen, daß bei uns die Erziehung eine strenge sei, wollte Lulu züchtigen mit einer Ohrfeige; sie wollte sie mir zurückgeben, da wollten wir gehen, Hans trat versöhnend, beschwichtigend dazwischen, küßte mir die Hand, ich ihm die Stirn, wir gingen weiter im Küssen, und er sagte: Ich wußte es wohl, daß du deiner Liebe zu mir nicht genügt hattest, wenn du mir nicht den höchsten Preis zugeführt hättest; worauf er hinausgehen will; wie er die Türe öffnet, kommt sein Doppelgänger herein, er und wir alle brechen in Tränen und Schluchzen aus, die Ankündigung seines Todes verstehend.« – Ich erzähle R., daß ich in einem meiner letzten Briefe an Lusch des Todes gedacht habe, um ihr die Richtschnur ihres Betragens gegen ihren Vater anzugeben. R. sagt beim Frühstück, daß ähnliche Träume bei ihm nie weissagend gewesen wären, und der Nachmittag bringt einen Brief von Lusch mit Einlage – und zwar eher beruhigende – von Hans! Aber unsere Stimmung ist wehmütig. – Vor Tisch noch schreibt R. an H. Niemann, unter andrem: »Wer nicht an Sie glaubt, wird's nicht weit bringen« – und arbeitet; es bleiben ihm noch 30 Seiten Partitur, deren er mit Seufzen gedenkt! Wir fahren an das Meer, welches ganz wütend wild ist und uns dadurch unterhält. Durch Via Maqueda kehren wir heim, wo R. sich wieder an die Arbeit begibt. Unter andren Gesprächen hatten wir des Falles gedacht, daß wir die Töchter verheiratet hätten und nun als Wandrer die Welt durchzögen! Madeira, Ceylon – »ich will blauen Himmel haben«. – – Abends spielen wir Whist mit schließlichem Ärger über sein Mißgeschick, nachdem wir noch Einzelheiten über das entsetzliche Ereignis in Wien gelesen! ... Heute des Elendes der Menschen gedenkend, gedenkt auch R. der Gerechtigkeit, welche Schopenhauer darin ersieht für ihr Verhalten gegen die Tiere. – Die Anzeigen aus der Musik-Zeitung liest er, viel darüber lachend, vor. – Heute klagt er es wieder, daß niemand seine Intentionen kenne, daß er niemandem nach seinem Tode die Vertretung seiner Werke anvertrauen könne. Siegfried wolle er nicht daraufhin erziehen. – Wie wir diesen heute beim wilden Meer sahen, rief R. aus: »Was der Junge für eine glückliche Jugend hat, welche Eindrücke!«

*Freitag 16ten** Gute Nacht für R., aber beim Frühstück ist er ein wenig unwillig, weil ich huste und die Sache nicht ernst nehmen kann. Er arbeitet, geht um die Mittagszeit im Garten, freut sich der Camelien und plaudert bei Tisch mit den Kindern. Dann geht er mit ihnen aus und führt sie nach der Casa Rosso, die mir so gut gefallen hat; heimgekommen aber klagt er: Er habe seinen Brustkrampf wieder gehabt, habe sich setzen müssen, sei sehr angegriffen!... Er arbeitet aber doch. Abends werden die Zeitungen vorgenommen. Der Bericht eines Schauspielers, der viel Unmögliches und Schwadronierendes enthält, erregt R.'s Unwillen und Staunen, daß so etwas aufgenommen werden konnte und nun abgedruckt. Am Schluß der vielerlei Mitteilungen, und nachdem ein Aufsatz über Irland Gelegenheit gegeben hatte, über die Unlösbarkeit dieser Frage [zu sprechen] – denn nun seien dort die Menschen wie Tiere geworden, welche nur zu beißen noch trachteten – und die Mißlichkeit der Lage von Gladstone, für welche kein Mensch ein Verständnis zeige, ergeht sich R. über seinen Mangel an Anteil an der Katastrophe von Wien. »Es klingt hart und geht fast über die Natur hinaus, aber die Menschen sind zu schlecht, um daß es einem nahegehen kann, wenn Massen untergehen. Wie gesagt, wenn in Kohlengruben Menschen verschüttet werden, da kommt mich das Entsetzen an über eine Gesellschaft, die sich mit solcher Hülfe Heizung verschafft; und ob so oder so viele, die einer Offenbach'schen Operette beiwohnen, aus dieser Gesellschaft dabei umkommen, wobei sich auch nicht ein Zug von moralischer Größe zeigt, das läßt mich gleichgültig.« Ich erwähne den Krieg, »da war man wenigstens gehoben durch große Züge der Aufopferung und den Gedanken, einer Idee zu leben«. – Vorher bei der irischen Frage hat er es ausgerufen: Wir werden alle solche Sklaven werden, denn das Eigentum ist heiliggesprochen, und nun kommen die Herrn von der Börse daran. Ein heitres Moment

* Irrtümlich »15ten«.

ergibt eine Postkarte von Cyriax, bei welchem ich einen in der I. Z. empfohlenen Regenschirm neuer Erfindung, den R. gut gefunden, bestellt, und der erzählt, es sei der Scherz eines Witzblattes, den die Ill. Z. ernst genommen. Trist. und Is. nun auch in Königsberg eingezogen. – Da bei der Katastrophe in Wien es auch erwähnt wird, wie wenig Pflichttreue bei Inspektoren u.s.w. sich zeigte und daß in Preußen gewiß mehr vorhanden sei, sagt R.: »Woher soll sie auch in Österreich kommen, der eine ein Slowak, der andre ein Böhme, keiner mit einem Interesse am Gemeinwesen, und als Polizei-Präsident ein *Bon Marx.*« – Von der Insel Ceylon spricht er wieder und von den Orientalen überhaupt, die es am weitesten in der Anerkennung der Notwendigkeit des Übels gebracht und die in dem Absolutismus die beste Form erkennten und um das unermeßliche Glück, einen guten Herrscher zu haben, die Reihe der schlimmen ertragen. – (Heute beim ersten Erwachen hörte ich ihn sagen, »die Nacht glüht noch«, und darauf wandte er sich und schlief wieder ein.)

Sonnabend 17ten Spät von Catania Ankommende erregen Geräusch, R. steht auf und gebietet Ruhe. Er hat in der Frühe ein Bad genommen, darauf den Brustkrampf wieder bekommen! Er legt sich zu Bett, wir frühstücken, und er hat sich bald so weit erholt, daß er ein anhaltendes Gespräch über die Stelle in Kant, »der Keim«, eingeht. »Ich kann mir sehr gut vorstellen, wie aus einem Normannen z. B. ein Lappländer wird, so gewagt das auch klingt, und mit diesem Gedanken hat man viel an der Hand. Die Keime zu dem Verschiedenartigsten sind in der Natur, z. B. auch im Menschen zum Carnivorismus angezeigt durch die Hauer, nun kommt es darauf an, was entwickelt wird. Bei den Deutschen ist alles im Ersterben, eine traurige Einsicht für mich, der ich an die noch vorhandenen Keime mich wende. Eines ist aber sicher, die Racen haben ausgespielt, nun kann nur noch, wie ich es gewagt habe auszudrücken, das Blut Christi wirken.« Er spricht dann von der Umwälzung, die ein Fabrikherr im Sinne Carlyle's hervorbringen könne, von der Auswanderung zu den Boers, [er] würde gern etwas von H. v. Weber ⟨an Stein darüber⟩* erfahren; »aber«, sagt er vom ersteren, »das ist nicht denkbar, daß so ein Wesen ersteht, alles dazu ist erstickt«, und vom zweiten: »Von dem Augenblick aber, wo man in das Praktische sich begeben will, ist alles töricht und kleinlich.« – Wie ich sage, daß diese Theorie der zu pflegenden Keime ein Trost ist und ich es an einem Naturell wie dem von Boni ersehen kann, welche Erfolge die Pflege des Guten haben kann, sagt er: »O ja!« – – Er arbeitet, liest vorher in Kant und spricht wiederum darüber bei Tisch:

* ⟨ ⟩ eingefügt.

»Man bereut es nie, mit einem bedeutenden Kopf zu verkehren, und sollte nur mit solchen originellen Wesen sich einlassen.« Er kommt dann auf die Theorie zurück und sagt, die Deutschen sind aus! Da erzähle ich ihm von dem Vergnügen, welches es mir gewährt hat, heute durch ein Zitat und eine hübsche Anwendung von Sismondi dem uns so fremden Ariost gerecht zu werden; von dem Riesen, der vergißt, daß er tot sei, und der weiterkämpft in der Schlacht; das unterhält R. sehr, und er sagt: Man müsse sich nicht durch mancherlei abschrecken lassen und suchen – »ich gebe gern zu, in der Originalsprache« –, einem so großen Namen näherzukommen. – Beim Kaffee Briefe, ein sehr hübscher von H. Vogl* über Tristan, dann wiederum ein Kalender mit »guter Gesinnung«, wir scherzen über die Anerkennung, die jetzt R. allüberall wird. – R. fährt mit den Kindern aus, kommt aber unbefriedigt heim; es hatte geregnet, Favorita war geschlossen, und in Villa Ranghibile, wo er den herrlichen Feigenbaum zeigen wollte, ergriff ihn beim Ärger über einen Führer sein Brustkrampf wieder. Gar lieb sagt er mir, weil ich nicht dabeigewesen wäre, hätte man kein Glück gehabt. (Husten hielt mich zu Hause, ich spielte den Klavierauszug.) R. arbeitet, den Abend bringen wir möglichst ruhig zu. Bonus liest uns einen Aufsatz über Theater von Dr. Herrig vor, worin sehr verständig des Baues von Bayreuth erwähnt wird. R. sagt uns, er wisse nicht, was die unter Volk verstünden, für welches das Drama wäre, Volk kenne er nicht, es wären immer die 30000 Athener, die vorschwebten, und eben da sei der Chor gewesen und wenig Einzelheiten. Vom Shakespeare'schen Stück könne man nicht sagen, es sei für's Volk, sondern gerade für die Art der Bühne geschaffen, wo man den Schauspieler von allen Seiten sah. Er meint, seine Auslassung über eine Aufführung von »Faust« habe wohl Herrig dazu gebracht, so etwas sich auszuhecken. Von Albert-Hall und seinen 10000 Zuhörern, von denen man nicht sagen könne, es sei das englische Volk dabei, »ich kenne kein Volk«, ruft er aus, »es müßte sein, daß sie in Berlin eines sich schafften«. – »In so einem großen Raum wie in A. H., da müßte das Orchester auch in der Mitte sein und nur so etwas wie das Finale der c moll Symphonie aufgeführt werden.« – Rub. erinnert daran, daß es heute Beeth.'s Geburtstag sei, und das gemahnt mich daran, daß neulich R. das Thema der Leonoren-Ouvertüre sang und zu mir sagte: »Nur ein Mal bringt er es in dieser leidenschaftlichen Weise und ganz richtig für den Ouvertüren-Stil mit einer Begleitung, die förmlich etwas Pedantisches, für uns Ärgerliches hat.« – – Von meinem Vater hören

* Beigelegt, aus Königsberg vom 11. Dezember, über »Tristan und Isolde«: »Königsberg hat Ihrem Wunderwerk keine Schande gemacht!«

wir durch Lusch, es ist Stumpfheit und Gereiztheit die Abwechselung in seinem Zustand; »es mag für ihn besonders kränkend sein«, sagt er, »daß man ihn auch in Paris ganz unbeachtet läßt, während meine Sachen, die gar nicht für Konzerte passen, vorgenommen werden. Gerade in Paris. Er hat Zeit und Raum verfehlt«. – Bei Tisch erzählte ich von unsrer Lektüre mit Fidi aus »1001 Nacht«, und R. sprach mit Vorliebe von der Erzählung von Harun al Raschid; der »gute, humoristische, großherzige Herrscher«; dagegen die Geschichten von Sindbad ihn nie interessiert hätten. Daß 416 Israeliten bei dem Brand umkamen, steigert R.'s Teilnahme für das Unglück nicht.

Sonntag 18ten R. hatte wieder seinen Brustkrampf; wir besprechen die möglichen Ursachen desselben und kommen darüber ein, daß seine Arbeit ihn so angreife und völlig alle Funktionen sistiere. Ich beschwöre ihn, sich nicht anzustrengen und die Vollendung nicht zu betreiben. Beim Frühstück wird er wieder heiter, vergleicht mich mit irgendeinem Papst, dann mit Friedrich III. (meines langen Haares wegen). – Dann erzählt er von einer neulichen Aufführung des »Nathan«, wo bei der Stelle, Christus war auch ein Jude, ein Israelit im Parterre bravo gerufen habe. Er wirft Lessing diese Fadheit sehr vor, und wie ich ihm erwidere, daß mir schiene ein eigener *deutscher* Zug der Humanität in dem Stück zu liegen, sagt er: »Aber gar keine Tiefe« – er erinnert sich Bernays', der Holtzmann es vorwarf, Lessing zu mißachten. »Man nährt den Hochmut dieser Kerle dadurch, daß man mit ihnen umgeht, und z. B. wir sprechen vor Rub. unsere Empfindung über die Juden im Theater nicht aus, 400 ungetaufte und wahrscheinlich 500 getaufte.« Er sagt im heftigen Scherz, es sollten alle Juden in einer Aufführung des »Nathan« verbrennen. – – Bei Tisch kommt er auf die Sage des durch Jakob erlisteten Segens, das ist es; ich: »Ungefähr: le ciel souffre la violence«, er: »Und die Anbetung zum Kreuz – von Calderon – die großartige Konsequenz davon.« – Die Sonne scheint. Wir fahren aus zum Meer hinunter und die Porta Nuova herein, immer in Gesprächen. Doch nach der Abend-Arbeit ist er angegriffen. Die Fliegenden Bl. zerstreuen ihn, aber die Bayr. [Bl.] – ein Aufsatz von Wolz. über Kleist, den ich zur Lektüre vorschlage – erregen seinen Unwillen. Die Gemüts-Kämpfe Kleist's kenne man auswendig und seien die eines Primaners, was heiße dieses Streben nach Wahrheit, man ist wahrhaftig und damit punktum. Der bombastische Stil – korsischer Imperator – ist ihm auch unangenehm, und das Ganze bezeichnet er als *grün.* Auch die Erklärung über die Aufführung von Pars. findet er nicht stolz, »das würde ich ein bißchen anders gesagt haben«. – Rub. fragt ihn nach einigem für seinen Klavierauszug, und das bringt ihn dazu, seine letzte Seite zu zeigen und die Instrumentation derselben (Trompete [ ]*), von der Anbetung der Lanze sagt er: Da habe ich etwas gemacht, das mir selbst ein Lob von meiner Frau einbringen wird; und weiter: »Für den Eintritt von Parsifal habe ich Hörner und Trompeten; Hörner allein war mir zu weich, zu wenig feierlich, Trompete allein zu klapprig, blechrig – da muß man finden, und dann fordre ich, daß sie es gut spielen.« Er bleibt dabei, daß er im Tristan zu stark instrumentiert habe. Wie ich sage, daß es uns doch nicht bei Schnorr aufgefallen sei, »da hat mich anderes beschäftigt«. – Als wir allein sind, sage ich ihm: »Tristan und Parsifal, der eine stirbt aus Willen zum Leben, der andre lebt aus ersterbendem Willen«, R.: »Du mußt immer ein Mot haben«, – nach einer Pause: »Parsifal sieht Tristan« (Amfortas), nach einer andren Pause: »Dazwischen ist etwas getreten – das Blut Christi.« – – –

Montag 19ten Schlimme, unruhige Nacht. Er liest den Aufsatz von Wolz. aus – kehrt wieder zu Bett, hat aber in der Frühe seinen Brustkrampf. Und trotzdem, nach kurzen Augenblicken des Zusammenseins, ist er heiter-gesprächig. Den »Faust« nimmt er vor und findet es erbärmlich, worin er sein Genügen findet, ein Graben, Ein- und Ausladen der Waren, man verstünde gar nicht, was die Engel und das Gretchen in dieser Chaussee-gräberlichen Sache, wo selbst nicht die Rede von Hülfe dem Nebenmenschen sei und der Gedanke der Entsagung nicht aufgeht, [denken würden?]. »Es sind dichterisch prachtvoll gemachte Sachen – die Walpurgisnacht ist einzig schon dichterisch gesehen –, aber die Idee ist erbärmlich, und nur in den Gesprächen mit Mephisto wird Faust etwas.« Dann sagt er mir, er habe an Homer gedacht, der war Ionier, also das weibliche Prinzip; nun läßt Gobineau nur die Dorier gelten, welche sich selbst von Athen den Sänger zur Begeisterung borgen mußten**, das ist doch schlimm. Und scherzend darüber, daß er gleich wieder heiter ist, begibt er sich an Lektüre (Kant) und Arbeit. – Leider erlebt [er] durch ein Mißverständnis des Dieners Ärger. Bei Tisch aber erholt er sich und erzählt den Kindern von der Sitte – noch nicht lange abgeschafft – in England, die Frau auf den Markt zum Verkauf mit dem Strick zu führen. Gewiß keine germanische, von den Ureinwohnern wohl stammend; er meint, die Angel-Sachsen seien auch in geringer Anzahl gewesen. Wir fahren aus zu Piazza Croce dei Vespri, zum Banquier, R. freut sich der hübschen Paläste. Abends arbeitet er, und heiter spielen wir Whist und teilt er darauf wiederum die Theorie Kant's über Racen und Keime [mit]. – Das gräßli-

* [ ] Leerstelle im Text. ** Zeichen im Text, unten nachgetragen: »›Es ist mit dem Dichten ein übles Ding, und Schiller hat es ganz richtig angefaßt, indem er Theaterstücke schrieb, gut gemachte Theaterstücke.‹«

che Ereignis in Wien bringt ihn durch das Löschen des Gas' auf das Auslöschen der Laterne beim Übergang der Brücke – 1868 – bei der Überschwemmung.

Dienstag 20ten Üble Nacht für R., er steht auf, bleibt lange Zeit in seiner Stube, nimmt Lektüre vor und ist in der Frühe sehr müde. Er arbeitet aber doch. Am Nachmittag fahren wir mit G[f] Tasca zu Fürstin Butera, deren Palazzo von großer Pracht und Reichtum zeugt. Die Fürstin selbst merkwürdige, gemütlich-schroffe Erscheinung, die uns ganz heiter stimmt. Nur ist R. bald müde, und wir kehren heim. Er arbeitet noch abends. Der zweite Teil des ersten Aktes vom Klavierauszug, Rub. spielt ihn, wohl zu R.'s Zufriedenheit (mit Ausnahme der Triolen, von denen er ausruft: »Nur Liszt und ich, wir wissen Triolen zu spielen!«), aber das Ganze langweilt und ärgert ihn, es käme ihm so abgedroschen vor; ein Whist schließt den gemeinschaftlichen Abend. Wie wir allein sind, kommt R. darauf zurück, daß die Frage der Instrumentation des Schlusses des Werkes ihn so beschäftige, er müßte viel mehr Instrumente haben; wie er sich eine Alt-Oboe habe bauen lassen, [so] müßten alle Bläser bereichert werden, da er verschiedener Gruppen bedürfte. Ich glaubte nicht, wie ihn das quäle. – Ein Unsinn, Gambetta's Staatsstreich in der Zeitung Figaro, bis zum Gedicht von Hugo dagegen in das einzelnste ausgeführt, unterhält ihn sehr.

Mittwoch 21ten Wiederum eine sehr, sehr unruhige Nacht für R., und als ob die Verdauung bei ihm komplett sistiert sei. Er arbeitet nicht. Ich empfehle ihm zur Zerstreuung das Portrait von Nap. von Mme Rémusat, und das unterhält ihn, er hebt namentlich die Anekdoten mit Talleyrand hervor. Er versucht es, auszugehen, ist aber auf der Straße von einem Brustkrampf befallen und ist gar heftig erregt, wie er heimkommt. Er liest weiter in Mme Rém. und abends spielen wir Whist, nachdem ich es versucht habe, dem Gespräch eine möglichst leichte Wendung zu geben. Daß Gobineau es Ollivier, wie Lusch erzählt, geleugnet hat, Verfasser der »Renaissance« zu sein, gefällt R. höchlich als originellster Zug, und dies bringt ihn auf allerhand Anekdoten des Grafen. – Noch 22 Seiten habe er zu schreiben – er glaube jetzt zu wissen, wie er die Instrumentations-Frage des Schlusses behandle, er würde den Bläsern zuerst alles geben und dann die Saiten-Instrumente eintreten lassen. Aber er brauche drei Körper (Bläser) und habe nur einen. Er klagt es, wie diese Arbeit ihn anstrengt, und geht es durch die vergangenen Jahre, wie sie ihn angestrengt haben, wie er die Aufführung des »Rings« betrieben, dann die Proben, endlich die kummervolle Zeit nach den Aufführungen, und wie, um sich zu helfen und sich zu retten, er den »Parsifal« dichtete. – In der Frühe vertraut er mir es von neuem an, wie die ganze Welt, alle Beziehungen, ihm gespenstisch seien, wie ihm alles entfallen, fremd geworden, »aber auch alles«. – – Dabei obsiegt doch noch immer die Heiterkeit.

Donnerstag 22ten R. hatte eine gute Nacht! Mit einem Scherz – *Salba venice* – (er will sich den Fuß einreiben, es genügt aber nicht), kehrt er zu mir zurück. Hatte in der Früh mit Vergnügen den Jungen und seine munteren Lieder auf der Straße gehört. Die neue Lektüre unterhält ihn, und viele Züge von Nap. und Talleyrand teilt er mir mit. Er arbeit[et]. Bei Tisch wandert er mit uns nach Spanien, von welchem ein durchziehender Kurier Schnapp. gesagt, es sei viel schöner als Italien. Beim Kaffee erregt leider Lusch's Schicksal und das Disponieren seitens meines Vaters, dessen Daseins-Regeln ihm widerwärtig sind, seinen Unwillen. Auch merke man gar nicht, wohin die Neigung von Lusch ging. Doch nach dem Abschied zur Siesta kehrt er zurück, um mir zu sagen, welche Erfindung er gemacht hätte, nach dem Erglühen des Blutes würde er den Vorhang schließen, dunkel im Zuschauerraum werden lassen und die Musik also bis zum Schluß spielen. – Wir fahren nach der Villa Camastra (unterwegs sagt R. den Vers: Mädchen mit höhnenden Sinnen etc., bedauernd, daß der Reim *Lohn* und *davon* fehlerhaft sei). – Wir begegnen dem G^fen^ T., und er führt uns auf seinem zauberischen Gut umher. – Abends aber macht R. ein Diät-Fehler (Hummer beim Mittag) viele Beschwerden; nur langsam kommen wir zu einem Gespräch; eine Sonate von Beeth., von Rub. gespielt, bringt uns auf das gestrige Thema: Wie inferior diese Art Musik der der Malerei sei, wie konventionell, und R. begreift nicht, daß man Mozart z. B. mit Raphael vergleicht, wenn er auch sehr gut wisse, daß in dieser Kunst Dinge vorkämen, die wiederum sich mit nichts vergleichen ließen. – In der Illustrirten ein Bild von Iph. auf Tauris, nach dem Meere blickend, vor Tempel, Italien, gemeißelten Löwen, zeigt der Menschheit ganzen Jammer! Es ist wahr, sagt R., daß Goethe selbst diese Skythen sehr zivilisiert gezeigt hat. – Spät abends spricht er von der Absorption durch die Arbeit – er sähe förmlich Gespenster, Quinten, Sexten. – Rub. teilt mir Nöte mit seinem Vater mit, meinend, ein Brief von R. an seinen Vater würde die Lage bessern; R., dem ich es mitteile, ist gleich dabei, den Brief zu schreiben, bald aber beunruhigt der Gedanke daran, und er springt selbst vom Bette auf, um die ihm nicht ganz geläufige Aufgabe zu vergessen.

Freitag 23ten »Ich will gleich an Rub.'s Vater schreiben«, mit diesem Scherz steht R. auf! Er ist sehr von den Memoiren von Frau von Rém. entzückt und sagt von dem einen Ausbruch Nap.'s gegen convenances und bon goût, das ist ganz ich. Das Wetter ist grau, wir fahren etwas aus, kehren aber bald um, und R. begibt sich wieder an die Lektüre, die ihm viel Vergnügen macht. Sehr launig bezieht er auf sich den Scherz, den Nap. I. betreffs Berthier macht, von dem er nicht begriffe, was er eigentlich mit ihm zu tun hätte! Abends ist er nicht wohl und geht früh zu Bett.

Sonnabend 24ten Die Nacht war gut, und R. steht vergnügt auf, nur wird Schnappauf viel nach der Post umhergeschickt. Doch scheint nichts angekommen zu sein; beim Frühstück sprechen wir von den zwei Personen Bonaparte und Talleyrand, der eine ganz hitzig und Fantasie-begabt, wie antik durch die wilde Offenherzigkeit und die Naivität selbst der Lüge, der andre überlegen durch die Kälte. – Wie Naturgeschichte, sagt R., läse er das. – Um elf Uhr, wie ich an meinem Schreibtisch bin, kommt R. herein, von jemandem gefolgt, den ich für Schnappauf halte, und sagt: »Nichts ist angekommen«, ich: »Es ist ausgezeichnet, daß mein Geburtstag zu einer Kalamität für dich wird!« – immer näher tritt er mit dem Begleiter heran, und ich erkenne endlich Joukowsky!... Wie das Gelächter des Staunens vorbei ist, erfahre ich ungefähr, daß er gekommen, um R. Sachen zu bringen, damit sie rechtzeitig daseien! Der Tag vergeht in dem Besprechen der Überraschung! So müsse man sein, meint R. – Beim Kaffee gibt es einen Ärger, eine kranke Fürstin Lieven wünscht eine unserer Stuben, was R. sehr aufbringt. Aber um 6 glückt meine Überraschung mit dem Baum im Glashaus vollständig, es hieß: kein Baum dieses Jahr, nun fand ich eine kleine Tanne vor, und zum ersten Mal ganz ungeahnt hat der Christbaum uns geleuchtet! Was mir R. da sagte, kann ich nicht niederschreiben! Auch für dich nicht, mein Siegfried!... Sehr heiter vergeht der Abend, R. liest manches aus Mme de Rémusat; Anekdoten mit Talleyrand, findend, daß die geistvolle Frau vorzüglich beobachtet habe, so ein Werk sei ihm mehr wert als Mommsen, Pommsen und wie sie hießen. Wie ich sage, daß eine Frau mir besser geeignet dünke als ein Mann, in dieser Weise zu beobachten und [zu] schildern, sagt er: Ja, die Frauen haben mehr Sinn für das Wahrhaftige.

Sonntag 25ten »Gratel, gratel«, höre ich in der Frühe neben mir, und wie ein Kinderkopf erscheint mir sein mächtiges Haupt, wie er heiter mir Glück wünscht. Bald wird es ernst, er ruft mich, und mit den Kindern beschert er mir die holden Gaben alle! »Polonia!« Die Skizzen zu Parsifal, den Talisman-Ring, und – pia Fraus! – die vollendete Partitur!... Das Wetter verhindert das Ausgehen, aber doch nicht die Heiterkeit. Bei Tisch bringt R. meine Gesundheit [aus], doch unterbricht er sich und sagt mir dann, Nebel deckten sich über seine Seele, wenn er von mir sprechen wollte – – –. Wir beklagen das graue Wetter für unseren lieben Freund. Abends wird »Polonia« vorgeführt und daran allerhand aus dem Leben angeknüpft, wie auch gestern bei Besprechung seines Unwohlseins er die Episode der »Favorite« berührte. – Der Familie *Klepperbein* gedenkt er heute, wie er alle Sonntage dort Gänsebraten bekam, im Hause mit der Fortuna auf dem Rad, und sein Vater Geyer den Scherz machte: »Klepperbein, Junge, das ist ja der Tod!« – Wie mir von der »Polonia« scheint, daß sie das sei, was sie sein will, sagt R.: »O, mit Militär-Musik für's Volk, wie ich alles mir damals dachte, hätte sie sich prächtig gemacht und gewiß auch einen großen Effekt erzielt.« – Mme de Rém. gefällt weniger, nicht sie, aber Nap., wie er Kaiser wird und nur noch Theater gespielt wird.

Montag 26ten Immer graues Wetter, was R. für unseren Freund ärgert. Der Scherz des heutigen Tages ist die Notiz, daß Lohengrin in Paris verboten ist, was uns eigentlich freut.* R. arbeitet, ich sende die Partitur-Bogen aus *meiner* Partitur an Rub., und im übrigen werden Briefe geschrieben. Wir besuchen Palazzo Gangi, und abends gehen die Kinder zur Bescherung hin, was nach unserem sehr heitren Whist R. in eine Art von Aufregung versetzt, weil er gern die Kinder vor dem Bettgehen sehen möchte und sie gerade im Augenblicke heimkommen, wo er sie nicht sprechen kann.

Dienstag 27ten Gute Nacht für R. Vergnügen an den Fl. Blättern, auch an nachträglich angekommenen Gaben für mich. Weniger an Mme Rémusat, weil er an dem Punkt der Hof-Einrichtung Nap.'s angekommen ist. Das Wetter ist aber immer nicht gut und bringt R. immer wieder auf den Orient; wie wir unterwegs nach der Villa Camastra sind, da spricht er von dieser alten Kultur, die wir hier im Okzident »wie Räuber« nachgemacht hätten. Abends bringt Blandine Rubinstein darauf, das Finale von der cis moll Sonate zu spielen; wie ich R. bemerke, daß diese Art Musik keine trauliche sei, sondern den Konzertsaal erfordre, sagt er: »Versteht sich!« und weitergehend beklagt er es, daß so vieles einem in der Kunst ersterbe. Dann spielt Rub. zu unserem Vergnügen einige Mazurkas und auch einen Walzer von Chopin vor. Begeistert hatte vorgestern bei Gelegenheit der »Polonia« R. von der Mazurka, der Schöpfung des polnischen Volkes, gesprochen. – Wir spielen Whist, und R. ist ungemein heiter aufgelegt, unwiederzugebende Scherze – (von denen beispielsweise den einen: »jetzt trete ich wie ein Nil-Pferd aus«, wie er sich entfernt) – bringt er vor, und gar froh darüber begebe ich mich zur Ruhe.

Mittwoch 28ten Die Sonne lacht uns wieder. Wir frühstücken aber im Bett unter allerhand Gesprächen über Nap. I. oder vielmehr über R. III.

* Zeichen im Text, unten: »R. sagt lachend, das mache ihn sehr wichtig.«

und die Helden von »Heinrich VI.«, von welchen R. sagt, daß sie viel persönlicher seien als N., viel mehr selbst eintretend für Leben und Tod. Er arbeitet und geht vor Tisch im Garten spazieren, doch merke ich beim Mittag schon, daß er verstimmt ist, und Champagner, den er bringen läßt, erheitert ihn nicht. Keinen Grund weiß ich, außer daß die Arbeit ihn absorbiert. Wir fahren aber nach Monreale und freuen uns des herrlichen Domes und fühlen uns in die Idee der fernen Zeit durch die ideale Betrachtung der Abbildung derselben versetzt! Die Rückfahrt ist ebenfalls herrlich, wenn auch die Sonne bald untergeht. Leider fühlt sich R. nicht sehr wohl, das Menu war nicht richtig gestellt heute, und Gott weiß durch welches Zusammenwirken, aber wie wir abends zusammensitzen und er über München zu sprechen kommt und u. a. den Wagen, welchen der König damals machen ließ, bricht er in Wut gegen bildende Kunst und Künstler aus; er beschreibt, wie kindisch sie sich, Gedon, Lenbach, über diesen goldenen Wagen gefreut hätten, während er mit seinen Plänen verlassen wurde. Gleich nach den Kurtisanen kämen diese bildenden Künstler. »Aber auch meine Mama, die ist nicht weit davon, sich über so etwas wie den Wagen zu freuen.« – Ich weiß so genau, daß, wenn er so heftig und böse wird und wie er sucht, dem einen oder dem andren wehzutun, das Unbehagen bei ihm übermächtig ist und daß jede Rede, auch eine beschwichtigende, nur Öl in das Feuer ist, daß ich mich auf eine Weile entferne. Er kommt mir nach, ist bald besänftigt, erklärt seine nur zu triftigen Gründe zur Bitterkeit, und wir spielen Whist, nachdem ich mich in meinen Beziehungen zu den Menschen dafür entschuldigt habe, daß mir die Fähigkeit fehle, die schlimmen Erfahrungen gegenwärtig zu haben; z. B. mit Nietzsche entsänne ich mich nur der freundlichen Züge, auch Lenbach, Gedon u.s.w. R. sagt, es sei dies die Folge meiner Erziehung, des Einflusses des späteren Bischofs, meines Beichtvaters, dem verdankte ich, was er die »fromme Heiterkeit« nennt. – Wie wir allein sind, besprechen wir manches durch; Jouk. hatte uns gestern beim Kaffee eine komische Äußerung über mich von einer früheren nahen Beziehung von ihm [berichtet]; R. meint, es kompromittiere ihn recht, mit derlei Wesen intim gewesen zu sein; wie ich ihm sage, daß nichts ihn kompromittieren könne, im Gegenteil es zu bewundern sei, daß er aus nichtigen Erscheinungen doch einiges herausgeschlagen, was ihm Trost gewährt hätte, so kommen wir auf den König und dessen Geschmack für L.XIV. u.s.w. Es ist eine harte Übersicht all der Beziehungen, auch wohl meines Vaters wird stillschweigend gedacht. (Irrtümlich habe ich das auf heute gesetzt, es geschah gestern, wie wir die Kinder erwarteten, heute besprachen wir nur seine Erregung. Sein alter Groll gegen Lenbach kam ihm wieder und sein schnurriger, jetzt immer stärker belächelter Gedanke, daß ich einen Maler hätte heiraten sollen!)

Donnerstag 29ten Gute Nacht für R., aber dennoch beim Aufstehen einen Brustkrampf. Er erholt sich aber bald, und wir frühstücken heiter im Glashaus. Wir besprechen heiter seinen Ausfall gegen die bildenden Künstler, gedenken der Heftigkeiten, die Nietzsche so kränkten, und Jouk. gedenkend tritt R. im Morgenrock auf die Terrasse und will ihn heraufrufen; da es nicht geht, läßt [er] ihn dann durch den Diener rufen und sagt heiter, meine Frau meint, Sie seien gekränkt, was ein freundliches Gespräch ergibt. Er begibt sich an die Arbeit, und bei Tisch erzählt er von Nap.'s Einrichten der Schleppcour und wütenden Ungeduld bei der Andauer derselben! Herr Ragusa bringt Jouk. beim Mittagstisch eine Depesche* mit der Bemerkung, es enthielt' gewiß etwas Gutes, sonst würde er es nicht bringen; Jouk. liest, versteht's nicht, übergibt es mir, und ich muß es mitteilen. – – Dem ersten düsteren Staunen folgt die Betrachtung dieses Loses, »er fällt fast in eine Grube mit Offenbach!« bemerkt R. bitter; und wie er weiter sich ergeht, sagt er: »Ich weiß wohl, daß sein Sohn die Sache übernehmen kann, ja man riet mir selbst zu diesem, aber es ist der einzige wuchtige Mensch, den ich hatte«, und wir gehen alles durch, was wir mit Brandt erlebten, »es ist so dumm«, ruft er aus! Und vorher dumpf: »Das war nicht nötig!« Mich gemahnt es an Schnorr's Tod, und R. sagt mir: »Ich habe auch daran gedacht.« Wir fahren aus, nachdem er etwas ausgeruht hat; vorher noch beim Kaffee waren die Möglichkeiten des Lebens ihm erschienen: »Ich will recht bedacht darauf sein, wie ein schnelles Ende zu nehmen ist.« – Fidi's gedenkt er dabei, und daß plötzlich ein Unheil kommen könnte. – »Man wird recht matt!« Wir fahren nach Villa Florio zum Uhu, dann Strada della libertà, und R. kommt etwas erheitert heim, nimmt selbst zwei Besuche mit mir an. Und abends spielen wir Whist, und wie wir allein sind und des Todes im Métier gedenken, nicht in seinem Bayreuther Beruf, sagt R.: »Ach! man kann es so deuten und so, es ist alles furchtbar.«

Freitag 30ten R. hat gut geschlafen, bekommt aber nach dem Bade seinen Brustkrampf, doch da die Sonne scheint, ist es ihm recht, das Frühstück im Glashaus zu nehmen; er arbeitet aber mit Anstrengung und wünscht das Ende dieser Arbeit herbei, sie quäle ihn, er fürchte, zu stark zu instrumentieren. Wir machen bei schönem Wetter einen Besuch beim Präfekten und fahren dann zur Villa Belmonte; abends melden sich zu unsrer Überraschung Fürst und Fürstin Gangi, Gräfin Mazzarino mit

* Nachricht vom Tode Carl Brandts.

Sohn und geistlichem Erzieher; R. verschwindet zuerst; da er aber merkt, daß die Gäste bleiben, meldet er sich bald wieder mit der »Norma« und ist den Abend über von großer Freundlichkeit; er läßt Rub. allerhand aus dem Ring spiel[en], geht allerdings fort, aber freut sich des Eindrucks namentlich bei den Frauen, wie er wiederkommt, und spielt dann selbst den Brautzug aus Lohengrin. – Wie die Gesellschaft sich entfernt hat, spricht er sich sehr lobend namentlich über die Frauen aus und sagt mir, einen bestimmten Abend, wo wir zu Haus empfangen, zu nehmen. – (Der Sage von Genovefa gedachte R. heute früh und ihrer einzigen Schönheit.)

Sonnabend 31ten Nicht ganz treu ist die Sonne, sie kämpft sich nur durch, und R. hat auch wieder seinen Brustkrampf. Gar mancherlei ärgert ihn, Kampf mit der Tinte, die nicht fließt, und tausenderlei Kleinigkeiten, die er zuerst ärgerlich beim Mittagstisch mitteilt, wozu er spät kommt, um dann in größte Heiterkeit zu übergehen, wie ich ihm zugebe, daß im kleinen wie im großen das Leben entsetzlich sei. Wir fahren nach dem Tisch nach dem Orto Botanico und freuen uns der herrlichen Bäume da! Abends arbeitet er, und wie ich ihn bei Tisch frug, wie viel er noch zu schreiben habe, sagt er klagend: Fünfzehn Seiten, dann kleinlaut vergnügt: Vierzehn (etwas sächsisch). – Abends beginnen wir die Novelle von G. Keller, »Sinngedicht«, der Anfang gefällt, R. sagt, er habe solche Frauen in der Schweiz annähernd gesehen, und die Ausdrucksweise scheint glücklich, wie wir aber an die gebildete Dame Lucie kommen, unterbrechen wir uns, und R. sagt, das sei aus Büchern genommen. R. ruft aus: »Weiß es Gott, mir erscheint manchmal die Musik als das einzig Wirkliche!« – Unser Bonus geht zu Ball, von der Fürstin Filangieri zu Fürstin Butera geführt, wir kommen schlafend in dem neuen Jahr an.

1882

Januar

Sonntag 1ten R. träumte, daß er einen Knaben prügelte, sich dabei eines Talglichtes bediente, welches nicht dienlich – zu weich – für den Zweck [sich] erwies, worauf er erwachte! – Wir blicken beide freundlich in das Jahr hinein, als Zeichen seiner heitren Laune galt seine Depesche an meinen Vater: We belong we belong to the temperance society!... Er arbeitet, hat aber immer Not mit der Tinte, möchte die Arbeit unterbrechen, die ihn ermüdet, und kommt müde zu Tisch; er erholt sich aber bald, und das Gespräch ist bald lebhaft, hauptsächlich auf seine Lektüre sich beziehend. – Wir fahren dann mit den Kindern zu Tascas zu einer Art von Neujahrscour, welche aber R. nicht lange erträgt. Bald kehren wir heim, haben dann den Präfekten mit Gemahlin zu empfangen, sind froh, wie wir uns zum Whist setzen, nachdem wir allerhand über die Weltlage gesprochen!... Nach dem Whist kommt München uns in Erinnerung und [die] damaligen Ränke!

Montag 2ten Nach einer guten Nacht wacht R. wohl auf und kommt gleich beim ersten Gespräch auf die Ballade: »Der Handschuh«; er lacht und meint, ein seltsamer Vorwurf für die Poesie; da sei die Episode von D. Quixote und dem Löwen besser. Und er ergeht sich in heitrer Erinnerung daran. Er arbeitet; um halb eins gehen wir in den Garten spazieren und freuen uns der blühenden und früchtenden Pflanzen. Nur eine 4* Seite schreibe er jetzt, habe sich überhaupt vorgenommen, an die Arbeit nur zu gehen, wenn alles andre ihn langweile. Bei Tisch ist er sehr heiter, ja lustig, und sagt durcheinander die Verse aus verschiedenen Balladen von Schiller; kommt dann auf »Maria Stuart«, auf die Scene zwischen den beiden Königinnen, und hebt es hervor, wie schön das sei, daß das weit angelegte, scheinbar ganz politische Stück zu dieser einen Scene als dem Sinn des Ganzen** auslaufe. Witz und Ernst wechseln ab in seinem Gespräch, er hält plötzlich inne, wir fragen, was er habe: »Nun, wenn ich auf meine Witze überall bedenkliche Gesichter erblicke« (es scheint, ein Witz von ihm ist nicht verstanden worden), – ich: »Wer aber macht bedenkliche Gesichter«, worauf vom äußersten Ende des Tisches Fidi ganz ruhig: »Ich« – was uns unbeschreiblich erheitert. – U. a. erzählt auch R. von dem Engländer, welcher aus Langeweile, sich täglich anzuziehen etc., sich erhängt habe, und ergeht sich in der ergötzlichsten Beschreibung des

* Für Viertel? ** Zeichen im Text, nächste Seite unten nachgetragen: »Er teilt weiter mit, daß das Stück, welches er jetzt so schön fände, ihm in der Jugend wenig Eindruck gemacht hätte; er hätte den Gefühlssubtilitäten nicht gut folgen können, und diese Trauer beim Beginn verlange man eher am Schluß des Stückes.«

Ärgers, den ihm jede Hantierung – z. B. das Zahnputzen – erweckt, und wie ich es in Erwiderung auf das Eingehen Jouk.'s darauf schmählich nennen muß, wenn ein Mensch im Leben nichts findet, was ihn fesselt und über diese Miseren erhebt, sagt R.: »Ja, es gibt die ästhetische und die moralische Weltordnung, aber wer keiner von beiden angehört und es dennoch aushält, ist trivial gegenüber diesem Engländer.« – Ein Brief von Richter an mich macht uns durch seine gute Fassung viel Vergnügen. Wir fahren aus, R. gedenkt der Antwort Fidi's, freut sich des Knaben und seiner Anlagen, wie er harmonisch entwickelt ist, ruhig, und dabei keine Strapazen fürchtend, nicht weichlich. Vom englischen Garten begeben wir uns nach dem Meere, welches wundervoll erleuchtet mir besonders immer einen befreienden Eindruck macht! –– Abends liest R. die zwei ersten Akte von »H. IV.« (1ter T.), »es ist schlimm«, ruft er inmitten aus, »denn nichts will recht nach dem mehr ziehen; selbst der ironische Dialog wie im ›Faust‹, was ist er gegen diese wahrhaftigen Gestalten?« Von welchen man nichts ohne Shak. gewußt und die leibhaftig vor uns stehen. – Vorher hatte er sich über was er Renaissance nennt, ergangen, und wie der Einfluß der Latinität der Tod von allem sei. – Er geht auf in der Bewunderung des Volkstümlichen bei Cervantes, und bei der Scene der beiden Kärrner sagt er: Wer das Volk nicht so kennt, ist auch kein Dichter.* – Beim Abendbrot sprang er plötzlich auf, verschwand, kam nach einer Weile wieder und sagt': »Was ist euer Leben trivial gegen das meinige« – nun will er befragt sein und auch die Antwort nicht geben, er interpelliert die Mädchen, ich sage, ich wüßte, er sei zu seiner Partitur gegangen, ›ja, aber wofür, er sage es nicht‹, endlich: »Ich habe die Baß-Klarinette noch gefunden!« und ist heiter-freundlich barsch. –

Dienstag 3ten R. hatte eine gute Nacht, wenn auch mit einer Unterbrechung des Schlafes! Wir frühstücken im Bett unter Gesprächen über »H. IV.«. Bei Tisch nimmt R. das Gespräch wieder auf und meint, Jouk. könne nicht die Freude an den humoristischen Scenen haben, die wir hätten, da die russische Bildung, welche die kosmopolitische sei, den Geschmack anders entwickelt hätte; »wir Deutschen haben wenigstens gar keinen Geschmack und das macht, daß wir den Werken des Genies dann und wann zugänglicher sind«. Wie Jouk. dagegen protestiert, daß er der

* Zeichen im Text, unten und auf der folgenden Seite unten nachgetragen: »Auch gewährt ihm hier das Volksleben immer Vergnügen; heute redet er einen Bettler Paganini an, neulich, wie wir von der Martorana bei trübem Wetter in etwas gedrückter Stimmung heimkamen, erheiterte ihn ein Dudelsack-Pfeifer, einsam im Regen vor dem erleuchteten Altar der Madonna spielend, / und vor kurzem, als wir von Villa Belmonte kamen, zwei Kinder, auf einem Esel reitend, welcher im Galopp die übermütige Jugend davontrug.«

französischen Literatur näherstehen solle als der deutschen, erwidert R.: »Wenn ich deutsch sage, denke ich nur an ›Faust‹ und etwa an ›Götz‹, denn mit ›Iphigenie‹, mit ›Tasso‹ u.s.w. hat sich Goethe dieser Kultur genähert, die ich die Renaissance-Kultur nenne.« Spät abends kommt er darauf zurück, daß der Maler wohl nicht gut diese populärsten Dinge zu empfinden [vermöge]; Raphael, M.Angelo könne man sich kaum erfreut durch diese Volksscenen denken, wohl aber Dürer, auch Leonardo, ein vornehmer Mann, der mit der Sache spiele, – die Dichtung von Shakespeare nennt er im Lauf des Gesprächs: »eine nirgends seiende Fata Morgana der Wirklichkeit«. – Es quält ihn aber, daß er Jouk. über seine Bemerkung betreten sieht. Er klagt sich dessen an, daß, wenn er unbehaglich sei, er das Bedürfnis sich zu reiben, ja zu verletzen habe. Und den Tisch über regt er sich auf, auch mit Rub., den er damit aufzieht, daß er Lohengrin zuerst nicht gemocht. Wir kommen auf Schopenhauer bei dieser Gelegenheit zu sprechen, den ich scherzweise einen schlechten Kerl nenne, da er den Tannhäuser gesehen und, »mochte die Aufführung noch so schlecht sein«, keinen Eindruck wenigstens von der Dichtung erhielt. – Eine Depesche meldet aus Leipzig den Erfolg von Tristan; R. meint, er höre die Botschaft, ihm fehle aber der Glauben, außer wenn viele Striche gemacht würden. – Wir wandeln zum Meer, R. und ich, er fühlt sich nicht ganz wohl, und wie abends er und Jouk. über das Leben klagen, so sage ich: Ich käme mir ganz gemein vor mit meiner Zufriedenheit, worauf R. es preist, daß ich diese höchste Kraft mir bewahrt; und darauf wird seine ganze Stimmung eine andere, er ist heiter, erträgt gut die Zeitungs-Beschreibung vom Linderhof und geht gern wieder an die Fortsetzung von »H. IV.«; leider unterbricht uns G^{f} Tasca, was R. zu einem Ausbruch gegen die Gesellschaft nach seinem Fortgang bringt. Er liest dann »H.IV.« bis zum Schluß und bedauert es, daß Falstaff die Posse mit der Leiche von Percy spielt, sich allerdings eingestehend, daß Shakesp. eben wahrhaftig bleibt.

Mittwoch 4 R. träumt von einer Aufführung des Lohengrin, worin die Sänger, vornehmlich Scaria, ihre Rollen vergessen hätten. Er klagt wiederum sehr über seinen Brustkrampf und leidet von der Kälte am Morgen. Bei Tisch klagt er über das Angreifen seiner Arbeit. Auch ist das Wetter trübe, R. empfindet es und bestellt Feuer. Beim Abendbrot können wir ihn durch allerhand Erzählungen vom »bösen Auge« hier unterhalten. Nach dem Abendbrot versuchen wir es, einen Dialog von Stein: »Die h. Katharina von Siena«, zu lesen, allein den mangelhaften Vortrag (meinen) unterbricht R. bald; auch ist ihm der Gegenstand nicht angenehm, die Heilige in Verbindung mit politischen Interessen fesselt ihn nicht, »im besten Falle kann man sagen, solch eine Frau ist dumm«. –– Wir spielen dann Whist.

Donnerstag 5ten R. hatte eine gute Nacht, und der bekannte heitre Gesang des Kindes – Mädchen oder Knabe – um 6 Uhr früh erfreut ihn wieder. Wir nehmen heiter das Frühstück im Glashaus, allerdings von Fremden beguckt, ein, jedoch ohne peinliche Empfindung davon. Die Rufe auf der Straße beschäftigen heiter, und in guter Stimmung beginnt dieser Tag. R. arbeitet; geht vor Tisch im Garten spazieren, und wie er heimkommt und ich ihn erwarte, um zum Mahle zu gehen, ruft er mich: »Mamsell Glorreich!« Bei Tisch erzählt er von den Peripetien der Scheidung Nap.'s aus den Memoiren von Mme de Rémusat und sagt, er begriffe nicht, daß man dieses interessante Thema nicht zum Gegenstand eines Dramas gemacht hätte. Er ruht ziemlich lange nach Tisch, und dann fahren wir, er und ich, aus, über den englischen Garten nach der Favorita. Wie ich ihm sage, daß ich soeben an Parsifal gedacht und mich gefreut, daß dieses letzte Werk auch sein Meisterwerk, erwidert oder unterbricht er mich sehr erregt: »Nein, nein, ich habe mir heute gesagt, es ist doch sehr merkwürdig, daß ich mir dieses Werk für die höchste Reife habe erspart; ich weiß, was ich weiß und was darin ist; und es kann die neue Schule, Wolz. u. a., sich daran halten«; er deutet mehr an dann, als er ausspricht, den Gehalt dieses Werkes, »Erlösung dem Erlöser« – und wir schweigen, nachdem er noch gesagt: »Gut, daß wir allein sind.« –– Dann erwähnt er plötzlich Brandt sehr ernst: »Daß dieser tief anhängliche Mensch – denn das war er mir – sterben mußte!« Und er gedenkt dessen genialer Vorzüge; ich teile ihm mit, daß ich an Frau Brandt geschrieben und versprochen habe, er würde an den Sohn schreiben. Wir fahren weiter, und ein Gott gibt es mir ein, mich so der Landschaft freuen zu dürfen, daß die schweren Gedanken wie Wolken davonziehen. Die Spazierfahrt erfreut ihn, er befiehlt dem Kutscher, nach dem Meere zu fahren, wir steigen aus und beschreiten den Quai am Eisenbahnhof. Es ist ganz wundervoll, der Anblick, und wenn R. mich auch frägt, was ich denn so schön fände, teilt er doch meine Freude. Und in milder, ja gehobener Stimmung kehren wir heim. Er begibt sich an die Arbeit, hat zwei Seiten heute gemacht und setzt sich aufgeregt, aber in freundlicher Weise mit uns zu Tisch. Die wundervolle Skizze meines Vaters von Lenbach fordert zu Betrachtungen auf; wie wir es erwähnen, daß L. von R. kein solches Bild gemacht, sagt R.: »Ich bin einerseits zu philisterhaft, andererseits vielleicht zu geistig«, und er meint weiter, daß diese Skizze, herrlich und ähnlich wie sie sei, doch einen Moment, eine Aktion darstelle, nicht die vollständige Ruhe; nach seiner Ansicht müsse ein Portrait diese wiedergeben, und er freue sich, daß die Photographie – nach welcher der Stich entstand – von ihm da sei. So wolle er gern aussehen. Er ergeht sich dann über die bildende Kunst und sagt Jouk., er hoffe, dieser verstünde ihn und was er darunter meine, nicht die Malerei, von welcher er sehr gut wisse, daß sie seiner Kunst am nächsten komme, und daß die Griechen z. B. nichts von ihr gewußt, sondern die architektonisch-dekorativen Spielereien wie die Salzfässer von Benvenuto Cellini u.s.w., »in meiner Auffassung der Welt u.s.w. kommt mir das völlig verächtlich vor«. –– Er spricht dann von seiner Instrumentation, vergleicht sie mit der Technik der Malerei, erzählt dann von Greulichkeiten der russischen Regierung und erklärt, daß das Beste der Nation gewiß bei den Nihilisten stäke, oben sei alles vermodert und verwest. Dann beginnen wir »H. IV.« zweiter Teil; wie er manches überspringen muß, klagt er es, »vor Weibsbildern« lesen zu müssen; als ich später scherzend das hervorhebe, weiß er es nicht mehr, wie so oft seine Reden ganz gelockert von seinem Sinnen sind und nur der Ausdruck eines Mißbehagens. – Rub. spielt die As dur Sonate und die Polonaise von Weber; R. erkennt daran wieder, daß er »kein Musiker« sei; trotz vieler schöner Züge erinnert ihn die Sonate an Kalkbrenner; Steifheit der Form und gefallsüchtige Brillanz sind ihm darin widerwärtig, nicht den geringsten Einfluß habe Beethoven auf diese Klavier-Literatur gehabt. Der Polonaise hört er nicht mehr zu, freut sich der herrlichen Mond-Nacht und der milden Luft; wir begeben uns in das Glashaus und ergehen uns in Freude an der Natur. Wie die Tristan- und Walküren-Nacht erwähnt wird, sagt er: er habe nie an Mondnacht dabei gedacht, nur an warme Sommernächte, auch aus dem Grunde schon, weil auf der Bühne der Mond sich lächerlich mache. Viele Reisegedanken! Wir sollen von hier nach Athen und die ionischen Inseln kennenlernen; Konstantinopel aber interessiere ihn gar nicht, weder die Gründung noch die Beherrschung, das sage ihm nichts.

Freitag 6ten R. hatte eine gute Nacht, und wir frühstücken heiter im Glashaus unter allerhand Gesprächen, u. a. über Cherubini, den Schemann uns näherbringen möchte, »der Mensch besuche die Götter nicht«, sagt R. – R. bezeichnet den altmodischen Meister als interessant und langweilig zugleich. Dann geht er auf die Franzosen über, es sei alles damit gesagt, daß sie aus pater, mater père und mère gemacht hätten. – Dann begibt sich R. an die Arbeit, welche ihn aber heute sehr anstrengt. Die Seite 331 mit den Harfen (Parsifal besteigt die Stufen zu dem Weihetisch) greift ihn sehr an, das Wetter ist trübe, auch die Nachricht, daß Lusch nun wiederkommt, erregt in ihm nur die Betrachtung, daß sie als Gast jetzt nur bei uns sei. Wir machen eine Fahrt nach der Favorita, aber er fühlt sich nicht wohl. Beim Abendbrot bespricht er die Nachricht, daß L. Bucher in Rom als freier Stadt die neue Stellung des Papstes einzurichten haben wird. Auch schon auf der Spazierfahrt erwähnte er dies; »wer hat denn ein Recht?« sagt er, von den piemontesischen Herrn sprechend. Bei Tisch verteidigte er Friedrich Barbarossa von dem Vorwurf der Grausamkeit, »sie hatten Glauben an sich, diese Herrn, waren in einem großartigen Irrtum befangen. Der Papst repräsentierte damals das Volk. Aber bloß grausam darf man sie nicht nennen«. Ich lese in G. Keller weiter, um ihn zu zerstreuen; und die Geschichte von Salome bringt uns manches, was uns vergnügt.

Sonnabend 7ten Wir frühstücken heute im Bett, nachdem R. nachts ein Mal auf war und eine Scene in Mme de Rémusat gelesen, worin Talleyrand nach einer Altercation mit Nap. ausgerufen: »quel dommage qu'un si grand homme soit si mal élevé«, was R. scherzhaft auf sich bezieht. Er kommt auch wieder auf die Nachricht der Wiederherstellung der weltlichen Macht zurück und sagt: Es ist ja kein Treu und Glauben in nichts. Er arbeitet und ist sehr angegriffen durch die Arbeit; wir fahren nach dem Molo spazieren und dann zu dem von Jouk. entdecken Hof – Villa Philippina –, Frauen dürfen nicht hinein, aber R. bewundert den seltsamen Hof mit Terrassen. Heimkehrend nimmt er die Arbeiten Kath.*, Luther, Heimatlos von Stein vor, von welchen ich ihm gesprochen, und ist ungemein erfreut durch sie; er fühle sich – sagt er – wie engagiert, da seine Gedanken so fruchteten, er hält Stein entschieden für berufen. Abends, wie Rub. uns ein Bild spielt, erkennt R. zuerst die Erweckung der Brünnhilde nicht, freut sich dann aber derselben, wenn er auch jetzt im ganzen Musik nicht gerne hört. Wir beendigen die Novelle »Regine« mit Eindruck und besprechen den seltsamen Zug des Schweigens beim Volk. Minna's Verhalten gegen Nath. fällt uns dabei ein.

*Sonntag** 8ten* Nach guter Nacht frühstücken wir, R. und ich, im Glashaus, und er sagt: »Mir fiel es ein, daß wir eigentlich nur mit Totem uns abgeben, alles ist leblos um uns, während früher das Dasein mit dem Lebenden war, mit Pflanzen, Tieren; Wotan schnitt sich seinen Speer aus der blühenden Esche.« Wie ich sage, daß dieses Leben im Leben am Ende den Begriff des Göttlichen den Nachkommenden gegeben und daß Siegfried und Brünnhilde wie die heilige lebendige Natur erscheinen, während die Gibichungen bereits dem Starren angehörten, gibt er mir recht. Wir gehen von da zu der Novelle von Keller über, und ich bedauere es, daß ihm unsere Welt solche Motive wie Geschäftssekretäre zuführt, die man

* Katharina von Siena. ** Irrtümlich »Sonnabend«.

sich beinahe schämt zu erwähnen, da dem Mittelalter dem Volk Genovefen und Elisabeth und solche erstanden. Er will sich dann ausruhen, wird darin durch das Lesen der Kinder gestört, ruft mich, um ihm zu helfen, mit der Arbeit aber ist es aus, und er will mit uns in das Museum gehen. Das liebliche Meister-Bild von Memling erregt als reizendste Spielerei sein Wohlgefallen, vor allem aber entzückt ihn der griechische Widder. Leider endigt der freundliche Besuch mit Ärger für ihn und Unwohlsein; er war zu leicht gekleidet, es wurde ihm kühl, und die Kapelle der Rosario, die wir noch besuchen wollten, erregt ihm solchen Unmut, daß ich die Kinder allein sie besuchen lasse und mit ihm heimfahre. Der 8te aber erweckt Erinnerungen an Hans, an das Mahl in München 1868; er erzählt von der Jugend von Bülow, wie dieser mit Karl Ritter sich über Reißiger laut lustig gemacht hätte, indem er auf der Straße hinter R. ging. – Gen Abend fühlt sich R. wirklich erkältet, er versucht zu arbeiten, verlangt aber Lektüre, und abends spielen wir Whist. R. sehr verstimmt durch Musik, die oberhalb seiner Stube gemacht wird.*

Montag 9ten Die Nacht war ziemlich gut mit gelindem Schweiß vergangen, aber der Ärger über verfehlte Vorkehrungen bleibt nicht aus, eine gewärmte Jacke ist nicht zu erlangen, nur inmitten des Ärgers frägt er Schnappauf, wie doch er die Jacke den Verrückten umgebe, und wie dieser es ihm zeigt, lacht R. wieder herzlichst. Aber der Tag vergeht in Schonung einer leichten Halsentzündung; wir speisen beide allein, und ich gehe darauf mit G^{f} Tasca, um eine Villa (Airodi) anzusehen; dieselbe, zu großartig zugleich und verkommen, bringt uns auf unseren Gedanken von Venedig zurück, welches R. den andren Städten Italiens vorzieht. Abends lese ich die rührende Geschichte der »Armen Baronin« vor, welche R. vorher gelesen und sehr empfohlen, u. a. und besonders das Bild von dem jungen Kätzlein gefällt ihm. – Nach der Lektüre nimmt er wieder seinen Gedanken der toten Welt, in welcher wir leben, auf, und spricht ihn aus. Auch über die Tiere und ihre Art Aufessen von einander kommt er zurück und warnt sich selbst förmlich vor Anwendenwollen der Erkenntnis. Über deutsche Novellen im allgemeinen sagt er, er könne sich außer Kriminal-Fällen gar nichts vorstellen, was aus unsrer Gesellschaft entspränge, z. B. Situationen durch Reibung der Charaktere u.s.w.

Dienstag 10ten In der Frühe vor dem Aufstehen drückt R. es aus, daß er durchaus die von Keller ausgesprochene Ansicht von der Kürze des Lebens, und wie schnell man in das Alter gerate, nicht teile; bei ihm sei

* Zeichen im Text, nächste Seite unten: »8ten (Sonntag) – Bei Tisch gedenkt er der Nornen-Scene und freut sich derselben, daß er so etwas gemacht habe, und behauptet halb im Scherz, halb im Ernst, niemand habe erwähnt, was darin wäre.«

alles so langsam gekommen! Wie lange habe er auf alles warten müssen. Wir sprechen den Tag über viel von der schönen Novelle, und R. kündigt andres mit Vergnügen an. Ein Brief von Fürst. W.* über Lulu's Aufenthalt bringt R. auf; er kann es nicht begreifen, daß mein Vater das lästige Verhältnis nicht abschüttelt; »so geht's«, sagt er humoristisch, »wenn ein Frauensbild ein Mannszimmer beherrscht«. – Abends beginnen wir »Correa«; R. sagt, er sei förmlich froh, von Mme de Rémusat zu Keller, von der Geschichte zur Poesie [zu gelangen], und bei dem Ausdruck: »sie glaubte an sich, an den Reichtum, an die Kirche«, – »da haben wir ganz Sizilien«, ruft er aus. Die Erzählung spannt und erfreut sehr. Vorher hatte R. aus der c moll das zweite Thema gespielt und hervorgehoben, wie kurz das sei und dabei so sprechend; er ergeht sich weiter über die wunderbare Konzision dieses Werkes, führt als Gegensatz die Eroica mit ihrer »Üppigkeit« an, und wie ich ihn befrage, ob er diese Konzision für eine größere Vollendung hält, sagt er: »Es wäre eine Torheit, die c moll etwa höherstellen zu wollen als die Eroica, aber der Mensch ist um so viele Stufen höhergerückt.«

Mittwoch 11ten Wie eine Kirche in der Frühe ihre Glocke vernehmen läßt, sagt R., »da läßt der liebe Gott seine Repetier-Uhr hören«, und heiter frägt er mich, ob ich den Namen des Weibchens vom Rhinoceros wüßte? »Rhinoce-Rosine, oder Rosine Rhinoc.« – Er arbeitet, und am Nachmittag machen wir eine Fahrt nach der *Favorita;* R. ärgert sich über das Schwinden der Sonne, meint, der liebe Gott habe es auf ihn abgesehen, in der Frühe könne er sich nicht retten vor der Sonne, und am Nachmittage gebrauche sie die Wolke als Schnupftuch. Abends wiederum über C. W., dann über die Theater-Wesen, die Schwierigkeit des Umganges mit ihnen. Abends erregen »Die Berlocken« und die Gespenster-Geschichte unsere höchste Heiterkeit; R. erzählt darauf eine sehr drastische, für Männer geeignete Anekdote, und sehr charakteristisch ist es für ihn, daß er nicht es gern sieht, daß das Komische von unseren Freunden zuerst empfunden wird. (Fidi ist unwohl.)

Donnerstag 12ten R. hat gut geruht, und Dr. Berlin bringt mir Beruhigung; doch die wahrscheinliche Notwendigkeit einer dereinstigen Mandel-Operation erschreckt uns. R. arbeitet; bei Tisch bringt eine Nachricht von dem russischen Kaiser das Gespräch auf den russisch-türkischen Krieg, und R. sagt: Er sei für die Russen gewesen, aber wie er das Talent von Osman Pascha gesehen und diese absolute Talentlosigkeit bei den Russen, da habe seine Sympathie abgenommen, denn dies sei das Ent-

* Fürstin Carolyne Sayn-Wittgenstein.

scheidende für die Teilnahme, ob große Fähigkeiten sich zeigten. – Der Nil kommt wieder auf das Tapet durch einen Brief von H. Marsillach aus Luxor. R. will durchaus Europa auf eine Zeit vergessen. Wir besuchen den Dom, die Zisa, und nach der Heimfahrt arbeitet R. Sehr erregt kommt er zum Abendbrot und versichert: Nicht einen Augenblick würde er schwanken, für das Wohl der Kinder seine Werke zu opfern, nicht einen Augenblick, Tristan für Isolde, Meistersinger für Eva, den Ring für Siegfried. »Das ist Leben«, sagt er. Dann scherzt er darüber, daß das Land schlecht gewählt sei, um sie zu verheiraten, denn hier müßten sie katholisch werden, und das würde ihm wie eine große Schmach vorkommen. Abends spricht er viel über die Harfenstimmen mit Rub., dann lesen wir die Novelle der katholisch gewordenen Lucie, welches uns so gefällt, daß R. beschließt, Keller wiederzusehen. Gestern hatte er sich den Spaß gemacht, mir zu sagen, daß »Die *Berlocken*« rührend endige, so daß ich als Vorleserin bange vor dem gerührten Vortrag begann.

*Freitag 13ten** In der Frühe meint R., ich würde wie Lucie gehandelt haben, nachts in das Kloster gelaufen sein! – Wir freuen uns noch der Erzählungen, verstehen auch die Dinge, die uns anfangs mißfallen hatten. – Es ist heute Jouk.'s Geburtstag, und da wir ihm gern etwas geben möchten, gehe ich mit ihm und den Kindern – doch vergebens zum Antiquar. Heimgekehrt finde ich R. sehr angegriffen, und er verläßt selbst auf eine Weile den Tisch, kehrt aber bald wieder und bringt herzlichst den Toast [aus]. Nach Tisch besuchen wir ein uns angebotenes Haus. Er arbeitet dann, und abends wird Jouk. zu Ehren der Chor der »Feen«, dann die Ballade der Hexe (von R. gesungen) und die Ouvertüre zu den »Feen« gespielt; wie letzteres geschieht, entfernt sich R., ich sehe nach, er macht die Partitur fertig; »es ließ mir keine Ruhe«, sagt er. Die prächtigen Klänge des Tannhäuser-Marsches erklingen, er kommt herein, und – es ist vollbracht! Bei dieser wie bei allen Arbeiten hat er gefürchtet, durch den Tod unterbrochen zu werden, bei Tisch sagte er es uns heute! Während er spricht, habe ich die Monreale-Schale auf seinen Tisch gestellt, und wie er etwas in seiner Stube holt, entdeckt er sie, bleibt eine Weile fern und kommt dann mit dem schweren Kästchen. Es gefällt ihm! Eva hat er zuerst erkannt; auch Fidi, dann wird alles erzählt, und daß das Motiv von Monreale von Jouk. auf meine Bitte so verwandelt wurde. Wir lassen Parsifal leben. Später als gewöhnlich entfernen sich die Freunde, wir bleiben noch auf, R. und ich, und besprechen die verschiedenen Vollendungen (Tristan, Msinger ––), das Leben überhaupt, und gehen in geho-

* Beigelegt Gedicht-Entwurf Cosimas zum 13. Januar, »Sangue reale, wirkliches Blut«.

bener, friedlicher Stimmung zur Ruhe. – Noch will ich einiges von dem Abend erzählen; erstens, daß R. uns den Inhalt seiner ersten Ballade erzählte (Knabe und Schwan). Dann, daß er von seiner Instrumentation des Parsifal sprach; die Blasinstrumente würden sich beklagen, aber wenn er dächte, wie z. B. in der »Martha« die vier Hörner jeden Augenblick in der dümmsten Weise gebraucht würden, da beruhigt er sich. – Mir sagt er, der a moll Akkord (wo Kundry zusammensinkt) würde mir Eindruck machen; es sei der Schrecken der Heiligkeit, der da ausstrahle. Er müsse sehr schön geblasen werden.

Sonnabend 14ten R. ist etwas müde; liest in »M. Aurel« von Renan (er findet, daß man die Gestalt dieses Kaisers überschätzt), schreibt an Fritz Brandt, um ihm die Leitung der Maschinen zu übergeben. Er geht dann mit den Mädchen spazieren, und um 1 Uhr feiern wir das Parsifal-Mahl; trotzdem R. durchaus will, daß das Werk am 25. Dezember vollendet worden sei, es sei die Nachgeburt. Er erzählt mit Vergnügen von einem Zug in dem Buch von Renan, wie einer sich gerühmt, er würde mit Platon als Akademiker, mit Zeno als Stoiker sprechen können, Pythagoras würde mit ihm schweigen, da habe ihm einer aus der Versammlung zugerufen: »Nun stelle dir vor, daß Pyth. jetzt bei dir wäre, und schweige.« Man spricht von Portraits, und in heitrer Laune sagt er: Man solle ihn und mich darstellen, wie ich ihm den Apfel des Vegetarianismus anbiete. Ich sage: Seitdem ich ihn auf das heftigste gegen Nietzsche über dieses Thema hätte eifern hören, hätte ich nicht mehr den Mut, Vegetarierin zu sein; R. erzählt: »Ja, wie er kam, nichts bei uns aß, sagte: ›Ich bin Vegetarier‹, ›Sie sind ein Esel‹, sagte ich.« – Neulich waren wir, ich weiß nicht mehr bei welcher Gelegenheit, darüber einig geworden, daß man nur mit Beschränkung und indem man vieles nicht kennt oder beachtet, ein System ausbauen kann. Wir gehen etwas spazieren, R. macht zwei Besuche, und wie wir heimkehren, vernehmen wir lang gehaltene feierliche Töne, die Klänge nähern sich, stimmen uns ernst und erhaben, wir horchen; ein Leichenzug geht vorüber, die Musik einfach, aber nicht gemein, außerordentlich schön, ausdrucksvoll geblasen; R. ist ganz entrückt: »O was ist die Musik etwas Göttliches, wie verklärt sie alles«, – ruft er aus. Leider entrüsten ihn Kleider und Antlitze der Prälaten. Wir erzählen den Freunden davon. Abends, wie Rub. das Arrangement der Tannh.-Ouvertüre von meinem Vater etwas gespielt hat, teilt er mit, daß ein Zug in dem 1ten Teil der Harold-Symphonie von Berlioz ihn beeinflußt habe; in der Jugend entlehne man von andren; diese Symphonie, den ersten Teil namentlich, habe er gern, auch das Ständchen und den Pilger-Chor habe [er] gern. Wie ich einwerfe, daß es seelenlos mir scheine, sagt er: »Ja,

Landschaftsmaler wie Mendelssohn«, ich: »Mich dünkt, noch seelenloser als Mendelssohn«, – R.: »Ja, es ist wie Knochengerassel, wie Skelett, aber das Skelett ist da.« – Und ich weiß nicht, durch welchen Übergang wir auf die Heiligen-Legende kommen und er die Geschichte dieser rheinischen Heiligen erzählt habe, welche die Pestbeule ausgesogen, die ihr dann wie das Süßeste erschienen sei. Darin läge für ihn alles, und auf diese würde er noch zurückkommen. »Wir Künstler«, sagt er zu Jouk. gewendet, »sind dagegen Zuckerpuppen.« –– Auch die Geschichte des h. Franciscus, sich auf Befehl des Papstes unter die Schweine wälzend, erzählt er. Wir beschließen den Abend mit einem Whist.

*Sonntag 15ten** In der Frühe spricht R. von den Erklärungen Bismarck's über die Verantwortlichkeit des Königs und ergeht sich dann weiter über das, was er den konstitutionellen Unsinn nennt. Um 12 Uhr ist Sitzung für den französischen Maler Renoir**, mit dem R. sich den Scherz macht, ihn mit dem Victor Noir zu verwechseln. Dieser Künstler, der Schule der Impressionisten angehörend, die alles hell und inmitten der Sonne malen, unterhält R. dadurch, daß er mit vielen Grimassen und Aufregung also arbeitet, daß ihm R. sagt, er sei der Maler aus den Fl. Blättern. Von dem sehr wunderlichen, blau-rosigen Ergebnis meint R., es sähe aus wie der Embryo eines Engels, als Auster von einem Epikuräer verschluckt. Diese Sitzung bringt uns auf die Landschafts-Malerei und dadurch auf eine Diskussion, die so heftig wird, daß, wie R. sagt: »Seit zwanzig Jahren höre ich dasselbe« – ich mich entferne, was den Dingen eine Wendung gibt, die allmählich die beste Stimmung hervorbringt. U. a. hatte R. von den Portraits ausgesprochen: »Was sagt mir das; das Beste, was ein Portrait-Maler heutzutage machen kann, ist ein Bluthund! ⟨(R. essend.)⟩*** Das Wetter war trübe, man ging nicht aus, und abends spielte man Whist.

Montag 16ten[+] R. mediziniert heute und liest in »M. Aurel«, aber ohne Befriedigung. Nach Tisch nehmen wir verschiedene, eben angekommene Briefe vor, z. B. von H. Neumann über seine verschiedenen Unternehmungen. Eine Unterbrechung durch einen Besuch verstimmt R. sehr. Er beantwortet den Brief von Dr N. und rät von Paris, für welches er nur Ekel empfinde, ganz ab. Dann betrachtet er das Kupferstich-Buch, welches Siegfr. geschenkt worden ist (vor einigen Tagen fand ich ihn beim Frühstück entzückt von dem Blatt von Lucas v. Leyden: Josef, die Träume deutend). Abends wird musiziert, die zwei letzten Teile der c moll Sym-

* Irrtümlich »25ten«. ** Cosima schreibt »Renouard«, s. Anm. *** ⟨ ⟩ von fremder Hand mit Tinte unkenntlich gemacht. [+] Irrtümlich »26ten«.

phonie, nicht sehr zu R.'s Zufriedenheit, und das Bild: Siegmund und Sieglinde, dessen Zusammenstellung ihm wohl gefällt. Die Nachrichten über die Bülow'schen Konzerte in Berlin lauten sehr günstig.

Dienstag 17ten Es ist frisch, R. denkt an Spanien, und ich schreibe an Marsillach, um die etwaigen Reiseprojekte vorzubereiten. R. hat eine doppelte Sitzung mit Jouk. und mit Rub.; ersteren frägt er, wie er ihn machen möchte, Profil oder Face – Lucrezia oder Lucia. Bei Tisch erzählt er, daß im Tagblatt die Nachricht stünde, in Wahnfried sei ein Laubfrosch gefunden worden. Mit Graf Tasca und Jouk. fährt er zum Club, aber wie er dann weiter spazieren soll, will er mich haben, so daß Gf Tasca über die »Turteltauben« scherzt. Wir fahren an das Meer, welches bewegt ist, aber immer schön, selbst bei bedecktem Himmel. Er schreibt dann an Feustel, und abends spielen wir Whist.

Mittwoch 18ten Er hatte eine gute Nacht, und sehr heiter ist er bei der Mahlzeit, wo er u. a. von seiner bestimmten Absicht spricht, den Nil zu bereisen, um zu sehen, »wo Barthel den Most holt«. – Sein Conto corrent zeigt ihm gute Einnahmen, und das erfreut ihn immer.* Bei herrlichem Wetter machen wir eine überaus schöne Fahrt nach S. Maria Gesu, sowohl der Weg als der Blick entzücken uns geradeswegs. Abends liest er uns eine Seite aus Renan über Glauben und Gewißheit, die ihm sehr gefällt. Es wird von Eheverbindungen gesprochen** und wie selten eine glücklich zu nennen sei. Dann geraten wir auf das Alter, und wie wir ihm sagen, daß er immer schöner gewor[den] sei, und mir ein gleiches Freundliches zugedacht wird, sagt er: »Du hast eine schöne Heiterkeit gewonnen.« – Er behauptet dann, mich immer mit den Kindern »schmettern« [zu] hören! – Abends, wie wir in meinem Salon versammelt sind, beginnen unsere Nachbarn, Mann und Frau aus Amerika, geistliche Lieder 2stimmig zu singen; zuerst, namentlich da der Mann den Baß sehr fehlerhaft singt, erregt dies unsere Heiterkeit, allmählich aber rührt es fast, und jedenfalls regt es Sinnen und Betrachtung an. Dann spielt Rub. auf R.'s Wunsch eine

* Sieben Seiten später unter dem 23. Januar, unten nachgetragen: »Note zu Mittwoch 18ten. R. begegnete vormittags, wie er mit den Kindern ausging, dem Abbé Jecker, Erzieher des Gfen Mazzarino, der ihm bei der ersten Bekanntschaft guten Eindruck gemacht, heute ihm aber zugleich süßlich und zurückhaltend erschien. R. meint, er habe ein mot d'ordre erhalten, und nimmt sich vor, der Mutter und den sonstigen Verwandten es vorzuhalten, was das für eine Schande sei, den schönen Jungen so in Knechtschaft zu geben. – In Bezug auf Lusch's Nichtkommen nimmt R. ›Hamlet‹ und liest die letzte Rede und: der Rest ist Schweigen, das sei sein Motto.« ** Statt »Es wird von Eheverbindungen gesprochen« ursprünglich: »Ein Brief von Lusch mit einem Heirats-Projekt [geändert in: ›eine Heiratsmöglichkeit‹], welches die Kinder in große Aufregung gebracht, bringt das Gespräch auf die Ehen«. Vgl. auch 20. Januar, letzter Satz.

Polonaise von Chopin. (Die Bemühungen Bismarck's, darauf, wie es scheint, hinzielend, die Konstitution umzugestalten, bringen bei R. die Erinnerungen an sein Gespräch mit H. von Lutz im Jahre 1865 auf; dieser habe ihm mitgeteilt, daß sie mit Preußen eher als mit Österreich gingen, weil Preußen den Konstitutionalismus sehr einschränken würde. Was dazwischen liegt, meint R., wäre demnach eine Parenthese gewesen.)

Donnerstag 19ten R. hatte eine gute Nacht, aber die übermäßigen Forderungen unseres Wirtes stimmen ihn sehr ärgerlich, und ich merke es an der Art, mit welcher er gereizt bei Tisch über M. Aurel in der Annahme einer ungerechtfertigten Bewunderung meinerseits für diesen Kaiser spricht. Er erzählt das Martyrium der h. Blandine mit leidenschaftlicher Erregung. Wie die Rede auf irgend jemand kommt, der ihn zu sehen wünscht, sagt er mir, es beunruhige ihn jeder Gedanke an neue Bekanntschaften. Um 12 Uhr geht er mit den Kindern spazieren im engl. Garten, und am Nachmittag besuchen wir den Garten Aumale, der ganz herrlich ist und auch R. gefällt, wenn auch seine Stimmung eine gereizte bleibt. Wie wir eine Orangen-Frucht bei einer Rose sehen, sagt er: »Wie gemein erscheint sie doch neben dieser Blüte.« – G^{f} Tasca besucht uns abends, um die Partie nach Bagheria, die R. für heute wünschte, für morgen zu verabreden. Wir besprechen alles, und R. spielt dann den Kaisermarsch 4händig mit Rub., was ihn aber sehr angreift. Am Schluß des Abends erzählt er mir von der Vereinigung der Liberalen mit dem Zentrum gegen Bismarck! – Ein Brief von den Verlegern Härtel meldet den endlichen Stich von Lohengrin und eine neue Herausgabe von Tristan. R. überlegt es, ob er Erleichterungen dazu machen soll, und gibt es dann auf.

Freitag 20ten Die Sonne leuchtet herrlich; R. hatte eine gute Nacht, R. scherzt in der Frühe über den Erfolg von Tristan, es ging mit ihm wie mit der langbeinigen Zikade, »die gleich im Gras ihr altes Liedchen singt«. Härtels vergleicht er mit Regenwürmern, die sich gleich zeigen, wenn etwas sich geregt hat. Und um $11^{1}/_{2}$ Uhr fahren wir mit Fürst Gangi, G^{f} Tasca und den Kindern in vier Wagen fort nach Bagheria. Die Partie glückt vollständig, der Blick von Val Guarnero entzückt R., es erscheint als das Schönste, was man gesehen. Das Mittagessen in Solunt bei dem Fürsten ist sehr angenehm, R. wird von einem Advokaten ein Toast auf deutsch und einer auf italienisch gebracht, R. bringt die Gesundheit der Fürstin [aus], und trotz eines kleinen Abenteuers bei der Heimfahrt (die Achse eines Wagens bricht) ist alles geglückt, und R. umarmt auf das herzlichste unsere freundlichen Wirte. – Wir treffen leider zu Hause einen Bericht über die B.'schen Konzerte in Berlin [an], die Feier von Brahms wirkt traurig. Ein Brief von Gobineau verstimmt auch etwas, da R. es nicht begreift, daß er nicht zu uns kommt. »Ich brauche niemanden«, sagt er, »außer dich; da habe ich Hals und Kragen daran gesetzt, dich zu bekommen, sonst aber niemand; freue mich aber, wenn ich jemand etwas sein kann.« (Heute kam der Brief von Lusch mit Heirats-Aussichten.)

Sonnabend 21ten R. hat gut geruht. In der Frühe nehmen wir den Brief von Lusch mit Einlage von ihrem Pater wieder vor; große Verstimmung über letzteres, ein Witz über die großen Männer, die kein Herz hätten, empört R. Wir besprechen Lusch's Schicksal. – Das schöne Wetter verlockt R. um 12 mit den Kindern nach dem englischen Garten, ich gehe ihnen entgegen. Unsere Mahlzeit verläuft heiter, der Brief des Weinhändlers *Kroté* macht Spaß, aber die Müdigkeit durch die gestrige Partie ist da und die Verstimmung gegen das Leben im Hôtel (da H. Ragusa auf R.'s Ersuchen, das und das zu streichen, ein Minimum ablassen wollte, läßt R. das Ganze zahlen, spricht aber nicht mehr mit ihm) sehr im Wachsen. Wir geben einige Karten ab, um eine Fahrt zu machen; da ich Jouk. von seinem Fortgang spreche, bricht R. aus: Warum man ihm nichts sage, es sei eine falsche Schonung, und geht dann in größter Bitterkeit auf Lusch über, auf meinen Vater, die Fürstin, und verlangt bald, heimzukehren. Ich gebe Jouk. den Rat, sich ruhig mit ihm über die Notwendigkeit seiner Rückkehr zu verständigen; er tut es bald nach der Heimkehr, und es wird eine Depesche an Plett. und Schwab, »Werbel und Schwemel«, entworfen, ob sie wirklich etwas bereit zum Zeigen hätten. (Mittwoch nachts wollte Jouk. bereits, ohne R. etwas zu sagen, einen Brief hinterlassend, abreisen, da erriet es R. ohnbewußt, sprach von bösen Anzeichen, deutete das seltsame Gezwitscher eines Vogels im Kamin vor dem Abendbrot, den wir nicht fanden, von dem wir ihm sprachen, gegen die Abreise, so daß Jouk. stillschweigend von dem Dämonischen erfaßt blieb. Bei Bagheria durfte er nicht fehlen, nun wurde es festgesetzt, Sizilien aufzugeben, Lusch zu besuchen, und das berührte ich heute.) – Abends lese ich etwas aus einem Vortrag A. Springer's über Palermo vor; das Historische fesselt R. etwas, doch wie es zu der Beschreibung der Gebäude kommt, wird er unruhig, entfernt sich, kommt wieder, setzt sich in der Nebenstube, geht zu sich, spricht mit sich: »Ich werde das Herz nicht haben, es auszuführen«, bittet mich, ihn unbeachtet zu lassen, wie ich eintrete, und endlich, als ich wiederkehre, zeigt er mir seine Briefe an Lusch und an Groß. Ich schweige zuerst und sage ihm dann, daß ich dieses Schreiben verstünde, eher als das, was im vorigen Jahre abgeschickt worden sei. Mein Vertrauen in das Kind sei nun so groß, daß ich aus allem hoffte, das Gute für sie zu entwickeln. Und die Ruhe tritt allmählich ein, und wir kehren beinahe heiter zu den Kindern zurück und sprechen lange noch mit Jouk. Scherzend nennt mich R. h. Katharina, über alles ruhig, so daß man mir kaum folgen könne. Dann sprechen wir von den Kindern, die heute merkwürdig konfus – schafdreherisch, wie R. sagt – waren, und scherzend entlassen wir den Freund und gehen zur Ruhe.

Sonntag 22ten R. hatte eine gute Nacht, und wir besprechen die gestrige Schrift, die Bedeutung des arabischen Volkes und die Überschätzung der Normannen seitens Gobineau, da sie doch nur das vorgefundene Schöne, um sich darin zu vergnügen, benutzt hätten, nichts geschaffen. Er schreibt einen Brief an Vater Rub. zugunsten des Sohnes und geht gen Mittag im Garten gegenüber spazieren, wo ihn Pr. Salinas antrifft, der Siegfried zu einer Partie abgeholt hatte. Bei diesem sonst gebildeten Manne trifft er auf dieselbe Beschränktheit wie bei allen Kunstbeschäftigten, und er ist froh, wie ich komme, weil er ›zu viel schwatze‹. Wir bringen Jouk. auf das Schiff und nehmen da Abschied unter vielem Winken. Beim Abendbrot erfreut uns Fidi durch seine Bemühung, den Freund uns mit Gesprächen zu ersetzen; er erzählt von einer Verschwörung in Konstantinopel, von Kohlen-Unglücken u. s. w. R. sagt: »Er sagt: Setzt mich nur an meinen Platz.« –– Wir spielen Whist und Chopin! Der letztere erfreut auch R. durch seine melodische Feinheit, ja diese erstaunt geradewegs bei einem, wie R. sagt, der als Virtuose es auf rhetorische Brillanz absehen muß. Wie wir allein sind, kommen wir auf Hans zu sprechen, seine Äußerungen gegen Lulu, sein Verhältnis zu mir; wir lassen uns über die Fähigkeit, leicht die entsetzlichsten Dinge zu sagen [aus] und kommen auch auf Minna zu sprechen. Wie R. es erwähnt, daß er nur mir im Jahre 1864 ihren Treuebruch mitgeteilt, kann ich ihm erwidern, daß, wie er es mir sagte im Garten von Starnberg, ich das Gefühl hatte, daß er nur mir es sagen konnte; und daß er es konnte, gab mir ein unaussprechliches Gefühl. (Der Brief an den Vater Rub. hat ihn etwas angegriffen, er klagt, daß man derlei von ihm verlange, aber – nach seiner Mitteilung – ist er sehr warm für unseren Freund eingetreten.)

Montag 23ten R. hatte eine gute Nacht, aber das Thema, welches uns vor allen einnimmt, ist die Wohnung; wir sprechen mit einem Tapezierer, wollen nach Bagheria fahren, um dort die Casa Ferdinande anzusehen. Wie ich mich darüber ergehe, daß ich an das Gute glauben muß, sagt R.: »Die Sehnsucht nach dem Guten ist in der Natur da, freilich ist das Böse ganz da.« – »M. Aurel« langweilt ihn sehr, und die süßliche Darstellung von Renan stimmt ihn ironisch. Um 12 Uhr erscheinen Fürst Gangi mit G^{f} Tasca und bieten das Landhaus des ersteren an, welches wir denn auch besuchen; das uns sehr gefällt und das wir mit größtem Dank annehmen.

Eine Depesche von Jouk. erwidert R. wie folgt.* – Von der Fahrt ist er sehr müde, alle die neuen Vorkehrungen regen ihn auf. Er kündigt gleich im Hôtel. Abends spielt uns Rub. die symphonische Dichtung »Dante«, erregt damit Interesse ⟨und Bedauern.⟩** ––

Dienstag 24ten R. hatte eine sehr unruhige Nacht; er liest viel! – In der Frühe höre ich ihn die beigelegte Melodie*** spielen, »das ist vom Nachfolger von Dürer und Shakespeare«, sagt er; gestern meinte er, er begriffe nicht, wie man aus heiler Haut solche Gegenstände wie die Hölle sich aussuchen könne.⁺ – Den Brief von Herrn Ragusa beantwortet er mündlich, und es geht alles in Frieden aus, wobei wie immer R. die ganze Zahlung gern übernimmt. Nun wenden sich alle Gedanken auf die neue Wohnung. Leider fühlt sich R. nicht wohl, wir fahren zur Favorita, steigen in Str. libertà aus und müssen öfters uns setzen. Er bemerkt einen alten, mühselig mit Harke und Spaten sich schleppenden, ganz zerlumpten Mann, »immer die schwere Arbeit den Alten!« ruft R. aus, ich: »Geben wir ihm etwas«, R. nähert sich ihm mit der Gabe, der Alte blickt ihn zuerst ernst-verwundert an, dann versteht er ihn, lächelt und schleppt sich mühsam weiter. »Dieser Ernst in diesem Blick«, ruft R. aus! Und ich hatte sie empfunden, die Scheidung von allem, von der ganzen Welt, die sich in diesem Blick aussprach. – Wir kehren langsam heim, und R. hat großen Ärger durch die Korrektur-Bogen des Klavier-Auszuges. Wir speisen später zu Abend und verplaudern den Abend schließlich noch heiter. (Fritz Brandt schrieb sehr beruhigend.)

Mittwoch 25ten Aber R. hat wieder eine unruhige Nacht! Doch wie ich um die Mittagszeit mit Boni und G^{f} Tasca von dem neu zu beziehenden Hause komme, sehe ich ihn auf dem Corso, er sucht Cigaretten und sieht so wohl aus, daß es kaum zu glauben ist, daß er eine schlechte Nacht hatte. Unser Mittag vergeht in Berichten und Vornahmen der Übersiedelung, auch über Venedig Berichte. Da ich etwas müde bin am Abend, lasse ich R. allein spazierengehen, er erzählt mir, daß er den Chausseearbeiter wiedergesehen und dieser ihn lächelnd gegrüßt habe. Er möchte eine Dotation für den Mann machen. Er setzt sich zu mir, wie er vom Spaziergang heimkehrt, und klagt über die stete Unruhe; ich sage ihm, um ihn zu beruhigen, es sei ja alles so schön bestimmt bei uns, er: »Ja, um aus der Welt zu gehen, nicht um darin Fuß zu fassen.« – Abends besucht uns Pr. Moleschott, er entsinnt sich, mit mir in Zürich vor über 20 Jahren französisch gesprochen zu haben, und frägt mich, ob ich Deutsche geworden sei. Dar-

* Nicht aufgefunden. ** ⟨ ⟩ von fremder Hand mit Tinte unkenntlich gemacht. *** »Melodie comp. v. Shakespeare«, s. Anm. ⁺ Zeichen im Text, unten nachgetragen: »Sonst ergeht sich das Gespräch in der Frühe über Fantaisie, welches verkauft wird!«

auf eine englische Sängerin, vor welcher R. die Flucht ergreift, und abends Freund Rub., der uns sein Bild zu unsrer großen Befriedigung spielt. Dann Whist, und schließlich zwischen R. und mir einiges über Renan, von dem R. behauptet, er müsse Jude sein, da das Ganze auf die Verherrlichung des Judentums ging. »Kein Mensch hat solche Gassenhauer erfunden wie Beeth.«, ruft er heute heiter aus! – Die Länge der Abende und Nächte stimmt ihn melancholisch und führt ihn auf Betrachtungen über die Misère des menschlichen Daseins und wovon es alles abhinge. Jedesmal, wo die Sonne hinter dem Monte Graio sich verstecke, fiel es ihm schwer auf's Herz! Dr Neumann bittet um die Erlaubnis, sein Unternehmen Wagner-Theater nennen zu dürfen, R. erteilt sie ihm.*

Donnerstag 26ten In der Frühe, nach etwas unruhiger Nacht, spielt R. die Melodie aus dem Trauermarsch von Chopin, und das bringt uns beim Frühstück auf die Besprechung der Polen und ihrer liebenswürdigen Eigenschaften. Vor Tisch liest mir R. den Passus über den Wucher, in welchem Renan sagt, daß die Untersagung des Wuchers durch das Christentum die Zivilisation um so viele Jahrhunderte verspätet habe. Wir müssen sehr darüber lachen. Am Nachmittag geht R. mit Siegfried nach der neuen Villa, trifft dort den G[fen] Tasca und bringt ihn mit; Fidi meldet, daß Papa zufrieden war, aber bald darauf muß ich bemerken, daß R. sehr verstimmt ist, und nun kommt es heraus – zu unsrem Leidwesen –, daß die Villa ihm widerwärtig ist, daß er lieber im Hôtel bliebe. Angenehm ablenkend wirkt der Besuch des Pr.s Salinas, der uns viel von den Sizilianern erzählt, unter anderem von der frugalen Lebensweise der *Borghese,* reiche Landleute, die so gut wie nichts essen. (Sorge um Loldi!)**

Freitag 27ten R. hat gut geschlafen; unser Frühstück ist heiter, er versöhnt sich mit der Übersiedelung. Er beendigt »M. Aurel« und teilt mir das Schluß-Résumé mit; »une tendance vers le bien«, sagt R., das lasse ich gelten, aber gleich darauf une grande bonté, die R. überall findet, dieser Optimismus ist ganz Strauß' würdig. Elegance und Beschränktheit, das sind die heutigen Franzosen. – (Auf R.'s Wunsch schrieb ich wegen dem venezianischen, uns durch F. Hatzfeldt empfohlenen Palast), und vor Tisch spazieren wir zu Tapeten- und Teppichhändlern; wiederum Einrichtungs halber. Beim Kaffee erregt ein Brief von Lusch (sie kommt erst

* Zeichen im Text, zwei Seiten später, unter Sonnabend, unten nachgetragen: »*Zu Mittwoch.* R. erzählt Rub. zwei Witze, die er gestern gemacht: mit einem Muschel-Sammler: Dans la mer on trouve à une certaine profondeur des coquillages, plus loin des coquilles, et enfin des coquins, – und über die B. Blätter, merkwürdig, daß sie sich nicht mehr verbreiten, Porges schreibt doch so selten darin!« ** Drei Seiten später, unter Sonnabend, unten nachgetragen: »*Zu Donnerstag.* Sehr lachen macht R. die Kinder durch den plötzlichen Witz: Kinder, ich kehre nicht zurück nach Bayreuth, Jäger refüsiert, den Parsifal zu singen. –«

Dienstag) seinen Unmut, und da er diesen heftig ausspricht, muß ich klagen und weinen, denn ich habe Sorge um Loldi, und der Wechsel stimmt mich wehmütig! Aber gar bald ist es überstanden; er meint, er habe sich beim Vorlesen der Zeilen, welche Jouk. dem Brief von Lusch beigegeben, so innig darüber gefreut, daß er auf meine Einwirkung hin den Brief an letztere nicht abgeschickt, daß die Lappalien in Lusch's Brief ihn namentlich geärgert, daß er seiner überschwenglichen Stimmung gegen mich nicht freies Spiel lassen konnte. – G[f] T. kommt, ich regle mit ihm Küche und Kutsche. R. geht zur Libertà, trifft aber seinen alten Mann nicht, für den er ein Depositum machen will, was ihn betrübt. Abends spricht er (indem er meldet, daß die Petition wegen der Vivisektion abermals abgelehnt worden (Reichstag)), es aus, daß er keine andre Religion kenne als das Mitgefühl und daß gerade dieses nicht nur nicht geweckt, sondern gänzlich tot gemacht würde. Keiner habe Mitleiden! – Im Verlauf des Abends erzählt er mit Empörung das, was das B. Tagblatt über die Orden von Freund Schnappauf* gebracht hat; er schreibt darüber an Freund Groß, und wie es ihm zumut sei, an einem Ort zu leben, wo derlei möglich, ja geduldet sei. Wir spielen Whist, und abends, wie wir allein sind, stimme ich in seine Melancholie über die neue Wohnung [ein], nur damit er durch den Widerspruch nicht sich zu stark dagegen gereizt fühle.**

Sonnabend 28ten R. hatte eine gute Nacht, doch in der Frühe nach dem Bade hat er einen anhaltenden Krampf und kommt angegriffen zu mir zum Frühstück. Allmählich beruhigt er sich und erfreut sich des Himmels und der Sonne und des Landes. Ich fahre nach den Porazzi, und da der Himmel wundervoll ist und die Berge einen herrlichen Eindruck auf mich machen, so kann ich ihm freundlich berichten und ihn günstig für die Übersiedelung stimmen. Leider bringt ihm die Post die ungerechtfertigte Forderung des Agenten aus Frankfurt, er telegraphiert augenblicklich an Freund Groß, dem Dr Claar das Recht zu entziehen; dann will er – verstimmt – durch den Garten wandeln, er wird dort von Damen »angeglotzt«, das reizt ihn, und unzufrieden kommt er zu Tisch. »Was das für eine Welt ist«, ruft er aus bei Gelegenheit des Agenten. Doch beruhigt er sich, und wenn er in Betreff von Lulu's Aufenthalt (»wo die Hexe sich hineinmischt« – sagt er von Fürstin W. –, »ist mir alles Hölle«) zuerst meint, mein Gleichmut sei steif und kalt, so kommt er allmählich in meine Stimmung, indem ich ihm versichere, daß, so schwer mir manches fiele, ich doch nie es vergessen könnte, um wie viel glücklicher ich sei als andre!

* Zeitungsausschnitt beigelegt, s. Anm. ** Zwei Seiten später (zweite Note) unten nachgetragen und auf der folgenden Seite fortgesetzt: »*Freitag*. R. frägt mich, ob ich glaube, daß der G[r] Gobineau sein Vorwort wird machen können, um / manches Verletzende zu retraktieren.«

Ein Blick von Siegfried, das liebliche Gesicht der Mädchen, selbst die Fähigkeit, die Größe und Entrücktheit der Natur wie heute zu empfinden, es erfülle mich mit Dank. Ja auch manches Befremden über die Anders-Geartetheit der älteren Kind[er], es sagt mir mit der mächtigen Sprache der Natur, daß meine erste Ehe zu lösen war, und lehrt mich Geduld und schüchterne, aber freudige Ergebung. – R. gibt mir es zu, von dem lebe man ja, doch sagt er: »Unser Bündnis hat 15 Jahre zu spät begonnen!« Nachmittags fahre ich nach der Porazzi, R. kommt nach mit Eva, er ist aber verstimmt durch Unwohlsein, und das neue Haus will ihm gar nicht gefallen. Abends spielt uns Freund Rub. die Tannhäuser-Ouvertüre vor, R. aber findet kein Vergnügen daran, und wir empfinden es mit Bedauern, daß ein in seiner Weise so ausgezeichneter Mensch uns so fremdartig dünken muß; ja R. spricht es aus, daß er ihn gern nicht mehr um sich hätte, trotzdem er das Beste von ihm hält. – Wie wir das letzte Kapitel von Renan's »M. Aurel« zu zwei lesen, müssen wir darüber lächeln, wie es heißt, niemand habe Jesus so wenig geglichen als seine Adepten!... Das Kapitel selbst interessiert durch feine Analyse und empört durch das, was R. das »triviale Durcheinander-Manschen« nennt, den jüdischen Optimismus.

(Bei Tisch erzählte uns R., daß Schnappauf irrtümlich heute als Dieb arretiert worden wäre, bald aber wieder freigegeben.) – Die Episode mit dem Tagblatt erregt R. immer sehr, er will selbst schreiben, dann desabonnieren, dann denkt er: Nur nichts tun!

Sonntag 29ten R. war ein Mal und ziemlich lange die Nacht auf, dann aber kommt er zu einem sanften, guten Schlaf. In der Frühe, sagt er mir, habe er daran gedacht, für die B. Blätter etwas über und gegen das letzte Kapitel von Renan zu schreiben. Er hebt es hervor, wie seicht diese Auffassung des Wunders sei, und stellt dagegen die tiefsinnige Theorie Schopenhauer's. Um so peinlicher sei ihm dieses von Renan, als er vortreffliche Sachen über die Klöster, über den Heiligenkultus, über die Umbildung des Christentums seitens der Massen [bei ihm gefunden]. Herrlich ist die Beredsamkeit, mit welcher R. das Wunder im Sch.['schen] Sinn mir darstellt. – Mit Vergnügen kehrt er zu Kant zurück. – Um die Mittagszeit besucht er G^{fin} Mazzarino, die er verfehlt, wird aber von dem Abbé Jecker in dem schönen Palast umhergeführt, der ihm gefällt. Er scherzt darüber, ob er die Frau, »diese Beute, den Pfaffen entreißen könnte«, er würde dann aber wohl vergiftet werden. Er denkt daran, an Freund Wolz. einen Brief zu schreiben, mit welchem er nicht wissen würde, was anfangen, nämlich ob drucken oder nicht. U. a. Schemann mit Cherubini möchte er vorbeugen. – Seit gestern hat er den Gedanken an die Nil-Fahrt aufgegeben, weil er in dem Reisehandbuch gelesen, daß es für Unterleibsleidende ungünstig sei. – Rub. speist heute bei uns, weil er mich und Boni in ein Konzert begleitet; bei Tisch spricht R. von den jetzigen Italienern und wie sie dem Schluß-Kapitel von Gob. recht gäben. Es kränkt ihn, daß Gobineau keinen Verleger für seine 2te Auflage findet und sie auf seine Kosten herausgeben will. Er kommt auf seinen Gedanken der Dramatisierung von Nap. zurück, es müßte in der Art des Abaelard geschehen. Nachrichten, die ich durch F. W. über Lusch's Schmähen von Rom [erfahre], betrüben mich sehr, da ich meinen Kindern so sehr Haltung und Würde wünsche. R. verteidigt Lusch und sagt, es gefiele ihm, daß sie das Gefühl von der Scheußlichkeit dort hätte und auch ausspräche. Ich täte unrecht, andres zu verlangen. Ich meinte, eine vornehmere, elegische Form wäre einer Lebenserfahrung zu geben, wie sie eben Lusch durchgemacht! Gar lieb und schön ist es aber, wie er sie verteidigt, ach! und wie gern vernehme ich die Verteidigung. Wie ich Marie Wittg. zitiere, und wie edel klagelos sie eine Jugend durch alles ertrug, sagt er: Dafür ist sie auch ein ganz passives Wesen geworden, war alles in ihr ertötet. Wir spielen Whist abends.

*Montag 30ten** R. hatte eine gute Nacht, wir nehmen heiter unser Frühstück zu Bett, und ich mach mich bald auf zu den Porazzi, kehre, obgleich manches mir in R.'s Betracht etwas bedenklich einfach erscheint, heiter zurück, erzähle von dem schönen Wagen, den wir haben – den mir soeben Fürst Gangi zeigte –, und von der schönen Lage. Bei Tisch spricht R. von seiner heutigen Lektüre, Kant über die Erdbeben, die ihm Freude machte. Aber nach Tisch fährt R. nach den Porazzi und ist so bedrückt von der Schlichtheit, daß er alle möglichen Veränderungen und Anschaffungen vornehmen will; wie ich ihn bitte, in meinem Betreff sich zu beruhigen, da ich mich sehr gut einrichten würde und ich nicht gerne Menschen kränken möchte, die uns so freundlich – obgleich uns so fremd – sich erwiesen, ist R. außer sich, doch allmählich scherzt er über was er einerseits meinen Stolz und andrerseits die Aspiration zur Heiligkeit nennt. Wir sprechen dann von der morgigen, festlich zu begehenden Ankunft von Lusch, und gar lieb sagt uns dazu Fidi beim Gute-Nacht-Sagen in sizilianischem Dialekt: »Allora domani non si parlano di questa casa, ma di Roma, di altre cose« ... Gestern bereits, im Beginn der Auseinandersetzungen über Lusch, hatte er mir leise gesagt bei den Äußerungen meines Wunsches betreffs der Kinder »l capisco« –, und sein liebliches Wesen ist uns eine grenzenlose Freude. Wie wir allein sind, lesen wir in den B. Bl.

* Irrtümlich »29ten«.

den Aufsatz über Rousseau von Stein, den wir ganz außerordentlich finden müssen. R. spricht dann von den Möglichkeiten: »Wenn man nun solch einen gut gearteten jungen Mann wie den Mazzarino gewänne für große Ideen, was würde er vorfinden, wen, um ihn zu unterstützen?« Und er nennt den kleinen Cavaliere Guccia, und lächelt. –

Dienstag 31ten Wir kommen in der Frühe auf unser Thema zurück, nämlich auf den Unterschied unserer Naturen, nach außen hin gewendet, und wie er mir freundlich sagt, Stolz und Schwäche, das sei ich, und ich erwidere: Es schiene mir keine besondere Mixtur, erwidert er bestimmt: »Die beste zur Heiligkeit!« was sehr heiter stimmt. Früher, als wir erwarteten, wird, wie wir noch im Bette plaudern, Lusch gemeldet. »Bei Lusch muß doch alles aufgeregt sein«, sagt R. heiter; gegen 9 Uhr ist das Kind da, »tutt' un altra vita«, sagt Fidi dann. Gar vieles, gar vieles, und in einem fort wird gesagt; das gute Kind hat wiederum der Häßlichkeit des Lebens in's Antlitz geblickt. R. fährt sie gleich nach Strada libertà und der Villa Trabia und kehrt durchaus mit ihr zufrieden – »ein ausgezeichnetes Kind« – zurück. Der Abend vergeht auch in heitrer Plauderei; ein schöner Sonnenschein hat dieser Ankunft gelacht, und wir sind nun zusammen!

Februar

Mittwoch 1ten Etwas trübes Wetter; es heißt, der Februar sei hier stürmisch und kalt. Allerhand Besorgungen durch Bonichen für die neue Übersiedelung und viele Mitteilungen seitens Lusch über meinen armen Vater! Wir bringen den Abend bei Gräfin Tasca zu, wo ziemlich großer Empfang ist; R. erträgt sehr gut die Not; er gibt selbst einige Ratschläge der jungen Dame, welche »Dors mon enfant« und »Mignonne« singt, die sie gut befolgt beim nochmaligen Singen.

Donnerstag 2ten Lichtmeß, Einzugstag, Einpacken, unter allerhand erschwerenden Umständen; es heißt, auf S. Martino seien Engländer geplündert worden, man rät, dem Präfekten die Umsiedelung anzuzeigen. Ein letztes Mittag vergeht heiter, nur verbleibt eine schwermütige Stimmung mir über das, was Lusch uns von den Quälereien, denen mein Vater ausgesetzt ist, und von seinem Zustand sagt; es wird ihm gesagt, R. und ich, wir klagten über die Besuche, die er uns brächte, und mit R. wird er verhöhnt! Wie ich nach Tisch mit R. allein verbleibe, muß ich bittere Tränen vergießen. Ein so groß angelegtes Wesen und ein so jammervoll verpfuschtes Leben, wie einem bösen Hexen-Zwang preisgegeben. Indem wir mit R. darüber sprechen, geht es uns auf, wie seine Gabe, die Virtuosität, ihn zur Äußerlichkeit verdammte, und hiermit ist wohl alles traurig erklärt. Wir beschließen es, im gegebenen Augenblick einen letzten Angriff auf ihn zu machen, um ihn zu bestimmen, mit allem zu brechen und bei uns zu bleiben!... Ich bitte Lusch, nichts mehr von allem, was sie über die Nahen gehört, zu erwähnen, um die Kinder zu schonen und damit ihre Blüte schön jugendlich bleibe. – Wir verlassen den Raum, dessen eingedenk, daß hier Parsifal vollendet wurde. R. sagt: »Wir sind eine große, ganz gute Familie«, und bei rauhem Wind besteigen wir den Wagen; »was zahlen Sie mir dafür, daß ich ausziehe«, sagt R. zu H. Ragusa, welcher erwidert: »Ich zahle etwas, wenn Sie bleiben.« Um 3 Uhr Ankunft, viel Durcheinander! Doch schließlich heiteres Abendmahl und heitrer Abend, bei welchem Rub. sich zu uns gesellt. Fra Diavolo-Stimmung, da man uns rät, die Fenster-Läden gut zu verwahren, aber herrlicher Mondschein. R. entsendet die ital. Klavier-Partitur dem Fürsten Gangi mit einer kleinen Widmung. Wie wir unten im Salon, gedenken wir der gestern gesungenen Lieder, und R. beschreibt den Einzug in die rue de la Tonnellerie. Das Menuett von Mozart aus der Es dur Symph. wurde gestern auf zwei Klavieren gespielt.

Freitag 3ten Die Nacht war ruhig für R.; für uns alle etwas wild und frostig; die meinige war in verschiedene Akte eingeteilt. Zum Glück scheint die Sonne, aber es ist sehr kalt!... R. fährt in die Stadt, um Teppiche auszuwählen, während wir einrichten. Die Kinder gehen gleich spazieren. Unser Mittagsmahl ist gemütlich, wir lassen Lusch leben; zuerst tut es R. ernst in deutscher Sprache, ihre Rückkehr begrüßend, dann Fidi in sizilianischem Dialekt! Nach Tisch ruht R. lange aus, er ist aber sehr erhitzt beim Aufwachen, und das Zusammentreffen von Tapezierern, Klavierstimmer und Grafen Tasca bringt ihn außer sich; der Graf selbst ist unruhig, wie er erfährt, daß die Mädchen ohne Begleitung nach links spazieren gegangen sind, und er geht ihnen entgegen, nachdem er den Facchino abgeschickt hat. Als R. besänftigt ist, fahren wir auch entgegen, begegnen zuerst dem Grafen und dann den Kindern, von Antonio mit einer mächtigen Flinte auf dem Rücken begleitet! Viel Heiterkeit darüber, wir verteilen uns in den beiden Wagen und fahren dann durch die entzükkende Gegend über Madonna della Grazia und kehren durch die Stadt heim. Der Abend verläuft sehr freundlich; R. ergeht sich über die deutsche Sprache, mit Bedauern, daß sie so viele ihrer Formen verloren. Dann ergeht er sich zu Herrn Türk über die Torheit der Philologen, die nur die Reinheit des Textes festzustellen sich bemühten und um den Geist desselben sich gar nicht kümmerten. – Trotz des Ungewohnten ist unsere Stimmung eine sehr gute; ich komme mir vor wie in Transvaal angekommen oder hier geboren! Und R. teilt diese Empfindung; noch sprach er über die Theorie der Erdbeben von Kant und stellte sie uns dar, und nachdem er uns vor dem Abendbrot den prächtigen Mond-Aufgang gezeigt, führt er mich abends auf seine Terrasse, um die herrlichste Mondnacht zu bewundern.

Sonnabend 4ten Die Nacht war für R. eine gute, aber die Kälte ist groß. Wir sind aber in der Frühe heiter, und bald nimmt unser Gespräch einen ausgedehnten Flug; die große Revolution, das Schreckliche, daß bei den Menschen jetzt der Besitz den einzigen Unterschied ausmache, Rousseau und vieles noch belebt uns angesichts einer glänzenden Sonne. Um 12 Uhr wandern wir mit R. nach Villa Camastra und kehren sehr zufrieden mit der Natur, aber heiter betroffen von dem Gefolge von zwei Sicherheits-Wächtern, welche die Sorge vom Grafen Tasca uns beigegeben, [heim]! Am Nachmittag mache ich mit Lusch einige Besuche, und wie ich heimkehre, finde ich R., von Camastra heimkehrend, immer von seinen zwei Wächtern umgeben, was ihn jetzt sehr ärgert. Ich hatte als Schluß der Tournée einen Besuch beim Uhu für Lusch ausgedacht, allein wir suchten ihn, fanden ihn nicht und erfahren, der schöne Vogel sei tot. »Er hat sich nach uns gesehnt«, sagt R. zuerst, wie er es vernimmt; dann sagen wir uns, wie elend in der Einsperrung der Schöne müßte gewesen sein. Fidi ist etwas erkältet, ich gebe ihn gleich zu Bett; der Abend vergeht freundlich, wir betrachten mit den Kindern die Kupferstiche der deutschen Geschichte, ich lese selbst »An Mein Volk« vor; aber das Gefühl, unverständig mit dieser Übersiedelung gehandelt zu haben, beschleicht uns, und in unaussprechlicher Angst um R. lege ich mich zu Bett. – R. begann auf meine Empfehlung »Piccinino«, nachdem uns G^{f} Tasca die merkwürdigsten Geschichten vom Banditen Valvo erzählt und von dem Besuche, den ihm 7 Banditen auf dem Lande gemacht, erzählt und mancherlei hinzugefügt, welches es einleuchtend machte, daß man also bewacht sei!

Sonntag 5ten Sorge! Ich schicke zu Dr. Berlin, um anzufragen, ob das Aushalten zu raten sei. Die Sonne scheint, und wir warten auf G^{fen} Tasca, einer verabredeten Partie wegen; er kommt nicht, R. und ich, wir fahren hin, es war ein Mißverständnis. Vor allem wünscht R. die Sicherheitswache entfernt! Nach Tisch fahren die Kinder mit dem G^{fen} zum Blumenwerfen, R. ruht aus, fühlt sich aber schwer. Dr. Dr. Berlin rät zu Öfen. Die Kinder kehren heim mit dem Grafen und Rub. – R. fordert von letzterem die Polonaise von Chopin zur Erwärmung und freut sich derselben, die er als Meisterwerk [bezeichnet]. Das »Wimmeln mit Sporen« freut ihn wiederum, er erklärt dies Tasca. Abends lesen wir »Correa« wieder,

Lusch zu Ehren, mit erneutem Vergnügen. Sonst liest R. den »Piccinino«, welcher ihm gefällt. – R. rühmt meine Heiterkeit unter solchen Umständen, meint, es sei der Süden; »ich weiß es anders!« – Noch will ich beifügen, daß der erste Traum R.'s in dem Hause Fidi galt; R. war bei jemand wie Math. Maier und in einer Art von Verlegenheit habe [er] seinen Hut versucht, da habe Fidi ihm einen kleinen präsentiert: Hier, Papa.

*Montag 6ten** R. ist unwohl! Erkältet wohl; ein Ofen wird gebracht und hilft etwas. Er bleibt den Tag über in seiner Stube und liest den »Piccinino« mit Interesse trotz des »Geschlabers«, und indem er es hervorhebt, daß die Franzosen keinen sprechen lassen könnten, außer moderne Figuren. Ich besorge Teppiche in der Stadt, speise mit den Kindern und lege abends meinen Siegfried fieberig zu Bett!... Den Mädchen lese ich die »Arme Baronin« von Keller vor, um dann um halb zehn zu R. mich zu begeben, dessen Zustand sich wenigstens nicht verschlimmert hat. Er ist gar gütig gegen mich, meint, ich sei das Gute und das Schöne, und wenn es heute mich noch unsäglicher freut als sonst, so ist es wohl, weil es mir ein Zeichen der Besserung ist.

Die für uns ungewohnte italienische Einrichtung bringt uns auf die Betrachtung, daß da und dann, wo die Menschen leicht verfügbar sind, viel weniger Komfort herrscht; bei den Engländern dagegen, wo »I am no slave« herrscht, wurde er erfunden. – Auch daß keine geistige Arbeit unter solchen Umständen möglich ist, geht uns auf; sehr muß ich lachen, wie R. sagt, daß alles in Geschrei aufging, da unser wirtlicher Fürst alle seine Befehle ungemein laut und breit gibt.

Dienstag 7ten R. schlief aber unruhig, er wacht auf, von dem einen bösen Traum verfolgt, daß ich mit Hohn mich von ihm abwende!... Er klagt in der Frühe sein Temperament an, und daß, wer sich diesem anvertraue, den wildesten Irrfahrten ausgesetzt sei; er erinnert sich der Verlassung Neapels, nun des Aufgebens des Hôtels. – Mit Hoffnung beginne ich den Tag, da es mir wenigstens nicht schlimmer, weder bei ihm noch bei Fidi, scheint; und da es der Richards-Tag ist, verehre ich R. die »Kawi-Sprache« von Humboldt, was ihm Spaß macht. Er speist noch für sich oben, während wir unten Rub.'s Geburtstag inmitten so unfreundlicher Umstände feiern! Der Dr. kommt zu Fidi, der immer Fieber hat. Der Dr. scheint nicht besorgt, will sich aber erst morgen erklären. Ich hatte R. nicht gesagt, daß der Kleine läge: unerwartet aber will er mich unten aufsuchen und trifft den Dr. an und mich bei Siegfried. ⟨Gestern fiel mir wiederum sein dämonisches Ahnungsvermögen auf; kaum hatte ich Siegfried

* Irrtümlich »7ten«.

zu Bett gebracht, als R. nachzusehen ging, und sein erstes Wort war: Wenn nur Siegfried nichts befällt, er hat immer den Mund offen!⟩* Mit Mühe sind von R. die schlimmsten Gedanken abzuhalten. Das Abendbrot nimmt er mit uns ein; Fidi, an strenge Diät gewiesen, schlummert ein! – Wir versuchen unten Lektüre; »Ruhe ist die erste B.-Pflicht«, von Freund Wolz. uns zugesandt, allein die erste Scene schreckt uns ab durch ihre Gemeinheit. R. geht zu sich hinauf und liest in »Piccinino« weiter, es scherzend bemerkend, daß bei Frauen-Büchern immer die Frauen die überlegene Rolle spielten. Der Roman interessiert ihn, wenn er auch die Schwächen desselben, ausgeführte, nichtssagende Nebenfiguren, unmögliche Gespräche, [bemängelt]. – Wie ich abends in R.'s Stube trete und sie behaglich warm und hübsch eingerichtet finde, sage ich ihm, daß jedesmal, daß ich zu ihm käme, wäre es mir, als ob ich in den Hafen einlaufe, es sei mir das Bild im kleinen meines Schicksals, während die Leute draußen wohl annehmen und es äußerlich so aussähe, man käme durch ihn in Not und Unruhe. – Er beklagt es, daß ich nicht auch mir selbst wie ihm die Räume einrichte, er wolle gern so zu mir kommen, versteht mich aber, wie ich ihm erkläre, daß ich kein persönliches Leben hätte und daß die Kinderchen und alle im Hause ihren Anteil an mir behalten müßten.

Mittwoch 8ten R. hatte eine gute Nacht, aber der Husten dauert fort. Seine Stimmung ist eine ganz gute, im Bette liegend kommt es ihn an, wie schön es sei in der Musik, wenn ein Instrument zum andren sich geselle, man müsse oft sich etwas versagen, um eine Steigerung hervorzubringen, und damit ein neues Thema besonders eindringlich wirke; das seien Dinge, von denen Leute wie Marschner und Schumann keine Ahnung hätten. Ich meine, weil wohl sie nie eine Melodie als Gestalt empfunden, daher auch nicht das Bedürfnis gehabt, ihr ein besonderes Gewand zu geben. Er bleibt den Vormittag ruhig und liest im »Piccinino«. Bei Fidi aber nimmt das Fieber zu, und wie nach einer etwas kopieusen Mahlzeit (bei welcher R. bemerkt, er brauche nur zu essen, dann huste er nicht) R. dem Dr. begegnet und dieser bedenklich mit dem Kopf schüttelt, gerät R. außer sich, die Krampf-Zustände stellen sich [ein], ein kleiner, mit mir unternommener Spaziergang hilft ihm nicht, und ein banger Abend führt ihn einer wilden Nacht zu. (Bei Siegfried steigert sich das Fieber bis zu 40 Grad!) Doch inmitten dieses Unbehagens und der Sorge stellt sich dank der lieben Mädchen abends doch noch eine Gemütlichkeit her; Lusch erzählt ihrem Vater von den römischen Eindrücken, ihr Déjeuner und Diner beim Kardinal, dann die Beteiligung der römischen Großen an Bör-

* ⟨ ⟩ am Ende der Tageseintragung auf der nächsten Seite, durch Zeichen herangezogen.

senspekulationen, welche in Frankreich einen »Krach« hervorbrachten, mit Verlust nur für die geringen Leute. R. sagt: »Bei meiner pessimistischen Weltansicht ist es mir förmlich lieb, wenn ich von derlei höre; es wird kein redlicher Mensch mehr einen Groschen besitzen, dazu muß es kommen. Und daß keine andere Ungleichheit bestehe als die des Besitzes. Die Staaten können gar nicht mehr existieren, z.B. Österreich, welches jetzt Krieg führen muß, findet kein Geld!« Wie wir von den Jesuiten sprechen, frägt sich R., ob es denkbar wäre, daß diese mächtige, gescheit-überlegene Organisation einer höheren Tendenz [wegen] gemacht würde; er sagt sich aber, nein, da sie es nie aufgeben würden, das Volk im Aberglauben zu lassen. – Die Abwesenheit einer jeglichen Moralität, Religiosität, ist das, was bei Gelegenheit der nötigen Bewachung sich ihm hier aufdringt; »gute Kerle hie und da, die ihren Herrn lieben, aber nicht eine Spur von Religion«. – Da wir den Exerzierplatz vor uns haben, geht ein beständiges Trompeten-Schmettern vor sich; »nichts wie Nimrod's Söhne haben wir hier!« scherzt R., dem dieser kindische Nürnberger Spielwaren-Ton sehr lächerlich ist und der die Trommeln vorziehen würde. Da wir den Abend hinziehen, weil R. sich vor dem Bett ängstigt, sprechen wir wiederum von meinem Vater, seiner Behexung und der Möglichkeit, ihn ganz für uns zu gewinnen, wobei er – wie R. meint – nur ruhig Vermögen und alles aufgeben sollte, da alles in Händen der Fürstin ist, und bei uns bleiben. Unser Gespräch verliert sich über Macht der Frauen über die Männer, R. sagt: »Ja, bei der Eitelkeit fassen sie sie.« –– Und er meint, daß im Orient doch schon eine bessere Form des Verhältnisses gefunden worden war.

Donnerstag 9ten R. hatte eine wilde, aufgeregte Nacht in Folge der Diät-Fehler; Fidi war bis zwei Uhr wach, das Fieber hat etwas abgenommen, und er ist ruhig. R. erheitert sich auch bald, spricht mir über Lusch's freundlich-heitres Wesen; dann kommen wir durch einen Aufsatz von H. Hiller über die Auslassungen meines Vaters gegen die Juden auf dieses Thema, und immer schärfer erkennt es R., welchen Schaden sie nicht verursachen, sondern bedeuten; »in der Wunde eines armen Pferdes oder sonst ein[es] Tier[s] sieht man gleich einen Schwarm Fliegen«. Während ich bei Fidi weile, liest er in »Piccinino« und teilt mir lächelnd eine Stelle mit, eine Fontaine beschreibend in der »nuit parfumée« – wir sind doch von den Franzosen ganz getrennt, sagte er, die Mitteilung einleitend. Doch auch diese Lektüre sei nützlich, alles diene zur Schärfung der Grund-Erkenntnis der Dinge. G. Sand sei nicht weiter darüber gekommen, als die Möglichkeit zu erhoffen, daß z.B. ein Arbeiter auch geadelt würde, u.s.w. Er freut sich auf die Kawi-Sprache, diese Periode der Menschheit interessiere ihn, alle Geschichte und Zivilisation sei nur ein Morden. Er will das Werk studieren, wenn er sein Vorwort an Stein schreibt. »Der Charakter unsrer jetzigen Gesellschaft«, sagt er, »spricht sich recht darin aus, daß sie kein Leben nach dem Tode annimmt«, und bei Gelegenheit des Malers im »P.« gedenkt er der Portraits im Kostüm Henri's II., mit enger Jacke, langen Beinen, Barett mit Feder, und sagt: »Widerwärtig sind sie mir.« Er kommt zu Tisch und sagt, ich müsse ihm nun immer vorlegen, das würde auch ein guter Vorwand sein bei Fremden, immer neben mir zu sitzen. Vor Tisch ruft er mich an das Fenster, um die schöne Beleuchtung des Pellegrinos zu sehen, und gestern beim Ausgang trotz der Krämpfe zeigte er mir Monreale, so merkwürdig in durch Wolken gesänftigte Lichtstrahlen gebadet, daß es »wie eine Fata Morgana aussah«. – Abends besucht uns Fürst Gangi, bringt selbst Gelee für Fidi, und da der Dr. R. keine Unzufriedenheit mit dem Zustand zeigte, so bleiben wir unten, und es entspinnt [sich] ein Gespräch über allerlei; die volkstümliche Bewegung in Sizilien, an welcher der Fürst wie beinahe der ganze Adel teilgenommen. Dann über die Börse, und R. setzt es auf das klarste auseinander, daß der Gewinn bei der Börse nur auf dem Verlust der andren beruhen könne. Vorher hatte er uns sehr schön das System von Gobineau auseinandergesetzt, und wie er es nicht mit l'homme, sondern les hommes zu tun habe, und gesagt: Er sei zur größten Schroffheit berechtigt.

*Freitag 10ten** Fidi hatte eine unruhige Nacht, und R. hat sich gestern, indem er sich nach dem Spaziergang im Garten im Salon entblößten Kopfes zu Fürstin Gangi setzte, eine leichte Halsentzündung zugezogen. Unser lieber Sohn ist krank, und der Charakter der Krankheit läßt sich nicht leugnen, es ist ein typhöses Fieber!... Ich bleibe bei ihm und sehe ab und zu nach R.; wie am Nachmittag der Kleine ruhig ist, und ich hinüberkomme, finde ich ihn die Dialoge, welche Stein uns geschickt hat, lesend, unzufrieden damit und mit dem ganzen Hause, klagend über Langeweile, über die schlechten Schlösser; sehr ärgerlich, hier sich logiert zu haben. Kummervoll verlasse ich ihn, nachdem ich ihn gebeten, etwas Geduld zu haben. Ob diese Überreizung seine Krankheit ist oder aus ihr kommt, weiß ich nicht zu bestimmen. Wie der Dr. abends eine kalte Einpackung zur Bekämpfung des Fiebers verordnet, gerät R. außer sich über die Art, wie der Dr. diese Einpackung wünscht, und wird so heftig, daß der Dr. mich nachher bittet, er möchte zu seinen Besuchen doch nicht mehr kommen, da ihn alles so sehr aufrege. Da Schnap. zwei Nächte gewacht hat, übernehme ich heute die stete Befeuchtung des Leintuches; und der

* Irrtümlich »11ten«.

Kleine hat eine gute Nacht, er wird ruhiger, der Atem regelmäßiger, und wie er ein Mal die Augen öffnete, während ich das laue Wasser goß, rief er sanft mich ansehend aus: Wie schön! – Aber um halb drei erscheint R. und ist außer sich, daß ich mich nicht durch Schnappauf ablösen lasse; ich muß viel und erregt sprechen, um ihm zu beweisen, daß es besser für das Kind und für das Ganze sei, wenn ich bliebe. Er begibt sich zur Ruhe, und gegen viertel auf sieben, nachdem Siegfried vollständig gut geschlafen hat, lege ich mich zu ihm.

(R. hat heute an G^{f} Gobineau sehr offenherzig – u.a., mit Eteokles ausrufend: »O Zeus, warum schufst du Weiber« – geschrieben.)

Sonnabend 11ten Der Dr. äußert, er könne noch nicht bestimmt von Besserung sprechen, es müßte die Reihe der Tage abgewartet werden. – R. hat eine leichte Halsentzündung und hütet die Stube unter vielem Klagen über den hiesigen Aufenthalt. Seine Lektüre – die Stein'schen Dialoge aus der Revolution – gefällt ihm auch nicht, und er beschließt, kein Vorwort zu schreiben, da diese Sachen ihm sehr jugendlich vorkommen. Er geht zu Shakespeare über – »Viel Lärm um nichts« – und liest mir abends die große Scene zwischen Beatrice und Benedikt vor, sich freuend, daß die witzelnde Hohlheit und die zynische Roheit der Fürsten und Grafen darin hervorgehoben ist und man dadurch empfinden darf, daß Shakespeare kein Vergnügen an der Darstellung dieser Erbärmlichkeiten gefunden, sondern nur aus Wahrhaftigkeit diese Renaissance-Prinzen wiedergegeben. Sehr gefällt ihm die Erwiderung der Beatrice auf den Nicht-Wunsch der Tränen seitens Benedikt, der Einfall dieser »Bauern-Naivität« entzückt R. ebenso, wie das Witzeln über das Degen-Essen ihm widerwärtig ist. – Auch die Scene zwischen Leonato und Antonio gefällt ihm besonders. Depesche aus Leipzig über den Zyklus. R. freut sich des D$^{r.s}$ Neumann. Dann spricht er mit mir über den Patronat-Verein und wie er das nur einrichten soll, daß die Sache nicht in die kleinlichsten Hände nach unserem Tode falle und Siegfried durchaus gehemmt in allem sei. Er frägt sich, ob er Lust und Kraft behalten würde, seine andren Werke nebst dem Parsifal dort aufzuführen. Er müßte alles, z. B. den Tannhäuser, so genau wieder vornehmen! –– Am Nachmittag, nachdem er oben für sich gespeist (ich hatte es mit den Mädchen), war er hinuntergegangen; Loldi allein im Saale findend, spielte er ihr aus Tristan »ihre Themen«, wie er mir sagte, als ich ihm für den lieben Gruß dankte, den ich auf der Krankenwarte empfing! – R. klagte es heute, daß er nun nirgends ein Heim habe, da Wahnfried ihm durch so mancherlei verleidet sei – ich entgegne ihm, daß das das äußere Bild unsrer Losgelöstheit sei, und wir kommen dann auf das »Kein Wann und Wo« zu sprechen, R. bewundernd, wie schön Schopenhauer diesen Zustand ausgedrückt hat! Über unsere Zivilisation ruft er aus: »Selbst keinen Namen kann sie erfinden« – das fiel ihm beim Namen Emile ein. Und den Tag will ich abschließen mit seinem Segensausruf zu mir: »Wen du pflegst, der kann nicht vergehen.«

Sonntag 12ten Friedel hatte eine gute Nacht, und der Arzt ist mit seinem Zustande sehr zufrieden! R. hat Husten, wogegen ihm Opium-Tropfen anempfohlen werden; so groß auch seine Verstimmung ist, die ihm eigene Heiterkeit kehrt immer wieder, und wie heute der Dr. Fidi beklopfte, um die Anschwellung der Milz zu untersuchen, frägt R.: »Glaubst du, Fidi, daß sich der Erzbischof das gefallen lassen würde?« – Gestern sagte er dem Dr.: »Die Ärzte leben von unseren Dummheiten.« – Gegen 12 Uhr gehe ich mit ihm spazieren; die Schönheit der Luft weckt bei ihm wieder den Wunsch, in Sizilien das zweite Heim zu gründen. Bei Tisch erregt ein Zusammenfall unsere Aufmerksamkeit, D. sagt, Rub. habe gefragt, ob R. keinen Brief von seinem Vater habe, er sei aufgeregt, keine Nachrichten zu haben; in dem Augenblick tritt Giovanni mit dem Buche der recommandierten Briefe ein, übergibt es – seltsamer Weise – Daniela, welche für den Vater unterschreibt und ihm den Brief aus Charkow übergibt. – Rub.'s Vater schreibt sehr anständig, und R. fügt der Zusendung des Briefes an den Sohn den Rat [hinzu], seinem Vater zu Willen zu sein. – An Fidi's Bett kommt er mit allerhand Nachrichten über die bevorstehende Flucht des Papstes, über die Verluste bei der neulichen Börsenkrisis, welche vorzüglich die Gesellschaft Jesu träfen; plötzlich findet er es kalt in der Krankenstube und sagt scherzhaft zu S.: »Du hast es gut, du hast das Fieber, aber wir andre, wir haben kalt!« – Abends besuchen uns die vortrefflichen Freunde Gangi und Tasca; nur leider wird R. die Nötigung, französisch zu sprechen, immer widerwärtiger, und er fühlt sich am Schluß des Abends sehr angegriffen.

Montag 13ten Fidi ruhig die Nacht, aber sehr matt am Tage!... R. hatte eine erträgliche Nacht, fühlt sich aber nicht wohl; die Gespräche führen nach den verschiedensten Punkten, u. a. auch Tunis. Ein ihm sehr unwillkommenes Intermezzo ist der Besuch unseres Freundes Rub., welcher durchaus dem Vater nicht gehorchen und dennoch von ihm materiell unterstützt sein will. Fahrt um 12 Uhr mit R. in die herrliche Gegend; die Kahlheit der Berge aber unbefriedigt R. – Der Mittagstisch vergeht in Erwägung des Rub.'steinschen Schicksals. Sehr niedergedrückt und verstimmt ist R. am Nachmittag, die Korrektur des 3ten Aktes macht ihm keine Freude, und die materiellen Schwierigkeiten des Lebens, wie ungenügende Möbelstücke, erregen seinen Unwillen. Dazwischen ein großes Gelächter (vor der Mahlzeit), ich hatte mich nach dem Uhu erkundigt, um ihn womöglich als Andenken für R. ausstopfen zu lassen. Da erhalte ich die Nachricht, daß nicht die Eule, sondern H. Florio's Schwiegermutter gestorben sei; »mi dispiace molto« habe der Diener gesagt bei dieser Berichtigung! --- Aber die Heiterkeit hält kurz an, und so wie R. nicht die Sorge um F. so stark empfunden hatte, kann seine Freude über die werdende Besserung nicht intensiv genug sein, um nicht die naturgemäße Schwäche des Kindes sehr zu beachten und es ausrufend [zu] klagen, daß der Schluß unseres hiesigen Aufenthaltes uns verdorben sei, da wir keine Exkursionen werden machen können. Abends, wie wir zu Bett gehen, bricht er in Klagen über Leben, Welt, vor allem über seinen Gesundheitszustand aus. Doch schläft er bald ein, während ich wachend ein inneres Toben der bittersten Schwermut durchlebe! Doch es legt sich der Sturm, mit dem Schrei: Mein Gott, warum hast Du mich verlassen, finde ich die Bahnen wieder, welche die Schwäche mir verschloß, und traurig wohl, aber friedlich beginne ich den Tag des

Dienstag 14ten nachdem ich erfahren habe, daß die Nacht für Fidi eine gute war, und es erlebte, daß R. mit einigen kurzen Unterbrechungen sie durchschlief. Er hustet aber noch stark, wenn auch locker. Wir fahren um 12 Uhr nach Madonna della Grazia und kehren über die Stadt nach Hause zurück; das Wetter ist herrlich, wenn auch die Sonne etwas scharf, stillschweigend begehen wir diese Fahrt, R. freut sich des Eintrittes in die Stadt, der eigentümlichen Physiognomie darin. Unser Mittagessen ist recht gemütlich, und der Gedanke, hier ein Haus zu bauen, beschäftigt wieder R. – Der Dr., welcher abends 39 Grad bei Fidi [maß], ist dennoch nicht unzufrieden, und nachdem er R. untersucht, findet er nichts Besorgnis Erregendes, wenn er auch zugibt, daß die Zustände ein großes Unbehagen hervorbringen müssen. Dasselbe ist denn in hohem Grade da, und abends, wie Freund Rub. uns besucht, gibt sich R. der gereizten Stimmung gänzlich hin, und wie die ihm sonst sehr lieben Freunde Tasca und Gangi erscheinen, entfernt er sich ganz. Der Klavierauszug ärgert ihn auch, und das, was inmitten der Nöte hier erfreulich ist, wirkt nur spärlich auf ihn.

Mittwoch 15ten R. hatte eine erträgliche Nacht, ist aber von seinem Husten noch nicht befreit. Zu seiner Zerstreuung liest er Reisebücher und beschreibt mir Konstantinopel bei einer Fahrt, die, er und ich, wir um die Mittags-Zeit nach Bocca di Falco machen. Beim Mittagstisch aber macht das plötzliche Eintreten des G^{fen} Tasca eine so peinliche Wirkung auf ihn, daß er sich entfernt unter Kongestionen. Am Nachmittag geht er etwas zu Fuß nach Camastra, während ich immer bei Siegfried bin. Abends erklärt uns der Dr., daß es wohl noch einen Monat andauern würde, bis S. ganz frei sich würde bewegen dürfen. Rub. besucht uns heute abend, R.

behandelt ihn milder wie gestern, wo er ihm erklärte: Solche seien Freunde, wie Großens und der Bürgermeister, die nie an sich dächten. – (Beim Mittagstisch gestern hatte R. erklärt bei Gelegenheit von Lusch's Reise nach Rom: »Ich bin eifersüchtig, es ist mir unerträglich, denjenigen, den ich liebe, von andren kommandiert zu sehen.« ––) – Heute rühmt er zum ersten Mal wieder die schöne hiesige Luft. Großen Ärger aber verursachen ihm die immer sich steigernden Ausgaben!

Donnerstag 16ten R. beschließt die Korrektur des Klavier-Auszuges, und versehen mit dem Titel sendet er ihn ab. Einige Heiterkeit erregen Zeitungs-Notizen über unsere Übervorteilung durch H. Ragusa, welche letzteren sehr aufregen. Die Luft ist herrlich, R. empfindet es auch wohltätig, wie wir im Gärtchen wandeln. Nachmittags geht er allein nach Camastra, kommt etwas ermüdet heim. Abends erzählt er von dem Soldaten, der die Kinder erschossen hat, und ist außer sich über seine Freisprechung und diesen Kriegs-Zustand. »Die Instruktion«, ruft er aus. – Dann ereifert er sich über die jetzige Tracht der Frauen und ihren Luxus, und wie Graf Tasca und der Fürst uns besuchen, fühlt er sich so angegriffen, daß er sich zurückzieht.

Freitag 17ten R. hatte eine unruhige Nacht, er fühlt sich krank in der Frühe, ich frage mich, ob meine kleinen Fest-Grüße* ihn ein wenig erfreuen können. Bevor er sie gefunden hat, ist er bei Tisch freundlich gestimmt, und nachher nimmt er meinen Versuch, den Tag mit Weihe zu begehen, gütig auf. Er liest jetzt in der deutschen Geschichte; gestern sprach er es eingehend aus, wie absurd er die Trachten des 30jährigen Krieges findet, daß es gar keine Menschen für ihn seien, die so sich kleideten. Heute sprach er von dem schlimmen Benehmen der Reichsfürsten zur Napoleonischen Zeit, wie übel auch Preußen mitgespielt worden sei, und daß, wenn man das verfolge, man Bismarck verstehe und würdige. Um sich eine gute Nacht zu sichern, nimmt er ein Bad, während die Mädels unter Tasca'schem Schutz zu Ball fahren.

Sonnabend 18ten R. hatte die erhoffte gute Nacht, die Mädchen haben sich gut unterhalten, bei Fidi geht alles den guten Gang, so wäre wohl Grund, zufrieden zu sein. Allein R.'s Stimmung erhellt sich nicht, und sowohl das Mittagessen als eine Unterredung mit einem Tapezierer erregen ihn auf das äußerste. Ich sinke in Schlaf – sehr ermüdet von vielen schlaflosen Nächten –, G^{f} Tasca's Besuch weckt mich, R. kommt hinzu, sehr gereizt, meinend, mit Fremden wär ich immer geweckt. Wir fahren aus,

* 15. Geburtstag Evas, dazu am Rand: »Er fährt am Nachmittag in die Stadt und kauft Eva ein silbernes Halsband.« Beigelegt sind der Seite zwei Gedichte Cosimas zum 17. Februar, s. Anm.

nach Parco, durch eine herrliche Landschaft, R. ist finster in sich geschlossen, ein Mandelbaum entsendet ihm seine Blüte, die Eva, welche wir mitgenommen, mir darreicht. Bei der Heimkehr klagt er sich an, daß er fühle, er müsse der Umgebung zur Last sein. Es glückt, ihn in bessere Stimmung zu bringen, und da die Kinder abermals ausgehen, verbringen wir unseren Abend zu zweit in traulichen Gesprächen, zumeist über Deutschland und seine Geschichte.

Sonntag 19ten R. hat gut geschlafen; in der Frühe spricht er bitterheiter über die deutschen Reichsfürsten und sagt, man könne auch von ihnen sagen, was der sächsische Postillon mit der preußischen Jacke dem ihn hänselnden Volk gesagt: Die – verdienten, auch preußisch zu sein. Die Abreise von H. Türk, den wir heimschicken, gibt Veranlassung zu vieler Heiterkeit, da Siegfr. aus ökonomischer Fürsorge alle wohlfeileren Hôtels in Baedeker aussucht. Am Vormittag wandeln wir im Garten, am Nachmittag in Camastra; wie wir ausgehen, begrüßt uns ein Bube, von dem R. sagt: Der ist doch direkt vom Ätna ausgespuckt, und einige Schritte davon werden wir von einem ganzen »Karthager« angebettelt, schwarz und wild; in Camastra stellt uns der Graf seinen Intendanten vor, der in dem Rufe steht, *etwas* gemordet zu haben, der aber durch sein offnes, heitres, energisches Gesicht R. sehr gefällt. Abends habe ich zu dem Fürsten Gangi zu Ball zu gehen, R. veranlaßt mich dazu und wohnt meiner Toilette bei. Allein

Montag 20ten um 4 Uhr finde ich ihn wach! Er hatte sich gleich nach meiner Abfahrt zu Bett begeben, aber nicht schlafen können und nun gewartet! Er schläft aber dann ein, und gegen elf Uhr mache ich ihm die kleinen Mitteilungen, die ihn zu unterhalten scheinen. Als ich am Abend die Frage aufwerfe, ob die Mädchen zur Fürstin Butera für das letzte und glänzendste Fest dürfen, da ich dringend gebeten wurde, sie mit Tascas hinzuschicken und namentlich Blandine es sehr wünscht, so gerät er in großen Zorn und sagt, ein Mädchen, daß zum 4ten Mal nacheinander also rasen wolle, das verachte er; wenn er Familien-Vater wäre, er würde es [sich] verbitten; dieses letzte Wort entscheidet uns, aber bringt auch große Bestürzung unter den Kindern hervor. Viele Tränen fallen, Lusch benimmt sich ausgezeichnet, ihren Vater und mich voll begreifend und daß wir eins sind, Loldi aber ist außer sich, während Boni einige stille Tränen dem Vergnügen [nach]weint (sie hat hier großes Gefallen erregt und gefunden). Für R. und mich ist die Nacht auch sehr erregt, allein nach heißen Tränen meinerseits höre ich ihn sich zu Bett begeben. Nach einigen ruhigen Worten steht er wieder auf, geht lesen, kommt zurück und sagt: »Der Herzog von Augustenburg erhebt noch Ansprüche auf den Thron.« –

Gern wollte ich lachen über die Wendung, allein die Kraft versagte; nach einiger Zeit verfällt er in einen halb schlummernden Zustand: »Hier nimm meinen Fuß«, höre ich ihn sagen, ich lege den meinigen auf den seinigen, »o du bist gut!« sagt er, und nach einer innigen stummen Umarmung fasse ich seine Hand, und er versinkt in tiefem Schlaf.

Dienstag 21ten In der Frühe erzählt er mir, daß er wirklich im halbwachen Zustand seinen Fuß als Sühne, wie jener Fakir, dahingeben wollte, und wie ich ihn berührt hätte, habe er das Wohltätige empfunden, das habe er unter: Du bist gut, verstanden. Mit Heiterkeit empfangen wir Lusch, den »Würgengel«, und mit freudigem Schrecken Siegfried, der, auf eine Stunde aufgestanden, uns begrüßen kommt! – Beim Frühstück im Bett erwähnten wir es heiter, daß, was die Ruhe beträfe, die Kinder ebensogut hätten die Nacht durchtanzen können. Die Frage des Patronat-Vereins der Blätter, überhaupt der Erbschaft der Spiele wird erwogen, ob man alles gehen läßt oder manches aufhebt und anders zu gründen versucht? R. klagt es, daß er so unlustig zu allem sei. Es hagelt und schneit und ist kalt. R. geht nicht aus; abends besuchen uns G^f T., Rub. und C. Guccia; Rub. spielt den Königsmarsch zu R.'s Befriedigung, er freut sich »des Flusses« des Werks; bei Tisch hatten wir über Berlioz, seine unruhige Rhythmik, seine peinliche, unmusische Realistik (wie das oft wiederholte Murmeln der Pilger im Pilger-Marsch), seine kurzatmigen Motive [gesprochen]; R. zitiert die Melodie der Loreley vom Vater als sagenhaft populär hervor und scherzt dann über das Weltschmerzliche von Schumann, dieses beständige Jovi's Pfeile in Händen Haben und Schleudern. – Die B. Blätter kommen an, und R. findet den Aufsatz von Wolz. gut; es befremdet ihn aber die Anzeige einer Vegetarier-Küche. (Rub. spielte noch abends das Msinger-Vorspiel und den Schluß von Tristan und Isolde, aber nicht zu R.'s Zufriedenheit, der es erklärt, wie alles darin liege, daß das Tempo förmlich aufgehoben würde zu Gunsten einer seelischen Freiheit.) Wie er sich frägt, was eigentlich an diesen Dingen unseren Sizilianern gefallen könnte, meine ich, das pulsierende Leben darinnen, und er gibt mir recht.

Mittwoch 22ten R. hatte eine erträgliche Nacht, nimmt eine Abwaschung in der Frühe und fühlt sich darauf sehr angegriffen. Ein Aufsatz, den er liest, von Dr. Schemann über Cherubini (in den Bayr. Blättern), erregt seinen Unwillen, und er schreibt ironisch an Wolz. über die verschiedenen Tragiken: Schumann, keine Melodie gehabt zu haben, Rossini keine Schule, Brahms, langweilig zu sein, etc. Das erleichtert ihn. Sehr belustigt ihn eine Erwiderung von Friedrich dem Großen an einen Seelsorger. – Das Wetter ist schön, aber frisch, er geht nur in dem kleinen

Garten auf und ab. Wir verplaudern den Abend gemütlich. Ich wage es kaum, zu schreiben, doch scheint mir eine Wendung zum Besseren eingetreten. Die Verteilung der Rollen an die Sänger beschäftigt R. sehr, er befürchtet Rang-Streitigkeiten und daß sie alle bei der ersten Aufführung werden mitwirken wollen. Ich glaube dagegen, daß sie sich alle gut benehmen werden.

Donnerstag 23ten R. hat gut geschlafen, und in der Frühe im Bett ergeht sich sein Gespräch in Betrachtungen über die Welt, über die Theorie von Gobineau; er glaubt an eine Katastrophe, welche die Migration ermöglicht und die Bildung von Gemeinden in südlichen Ländern. Gestern sprach er über die Engländer, und daß der Ausdruck die Krämer, so seltsam er klänge, wenn man die vornehmen Lords betrachte, doch ganz richtig sei, da sie die Völker nur beherrschten, um ihren Besitz in England zu sichern. – Die Luft ist herrlich, R. genießt sie. Wir gehen nach Camastra spazieren, die Reinheit der Luft, die scharfen Umrisse der Berge, in der Ferne das blaue Meer entzücken uns. – Seine Lektüre wird jetzt »Väter und Söhne« von Turgenjew sein (da er die Kawi-Sprache sich verspart zu einem ernsten Studium, wie das Gobineau'sche Werk, und wenn er sein »Männlich und Weiblich« ausarbeiten wird). Aber er geht mit Zagen daran, da in der Vorrede von Mérimée Schopenhauer als der Vater der nihilistischen Bewegung angegeben wird; R. meint: So dumm wie die Franzosen sei doch kein Volk, sie würden ihm immer widerwärtiger. Doch haben ihm Zitate aus »Rameau's Neffe« in den B. Blättern ungemein gefallen, der Spruch von Herder, der diesen Aufsatz beschließt, frappiert ihn auch sehr. Über das Partei-Wesen sprechen wir bei Gelegenheit der Blätter und kommen überein, daß es nicht gut sei, wenn unbedeutende Menschen das nachzudenken versuchen, was ein Mann von Genie ausspricht! Wir fahren nach S. Maria di Gesu, R. freudig bewegt durch die Schönheit des Tages und durch »die Zaubergestalten«, die Berge. Wir steigen aber nicht aus, sondern schlummern im Wagen vor dem Kirchhof, während die Kinder wandeln. Wie wir heimfahren, bemerkt R. vom Ölbaum und seiner Knorrigkeit, er sei so absonderlich, als ob er ärgerlich wachse! – Abends spricht es R. deutlich aus bei Gelegenheit von unserem Hiersein und entgegen meiner Gefühlsweise, er empfände keine Verpflichtung, keinen Dank; er habe einige Menschen gern, fände sie liebenswürdig, erweise sich ihnen dann gern gefällig; doch nicht aus Verpflichtung. Doch neulich morgen hat er mir gesagt, dadurch, daß er von Menschen, die nicht zu ihm gehörten, Gefälligkeiten angenommen, habe er, wie zu Wesendonck, sich in peinliche Intimitäten begeben. – Viel Scherz noch über die Schemann'schen Cypressen-Zweige für Cherubini, dem R. ein ungeheures Talent bei großer Trockenheit zuspricht. Er spricht über den Anfang der »Fidelio«-Ouvertüre (das erste, was er von Beeth. gehört und was ihn so übermäßig beeindruckte!), über diesen Freimut, keiner könnte das nachmachen, ohne daß man es sogleich als Nachahmung empfände, während das Thema der »Wasserträger«-Ouvertüre ganz gut im »Tell« von Rossini in langsamem Tempo habe gebracht werden können. Das sei eben bei allem hübschen, treuherzigen Charakter eine Floskel. Das Allerschlagendste in der Beethoven'schen Art sei: der Anfang der c moll Symphonie. Wer könnte das nachahmen? – Er spricht dann von Jommelli, Durante und Opern-Arien, die er von diesen gehört, die ihm den Eindruck eines großen Stils gemacht hätten.

Freitag 24ten R. hatte eine gute Nacht, und dennoch befällt ihn ein ärgster Brustkrampf! Er denkt an Schiller's Leiden und ist äußerst gedrückt. Der Tag vergeht in Sorge, abends sind wir im oberen Stock in der Nähe von Fidi. Die Kinder plaudern, ich teile R. einiges aus der Korrespondenz zwischen Goethe und Marianne Willemer mit.

Sonnabend 25ten R. hatte eine gute Nacht und fühlt sich um vieles besser. Depeschen von Herrn Neumann über Paris nehmen ihn in Anspruch, aber er hat den Geist frei genug, um mit mir über »W. Meister« zu sprechen, den ich als Familien-Abend-Lektüre vorgeschlagen. Er bedauert es, daß die adlige humane Vereinigung darin so wenig deutlich hervortritt und daß man nicht wisse, wo man sei, noch zu welcher Zeit dieses spiele. – Er liest anhaltend in »Väter und Söhne«, wobei er die Schablone ein wenig bemerkt, aber einiges darin rühmt. Bei Tisch, wie wir von dem Verhältnis der jungen Mädchen zur Welt bei Gelegenheit von Lektüren sprechen, sagt er mit leiser, erregter Stimme: »Gott, wenn man sieht, was die Gesellschaft aus dem Natur-Trieb gemacht hat, sich zu nähern und in einander ein Schönes zu erzeugen, dann läßt sich nicht viel gegen das Weitere sagen.« – Dann erwähnt er Gobineau's tiefsinnige Bemerkung über die Sprache, und wie die verschiedenen Racen sie behandelten, und bedauert, dem ausgezeichneten Mann nichts sein zu können. Die Antwort Gob.'s auf seinen Brief zeigt ihm, daß er in eine vollständige Pfütze getreten ist. – Der Besuch der gräflich Basewitz'schen Familie erregt die Frage, ob R. nicht dem Erbgroßherzog sich vorstellen würde, was R. durchaus von sich weist. – Wir fahren aus nach der Gegend von Parco hin, bei herrlichem Wetter in die schönste Gegend. Wie uns der Vers von Goethe einfällt: »wenn ich sechs Hengste zahlen kann«, sagt R.: »Man geht immer darüber hinweg, was das furchtbar ist, daß, wenn ich *zahlen* kann, die 24 Beine mein eigen sind, also immer der Besitz.« – Abends plaudern wir wieder, Lusch erzählt mancherlei aus Rom, aber R. ist nicht behaglich dabei, wie niemals bei Notizen aus der Welt; Sgambati, den Lusch rühmt, ist ihm widerwärtig durch seine Kälte, und das übrige ähnliche. Wie er zu Bett liegt, sagt er: »Ich habe dich und niemanden sonst auf der Welt, wenn ich dich nicht hätte, hätte ich gar nichts, niemand außer du gehört zu mir.« ––

Sonntag 26ten R. war etwas unruhig diese Nacht, aber er erzählt mir heiter in der Frühe zwei Träume, die er gehabt, der eine: »Ich kam zurück zu Minna, diese frug, ich sei wohl bei Frau Tichatschek gewesen; ja, aber es sei Gesellschaft gewesen, worauf sie wütend, ich mich entfernte; zu mir sagend: Ich gehe in's Hôtel schlafen und gehe morgen zum Advokaten, worauf ich mir sagte: Das muß ein Ende nehmen, und sie mir Billardkugeln nach[warf].« Der zweite: »Von außen blickte ich hinauf zur Stube deines Vaters; am Fenster war das Klavier, fix, wie ich bin, kletterte ich hinauf und spielte deinem heimkehrenden Vater das Gretchen-Thema vor; er guckte erstaunt von der Straße herauf; damit er nicht wisse, wer es sei, wollte ich wieder durch's Fenster zurück, aber ich stolperte und wachte auf.« Die Stimmung ist heute gar sehr gut, wir wandern mit Fidi im Garten um 12 Uhr und ich am Nachmittag mit R. nach Camastra, wo die roten Aloe blühen. Wenn wir uns oft setzen müssen, so ist doch R. nicht zu angegriffen. Vorher hatte die Erscheinung des Dr.s Berlin mit einigen Bier-Flaschen R. sehr erheitert. Das große Anliegen des Tages ist die Vollendung des Zeltes auf der Terrasse, unter welchem wir den Kaffee und auch das Bier genießen. Die Luft ist wundervoll. Humoristisch zankt R. die Kinder aus, die vielen »unnützen Mädchen«, die immer unterhalten sein wollten, und empfängt abends freundlich unsere guten Wirte Tasca und Gangi und poltert liebenswürdig, wenn auch heftig eingehend gegen das *Monocle* des Chevalier Guccia, dem er eine »rechtschaffne Brille« empfiehlt. Den Kindern sagt er: »Mama und ich sollten lange nicht mehr bei euch sein, sondern oben auf Wolken schweben.« – Am Schluß des Abends läßt er durch Rub. das Andante des Es dur Quartetts von Beeth. spielen, und das Scherzo (Schmetterling!) aus einem andren. Und ich danke dem guten Gott, der diesen Tag mir geschenkt!

Montag 27ten R. schlief gut, aber das Wetter ist böse, Sturm und Regen; wir müssen darüber lachen, daß gerade gestern das Zelt draußen errichtet wurde! Aber der Brustkrampf befällt R. heute früh nicht, er ist sehr vorsichtig bei der Abwaschung und erzielt dieses Ausbleiben des Anfalles dadurch. R. beginnt einen Brief an den König und schreibt drei Seiten über Fidi. Dieser, von gestern noch ermüdet, bleibt zu Bett und zeichnet; seine weitre Ausbildung gibt uns viel nachzudenken, woher sowohl Gespielen als den Lehrer ihm schaffen? Das beschäftigt uns, R. und [m]ich, in einer Ausfahrt unterwegs nach der Stadt. R. möchte Fidi's Geschichts-Unterricht übernehmen, aber er beklagt es immer, ein so unruhiges Leben zu führen wie jetzt z. B., durch die Pariser Affairen in Anspruch genommen. – Im Wagen ruft er in der Stadt plötzlich, »ja, ihr Herrn Überfließenden, macht mir solche Melodien nach wie das Vorspiel zum 2ten Akt von Tristan und Isolde«. – Dann erregen Ziegen seine Aufmerksamkeit, und er sagt: »Es sind rechte Schneider-Philister-Gesichter, das Schaf drückt viel mehr Leiden aus.« –– Abends beginnen wir mit den Kindern die Novelle »Väter und Söhne«; ich lese vor; um halb zehn trennen wir uns, und R. und ich, wir verweilen noch lange in seiner Stube in traulichen Gesprächen, in Liebes-Ergüssen! R. gedenkt dessen, was er meinen Mut nennt und meine Leiden, und wie ich es ihm sage, daß ihm allein es zu verdanken sei, daß ich es vermochte, leugnet er es und sagt, nein, selbst raten dürfte er nicht, in der Liebe müßte die Frau vorangehen, und wie ich dennoch behaupte, daß er es in mir war, nicht ich! »O nein«, ruft er aus, »um ein Gefühl von sich zu haben, muß der Mann geliebt sein – die weibliche [M]acht* ist das Gebärende. – Es ging auch gleich, wie du bei mir warst, die Menschen hatten's wohl gesagt, ich würde nichts mehr machen, und nun ging's. Eine Zeitlang zehrt man an sich selbst, dann aber muß man sein Bild widergespiegelt bekommen, um zu wissen, was man ist.« Und der Umstände, der schrecklichen, gedenkt er, unter welchen ich an ihn geglaubt, und auch des guten Königs, der uns treu beigestanden, »weshalb man ihm wohl einige Flattousen sagen könnte« – und das letzte Wort vor dem Einschlummern: »Es ist jetzt wie am ersten Tag, nur immer besser«!**...

Dienstag 28 R. hatte eine gute Nacht und sieht sehr gut aus. Nur wird seine Stimmung bald durch die Ärgernisse getrübt, die nicht ausbleiben können, so z. B., daß der Glaser von der Stadt in der Frühe kommt und ihn daran verhindert, seinen Brief an den König zu Ende zu schreiben, »so ging es immer«, behauptet er. Verschiedenes aus der Biographie von Carlyle beschäftigt ihn, und er teilt mir die Aussprüche über den Adel und über den Übertritt von Friedrich Schlegel mit. Wir besuchen – für etwaige

* Gelesen: »Nacht«. ** Zeichen im Text, auf dieser und der nächsten Seite unten nachgetragen: »Bei der Rückfahrt (Montag) erzählt er von Carlyle, dessen Biographie er liest, und freut sich des Ausspruches: Zwischen Prophetie und Komödianterie habe er, Carlyle, geschwebt. Dann wundert er sich über seine Parteinahme gegen die Neger, und wie selten einer ganz frei sei; er meint, der Deismus, / der jüdische, der selbst Goethe beengte, habe auch auf Carlyle's Geist gedrückt. – Der Ausspruch C.'s gegen die demokratische Regierung, beginnend: In England gibt es 30 Mill. Einwohner, meist Dummköpfe, unterhält R. sehr.« »Daß man in Leipzig die dramatischen Gestalten R.'s als Maskenzug verwendete und daß aus den Pilgern heraus ein Pulcinella und P. Carnaval hervorsprang, diese Ovation stimmt etwas ironisch!«

künftige Vermietung – einen verlassenen Palazzo S. Elia, wo uns der merkwürdigste Bevölkerungs-Anblick wird! Alle Racen scheinen in dieser verlassenen Behausung vertreten, schreiige negerhafte Wesen, vornehme stille schöne, überall Kinder, Leben und Nichtstuerei, weiter Ausblick, Terrassen und Verwüstung – so fern von aller Zivilisation, daß wir darüber lachen müssen. Von da gehen wir nach Camastra, wo jeden Tag etwas andres blüht. Neulich besprachen wir es, wie die Poesie der Natur den Deutschen einzig zu eigen sei, daß z. B. die Italiener sie meist nur in realistischem Sinne herbeiziehen, und meist Beispiele aus der Tierwelt; das Grünen, Blühen und Vergehen, die großen Schatten, der Tau, all das spricht kaum zu ihnen. – R. teilt es mir mit Unmut mit, daß das erste, was das Publikum von der Musik des Parsifal erfährt, im Briefkasten einer Zeitung [stand] (Schluß-Takte des ersten Aktes). Dann knüpft er an die Erwartung des Klavierauszugs die Erinnerung an seine ungeduldige Erwartung des Klavierauszugs des »Oberon« an, nach Weber's Tode. – Die Auslassungen des G$^{al.s}$ Skobeleff unterhalten R., welcher der österreichischen Monarchie nicht gewogen ist, und des weiteren nehmen wir durch die Turgenjew'sche Erzählung lebhaften Anteil an dem russischen Wesen. – Aber leider in bedauernswerter Erregung endigt der Tag, da die Beilage der B. Blätter – Anzeige von vegetarischen Schriften, die Ankündigung der Blätter selbst (»Monatsschrift zur Verständigung über die Ermöglichung einer deutschen Kultur«) – R. auf's äußerste verstimmen. Er bedenkt und schwankt, wie dieses Verhältnis lösen, da Wolz. daran eine Art von Existenz-Frage geknüpft habe. Ich hoffe es bewirkt zu haben, daß er W. nichts Hartes schreibt und die Auflösung in Freundschaft und mit dessen Einwilligung zu Stande bringt.*

März

Mittwoch 1ten R. hatte eine unruhige Nacht, und der Scirocco, der heute stark bläst, greift ihn sehr an. – Wir speisen zu drei, da die Kinder eine große Partie nach S. Martino [unternehmen].** Allerhand von draußen, Carnevals-Bild, Rede von Freund Feustel (R. macht dabei den Scherz: Er hat nicht von mir gewußt und ist allmählich überzeugt worden; er bezieht sein Verhältnis zu mir auf mein Verhältnis zur Welt), dann aus

* Unten nachgetragen: »Dienstag – beim Abendbrot spricht R. seine Freude aus über meine Büste von Kietz und sagt, es sei das beste Portrait von mir, durchaus ähnlich, er freue sich, daß so etwas da sei.« ** Bei Seitenwechsel vergessen.

Paris, daß nichts wie R.'s Sachen jetzt dort aufgeführt werden. – Wir gehen nicht aus, und R. fühlt sich immer weniger wohl, so daß ich den Dr. rufe, der aber wiederum keinen Besorgnis erregenden Zustand bemerkt! (Ich lese Fidi den 1ten Akt von »Götz« vor.)

Donnerstag 2ten R. hatte eine unruhige Nacht, und sein Unwille gegen die jetzige Behausung erwacht immer auf's neue. – Im Frühgespräch kommen wir auf die Rede Feustel's zu sprechen, überhaupt auf die Verbreitung des Ruhmes: »Ja ja«, sagt R., »was man in der Jugend sich wünscht, hat man im Alter die Fülle, aber ich kann nicht sagen, daß ich je Ruhm mir gewünscht, nein, etwas, was sich unterscheidet, eine wahre Melodie, die mein eigen wäre, etwas, was nicht Beethoven, Weber wäre. Auf den Effekt habe ich gleich loskomponiert, so Grübelei, Spintisiererei wie Schumann habe ich nie getrieben.« Einen zweiten Roman von Turgenjew, »Une nichée de gentilshommes«, liest er mit Interesse. Er geht etwas auf der Terrasse auf und ab und in dem kleinen Garten, dann höre ich ihn unten phantasieren, er schreibt eine Melodie nieder, zeigt sie mir dann und sagt, er habe endlich die Linie, wie er sie wünschte. Er spielt sie mir und sagt, das wäre Gegengift, er hat nämlich den 2ten Mephisto-Walzer von meinem Vater durchgelesen, und wir kommen überein, daß einzig Schweigen einer so trübseligen Erscheinung gegenüber uns geziemt. Mir aber ist durch diese Gestalt wie ein Segen des Daseins neu gegeben – darf ich es ein[en] Lohn nennen dafür, daß ich die Hoffnung mir nicht [habe]* mindern lassen –, wie eine Wasserblume aus der Tiefe unseres Daseins blühet grüßend diese tönende Gestalt mir entgegen. – Wie Dir danken, o mein Gott! – Nachdem ich Fidchen den 2ten Akt von »Götz« vorgelesen, lese ich abends R. und den Mädchen in »Väter und Söhne« weiter.

Freitag 3ten R. steht heiter auf, wir sprechen beim Frühstück von dem gestern Gelesenen; einzig vermissen R. und [ich] »Feuer der Tiefe«, und er macht die Bemerkung, daß den russischen Frauen die Würde so gänzlich abgehe. Wie ich es hervorhebe, daß Balzac einen Dämon gehabt hätte, was mir diesem Dichter abzugehen schiene, sagt R.: »Ja, man weiß eigentlich nicht, warum diese Dinge geschrieben sind«, – doch fing er das Gespräch damit an, daß er gern T. persönlich kennenlernen würde. Die Erinnerung an die Verliebung des Bazar. bringt ein scherzhaftes Gespräch über R.'s Verhältnisse bei Tisch, er sagt: »Nein, den Hof hab' ich nie gemacht.« –– Wir fahren in die Stadt, und nachdem sich R. über die engen Straßen geärgert, durch welche wir fuhren, steigt er aus und gerät

* Cosima schreibt: »mich nicht mindern lassen«.

in humoristisches Entzücken über alles Städtische gegenüber den Porazzen! ... Der Garten Garibaldi, die Terrasse am Meer, einzelne größere Gebäude, alles vergnügt ihn, und wir kehren erheitert heim. Unterwegs zitiert er das letzte Gespräch F. W.'s I. mit seinem Kammerdiener, der ihm mit »leider« den Tod ansagt: »Sag er nicht leider; woher aber will er denn das wissen?« –– Abends lesen wir weiter in »Väter und Söhne« (vorher liest R. Fidi aus »R. Fuchs« vor); um 9 1/2 Uhr trennen wir uns, um Fidi Ruhe zu geben, dessen aufgeregtes Zeichnen und in Baedeker Lesen R. ganz bang macht: »So bin ich mit der Musik nicht gewesen – ich fürchte, der Junge wird ganz kalt« – (er meint, ohne Interesse für andres), ich suche ihn zu beruhigen; es gelingt, und wir kommen allmählich, wohl durch Mme Odentsoff, auf Marie Much. zu sprechen. Ihre erste Erscheinung bei R. nach dem Tannhäuser, »ich war aber eifersüchtig auf deinen Vater, denn er hatte sie von Konstantinopel geschickt – aber nein, ich war es nicht, denn ich war grenzenlos bescheiden und glaubte nicht, daß mir etwas andres passieren könne, als was mir eben passiert war!« – Sanft gehen wir alle Erlebnisse mit der außerordentlichen, geisterhaften Freundin durch, ihre Großherzigkeit und ihre Kindlichkeit in gewissem Sinn rühmt R.; wir suchen das Geheimnis dieses Lebens zu enträtseln, es wird wohl eines bleiben, welches aber die liebende Erinnerung nicht hemmt. – Friedlich-zärtlich trennen wir uns, ›mit niemandem außer mir könne er umgehen‹, sagte er mir gestern, ich hätte ihn verwöhnt; wenn es mir glückt, von äußerster Erregung, wie vorhin um Siegfried, ihn zu beruhigen, da fühl ich heilig erhebend die Bestimmung und segne das Leben!*

Sonnabend 4ten R. hatte keine ganz gute Nacht und hat in der Frühe manche kleine Ärgerlichkeit, welche mit einem Brustkrampf endet. Ich beobachte gänzliche Stille, lese ein wenig in seiner Nähe, und bald ist das Gespräch in ruhigem, freundlichem Gleise. Die russischen Novellen bilden den Gegenstand davon; R. bemerkt die gänzliche Abwesenheit von Würde bei den russischen Frauen. – Daß Fidi ihn nicht sogleich bemerkt, wie er ihn begrüßen kommt, rügt er mit Strenge. Beim Mittagstisch erzählt er von der physischen Geographie von Kant, die er mit Interesse liest, und sagt, er lerne mehr von diesem als von allen Spezial-Büchern. Die Beschäftigung aber damit gibt ihm seinen Gedanken über Dichter und Ge-

* Ende von Heft XVIII der Tagebücher. Auf dem Vorsatzpapier von Heft XIX untereinander die Notizen: »Palermo 5ten März 1882 (Siegfried's Genesung) Bayreuth 2. Mai (Geburtstag. Parsifal. Trauung) Venedig 16. September (Einzug Vendramin, Sorge um Siegfried)«. Seitennumerierung und Monatsüberschriften über den Seiten von Heft XIX nicht von Cosimas Hand.

lehrte ein (im braunen Buch), und er sagt, daß Goethe durch diese »kindische Beschäftigung mit der Naturwissenschaft« sich gleichsam als Dichter vergeben ⟨verworfen⟩* habe. Sie mache die Menschen herzlos. Beim Kaffee teilt er mit, daß er in der Zeitung gelesen, in Palästina sprächen die Juden deutsch. Deutschland schiene ihnen das gelobte Land [zu] sein. Mit der Niederlage des Varus, der Erschütterung des römischen Reiches, schiene sich den Juden eingeprägt zu haben, daß mit Deutschland etwas zu machen sei! – Es ist windig draußen, und R. läßt humoristisch seinen Ärger gegen diese Niederlassung aus. Abends lesen wir weiter in »Väter und Söhne« mit großem Interesse und mit Ergriffenheit die letzten Worte der Mutter des Nihilisten zu ihrem Manne bei der plötzlichen Abreise des Sohnes. Die Nachricht von dem Attentat auf die Königin von England bringt R. zu folgender Äußerung: »Es war ein ganz elender Mann, bevor er sich nur in das Wasser stürzte, wollte er wenigstens einen von diesen Glücklichen da niederschießen«, – und wir erinnern uns des Falles, vom Grafen Tasca uns erzählt, daß Bergwerks-Leute einen Gutsbesitzer (Vater der Schwiegertochter des Grafen) unter den Augen der Töchter umgebracht! Er sagte: »Die Leute rächen sich.«

Sonntag 5ten In der Frühe spricht R. viel von dem Frieden von Passarowitz! Der Name Bazaroff brächte ihn darauf! Viel Heitres, und ich danke Gott, daß dem so ist. – Wir besprechen die Übersetzungs-Angelegenheit des »Ringes« (die englische), die Forman'sche wird auf das stärkste angefeindet, wir müssen eingestehen, daß wir alle diese Dinge sehr wenig wichtig nehmen. Und selbst, daß uns eine große Hoffnung mit dem eingerichteten Palais in Venedig durch einen Brief des Dr. Keppler's benommen wird, nimmt R. ruhiger auf, als er selbst gemeint hatte. Aber der Aufenthalt hier ist ihm lästig; wir haben Regenwetter, seine Krämpfe kehren wieder, aber inmitten derselben höre ich ihn laut lachen, da eine Herde Schafe von einem Esel angeführt wird und sich Schutz gegen den Regen sucht. Wir fahren nach der Stadt mit Siegfried, allein er sieht bleich aus und ist matt und angegriffen, was R. bekümmert. Nach dem Abendbrot spielt R. die neue Melodie, welche er etwas umgeändert hat, und soll ich es sagen, daß in ihr meine ganze jetzige Seelenstimmung mir entgegenblüht? Nicht würde ich es wagen, wenn ich es nicht empfände, daß der sehnsüchtige Blick des Wurmes dem Segenstrahlen des Sternes verwandt zu sein scheint. – Abends in Gegenwart einiger Bekannten veranlaßt R. Rub., den ersten Satz von 106 zu spielen, und freut sich dessen ungemein, küßt mich während des Spieles und sagt mir dann, er habe sich gefreut,

* ⟨ ⟩ eingefügt.

wie ich zugehört hätte. Darauf wird die Ouvertüre zum Fl. Holländer gespielt, R. macht zuerst dabei Witze, es sei der Einzug von Garibaldi in Sizilien, das Gebet des Königs, der Rückzug der napolitanischen Flotte, dann aber gibt er Tempi-Ratschläge und spielt in wundervoller Weise die Ballade vor. Er klagt es aber später, daß der Vortrag seiner Sachen so wenig sich gemerkt würde. Wie wir unter uns, hebt er es hervor, wie R[echt] Schopenhauer habe zu sagen, daß, wer die Musik in Begriffen wiedergeben könnte, das Welt-Rätsel lösen würde; und zitiert das Schmetterling-Scherzo (e moll Quartett) mit dem »Bauerntanz«. Wer das erklären könnte. Vorher hatte er die wundervolle Konzision des ersten Satzes von 106 förmlich bejubelt, dabei beklagt, daß das Andante zu lang sei. Er bedauert die genaue Wiederholung, während Beeth. doch in der Variation so Herrliches erfunden. Er findet in dem Trauermarsch der Eroica selbst etwas den Fehler der Länge. Während sonst grade die Kürze so wunderbar bei ihm sei. Beim Abendbrot hatte er uns auf das bestimmteste gesagt, er müsse im 3ten Akt von Tristan kürzen, denn so wie Schnorr es wiedergegeben, würde es keiner mehr, und da war es so furchtbar, daß es über das Maß hinausging dessen, was man von der Bühne herab erfahren dürfe. Auch im 2ten Akt, wo der »künstliche metaphysische Witz«, wenn er auch immer ganz leidenschaftlich sei, dennoch nicht gefolgt werden könnte von einem großen Publikum. »Das habe ich mir damals erlaubt in Luzern, wie ich nichts hatte.« –– »Ich habe dich sehr lieb, das wollte ich dir noch sagen«, so erhebt er sich noch vom Bett zu mir, und wir verlieren uns in die Nacht.

*Montag 6ten** Da das Wetter gegen R.'s Erwartung sich nicht bessert, im Gegenteil, und er wie eine Art von Nachweh des gestrigen Abends verspürt, ist er beinahe in Verzweifelung, und eine Aufforderung des Erbgroßh. und seiner Gemahlin an uns beide, sie heute zu besuchen, findet ihn noch weniger gestimmt zu derlei womöglich als sonst. Er findet, daß die Herrschaften zu ihm kommen könnten, meint, es habe ihm nie etwas Gutes eingetragen, wenn er solch' einen Schritt getan, und erklärt sich froh, von solcherlei Beziehungen befreit zu sein. – Bei Tisch spricht er es aus, daß ihm der Umgang mit den Menschen, auch den freundlichsten, eine Qual sei, der er durch Aufregung sich entreiße. Wie wir allein beim Kaffee sind, spreche ich es ihm aus, wie vollkommen ich das verstehe und wie ich es einsehe, daß mit den Kindern die Nötigung des Verkehres da sei, während für uns es eigentlich nur eines gäbe: Abwendung. Doch nicht bitter empfände ich es, suchte nur jeden Tag ihm seine Ruhe, den

* Fälschlich »5ten«, irrtümlich eine Zahl zurück bis einschließlich Donnerstag, 9. März 1882.

Kindern ein wenig Bewegung zu verschaffen. Ich weiß nicht, wie wir von da zum Christentum übergehen und den großen christlichen Bauten, wie etwas darin ausgedrückt sei, was der alten Welt durchaus fremd gewesen, das Musikalische nennen wir es. Abends beendigen wir den Roman von Turgenjew mit vielem Interesse, von Mme Odentsoff sagt R.: ›Sie habe eben nichts in sich.‹ – R. frug mich nach dem Namen des Sohnes von Parmenion, König von Makedonien, der in der »Olympia« vorkommt, er meinte Kassander, Parmenion's Vaterschaft machte uns aber irre. Er zeigte mir gestern in Grube's historischen Studien von Fidi die Bilder von A.* dem Großen und K.** dem Groß[en], so schön geleckt wie seines von Bruckmann. »Das ist die jetzige jüdische Kunst, keine Wahrhaftigkeit mehr, alles übertüncht.« – »In zehn Jahren«, sagt er noch, »wird man es nur mehr mit Juden zu tun haben«, wie er erfährt, daß der Übersetzer des Parsifal's ein Jude sei.

Dienstag 7ten R. teilt es mir scherzhaft mit, daß »Frau Minna« kongestionsweise an seinem Horizont erschienen wäre; bon, je sais ce que c'est, habe er zu sich, erwachend, gesagt, und habe Baldriana genommen. Immer käme dabei die Erhebung einer vergessenen Gage in Paris vor. Beim Frühstück kommt er wieder auf die Racen-Frage und sagt, durch die Frauen würden sie verändert, z. B. wenn ein Arier eine Semitin heirate, käme diese kreolische Race zum Vorschein, »und die Kunst«, füge ich lächelnd hinzu. Von da wendet sich unser Gespräch zur Cappella Sixtina; R. beklagt die volle Ausmalung derselben, es sei für ihn verwirrend, in gewissem Sinne geschmacklos. »Wie in gewissem Sinne ›H. VI.‹ von Shakespeare geschmacklos genannt werden könnte«, meine ich und versuche es, meine Empfindung von diesem Werk mitzuteilen. Von da zur Malerei überhaupt, ihre mißliche jetzige Stellung; gedacht als stille erhabene Vision, wird sie jetzt zur Schau gestellt. – Da ich Fidi den 1ten Akt von »Egmont« vorlese, bitte ich R., das Lied »Die Trommel gerührt« zu spielen, und es beherrscht dieses förmlich mit seinem schaurigen Übermut unsren Tag. Wie ich R. sage, daß ich es sehr dem »Freudvoll und leidvoll« [vorziehe], sagt R.: »Ja, weil solche Gedichte nicht zu komponieren sind, die Musik kann keine Begriffe wiedergeben. Überhaupt Lyrik«, ruft er aus, »es gibt nur das Drama.« »Und die absolute Musik«, sage ich. »Die eine Art Drama ist, dafür stehe ich ein, das Thema und Gegenthema, die sich zum Tanz verbinden. Freudvoll, leidvoll, gedankenvoll, dafür kann man keine Musik finden, höchstens eine Wiederholung.« – Den Ausspruch unsres Freundes Levi, man könne nur schlechte Gedichte komponieren,

* Alexander. ** Konstantin.

findet er in diesem Sinne richtig. Wir speisen zu drei, da die Mädchen eine Partie machen, und fahren dann auch zu drei nach Terra Rossa, das R. sehr gefällt. R. teilt uns abends mancherlei von seiner jetzigen Lektüre: »Les Garibaldiens« von Dumas mit, u. a. mir noch spät abends die Begrüßung seines Sternes vor dem Einzug in Palermo seitens Garibaldi, »darauf kommt es an«, setzt R. hinzu, ›ob man solcher Anwandlungen fähig sei, oder ob sie einem ganz unbekannt seien‹. – Wie ihm heute die Verse: »Wer fühlet, wie wühlet die Pein etc.« einfielen, fügte er hinzu: »Ein wenig künstlich.« – Abends gedenkt er der »Egmont«-Aufführung unter seiner Leitung in Zürich, wozu er selbst den verbindenden Text gemacht. Bei unsrer Heimfahrt, wie er allerhand von Garibaldi erzählt, ruft er aus: »Die Franzosen mit ihrer Generosität, unter der Republik haben sie Rom bombardieren lassen, während die Engländer von der bourbonischen Wirtschaft Sizilien befreit haben. Sie haben eine werkliche* öffentliche Meinung, ein Parlament, welches diese vertritt.« Er teilt mir Gladstone's Rücktritt mit.

Mittwoch 8ten (In Camastra geschrieben.) »Es ist bestimmt in Gottes Rat, daß man vom Magistrat«, diesen Scherz macht R., und wie ich wiederhole, »es ist bestimmt beim Magistrat«, sagt er: »Das ist noch besser!« Beim Frühstück aber kommen uns ernste Gedanken an, ob wir nicht doch Siegfried in die Schule schicken sollten, da er keinen Knaben-Umgang hat. Gestern hat er zum Scherz seiner älteren Schwester das Haar gemacht, und das hat R. sehr beängstigt. Bei Tisch und beim Kaffee klagt R. über seinen Zustand, über seine Leiden, doch machen wir, er und ich, eine schöne Fahrt nach Parco Monreale, gedenken der Garibaldinischen Expedition dabei, da es der Weg ist, den die 1000 einschlugen, nur daß er jetzt schön geebnet ist, und freuen uns des frischen Grüns, das der Regen hervorbrachte, des blühenden Schlehs, ja selbst der geistlichen Gesellungen, welche Geiernester-artig in der Ferne sich ausnehmen und immer zahlreicher werden, je näher wir Monreale sind. Das Dorf selbst unterhält R. sehr, er zeigt mir u. a. einen Kander** auf einem Balkon, der wie ein mürrischer Haus-Herr Umsicht hielt. Auch geflickte Wäsche – rührend, daß sie noch geflickt würde, »das Mütterchen bringt wohl die Winter-Abende mit der Verbesserung zu«, und der ferne Blick, kurz manches und vieles zerstreut ihn. Abends haben wir Besuch. Eine Zeitlang unterhält sich R. nicht übel mit dem Pr. Salinas deutsch über Archäologie (die Ausgrabungen in Olympia) und die Archäologen Springer,

* Verschrieben für »wirkliche«? Oder »merkliche«? ** Muß wohl »Ganter« heißen, was auch die Interpretation von »Kauder« in den Anmerkungen von Bd. I (S. 1216, zu 4. April 1874) fraglich erscheinen läßt, s. Nachträge am Ende der Anmerkungen!

Brunn etc. Der Pr. gesteht mir, daß er ungemein schwer R. verstünde wegen seines schnellen Übergehens vom Ernst zum Humor. Er beendigt den Abend dadurch, daß er italienische Melodien zum besten gibt, da das Bild aus Pars. R. diesmal nicht erfreute, namentlich da die Bewegung des Zeitmaßes immer von Rub. nicht gefaßt wird. Er ist aber sehr müde, ja aufgeregt am Schluß. Wir verweilen noch ein wenig allein, bis er sich etwas beruhigt hat. Wunderschön sang er u. a. die Phrase des Moses bei dem Übergang des Roten Meeres.

Donnerstag 9ten Ob wir heute in Camastra speisen oder nicht, das ist unsre kleine Frage am Morgen, wir entscheiden mit ja. Eine Depesche von Dr Neumann, um den Vorhang bittend, ist ihm peinlich, er gibt ihn ihm leihweise. Heute wird das Zelt wieder auf der Terrasse aufgeschlagen, und wir genießen dort das Frühstück in freundlicher Laune. Um die Mittagszeit aber kommt R. in äußerster Erregung heraus über die Schießübungen des Exerzierplatzes, er fürchtet, es würde andauern. Gestern hatte er in fast unverkenntlicher Weise unserm Gastherrn zu erkennen gegeben, daß ihm Haus und Lage nicht gefällt, und selbst gesagt, die Krankheit S.'s käme von der Stube. Da wir es mit herzlich wohlgemeinter Absicht hier zu tun haben, schmerzt mich der Gedanke, unseren Fortgang mit einer Verstimmung zu bewerkstelligen. Wie R. hinuntergeht, um ein Thema sich zurückzurufen, trifft er auf Freund Rub., das stört und verstimmt ihn noch mehr. Wir steigen ein und fahren ab; R. bemerkt, daß mein Gesicht vergrämt sei, ich antworte, was mir leid tut. Das erregt zuerst seinen Unwillen, er geht seinerseits links in Camastra, ich mit den Kindern rechts, doch wie wir uns begegnen, vereinigen wir uns und nehmen ein heiter-gutes Mahl ein! Nachher ruht R. lange in der Stube, und die Partie nach Piana dei Greci, welche gestern R. mit dem Grafen verabredete, wird festgesetzt, zu meiner Sorge. – Ein Brief von Jouk. an R. gibt guten Bericht über die Kostüme. Camastra aber hat R. wirkliche Freude gemacht, er will viel hieher, ja er bat den Grafen, ihm etwas zu bauen am Eingang der Villa, er würde die Zinsen zahlen. Mir sagt er, wenn man mir entweder 3 Jahre vollständiger Ruhe in einem schönen Klima, gut eingerichtet, ohne irgend etwas zu sehen und hören, oder 12 Jahre weiter so [gäbe], gewiß, ich nähme die 3 Jahre, man stürbe dann schon gern aus Langeweile, fügt er lachend hinzu. – Er spricht mir viel von der Schwadronage des A. Dumas, der, wie es scheint, in seiner eignen Ansicht alles für Sizilien gemacht hat. Nachdem ich Besuche gemacht hatte, holte ich R., der nach Camastra wieder gegangen war. (Ich habe hier einen Irrtum begangen, am Freitag geschah das Diner in Camastra, heute gingen wir nur hin spazieren und freuten uns so sehr dort, daß R. am Nachmittag noch einmal dorthin sich erging.) Abends liest er aus »Clavigo« eine Scene und freut sich der Lebendigkeit der Darstellung.

Freitag 10ten Ich höre R. ganz laut rufen die Nacht: »Sie sagen mir: Deine Ottilie, Kerl, sind Sie wahnsinnig.« – Es scheint, er habe von Georg geträumt, der sich eine ungebührliche Freiheit erlaubte. R. nimmt ein Bad, bekommt seinen Brust-Anfall und kommt in äußerster Erregung und Unmut herauf. Doch nach einiger Zeit auf der Terrasse hat er wieder seine heitere Laune; wie ich das Wort, was er improvisiert: Güllverständnis Mis-t-verständnis lachend verstehe, sagt er, ich sei ja jetzt wie meine Schwester Blandine, die immer seine Witze beendete; ich gestehe ihm, daß ich zuweilen verstehe, ohne es zu erkennen zu geben, und das Gespräch geht dann weiter über zu dem Quell der Komik, wenn die Würde und Konvention plötzlich durch das Naturgesetz gebrochen wird, z. B. ein in Amt stehender feierlicher Staatsmann, der plötzlich furchtbar niesen müßte, und andre Beispiele. Wie ich ihm sage, daß selbst dies eine Art Konvention mir dünken könnte, daß ich noch die Stufe weitergehen könnte, wo die natürlichen Funktionen nicht lächerlich erschienen, sagt er: »Ja, denn die Natur ist immer ernst.« –– Leider geschieht es darauf, daß er hinuntergeht und Rub. begegnet. (Der Ärger über die Schieß-Übungen war gestern.) Auf der Bank nach dem Mittagessen in Camastra sitzend, vernehmen wir keine Vögel wie bei uns: »Die Welt des Tones hat sich nach Deutschland geflüchtet«, sagt er. Ein Brief des Dr Neum. erregt kein Vergnügen, denn er ladet, etwas* ungehörig, stürmisch zu den Aufführungen ein! Dann ruht er lange im Hause Camastra aus, bis ich ihn wecke. Dann kommen die Freunde, und es wird die von ihm ausgegangene Partie für morgen besprochen und festgesetzt, daß, da sie nicht abzusagen ist, ich ohne ihn die Kinder begleiten würde! Abends lesen wir in Turgenjew's »Nichée de gentilshommes«, mit vieler Teilnahme daran.

Sonnabend Um 8 Uhr also verlasse ich Vater und Sohn! Meine kleine Sendung von Parco aus kommt richtig zum Mittag der Lieben an. R. hatte eine unruhige Nacht gehabt, besorgt kehrte ich heim und fand R. ganz wohl und heiter, der Tag mit Fidi sei ein Idyll gewesen, sie sind zusammen spazieren gegangen, und die kleine Diversion meiner Sendung scheint auch nicht übel gewirkt zu haben. Er hat seinen öffentlichen Brief an Wolzogen im Konzept vollendet. Abends teilt er uns aus dem Tagblatt eine rührende Geschichte des Elefanten in London (den wir gesehen haben) mit, worin die Erhabenheit des Tieres und die Torheit des Menschen

* Zeichen im Text, unten angemerkt: »In Acireale geschrieben.«

ihm auf das lebendigste aufgegangen ist. Und wir verplaudern den Abend, ihm unsere »griechischen« Erlebnisse in *Piana dei Greci* erzählend.

*Sonntag 12ten** R. hatte eine gute Nacht. Wir nehmen das Frühstück auf der Terrasse ein, und da die Sonne sehr blendet, hängen wir den Plaid von Schnapp. als »schwarzes Segel« auf. Das Gespräch kommt auf die Franzosen, und das alte Bild der Affen und Tiger kommt uns wieder in den Sinn, nämlich der Gedanke, daß wohl nichts der grausamen Mitleidslosigkeit dieses Volkes gleichen würde, falls es etwa über Deutschland siegen würde. Die Kinder haben heute ein Frühstück in Camastra angenommen, und ich begebe mich zur Behütung dorthin. Da R. eine Bemerkung über den unnützen Überfluß der Familie fallen läßt, kann ich nicht umhin, es schmerzlichst zu empfinden, wie die Wege der Jugend von der Neigung des Alters sich unterscheiden und welche zwiespältige Tätigkeit mir zugewiesen ist. Ich muß weinen, doch ohne Heftigkeit, und solche Tränen, deren ein Gott sich annimmt. Da der Erbgroßherzog von Mecklenburg gestern uns einen ersten Besuch gemacht hat, hatte mich R. damit beauftragt, uns bei den Herrschaften für heute zu melden; um $4^1/_2$ Uhr werden wir empfangen, in sehr liebenswürdiger Weise; das freie, offene Wesen des freundlichen Herrn gefällt R. sehr; die Kaiserliche Hoheit aber ist ihm geradeswegs zuwider, Phryne-artige Grausamkeit liest er in ihren Zügen und meint, daß gegen solche Art Wesen nur das Äußerste gelte. Abends haben wir einige Freunde, u. a. den Abbé, Erzieher des jungen Grafen Mazzarino, und ein[en] Dr. Cervello; letzteren neckt R. mit dem Satze, Ärzte empfehlen einem immer Vorsicht an, weil sie gut wüßten, wenn man krank würde, könnten sie einem nichts helfen! Dem Abbé sagt er, es gäbe zu viel Geistliche, es sei eine so gute Sache, daß man keinen Mißbrauch damit treiben dürfe. Er setzt sich an das Klavier, singt etwas aus dem »Postillon«, und dann spielt Rub. das Bild: Der Waldvogel, nachdem R. die Erklärung davon gegeben, zu allgemeinem Entzücken. Und Gott weiß wie kommt es dazu, daß die Kinder singen, den »Gruß der Getreuen«, »Wißt ihr, Kinder«, und damit eine herrliche Wirkung machen. Mich überfließt es mit Seligkeit, das Ganze wieder als ein Glück empfinden zu dürfen, und den Segen im Herzen beschließe ich den Tag.

Montag 13ten Wir sprechen von Hans' Wesen, von dem R. mir gesteht, daß es von jeher immer etwas sehr Fremdartiges, ⟨ja beinahe bis zur Widerwärtigkeit⟩** für ihn gehabt, und wie Lusch in ihrer großen Ähnlichkeit mit dem Vater doch ein vollständig verklärtes Bild dieses

* Irrtümlich »13ten«. ** ⟨ ⟩ von fremder Hand mit Tinte unkenntlich gemacht, das Wort »beinahe« unsicher lesbar.

Wesens gäbe. Nachdem er in humoristische Klage über die Notwendigkeit des Anziehens ausgebrochen ist, nehmen wir beim Frühstück die ernsten Gespräche wieder auf. Z. B. über die Italiener; ich habe R. erzählt, wie mir das aufgefallen ist in dem Flecken Pian' dei Greci, daß bei der grausamst schlechten Musik doch die Handwerksleute gut spielten, mit Feuer und Rhythmus, also die Anlagen noch da, aber der Geschmack entsetzlich roh. Dann gedachten wir des Momentes am gestrigen Abend; R. spielte (kurz bevor die Kinder sangen) die Melodie von den Porazzi, welcher er die ihm erwünschte Biegung gegeben hat. Es umgaben ihn alle, und wie der Graf T. und Fürst Gangi von seinem Ruhm sprachen und daß sie ihre Güter alle dafür geben würden: »Was ist Ruhm«, erwidert er und zitiert den Vergleich von Schopenhauer der Austerschalen, nachdem die Auster verspeist sei. Ich sage ihm heute, daß ich den Gedanken wohl sehr liebe, das Bild aber nicht recht, und R. stimmt mir zu; es sei wie von einem Lebemann aus dem 18ten Jahrhundert. Dann sprechen wir von Norden und Süden, ihrer Fähigkeit, [etwas] zu leisten, schließlich sagt R.: »Die Sehnsucht, aus dem Schlechten herauszukommen, ist noch das einzig Produktive.« – Eine drollige Auslassung Siegfried's unterhält uns sehr; wie Lusch von der Heiligsprechung erzählt und daß der Papst dabei gehungert, frägt Fidi: »Hungert der Erzbischof auch?« – R. vollendet den Brief an Wolz. Beim Abendbrot erzählt er den Kindern viel von seiner Familie, vom Bruder Julius, nachdem er am Tage mir von Ottilie viel gesprochen, ob er sie einladen würde zu den Festspielen; er fürchte, das Unglück würde sie nicht weicher gestimmt haben... Abends lese ich im Roman von Turgenjew vor. Vor einigen Abenden las uns R. in Kant's Physik einiges vor, was durch die große Kindlichkeit der Beschreibung, z. B. des Löwen, uns in Erstaunen setzte. – Am Schluß des Abends ist R. noch sehr ärgerlich über den Gedanken, daß Jouk. in München dem König seine Skizzen vorgelegt hat, da R. sie durchaus zu wenig ausgeführt dafür findet. Er beklagt es immer, »mit Stümpern« es zu tun zu haben, und nimmt auch diese geringfügige Sache ungemein heftig sich zu Herzen.

*Dienstag 14ten** R. steht aber doch heiter auf, und unser Frühstück auf der Terrasse geht sehr freundlich vor sich. Wir speisen zu drei, da die Mädchen mit dem G^{fen} T. eine Partie nach Pellegrino haben. Er liest in den Gesammelten Schriften die Dichtung der Msinger, freut sich ihrer und sagt, das sei sein eigentliches Meisterwerk. Gestern hatte er an seinen Vorworten sich gefreut; in »Oper und Drama« aber hat er gegen den Staat

* Beigelegt eine Pfauenfeder in einem Bogen Papier mit der Aufschrift: »Eine von R. in den letzten Tagen auf der Treppe des Saales nach dem Garten aufgehobene und mir dargereichte Feder!«

als Begriff, als Idee, jetzt jugendlich fehlerhaft gefunden. Ein Brief von Levi bringt ihm die ganze Sänger-Not vor Augen; er antwortet humoristisch, ist aber nicht zufrieden mit der Art unseres Kapellmeisters, denkt an Richter's praktische Art. Auch das Haften Wolz.'s an Jäger erregt seinen Unwillen. Und ich befürchte, das Ganze bewirkt bei ihm einen Krampf. (Packen für Acireale.)

Mittwoch 15ten R. hatte eine gute Nacht. Er liest in den Ges. Schriften die Vorreden, auch »Die Kapitulation«, und spricht sein Erstaunen aus über den mangelnden Humor der Leute in Deutschland, die diesen Scherz gar nicht verstanden hätten. »Zur Genialität gehört auch das Publikum«, sagt er und gedenkt des attischen Volkes. Ich werde heute durch die mir durch den G^fen^ Tasca überbrachte Nachricht, Graf Gravina halte um Boni's Hand an, sehr eingenommen. Erste Mitteilung an R., dann gemeinschaftlich an Boni, welche sich sehr überrascht zeigt. R. und ich speisen dann bei den erbgroßherzoglichen Herrschaften, wo auch der junge Gfürst Konstantin sich einfindet. Mit seinem ganzen herrlichen Freimut spricht R. bei Tisch seinen Gedanken aus von der Notwendigkeit, daß die Russen Konstantinopel einnehmen. Der Erbgr. gefällt immer sehr, die russischen Herrschaften aber sind R. unangenehm, grausam nichtig, »mit einem gewissen Räuber-Bewußtsein« findet er sie, er meint auch, daß die hohe Dame ihm den Arm zu geben hatte, nicht ihrem Vetter, und auch nicht mit dem russisch ab und zu zu reden hatte. Mit dem E.g. spricht er von Fidi's Erziehung und sagt mir nachher, wie es ihm vorkäme, so von einem Sohne zu sprechen! – Abends kommen einige Freunde, es wird 111 von Rub. gespielt, R. nicht unzufrieden, ich leider sehr zerstreut.

Donnerstag 16ten R. hat gut geschlafen. Unsere Gespräche sind Boni gewidmet und mit Sorge. Um 12 Uhr fahre ich zu G^fin^ Tasca, welche von G^fin^ Mazzarino die Vermittelung übernommen! R. geht mit Fidi während der Unterredung in der Flora spazieren. Meine Bedingung bei den zerrütteten Vermögens-Umständen des Grafen ist eine Beschäftigung. Am Nachmittag, da wir beschlossen haben, den Aufenthalt auf Porazzi mit einer Vereinigung unsrer Freunde zur Anhörung von Musik zu vollenden, ist Probe vom Idyll. Ein greuliches Orchester, und doch höchste Freude an dem Werk. Erinnerungen an selige Zeiten, auch an meinen Vater, von dem R. sagt, daß seine jubelnde Zustimmung dem Idyll zu gezeigt hätte, welches Wesen er wäre und wie er sich von allen, allen unterschiede.

*Freitag 17ten** R. hat gut geschlafen, trotzdem er gestern sehr matt war. Die Nachrichten über den Vermögensstand des Grafen sind immer

* Irrtümlich »16ten«.

bedenklicher, während die beiderseitige Neigung eine große zu sein scheint! – Am Nachmittag Probe von der Militär-Musik, Königs- und Kaisermarsch, beide herrlich, gehen sehr gut, R. einzig heiter und liebenswürdig mit den Musikern, Garibaldi käme, sagt er ihnen, und macht Witz auf Witz, so daß sie sagen: Ja, wenn sie solch einen Dirigenten hätten. Die Werke üben den gewaltigsten Eindruck [aus], ja für mich, nachdem ich längere Zeit sie nicht gehört, einen förmlich entrückenden. Der krieggerüstete, gottesfürchtige Frieden des Kaisermarsches bringt mir alles nah, wofür unsere Herzen so warm geschlagen, und im Königsmarsch fühle ich den »holden Schirmherrn«! Wir kehren in sehr gehobener, heitrer Stimmung heim, und R. nicht zu ermüdet. Abends plaudern wir und erwägen!

Sonnabend 18ten R. war etwas unruhig die Nacht. Ich habe allerhand für den Nachmittag vorzubereiten. Um zwei erscheinen unsere Gäste, und das Konzert beginnt; leider spielen die Leute das Idyll, auch wie es zum zweiten Male gemacht wird, nicht gut, und selbst vom Kaisermarsch hat R. keine Freude. Wie alles vorbei ist, lachen wir über unsren Leichtsinn, der uns in solch ein Unternehmen stürzt. Wir gedenken Tribschens und finden es wohl eine Entweihung, das Werk in dieser Weise zum besten zu geben, gedenken auch der Not der Veröffentlichung. R. ist sehr müde; er hatte zwischen dem Huldigungs-M. und dem Idyll einen Brustkrampf gehabt.

Sonntag 19ten R. hat eine unruhige Nacht und ist sehr müde. Tag des Packens und der Besorgungen für mich, auch einer Unterredung mit Graf Gr., von welchem R. sagt, er solle nach Acireale kommen, damit man ihn näher kennenlerne. Die Aussagen über ihn sind gut, und sein Benehmen war vortrefflich. Gegen 7 Uhr abends begeben wir uns zu Bett, und um eins sind wir wieder auf, um gegen 3 Uhr inmitten eines Gewimmels die Porazzi, welche R. gar nicht mehr ertragen konnte, zu verlassen. Auf dem Bahnhof der Präfekt, G^{f} Tasca, Gravina, Guccia, Rubinstein. Freundlicher Abschied und dann Schlaf, bis die Sonne aufgeht.

Montag 20ten Ich vernehme im Schlummer das Gespräch der Meiningen und nehme selbst teil daran inmitten der etwas öden Gegend, die uns Catania zuführt und die R. sehr enttäuscht.* Doch die Wohnung im Hôtel von Acireale erfreut ihn ungemein, der Wirt scheint sehr anständig, und R. atmet auf. Wechsel-Depeschen mit den Freunden in Palermo.

* Zeichen im Text, auf dieser und der nächsten Seite unten nachgetragen: »Bei einer Station steigt R. aus und freut sich, einer Walachin zu begegnen, die ihn schön / deutlich anredet und ihm mit prägnant stolz-natürlichem Ausdruck sagt: ›Ich bin aus der Walachei!‹«

Dienstag 21ten R. hat gut geschlafen, und wir nehmen vergnüglich das Frühstück im großen Salon ein, während Schnapp. ihm seine Artigkeiten einrichtet. Da alle Bücher sonst eingepackt sind, liest er in Molière »Les Femmes savantes« – von den Kindern mitgenommen –, er findet das Stück eigentlich grob und den Ruf Molière's sehr überschätzt; einiges aber unterhält ihn darin. Er spricht dann von dem Stoff, das heißt von der Liebeswerbung, von dem ewigen Motiv des Gattungstriebes, welchem die geselligen Verhältnisse eine so absonderliche Form gäben; scherzt darüber, daß wir auch darin nun begriffen seien. Wir fahren nach Belvedere und freuen uns dort der Aussicht. Die merkwürdig häßlichen, breiten Gesichter deutet R. auf Urbevölkerung, und er bemerkt es, wie die Kultur-Stämme, eigentlich den Handel in's Auge nur fassend, sich an den Küsten bloß eingerichtet und als Räuber geherrscht, um als die wenigst Zahlreichen unterzugehen, und das innere Land-Volk übrig lassend. Abends lesen wir mit Rührung den Schluß des Turgenjew'schen Romans; R. läßt sich über diese Art der Tragik aus, welche aus den gesellschaftlichen Gesetzen erwächst; ließe sich Lavretzky scheiden von seiner Frau, so wäre alles in Ordnung; ich meine, daß bei der Anlage von Lise zur Heiligkeit, ihrem Gefühl der Notwendigkeit der Sühne, die Möglichkeit hier nicht viel zu sagen hätte. R. gibt mir recht: Es geht dann sehr tief, sagt er.

Mittwoch 22ten R. hatte eine gute Nacht, und entschieden gefällt ihm die hiesige Niederlassung. Unser Früh-Gespräch führt uns auf die Entwickelung der Menschheit, und immer anknüpfend an die Theorie von Gob. sagt R.: »Untergehen werden wir, das ist gewiß; nun kommt es darauf an, ob wir mit dem Abendmahl enden oder in der Gosse verrecken. Auf die Vielheit kommt es nicht an, das Große war immer selten.« Es ist eine große Hitze, die R. sehr empfindet, wie er um die Mittagszeit in den Garten geht. Einige Not macht uns unsre gute Boni und ihr Brautstand. Ich habe aber das Gefühl dabei, daß bei jedem Ereignis R. und ich, wir mehr in einander verwoben sind, daß alles uns nur tiefer von uns durchdrungen sein läßt! ...

Am Nachmittag gehen wir ein wenig in den Garten gegenüber spazieren, besuchen die Affen dort, die uns viel Vergnügen machen, und kehren bald heim. Abends lesen wir »Was ist deutsch«; ich freue mich des eigenartigen Lebens dieser Auslassungen; nichts kann hohl da klingen, wo alles mit so furchtbar sprechenden Erlebnissen verknüpft ist.

Donnerstag 23ten R. hatte eine gute Nacht; wir besprechen Blandinen's Art und Los und kommen überein, daß ihre Verheiratung ein Gutes sei. Dann freut sich R. der wohlanständigen Ruhe und sagt, er würde auch hier Lust zur Arbeit bekommen, z. B. das Vorwort an Stein zu schreiben.

Wir kommen dabei auf das Gespräch über Bruno und Shakespeare zu sprechen; R. meint, Sh. sei darin nicht bedeutend genug, wenn er auch zugibt, daß es ungemein schwierig, wenn nicht unmöglich sei, Sh. reden zu lassen; wie z. B. seine Ansicht betreffs Katholizismus und Protestantismus sich vorstellen? Und welchen Eindruck das Schicksal des Dominikaner-Mönches auf ihn machte? –– Im Verlauf des Vormittages erregt eine Anfrage des H. Batz, namentlich aber seine Erwiderung in Rand-Bemerkungen an dem Brief, den er zurückschickt, seine heiterste Laune. H. B. hatte von Richard's »hohem Alter« u. a. gesprochen. R. erwidert mit seinem Tode, was beim hohen Alter denn doch zu erwarten sei. – Um 1 Uhr kommt G^{f} Gravina an, der nun wohl als unser Schwiegersohn anzusehen ist und der sich durch Natur-Begabung sehr empfiehlt. – Am Nachmittag teilt mir R. einen sehr energischen Brief von Garibaldi über Frankreich mit; dann besuchen wir die guten Affen, die uns sehr unterhalten, und abends sehen wir englische illustrierte Zeitungen durch, R. immer mit großem Interesse an den menschlichen Typen, während die Kinder alle spielen. Das Idyll begleitet uns, seine holden Töne sind unsere Schutzgeister.

Freitag 24ten R. hat gut geschlafen und steht heiter auf, das erinnert mich daran, daß er mir erzählte, seine Mutter habe ihn Kinderfreund (er sähe aus wie der Kinderfreund) genannt. Er teilt mir um die Mittagszeit mit, daß er den Aufsatz von C. Frantz, »Offener Brief«, an ihn wieder durchgenommen, und er liest mir einiges daraus [vor]*, u. a. die vortreffliche Stelle über »Faust«; wobei wir immer wieder zu dem Ergebnis kommen, daß die Kritik vorzüglich sei, das aber, was zu schaffen sei, bedenklich. Dann setzt er sich an das Klavier, spielt das Walhall-Thema, was er gut als »architektonisch« von Wolz. bezeichnet findet, und gedenkt des Rheingoldes mit Freude, auch der Aufführung in Berlin, und gibt mir recht, wie ich sage, daß die Erinnerung an Musik ebenso intensiv wirken könne als das unmittelbare Hören. Er erzählt mir auch, er habe heute einen vollständigen Gassenhauer komponiert, ihn aber vergessen. Wir speisen freundlich zu neun zusammen, das Gespräch halb deutsch, halb italienisch, halb französisch. R. bestimmt eine Ausfahrt. Wie wir uns trennen und er sich zur Ruhe begibt, höre ich ihn laut ausrufen: Ach! Ich trete ein und frage, er sagt mir: »Ich dachte, wann würden – du und ich – wir in jener andren Welt sein, wohin wir gehören; in dieser haben wir nichts zu suchen, sie war nur da, um uns beide hervorzubringen.« – Ach! selig empfinde ich es, daß das Leben uns nichts geben kann! Und nichts anha-

* [ ] statt »mit« oder »mir«.

ben... Nach dem kleinen Konzert in Porazzi war ich hinaufgegangen, um mit Blandine über ihre Zukunft zu sprechen; nach einer Weile kam Daniela zu uns und sagte mir, sie, die Kinder, hätten unten so schön mit ihrem Vater gesprochen. Und ich erfuhr, daß er von mir gesprochen; ja sogar von meinem Aussehen; er deutet es mir selbst scherzhaft an, ich aber empfinde die Wonnen der Ewigkeit; in die Herzen der Kinder mein Bild durch ihn gepflanzt, es wird in den Herzen leben als Bild unsrer Liebe. – Friedlicher Abend; die sechs Kinder spielen und plaudern, R. spielt zuerst einige Beeth.-Themen, u. a. vom Adagio der 9ten Symph., und sagt: »Diese beiden Themen zu finden und vereinigen, das eine wie ein Natur-Träumen, das andre wie eine holde Erinnerung, etwas so Göttliches, das konnte nur ein Wahnsinniger, ein Mensch mit gutem Verstand findet derlei nicht.« Dann liest er im »Sturm« und spricht mir von dem wunderbaren Stoff; dabei von der eigentümlichen Lebhaftigkeit von Prospero's Charakter, der Ausführlichkeit seiner ersten Scene mit Ariel. Daß Prosp. den jungen Prinzen Holz hacken läßt, hebt R. auch hervor, und wir vertiefen uns in die wunderbare Dichtung.

Sonnabend 25ten Gestern sprachen wir noch von der Sonatenform, und daß selbst in 111 z. B. Beethoven im ersten Satz noch etwas Steifes hat, was nicht ganz mit der Freiheit des Schlusses stimmt. In dieser Beziehung, sagt R., kenne er nur die A dur Sonate, die ganz frei sei, und den ersten Satz von 106, der allerdings sehr angeordnet sei, aber wo der Reichtum diese Anordnung fordre. Sonst gäbe ihm keine Sonate das, was einzelne Bach'sche Werke ihm gäben. – Er hat gut geschlafen; beim Frühstück teile ich ihm mit, was Stein mir von dem Ersatz der Kohlenindustrie durch Elektrizität schreibt; er eifert dagegen, »es bleibt die Maschine«, ruft er aus und erzählt mir, welche Krüppel-Zustände durch die Maschinen hervorgebracht werden. Nein, keine solchen Verbesserungen, sondern guten Klimaten sich zuwenden, um natürlich zu leben. Er liest dann zuerst im »Sturm«, dann Stein's Aufsatz über Rousseau und ist davon so eingenommen, daß er an Stein schreibt, seinen alten Gedanken einer Erziehungsanstalt wieder aufnehmend; er will in den Blättern einen Aufruf erlassen und sehen, ob er etwa sechs Knaben anvertraut erhielte, welche unter der Leitung Stein's eine freie Erziehung genössen. – Ein sehr starker Sturm bringt die Rede auf die Verschlingungen des Meeres, für 8 Milliarden Güter werden jährlich verloren. Im übrigen beschäftigt R. vorzugsweise der »Sturm«, er sagt, er wäre jetzt erst dazu gekommen, einzelne Schönheiten der Komposition ganz zu verstehen. Abends setzt er sich wieder an das Klavier und spielt zuerst den Anfang der »Freischütz«-Ouvertüre, unser Herz geht immer dabei auf, und wie ich ihm sage, welche Lebensfähigkeit dieser Kunst es zeigt, daß, nachdem Beeth. soeben geschaffen, etwas derartig Neues konnte gefunden werden: »O«, sagt er, »Beeth. war im neunten Himmel, und das war wie eine Rückkehr zur Natur.« Er sprach es heute aus, unsere, der Deutschen Bestimmung zur Idealität, unsere Rückkehr aus dem schönen Italien nach München so häßlich, kalt und rauh; da aber gerät man in den Saal* – zuweilen auch sehr häßlich –, und es begann die Musik! Es sei daher alles bei uns verloren, wenn mit ihr Mißbrauch getrieben würde. Am Nachmittag bei einem Glase Bier sieht er die englische illustrierte Z. an und zeigt mir das Bild der Hungersnot in Indien, welches man zur Unterhaltung der Leser gibt! – Abends etwas Whist, wobei R. viel mit Graf Gr. scherzt, ihm sagend, er halte ihn, R., gewiß für einen fou und glaube wohl nicht, daß er den Lohengrin geschrieben habe. Und dann: ›Wenn er noch zehn Jahre lang französisch rede, sei er in fünf Jahren tot.‹ – Ich muß ihn heute wieder Kinderfreund nennen, er gedenkt dann scherzend des Kinderbuches, also genannt, wo ein Junge mit »hoher Vergette« eine Torte hereinbrachte, mit welchem seine Mutter ihn verglich.

Sonntag 26ten Die Nacht war unruhig, und ich selbst fühle mich so angegriffen, daß ich zu Bett bleiben zu müssen glaube, bis ich, ihn allein beim Frühstück wissend, fühle, daß mir nichts fehlt, und aufspringe, was uns sehr heiter stimmt. Wir kommen, ich glaube durch die Untersuchung des Wortes bold, von welchem R. den mythologischen Ursprung in Baldur wiederfindet, auf die Sprach-Forschung, und wie ich R. sage, daß ich eine ungemeine Neigung dafür hätte, ja, sagt er, es gibt gleichsam einem jeden seinen Stammbaum, wenn man sich Rechenschaft gibt, woher man kommt, dadurch, daß man weiß, was man sagt. Und es stellt gewissermaßen die Niedrigen über den Adel, der, aus Eroberern bestehend, der Ursprache fremd war. Das bringt uns auf das Thema der Urbevölkerung; wenn ich auch wohl verstehe, daß die Zivilisationen von räuberischen Menschen gestiftet wurden, so leuchtet es mir doch nicht ganz ein, daß die Urbevölkerungen gut gewesen seien. R. sagt: »Doch, sie bebauten den Acker; und Humb. hat recht, wenn er behauptet, der Mensch, der die Sprache erfunden hat, müsse sanft gewesen sein.« – R. entwirft die Partie nach Taormina, gibt sie aber dann auf, da er eingenommen hat; abends gesteht er mir scherzend, was alles er in der Frühe eingenommen, und [daß er] dabei aus Unbehagen eine Partie entwarf. R. schreibt in seiner Güte für Gravina an den Fürsten Scalea. Dann liest er etwas im »Sturm«, doch die Clown-Scenen von Trinculo langweilen ihn. Er spielt das große

* Danach mit Bleistift von fremder Hand eingefügt: »Wahnfrieds«.

Marsch-Tempo der Eroica und freut sich dessen. Bei Tisch sprechen wir von dem russischen Charakter, R. sagt launig, sie hätten Jouk. nach Europa geschickt, um für sich einzunehmen, glauben zu machen, sie seien alle so. Von der Erbgroßh. und dem Großfürsten sagt er: »Chétiv und arrogant.« Wir machen eine Spazierfahrt nach Belvedere, nachdem wir erfahren, daß Gar.*, heute erwartet, doch nicht durchkommt. Abends, wie R. sich die Cigarette anzünden läßt, erzählt er die Anekdote von Semper: »I am a gentleman but not your slave«, sowie die des Höflings, der vor L. XIV. auf dessen Geheiß in den Wagen stieg, da ein König nur befehlen könne; R. sagt, das habe sich ihm sehr eingeprägt. Während die Kinder spielen, spricht R. mir vom »Sturm«, auch bereits am Nachmittag hatte er mit Staunen und Begeisterung über die Worte des Prospero beim Zerbrechen des Zauberstabes gesprochen. »Alles gibt er dahin, die Wunder des Wissens – es ist mir, als ob ich die Errungenschaft unsrer modernen Welt darunter verstehen könnte – für Musik!« – Dann liest er mir, was Gonzalo beim Anblick der Insel vom Natur-Zustand sagt, worüber er von den seichten Fürsten gehänselt wird und gerade das sagt, was er, R., auch meint.

Montag 27ten R. hatte eine gute Nacht, und in der Frühe verlieren wir uns gleich in unser Thema, wobei R. bemerkt, mit welcher Platitüde Rousseau das Problem angefaßt habe. R. sagt dann auch, er begriffe nicht, wie die Materialisten Optimisten sein könnten, was sie seien, dazu wären eigentlich nur die Deisten berechtigt. Ob eine Gemeinde zu erhoffen sei, die sich nach dem Untergang des Bestehenden bilden würde und mit inniger Auffassung des christlichen Gedankens und Verehrung der Tiere zu besseren Regionen hinwandern würde? Er möchte das hoffen! Auf mein Bitten beginnt er die Arbeit über Männliches und Weibliches. Fidi und Gravina gehn nach Catania, kehren zum Mittag heim und teilen mit, was sie gesehen. Beim Kaffee spricht R. von »H. VIII.«, den er heute gelesen, mit Staunen über diese ganz andre und höfische Welt (als in den Historien), über diese Fest-gebenden Kardinäle etc.; die Grausamkeit ist geblieben, nur mit mehr Tücke und mit Heuchelei gepaart. Wir machen eine Spazierfahrt nach: »ist es ein Fischer- oder ein Schifferdorf?« sagt R., und freuen uns des schmucken Ortes. Heimgekehrt warten wir auf Garibaldi, welcher wirklich gegen 8 Uhr durchzieht. Ein wunderbarer Anblick, die ganze Bevölkerung wohl auf dem Bahnhof, der Zug naht langsam, zuerst eine Bewegung, wie er gemeldet wird, dann Schweigen, endlich, wie der Wagen des Helden erkannt wird, schön tönende, herzliche Rufe; feierli-

* Garibaldi, s. Montag.

ches Weiterziehen des Kranken, den keiner sehen kann, da er unbeweglich liegen muß; die Kinder empfangen von den weißen Tüchern und Blumen den Eindruck eines Leichenzuges, Gravina bricht in Schluchzen aus, R. und ich, wir beide am Balkon, empfangen einen tiefen Eindruck; wie die ruhig dahinziehende Lokomotive einen langen Klang von sich gibt, ist es mir wie eine Klage der Erde um die besten Söhne. Bengalische Feuer und Mondschein beleuchten die Scene, das Volk schwirrt wie ein riesiges Vogelnest, und das Geräusch ist harmonisch und gefällt R. – Unsere Gespräche, wie die Kinder zurückkehren, sind dem greisen Helden geweiht; R. rühmt ihn aus vollem Herzen und erwähnt das Tragische des Loses, daß er ohne Bewußtsein in der Komödie von Nap. III. und Palmerston mitspielte, aber diesmal galt die Komödie einer guten Sache. Der Politik, welcher er zuerst diente, wurde er unangenehm; »alles die scheußliche Politik, qui suit sa course à l'abîme«. R. sagt, daß da, wo er Garibaldi am meisten bewundert hätte, das sei bei Capua gewesen; da schien er ihm die größten Beweise von Unermüdlichkeit und Ausdauer gegeben zu haben. Alle Taten seines Lebens aber hebt er hervor, der Rückzug von Rom u. a., und es tut wohl, ihn also zu vernehmen. Wie wir am Balkon waren, erwog er es, was es sein würde, wenn sie sich begegneten, sie würden sich nichts zu sagen haben; er, G., würde fragen, ob R. liberal, Demokrat sei. So einen muß man durch seine Taten kennen, sonst liegt eine Kluft dazwischen. Ich meine, die Größe und Unabhängigkeit des Charakters würde G. wohl schätzen, »ja«, sagt R., aber durch was würde sie ihm vermittelt. Ob der Volksjubel den Kranken nicht störe? Ich meine, es freue ihn vielleicht, »o«, sagt R., »er kennt es, wie es ausgerissen ist, wie er die meisten fortschicken mußte, viel Freude kann er nicht daran haben«. – Abends spricht R. mir von Shakesp. »Er ist unausstehlich«, sagt er, »denn er ist absolut unbegreiflich! Aischylos, Sophokles waren von ihrem Kultus getragen, aber er! Und alles hat er gewußt.« Er zitiert noch einmal den Gonzalo, und wie dieser eigentlich seicht und unbedeutend erscheinen könnte und dabei aus dem Herzen, welches eine gute Tat vollbrachte, nun die wahrhaftige Erkenntnis des Wünschenswerten hat, auch von Prospero als Guter begrüßt wird. – Von Shakespeare's Leben meint R., es sei gewiß den Misèren preisgegeben gewesen, und denkt, das 16te Jahrh. sei nicht besser gewesen wie unseres, man müsse bloß Cervantes und Sh. fragen. Bevor er zu Bett sich begibt, phantasiert R. über die Melodie aus Porazzi, die Melodie, welche den geheimsten Vorgang meiner Seele mir wiederbringt, und beseligt gehe ich zur Ruhe. (Einen Zug will ich notieren, weil er bezeichnend für R. ist; er bemerkt es mit Unwillen, daß Gravina in einer Besprechung mit mir raucht, und rügt es, daß wir Frauen derlei zugäben.)

Dienstag 28ten Nach einer guten Nacht steht R. früh auf, und beim Frühstück sind wir heiter-still zusammen, da ich die aufregenden Gespräche für ihn fürchte. Wie er mich frägt, warum ich schweige, teile ich ihm mit, was mir durch den Sinn geht, nämlich der Brief an Hans wegen Boni und Siegfried's Erziehung. (R. hat bereits seinen Gedanken des Aufrufes aufgegeben; er sieht im Geiste, was für Kinder ihm zugewiesen würden und welche Schwierigkeiten man sich auflüde.) Er sagt: »Ich habe im Kopf ein Häschen, welches Männchen macht, ich halte es aber für ein Weibchen.« – Mit diesem Scherz trennen wir uns; nach einer Weile, wie ich den Brief an Hans geschrieben, meldet die Magd, R. habe einen starken Krampf, ich eile zu ihm und gewahre, was mich bis zur Ohnmacht ergreift. Bald raffe ich mich wieder zusammen und kehre zu R. zurück vom Bett, wo man mich hingelegt; es beruhigt sich allmählich sein Zustand, er wird elektrisiert, macht wieder Witze, »wenn nur Bon Pennisi heute käme«, und »wenn der Kerl, der Blind-Darm, erst Augen bekäme« – und »die Eingeweide machten Knoten, um etwas nicht zu vergessen«. Aber er ist sehr angegriffen! –– Gestern noch sprachen wir von unserem Ende, ich wollte alles, alles tun, nur um dessen wert zu sein, mit ihm zu verscheiden. Er meinte, wir müßten leben, das sei viel schwieriger. Heute nun gab die Ohnmacht mir Hoffnung. O sollt ich Dich verlassen, Siegfried, bevor ich Dich fest auf Deine Bahn geleitet, o gedenke mein, o werde gut, wakker, fliehe alles Niedrige, meide die gewöhnlichen Zerstreuungen. Ehre die Frauen, die edlen, scheue die andren! – Nicht gefahrdrohend seien die Anfälle, meinen die Ärzte, allein wenn ich solch einen Zustand sehe, ihn leiden, stöhnen, und gar nicht zu helfen ist! O Gott! da versagen die Kräfte!

Der Tag vergeht still zwischen uns beiden, gegen drei Uhr nimmt R. etwas zu sich, und nachher spricht er mir von »Heinrich VIII.«, in welchem er gelesen, die Freiheit bewundernd, mit welcher Shakespeare diesen Charakter gezeichnet; Kleist würde selbst mit dem Kurfürsten sich das nicht gestattet haben, so bände uns der höfische Zwang, »das ist alles assyrisch«, sagt R. Er zeigt mir auch die merkwürdige Stelle, wo die Königin es Griffith verweist, auf den Ruf zu hören. Auch den Abend verbringen wir still allein. Ich lese die Dichtung von Lohengrin, und R. entsinnt sich, daß, wie er bei seiner Schwester Luise sie Laube vorgelesen, dieser von der Entwickelung im zweiten Akt meinte: Es sei alles gut, aber man müsse Ortrud mit Zauber-Künsten im Hintergrunde sehen; der seelische Vorgang war ihm nichts.

Mittwoch 29ten Gute Nacht für R., er nimmt ein Bad, welches ihm wohltut. Wir sprechen von dem seltsamen Zustand Siziliens, in welchem nur 7 % der Bevölkerung liest und schreibt, von dem Katholizismus; und R. [sagt], solch ein Kloster wie Einsiedeln (der Bruder vom Abbé Jecker ist dort K.meister), das ist doch die merkwürdigste Erscheinung in unsrer Zeit, hat nichts mit der modernen Juden-Wirtschaft zu tun, es sei ihm aber am allerfremdsten. – Er liest den Schluß von »Heinrich VIII.« und die Exposition vom »Sommernachtstraum« und sagt: »Bei Shakespeare muß man sich nur ein Mal einbilden, etwas sei unbedeutend, wie hier von den Liebespaaren, da kommt man gut dran. Ganz meine Gedanken über die Liebe finde ich darin, wie überhaupt alle meine Gedanken finde ich jetzt bei ihm.« Bei Tisch erklärt er Geistererscheinungen im Schopenhauer'schen Sinne unsrem Freund Gravina. Scherzt über das Brautpaar: »Zwei Schafe; ein schwarzes und ein weißes«, erzählt zum Kaffee einiges aus seiner Biographie – Leben in Zürich – Loulou und scherzt dazwischen öfters über meine stille Ohnmacht gestern. – Noch sagt er, er möchte H. VIII. und Prospero spielen. – Die Sendung der Zeitung mit dem Exzerpt von Fr. Dietz bringt uns alte Erinnerungen nah! »Gscheit sein etc.« Dann liest er mir die herrliche Scene des Liebes-Paares, »also das sag ich immer, es kommt darauf an, treu zu sein«. Sonst beklagt er das viele Akademisieren – die Cynthia etc. – im »Sommernachtstraum«. Abends spielen wir Whist, und am Schluß beginnt er die Album-Sonate, welche die Kinder mitgenommen.

Donnerstag 30ten Die Nacht war unruhig, ein Bad aber tut ihm wohl. Beim Frühstück spricht er mir von dem Dämmer in der Stube, der bei ihm produktiv sei, das Eindringen des Lichtes von außen sei nicht günstig seiner inneren Welt. Ich erzähle ihm gegen Mittag von Garibaldi's Ankunft in Palermo, Jubelruf zuerst, und dann, wie das Volk ihn sah, gänzliche Stille. Es ergreift R. wie mich. – Das Wetter ist schlecht, doch abends können wir etwas spazierengehen; wir besuchen die Affen und erfreuen uns längere Zeit des Anblicks. Die heftigen Bewegungen, die plötzlich ohne Grund aufhören, geben das Bild des Zwecklosen in der Natur, und wie ich das R. abends mitteile, sagt er: »Ja! die Stürme, die Erdbeben, all diese Regungen des Willens. Dagegen sträubt sich ein Geist wie Goethe und möchte eine sanfte Ordnung erkennen und einführen!« – Wie wir heimkehrten, hatte er Ärger darüber, daß sein Aufruf noch nicht erscheinen sollte, und schreibt an Wolz. Abends Whist, mit dazwischen »Lützow's wilde Jagd«.

Freitag 31ten R. hat nicht sehr gut geschlafen, wir geben Catania, das wir heute besuchen wollten, auf, da das Wetter nicht sehr günstig. Besprechung der Brautschaft; Briefe von Tascas gestern haben uns etwas bedenklich gemacht, R. lacht darüber, daß wir so dilettantisch in dieser Sache seien! Es wird schwerhalten, dem zukünftigen Schwiegersohn eine Anstellung zuzuweisen, und die Erziehung, die er genossen, hat ihn nicht genügend ausgerüstet! -- R. schreibt an Materna über die Rolle der Kundry und sagt ihr, sie solle [bei den]* tiefen Stellen sich nicht aufhalten, dazu gehöre weniger Stimme als ein gutes Herz, und das habe sie bewiesen im 2ten Akt der Walküre. Für Klingsor, meint er, braucht er mehr Bosheit als Stimme. Wir begeben uns gegen 4 Uhr (Vormittag sind – R. und ich – wir im Garten spazieren gegangen, das Meer wirke ähnlich wie der Himmel, sagte mir R. gestern) zum Bon Pennisi, der eine herrliche Münz-Sammlung besitzt, welche auch R. mit Interesse betrachtet. Abends ist aber R. sehr müde und begibt sich gegen 9 Uhr zur Ruh.

April

Sonnabend 1ten Nach einer guten Nacht fahren wir mit dem Frühzug nach Catania und sind wahrhaft entzückt über den Weg. Die schmucke Stadt, in welcher uns der Marchese S. Giuliano führt, gefällt uns sehr; der Marchese zitiert bei Tisch die Anrede des Landgrafen im Tannhäuser. Die kleine Exkursion bekommt R. gut, der u. a. mit Eindruck die Gruft der Gravinas bei der königlichen betrachtet. – Abends singen die Kinder, R. begleitet sie, und es wird Whist gespielt.

Sonntag 2ten R. hatte eine gute Nacht. Unser Gespräch beim Frühstück wendet sich den Kindern zu, Blandine vorzugsweise mit Bangigkeit! Die Depesche von Hans ist in ihrem Lakonismus vielsagend!** – Das Wetter ist unsicher, wir geben eine Wagen-Exkursion auf und fahren mit dem 5 Uhr Zug nach Giarre und Riposto, um mit dem 7 Uhr Zug zurückzukehren.*** Eine herrliche Fahrt, die wir alle mit Schreien des Entzückens begehen. Bei der Heimkehr sehen wir zum ersten Mal den Ätna ganz wolkenfrei und im Mondschein erglänzend. Ein Whist, das durch den humoristischen Ärger R.'s über seine schlechten Karten sehr heiter, beschließt den Tag, an welchem R. sich sehr wohl gefunden! Er beschließt für morgen die Fahrt nach Taormina. (»Mein Hase ist mir ganz weggelaufen«, sagt R. heute, auf seine Arbeit deutend.)

* [ ] statt »die«. ** Unter Montag nachgetragen: »*N. zu Sonntag 2ten.* Im ›Bund‹, den eine Schweizer Magd hier hält, steht zu R.'s Freude, daß man an dem linken Ufer des Vierw.st. Sees eine Anlage ebnen will bis zu Tribschen, ›die zeitweilige Stätte R. Wagner's‹.« *** Vier Seiten später, nach Montag, unten nachgetragen: »*N. zu Sonntag.* Wie wir in Giarre aussteigen, ruft R.: Herr Schnappauf, die ihn umgebenden Gassenjungen wiederholen wie sein Echo Schnappauf unter großem Gelächter; sehr heiter begeben wir uns zum Meer, sitzen auf der Terrasse des Zollhäuschens und sehen den Mond aufgehen.«

Montag 3ten Gute Nacht für R. Er steht früh auf, und wir sind heiter, durch das Wetter begünstigt zu sein. Er schreibt an Feustel – der Angelegenheit Batz wegen (H. Neumann schrieb gestern, daß die Theater ihm die Gast-Aufführungen erlaubten unter der Bedingung, daß das Recht der Aufführungen gegen 10% ihnen verblieb) –, nun handelt es sich auch um T. und Isolde, ob Batz ein Anrecht darauf habe; es sei zum Verrücktwerden hier schön. Wir fahren nach Taormina und gewahren da einen einzigen Anblick! Vorher war R. mit Fidi im Garten gegenüber spazieren gegangen und hatte zu ihm gesprochen: Wie glücklich er sei im Vergleich zu andren Kindern, und wie verpflichtet er sei, besonders gut zu sein! – In Taormina erfreuen die Säulen R. ganz besonders. Bei der Heimfahrt bespricht er es, wie traumhaft es ist, derlei zu sehen, wie es einen eigentlich gar nicht berühre; ich verstehe die Empfindung nur zu gut; ist der Blick der Tiefe zugewendet, so kann die Oberfläche nicht mehr sehr wirken. Doch ist ein eignes Wohlgefühl auch in dieser Wirkungslosigkeit. – S.'s Latein-Lehrer, Herrn Toussaint, trafen wir im Hôtel Timeo an, von dem R. sagt, dahin hätten wir 1858 uns flüchten sollen und viele, viele unnütze Qualen uns erspart. Die Kinder hätten aus Fici d'India gelebt! – Die Begegnung von H. T. aber und auch ein Brief Stein's bringt die Erziehungs-Frage wieder auf das Tapet. R. ist gegen das Gymnasium und sagt, was für den Erbgroßherzog gut gewesen wäre, passe nicht für Siegfried. Er glaubt, daß er in den Schulen die Unschuld verlieren würde, und meint, es würde sich alles für ihn finden; der bei uns verständig und kindlich zugleich Gewordene, an dem gar nichts zu erziehen wäre. – Wir spielen Whist und gehen zeitig zur Ruhe, beim Gute Nacht macht R. mir die Bemerkung: »Wie unangenehm der Wille sich selber ist, kann man daran ersehen, wie albern uns in der Wirklichkeit immer Liebes-Paare erscheinen, wie wenig Teilnahme sehnsüchtige Blicke, die sich suchen, erwecken, während auf der Bühne es unser Interesse so in Anspruch nimmt.« –– Bei der Ankunft in Taormina erblickt R. eine kleine Insel; so etwas habe er sich früher immer gewünscht, um abgeschieden zu sein, »Gott«, habe er gedacht, »wenn Wesendonck mir so eine Insel schenkte und Minna am Ende nicht gerade Lust hätte, mit mir zu kommen –. Es war der Gedanke, daß ich noch viel machen könnte«. – Da die Kinder das Hirtenlied aus dem Tannhäuser singen, erzählt er mir, daß in Schreckenstein bei Teplitz er es – wenn auch freilich ganz anders – von einem Hirten vernommen hätte. – Das Gefühl der Fremde, auch diesem höchsten Ausdruck einer Volks-Kultur wie diesem Theater [gegenüber], der Anblick der immer höher aufgenisteten Burgen, über welche Vorsicht wir in Heiterkeit geraten, läßt R. es wieder bemerken, daß diese Kulturen alle Räuber-Kulturen gewesen seien. Wir streifen die andren Möglichkeiten, »ach!« sagt er, »ich bin immer gobinistischer gesinnt«; und so ärgert ihn eine Kritik des Racen-Werkes seitens Malwida. Er nennt diese Ansichten optimistische und vindiciert für die furchtbare Wahrhaftigkeit der seinigen eine höhere, aus ihnen* entsprossene Heiterkeit.

Dienstag 4ten R. fühlt sich etwas angegriffen von der gestrigen Partie. Unser Gespräch wendet sich Hans zu, den R. streng beurteilt, wogegen ich ihm meine Schuld vorhalte, daß ich H. heiratete und dadurch die vielleicht vorhandene Anlage erstarkte. – Dann beschäftigt uns die Auswanderung, welche in Württemberg und Baden in Folge der Zoll-Politik übermäßige Dimensionen annimmt. »Und es ist der beste Teil, der auswandert«, das übrige ist Futter für die Juden. Auch mein Gedanke eines Wagner-Lexikons, von Stein in seinem Brief berührt, teile ich nun R. mit, und wir sprechen darüber. Beim Mittagstisch scheint er etwas angegriffen, er ruht aber gut am Nachmittag, und wir fahren zu zweit nach der Cyklopen-Insel; im Gedanken, die Kinder dort einzuholen. Sie sind aber nicht da, zu zweit fahren wir in der unsaubersten ⟨Barke⟩**, von drei beständig schwatzenden Schiffern gerudert, um die merkwürdigen Lava-Bildungen und nehmen uns vor, abends wiederzukehren. Die Schiffer lassen sich auf der Fahrt zahlen, lassen sich dann noch von unsrem Kutscher zahlen, der – un génie d'insolence, bemerkt R., es Grav. erzählend – ihnen, uns frech auslachend, das Verlangte gibt und obenein von R. sich eine Prise ausbittet.*** Ärgerlich heiter kehren wir heim, besuchen noch den herrlichen Garten gegenüber, bewundern den Ätna und geben die Abendfahrt auf. Abends Whist, wobei R. Gr. erklärt, warum er immer mit mir spielen will: weil mit mir trüge er gutes und übles Glück, aber er könne nicht ertragen, daß ich eines von beiden gegen ihn hätte. – Er rühmt die herrliche Luft. Briefe an D.⁺ über [?] Hans liest er, erklärt sich gänzlich stumpf diesem Wechsel gegenüber. Er teilt mir das Reskript des Ministers Gerber mit, worüber er sich so freut, daß er halb und halb daran denkt, dem Minister zu schreiben. Über Fidi freut er sich und meint, er wäre besser als wir, denn er käme ohne Leiden zu dem, wozu uns Nöte und Qualen geführt.

Mittwoch 5ten R. hatte eine gute Nacht, wenn er auch einmal erwachte mit den Worten: »Ich sterbe, o wie schön.« Er gewahrt – es ist großes Gewitter – einen Blitz, den er uns schildert, »wie leidenschaftli-

* Darüber mit Bleistift von fremder Hand »innen« geschrieben. ** ⟨ ⟩ von fremder Hand mit Bleistift eingefügt. *** Dazu unten nachgetragen: »Auf der Rückkehr von Taormina frägt er Fidi, um wie viel kleiner der Mond sei als die Erde, und fügt hinzu: ›Ein gräßlich großes Ding, diese Erde, viel zu groß!‹« ⁺ Daniela.

che« Zeichen er in die Luft gezogen, und träumt dann, er habe am Himmel den Namen Nadar gesehen (des bekannten Parisers, der seinen Namen auf alle Mauern in Zickzack-Zügen setzte). – Beim Frühstück erwähnt er es, daß er dieses Quartal Tantièmen erwarte, sie würden gering sein; »Carmen« mache ihm Konkurrenz. Gestern wunderte er sich, daß seine alten Werke ihm noch so viel eintrügen, und frägt, ob die neuen in dieses Geleis geraten würden. Vor Tisch geht er in den Garten gegenüber spazieren und freut sich einer »Balgerei« der Affen. Dann wird bei Tisch die Frage der Erziehung erörtert, R. meint, daß die Züchtigung ganz überflüssig sei, entweder sei das Herz schlecht, dann helfe nichts, oder es [sei] gut; ob man gut geboren, aus der Liebe entsprossen, darauf käme es an, und da ergebe sich alles von selbst. Dann kommt er auf sein Thema: männlich und weiblich; da er es Männchen und Weibchen nennt, frage ich scherzhaft: ich käme gut dabei weg? »Im zweiten Teil deines Lebens, im ersten nicht, denn in der Liebe des Weibes zum Manne erkenne ich die erste Brechung des Willens, in der Sehnsucht – wie Schopenhauer so schön sagt –, den Heiland zu erzeugen.« – Ich erinnre an Diotima, im Schönen sich wiederzugebären, »gewiß«, sagt R., »hat Platon es gewußt, er beging nur das Unrecht, konstruktiv sein zu wollen«. – Beim Kaffee entwerfen wir die Heimreise, dann erzählt R. aus der politischen Welt, daß Bismarck, um die Stimmen der Klerikalen für das Tabaks-Monopol zu gewinnen, ihnen Konzession[en] mache, und daß in Frankreich jetzt der gros bon sens, das bonnet de coton und les sabots herrschen, was ihn freue, sie hätten z. B. das Konkordat nicht lösen wollen. – Wir gehen ein wenig spazieren in die Stadt zuerst, finden es aber der häßlich verkrüppelten Bevölkerung wegen nicht hübsch, und gehen in den Garten, der uns immer erfreut. Abends Whist und dann zwischen R. und mir eingehendes Gespräch über die Liebe und von da aus über die Verwirklichung der Gedanken. Es beginnt damit, daß R. mir den Mondschein auf dem Meere zeigt und hinzufügt, wie wenig solcher Anblick ihm doch jetzt sage, er erwähnt Schop.'s ähnliche Bemerkung und hebt es hervor, wie weise es von ihm gewesen sei, nur kritisch zu verfahren; mit dem Konstruieren begänne die Torheit. Wir kommen auf das Christentum, welches in seiner Reinheit zu zart war, um Boden zu fassen, und in seiner Anbequemung an die Welt nur Inkonsequenzen hervorbringen könnte. Es geht uns auf, wie diese Erkenntnis, die scheinbar so herb ist – daß gleichsam aus dem Gedanken keine ihm entsprechende Tat hervorgehen könne, diese die Folge des Triebes nur sein kann –, man dennoch durch sie zur Heiterkeit gelangt; daß sie von außen abzieht und immer mehr in uns uns versenken heißt. Daß der Heiland im eigentlichen Sinne keine Gemeinde gehabt hätte und für die wenigen, die sich ihm anschlossen, [sich] kreuzigen ließ! »Das ist erhaben«, ruft R. aus. Aber das Bedürfnis, sich mitzuteilen, die erkannte Wahrheit andren zu gewähren, das sei da, bedeute aber das Kloster! Gefühle und Gedanken wandeln zwischen uns, bis nur Blicke wir noch tauschen und zur Ruhe uns begeben. – »Ich habe recht getan, ein andrer unrecht«, sagt er in unsrem Schlafgemach, an Hans und seine Freiung denkend. Er erwähnt es öfter am Tag, daß Hans wegen des an* erlittenen Unrechtes nun die Impunität für sich beanspruche. – Das enthusiastische Eingehen Stein's auf den Schulgedanken, den R. bereits fast aufgegeben, läßt ihn erwägen: »Was braucht der Junge Knaben-Umgang? Lernt er die Welt nicht so am besten kennen. Lassen wir das Schicksal walten! Die Erziehungsanstalten sind da für Wesen, die nicht hätten geboren werden sollen!« ruft er aus und erwähnt es, daß er gewärtig sein müsse, auf seinen hochherzigen Aufruf, wenn er ihn erließe, nur absurdes Eingehen zu erfahren. – Für seine Werke habe er die Juden und die Jugend, sagte er neulich. – Ein Ausruf aus Cervantes, den er häufig anführt – »O du Verfolger Gottes und aller seiner Heiligen« –, erregt heute wieder seine Heiterkeit und läßt ihn auf den Ausspruch kommen, er sähe förmlich die physiognomische Ähnlichkeit der beiden, Shakespeare und Cervantes. – R. beschloß unser Abendgespräch über das Christentum mit der Bemerkung, daß der Parsifal gewiß sein letztes Werk zu sein habe, in dieser Ritterschaft des Grales sei der Gedanke der Gemeinde ausgedrückt. »Die Sieger« könnten nur in unbedeutender, schwächlicher Weise das wiederholen.

Donnerstag 6ten R. hatte eine gute Nacht, doch sagt er mir, er fühle immer wie Katzenjammer. Aber ich darf mich seines Aussehens freuen, ganz jugendlich war er gestern, ach! jünger als alle! – Die Kinder gehen in die Kirche, Siegfried will die 4 Stunden des Gottesdienstes dort verweilen und kommt mit seltsamen Berichten! Advokat Gilio aus Palermo kommt, um mir Berichte über die Vermögens-Umstände zu geben. Sie sind umständlich, unerfreulich, und meine Sorge wächst! – Spazierfahrt mit R. und Fidi; vorher Besuch des Marchese Giuliano. Da dieser, von der Semiten-Frage sprechend, den Vorteil von Italien hervorhob, sie amalgamiert zu haben, so gerät R. in große Erregung und sendet dann noch durch H. Gilio dem Marchesen das: »Erkenne dich selbst«. Er scherzt mit mir darüber und sagt, solche Leute müsse man ganz verrückt machen, wie seiner Zeit Röckel von dem Bruder Albert sagte, dem er die äußersten Konsequenzen der Revolution als Notwendigkeiten vorhielt. –

* Anfang des folgenden Worts über ein andres, nicht lesbares geschrieben.

Abends seriöses Whist, das Los trennt mich von ihm, nach einer Weile bitte ich, mir zu gestatten, mit ihm zu spielen.

Karfreitag 7ten Gute Nacht, aber schlimmes Wetter, R. klagt es in humoristischer Weise, daß er nur B. Blätter zu lesen [habe], er liest den Aufsatz von Wolz.: »Jetziges und Künftiges«, und sagt, er verstünde Jouk.'s Äußerung: Es sei wie im Haschisch-Rausch geschrieben. Wie ich ihm neulich sagte, ich hätte diese Äußerung gerügt, sagt er: Die Frauen wollten doch immer Heuchelei haben, fügt aber hinzu, man sei in der Tat immer ein wenig selbst schuld an derlei. Wir gehen in die Kirche, die Kinder und ich, bei sehr schlimmem Wetter; sie ist leer und still, ich darf im Evangelium lesen, und durch seine Verschleierung spricht das Kreuz zu mir. Und es tat heute not. Nach einer Stunde kehren wir heim; R. hatte in der Zwischenzeit mit Entzücken in der Klassischen Walpurgisnacht gelesen, dann spielt er aus Parsifal und schließlich die neue Melodie. Wie ich aber zur Ruhe mich begebe, teilt Lusch mir einen Brief ihres Vaters mit, der alles bis jetzt Erfahrene an Kränkung übersteigt. Doch unter dem Eindruck meiner Andacht und R.'s Spiel darf ich mich in Ergebung fassen und Lusch einen guten Brief an ihren Vater diktieren; und ich suche zu vergessen. R. besucht mich, öffnet den Shakespeare und liest einzelnes von Polonius* in Gegenwart von Lulu, ich kann darauf eingehen; wie wir aber allein sind, teile ich summarisch den höhnenden Standpunkt [mit], den Hans in Blandinen's Angelegenheit einnimmt. Das Abendbrot wird gemeldet, R. scherzt über unser Fasten; es wird eine merkwürdige Geschichte des Bischofs erzählt, und darauf wird Whist gespielt. Nach einigen Partien lassen wir die Kinder an den Tisch und sprechen über »Hamlet«, dessen Eindruck auf der Bühne erschlaffend am Schluß, so furchtbar großartig-wahrhaftig es sei. Und aller Tragödien Shakespeare's! – Man scheide erschöpft und niedergeschmettert von ihnen. Die Seele im Theater lechze nach Musik, nach der vollkommenen Idealität des Klangs; R. meint, in dem jetzigen Theater gewiß, in [der] Skakespeare'schen Bühne sei es anders gewesen. Die Kinder wünschen gute Nacht, wir bleiben allein, und Hans' Benehmen ist unser Thema, und was dagegen zu tun; R. wünscht, will es mir im Augenblick diktieren, daß ich im Namen der Kinder auf alles verzichte, was er für sie bei Seite gelegt, und mir jede weitere Einmischung verbiete. Ich zögre, verspreche, es morgen zu tun, und wir erwägen weiter. Lange, lange! R. ist heftig in dem Ausdruck seines verachtungsvollen Widerwillens, ich sage ihm und mir, daß, wenn ich die

* Zeichen im Text, unten nachgetragen: »Das Fahr wohl, das Wort des P., erinnert R. an das Fahr wohl in der Scene der Greifen und Sphinxe.«

Schuld einer solchen Ausartung trage, Gott mir beistehen möge! – Wir begeben uns zur Ruhe. (R. gedachte heute des Karfreitags im Norden, der manchmal sehr schön sei und rührend durch das Hervorblicken von Knospen und Blümchen. Z. B. in Zürich im »Asyl«, wo der erste Gedanke zum Parsifal ihm kam.) – Nebst diesem Ernstesten brachte die Post die Nachricht, daß L. Lehmann ihre Mitwirkung verweigre, was ich R. nicht sage, was mich aber sehr betrifft, da sie fast unersetzlich ist.

Sonnabend 8ten R. hatte eine etwas unruhige Nacht, ich arbeite in Gedanken einen Brief an Lusch aus, dessen Abschrift ich Hans schicken würde; R. aber ist heute für das »Laufenlassen«, und somit sei es vergessen und, soweit ich das Wort mir anmaßen darf, vergeben! – Dann schreibe ich an Tascas, vorerst mit aller Wärme, die ich zu äußern fähig bin, an L. Lehmann. Immer trübes, graues Wetter. Wir empfangen Mis San Giuliano und Fürst Ramacca, Blandinen's künftigen Schwiegervater. R. sehr sehr gütig und liebenswürdig. Am Nachmittag liest er mir die ihn rührende Anekdote eines Schäfers, welcher, nachdem er für seinen Hund und sich Plätze genommen, den seinigen verläßt und zu seinem Tiere sich begibt. Dann liest er mir aus der Klassischen Walpurgisnacht vor, die Rede der Erichtho bewundert er sehr, vor allem fast die Scene zwischen Greifen, Sphinxen und Mephisto, dann Chiron, kurz alles in dieser wunderbarsten Konzeption. Über Goethe dann sprechend und ob er als Summe des deutschen Geistes gelten könne, sagt R.: »Doch, wenn man bedenkt, daß er alles, was das 18te Jahrhundert wieder[er]weckte und entdeckte, in dieser freien Weise in sich aufnahm; und in den letzten Dingen war er immer ahnungsvoll.« Bei »Faust«, wenn er von Helena spricht, was ihm wenig gefällt, sagt R., daß er Goethe in Rom vor den Antiken sähe. Abends wird Whist gespielt und seitens R. italienische Arien gesungen. – Dann zwischen uns noch von H. gesprochen.

Sonntag 9ten Christ ist erstanden! Aber hier in Sizilien bei schlimmem Wetter! Besprechung der Abreise; R. ist gern unterwegs. Gemütliches Mittagsmahl zu 10; R. ereifert sich einmal ernstlich gegen die katholische Geistlichkeit. Dann ergibt ein Scherz von ihm über seine Teilnahme an der Erziehung meine ernste Beteuerung zu Gravina, daß er die Kinder in Wahrheit erzogen habe. Gravina erwidert mir, er glaube es, da sie von R. nur edle und große Gefühle ausgedrückt gesehen hätten. – Da diese Antwort mir gefällt, sag ich sie R. wieder, und dieser, mir wehrend, wie ich meine Behauptung aufrecht erhalte: »Du hast mich am Leben erhalten, und dieses Erhalten hat dann dem Leben seine Würde gegeben.« – Wir gehen in den Garten bei trübem Wetter spazieren; da viel Volk darin ist, zitiert R. die Worte von Wagner: das Kegeln, Fideln etc. und die schöne Antwort von Faust: »Du bist des einen Triebes nur bewußt« – »das«, sagt er, »ist der Faust, der uns fesselt«; später wenden wir uns zu Mephisto. Er hat vor, im Juni seine Arbeit, die ›bedeutender werden würde, als er selbst dächte und andre erwarteten‹, [zu] vollenden, er würde an Gobineau anknüpfen, mit ihm beginnen. – Recht unerfreulich ist R. heute der übrige Tag. Dr. Strecker frägt an, ob das Verzeichnis vom Parsifal R. so recht sei, nachdem R. bereits vor Wochen es korrigiert hingeschickt! Dann ist ihm das Wetter lästig, und aufgeregt begibt er sich zum Abendmahle. Doch sobald die Aufführung des Pasquino beginnt, die – Gravina und ich – wir abgemacht, erheitert er sich und ist völlig hingerissen von dem Talent der guten Leute. Gr. hatte 30 Fr. abgemacht, R. steigert zuerst bis zu 100 und geht dann bis zu 200 Lire und gewahrt mit Rührung das ernst dankende Gesicht des Pasquino. Wir sind alle mit vergnügt, ich vor allem über seine Freude.

Montag 10ten R. hatte eine gute Nacht, er ärgert sich aber über das graue Wetter. Das Morgen[ge]spräch gilt dem Schauspiel von gestern, R. sagt, daß mit dem ersten Eintreten der beiden Frauen er bezaubert war, da sie sich gar nicht um uns, [das] Publikum, kümmerten, sondern ganz ernsthaft mit einander sprachen! – Erregtheit über Isolden's Geburtstag bei Tisch, R. singt zwei Themen aus Tristan, bringt dann ihr Wohl mit warmer Freude aus, dann aber ist ihm die Anwesenheit des Fürsten peinlich, und unsre Abfahrt nach Messina geschieht unter ungünstigen Umständen. Allmählich aber erheitert er sich, und in Messina machen wir beide, während die Kinder sich auf dem Meere ergötzen, eine herrliche Fahrt nach den Capucini, dann zum Dom. Der Himmel ist hell, und wer möchte das übrige beschreiben? Wie ich R. sage, daß ich es preise; nichts Schönes vor ihm, d. h. ohne ihn gesehen zu haben, alles mit ihm, antwortet er: »Und ich bin froh, nichts nach dir zu sehen!« – Wir kehren heim, tauschen die Berichte mit den Kindern nur, spielen ein kurzes Whist und begeben uns zu Bett.

Dienstag 11ten R. hatte eine gute Nacht, ist aber nicht wohl, und das Unwohlsein steigert sich so, daß er jeden Ausgang meidet und für sich sein will. Ich begleite die Kinder zu den Antonellos, dann Fidi in einige Kirchen; R. macht einen Gang nach dem Dom-Platz, der ihm sehr gefällt. Der Mittagstisch ist aufgeregt, und nach Tisch ist R. ganz leidend und unschlüssig, ob [er] ausgehen soll oder nicht; nach manchem Wechsel entscheiden wir uns, zu Hause zu bleiben. R. liest Turgenjew'sche Novellen, von welchen die eine Erzählung von einer Lahmen ihn besonders ergreift, da er sie lesen muß, indem er sich selbst vor jeder Bewegung hütet. Wir bringen den Abend allein zu, mit den Kindern habe ich »Philoktetes« von

Sophokles begonnen, davon spreche ich R. Unser Hauptthema aber bleibt »Faust«. Bei Tisch vorgestern hatte R. gesagt, er könne nicht recht begreifen, [wie] nach dieser furchtbaren Erschütterung durch Gretchen und mit der Absicht, Faust durch Gretchen zu erlösen, er ihn durch alle Abgeschmacktheiten ziehen läßt und mit einer dürftigen Werktätigkeit enden; ziemlich ungeschickt deute ich an, daß mir dies schön erscheine; einen Augenblick ärgert es ihn, doch verhindert seine Auffassung des Wesens des »Faust« nicht die größte Bewunderung für die Durchführung des Planes. Er liest die Kaiser-Scenen, ich ebenfalls, und bewundert die populäre, originelle Art, wie alles darin ausgedrückt ist. Der Charakter des Kaisers so prägnant in seiner Schwäche und doch Anständigkeit. Er meint, es sei ein noch wenig gekanntes Buch, und *das Buch!**

Mittwoch 12ten R. hatte eine unruhige Nacht, und wir erfahren, daß das Schiff, auf welches wir zählten, keinen Raum für uns hat, weil der Ex-Khedive mit seinen Frauen, von Alessandria zurückgewiesen, ihn einnimmt. R. behauptet, das Schiff sehen zu wollen! – Ich beendige den »Philoktetes« mit den Kindern, während R. mit Interesse den Band Novellen ausliest, indem er es rühmend erwähnt, daß das russische Volk noch naive Motive dem Erzähler zuführe, während die französischen Bücher nur Widerliches darböten. Am Nachmittag machen wir uns auf, R. und ich, zu einer Spazierfahrt nach dem Neptun-Tempel, das Meer spiegelt die merkwürdigsten Farben, Violett und Grün, und die Ufer sind schön. Der Regen aber zwingt uns umzukehren. Fliegende Blätter, im Hôtel vorgefunden, unterhalten R., ich teile ihm aus der K. Zeitung** mit, daß ein Deutscher in Straßburg den Vorschlag gemacht habe, die Elektrizität zu monopolisieren, da ein Staat nur mit Vorteil eine Industrie, die im Entstehen, sich aneignen könne, nicht aber eine bereits blühende. R. sagt darauf: »Das wäre aber ein eigener Gedanke, und wir müssen ja immer nachmachen, was andre Völker längst vor uns gehabt.« – Abends spielen wir Whist, und da ich das sichre Gefühl habe, daß R. am liebsten, wenn er etwas angegriffen ist, mit mir allein verweilt, ihm auch das Italienische und Französische nicht gerade angenehm ist, wenn wir beide auch immer deutsch sprechen, so entferne ich bald die Kinder, und wir plaudern, von »Philoktetes«, vom »Faust«.

Donnerstag 13ten Die Sonne scheint nach einer etwas unruhigen Nacht uns wieder, und wir beginnen unsern Tag mit einem Gespräch über

* Unter Mittwoch unten nachgetragen: »Der ›Braut von Messina‹ gedenkend, sagt R.: ›Nur keine Maske der Würde anlegen! Wenn die Würde nicht von selbst sich ergibt aus dem Kultus wie bei den Griechen, wo jede Anrufung der Götter so furchtbar wirkt, da muß man es lassen.‹ «
** Kölnische Zeitung.

»Faust«; R. (nachdem ich ihm einiges zitiert, wie: Wir haben ihn reich gemacht, nun müssen wir ihn amüsieren, worin sich das Schop.['sche] Wort der Not oder Langeweile resümiert) hebt es hervor, wie überlegen dieses Gedicht durch seine Freiheit dem Dante'schen sei, der nur in der persönlichen Beurteilung frei, sonst aber ganz in der Kirchenlehre befangen. Ich frage, ob nicht die Zeit darin G. zugute gekommen sei, R. antwortet: »Gewiß, wie ich in ›Publikum in Zeit und Raum‹ bemerkte«, als Dichter wäre wohl keiner größer gewesen als Dante. Er sagte auch zuerst: »G. konnte ruhig sterben, nachdem er dieses Bild der Nichtigkeit der Welt und diese Verherrlichung der Liebe und des christlichen Gedankens gegeben.« »Er hat lange genug daran gearbeitet«, antwortete er scherzend, wie ich sage, daß, ohne scheinbar je viel daran zu denken, er alles sich angeeignet habe bis zu den Einzelheiten christlicher Symbolik, »und man braucht nicht viel zu suchen, es fällt einem das, was man braucht, auf und kommt einem von selbst zu, man weiß nicht wie, man weiß das ein wenig aus Erfahrung.« – Um 5 Uhr Abfahrt nach einigen Nöten und Sorgen, von denen aber R. humoristisch bei Tisch berichtet, daß er sich nach dem Schiff habe umsehen wollen, aber schließlich mit Gravina nach Birrerien gefahren sei. Das Wetter ist hell, aber doch sehr windig, nach einigen Blicken der Küste [zu] zieht sich R. in seine Kabine zurück. (Er erzählt mir vorher, daß er im »Ajas« von Sophokles gelesen, und rügt die Unart der Sprichwort-hin-und-her-Sagerei, das sei Manier. Doch sagt er: Wenn doch statt der vielen Statuen einige M.s.* von Aischylos und Soph. ausgegraben würden.) – Ich verbleibe auf dem obersten Verdeck zuerst mit den Kindern und dann allmählich allein, eine unvergleichliche, weich-helle Sternennacht mit Meeresleuchten beschauend, bis das Schauen ein Gebet wird. Am Stromboli vorbeifahrend, erblickt Loldi selbst Flammen. Nach 10 Uhr begebe ich mich zu R. in die Kabine, der nicht eigentlich krank ist, aber angegriffen, und mit Unterbrechung schläft.

Freitag 14ten Um 8 Uhr sind wir bei etwas grauem Wetter in Neapel, R. gibt dem Pellegrino die Ehre eines Gedenkens, indem Capris Felsen ihm keinen rechten Eindruck mehr machen will. Neapel aber selbst einzig wieder! Begrüßung des Dr. Schrön; Abschied von unsrem Freund und Sohn**, der durch R.'s Worte ein erschütternder wird! »Soyez homme et vous nous avez pour amis«, sagt er ihm und spricht ihm seine Anerkennung seiner gut-ehrenhaften Natur, und das, was dieser zu tun zukommt, in so wundervoller Weise ⟨aus⟩***, daß aller Schmerz in selige Wehmut

* Gemeint: Manuskripte. ** Über »Sohn« von fremder Hand »Gravina« geschrieben.
*** ⟨ ⟩ von fremder Hand eingefügt.

aufgelöst ist. – Wir verlassen die Stadt, welche R. als die schönste erklärt (wir hatten wiederum die Fahrt den Posilipo hinunter gemacht), und jagen nun davon. Die Gegend ohne Meer bei Neapel interessiert R. nicht sehr (mich fesselt der Sonnenuntergang bei Monte Cassino), aber [die] Toscana

Sonnabend 15ten erregt mit [ihrer]* schönen Kultur unser Entzükken; wie wir die Lombardei berühren, erklärt mir R. die Entstehung dieses Alluvial-Bodens, »das hat Zeit gebraucht«, sagt er scherzend, worauf ich: »Das geschah gewiß, bevor die Kalender erfunden waren«, und heiter blitzend blickt er mich an, dann ernst, und: »Dich habe ich, und nur dich konnt ich, nur dich sollt ich haben, alles übrige ist Maskenspiel.« Gestern, wie ich einschlief, vernahm ich leise Worte des Segens über mich und fühlte seine teure Hand; begriff es, wie er es ruhig sagte: Jetzt können wir sagen, wir sind glücklich; und wenn alles schweigt, so ist nur ein Gebet von mir zu ihm, ein Segen von ihm zu mir; aber wie vieles fährt dazwischen. In Neapel ein unangenehmer Geschäftsbrief (Batz), auf der Reise die Neugierigen und allerhand! In Mestre ärgert ihn ein ganz unerklärlicher Aufenthalt, und daß wir im Regen in Venedig ankommen, während in Neapel wir wie immer das lachendste Wetter hat[ten]. R. sehr müde, kann kaum essen, geht gleich zu Bett und läßt mir dann sagen, wie ich diese Zeilen schreibe: Er fühle sich wieder wohl, worauf ich ihn oben begrüße. – Er kommt dann aber bald zu mir, und wir plaudern eine Weile. (In der Eisenbahn hatte er an die Quartette von Beeth. gedacht und mir gesagt, das sei das Gegenstück zum »Faust«, das vollständig freie Spielen mit der Sache, nur durch die Musik verklärter, ein Spielen mit Seelen!) – Dann beschäftigten ihn die weiblichen und männlichen Namen der Flüsse, er glaubte zuerst, die deutschen seien männlich, Donau etc. seien slawisch, aber er überzeugt sich, daß die Ansicht nicht Stich hielt.

Sonntag 16ten Nach einer guten Nacht Behagen an Venedig, unsre seltsame Wohnung erfreut uns, und ein Gang, den er um die Mittags-Zeit zu San Marco macht, entzückt ihn vollständig; für uns ist kein Zweifel, daß hier der schönste Ort sei. Nur ein Abenteuer erregt ihm Ärger; er wird angeredet von dem Sohn eines amerikanischen Impresarios Strakosch auf die Verdienste der Aufführung seiner Werke, worauf R. ihm auf das heftigste die Unverschämtheit verweist. »Wenn ich nur so etwas mit kalter Malice sagen könnte, aber ich werde gleich leidenschaftlich, und mein Krampf kam mir wieder.« – Wir gehen am Nachmittag wieder zum Platz und in die Kirche, in welche in der Frühe R. nicht hatte treten

* [ ] statt »seiner«.

wollen, weil Gottesdienst war, dann bis S. Zaccaria, immer mit Freuden. Auch das Hôtel, der lange Vorraum in jedem Stockwerk, freut R. –– Abends liest er uns drei Akte des »Raben« von Gozzi vor, mit Vergnügen daran. Wie wir allein sind, ergehen wir uns wieder über Sophokles; R. teilt mir einiges aus dem »Ajas« mit, mit dem einzigen Bedauern des Pointen-Werfens, aber mit Bewunderung für die andren Züge, alle u. a. für die Lebendigkeit des Charakters des Odysseus; er gibt mir recht in meiner Lobpreisung des »Philoktetes« und die Nach-Empfindung des Racen-Gefühles darin.

Montag 17ten R. hatte eine unruhige Nacht; wir glauben, in Folge des zweiten Grog-Glases! Er hat einen Bericht von Hans in der Musik-Zeitung begonnen, mit Abneigung gegen das Witzeln bei Seite gelegt, doch wie er sich von mir trennt, nimmt er die Zeitung wieder und sagt: »Nun wir zusammen darüber gelacht haben, kann ich weiterlesen.« R. empfängt mit größter Ruhe gestern die Nachricht von dem Abfall von L. Lehmann. Mit Ärger dagegen einiges Batzische. Ich mache mich auf die Suche von Palästen auf, ohne Erfolg für heute. Heimgekommen treffe ich einen Brief von Hans an Lusch an, aus welchem ich ersehe, daß meine Ergebung gesegnet gewesen ist, denn er schreibt in sehr schicklicher Weise auch an Gravina. R. ist ausgewesen, aber angegriffen heimgekehrt, und eine Gondelfahrt, die er mit uns unternimmt, erheitert ihn wohl, ohne ihm jedoch das Gefühl des Unbehagens zu benehmen. Daß der Klavier-Auszug von P. immer [noch] nicht erscheint, ärgert ihn auch; abends schreibe ich in seinem Auftrage an H. Neumann, daß er nach London nicht kommt, und an einen H. Schulz-Curtius, welcher angefragt hatte, ob R. den Titel eines Ehrendoktors in Oxford annehmen würde, daß R. die Zeit von derlei Auszeichnungen für sich als vorüber hielt. – Sein Gondellied aus dem Jahr 63, das ich mir verschafft habe, unterhält ihn. Die Kinder sind bei Fürstin H.*: wir verplaudern ruhig den Abend zwischen den Briefen, die ich in seinem Auftrag schreibe, da er einen großen Widerwillen jetzt gegen Schreiben hat!

Dienstag 18ten R. hatte keine gute Nacht, und da es regnerisches Wetter ist, geht er nicht aus, vertreibt sich die Zeit mit Homer; spricht mir davon und wie bei allen großen Zügen das viele Reden und die Scheinkämpfe im Vergleich zu einzelnen knappen deutschen Sagen, vor allem zum Schluß des N.-Liedes, [ihm] wie Spielerei vorgekommen sei[en]. Durch Besichtigung von Wohnungen aufgehalten, lasse ich [ihn] eine halbe Stunde warten und finde die Bemerkung über den Hunger** und auch die Melodie** auf meinem Tisch. Letzteres mutet mich dadurch

* Hatzfeldt. ** Beides beigelegt, s. Anm.

um so rührender an, als ich für mich gerade daran gedacht hatte, sie für den Geburtstag zu verwenden! – Nach Tisch besuchen wir P.* Desdemona mit hebräischen Inhabern! Vielleicht! Darauf S. M.** Salute, deren kaltes Innere R. völlig anwidert! – Er begreift nicht, wie man den warmen Stil der byzantinischen Kirche für diese antikisierende Weißlichkeit aufgeben konnte. Wir kehren heim, und ich schreibe an M. Meysenbug meine Gründe zur Annahme von Gravina als Schwiegersohn. R. meint, es sei meinerseits dieses Vertrauen überschwenglich; die Freundin folge uns nicht ausschließlich, wie sie es sollte, habe noch andre Neigungen, sei nicht von unsren Gedanken durchdrungen! Er vergleicht sie etwas mit Bakunin, dessen Biographie er eben in einer Zeitung gelesen, mit Verwunderung über das, was er noch als Konspirator alles getrieben und mit welchen Leuten er sich abgegeben. Über das Herrschen der Juden auch hier läßt sich R. aus, mit Verwunderung, daß niemandem bange würde. Freilich seien die andren bereits israelitisiert. – Wie er der beiden wunderlichen Menschen gedachte, sagte er: »So gar kein eigentliches Leben, Gespenster! Nur Gewinnsucht ist da und für ein[en] Sechser Wollust!« ––

Mittwoch 19ten R. hatte eine gute Nacht, und der Tag ist herrlich! Ich begebe mich auf die Suche, und auf eigene Hand geht R. in die Belle Arti, sagt, er habe mich dort gefunden in dem ersten Saal; andre würden mich da nicht erkennen, aber so sähe ich aus, wenn ich geweint hätte. Er bleibt entzückt von Venedig. – Auf meinem Tisch finde ich, wie ich heimkomme, seine Antwort an Dr Förster, der seine ganze – wie R. sagt – »Komödianten«-Beredsamkeit in das Spiel setzt, um R. zu bewegen, nach London zu gehen, eine Einladung des H. von Edinburgh in Aussicht stellt, kurz, die vollste Unkenntnis von R.'s Wesen an den Tag legt. R. erwidert, es sei sehr schlimm, daß in der Welt immer gelogen würde, denn nun glaube man auch dem Wahrhaftigen ⟨ihm⟩*** nicht, wenn er sage, daß seine Gesundheit es ihm nicht erlaube, zu kommen. Wir besuchen, R. und ich, den Palast Morosini, betrachten Loredano, kehren in S. Marco ein, halten bei einem Juwelier an, bei welchem R. ein Halsband für Boni kauft, nachdem er Loldi und Eva Fächer beschert hat. – Unser Abendbrot wird durch die Nachricht getrübt, daß der junge Sohn vom Fürsten Scalea, den Gravina sterbenskrank und verwahrlost in einem Institut in Neapel gesehen, von dessen Eltern, trotz Grav.'s dringlichsten Vorstellungen, ihn heimbringen zu dürfen, dennoch dort verlassen bleibt!... R. will den Knaben adoptieren, um jeden Preis ihn aus der verhaßten Anstalt bringen, und dann, die Ohnmacht empfindend, versinkt er in Schwermut und

* Immer für: Palazzo. ** Santa Maria della Salute. *** ⟨ ⟩ eingefügt.

bricht in Entrüstung über diese Familien aus. –– Wir besuchen mit den Kindern das Goldoni-Theater und sehen: »Battaglia di Donne« von Scribe. Die schwache, viel redende Exposition ärgert R., er will Aktion, aber die Durchführung des Stückes interessiert ihn.

*Donnerstag 20ten** R. hatte eine gute Nacht. – Wir kommen im Lauf des Tages auf die Antwort, welche Fidi mir gestern gab, zurück; ich meinte, gern in Venedig zu sterben; Fidi: »Ich in Bayreuth, denn so schön alles ist, man kommt am liebsten zurück.« – R. preist dieses Heimatgefühl und sagt: »Wehe dem, der es nicht hat« – ich danke es in meinem Herzen Fidi, so gut zu wissen, womit er mich [er]freut. – R. spricht von der Ilias beim Frühstück und sagt, er fände, daß die geschwätzige Dehnung der Ausführung nicht im Verhältnis zur Grausamkeit der Sage stünde, welche ihm demnach viel älter als wie erstere schien. Diese (die Ausführung) habe förmlich eine orientalische Breite. Das berühmte Bild von dem dröhnenden Olymp, bei dem Kopfsenken von Zeus, will ihm nicht gefallen, als Dramatiker sehe er das Törichte davon, das Mißverhältnis. – Dann kommen unsre Gedanken auf den armen, in Neapel verlassenen Knaben, in Bezug hierauf sagte R. gestern: Man kann sich nicht genug in Nacht hüllen, und heute zitiert er das furchtbare Wort von M.**, »sie ist die erste nicht« – das sei der Trost, den die Welt böte! Er ergeht sich über das ihn jetzt sehr beschäftigende Kapitel der Ehe, des Triebes der Natur, »jedenfalls«, schließt er, »ist es immer unrichtig, gegen sie zu handeln«. Er geht aus und bringt Boni ein Halsband, welches das Kind sehr erfreut. Vorher hat er Kmeister L. seine Durchreise gemeldet, er fühlt es, daß er jetzt zu Hause viel zu tun hat. Nach Tisch besuchen wir P. Desdemona wieder, dann machen wir eine schöne Fahrt zu S. Giovanni e Paolo. Uns des blauen Himmels freuend, gedenken wir des Nordens, er meint, das Wetter würde immer schlechter, denn es ging alles auf Welt-Untergang. – Beim Mittagstisch hatten wir der Freunde erwähnt, die uns des öfteren vorwürfen, daß uns alles entbehrlich sei, R. sagt: »Sie verlangen immer eine Art Verliebtheit, denn daß wir Freunde sein können, haben wir bewiesen.« Zu den Kindern gewendet: »Es gibt nur einen Menschen, der mir unentbehrlich gewesen ist, ohne den ich nicht leben konnte, das war eure Mutter; auf die war ich versessen«, fügt er scherzend hinzu. – Beim Abendbrot kommt das Gespräch durch die fürchterlichen Madonnen-Bilder, die man auch hier sieht, auf Kath. und Pr., und R. setzt Siegfried den Unterschied ernst und eindringlich auseinander. Dann liest er uns den Schluß des »Raben« vor, ohne großes Vergnügen.

* Irrtümlich »21ten«. ** Mephisto.

Freitag 21ten R. gedenkt in der Frühe des gestrigen Stückes und bemerkt, wie seltsam es sei, daß zur Zeit, wo G.'s und Schiller's Werke bereits erschienen gewesen, eine so rohe, gemeine Sprache in gedrucktem Gebrauch blieb wie bei dieser Übersetzung. – Bei Tisch sagt er zu mir, daß man in unsrer Zeit eigentlich nur Kritik üben könne, nur die Lüge aufdecken; und sonst das Kunstwerk aufstellen! Ich meine dazu, daß die Kritik dazu diene, diesem Kunstwerk den Boden zu schaffen. – Halb humoristisch und dennoch sehr ernst sagt er mir bei Gelegenheit eines Mulatten (Custoden beim Palazzo Loredano), daß er die Menschen gar nicht mehr, auch zum Ansehen nicht, angenehm fände und es Schopenhauer nachempfände, an der Weiße der Haut kein Vergnügen zu finden. Wir besuchen dieses Loredanische Palais, und R. ist auf's neue ganz eingenommen davon. Von da gehen wir zum Markus-Platz; R. bittet die Militär-Musik um die Ouvertüre zur »Gazza ladra«, welche dann auch und sehr hübsch gespielt wird. Abends hat er einige Unerfreulichkeiten (Batz-Neumann, Aufführungsrecht von T. und I.); gegen 9 Uhr fahren wir zu Fürstin Hatzfeldt, die Sänger harren unser unten, bringen uns un[ter] Gesang, Mondschein-Strahl und bengalischem Feuer hin und führen uns auch heim. Bei der gütigen Fürstin ist R. sehr munter aufgelegt, wenn auch, wie mich dünkt, etwas aufgeregt.

Sonnabend 22ten Wir haben Scirocco-Luft und ein wenig Durcheinander heute; verschiedene Briefschaften und Anliegen, aber sehr erfreut es, wie ich mit den Kindern vom Photographen komme (wegen Boni für Gr.), von R. eingeholt zu werden (unter den Arkaden). Nach Tisch verhandle ich mit dem Agenten des L.-Palastes, welcher Palast Don Carlos gehört. Dann gehen wir alle spazieren, R. wünscht Einkäufe für die Kinder, und schließlich bringen wir Lusch heim (zur Fürstin). Bei der Station, welche wir beim Conditor machen, sagt mir R., wie Ruhe-sehnsüchtig er ist! »Eigentlich«, sagt er, »sollten wir jetzt die Kinder alle verheiratet haben und wir beide unter einer Laube am sonnigen Ufer eines Flusses stundenlang weilen, ich habe solch ein Bild! Wir haben uns zu spät gefunden! Wir hätten viel früher uns vereinigen sollen!« Er übergibt mir auch die Nachricht von Hans' Verlobung. Ob dies die Lösung der Dissonanzen sei, welche Hans in seinem jüngsten Brief angesagt?... Mir bangt sehr davor für die Kinder. Da ich abends ziemlich angegriffen bin, vergeht der Abend im Durchblättern der Bayreuther Blätter. R. ist mit seinem Schreiben zufrieden.

Sonntag 23ten* R. hat sich ein Verdi'sches Motiv gemerkt, welches

* Irrtümlich »Sonnabend«.

gestern duettartig auf dem Gr. Canal gesungen wurde; er singt es mir lachend über diesen Wut-Ausbruch, der da gestern zum besten gegeben wurde; den abgebrochenen Rhythmus – »da soll man sagen, daß das eine Naturlinie sei« – hat er sich gemerkt, Rossini habe so etwas nicht. Er liest in der Früh die Blätter, findet Stein's »Luther u. die Bauern« etwas flüchtig und schwülstig. – Dann geht er aus, wiederum mit Bescherungs-Gelüsten für die Kinder. – Er erzählt mir humoristisch, daß in Giarre, dem Orte, gegen welchen wir uns entschieden zu Gunsten Ripostos, ein Palermitanischer Advokat gefangen worden wäre und erst für 75 000 Lire herausgegeben worden wäre, nun wolle man den Ätna säubern. R. ruft aus, wozu die Geistlichkeit nun da sei, welche das Christentum zu vertreten habe. Judas hat gesiegt, sagt er schmerzlich, und er läßt sich aus über das Christentum, über das Verhältnis vom Menschen zum Menschen, das würde seine letzte Arbeit sein. Er wirft es Gob. vor, das eine ganz außer acht gelassen zu haben, was einmal der Menschheit gegeben wurde, einen Heiland, der für sie litt und sich kreuzigen ließ! – Beim Kaffee kommen wir auf den letzten Brief G.'s an Frau von Stein, die Erwähnung von Chr. Vulpius darin, und R. meint, das nette Wesen von Christiane sei G. eine Wohltat nach all der »Schmachterei« gewesen, und er habe, da er immer ernster wurde, gewiß Aufregungen loswerden wollen, »wo doch nichts dahinter war«; wir besprechen den moralischen Mut, der in dem wunderlichen Verhältnis mit Christiane in der kleinen Stadt lag; R. frägt, wie Schiller sie bezeichnet habe, und dann, auch von Schiller's Frau sprechend, sagt er ernst und hoch zu mir: Ich habe es besser gehabt! Mir geht das Herz über beim Gedanken, daß ich sein Leben teilen durfte! – – – Um 4 Uhr fahren wir aus, wollen in den Giardino pubblico, etwas aus Lohengrin hören, verfehlen es aber und fahren zum Arsenal, welches in der Photographie R. angezogen hatte. Der eine der antiken Löwen entzückt ihn, »so ein ideales Wesen, was man nie gesehen hat; so sollten mein Fafner und Fasolt aussehen«. – Und zu Hause, im Baedeker nachlesend, ruft er aus, der Löwe ist mein Wotan. Er glaubt steif und fest, er habe in Marathon gestanden als Siegesdenkmal, er sei symbolisch, und freut sich, daß schon in der Photographie er ihn so angezogen. – Wie wir heimgekehrt sind, erleuchtet ein herrlicher Sonnenuntergang die gegenüberstehenden Gebäude; Fidi frägt mit Bedauern, warum denn die Klöster aufgehoben würden. Ernst erwidert R., sagt, welcher Macht ohne Erbarmen diese prächtigen Gebäude dienten, welche Zeichen des Hochmutes diese so ganz anders beabsichtigten geworden wären; freilich die Macht, die sie zu ersetzen trachte, fördere auch das Hohe nicht, und so sei alles ernst, und wir erlebten wohl die letzten Tage des angenehmen Scheines. ⟨»Wir aber wollen trachten, zu erhalten, die Historie als die große Lehrerin betrachten und nicht alles niederreißend von vorne anfangen«, sagt er, indem er mit Ergriffenheit in S. Marco bedacht hatte, wie viele Jahrhunderte an dem erhabenen Gebäude gearbeitet. –⟩* Die schönen Glocken Venedigs ertönen feierlich bei den Worten, die Schatten haben sich verbreitet, und goldig von der einen Seite sinkt die Sonne nieder. »Du hast einen Vorzug vor andren, du verkehrst mit mir«, sagte mir R. vorher; ich schelte ihn, daß er ausspricht, was ich mir sage, »was ich mir aber dabei denke, weißt du nicht«, erwidert er; mir aber fällt es wieder auf, daß das, was mich mit Inbrunst erfüllt, er es ausspricht, so wie zuweilen auch das Geringfügige. So z. B. hatte ich an den »Dorfbarbier« einen Moment für seinen Geburtstag gedacht, und er sagt: Ich muß für Fidi einen Dorfbarbier anschaffen. (F. wollte sich nicht gern die Haare von Schnappauf schneiden lassen.) Abends liest uns R. den »Signor Formica« vor zu unser aller Vergnügen.

*Montag 24ten*** R. sagt scherzend, aber ernst, heute beim Frühstück: »Wahrhaftig, wenn kein Papst wäre, es gäbe gar kein Christentum mehr, selbst keine Sekte.« So sei der Geist dieser Sache aus der Welt geflohen. Ich besuche einige Kirchen mit S., während R. im Homer liest. (In den B. Bl. hat ihm der Bericht über die Vivisektion im Reichstag wiederum die größte Empörung erweckt.) Das Wetter ist nicht sehr günstig, wir beschließen, zu Hause zu bleiben, und fahren bloß abends in das Teatro Rossini, wo wiederum gar viel geredet wird, aber sehr gut und natürlich gespielt, und auch eine Posse am Schluß macht R. vielen Spaß. – R. meldet den Tod von Darwin.

Dienstag 25ten R. hatte eine gute Nacht. Wir besprechen es in der Frühe, daß man nur mit den ganz Großen verkehren solle oder mit »den begabten Exzentrischen« wie Hoffmann, Carlyle etc. Dann besprechen wir die italienische Melodie, und wie ich R. sage, daß sie zuweilen hier – trotz aller Banalität – merkwürdig gut wirke und wie im Einklang mit der Luft und dem Himmel, gibt mir R. recht und sagt: »Bei uns muß alles verschlossen sein, und da ertönt ein andres, welches mit der sichtbaren Welt nichts gemein hat; es muß alles verschlossen sein.« – Während die Kinder zu S. Marco in der Kirche sind, gehe ich in die Belle Arti, verweile dort eine Stunde unter großen Freuden und werde von R. vor dem Mahl in Emmaus von M. Marziale gefunden, auf welchem auch der Mann mit dem großen Hut ihm einen schönen Eindruck macht, das ganze Bild über-

* ⟨ ⟩ am Ende der Tageseintragung hinzugefügt, durch Zeichen herangezogen. ** Fälschlich »23ten«, ebenso Dienstag eine Zahl zurück.

haupt, worin auch der Christus etwas konventionell behandelt sei.* Die daneben hängende kleine Madonna von Bellini erregt in ihm große Freude, und nun rasten wir vor der Assunta und haben einen glorreichen Eindruck. Wie ich sage, daß das eine Summe sei wie etwa die 9. Symphonie, sagt R.: »O, in der Musik haben wir nichts so Vollendetes, es sind Versuche.« – Der glühende Kopf der Maria bringt ihm seinen Gedanken wieder des Geschlechtstriebes; das einzig Mächtige, nun von allem Begehren befreit, der Wille entzückt und erlöst. Der »Fledermaus«, dem lieben Gott, kann er nicht gerecht werden, obgleich er ihn fein gemalt findet. Aber die Apostel fesseln ihn. Es sind selige Augenblicke, die wir da verweilen! Jedes Mal, daß er den Kopf wieder betrachtet, ruft er entzückt aus! Dann wandern wir durch die andren Säle, ein Bild, welches mich sehr angezogen: »Thomas, die Wunde Christus' berührend«, spricht ihn wenig an, aber die Darstellung, der reiche Mann und die eine Madonna von Bellini erfreuen ihn sehr. Wir schließen, wie wir begonnen, mit der Betrachtung des alten Altarbildes (Verkündigung), von welchem R. findet, daß die Madonna mir gleicht, wenn ich geweint habe; sie habe den Blick, den aber nur er an mir kenne. Und in wohliger, gehobener Stimmung kehren wir heim. Beim Kaffee spricht R. von seiner künftigen größten Arbeit, indem er es laut ausspricht, was aus einer Race werden solle, in welcher das Wichtigste, das Mächtigste, der Geschlechtstrieb, nur noch zu Standesehen verwendet würde! – Ich habe einige Wohnungsbesorgungen; R. geht mit den Kindern in die Markuskirche und dann noch ein Mal mit mir;** merkwürdiger und wohltuender Eindruck, das wogende Volk zu dem Schrein des H. wandern [zu] sehen; die Krypta, hell beleuchtet, zeigt uns denselben Anblick, nur noch inmitten des Gedränges, an ein Christus-Bild nicht angelehnt, nein, wie in eines kniend verschmolzen, eine Frau, betend! Inmitten der gedankenlosen, aber dennoch frommen Bewegung diese Inbrunst. War es Verzweiflung wie Gretchen bei der Schmerzensreichen, oder leidenschaftliche Anbetung – wir konnten das Antlitz nicht sehen. Aber das Bild hält das Herz fest, da war Liebe, da war Heiligkeit. Viel sprach R. von der Notwendigkeit, die Kirchen zu erhalten als Häuser der Armen, worin die Agapen gefeiert würden, aber befreit von dem falschen Pomp der Geistlichkeit. ––– Abends liest er uns den »S. Formica«

* Ursprünglich »worin er auch den konventionellen Christus gut findet«, beim Korrigieren versehentlich »er« und »gut findet« stehengelassen. ** Zwei Seiten später, unter Mittwoch, nachgetragen und auf der darauf folgenden Seite, unter Freitag, fortgesetzt: »Note zu Dienstag 25ten. Wie wir S. Marco verließen, ging R. mit Eva und Fidi zur Birreria, traf dort den Mann, der durch seine burlesken tierischen Laute ihn schon ergötzte, läßt ihn sich produzieren, gibt ihm eine Lire, / aber mit der Weisung, auf seine Art ihm zu danken. Worauf der Mann die allergroteskesten Ringraziamenti hervorbrachte.«

aus, der leider an Länge etwas leidet. (Depesche von Neumann bringt ärgerliche Gedanken hervor.)

Mittwoch 26ten R. hatte eine durch die Depesche verursachte unruhige Nacht. Wie ich ihn beim Frühstück begrüße, liest er ein Gespräch aus den »Serapions-Brüdern« und sagt: »Das schlechteste deutsche Buch ist mir lieber als das beste französische, es wird doch immer im Deutschen etwas Mystisches angeregt, wovon die andren keine Ahnung haben«; dann meint er aber, das sei nicht zu genau zu nehmen. Doch lesen wir mit Interesse die Auslassungen über den Quietismus und das furchtbare Zitat des P. Molinos. – Gestern hatte sich R. dahin ausgelassen, daß für ihn die Oresteia das einzige vollendete Kunstwerk sei, wobei das athenische Volk allerdings seinen Anteil habe. Er diktiert Boni seine Antwort an H. Batz, deren Ausfall ihn sehr freut. Leider aber beim Ausgang ergreift ihn wieder sein Brustkrampf. Lusch teilt einen Brief von ihrem Vater mit, der mich mit trauervoller Angst erfüllt; die Art, wie er seine Verlobung anzeigt, erscheint mir besorgniserregend; ich gebe Lulu die Antwort an. Das Wetter ist schlimm, wir bleiben zu Hause, spielen Whist, und R. liest noch eine kleine Novelle von E.T.A. Hoffmann. R. fand in den Gesprächen der Serapions-Brüder etwas, was ihn in Bezug auf »Männlich und Weiblich« sehr fesselt.

Donnerstag 27ten R. hat gut geschlafen; er fährt in Hoffmann fort zu lesen. Er mag nicht mehr in Turgenjew lesen, eine Stelle in der Introduktion zu dem Buch »Fumée« von Prosper Mérimée zeigt ihm, daß die berühmte Rachel ganz im Französischen die jüdischen Unarten der Deklamation gehabt. Wir kommen in der Frühe auf Marie Hoh. zu sprechen; R. sagt, er begriffe ihren förmlichen Haß gegen ihre Mutter, aber nicht recht, daß sie gegen ihn, R., dann plötzlich so feindselig ignorierend wurde. Wir sprechen von dem Königlichen Eintreten in sein Leben; ein ganz bodenloses Dasein sei bis dahin sein (R.'s) Leben gewesen. Es herrscht heute Sturm. R. bringt Photographien nach den Zeichnungen von den Belle Arti mit, die uns hoch erfreuen, viele von Leonardo und eine herrliche von Caracci (»ein Drama« nennt R. letztere). Wir schenken sie später Jouk.

Freitag 28ten Heute wiederum kommen wir auf die Kl. Walpurgisnacht von G. zu sprechen, und R. benennt sie einen wahren Dom, so schön sei der Aufbau. Ein schöner Aufsatz von Dr. Schem. in den Blättern bringt uns darauf, R. bedauert aber den Mangel an Humor in all diesen Arbeiten. Sänger-Notizen und Nöte, R. nennt Vogl einen Natur-Knorpel! Abends Abschied-Soirée bei F. H.*, bei welcher R. sich unbehaglich

* Fürstin Hatzfeldt.

fühlt. Es ist ihm peinlich, daß Lusch anderwärts sei, und er erklärt mir seine Art, eifersüchtig zu sein auf die Seinigen.

Sonnabend 29ten Gute Nacht, hübsches Wetter, Packen. R. macht sich um die Mittagszeit auf und erzählt, er habe K. Ritter, dessen Adresse er zufällig in der Buchhandlung erfahren, aufgesucht; zuerst falsch geführt auf der Riva, erblickt er einen ergrauten Herrn am Fenster, frägt sich: Sollte Karl sich so verändert haben! Dann in eine Stube, wo eine Menge Bilder stehen, geführt, frägt er sich wieder: Sollte er auch malen! Endlich erkennt er den Irrtum, frägt weiter und kommt an die richtige Türe, wo eine Frau mit Säugling ihm sagt: H. Ritter sei nicht zu Hause; worauf R.: »Er ist wohl zu Hause« – die Frau verlegen, er wäre wohl der H. Wagner, »ja ja«, sagt R. und schreibt auf einen Zettel: »Was bist du für ein Mensch«, und entfernt sich. Doch ist er sehr angegriffen von dieser Erfahrung; er hatte auch schon durch den Gedanken, daß er quasi K. R. überraschen müsse, um ihn zu sehen, einen anhaltenden Brustkrampf erhalten. – Hier erfahren wir auch, daß unser alter Freund Gersdorff anwesend und uns nicht besucht! Um ein Uhr verlassen wir das Hôtel, werden singend geleitet, was auf allen Brücken Menschen herbeiführt, und fahren ab, nachdem wir noch das Mezzanin von P. Vendramin gesichtigt haben. Verona begrüßen wir und vieles noch! Und kommen unvermerkt

Sonntag 30ten in Tirol an. In einer der Stationen wird R. von einem H. Gehring, Musiker aus dem Dresdner Orchester, Bratschist, den er angestellt, freudig begrüßt! – Kummer über Boni's verschlossene Art. Betrachtung der sauberen Häuser, das sei unsere Art. Die Gegend bei München wie immer abschreckend! Um 2 Ankunft; der Kapellmeister empfängt uns; H. v. Bürkel besucht uns; Unbestimmtes darüber, ob der König die Aufführung besucht. In's Theater mit den Kindern, »80 Tage um die Welt«, schlechtes Stück, schlecht gespielt. Lenbach ist mit uns und ist auch R. angenehm, wie er für mich immer seinen Wert behält. Maien-Luft.

Mai

Montag 1ten Früh den Bayerischen Hof verlassen; R. auf dem großen Münchner Bahnhof, wie beinahe immer da, sehr ärgerlich. In Nürnberg Frühstück in der Restauration und dann große Freude an den beiden Kirchen Sebaldus und Laurention, innige Befriedigung darüber, daß wir solche plastische Freude auch bei uns haben können. Hübscher Eindruck von der Gegend von Nürnberg bis Bayreuth, Wald und Flur! Endloses

Winken beim Herannahen! Auf dem Bahnhof viele Menge, unsre Freunde, Groß! Endlich in Wahnfried, Jouk., Wolz. dort! Wiedersehen der Hunde, Eintritt in den Saal, R. dankt mir für das Heim, und die Vögel zwitschern, und es ist mir wie ein Einlaufen in den Ruhe-Hafen!

Dienstag 2ten R. hatte eine gute Nacht, und wie ich im Bade bin, höre ich, von ihm gespielt, die Melodie aus den Porazzi! – Es gibt viel Geplauder mit Freund Jouk., dann einen Spaziergang zu[m] Hofgarten, wo die Schwäne aus Fantaisie uns erfreuen und betrüben, da ihr Wasser nicht schön ist. Wir verweilen beim Hühnerhof, der Truthahn unterhält R.; »vorne ein Fleischer-Laden, hinten ein Mode-Magazin«, sagt er. Abends die Nachbarn und der Bürgermeister, wodurch R. irritiert wird und in einen heftigen Ärger – ich glaube über die Zeitung hier – verfällt.

Mittwoch 3ten R. ist noch sehr aufgeregt von gestern und hat ein großes Stille-Bedürfnis. Wir besprechen bei Tisch den h. Paulus, von dem R. sagt, er sei der erste Christ gewesen. Am Nachmittag fahren wir zum Theater hinauf, der Vorbau wird sich gut ausnehmen, denken wir. Abends fühlt er sich sehr angegriffen.

Donnerstag 4ten R. hat gut geschlafen und wacht aus einem humoristischen Traum auf, wobei er den Kindern einen Fußtritt gab. Großens und Feustel speisen bei uns. Danach machen wir einen Spaziergang im Hofgarten; die Vögel – so lange nicht vernommen – entzücken uns. Nachdem mich R. zu der Frau Bürgermeister geführt, treffe ich ihn bei Angermann, wo der komische Vorfall sich ergeben, daß er gegen das Aktienbier als verfälscht laut gesprochen und der Direktor der Brau-Gesellschaft zugegen war, der nun heftig protestierte. Abends hat er eine einsame Stunde vor dem Mahl, er ist überwältigt von Rührung, und es ergießt die Stimmung sich in eine Melodie! – Abends kommt Wolzogen, es wird viel über Kant gesprochen. Dann von den Vegetariern, und R. warnt vor dem Dünkel des sich besser Glaubens als andre. Der Klavier-Auszug von Parsifal ist angekommen!

Freitag 5ten Sonnabend 6ten Nichts aufgeschrieben, weil mit Beginn der Proben beschäftigt und sonstigen kleinen Vorbereitungen. Kapellmeister Levi und H. Heckel sind da wegen Besprechungen für die Aufführungen.

Sonntag 7ten Warmes Wetter und für mich in der Schule die Anhörung der Knaben-Chöre, die ich gern bei dem Geburtstag singen lassen möchte. Es ergreift mich sehr! – Mittags-Mahl bei den Freunden Groß, R. sehr gut gestimmt. Während er sich ausruht, höre ich H. Jäger aus Parsifal singen und, wie mir scheint, gut. Abends mit Kmeister Levi und Heckel weitere Bestimmungen.

*Montag 8ten** Siegfried ist krank! Wie es scheint, ein Muskel-Rheumatismus. Ich halte mit den Mädchen eine Probe, R. kommt hinzu: »Ihr laset wohl ein griechisch Trauerspiel«, sagt er scherzend. Er schreibt an den König. (In meinem Notizbüchel steht »dann gesungen«, ich weiß aber jetzt, nach 6 Wochen, nicht den Sinn davon.) Am Nachmittag hat er eine Konferenz mit dem Bürgermeister und Freund Groß, welche für ihn sehr ermunternd ausfällt. Abends sehen wir Fritz Brandt, den Sohn!... H. Merz ist auch da, es wird gesprochen, auch musiziert (die Blumenau, wie R. sagt, als Meerrettich vorgeführt), auch italienische Melodien gebracht. Wie wir dann allein sind, fragen wir uns, wann endlich allein, für uns? Der Gedanke an unsere lieben, holden Kinder ist unsre ganze Freude!

Dienstag 9ten R. klagt über Kopfschmerzen, und das Wetter ist unfreundlich. Wir erhalten eine gute Depesche über »Siegfried«. Am Nachmittag fahren wir zum Theater hinauf, die Glocken wirken**, doch überfällt R. großer Mißmut über alles, wie wir heimfahren. Abends wird mit Fritz Brandt mancherlei Technisches besprochen.

Mittwoch 10ten Gute Depesche aus England. R. fährt in dem Brief an den König fort. Dann meldet er mir, das Barometer fiele, er habe es zu schön gefunden; er sänge »schwindet, ihr dunklen Wölbungen oben«. –– Vom Wetter sagt R., es sei, wie wenn es schlechtes Bier getrunken hätte! – Abends spielt er aus den Msingern. Bei Tisch sprach er über T. und Isolde bei Gelegenheit seiner Auffassung der Sucht der Natur, durch die Liebe etwas Großes, Erlösendes zu produzieren. Tristan ist die größte Tragödie, sagt R., es wird die Natur da in ihrem höchsten Werk gestört. Abends spricht er über Beethoven, vor allem über den ersten Satz der 9ten Symphonie, welchen Beeth., für R. so bedeutsam für dieses wilde, schmerzliche Stück, mit Tempo Maëstoso bezeichnete; das sei nicht in Worten zu sagen, was dieser Satz wäre, wenn er es auch versucht hätte. Dann kommt er auf die Racen, auf »Ottar Jarl«, den er mit Interesse liest, und zu allerletzt geht der Tag in die Sehnsucht aus, allein mit mir zu sein. Viel sprach er noch über Tristan, und wie absurd es sei, solch ein Werk für Geld zu geben!

Donnerstag 11ten R. ist nicht wohl, und wir haben ein getrübtes Mittags-Mahl mit den Freunden Groß. Auch eine Spazierfahrt, welche ich ihm im »Strapontin« vorschlage, erheitert ihn nicht. Er nimmt sich aber

* Irrtümlich »7ten«. Falsche Datierung, eine Zahl zurück, bis einschließlich Freitag, 19. Mai; Samstag, 20. Mai, fälschlich »18ten«, die Eintragung vom Sonntag, 21. Mai, beginnt dann mit der Bemerkung: »(Irrtum in den Daten)«. Die Fehler sind entstanden durch die erheblich verzögerte Niederschrift nach sechs Wochen, s. Bemerkung am 8. Mai und 20. Mai! ** Danach »nicht ganz so wie das erste Mal« gestrichen.

sehr zusammen, als gegen 6 Uhr sehr überraschend unser Freund Graf Gobineau kommt. Es wird geplaudert über all die Reise-Abenteuer und dadurch etwas die Verstimmung beherrscht.

Freitag 12ten R. hat gut geruht, er beendet seinen Brief an den König. Die Gegenstände des Gespräches mit dem Grafen sind: Katholizismus, Christentum, auch Asien. Wie wir allein sind, überkommt uns eine schwermütige Stimmung.

Sonnabend 13ten Frau Materna schreibt, daß sie zuerst einige Male die Kundry singen möchte und dann mit andren alternieren. R. schreibt an den König (heute erst vollendet er ihn). Abends liest er aus Carlyle (Fr. der Gr.) den Passus über Protestantismus und Katholizismus. Wir fahren heute nicht aus, sind viel im Garten; wie ich von der Treppe des Saales heruntergehe zu ihm mit den Freunden, sagt er, Kirke zu Odysseus und den Gefährten kommend!

Sonntag 14ten R. hatte eine gute Nacht, er liest mir seinen Brief an den König vor, worin er auch Biagino* des längeren erwähnt hat. Beim Kaffee entstand zwischen dem Grafen und Jouk. ein Streit über Italiener und Niederländer, und R. begriff und ergänzte, was der Graf zu Gunsten letzterer, namentlich Rembrandt['s] sagte, daß er durch den Geist und den Humor bedeutender als alle sei. Wir wandern im Garten, R. schweift mit dem Grafen in den verschiedensten Ländern, abends liest er aus »Faust« (ich glaube, aus der Kl. Walpurgisnacht), dann spricht er viel über »Ottar Jarl«, der ihn interessiert. R. ist aber etwas verstimmt, sei es die fr. Sprache, die ihn ermüde, oder überhaupt das Leben!

Montag 15ten R. hat gut geruht, nur hat er wieder Ärgerliches durch Batz'sche Briefe. Ich habe allerhand Proben der drei Spiele. R. führt immer lebhafte Gespräche mit dem Grafen, und da dieser die Perser so sehr rühmt, wird von R. die Frage aufgeworfen, ob aber für uns Europäer die Möglichkeit einer Intimität mit diesen angenommen werden k[ö]nnte, was allerdings Gob. verneint.

Dienstag 16ten R. hat gut geruht, aber jede erste Bewegung in der Frühe strengt ihn an. Bei Tisch bespricht er »Ottar Jarl«, den er sehr interessant im einzelnen, wenn auch mühsam durchzulesen findet. Auch spricht er von einer Reise nach Asien. Um 12 Uhr erging er sich im Garten mit Wohlgefühl, freute sich unsrer schönen Hündin Molly. Er besucht dann Jouk. und freut sich an dessen hübschem Portrait seiner Schwester. Dann geschieht die Versendung der Klavierauszüge (Vater, Mimi, Schön, Wolz.). Viele Scherze werden über die beständigen Proben gemacht, und

* Graf Biagio Gravina.

er ist abends ungemein heiter. Er bespricht unter andrem die Spende des Herrn Schön, und wie sie, wie meist alles, unzureichend um zu helfen, doch ihm Verpflichtungen auferlege.

Mittwoch 17ten R. hat gut geschlafen. Er schreibt an Seidl über die Unternehmung in London. Wir fahren aus, machen einen »*Chiro*«, wie R. scherzt; ein Brief von H. Schön über den Schulgedanken bringt R. sehr auf. Aber er beruhigt sich, und wir kommen zu unsren gewohnten Gesprächen über »alles«, u. a. sagt er mir von der populären Melodie bei Beethoven, sie sei bei ihm, was der Knittelvers bei Goethe. Wir fahren zu der Irrenanstalt, wo ich Strohmatten für die Komödie zu bestellen habe. Abends wird Musik gemacht, Boni spielt 4händig den Kaisermarsch, recht gut, und R. spielt das Andante der IX. Symph., wie mich dünkt, so schön wie er selbst noch nie!

Donnerstag 18ten Ich habe die Einzelheiten des Himmelfahrttages vergessen; weiß nur von einer ergreifendsten Vorführung des 3ten Aktes von Tannhäuser seitens R., dann seinem Entschluß, den Patronat-Verein zur Sammlung von Fonds für Unbemittelte zu verwenden. Dann wieder Batzisches. Auch von Cyriax Nachrichten über London, sehr bestimmte, für Richter sehr günstige. Endlich die Ankunft des »Pfarrers« (Else Ritter), mit vielem Scherz von R. aufgenommen. Eduard fehlt uns noch, da H. Jäger in Stuttgart zurückgehalten wird.

Freitag 19ten R. hatte eine unruhige Nacht. Bei Tisch haben wir unsre Freunde Groß. – Es wird viel abends über den Orient gesprochen; R. frägt, ob die Orientalen den Humor kennten. Es hemmt aber immer ein wenig das Gespräch, daß französisch geredet werden muß. Die 9te Symphonie beschäftigte R., der erste Satz mit der Bezeichnung Maëstoso noch immer sehr. Es sei ein zu wunderbares Stück, für die eigentlichen, gewiegten Musiker von damals müsse es wie von einem Stümper gemacht erschienen sein. Für mich heute allerhand, Verhandlungen mit Venedig, Aussuchen von Toiletten für Boni und Proben!

Sonnabend 20ten In meinem Notizbuch finde ich heute eingeschrieben: Gleiche Gedanken, Symphonie, ich kann es jetzt nach 6 Wochen nicht mehr deuten, weiß nur, daß R. und ich, wir wie so oft dasselbe empfanden. Wie bei Tisch von Bade-Orten gesprochen wird, z. B. Wiesbaden, bezeichnet er das Wesen davon mit: »wohlfeiler Luxus & teure Gemeinheit«. – Der Himmel ist grau, und unsre Abend-Gäste, worunter unsre beiden Musiker, bringen ihm mehr Ärger als Zerstreuung.

Sonntag 21ten Bei Tisch erklärt R., er läse nur noch Gobineau, Schopenhauer und sich. Über ersteren sagt er dann zu mir, er habe großen Scharfsinn, keinen eigentlichen Tiefsinn. Wir fahren, R. und ich, zum

Theater hinaus. Die Sonne scheint. Der Vorbau der Loge des Königs gefällt uns recht. Bei der Heimfahrt zeige ich R. die Schmetterlinge, die ich gern für den 22. ausflattern lassen wollte; einen sah er, den ersten, bereits tot auf der Treppe, da die Kälte in den letzten Tagen so groß war, aber zwei nimmt er aus den Schachteln heraus, und ein Schwalbenschwanz fliegt munter von dannen. R. sagt so freundlich-gütig abends, er sei sehr gespannt auf den morgenden Tag. Er spielt den Marsch aus der Eroica, ihn als recht eigentlich heroisch bezeichnend, da er in der Trauer die feierliche Gemessenheit nie aufgibt.

(Ich weiß jetzt nachträglich, was die gleichen Gedanken waren; ich nehme vor, die Symphonie R.'s in der Gratulation zu verwenden, und gebe sie Humperdinck, und R. kommt seit sehr langer Zeit wieder auf die Symphonie und frägt mich nach ihr!)*

Montag 22ten Freundliches Aufwachen; leider aber dann Brustkrampf, so daß die Kinder mit ihrer Gratulation aufgehalten sind; während dieses Aufhaltens plötzlich Ankunft von Gravina, Freude und Schrecken, ich verstecke ihn bei unsrem Grafen, mache Zeichen den Kindern, diese alle, außer Blandine, haben es erfahren! Endlich darf der »Thespis-Karren« halten. R. kommt herunter, nimmt die Gratulation entgegen. Wie er die Kinder unter Tränen umarmt hat, entfernt er sich; Boni, noch in ihrem Gewande, schluchzt in dem Gedanken, es sei das letzte Fest, wir rufen ihr, sie hält das Gesicht mit den Händen bedeckt, endlich hört sie Gravina's Stimme, und wir entfernen uns! – Nun heißt es, R. mit dieser Ankunft überraschen! Der Saal wird mit den Decken eingerichtet, und nachdem ich R. im Garten die kleine Bescherung von Fischen, Goldfasan und Rosen gezeigt, betreten wir den erneuerten Raum, es läutet zu Tisch, Biagino tritt zuerst ein. Größte Freude R.'s, der uns gesteht, durch diese Ankunft wieder neue Lebensgeister gewonnen zu haben, da er sehr angegriffen gewesen sei. Ein Blick von Else meldet mir, daß die Knaben angekommen sei[en], Blandine erhebt sich und spricht in schönster Weise ihren Trinkspruch** (R. sagt mir, es sei dies ihre völlige Verklärung gewesen), Elsa verschwindet wirklich, ohne daß es R. merke, und von ihr unterstützt fällt der Chor wundervoll ein, zu unser aller Ergriffenheit. R. wünscht, daß ihm seine Aufführung so gut glücke wie uns diese kleinen Fest-Veranstaltungen! Zum Kaffee bringt der Eh-

* Hier Seitenverweis »(siehe S. 131)«. Cosima hatte, ab Anfang Mai im täglichen Schreiben unterbrochen, Raum für den Nachtrag freigelassen, der den Raum jedoch nicht füllte. Der Rest dieser Seite und die nächsten zehn Seiten blieben zunächst leer. Als am 16. September 1882 das Heft gefüllt war, beschrieb sie die freien Seiten mit dem Text vom 16. bis 25. September, s. auch Fußnoten zu diesen beiden Tagen. ** Trinkspruch beigelegt, s. Anm.

renhold Fidi die Depeschen und das Programm des Abends, und während R. sich ausruht, die Kinder bei Jouk. eine musikalische Sitzung haben, behänge ich die Halle zum Zweck der Aufführungen. Dann wandern wir zu den schwarzen Schwänen, R. und ich, die ihm gar viele Freude machen, und heimgekehrt finden wir die 50 Knaben, von Siegfried bewirtet, welche Wahnfried mit den Klängen aus Parsifal und sonst mit heitrem Geräusch erfüllen. Um 8 Uhr nun ist die Truppe bereit! Sehr flott geht das erste Cervantes'sche Stück, nun aber mit einigem Bangen die »Liebes-Not«! (Zwischen den beiden Stücken spielen H. Humperdinck und Hausburg das Scherzo aus der Symphonie.) Es geht aber alles ganz nach Wunsch, und Daniela zeichnet sich wirklich aus! Auch die scenischen Einrichtungen gehen gut vor sich, und wir haben allen Grund, mit unsrem Erfolg zufrieden zu sein. R. bleibt in heiterster Stimmung; nichts hat den Tag gestört, und alles durfte gelingen und R. eine kleine Freude gewähren. Das schönste Wetter hat uns begünstigt, und mir ist dieses Gelingen wie ein Gruß der Gottheit!

Dienstag 23ten R. hat gut geschlafen, und wie ich ihm heiter sage, daß ich gar nicht müde sei, begrüßt er mich als herrlichen Kerl! Doch ist es uns nicht gegönnt, diese heitre Stimmung uns zu bewahren; der Hôtelier Albert, welcher R. verhindert, die neu angekommenen, von mir aufgerichteten k. Decken zu betrachten, ärgert ihn. Eine kleine Aufgeregtheit Lusch's über den Erfolg von Fr. Jäger als Roldan zieht uns ein wenig aus unsrer Sphäre herab, das Wetter ist gewitterig, und daß die gesamte Jugend einer Einladung nach dem Riedelsberg gefolgt ist (R. wünschte, das Theater zu besuchen), vor allem ein Seidl'scher Brief mit Bericht über London verstimmt ihn. Doch erheitert er sich am Abend, und das Geschenk von H. Albert, Stock mit Laterne, gibt ihm den Einfall, »als Glühwürmchen« von den Kindern umschwärmt durch den Garten zu ziehen und die Nachbarn zu überraschen. – (Beim Kaffee sprach er von der Konzeption des Satzes Mephisto von meinem Vater sehr rühmend und verglich Gobineau's Art, welche auch, wie Mephisto, nur vor dem einen sich beuge.)

Mittwoch 24ten Sehr früh bin ich auf, um die verschiedenen Obliegenheiten zu ordnen. Els'chen arbeitet mit mir, mich erfreuend durch ihre stille Tätigkeit! R. ist zufrieden mit meinem »westöstlichen Divan«. Am Nachmittag fahren wir zum Theater hinauf, wo die Dekoration des Gral-Tempels und der Gesang der Knaben uns sehr erfreuen. Leider aber sind die Tamtam (Glocken) nicht gestimmt, und da bei der Rückfahrt ein Mißverständnis des Kutschers stattfindet (der Graf und ich werden heimgefahren, die andren nach Eremitage), so befällt R. eine Verstimmung, welcher abends der Gesang des bestellten Pepino's eher eine Steigerung als eine Zerstreuung gibt. Der hauptsächlichste Grund ist wohl Lulu's Abreise, R. nimmt von ihr Abschied.

Donnerstag 25ten Ich wache früh auf, gebe dem Kind das Geleite zur Eisenbahn, kehre durch die Wiesen bei herrlicher Morgenluft heim und komme noch zur rechten Zeit, um mit R. zu frühstücken, heim. Zum ersten Male nehmen wir es im Türmchen ein. Wir freuen uns der Vögel, und vorher hatte sich R. an der Verschiedenartigkeit der Stiefmütterchen gefreut, welche er mit dem ebenso verschiedenartigen Vogelgezwitscher vergleicht. Als Lektüre versucht es R. vergebens, mit der »Kawi-Sprache« sich zu befreunden, das viele Reden vom Geist und derlei verstimmt ihn, und er sagt scherzend bei Tisch, er lese jetzt nur noch Gobineau, Schopenhauer und sich. Am Nachmittag sind wir wiederum im Turm mit unsren Freunden, den Vögeln lauschend und der guten Hunde uns erfreuend. (In der Frühe hatte R. an H. v. Bürkel geschrieben und in seinem »Beeth.« gelesen.) Mit Großens, welche heute mit uns speisten, hatte R. allerhand Rücksprache über unsre Aufführungen.

Freitag 26ten Pferde und Kutscher ziehen in Wahnfried ein, welches leider ein grauer Himmel bedeckt. Ich benutze erstere, um bei Freund Groß vorzufahren und vieles Geschäftliche zu berichten. Wie ich heimkomme, empfängt mich R. sehr freundlich und sagt, daß er Jouk., wie er meine Stube gerichtet, beigestanden; es sei ein Rest des Stoffes gewesen – Kravatten für sie beide –, doch nun, da eine Lücke entstanden sei, hätten sie die Kravatten geopfert. Er ist es zufrieden, daß ich das, was übrig von der Saaldecke sich ergab, also benutze! Ein gedrucktes Blatt über die Bedeutung der Juden wird ihm zugeschickt, versteht sich, sagt er, sind sie unsre Zivilisation, deshalb auch ist sie nichts wert. Wie ich gegen 6 Uhr in den Saal komme, finde ich R. in ernstem Gespräch mit dem Grafen, er hat ihn befragt, wie er auf solche Studien wie das der persischen Sprache gekommen sei; es freut ihn, daß ich hinzukomme. Er rühmt die dichterischen Arbeiten des Grafen, sagt, es sei dies das schönste Ergebnis eines Lebens. Die Lyrik aber wird von beiden sehr arg zugerichtet, und das Motto R.'s: »Ich bin wie eine Blume« von dem Grafen jubelnd angenommen und beständig angeführt. – Abends liest R. uns den Beginn von »R. II.« zu unsrem Entzücken; unmöglich zu sagen, was alles darin ist, doch unmöglich, nicht fortwährend nach solch einer Lektüre davon zu sprechen. – R. hat einen neuen Aufsatz von Hans gelesen, worin, wie es scheint, wiederum Sticheleien gegen ihn sind! Er drückt seinen Haß gegen die ganze Musikwelt bei dieser Gelegenheit aus und sagt: »Das war noch vollends der Ruin, das einzige, was uns veredeln konnte, das in dieser Weise zu schänden wie diese Konzertanstalten, Musikfeste u.s.w. es tun.«

Sonnabend 27ten Das Hauptthema des Gespräches ist heute »R. II.«; R. liest für sich die Zurückkunft aus Irland und kann nicht genug sich in Bewunderung darüber ergehen. »Er ist mein einziger Geistes-Freund«, sagt er von Sh. – Wir fahren nach Eremitage aus, wo R. die Wässer hat springen lassen und wo es uns ungemein wohl gefällt. Von da aus zum Theater, wo R. einiges mit Brandt bespricht. Zurückgekehrt finden wir den schönen Brief eines Franzosen, welcher R. ungemein rührt; er ersucht mich, ihm die Antwort zu diktieren, und nachdem dies geschehen, verharrt er in sehr erregter Stimmung, sein Glück preisend, nur immer wiederholend, es sei 15 Jahre zu spät gekommen. Wolz. kommt abends, R. spricht ganz unumwunden zu ihm, wie sehr es ihn bedränge, ihn zur Niederlassung hieher bewogen zu haben, da er es nicht über [sich]* brächte, uns dann und wann auf unsren Fahrten zu begleiten. Zu Gobineau spricht er auch sehr, sehr erregt mit dem Wunsch, den Grafen zu bewegen, ganz unser Leben zu teilen.

Pfingstsonntag Ein schöner Morgen, wir frühstücken im Türmchen; R. hatte vorher mit Siegfried sich der Mannigfaltigkeit der Stiefmütterchen gefreut, und er teilt mir mit, daß, wie er den Knaben darauf aufmerksam machte, sie hätten völlig Menschengesichter, dieser erwiderte: »Ja, da ist der Fürst Ramacca.« Ich setze den Brief an H. Schön auf nach R.'s Angaben, und er unterzeichnet ihn. Am Nachmittag besuchen wir die schwarzen Schwäne, R. und ich füttern sie und freuen uns ihrer Traulichkeit und ihrer Schönheit, auch ihrer Freude aneinander, die sie uns förmlich durch Verschlingungen ihrer Hälse zeigen. – Abends spielt uns R. die zwei ersten Sätze der c moll Symphonie und die Liebesscene aus Lohengrin in wundervoller Weise, welche ihn aber nicht befriedigt; uns aber ist Beethoven's Genius durch ihn ganz nahe getreten!

Montag 29ten R. hatte eine gute Nacht; ich erhalte in der Frühe einen Brief von Lusch, der eher erfreulich ist, R. wünscht keine Kenntnis davon zu nehmen, da ihr Fortgang ihn kränkt. Er liest in der »Kawi-Sprache«, möchte seine große Arbeit beginnen, kann es aber nicht, der Unruhe wegen, welche die bevorstehenden Aufführungen in ihm erzeugen, da er doch nichts helfen könnte. Bei Tisch sagt er, um unsre Zeit zu bezeichnen, brauche man bloß das eine zu sagen: Während alle andren die Ahnen über alles geschätzt hätten, dünken wir uns über alles erhaben. Dann spricht er von der Liebe, und was aus einem Geschlecht werden könne, bei welchem die Zivilisation die ernsteste Absicht der Natur kreuze. Z. B. Romeo liebt Julie, sie ihn, die Zivilisation aber läßt ihn Rosalinde und Julie

* [ ] statt »ihn«.

Paris heiraten, welcher Stamm kann da entstehen. Sein Tristan sei daher sein tragischster Stoff, weil darin die Natur in ihrem höchsten Werke gehemmt sei. – Beim Kaffee erhalten wir Nachrichten über London, es wird ein Brief von Cyriax vorgelesen, R. kränkt es, daß Grav. nichts davon versteht, und schilt Boni, nicht mit ihm für sich zu plaudern, damit das Gefühl der Fremde ihm erspart bleibe. – Am Nachmittag fahren wir nach Fantaisie, leider treffen wir viele Bettler auf dem Wege an. Aber der Eindruck des Gartens ist ein höchst anmutiger, Flieder und Goldregen blühen, und wir sind in sehr heitrer Stimmung, welche bei R. sich auf das höchste steigert, wie er in unser Haus wieder einkehrt, den Garten durch den Saal in der Halle erblickt, dann den Saal selbst. Er kommt zu mir und sagt: Er habe die Kinder gesucht, um mir von ihm zu sagen: ›Es sei göttlich hier, und meine Frau ist göttlich‹, nun sage er es mir selbst!... Er setzt sich im Garten mit dem Grafen, während ich mich umkleide; bald höre ich mich von ihm rufen, ich komme und erfahre durch den Grafen, wie R. über mich gesprochen!... Daß keiner ein solches Glück gehabt. Eine anmutige Stunde unter allerlei Tierscenen – Tauben, die sich tränken, Hunde, die sich balgen, Amseln, die traulich auf dem Rasen hüpfen – folgt darauf. Beim Abendbrot spricht R. von den Goten und wie schwer es sei, sich jemand wie Alarich und Theoderich vorzustellen; von diesen »dämonisch von sich erfüllten Wesen, welche die ganze Römer-Welt wie Bagage betrachteten«. – Ich meine, Alexander wohl nicht unähnlich, R. sagt: Viel dämonischer. Abends ist es ein wenig schwierig, Freund Wolz. kommt, allein ein Gespräch will sich nicht recht herstellen, doch ist R. nicht müde.

Dienstag 30ten Die Kinderschar ist ausgeflogen nach Waldhütte trotz des Gewitters. Es ist noch sehr schwül geblieben, ich bemerke es und finde dafür, nachdem ich mit dem Grafen den Morgen zugebracht, den Gruß in Noten!*... Ich komme zu R. und finde ihn auf dem Ruhebett sitzend: »Ich genieße«, sagt er mir und wiederholt es, daß er sein jetziges Glück nicht ahnungsweise je geträumt hätte! Wir freuen uns des Familienbildes, und gar schön und freundlich kommen wir zu Tisch. Beim Kaffee spricht R. zu Gravina, daß er es Blandine erleichtere, zu ihrer eigenen Entwickelung zu kommen, da sie durch die älteste Schwester bis jetzt gedrückt gewesen sei. – Am Nachmittag gehen wir zu Jouk., die Gralsdecke zu betrachten, welche zu reich ausgefallen ist. R. läßt seine Abneigung gegen allen israelitischen Pomp aus und sagt, daß, wenn man überhaupt dazu kommt, Details zu beobachten wie Schrein etc., dann ist seine Absicht als

* Beigelegt ein von RW beschriebener Zettel: »Es ist wirklich schwül – aber ich bin violett–« und Notenzeile.

Dramatiker verloren. Wir kehren zu unsrem Garten zurück und freuen uns der schönen Umgebung! Auch der Mädchen Isolde und Eva, die heute besonders anmutig erscheinen, freuen wir uns. R. hatte einen finstren Augenblick heute früh, wie er die Adresse Lusch's: »An Frl. I. von Bülow« las, doch die düstre Anwandlung verging, und ununterbrochen freut er sich der Kinder und rühmt den Schoß, der ihnen den Stempel aufgedrückt!... Der Abend wird noch durch allerhand belebt: erstens durch eine Scene im Hühnerhof, in welcher wir intervenieren; R., es erzählend, bricht in Rühmen aus über die ausbrütende Truthenne, ihre sie verzehrende Hingebung an die Kleinen. Ein Gewitter mit Hagel bricht aus, es regnet heftig in unsre Speisestube, ziemliche Unruhe entsteht daraus, aber über alles siegt am Schluß des Abends R.'s Freude an den Kindern, die wirklich alle strahlend sind. – Auf ein Halbstündchen besucht uns Dr. Schemann; R. hält ihm seinen Cherubini und das Irrtümliche desselben vor; das sei keine tragische Figur, kein Vorgänger, ein vortrefflicher Musiker, in vielen Fällen selbst ein Musikant. Dagegen rühmt er die Arbeit über Goethe. (Depesche von H. N. über den Erfolg der Götterdämmerung, R. erwidert: »'s war viel gewagt, doch Wagner sagt, Lob und Dank sei nicht gespart.« –) Am Schluß des Abends, wie die Nachbarin und Graf Gobineau sich entfernt haben, seufzt er über das Leben, ich erwidre versöhnlich, er: »Ich will mit dem, was mein ist, woanders hinziehen.«... »Wenn ich dich nicht liebe!« zitierte er mir gestern, wie ich zu ihm kam, aus »Othello«, dies müsse man empfunden haben, um zu wissen. –––

Mittwoch 31ten Der eigentümliche Zug unseres Lebens wiederholt sich heute, ich beachte es, daß Loldi viele blonde Härchen entlang der Wangen hat, und es beschäftigt meine Gedanken abends; in der Frühe erzählt mir R., er habe geträumt, Fidi habe einen Backenbart! – Der Tag ist schwül und trübe trotz des Gewitters, R. erfährt einen großen Ärger durch eine ungezogene Antwort des Dieners, er will es mir mitteilen; der Zufall, daß die Jungfer mich frisiert, verhindert ihn, und wie ich ihn suche, finde ich ihn nicht. Endlich erfahre ich, daß er seinen Brustkrampf hat, und er bittet mich, mit den Gästen ohne ihn zu speisen. Doch am Schluß unsres Mittags erscheint er beruhigt! Am Nachmittag gehen wir spazieren im Hofgarten, allein der graue Himmel, die plötzlich ganz scheuen Schwäne, vor allem eine sehr törichte Militär-Musik stimmen uns nicht heiter; ein Besuch von Dr. Schemann und Wolz. regt R. eher auf, er kommt auf Cherubini zurück und sagt, viel mehr Kritik müßte ausgeübt werden. »Ihr verknust euch so in Büchern, und überall ist anzugreifen. Z. B. die Militär-Musik; soll ich es ertragen, daß mein Sohn und jemand wie Stein nach dieser –– Musik marschieren. Konservatorien, Konzert-

Anstalten, alles wäre vorzunehmen, statt dessen knaupeln wir ich weiß nicht was heraus.« --- Er ist aber abends sehr müde, und wie unser Graf angegriffen sich früh entfernt, begibt sich R. auch zur Ruhe. (Er meldete in diesen Tagen, daß die Regierung ein Gesetz gegen die Vivisektion erlasse.)

Juni

Donnerstag 1ten R. hatte eine gute Nacht, die letzten Nachrichten über den Zyklus in London sind gut. Die Freunde Groß speisen mit uns, das gibt zu allerhand Mitteilungen Veranlassung, auch zu großen Klagen über die hiesigen Arbeiter, welche uns die Not in der Speisestube eingebracht. Für mich ist heute Ausstattungsnot. Vor allem aber Bekümmernis um den Grafen, der recht recht leidend ist. – Ein Brief Daniela's über das Musikfest erregt R. nicht in angenehmer Weise; daß von T. und I. die 44 Violinen erwähnt werden, gegen welche zu kämpfen sei, berührt ihn um so peinlicher, als es das Konzert von Brahms ist, um welches [es] sich handelt und das Rub. scharf in den Blättern kritisiert hatte! Doch überstrahlt unsere Freude an uns alles, und wenn auch R. sagt, er sei zwei Monate zu früh zurückgekehrt, da er nichts hier zu tun habe, so begehen wir doch auch heute freudig eine Fahrt nach Fantaisie. Beim Abendbrot spricht er von den Ansichten des Grafen über die Sprachen, ihren Zusammenhang mit den Racen, und wie gemischte Sprachen keinen Wert hätten; und er rühmt es, welche Klarheit er auf diesem Gebiete Gobineau verdanke. Sie sollen leben, ruft er dem Müden zu!... Abends spielt er für Biagino das Parsifal-Vorspiel, mit Ärger über den Klavier-Auszug, und den Schluß des zweiten Aktes vom Tannhäuser. – Biagino teilt mir heute scherzend, aber gerührt mit, wie sich R. über seinen Charakter ausgelassen hätte, wie er sich über Kleinigkeiten so sehr ärgre, und hinzugefügt: »Ich hätte fünfzehn Jahre früher Cosima finden sollen.«

Freitag 2ten R. hatte eine unruhige Nacht, er hat aber in der Frühe kein Bewußtsein davon. Um die Mittagszeit erhält er einen Brief von H. Vogl, welcher erklärt, nicht ohne seine Gattin singen zu wollen. R. sendet den Brief durch Kmeister Levi an H. v. Bürkel. Ich erlebe mittlerweilen eine Konsultation des Dr.'s für unsern Freund, sie fällt wenig ermutigend aus! Ich entschließe mich, den Freund um jeden Preis hier bei uns zu behalten. Immer noch Mittagessen in der Halle; es ist die h. Blandine, R. schenkt Boni einen schönen Fächer, es ist das erste katholische Fest, das wir feiern! --- Beim Kaffee spricht man von dem Anteil, welchen das

Leben an Dichtungen habe; der Graf sagt, er habe nichts erfunden, und das Motiv, welches ein Buch hervorgebracht habe, sei interessanter als das Buch selbst. R. sagt halb deutsch, halb französisch: »Das erinnert mich an den König von Preußen, welcher bei Gelegenheit von Tr. und Is. sagte: Wie muß Wagner damals verliebt gewesen sein; nun weiß ein jeder, der mein Leben kennt, wie fade und nichtig es war, und ist es unmöglich, daß im Zustand der Verliebtheit man solch ein Werk schreibe; aber wohl war es meine Sehnsucht, in ein Meer von Liebe aus meinem erbärmlichen Leben mich zu verlieren. Und diese unerfüllte Sehnsucht gibt solch ein Werk ein, nicht die Erfahrung!« – Wir fahren zum Theater hinauf, Grals-Tempel, Blumengarten, Dürre erfreuen uns höchlich.* Die Rückkehr zum Heim gewährt jetzt auch R. immer eine Freude, und vom Garten aus ruft er mir zu: Wie er sich glücklich fände. »Du und ich, denke, was wir sind, und so wollen wir es andren gönnen, an diesem Glück teilzunehmen.« –– Ich komme dann zu ihm, der Graf gesellt sich bald zu uns, unser Freund Groß, seine unbedingte Ergebenheit wird besprochen. Weiter das Verhältnis der überlegenen Race zu den inferioren, z. B. den Negern; daß es der schönste Triumph des intellektuell Überlegenen, Liebe und Hingebung sich von den Unteren zu gewinnen, sagt R.; worauf der Graf sagt, bei dem Neger träfe man diese Liebe an, bei dem Mulatten nicht. –– Bei Tisch erzählte R., daß W. v. Humboldt ihn verzweifeln machte durch das viele Faseln um seinen an und für sich vortrefflichen Gedanken. Er drückt auch seine Antipathie gegen die englische Sprache aus, daß in ihr ein Shakesp. möglich gewesen sei, störe ihn nicht, das sei eine Anomalie, aber dichten könne man nur in der Sprache, in welcher man jedes Wort lebendig empfände. Die deutsche Sprache sei noch eine halb lebendige Sprache. Er zitiert das Zeitwort Sprechen als solch ein lebendiges, während Reden, »er redete, ich redete« etc., ein gemachtes, totes sei. Ich glaube zu verstehen, wie er beifügt, daß die englische Sprache eben geschaffen worden sei (unter H. VII.), da man früher französisch sprach; daß Shakespeare mit dem eben sich Erschaffenden auch schaffen konnte, ungefähr wie Dante; dann aber, wie das Mixtum compositum sich festgesetzt, auch der dichterische Tod bereits da war. – Abends spielt uns R. aus der d moll Symph. von Mozart das schöne Andante vor, dann aus der Es dur, später aus »Euryanthe« und die »Lützow'sche wilde Jagd«. Über das Elend Weber's, in die Oper seine herrlichen Eingebungen haben werfen zu müssen,

* Darauf bezüglich am nächsten Tag ein Telegramm aus Coburg: »Wir sind in größter Freude, zu Ihrer Zufriedenheit gearbeitet zu haben, und sagen herzlichsten Dank für Telegramm. Gebr. Brückner«, aus Coburg, 3. VI. 1882, 9 Uhr 50; dem Tagebuch beigelegt.

spricht R. Mir ist es, als ob der Abend sehr friedlich vorübergeht, aber nachher höre ich R. darüber klagen, daß er ›die Esel alle unterhalten müsse‹ – ich bitte ihn, es ja nur nach seinem Gefallen zu tun.

Sonnabend 3ten R. ist etwas leidend, die Vogl'sche Angelegenheit macht ihm Unruhe, und die Erwartung des Herrn Batz drückt ihn nieder. Er hatte gewünscht, diesen Herrn nur bei Freund Groß zu empfangen, dieser aber meldet sich mit Frau und reizt R. zur Wut durch seine Art. Es kommt heute zu nichts, und wird es abgemacht, daß morgen eine Konferenz bei dem Herrn Bürgermeister mit Freund Groß stattfindet. Ein hübscher Brief von Richter teilt den großen Erfolg der Msinger in London mit und meldet sehr a tempo, wie vorzüglich der Tenorist Winkelmann gewesen sei. Zugleich erhalten wir eine fr. Zeitung, welche das da capo von Tr. und Isolde in Aachen als Zeichen der Zeit darstellt. Nach allen diesen etwas bunten Eindrücken meldet uns R. den Tod Garibaldi's, hinzufügend, daß er ein antikes Wesen gewesen sei und zur Zeit Timoleon's gehört hätte. – Abends ist R. sehr müde.

Sonntag 4ten Er hat eine gute Nacht gehabt, aber der Ekel über seine Beziehung zu einem Menschen wie Herrn Batz, das, wie er es klagt, immer wieder von neuem Anfangen, auch das Unangenehme der Beziehungen zu Vogls, verstimmt ihn sehr! Und die »Kawi-Sprache« erfreut ihn nicht genügend. Er vergleicht das Werk mit »Oper und Drama«, von welchem er sagt: »Das sind Studien, Forschungen, die man für sich macht, die man aber nicht veröffentlichen sollte.« Doch glaubt er, daß er in »Oper und Drama« klarer und bestimmter gewesen ist. – Freund Groß kommt mit dem Bürgermeister und meldet, daß sie eine Besprechung soeben gehabt, deren Resultat gleich null ist. Bezeichnend für das Individuum ist es, daß H. Batz meinte, R. sei in ein[em] Schuldverhältnis zu den Herrn, weshalb denn diese seine Interessen so lebhaft vertreten!... R. aber erheitert sich bald und ist fest entschlossen, mit dem ihm Widerwärtigen nichts mehr zu tun zu haben. – Er schreibt heute an Seidl, ich an Richter. Am Nachmittag besucht uns ein Dr. Druffel, Militär-Arzt aus Minden, Vertreter des W.-Vereins. Wir verbringen ein Stündchen im Turm, wo aber wenig vom Verein, viel dagegen von Briganten gesprochen wird, unser Graf seinen Widerwillen gegen sie unverhohlen aussprechend und dennoch Züge von solcher Großherzigkeit erzählend – wie Ehrfurcht vor den Frauen –, daß R. meint, sie stammten noch von andren, uralten Zeiten. – Der Tod Garibaldi's hat in Rom eine große Bewegung erzeugt; R. vergleicht ihn mit Timoleon, nur daß sich das Beispiel in unsrer Zeit weniger würdig ausnähme! Die letzte Reise nach Sizilien hat für R. auch etwas Großes, Episches, und daß die Politik das Arrangement zu den Großtaten des

Helden gab, nähme diesem nichts von seiner Größe. – Ein Gewitter droht über uns, wie wir in der Halle das Abendbrot nehmen. R. denkt an Lear, und dieses Stücks sowie Othello's, »der an der List eines Korporals« zu Grunde geht, gedenkend, ruft er aus: »Das war doch der Größte von allen.« Dann betrachtet er die 12jährige Tätigkeit Sh.'s, sein sich Zurückziehen in Stratford, sein Glas Wein mit den andren trinkend, nachdem er die Welt gezeigt, wie sie ist, und selbst sich nie gezeigt. Dann schlägt er den 3ten Akt des »Lear« auf, und die Frage Kent's: »wer ist da außer schlechtem Wetter«, erregt seine Heiterkeit. – Und immer wieder und wieder, durch Gutes und Schlimmes, sind wir heute wie jederzeit uns gewärtig, was wir uns sind, nach 18 Jahren inbrünstiger noch vielleicht als im Beginn! – Und Vögel bauen ihre Nester im Saal! Gestern vermeinten wir, es habe sich ein Vögelchen verirrt, wollten ihn befreien, heute aber entdecken wir, daß drei Nester begonnen sind, und es ist ein beständiges Hin- und Her-Flattern, nur heute nachmittag – erzählt R. –, wie er herunterkam, wollte ein Kleiner herein, und wie er ihn gewahr wurde, huschte er fort wie Siegfried's Vogel vor Wotan. –– Beim Kaffee wurde das Märtyrertum der h. Blandine erwähnt, der Graf sprach von dem Mißverständnis der Heiligsprechungen, da sie gewiß eine Häretikerin gewesen, die Kirche aber gäbe sie dem Volk als reine Katholikin; R. ergeht sich mit Feuer darüber, daß das Beispiel es sei, welches diese große Wirkung getan; was die Kirche vielleicht bereits zehn Jahre nach dem Tode damit anfinge, sei gleichgültig, aber was begeistre, sei das Martyrium. Und solche Wesen wie der h. Franciscus, die dienten schließlich unbewußt den Zwekken der Kirche, wenn sie auch mit diesen nichts gemein hätten. Wie z. B. die lahme Schwester des Grafen, welche von ihrem 14. Jahre an nur daran gedacht hat, Klosterfrau zu werden; solche Beispiele, sagt R., führen die Jesuiten an, und sie geben ihnen die Kraft. Vorher war von der Gnade die Rede gewesen, von dem Stück von Calderon, »Die Anbetung zum Kreuz«, R. erkennt darin eine ganz tiefe Wahrheit, die aber zu dem ärgsten Mißbrauch führen mußte.

Montag 5ten R. hat gut geschlafen und ist bei aller Beklommenheit durch das Widerwärtige heiter. Am Vormittag singt er von seinem Stübchen zu mir: »we belong to the temperance society!« in Bezug auf die »Kawi-Sprache«, welche ihn sehr langweilt. Ich komme zu ihm herein, und wir betrachten meine Portraits: »Du kannst mir glauben«, sagt er, »wir beide sind nicht zu malen.« Ein Brief Lulu's stimmt traurig, R. wirft es sich vor, das Mädchen durch sein Eingreifen in solche Konflikte versetzt zu haben. Das Schlimme sei für ihn, daß er selbst hier nichts tun könne. Da unser Graf sich wohler fühlt, sind auch die Gespräche heiter.

Am Nachmittag gehen wir, R. und ich, in den Hofgarten spazieren. Abends wird geplaudert, R. erheitert uns sehr mit dem Ausspruch, daß gebildete, geistvolle Menschen langweilige Bücher schrieben, [aber] sehr angenehm für den Umgang seien. Beim Abendbrot hatte er seine Abneigung gegen Ariost und was er die ganze Renaissance-Poesie nennt, die an Vergil, den er selbst nicht leiden könne, sich anlehne, [ausgesprochen]. Cervantes dagegen käme ihm gleich nach Shakespeare. – Wie Gob. uns von der Art des fr. Publikums [erzählt], u. a. von einem Herrn, der in einem Stück von Racine ihm sagt: Er fühle sich besser, wenn er das höre! R. behauptet darauf, daß das deutsche Publikum noch obenein eine Kopie von dem sei, und leugnet mir geradeswegs, daß es besser sei als das fr. – Schließlich gibt er mir »verwahrloste Anlagen« zu, und daß sie alles durcheinander sich gefallen ließen, auch wäre ihr Musizieren, Sing-Verein-Tätigkeit, alles eine Art Heuchelei. Wie wäre es sonst möglich, daß sie neben Beethov. alles mögliche noch bejubelten. Die Aufsätze von Hans u. a. seien möglich. So ein elender Musiker wie St.-Saëns habe die beste deutsche Oper nach ihm, R., geschrieben.

Dienstag 6ten R. hatte eine gute Nacht, und beide wir* gratulieren heitren Herzens unsrem Siegfried! Zu Mittag spricht R. ihm den Toast, sagt aber, daß er keinen halten könne. Am Nachmittag wird bei Jouk. gefeiert, R. kommt hinzu, aber Tanzen, Qualmen und Lärmen sind ihm bald widerwärtig, und wir kehren mit dem Grafen heim, im Turm ein Stündchen zubringend unter allerhand Gesprächen über moderne politische Größen, Thiers, Guizot etc., R. sagt, wie er von fern nur einen Einblick in diese politische Welt getan, habe er es sich geschworen, nie mehr an äußeren Ereignissen einen Anteil zu nehmen. Abends spielt er uns das Vorspiel zu T. und I. und erschüttert uns tief alle, mit Ausnahme unseres guten Grafen, welcher gleich nach dem Schluß aufsteht, um R. ein schwedisches Zeitwort mitzuteilen, nach welchem gesucht worden war, als R. gefragt, woher das *I am* der Engländer wohl kommen könne. – Wir haben darüber viel Heiterkeit!

Mittwoch 7ten Wir wachen alle wohl auf; R. liest seine Schrift über »Staat und Religion« durch und erfreut sich an der guten Fassung derselben. Bei Tisch beschäftigen uns die Griechen und Perser, der Graf geht so weit zu behaupten, die Perser hätten immer die Griechen geschlagen! R. aber will seiner Theorie über Alexander folgen und seine Geschichte der Perser lesen. – Wir fahren zum Theater, R. und ich, durch H. Brandt gerufen, und sehen mit Befriedigung den Turm, die Au und die Wandel-

* Bei Seitenwechsel verstellt.

dekoration. R. ist sehr erfreut dadurch; im Gärtchen von Herrn Moritz, unter Liebkosungen von Faf und Freia, trinken wir Bier, und R. ruft aus: Nur das unter Künstlern Sein sei erfreulich, nur die Künstler wüßten etwas. Er ergeht sich dann über die Malerei im Dienst der Bühne, das sei wie die Musik im Dienste des Dramas! Die Leute verachteten sie eigentlich, aber sie sei das Lebendige, und er gibt dem Maschinisten den Vorrang vor dem Architekten, der heutzutage nur kopieren könne. – Heimgefahren nehmen wir Abschied von Biagino. Dann beschäftigt uns kummervoll ein Brief von Daniela! Ach Gott!... R. macht sich Vorwürfe, die Beziehungen zu ihrem Vater für das Kind wieder angeknüpft zu haben. – Eine Diversion macht die Veröffentlichung der Kostüme von Herrn Seitz, welche uns etwas erstaunt. Abends liest R. uns die ersten Seiten von »Staat und Religion«, dann auch das Gedicht an den König, vor bald 18 Jahren gedichtet. Letzteres ist ihm peinlich in der Empfindung, und er klagt über alles, was man täte, um dem Gespenst der Langeweile zu entfliehen.

*Donnerstag 8ten** Unsere Gespräche in diesen Tagen beschäftigen sich mit dem armen Lusch, wie »eine lebendig Begrabene« betrachtet sie R. nun, und mir ist es schwer um's Herz! Wir fahren, R. und ich, nach Tisch zum Bürgermeister und erfahren dort allerhand; erstens den endgültigen Entschluß des Herrn Vogl, zweitens die böswillige Aussage über Blattern in Bayreuth (gegen die B. Blattern die Bayr. Blätter sagt R.), welche zahlreiche Anfragen nach sich gezogen! Abends liest R. uns aus dem zweiten Teil des »Faust« den Monolog und die Scene zwischen Mephisto und Faust; das Zitat »Gestank und Tätigkeit« brachte ihn darauf, und wir erfreuen uns unsäglich an dem einzigen Werk. (Er schreibt an Plett. & Schwab.)

Freitag 9ten R. befindet sich nicht ganz wohl und mediziniert. Zu Mittag aber, an welchem unsre Freunde Groß und Bürgermeister teilnehmen, ist er sehr heiter; daß es in München keine Schwierigkeit gibt betreffs Vogl's, ist ihm sehr recht. Einen Brief Lusch's will er lieber nicht lesen, und ein Brief M. Dönh.'s erregt einen Ausruf gegen die »nichtigen« Frauen, die »Tintenwischer«, wie er sie nennt, bei denen nichts ächt sei, die man nicht zum Stehen bringen könne. Zu mir hatte er vorher gesagt, ich könne nicht glauben, wie alles, alles ihm erstorben sei, wie welke Rosenblätter läge alles um ihn herum. Gen Abend kommen wir wiederum mit dem Grafen auf Normannen und Sachsen zu sprechen, R. gibt dem Freunde zu, daß die Normannen das letzte Heldengeschlecht gewesen

* Irrtümlich »9ten«.

sei[en], bestreitet aber, daß sie alle Kultur den Ländern gebracht, die sie eroberten; sie hätten die vorhandenen Kräfte verwertet, vor allem in England; er führt den Vers aus dem »Faust« an, den Gesellen, der reizt und wirkt, als Teufel schafft, das seien die Normannen! Und das Zitat führt uns zum Prolog, den er uns liest. – Vor der Lektüre hatte ich noch angeführt, was R. in der Frühe beim Frühstück mir erzählt, den kühnen geistvollen Zug Richard's II. bei dem Aufstand von Tyler; und wie er dem Volke als Führer sich anbietet. Diese Züge von Humor und Mut erkennt R. bei den Normannen an, findet es nur bedenklich, daß sie – einzig unter den deutschen Stämmen – ihre Sprache verloren.

Sonnabend 10ten R. hat gut geschlafen, wir nehmen ein gemütliches Frühstück, wonach ich mich bald aufmache, um Besuche zu machen und bei dem Dekan Caselmann auf Schwierigkeiten wegen doppelter Trauung stoße. Bei Tisch führt die Mitteilung das Gespräch auf die beiden Konfessionen; R. sagt dem Graf, daß er mit der Verteidigung der Inkarnation des assyrisch-semitischen Wesens sich selbst widerspräche, der Protestantismus sei der letzte Ausdruck des germanischen Bewußtseins gewesen, und auch die Protestanten seien zu wenig zahlreich gewesen. Beim Kaffee zeigt uns R. einiges aus dem Werke »Indien« und sagt es uns, wie erbärmlich die Europäer sich dagegen ausnähmen. Ich hebe dagegen den griechischen Tempel hervor, er gibt mir recht und ergeht sich mit größter Lebhaftigkeit in der Darstellung des griechischen Wesens, was einzig in der Welt sei, was Begabung und Leben beträfe, da jedes Glied dieses so kleinen Ganzen gelebt hätte. Wir machen uns später auf zum Spaziergang, R. und ich, werden aber vom Regen befallen, es ist auch kalt, R. zeigt mir welke Knospen, das Gartenhäuschen ist ganz feucht; recht deprimiert kehren wir heim; bald habe ich mich erholt, auch tritt die Sonne etwas heraus, R. kommt zu mir und klagt über das Mißgeschick; ich teile ihm einen Brief von H. Francke mit, R. möchte ihm aber nicht den Kontrakt erneuern, wegen H. Neumann. – Vielfach heute klagt es R., wie zuwider ihm die Welt sei, er habe Lust, alles aufzugeben, ganz nach Italien zu ziehen; gestern schon sagte er mir, er verzweifle so an allem, daß es ihm recht sei, wenn Fidi ganz seine eigenen Wege ging. – Abbildungen der Portraits von Mart. Luth. und seiner Frau, nach Cranach, in der I. Zeit. sind ihm auch unangenehm. Er verläßt mich, mir sagend, ich möchte aber bald mich nach ihm umsehen. Wie ich hinunter in den Saal komme, liest er in Hume's Geschichte von England. (Beim Mittags-Tisch hatte er uns erzählt, er beschäftige sich, wie es im Talmud heiße, daß der liebe Gott sich beschäftige, welcher die Bibel lese; er lese seine Schriften. Und humoristisch hatte er sich weiter mit dem lieben Gott verglichen aus dem Prolog, während Gob. Mephisto sein würde.) Der Abend behagt ihm nicht recht, der Graf erzählt vieles aus Schweden und Norwegen, und das Akzentlose der fr. Sprache ist R. peinlich. – Aber er liest uns zwei Sagen aus der Saga-Bibliothek von Lachmann, die von dem Skalden in Amerika, welcher, sich nicht nennend, den Isländern Ring und Schwert für Thuride gibt, und er und wir alle sind ganz erfaßt von dem großartigen Charakter dieser Sachen.

Sonntag 11ten R. ist in der Frühe mißmutig, das kalte, rauhe Wetter ist ihm feindlich. Er beginnt einen Aufsatz für die B. Blätter über den Schul-Gedanken und sagt mir, er sei neugierig, ob ich ihn durchgehen lassen würde, er »schimpfe« so sehr darin. »Wenn die Baschkiren kommen«, ruft er aus, »ist es mir um die Musik keine Not.« Beim Kaffee kommt wieder die Rede auf Racen, und wie Freund Joukowsky für das Bürgertum eintritt, kämpft Gob. dagegen, bis es sich dann durch R. erklärt, daß der Graf keinen Stand, aber die Reinheit des Blutes verteidigt. Das Wetter verbietet das Spazierengehen; R. wandelt im Garten umher mit den Hunden, vor allem Marke, der der treueste Gefährte bleibt. Am Nachmittag liest er weiter in Hume (R. II.) und hebt es hervor, wie überlegen der Dichter dem Historiker sei; wie alles in der Geschichte nur grausam und roh sei, der Dichter aber uns dabei den Leidenden zeige und dadurch unsere Sympathie erwecke. Beim Abendbrot zitiert er das Wort von Humboldt über den Unterschied der antiken und modernen Dichtungen, daß die neueren von innen heraus, [die] alten dagegen von außen her ihre Gestalten bildeten, was den letzteren diesen Stempel des Typischen, sogar Monotonen aufgedrückt, vortrefflich mit Masken und Kothurn für 30000 Zuhörer. Da Jouk. erzählt, er lese jetzt die Schiller'schen Dramen durch, ergehen wir uns in Betrachtung hierüber, auch über »Kabale und Liebe«, und R. darin ein ächtes Bild der Zeit [ersieht]*, rühmt es mit lauter Ergriffenheit, daß der deutsche Geist sich aus dem Zustand der Submission und Devotion zu den freiesten Geistern erhoben hätte. »Man war wohl zu entschuldigen, wenn man dem deutschen Geist eine besondere Sendung zuerkannte.« »Und es ist nicht leicht, dem zu entsagen.« Da bei dem ferneren Gespräch über [den] Dichter, welcher, wie R. sich ausdrückt, Gestalten zu sehen habe wie Faust und Mephisto, D. Quixote und Sancho, Dante und Vergil, und alle in Shakespeare, auch Goethe's erwähnt wurde, bemerkt Jouk., daß in den »Wahlverwandtschaften« für ihn keine Gestalten seien: »Das ist ein Problem«, sagt R., »mit einem idealisierten Erlebnis.« – Abends liest er seine Lieblingsscene vor von Falstaff mit dem

* [ ] gelesen: »ersehnt«.

Oberrichter, und dann spielt er etwas aus dem letzten Satz von 111 und den ganzen ersten von 101 (A dur), zu unserem Entzücken; wie stimmen wir ihm alle bei, wie er leidenschaftlich erklärt, mit diesen Werken habe Beethoven eine ganz neue Welt enthüllt, und alles Melodie, Gestalten, die auf einen zukämen, die kein Auge sehe. »Aber es ist zu Ende mit der Musik«, ruft er schmerzlich aus, »und ich weiß nicht, ob meine dramatischen Explosionen das Ende aufhalten können. Es hat so kurz gedauert. Aber diese Dinge haben mit Zeit und Raum nicht[s] zu schaffen.« Er gedenkt dessen, wie aus tiefster Not das deutsche Volk diese Zuflucht fand, diese andre Welt. Dann fügt er heiter hinzu, es sei schön, daß die Ahnen einem immer das Höchste blieben, ihm fielen immer die Werke der andren, nie die seinen ein. Er spielt dann auf unsren Wunsch etwas von sich, aus der Walküre 1ten Akt den Schluß. Er hofft, daß mein Vater uns etwas spielen werde, dieser sei der einzige, mit welchem er musizieren könne. – Bei der Heimkehr aus dem Garten hat er ein symphonisches Thema aufgesetzt: Ich brauche nur Ruhe, es schwärmt dann gleich um mich. – Er hat auch am Abend in die Partitur der »Armida« gesehen und uns mit großer Heiterkeit das: ici l'on danse gezeigt. – Beim Kaffee gedachte er aber des 50. Geburtsfestes mit dem ihm widerwärtigen und doch so wichtigen Pfistermeister ganz solo! Ich darf es ihm mitteilen, wie damals meine Vorstellung von seinem Leben war, und daß ich nicht anders annahm, als daß sein Leben etwas geschmückt sei; er sagt, daß ich, nach dem meines Vaters urteilend, es wohl annehmen durfte.

Montag 12ten R. arbeitet an seinem Brief an Schön, ich habe bei dem katholischen Pfarrer dieselben Schwierigkeiten wie bei dem protestantischen! Ein Brief von Lusch aus Nürnberg greift mich tief an, doch benimmt sich das Kind gut. Wir fahren zum Theater hinaus, wo leider R. einen großen Ärger hat, da die Arbeiten für die K.s-Loge kaum vorwärtsgehen. Abends tritt die Frage der Aufnahme des Großherzogs v. Schwerin an uns heran und ist sie schwierig genug, da, wie es scheint, die Bewirtung durch den König diesmal aufhört und der König die Nötigung, die fremden Fürsten zu empfangen, angibt, um nicht zu kommen.

Dienstag 13ten Das windige, graue Wetter empört R. geradeswegs, und wie er bei Tisch wiederum Champagner kommen läßt, sagt er, es bliebe einem nur entweder zu trinken oder zu räsonieren. Er arbeitet in der Frühe an seinem Brief an Schön und sagt uns scherzend, er schimpfe auf alles. Am Nachmittag fahren wir zum Theater und erfahren Unerfreuliches durch die erste Wald-Dekoration und durch den Schluß der Wandel-Scenerie; auch die Kuppel des Gral-Tempels erfreut uns nicht ganz! – Die B. Blätter machen einen angenehmen Eindruck auf R. durch den Bericht über die Vorlesung des Parsifal seitens der Schauspieler aus Braunschweig. Dann spricht R. mit dem Grafen über die religiöse Realität des persischen wie des griechischen Theaters; er sagt, die verschiedenen Handlungen desselben seien wie das Nehmen der Hostie seitens des Priesters, das sei nicht mehr, und er dagegen, R., werfe das Traumbild auf. Abends liest R. uns aus dem 1ten Teil des »Faust« die Scenen nach dem Spaziergang bis zum Eintritt des »fahrenden Schülers« vor, die erste mit Mephisto namentlich erscheint R. meisterlich. Spät am Abend, wie wir schon zu Bett liegen und beim Einschlafen sind, höre ich R. sagen: »Was macht schön? Der unmittelbare Zusammenhang des Herzens mit dem Gehirn.« Er hatte dabei an unsre Mädchen gedacht. Sehr erheitert es uns, daß ich zuerst glaube, er spräche von unsrem Freund Schön, und erwidere: »Es geht ihm wohl gut.« ––

Mittwoch 14ten R. hat eine unruhige Nacht gehabt, er klagt über die wilden Träume, welche ihn in der Frühe beängstigten. Doch ist er gut aufgelegt, er spricht zu mir von der Absurdität, welche durch die Notwendigkeit der Wiederholung in der Musik zum Vorschein käme, z. B. bei der Erscheinung von Klärchen dem Egmont, wo, was sie schon einmal ausgedrückt hat, von seiner Hinrichtung, sich wiederholt, wie wenn sie sagen wollte, »hast du verstanden, du wirst hingerichtet«. Im zweiten Akt von »Fidelio« das gleiche. – Wir haben viele Batz-Nöte, er hilft sich telegraphierend an Voltz, daß er nur mit ihm zu tun haben will, und gibt den vierten Teil der Tantièmen auf. Er ruft uns zu Tisch mit dem eben angekommenen Tamtam aus London, kommt aber später, da der Ärger über diese Batzischen Dinge ihm ganz die Lust benimmt. Begrüßung mit dem Kmeister Levi, der eben angekommen; allerhand Besprechungen, doch nicht unerfreuliche. Nach Tisch geht er trotz schlimmen Wetters im Garten spazieren, kommt dann hinauf zu mir und liest mir einiges aus seinem Brief vor, über meinen Vater, dann über die Brahms'schen Symphonien! – Später kommt er zum Grafen, wo ich bin, und spielt die Au, unterbricht sich aber, von einer Amsel zerstreut, welcher er entzückt lauscht. Wirklich, der Ruf, in seiner Mannigfaltigkeit, in »seinem Witz«, wie R. sagt, ist nicht zu beschreiben, auch nicht die Rufe R.'s an den kleinen Kerl, der einsam auf dem Dach des Häuschens inmitten des Regens sich so müht, das Weibchen zu locken, »du armes Tierchen«, »du guter Kerl«, und vieles noch! »Die Geschöpfe sind besser wie der Schöpfer«, sagt er schließlich. Eine Depesche von Voltz, daß er in *»aller Kürze«* käme, erheitert R. durch diese Fassung. Die B. Blätter bringen einen Aufsatz gegen die Fleischnahrung, welcher R. sehr einnimmt, er möchte nur Milch trinken, das Fleisch ist ihm widerwärtig. – Abends spielt er sein Präludium von

Bach, dann spielt Levi eine Orgel-Phantasie und eine Fuge aus dem Wohlt. Klavier, endlich wird eine Kantate »Gleich wie der Regen und Schnee« vorgenommen, die aber etwas Msinger-artig, klotzig erscheint. R. sagt, um so wunderbarer sei es, daß die vorangegangenen Sachen aus dieser Welt hervorgegangen!*

Donnerstag 15ten R. hat gut geschlafen, doch erregt es mir Kummer, daß er sich an die verordnete Diät nicht halten will und jetzt z. B. wieder Milch, Kaffee und Butter des Morgens nimmt. – Eine große Ursache zu Kummer war mir heute Siegfried, ich traf ihn ganz in der Frühe an, bereits seine Zeit vertändelnd! Es bedrückt mich dies so sehr, daß, nachdem die geschäftlichen Gespräche mit Freund Groß vorüber sind, ich R. meine Sorge mitteile und die mir wünschenswert erscheinenden Maßregeln. R. hat auch Beobachtungen über Fidi gemacht, über seine Verwilderung, er befürchtet auch Weichlichkeit bei ihm. Wir schließen die »Kapelle«, Fidi's Haupt-Vergnügen! R. besichtigt sie und findet sie nicht seines Alters würdig. – R. liest einzelnes beim Kaffee aus seinem Aufsatz vor. – Dann aber gibt es viele Klagen über das Wetter, welches allerdings gar schlimm ist. Ein Band, welchen der Graf R. schenkt, bringt diesen auf die Besprechung der fr. Poesie, welche keine sei für ihn, da die prosaischsten Ausdrücke (z. B. »avoir sous la main«) darin gebraucht würden. Auch erklärt er sich gegen die Normannen, weil sie ihre Sprache aufgegeben, und zwar für eine so fremde. Bei Tisch kamen wir auf Hoffmann, und er sagt, daß er nicht begriffe, daß nicht ein Ballett aus der »P^{in} Brambilla« gemacht worden sei, er habe es öfters dafür empfohlen. – Dann gibt ihm die Wut auf das schlechte Wetter den Einfall, einen Salon-Wagen bauen zu lassen. Wir musizieren abends nicht, es wird aber das Thema der Wiederholungen besprochen; R. erwähnt das Beispiel aus »Medea« von Cherubini, und wie ich meine, daß Gluck wohl solche Irrtümer nicht begangen habe, erwidert er, doch, und zeigt in der »Iphigenie« eine Stelle, wo einfach da capo dasteht. Wiederholt spricht er seinen Widerwillen gegen das jetzige Musikmachen aus.

Freitag 16ten R. hat gut geschlafen, aber mit allerhand Träumen; zweimal vom deutschen Kaiser, daß derselbe sehr freundlich ihn besucht habe, R. ihm die Hand geküßt, aber auch die Kaiserin sehr gnädig, nur wie sie sich entfernt hätten, hätten sie anstatt der Treppe eine Art Hühnersteige beschritten; über dem Gedanken, wie sie nur da durchkönnten,

* Acht Seiten später, unter Sonntag, 18. Juni, unten nachgetragen: *»Note zu Mittwoch 14ten.* Bei Gelegenheit der Ouvertüre zu den ›Feen‹ sprach sich R. sehr gegen das Herausgeben dieser Jugend-Werke oder Gelegenheits-Kompositionen [aus], ›die noch dazu nicht aus den allerhöchsten Okkasionen entsprossen seien‹.——«

wachte R. auf! Allerhand Papierdurchsuchungen für mich, immer wegen H. Batz. R. erwähnt dagegen rühmend des D^r's Neumann, welcher jetzt in Leipzig die sämtlichen Werke R.'s gibt zum Abschluß seiner Theaterdirektion. Neulich schrieb ihm R.: »Ich bewundre Sie.« Bei Tisch macht sein Wort »Krähieren« bei Gelegenheit der beiden Vogls sehr lachen. Man spricht bei Gelegenheit irgendeines Ehepaars von Liebkosungen, R. sagt: Die Liebkosungen sollten immer unter Tränen geschehen. Aber die Freude dieses Tages bist du, Siegfried, gewesen! Du warst gut, wie du mir heute antwortetest, und auch dein Vater, zu dem ich dich schickte, war mit dir zufrieden!... Gestern abend sagte dein Vater, man möchte verzweifeln, wenn man an die Nachkommen der großen Männer dächte, Goethe, Schiller, Weber (besonders, sagt R., der eine schlimme Erinnerung an Max v. Weber hat), immer dringender sähe er es ein, daß man den Charakter und seine Stählung vor dem Sinn dabei haben müsse. Nun sind wir heute hoffnungsvoll, mein Kind, und wenn du dereinst – vielleicht auf Irrpfaden begriffen – diese Zeilen findest, so möchte der Segen der Mutter, die Freude der Mutter dich weisen!... Das Wetter verspottend sagt R.: Es sei sehr notwendig, 1.200 000 Mann auf den Beinen zu haben, damit die Franzosen uns ja nicht dieses Land nähmen. ⟨Wenn es nach ihm ging, verkaufte man es an die Franzosen und wanderte nach Taormina mit dem Gelde aus!⟩*

Wir erwischen doch einen freundlichen Augenblick und gehen im Hofgarten spazieren, R. und ich. Die Amseln erfreuen uns, und die Schwäne geben eine völlige Poesie. Abends liest R. uns den »Solon« von Stein, und wir sind überrascht durch die Tiefe der Gedanken und die besonnene Fassung derselben; auch durch die Charakteristik, z. B. findet R. den Krösos ein Gemisch von Anstand und Aufgeregtheit. (Gestern betonte R. das Richtige des Ausspruchs von Jean Paul, daß das Wesen des Künstlers in der Besonnenheit läge, die Besonnenheit gäbe gewiß keinen Einfall, »die heutigen Herrn komponieren alle besonnen«, aber sie sei notwendig, um den Einfall wiederzufinden. –) – Beim Kaffee hat er das »Nirwana« von Hans besonders hervorgehoben und bedauert, daß es ihm nicht möglich sei – »Hans würde es für Hohn ansehen« –, zu sagen, wie viel bedeutender er es fände als alle jetzigen Kompositionen.

Sonnabend 17ten Etwas unruhige Nacht. Große Kälte und Abschied vom Grafen, welches uns mit trüben Gedanken erfüllt. R. beendigt die Abschrift seines schönen Briefes an H. Schön und bringt mir dieselbe am Nachmittag. Bei Tisch wurde zumeist vom Grafen und dessen Los ge-

* ⟨ ⟩ von fremder Hand mit Tinte unkenntlich gemacht.

sprochen; beim Kaffee aber von dem Zustand des deutschen Reiches (es heißt, Bism. habe erklärt, er wisse nicht recht jetzt, ob F. Wilh. III. nicht sehr recht getan hätte, indem er die Kaiserkrone ablehnte). R. betont den Unterschied von den Motiven, welche den Freiherrn vom Stein zu einer Vereinigung der Stämme als Wunsch geführt hätten, um etwas im deutschen Wesen zu retten, und den Motiven Bismarck's, welche die der Protzigkeit* des preußischen Junkers seien. – Am Nachmittag gehen wir spazieren und haben eine melancholische Empfindung von Himmel, Bäumen, wandelnden Menschen, eine ganz niederdrückende aber von der Militär-Musik, welche gemeinste Tänze und Märsche aufspielt! – Beim Abendbrot erzählt R., er habe an Dannreuther, in einem Couvert mit der umständlichsten Adresse versehen, nur das Wort »ausgezeichnet« zugeschickt. – Nach dem Abendbrot wird die Besetzung der Rollen durchgesprochen, und R. ist fest entschlossen, die Prätentionen der Sänger (des Creierens) zurückzuweisen. Ich lese seinen Brief vor, der den Eindruck hervorbringt, den er hervorbringen muß. Beim Abendmahl hatte er schon erzählt, daß er den Witz über Niemann und seinen Bart gestrichen habe, »ich habe an dich gedacht; wie ich ihn machte, dachte ich nicht an dich und wurde ungezogen«. – Er habe überhaupt gar keine Lust mehr, öffentlich witzig zu sein. Über die Militär-Musik nimmt er sich vor zu schreiben, und zwar für das Fritzsch['sche] Blatt, da er H. Fritzsch sehr gut bleibt. Er liest uns einiges aus dem Aufsatz des Dr. Grysanowski (Bayr. Blätter) vor, was er vortrefflich findet (über den Krieg), fügt aber hinzu, es sei ganz unmöglich, irgendeinen Einfluß zu gewinnen, es sei ganz einerlei, was man schriebe.

Sonntag 18ten R. hat einen kleinen Krampf-Anfall, kommt aber auf den Gedanken, die Diät nicht sonderlich viel mehr zu beachten, sondern wie eine Art Schlucken dieses Übel zu behandeln. Zum Glück sieht er sehr gut aus!... Er korrigiert seinen Aufsatz, bringt ihn selbst in die Nachbarschaft (ein Brief von H. Schön liegt vor, den will er aber nicht lesen, um sein Schreiben unbefangen zu veröffentlichen). Vor Tisch setzt er sich in [den] Garten, Siegfried und Eva gesellen sich zu ihm, und er sagt mir, er habe herrliche zehn Minuten genossen, unsäglich dankbar würde man für den Sonnenschein, und mit dem geringsten Flecken würde man sich begnügen, sagt er. Beim Kaffee freut er sich auch der blauen Tapete im Saal, der Wappen, er dankt Jouk. für erstere. H. Schwab, der Kostümier aus Frankfurt, ist da, Fritz Brandt auch, und so unternehmen wir eine Fahrt mit dem ganzen »Kunstwerk der Zukunft« über Eremitage nach

* Von fremder Hand geändert in »Trotzigkeit«!

dem Theater. R. ist sehr heiter. Auf der Bühne steigt er bis zum Schnürboden und probiert, was [er] das *A* dam – Dam nennt. Bereits aber umwölkt sich das Wetter!... Abends ziehe ich das Kundry-Kostüm an, welches vielleicht nicht ganz den Erwartungen entspricht. Das Gespräch wendet sich zur Musik, und R. hebt es hervor, wieviel schöner, edler – nebenbei, daß der ganze Einfall Rossini gehörte – die Melodie des Gebetes von »Moses« sei als das Verschwörungs-Unisono der »Hugenotten«. Wie alle sich entfernt hatten, lese ich R. das Konzept des Briefes an den Bürgermeister, um welchen R. mich gebeten hatte, vor; er findet ihn gut. – Wie er gestern von seiner Arbeit sprach, sagt er, er lasse jetzt so viel aus, es genüge, daß der Pfau schrie, um daß er zerstreut würde (der Ruf des Pfaus macht ihm viele Freude, er sagte neulich, er fände sich wie in Indien versetzt).

Montag 19ten R. hat gut geschlafen, wenn er auch immer zwischen 4 und 5 in der Frühe schon erwacht. Das Wetter ist grau, und das Gedenken des Verhältnisses zu Herrn Batz nicht danach angetan, ihn zu erheitern. Zuweilen ist der Gedanke der Flucht aus diesem Wust von Unsinn ihm sehr nahe. Bei Tisch malte er es Loldi scherzhaft aus, wie er mit ihr auf einer wüsten Insel wäre mit Hunden statt Menschen, eine Kuh bäte sie flehend, sie zu melken, was sie täte, dann und wann erblickte man ein schiffbrüchiges Schiff, welches einen Brief von Eva brächte, denn Eva gäbe nur brüchigen Schiffen Briefe, da nur diese die Insel sähen. – Er war den Morgen dadurch sehr angegriffen, daß er seinen großen Ankleidestuhl selbst rückte, er muß die Vorbereitung mit dem Kapellmeister aufgeben. Er liest in Hume und nimmt großen Anteil an H. V., möchte noch einmal sehen, wie es kommt, daß er bei Shakespeare uns so wenig sympathisch ist. Er glaubt, wegen der Teilnahme, die man für das »Genie« Falstaff habe. – Bei Tisch spricht er von der »Zauberflöte« und hebt es hervor, wie wenig – mit Ausnahme etwa der Chöre – die Musik der Dichtung überlegen sei, und das sei das Hübsche daran. Dann wird der Fall mit H. Vogl besprochen und dessen verschiedenartige Leistungen, R. nennt ihn u. a. im Laufe des Gesprächs »ironischen Ak*tuar*« und spricht von seinem polizeilichen Sarkasmus. Beim Kaffee liest er einen guten Brief von H. Scaria, dessen Mitwirkung ihn erfreut; wie aber in dem Brief ironisch H. Neumann »Ehrenmann« genannt wird, sagt R., er stünde [wie] zwischen allen diesen Dingen*, und erzählt die Richter'sche Anekdote von Kapellmeister Proch, der nicht früh genug fertig sein konnte und gleich nach dem letzten Wort im Zwiegespräch (Schuft!) und dem Schuß (Puff) die elegi-

* Danach ein »wie« eingefügt, beabsichtigt vielleicht bei »stünde« in der Zeile davor.

sche Melodie, ob die Wolke sie verhülle, im Orchester beginnen ließ. Auch über die Instrumentation von T. und Isolde spricht R., die er, namentlich bei den jetzt so wenig bedeutenden Sängern, entschieden im 2ten Akt zu reich findet. – Gegen 4 Uhr fahren R. und ich im Strapontin, der ihn immer freut, zum Theater; Kostüm-Probe, die wir wohl in drei Momente teilen können: 1° Schrecken, 2° unbändige Komik der Gestalten, die uns die Sachen vorführen, 3° ernstlich sorgenvolles Mühen um Veränderungen! Schließlich meine ich doch, daß wir mit einem blauen Auge davonkommen würden! Aber, aber, das Verlassensein ist groß. Wie wir allein sind nach der Heimkehr, R. und ich, ergeht er sich über dieses Thema! – – – Abends ist R. sehr müde; es wird etwas musiziert, H. Humperdinck spielt ein hübsches Lied von sich, wobei nur auffällt, daß bei ziemlich unbedeutendem Thema ein ungeheurer Reichtum der Modulation entwickelt wird. Wir kommen überein, R. und ich, daß wie Rossini Vermögen dem versprach, welcher die Diligencen in 50 Jahren erfinden würde, so dem, welcher »Lützow's Jagd«, ja den »Dorfbarbier« bringen wird. Der amerikanische Marsch wird gespielt, R. erwähnt es, daß man ihn schlecht gemacht hätte, mir gefällt er wieder auf's neue durch seine Breite und geniale Volkstümlichkeit. – »Griffe ich richtig, so hieß ich nicht der Tell«, sagt R., nachdem er es versucht hat, vierhändig ein Quartett von Beethoven zu spielen, und sich unterbrochen hatte. Wir gedenken dann unseres vierhändigen Klavierspiels in Tribschen, der schönen, einsamen Zeiten. – (R. las mit Interesse das Zeugnis vom Jahre 1783 in einem Musik-Lexikon von Cramer über den 13jährigen Beethoven, dem es prophezeit wird, daß er ein zweiter Mozart würde, und spricht es aus, wie diese Zeit in Schärfe des Urteiles von der unseren sich unterschied.)

Dienstag 20ten R. hat gut geruht, und unser erstes Gespräch gilt dem Blumenmädchen-Anzug. Loldi macht uns eine Zeichnung, und wir entscheiden uns für das natürlich gekräuselte Haar und keinen Kopfputz. Gegen 12 Uhr hält R. Probe mit den H. Humperdinck und Levi und scheint zufrieden, doch ist er angegriffen. Zum Mittagessen haben wir die beiden Militär-Ärzte, welche bei der Aufführung mitgewirkt haben; R. hat das Stück in der Kopie wiedergelesen, und freundlichst des Scherzes gedenkend warf er es mir vor, den beiden Herrn noch keine Artigkeit erwiesen zu haben. So nehmen sie denn teil an unserer Mahlzeit, und man ergeht sich in freundlichen Erinnerungen des 22ten. Beim Kaffee kommt das Gespräch auf Schiller, und R. liest in dem Büchlein von Streicher über die Flucht eine Anekdote, die ihn entzückt, nämlich die über Schiller's Entrücktheit bei der Aufführung von »Ariadne auf Naxos«, wobei die andren nur zu Lachen aufgelegt gewesen wären. – R. begibt sich zur Ruhe, und dann fahren wir zusammen nach der Seite von Drossenfeld, die ihm gefällt. Große, große Freude des Unterunsseins! Wir schweigen, wir sprechen, ja selbst die Sorge – wie z. B. wegen Sänger u.s.w. – ist traulich! Ich möchte, wir »wanderten aus«, wie es auf dem Grabe Dürer's heißt, so zusammen, »ungetrennt, ewig einig!« –– Der Abend bringt R. Ärger, die »ächten« Panzerkapuzen der Ritter sind ihm unangenehm, er wünscht eine Kappe mit Tuch-Schleier, und da ihn Jouk. nicht gut versteht, gerät er außer sich und verläßt den Tisch, macht dann selbst eine Zeichnung und kommt wieder. Er beruhigt sich allmählich, und der Abend vergeht in freundlichen Gesprächen (z. B. er erzählt einige seiner stehenden Träume; daß er seiner Frau Minna kein Geld geschickt; daß er mit König Fr. W. IV. auf einem vertraulichen Fuß steht; daß er alte Opern von sich aufführt, die kein Glück machen; daß er in Paris Geld zu erheben hat, dessen er sich schämt, denn es sei eine Abfindung; dann was er »Feigheits-Träume« nennt), und wir krönen den Abend mit der Klassischen Walpurgisnacht aus dem »Faust«. – (Bei der Spazierfahrt gedachte R. mit großer Freude an dessen Popularität an den Ausdruck aus dem Evangelium »wider den Stachel lecken*«, er meint, er käme bei der Vision von Paulus vor, und findet ihn herrlich; »Hans«, fügt er hinzu, »leckt wider den Stachel und verblutet sich daran!« ... Dieses Zitat brachte die erhabene Einfalt des Evangeliums vor unsren Sinn, wehmütig bemerkt es R., daß einer Welt nicht zu helfen ist, welcher diese »gute Botschaft« nichts gewesen ist.**

Mittwoch 21ten R. hatte eine unruhige Nacht, und er gesteht es mir ein, daß diese Voltz-Batz'sche Angelegenheit den Untergrund aller seiner Gedanken ausmacht und ihm eine beständige innerliche Unruhe verursache. Er probiert heute einen Teil des 2ten Aktes. Vorher hatte Jouk. in einem Kostümbuch eine Abbildung der gewünschten Ritter-Mütze gefunden. Bei Tisch gedenkt R. Gravina's mit vielem Lob. Wir fahren zum Theater hinauf! Das Mißverhältnis der Wandeldekoration zur Musik ergibt sich klar heraus, R. scherzt zwar zuerst, daß gewöhnlich die *K*meister strichen, jetzt müßten sie bei ihm hinzukomponieren. Aber er ist bekümmert zu sehen, daß auch hier seine Gedanken nicht verwirklicht werden. Diese erste Walddekoration ist durchaus anders, als er sie wünschte, und daß die Felsen am Schluß versinken, ist auch von Übel ... Doch der Himmel ist freundlich, R. kann abends nach der Heimfahrt etwas im Garten wandeln, das erleichtert vieles. – Von außen vernehmen wir Gutes über

* So geschrieben statt »löcken«. ** Geändert aus »welche aus dieser ›guten Botschaft‹ nichts zu machen wußte«.

Tristan in London und von einer niederländischen Aufführung. Von innen bringt die Schwierigkeit, welche Fidi empfindet, Latein zu lernen, R. auf dieses ganze Studium, und er beklagt es, daß man den einzelnen nicht bewahren könne vor dem »scholastischen Unsinn«, denn ihm hätten die alten Sprachen, wie man sie in den Schulen lernt, gewiß nicht den Sinn für die Antike – der später in ihm erwachte – geweckt. Heimkehr unsres guten Lusch's! Alles sehr erregt!...

Donnerstag 22ten R. hatte eine sehr unruhige Nacht, öfters wacht er schreiend auf, er scherzt darüber und sagt, ich sei ihm vorgekommen wie Lady Anna neben R. III. Wir gehen im Garten spazieren und frühstücken dann im Turm. Er geht dann den zweiten Akt durch. Unsre Freunde Großens kommen, uns immer wert und teuer. Fidi bringt mir gute Noten, was ich R. melde, der erklärt, daraus eine Oper machen zu wollen. Wir fahren zum Theater hinauf (es gibt Dekorations-Not, die Wandel-Dekoration zu lang für die Musik, und der erste Wald nicht disponiert, wie R. es wünscht). R. muß sich darein ergeben. Die Kappe für die Grals-Ritter wird festgesetzt abends, Kappe mit Schleier, mit möglichster Vermeidung des Fez-artigen. – Unser Freund Stein kommt an, und zwar zu Fuß von Nürnberg, große, bestimmte Freude.

Freitag 23ten Wir frühstücken wieder im Turm, unser Gespräch führt uns Hans zu, ich hatte gestern den Bericht, daß er die 40.000 Mark für die Zurückerstattung meiner 40.000 Franks benutzt wünscht, welche dann Boni erhält. Mir scheint es so gut, R. ist nicht zufrieden, er wünscht von den 40.000 M. nichts verwendet. Die nicht möglich zu anregende Adoption von Isolde und Eva ist ihm auch ein großer Kummer! – Betreffs der praktischen Fragen hat R. dahin entschieden, daß die Blumenmädchen sofort in ihrem Kostüm kommen und nur den Haarputz dann vornehmen. Ich fahre um die Mittagszeit zum Theater hinauf und suche Blumen aus, zu Hause putze ich die Kinder damit, und R. ist einverstanden. Am Nachmittag fahren wir hinauf, und diese Blumen-Frage ist erledigt, der Speerwurf wird probiert. Heimgekehrt finden wir einen Brief von Richter vor, der den Erfolg von Tristan in London meldet. Abends erscheint wiederum Nietzsche unserem Andenken, nachdem wir freudig Richter's gedacht! Dann leider auch Batz!... R. klagt es, daß, was auch man bespräche, es immer etwas Peinliches sein müsse.

Sonnabend 24ten Johannis-Tag! Wir beginnen ihn im Turm. Eine Broschüre, von Ollivier mir geschickt, über den Papst bringt uns auf das gedruckte Haranguir-Unwesen der Franzosen und von da zu Marc Anton's Rede an der Leiche von Cäsar; wir staunen darüber, wie Shakespeare, der uns soeben den leidenschaftlich hinreißenden Menschen in seinem Schmerz gezeigt hat, auch die Kraft hat, ihn als Politikus zu zeigen, bei derselben Leiche gerade den Ton anzuschlagen, der für das Volk der eindringlichste sein muß. Wie wenige eigentlich Shakespeare wirklich lesen, und dabei Nietzsche's gedacht, dessen seltsames Wesen wir darin zusammenfassen, daß er eigentlich keine Intelligenz hatte, aber zu magnetisieren war. R. nimmt den Schluß des dritten Aktes vor; eine Depesche von Voltz gewährt ihm Beruhigung. Am Nachmittag fahren wir zum Theater hinauf, die Wandeldekoration des 3ten Aktes wird vorgenommen und nun festgesetzt, daß der sentimentale Teil der Musik wiederholt wird.* Der Grals-Tempel mit neuer Kuppel erfreut uns sehr. Dann in der Laube des Moritz'schen Gartens bei einem Glas Bier wird über Amfortas beschlossen, daß er keine Auszeichnung als König erhält, daß sein Mantel seine Decke wird und er ohne Kopfbedeckung bleibt (nur im Wald ein leichtes Seidentuch erhält). R. ist sehr angenehm angeregt durch die allmähliche Werdung und die Entscheidung. Wie wir heimgefahren sind, setzen wir uns in den Garten, wo wir auch das Abendbrot einnehmen. Leider erfährt es R., daß ein Herr Strauss, an den sich die peinlichsten Erinnerungen unseres Lebens in München knüpfen, mitwirkt. Es erregt seinen Zorn, der sich aber legt, wie er erfährt, daß dieser Strauss sehr eifrig in der Parsifal-Angelegenheit war. Eine peinliche Empfindung verursacht ihm auch Wolz.** – doch geht der Abend freundlich, ja sogar lustig dadurch zu Ende, daß, wie – R. und ich – wir am Fenster auf einem der Bänkchen knien, wir gestreckt den Kopf von Froh, an einen Oleander gelehnt, im Mondschein dicht bei uns sehen. – Wir nehmen an diesem Johannistag zärtlichst-stürmisch abends Abschied, R. und ich, Gott gebe uns noch ähnliche Tage!

Sonntag 25ten Der nächste durfte es nicht sein! Sei es, daß der Fall mit Strauss ihn angriff oder auch Wolz.***, ja selbst in der Frühe die Besprechung der ungeregelten Verhältnisse von Jouk., wer könnte es bestimmen? Er wird von einem heftigsten Krampf befallen und ist den Tag über in der gequältesten Stimmung. Da die Kinder mit Freund Groß eine Waldpartie machen, ist ihm die Anwesenheit der 3 Freunde eine Qual, und wenn auch die heitren Momente ihm nicht fehlen, so ist er doch tief verstimmt. – Eine Unterredung, welche ich heute früh mit dem Bürgermeister hatte, gewährt mir die Sicherheit, daß vorläufig R. von Batz-Voltzischen Dingen unbelästigt bleibt.

* Beigelegt ein von RW beschriebener Zettel: »Elektrischer Telegraph für den Takt«.
** »Wolz.« von fremder Hand unkenntlich gemacht und »anderes« darübergeschrieben.
*** »Wolz.« von fremder Hand in »Batz« geändert!

Montag 26ten Wie ich gestern zur Ruhe mich begeben und mit Trübsinn seines Tages gedachte, sammelte die ganze Kraft meines Seins sich zu einem Gebet; darf ich es sagen, daß ich Gott nah mich fühlte, daß ein mächtigster Schutz mein Herz und seine Bangigkeit umfing?... In der Frühe sah ich R. – der neben mir schlummerte – auf meinem Stuhl mir gegenüber sitzen, und nicht erschreckend war mir das Gesicht; ich wußte nur, daß, wie ich eingeschlafen war, so erwachte ich mit seinem Bilde. R. hatte eine gute Nacht, mediziniert aber in der Hoffnung, den gestrigen Zuständen zu entgehen. Er liest in »Die Bestimmung der Oper«, freut sich dessen sehr, sagt, er könne über dieses Thema, welches er erschöpfend darin behandelt, nichts mehr sagen. Daß es so gar keinen Eindruck gemacht, hebt er ernstlich hervor, denn er wisse, das, was er darin über die Musik [geschrieben], sei ganz neu gewesen und wohl wert, eine neue Anschauungsweise zu bezeichnen wie auf andrem Gebiete der »Laokoon«. Mir hatte er vorher, halb scherzend, halb ernstlich gesagt, Goethe & Schiller hätten so Gutes nicht gemacht. Beim Kaffee kommt er auf Schiller zu sprechen und als einen Hauptzug seines Wesens die Gelassenheit, bei sonst großer Schroffheit, hervorzuheben. Dieser Ausdruck, von Bruno Bauer durch R. adoptiert, bilde die eigentliche Vornehmheit des Deutschen; R. erzählt als Beispiel davon, wie Schiller nach seiner Entzweiung mit dem Herzog ruhig Käse und Brot gegessen und Kegel geschoben und endlich den Fragenden geantwortet, ja, er müsse fort. Nicht Angst haben, das habe Deutschland den Katholiken, die bang machen wollten, entzogen. – Leider ist aber R. immer etwas verstimmt. Wir fahren mit den Kindern nach Wolfsbach, wo sie aussteigen, und dann R. und ich allein; Siegfried's Erziehung beschäftigt uns; auf meinen Plan, auf ein Jahr nach Halle zu Stein ihn zu geben, geht R. nicht ein und schlägt vor, die jungen Leute der Freiplätze sich anzusehen, ob da nicht endlich ein guter Hauslehrer zu finden sein würde. Wie wir vor der Fahrt im Garten wanderten, all des Unerfreulichen gedenkend, welches mit den Aufführungen zusammenhängt, schwört R., es würde das letzte sein, was er insceniere. Wir sprachen auch über den Hannibal-Dialog, welchen Stein mir eben vorgelesen; R. wundert sich, daß er nicht als Motiv den Hannibal bei Antiochus in der Begegnung mit Scipio wiedergegeben, den dämonisch furchtbaren witzigen, und den alten, sagenhaft sterbenden. Doch stimmen wir überein in der Anerkennung des dichterischen Talentes unseres Freundes, der R. an Kleist erinnert. Im Wagen beschäftigt R. seine Physiognomie, die er nicht in Einklang mit den Gaben bringen kann. – Heimgekehrt gibt es wieder Grund zur Verstimmung, die Hündin Freia lief vom Theater wieder zu uns, mußte entfernt werden, und unsre arme Molly scheint recht krank, der Tierarzt nicht gleich zu haben! Wir speisen im Garten, R. sehr aufgeregt, doch vergeht der Abend freundlicher, als er sich anläßt; die Obstination Rubinstein's, »bar jeder Gefahr«, wozu er hat eine Note komponieren müssen, in der Partitur gesehen haben zu wollen, bringt bedenkliche Schlüsse über den armen Menschen. – R. setzt sich an's Klavier, blättert im Parsifal und spielt dazu Auber; das bringt ihn auf die Hervorhebung der Genialität, mit welcher Auber für die Trompete geschrieben hätte; er zeigt dagegen, wie gemein Meyerbeer im 5. Akt der »Hugenotten« dies nachgeahmt hätte. – Was die Musik an und für sich sei, das beweist er an einem Beispiel aus »Othello« (Finale), von einer Dürftigkeit, die schon der alte Bierey ihm hervorgehoben, bei welchem er aber, wie einmal die Schröder-Devrient Desdemona sang, die ganze Bangigkeit der Situation empfand. »Das ist die Macht der Musik«, ruft er aus, »da soll Sentenz und Tendenz dagegen aufkommen.« –– Wie wir beim Abendmahl es sagten, welcher Mut dazu gehöre, jetzt noch zu komponieren, sagt R.: »Die Musik ist die jüngste Kunst; wie wird sie verwendet werden, darauf kommt es an, und ob man ewig für Konzerte die aus dem Tanz entsprungene Form weiter nachschreiben wird!« – Die g moll Symphonie, durch die Kinder gespielt, brachte ihn gestern beinahe zur Verzweifelung wegen der Füllsel, von welchen sie neben der »göttlichen Einfälle« strotzt. »Wer am meisten erstaunt wäre, daß man aus Sachen, die er für eine ›Akademie‹, einen Konzert-Abend schrieb, ewige Meisterwerke machte, das ist Mozart selbst. Mozart hätte uns noch zu zeigen gehabt, was er war, wenn er ohne Lebenssorgen zum Arbeiten kam.« – R. gedenkt dann Schnorr's, daß er den Parsifal hätte singen sollen, wie lange er bereits tot sei, wie vieles er, R., überlebe, »du hast die merkwürdigste Makrobiotik für mich erfunden«, sagt er dann zu mir!

Dienstag 27ten R. hatte eine unruhige Nacht, er war 4 Mal auf, träumte, daß er vor Gericht stünde und dort Unannehmlichkeiten hätte! In der Frühe erfreuen ihn die Pfauen, die beide, weißer und bunter zusammen, auf dem Dach-Pfeiler des Hühnerhauses sitzen. Er scherzt über die »Mausefalle für Hauslehrer«, welche er in der »Spelunke« von Freund Groß errichtet. Dann sprechen wir über die Einführung der Stein'schen Dialoge. Bei Tisch hebt er die Schönheiten in der »Jüdin« hervor, das Passahfest, die letzten Chöre, auch den lebendigen ersten Akt, und sagt, daß darin der beste Ausdruck des jüdischen Wesens sei, nachdem er scherzend zu Levi gesagt: Die Leichtfertigkeit stünde ihm nicht, und wenn er schwermütig sei, sei es schwer für uns, das Mitgefühl damit zu ertragen. (Er findet die »Jüdin«, was Orchester-Arbeit betrifft, bedeutender als die »Stumme«.) Über den Unterschied des Mozart'schen Allegros, das nicht schnell genug gespielt werden könnte und das durch dieses Leben wirke, und dem Beethoven'schen, wo jede Note eine Bedeutung hätte, läßt er sich aus. – Wir fahren am Nachmittag zum Theater hinauf, der Wald wird mit Laub versehen, eine seltsame, wohlige Stimmung überkommt mich in dieser arbeitsamen Stille, wo die Leute Mut und Fleiß einem Spiele widmen. Die besten Gedanken wie freundliche Vögel umschwirren mich in diesem künstlichen Wald, und das Kunstwerk selbst kann kaum mehr entrücken als die Beschauung seines rastlosen Entstehens! – Beim Abendmahl besprechen wir zuerst die Stellung des Orchesters, R. eifert wieder gegen das Nebeneinander der Streicher, Bläser, es müsse alles ein Ganzes sein, die Bläser wie Lichter wirken; er habe die prächtige Klangwirkung des Orchesters in Paris durch die Aufstellung [zu erzielen] verstanden, welche er schon von Spontini kannte. Auch die Streicher müßten verteilt sein, um mehr »points de déport« zu haben, wie Berlioz es ausdrückte. Dann besprechen wir die Bismarck'schen Reden und kommen überein, daß er die Lage der Dinge scharf dargestellt und einem wohl Mit-Gefühl erregen könne, wenn man ihn auch nicht frei von der trostlosen Lage sprechen könnte. Darauf liest er uns den Anfang von »Prinzessin Brambilla« vor.

Mittwoch 28ten R. hatte eine gute Nacht, obgleich er darin sehr lebhaft träumte. Er liest in den Bismarck'schen Reden, und wie wir zum Theater fahren, empfindet* er es mir, wie jämmerlich ungehörig das Zischen der Linken auf diese Reden ist. Im Theater wird abermals die Wandeldekoration des dritten Aktes probiert, es scheint Musik zu fehlen, doch endlich stimmt es, und gern nimmt R. einen Vorschlag von Humperdinck an. Ferner wird die Lage von Titurel probiert, die Stellung der Bänke, die Stellung des Orchesters, kurz allerhand! »Was das für ein phantastischer Aufenthalt ist, so ein Theater«, sagt R., der sich in dieser Tätigkeit bei allen Nöten wohl fühlt. Mir ist es gar träumerisch zu Mute, und ich kann es nicht begreifen, wie ich zu dem Glücke kam, ihm da beistehen zu dürfen und dabei[zu]sein! Wie wir heimkehren, finden wir die Versicherung von H. Winkelmann, zur rechten Zeit da sein zu wollen, auch H. Gudehus sagt sich an, nur Frau Materna will noch ihre Mutter besuchen, was R. zu der Depesche begeistert, wer nicht bei den ersten Proben zugegen war, kann billiger Weise auch nicht in den ersten Aufführungen singen. Er freut sich, daß er trotz Vogl's Abschlag drei Tenoristen hat, »einer besser wie der andere, wenigstens zwei besser wie der eine«! Abends liest er uns die »Prinzess. Br.« weiter, und das Gespräch zwischen dem Ciarlatano und

* Wohl versehentlich für ein beabsichtigtes »sagt«.

dem Deutschen, das ihm sehr wohlgefällig ist, bringt ihn bei Gelegenheit der Masken auf einen Brief von W. v. Humboldt (6ten Nov. 1795), worin dieser sich über das Griechische ausläßt. R. gibt ihm recht betreffs der »Dürftigkeit«, auch des Unterschiedes zwischen Charakter und Individualität, stimmt mir aber nicht bei, wie ich ihm sage, daß diese Art der Auffassung der Griechen als Schriftsteller (Humboldt nennt Aischylos nicht) seit seinen Schriften über dieses Thema sicher eher überwunden erschiene.

Donnerstag 29ten R. hatte eine gute Nacht, aber gleich in der Frühe bringt ihm ein Brief des Intendanten aus Wien einen Ärger! H. Fürstner reklamiert wieder Tantiemen von Tannhäuser. Ich habe nun durch die Cartons die Akten zu suchen und schreibe an Justizrat Simson, welcher die Sache geführt hat. Um 12 Uhr hat aber R. einen andren Kummer durch die Durchnehmung des Parsifal mit dem armen Jäger, den er durchaus untauglich findet!... Der erste Besucher der Spiele – Miss Tilton aus Amerika – ist da und unser Tischgast heute. Sie findet R. etwas gealtert, und ahnungslos dessen, was sie mir tut, sagt sie es mir!... Um 4 Uhr fahren wir zum Theater hinauf, Beleuchtungsprobe. Die Nötigung der Wiederholung der elegischen Musik ist für R. ein wahrer Gram! Wir verbleiben in der Restauration mit den Kindern und speisen da zum ersten Mal; trotz Regenwetters, trotz all des Peinlichen und Schlimmen ist R. doch heiter. Wir fahren aber bald heim und bringen den Abend zu Ende unter allerhand Gesprächen. Ein Orchestermusiker (Contra-Fagott), welcher unter R. bei Weber's Bestattung gespielt, auch bei der Grundsteinlegung hier war, erfreut uns zuerst, findet sich dann aber bemüßigt, R. noch zu sagen, daß die Stimmen durch den Buchbinder verdorben. Wie wir es nicht gut begreifen, wie man ihm derlei sagt, wo er nicht abhelfen kann, sagt R.: »Der ungestüme Drang der Dummheit, sich zu offenbaren.« Auch über Jouk.'s Wesen wird viel und freundlich-nachsichtig geredet, vor allem aber über die Not der Wandel-Dekoration!

Freitag 30ten Trotz so manchem Ärger, trotz Diät-Fehler hatte R. eine gute Nacht, was ihn zu sehr heitren Scherzen bringt. Wir fahren zum Theater hinauf, wo die Wandel-Dekoration des ersten Aktes vorgenommen wird und sich alles noch zum Besseren wendet. Heimgekehrt seh ich bei Jouk. das begonnene Portrait von Blandine an und finde da die Bilder von Callot zu der »Prinzessin Brambilla«, welche ich R. bringe und die ihm viel Vergnügen verursachen und auch das Gespräch auf diese Gegenstände führt. Von der Phantastik geraten wir zum Magnetismus, und dieses Thema nimmt uns so ein, daß abends noch der Begriff des Dämonischen festgesetzt wird. Die Nachricht des Todes eines Kindes bringt R.

auf die Bemerkung – »nein, das nicht, da würfe ich dem lieben Gott den Knittel vor die Füße, wie Luther« –, und des Gebetes bei der gefährlichen Erkrankung Melanchthon's wird gedacht, »wie dies Gebet mag gewesen sein«, und von da ergeht er sich über den Magnetismus nach der Schop.'schen Theorie. – Am Nachmittag gehen wir in den Garten, auch in den Hofgarten, erfreuen uns an den Schwänen, auch an den Rosen, bekümmern uns um unsren alten Silberfasan, der altersschwach ist, für den wir aber doch noch hoffen, beschäftigen uns mit den Hunden und haben einige friedselige Stunden! – Abends liest R. mir die »P$^{zess.}$ Bramb.« weiter, mit großem Vergnügen an den lebendigen Scenen zwischen dem Schauspieler und dem Abbate, dem Schneider, dem Ciarlatano, mit großer Ermüdung aber über die Zauber-Märchen-Episode; R. frägt sich darauf, wann und wie dieser ironische Zauber-Ton aufgekommen sei. Ob es aus dem Ariost entsprungen, und wie? Es sei aber widerwärtig. In »1001 Nacht« sei alles leidenschaftlich und ernst. Das Gespräch ist sehr andauernd, wir suchen überall nach dem Ähnlichen. Beim Abendmahl hatte R. die Geschichte des Esels von Lucian mit größtem Lob erwähnt und bei Gelegenheit dieses Autors wie Plutarch's bemerkt: »Da können wir einpacken, nach 500 Jahren sprach einer und dachte wie Platon, das ist Kultur, bei uns ist alles individuell; Kultur haben wir nicht.«

Juli

Sonnabend 1ten Wir führen das Thema noch durch, und R., welcher die »P$^{zess.}$ Brambilla« im Lauf des Tages noch ausliest, bedauert den dilettantischen Charakter derselben. – Die Hinrichtung des Mörders des Präsidenten brachte ihn gestern auf seine Gedanken der Klöster und der durch Einwirkung der Einsiedler gewollten Todessühne seitens des Verbrechers. –– Ein Brief von Gräfin La Tour bringt uns das Geschick unseres Freundes Gob. recht nahe! Es sollte heute die Versammlung des Orchesters und Chors in der kleinen Restauration sein, aber das Wetter verhindert es!... Wir fahren hinauf, um auf morgen alles anzuberaumen. Wiedersehen von Hill (Klingsor) im Augenblick des Ausfahrens, später Gudehus (Parsifal), dazwischen Heckel bei Groß! Im Theater Pultaufstellung seitens des Kapellmeisters, sonst alles leer. Abends Hill und Gudehus. Dazwischen für mich die arme, bald verzweifelte Fr. Jäger! Beim Kaffee spricht R. sehr lobend von den Skizzen Jouk.'s und ist für die Aufstellung derselben in der Halle. Sie sind ein sonderbarer Mann, sagt er ihm, aber Ungerechtigkeit kann ich nicht leiden (Anspielung auf Brückners).

Sonntag 2ten Beginn! Den Klang des Orchesters wiedergehört, R. sagt einige freundliche Worte dem Orchester! Aber das Verkehren mit Massen greift ihn an. Materna und mancher noch kommen hinzu. Dem Orchester mangelt durchweg Vortrag, sie sind ungeschult, das empfindet R. stark, aber es gibt keinen leidigen Aufenthalt, der erste Akt wird gut durchgespielt. Zu Hause treffe ich die Meldung, daß der König nicht kommt!... Ich sage es R. nach Tisch, er meint, die Ausstellung in Nürnberg sei daran schuld. Um 5 Uhr Probe am Klavier des ersten Aktes; das ganze Personal auf der Bühne! (In der Frühe hatten wir nach der Orchester-Probe die Blumenmädchen in einem Zimmer versammelt gesehen, die einen reizenden Anblick gewähren.) Und herrlichster Eindruck!... Ja überirdischer, die Seligkeit verwirklicht! H. Scaria als Gurnemanz wundervoll, Herr Reichmann [als] Amfortas ergreifend, und alle, alle so ernst, so begeistert dabei, ein einziger Lebensmoment. Darauf Versammlung im »Blauen Mohren«, so tauft R. die Wirtschaft, des Mohren aus West-Indien wegen, der Türhüter ist und eine glänzende k. bayerische Livrée erhalten hat. In strömendem Regen kehren wir gegen 10 Uhr nach Hause [zurück]. R. befriedigt, ich tief tief erschüttert! Ich glaube, daß es der göttliche Wille war, daß er seine Kunst bis zu diesem Ausdruck verklärte.

Montag 3ten R. bespricht in der Frühe mit mir das Ausbleiben des Königs und nimmt sich vor, an H. v. Bürkel zu schreiben. Er gelangt aber nicht dazu; für's erste der Besuch von H. Winkelmann und dann die Sitzung mit dem armen, recht gealterten kleinen Ballettmeister! Ein Mittagessen mit den beiden, Kundry und Klingsor, läuft so gut ab, daß R. zu Jouk. und Stein ausruft, »das sind doch Menschen, Sie« (zu Jouk.) »staken immer unter eleganten, Sie« (zu Stein) »unter gelehrten Eseln!« – Um 5 Uhr ist Probe (Klavier und Gesang); R. bittet die Herrschaften, seine Rhythmen zu beachten: »Das, glaube ich, habe ich getroffen; ich habe schlecht komponiert, aber mein Rhythmus ist gut.« – Er ist ungemein heiter und erfrischt immer auf's neue sein Personal durch seine Laune. Beim Abendbrot sind wir gar heiter zusammen, er erzählt von seinem früheren Leben, von der Revolution in Dresden, dem Glück für ihn, nicht mehr Kapellmeister zu sein, »kein Wein kann so berauschen wie dieses Gefühl der Freiheit«. Wie wir gemütlich nach dem Mahl zusammen plaudern, kommt der Brief von H. Winkelmann. Wir können nicht umhin, es zu bemerken, wie wenig dies mit dem heute veröffentlichten Briefe an H. Schön stimme! R. macht sich auf, nachdem er H. Wink. einige Zeilen geschrieben, und bestürzt den bald umgestimmten, guten, kindischen Mann durch den Ausspruch, er wolle ihm nur den Besuch erwidern, da er morgen abreise, müsse er wohl so spät kommen!

Dienstag 4ten R. teilt mir den rührenden Brief einer unsrer Choristinnen mit. Bald geht er zur Scenen-Probe des 1ten Aktes, die von 9½ bis 2½ Uhr dauert und R. vielen, vielen Ärger und große Anstrengung bringt. Die Requisiten fehlen, die Chordirektoren wissen nichts, die armen Choristinnen müssen auf dem Schnürboden in der entsetzlichsten Hitze aushalten. Wir sagen das anberaumte kleine Diner ab. R. ruht ein wenig aus, und um 5 Uhr ist Orchester-Probe (1ter Akt) mit den Sängern, die R. nicht ermüdet, er hat eine Klappe an der Kappe des Orchesters anbringen lassen, verkehrt dadurch bequem mit dem Kapellmeister und ist befriedigt durch den Klang des unsichtbaren Orchesters. Den Abend bringen wir mit Jouk., Stein und Levi zu, letzterem will R. zeigen, wie man den Taktstock regiert, da er findet, daß er viel zu sehr mit dem Arm dirigiere, während alles mit dem Handgelenk zu tun sei! Es vergeht der Abend freundlich, und wie ich nicht umhin konnte, auch nach der ärgerlichen Probe in der Frühe ihm zu sagen, wie überwältigend ergreifend *alles*, jede Bewegung, jeder Ton, die kleinste Aktion wirke und ihn dadurch doch von dem Ärgerlichen abgezogen und ihn zur Betrachtung der Zeit des Schaffens gebracht, so heute abend wiederhole ich es in einem Ausruf, und er sagt zu mir: »Wir haben doch viel zusammen gemacht.« Darauf rekapituliert er alles, und dann geht er weiter und sagt: »Warum hast du mir damals (1858) nicht gesagt: ›Ich will mit niemandem als mit dir leben‹, da hätte ich gewußt, was zu tun. Aber es ist mir in mein[em] Leben nie Liebe entgegengetragen worden, ich habe mir nicht getraut, ich war ganz wie Tristan, wie stand es aber mit dir?« Allmählich schläft er ein, und sehr heiter mutet es uns an, wie er vielleicht nach 2 Minuten im Schlaf krampfhaft den Namen Tante Schinkel herausstößt, die er im Blumengarten sieht.

Mittwoch 5ten Er hat gut geruht, fühlt sich aber erkältet. Wir fahren zur Orchester-Probe mit Sängern, immer 1ter Akt. Das Rufen strengt ihn an, doch geht es gut ab. Beim Mittagessen wird alles rekapituliert von den Eindrücken, H. Scaria als Gurnemanz ganz außerordentlich. R. freut sich, daß sein erster Akt nicht langweilig sei! Am Nachmittag ist wieder Scenen-Probe und Klavier-Begleitung, das Orchester darf zusehen und bricht in herzlichsten, wohltuenden Applaus nach der Wandeldekoration aus, aber R. hat viel Not! Die Glocken stimmen nicht, und der gute Ballettmeister ist wenig hülfreich! Abends viel Erregung, doch Gott sei Dank kein eigentliches Unwohlsein!... (M. Brandt heute als Kundry sehr ausdrucksvoll.)

Donnerstag 6ten R. hatte eine gute Nacht, am Vormittag hält er Ruhe, um 12 Uhr fahren wir zusammen zum Theater, um die Glocken zu probieren, welche viel besser gehen. Um ein Uhr haben wir Tenoristen-Diner und den schönen Amfortas (Reichmann) auch dabei. Um 5 Uhr Probe des ersten Aktes, Not mit den Chören, die Frauen wollen nicht hinauf, und R. findet, daß sie schlecht klingen, wenn sie unten stehen. R. und ich, wir steigen [hinauf] und finden, daß die Hitze groß ist, doch daß mit leichter Kleidung Abhülfe geschaffen werden kann. Alles andre aber geht vortrefflich und wirkt stets gewaltiger. Abends ist aber R. sehr müde.

Freitag 7ten R. hatte eine sehr unruhige Nacht, und es bringt mir der Morgen mancherlei Schweres (Jäger, G^{fin} Mazzarino, Ritter, Betty Braun). Gegen 12 Uhr fahren wir zum Theater hinauf, um die Chöre zu probieren, es geht alles schön, und sie besteigen die mittlere Höhe. Unterwegs sagte mir R., er gebe es auf, die Kinder herabsteigen zu lassen und an dem Mahl teilnehmen, weil sie noch nicht konfirmiert seien und jedes Ärgernis vermieden werden müßte. Amfortas' Lager wird berichtigt. Das Mittagessen ist unter uns. In der Probe am Nachmittag singt Herr Siehr den Gurnemanz und stehen die Chöre in der Höhe; es dirigiert der Kapellmeister Fischer. Die Wirkung steigert sich, indem sie sich vertieft. Abends besuchen uns die Freunde Heckel, Brandt, Levi. R. ist aber müde, doch verweilen wir noch eine Zeitlang unter uns, über »alles« plaudernd.

Sonnabend 8ten R. hatte eine unruhige Nacht, in der Früh schreibt er an den König über dessen Ausbleiben bei den Vorstellungen und sagt mir: Er habe es gemacht wie Luther mit dem lieben Gott bei Melanchthon's Erkrankung, er habe den Knittel vor die Füße geworfen! – Ich habe einige Besuche gemacht. Bei Tisch gibt R. auf eine Ermahnung, kein[en] Gurkensalat zu essen, mir die humoristische Antwort: »Halt's Maul«, und gedenkt dann seiner Mutter, die ungeheuer laut, heftig, rasch jedem Diskutieren damit ein Ende machte. Kostümprobe! Die Schwerter fehlen, und manches ist zu modifizieren, aber der Gesamt-Eindruck ist schön und die Stimmung die mächtigste, welche im Theater denkbar ist. R. ist es unangenehm, daß die Accolade der Ritter nicht die ganze dafür bestimmte Musik einnimmt, sondern daß sie bereits auf diese Musik schreiten, aber das läßt sich nicht ändern, und dieser Moment der Brüderlichkeit ist für mich einer der ergreifendsten. Abends ist R. müde, doch aber im ganzen erfreut. (Gestern hatte er den Kummer gehabt, daß ein Mitglied des Chores Witze über das Brot machte, was er ihm auf das strengste verwies.)

Sonntag 9ten R. hatte eine gute Nacht, wenn auch durch wilde Träume belebt. Gegen halb eins geht er in die Probe und erschreckt den Kapellmeister mit einem durch die Klappe zugerufenen: »Schreien Sie nicht so.« –– Wir haben zu Tisch die drei Bassisten, und es geht recht munter dabei her. R. fühlt sich entschieden wohler mit seinen Künstlern als mit Menschen der Welt. Um $4^1/_2$ Uhr fahren wir bei strömendem Regen in die erste Klavier- und Gesangs-Probe des 2ten Aktes. Die Blumen (R. wünscht sie so benannt, nicht Bl.mädchen, da man sonst an Blumen-Verkäuferinnen dächte) sind hinreißend; die große Scene zwischen Kundry und Pars. wird wohl kaum je so wiedergegeben werden, wie er sie schuf. R. klagt es, wie ahnungslos die Darsteller dessen, was darin sei, blieben, und gedenkt der Schröder-Devr., wie sie würde das gesprochen haben: »So war es mein Kuß, der hellsichtig dich machte.« Nun müsse die Musik alles übernehmen. – Wie wir zum Theater hinfuhren, sagte er zu mir, wenn er an die Züricher [und] Pariser Periode dächte, käme er sich, indem er nun all das Leben um sich herum sähe, förmlich wie ein Zaubrer vor. Beim Abendbrot erzählt er, daß er mit vielem Interesse »Die Marquise de la Pivardiere« von Hoffm. lese, auch einen Roman im Tagblatt, welcher ebenfalls ihm eine wahre Criminal-Geschichte zu sein scheint. Abends erzählt [er] mit Rühmen von dem jetzigen Khedive von Ägypten, Arabi-Bey, welcher gegen England und Frankreich energisch aufträte; und allmählich – seltsam genug – geht der Abend in Strauß'sche Walzer über, wobei R. von seinen Erinnerungen in Penzing (Dommayer) spricht und es hervorhebt, wie viel originaler die Walzer des alten Strauß waren, während die künstlerisch reicher ausgestatteten der Söhne entweder gesucht wären oder sehr unter dem Einfluß von Chopin stünden. –– Sehr rührend wirkt es auf uns, wie Blandine am Schluß des Abends es klagt, daß sie mich kaum sähe.

Montag 10ten In der Frühe schreibt R. eine Berichtigung der falschen Nachrichten, welche ein H. Leßmann wiederum in seiner Zeitung über die angebliche Dichtung der »Sieger« gebracht hat. Wir fahren in die Orchester-Probe des 2ten Aktes, welche sehr gut ausfällt. Nachher empfangen wir zum Mittags-Mahl H. Hill mit Gemahlin, Frl. Dompierre, H. Fuchs (Ritter). Um 5 ist sitzende Probe mit Klavier, Frl. Brandt singt die Kundry. Gudehus erfreut durch seine prächtige Stimme; aber R. ist sehr müde! Er wünscht, allein zu sein, wir sagen den Freunden ab. Der Kmeister und Joukowsky kommen noch spät zu Besuch.

Dienstag 11ten Nach einer guten Nacht fahren wir, R. und ich, zur Probe des 2ten Aktes, Orchester und Sänger. Gern gibt R. H. Scaria die Erklärung des Charakters der Kundry, welche dieser verlangt. Wir speisen unter uns mit Stein, R. liest die beiden Entwürfe von Wolz. und Stein zu dem neuen Patronat-Verein und nimmt Stein's Entwurf an. Auch empfängt [er] den R. Wagner Katalog von H. Oesterlein, scherzhaft dazu bemerkend: »Ich genieße mich nun 15 Jahre nach meinem Tode, wie es da hergehen wird.« Eine deutsche Übersetzung des Oupnekhat erfreut ihn aber sehr. Gestern erhielt er ein Ehrendiplom aus Petersburg. Daß Alexandrien blockiert werde und Gal Skobeleff nihilistisch kompromittiert sei, meldet er uns auch. Um 5 Uhr haben wir Klavier-Scenen-Probe des 2ten Aktes. In der Frühe hatte R. gesagt: Er brächte kein altes Jugendwerk, sondern ein jugendliches Alterswerk. Er ist aber abends sehr müde, und der Besuch Feustels' – da er sie nicht empfangen [hat] – sperrt uns in der Speise-Stube ab, was ihn sehr ärgert. Spät entfernen sie sich, wir weilen noch im Saal, wo R. mit Stein Bismarck's Politik – eben nur Politik – bespricht.

Mittwoch 12ten In der Frühe sage ich R. mein Bedenken dagegen, daß Parsifal und Kundry ihre tragische Scene inmitten der Blumen-Üppigkeit haben, und meine, daß für nächstes Jahr wenigstens beim Herannahen der Kundry eine grüne große Laube sie abschließen kann. Wie wir in die Früh-Probe fahren, begegnet uns die eben angekommene Fräulein Malten, die sehr schön aussieht, R. selbst im Blick an Wilh. Schr.-Devr. erinnert. In der Probe hatte R. darüber Ärger, daß das Orchester zum »Frohsinn« eingeladen wurde, während die von ihm gestiftete Restauration verlassen bleibt. Er spricht darüber das Orchester an, was ihn aber angreift, er fühlt sich nicht wohl, macht aber den Witz bei den »keuschen Rittern«, er nähme sich einen »keuschen Bitter«. Die Probe bringt M. Brandt viele Not; die Blumenmädchen sind vorzüglich. Frl. Malten speist mit uns und macht einen guten Eindruck. Am Nachmittag ist Klavierscenen-Probe (M. Brandt, Gudehus), das Orchester sieht zu und bricht wieder in Dank aus bei der Verwandlung. Aber die Mühe für R. ist unendlich!... Wie ich heimgekommen bin, da der Abend sich aufklärt, sitze ich, den Vögeln lauschend, an der Saal-Türe, R. trifft mich da und lauscht mit mir, eine – die einzige – Erholung. Abends besuchen uns Wolz. und Levi, unser Freund Jouk. zieht R.'s Unwillen auf sich durch eine etwas mißverständliche Aussage, und der Abend schließt peinlich! – Mir gewährte Stein eine große Freude durch die Erfüllung meiner Bitte, an das Wagner-Lexikon zu gehen; er liest mir die zwei Artikel Deutsch und Kultur, die vortrefflich zusammengestellt sind und mich wahrhaft erheben.

Donnerstag 13ten R. hat gut geschlafen, ist aber sehr erregt. Ein Brief von Herrn Batz (Rechenschafts-Bericht) verstimmt ihn sehr. Zu Tisch haben wir drei Blumen (soli). Um 5 Uhr haben wir Orchester-Probe mit H. Winkelmann und Frau Materna, letztere sehr gut. Aber R. sehr sehr müde, da er beständig alles ihnen vormacht. Da das Wetter hübsch ist, fahren wir über die Eremitage-Allee heim. Wir sind allein zum Abendbrot, die Kinder erzählen, daß unsre gute liebe Hündin Molly krank sei, der herbeigerufene Tierarzt sagt, es sei eine unbedeutende Erkältung.

Vor einiger Zeit schon, da ihr Gesichtsausdruck mir sehr verändert erschien, frug ich Dr. Landgraf, und dieser sagte, sie sei ganz wohl, äße nur zu viel, müßte viel laufen.

Freitag 14ten R. ist matt und mediziniert. Gegen 10 Uhr bringt mir Georg die Nachricht, daß das schöne, liebe Tier gestorben sei! Ihr wißt es, Kinder, was das uns war!... Nachdem ich Abschied von dem guten, so schweigsam leidenden Wesen genommen, fahre ich zum Theater, um die Blumen-Kostüme zu mustern; dann, heimgekommen, zu Jägers, um den Gekränkten etwas zu ermutigen. Zu Tisch haben wir 3 Blumen und 2 Konzertmeister. Am Nachmittag ist Probe, ich sage R., daß die Kinder erkältet seien; sie bleiben daheim (die jüngeren), und nach der Sektion bestatten sie unsere liebe Molle! – Die Probe geht mit H. Gud. und Frl. Br. vor sich! —– Ach! wie stellt es für R. sich heraus, mit wie dürftigen Mitteln R. arbeiten muß; er empfindet es schmerzlich! Mit Stümpern habe er zu tun, ruft er aus. – Stein und Jouk. sind den Abend bei uns, »der eine dauert, der andre jammert mich«, sagt R.

Sonnabend 15ten R. frägt nach Molle, Georg sagt ihm, man dürfe sich auf das Schlimmste gefaßt machen, er geht um die Mittagszeit in den Garten, setzt sich in die Laube, bemerkt Marke, wie er nach der Seite des Grabes schnüffelt! Bei Tisch, wo wir unter uns sind, spricht er den Namen aus, und wir brechen in Tränen aus, da wir wohl sehen, daß er alles weiß. Er dankt es uns, es ihm nicht gesagt zu haben!... Gegen zwei Uhr kommt mein Vater, von den Kindern abgeholt, wohl an, wir erfreuen uns seiner sehr! Wie ich mit ihm und den Kindern ihm bei seinem Mahl Gesellschaft leiste, kommt R. hinzu, bleibt eine Weile unbemerkt hinter dem Stuhle des Vaters stehen und flüstert zu mir: »Die Mutter!« – Mir auch war gestern bei den Worten unser Tier eingefallen! ——– Wie ich, als mein Vater ausruht, in mein Stübchen kehre, höre ich R. in dem Garten rufen: Molle! und schluchzen. Ich stürze zu ihm, und wir weinen zusammen in der Laube!... Dann fahren wir zur Kostüm-Probe des ersten und zweiten Aktes. R. freut sich so über unsres Vaters Anwesenheit, daß er zu mir von der Bühne her eilt und sagt: Das sei seine einzige Verwandtschaft! Zwischen dem ersten und zweiten Akt speisen wir in der Restauration. Den späten Abend bringen wir nach der Probe mit dem Vater und Stein und Jouk. zu. (R. kommt auf die Notwendigkeit für Fidi, Tierarzenei zu studieren, durch den Schreckensfall von Molle zurück.)

Sonntag 16ten R. schlief gestern auf seinem großen Ankleidestuhl ein, ich bewachte ihn und betete dabei. Ach! beide wir sind so müde und möchten mit den Kindern, nur für die Kinder leben!... Heiter geht er dann zu Bett und hat eine gute Nacht. Gegen 11 Uhr fahren wir in die

Orchester-Probe des 3ten Aktes, wo es R. besonders auffällt, wie auch das Orchester nur stößt, gar nicht mehr vorträgt, die sensitiven, die Übergangsnoten ganz fallen läßt. Wir kehren traurig heim; R. klagt sich an, zuweilen zu dick instrumentiert zu haben! Er streicht bei einer Stelle die Bläser. Sonst bespricht er die Ermordung der Europäer in Alexandria, »um die Renten zu sichern« geschehe all das. – Ein Brief von H. Schön in Erwiderung an den Offenen gefällt ihm sehr gut. – Nachmittags um 5 Uhr fahren wir beide zur Gesangs-Probe des 3ten Aktes. Leider erregt H. Winkelm. durch sein Nichtkönnen der Sache R.'s großen Unwillen. Der Abend bringt ein Whist für den Vater; für R. und mich ein Gespräch R.'s mit dem Kapellmeister über Vortrag.

Montag 17ten R. spricht fast ununterbrochen die Nacht, ich höre u. a.: »Adieu, Kinder« – wem ich wohl meine Gedanken sagen könnte, Gedanken – keine, ach! bleischwere Angststöße, er, die Kinder, die Kinder, er! Ich sehe Siegfried's flehenden Blick!... Um 12 Uhr kommt der Oboist mit dem Kmeister; sehr humoristisch sagt R., es habe geklungen wie ein ganz junger Hahn, der »plötzlich was sagen will«. »Ja« – ruft er plötzlich aus –, »was ist Adel? Woher kommt er in so einem Ton? Dadurch, daß man nichts Dummes sagt, und so habe ich dem Oboisten wenigstens geraten, den Ton gleich zu crescendieren, damit nicht das Nichtssagende noch eine Ewigkeit andauere.« Wir haben Gralsträgerin, Knappe und Dr. Strecker mit Frau zu Tisch. Um 5 Uhr eine Probe (sitzend mit Klavier, des 3ten Aktes). R. sehr eingehend über die verschiedenen Momente, u. a. den Moment des seligen Lächelns bei Parsifal, der Begeisterung und der populären Schlichtheit bei Gurnemanz. Die Unmöglichkeit, daß er verstanden werde, ergibt eine große Deprimation. Schweigsam fahren wir mit einem Umweg heim; das Fahren tut R. gut; hier und da wechseln wir ein Wort über das Werk. Zu Hause begibt sich R. in's Bett, und ich empfange H. Neumann, welchen R. bestellt hatte in Folge eines Briefes des H. Voltz, welcher ihm heute früh anzeigte, daß trotz allem Nachgeben seitens R. der Prozeß in Leipzig noch immer besteht. R. nimmt ein Bad und dann etwas zu sich, was immer mit einigem Ärger vor sich geht. Doch geselle ich mich zu ihm, den Kreis bei Whist und Gespräch lassend, und bald sind wir bei einem Glas Champagner in lebhafter, ja beinahe heißer Unterhaltung miteinander. Ich möchte ihn in meine Arme nehmen können und fern, fern von allem tragen!

Dienstag 18ten R. hat gut geruht und meldet mir in der Frühe, es seien die Gralszüge des 3ten Aktes nun in Ordnung (in seinem Kopf). Um halb elf fahren wir in die Probe, die Violoncelli, die ihn so geärgert hatten vorgestern, spielen heute besser, es bleibt aber vieles nicht nach seinem Sinn, und wie einer der Musikdirektoren ihn auf etwas aufmerksam macht, erzählt er die Geschichte des Schneiders im Himmel, dem der liebe Gott es verwies, den Schemel hinuntergeworfen zu haben. Doch ist es seine Hauptprüfung jetzt, daß er nicht weiß, was er laufen lassen soll, was bemerken. Er setzt einen Pauken-Wirbel bei der Krönung Parsifal's zu, ist aber sehr müde, doch erfreut ihn die Gegenwart unsrer Freundin Malwida bei Tisch. Er scherzt mit ihr über ihre beiderseitigen Schriften, »die deinigen liest die ganze Welt, ich lese nur die meinigen, weil ich in allen andren einen peinlichen Widerspruch finde, in den meinigen nicht. Ich mache es wie der liebe Gott nach dem Talmud, der die Bibel liest.«* Um 5 Uhr ist Arrangier-Probe mit Klavier, viele Mühe für R.! Keine Hülfe. Kummer über die Wandeldekoration. Wir kehren schweigsam heim. Er nimmt aber das Abendbrot mit uns ein, und da ich ihm den Vorschlag von H. Scaria sage, die zweite Wandeldekoration ganz zu streichen, ist er glücklich darüber, läßt unsren jungen Fr. Brandt noch spät am Abend kommen und macht das mit ihm ab. Dazwischen hat er mit meinem Vater über die seltsame »Hetze«, in welche er geraten, [gesprochen] und bemerkt, das, was man vor 20 Jahren über die Israeliten sagen durfte (wie in der ersten Auflage der »Bohémiens«), das darf man beileibe jetzt nicht mehr, seitdem eine Zeitlang H. v. Bismarck sie gegen die Konservative Partei gebraucht hat. »Entweder muß das Korn schießen, oder es verfault«, sagte ich gestern in Bezug auf Charaktere R., ich schreibe es nieder, weil es ihm gefiel.

Mittwoch 19ten R. fühlt sich unwohl und sagt die Probe ab. Wir frühstücken im Türmchen, er speist dann für sich oder vielmehr, er speist nicht und bleibt den Nachmittag über im Gartenhaus unten. Nach dem Kaffee geselle ich mich zu ihm, er liest in Hoffmann, ich in dem Oupnekhat, ab und zu teilen wir uns ein Wort mit und sind glücklich. Der Dr. hat ihm ein kalmierendes Mittel gegeben, sieht nach am Abend und findet ihn wohl, beruhigt mich, indem er seine Organe vollständig gesund findet. H. Scaria kommt, gibt guten Bericht über die Probe. – Wir nehmen das Abendbrot mit dem Vater und R., später kommt Malwida mit Stein und Jouk. R. beschäftigt unter andrem der Gedanke, daß es gegen die Wissenschaft, die Arzenei, gar keinen Appell gebe; z. B. die Impfung, welche jetzt als schädlich angesehen würde, sei 20 Jahre durch den Staat aufgezwungen gewesen! – Er klagt über die Militär-Musik, die allerdings uns durch ihre Gemeinheit sehr lästig fällt. – Wie uns Stein mitteilt, daß Dr. Schemann sein Wort zitiert: »Ich bin kein Musiker«, scherzt R. über die-

* Unten nachgetragen: »U. a. Gesprächen beim Kaffee bemerkt R., viele Menschen hätten mit ihm gebrochen, seien ihm böse geworden, weil er ihnen zugemutet habe, sich ordentlich zu benehmen, etwas Ordentliches zu sein.«

ses Mißverständnis und singt: »Er ist kein Musiker, er sagt es ja selbst« – auf das Thema von Figaro: »Er ist mein Vater« etc. – Wie ich schon Abschied von ihm genommen, kommt er in mein Ankleidestübchen und sagt: ›Das Schönste sei, wenn wir beide neben einander schweigend saßen, wie heute im Türmchen.‹ Wie wir also saßen, blickte er mich an und sagt: So etwas wie wir beide hat es nie gegeben! Absurde, exzentrische Verhältnisse schon, aber wir beide nie...

Donnerstag 20ten R. hat gut geruht. In der Frühe im Türmchen frühstückend, lesen wir den Brief des Königs, welcher gestern angekommen ist und welchen R. zurücklegte. Die Nachricht von dem üblen Zustand der Gesundheit ist nur zu glaubwürdig. R. wollte mit uns (ich und 4 Kinder, Vater und Lusch ausgebeten) speisen, aber er hat sich aufgeregt, statt Bouillon habe er Humperdinck genossen, sagt er, dann den Ballettmeister, der ihm zwar guten Humor gemacht, aber er ist müde. Er schläft im Saal und trifft mich beim Erwachen in der Halle schlafend; diese Bewachung erheitert ihn sehr, er meint, ich machte ihn zum Kaiser von Siam, der eine weibliche Garde habe. Um 5 Uhr ist Probe des 3ten Aktes (Orchester, Winkelmann, Materna), R. ist zufrieden mit dem Orchester. Wir fahren wiederum zusammen heim. Abends spielt mein Vater Whist, und wir plaudern mit dem Kapellmeister. In der Probe bat sich R. nur aus, daß nur nicht alles spräche, wenn er etwas zu sagen habe. ⟨Wir freuen uns, daß der Vorhang falle und keine Wandeldekoration die Musik beeinträchtige.⟩*

Freitag 21ten R. hat gut geschlafen, aber wir sind beide sehr müde; er geht im Scherz so weit, daß er meint, in solchen Zeiten würde ich der Kunst gram! Wir haben einen ganz heitren Familien-Mittagstisch; R. spricht viel von Gobineau. Vorher hatte er von dem Gemetzel in Alexandrien gesprochen. Nach Tisch besuche ich unsere Freunde Glasenapps, komme heim und schlafe vor Müdigkeit im Saal ein; wie ich erwache, sitzt R. bei mir (um die Mittagszeit war er zu mir gekommen, um mich zu fragen, lebst du denn noch?), hat Tränen in den Augen und sagt sehr mild: »Welche Opfer werden gebracht!« – Wir fahren zur Probe (Orchester, Gudehus, Siehr). Abends wird Whist gespielt in der Halle, während R. seine Erinnerungen an Bakunin mit Malwida auffrischt.

Sonnabend 22ten R. hat geschlafen, aber viel gesprochen im Schlaf. – Er zitiert zu mir öfters einen Scherz von Hoffmann von dem Wahnwitzigen, welcher ganz sanft als Mond aufging, wenn er aber als Sonne aufgehen wollte, heftig toll wurde. Wir haben Proben, Scaria erscheint als alter Gurnemanz und ist darin ganz hinreißend. R. hatte gesagt, im ersten Akt

* ⟨ ⟩ von fremder Hand mit Tinte unkenntlich gemacht.

80, im letzten 90. Wir speisen alle im Zwischenakt in der Restauration. Wir verbleiben nach der Heimkehr etwas unter uns mit Stein und Levi. R. spricht eingehend über den Charakter der Kundry, wobei ich leider das Gefühl der Übermüdung bei ihm habe.

Sonntag 23ten R. sehr sehr müde, schläft unruhig, hat nur in der Frühe seine Freude an dem Ruf der Hähne. Wir frühstücken zusammen bei hübschem Wetter im Türmchen. Er bleibt dann auch im Pavillon und speist für sich dort, sich immer mit E. T. A. Hoffmann unterhaltend. Um 5 Uhr fahren wir in die Probe, Mar. Brandt (welche gestern durch mich über vermeintliche Kränkung seitens R. beruhigt werden mußte), H. Gudehus. Wir wohnen jedoch nur einem kleinsten Teil davon bei. Es wird die grüne Laube zur Abschließung von Pars. und Kundr. probiert, sie entspricht nicht ganz R.'s Ansprüchen. Auch die Tempi beunruhigen ihn. Wir fahren bald heim. Der Abend beginnt sehr traulich und humoristisch, R. erzählt Fidi den Stoff des Pars., nachdem er ihn befragt, was er davon verstanden; während dem erklärt mein Vater Boni den Gotha'schen Kalender. Am Schluß aber gerät R. in gereizte Stimmung gegen Malw. und hänselt sie über ihre vielen Freundschaften mit Vivisektoren.

Montag 24ten R. hat gut geruht. Ich habe allerhand Besorgungen in der Stadt; während dem ergeht sich R. im Garten, und auf dem Balkon Jouk.'s jemand erblickend, den er für Malwida hält, macht er allerhand Gestikulationen der Demut und der Buße. Es ergibt sich durch Mitteilung, daß die Frau Judith Gautier es war. Im Tagblatt stehen Erinnerungen an das Jahr 1872, 9te Symphonie, Grundsteinlegung, das rührt R. sehr. Um 4 Uhr haben wir General-Probe. Im ersten Akt findet R. die Tempi ziemlich viel geschleppt; auch ist er mit der Beleuchtung nicht zufrieden. Im 2ten Akt geht es besser. Zwischen dem 2ten und 3ten Akt nehmen wir unsre Mahlzeit ein. Im 3ten Akt ist er sehr gerührt; da mein Vater und Daniela sich entfernen, um unsere Freunde Schleinitz abzuholen, ruft er bitter aus: »Wieder Obsequientäten, hole euch alle der T. ––« Es sind viele Fremde anwesend; da am Schluß Applaus entsteht, bedankt er sich ironisch von unsrer Galerie aus. – Zu mir macht er die Bemerkung, er möchte nicht als Orchester-Mitglied von einem Juden dirigiert werden!

Dienstag 25ten R. hat gut geschlafen, und da das Wetter schön ist, nehmen wir unser Frühstück im Türmchen ein. Plötzlich hören wir etwas rauschen, und wie eine Grabesstimme erschallt R. die der Frau Heim aus Zürich, welche ich unten begrüße. Wir nehmen das Mittagessen mit meinem Vater und Kmeister Lev. ein, mit dem R. die Tempi noch einmal durchnimmt. Vor Tisch hatte R. unseren Gönner Graf Schleinitz besucht, von dessen Anblick ich ihm, vom Früh-Besuch heimkehrend, erzählt hatte. Judith besucht uns nach Tisch, ich empfange sie bei mir, da R. etwas müde ist. Er liest im Garten in den »Serapions-Brüdern«, um 5 Uhr hält er noch eine Probe mit H. Reichmann und H. Winkelmann, wobei er ihnen die Hauptmomente ihrer Rollen vorliest. Um 7 Uhr fahren wir zur Restauration hinauf, u. a. begrüßt [R.] seine Künstler, dann läßt der Bürgermeister meinen Vater leben, worauf R. das Wort ergreift und über meines Vaters Wert und Bedeutung für ihn in hinreißender Weise spricht. (Mit Freude begrüßt R. M. Maier in der Restauration.) –

Mittwoch 26ten R. hat eine unruhige Nacht, ich höre ihn leise im Traum sagen: »Kinder, ich scheide, leide.« –– Auch ist er nicht zufrieden mit der gestrigen Wendung der Toaste, hat übrigens alles vergessen, was er gesagt, erkennt es nicht in den Zeitungsbericht[en]. Um halb vier, bei leider nicht gutem Wetter, fahren wir fort. Gleich beim Eingang erregt seinen Ärger das Begucktwerden. Der erste Akt geht noch so ziemlich nach seinem Wunsch*, nur das viele »Komödiantische« ist ihm zuwider. Wie nach dem zweiten Akt stark gelärmt und gerufen wird, tritt R. an die Brüstung, sagt, daß die Beifallsbezeugungen seinen Künstlern und ihm zwar sehr willkommen, daß sie aber übereingekommen seien, sich, um den Eindruck nicht zu stören, nicht zu zeigen, also das »sogenannte Herausrufen« fände nicht statt. Nachdem wir gespeist haben, sind R. und ich zusammen in der Loge! Große Rührung überkommt uns. Doch am Schluß ärgert R. das stumme Publikum, welches ihn mißverstanden hat, er redet es noch einmal von der Galerie an, und wie darauf der Beifall sich entladet und immer wieder gerufen wird, tritt R. vor den Vorhang und erklärt, er habe seine Künstler versammeln wollen, aber diese seien schon halb entkleidet. Die Heimfahrt, mit diesem Thema erfüllt, ist ärgerlich. Gar lange Zeit bedarf es auch zu Hause, um R. zu beruhigen, da die allerverschiedenartigsten Eindrücke sich bei ihm kreuzen. Auch unter andrem, daß Schnapp. vom Dr. *von* Liszt zu ihm spricht, ärgert ihn. Endlich bringe ich meine kleine Gabe an (ein Kissen), und allmählich tritt eine Diversion ein, 20 Minuten vor eins begeben wir uns zur Ruhe.

Donnerstag 27ten Das Thema des ersten Gesprächs ist wiederum das Verhältnis zum Publikum und wie dies zu regeln sei, damit auch die Künstler nicht durch das Ausbleiben des Beifalls verstimmt würden. Wir haben ein sehr heiteres Mittagessen mit den Kindern, welche durch das Alles-Sehen R. sehr erheitern. Abends Empfang in Wahnfried; H. Schnappauf meint 300, ich glaube 200 Menschen. (R. liest in der französischen Übersetzung von Hume's Geschichte von England.)

* Tintenwechsel, die Eintragung unterbrochen, dazu die Fußnote »in Venedig (18ten Sept.) fortgesetzt. – Hôtel d'Europe«.

Freitag 28ten R. hat gut geschlafen. Beim Mittagstisch zerstreuen ihn die Kinder durch das an den Gästen erlebte Vielerlei. Wir fahren früh in das Theater. Das Vorspiel wird geschleppt. Nach dem ersten Akt entsteht ein wohltuendes Schweigen der Andacht. Aber nach dem zweiten wirkt es peinlich, daß die Beifall-Spendenden wieder [aus]gezischt werden. Am Schluß, sich nur unter Patronen wähnend, hält R. ihnen eine kleine Anrede, indem er seine Künstler vorführt und ihnen den Dank des Publikums zuweist, nachdem er allen – auch besonders dem Kapellmeister – seine Anerkennung, ja seine Rührung ausgesprochen. (Im Zwischen-Akt des 2. – 3. Aktes besucht uns H. v. Bürkel.) Über diese seine Sänger sagt mir R., daß sie ihn zu gleicher Zeit ergriffen und ärgerten. Doch ist die Stimmung eine weit friedlichere als beim ersten Male; wir haben noch ein ruhig-freundliches Zusammensein mit meinem Vater. Ein Sonett im Tagblatt macht einen artigen Eindruck, so wie auch einzelne Berichte.

Sonnabend 29ten R. hat tief, aber unruhig geschlafen. Zu Mittag haben wir heute die Sänger (Materna, Winkelmann, Scaria), denen R. Regeln gibt, z. B. der Aussprache, nicht sagen sein *Fluch* (so daß man ›sein‹ kaum hört), sondern *sein Fluch,* und vieles noch. Um 3 Uhr haben wir im Theater Probe für Frl. Malten und H. Jäger; erstere macht auf R. einen überraschend guten Eindruck. Abends ist er sehr müde. Ich hatte heute die Klagen von unserem Restaurateur zu besänftigen, welcher der mangelnden Beteiligung wegen die Wirtschaft aufgeben wollte, und einige Herrn von den Wagner-Vereinen zu empfangen, welche nicht ganz einverstanden mit R.'s letzten Bestimmungen zu sein scheinen.

Sonntag 30ten R. spricht sehr sehr viel im Schlaf. Er ist matt beim Mittagstisch, den wir mit unsren Freunden Mihalovich und Apponyi einnehmen. Doch wie letzterer die Frage des Christentums berührt, so nimmt R. sie lebhaft auf und sagt, es sei eine zu zarte Erhabenheit gewesen, um Gemeingut zu werden, die alten Götter hätten der Kirche gedient. Um 4 Uhr fahren wir bei schlechtem Wetter hinauf. Die Aufführung ist gut, Frau Materna selbst sehr gut, R. ersucht mich, sie in ihrer Garderobe zu beglückwünschen. Nach dem ersten Akt wiederum Stille, nach dem 2ten Akt großer Beifall; nach dem 3ten Akt Rufen, das Bild wird gezeigt. R. dankt für seine Künstler von der Loge. »Das ist mein Verhältnis« – sagt er. – Es sollen die Geschäfte des schlechten Wetters wegen nicht gut gehen; auch erfahren wir allerhand Schlimmstes über die Bewirtung der Fremden. Sehr dadurch aufgeregt, schreibt noch – beinahe um die Mitternacht – R. darüber an den vortrefflichen Bürgermeister.

*Montag 31ten** Mit denselben ärgerlichen Gedanken, mit welchen er zur Ruhe sich begab, erwacht R. Er glaubt, einsehen zu müssen, die Festspiele des dafür ungeeigneten Ortes wegen aufzugeben. Dannreuthers speisen mit uns, die irische Frage und ihre Unlösbarkeit wird erörtert, dann spricht R. von den Oupnekhats und liest eine – wenn herausgerissen – absolut unverständliche Stelle daraus. – R. geht dann in den Garten, ein Mädchen begegnet ihm, bittet um ein Almosen, R. rügt es, sie täte es für ihren Vater, »nun, und dein Vater«: »Er sitzt«!... Ich meinerseits erhalte trübe Nachrichten über Freund Gobineau. Und abends Empfang! Ein kleiner krüppelhafter Prinz von Hessen, auch Mme Lucca für R. sehr quälend.

August

Dienstag 1ten Die Erinnerung an das Bettelmädchen beherrscht R. heute, er spricht davon bei Tisch mit Malwida und Stein und ruft aus: Wir sind unmoralisch, an das Schöne zu denken in einer Welt, wo solche Dinge einem begegnen. Um 4 Uhr fahren wir in die Aufführung. Sie gerät mäßig, die Wandeldekoration wird gestört durch einen Luftzug, der Chor des Schlusses ist unsicher, und manches Derartige. Vor der Aufführung hat R. geweint, und am Schluß ruft er aus: »Ich bin müde!« – Regen.

Mittwoch 2ten Beständig Regen; R. erblickt darin die Verurteilung seiner ganzen Niederlassung hier. Gestern hat er noch über das Barometer gescherzt, es sei ein menschliches Wesen, es lüge, wenn es auf gut Wetter stünde. Zum Mittagstisch haben wir die ehemaligen Leipziger Theaterdirektoren und Gräfin Voß und Fr. v. Meyendorff. Es geht lebhaft-heiter zu, und am Nachmittag kann sich R. im Garten ergehen, sich erfreuend an dem paradiesischen Zustand, da alle Tiere freundlich miteinander darin verkehren. Um 5 Uhr sind R. und ich von 5 bis 9 wieder im Theater, einer Probe von Frl. Malten und H. Jäger wegen. Die Probe greift R. an, aber befriedigt ihn doch; wirklich rührend ist es, wie bis zum letzten alle Mitglieder unermüdlich dabei sind und unerschütterlich ernst! Nach Hause gekommen, finden wir die Kinder hungrig unser harrend, sie mißverstehen unsren Wink, gleich zu speisen, glauben, wir hätten schon die Mahlzeit eingenommen, lassen sich allein servieren, daraus entsteht Unwillen unsrerseits, Übelnehmerei seitens der Kinder, eine ganze Scene, die aber in heiterem Frieden sich auflöst, nachdem die Kinder erst heimlicn zu Bett sich gelegt, dann wieder aufgestanden sind! – Das Wetter wieder schlecht.

* Beigelegt ein Zeitungsartikel, s. Anm.

Donnerstag 3ten R. hat eine etwas unruhige Nacht und fühlt sich nicht wohl. Das Mittagsmahl mit Schöns und Frl. Malten geht ohne ihn vor sich, er kommt aber hinzu. Nachdem er im Garten einige Stunden zugebracht, fühlt er sich abends wohler, und beim Empfang kommt er herunter und setzt sich beim Ofen (rechts) inmitten der Blumenmädchen und scherzt mit ihnen. In der Frühe hatte er einen sehr hübschen Brief von Wilhelmj erhalten. Mir brachte der Tag die Examinierung eines von Freund Standhartner empfohlenen Erziehers für Siegfr., der leider mit Freund Stein nicht zu vereinigen sein wird, da er durchaus dem norddeutschen Wesen entgegen geartet ist.

Freitag 4ten Das üble Wetter hält an! Zum Frühstück um 12 haben wir Dannreuthers, beide R. sehr angenehm. Um 4 Uhr die Aufführung mit H. Jäger und Frl. Malten, letztere mit sehr schönen, energischen Akzenten, aber noch etwas unfertig. R.'s Stimmung ist eine sehr aufgeregte, doch freut ihn immer wieder der Eifer seiner Sänger. Er stellt die Thesis auf: Hier auf meiner Bühne herrscht Anarchie, ein jeder tut, was er will, aber jeder will das Gute.

Sonnabend 5ten R. ist sehr müde und wird von seinem Brustkrampf befallen. Zwischen 3 und 4 hat er in der Nacht an Freund Groß geschrieben, er hat in einem Aufsatz der Musik-Zeitung von H. Leßmann einiges gelesen über üble Verteilung der Eintrittskarten, was ihn sehr erregt. Der Fortgang meines Vaters erregt auch seinen größten Unwillen; und ich muß heute ohne ihn sowohl das Frühstück als das Mittags-Mahl einnehmen. Freund Groß kommt sehr aufgeregt, sich zu rechtfertigen, R. hat bereits halb vergessen, was er nachts schrieb. Am Nachmittag empfängt er Frl. Malten, um ihr einiges zu sagen; und abends, da wir ganz unter uns sind, teile ich ihm einige von den jetzt in Bayreuth kursierenden Geisterklopf-Geschichten [mit], und erheitre ihn damit. Seinen Freund Sulzer hat er wiederholt telegraphisch zu den Aufführungen eingeladen!

Sonntag 6ten Das seltsame Thema des Geisterklopfens beschäftigt uns weiter, da unser armer Freund Liechtenstein, welcher sich mit dem abgibt, einem üblen Trug verfallen zu sein scheint. – Das Beharren des schlechten Wetters läßt ihn seine ganze Ansiedelung hier verwünschen. Ich kann nicht anders, als für unser Städtchen – auch für Deutschland – eintreten und die Mängel ungleich geringer als die Vorzüge unseres Hierseins erachten. Wir sind unter uns zu Mittag und fahren dann hinauf, wo heute Fr. Materna und H. Gudehus (bei Erkrankung des H. Winkelmann) singen. Einiges rügt R. als durchaus nicht gut, z. B. die Annäherungen der Kundry an Parsifal nach der großen Explosion, doch rührt ihn der Eifer der Sänger immer auf's neue. Aber den Tag beherrscht doch Verstimmung, Siegfried, den ich aus Schonung zu Hause gelassen, fehlt ihm in der Galerie, auch Daniela, welche ich unsren Freunden Schleinitzens beigegeben, da ich nicht mehr mich getraut, diese zu uns zu bitten, weil er neulich sich dabei unbehaglich fühlte. Aber dieses mein Nachgeben befriedigt ihn nicht, und ich nehme mir vor, in der alten Weise fortzufahren. In dieser Aufgeregtheit begeht er Diät-Fehler, und spät abends noch wandert er aufgeregt im Garten.

Montag 7ten Gleich in der Frühe, in seiner rührend inständigen Weise, bittet R. mir die gestrige erregte Laune ab. Beginnt damit, mich sehr sanft zu fragen, wie es mir ginge, ob ich denn noch lebe! Zu Mittag erscheint Wilhelmj, sehr erheiternd durch allerhand Erzählungen und Mitteilungen, Malwida und Stein sind auch Gast bei uns. Zum Kaffee erscheint der Kapellmeister und wird das Personal der nächsten Aufführungen festgesetzt. Ein Brief des durch den Kmeister gekränkten H. Reichmann wird versöhnlich erwidert. Um 5 Uhr ist Dr Neum. bei R. wegen Verhandlungen über seine bevorstehende Tournée (Ring des N.). Dann glänzt der Himmel, und es ist die Möglichkeit, im Garten ein wenig zu wandern, wobei ich R. eine P. Vendramin betreffende günstige Depesche Biagino's [bringe], den ich eines plötzlich entstandenen Mißverständnisses halber mit Sorge nach Venedig dirigiert hatte. Auch ein Lob meiner äußeren Wenigkeit, das in der Independance mir zugeschickt, unterhält R. Und der Empfang fällt recht gut aus.

Dienstag 8ten Aber heute ist R., wiederum in Folge eines Diät-Fehlers, recht angegriffen. In der Frühe empfange ich H. Feustel und H. Voltz, welcher als Ausweg aus der unentwirrbaren Lage vorschlägt, seinen Anteil an dem Geschäft R. zu cedieren. Ich verschweige vorläufig R. den Besuch, da er sehr angegriffen ist und selbst für sich die 2te Mahlzeit einnimmt und erst gegen Mitte des 1ten Aktes in das Theater mir und den Kindern nachfährt und bereits in der Mitte des 2ten Aktes fortfährt. Spät abends, wie ich ihm von der Aufführung erzähle, ist er noch sehr erregt!

Mittwoch 9ten R. hat eine üble Nacht und verbringt den Morgen im Garten, wo er allein speist, ohne den eben angekommenen Biagino zu begrüßen. Ich empfange einige Freunde, Passini, Liechtenst. etc. zu Tisch, und wie wir in der Halle und meinem Gemach uns zum Kaffee aufhalten, ruft er sich Biagino in den Saal durch die Norma. Es glückt leider nicht, ein andrer hört es, und R., ärgerlich, ruft aus: »Die Indiskretion meiner Freunde verdirbt mir jede Freude.« Später will er ausgehen, sich zu Hôtel Sonne begeben, Am. Materna besuchen, doch wird er auf der Straße gleich angehalten, und das führt ihn auch ärgerlich wieder zurück. Abends ist er in etwas gereizter Stimmung, und die Nötigung, mit Biag. französisch zu sprechen, peinigt ihn. Er läßt Malwid. – die ihn nie stört – und Stein herüberkommen.

Donnerstag 10ten R. hat eine üble Nacht, und unsere arme Braut bringt sie mit Zahnschmerzen zu. Nach der Mahlzeit, welche er mit uns einnimmt, legt sich R. zu Bett und liest »Melle de Scudéry« von Hoffmann, mit vielem Vergnügen. Ich empfange abends mit einiger Pein, die Gesellschaft entfernt sich bald.

Freitag 11ten R. hatte eine unruhige Nacht. Er fühlt sich so matt, daß er der Aufführung nicht beiwohnt, nur in den Zwischenakten erscheint er, und einzig die Blumenscene hört er ganz an, weil ihre vollendete Ausführung ihn jedesmal erfrischt. Er rief laut Bravo von unsrer Loge aus zu, worauf er ausgezischt wurde. G^fin^ Tasca wohnt dieser Aufführung bei, und wir haben unsre lieben Freunde Schl. mit ihr bei uns. – R.'s Stimmung ist wechselvoll, doch im ganzen gegen Bayreuth gerichtet, ja er spricht davon, Parsifal und Bühnenfestspielhaus H. Neumann zu übergeben!

*Sonnabend 12ten** Immer unruhige Nacht, aber schönes Wetter. G^fin^ Tasca, Frl. Malten & Herr Gudehus speisen bei uns; R. freut sich, der Gräfin unser Wohnhaus zu zeigen. Den Vormittag hat er im Sommerhäuschen zugebracht und es vermieden, selbst seine Familie (Fritz Brockh. samt Schwester) zu sehen. Um 4 Uhr machten Liechtensteins ihren Abschieds-Besuch; er war durch R. gekränkt worden, R. hatte es erfahren und entwickelte in dem Versuch, ihn zu beschwichtigen, seine ganze Gewalt über die Menschen, so daß ein jeder sich lächerlich vorkommen muß, ihm etwas übelzunehmen. Die Medium-Fürstin aber blickt R. verstört, unverwandt an, wie ahnungsvoll, daß er alles durchschaue. Gegen 5 Uhr fahren wir zum Riedelsberg, wohin Großens mehrere Künstler eingeladen haben, wir lesen Glasenapps auf dem Rennweg auf und verbringen einige Zeit sehr freundlich dort zu. Abends Malwida und Stein, während Biagino mit den Kindern sich ergötzt, da das Französische R. sehr peinlich ist.

Sonntag 13ten Schönes Wetter! Allein R. ist erkältet und bleibt den Vormittag zu Bett. Auch fahren die Kinder allein voran in's Theater, und wir kommen, R. und ich, inmitten des ersten Aktes und gehen auch etwas vor dem Ende fort. Liechtensteins, die auf R.'s Zureden geblieben waren, nehmen das Abendbrot bei uns ein (R. nimmt daran keinen Teil). Scaria und Materna erfreuten heute R., letztere namentlich durch Beachtung seiner Winke.

* Fälschlich »11ten«, irrtümlich um eine Zahl zurück bis einschließlich Mittwoch, 22. August 1882.

Montag 14ten R. fühlt sich wohler; für mich gibt es allerhand Abschiede (E. Sierz., Alex. Schl., deren vortreffliche Schrift über Pars. mich sehr erfreute). Bei Tisch wird leider Thun-Fisch serviert, R. nimmt davon und leidet den Tag über an Indigestions-Krämpfen! Um 5 Uhr hat er den Chordirektor, den Kmeister und Hr. Reichmann bestellt wegen Festsetzung der Tempi; es dauert eine Weile, bis er sie sprechen kann, doch endlich tut er es, begeht aber nachher den Diät-Fehler und trinkt Bier, worauf er sich zu Bett legen muß. Er liest von Cervantes die Novelle: »Rintonate & Contadilla«, während ich unten mit gedrücktem Gemüte empfange. Nachts nehmen die Krämpfe zu, ich mache ihm warme Umschläge, und in der Freude, ihn sich allmählich erholen zu sehen und dieses armselig Wenige für ihn tun zu dürfen, versinkt meine Seele in Dankgebet. Wer nie das Liebste leiden sah, wer nie die kummervollen Nächte am Bette hülfreich saß, der kennt euch nicht, ihr himmlischen »Mächte«. Ich kenne sie und ihre Tröstungen!

Dienstag 15ten Er fühlt sich noch immer nicht wohl und nimmt für sich seine Suppe im Saal, während ich mit den Kindern speise. Wir fahren dann zu dritt mit Loldi in das Theater, und R. freut sich so darin des Erfolges seiner Ermahnungen an Herrn Reichmann (1te Scene, habt Dank etc.), daß er zu ihm geht und ihm ein 10 Mark-Stück schenkt. Beim Souper setzt sich R. zu den Kindern, doch ist er sehr nervös. Meine Stimmung wird dadurch inbrünstiger, und in meiner Ohnmacht rufe ich Gott an, der sich dem Demütigen enthüllt. Und nicht vergeblich! Der Abend nach der Aufführung vergeht friedsam gesprächig bei einem Glase Bier.

Mittwoch 16ten Und R. hatte eine gute Nacht. Wie Freundin Mimi mich besucht und wir im Garten wandern, ruft R.: »Mime« (der Dachshund) »sucht Mimi«, und erreicht uns. Wie die Gräfin ihm sagt, daß der erhebende Eindruck des Werkes auf alle ihm doch eine Freude sein müsse, erklärt er, er sei völlig eindruckslos dagegen geworden. Wir speisen mit den Kindern; um 5 Uhr kommt H. Hill und singt Amfortas, einiges davon (1te Scene im Tempel) mit großer Wucht, R. macht ihn aufmerksam auf die Fehler seiner Aussprache. Dann besucht er die Schwäne, wird durch die gemeine Militär-Musik überrascht, die er gar nicht mehr ertragen kann, ruft durch den Busch des Hofgartens Wolzogens einen Unsinn zu, und abends ergeht er sich gemütlich mit Levi, Stein, Malwida, Jouk. in Erzählungen aus früheren Zeiten (Unzelmann, Gerlach, dem alles in die Schuhe geschoben wurde, jetzt Levi). – Neulich in der Frühe erzählte er mir, wie er das erste Heimatsgefühl in Leipzig gehabt, wie seine Mutter ihn zu einem Stadtrat geführt.

Donnerstag 17ten R. hatte eine gute Nacht, doch kann ihm der Ärger keinen Tag erspart bleiben; heute ist es ein Brief von Dr. Strecker, welcher gegen die – allerdings höchst überraschende – italienische Ausgabe des Parsifal seitens Mme Lucca's protestiert. Wir haben Familien-Tisch und um 5 Uhr Probe für Fr. Materna und H. Winkelmann, wobei die Scene des 2ten Aktes in ihren Hauptmomenten von R. festgesetzt wird! Er teilt das Wesen der Kundry in zuerst* der Verlockerin, die kein Gemahnen an das Vorige hat, dann nachdem »so flatterten die Locken« etc. in der sich grauenhaft wild Entsinnenden, nun vom Erlöser begehrenden Mitleid in der Liebe, und dann in Wut auflodernde! Auch gibt er die Stellung der Kundry und des Pars. bei dieser Scene an. Abends haben wir unseren Empfang und ist R. trotz der angreifenden Beschäftigung am Nachmittag ungemein freundlich.

Freitag 18ten In der Frühe, dadurch, daß ich jetzt in den Oupnekhat lese, ergeht sich R. in dem Vergleich zwischen Christentum und der indischen Weisheit, um der Einfalt des ersteren sehr den Vorzug zu geben und ihm vor allem die Fähigkeit zuzusprechen, künstlerisch produktiv gewesen zu sein. Nach dem 2ten Frühstück mit den Kindern fahren wir zum Theater, und R. freut sich des Erfolges der gestrigen Probe. Kmeister Levi wohnt bei uns der Aufführung bei, wobei R. ihm allerhand über die unrichtigen Tempi bemerkt, namentlich aber über den unzarten Vortrag des Orchesters.

Sonnabend 19ten R. hat gut geruht. Wir haben den jungen, sich ausgezeichnet bewährenden Fritz Brandt bei uns, auch Malw. und Stein. In der Frühe hatte ich mit Freund Glasenapp eine Unterredung über die Besprechung der Aufführungen, da unsere guten Freunde, in etwas voreiligen Urteilen weit ab von R.'s Ansichten sind. Am Nachmittag gibt es für uns allerhand Nöte wegen der Trauungs-Angelegenheit.** Und abends erhält R. durch einen Bericht in der Köln. Zeitung über die Versammlung der Wagner-Vereinler hier einen sehr empfindlichen Ärger; da denn vieles nicht gar Zarte vorgekommen ist. (Wir haben den Kontrakt mit Venedig unterschrieben.)

* Hier ein zweites »in«, der folgende verworrene Satz mit allen Fehlern so belassen. ** Zeichen im Text, am unteren Rand: »siehe letzte Seite des Buches«; auf dem inneren rückwärtigen Deckel (mit »18ten« irrtümlich datiert): *»zum 19ten August.* Ich schlage R. vor, eine Fahrt nach Fantaisie zu machen; da er aber einiges von den Nöten erfährt, läßt er uns Mitte des Weges umkehren, um zum Bürgermeister zu gehen. Der kath. Pfarrer ist gerade vor dem Rathaus, R. verspricht mir, sich zu mäßigen (wir haben erfahren, daß er – ungehalten darüber, daß Blandine keine Konversion begehe – nach Palermo geschrieben, daß die k. Kirche keine Acquisition an ihr mache, und hinzugesetzt, sie sei protestantisch getauft und der Pfarrer ohne Dispens, den in Italien nur der Papst, nicht der Erzbischof geben kann, gemischte Ehen nicht publiziert). Wie wir erklären, wir würden ruhig warten, bis sich alles aufkläre, sagt der Pfarrer: Der Erzbischof von Bamberg könne den Dispens erteilen! Und vielerlei dieser Art erfahren und erleben wir noch in dieser Angelegenheit!«

Sonntag 20ten Regen! Zum Frühstück Rub. mit seinem Vater, welcher durchaus unsemitisch erscheint und R. zu der Vermutung bringt, seine Familie, wie so manche heidnische in Rußland, habe das Judentum angenommen, und dann hätten die Männer auch Jüdinnen geheiratet. Um 4 Uhr zum Theater, wo R. leider Ärger erleben muß dadurch, daß H. Scaria die Rollen-Besetzungs-Frage schroff und zu seinen Gunsten entschieden wissen will, während H. Siehr nicht nachgeben will. Er freut sich aber über den wahrhaft begeisterten Blick von Frl. Brandt im 2ten Akt, und im 3ten Akt ist er im Orchester und auch auf der Bühne, wo er sich freut, alle, auch diejenigen, die nicht im Augenblick beschäftigt sind, mit dem größten Eifer aufmerksam zugegen zu sehen. Zu Hause hat Biag. eine Depesche seines Bruders, welche die Nullität der Heirat erklärt, wenn nicht in Palermo angezeigt, was, wie es scheint, absichtlich versäumt wurde.

Montag 21ten R. hat eine gute Nacht gehabt. Sonst leben wir in einem Hin und Her von Depeschen, da große Mißverständnisse obliegen. Zum Mittagessen haben wir unsere lieben Glasenapps. R. korrespondiert auch mit Frl. Malten und Gudehus wegen nochmaligem Auftreten; er sendet ihr seine Photographie mit Inschrift: »Auch deine Träne ward zum Segenstau«, an Fr. Materna: »Brünnhilde dort, Kundry hier, überall des Werkes Zier.« – Er wandelt im Garten und freut sich der Zärtlichkeit Marke's gegen ihn. Gegen 7 Uhr kommt er zu mir in mein Stübchen, er hat in Calderon's »Seherin des Orients« die Rätsel nachgelesen und empfindet eine große Aversion dagegen; das spitzfindige, künstliche Spielen mit dem Kreuze widert ihn an. Seine Stimmung ist wehmütig, der Himmel trübe, mir ist es, als ob wir beide nur noch miteinander zu sterben hätten. Und abends ist Empfang, worauf R. sich sehr unbehaglich befindet!

Dienstag 22ten R. hatte eine sehr üble Nacht und spricht seinen Ärger über die Empfangs-Abende aus. Ich habe in der Frühe Kontrakt-Vorlesung und Unterzeichnung. Aber die Trauungsnöte dauern fort! Um 4 Uhr fahren wir in's Theater, wo R. abermals Ärger vorfindet durch die Rivalität von den beiden Gurnemanz' und auch durch ein Anliegen von Frau Materna, welcher sie in Wien, wie es scheint, die Isolde entziehen wollen. Aber sie erfreut R. durch das richtige Erfassen des Wendepunktes in Kundry (2ter Akt). Überhaupt hat er in den Kulissen stets denselben guten Eindruck. Sehr spät nimmt er sein Abendbrot ein.

Mittwoch 23ten Worauf er eine sehr üble Nacht hat. Auch hört der Ärger wegen Scaria und Siehr nicht auf, letzterer will abreisen, wenn er nicht regelrecht alternieren darf. Auch H. Gudehus schreibt von Dresden aus, daß seine Künstlerehre es nicht zuließe, daß er nicht in der letzten Aufführung mitwirke! – Wir speisen unter uns. Um 5 Uhr erscheint Richter, der es durchaus leugnet, in London durch den Bankerott von Francke Peinliches erfahren zu haben. Mit ihm war Freund Groß zu mir gekommen; der General hat plötzlich die für die ganze Zeit zugesagte Militär-Musik für Pars. abbefohlen, aus welchen Gründen bleibt unerfindlich. Wir telegraphieren – ohne R. davon zu sprechen – an H. von Bürkel, welcher auch sofort alles in Ordnung bringt. Von Palermo kommt die Nachricht, daß die Trauung stattfinden kann; den Abend verplaudern wir mit Mimi, Malwida, Levi, Stein.

Donnerstag 24ten R. hatte eine gute Nacht. Ich kann endlich meine Vorkehrungen für Boni's Trauung treffen, er setzt ein Telegramm an den König auf und auch einen kleinen Vers für Boni (von Fidi zu sprechen). Mein Vater kommt an, wir haben abends Empfang, R. hat Ärger in der Lucca-Strecker'schen Angelegenheit. Ich spreche meine letzten Worte am Nachmittag an Boni!

Freitag 25ten Vorkehrungen! Um halb 12 Zivil-Trauung in Wahnfried; gegen elf bringen die Stadträte Blandine einen hübschen Tafelaufsatz. Die Rede des Bürgermeisters sehr würdig; um halb eins das Mittagessen, wir sind 27 bei Tisch. R. hält die erste Rede, wendet sich zu Blandine, erinnert sich des Gedichtes, welches sie ihm zum 22ten Mai gesprochen; er spricht von dem Krampf seines Lebens und nennt das, was ihn zu mir geführt, den Krampf der Erlösung, hebt es hervor, wie schön, aus diesem krampfvollen Leben etwas so Natürliches, Einfaches wie die Beziehungen zwischen ihr und Biagino zu erleben; kommt dann auf den König und nennt ihn den guten, schützenden Engel unseres Lebens! – Dann läßt G^{f} Schleinitz in einer liebenswürdigsten Rede, wobei ihm ein Wort des Fürsten Castelcicala einfällt, die Familie Gravina leben. Worauf der Bürgermeister Graf und G^{fin} Schleinitz leben läßt und dann der Minister sich noch erhebt, um die Genien des Hauses in der anmutigsten und zugleich rührendsten Weise leben zu lassen. Um 4 Uhr fahren wir in das Theater, wo Mar. Brandt die Kundry gibt. In den Zwischenpausen geht zu Ehren des Tages ein Feuerwerk ab, und bei unsrer Heimkehr elektrische Beleuchtung.

Sonnabend 26ten Gar viele Unruhe. Das bräutliche Kind sehr ergriffen und rührend. Um 11 Uhr die Trauung in der Kirche, der Pfarrer, wie es scheint, nicht sehr günstig gestimmt, hat kaum die nötigen Vorkehrungen des persönlichen Anstandes getroffen, und seine mit allen Sakristei-Blüten und allen Unziemlichkeiten der Indiskretion versehene Rede wirkt peinlich. Vortrefflich ist die Haltung Biagio's, und wie er feierlich mit einem ernsten Blick auf Blandine den Ring ihr ansteckt, empfinden wir es, daß hierin der Weiheakt bestand! – Wahrhaft erlösend tritt die Musik ein, eine Messe a cappella, von Kmeister Levi dirigiert und von unsrem Chor gesungen. Darauf nehmen wir am Bahnhof Abschied. Es ereignete sich, daß R. und mein Vater auf meine Bitte zu Hause blieben, plötzlich erscheinen sie zu aller Freude und Überraschung auf dem Bahnhof! Die Kinder steigen in den ihnen von der Eisenbahndirektion zugestellten Salon-Wagen und fahren fort. Der Abschied für mich mehr wie ernst! – – R. schreibt an Dr. Strecker. Er fühlt sich gekränkt durch die Sänger, welche ihm in der Besetzungs-Frage so viel Not machen. Auch durch das Nicht-Erscheinen des Königs bei den Aufführungen fühlt er sich gekränkt. Abends hatten wir die bei der Trauung hergekommenen Freunde gebeten und die Sänger, welche sich alle in sehr freundlicher Weise beteiligt hatten. R. kommt hinzu, begegnet zuerst Pr. Bernays und wird so unwillig gegen alle und alles, daß er noch lange, nachdem die Gäste sich entfernt haben, die üble Stimmung nicht bewältigen kann. Am Nachmittag, wie er am Schreibtisch saß, trat ich zu ihm, ihn befragend, da sagte er mir, er wünsche sich den Tod. Am späten Abend nun, wie er in der Speise-Stube sich etwas Speise geben läßt, sitze ich allein in den entleerten Räumen und sinne und sinne, bis die erregten Gedanken eingeschlummert sind, und ich weiß, wie ungefähr es dereinst sein wird! (Gestern kam Freund Sulzer zu unsrer großen Freude an, wohnte auch der Trauung in der Kirche bei.)

Sonntag 27ten R. hatte eine unruhige Nacht, und seine Verstimmung dauert an. Er telegraphiert an H. v. Bürkel seine Beunruhigung darüber, daß er kein Lebenszeichen des Königs erhalten. Abends erleben wir eine Aufführung mit Anwesenheit des deutschen Kronprinzen. Sie ist für mich sehr durch die Krankheit des Ministers Schleinitz getrübt, der einen starken Anfall seines Leidens in der Loge erduldet! – Im Verlaufe des Tages hatten wir von leidenschaftlicher Erregtheit von der Sängerin M. Brandt über vermeintliche Zurücksetzung erfahren! (R. ladet Orchester und Sänger zu morgen ein.)

Montag 28ten R. hat eine erträgliche Nacht. Ein Brief von Boni bringt uns gute Nachrichten und ein hübsches Bild eines sich gut entfalteten Wesens. Zu Tisch haben wir Freund Sulzer und sein[en] Sohn (wie auch gestern), und wir erfreuen uns des seltenen Mannes sehr, nur daß mir es R. verwehrt, ihn so viel über politisch-wirtschaftliche Fragen zur Rede zu stellen. Um 5 Uhr Empfang im Garten. Alle Künstler, auch der Großherzog von Weimar und die Prinzessin von Meiningen. R. ist zuerst da und sehr ärgerlich gegen die ankommenden, nicht künstlerischen Gäste. Er verschwindet, kommt dann wieder, macht mit mir einen Gang durch den Garten, unterhält sich schließlich etwas mit dem G.herzog und bringt es selbst zur guten Laune mit der Prinzessin, wie er sieht, daß er durch sein unbefangenes, bestimmtes Wesen sie aus ihrer steifen Haltung herausbringt. Sie sagte, ihr Vater könne wegen der Krankheit seiner Frau nicht kommen, »sehr unrecht!« sagt R., »er hätte sie krank sein lassen sollen und dennoch kommen«. – Abends aber ist er immer deprimiert. Der Whisttisch wird für meinen Vater mit Jouk. & Stein gerichtet. (H. v. Bürkel antwortet beruhigend.)

Dienstag 29ten R. hat aufgeregt geschlafen. Ich, von Abschiedswanderungen heimkommend, finde ihn nicht wohl, wie ich zurückkomme. Aber daß Frl. Malten auf seine Einladung, der Aufführung beizuwohnen, gekommen ist, freut ihn sehr. – Wir haben einen letzten Mittagstisch mit meinem Vater, wobei es zu großer Expansion zwischen R. und meinem Vater kommt! Um 4 Uhr fahre ich mit meinem Vater in's Theater. In meiner Loge wohnen Frl. Malten und H. Siehr der Aufführung bei, »glühende Kohlen auf die Häupter der andren sammelnd«, wie R. sagt, der erst zum Zwischenakt (1–2) kommt. – Leider verursacht ihm das Durchgehen des Großherzogs und das Eintreten von einer der anwesenden fürstlichen Frauen in sein[en] Salon eine sehr üble Laune! Auf der Bühne aber befriedigt ihn alles, und im dritten Akt, nach der Wandeldekorations-Musik, nimmt er den Stab und dirigiert bis zum Schluß! Dann nimmt er vom Orchester aus Abschied von seinen Künstlern, nachdem der Beifallssturm unaufhörlich sich erzeigt. Nicht vieles von seinen Worten vernimmt man im Saal, und er selbst sagt mir, er wisse nie, was er sage. Einmal sei es ihm geglückt, für den König, er glaube ziemlich genau, aufzuschreiben, was er gesagt hätte, das wäre nach der Gal.-Probe von T. und I. gewesen. Seit einer Reihe von Jahren aber habe er gar kein Bewußtsein mehr von seinen Worten. – Unsere Heimfahrt ist still-feierlich, ich meine, wir können danken, wenn auch gewiß das Erreichte schwer erkauft ward und beinahe das ganze Lebensbehagen dem geopfert wird. Gewiß auch ist R. diese Wirksamkeit ein Bedürfnis und bei allem Kummervollen doch die einzige ihm entsprechende Tätigkeit. – Abends haben wir noch ein Gespräch mit den Kindern über das soeben Erlebte; es wird bemerkt, wie anders das Orchester unter seiner Leitung gespielt habe, wie unvergleichlich anders H. Reichmann das: »Sterben, einzige Gnade« gesungen. – Ich erzähle, wie ich Papa, Grog trinkend, in seiner Garderobe mit dem Kmeister gefunden habe, wie einige Blumenmädchen draußen auf ihn gewartet hätten, um ihn noch einmal zu sehen. – Leider bringt die Nachricht der morgenden Abreise meines Vaters ein großes Auflodern von Entrüstung hervor.

Mittwoch 30ten Regen! Abschied nach allen Seiten, für mich von meinem Vater. Für R., der spät aufsteht, von Reichmann, Hill, Frl. Galfy. H. Neumann verursacht ihm Ärger durch Bitten um Parsifal! Auch ist ihm des Königs gänzliches Schweigen und Ausbleiben unheimlich. Ein Besuch unsrer Freunde Schöns erheitert ihn beim Kaffee, abends sind ihm auch unsere Freundinnen Mimi, Malwida, dazu G[f] Wolkenstein, Stein, sehr angenehm, er spricht eingehend über die Aufführungen und hebt hervor, wieviel die Sänger gelernt hätten. Die Materna habe ihn völlig in Erstaunen gesetzt, und er erzählt, wie sie ihm gesagt hätten: Es sei etwas ganz anderes, wenn er da bei ihnen in den Kulissen stünde! Auch Levi's Sorge, er möge umwerfen, erzählt er scherzend. Wir teilen dagegen mit, wie wir beinahe alles gehört, was im Orchester vorging, ohne es uns zuerst genau erklären zu können. Er erzählt noch, daß, wie er H. Reichmann das fünfte Viertel extra taktiert habe, er ein Bravo des Kapellmeisters für dieses Zugeständnis an die Schwächen des Sängers [bekommen habe]. Und so waren sie denn abgeschlossen, diese sechzehn Aufführungen, und hat sich der Geist des Eifers, der Hingebung, bei den Künstlern allen nicht ein Mal verleugnet. Und auch die Zuschauer haben das Gefühl des Außergewohnten, selbst im größten Sinne gehabt. Ich glaube, man darf damit zufrieden sein.

Donnerstag 31ten R. hat gut geruht. Leider erhält er wieder in der Neumann-Batz-Tristan-Angelegenheit eine Vorladung! -- Für mich gibt es noch manche Abschiede. Zu Tisch haben wir Heckel, Schön, Glasenapps; R. bespricht die erstaunlichen Leistungen der Künstler. »Gut«, sagt er, »was sie bewegt, ist die Gefallsucht; nun aber verwende man diese Sucht auf das Edle, und man wird sie stets bereit finden, mit demselben Eifer dem zu dienen.« Am Nachmittag Besprechung mit unserem Freunde Feustel über unsere geschäftlichen Angelegenheiten. Dann kommen die Gebrüder Brückner, es werden die [nötigen]* Veränderungen für das nächste Jahr besprochen. Beim Abendbrot gedenkt R. dessen, was er seine Sünden nennt, nämlich in der Jugend das grausame Behandeln von Tieren, auch eines Knaben. – Mit H. Schön bespricht er die Vereins-Angelegenheit, welche er möglichst vereinfacht wünscht und namentlich den Ausdruck Patron ausgelassen. Unsere Freunde sind wie gestern um uns versammelt; R. spielt aus Tristan, Vorspiel und Schluß, auch Vorspiel zum 3ten Akt. Dann nimmt er zärtlichsten Abschied von den beiden Glasenapps. Mit mir darauf bespricht er Parsifal und Tristan, im Vorspiel zum 3ten Akt des Tristan ist die Melancholie der Sehnsucht,

* [ ] statt versehentlich »Nötigungen«.

es ist »wie ein Fisch im Trocknen«, aber im Vorspiel zum 3ten Akt von P. ist die Schwermut vollständig, gar keine Sehnsucht.

September

Freitag 1ten R. hat gut geruht. Ich habe eine Besprechung mit H. Schön in Vereins-Angelegenheiten, R empfindet Unruhe über den König, noch besonders dadurch, daß H. v. Bürkel, bei der letzten Aufführung anwesend, uns nicht besuchte. Die Fl. Blätter erheitern ihn, und ein sehr hübscher Brief von Blandine gewährt große Freude. Bei Tisch haben wir unsren vortrefflichen Maschinenmeister Fritz Brandt, der nicht genug gerühmt werden kann. Am Nachmittag haben wir hübsches Wetter, Dr. Landgraf, welcher R. im Garten trifft, verspricht Andauern des guten Wetters, es sei Egidi. Die zahme Elster, welche seit einiger Zeit uns schon erfreute, erscheint wieder, von Wahnfrieds Glanz angezogen. Abends sehen wir die Freunde wieder, R. spielt das Präludium cis moll von Bach und das Vorspiel zu Parsifal. Diese Abende mit den Letztgebliebenen sind traulich-freundlich, auch R. sind sie nicht unangenehm.

Sonnabend 2ten R. hatte eine gute Nacht, und der Tag ist wirklich schön. Leider wird R. von seinem Brustkrampf befallen, nachdem er einen Diätfehler begangen. Er ist in Sorge um den König, dessen Teilnahmslosigkeit bei den Aufführungen ihn sehr schmerzt. Wir machen mit den Kindern eine Spazierfahrt über die Eremitage-Allee nach dem Theater zu. Das Einpacken der Sachen der Restauration und die Klagen des H. Albert wirken traurig. Die Hunde aber wiederzusehen, erfreut stets. Abends bricht R. in bittere Klage über Bayreuth aus, daß ihm niemand gefolgt wäre und sich hier angesiedelt, und daß der Ort auch nicht das mindeste Verständnis ihm entgegengebracht hätte. Mit Ausnahme der wenigen Freunde sei alles anteilslos geblieben; mit allen Ständen hätten wir es hier versucht, er habe im historischen Kränzchen sich aufnehmen lassen, auf nichts hätte er Einfluß gewonnen, und es habe ihn durch's Herz geschnitten bei seinen Aufführungen, die Offiziere sich herumlümmeln zu sehen und die Bayr. Bürgerschaft wie zu irgendeinem Spektakel, und keinem es beigekommen, ein Mal einen Platz zu nehmen. (Abschiede Malw. – Mimi.)

Sonntag 3ten R. ist sehr müde. Ein Brief von H. von Bürkel beruhigt uns durchaus. Ein andrer von Dr. Dorda (Erzieher für Fidi) beschäftigt uns, aber R. entscheidet sich [da]gegen, wegen des böhmischen, aufgeschwommenen Wesens. Wir fahren nach Fantaisie, nachdem wir den Mittag mit den drei Freunden Levi, Jouk. und Stein eingenommen. Wir erleben dort eine schönste, goldige Beleuchtung, wohl der Feuchtigkeit zu verdanken, die die Luft schwängert. Beim Abendbrot sind wir dadurch* sehr reduziert, daß Daniela auf Besuch und der gute** Siegfried nach Dresden zum Zahnarzt heute abgereist ist, meiner Empfehlungen wegen an letzteren wurde ich mit Polonius verglichen! Vor unserer Spazierfahrt hatte ich einen freundlichen Aufenthalt mit R. im Sommerhaus. Es gefiel uns darin das Haus, der Garten, die Stille, und der darauf folgende Spaziergang erfreute ihn auch sehr. Abends kam das Gespräch auf Bach, auf die Passion; wie ich meinte, daß sie nicht in die Kirche gehöre, gab mir R. recht! Über das im Parsifal verwendete Amen der Dresdner Messe, welche eine Musik-Zeitung dem Kmeister Naumann zuschreibt, meinen wir, R. und ich, daß es viel älter sei.

Montag 4ten R. hat gut geschlafen. Um 1 Uhr fährt unser Siegfried ab. Zu Mittag haben wir unsre Freunde Groß; Adolf in der Tat Ruhm gekrönt, da seine Tätigkeit während der Spiele eine ganz unvergleichliche war. H. von Ziegler (Sekretär) schreibt an mich im Auftrage des Königs, welchen die Depesche R.'s etwas – wie es scheint – betroffen hat. – R.'s Dank-Anzeige ist in den Zeitungen. Wir fahren über Eremitage zur Bürgerreuth; R. berichtet über seine Lektüre von Hume, freut sich, daß derselbe so bestimmt über die »Jungfrau von Orléans« sich ausspricht, während Shakespeare noch die Hexe in ihr wiedergab. Und immer und immer wieder muß man über das fr. Wesen staunen, welches durch Voltaire die nationale Heldin schändete! – Wir erhalten das durchaus befriedigende Conto der Spiele.***

Dienstag 5ten Der Hanswurst kehrt heim, so nennt R. Lusch wegen ihrer Scherze, und durch Schnappauf erhalten wir Nachrichten von Siegfried, der nun gut aufgehoben bei Jenkins ist. R. beginnt einen Brief an den König; ich fahre in der Frühe nach Fantaisie mit den Kindern. Gedichte von G. Keller, von Sulzer geschickt, gefallen nicht durchweg, aber einige derselben, wie an die Goethe-Philister, erregen unser Vergnügen. Freund Groß besucht uns, R. bespricht den ihm zugeschickten Plan des Hôtels, der ihm leider durch seinen durchaus modernen Charakter gar wenig gefällt. Nachmittags besuchen wir die Schwäne im Hofgarten, die feuchte Luft treibt uns bald heim. Abends ergeht sich R. in frühen Erinnerungen, vornehmlich Weber's, dessen Schärfe er hervorhebt, wie er un-

* Gestrichen: »daß Siegfried abgefahren ist«, vgl. 4. Sept. ** Danach zuerst: »Junge geht nach Dresden zum Zahnarzt«, gestrichen, dann: »Siegfried soll morgen nach Dresden gehen zum Zahnarzt«, wieder geändert, vgl. 4. Sept. *** Brief und Aufstellung beigelegt, s. Anm.

ter andrem einem Sänger des Kaspar bei einer Stelle (Erscheinung des Samiel) zugerufen hätte: »Hier singen wir das im Takt.« R. sei als Knabe durch Zufall in das Theater geraten. – Er spielt dann Siegfried's Erwecken der Brünnhilde, freut sich des Charakters dieses Werkes, der großen Natur-Wahrhaftigkeit darin, »wie zwei Tiere«, sagt er von Br. und Sieg. »Da ist kein Zweifel, keine Sünde«, fährt er fort und erkennt in seinem Wotan den rechten Gott der Arier. Darauf nimmt er freundlichsten Abschied von unsrem Kmeister.

Mittwoch 6ten R. hat gut geruht. In der Frühe strömender Regen. Er fährt in dem Brief an den König fort. Um die Mittagszeit höre ich ihn im Garten laut lachen, es war über den Lärm, welchen die Hennen beim Eierlegen machten. – Beim Kaffee wird das Thema: Genie, erörtert, das Wort, der Unterschied seines Gebrauches im Deutschen und Französischen, die Seltsamkeit, daß die Deutschen für einen Begriff, der so ganz ihr eigen, ein Fremdwort gebrauchen. Am Nachmittag erhalten wir den warmen und bedeutenden Aufsatz unsres Freundes Sulzer über Parsifal, ich lese ihn gleich R. vor, dann fahren wir zusammen zu Freund Feustel, um einiges Geschäftliche abzumachen. Abends lese ich den Aufsatz Freund Stein vor. Vorher hatte eine Depesche von H. Voltz R. recht ärgerlich, wie alles, was mit dieser Angelegenheit zusammenhängt, gestimmt. Wir spielen Whist. R. sagt dabei, er habe Sehnsucht nach den Blumenmädchen, er habe ihnen nicht genügend seine Freude an ihnen zeigen können, wenn er auch bei jeder Aufführung laut sein Bravo über das ganze Publikum hinweg zugerufen hat.

Donnerstag 7ten R. hatte eine gute Nacht, aber er leidet den Tag über an Verschleimung, und die Zitation vor Gericht im Oktober erregt seinen Unwillen. Er fährt aber in seinem Brief an den König fort und bedenkt besonders die Blumenmädchen. Am Nachmittag fühlt er sich so leidend, daß er den Dr. rufen läßt. Abends spielen wir Whist, aber er ist nicht heiter.

Freitag 8ten R. hat eine unruhige Nacht; er träumt von dem Haus Wahnfried, welches ganz umgeändert wäre; überall Anordnungen zu Empfang, und er, befragt, wer er wäre, worauf er laut ärgerlich seinen Namen sage, zugleich in einem Nebensaal mich lachen hört, worauf er erwacht. – Er fährt fort am Vormittag, an den König zu schreiben. Ich fahre mit den Kindern in der Frühe nach Laineck. Um 5 Uhr haben wir eine Besprechung mit Freund Feustel und Dr. Meyer, Rechtsanwalt*, über das Batz'sche Verhältnis. Feustel gibt R. das Zeugnis, daß, wenn er auch die

* Zeichen im Text, unten nachgetragen: »R. schreibt an H. Voltz und schließt: ›An Stelle von jemand würde ich mich schämen‹.«

Papiere nicht behielt, sein Gedächtnis ein durchaus sicheres sei und man sich unbedingt darauf verlassen könne. – Abends kommt das Gespräch auf Shylock, und R. liest die Scenen durch, nachdem er seine Bewunderung für diese nie wieder zu erreichende Darstellung dieses Stamm-Charakters [ausgedrückt hatte]. Gegenüber der immer sich steigernden Bewunderung für Shakesp. will die frühere Vorliebe für Calderon eher abnehmen; R. erkennt in vielem das Künstliche, den Jesuitenstil, und hütet sich förmlich davor, etwas daraus vorzunehmen.

Sonnabend 9ten R. hat gut geschlafen. In Ermangelung ihn zerstreuender Lektüre nimmt er ein Buch, welches Lusch jetzt liest: den »Bravo« von Cooper. Beim Mittagstisch haben wir unsere Nachbarn Schöler. Darauf biete ich R. die hübsche Fahrt nach Laineck und den Gang durch die Wiesen bis zu St. Johannis; das Wetter ist sehr schön, aber die letzte Strecke Weges durch das Dorf wird R. peinlich, er ruft nach dem Wagen, Isolde befürchtet, er sei da, wo wir ihn zuerst [hin]bestellt haben, rast davon, bevor – R. und ich – wir da sind, während dem stellt sich der Wagen, der nur auf und ab gefahren war, ein, und in unaussprechlicher Sorge machen wir uns in der Sonnenuntergangs-Dämmerung auf, Isolde zu finden, welche wir auch endlich in Laineck finden! – R. sehr ergrimmt, ich nur froh, das Kind wiederzuhaben! Abends spielen wir Whist. Die bevorstehende Abreise von H. v. St. bringt mir die Sorge um Siegfried's Erziehung so nahe, daß ich mich ihrer kaum zu erwehren weiß.

Sonntag 10ten R. hat gut geruht. Da die Kinder mit unseren Nachbarn eine Partie nach Berneck machen, so sind wir, R. und ich, wie in frühesten Zeiten oder wie vielleicht dereinst in späteren ganz allein, traulich lebhaft friedlich. R. erhält einen Brief von Fidi, ich teile R. meine Sorge mit, und wie es seine Art ist, kein Leidnis ertragen zu können, ohne tätige Hülfe zu schaffen, so schreibt er an Freund Glasenapp mit dem Anliegen an ihn, samt Familie behufs Erziehung Siegfried's zu übersiedeln. – Die Frage des W.-Vereines, durch Wolz. und Schön neu aufgebracht, ist ihm peinlich, er wünscht die denkbar möglichste Vereinfachung. Abends, wie die Kinder heimgekehrt sind, nehmen wir im Gespräche die verschiedentlichen Beziehungen, die wir hatten, durch, »ach«, ruft R. aus, »wir sind, wie der Hund voller Flöhe, voller Erfahrungen!« (Den Nachmittag hatten wir zusammen im Garten mit vieler Freude an den Tieren zugebracht.)

Montag 11ten R. hat gut geschlafen, aber eine zu starke Dosis Karlsbader Salz, die er einnimmt, verdirbt ihm die Behaglichkeit des Tages. Er schreibt an H. Neumann, dessen Depesche ihm Vergnügen macht. Im übrigen ist er mit der Unterschrift der vielen Photographien beschäftigt, welche er an seine Künstler versendet. Immer größer wird seine Freude an den Künstlern in der Erinnerung, und der Gedanke an die Regelmäßigkeit der Aufführungen ist ihm ein ganz wohltuender. – Am Nachmittag hatte er seiner Beziehung zu Wesendoncks gedacht und die stete Bereitwilligkeit, ihm zu helfen, bei Herrn W. hervorgehoben. Abends auf meine Bitte liest er uns »Fuenteovejuna« vor, welches uns entzückt.

Dienstag 12ten R. hat gut geschlafen und fährt fort im Unterschreiben der Photographien. Siegfried kehrt heute zurück; erfreut uns durch sein erregtes Auge, und der Bericht des Dr. Jenkins über ihn ist hoch ermutigend. Bald aber bekümmert uns sein bleiches Aussehen. Beim Kaffee spricht R. sich wohlgefällig über das Bild meiner Mutter [aus]. Am Nachmittag besucht uns H. Feustel, um die Voltz-Batz'sche Angelegenheit noch einmal zu besprechen. Abends spielt R. das Vorspiel zum 3ten Akt von Parsifal und erzählt uns, daß der Barbier H. Zeisel ihm zitiert hätte als besondren Eindruck: »Du siehst, das ist nicht so!« Er schreibt dem Kmeister Levi, um ihm recht zu geben wegen des Wunsches, eine Pause zu streichen bei der Bringung der Schüssel seitens Kundry («Nicht so« –). Seine Stimmung ist heiter, er spricht in den humoristischen Ausdrücken, meist mit sächsischem Akzent, von seinem Verhältnis zur Welt. Dann liest er uns zwei Intermeses von Lope aus der Ausgabe von Schack, die uns viel Vergnügen machen. Bei Tisch hat er zu Stein, der auf meine Frage über die Stimmung seines Vaters beruhigend antwortete, gesagt: »Es wird kein Vater so heiß gegessen wie gekocht«, und zu Jouk.: »Also Sie wollen nach Weimar, wo Goethe sich so verwahrloste!« – Und gegen mich ist er namenlos gütig-liebevoll! – An Freund Wolz. schickt er sein Ultimatum (von Stein redigiert) über die Vereins-Angelegenheit.

Mittwoch 13ten R. hatte eine gute Nacht und betreibt des weiteren die Unterschriften. Von dem H. Batz wird ein Rechtsanwalt Josephsthal hieher geschickt, und in Folge dessen gibt es wieder für R., wiederum am Nachmittag, eine Konferenz mit Dr. Meyer und Feustel. Abends spielt er wie so oft aus »Freischütz« und den Teil von Max' Arie: »Wenn sich rauschend Blätter regen« etc. Wie er diese eigentümlich anmutende Lyrik rühmt, sag ich ihm, es erinnere mich ein wenig im Stil an die Beethoven'schen Lieder, und er gibt mir recht, spielt und singt »An die entfernte Geliebte« zu unsrer größten Rührung. Er bedauert nur darin den brillanten Konzert-Schluß! (Allerhand seltsame Briefe, u. a. von Frl. Uhlig, welche die Original-Briefe R. für 3000 Mark anbietet. Dann von einem H. Langhans, welcher meint, im Lohengrin sei ein Irrtum gegen das deutsche Erbrecht, Elsa dürfe das Land nicht anbieten! Im übrigen laufen täglich Briefe von dankbaren Schullehrern ein, welchen R. Plätze zum Parsifal bewilligt.)

Donnerstag 14ten R. hat unruhig geschlafen. Und er geht nun an das Räumen, welches für uns seit einigen Tagen begonnen hat. Mancherlei Geschäfte sind abzuschließen. Am allerschwersten fällt R. der Abschied von den Hunden, von Marke insbesondre, den er nicht mehr zu sehen glaubt! – Siegfried's Aussehen bekümmert uns auch! Mich die Unstetheit seines jungen Daseins, auch der Kummer, den er erlebte, sein großes, mühsam im Gärtchen errichtetes Theater auf Befehl seines Vaters vernichtet bei der Heimkehr zu finden. Um 7 Uhr abends fahren wir fort. An der Bahn den Buchbinder Senfft, unsren Verwalter Moritz und Schnappauf sehend, sagt R., das ist für mich Bayreuth. Die Fahrt nach Nürnberg dauert lange, R. schläft ein und spricht zu mir: »Du sprichst von Rosen, der Duft dringt zu mir her.« In Nürnberg nehmen wir Abschied von unserem Freund Joukowsky. R. schläft, aber unruhig und viel laut redend.*

Freitag 15ten Um 8 Uhr morgens sind wir in München, der Bahninspektor, welcher 4 Mal nach Bayreuth zum Parsifal gefahren ist, bietet uns ein Frühstück an. Siegfried macht uns Sorge, er ist sehr bleich, und da er über Kopfweh klagt, mache ich ihm kalte Umschläge. In Bozen werden wir bei strömendem Regen von den teuren, verehrten Freunden Schleinitz begrüßt. Abends 11 Uhr sind wir in Verona, wo es einige Schwierigkeiten gibt. Da ich für Siegfried eine Erkältung sehr befürchte, wickle ich ihn in einen langen schwarzen Pelz ein, er steigt uns voran die Treppe, langsam, bleich, mit großem, rundem Hut, R. ruft aus: Abellino, der große Bandit!

Sonnabend 16ten Großes Geräusch in der Nacht, und in der Frühe Markt-Lärm, R. ruft aus: »Les doux accents de l'Italie.« – Bald aber erfahren wir, daß Verona überschwemmt ist, und nur auf Umwegen und durch Wasser gelangen wir zur Eisenbahn. Großartig nimmt sich die Stadt aber aus. Wie wir den Salonwagen wieder besteigen, ruft R.: »Dich, teure Halle, grüß ich wieder!« Wirklich ist Gefahr im Anzug, und das Geräusch der Nacht galt den aus den Kasernen ausrückenden Soldaten. Wie ich mich über diese Soldaten verwundre, sagt R., wie Slowaken sähen sie aus. Ich machte ihm Spaß gestern, wie bei Gelegenheit eines sehr ruhmredigen Zeitungs-Aufsatzes ich ihm sagte, wir begleiteten jetzt unsere Großtaten immer mit türkischer Musik. In dieser selben Zeitung las ich, daß der Naturforscher Wallace Spiritist geworden; »dahin geraten jetzt alle«, sagt

* Zeichen im Text, unten nachgetragen: »Wie in der Eisenbahn die Vorliebe der Wagnerianer für T. und I. wohl selbst gegen[über] Parsifal erwähnt wird, sagt R.: ›Ach! was wissen die! Man konnte sagen, den Liebestod Isolden's hat Kundry bereits hundertfach in ihren verschiedenen Wiedergeburten durchgemacht.‹«

R., »die keine Geduld haben, die die Linien nicht groß genug ziehen* können. Wir aber, die wir Geduld haben können, weil wir nur von dem vollständigen Untergang dieser Welt des Besitzes etwas erwarten, wir leben in der Stimmung einer hoffnungsvollen Resignation«. – Trotz des Regens ist die Gegend schön. Da ich in dem Gedanken an die Vereinsamten in den Stationen an Marie Schöler schreibe, sagt R., sehr dagegen eifernd, spaßhaft: Du willst es durchaus durch deine Verbindlichkeit dahin bringen, daß, wenn wir sterben, man nur deinem Sarge folgt! Um halb drei Uhr sind wir in Venedig, trotz grauem Wetter gefällt die Stadt, und P. Vendramin, den wir gleich besichtigen, mutet uns sehr an! Unser Mittagessen gegen 4 Uhr ist sehr heiter, und zum Kaffee ergeht sich R. in Gedanken über die Hervorbringung großer Individualitäten seitens der in Sorge über den Untergang einer Gattungs-Idee geratenden Natur. Er vergleicht dies mit den Zwillingsgeburten nach Kriegszeiten. – Die Kinder sehen sich Bilder an aus »Land und Meer«. Und anknüpfend an die moderne Welt erzählt uns R. von der Niaiserie der Studenten-Lieder und macht uns das mit Vif la Vif la la vor.

Sonntag 17ten Furchtbare Sturm-Nacht! In der Frühe fahren wir nach Vendramin und richten dort ein. Wie wir um ein Uhr heimfahren, ist ein so starkes Gewitter, daß wir wohl wähnen, es ging in der Gondel nicht, aber die Gondoliere beruhigen uns und führen ein wahres Meisterstück aus. R. ist deprimiert, legt sich zu Bett, steht aber bald wieder auf, geht trotz des Regens aus und kommt erheitert heim. Ein Buch aus Hôtel de l'Europe: »Balzac chez lui«, macht ihm Vergnügen wie alles Lebendige und auf bedeutende Persönlichkeiten sich Beziehende. Die Erwähnung von Montfaucon, das Interesse von Balzac an Criminal-Geschichten interessiert ihn ungemein; er gedenkt der Briefträger, der Eisenbahnheizer und ruft aus: »Was für moralische Kräfte der Aufopferungsfähigkeit da ruhen! Diese ermutigen zur Hoffnung!« – Abends erhalten wir durch alle Überschwemmung [hin]durch die Depesche des Theater-D$^{ir.s}$ Staegemann, anstatt Nachrichten der Kinder und unsrer Freunde Schleinitz!

Montag 18ten R. hat gut geschlafen; Siegfried aber ist stets bleich. Das Frühstück ist dennoch heiter, und R. erzählt uns von dem Buche über Buddha, welches er jetzt liest, worin immer erklärt wird, daß man nichts Sicheres wissen könne; diese historische Kritik wäre ganz gut, nur müßte

* Ende der letzten Seite von Heft XIX, darunter Vermerk: »Siehe Seite [ohne Zahl] nach dem 21. Juni«; es muß aber heißen: nach dem 21. Mai; dort auf der unteren Hälfte der Seite mit dem Vermerk: »16. September (Fortsetzung der letzten Seite)« wieder aufgenommen und über die folgenden, zunächst leergelassenen zehn Seiten fortgeführt bis 25. September 1882; s. dort.

sie sich nicht an solche Gegenstände machen. Die Nachrichten über die Überschwemmung lauten trostlos, R. frägt mich, was ich wohl von dem Verstand des lieben Gottes hielt! – Wir fahren trotz Regenwetter, R. und ich, um die Mittagszeit, um Möbel anzusehen, und am Nachmittag ziehen wir in Vendramin [ein], in Kummer über *S.*'s bleiches Aussehen! Abends erscheinen die Sänger, welchen R. ein größeres Geschenk macht mit der Bitte, nie wieder zu kommen.

*Mittwoch 19ten** R. hat eine üble Nacht mit wilden Träumen; zuerst von der Verlobung von Lusch, dann von zwei Kavalieren, welche mit mir waren und sich gegen R. höhnisch benahm[en], wo R. sich an sie wendete und ihnen zu verstehen gab, er kenne ihr Leben, ich darüber böse, sie: R. fragend, er habe wohl den und den gesprochen, R.: »Ja«, und darauf, bei Drohung, ruft er: Polizei, und ich zu seiner Beruhigung mit ihm ganz laut: Polizei. – Sein Entschluß geht nun dahin, entweder hier sich wohl zu finden, oder dann nach Wahnfried zurückzukehren und ganz da[zu]bleiben. Beim Frühstück mit mir spricht er von dem Werk über Buddha und sagt, die vielfache Beschäftigung mit B. verhälfe zum Verständnis des Christentums, jetzt begännen wohl die Leute zu begreifen, daß Entsagung die höchste heroische Kraft sei. Bei Tisch, nachdem er etwas Opium eingenommen, kommt er [auf]** das seltsame Buch über das Judentum, welches er einst gelesen, und sagt, solche hellsehende, schwarzsehende Menschen fördern etwas, die jetzigen, historisch-wissenschaftlichen nichts. Ein Zusage-Telegramm Glasenapp's*** erweckt große Rührung. Dagegen aber sind Notizen über das Verfahren von Fr. Lucca und das Vorgehen des Königs in der Parsifal-Angelegenheit für R. sehr beängstigend. Abends liest uns H. v. St. seinen Aufsatz über »M. Aurel« von Renan. R. hebt als Charakteristischstes [hervor], daß Renan behauptet, dadurch, daß die Christen den Wucher verboten, hätten sie die Zivilisation um so viele Jahrhunderte zurückgehalten.

Donnerstag 21ten Trotz schlechter Nacht höre ich R. in der Frühe mir zusingen: Es lebe der König, mein Christel und ich, der König für alle, mein Christel für mich! Die Nacht war durch Gewitter und Mücken gestört. Im Hause wütet sanft ein kleiner 70jähriger Tapezierer. Das Wetter ist schön, eine Depesche von H. Neumann meldet fernere Erfolge. R. trinkt etwas Champagner, fühlt sich in Folge dessen unwohl. Wir fahren zur Riva, wo wir langsam spazieren gehen, er eingedenk seines Besuches

* Hier sind Cosima bei der Niederschrift zwei Tage ineinander gegangen; es muß entweder heißen »Dienstag 19ten« oder »Mittwoch 20ten«; Text gilt für beide Tage. ** [ ] statt versehentlich »über«. *** Beigelegt, s. Anm.

bei K. Ritter! Zu Hause ärgern ihn Notizen in H. Leßmann's Zeitung. Ich schreibe in seinem Namen an Frau Lucca. Abends kommen Briefe von Freund Glasenapp und H. von Bürkel, sehr gut beide, aber alles ist für R. sorgenvoll!

Freitag 22ten R. hatte eine schlechte Nacht, und allerhand Beschwerliches bekümmert ihn! Ja selbst die Übersiedelung der Familie Glasenapp, so erfreulich an sich, verursacht Kümmernis. Er ist aber sehr weich gegen mich, und da ich einzig durch Schweigen die Unruhe ihm zu mindern trachte, empfindet er es liebevoll-gütig! – Die Stadt macht ihm aber viel Vergnügen, er geht vor Tisch aus und erzählt uns von seiner Freude. Leider aber ist seine Stube noch nicht eingerichtet, so daß er noch in großer Unruhe leben muß. Doch verläßt ihn der freundliche Humor nicht, und wie nach dem Kaffee ich H. von Stein bitte, mir seinen Aufsatz »Luther & die Bauern« vorzulesen, um ihm einige Bemerkungen darüber zu machen, so schleicht er sich unvermerkt hinzu und scherzt dann sehr über uns! Darauf fahren wir zum Löwen des Arsenals, welcher R. denselben großartigen Eindruck macht wie früher, dann zum Giardino pubblico, weil R. dort sich erkundigen will, ob Siegfried da reiten lernen könnte. – Wir fahren bis zur Piazzetta und gehn von da zu Fuß bis zum Rialto, aber R. geht mit Mühe, sein Brustkrampf immer im Anzug. Abends sprechen wir viel über Calderon, von dem Rub. uns die geliehenen Schauspiele zurückbringt. Wir entsinnen uns der Zeiten unseres Enthusiasmus dafür und meinen, daß wohl eine eigene Stimmung zur Würdigung dieser Kunstdichtungen gehöre.

Sonnabend 23ten R. hatte eine gute Nacht, aber in der Frühe hat er seinen Krampf. Seine Freude über unsere schöne Wohnung drückt er also melancholisch aus: Wohl ist es schön allüberall, bis wohin Richard kommt mit seiner Qual! – Die Ankündigung von H. Hausburg, daß er zu uns kommen kann, ist insofern erfreulich, als sie uns etwas Zeit für *Glas.s* gibt, aber auch dies beunruhigt R. – Er liest im »Faust« und zitiert den Spruch des Hofmarschalls zum Kaiser: »Wenn du, Herr, mich durchschauest, geschieht mir recht genug« als ganz außerordentlich und freut sich all der feinen Züge in der Schlacht u.s.w. Gegen 5 Uhr fahren wir aus, R. und ich, gehen zum Conditor Lavena und fahren heim bei wundervollem Sonnenuntergang, dem ein Mondleuchten folgt. R. verbringt den Abend still für sich, da er sehr angegriffen sich fühlt (er hat zwei Diätfehler, Bier und Champagner, in den letzten Tagen begangen).

Sonntag 24ten R. war ein Mal länger in der Nacht auf, dann aber hat er gut geschlafen. In der Frühe teilt er mir mehreres von Buddha mit, u. a. Sprüche über die Frauen aus dem Werk, welches ihm doch jetzt gut gefällt. Er geht dann gegen Mittag zum Rasieren und kommt mit der Gondel heim. Nach Tisch haben wir Gewitter, was uns deshalb bestürzt, weil wir unsrer teuren, in Bozen gefangengehaltenen Schleinitzens gedenken. Wir fahren in das H. de l'Europe, R. und ich, dann zu Lavena, R. fühlt sich wohl und sagt mir, er sei immer heiter, wenn er mit mir führe (die Kinder um die Zeit im Seebad). Abends liest er uns und läßt dann mich sehr Schönes von Buddha lesen, wobei ihm das angenehm auffällt, daß B. sich nicht über Anfang und Ende aussprechen wollte.

Montag 25ten R. hatte eine sehr schlechte Nacht! »Warum«, ruft er beim Aufstehen aus, »an einem Leben hängen, in welchem ich denen, die ich liebe, nur Gesichter zeige.« – Beim Frühstück teilt er mir einen Artikel der I. Z. des 16ten mit, worin über uns und die Kinder gesprochen wird, ihm eher angenehm. In einer andren unterhalten ihn die Helden des 30jährigen Krieges, wobei er Bernhard v. W. als ächten Deutschen, und mächtig, bewundert. Seine Freude an Venedig und an unsrer Wohnung ist in stetem Wachsen. Der Palast gegenüber, einstöckig, wie er es liebt, gefällt ihm überaus, und über den Garten hinweg die Gondeln »wie Elfen huschen« zu sehen, ist für ihn voller Reiz. Am Nachmittag geht er mit Lusch und Fidchen aus; die rauchenden Männer beim Conditor, die zutrauliche Begrüßung Daniela's seitens eines Prinzen Biron, das alles empört ihn. Abends ergeht er sich bei der Mahlzeit über den Charakter der Geschichte Venedigs. Dann begibt er sich zur Ruhe und kommt nachher zu uns, uns sagend: Er würde noch 24 Jahre leben.* Er spricht von Buddha, dessen Darstellung er sehr aufmerksam liest. Dann kommen wir zum Volk bei Shakespeare, welches selbst in »Coriolan« nicht übermäßig gut wegkommt, und er liest uns in** »H. VI.« die Rede von Warwick nach der verlornen Schlacht. – – Gern sind wir am Schluß dann ganz allein. (Die Nachrichten der Überschwemmung lauten schrecklich.) (Gutartiger Brief von Frau Lucca.)

Dienstag 26ten R. hat gut geschlafen, und ich hoffe, daß er die Diät jetzt gut einhalten wird. Er schreibt an Freund Glasenapp und rühmt sich scherzhaft dieser Tat. Zum Kaffee, wie Freund Rub. ihn über seine Mei-

* Auf der ersten und zweiten Seite des nächsten Heftes, unter Dienstag und Mittwoch, befindet sich ein Nachtrag hierzu: »Gestern, von Weber sprechend, sagt R., wie ich seine Melodie kennenlernte, wollte mir die Mozart's nichts mehr sagen. – Und bei Gelegenheit des Klavierspiels Rub.'s (den ich auffordre, wie R. fort ist, die Bilder uns zu spielen), sagt er mir: Er fände das ganze Klavierspielen absurd!« ** Ende des Textes von Heft XIX auf den nach der Mitte des Heftes (21. Mai, s. dort und Fußnote zum 16. September) zunächst leergelassenen Seiten; Vermerk Cosimas: »*(Siehe nächstes Heft)*«. Das Heft XX begonnen mit der Vorbemerkung: »Fortsetzung 25. Sept. 1882 / geschrieben am Cosmas-Tag«, das ist der 27. September. Beigelegt ein mehrfach geänderter Gedicht-Entwurf Cosimas, »Der h. Cosmas spricht«.

nung wegen der Orchestrierung der Bilder frägt, gibt er mild aber bestimmt zu erkennen, daß er nicht gern sich mit derlei abgebe, was eine Konzession an den Verleger sei. Dann sehen wir gemeinschaftlich den Palast Vendramin an, der ihm sehr gefällt, und darauf geht er mit den Kindern zu Lavena. Abends sollte eine Fahrt im Mondschein unternommen werden, aber er ist dazu nicht geneigt, die Kinder machen sie für sich. Ich war gegen halb sechs ein wenig für mich gewandert, bei der Heimkehr liest mir R. wundervolle Dinge von Buddha über Anfang und Ende.

Mittwoch 27ten R. hatte heute den andren seiner regelmäßig wiederkehrenden Träume, nämlich daß er gestohlen und feig sich dabei benehme, an zwei Herrn vorbeigehend und das Portefeuille bei Seite tun wollend, damit sie es nicht sähen, diese aber es bemerkend, worüber er erwacht. Nachts war er ein Mal auf und las im Buche »Buddha«. In der Frühe bemerkt er auf meinem Tisch einige Photographien, unter andrem die von Palma Vecchio [ ]*, er findet die Frauen schön, den Christus aber opernhaft mit seinen Locken und zu großer Schönheit. Inmitten des Frühstückes steht er auf und findet den h. Cosmas, der ihm, glaube ich, Freude macht. Wir sprechen jetzt fast immer vom Buddha; neulich bemerkte R., wie unmöglich es ihm gewesen sein würde, ihn zu komponieren, wenn er hätte müssen mit Mango-Bäumen, Lotos-Blumen etc. umgehen.

Am Nachmittag fahren wir, R. und ich, nach der Piazzetta, wo R. der Einfall kommt, nach dem Lido mit dem Dampfschiff zu fahren, um die Kinder abzuholen.** Wir treffen auch Siegfr. und Stein an, die Mädchen jedoch unpünktlich; wir nehmen uns vor, ihnen nichts zu sagen und einen Scherz mit ihnen zu haben; allein beim Abendbrot erklärt es sich, daß ein gräßlichstes Ereignis sie aufgehalten hat!... Eine junge Frau ist ertrunken, sie haben es gesehen und die Verzweiflung von Vater, Mann und Brüdern erlebt!... Der Abend vergeht in schaurigen Mitteilungen darüber. – – Wie die Kinder sich zurückgezogen, wende ich das Gespräch zu der Vereins-Angelegenheit, über welche Wolz. mich befragt. (Zu Mittag erzählte uns R., er habe an Frau Materna »einige Flattusen« geschrieben, dann an Niemann über Wilhelmj, weil er solche Ungerechtigkeiten nicht leiden könne, dann sei er nach der Seite des Cannaregio spazieren gegangen.)

* [ ] Leerstellen im Text. ** Drei Seiten später, neben Donnerstag, am Rand nachgetragen: »Bei der D.-Schiffahrt ergötzte R. wieder ein Hund, und er sagte: Was das für eine Freude ist, plötzlich so ein naives Wesen vor sich zu sehen!«

Donnerstag 28ten* R. ist unruhig in der Nacht und meint, unser letztes Thema habe ihn aufgeregt. Er schreibt in der Frühe an Wolz. und teilt mir den angefangenen Brief mit. Er ist aber heitrer Laune, und wie ich ihm das Muster zeige, welches ich für die Schärpen ausgesucht habe, sagt er, es gutheißend: Sie werden die Gondoliere von der traurigen Gestalt. Er geht um die Mittagszeit, nachdem er den Brief vollendet, aus und erzählt uns bei Tisch das Vergnügen, welches er stets dabei empfindet! Beim Kaffee kommen wir darauf zu sprechen, wie bald die Beobachtung gewisser Regeln die Menschen zum Dünkel führt; ich erzählte die Antwort Fénelon's dem danach fragenden Herz. von Burgund, »mangez un veau le vendredi, Monseigneur, mais soyez chrétien«. – Nachdem R. sagt, daß in seinem eleganten Priesterhabit Fén. auch nicht auf den Grund der Dinge hierbei gegangen, wenn er auch betreffs der Einhaltung des Freitags recht gehabt, ruft er aus: »Wir (die Menschheit) scheinen wohl nicht dazu [da] zu sein, ein Bild der Ewigkeit zu geben.« – – – Und er kommt auf den Besitz zu sprechen, den er als das Grund-Übel von allem erkennt. Von der Welt sagt er scherzend: »Wie der liebe Gott, um sich zu zerstreuen, einen dummen Streich machen wollte, hat er sie geschaffen.« – – Dann zitiert er den Theater-Freund im »Phantasus«, dem das allerschlechteste Theater ein Bild des Exzentrischen war. – Wir fahren dann in das Hôtel de l'Europe, wo die unselige Familie der Verunglückten wohnt! Und erfahren dort, daß letztere seit acht Tagen Braut war! Und auch, daß die Lässigkeit und Feigheit an dem Unglück schuld sei! – – R. kauft dann Siegfried einen Hut und geht mit ihm sich nach einer Douche umzusehen. Abends sind wir lange auf. Ich lese den Kindern, während R. ausruht, den 3ten Akt von »Liebe, Ehre, Macht« vor, dann plaudern wir, R. erzählt seinen Traum: Ich hätte ihm lächelnd einen Leopold unterzeichneten Brief gezeigt, worin ein Prinz um Lusch's Hand angehalten hätte, mit einem gewiß geschmeichelten Gefühle sei er aufgewacht. Dann besprechen wir seinen Brief an Wolz., von welchem es ihm eine Befriedigung ist, ihn geschrieben zu haben. – Er gedenkt seiner Schwester Ottilie, spricht von seinem Bruder Albert, den er zugleich für dumm und talentvoll erklärt, von dem Röckel erklärte, so einen müsse man durchaus verrückt machen. – Dann lesen wir einzelnes aus dem Manifest des Anti-Semiten-Vereins, dessen Abfassung uns traurig und komisch dünkt! Namentlich über die in Deutschland so beliebten »Ausschüsse«, ich bin ausgeschossen, macht R. Witze! Ernstlich aber hebt er es hervor, daß das, was er in »Erkenne dich selbst« von der eignen Schuld an dem Zustand [geschrieben], gar

* Irrtümlich »Mittwoch«.

nicht beachtet wird. Wie wir uns zur Ruhe begeben, zeigt er mir die Cosmas-Portièren, die unser kleiner 75jähriger Tapezierer mit ungeheurer Flinkheit ihm zurechtgemacht!... Gestern hatte er mir heiter gesagt, er dächte daran, seine »Üppigkeiten« [in] Wahnfried allmählich abnehmen zu lassen, damit nicht bei unsrem Tode etliche Wagnerianer – Dr. Schemann, wie R. sagt – sich dran ergötzten. Und sehr heiter F. W.'s I. gedenkend sprechen wir von den Anordnungen. Bei Tisch erzählte er uns die Legende von Buddha, wie derselbe als Häschen wiedergeboren war und, da es, nichts einem Brahmanen, dem die Tiere ihre Speisung darbrachten, als das geringe Gras zu opfern hatte, in das Feuer sprang und es von herrlicher Kühle fand. Wir beschließen diesen Tag wiederum mit Erwägung von Christentum und Buddhismus!*

Freitag 29ten R. hat gut geschlafen, und heiter begehen wir unser Frühstück; da ich ihn ermahne, sein[en] Eierbecher etwas tiefer in den Tisch zu stellen, da öfters ihm [ein] sehr ärgerlicher Unfall passiert, tut er es doch nicht, und wie ich ihm sage: Dieser Eigensinn sei eine göttliche Kraft bei ihm, was bei andren eine Schwäche sei; lacht er laut und sagt bei jedem Anlaß: »Meine göttliche Kraft!« Eine freundliche Stimmung erweckt ihm auch immer der kleine Garten und darüber hinweg, »unhörbar geisterhaft«, die Gondeln vorbeihuschen zu sehen. Er denkt an Goethe und Schiller, die in Weimar und Jena ausgehalten hätten, er findet es unbegreiflich, wenn es auch gewiß schließlich doch besser als Dresden, Wien, Berlin gewesen wäre. Wie ich meine, daß wir gewiß auch in Bayreuth ausgehalten hätten, wenn nicht das Klima wäre, sagt er: Nun, ich sehe doch lieber die Stadt hier als die Allee nach Eremitage! Bei Tisch, nachdem wir von unsren Morgen-Gängen erzählt, teilt er mit, daß er – nach der Gegend von der M. dell' Orto – ausgegangen wäre und zwei Volks-Begegnungen gehabt hätte, zuerst einen Mann, der auf der Brücke, mit jemand hinter sich sprechend, nicht ihn bemerkte, ihn anrennte und sich gar nicht darüber beruhigen konnte, dann aber einen Strolch, der ihn anbettelte und das Auge nicht von seinen Gehängen an der Uhr wegwenden konnte. Beim Kaffee bespricht er – weil Dan. sehr getragen ihm erwidert – meine Rüge von gestern und meint, ich hätte unrecht, ich hätte die Kinder in ihrer Neugierde mißverstanden. Wie ich mich erkläre, steht er auf und entfernt sich, kehrt aber bald wieder zurück und ist ganz heiter-unbefangen. Von den Italienern sagt er, sie müßten schon deshalb geschlagen werden, weil sie die Trommel abgeschafft hätten und dafür die

* Beigelegt ein Stück Papier mit der Aufschrift von Cosima: »Buchzeichen von R., dann von mir bei der Lesung von ›Buddha‹ gebraucht«.

»niederträchtige« hohe Trompete eingeführt. Die jetzigen Flöten im Orchester verglich er mit dem Dampfschiff-Pfiff. Gestern abend stimmte er die Leonoren-Ouvertüre an und sagt[e], von solch einem Thema hätte man vor Beeth. keine Ahnung gehabt! – – R. fährt mit den Kindern aus, während ich seinen Brief an H. Neumann abschreibe. Sie erzählen mir beim Abendmahl von dem Aufenthalt bei Bauer mit Bier und Schokoladen-Genuß, dann von den groben Kellnern, alles sehr vergnügt. Abends besucht uns H. Wolkoff und interessiert R. durch sein lebhaftes Besprechen der jetzigen Probleme der Naturwissenschaft, u.a. Experimente der Hypnotik. Dann unterhält er uns durch Geschichten über die jetzigen Maler, Impressionisten genannt, welche Nocturne-Symphonien in zehn Minuten malen! (Neulich bei Tisch kam R. wieder darauf, daß das Portrait in der Malerei ihm die Hauptsache sei, die wahre Errungenschaft. Große historische Kompositionen sagten ihm nicht viel. Wie er seine Vorliebe für saubere – nicht klecksende Malerei – heut abend ausspricht, fügt er scherzhaft hinzu: Ich bin für den Zinsgroschen von Tizian.)*

Sonnabend 30ten R. erkennt es, daß er mit dem Biere wiederum ein[en] Diät-Fehler begangen! – Beim Frühstück besprechen wir die Erscheinung des russischen Malers und Naturforschers, der gewiß keine Ahnung von unsrer Welt hat, der aber durch die Lebhaftigkeit, mit welcher er die Gegenstände erfasse, angenehm wäre. Gewiß, meint R., seien Riemer und Falk lebhafte Menschen gewesen, und auch der Kunst-Meyer, sonst hätte es Goethe mit ihnen nicht ausgehalten; von zwei unserer norddeutschen Freunde sagt er: Bei dem einen knackt alles heraus, bei dem andren schnappt es. – Er geht heute v.mittag nicht aus, ist aber bei Tisch doch heiter. Da Rub. hier die »Räuber« gesehen und gestern die vollständige Teilnahmslosigkeit des hiesigen Publikums dafür erlebt, gedenkt R. der Aufführung desselben Stückes im Strand in London und des Duells darauf in »Les deux frères Corses«, welches alles atemlos erhalten hätte, auch R. ganz wie etwas Erlebtes fasziniert hätte. – R. hat am Vormittag im »Faust« gelesen und teilt uns das beim Kaffee mit, er springt selbst auf und holt das Buch und liest das Gespräch zwischen Faust und Meph. vor der Schlacht.** Es sei der »Faust« das schönste Buch, welches in deutscher Sprache geschrieben sei. Und am Schluß der Scene, wie

* Unten nachgetragen »*zu Freitag 29ten.* Bei Tisch wurde von dem natürlichen Alter des Menschen gesprochen (200 Jahre), und ich gedachte dabei, daß R. neulich gesagt, er würde 94 Jahre, wir müßten ihn noch 24 Jahre ertragen! – Beim Abendbrot gedachte er Marke's am letzten Tag, wie er es wohl geahnt hätte, daß R. ging!« Beigelegt eine Visitenkarte »JOSEPH SCHROEDER« mit Aufschrift von RW: »Begründer des Idealismus«. ** Zeichen im Text, unten nachgetragen: »Die Bemerkung: Kriegerische Musik hinter dem *Zuschauer,* hebt R. hervor als Beweis, wie richtig die Bühne war, die er für ›Faust‹ sich gedacht.«

er das Buch zumacht, sagt er: Einzig göttlich. – Durch den Knittelvers sei etwas gewonnen, was unbeschreiblich sei. Ein Witz, ganz verschiedener Art wie der Shakespeare's, und »die gewissen Zielen näher gerückte Zeit« hätte ganz neue Motive geboten. »Er hat genossen und wie!« solche Züge entzücken ihn! – Eine Basilika, von Siegfr. entworfen, erregt R.'s Staunen. Wir fahren zu 4 aus, Stein, Siegf., R. und ich, und R. dirigiert uns nach S. Zaccaria; die Kirche selbst, sowohl das Äußere, welches ihm weichlich dünkt, als das Innere, welches nicht zu ihm spricht, läßt ihn gleichgültig, das Bild von Bellini aber fasziniert ihn! Nach einer Weile Betrachtung sagt er: Wie doch das Gute sich gleich von der Kleckserei (er meint die übrigen Bilder in der Kirche) unterscheidet. Und nach noch einer Weile: Wie ein Traumbild steht so etwas da! Er bedauert, einen Heiligen mit dem Buch da zu sehen, es ist ihm zu jüdisch, »wenn der Heilige selbst da ist, was braucht man das Buch«. – – Aber »es ist schön, in der Nähe von so etwas zu leben«, sagt er. – Wir setzen uns auf dem Markus-Platz zwischen den Säulen des Portals, R.'s Lieblingsplatz. Bei herrlichem Sonnenuntergang kehren wir heim. Abends teilt er uns mit aus dem Buche, welches er jetzt liest, daß Buddha die Kranken und Krüppel nicht aufnahm, »es klingt zuerst sehr hart, und doch liegt ein tiefer Sinn darin, eine große Weisheit darin; da alles in der Ertötung der Begierde liegt, können diejenigen nicht aufgenommen werden, deren Krankheit die Begierde selbst versagt«. – Stein rät er, einen Roman über den Zustand des neuen Lebens nach der Auswanderung zu schreiben. Und rühmt es von Heinse, daß er im »Ardinghello« am Schluß bei der Gründung der seligen Inseln festsetzt, die Kolonisten hätten beschlossen, keinen Besitz unter sich aufkommen zu lassen. Er liest uns weiter die Darstellung der Schlacht im »Faust« vor; das hohle Pathos des Kaisers, die Bilder, die Faust gebraucht, um über das Grauen ihm hinwegzuhelfen, der Inbegriff der Schlacht, die ganz rohen Mächte der Raufsucht und der Beutegier, alles dies und wie vieles noch erregt unsere freudigste Bewunderung aufs neue. Der Vers, wo der Kaiser die dämonischen Mächte zu kennen wünscht, denen er verpflichtet ist, um sie womöglich auszuzeichnen, verursacht bei R. ein Gelächter des anerkennungsvollen Verständnisses.

Oktober

Sonntag 1ten »Denn jede Schuld rächt sich auf Erden, und trinkst du Bier, so fühlest du Beschwerden«, mit diesen Worten begrüßt mich R. und erzählt mir zugleich von seiner schlimmen Nacht, wobei der Laut der Frösche und »Faust« V. Akt ihm Gesellschaft geleistet. Über letzteren drückt er sich ergänzend aus: Es sei eine Skizze, d. h. keine Verbindung in der Handlung, und der bedeutsamste Moment würde in $^3/_4$ Seite abgemacht, während auf dem andren sehr lange verweilt würde. Absolute – des Reimes wegen – gelassene Unverständlichkeiten hat er auch darin gefunden, und die landschaftliche Beschreibung des begehrlichen Bischofes findet er auch nicht recht am Platze. Die Objektivität sei enorm, aber auch eine große Kälte, welche mache, daß man sich nicht recht für Faust interessieren könne. – Gegen 11 Uhr überrascht uns das junge Ehepaar, sehr glücklich, wie es scheint. R. schreibt an H. v. Bürkel, sehr ernst anknüpfend an die in dem letzten Brief dieses Herrn angekündigte Möglichkeit seines Besuches; wie schwer es ihm sei, vom König solche Begünstigungen sich zu erbitten wie Chor und Orchester und dabei sich zu sagen, daß der König keinerlei Freude davon habe. Bei Tisch viel Geplauder in allen Sprachen; gegen 4 Uhr fahren wir aus, eines schlimmen Fußes wegen bleibe ich in der Gondel. R. läßt die Kinder in S. Marco gehen und auf den Turm klettern und setzt sich wieder zwischen den Säulen: »Ich war Hagen auf dem Wasgenstein«, sagt er, und daß es so schön da sei, daß man ihn dort als Leiche finden würde. Es sei nicht zu beschreiben, was man da alles sehe, und die Menschen, außer ein paar Fremden, beachteten einen gar nicht. – Abends gehen die Kinder wieder auf dem Markus-Platz spazieren; R. spricht dann zu Stein und mir über das Buch über Buddha, welches er sehr lobt als viel bedeutender als das von Köppen. Den Buddhismus selbst erklärt er für eine Blüte des menschlichen Geistes, gegen welche das darauf Folgende Décadence sei, gegen welche wiederum auf dem Wege der Kompression das Christentum entstanden sei. Von einer außerordentlichen jugendlichen Kraft des menschlichen Geistes zeuge der Buddhismus, nicht unähnlich dem Zustand, in welchem die Sprache erfunden worden sei. Daß es keinen Zwang, irgend welchen gab, in Folge dessen keine Kirche; daß der Bruder wieder in die Welt treten konnte, wenn ihm das Klosterleben nicht mehr entsprach; kein Gottesdienst, nur Buße und gute Werke. Daher auch, bei dieser so glücklich mangelnden Organisation, waren sie von einer solch organisierten Macht wie dem Brahmanismus so leicht zu verdrängen. – Vom Christentum sagt R., es sei für ihn ganz im Abendmahl enthalten. Aber die Möglichkeit der

Gründung einer Kirche, und daß solch ein herrlich sanftes Wesen wie Franciscus nun in Demut vor dem Haupte derselben sich beuge, mache das Christentum so bedenklich. – – Beim Mittags-Tisch hatte man von den reisenden Engländern unter dem Namen Shopkeepers gesprochen; R. knüpft daran die Betrachtung, daß man in England mit Verachtung den nützlichsten Teil der Gesellschaft nenne, und sagt, wie weit müsse man gehen, um etwas darüber zu sagen! Und des häufigen ruft er Buddha und Rousseau an; der eine, welcher nicht sagte, was er wußte von Anfang und Ende der Dinge, der andre, der nicht sagen konnte, was er innerlich geschaut. – Dann spricht er von einem Aufsatz über italienische Kirchenmusik und deutsche Militär-Musik, den er schreiben will, es durchaus falsch findend, daß man unsere Armee-Organisation als etwas positiv Gutes dahinstelle. Er sagt, dieses ewige Anknüpfen an den Zuständen, wie z. B. C. Frantz, welcher auch meine, es sei gut, daß ein Teil Deutschlands katholisch geblieben sei; es höre sich zuerst gut an, aber man empfände bald, es sei keine Tiefe; nie sei dem Menschen, der so etwas ausspricht, ein Seufzer des Schreckens über die Welt angekommen.

Montag 2ten R. hat gut geschlafen; er träumte, daß eine Fest-Aufführung des Rienzi (40jähriges) stattfände, die er in Dresden dirigiere, wozu er sich aber mit mir auf einer Brücke verspäte; wie wir ankommen, hört er kirchliche Musik aus dem 1ten Akt und sagt: Der Hof wird mir diese Verspätung schön als Dünkel auffassen. Er liest am Vormittag in »Buddha«. Beim Frühstück sprachen wir über Siegfried, welcher sehr bleich aussieht, und haben Sorge, daß der Umgang von Stein auf ihm laste! Am Nachmittag [er]regt ein Brief von Dr. Strecker mit Abschrift des Kontraktes von Fr. Lucca mit R. (nach welchem sie scheinbar das Recht der Publikation hat) bei R. großen Ärger. Wir fahren zu dritt mit Siegfried aus; steigen bei den Colonnaden aus, und nachdem wir zu einem Tapezierer gegangen, wobei die modernen Sachen, die R. von außen angezogen, ihm inwendig recht mißfallen, kommen wir über die Piazzetta nach dem Dogenhof; betrachten darin vieles. Die hohe Wand mit nur den 3 Fenstern gefällt R. auch, er sagt: »Was kündigt das Feierliches an!« Wir betrachten die Brunnen. Die römischen Statuen aber erregen R.'s Unwillen, »was hat das hier zu suchen!« Beim Ausgang freut ihn das eine schöne Fenster, dann die Greifen, und wir betrachten die Tempelherrn, die ihm die Idee für die Kopfbedeckung der Ritter gegeben. Gestern, wie ich ihn bat, nach dem Portal zum Hofe v. S. Zaccaria sich umzusehen, sagte er mir, er kenne es auswendig, bis dahin hätte man ihn früher immer gebracht, nie weiter; ich sage ihm scherzend: Ich hätte ihm Kunstsinn beigebracht! Bei dem Giardino reale denkt er daran, daß er da die erste Kunde von dem Erfolg des Lohengrin in Wien erhalten hätte. Bei der Heimfahrt belustigt ihn der Mann, welcher auf der Gondel, von einer Drehorgel begleitet, die Opernsänger nachmacht und dirigiert. R. sagt, es sei gewiß ein herabgekommener Orchester-Musiker, er könnte sein Leben schreiben.* Abends spielt und singt R. uns Tristan's Erscheinen vor Isolde. Darauf kommt Freund Rub. und spielt uns auf unser Ersuchen den Schluß der Götterdämmerung, R. tritt hinzu und singt die letzten Worte Brünnhilden's, freut sich des ganzen, so heidnisch Germanischen! »Es ist so frei«, sagt er, »und dabei doch zart.« – »Es freut mich, daß ich in verschiedenen Farben zu malen wußte.« – – Er gedenkt Gobineau's, der germanischen Welt, die mit diesem Werk ende, er wünscht die Kräfte zu haben, den Ring noch ein Mal gut aufzuführen.

Dienstag 3ten R. hatte eine üble Nacht. Sein erstes Wort am Morgen ist für Dr. Strecker, und ich erkenne wohl, daß sein darauf folgender, andauernder Krampf-Anfall unbedingt mit diesem Ärger zusammenhängt. Es gelingt mir beim Frühstück, allmählich ihn von der Betrachtung der üblen Dinge abzulenken und allmählich durch die Besprechung der hübschen Dinge in seiner Stube ihn zu zerstreuen. Wie ich ihm sage, daß die Farbe seines Rockes das rötliche Violette der Könige von Frankreich gewesen sei, antwortet er: »Mit goldenen Lilien, ich werde die goldene Mittelstraße darauf sticken lassen.« – Er liest in »Buddha«, fühlt sich aber den ganzen Tag unwohl! Er geht nicht aus, wandert durch die Stuben, schreibt hie und da einen Scherz für mich auf, ist aber leidend. Nachmittags, wie die Kinder ausgegangen sind, verweile ich etwas bei ihm, und dann ist es immer gut, aber ich kann das Leben nicht hemmen, welches stets Unruhe bringt!... Freund Levi besucht uns, R. durchaus nicht unangenehm, der in dem Rauch-Eckchen sich gern der Parsifal-Zeit entsinnt und nur bedauert, nicht genug mit seinen Künstlern verkehrt zu haben. Abends zieht er sich bald zurück, ich folge ihm und lege mich zu ihm. Er kann nicht einschlafen und klagt: über den ihn langweilenden Umgang; ja selbst das Webeln der Kinder, welches ihm sonst angenehm, erweckt ihm Unbehagen: »Ach! wär ich tot«, so steht er auf, macht sich Licht und liest in den B. Blätt. den Aufsatz von Gob. mit seiner Einführung. Gegen mich bleibt er stets gleich: »Ich wollte sehen, was das Atman machte?«

* Zeichen im Text (zwischen »Orchester-Musiker«), auf der nächsten und übernächsten Seite, unter Dienstag, unten nachgetragen: »Nachher aber versinkt er in Gedanken, worauf er halb leise sagt: ›Von diesen Erfahrungen allen, bis man sich zum Parsifal wieder sammelt! – – Eine schreckliche Welt!‹ auch halb leise mit Kopfschütteln! – – ›Es ist ganz natürlich, daß sie auf die Frage des Parsifal mit Strecker, Lucca, Batz antwortet!‹ Und weiter: ›Über / die Kirchen- und Militär-Musik, so jemand wie Wolkoff, der wird über den Einfall lachen, ihn witzig finden, aber niemandem fällt so etwas auf!‹«

sagt er, wie er am N[ach]mittag mich suchte! – – »Siegfr. macht mir solche Sorge, daß ich nachts darüber jäh erwachte!«

Mittwoch 4ten R. hat das Buch über Buddha beendet und liest mir daraus den Passus über die Taten, daß auch diese der Endlichkeit angehört[en] und daß der Atman darüber erhaben ist. Was uns an die Lehre von der Gnade von Paulus und Luther erinnert. Beim Frühstück kommt uns das Bild künftiger Zeiten wieder, und ich frage ihn, ob zu diesem friedsamen Wesen, welches er sich denkt, die unteren Bevölkerungsschichten, wie wir sie vor uns hier sehen, so ganz verschieden von der stolzen Race, welche Geschichte und Kunst hervorbrachte, ob diese Schichten nicht die eigentlich berufenen wären. R. geht darauf ein, meint aber, daß es unter den Ausgewanderten die Wissenden geben würde, welche die großen Dichter Shakespeare, Aischylos u. a. kennen und deuten würden. Mit dem Kmeister Levi, der uns besucht, bespricht er die Pause (nicht so) und stellt fest, daß es so bleiben wird wegen der Struktur, der Melodie; er wünscht aber, daß die Pause wie eine Fermate behandelt wird. Bei Tisch ist er wiederum ganz heiter; wie sein Beefsteak ihm gebracht wird, erzählt er die Geschichte einer Medizin, welche schon wirkte auf den Mann, wie die Frau sie schüttelte! Er schreibt an Frl. Malten. Eine Photographie der schönen Russin Fr. v. Uexküll entreißt R. einen Seufzer des Abwendens: »Ach diese Wesen, ganz fremdartig, geht mir weg mit dieser Schönheit. Wir haben sympathische Gesichter«, sagt er, scherzhaft-ernst zu den Kindern sich wendend. Die Depesche von H. Neumann macht ihm Vergnügen. Da das Wetter sehr schlimm ist, geht er nicht aus. Das Stück von Calderon, welches ich ihm empfohlen, »Liebe, Ehre, Macht«, erregt seinen Unwillen; lauter Schachfiguren, ihm ekelhafte Spielereien, er spricht sich auf das lebhafteste dagegen beim Abendbrot aus, ich verteidige meinen Standpunkt so gut ich kann. Abends musizieren wir etwas, H. Rubinstein spielt uns von Beeth. die Fis dur Sonate op. 78, R. gibt ihm einige Winke und sagt, wie persönlich dieses Werk sei, »wenn man das im Wiener Konservatorium als Muster des Sonatenstiles gäbe, könnte man sich wohl nichts Dümmeres denken!« – – Er kommt dann auf den zweiten Teil des ersten Satzes der Es dur Symphonie zu sprechen und sagt: »Ich kenne nichts so Vollendetes als Aufbau, als Architektur der Musik; wie die Themen ineinander greifen, es sind wie Guirlanden, die aneinander sich reihen.« Er hebt es hervor, daß dieser Satz keinen stürmischen Beifall je sich erringt, ›er sei wohl zu geistvoll?‹ frage ich; er: »Ja, zu geistvoll«, der Kmeister meint, es läge in der Instrumentation, und darauf spricht R. es aus, wie zu bedauern es sei, daß die Blasinstrumente zu Beeth.'s Zeit beschränkt gewesen seien, er habe das Orchester von Haydn und Mozart verwendet und Gedanken gehabt, die über alle Welten gingen! – – R. erwidert mir, wie ich meine, daß er doch die einzelnen, von ihm nötig befundenen Korrekturen machen solle (er spricht u. a. von dem Andante der Es dur Symph.): Es ging nicht gut, wo da die Grenze finden! Jeder Dirigent, der einen Mangel empfände, müßte ohne viel zu sagen aushelfen. – In sehr guter Stimmung gehen wir zur Ruhe, nachdem er mich aber mit einigem Ärger bei den Kindern abgeholt hat.

Donnerstag 5ten R. hat gut geschlafen. Beim Frühstück erzähle ich ihm Geschichten von den Kindern, die er gern anhört, die ich gestern abend erfahren. Er liest am Vormittag in Calderon, aber immer ohne Freude daran. Dann schreibt er an H. Winkelmann. Nach Tisch geht er mit Siegfried und mir aus, zuerst zu Lavena und dann zur Buchhandlung von Müntzer, wo er W. Scott bestellt. Abends spielt er Whist, nachdem [ihm] die Strecker-Lucca'sche Angelegenheit noch einige Explikationen abgelockt. – Zwischen dem Whist [hin]durch werden Opern besprochen, z. B. die »Jüdin« immer mit einiger Vorliebe, und am Schluß singt er einiges aus Rienzi in seiner herrlichen, von keinem Sänger je nachzuahmenden Weise.

Freitag 6ten R. hat gut geruht, und beim Frühstück gedenkt er der Festspiele; möchte gern den Tannhäuser aufführen, den er als Drama als vollendet ansieht und auch wieder nicht, weil in der Musik ihm einiges zu wenig ausgeführt dünkt. Er meint, Tannhäuser, Tristan und Parsifal, die gingen zusammen. – Er sucht in W. Scott einiges aus, nimmt einen Roman, den er nicht kennt, liest aber nicht darin, sagt, er würde lieber etwas lesen, was er kenne, da habe er eine künstlerische Freude. Am Nachmittag fahren wir zu dritt (mit Stein) trotz Regen zum Markus-Platz, treffen dort mit den Kindern zusammen bei Lavena und fahren in zwei Gondeln heim. Die Nachricht, welche ich eben erhalte, daß Jouk. Pepino heimgeschickt hat, begeistert R. zu einer Gratulations-Adresse. Biag. kauft ein bemaltes Blatt, R. schreibt, wir gratulieren von Herzen, und wir alle unterzeichnen. Mit dem Kapellmeister kommt R. darauf zu sprechen, was eigentlich Melodie [sei], und er zitiert als Beispiel der Langatmigkeit und Vollendung einer solchen das Thema des Andante der c moll Symph. Mozart's. Kürze ist R. unlieb; aus der »Jüdin«, ja auch von Rossini wird einiges erwähnt, der Kmeister zitiert die Schluß-Arie aus »Iph. in Tauris« von Gluck. Da hat R. den herrlichen Gedanken und liest uns die zwei ersten Scenen von dem 2ten Akt von »J. Cäsar«. Wie er es liest, treten [mir] bei der Rede von Portia die Tränen in die Augen. Am Schluß der Lektüre gedenkt er Calderon's, um zu sagen, wie unvergleichlich Shakesp. sei und keine Literatur, was Calderon sei, nur Drama. Vor der Erfindung der

Musik sei dies geschrieben, sagt er, und zuweilen fast nüchtern erscheinend. Dann liest er seine Lieblingsscene zwischen Junker Tobias, Bleichwang und Marie. Er hebt es hervor, was selbst Marie für ein lebendiger Charakter sei, zuerst den Junker so behandelnd und dann sich mit ihm verbindend gegen Malvolio! Alles sei Charakter bei Shakesp., der Knabe des Brutus, gewiß würde er ein ganz Besondrer sein, wenn man ihn verfolgen könnte. – Trotz des üblen Wetters, welches es ihm antut, ist R. aber doch heiter. Er macht beim Abend-Tisch Geisterklopferei, und plötzlich schlägt er, zu unser aller Erstaunen, sitzend mit dem rechten Fuß auf den Tisch, klopft, eine Agilität, welche ihm gewiß keiner nachmacht. Er lacht über diese vielen Mädel, die er habe; von Loldi sagt er mir, der Instinkt verbinde sie mit ihm, wenn sie noch so fern säße, sie lache über den Witz, den er mache, den keiner sonst beachte. Auch müssen wir sehr über seine gute Laune lachen; wie ich ihm von einer Fr. v. B. erzähle, daß ihre Vermögensverhältnisse es ihr nicht gestatten, eine Gondel zu nehmen, daher sie auch mit niemand umginge: »Das ist ein großes Glück für Niemand« – und: »Solchen Umgang gestatte ich dir, den kannst du pflegen!« – – Er hat heute H. Gudehus geschrieben, ihm aber, wie er sagt, sein Nichtwiederkommen vorgehalten.

*Sonnabend 7ten** R. hat gut geschlafen, aber das Wetter bleibt grau. Nach dem Frühstück, bei welchem wir uns von den Kindern unterhielten, sag' ich R. von einem Worte, welches er vor Jahren an Tausig von mir mit großer Lebhaftigkeit gesagt, wie dieser frug: »Waren Sie immer gerecht?« »Ja – das ist eine gerade Linie.« Wie er der Erinnerung wehrt, sagt [er?], gegen mich nicht immer, da bist du auch sehr leidenschaftlich gewesen. Ich empfinde es in diesem Augenblick schmerzlich, daß Schweigen die Sache der Götter ist! Nach Tisch sagt er mir, er weiche jetzt immer der Rührung aus; ich hätte es sehen können, wie nahe er gestern bei der Scene von Portia dem Weinen gewesen wäre. Gestern und heute blickte er durch das Fenster, bedauernd, daß er den schönen Anblick nicht haben könnte seines violetten Gewandes! – Die B. Blätter sind angekommen, er liest Wolz.'s Aufsatz, bemerkt den Irrtum der 9 Bände des Werkes von Gob., aber ist mit dem Aufsatz zufrieden. Das Wort Anti-Fortschritts-Bewegung, welches er in der Zeitung findet, gibt ihm Veranlassung, den Unsinn hervorzuheben! Und neulich, wie vom Phonographen gesprochen wurde, sprach er von der Torheit, sich von solchen Erfindungen etwas zu erwarten; die Menschen würden selbst Maschinen. Beim Kaffee gedenkt er, ich weiß nicht bei welcher Gelegenheit, Lassalle's, seines Besuches in Starn-

* Irrtümlich »8ten«.

berg, was er für ein *Poseur* gewesen sei, sich ihm, R., als Siegfried, Frl. v. D.* als Brünnhilde dargestellt, um ihn und durch ihn den König von Bayern zu gewinnen. Alles sei Komödie gewesen, und an der Eitelkeit, sich wie ein Kavalier aufzuführen, mit einem Kavalier sich zu duellieren, sei der Demagog zu Grunde gegangen. Ich meine, daß in solchen Fällen der Tod nichts sage, wie überhaupt wenig; er sage, was das Leben gesagt; R. gibt mir recht. – R. geht zur Ruhe und gibt uns allen Rendez-vous auf dem Markus-Platz; wir treffen uns um halb fünf, nachdem R. Tabakbüchsen eingekauft, wobei ihm der zufällig sich einfindende Biag. behülflich ist, was ihn an Palermo und Eva's Geburtstag erinnert. Wir kehren wieder in zwei Gondeln heim, wobei R. des Haken-Mannes wiederholt gedacht, wie stets, seitdem man ihm gesagt: Es seien alte Gondolieri, denen der Staat den Dienst versagt. – Abends liest er uns Streit und Versöhnung von Brutus und Cassius vor! Und hebt es hervor, wie das unbegreiflich wäre, der eine Zug Brutus', eine Art Komödie des Stoizismus gegen Metellus in Bezug auf Portia's Tod zu spielen! »Man kann nicht sagen, es ist gut oder nicht gut, es ist so!« – – »Das sind Improvisationen!« ruft er aus, das Buch aus der Hand legend. – Die Frage nach dem Warum der Dinge erwähnt er – immer dabei mit großer Vorliebe Luther mit den Ruten des lieben Gottes zitierend – als eine der törichtsten und sagt, er habe sich wohl gehütet, sie in seiner Abhandlung zu streifen.

⟨Von dem Glockengebimmel der Kirche gegenüber behauptet er, es sei ein verliebter Sakristan, der so willkürlich läute, wir denken / heiter an Cervantes und den »Sakristan meiner Seele«. – – –⟩**

Sonntag 8ten R. hat geruht und besucht in der Frühe die Kinder. Am Vormittag beginnt er einen Brief an Frl. Galfy und adressiert ihn an Frl. Belce, weil Frl. G. ihm nicht recht gut in der Erinnerung. Auch liest er den Aufsatz von Freund Wolz. über das Gobineau'sche Buch und freut sich darüber, einzig die Hineinziehung des Dr. Wahrmund, namentlich aber das Zitat von Dr. Ebers bedauernd, welches den Mangel an Urteil bekunde, den er bei seinen Freunden jüngst hervorgehoben habe; er will W. schreiben, befürchtend, ihm Kummer durch seinen Brief verursacht zu haben. Um die 12. Stunde besuchen wir unsere Freunde Schl., die wirklich endlich gut angekommen sind.*** Nachmittags geht R. mit den

* Dönniges, s. Anm. ** ⟨ ⟩ unter der Tageseintragung nachträglich eingefügt, Rest auf dem rechten Seitenrand. *** Zeichen im Text, zwei und drei Seiten später, unter Montag und Dienstag, unten nachgetragen: »*Zu Sonnt. 8ten.* Wie wir Schl. verlassen, schlägt mir R. vor, etwas zu besichtigen; wir entscheiden uns für die Frari, die ihm aber keinen Eindruck machen; er habe seine drei Kirchen, sagt er bei Tisch: den Dom von Siena, von Pisa und S. Marco. Der Apparat des Katholizismus ist ihm peinlich widerwärtig. / Aber die Madonna von Bellini gefällt ihm, sie

Kindern aus, trifft unsere Freunde auf dem Markus-Platz und traktiert sie alle. Abends plaudern wir zuerst; eine Notiz in der Zeitung über die schlichte Antwort, welche Mme Beecher-Stowe bei Gelegenheit einer Anfrage über Onkel Tom gegeben, diese Notiz, zu einer hämischen Bemerkung gegen die Aufwühlung der Sklaven zugespitzt, empört R., er will die Zeitung nicht mehr empfangen und trägt es Stein auf, an Dr. Herrig zu schreiben. Ein Brief unseres Freundes Schön mit Entwurf der Statuten für die Stipendien-Stiftung bringt R. verstärkt auf den Gedanken, daß er allein alles bestimmen müsse. Das graue Wetter betrübt ihn tief; er meint, seit der Rückkehr aus Sizilien nur in grauem Dunst gelebt zu haben.

Montag 9ten R. hat gut geruht, und wir haben Sonne, aber sein Vormittag ist unruhig; er will H. Schön schreiben, tut es auch, wird aber unterbrochen, zuerst durch den Barbier, dann durch unsre Freunde Schleinitz; sein Krampf faßt ihn, er bedarf langer Zeit nach Tisch (wobei er Lusch, die bei unseren Freunden, etwas ärgerlich vermißt). Um 4 Uhr fahren, R. und ich, wir aus, in dieser wohligen Empfindung des Zusammenseins gleitend in der Gondel sagt R.: »Man müßte alles hinter sich abschließen können, von nichts mehr hören; um es im Leben auszuhalten, müßte man darin tot sein!« Auf der Riva treffen wir Gravinas, und R. führt uns zu seinem Löwen, ›die antikste Antike, die er kennt‹, der von S. Markus gefällt ihm auch, er sei so menschlich, gewiß von einem, der nie einen Löwen gesehen. Dann treffen wir die andren Kinder, die er zu Lavena führt. Wir fahren heim, es macht ihn traurig, daß die Sonne bedrohlich untergeht, und er klagt es abends, daß er seit Sizilien eigentlich nur grauen Himmel gesehen! – Wir verweilen eine Zeitlang in dem Eckchen, welches auf das Vestibül geht, von den Kindern sprechend, R. insbesondere von Lusch's Los! Väterlich besorgt. Später kommen ihm Voltz und Batz durch den Kopf; gestern quälte ihn der Gedanke an Mme Lucca!... Er erzählt abends Biagino, dem er freundlichst gewogen ist, seine Erlebnisse mit Rienzi in Dresden.

Dienstag 10ten Es ist der 10te heute, und mein kleines Angedenken lege ich R. zu Füßen, ohne Spruch jedoch, ja ohne Erwähnung selbst. Nicht kann ich mir selbst davon Rechenschaft geben, aber die Stille wird für Freud und Leid mir Bedürfnis! Um die Mittagszeit geht R. aus, kehrt zurück mit einer Gabe für Lusch, gibt mir sein Karten-Etui, da sage ich

erfreut ihn durch die Vollendung der Malerei. – ›Nun waren wir doch in Lari Fari‹, sagt er, in die Gondel mit mir sich setzend. Gestern, wie er von der Popularität des ›Manfred‹ von Schumann in München hörte, sagte er: Sie empfinden ganz dasselbe dabei wie beim Tristan, einen gewissen Dusel der Empfindung, denn von künstlerischem Urteil ist doch keine Spur vorhanden.«

es ihm, daß es der 10te sei, und er entsinnt sich. Vor seinem Ausgang hat er die Korrektur der Glasenapp'schen Chronik durchgelesen und beschlossen, sie nicht in den B. Bl. erscheinen zu lassen, da er selbst etwas darüber schreiben will. Beim Mittagstisch kommen wir auf Jugend und Alter zu sprechen, er hatte angeführt: »Qui de son âge n'a pas l'esprit, de son âge a tous les malheurs«, und wie ich hinzufüge, eine alte Frau dürfe sich nicht wie eine junge gebaren, erwidert er drastisch: »Eine junge soll auch nicht sein, wie eine alte nicht sein darf.« Beim Kaffee erwähnt er, daß in dem B. Tagblatt eine Bemerkung über die Unhaltbarkeit der Zustände, wobei es nur ankäme, die richtige Erkenntnis aus dem Zusammensturz zu retten, was durch das Zusammentreffen mit seinem Gedanken ihm auffällt. Am Nachmittag fahren – R. und ich – wir in der Gondel zum Markus-Platz; da er vom Juwelier betrogen worden ist, sagt er es ihm drastisch; dieser gibt das Geld für den Schmuck zurück, und wir gehen zu einem andren, der bei der Besichtigung der Karte in völlig freudigen Schreck gerät. Er läßt mich dann in Palazzo Malipiero, wo mich die Kinder Siegfried und Eva abholen, und zwar gerade im Augenblick, wo ich herauskomme. Die Heimkehr mit den lieben, guten Besonnenen ist mir wie ein Segen! Es ist Wahnfried, wandelnd und sich ergehend, inmitten der Fremde, wir drei! Zu Hause treffe ich R. lesend und umarme ihn um die Stunde, wo ich ihn zum ersten Mal sah! »Das war eine Bekanntschaft, die hatte sich gewaschen«, sagt er. – H. Hausburg kommt an, um vorläufig Stein bei S. zu ersetzen, bis zum Eintritt Glasenapp's. Abends läßt R. Rubinstein Fantasien von meinem Vater spielen; eine Rhapsodie gefällt ihm besonders, er findet sie originell, das sei neu erfunden und gebe die Individualität meines Vaters wieder. Er erzählt dann von einem H. von Glümer, den er 1849 in Dresden gekannt und der jetzt eine reiche Erbin geheiratet, nachdem er Zuchthaus-Jahre erduldet und vieles durchgemacht. Er erinnert sich dabei, daß, wie wir die Frari verließen, ein Herr Hampel sich ihm als Adjutant der provisorischen Regierung vorstellte, gegen welchen er so besonders freundlich damals gewesen sei; R., zuerst ganz schweigsam, sagt ihm dann: »Wie können Sie mich darauf hin anreden«, und später zu mir: »Er hat das so oft andren vorgelogen, daß er es nun selbst glaubt.« ––

Mittwoch 11ten R. hat gut geschlafen. Gegen 12 Uhr macht er sich mit den Mädchen (Loldi und Eva) auf und sieht die Kirche S. Giorgio dei Greci an, welche ihm einen feierlichen Eindruck macht mitsamt der schwarzen Madonna und Heiland! Er erzählt bei Tisch davon, erkundigt sich nach der Maria Ägypterin und geht dann, durch die Anwesenheit des H. Hausburg angeregt, zu den drei Göttern Lituaniens über. Nach 4 Uhr fahren wir dann aus, der Anblick des Canals von unter der Rialto-Brücke aus gewährt ihm immer die größte Freude; die Brücke selbst mit den breiten Stufen, die Marmor-Stufen hier überhaupt geben ihm den Eindruck der Sicherheit, und er bleibt dabei, daß keine Stadt sich mit Venedig messen könne. – Beim Abendbrot unser Jahr sich überlegend sagt er: »Wir leben vollständig wie die Juden« – er wisse gar nicht, wo er vor einem Jahre gewesen! – Er hatte Freude an Fidi's Rudern, dann auch an dem Spaziergang auf der Piazzetta. Dem neuen Lehrer empfiehlt er, ernst zu sein, da des Guten Verlegenheit sich durch Grinsen ankündigt. Abends teilt er uns mit (zitierend in Bezug auf Tribschen: »Das waren glückliche Zeiten«), er habe die letzte Scene von »Faust« 1. Teil wiedergelesen. Goethe habe sich auch gehütet, je wieder in diese Gegenden zu geraten. Etwas dieser Art habe Shakespeare nicht gemacht, dessen Werke möchte er als welthistorische Tragödien [verstanden wissen], dieses sei die sozialhistorische Tragödie. Er erinnert sich, Ch. Hagn als Gretchen gesehen zu haben in Riga, und zwar mit außerordentlichem Eindruck von ihr. Später spricht er von dem Roman von W. Scott, dem »Piraten«, und sagt, er ließe die Bewohner der Insel Shetland noch im ossianischen Bardenstil des vorigen Jahrhunderts sprechen, während die isländischen Sagen uns ganz anderes Gebaren gezeigt hätten.

Donnerstag 12ten Lusch's Geburtstag! Zum 2ten Mal in Venedig gefeiert. – In der Frühe spricht R. zu mir noch von der griechischen Kirche, daß man darin durchaus keinen innigen, christlichen Eindruck erhielt, wohl aber einen feierlichen, steifen, wie ein Rest von Alt-Assyrischem! – – Gegen 10 Uhr bescheren wir, um halb 12 fahren wir, R., Lusch, Siegfried und ich, nach dem Markus-Platz, treten in die Kirche ein, besuchen die Sakristei, welche – namentlich die eingelegten Arbeiten – R. sehr gefällt. Wie wir die Kirche verlassen, sagt er: Diesen Boden hätten gewiß die Kreuzfahrer schon betreten. Bei Tisch fordert R. Siegfried auf, den Toast [aus]zubringen; wie dieser sich scheut, spricht R. sehr humoristisch, Lusch habe sich nicht verheiratet, weil die Familie sie so liebe, daß sie sich ihr nicht entziehen wolle; der Feldmarschall Moltke sei darüber in Verzweiflung, und derlei mehr. Gegen 5 Uhr fahren wir aus, bei schlimmstem Wetter! R. ist darüber sehr unmutig; und was uns abends mitgeteilt wird, daß dieser anhaltende Regen notwendig auch Fieber nach sich ziehen müsse, versetzt auch mich in große Sorge. Es wird diese durch die Götterdämmerung verscheucht, aus welcher H. Rubinstein uns die Fahrt Siegfr.'s (R. singt darauf die Wacht von Hagen) und den Schluß [spielt]. »Wie sie fassen, wie sie lassen, diese Wonnen« ... R. macht sich darüber lustig, daß man nur immer Isolden's Verklärung wolle – und die Walk*üre* (mit der falschen Betonung), d. h.: »Du bist der Lenz«; das seien die Frauen, die wollten das; die Männer zählten überhaupt nicht. – »Ich wünsche Katharina von Bora«, sagt R. betreffs des Wetters, nämlich Nordwind. Wir lachen über den Scherz, aber es ist verzweifelt schlimm. Von S. sagt heute R.: »Es ist ein penetranter Junge, wenn man ihn lange ansieht, sieht er einen auch so an.« – Heute, wie er mit mir in der Gondel fuhr, sagte er zu mir, wie es ihm immer vorschwebe, den K. v. Bayern zu bitten, keine Wohltaten mehr ihm zu erweisen; die Nachricht, daß er bei seinem neu erbauten Schloß auch einen Hirschpark sich einrichten lasse nach dem Muster L.'s XV., hat R. förmlich entsetzt! Auch die Nachrichten über die Stücke, welche der König sich aufführen läßt, lauteten peinlich! – – Beim Frühstück gedachte mit mildem Ernst R. der Zeit in Zürich, wo Minna die Herz-Krankheit hatte und man sie nie aufregen durfte, »es war schwer für mich«, sagt er, »daß sie die Rücksicht auf diesen Zustand zu Bosheiten benutzte«. – Es wird uns mitgeteilt, daß diese Überschwemmungen böse Fieber nach sich ziehen, was meine Sorge unsäglich steigert.

Freitag 13ten R. träumt, daß er sich mit Sulzer auf die Reise aufmachen wollte, daß beide bemerkten, sie hätten weder Geld noch Effekten, worüber sie sehr lachend meinten, sich das nachschicken zu lassen; R. aber wendete sich zurück an Vreneli, die aber in der Zwischenzeit Schön-Geist geworden war und mit einem Literarhistoriker sich befaßte!... Er war ein Mal nachts auf, doch kommt er heiter zum Frühstück zu mir, und, wie er sagt: »Ich bin Torquemada, grausam wie T.«, habe ich Veranlassung, ihm das wunderliche Stück von Hugo zu erzählen. Er erzählt mir dann von einem Frauen-Theater; wo alle Rollen und Orchester alles von Frauen gegeben, also ganz entgegengesetzt wie zu Shakespeare's Zeiten. Wir sprechen dann wieder vom Gretchen, von den Shakespeare'schen Frauen-Gestalten; wie ich etwas unklar meine, daß diese noch in dem Normal-Verhältnis von Frau zum Mann stehen, während Gretchen doch unsere ganze Sympathie absorbiert, sagt R.: »Den Vorwurf der Naivität der Natur in Konflikt mit der bürgerlichen Gesellschaft gab es nicht.« – Es kommen Depeschen von Barmen an! In der Mittagsstunde fahren wir, R. und ich, nach dem Canal, wo S. Michele liegt, Fidi rudert uns schön, führt uns an Zanipolo vorbei, wo Colleoni immer eindrucksvoll auf uns wirkt, dann an S. Maria dei Miracoli. Am Nachmittag fahren wir wiederum, diesmal R. und ich allein, wir wandeln auf dem Markusplatz und sehen die Kirche im merkwürdigsten, goldigen Lichte. Unser Gespräch bezieht sich auf den »Ring«; R. sagt, er könne es Gobineau nicht verdenken, daß er bei dieser Darstellung des Unterganges einer Gattung bleibe und sich nichts aus Parsifal mache, das Christentum nicht brauche, bei diesem Stolz des Unterganges in der Liebe. Wir nehmen dann zu zweit etwas Eis im Café Florian und fühlen uns wohl und ruhig-mild zusammen. »Es ist zu viel Menschheit immer zwischen uns«, hat er gestern gesagt, doch hat er Gravinas gebeten zu bleiben, um noch einen schönen Tag zu einer Fahrt nach Torcello zu haben. – Wie wir heimfahren, sagt er, das sei doch merkwürdig, daß, während man für die Männer den Verstand vindiciere, in der Sage sie immer eigentlich dumm wären, Tristan, Siegfried, »die Frau nimmt es eben furchtbar ernst mit dem einen Punkt«. Abends beim Mahle liest er uns vor, daß eine Banditen-Gesellschaft sich zur Plünderung der überschwemmten Gebiete in Padua organisiert habe! Dann erzählt er auch von Exzessen gegen die Juden in Preßburg. Wir spielen Whist, wobei aber leider R. sich sehr über die Abholung von Lulu (bei Schl.) seitens der Kinder (mit Gondolier) ärgert. Endlich schlägt er einen Landsknecht vor, welcher sehr heiter vor sich geht und inmitten welchem die Kinder heimkommen.

Sonnabend 14ten R. hatte keine gute Nacht, die Scirocco-Luft, vielleicht auch das Eis gestern, bekamen ihm nicht gut. Doch beim Frühstück ist er heiter, und er singt mir auf das Duett zwischen Valentine und Marcel den Text, qui n'a pas l'esprit de son âge, de son âge a tous les malheurs. Um die Mittagsstunde aber, wie ich ihn zur Fahrt abhole, hat er seinen Krampf. Er erholt sich aber bald, fährt mit mir, und nachdem er mir mitgeteilt, daß der »Pirat« von W. Scott ihn langweile, kommen wir auf das Buch von Buddha zu sprechen, und R. sagt, daß aber schließlich das Verdienst, es bestimmt gefunden und ausgesprochen zu haben, daß die Welt, wie wir sie sehen, aus unsrer Vorstellung entsteht, also ihre vollständige Idealität, Kant zukäme, »der originellste Kopf«, wie Schop. sich ausgedrückt habe. Wir besorgen einiges, u. a. den Bäcker, da für R. das Brot immer nicht harsch genug ist, und kehren zu Tisch heim. Wenn ich dieses Glück so ganz erschaue, mir bewußt werde, mit ihm so zu sein, ungestört, ungetrübt, da erschrecke ich vor ihm, meine Unwürdigkeit droht mich zu vernichten, ich empfinde es, wie in all den Sagen das Göttliche nur verschleiert gewahrt werden durfte, und jeden eigenen Atemzug möchte ich verdrängen, damit nur er, er einzig und allein walte. Ach! und daß die Welt nicht ihre Schatten auf uns werfe! Nach Tisch läßt mich R. einen Bericht des neuesten Buches von Jules Verne lesen, darin die Deutschen auf das abgeschmackteste absurd gemacht werden. Gegen 4 Uhr besucht uns unsere Freundin Schleinitz, R. sehr angenehm. Wir bringen sie nach P. Malipiero in [der] Gondel, Siegf. rudernd, zurück, und von da gehen wir mit R. heim, werden vom Regen überrascht, nehmen beim Rialto eine Gondel und kommen ziemlich heil nach Haus. Abends besucht uns Dr.

Thode; R. liest uns einen Brief, in welchem Bismarck seinen Freund Puttkamer bezüglich der neuen Orthographie vollständig fallen läßt und gegen die lateinische Schrift sich erklärt. Dies gibt Veranlassung zu Erörterungen über unsere jetzige politische Welt. Wie eine Erlösung tönen uns dann – wie wir in Folge eines Lampen-Unfalles in das Rauch-Eckchen uns begeben – die Klänge des Pilger-Chores! – – – (Wie ich mein Tagebuch, von dem Nachmittag-Ausgang heimgekehrt, schreiben will, finde ich von R. in meinem Notizbüchel den Witz mit den Hugenotten, ich bitte, ihn auszuschreiben, was er gütig tut.) – – Beim Abendbrot mußten wir sehr darüber lachen, was R. uns erzählte, Siegfried habe ihn gefragt, Papa was heißt Kolik, R.: Leibschneiden; wo kommt es vor, Siegfr.: In »Coriolan«!... Wie wir unter der Rialto-Brücke vom »Ding an sich«, wie sich R. ausdrückt, sprechen, da sagt R., wie gut die Buddhisten das Leiden der Welt gefaßt hätten: »Von dem, was man liebt, sich scheiden, mit dem, was man haßt, leben.« – Hier fällt mir ein, daß R. neulich sagte, wie er würde schon deshalb das Sujet des Buddha nicht komponieren, weil die Bilder – Mango-Baum, Lotos-Blume etc. – ihm ungeläufig seien, daher auch die Dichtung künstlich ausfallen müßte. – Abends sprach er zu Stein und mir von den Racen, von den liebelosen Ehen, und sagte, was so eine Ehe wie zwischen dem deutschen Kaiser und seiner wohl schönen, blühenden, aber von ihm ungeliebten Gattin ergeben könnte; dieser Punkt würde immer ausgelassen bei der Besprechung der Race.

Sonntag 15ten R. hat eine gute Nacht gehabt, aber das Regenwetter ist ärger, als wir es je hatten. Wir nehmen Abschied von unsrem armen Freund Stein, der so traurig von dannen zieht. R. aber fühlt sich den Tag über gedrückt und denkt an vollständige Übersiedelung in warme Klimaten, »um noch die Maturität Siegfried's zu erleben!« – Beim Frühstück besprachen wir noch die drollige Geschichte von Coriolan, und wie ich sagte, ich begriff die Teilnahme *S.'s* für Caius Marcius, sagt R., in seiner Jugend sei er von ihm und seinem Dünkel abgestoßen worden. Gestern, wie wir mit Dr. Thode über Sizilien sprach[en], kam er auf die Römer und ihre fürchterliche Behandlung dieses Landes, im Innern desselben kein Baum habe wachsen dürfen. Heute spielen wir abends Whist, R. stets unruhig, gedrückt durch das Wetter, kommt nicht zur Arbeit, so gern er sein »An Euch« (die Künstler) schreiben möchte, denn die Erinnerung an die Aufführungen erweckt ihm stets Freude, sonst von außen nichts. Und gar der bildenden Welt und der an der bildenden Kunst sich genügenden Welt ist er gram. Der Roman von W. Scott »Der Pirat«, langweilt ihn durch seine Dehnung, aber er zitiert mir einen Passus darin, wo der Sonderling, nur Wassertrinkende, sich mit Hülfe gebrannten Weins entschließt, seinem Sohne zu Hülfe zu gehen, der ihm Eindruck gemacht hat. Ich sage zu ihm scherzhaft, wenn er wissen wolle, warum der Roman ihn langweile, solle er die Definition des Romans in »Oper und Drama« lesen.

Montag 16ten R. hat gut geruht, und wir haben Sonnenschein, wenn auch trügerisch, denn der Scirocco hält an. Von unserem guten Stein sprechend, bedauert R. es, daß er so wenig von sich, von seinem Vater gesprochen, und die Sache verallgemeinernd ergeht er sich darüber mit mir, wie wenig wertvoll das Schweigen sei, wie viel mehr Stolz und Ruhe es bekunde, offen von sich und seinen Verhältnissen zu den Vertrauten zu sprechen. Wir kommen zu unserem Racen-Thema wieder, ob die Schop.['sche] oder die Gobineau'sche [Theorie] die richtige sei. R. meint, sie ließen sich vereinigen; schwarz geboren, sei der Mensch, auf den Höhen gedrängt, weiß und auch ein ganz andrer geworden. Um halb eins fahren wir in der Gondel – von Fidi gerudert – nach der Giudecca zu, die aber R. nicht besonders gern hat, und steigen unweit von Belle Arti aus, Gravinas begegnen uns, und wir kehren über Piazza Manin [heim]*, bei welcher wir in ein Gäßchen einbiegen, um die schöne freie Treppe zu sehen, welche R. sehr gern hat, die ihn an Pavia erinnert, an die Hohenstaufen. Der Spaziergang war schön, und doch bekam R. bei der Heimkehr seinen Krampf!... Er speist ein wenig später, und ein – leider ihm abgegebener – Brief von Frau Lucca erregt ihn wieder! Wir fahren zu zweit nach der Piazzetta, gehen etwas auf der Riva spazieren, er setzt sich aber bald mit mir unter den Bogen des Dogen-Palastes; die Ziegelsteine, die große Ebbe gewähren ihm keinen erfreulichen Anblick! Wir setzen uns noch ein Mal dann unter dem Portikus zwischen den Säulen, und den Turm betrachtend, von welchem aus heute früh ein junger Ausländer sich soll herabgestürzt haben, sagt R.: »Er hat recht getan!« Die Kinder begegnen uns, wir errufen sie durch R.'s Pfiff der 8ten Symph. Heute um die Mittags-Zeit, wie wir heimkamen, spielte Lusch die e moll Sonate; R. bemerkte darauf, wie viele Floskeln darin noch enthalten wären, um so bedauerlicher nach solchem Thema. Abends sieht er auf dem Klavier liegen (durch H. Hausburg gelassen) »Lieder ohne Worte« von Mendelssohn; er zeigt mir das »Venetianische Gondellied«, wobei Mendels., die Hauptsache auslassend, den Refrain des Othello'schen benutzt und es auf eine Volksweise schiebt. Dann erzählt mir R., wie er zum ersten Male das Scherzo der 9ten gehört, habe es ihn gleich an die Tarantella von Auber erinnert. In der Frühe bemerkte er zu mir, daß der Rhythmus eine ganz neue Errungenschaft sei und wie wenig rhythmisch der Choral von Luther

* [ ] statt »ein«.

sei, dafür großartig deklamiert, und erinnert mich an die Tarantella, die wir in Capri tanzen sahen, wie unrhythmisch und unklar die Musik derselben gewesen sei. – Er diktiert mir einen Brief an Fr. Lucca, französisch, um der Plage Einhalt zu tun.

Dienstag 17ten Grauer denn je ist das Wetter, und R. klagt über seinen Gesundheits-Zustand sehr! Auch über die Belästigungen wie von Fr. Lucca, welche für ihn nie aufhören. – Von seiner jetzigen Lektüre (»Der Pirat«) klagt er, man sähe ihrer Weitschweifigkeit recht an, sie sei für die vornehme Frauen-Welt geschrieben. Nachdem ich mit Siegfried einiges angesehen, hole ich R. zur Gondelfahrt um halb eins ab; er klagt darüber, wie schwer sein Morgen sei, wie lange und krampfhaft es währte, bis er zur Ruhe käme, und wie er gar nicht zur Arbeit kommen könnte. Wir fahren zum Cannaregio und dann hinunter bis nach der Eisenbahn, wo wir aussteigen und zu Fuß nach Hause kommen. Bei Tisch kommt das Gespräch auf die Haushaltung, und R. kann nicht umhin, überrascht zu sein von der Höhe der Ausgaben. (Eine Sendung von Mailand für Dan. brachte u. a. eine grüne Samt-Jacke, genannt Rembrandt, welche er anzog und ganz wie Figaro darin aussah.) Am Nachmittag geht er zum Banquier bei strömendem Regen. Abends aber erfreut ihn und uns der 3te Akt von Siegfried, von H. Rubinstein sehr schön gespielt. »Das ist Gobineau-Musik«, sagt R., hinzutretend; »das ist Race. Wer soll mir diese beiden Wesen geben, die in Jubel ausbrechen, wie sie sich ansehen; die ganze Welt ist dafür da, um daß es dazu kommt, daß zwei solche Wesen sich ansehen!« »Da ist Wald und Fels und See und nichts Angefressenes noch.« »Das ist auch ein Paar, das sich des Glückes freut, in das Glück sich taucht des Zusammenseins – und wie anders wie beim Tristan.« Er klagt über die Torheit des Publikums, welches nur die Walküre liebe; rühmt aber H. Neumann, welcher das Gesamt-Werk verbreite, und sagt: ›Wie seltsam, daß es ein Jude sein müsse.‹ ––

Mittwoch 18ten R. hatte gewünscht, früher aufzustehen, um etwas Zeit am Vormittag für die Arbeit zu gewinnen, aber sein erster Morgen ist krampfhaft, und wie ich ihn abhole um halb eins zur Gondelfahrt, fühlt er sich ganz matt! Doch ist das Wetter schön, der Scirocco schwindet, und wenn wir auch sehr, sehr langsam vom Rialto aus nach dem Markusplatz schlendern, so scheint ihm doch Gang und Fahrt wohl zu tun, er dankt mir, ihn abgeholt zu haben, und teilt mir eine Bemerkung W. Scott's aus dem »Piraten« [mit], welche ihm gut gefallen hat; die nämlich, aus der Naturgeschichte entnommen, daß, wenn Schößlinge von Bäumen verpflanzt werden, sie im neuen Boden das Alter des Stammes weiterführen und mit ihm vergingen, keine Verjüngung erleben, also die Völker. R.

meint, das stimme vorsichtig in Betreff eines neuen Lebens der Menschheit; er, R., baue freilich bei diesem Gedanken auf Religion. Aber die Bemerkung W. Scott's gefällt ihm, und er versteht daran die Freude, welche Menschen wie Schop., Gob. an diesem besonnenen Schriftsteller gehabt. Wie wir heimkommen, erregt die unerwartete Ankunft des Klaviers so wie die Frage, wohin man dasselbe zu stellen habe, R.'s Unwillen. Und wie gegen halb fünf die große Familie nicht versammelt ist, fühlt er auch Mißmut. Doch vergeht dieser bald, und wir haben einen ganz heitren Spaziergang sowie Aufenthalt auf dem Markusplatz mit unseren Freunden Schleinitz. Abends, da die Kinder alle [zum] Pal. Malipiero sind, verbringen wir unsere Stunden ruhig-traulich zusammen, wobei zuerst der Stundenplan Siegfried's, dann ein zufällig gefundenes Stück der jetzigen Zeit, »Väter und Söhne«, uns beschäftigt, letzteres in kuriosester Weise. Ein indischer Spruch aus der Sammlung Hitopadesa über die Unveränderlichkeit des Charakters, an dem krummen Schwanz des Hundes nachgewiesen, erheitert R. sehr.

Donnerstag 19ten Herrliches Wetter, R. raumt die Partie nach Torcello an, um halb elf fahren wir fort und sind um halb 5 zurück; nicht sehr belohnt für den Aufwand an Zeit und Ermüdung, wenn auch vieles sehr anregend wirkte und die Station an der Kirche S. Michele auch R. erfreute. Aber er fühlt sich immer nicht wohl; er hatte seinen Krampf in Torcello, und ein jedes greift ihn an! Abends veranlassen die angekommenen 6 Bände der Geschichte von Venedig (für Lusch) das Durchsehen derselben und die eingehende Erwähnung dieser Geschichte. Dann wird auch der Buddhismus besprochen, ja das Wesen der Tiere, der Instinkt der Gattung, welcher mache, daß die Tiere sich gleichblieben, während die Menschen degenerierten, so daß man annehmen könnte, daß die Entstehung des Menschen eine zerstreuende Parenthese sei, aus welcher man zur Tierheit zurückkehren würde, »bis im Menschen ein andres sich zeigt«. ––– »Nicht das Warum, noch von wo und wohin«, diese Weisheit von Buddha, zitiert er häufig. Vorher waren wir mit Bonichen zusammen, welche R. sehr gefällt durch ihr bescheidenes, gutes Wesen, welches bei ihrer wirklichen Schönheit ungemein eindrucksvoll ist.

Freitag 20ten R. hatte eine gute Nacht, wenn er auch ein Mal auf war. Er liest jetzt im »Grafen von Paris« und mit Vergnügen. Gegen halb eins treffen wir uns auf dem Markus-Platz, ich mit Siegfried, er allein, wobei ich gleich bemerke, daß er gereizt ist und sich unbehaglich fühlt. Unser Mittagstisch geht erträglich vor sich, er zieht sich dann bald zurück, und gegen halb fünf Uhr fahren wir zusammen mit Eva wiederum nach dem M.-Platz, wo wir den übrigen Teil der Familie treffen. Da R. sich angegriffen fühlt, setzen wir uns unter dem Bogengang des Dogen-Palastes und sprechen über W. Scott, den er sehr schätzt, wenn er auch zugibt, daß seine Figuren uns eigentlich nicht erwärmen und Carlyle recht hat, indem er sagt, sie spielten die Gestalten, seien sie nicht; R. sagt: »Er ist der Theater-Direktor, der dies alles in Bewegung setzt, er selbst als solcher interessiert immer; aber seine Gestalten wenig.« Auch hebt er es wiederum hervor, daß die Sprache das sei, was ihm immer auffalle, und daß der Vareger das Wort »Metaphysik« gebraucht, ist ihm peinlich; es hinge – fügt er hinzu – mit der Mixtur der englischen Sprache zusammen, in welcher Metaphysik ein Wort sei wie ein andres. Daß W. Scott überall einen Schotten oder einen Angel-Sachsen – als W. Meister ungefähr – habe, hebt er mit Vergnügen hervor. Wir gehen dann auf und ab entlang des Gartens und des Palastes, und es gefällt R. hier sehr; wir begeben uns zu Lavena und treffen unsere Freunde Schl., mit welchen wir etwas wandeln. Bei schönem Mondschein fahren wir heim, zaubrisch von den Gebäuden des Gr. Canals angeweht. Und abends plaudern wir zusammen. R. spielt mehrere Mendelssohn'sche »Lieder ohne Worte«, welche durch Dürftigkeit und Italianism[en] wirklich erstaunen. Dann kommt er auf Mozart, Vergleich mit den Italienern, Verständnis dafür, daß Schop. diesen den Vorzug gab, da der Flug Mozart's auf ganz anderes gerichtet gewesen wäre, wie einzelnes zeige (Recitativ der Donna und Eintritt des Komtur) und durch das elende Kunstgenre gehemmt worden sei. Vorher ließ er sich durch H. Hausburg einiges über den Musik-Unterricht von Siegfried sagen.

Sonnabend 21ten R. hat gut geruht. Beim Frühstück erfreut ihn ein Kanarien-Vogel gegenüber: »Was das für ein Ton ist in so einem kleinen Körper, der Kerl ist nichts wie Ton«; dann sprechen wir wieder von W. Scott, schließlich aber ist er dadurch aufgeregt, daß nichts von Voltz und Batz kommt, und er läßt mich telegraphieren. Um die Mittagszeit schlägt er mir vor, nach S. Rocco zu gehen, wir tun es und betrachten lange die Kreuzigung sowie auch Christus vor Pilatus. Von da gehen wir bis zum Rialto und fahren dann heim, in guter Stimmung. Wie wir aber zu Tisch uns begeben, läßt R. sich entschuldigen; er kommt erst später, nachdem er seinen Krampf überwunden hat!... Wir treffen zusammen auf dem M.-Platz gegen halb sieben, er hatte sich früher mit den Kindern dahin begeben, und wir fahren dann heim. Abends wird aus den *Msingern* musiziert, R. hat große Freude daran, auch an der Erinnerung der Aufführung (1868). Daniela's Gebaren macht uns Kummer, R. meint aber, wenn sie den richtigen Mann bekäme, würde auch bei ihr wie bei Blandine alles schön sich ausgleichen.

Sonntag 22ten Graues Wetter wieder! Und manches Trübselige. Doch beginnt R. seinen Aufsatz für die Blätter. Auch hat ihn eines erfreut: das Pfeifen Siegfried's (aus dem Fl. Holl.) ganz in der Frühe. Wie ich zu ihm halb eins eintrete, zeigt er mir das Blatt und sagt: »Die Träne quillt, der Bleistift hat mich wieder!« Gegen ein Uhr fahren wir in die Belle Arti; mit großer Ruhe und Eindringen sieht R. vieles sich an, u. a. die Carpaccio, er gibt dem Johannes auf der Kreuzigung von Tintoretto den Vorzug vor dem Johannes auf der Assunta, und in Betreff der Würdigung des großen Werkes sehe ich ihn zu meiner Freude immer mehr meiner Empfindung sich [zu]neigen. Nur die üppigen Gewänder der zusammengesunkenen Frauen stören ihn etwas sowie die übermäßige Anzahl der Menschen. Wie wir heimkehren, besprechen wir die Aufgabe, Christus zu malen, und R. stimmt mir bei, wie ich meine, dies sei unmöglich und hätten sich die Maler damit geholfen, daß sie ihn entweder typisch gemacht oder ein Portrait gemacht hätten. Mittagessen mit Freund Rubinstein, Hoch auf mein[en] Vater, Abschied von Rub. Die Rosentasse. Kein Ausgang nachmittags für R., weil es zu regnen beginnt! Ich mach' einen Besuch und finde ihn dann ziemlich heiter die Fl. Blätter lesend. Doch ein Brief von Dr. Strecker, welchem R. mich zu antworten ersucht, zwingt mich ihm zu melden, daß allerdings eine Antwort von Frau Lucca auf seinen Brief angekommen sei; er will sie nicht lesen, aber das ergibt Gespräche darüber! Die älteren Kinder haben sich zu Bett begeben, ich besuche sie, und R. spielt währenddem den Kindern vor. Als diese von uns Abschied genommen, sind die Nöten etwas vergessen, und R. beginnt: »Christus kann man nicht malen, aber in Tönen kann man ihn wiedergeben.« – Ich sage, daß ich es von so hoher künstlerischer, bedeutungsvoller Besonnenheit von ihm fände, die Gestalt Chr. aufgegeben zu haben und dafür Parsifal geschaffen; »von einem Tenoristen Chr. gegeben, pfui T.«, sagt R. Von da kommen wir auf die Malerei; daß es ihr glükken konnte, die Mutter Gottes darzustellen, doch leugnet R., daß die Assunta die Mutter Gottes sei, das sei Isolde in der Liebes-Verklärung, während in der Sixtina, »dieser wundervollen Inspiration«, da sei die bei vollendeter Schönheit vollkommene Unnahbarkeit, »Herr Gott, da einen Gedanken zu haben«, – »so entrückt, daß einem der Atem stockt«. »Und dieser Blick, dieser erhabene, auch bei ihr.« »Und dabei alles lieblich und schön.« –– Also beruhigt und durch die Kunstgebilde der Wirklichkeit entrückt, begeben wir uns zur Ruhe. Doch war die Nacht nicht gut. Um 4 Uhr setzte R.

Montag 23ten die Sätze für Frau Lucca auf. Und beim Frühstück klagt er das Leben an, gedenkt aller seiner Verhältnisse zu den Verlegern, zu

V. und Batz, vergleicht diese Leute mit dem Ungeziefer, welches immer wieder aus dem Bett hervorkröche. Wie ich darüber lachen muß, lacht er auch, und wir gehen in eine gewisse Heiterkeit über, über die Phrasen, welche ihm Fr. Lucca, um ihn zu betören, macht. Er gedenkt A. Meißner's, welcher von den Verlegern sagte, sie seien die Schlimmsten, weil sie die Eitelkeit der Autoren berechneten und gut kennten. Die Großherzigkeit R.'s sehen sie für Torheit an und denken deshalb, mit ihm gut fertig zu werden*!... Ich übersetze, was R. 4 Uhr nachts aufgeschrieben, und ordne die Dokumente. Gegen halb eins holt mich R., nachdem er an seinem Aufsatz gearbeitet, ab, und wir fahren bis zum Rialto, wo wir Käse einkaufen und dann zu Fuß in bester, heiterster Stimmung nach der Eisenbahnbrücke gehen, wo wir unsere Gondel finden. Wir begegnen einer freundlichen Frau, die uns den verirrten Weg weist, R. sagt: Die müßte man gleich zum Kaffee einladen, die würde einem lauter hübsche Sachen erzählen. Beim Mittagstisch bringt die Erzählung von der Rettung eines Kindes durch eine Katze und einen Soldaten R. zu dem Ausruf: »Ja die Not! die zeigt erst, was der Mensch sein kann! Und dabei kann er noch von den Tieren lernen.« –– Er erzählt dann seine Lieblings-Tier-Geschichten und freut sich auch daran, daß die hiesige Bevölkerung dem wackeren Soldaten gestern eine Art von Triumphzug gemacht hat! – Gegen halb 6 treffen wir uns alle auf dem Mark.-Platz, kehren aber alle bald heim, da es kalt ist. Abends liest uns R. in »Wie es euch gefällt« noch einige Scenen (Malvolio) vor, zu seiner und unsrer größten Freude.**

Dienstag 24ten R. träumte von einer glänzenden Nacht, in welcher er drei Planeten entdeckte. Die Nachricht, daß ein Komet am Himmel zu sehen sei, hat ihn nachts öfters erweckt, doch um die rechte Zeit nicht (4 Uhr). Dafür erhielt er wohl den Traum. Beim Frühstück kommen wir auf unsere gestrige Lektüre zurück, und R. sagt, dieser geglückte Streich auf einen rechtschaffenen Menschen mit Hülfe seiner Eitelkeit zeige, wie nahe der Wahnsinn immer dem Menschen sei, in Malv. durch die Eitelkeit, in Othello durch die Eifersucht. R. arbeitet an seinem Aufsatz, liest im »Comte de Paris«; von welchem er sagt: Es sei ein recht kindisches Machwerk. Ich hole ihn gegen halb ein Uhr ab. Wir fahren, von S. geru-

* Zeichen im Text, nächste Seite, unter Dienstag, unten nachgetragen: »*M. 23ten.* ›Wer hat überhaupt an meine Fortune geglaubt, ich war ja früher wie eine Art Bettler, war froh, wenn man mir etwas gab!‹ ›Es hängt sich jetzt alles an mich, um mich auszusaugen‹...« ** Zwei und drei Seiten später, ohne Verweis, dazu unten nachgetragen: »Dem Stück ›Was ihr wollt‹ gibt R. den Vorzug vor ›Wie es euch gefällt‹, dessen Gestalten ihm zu locker-bunt aneinandergereiht sind; wie ich ihm sage, daß bei der Aufführung die Scenerie / des Waldes das sehr rechtfertige, gedenkt er der traurigen Aufführung in München und läßt sich über den jüdischen Einfluß auf unsere Kunst klagend aus.«

dert, bis nach dem Rialto, steigen da aus und gehen zu Fuß nach S. Marco, wo wir einkehren, hinauf zu den antiken Pferden uns begeben und vom Bacino ab nach Hause fahren. Eine Konsultation, welche ich vorher betreffs Blandine hatte, für R. die Präokkupation der nichtzahlenden Voltz und Batz, geben dem Tag eine peinliche Färbung, welche immer wieder durch das Zusammensein besiegt wird. Die Besprechung des Kometen, welchen die Kinder gesehen haben, bringt uns auf die gleiche Erscheinung im Jahre 1858, welche R. hier gesehen, und die Konjekturen, von welchen er begleitet war. Am Nachmittag gehen – R. und ich – wir zu Fuß bis zum Rialto, der breite Weg von unserem Haus bis zur Kirche S. Felice gefällt ihm ungemein, und er nimmt sich vor, öfters da spazieren zu gehen. Wir fahren dann nach der Piazzetta; herrlich ist das Ganze im Mondglanzdunste, und unsere Heimfahrt durch die kleinen Kanäle gewährt uns eine träumerische Freude! Abends beginne ich mit den Kindern die »Geschichte V.s« von Daru, und R. hört auch gern zu. Dann spielt er Biagino einige Themen aus Beeth.-Symphonien (A dur, c moll Symph., Andanti), um ihm zu zeigen, was unsere Melodie sei, die zu uns spräche »wie der größte, bestimmteste Gedanke eines Dichters«. –– Als wir allein sind, schießen aber Voltz & Batz wieder empor, R. läßt sich aus über den Geist des jetzigen Handels, welcher nur darin bestünde, wohlfeil zu kaufen, was man für wertvoll hält, und dann teuer [zu] verkaufen, und daß alle Geschäftsleute unter sich eigentlich im Prinzip einig sei[en]. R. sagte mir beim Spaziergang, daß der ungarische Minister erklärt habe, der Kampf der Juden sei der der Nicht-Besitzenden gegen die Besitzenden, und [habe] damit alles für sich gehabt; »als ob dieser Kampf nicht der allergerechtfertigtste sei«, sagt R. – Gestern besprach ich es mit R., daß die Inder den Verstand als sechsten Sinn gerechnet hätten, wobei die Idealität der Welt so schön sich darstellt, und ich frage R., wie es kommt, daß bei uns nicht: »Weil wir Schafsköpfe sind und alles von den Juden herübergenommen haben!« Wie wir heute im Mondschein heimfahren, freut er sich im Gedanken an Fritz Brandt, welcher wacker nach allen Seiten hin kämpft, einerseits gegen den Eisernen Theater-Vorhang, andrerseits gegen ein neues Asphalia-Theater, R. sagt à propos von letzterem: Ich gebe ihm recht, ohne die Sache zu kennen; und ist der Ansicht, daß in unsrer Zeit ein Techniker das einzig Richtige sei. – Gestern sprachen wir von den Semper'schen Bauten, kamen überein, daß die Motive meist von Italien übernommen seien und daß er in der Dekorierung nicht sehr glücklich gewesen sei, »so einer sieht nur gerade Linien und weiter nichts«. Dann ergeht er sich darüber, daß die eigentlichen Motive der Architektur die Kirche und das Theater [seien] – Paläste kaum.

Mittwoch 25ten R. hatte eine etwas unruhige Nacht. Mir träumte von einem Garten, in welchem ich hinter R. wandelte, zwei schöne, große Schmetterlinge sah und ihm zeigen wollte. R. steht ein wenig unmutig auf, wir sprechen vom Leben, ich frage ihn, ob er nicht auch meint, daß, wenn Kleist die Lehre des Buddha und Schopenhauer gekannt hätte, die Neigung zum Selbstmord ihm gewichen wäre; er antwortet: Ja. Beim Frühstück spricht R. von irgendeinem Schuß, ich gedenke der Scene im Tell: »Das ist germanisch, kann man Gobineau sagen, diese Genügsamkeit der Schweiz, alles übrige, Kaiser-, Königs-Pracht, ist es nicht.« Wir trennen uns; nach einer Weile kommt die Post, R. tritt hinzu, um zu erfahren, ob Nachricht von V. und Batz da sei, er trifft mich lesend, ich vermag es ihm nicht zu verschweigen, daß unser Freund, unser teuerster, gestorben ist*... Dies bedingt die Stimmung dieses Tages, nicht könnten wir uns andren darüber mitteilen!... Mit Siegfr. gehe ich aus, nach ein Uhr treffe ich auf dem Wege von unserem Hause aus [mit ihm] zusammen, »war man etwas begegnet**, rinnt [es] einem wie Wasser aus der Hand«, – so spricht er nach einer Weile, und wir gehen die Merkmale dieses Todes durch, die Unruhe, die Hast von überall fort, und endlich der ganz einsame Tod!***... Bei Tisch streicht R. plötzlich die Nase, wie es unser Freund tat, wenn er einen Witz in petto hatte!+ ... Und immer und immer wieder am Tage kommen wir auf den unvergleichlichen Mann zurück, bis abends R. die ersten Takte des Trauergesanges für Siegfr. spielt!... Dann liest R. in der Messe von Palest. (Papae Marcelli), findet sie dürftig und sagt, er hasse überhaupt diesen Vorwurf der Messe, dieses Credo, von welchem man alle Strophen komponiere, und welche Strophen, mit dem Höllenspuk immer in Aussicht!

Donnerstag 26ten R. träumte von Gob., daß er viel erzählte, wie das so seine Art war, dann von Herwegh, daß er mit ihm Schlittschuh lief. Beim Frühstück sprechen wir von dem verewigten Freund. R. geht für sich am Vormittag aus und erzählt von der Begegnung mit einem wunderschönen Mädchen von ungefähr 12 Jahren. Ich beginne die Worte, welche R. wünscht, daß ich über G. in die Blätter schreibe. Beim Kaffee lese ich R.

* Darüber von anderer Hand »Gobineau« geschrieben. ** Ursprünglich: »was man besitzt«. *** Dazu nächste Seite, unter Donnerstag, unten nachgetragen: »Zum 25ten. Wie wir uns mit R. auf dem breiten Weg trafen, war R. so nervenaufgeregt, wohl durch die Nachricht, daß er das Schlagen der Holzschuhe von den Frauen, das er zuerst mit Castagnetten verglich, gar nicht ertragen konnte. Auch ist die Scirocco-Luft ihm nicht angenehm.« + Übernächste Seite dazu unten fortgesetzt: »Am Nachmittag bringt er mir einen schönen Promenaden-Fächer und ein Notiz-Buch mit Schwalbe mit. Der Tag vergeht in Versuchen, sich gegen den Schlag zu behaupten! –– ›So unnütz kommt man sich vor‹, ruft R. aus, ›so überflüssig!‹ – wie wir die Gleichgültigkeit von Gob. gegen seine Werke besprechen.«

einen lebendigen Brief von Wolz. vor und einen Bericht von Malwida über die Aufführung des Vorspieles zu Pars. in Paris. Wir treffen uns dann mit R. auf dem M.-Platz, wo er mir ein zweites Notiz-Buch gibt. Er war mit Loldi gefahren und hatte ihr den Tod gemeldet. Beim Whist-Tisch sagt er mir: »Du kannst schweigen, daß ich an der Menschheit irre werden könnte.« – In der Tat ist mir das Reden unmöglich, und wie die benachrichtigten Kinder zu mir kommen, um darüber zu sprechen, muß ich mich entfernen. In meiner Stube wandle ich auf und ab, höre dann, daß R. in der seinigen ist, und treffe ihn dann nach einiger Zeit sitzend, schweigsam. Gewiß wir beide in gleichen Gedanken! Nach einer Weile frägt er sich, wo wohl Nietzsche – von dessen neuestem Buche, »Die fröhliche Wissenschaft«, Wolz. mir erzählte – sich aufhielte. »Das Schlimme ist«, fügt er hinzu, »daß diejenigen, welche diese Torheiten erwidern, einem auch wie Narren vorkommen.« – Auf dem Markus-Platz hatte er schwarzen Kaffee genommen, was ihm nicht gut bekam, die Mondschein-Nacht aber entzückte auch ihn, und er zeigte mir unsren in Strahlen gebadeten Garten! Er raumte nach dem Whist ein[en] Landsknecht [an], aber alles fällt trübselig aus!* Er klagte es auch, daß wir nicht einsam sein können: »Erhabener Geist, du gabst mir alles«, du gabst mir Cosima – und wir können nicht für uns sein. Er sagt, daß er niemals jemanden aufzusuchen habe, während ich doch Verkehr hätte; behauptet, es klebe von meinem Vater mir an: Ich erkläre ihm, daß, wenn ich hie und da einen Besuch machte, es der Kinder wegen geschehe. – Er spielt aus der Trauer-Musik von »Euryanthe« und dann den Schluß der »Egmont«-Ouvertüre – vielleicht im Schmerz ist die Seele der Musik am zugänglichsten, mir geht es heute bis beinahe zum Bersten auf! Wie ich sagte: »Das ist heroisch«, antwortet er: »Niederländisch.« –– Sehr charakteristisch ist es, daß er darüber lächelt, daß Malw. nun selbst Beeth. nach dem Parsifal nicht mehr recht würdigt, und es ihm gar nicht recht gefallen will.

Freitag 27ten R. hat gut geschlafen trotz des schwarzen Kaffees, über den er sich noch beklagt, da er ihn nahm in der Aufregung eines lebhaftesten Gespräches mit unserer Freundin. Beim Frühstück wird es erwogen, wie Professoren über den lieben oder unlustigen Gott sich ergehen, während die k. Kirche nach wie vor ihre Macht erhält. Daß wir in diesen Dingen Barbaren gegen die Inder seien, erwähnt R. wieder mit Heftigkeit. Er kommt zu mir herein, um die Post zu holen, erhält Geschäfts-Briefe, die ihn zwar nicht befriedigen, ist aber doch heiter, macht, wie so oft, eine

* Dazu unten nachgetragen: »*26ten.* Beim Landsknecht nimmt Lusch von ihrem Vater einen Glückspfennig, sie würde sich ein Armband von allen machen, die sie schon von ihm habe; ›du wirst bald andres von mir haben, gutes Kind‹, erwidert er ihr traurig.«

spaßhafte, bedeutende Miene, »Moltke«, sagt er »eine kriegerische Schafs-Miene«. Um ein Uhr gehen wir zusammen spazieren, wir verirren uns, was uns viel Vergnügen macht, namentlich da die Kirche S. M. Miracoli plötzlich vor uns steht, »das Schmuckkästchen«, wie R. sagt. Beim Beginn des Spazierganges aber hatte er geklagt über seine Arbeit; er habe eigentlich keinen Gegenstand, niemandem etwas zu sagen, und es sei so etwas eine Art Eitelkeit; wenn auch ein gewisses künstlerisches Vergnügen in der Art liege, wie man die Dinge brächte. Das Wetter wird schlecht, wir fahren doch zum Markus-Platz, allein mißmutig wandelt R. – Einzig erfreut ihn das schöne Blumen-Mädchen in römischer Tracht; sie ist anmutig und gesittet, gern erführe er von ihren Lebensschicksalen, von welchen er denkt, sie müßte ein Modell gewesen sein; so ist es auch, wie wir bei Lavena erfahren. Als wir wiederum unter den Arkaden wandeln, sehen wir sie umringt, vielleicht belästigt, »sich zu denken, daß da ein schlechter Witz fallen könnte, ist herzbrechend«, sagt R. im Vorbeigehen. – Strömender Regen empfängt uns, wie wir heimfahren!... Abends arrangiert R. einen Pharao-Tisch, wobei eine große Lebhaftigkeit unter den Kindern herrscht. – (Er hat in der Frühe an Freund Groß geschrieben.) – Mich küßt und grüßt er zärtlich beim Hin- und Hergehen, ein Beglükken, denn es ist mir das teure Zeichen, daß er nicht zu leidend sich fühlt! Beim Kaffee hat er sich über mancherlei Soziales [zu ergehen], was er doch hie und da hier vernimmt, und er sagt: ›Es sei ihm, als ob die Welt gar nicht mehr existierte, wenn dieses unsinnige Gerede nicht wäre.‹

Sonnabend 28ten R. ist wehmütig im Schlafe, ich höre ihn undeutlich etwas, was ich eher ahne als verstehe, und endlich: »Armes Weibchen« leise ausrufen! Dann spricht er von Barken, die Biagino von Genua abführe. Er erwacht und erzählt mir, daß B. in seinem Traum Schmuggel getrieben habe. Endlich kommt Georg zu ihm mit der Meldung, man führe auf Gondeln auf dem Markus-Platz. Die Nacht hat es stark gedonnert, und wie wir beim Frühstück sitzen, schlägt es in der Giudecca ein, und den Tag über strömender warmer Regen. – Vor Tisch wohnt er dem Musik-Unterricht von S. bei, und bei Tisch ergeht er sich mit H. Hausburg über das vollständig Unnütze der Konservatorien, »was einer nicht von selbst sich zu lehren weiß, das lernt er gewiß und zumal dort nicht!« Er erzählt von den Schwimmstunden und wie Fidi sich vergebens in Bayreuth versucht, in Neapel sei es gleich gegangen, weil der Lehrer im Wasser stand, »aber von draußen lehren mit dem Strick, das ist wie mit der Grammaire die Sprachen, den Methoden die Musik«. – Am Nachmittag erfreut ihn der scharfe, volkstümliche Gesang eines Knaben, der eine Gondel durch Sturm und Wetter führt, und den trostlosen Nachrichten vom schlechten Wetter in der Umgegend gegenüber sagt er: »Man kommt sich gerecht gestraft vor, in dieser Welt etwas Besseres zu suchen, als einem bestimmt ist.« – Die liebenswürdigsten Freundinnen besuchen uns (F. Hatzfeldt und G^fin^ Schleinitz), eine anmutigste Diversion. Abends vor dem Abendbrot phantasiert R. etwas, und dann, mir zum Scherz, improvisiert er à la Verdi und à la Chopin. – Bei Tisch teilt er mir mit, daß Minna ihm einmal gedroht habe, sich dem Trunke zu ergeben. »Mit dem, was man haßt, geeint sein, von dem, was man liebt, getrennt, daraus besteht eigentlich die Welt, das hat diese Paläste eingegeben und all den Pomp, um sich darüber zu täuschen.« –– Er organisiert ein Faro-Spiel; spät sind wir dann allein und sind dessen glücklich, erörtern einen Fall mit Eva, ganz zu ihren Gunsten, und begeben uns friedlich-freundlich zu Bett.

Sonntag 29ten R. träumte von Minna und gedenkt in Folge dessen ihres Benehmens in Königsberg und der grauenhaft rohen Behandlung – Vorwürfe –, die ihm seitens der Mutter Minna's in Dresden darauf wurde. Es sei das erste Mal, daß er so etwas Rohes erfahren habe, es sei entsetzlich gewesen. Er arbeitet und ist zufrieden mit seiner Arbeit. Dann gehen wir zusammen in das gegenüberliegende Museum Correr, welches ihm sehr gut gefällt. Unsere Mittagessen sind ihm immer etwas peinlich wegen der verschiedenerlei Sprachen, die geführt werden müssen, doch hat ihm vor allem daran gelegen, daß die Kinder, Gravinas, es nicht merkten. Am Nachmittag muß er leider einen großen Ärger durch einen Brief des Freund Feustel erleben, der ihm, wie es scheint, ziemlich schlaff meldet, V. und Batz schickten die Abrechnung, aber ohne die Einnahme des Tristan. Im Grunde, meint er, seien alle Geschäftsleute einig. Ganz außer sich fährt er mit mir bis zum Telegraphen-Amt, wo er H. Voltz notifiziert, er würde keine Unterschrift geben, wenn das Geld vom Tristan ihm nicht ausbezahlt würde. Wir wandeln dann etwas auf dem noch ziemlich feuchten Markus-Platz; vor allem erfreut ihn das Sitzen unter dem Porticus zwischen den Säulen, so möchte er gemalt sein. Er beruhigt sich allmählich; zu Hause findet er die Anzeige einer guten Einnahme aus Wien, er schreibt an Feustel, und beruhigten Gemütes begibt er sich mit uns abends zu unsren Freunden [in den] Pal. Malipiero. Beim Abendbrot erzählt uns Ada Pinelli von den Spiritisten-Soireen beim Fürsten Liechtenstein (N. Lengbach), und nachher spielt R. das cis moll Prälud. von Bach, dann unter Begleitung von Freundin Mimi Marke's Anrede, Tristan's Abschied, schließlich spielt er I.'s Verklärung. Er sagt von seinem Spiel dann: Er spiele, wie Graf Sandor fuhr, der die Zügel den Pferden über den Hals warf und so über Stock und Stein flog: »So fährt man in Ungarn« rufend! ––

Montag 30ten In der Frühe nehmen wir Abschied von unsren Kindern Gravinas. Trotz des andauernden Regens ist R. gut gestimmt. Er betrachtet die Paläste gegenüber und ruft aus: Was einem so einer alles sagt an Geschichte und Ereignissen; und später kommt er wieder darauf zurück mit Bewunderung, so inmitten des Meeres dieses Massive, Zierliche aufgebaut zu haben! Mit seiner Arbeit kommt er bald zu Ende; da ich mich nicht ganz wohl fühle, geht er mit Eva aus und freut sich, der Blumenfrau zu begegnen. Da Lusch zu Bett liegt, haben wir abends und mittags die drei Kinder nur bei Tisch. Eine Menge Zeitungen liegen vor; daß H. Herrig Siegfried und die Meistersinger als die Blüte des Geistes R.'s bezeichnet, freut R. – Die neue Dresdner Kasernen-Stadt zeigt mir R. in der Ill. Zeitung!... »Wie sollte man nun eine Stadt bauen – wenn man das früge?« sagt er, »gar keine Stadt soll man bauen.« Abends, wie wir allein sind, geraten wir in weite und tiefe Gespräche, ich gestehe ihm, daß, wenn ich solche Bücher lese wie das über Buddha, es mir dann schwerfällt, die Stimmung für die »Wahlverwandtschaften« zu finden, die ich eben vorgenommen; indem ich jeden Zug darin meisterlich finde und bewundere, versagt [sich] mir die frühere Ergriffenheit! R., hervorhebend, daß der Brief von Eduard, soeben angesehen, ihm gut gefallen, gibt mir recht; aus einem tiefen Ennui vor aller Umgebung habe Goethe zu so etwas gegriffen. Wie ich ihm sage, daß seine Werke aber und Shakespeare immer eindrucksvoll bestünden, [erwidert er], »das sind die Beispiele« gleichsam zu den Lehren, und er hebt es hervor, daß bei Buddha ihm das so neu in dieser Darstellung gewesen wäre, die furchtbare Strenge. Wie wir also sprechen, kommt eine Depesche von Voltz an, so erbärmlich und seltsam zu unsrem Gespräch stimmend, daß wir in große Heiterkeit darüber geraten. R. antwortet: Verlange mein schmählich mir zurückgehaltenes Geld; punktum.

Dienstag 31ten Anfangs der Nacht hatte R. den beängstigenden Traum, daß man mich umbringen wollte und er mich nicht verteidigen konnte. Um 4 Uhr dann weckte er mich, um den Kometen zu sehen – eine Traum-Nacht, der Komet, der Wagen und der Orion, voller Mondschein, mildeste Luft und stille Regungslosigkeit! R. sieht noch eine Sternschnuppe, und wir begeben uns wieder zu Bett. Morgens erscheint mir das Erschaute wie ein herrlicher Traum, als ob ich mit R. in den weiten Himmelsräumen gewogt hätte, und gestählt für den Tag trete ich ihn an. Leider ist R. etwas unwohl und nicht ganz zufrieden mit seiner Arbeit. Auch hatte er sich verspätet mit der Lektüre des »Kleinen Buches von Bismarck«, was ihn interessiert und wobei er B. als rechtschaffenen Preußen, der einen diplomatischen Coup auszuführen verstanden, anerkennt; »damals wußte er noch nichts von dem deutschen Schwindel, er war ganzer Preuße«. – Um die Mittagszeit gehen wir bei herrlichem Wetter etwas zu Fuß, treffen die Gondel an der Eisenbahnbrücke und fahren heraus, leider an dem Schlachthaus vorbei, wo wir das Stöhnen der Tiere vernehmen! – Wiederum sind wir mit den 3 Kindern zu Tisch. Am Nachmittag kommt eine Depesche von Biagino, eher Gutes über das Verhältnis zu Frau Lucca meldend. Wir fahren nach dem Markus-Platz, wo ein herrlicher Sonnenuntergang uns erfreut; die Heimfahrt bei Sternen-Schimmer und unter Glockenklang ist wundervoll. Und abends beschließt R. diesen Tag, indem er uns mehrere Scenen aus »Romeo und Julia« (auf dem Balkon, die Meldung von T.'s Tod, die Trauung, der Abschied) zu unsrer tiefsten Erschütterung, er selbst in Tränen, vorliest. Wer aber wird ihn je bei solchem Lesen schildern oder gar malen können. Sein Antlitz durchleuchtet, sein Auge entrückt und doch wie ein Stern strahlend, seine Hand magisch in der Ruhe und in der Bewegung, seine Stimme sanft mädchenhaft, nur Seele, die aber in die Tiefen dringt wie durch die Weiten. Wird der Stern, der heute bei der Heimkehr versank, meinen Wunsch vernehmen! ––– Vor der Lektüre hatten wir besprochen: Wahnfried, Venedig, ich stimme – und R. gibt mit schließlich recht – gegen das Reisen, für längsten Aufenthalt in Bayreuth und regelmäßigen Besuch von Venedig.

November

Mittwoch 1ten R. hatte keine gute Nacht, und mir ist so wenig energisch zu Mute, daß, wie er mit etwas trocknem Ton den Scherz macht, ich fände nie etwas für ihn, so kann ich die Tränen nicht zurückhalten! Das Glöckchen uns gegenüber ärgert ihn auch; doch seine Arbeit glückt ihm und er nimmt Anteil an der meinigen, so trübseligen! Wir fahren bis zur Miracoli und gehen von da zu Fuß heim. Am Nachmittag treffen wir uns auf dem Markus-Platz, der heute sehr belebt ist wieder. Sein Brustkrampf zwingt ihn wieder unter dem Portal sich zu setzen; wir begegnen dem alten Freund, der uns Ergötzliches über Fr. Lucca sagt – alle Monate sei sie in einen jungen Opernkomponisten verliebt –, setzen uns unter den Arkaden mit den Kindern und haben dann eine schöne Heimfahrt bei gestirntem Himmel. Abends besprechen wir die Niederlassung von Glasenapps, die uns dringlich notwendig erscheint. Dann spricht R. von der Es dur Symph. I. Teil, seiner Vollendung, und daß er bei dem Publikum nie großen Eindruck mache. Wie er von dem Abstand der 4ten Symph. gegen die Eroica spricht, sage ich ihm, daß ich meinte, sie sei vorher geschrieben, erst nachher erschienen, er stimmt mir in der Hypothese bei, an der zweiten Symphonie reihte sie sich ganz natürlich an. (Schöne Glocken! Und menschenvolle Barken fahren über zum Kirchhof S. Michele!) –

Donnerstag 2ten Allerseelen! ... R. ist nicht wohl, er hat häufig seinen Krampf und will unter andrem den schwarzen Kaffee nach Tisch abschaffen. Mancherlei böse Eindrücke betrüben uns, u. a. über den Zustand meines Vaters, was uns den schönen Tag nicht ganz genießen läßt; wir fahren zu H. v. Wolk., um dessen Aquarelle von Venedig zu besichtigen, und R. ist dabei ganz heiter. Da ich nicht ganz wohl bin, fährt R. allein aus, und ich empfange Freundin Mimi, mit welcher ich über den Verlust nun spreche! Es erschüttert mich auf's neue. R. nimmt den Band der »Wahlverwandtschaften«, liest mir daraus vor das Gespräch zwischen Mittler und Eduard, und das sich daraus ergebende Gespräch bringt uns zu unsrem Geleise! R. hebt es hervor, wie so manches seine Zeit habe, z. B. Calderon, an dem er kein Vergnügen mehr fände, und selbst diese rührenden »Wahlverwandtschaften«! Wir scherzen über die Entsagung von Charlotte und dem Hauptmann, da die andren einfach lieben; aber R. vermißt auch darin etwas die natürliche Sprache, welche in »Werther«, in »Götz«, im »Faust« Goethe so außerordentlich mache.

Freitag 3ten Gute Nacht, gute Arbeit, schönster Tag! Wir fahren nach der Riva und gehen, R. und ich, im Sonnenschein heiter spazieren. Selbst daß sein neuer – aus Ökonomie versuchter – Barbier ihm nicht gefällt, erregt unsere Heiterkeit. Bei Tisch wird allerlei mit den Kindern, u. a. die verschiedenartigen Begräbnisweisen, besprochen. Leider aber überfällt ihn am Nachmittag sein Krampf. Er bleibt zu Hause. Abends aber geht es Siegfr. zuliebe in's Theater Malibran, »Giani Lupo«, ein Schauer-Stück, langweilt schließlich sehr, trotzdem anfangs R. sehr gern das Theater betrat und sich Vergnügen erwartete. –– Vollends zu Hause bringt die Ungebührlichkeit des Dieners ein großes Gefühl des Widrigen hervor!

Sonnabend 4ten R. hatte eine halbwegs erträgliche Nacht, denn die widerwärtige Episode lastet auf uns, und auch beim Frühstück wird sie erwogen. Wir neigen zur Nachsicht, da ein solches Wesen kaum als ein moralisches betrachtet werden kann. – R. beendigt seine Arbeit; und wir fahren dann, leider durch Nebel, zu S. Giovanni Crisostomo, wo er mit Aufmerksamkeit sowohl den Bellini als den Sebast. del Piombo ansieht. Er hatte mich neulich wegen meiner Vorliebe für die Heiligen in »Bischofs-Schabracken« geneckt, ich hatte sie verteidigt, und heute gibt er mir nach und vieles zu, durch den Anteil, den er an den Bildern nimmt. – Beim Kaffee besprechen wir das »Kleine Buch von Bismarck«, und dann wenden wir uns nach Amerika, von welchem R. die einstige Beherrschung der Welt erwartet. Abends besuchen wir unsre Freunde Schl. in Malipiero, um Abschied von ihnen zu nehmen. R. ist aber sehr ermüdet von diesem Besuch, da ihm denn der Umgang mit auch den liebsten Menschen schwerfällt.

*Sonntag 5ten** R. hat gut geschlafen, und beim Frühstück ergeht sich unser Gespräch über Romeo; ich vergleiche den zweiten Abschied von Julia, wo sie Romeo in der Gruft erblickt, dabei den Tag aufsteigen sieht, mit dem »öden Tag, zum letzten Mal« von Tristan; R. sagt, dieses Tagesgrauen im 2ten Akt bezeige allerdings merkwürdig Lug und Trug der Welt, ich füge hinzu, auch durch Marke die sittliche Weltordnung, R.: »Doch nur dadurch, daß er in diesem Lug und Trug sich gütig benimmt, die durch die Konvention gehemmte Naturgewalt.« Das gemahnt mich daran, daß er gerade hier häufig daran denkt, daß ich im Jahre 1858 zu ihm hätte flüchten sollen und von da unser Leben beginnen! – Da er es gern wünscht, daß der Nachruf** vollendet werde, geht er am Vormittag allein nach der Piazzetta und trifft dort die Kinder. Am Nachmittag geben wir uns Rendez-vous auf dem Markus-Platz, ich treffe ihn aber im Laden von Lavena, von seinem Krampf befallen. In der Gondel mit den Mädchen hatten sie Klänge aus Lohengrin vernommen, da hat er sich beeilt und wurde von dem Übel gefaßt!... Kaum aber ist er vorbei, daß er Tesarini winkt und ihn zum Abend mit dem Musikmeister bestellt wegen falscher Tempi!... Dann aber sagt er zu mir: »Ich soll das, was ich bin, fahren lassen, keine schnelle Bewegung machen, auch ein langweiliger Esel werden!«*** Zu Hause liest er den Nachruf und sagt mir, er wolle ihn abschreiben, um ihn druckbereit zu machen! –– Nach dem Abendmahle (wobei er so gut wie nichts genießt) bespricht er die Tempi mit den Musikern, und dann lese ich ihm einiges aus der Musik. Zeitung vor – leider unerfreulich, sowohl der Bericht über Berlin, als der von Freund Pohl, der »Jesus von Nazareth« erwartet, als das Für und Wider von Freund Wolz. – Seine Arbeit dagegen erquickt mich.

Montag 6ten In der Frühe, wie wir im Nebensaal Siegfried und H. Hausburg plaudern hören, sagt R.: »Fidi ist mit seinem Hofnarren«, wel-

* Beigelegt ein Briefumschlag mit der Aufschrift (von fremder Hand): »Vermutlich auf den Tod Grafen Gobineau's sich beziehend«, inliegend »Sectionsbefund«, s. Anm. ** Darüber von fremder Hand: »(an Gobineau)«. *** Zeichen im Text, nächste und übernächste Seite, unter Montag, unten nachgetragen: »Note zum 5ten. Doch auch diese Stimmung verhindert ihn nicht daran, die Schönheit des Ortes zu empfinden und uns darauf aufmerksam [zu machen]. ›Das ist ein Theater‹, sagt er, vor den beiden Säulen haltend, und er entwirft Bühnen- und Zuschauer-Raum. Dann, den Dogen-Palast betrachtend, rühmt er die mittelalterliche Baukunst und sagt, / mit ihr sei alle Phantasie, alles Leben und Erfinden erloschen. Die ganze Renaissance ist ihm kalt. Den Punkt, wo die Gondeln anhalten, erklärt er für den schönsten städtischen, den es gebe.«

cher Ausdruck uns sehr heiter stimmt. Beim Frühstück liest er mir aus der Zeitung einen Brief Schop.'s*, der uns durch seine Präzision und die vorherige Beantwortung dummer Einwände sehr unterhält. Dann kommen wir auf Carlyle's Denkmal, ich frage R., wen er für bedeutender hielt, Carlyle oder Gobineau, unverwandt erwidert er, Gobineau. Bei Carlyle sei so vieles, selbst in seinem »Friedr. dem Großen«, was man als Kuriosität dahinnehmen müsse. – Am Vormittag revidiert er meine Arbeit. – Neulich sagte er in Bezug auf Stil, wenn man nur immer die Bilder genau wählen und festhalten wollte, wie viele Zeit würde man für die geringste Arbeit gebrauchen. Es würde aber damit auch das Leben diesen Arbeiten wohl fehlen. Gegen 1 Uhr mach ich R. den Vorschlag, S. Maria Formosa zu besuchen; Kirche und Bild gefallen ihm, erste durch ihre Traulichkeit, zweites durch seine Großartigkeit. Auch empfindet er mächtig die Schönheit der Farbe. Nur das Grauen vor dem Martyrium, welches ich im Blicke erschaue, gibt er nicht zu, es könnte ebensogut eine Königin von Palmyra als eine Märtyrerin sein, sagt er. Wir gehen bis zum Rialto zu Fuße und fahren dann in der Gondel nach Hause. Unterwegs, indem er über die Sperrung meiner Nase durch den Schleier lacht, erzählt er von seiner Mutter, wie sie ihre Haube hätten umwerfen wollen und diese durch die Nase gefangen worden, worüber man lachte, was sie zuerst ärgerte, dann aber erheiterte. Es erinnert mich dies daran, daß er kürzlich bei Tisch von Klepperbeins erzählte, wie sie ihn nach dem Großen Garten genommen, wie er ihnen wieder gesagt, sein Vater meine, ihr Name bedeute der Tod, und wie er einmal geschrieen habe, um von ihnen im Wagen heimgefahren zu werden, und wie er dem Wagen nachlief. Dann erzählte er auch von einer Sendung seines Paten mit dem Spruch: »Frische Elster-Eier für den kleinen Richard Geyer!«** – Aber ich warte lange auf ihn auf dem Markus-Platz, und wie er mit den Kindern kommt, sagt er mir, er habe seinen Krampf sehr stark gehabt (ich habe heute früh an Standhartner geschrieben). Er erholt sich aber rasch. Das Rudern von Fidi gefällt ihm dadurch besonders, daß er auch Gondolierrufe von ihm hört. Abends lesen wir einiges in der I. Zeitung. Von den ital. Zeitungen sagt R., sie machten ihm den Eindruck von schlechter Schokolade. R. geht viel auf und ab.

Dienstag 7ten R. hatte eine ganz wilde Nacht, und am Schluß derselben träumte er wiederum böse von mir: »Heulend sagte ich dir: ich weiß, du willst dich von mir losmachen, du willst gehen.« –– Doch bald erholt er sich, er teilt mir seine Leiden mit, bezeichnet sein Wesen als »ungezo-

* Beigelegt, s. Anm. ** Zeichen im Text, unter der Seite: »R. hatte eine Sammlung von Eiern.«

gen« und meint, daß die Phantasie einen übermäßigen Anteil an all seinen Leiden habe. Er liest im Tagebuch, daß heute der Jahrestag der Schlacht bei Roßbach sei; das Gedicht von Fr. d. Großen darnach erinnert R. an die Auslassung Odysseus' gegen Polyphem. Dann besprechen wir die einfache Art, wie die Franzosen sich damals schlagen ließen, gegen jetzt und kommen dabei auf Gobineau zu sprechen. Den Aufsatz von Stein in den B. Bl. liest R. mit Befriedigung. Gegen 1 Uhr fahren wir in's Bad, und R.'s Stimmung dabei eine durchaus heitere; er freut sich Venedigs, zeigt mir bei der Bade-Anstalt eine Kirche mit schönem Portal und Fenster, blickt heiter in die Calle hinein und erklärt Venedig für die eigentliche südliche Stadt; denn Palermo erinnere viel mehr an unsere deutschen Städte, Neapel habe afrikanischen Charakter, das sei wahr, diese aber sei italienisch-orientalisch. – Am Nachmittag gedenkt er Bayreuths und daß es wohl gut sein würde, wenn er alle seine Werke dort aufführt, und daß sie nach ihm auch dort aufgeführt würden, denn sie lebten doch, und die Art und Weise, wie sie sonst vorgeführt würden, sei erbärmlich. – Beim Kaffee sprachen wir von der Renaissance; ob es überhaupt unbedingt ein Glück war, daß die Antike ausgegraben wurde? Ob es nicht die Phantasie befangen machte, die Naivität benahm! Das Für und Wider wird erwähnt, R. sagt: »Es zeigt, daß diese Kunst nicht als die erlösende bestimmt gewesen ist.« –– Der Flügel von Ibach kommt an und freut R. durch seinen sanften Ton, er schreibt Herrn I., daß er nur noch weiche Musik komponieren würde. – Wie schlecht die heutige Welt sei, das, sagt R., kann man daran erkennen, daß so rasch Menschen wie Nietzsche, die etwas versprechen, in ihr schlecht werden. Abends phantasiert er, und »Der Jüngling von Elvershöh« fließt mit ein, wir erinnern uns gern dieser Ballade, die mit ihrem wohligen Schluß ächt deutsch erscheint. Am Schluß des Abends aber kommt das Gespräch auf Hans, welches R. in sehr erregter Weise führt! Ein jeder habe die Krankheit, die er verdiene, sagt er; »Auch ich, ich habe die Krankheit meiner Ungezogenheit.« ––

Mittwoch 8ten R. hat heute mediziniert, was ihn aber auch angreift. Des längeren spricht er mir in der Frühe von seinem Leiden und setzt mir auseinander, wie übermäßig tätig die Phantasie dabei sei. Dann, beim Frühstück, spricht er wieder von Hans; er beklagt meine Ehe, sagt dann, er habe nie direkt jemand für sich von der Natur bekommen, immer von einem andren überkommen, zitiert Minna und mich! O wie von ganzer, ganzer Seele würde ich es ihm gönnen, daß ein fleckenreines Wesen sich ihm weihte! – Wenn auch solch eine Äußerung mich wohl schmerzt, so siegt doch das glückliche Gefühl, daß er sie tut, daß er so frei ist, meiner so sicher, alles von sich ausströmen zu können, und alles von ihm ist gut!

– Wir sprechen von seinen Aufführungen, von seiner Kunst, wie notwendig eine schöne Stimme sei und Gelassenheit und Mäßigung der Gesten. Dann sprechen wir von den Zuständen in Frankreich, von dem törichten Mißverständnis der Roheit: Es hat einer in Lyon bei der Messe den Kelch in die Hand genommen und den Inhalt desselben verschüttet, anstatt den Geistlichen zu beseitigen und das Symbol zu verehren. – Mit Vergnügen liest er die Gespräche von Stein. Um ein Uhr gehen wir zusammen spazieren nach der Seite des Ghetto Vecchio, kommen zu unsrem Erstaunen bei S. Marziale heraus! Diese Ausgänge erheitern R. immer. Aber er fühlt sich doch nicht wohl, und wie wir auf den Markus-Platz kommen, muß er sich (unter dem Portal) setzen. Wie wir uns in die Gondel setzen, fühlt er sich wohler. Beständig besprechen wir, was wohl zu tun wäre! Ich glaube, er mutet durch Verschiedenartiges seinem Magen zu viel zu. – Abends besucht uns die R. sehr angenehme Ada Pinelli. Ihre Erinnerungen an Fürstin Wittg. bringen diese grauenhafte Erscheinung des jüdischen Katholizismus R. und mir in völlig unheimlicher Weise nah.

Donnerstag 9ten R. hatte heute in der Frühe im Bett seinen Krampf; er erholt sich aber schnell, und beim Frühstück plaudern wir über Ada P., deren Erscheinung R. gefällt; er sagt, wir hätten keinen Mann dieser angenehmen Art kennengelernt. Dann wieder »die Hexe«; warum nur die Leute (solche z. B. wie Gob.) sie besuchten, das frägt sich R., und wie ich erwidre, wohl wegen Gräfin La Tour, und wie wir übereinkommen, daß gegen solche ritterliche Natur[en] wie er und mein Vater dann auch es niemandem einfiele, rücksichtsvoll zu sein, sagt R.: Sie nähmen sich denn auch traurig im Leben aus; von dem Weibe müßte der Mann auch Gehorsam verlangen und mit Einschränkung sich von ihm beeinflussen lassen. Er sieht meine Arbeit durch, streicht lachend das »zu viel« über ihn; dann schlage ich ihm vor, Madonna dell' Orto zu besuchen, und der kleine Spaziergang, trotz Regen und mit kleinem Verirren, welches uns an die Ecke führt, wo wir das offene Meer sehen und Murano, gefällt ihm sehr. Auch die zierliche Kirche überrascht ihn sehr, und er wirft mir später scherzhaft vor, ihn nicht länger vor dem Cima gelassen zu haben!* –– Am

* Drei, vier und fünf Seiten später, dritte Note unter 11. November, unten nachgetragen: »Zu Donnerstag 9ten. Beim Mittagstisch erzählt er die Begegnungen, die uns bis zur M. dell'Orto geworden, und daß er eigentlich nur immer tätig helfen möchte; zuerst ein bleicher pensionierter Beamter, der uns den Weg wies, der sehr dankbar für eine Lire war, dann der Bettler an der Türe, der den Kustoden barfuß mit mühsamem Gang / rief, worüber, von R. befragt, warum er seine Schuhe ausgezogen, er zeigt, daß sie ausgetreten sind. R. sagt, ›ihm das Geld für Schuhe geben nützt nichts, er kauft sich doch keine, ihn und [den] Schuster bestellen nach Vendramin, ein Ding der Unmöglichkeit, wie Mama gleich sah, nun gab man ihm etwas dazu‹. – ›Dann aber ein / Mann, der eine Art Käse in einer Schüssel trug und so laut es feilbot, daß es jedesmal einen wie der Blitz durchfuhr, uns begleitete, und wie ich zu Mama sagte, daß wir

Nachmittag fahren wir nach dem M.-Pl.; die Aussicht gleich von unsrem Palast aus rechts erfreut R., später zeigt er mir im Nebel die Salute, »wie ein Geister-Traum«, auch S. Giorgio, alles, und ein Gang durch die Arkaden ist ihm ein Vergnügen. Bei der Heimfahrt sagt er mir, er habe eine völlige Sehnsucht, etwas von Edgar Poe wieder zu lesen, und gedenkt der Geschichte des Fl. Holländers. Er stellt sich die Imagination der Amerikaner vor, erregt durch die Welten, die sie durchzuwandern, und zu Großem berufen, »wenn nicht bereits alles verdorben«. –– Fidi's Gondolier-Rufe sind uns dabei eine holde Zerstreuung. Abends setzt sich R. an das Klavier, spielt aus »Preziosa«, gedenkt seiner Jugend-Eindrücke, vor allem des »Freischütz«; von »dem tonisch-harmonischen Schauer, der auch mich unterscheidet«, von dem Dämonischen, ohne welches die Musik ein Greuel ihm gewesen wäre; »bloß schöne Form, dafür dankte ich«, und: »Da hatten alle andren einen schweren Stand gegen diese Introduktion der Freischütz-Ouvertüre.« Vorher hatte er beim Abendbrot aus Riga erzählt und von der »Lenore« von Holtei. Später liest er mir die Venezianischen Epigramme vor, und den Schluß des Abends bildet ein unverwüstliches Gelächter zwischen ihm und den Kindern (namentlich Isolde), da er ihnen erzählte, daß seine Mutter eine Torte von ihrem Manne Geyer bekam, worauf ein Männchen stand, der einen Dukaten von sich gab. – Im Bett drückt er heftig seinen Widerwillen gegen die Epigramme aus*; mir war es erschienen, als ob sie ihm beim Lesen gefallen.

Freitag 10ten R. hatte eine erträgliche Nacht, aber in der Frühe befällt ihn im Bett sein Krampf, und er hat ihn 4 Mal an diesem Tag!... Wir fahren nach der Insel S. Clemente, wo nicht viel Schönes uns erfreut, wo aber ein Grabmal von Morosini durch die große Lebhaftigkeit der Darstellung und die augenscheinliche gute Wiedergabe des Gesichtes R. anzieht und fesselt; auch dem gegenüber die zwei Büsten der beiden andren Morosini interessieren ihn. – Er kommt spät zu Tisch und geht bald fort. Den Nachmittag bleibt er zu Hause und ich auch; auch am Abend erscheint er nur einen Augenblick. Ein Tag des Sinnens und des Wehes! Die Tasse Tee, die er trinkt, schmeckt ihm nicht, Tee sei »nervös gemachtes Nichts«, sagt er, und er ist überzeugt, wir bekämen vorgetrunkenen Tee, nämlich die Chinesen hätten schon den ihrigen damit gebraut. (Er kommt auf seinen Gedanken der Aufführung aller seiner Werke in Bayreuth zurück.)

ihn vorübergehen lassen wollten, hielt er auf der Brücke auch still und rief seine Ware aus. Dem hätte man sollen gleich seinen Käse abkaufen und ihn bitten, ein wenig zu warten; aber dazu müßte man der Sprache mächtig sein.‹«

* Zeichen im Text, nächste Seite unten, erste Note unter 11. November, nachgetragen: »Donnerstag. ›Dabei glaube ich gar nicht, daß er so arg gelebt hat, und ist es mehr eine Nachahmung von Properz, Catull und Tibull, und mir um so ekelhafter.‹ ––«

*Sonnabend 11ten** R. hat eine erträgliche Nacht gehabt und nimmt sich vor, ganz ruhig sich zu halten. Beim Frühstück sprechen wir von den Dialogen von Stein, R. wirft ihnen eine gewisse Affektation und Unklarheit vor: »Das sage ihnen, daß« z. B., auch findet er die neue Zeit – besonders Bruno und Shakespeare – weniger gut. Die Geschichte der Perser aber von Gobineau, die interessiert ihn sehr. Wir sprechen viel von unserem Freund, und er schreibt weiter an meiner Arbeit, Vor- und Nachmittag, auch rühmt er sie mir!... Er geht ein wenig für sich spazieren um 1 Uhr und ist ganz heiter bei unserem Mittagstisch. Wir bleiben den Nachmittag zu Hause, ich beende unter Tränen die »Wahlverwandtschaften«: R. sagt mir: »Du hast gewiß die Begegnung im Gasthof gelesen, das ist wundervoll, dafür hat er das Buch geschrieben, und das Zusammmen-Leben nachher; und dazu einige langweilige Zusätze gemacht.« Da er den Band auf dem Tisch abends neben mir sieht, blickt er hinein, findet auch die »Lehrjahre« darin und liest mir alles auf Mignon Bezügliche mit unbedingtester Bewunderung. Den alten Harfner mag er nicht, behauptet, G. hätte ihn nachträglich zum Vater von Mignon gemacht. Es sei merkwürdig, ihn als deutschen Dichter (den Sänger) auftreten zu lassen, da doch bei Mignon der gebrochenen Sprache gedacht wird. Einmal bei dieser Betrachtung zeige ich ihm die Erinnerung an das lebende Bild Belisar, wie der Architekt beim Sarge Ottilien's steht, was mich selbst stutzig gemacht. Er sagt, das sei diese Tendenz, alles, auch das Tragische, gleichsam schön erscheinen zu lassen, dieses Spielen mit der Sache, welche er nicht ausstehen könne; den ganzen Architekt mit dem Gewölbe und den Engeln könne er nicht ausstehen. »Und den Belisar hätte ihm gewiß Schiller nicht durchgelassen.« ––– Vor dem Abendbrot rief er mich von der Lektüre mit den Kindern ab, um Fidi anzuhören, wie er, sich am Klavier begleitend, allerhand Themen mit Variationen pfeift. Er muß es uns noch nach dem Abendbrot zum besten geben. Gerade so, sagt R., bin ich in der Jugend mit der Musik umgegangen. – Vor der Lektüre aus »W. Meister« ließ mich R. in der Zeitung die Nachricht über den Mahdi lesen, wobei ihm besonders auffällt, daß der Prophet ebensowenig aus einer schwarzen Race denkbar sei als etwa ein Hohenzoller. Nach dieser Notiz wäre man in Ägypten durchaus nicht fertig.

Sonntag 12ten R. hat gut geschlafen. Ein Brief von Tesarini, um ein Darlehn bittend, ärgert ihn, er bemerkt, daß er heiser sei, das müsse man nicht sein, das erinnert ihn an die Antwort von Falstaff dem Chorsinger,

* Zeichen, unten nachgetragen: »11ten. Ich unterhalte R. mit der Mitteilung, Tintoretto habe das Goldene Kalb von den 4 größten Malern tragen lassen, was sehr zu R.'s Auffassung der Renaissance stimmt.«

worüber er in ein Gelächter ausbricht. Dann aber sagt er: Ich würde mich nie getrauen, Shakespeare sprechen zu lassen, selbst Luther nicht, überhaupt keine historische Figur. Wir kommen wieder auf die Dialoge von Stein zu sprechen, er findet die Erfindung des Spieles in G. Bruno gut und wiederum nicht. Dann bespricht er auch und immer mit Lob den Aufsatz über Gobineau. Wie wir uns in die Gondel setzen, sagt er: »Du mußt mir auch einen Nachruf schreiben!« und vorher: Ich sollte die Bayr. Blätter ganz schreiben – und was der freundlichen Scherze mehr sind. Auch kommt er vor der Arbeit zu mir, um: »Ahndung des Verfalles« zu besprechen und [zu] korrigieren. Gegen 1 Uhr fahren wir nach dem Garten Papadopoli, wovon die Papageien und die hübsche Anlage R. erfreuen, wenn er auch sagt, daß man in Venedig keinen Garten verlange. Bei Tisch singt R. etwas aus dem Es dur Quartett, frägt H. Hausburg, ob er es erkenne, dieser bejaht es und meint, es sei dies schwer zu verstehen; »zu verstehen ist da nicht schwer, denn es ist alles Melodie, aber genau auf alles lauschen, denn es ist so gedrängt, wie wenn in etwas Geschriebenem man den ganzen Sinn verlöre, wenn man ein Wort nicht hörte«. Er findet im Scherzo der 9ten eine Wendung, welche ihn an eine in dem Scherzo in diesem Quart. erinnert. Vorspielen aber möchte er sich es nicht lassen, namentlich von Deutschen nicht, welche die Tempi vergriffen. Am Nachmittag legt er sich zu Bett, weil er rheumatische Schmerzen empfindet, er liest in der Geschichte der Perser, die ihn sehr fesselt. Ich bin mit ihm, und da ich weiß, daß sein Zustand kein ernster ist, bin ich glücklich. Dann lese ich Siegfried 2 Akte von »Macbeth« vor.

*Montag 13ten** R. sagt mir in der Frühe, er habe wiederum an seine drei cauchemars gedacht: Voltz und Batz, Lucca-Strecker und Fürstner; letzterer z. B. gibt die Partitur vom Tannhäuser nicht heraus, »wenn ich jetzt den Tannhäuser überarbeiten will, habe ich keine Partitur«. Dies bringt ihn auf die Geschäfts-Verhältnisse und daß die Juden doch dieses Betrügen da hineingebracht hätten. Er erwähnt es als merkwürdig, daß nun doch solche jüdische Opern wie die »Königin von Saba« und die »Makkabäer« sich hielten; ein großes Zeichen der Wandlung im Publikum. – Wie ich gegen 2 Uhr von einem langen Spaziergang mit Siegfried zurückkomme, übergibt mir R. die Abschrift des »Erinnerungsbildes«! Gern, sagt er, habe er sich damit beschäftigt. Bei Tisch spricht er von der Geschichte der Perser und beklagt es – wie eine Schuld –, unserem Freund es nicht mitgeteilt zu haben, wie er diese Arbeit schätze. Da Fidi vor dem Ende mit Hausburg nach Murano sich aufmacht, erzähle ich verschiede-

* Beigelegt ein Telegramm von Eduard Strauß aus Wien, s. Anm.

nes, was er über dieses neueste Geleit mir gesagt, zu R.'s großer Erheiterung. Gen Abend aber ärgert sich R. sehr über die Klavierstunde, indem er H. H.* Siegfried eine Melodie aus »Lucia« vorspielen hört. R. schreibt gleich an Fritzsch, um eine andre Sammlung Melodien zu verlangen als die Köhler'schen, deren Zusammensetzung, Aufeinander-Folge und Verbindungs-Glieder, durchaus mißfällt. Abends ist er über den Vorfall noch sehr erregt, auch über eine eigensinnige, dumme Antwort seitens Fidi (über Murano). – ›So empfindlich sei er jetzt‹, sagt er mir. Er zieht sich eine Weile zurück, dann kommt er zu mir, spielt die Melodien; wie ich bei Gelegenheit des Schlummerliedes aus der »Stummen« ihm sage: ›So etwas Lieblich-Natürliches stelle doch wohl Auber über Berlioz‹, erwidert R.: »Ich möchte es meinen. Berlioz hat so etwas gesucht, es ist aber bei ihm gekünstelt.« –– Er sagt mir, er habe an Wolzogen geschrieben und ihm empfohlen, wenn man nach dem Autor von dem Aufsatz früge, zu antworten, Wahnfried (Fuenteovejuna)! Auch habe er ihm empfohlen, die Blätter recht groß aufzufassen, frei von jeder Beschränkung. Dann sein Bedauern ausgesprochen, ihn so vereinsamt in Bayreuth zu wissen. (Beim Abendbrot war er noch einmal darauf zurückgekommen, wie er sich völlig schuldig empfände, nicht bei Lebzeiten Gobineau's seine Geschichte der Perser gelesen und zu ihm davon gesprochen zu haben.) Bis gegen halb zwölf plaudern wir zusammen und müssen darüber lachen, daß wir uns so miteinander unterhalten, als ob wir uns ganz neu wären! – Auch von dem Aufenthalt in Venedig, von dem schmerzlichen Nichtbewohnen Wahnfrieds spricht R. Noch wissen wir gar nicht, wie sich unser Leben gestalten wird! Es ist uns ein Jammer, unser schönes Haus so wenig zu bewohnen, und doch graut es R. förmlich davor des Klimas wegen und auch manches andren. Von seiner Gesundheit sagt er heute, er habe gut balanciert.

Dienstag 14ten R. hat gut geschlafen; der Wunsch und die Aufforderung, nach Bologna zu fahren, dabei die Unsicherheit wegen Ankunft meines Vaters, läßt uns in der Frühe einen Rückblick auf die Existenz des letzteren, auf sein Verhältnis zu uns [werfen]: es ist nicht befriedigend. Ganz anders die Betrachtung des Lebens unseres guten Freundes Gobineau! Mit vielem Interesse liest R. die Geschichte der Perser und teilt mir daraus eines mit, wovon er meint, daß es alles sage: daß die Perser früher alles heilig empfunden hätten, Wasser, Stein, alles, daß sie mit der Zeit nicht mehr selbst gearbeitet, aber die Unterjochten um so mehr verachtet hätten, weil sie für sie arbeiteten und das täten – wie z. B. Steine spalten –,

* Herrn Hausburg.

was sie selbst nicht tun mochten. Er geht aus, um Geld zu holen, findet aber die Luft nicht angenehm. Am Nachmittag hat er vielen Ärger wegen der Wein-Rechnung aus Bordeaux, die man ihm bringt, und eine gute Zeit des Abends wird durch die Konfusion eingenommen, welche entstanden ist. (Beim Mittagstisch hatten wir über die Venetianische Geschichte viel gesprochen, die ich mit den Kindern lese.) – Allmählich aber kommen wir auf andre Themen; ich teile einiges über meine Lektüre des »Macbeth« mit, z. B. die Gründe, welche die Mörder angeben, um zu solcher Tat bereit zu sein; R. sagt: »Ja, das hat man noch gar nicht beachtet, welche Generation das Elend ergibt; nun heißt es: Er ist ein Strolch, aber woher er es wurde, was die Verzweifelung erzeuge, das wird gar nicht untersucht.« –– Auch wird beim Abendbrot die Judenfrage wieder erörtert, die Besitzlosigkeit des Bauern, die Wucher-Freiheit; dann liest mir R. aus der Zeitung einen Schmerzensschrei wegen Transvaal und ruft aus: »Deshalb ⟨verwünsche⟩* ich Bismarck; alle diese wichtigsten Fragen hat er als pommerscher Junker behandelt.« – Und zur Musik geht es über! R. spielt einiges aus der A dur Sonate mit und wundert sich nur über die Nichtssagenheit des Canon (Trio zum Marsch), da der Marsch so herrlich gedrängt von Gedanken sei; wie ich ihn frage, woher denn plötzlich diese »Knaupelei« käme, »es ist ihm eben nichts eingefallen«, antwortet er lachend. Wie wir schön zur Ruhe uns begeben haben, beginnt er: »Der erste Satz von dieser A dur Sonate ist so recht ein Beispiel von dem, was ich unter unendlicher Melodie verstehe, das, was eigentlich Musik; der Wechsel – hier vier Takte schrum schrum, dann wieder vier Takte – ist höchst mißlich, darin aber ist Beethoven einzig.« Ich zitiere als Beispiel dieser Unendlichkeit Bach; »ja«, sagt R., »und da ist es um so merkwürdiger, als es eigentlich ohne Melodie geschieht. Ja man kann sagen, daß die Quadrat-Melodie dagegen ein Verfall gewesen ist. Und diese Wunder von dem armen Kerl mit der Perücke auf dem Clavicembalo, es ist unglaublich.« Er schließt scherzend: Luther hatte Tischgespräche, wir halten Bettgespräche.

Mittwoch 15ten R. war ein Mal und ziemlich lange auf, und meine Nacht war eine sehr aufgeregte. R. aber ist in der Frühe wohl; er spricht zuerst von Fidi's Profil, welches so schön würde, ich sage: ihm gleich, er meint nein, die Figur habe er von ihm. Beim Frühstück unterhält uns ein Aufsatz von H. Schäffer** mit Verherrlichung von Fr. R.-Kindermann; R. entschließt sich rasch, mir einen Brief an H. Schäffer zu diktieren. Vorher

* ⟨ ⟩ von fremder Hand unkenntlich gemacht, darüber »beklage« geschrieben. ** Beigelegt, s. Anm.

hatte er sich gefragt, wie es denn hätte dazu kommen können, daß die Juden bei uns solch eine Bedeutung hätten gewinnen können, da es doch manchen zähen und begabten Stamm gegeben! R. sagt sich: Durch das Alte Testament, dadurch, daß wir das akzeptiert haben. Gegen ein Uhr geht R. etwas aus, ist aber nicht zufrieden, da es stark regnet. Die Lektüre der Venetianischen Geschichte mit den Kindern bedingt unsere Gespräche. Aber die Nachricht von der nächsten Ankunft des Herzogs von Bordeaux regt einigermaßen auf, da es nicht möglich ist, daß nicht im Palast Veränderungen dadurch entstehen. Auch meines Vaters bevorstehende Ankunft und die Joukowsky's beschäftigen. Gegen 4 Uhr fahren wir aus, R., Fidi und ich; es erheitert R., durch die Arkaden zu wandern, auch die kleine Station bei Lavena unterhält ihn. Dort beschäftigt ihn ein schöner Kater, der unverwandt auf dem Süßigkeits-Comptoir sitzt, die Bewegung verfolgt, welche die Gas-Flamme an der Decke verursacht. Da sprach R. von den Ziegen, die er eben in der persischen Geschichte erwähnt gesehen; wie vollendet sei so ein Tier, »und nun daraus den Menschen zu machen! Es ist gleichsam ein Rückschritt, wie häßlich ist der Affe, bis man es zum Genie brachte!« Durch die kleinen Kanäle fahren wir heim, Fidi rudert und ruft, wobei Luigi souffliert, »wie Mephisto dem Astrologen«, sagt R.; wir müssen sehr darüber lachen, daß, wenn es gilt, Luigi immer selbst ruft. – Abends besprechen wir Gobineau's Lebenslauf, dann teilt mir R. einiges aus der Geschichte der Perser mit, u. a. das Geständnis des persischen Geschichtsschreibers, daß viele Lügen da wären und daß Gott allein das Wahre davon wissen könne. Noch später in seiner Stube höre ich R. beim Auskleiden darüber lachen, er öffnet die Türe und zitiert mir lachend die Worte: »Il y a beaucoup de mensonges.« –– Im Salon hatte er zu mir über den Charakter gesprochen und gesagt: Es sei töricht, ihn zu loben, denn entweder es sei nichts, oder man könne eben nicht anders handeln, als man handle. (»Z. B. wie ich kein Ballett für den Tannhäuser komponieren wollte: ich konnte nicht anders.«) Ich frage ihn, ob er keine Kämpfe bei einem edlen Menschen zugäbe; »ja, aber die Entscheidung ist vorbestimmt. Und die Handlungen sind alles«... Beim Abendbrot entsann er sich seines Traumes und erzählte ihn. Er habe einen merkwürdigen großen Hut aufgehabt, von welchem Quasten sehr störend herabgehangen seien, das habe er richten wollen, da habe ihn eine Riesen-Heuschrecke angesehen und völlig erschreckt. Neulich hatte er mich hereingerufen, um eine Heuschrecke anzusehen, die mit großen Augen seltsam genug hereinsah! Wie wir in der Gondel heimfuhren, gedachte er Walther von Stolzing's und sagte: Der hätte doch Gobineau freuen müssen, so durchaus Ritter, trotzig, bis Hans Sachs kommt und ihn mit Weisheit lenkt. Dann gedenkt er seiner Kindererinnerung, Prags vor allem und des von ihm geliebten »Tandelmarkts« – und der Reise zu Fuß.

Donnerstag 16ten R. hat gut geschlafen; beim Frühstück besprechen wir den projektierten Aufenthalt von Lusch in Berlin und entscheiden für die Negative. Wir geben uns Rendez-vous auf der Piazzetta und treffen uns Schlag 1, nachdem ich mit Fidichen das Schloß und die Bibliothek besehen. Das schöne Wetter stimmt R. günstig, auch hat er einen Brief an den König begonnen und ist damit zufrieden, wenn er auch gesteht, daß die Hyperbeln ihm in seinem Alter etwas schwer fielen. Sein Uhrglas ist zerbrochen, wir suchen einen Uhrmacher auf, gehen, während es eingesetzt wird, durch den Canal der Seufzer-Brücke in S. Marco ein, ein Entdeckungseingang, der zuerst durch seine Finsternis Fidi erschreckt. Wie immer überkommt uns ein Wohlgefühl bei dem Aufenthalt in dem Raum, und der Gedanke, daß er den Armen zugänglich, ist auch für R. ein erfreulicher. Fidi rudert uns heim. Am Tor des Palastes finden wir den früheren Commissionair R.'s, Zuski*, mit einem Türken, welcher orientalische Decken anbietet; und zwar ist dieser derselbe Mann, den R. abends vorher im Café unter den Arkaden wegen seiner ausgesprochen bedeutenden Physiognomie bemerkt hatte. Von Susky erzählt R. die drollige Geschichte, daß, wie R.'s Miete im Giustiniani fällig war, er kein Geld hatte, um sie zu zahlen, er Suski bat, es ihm gegen Zins zu verschaffen; dieser brachte es ihm bald und teilte ihm mit, er habe es von dem Wirt selbst genommen, welcher Geld gegen Zins verlieh! Das bringt uns unter Gelächter auf Giustiniani. Dann gibt er Lusch eine Postkarte** also zu beantworten: Man wette nicht, und die Verwässerung der Frithjofs-Sage durch Tegnér wird neben der Albernheit dieser Anfragen besprochen. Beim Kaffee (heute zum ersten Male nach mehreren Tagen wieder getrunken!) besieht er die Stoffe, allein der Byzantinismus gefällt ihm nicht, überhaupt nicht der Trödel. Er ruht aus am Nachmittag; müht sich mit der geographischen minuziösen Auseinandersetzung der P. Geschichte ab und kommt darauf zurück, wie unser Freund sein Gehirn übernommen habe, und zwar sei es gewiß bei ihm nicht »büffelnd« wie bei so einem trockenen Gelehrten, da er doch Dichter war, sondern in der Aufregung und in dem Drang zu beweisen, daß er kein Dilettant sei, und dann auch um die Racen genau zu verfolgen. Er hat heute keinen Krampf gehabt! Wir teilen uns abends unsre Briefe mit, er einen aus der Chiemsee-Gegend mit einer langen Kloster-Geschichte, ich von Jouk. und Liechtenstein; ersterer hatte ein Sonett von M.Angelo beigegeben, welches

* Vgl. Anm. zu Giustiniani. ** Beigelegt, s. Anm.

auch R. gefällt, »er hat einen Gedanken gehabt«, sagt er. Dann spielt er mir aus Lohengrin (3ter Akt) den Marsch und singt mir die letzte Erzählung; und wie ich das höre und ihn sehe, da überkommt mich bis zum Schrecken das Gefühl meines Glückes! Warum ich denn glücklich? Und in solcher Weise, in solchem Maße? Wie je wert dessen sein? ... Das stimmt zum Gebet, die Macht, die mir dies verlieh, rufe ich an und segne sie und segne jedes Leid, das mir ward und wird, eine geringste Gegengabe meinem herrlichen Geschick!... Wir sprechen über Lohengrin, über dessen Naivität, »dadurch, daß kein Zweifel daran ist, daß er fort muß, [kann]* er so naiv einfach sein«. Wir besprechen es, wie wenige dieses Gebot begreifen, überhaupt die Notwendigkeit anerkennen wollen; jetzt sprächen sie vom liebenden Weib, dem zuliebe er wohl sein Geheimnis verraten konnte und mit ihr bleiben, womöglich Kinder bekommen. Die Volkssage hat es nicht anders gewußt, als daß er fort muß! – (Wie wir heute aus der Markus-Kirche uns entfernten, sagte R., er möchte alle seine Werke in Bayreuth aufführen, dann Siegfried so weit haben, daß er die Sache leiten könne, also noch 10 Jahre leben, »denn mit 23 Jahren zeigt schon einer, was er ist«.)

Freitag 17ten R. war diese Nacht ein Mal auf, hatte aber eine gute Nacht. In der Frühe spricht er vom Männlichen und Weiblichen und gibt letzterem durchaus den Vorzug, »z. B. deine einleitenden Worte zum Erinnerungsbild, sie würden affektiert-sentimental seitens des Mannes klingen; der Mann muß sich immer so stellen, als empfände er nichts, muß die Wärme vermeiden, und da ist es nichts«. –– Gestern abend hatte er noch am Schluß über die Frauen – bei Gelegenheit einer Gedankenlosigkeit mehrerer Damen und der Courtoisie meines Vaters – gesprochen; der unmöglichen Situation [gedenkend], in welche sie geraten, welche sie arrogant macht; ich hebe es hervor, wie schön Goethe das demütig Dienende als einen Teil des Idealischen bis in der Ottilie dargestellt hat, und er gibt mir recht. Mit Lusch war ich nach dem Häschen sehen gegangen. Bei der Heimfahrt treffen wir R. auf dem Canal mit Evi, wir steigen zu ihm ein. Zuerst spricht er vom König, dem er soeben geschrieben, er erwähnt es, daß er nicht hübsch gegen Ponsch gehandelt, spricht seinen Unwillen gegen das Versailles-Wesen aus und schließt, »hier muß man das Schicksal verehren, wie Maria Stuart vor Elisabeth die Gottheit«. Wir steigen Piazza Manin aus und gehen zu Fuß heim; R. erzählt mir aus der Geschichte der Perser und sagt, wie merkwürdig das sei, daß dem Vater des berufenen Helden stets ein tragisches Los zufiele. Dann spricht er von

* [ ] statt »ist«.

Kultur und daß der augenblickliche Verfall darauf die Größe einer Sache bezeichne, wie rasch sei es mit der griechischen Tragödie zu Ende gewesen, ja mit der spanischen (Calderon); wie bald Shakespeare vergessen, und wenn auch der Eindruck, den Shakespeare mache, z. B. auf ihn, jetzt bedeutsamer sei als damals auf das Publikum, so sei es doch nicht mehr Leben. »Aber mit dir komme ich immer vom Hundertsten ins Tausendste«, sagt er, nachdem er mir erklärte, sicher zu sein, daß es mit ihm auch so ergehen würde. – Er spricht dann von Wolz.* und sagt: »Wir werden Mühe haben, ihn in die erste Etage zu bringen«, eines Wortes des Bon Hofmann in Wien in Bezug auf Jauner sich zu meinem Staunen über sein Gedächtnis erinnernd! – Beim Mittagstisch erzählt Fidi das Stück, welches er gestern gesehen, wobei R. den Witz macht, Goldohne, so hätte man Max. den Kaiser nennen können, oder Gold-o-nie! Mit den Kindern geht er auf den Markus-Platz, kehrt heim und erzählt von einem Nordlicht, welches sie gesehen. Nachrichten über Lohengrin geben den Wunsch ein, nach Bologna zu fahren; daß wir den Vater erwarten, macht R. unwillig wie jedes Hindernis; er ergeht sich über das Wesen meines Vaters, ⟨wie er uns nicht angehöre, wie wir eine Nummer seien wie so viele.⟩** Daß er Frl. Ramann jetzt besucht, empört ihn. Um ihn zu beschwichtigen, stelle ich ihm vor, daß der Lohengrin in Bologna ihm gewiß Ermüdung und auch Ärger zuführen würde. Er gibt es zu und betrachtet die großen Seiten meines Vaters. Wir spielen Whist. Lusch kommt dazu; die gute Fürstin H. wird erwähnt, R. erinnert sich, daß sie ihn nicht in Trachenberg aufnahm, daß, wenn der König nicht gekommen wäre, er ganz verlassen dastand. Und, zu Bett, sagt er: »Zuerst kam dein Vater, dann der König, dann du – du machtest das Kraut fett, du hast beide vereinigt.« In der Frühe heute gingen wir die Gestalten des R. des Nibelungen durch vom Gesichtspunkt der Racen aus, die Götter, die weiß, die Zwerge, die Gelben (Mongolen), die Schwarzen die Äthiopier; Loge der métis. – (Gestern gedachte R. des Ausdruckes eines Volksmannes in Leipzig, welcher, seiner Mutter von der Cholera sprechend, sagte: Solche *Mauken* gäbe es immer.)

Sonnabend 18ten R. hat gut geschlafen. Mir träumte von unsrem Freunde Gobineau, daß er bei Gräfin La Tour dieser unsre Kinder vorzeigen ließ (Fidi noch ganz klein); dann zu mir sagte, wenn sein rechtes Bein steif würde, möchte ich dafür sorgen, daß er nicht weitergeschleppt, worauf ich zu ihm: Wir hätten niemanden so lieb wie ihn. Beim Frühstück ruft

* »Wolz.« von fremder Hand getilgt, darüber »X.« geschrieben. ** ⟨ ⟩ von fremder Hand mit Tinte unkenntlich gemacht.

R. aus: »Muse des Parnaß! wie töricht, wie gar nicht deutsch.« Ich meine, solche Kritik hätte man wohl nie gemacht, er sagt, doch: »Weißheimer, den die Tagesordnung aufstachelte«, wir kommen auf W., von da zu den vielen Beziehungen, in welchen man sich vergeudet hat, indem man dem Instinkt und dem natürlichen Gefühl, welche einem rieten, gleich abzustehen, nun die tausend Vorstellungen [entgegenhielt], die man sich mühsam erklärend schuf, um zum Guten alles zu wenden. – Ich weiß nicht, wie von da ab wir auf die Dialoge von Stein kommen und wie ich es bedauere, daß er Ludwig Sand nicht aufgenommen hat, sagt R., ich möchte es ihm schreiben und noch Bernh. v. W. bei Richelieu und Lessing und Fr. d. Gr. bei Tauentzien (Breslau) hinzufügen. – Ein heftiger Donnerschlag überrascht uns, er ist von Hagel gefolgt! R. beendet seinen Brief an den König und teilt mir daraus mit, er habe von der Nötigung gesprochen, nur Pars. noch zwei Jahre zu geben, um keine Kosten zu haben. – Den Kindern erzählt er einen Spaß: In den Armen er hält das sechzehnte Kind; falsch; das achtzehnte Kind. Ah, das ist eine neue Ausgabe. Wie das kleine Gedicht von A. Wagner: »Irren und Leiden«, von uns zitiert wird, scherzt R.: »Meine Mutter hielt ihn für einen schlechten Kerl.« Beim Kaffee kommt er auf vergangene Zeiten: »traumhaft-traurig«; München, wie ich jeden Tag gegen 12 Uhr ihn besuchte! Man habe kein Mitleid mit mir gehabt. Er kommt darauf zurück, daß wir 1858 uns hätten vereinigen sollen: »Du warst aber zu jung und ich zu betroffen.« »Die Gedankenblässe war den Entschließungen angekränkelt«, das Zitat bringt [uns] auf Shakesp., er sagt: Man sähe förmlich die grüne und rote Frucht des Entschlusses. Ich erzähle, wie die Scene zwischen Malcolm und Macduff, die ich nicht günstig in der Erinnerung hätte, mich erfreut hätte; R. mochte die kleine Komödie nicht sehr, doch gibt er mir zu, daß in diesem von der Sage ihm überlieferten Zug Shakesp. zeige, was er als dramatischer Künstler sei. Von Gobineau's Geschichte der Perser liest er mir einen Zug: »Il vaut mieux de méprendre que ne pas voir.« R. ist in Sorge um Boni, da sie lange nicht geschrieben hat. Am Nachmittag gehen wir nach dem Markus-Platz; nach der Merceria, die er Peking nennt. Er freut sich des Turmes, des Blickes auf S. Marco, der Pferde, das bringt uns auf die Einnahme von Konstantinopel. Dann kehren wir bei Lavena ein, mit dem R. sich sehr gern unterhält. Eine Sonnenfinsternis wird angezeigt. Abends lese ich meine Briefe vor von Rub. und Humperdinck; in ersterem bemerkt R. die außerordentliche Kultur; letzterer, der ihm sehr gefällt, macht ihn nachdenklich. Was Bayreuth sein könnte, wenn wir dort wären! Wie gern er dort wäre, wenn nicht das Klima nur, sondern die Stadt etwas mehr böte. Dann schließt er: »Ich sehe mich schon unter dem

Bogengang wandeln«, – »auch ohne Bogengang können wir es dort aushalten.« Ich hätte ein[en] Blick wie Ed. Devrient, sagt er darauf; da ich nichts antworte, vermeint er, mich gekränkt zu haben, und ist unablässig beim Whist wie in unserer Stube in freundlichsten Zärtlichkeiten! – Er nimmt »Siegfried« vor und sagt, er freue sich, daß einige doch bemerkten, daß Musik in dem ersten Akt sei.

*Sonntag 19ten** R. war ein Mal die Nacht auf; hat aber keine schlechte Nacht gehabt. Im Bett spricht er in der Früh von dem »begehrenden Nichts«, dem Willen, welcher gar nichts sei, wenn er nicht begehre, und von der Theorie des Eigentumes, die aller-ungerechtfertigtste, denn kaum den Gedanken könnte man sein eigen [nennen], da er so von außen behaftet sei. Dann kommt er auf den Aufsatz über Gob. und sagt, so etwas hätte nur eine Frau schreiben können, und wenn ein Mann das täte, so sei es das Weibliche in ihm, welches das hervorbrächte. Dann teilt er mir mit aus dem Kapitel von Gob. über die Geschichtsschreiber und findet es überaus geistvoll. Beim Frühstück gedenkt er der Judenfrage und erklärt sie sich ungefähr also, daß man den drohenden Sozialismus (Stoekker im Einvernehmen mit Bismarck) gegen die Juden gelenkt habe. – Um 10 Uhr meldet mein Vater seine Ankunft für abends an. Aufrichtige Freude R.'s. Gegen 1 Uhr – nachdem er Feustel in Voltz & Batz'schen Dingen geschrieben – gehen wir aus; er etwas mühsam, seinen Krampf fürchtend! Wir halten bei Giovanelli an, und die Besichtigung des Palastes erfreut ihn; vor allem hält er vor der Skizze des Zins-Groschens an, »da traf mich sein Blick«, sagt er und gedenkt des andren Bildes; würde gern solches haben, was bei ihm so selten. Dann mutet ihn der Ball-Saal an, er möchte gern in dieser Art etwas bauen. Von da gehen wir in die S. Apostoli, wo der Religions-Unterricht uns heitere Scenen darbietet. Wir kehren heim; R. hat seinen Krampf-Anfall, aber Gott sei Dank leicht. Am Nachmittag treffen wir auf dem Markus-Platz zusammen (bei Lavena, wo er mit einem Violin-Spieler Arrangements wegen Quartetten trifft; dieser frug ihn nach Dvořák und nach Brahms! . . .). Wir fahren heim, R. bleibt im Palast, während wir meinen Vater abholen, den er auf der Treppe von Vendramin empfängt. Er hatte durchaus Fackeln vorher anbrennen lassen [wollen], und in Ermangelung derselben ist viel Gas erleuchtet. Mein Vater ist etwas ermüdet, doch wohler, als wir befürchteten. Mit dem Gespräch aber, trotz aller Herzlichkeit beiderseits, will es nicht gar gut gehen.

* Irrtümlich »20ten«.

Montag 20ten R. hatte eine üble Nacht und einen sehr üblen Morgen, erst gegen Mittag kommt er dazu, mit mir ein klein wenig zu frühstücken. Den Tag über bleibt er für sich; liest Zeitungen und Geschichte der Perser; von ersteren sind zwei von meinem Vater gebrachte A. Zeitungen mit Besprechungen über »Kunst und Religion« seitens eines H. Köstlin, über welche er sich zu mir also ausläßt: Demnach kennen einen nur die, welche Partei für einen ergreifen, und Unparteilichkeit ist ein Unsinn; dieser Herr meint, ich sei Vegetarianer, das erkläre meine Schrift. Andrerseits sind einem die Leute, die einem alles nachreden, widerwärtig. Es müssen die sein, die sich überzeugt haben, daß man niemals aus einer Willens-Willkür etwas ausspricht, während bei denen allen der Wille immer spricht. Stein ist z. B. [einer], der sich von mir überzeugt hat. – Später abends, wie ich zu ihm komme, liest er mir aus dem Buche Gobineau's über die Chronologie vor, sich dieses Geistes freuend, aber es schadet ihm die Aufregung, sein Krampf kehrt zurück!...

Dienstag 21ten* R. war ein Mal auf, aber fühlt sich wohler. Von solchen Leuten wie dem H. Köstlin, A. A. Zeit., sagt er, sie kämen ihm vor wie eben aus dem Dorf gekommen und als ob die Väter in der Windmühle noch säßen. Leider hat R. einen großen Ärger um die Mittags-Zeit durch zu heftige Feuerung, Roheit des Bedienten, Einschüchterung der Kinder. Wir fahren in sehr schlechtem Wetter nach der Bade-Anstalt, dort ist es aber auch unwirtlich, und wir kehren um. Allmählich glückt es mir und der Zeit, seine Stimmung zu erheitern, und wie wir in Pal. Vendramin ankommen, schlägt er mir selbst vor, meinen Vater zu besuchen. Dort freut er sich des zweiten Fensters, welches eine so hübsche Aussicht auf den Canal gewährt. Unser Mittagessen geht etwas innerlich aufgeregt vor sich. Am Nachmittag mache ich Besuche mit dem Vater, R., auf dem M.-Platz mit den Kindern, kehrt ärgerlich heim. Doch allmählich beruhigt er sich, ich treffe ihn in wohliger Stimmung an, die Geschichte der Perser lesend, von welcher er wünschte, daß sie verbreitet würde. Abends spielen wir Whist.

Mittwoch 22ten R. erzählt mir in der Frühe, daß er in der Nacht Pillen verwechselt, und von denen, von welchen er 1 nehmen mußte, 5 nahm! Dagegen nimmt er nun wieder Opium-Tropfen ein! Bei Tisch ist er jedoch nach einem Spaziergang, den wir zu zweit auf der Piazzetta machen, sehr heiter, seine Verteidigung Tesarini's und Charakteristik G. Schönaich's erregt die größte Heiterkeit, ebensowohl wie sein Verhältnis zu den Vereinen. Aber am Nachmittag steigert sich seine Aufregung immer mehr,

* Irrtümlich »Montag«.

und mit Bangen sehe ich dem Ende des Tages entgegen. Doch auch dieser geht zu Ende und läßt ein[en] Morgen hoffen, der minder sorglich sei!

Donnerstag 23ten R. hatte eine erträgliche Nacht. Die Auffassung Gob.'s, daß die Geschichte des öfteren von Métisen geschrieben worden sei, welche keinen Helden aufkommen ließen, sondern ihm immer einen Ratgeber zugesellt hätten, welcher alles getan, diese Auffassung gefällt ihm. Aber ein Aufsatz im Deutschen Tagblatt von Dr. Herrig über Gust. Ad., die Verkennung der Bedeutung des großen Königs für Deutschland aus preußischem Patriotismus, die Ansicht, daß Wallenstein der deutsche Held gewesen wäre, das empört ihn, und er nimmt sich vor, an Dr. H. einen öffentlichen Brief zu schreiben. Auch sagt er, daß, wenn irgend noch etwas auf Verbreitung ankäme, er sehr gern die Werke Gob.'s übersetzt sähe. – Gegen halb eins fahren wir aus bei herrlichstem Sonnenstrahl, erblicken die Kinder auf einer Brücke bei S. Mosè, dirigieren sie nach der Piazzetta und gehen da vergnüglich mit ihnen auf und ab. Der übrige Tag gehört dem Hause, R. besucht meinen Vater drüben, und der Verkehr scheint eher erleichtert als erschwert. In seiner Stube nimmt R. durch den Tapezierer die Spielereien vor, die ihn zerstreuen, und ist daher meist in den Vorderstuben, lesend, den Kindern lauschend, ja etwas Klavier spielend aus der neuen Sammlung von Arien. Bei dieser Gelegenheit ist er wahrhaft entsetzt über die it. Musik des 18ten Jahrhunderts, Corelli, Boccherini; und die Gegenüberstellung eines »Liedes ohne Worte« von Mendelssohn einem der Lieder aus: »An die Entfernte«, gibt die Veranlassung zur Schilderung, was eben Melodie sei, was Gefühl sei, gegenüber der »semitischen Aufgeregtheit«. –– Das »Ständchen« von Schubert erfreut uns innig; erfindungsvoll, ja dramatisch (in der Art etwa wie die Veränderung: »mit leichten Waffen bezwingt er die Welt«, in Lenz und Liebe aus der Walküre) findet R. dieses einzig schöne Lied komponiert. – Wie wir zusammen plaudern, von Fidi sprechen, seinen Studien, frägt sich R., ob er je fleißig gewesen? Er glaube es zuzeiten. Aber er glaube, nie eigentlich etwas angewendet zu haben, was er gelernt habe. Es sei ihm eben angekommen. Z. B. im Tristan der Matrosengesang, er sei ihm angekommen, nicht daß er je nachgedacht, so und so mußt du es machen, und das gäbe wohl seinen Sachen die Naivität und würde sie erhalten. – Ich lese ihm aus der Nouvelle Revue, die Malwida mir geschickt, eine Schilderung des Lebens eines russischen Gelehrten unter den Papous in Neu-Guinea. Es interessiert R. sehr. Darauf in der Erwartung von Vater und Tochter blikken wir durch das Fenster, helle Mondnacht, »wie Schwäne«, schwarze Schwäne, gleiten die Gondeln, und der Mond, ein tanzender Stern, schaukelt sich auf den Wellen. »Rheingold«, sagt R. Da vernehmen wir die

Stimme unsres alten Portiers, der in österreichischen Diensten gewesen, er singt das »Ständchen«! Da setzt sich R. an das Klavier und spielt es noch ein Mal. Dann aber öffnen wir Tristan, und er spielt aus dem 2ten Akt die liebeerregten Vorwürfe! Daniela kehrt heim, wir wünschen uns die gute Nacht. Als R. wie gewöhnlich seine Uhr vor dem Auskleiden abgibt, sagt er scherzend: »Natürlich so eine Métisen-Wirtschaft, das gefällt dir besser als ächtes Ariertum wie Siegfried.« Ich erwidre ihm, daß ich soeben darüber nachdachte, daß, wenn auch durchaus auch arisch, T. und Is. doch bestimmt sei, auch von allen verstanden zu werden, die Menschlichkeit der Russen von den Papous begriffen worden sei. »Ja«, sagt er, »in ihrer eigenen sensuellen Weise, nicht transzendent werden es die Métisen verstehen. Hier« – (in T. und I.) – »ist das, was Hafis ausspricht: sündigend ein Sünder sein, o wie elend wie gemein, lerne sündigend ein Heiliger, sündigend ein Gott zu sein, und was Faust auch ein Mal ausdrückt. Die Erlösung in dem sich Stürzen und von dem überschwemmen Lassen.« – Ich war heute mit einem Thema aus Tristan erwacht, und so endet der Tag; wie wir in der Gondel fuhren, gedachte er, wie leicht es sich fand, daß wir uns liebten, wie schwer aber unsere Vereinigung; und der Abend ist eine solche Fülle von Ausströmung, daß ich, auch wenn ich sonst nicht gewesen, nach solchem Abend sterben könnte mit der Empfindung, ganz und ewig gelebt zu haben! Während sonst aller Umgang wie einem Aushöhlen gleicht, sehe ich alles erfüllt – es drängt mich, ihm das zu sagen, aber was ist das Wort, dem Schweigen weihe ich meine Gedanken, daß es als Segen der Nacht sich über ihn senke!

Freitag 24ten Die Nacht war gut, und unsere Frühstücksstunde vergeht heiter unter Erzählungen vom gestrigen Abend seitens Lusch. Dann – da die Sonne nicht hervorbricht – schlägt R. vor, Pal. Giustiniani zu besuchen und den Kindern zu zeigen, was denn auch geschieht. Es bringt dies Erinnerung an die traurigen Jahre, »wie ich stand«. – Er frägt in der Gondel nach dem Tag und sagt: »Am 26ten geschah etwas Dummes, dann nachher etwas Seltsames.« Er erinnert sich, damals, wie er sich nur fristete, als ob er auf ein paar Jahre zu leben gehabt; »und nichts könnte ich mir sonst denken, was nicht zu einer gräßlichen Enttäuschung ausgeartet wäre«. – Am Nachmittag wandern wir zum Markus-Platz, welcher R. unterhält. Gegen 7 Uhr spielt uns mein Vater einiges vor, die E dur Sonate und das »Ständchen« von Schubert, letzteres so wundervoll, daß es R. die größte Freude gewährt. Abends spielen wir Whist, und R. bei einer Pause – er hat den Strohmann – setzt sich an das Klavier und spielt die Melodie aus den Porazzi; gleich nach den 2 ersten Takten horcht der Vater auf und sagt: Das ist schön, dies fällt R. so auf, daß er meint, ich hätte bereits dem

Vater sie mitgeteilt gehabt. Da wir es verneinen, freut er sich sehr und bewundert diese Lebhaftigkeit im Erfassen.

Sonnabend 25ten R. hatte eine gute Nacht und überdenkt sein Vorwort zu den Stein'schen Dialogen. Es ist etwas neblig, aber wir gehen doch aus, die Ecke der M. dell'Orto durchwandernd, und kommen heiter heim, wo bei Tisch R. seine Eindrücke von Weber, von »Leyer und Schwert«, »Freischütz« schildert. Dann kommt er mit vielem Gelächter auf die Geschichte des h. Moderato vom Vater zurück, er findet sie einzig! Am Nachmittag wandern wir auf den Markus-Platz. Wie ich mich freue, daß er viel lebhafter gehe, sagt er, er müsse seinen Unterleib wie H. IV. sei[nen]* selbst apostrophieren: vieux paresseux. Das bringt ihn auf die Verkennung der fr. Protestanten seitens Gobineau's. Abends besuchen uns die Herrn Passini und Ruben; R. ganz angenehm.

Sonntag 26ten Die Nacht etwas unruhig für R. Beim Frühstück aber ist er heiter, scherzt über, ich weiß nicht bei welcher Veranlassung, meine Vorliebe für Fr. v. Stein und Fr. v. Kalb, und wie ich, die erstere in Schutz nehmend, meine, es sei ihr nicht zu verdenken, wenn z. B. die Venezianischen Epigramme ihr nicht gefallen, so erwidert R.: »Goethe war ganz fertig mit einem Verhältnis, worin die Frau nichts gab und doch die Einzige sein wollte. Wie ruhig er alles beurteilte, wie er einsah, daß er den ganzen Reiz dieser Beziehung gegeben hatte, erkennt man aus dem Brief mit dem Kaffee.« Nach mancherlei Hin und Her wandern wir zum Markus-Platz, wo Passini uns erwartet, um uns die restaurierte Madonna dei Frari im Dogenpalast zu zeigen. Sie erfreut auch R., welcher von der Fahne sagt, sie gäbe dem Bild etwas Fanatisches; aber da uns anderes gezeigt, wird er ärgerlich und wirft mir scherzhaft zu Hause meine Vorliebe für die bildende Kunst vor. Bei Tisch teilt er mir Gob.'s Ansicht über Cyrus' Bedeutung und Ende mit; sagt, Gob. interessiere ihn bei der Geschichte noch mehr wie die Perser. Abends spielt er Whist mit Vater und Loldi, während ich einen kleinen Violinspieler unterhalte, dem R., um ihn bei Lavena loszuwerden, gesagt: Er möchte abends kommen! Das ergibt manchen Scherz! – Ich weiß nicht, bei welcher Gelegenheit R. das Wort zitiert: Erst haben wir ihn reich gemacht, nun müssen wir ihn amüsieren. Er zeigt es mir im »Faust« in unsrer Stube und gibt mir recht, wie ich ihm sage: Es sei darin die Schopenhauer'sche Ansicht des Lebens ausgedrückt: »Entweder Not oder Langeweile.«

Montag 27ten R. hat gut geschlafen, war ein Mal nur auf. Beim Frühstück erzählt er mir den Traum von einem schönen Garten von Wesen-

* Rest des abgeteilten Wortes fehlt.

doncks, den er – immer denselben – bereits öfters im Schlafe gesehen, und zwar einen, den sie nach der Aufhörung des Verkehrs mit ihm sich angeeignet; diesmal habe die Frau uns eingeladen, ihn anzusehen. Er scherzt dann mit mir darüber, daß ich diese Frau sa poétique amie in einem Briefe an ihn nach Venedig genannt hätte, ich scherze wieder: Es sei doch das mindeste gewesen, da er sie mir als Heilige vorgestellt, welches letztere er aber nicht glauben will. Die Post bringt durch die Vermittelung von Dr. Muncker ein Anerbieten des Hauses Cotta! Dann auch ein[en] Voltz-Batz'schen Vorschlag!... Bei Tisch erzähle ich einiges von der Aufführung der Msinger in München, welcher die selige Kaiserin von Rußland beiwohnte. Dann wird von der Tombola gesprochen, und R. singt auf dem Worte das Scherzo der 9ten Tom-bolà! Dann erwähnt er den einen sentimentalen Zug in diesem Scherzo, das man nicht sentimental genug geben könne, wenn es nicht ganz unbemerkt in dem lebendigen Abschluß sich verlieren solle. Dieses »zart Leidenschaftliche« sei Beethoven ausschließlich eigen, entweder habe man »die Guitarre in [den] Arm genommen« oder man sei plump gewesen. Ferner davon sprechend, daß aber Beeth. nicht die Symph. etwa hergerichtet, damit andere nach ihm welche schrieben, sagt R.: »Er hat Möglichkeiten gezeigt.« – Am Nachmittag geht er trotz Nebel und Feuchtigkeit auf den Markus-Platz und nimmt Lose mit den Kindern, freut sich, wie er berichtet, des Lebens, namentlich der Kinder-Freude und Aufregung sehr; wie er es beim Abendbrot erzählt, fügt er für mich hinzu: »Da gedacht ich Brünnhilde dein.«... Leider bringt der Abend ihm vielen Ärger; mein Vater will Lusch – die im Bett – Gesellschaft leisten, das empört R. geradeswegs, und er bricht in Wut aus. Ich bleibe still für mich und dann auch mit ihm, so recht vom Grunde des Herzens traurig, daß ich ihm nicht die gewohnten Zärtlichkeiten erwidern kann, sondern mit der Versicherung, ich sei durchaus nicht böse, nur trübe ihm die gute Nacht wünsche.

Dienstag 28ten Die Nacht war für R. durch Gedanken an Voltz & Batz geplagt. Und beim Frühstück kommt er auf den gestrigen Abend zurück. Ich suche ihm zu erklären, daß mein Vater gewiß nebst dem, daß er Lusch Gesellschaft leisten wollte, nicht anders annahm, als daß es uns selbst recht sei, einen Abend unter uns zu sein. Allein dies bleibt R. unverständlich. Aber der kleine Hase*, den er darauf auf seinem Arbeits-Tische findet, macht ihm Spaß; eine strahlende Sonne scheint, und selbst das Diktat für Holtzendorff an »Voltz und Batz« mit mir wird zu einer freundlich-energischen Arbeit. Bei Tisch wird der gestrige Abend heiter erwähnt und

* Widmungsgedicht beigelegt, s. Anm.

dann über verschiedenes wie Dr. Wille u.s.w. geplaudert. Am Nachmittag geht R. mit den Kindern auf den Markus-Platz; beim Abendbrot bringt er das Häschen und zeigt's den Kindern. Vorher spielte mein Vater das F dur Quartett von Beeth. mit Lusch, gegen welches Werk R. seine Abneigung frei ausspricht (auch gegen das Scherzo); dann wird Whist gespielt. – Am späten Abend, wie wir allein sind, ergeht sich R. über die jüngsten Kompositionen meines Vaters, er muß sie durchaus sinnlos finden und drückt das eingehend und scharf aus. Ich bitte ihn, mit meinem Vater darüber zu sprechen, um ihn von den Irrwegen zurückzuführen; ich glaube aber nicht, daß R. dies tut. Unter schmerzlichen Eindrücken gehe ich zur Ruhe, und es verläßt mich der Gedanke an einen Brief, den R. dem Vater schreiben möchte, nicht, ich entwerfe ihn im Kopfe.

Mittwoch 29ten Eine schöne Sonne strahlt uns entgegen, und R., zum Frühstück kommend, zeigt mir das Häschen im Arm; bald darauf erhebt er sich und schreibt in mein Schwalben-Ricardo-Büchlein den Vers mit Dr. Luther ein!* Gegen 1 Uhr fahren wir nach der Piazzetta, das Wetter ist herrlich, wir erblicken Siegfried, und heiter und freundlich verbringen wir da ein Stündchen. Zu Hause aber hat R. seinen Brustkrampf, er kommt etwas später zu Tisch und ist ziemlich still dabei; zeigt aber dann den Kindern sein Häslein, wofür er eine Kette sich bestellt hat. Abends ist R. angegriffen –– erkältet –, Eva hat eine schöne Kopie unsres Diktates gemacht, er hat diese durchgesehen und an Freund Groß geschickt mit der Bitte, H. von Holtzendorff zu konsultieren. Das greift ihn auch an. Er telegraphiert Dr Neumann, nicht mit V. & Batz in Vertrag sich einzulassen. Beim Abendbrot erzählt er von der »Königin von Cypern« und Halévy mit gutem Gedenken der Art und Weise Halévy's. Dann verschwindet R. und kommt nur später zum Whist hinzu, um bald sich zu entfernen. Ich folge ihm nach. – (Eine Depesche Seidl's hatte er uns mitgeteilt, sie hatte ihn erheitert, er tritt herein zu unsrem Whist-Tisch, singend: Ihr Räuber, ihr Diebe etc.; daß mein Vater, zerstreut-ernst beim Spiel, nicht einstimmt und lacht, ärgert ihn.) – Er beginnt heute abermals und gar schroff in seiner Wahrhaftigkeit über den Vater zu sprechen; ⟨als »keimenden Wahnsinn« bezeichnet er die Arbeiten, er habe [etwa 12 Wörter unleserlich] den Mißklängen abzugewinnen unmöglich,⟩** und anhaltend setzt er mir das auseinander, ich schweige still, traurig, daß ich

* Dem Tagebuch beigelegt ein Zettel mit RWs Aufschrift: »Ich und der Doctor Luther sang jeder ein Häschen klein.« ** ⟨ ⟩ von fremder Hand mit Tinte unkenntlich gemacht, der Rest des Satzes außer einem »die« nicht einwandfrei zu entziffern.

nichts erwidern kann! (Auch bedrückt mich heute die von meinem Vater mir gegebene Nachricht von Hans' gesteigertem Leidenszustande.)*

Donnerstag 30ten R. hatte eine unruhige Nacht, die V.-und-Batz-Sache quält und beängstigt ihn – seit wie lange, Jahre nun! Er trägt mir aber gleich in der Frühe im Bette auf, ein hübsches Weihnachten für die Kinder zu besorgen. Dann meint er, mein Vater habe nicht gut ausgesehen gestern, *ich:* Er ist nicht wohl, er: Ob man nicht einen Arzt fragen solle. *Ich:* Er habe Brehm konsultiert und lebe nach der Verordnung, worauf R. sehr heftig mir das widerstreitet; wie ich ihm sage, ich sähe ihn nur Marsala mit Wasser trinken, wirft mir R. vor, ihm zu widersprechen; das entzündet bei mir großen Ärger, ich lege es heftig R. vor, wie es mein ganzes Bestreben sei, ihm nie in irgend etwas entgegen zu sein, worauf er heftig vom Bett aufspringt mit der Bemerkung: ich glaubte, ich sei die Tugend selbst. Kaum ist er fort, daß ich mir gar wehmütig sage, wie ich bei seinem Widerspruch meiner Mitteilung, mein Vater lebe nach der Verordnung des Arztes, hätte schweigen sollen; sein Wort über meine Meinung von mir schien mir zuerst eine gar schmerzliche, bittere Strafe, im nächsten Augenblick – wenn auch unter Tränen – nehme ich sie von ganzem Herzen hin; ist sie gerecht – als heilsame Strafe, ist sie aber ungerecht – (bewußt bin ich mir keiner guten Meinung von mir, denn nicht über einen hab ich je mich gefühlt) als Segen! Segen des Leidens, er walte! Verdient habe ich den Kummer durch meine Heftigkeit gewiß. – R. kommt zum Frühstück; ein schöner Brief des Königs ist angekommen, wir sprechen freundlich darüber. Bevor er geht, sagt er mir: Er habe unrecht, mir so frei über meinen Vater zu sprechen, er fühle es und bereue es. Gewiß ist dem nicht so; ich schweige aber, wie ich weiß, daß er es am liebsten hat, wenn er irgend etwas erklärt, und küsse ihn von ganzem freien Herzen; daß er ohne Herzlichkeit mir den Kuß erwidert, schmerzt mein gar stark innerlich erzitterndes Ich; aber dieses Ich liebe ich nicht, und ich weiß, daß der jetzige Tränenstrom der Heiterkeit weichen wird. (Wie ich dies unmittelbar im Affekt schreibe, leuchtet silber-golden die Sonne und lacht mir einen Augenblick zu – der Tag ist sonst grau.) R. geht, von Siegf. geführt, nach der Jesuitenkirche über die S. Apostoli. Vor dem Mittagessen liest er S. vor, was der König über ihn sagt. Bei Tisch teilt er seine neuesten Eindrücke von Goethe [mit], »ich habe in unserem dreifachen Exemplare« von »Faust« gelesen, das Ausklopfen des Pelzes; solche

* Zwei Seiten später unten nachgetragen: »29ten. Ich lese den Vortrag von Pr. Haeckel über Goethe, Darwin, Lamarck und rühmte ihn; R. aber macht uns auf den Unsinn aufmerksam, von Wirkung zu Ursache bis zur Monade zu gehen, also immer in der Vorstellung von Zeit, Raum und Kausalität befangen zu bleiben.«

Dinge seien mit nichts zu vergleichen, man könne sie nur Goethisch nennen; »mich freut die junge Schöpfung«, darüber lacht er von Herzen. Gestern waren es bei Gelegenheit von Voltz & Batz »die Lebensfratzen«, die ihm einfielen. Er ladet mich ein, trotz des grauen Wetters nach dem Markus-Platz zu fahren; in der Gondel sagte er mir, wie merkwürdig das Erlöschen des Stammes bei solchen Erscheinungen wie Cäsar, Alexander, Cyrus, Napoleon etc. sei; es wäre, als ob die Natur diese Exzesse nicht wolle. Wir wandern auf den Markus-Platz; gehen dann bis zum Rialto, R. immer erheitert: »Palermo das schönste Klima, Venedig die schönste Stadt.« – Abends schreibt er an Voltz; Eva kopiert (wie sie gestern sehr schön das Exposé abgeschrieben hat), ich sende es an Freund Groß. Leider läßt R. dieses Thema nicht los. Eine Depesche von Adolf* steigert die Unruhe. Einzig zerstreut Siegfried, welcher ein Stück schreibt: »Catilina«! Gestern erfreute er uns mit einer ersten Klavier-Produktion (Thema des Andante aus der A dur Symphonie). Auch daß der König Pars. in München sehen möchte, beunruhigt R.!...

Dezember

Freitag 1ten R. hat gut geschlafen; wir plaudern allerhand beim Frühstück, und R. ist in guter Stimmung. Leider aber verursacht ihm die mangelhafte Zusendung der Korrektur-Bogen vielen Ärger, er telegraphiert an Freund Wolzogen. Der Tag geht freundlich vor sich, trotz des schlechten Wetters; am Nachmittag fahren wir in der Gondel aus. R. gibt mich beim P. Malipiero ab und fährt dann mit den Kindern zum M.-Platz. Abends wird Whist gespielt und abwechselnd mit H. von Wolkoff gesprochen. Da dieser am Schluß des Abends Gambetta hervorhebt, wird R. sehr lebhaft und erklärt diesen für einen Hanswursten.

Sonnabend 2ten Wiederum schlechtes Wetter, Wind und Schnee. Doch hat R. gut geschlafen, und beim Frühstück unterhalten wir uns heiter von Fidi's »Catilina«, von seinem Hang zum Theater. Dann erzählt er mir von einem Aufsatz in der Zeitung, die Aufführung des ganzen »Faust« von Goethe in Paris betreffend; ein fr. Schauspieler wollte es versuchen, es sei aber nicht möglich gewesen. Er spricht von der Aufführung überhaupt und meint, sie sei unmöglich, den Mephisto erinnert er sich aber bedeutend in seiner Jugend von einem Schauspieler Pauli in Dresden

* Beigelegt ein Telegramm von Adolf v. Groß vom 30. 11. 1882 »Beabsichtige Sonntag reisen Montag München Grüße: Adolf« mit einer Aufschrift Wagners: »Dummer Kerl! RW.«

gesehen zu haben. Er meint, auch wenn man ihn lese, müßte man sich sorgfältigst jeder Deklamation enthalten und nur die Gedanken durch die Einfachheit des Vortrages wirken lassen. – Er beginnt seine Arbeit, ist etwas ärgerlich, durch mancherlei unterbrochen zu werden. Bei Tisch ist bei ihm auch ein Gemisch von Freundlichkeit und Unbehagen. Fidi erzählt das Stück »Hannibal«, welches er gestern gesehen. R. spricht dabei wieder seine Antipathie für die Römer aus, »die kein neues Prinzip in die Welt gebracht hätten«. (Gestern bei Tisch hatte er Fidi die Erstürmung einer Mauer seitens Alexander erzählt und das Zitat des Soldaten aus Aischylos: O König, wer tut, muß leiden, angeführt.) –– Wir gehen nicht aus, und heute ist es selbst in den Stuben etwas kalt. Wir haben aber dennoch einen freundlichen Abend, und der Whist-Tisch gestaltet sich recht heiter (R., Loldi, Vater und ich). – (Vor dem Abendbrot hatte R. eine kleine Komposition von meinem Vater vorgenommen aus dem »Weihn.-Baum«, und wie ich ihn bitte, ihm selbst seine Bemerkung darüber zu machen, sagt er: Das würde grausam sein.)

Sonntag 3ten R. hatte eine unruhige Nacht und fühlt sich erkältet.* ⟨(Im Bett sprach noch R. von der Welt-Monotonie und wie der Wechsel nur dadurch entstünde, daß man werde und vergehe, es ein entsetzlicher Gedanke wäre, immerfort zu leben! Er knüpft diese Betrachtung an Fidi's ›Catilina‹ an, welcher ihn an seine dramatische Arbeit erinnere.)⟩ **Dazu kommt leider beim Frühstück ein Brief des Dr. Strecker's, welcher, wie es scheint, den Standpunkt der Affaire Lucca gar nicht verstanden hat. Ich erwidre wohl Dr. Strecker, aber R. ist doch geärgert, beschäftigt sich damit und faßt sein Verhältnis zu den Menschen dahin zusammen, daß die ihm gut Seienden keine Energie hätten und nur die Bösen energisch werden. Wir versuchen eine Spazierfahrt, da das Wetter schön ist, aber es ist ihm zu kalt, und wir kehren bald um. Er klagt über die verschiedene Temperatur der Räume und wünscht, für sich zu speisen. Gegen fünf Uhr legt er sich zu Bett, steht dann wieder auf und liest mit Interesse in dem russischen Roman von Tolstoi »La guerre et la paix«, den ich ihm empfohlen, weiter fort, von wo ich selbst geblieben. Die Gedanken über Kriegskunst gefallen ihm, er sagt: Er auch anerkenne das Kriegsgenie nur als Schullehrer, wie z. B. Moltke. Denn solche Taten wie die Belagerung von Metz, von denen könne man nicht sagen, sie seien das Resultat des Kriegsgenies, sondern der Schulung von Charakter und Intelligenz der

* Zeichen im Text, Einfügung ⟨ ⟩ am Ende der Tageseintragung, durch Zeichen herangezogen. ** Auf der nächsten Seite unten nachgetragen: »In der Frühe hat er mir in der Zeitung ein Zitat von Machiavell zu Ehren der Deutschen gezeigt und ihrer Religiosität. – R., an die Juden erinnert, sagt: Jetzt sind wir alle Eidgenossen!«

Offiziere und Soldaten. – Abwechselnd, wenn ich ihn besuche, empfindet er Behagen oder äußerste Gereiztheit, welche letztere ihn zum Ausdruck des Hasses des Lebens bringt.

Montag 4ten Wir besprechen beim Frühstück die gestrige Probe der »Geschwister«, und ich teile ihm die Äußerung meines Vaters mit, welcher vermeint, kein[en] Sinn für das Drama zu haben, und sich selbst in Shakespeare an die Gedanken einzig hält. R. meint, und ich mit ihm, es sei dies der Einfluß der französischen Erziehung, und weiter fährt R. fort, er habe vorhin an die F dur Symphonie gedacht; man könne nicht sagen, daß so ein Werk das Herz eigentlich ergriffe, was wäre es, was einen darin so erfüllte, diese Freudigkeit wie das Spielen des Brahma mit sich. Das sei etwas ganz eigentümlich Deutsches. Nicht könne man etwa lächeln bei diesem freudigen mit sich Spielen, es sei durchaus nicht ironischer Art (wie z. B. der Humor des Cervantes), sondern ganz positiv. Und dieser selbe Geist wehe im »Faust«. – Darauf sagt R., er möchte es doch noch einmal mit Ariost versuchen, da so viele bedeutende Geister wie Schop., Goethe, Gob. ihn hochschätzten. – Lusch kommt zu uns, wird belobt für ihr gestriges Spiel, R. bietet sich scherzend an zum Fabrice, von dem er sagt, es sei ein zweiter Brackenburg, »nach dem Tod von Klärchen hat er es wieder versucht«. – Bei Tisch ist das Gespräch ganz heiter; R. liest in dem russischen Roman mit Interesse weiter und teilt einiges daraus mit, u. a. wie Napoleon in seiner Naivität die Bojaren in Moskau zu empfangen wünschte!... R. bleibt heute zu Hause. Abends spielt uns mein Vater aus dem Wohltemperierten Klavier drei Präludien vor, unter andren »Der Magister«, oder »Der Magister als Jupiter tonans«, wie R. sagt. Darauf den ersten Satz von Weber's A dur Sonate; R. sagt, man erkenne wohl darin die liebenswürdige Natur, aber es sei Musik für andre, nicht die man für sich mache, wie die Beeth.-Sonaten, und die Reminiszenzen aus »Preciosa« und »Euryanthe« erinnerten immer daran, daß Weber's Feld das Theater war. Auch empfände man eine gewisse Oberflächlichkeit. Es reihte sich nicht an Beeth., sondern an Hummel und Kalkbrenner an. – Dann spielen wir Whist, wobei R. ärgerliche Empfindungen über seine auffallend schlechten Karten durchzumachen hat!

Dienstag 5ten R. hatte keine ganz gute Nacht, und das trübe Wetter lastet auf ihm. Er denkt an Fortgang von hier, spricht von Spanien. Er geht heute nicht aus und liest in dem Roman von Tolstoi mit Interesse –. Das Zusammenleben mit meinem Vater wird leichter, und heute abend z. B. ist unsere Whist-Partie eine ganz heitere. Jüdische Anekdoten werden von R. erzählt, und wie R. manchen Wort-Witz macht (Hadu-brand! für atout u. a.), sagt mein Vater, daß die Lagunen seinen Witz noch stärkten.

R. ärgert sich darüber, daß in den B. Blätt. sein Ächt mit Echt korrigiert würde, Ältern würde er wie *E*ltern schreiben.* – Hermann, der Befreier von Siegfried, erregt seine gute Laune. –

Mittwoch 6ten R. hatte eine üble Nacht, klagt über große Schwere. Doch wie gewöhnlich kommt allmählich unser Gespräch beim Frühstück in ein gutes Geleise, wenn auch zuerst wir schwere Themata berühren wie das Verhältnis und Betragen von Hans, dann auch seine Persönlichkeit. Ich weiß nicht, wie dann R. auf seine Flucht zu meinem Vater (49), den Abschied von Minna kommt, er sagt, wie leid sie ihm da getan, bis sie sich dann das selbst verscherzt hätte durch ihre Härte. Weiter den Faden ausspinnend, sage ich ihm, daß ich eine Schadenfreude kennte, nämlich wenn die Leute mir unrecht getan hätten, da wäre stets mich ein heitres wie überlegenes, ja abergläubisches Gefühl überkommen, daß es Glück brächte. Und wie er weiter darauf kommt, Loge's: »Weibes [Wonne] und Wert« zu singen, weiß ich nicht, aber er knüpft daran die Bemerkung, wie wenig noch beachtet das, wie es ihm dünkte, doch »ziemlich geglückte« Rheingold sei. Schopenhauer schien es beachtet zu haben; ich drücke meinen Unwillen gegen den großen Philosophen aus, daß er den »Ring« so mißverstanden, R. sagt, er sei überzeugt, eine Begegnung hätte genügt, um ihn zu beschämen. Dann sagt er: »Solche Züge wie von Herrig, das Verständnis von Siegfried, die erfreuen mich und lassen mich über vieles hinwegsehen.« – Gegen 12 Uhr erscheinen unsere lieben Freunde Großens! Manches: der König möchte durchaus mit unsren Dekorationen Parsifal bei sich aufführen. Holtzendorff gibt gegen V. & B. guten Rat und Mut. Mir meldet Freund Gr., es hieß, Neumann habe falliert (wir verschweigen es R.). Wir geben uns Rendez-vous mit den Freunden am Nachmittag auf der Piazzetta; aber R. wird von Krampf befallen. Wir gehen zu Lavena, wo er sich bald erholt und heiter mit dem freundlichen Mann über Venus, Sonnenfinsternis etc. scherzt! Abends bespricht R. mit Freund Groß die Preise der Plätze, Ankündigungen der Aufführung u.s.w.

Donnerstag 7ten R. hat den Ärger, wiederum den Himmel ganz trübe zu sehen, was ihm wiederum bitteres Klagen entlockt, ohne jedoch es zu verhindern, daß er witzige Bemerkungen beim Frühstück mache; u. a. über den Wittgenstand meines Vaters (für Witwenstand). Er singt eine Phrase der Amazily und sagt, Spontini sei doch der erste gewesen, der ge-

* Beigelegt eine Postkarte von Wolzogen vom 8. 12. 1882 »Aus der philologischen Fakultät zum oben erwähnten Thema ›Echt‹ oder ›Ächt‹«, Wolzogen verteidigt »Ältern« und »Echt«; dazu eine Randbemerkung Cosimas: »R. hatte gegen *e*cht mit e protestiert und geschrieben, vermutlich auch *E*ltern!«

wisse Akzente und Linien gehabt, bei Mozart gäbe es Anklänge davon, ⟨aber es sei etwas läppisch.⟩* Wir sprechen dann von den Sängerinnen Materna und Malten; er rühmt die freie Emission des Tones bei der ersteren, die Kindlichkeit, die freilich einem nicht viel sage, während die Malten ein dunkles, tragischer Akzente fähiges Timbre habe. – Die Sonne bricht hervor, R. geht um die Mittagszeit spazieren und kehrt heiterbefriedigt von dem Ausgang in der »einzigen Stadt« [zurück]. Mittagessen mit den Freunden Groß. Gegen 6 Uhr, nachdem sie sich auf dem Markus-Platz getroffen, bespricht R. [mit]** Freund Adolf die Aufführungen, das Verhältnis zum König, welcher doch in München die Aufführung haben mag; R. ist zuerst heftig dagegen, dann nimmt er meinen Vorschlag an, dem König Dekorationen und Kostüme im Herbst statt Frühjahr anzubieten, da daran gearbeitet wird und im Frühjahr probiert werden muß. Wie nun das Gespräch auf Holtzendorff, Batz und Voltz kommt und es sich herausstellt, daß viele Skripturen noch und Zeit notwendig sein wird, gerät R. in große Aufregung und entfernt sich. Wir nehmen das Abendbrot ohne ihn ein (Vater und Kinder bei Fürst. Hatzfeldt). Er kommt aber dann, und ein freundliches Gespräch entspinnt sich denn doch.

Freitag 8ten R. hatte eine üble Nacht, und unsere Frühstunde will sich nicht so freundlich gestalten; die Klage über das Leben nimmt überhand, ja selbst der Gedanke an die Kinder erheitert R. nicht, ihre Lustigkeit erscheint ihm wie eine Trivialität. Das Wetter ist ungünstig, R. geht nicht aus, mit Freund Groß bespricht er das Verhältnis der Aufführungen u.s.w. Gegen 8 Uhr kommt Freund Jouk. an, von R. heiter schlecht empfangen, der ihm sagt, er müsse ihn schon so aufnehmen, wenn er nicht als der größte Heuchler gelten wolle. – Durch seinen Ärger [hin]durch bricht immer wieder sein Humor durch, er zeigt seinen Hasen und singt: »Stiefel muß sterben, ist noch so jung!«

Sonnabend 9ten Sehr übel ist der heutige Morgen; daß Feustel den Kontrakt verloren und dann von dem wiedergewonnenen keine Abschrift genommen, regt R. so auf, daß ich in die äußerste Sorge gerate. R. telegraphiert an den Advokaten. Gegen Mittag aber schlägt er mir vor, auszufahren, und ist heiter, das Lied von Stiefel deutet er sich auf einen jungen Rekruten, der Sehnsucht plötzlich nach der Mutter empfindet und desertiert, nun gehängt wird, und zwar von Rechts wegen, er sagt, man schämt sich, mit diesen Räubern zu tun zu haben, welche die Welt organisieren. Wir wandern auf den Markus-Platz, was ihn immer sehr erheitert; der Regen aber verdrießt ihn, auch namentlich, daß unsere Freunde Groß

* ⟨ ⟩ von fremder Hand mit Tinte unkenntlich gemacht. ** [ ] statt »und«.

die Stadt so wenig in ihrer Schönheit sehen. Der Mittags-Tisch ist etwas durch die neue Bestellung der Plätze aufgeregt. Und am Nachmittag kommt die Antwort des Adv., Batz verweigere den Kontrakt, was jede Basis zum gerichtlichen Vorwärtsgehen uns entzieht!... R. ganz außer sich! Sagt auch, er könne wegen dieser Angelegenheiten nicht zu irgendeiner Arbeit kommen. (Auf dem M.-Platz erzählt er mir: Er habe H. Wolk. bitten lassen, für mich den Gedanken auszuführen, den ich gehabt, R. unter dem einen S.-M.-Portal, dieser habe es verweigert.) Aber zu meiner Verwunderung faßt er sich freundlich für den Abend, teilweise spielt er Whist mit dem Vater, teilweise spricht er mit Jouk., Marie Gr. und mir, vornehmlich über den Roman von Tolstoi, worin er besonders den alten Kutusow rühmt.

Sonntag 10ten Zu meiner verwunderten Freude hat R. gut geschlafen, und unser Frühstück ist heiter, trotz der Nachrichten von Überschwemmungen. Stiefel muß sterben kommt öfters daran, und wie wir Freund Groß durch's Fenster den Ruf des Siegfried pfeifen hören, gerät er in sehr gute Stimmung und geht mit diesem ein wenig spazieren, wobei ihn sein Brustkrampf aber wieder befällt! Bei Tisch wird allerhand geplaudert, und nachmittags werden die letzten Dinge in Bezug auf die Aufführungen protokolliert, auch die Angelegenheit Glasenapp besprochen. Beim Abendbrot regt sich R. durch das verurteilende Besprechen der fr. Akademie zu meinem Vater [auf], welcher, wie R. meint, eine hohe Meinung von derselben habe. Abends sind wir bei F. Hatzf., wo Lusch Marianne in den »Geschwistern« spielt. Das Stück selbst rührt R. wieder zu Tränen, von Lulu's Darstellung meint er, sie hätte naiver sein sollen. Das übrige der Soirée aber, Vorstellungen u.s.w., ist R. mehr denn je unerträglich, wenn er auch sehr geduldige Miene dazu macht. Die Gegenwart der guten Großens hilft ihm dazu; wir nehmen Abschied von einander, und R. erlaubt es mir, Marie den Fächer zu geben, den ich von ihm habe.

Montag 11ten R. hat eine gute Nacht gehabt; wir besprechen die gestrige Gesellschaft, und wie R. den Maler Passini mit einem Schwarzwälder Uhr-Gehäuse vergleicht, muß ich so lachen, daß ich es den Kindern gleich mitteile. Auch seine verschiedenen Antworten, wie sich z. B. ein Maler vorstellt: »Nun, Maler gibt es genug hier«, dann der österreichische Consul: »Wenn ich große Geschäfte habe, werde ich mich an Sie wenden«, erregen unsere Heiterkeit, mir zeigen sie das Behagen*, in welchem er sich befindet, wenn er jetzt mit Menschen zusammenkommt. Beim Mittags-Tisch drückt er auch in so komischer Weise sein Behagen an dem

* Kein Lesefehler, auch wenn die Bemerkung überrascht.

jungen Consuls-Sohn aus, der den Fabrice so nüchtern gegeben hat, daß wir recht sehr lachen müssen. – Vor Tisch waren wir, R. und ich, etwas ausgefahren nach dem Platz, die Merceria zu Fuß bis zum Rialto, immer mit Vergnügen trotz Wetter! –– Am Nachmittag empfängt R. Grafen Contin, Gründer und Präsident des Konservatoriums, R. bezeichnet das richtige Tempo als das α und ω dessen, was man zu lehren habe. (Mein Vater ist sehr, sehr leidend, muß sich zu Bett legen!) – Abends zeigt mir R. in der I. Zeitung die Abbildung Frl. Brandt als Lea in den »Makkabäern«; R. sagt, daß ein Publikum sich so etwas Scheußliches gefallen ließ wie dieses jüdische Wesen auf der Bühne! – Wir spielen Whist, und am Schluß des Abends [liest]* mir R. im Roman von Tolstoi die Episode des unschuldig Verurteilten und die des armen heulenden Hundes, wenn sein Herr, der Soldat, erschossen wird!

Dienstag 12ten R. hat gut geschlafen; beim Frühstück (wohl bei Gelegenheit der Goethe-Maske, welche Gräfin L. T.** im Namen unseres Freundes ihm zugeschickt) kommt er auf das Gedicht unsres Freundes, »Amadis«, zu sprechen und sagt: Er wundre sich, daß Gob. gerade die Zaubrer-Geschichten und derlei verwendet hätte, da sie entschieden der Provence und ihrer »Mohren-Bevölkerung« angehört hätten, welche nichtssagende bunte Bildungen die ächten Züge der nordischen Sage überwuchert hätten. Von der Geschichte der Perser dagegen sagt R., sie hätte müssen die Historiographie ganz umändern, und er erinnert sich dabei, daß Freund Sulzer ihm früher in Bezug auf Griechen und Perser (vorzüglich auf Alexander sich beziehend) seine Meinung ausgesprochen hätte, welche auf Kenntnis des G.'schen Buches schließen ließ. Bei Tisch kommt das Gespräch auf verschiedene Freunde von uns: R. sagt, es gibt schlechte und gute Menschen, für jeden kommt die Stunde der Entscheidung, ob er um seiner selbst willen den andren fähig ist zu opfern oder nicht. Wie diese Theorie etwas hart befunden wird, namentlich in Bezug auf den einen Freund, sagt R.: »Es gibt gewisse schwächlich-gute Anlagen, die höchstens in schlechte Musik auslaufen.« –– Vor Tisch hatte R. das Konservatorium und seinen Präsidenten besucht. Meinem Vater, der etwas wohler, doch sehr angegriffen ist, gibt R. manchen Ratschlag, auch wünscht er, er bliebe ganz bei uns. Am Nachmittag fährt er mit Fidi aus, geht zum Markus-Platz, kommt heiter zurück. Er verordnet Evchen, welche erkältet sich zu Bett legen mußte, ein Chinin-Pulver. Dr. Keppler, von uns berufen, kommt abends, beunruhigt mich durch die Meldung, man könne noch nicht wissen, ob nicht ein Infektions-Fieber sich daraus ent-

* [ ] für irrtümlich »läßt«. ** La Tour im Namen Gobineaus.

wickle. – Wir spielen Whist, und dann plaudern wir ein wenig, wobei R. leider immer wieder auf die Erfahrung Voltz-Batz-Feustel kommt. Er erzählte bei Tisch abends von einem Brief an H. v. Holtzendorff und daß er gar keine Briefe mehr schreiben könne, er verschriebe sich stets. Vor dem Whist kamen die Sänger, und R. sagte (der sie nicht sehr gern mehr mag): »Andrerseits gehören doch sie zu Venedig.« – Die Maske von Goethe findet er römisch.*

Mittwoch 13ter R. hatte eine unruhige Nacht, und er erzählt uns bei Tisch, daß seine ängstlichen Träume ihm Voltz und Batz vorgeführt, aber auch Eva mit einem Glase Milch (Verordnung des Arztes). Er nimmt ein und hält sich infolgedessen am Vormittag zu Hause. Bei Tisch ist er wohl aufgelegt, wenn auch nicht sehr gesprächig. Er klagt darüber, daß er gar nicht zur Arbeit komme. Aber das Buch von Gobineau fesselt ihn immer mehr, er sagt, es sei förmlich unheimlich, wie überall zu Hause dieser Mann gewesen sei, z. B. auch im Alten Testament. Wie ich ihm sage, ich hätte in der ersten Frühe einen Gesang von Luther gelesen, und ihm den energischen Ausdruck: »wo der Tod den Tod fraß« [zitiere], sagt er: Das könne man von der Kaiserin Augusta nicht verlangen, daß ihr so etwas gefiele, und der ihn sehr ergötzende Witz eines Caporals der Fl. Blätter: »Lieutenant Soundso, Sie wollen ein gebildeter Mensch sein und können über keine Palisade springen«, wendet er also an: »Der Kaiser würde ihm sagen: Sie wollen ein gebildeter Mensch sein und können kein Chassepot von einem Zündnadelgewehr erkennen!« – Es ist heute der Zahltag, und unsere Ausgaben sind immer sehr, sehr hoch, doch will R. nichts von Ökonomie wissen!... Wir sprechen auch von den Schauspielern bei Gelegenheit der Grazie des alten Lang, und R. sagt, daß, wenn sie nicht feine, biegsame Gelenke hätten, sie auch nie die richtige Stimme und die richtigen Gesten hätten, es gehöre durchaus dazu.** Am Nachmittag gehen wir zum M.-Platz und dann die Merceria hinunter zum Rialto. R. in guter Stimmung. Beim Abendbrot wird das Kostüm der Kundry besprochen, seitens R. mit einigem Ärgernis wegen der unnützen Ausgaben, welche stattgefunden. Abends Whist; dazu Dr. Keppler, für R. dadurch ein Ärger, daß mein Vater mit seinen Partnern beim Spieltisch bleibt, während

* Zeichen im Text, auf der übernächsten Seite (irrtümlich »13ten« datiert) unter Donnerstag nachgetragen: »*Zu Dienstag 12ten.* In den Gedichten von M.Angelo, die Jouk. mitgebracht, blättert R., und mit Bedeutung gibt er mir das eine Sonett zu lesen: ›Den Sklaven, den sein strenger Herr gefangen‹ ---.« ** Zeichen im Text, dazu unten und die letzten beiden Worte auf der nächsten Seite unten: »*zu Mittwoch.* R. spricht seine Aversion dagegen aus, daß Frauen Männerrollen geben; nur ein Mal sei dies geglückt beim Romeo der Schröder-Devrient, da erlaubte es ein ungemein/intimes Spiel.«

wir den etwas dickfelligen Dr. zu unterhalten [haben]*. Das ergibt viel Scherz aber darauf.

*Donnerstag 14ten*** R. hat gut geschlafen, und so ergeht sich bald unser Gespräch über die verschiedensten Themen. Er sagt unter andrem, daß er nie wieder ein Wort über Religion sagen würde, etwa seinen Gedanken über das Blut Christi zu erklären; das seien Dinge, die gingen einem ein Mal auf, nun verstehe sie wer könne, auseinandersetzen könne man das nicht. – Plötzlich lächelt er für sich, ich frage nach der Ursache, er meint, es nicht sagen zu sollen, dann aber spricht er von dem kleinen Vorschlag, den mein Vater zuweilen, um die Melodie expressiver zu machen, in demselben Ton einer Note gibt; es habe ihn an das fehlerhafte Singen gewisser Sänger erinnert. Dann tadelt er an dem gestrigen Spiel vom Menuett aus »Don Juan« und von der Barcarole die mangelnde Einfachheit. Ich erzähle ihm, daß mein Vater sich günstig über die »Stumme« ausgesprochen, nur das »amour sacré de la Patrie« nicht möge; worauf R. sagt: ›Das ist unrecht, dann muß er auch eine ganze Literatur verdammen, aus welcher das nicht das Schlechteste sei. Rossini habe das genügend benutzt, und man müsse das Duett im ganzen nehmen, nicht diese einzelne Stelle nur.‹ Dann sprechen wir weiter von Vortrag, wie Duprez im ersten Akt der »Jüdin« am Schluß Eleazar's und Rebecca's Rufe, anstatt im Tempo sie zu singen, dem Publikum breit pathetisch zugeschrien habe. R. habe Halévy gesehen in den Kulissen, wie er das selbst angeordnet habe; und auf die Bemerkungen, die ihm R. darüber gemacht, erwiderte er: »Die Sänger wollen es so, und es macht Effekt.« – Wieder auf die »Stumme« kommend und des Buches von Th. Gautier »L'Italie« gedenkend, darin er gern auf meine Empfehlung die Beschreibung von S. Marco gelesen, sagt er: »Italien hat die Franzosen gut inspiriert, sie fanden da erfüllt das, wonach sie vergeblich suchten.« – Leider wird unser Mittagstisch etwas verspätet durch meinen Vater, R. sehr ärgerlich darüber, weil er versprochen hat, in das Lyceo mit meinem Vater zu gehen. Beim Abendbrot teilt er mit, daß er seine Krämpfe dort gehabt; wie er aber meldet, er müsse morgen wieder hin, sie hätten keinen Dirigenten, auf mein leises Staunen hierüber, bricht es bei ihm heraus, daß er zu meinem Geburtstag mir seine Symphonie aufführen wolle!... Großes Gelächter von Loldi und Fidi (Eva zu Bett, Lusch mit G-papa bei Fürstin Hatzfeldt). Er erzählt mir alle Mühseligkeiten, die er mit den mangelnden Stimmen, mit Seidl's Ausbleiben für die Proben gehabt; nun telegraphierte er an Humperdinck in Paris, den er hofft, hier bei dieser Gelegen-

* [ ] statt »hat«. ** Irrtümlich »15ten«.

heit angestellt zu haben. Mich rührt es zum Schweigen!... Wie wir den Abend still für uns sind, spielt er aus Siegfried, ich lese ihm dann aus den Sonetten von M.Angelo, die ihm einen Eindruck machen. – Ein Brief von Luther über die Überschwemmung von Halle a/Saale* erfreut uns sehr durch seinen Humor und seine kräftige Heiterkeit. (Auf seine Anfrage bezüglich der Gelder erhält R. die Antwort von Dr Neumann: in einem Monate; was R. einen üblen Stand der Dinge ahnen läßt.) Angenehm wirkt dagegen die Meldung, daß eine Abschrift des Kontraktes vorhanden**; R. meint aber scherzend, ich begnügte mich leicht; ihm genüge es, so etwas erfahren zu haben, um sich nicht wieder zu erholen. – Wie er sich zur Ruhe begibt, sagt er: »Ach! wenn der Krampf nur schwände! Alles dieses ewige Scherzen ist Krampf, meine Gesichts-Muskeln sind immer im Krampf!« ---

Freitag 15ten Nachts lacht R. auf, denkt an Stiefel, dann träumt er von mir, daß ich einen Turm durchbrechen muß. Die Erzählung dieser Bilder ergibt das Gespräch; er stellt sich Lessing und Tauentzien vor, wie der arme entlaufene Stiefel eingefangen worden ist, Tauentzien den Standpunkt der »Zivilisation«, der Ordnung wahrend, Lessing den entsetzlichen Zustand schildernd, den dieser Fall bedinge. – Der Rekrut wird gehängt, die Kameraden singen ihm ein Lied; ich meine, Fr. d. Gr. müsse rettend eintreten, R. sagt nein. Und weitergehend sagt er: Seine Meinung von solchen Herrschern würde immer geringer, es wäre nicht weit von ihnen (Fr. d. Gr. z. B.) zu Napol., zu Tamerlan, zu [den] Hunnenkönigen. Und es wäre doch ein großer Unterschied zwischen der Erkenntnis, daß alles Leiden sei, und der Anwendung dieser Erkenntnis zu selbstischgrausamen Zwecken. R. geht ein wenig vor Tisch aus mit Fidi. Wir speisen früh, weil er zur Probe gehen will; die Offenkundigkeit der Überraschung ergibt die heitersten Tischgespräche. Meine Stimmung bleibt dadurch gedrückt, daß der Dr. mit Eva's Zustand nicht zufrieden ist, ohne genau anzugeben, was es eigentlich sei! -- Gegen 4 Uhr fährt R. in die Probe (der 1te Geiger Frontali erzählte gestern Lusch, daß die Musiker alle entzückt von R. seien). Er kommt recht befriedigt heim, es sei gut gegangen! Den Musikern habe er gesagt: ›Es sei ein altes Stück, vor 50 Jahren geschrieben, sie würden nichts Neues darin finden, wenn sie Neues haben wollten, müßten sie eine Symphonie von Beethoven oder Haydn nehmen.‹ -- Die Ausgabe der fr. Opern, von welcher mein Vater spricht, gibt R. Veranlassung, über die Vielschreiberei des 18ten Jahrhunderts zu sprechen und

* Ausschnitt aus dem Bayreuther Tagblatt mit abgedrucktem Brief beigelegt. ** Mitgeteilt in einem beigelegten Telegramm von Groß aus Bayreuth vom 14. 12. 1882.

die Torheit, das alles zu edieren. Dann eifert er gegen den Lorbeer und den Brauch*, ihn den Künstlern zu spenden; ich nehme vergebens das Symbol in Schutz und führe »das Reis« an und die Muse des Parnaß! – Wir spielen Whist, was R. einigermaßen verstimmt! –– Von seiner Symphonie zu mir sprechend, sagt R. mit Befriedigung: Sie sei gar nicht sentimental, eigentlich durchaus auf das Erhabene gerichtet.

Sonnabend 16ten Die Nacht war gut, R. ist heiter gestimmt, ich suche ihm Eva's Leiden möglichst unwichtig darzustellen. Beim Mittagstisch werden viele Geschichten von Cherubini und Spontini erzählt, u. a. wie ersterer zu Hiller bei Anhörung einer seiner Symphonien gesagt: On voit que vous n'avez rien de mieux a faire. Von Spontini sagt R., es sei ein Monument von Bosheit gewesen. Über Mozart sagte er gestern, man müsse ihn nur mit seinen Zeitgenossen vergleichen, um ihn wie mit einem Füllhorn von Einfällen zu sehen. Am Nachmittag wandern wir in den Saal der Kinder, R. und ich, er fährt dann in die Probe, die Kinder finden sich auch da ein und kehren entzückt heim, R. auch befriedigt und erregt: Er gedenkt der Aufführung vor 50 Jahren, mit nur einer Probe, die jetzige würde viel besser sein. Da ich nicht den Proben beiwohnen soll, ist es nur eine wehmütige Beruhigung, daß ich auch jetzt Eva's Stube nicht verlassen kann! ... Das Whist, das heute wieder gespielt wird, erregt R.'s ernsten Unwillen! Er klagt es, daß er meinem Vater, dieser ihm so fremd wäre! ... Noch lange Zeit in seiner Stube spricht er laut für sich darüber und bricht in Ausrufe aus! Ich komme zu ihm, und auch dieses Gespräch ist zwischen uns, so schmerzlich es mich trifft, ein friedenvolles! (Fidi schrieb heute ein[en] Choral, R. korrigierte es ihm in dem Rauch-Eckchen, wohin er sich begeben, wie er erstens sehr schlechte Karten bekommen und mein Vater ernstlichst spielte, ohne sich zerstreuen zu lassen. Bald folgte ich dann auch R. nach und ließ Loldi für mich eintreten.) – Wie R. von der Probe zurückgekommen war, ging ich zu ihm aus Eva's Stube und fand ihn bereits umgekleidet in »Faust« lesend; das Maskenspiel, welches ihm losgelöst sehr viele Freude macht, er zitiert mir daraus den Spruch des Geizes und die Antwort des alten Weibes; »sind unbequem genug«, macht ihn sehr lachen.

Sonntag 17ten R. hat etwas unruhig geschlafen, beim Frühstück kommt er wieder auf seine Eindrücke vom Whistspiel, wir erwähnen Gobineau's, der nie eine Karte berührte, kommen dann auf Semper, und R. gedenkt des Nicht-Erscheinens desselben in Tribschen nach seinem großen Briefe. Ich sage darauf, es sei wohl etwas Merkwürdiges mit dem Ver-

* Statt: »Gebrauch«.

zeihen; man sähe wohl die treulosen Menschen wieder, aber wie könnte man die gleiche Herzlichkeit mit ihnen haben. R. sagt: »Ja, Teilnahme an dem, was sie tun, sagen, an Mienen und Ausdruck, ist verloren.« – Bei Tisch erklärt mein Vater scherzhaft, er sei gedemütigt worden, man habe ihm gesagt, er sei für nichts Besseres da als für Whistspiel! Wie R. das vernimmt, empfindet er große Reue über das, was er gesagt, und in jedweder Art sucht er dies gutzumachen, gerade wie er gegen Jouk. hinreißend gütig ist, weil er tags vorher etwas schroff gegen ihn gewesen.* Zum Kaffee erzählt er dem Vater vieles aus den Fl. Blättern, was ihn sehr erheitert. Da der Dr. größte Ruhe für Eva gefordert hat, bleibe ich allein bei ihr; R. geht mit den Kindern aus, und diese erzählen mir, er sei heiterster Laune und Frische gewesen, sei schnell und rasch gegangen; er selbst empfindet es, und daß es ihm wohl tue, in seinem Metier zu sein (Dirigieren). Beim Abendbrot wiederholt er die Erklärung, die er bereits beim Mittagstisch gegeben: Er freue sich auf ein glorreiches Whist; er sei gestern aufgeregt von der Probe gewesen, die schlechten Karten dazu, dazu der Ernst des Vaters, das sei ihm zu viel gewesen. – Man spricht von Fürst. H. und den Schwierigkeiten, die sie mit der Wohnung habe; R. erklärt, eine Witwe müsse keinen eignen Hausstand haben, entweder mit ihren Kindern leben oder in's Kloster gehen. Auch die Witwer, sagt er zu meinem Vater. Es wird Whist sehr heiter gespielt, R. hat gute Karten, auch erklärt er meinem Vater, das Spiel sei nichts, wenn man es nicht ernst nehme, aber am Schluß, wie R. aus der »Schweizerfamilie« oder aus dem »Unterbrochenen Opfer-Fest« eine Cadenzform zeigen will und mein Vater den Anfang mit der Marseillaise vergleicht und nicht weiter zuhört, so erregt diese humoristische Situation zwar zuerst großes Gelächter, aber R. wird dann sehr, sehr ärgerlich, mein Vater entfernt sich noch unter Gelächter, aber wie R. einen Brief von Hedwig L. an Lusch auf dem Tisch findet, bricht er in Heftigkeit aus. Wir begeben uns zur Ruhe, allein R. redet in seiner Stube lange laut für sich, ein hartes Urteil gegen meinen Vater; ich trete zu ihm; wie er mich versichert, es träfe mich nicht, so suche ich es scherzhaft zu wenden, indem ich ihm sage, das wäre wie die Ohrfeige für Meyer, »es geht Sie dann gar nichts an« – aber er ergeht sich weiter in Anklagen gegen meines Vaters Wesen. Ich suche ihm darzustellen, daß mein Vater sehr müde sei und kein rechtes Bewußtsein habe von dem,

* Dazu zwei und drei Seiten später unten nachgetragen: »Beim Mittagstisch war die Rede von der altgriechischen Musik gewesen, gegen welche mein Vater sich sehr kühl, eher ablehnend ausspricht. R. teilt dann mit, daß er eine Arbeit über arabische Musik gelesen, / wo es einem angst und bange wurde. ›Die Einfachheit unsrer Scala, das ist göttlich; einfach wie das Christentum, aller dieser Töne- und Halbtöne-Reichtum erscheint mir wie Götzendienst.‹«

was vorgehe; aber nur halb gibt er es zu. Ich begebe mich zur Ruhe, lange dauert es, bis er mir folgt, er tritt leise ein, blickt, ob ich schlafe; wie ich: Gute Nacht ihm sage, ruft er aus: »Du bestes Wesen!« und eine zärtlichste Umarmung übergibt uns liebevoll dem freundlichsten Gott! ––– R. spricht beim Whist von seiner Symphonie und sagt: Sie könnte zwischen der 2ten und 3ten von Beeth. stehen, sehr drollig klingt es, wie er hinzufügt, »wenn man es dächte, man würde sich dann wundern über die Ausgebildetheit der Anlagen zur Eroica!« – Dann zu meinem Vater: »Wenn wir Symphonien schreiben, Franz, nur keine Gegenüberstellungen von Themen, das hat Beeth. erschöpft, sondern einen melodischen Faden spinnen, bis er ausgesponnen ist; nur nichts vom Drama.« – Bei Tisch erzählte R. die Geschichte von der Frau, welche ihre Kinder den Wölfen hinwarf; ich meinte, eine Hündin hätte sich gewiß gleich preisgegeben, R. sagt: »Ja, weil sie keine Vernunft hat.« – R. teilt uns mit, daß er einen klagenden Brief von Dr Neumann hat.

Montag 18ten Beim Frühstück erzählt R., daß er gestern mit den Kindern besprochen habe das Gondola-Tombola, Gondola sei das Thema im Scherzo der 9ten, wo es sanft mit den Streichern gegeben wird, Tombola, wo es mit der Pauke gegeben wird.* Bei Tisch erzählt er seinen Traum, daß der Israelit Herr Bassani meinem Vater einen Elöven vorgestellt habe, worauf R. gesagt, es heißt Eleve, Bassani: Ich meinte Elevi! ... Herr Humperdinck ist angekommen, R. setzt ihm einiges auseinander, inmitten des Gespräches tritt Jouk. ein, um H. zu begrüßen, das ärgert R. so, daß er J. heimschickt. Nach einer Weile erscheint er bei Jouk. und kniet in der Mitte der Stube nieder! Am Nachmittag gibt es Probe, für R. leider sehr aufregend! Erstens gefällt ihm sein Scherzo nicht, zweitens ist eine Anzahl der Herrn bei Herrn Bassani meines Vaters wegen eingeladen, und sie müssen früher fort, dann aber ist er ungehalten darüber, daß ich Daniela erlaubt habe, mit ihrem Großvater bei Bassanis zu speisen. Beim Mittagstisch hatte er sich über die Scherzo-Form ausgelassen, er könne sie nicht gut leiden, und auch bei Beethoven seien ihm immer die Scherzi die wenigst gefallenden Teile; in der Eroica z. B., so schön es sei, möge er es nicht nach dem Trauer-Marsch, in der achten sei es etwas andres, da habe er kein Andante, in der c moll dehne er es zum Finale aus, und in der 9ten stelle er es vor das Adagio. Es habe ihm immer zu schaffen gemacht, und so geistvoll im Einfall das Scherzo der A dur sei, er liebe es nicht sehr. Abends wird mit Humperdinck über Paris gesprochen, und

* Zwei Seiten später unten nachgetragen: »In der Frühe unterhalten wir uns mit R. über den Spruch von Goethe: Über die Mystik, die es im Christentum nicht geben sollte, und bei Tisch besprechen wir weiter den wunderlichen Spruch.«

was er dort gesehen. Dann aber, da mein Vater gegen 10 Uhr nicht wiederkehrt, gerät R. in großen, großen Ärger. Daß dieses Diner ihm seine Probe verdorben, daß, wenn Lusch derlei mitmache, sie nicht zu ihm gehöre, sein Stern, in den ich vertraue, könne da nicht walten. – Er spricht das alles in heftigstem Tone! Und geht auf und ab. – Dann kehrt er wieder und wirft laut hin die Nachricht, die jetzt noch, wo sie sich gemildert hat, ich nicht niederzuschreiben vermag! Nicht kann ich verweilen, ich flüchte zu mir und sehe Hans vor mir, einsam in jener Anstalt, und möchte schreien, schreien, daß ein Gott mir hülfe! R. kommt nicht zur Ruhe. Ich gehe zu ihm, finde ihn schlafend, er wacht auf, ich bitte ihn um Verzeihung, und er, er erwidert: ich habe ihm eine Wohltat mit dem Wecken erwiesen. Und wir begeben uns zu Bett, und nicht einen Augenblick verläßt mich das Bild, und das ganze Leben lebe ich durch und stehe zum größten Jammer auf! Ich glaube nicht, daß mir ein froher Augenblick mehr beschieden ist, beschieden sein darf.

Dienstag 19ten Wovon wir sprachen beim Frühstück, ich weiß es nicht, o Gott, o Gott, o Gott! Immer dieses Bild in meiner Seele, ich will es nicht verwischen, wer hilft in solchem Jammer!... Daß ich an Eva's Krankenlager sein darf, ist eine große Hülfe. Aber der Mittagstisch, ich sehe das Kind und frage mich, wie es sagen, wie ihrer Jugend den Todesstreich geben?... Die Sonne glänzt, R. wünscht, daß ich mit ihm ausfahre, ich bitte, zu Hause bleiben zu dürfen, das erregt seinen Unwillen (bei Tisch hat er von seiner Jugend, seiner Großmutter und den Rotkehlchen erzählt), wir fahren aus. Er geht dann zur Probe, ich kehre heim zu Eva, meine friedselige Stütze, aber ich ringe nach Trost, nach Gott, o möchtet ihr nie diese Stunden kennen, meine Kinder! – R. und die Kinder kommen von der Probe heim, es sei sehr gut gegangen. Kurz vor dem Abendbrot kommt R. zu mir bei Eva mit feuchten Augen; ich habe nicht die Kraft, auf seine Expansion einzugehen, und fürchte die Aufregung für Eva; er geht, wie mir scheint, verstimmt fort. 〈Bei Tisch meint er nur wie halb im Scherz, ich haßte ihn; wie ich sein Tuch ihm aufhebe, sagt er, es sei nur aus Haß.〉* Ich kann Lusch kaum anblicken und habe im Inneren den ständigen Genossen alles Fühlens. R. sagt: Goethe sei doch der größte Dichter; er habe mir etwas darüber sagen wollen, ich sei aber nicht in der Stimmung gewesen, ihn zu hören. Das Abendbrot geht vorüber unter Erzählungen von der Probe, nachher ärgern R. Gespräche mit H. Hausburg und Hump.; auch daß die Anstellungsfrage nicht seitens der Konservatoriums-Herrn in die Hand genommen wird, ärgert ihn, er entfernt sich, ich

* 〈 〉 von fremder Hand mit Tinte unkenntlich gemacht.

gehe ihm nach und bitte ihn, mir nun zu sagen, was er mir sagen wollte; zuerst schlägt er es mir ab, dann meldet er, er habe den Schluß des ersten und den des zweiten von »Faust« gelesen. – Dann spricht er von »Sängers Fluch«, das er illustriert in einem Beiblatt, welches Georg hatte, gefunden, und das er das dümmste Gedicht nennt, was man sich vorstellen könne. Ich verlasse ihn, gebe meinem Vater die gute Nacht, und wir gehen zur Ruhe, nachdem R. noch über einiges aus der Probe geklagt (sein Finale aber hat ihn gefreut, und er spricht von der guten Kombination desselben). Ich weiß es nicht und muß den Lebensdämon fragen, wie über mich die Bitterkeit kam, zu sagen, daß kein Dichter mir jetzt was sagen könnte, daß mir alle Dichtung eine erbärmliche Spielerei wäre. R. gerät außer sich, klagt mich an, ihn nicht zu verstehen; ich gehe ihm in seine Stube augenblicklich nach und bitte ihn um Verzeihung, vielleicht, wenn er mein Inneres sähe, würde er mich entschuldigen. Sehr leidenschaftlich sagt er mir: ich sei ihm alles! Er wisse nichts ohne mich. Er sei von der Probe sehr angegriffen heimgekommen, habe sich gezwungen, diese zwei Scenen zu lesen, um alles von sich zu werfen, alles Empfinden, alles Leiden, und sich zu sagen, das Höchste sei ein durch Leiden verklärtes Wesen, sei ich! Er habe sich gefragt, ob er schlecht sei; er sei nicht schlecht, und mehrere Tage habe er diese Nachricht mit sich getragen. Ich bitte nur um Vergebung und bitte Gott um Erbarmen! Er beruhigt sich, begibt sich zur Ruhe, schläft ein, und ich weile, weile, weile bei dem entsetzlichen Bild, das mich seit gestern nicht verläßt; endlich kommt auch der Schlaf über mich!

Mittwoch 20ten Wir stehen spät auf, und beim Frühstück fasse ich den Mut und spreche mit R. von Hans' Zustand! R. meint, man habe es doch erwartet! Ach! ich das nicht! Und wenn auch gefürchtet, denn doch der Eintritt des Gefürchteten einen Abgrund aufreißt, den nichts mehr verdecken kann! – R. ist viel ergebener als ich. Ich aber fasse den Entschluß, wie auch mein Inneres beherrscht bleiben möge, die Fassung mir wieder zu gewinnen. Aus tiefster Seele umarme ich R. und denke, Gott wird Erbarmen haben, er wird es! – Ich bitte Jouk., der neulich abend bei der Mitteilung zugegen, an Fr. Ritter zu schreiben. Lusch frägt mich, ob sie ihrem Vater nichts zu Weihnachten schicken solle?... Bei Tisch wird über Legitimität gesprochen, über die jetzigen legitimen Fürsten, und sehr bitter seitens R.'s. Vor Tisch war R. aus gewesen mit Lusch und Jouk., war nach der Ecke zu gewandert, von wo aus man das Meer erblickt und S. Michele. Nach dem Kaffee und seinem Nachmittags-Schlummer bringt mir R. die Nachricht! Die bessere!... Bereits in der Frühe hat er mir gesagt, daß die furchtbare Bezeichnung der Krankheit nicht in dem Bericht gewesen sei, er habe sie sich nur aus der Beschreibung zusammengestellt. Wie auferstanden begehe ich nun mit R. diesen Nachmittag-Spaziergang! Die äußere Beleuchtung ist herrlich, und die Herzens-Sonne leuchtet der äußeren entgegen, R. betrachtet das Meer und nennt Ebbe und Flut ihr Aus- und Ein-Atmen. Dann geht er zur Probe; wie er heimgekommen, suche ich ihn auf, er erzählt mir – indem er mir aber sagt, daß ich es von den Kindern mir erzählen lassen sollte, daß die Probe sehr stürmisch dadurch zuerst gewesen sei, daß zwei Musiker gefehlt hätten und man sie hätte entschuldigen wollen! R. hält eine fr. Rede, die großen Eindruck macht; sie spielen darauf, wie es scheint, vortrefflich, und überhaupt sollen die Musiker begeistert durch R. sein, sich seine Witze mitteilen und ihn ganz gut verstehen. R. aber fühlt sich in seinem Metier ganz wohl, nur was von außen kommt, wie z. B. Herr Filippi aus Mailand, ist ihm widerwärtig. Der Journalist mußte es büßen, und R. sagt, daß diese Art Menschen ihm ganz besonders zuwider sei, denn sie müßten immer mit Witz schreiben, und »das nimmt sich kurios aus, wenn über unsereins witzig geschrieben wird!« Von der Fuge sagt er: Solche Fugen-Themen seien nicht ein[en] Schuß Pulver wert, man wähle sie immer auf die Ausführung hin. Von der ganzen Symphonie sagt er, man erkenne in ihr den Schüler von Mozart und Beethoven, überall könne man die Anregung entnehmen, ohne daß es geradeswegs kopiert sei. – Beim Abendbrot rühmt R. die Briefe meines Vaters, alles, was er schriebe, sei schön gesagt, »das kann ich nicht«, fügt er hinzu, »dazu gehört Noblesse, Anstand, die habe ich nicht«. –– Er zeigt scherzhaft, wie die Hunde heulen, die Depesche, durch welche Dr Neumann für sich und Seidl abschreibt (R. hatte sie eingeladen). Abends wird über Volksgesang gesprochen; R. spielt die schwermütige Fandango-Weise, auf welche er eine Seiltänzerin einmal, begleitet von einer dürftigen Violine, hatte tanzen sehen. Später liest er uns aus »Lear« vor die Scene mit dem verkleideten Kent und dem Narr, dann die mit Goneril und die erstaunliche mit dem Narr, wo er auf die Pferde wartet. R. hebt es hervor, wie bei Goneril die erste Erfahrung nur in ihm den Zorn, die Entrüstung weckt; bei Regan schon wird er demütig, er spricht die Furcht aus, wahnsinnig zu werden. – R. meldet abends, daß Hans doch in eine Anstalt gebracht worden sei, aber mit Hoffnung auf Besserung, R. fügt hinzu, Hans würde uns alle überleben! – Ich fühle, daß Gott sich meiner erbarmte!... (In der furchtbaren Nacht des Montags rief R. beim Beginn derselben im Bette: Ich hasse die Klavierspieler alle, sie sind mein Antichrist!)

Donnerstag 21ten R. hat etwas gesprochen im Schlaf (in der Nacht vom Montag zum Dienstag hatte er es viel)! Beim Frühstück, wie wir über das Verhältnis von Gob. zum Christentum [sprachen], sagt R.: Es sei falsch, nicht das Einfache dessen zu empfinden, was in den Worten läge, kommt zu mir, ihr, die ihr bedrückt seid, d. h. ihr, die ihr durch die Last der Armut gar nicht zur Befreiung durch die Intelligenz kommen könnt! –– R. hebt es hervor, wie herrlich die Sprache Luther's für das Evangelium sei. – Die B. Blätter kommen an, R. empfängt sie, öffnet dann die Türe zum Saal, wo ich mit den Kindern spreche, und ruft: Er wisse schon, was er zuerst lesen würde. Und gegen Mittag rühmt er auf's neue meine bescheidenen Zeilen. Er fügt hinzu: Nur eine Frau hätte das also anordnen können; bei einem Manne würde es pedantisch ausgefallen sein! – Leider bringt ein Brief von Freund Groß ihm – weil sich auf V. & B. beziehend – [Ärger]; ich rate ihm, zu telegraphieren, was ihm wohltut; nur wie er mich in S. Marco wieder trifft, ärgert er sich scherzhaft, nicht grob genug in der Depesche gewesen zu sein. Wir besuchen das Baptisterio in S. Marco und gehen bis zum Rialto (den R. immer Lido nennt) durch Peking zu Fuß. Die Soirée meines Vaters mit Don Carlos, seine Vorstellung bei dem Prinzen oben gibt Anlaß zu manchem Scherz. Bei einem aber bleibt R. fest, daß mein Vater keine Behauptungen gern habe; wie er, R., gestern für Rossini das Verdienst der Stretta vindicierte, habe mein Vater einen Vorgänger – Mosca – dafür genannt. Aber viele Charakterzüge meines Vaters erfreuen R. doch sehr. (Ich erinnere Euch Kinder an: ergriffen!) – Am Nachmittag zeigt er mir zwei Takte, die er zum Scherzo hinzukomponiert hat, und sagt, er sei darauf gespannt, ob die Kinder es merken würden. Abends sind wir ein sehr reduzierter Kreis, Vater, Lusch, Loldi, Jouk. bei der Fürstin, Eva noch zu Bett. Bald sind wir zu zweit und fühlen wir uns ganz wohl dabei; zuerst bringt die Besprechung der B. Blätter R. in einige Aufwallung; er findet, daß über den Luxus besser für »Land und Meer« sich geeignet hätte – und den Nekrolog von Pr. Zöllner wünschte er ganz [her]aus. – Ich bitte Freund Humperdinck, mir *etwas* zu spielen, er wählt die Trauermusik aus G.-Däm. R. zeigt ihm dann, was hervorzutreten und zu weichen hat in den Themen und ergeht sich in Betrachtungen über den Weg von der Symph. bis zu dieser Musik, »was einer sein eigen nennen darf«, das beschäftigt ihn, und er erzählt, wie er Tausig einmal geraten habe, zu improvisieren und dann festzuhalten, was ihm einfiele, daß dieser ihm erwidert: »Wie kann ich aber dann sicher sein, daß das dann mein eigen sei!« –– Wie wir allein sind, besprechen wir wiederum die Frage der Anhänger, dann die der Berufung von Glasenapps. Endlich teilt mir R. und zwar mit Tränen in den Augen mit: Er habe Boni zu Weihnachten 1000 fr. geschickt, damit sie ihrem Manne und sich etwas Hübsches kaufe! – Schweigend nehme ich diese Geburtstagsgabe hin, und nur viel später kann ich ihm dafür danken.

*Freitag 22ten** Ich träumte von Boni, daß das Kleid, welches ich ihr schickte, ihr zu eng war. Beim Frühstück sprechen wir, R. und ich, von dem Besessensein durch eine Leidenschaft, nicht mehr selbst sein, wie im Tristan, im »Macbeth«. Das mache den Helden, mache das Tragische aus! Heute steht Eva auf. R. führt sie zu Tisch, sie wird empfangen! Am Nachmittag legt sie sich wieder zu Bett, und gegen 4 Uhr fahren wir zur Probe, der ich versteckt beiwohnen soll! Wir wandeln zuerst auf den Markus-Platz und dann in die Fenice. Es ist recht kalt! R. bekommt seinen Krampf. Doch dirigiert er den ersten Satz und nach einer ziemlich langen Pause die andren. Ich sitze fern von ihm heimlich da und denke gerührt, daß vor 50 [Jahren] er für seine Mutter und nun für mich dieses Werk aufführt. Dann auch erfreue ich mich des franken, freimütigen Werkes, ich sage zu R.: Das hat einer gemacht, der das Fürchten nicht kennt. Im Mondschein fahren wir mit Loldi heim, R. und ich, vermeiden zu sprechen. Er bleibt für sich den Abend über, und leider hat er eine sehr unruhige Nacht.

*Sonnabend 23ten*** Spät auf, da R. eine sehr schlechte Nacht hatte. Wir sprechen von der gestrigen Probe, ⟨R. macht den Witz, daß mein Vater [...] Ladenhüter wäre, [...] ja [...] Vater [insgesamt etwa 12 Wörter unlesbar], da⟩*** mein Vater derartige Witze nicht verstünde (wie neulich, wo er sagte, »die Leinwand zu 5 Groschen, so etwas kommt nicht wieder vor«). Ich erzähle ihm von meinem Gespräch mit Dr. Keppler zu Gunsten Luther's! Er spricht mir von Eva's dankendem Blick, wie er sie in die Stube begleitet und für sie dort gesorgt habe. R. nimmt ein Bad, fühlt sich wohl darauf, ist heiter bei Tisch; macht Witze über die altmodischen Jugendwerke, gegen welche es nur neu-modische Judenwerke [gäbe], dann über die un*schäde*ligen Maler! – Mein Vater beschämt uns durch die Erwähnung meines Aufsatzes, wir hatten angenommen, er würde ihn gar nicht beachten. Er geht am Nachmittag mit den Kindern aus! Kehrt dann zurück und kommt sehr wohlgemut zum Gespräch in meine Stube. Mein Vater speist auswärts. Der Abend vergeht in Gesprächen; über das Intervall des Themas der Leonoren-Ouvertüre sagt R., eine neue Welt habe damit begonnen, etwas erhaben Leidenschaftliches.+ Wie wir über Schumann sprechen und ich einiges Bedeutende hervorhebe, sagt R.: »Ich

* Irrtümlich »23ten«. ** Der Seite beigelegt ein von RW beschriebener Zettel: »23. Dez. die Hauptprobe«. *** ⟨ ⟩ von fremder Hand mit Tinte unkenntlich gemacht, der Rest des Satzes nicht zu entziffern. + Auf der nächsten, letzten Seite des Heftes, unter Sonntag, dazu nachgetragen: »Mein Vater meint, die Terz des Adagios erinnere an die Terz des Andante (op. 106) von Beeth. R. sagt, diese Terz sei für ihn gespenstisch gewesen, in der Kindheit habe er so seine Schwester gerufen: »*Cilie!* in deinem Bett ist eine große Maskje‹, Cilie mit der Terz. -- Abends singt er die Arie des Belmonte aus der ›Entführung‹ und die herrliche Maureske.«

kann nicht gerecht sein, dazu muß man selbst nichts sein, nichts anders im Kopfe haben als das Abwägen.« Er spielt uns dann den Brautzug aus Lohengrin und das Tristan-Vorspiel. Über letzteres Werk meint er, die thematische Bearbeitung sei noch gar nicht beachtet worden, z. B. wie Isolde am Schluß des 1ten Aktes in Liebesheftigkeit ausbricht. ––– Da ich ein Thema beim letzten abendlichen Kuß R. singe, sagt er: Das sind die bangen Blicke, die sich fragen und viel sagen. »Daß die Liebe nur in dieser höchsten Gestalt, im Leiden sich zu erkennen gibt!« Ich meine, daß auch die glückliche Liebe eines jugendlichen Paares schwermütig sich ausnehme. Er sagt: Ja, es ist das Verlangen, aufzuhören und in dem andren nur mehr [zu] sein.

Sonntag 24ten R. hat gut geschlafen. – Der Morgen geht in Vorbereitungen vor sich; R. sagt, mein Gesicht zeige so oft den Ausdruck eines zarten Kummers, daher freue er sich so, wenn er mich »eine Lerche aufschlagen« hörte. –– Er bringt mir die bessere Nachricht über Hans. Der Dr. erlaubt Eva, in das »Konzert« zu gehen. – So sei denn dieses Heft mit dem inbrünstigsten Dankgebete geschlossen! Und der Segen erfleht für die Teuren alle, alle, die ich die Meinigen nennen darf!*

Gegen 6 Uhr wird der Baum in der Sala angezündet, und eine sehr heitere Bescherung, an welcher auch unsere italienischen Leute den herzlichsten Anteil nehmen, wird begangen. Auch mein Vater, den wir eigentlich für diesen Dingen entfremdet hielten, ist mit ganzem Herzen dabei. Gegen $7^1/_2$ Uhr fahren wir bei herrlichstem Mondschein und unter Glockengeläute in die Fenice, drei Gondeln. Eva darf mit uns sein! Der Saal festlich erleuchtet; der Vater, die Kinder, ich zuerst [hin]ein, freundlich empfangen. Etwas später R., jubelnd empfangen. Die zwei ersten Sätze werden ziemlich rasch hintereinander gespielt, dann entsteht eine Pause, R. kommt zu mir und zu meinem Vater, spricht sehr heiter mit mir. Ich lasse den Orchester-Mitgliedern danken, was mir ein Evviva einbringt. Am Schluß kommen die Musiker zu uns, man trinkt auf mein Wohl. Dann sagt R. meinem Vater in's Ohr: »Hast du deine Tochter lieb?« Dieser erschrickt; »dann setze dich an das Klavier und spiele«. Mein Vater tut es sofort zur jubelnden Freude aller. Dann erzählt R. französisch die Geschichte seiner Symphonie; gegen elf Uhr fahren wir heim, Venedig wie in blauer Verklärung! Die Kinder entzückt von dem Abend, R. sehr befriedigt!

* Ende von Heft XX der Tagebücher. Dem letzten Heft ist vor dem Vorsatzpapier eine Schreibkladde eingeheftet, in dieser beginnt der Text mit dem Vermerk »Dezember 1882 / Weihnachten / von Eva ein Buch mir ausgebeten« und der wiederholten Datierung »Sonntag 24ten«.

Montag 25ten Wir haben eine etwas unruhige Nacht gehabt; R. wollte »das Idyll« durchaus lesen, er ermüdet aber doch – ich rufe ihn mehrmals, endlich begibt er sich zur Ruhe, nachdem er noch die herrlichste Nacht bewundert. Gegen 9 Uhr wird mir beschert, R. hat sein »Lieber Gott«-Gewand [an] – gar rührend und freundlich alles! Zum Mittagstisch gibt es keinen Toast, da alles unvorbereitet war, aber R. steht auf und spielt im Salon: »Wer ein solches Weib errungen«. –– Abends vor dem Whist erzähle ich meinem Vater von Gob., da steckt R. den Zettel: »Ici on parle Français«* an die Türe, darauf spielen wir, und gar heiter.

Dienstag 26ten R. hat gut geruht, allein er ist in Aufregung, da er keine Antwort von Boni selbst auf meine Anfrage erhält, ob die Gabe angekommen sei. Auch die Nicht-Ankunft einer Worth'schen Toilette für mich ärgert ihn, und die Übereilung mit der Hieherberufung Humperdinck's (der unter dem Vorwand der patriotischen Erregung wegen Oberdank nun nicht angestellt wird) ist ihm peinlich. Abends Whist.

Mittwoch 27ten Das unbegreifliche Schweigen seitens Blandinen's ergibt die peinlichste Aufregung. Endlich aber, wie ich um die Mittagszeit einer Sitzung meines Vaters für H. Wolkoff beiwohne, meldet Fidi mir, daß Bl. alles erhalten habe, der Telegraphendraht sei abgebrochen gewesen. R. war zuerst hereingekommen, aber wie er gewahr worden, daß mein Vater am Klavier ist und dabei abgezeichnet wird, geht er sogleich fort ⟨und läßt sich dann darüber aus, wie unerfreulich ihm dieser Anblick gewesen sei.⟩** Am Nachmittag fahren wir aus und erleben eine Abendrot, wie es eben nur hier zu sehen ist. G[f] Contin besucht uns, ich empfange ihn, die Anstellung von Freund Humperdinck stellt sich als Unmöglichkeit heraus! –– Abends fühlt sich R. nicht wohl, er hat Bier getrunken, auch Champagner. Ich glaube auch, daß die Unruhe des Umzuges – wir haben meinen Vater diesseits eingerichtet – ihm peinlich gewesen ist. Abends besucht uns Ada Pinelli, erst spät nimmt R. einigen Anteil an dem Gespräch.

Donnerstag 28ten R. hat gut geruht, doch stehen wir spät auf. Um die Mittagszeit wandeln wir auf der Piazzetta bei herrlichstem Sonnenschein. Auch ist R. besonders gut gestimmt, weil er seine Arbeit – Bericht über die Symphonie – beginnen konnte. Das schwemmt bei ihm stets allen Ärger weg. Venedig gefällt ihm, und der Aufführung seiner Symphonie gedenkend geht er über zu seinem Leben, zu unsrer Vereinigung, und sehr übermütig-heiter sagt er: Wir hätten doch sehr recht getan, die baumwol-

* Beigelegt, in RWs Handschrift, auf der Rückseite des Blattes in Bleistift von einer der Töchter: »An der Türe vom Salon während eines Gespräches zwischen Mama und Großpapa.«
** ⟨ ⟩ von fremder Hand mit Tinte unkenntlich gemacht.

lenen Handschuhe nicht zu erwarten. (Er denkt dabei an den segnenden Bischof, den Ed. Devrient im Lohengrin 2ten Akt eingeführt hatte!) – Bei Tisch tauchen meine Erinnerung[en] an Mrs Lewes (George Eliot) auf, und da ich erzähle, man fand, daß sie Savonarola ähnlich gesehen habe, faßt R. die Persönlichkeit dieses letzteren auf, gedenkt der Darstellung seitens Gob. und meint: Wenn er, S., geistvoller gewesen, wäre er ein Stoff für die bildende Kunst gewesen. An seinem Einfluß aber könne man sehen, wie alles Ästhetische erblasse, wenn die moralische Welt sich vernehmen ließe. – Mein zweites Weihnachtskleid ist angekommen, ich ziehe es abends für R. und die Kinder an. Traurig aber endet dieser Tag; R. teilt mir mit, er habe Georg ein Hundert-Fr.-Stück bei Gelegenheit seines 6jährigen Diensttags geschenkt; da soeben Weihnachten vorbei und nicht gerade viel Verdienst obliegt, auch unsere Einnahmen mit unseren Ausgaben nicht stimmen, begehe ich die Torheit, R. eine Bemerkung darüber zu machen. Das verstimmt ihn bis auf's äußerste, und ich brauche lange Zeit und viele Bekenntnisse meiner Reue, um ihn zu besänftigen.

Freitag 29ten R. hatte nun doch eine gute Nacht, und am Morgen erzähle ich ihm, wie gestern, da er sich entfernt hatte, ich mit Eva und Loldi zurückgeblieben war und, um den Kindern nichts zu merken [zu] geben, ich mit ihnen traulich geplaudert und Eva ihr Talent im Nachmachen durch die Darstellung des Hauslehrers mir kund gegeben. Er unterhält sich ebenfalls mit der unbegreiflich guten Nachbildung! Dann schreibt er an seinem Brief, während ich eine kleine Probe mit den Kindern zur Gratulation halte. Bei Tisch ist R. etwas verstimmt, erstens hat er einen ihn sehr wenig befriedigenden Brief von Pr. Holtzendorff [erhalten], zweitens machen ihn die Erzählungen von den Donnerstagen bei der Fürstin H. unruhig. Er hat es nicht gern, daß aus seinem Kreise sich Glieder woandershin begeben. Wir fahren am Nachmittag zur Piazzetta, und dessen gedenkend, daß er in seinem Aufsatz das Wort »accessible« gebraucht, sagt er, die fr. Ausdrücke seien wirklich unentbehrlich, da die deutsche Sprache zu hoch und bedeutend für den ironischen Sinn, mit welchem man meist die jetzigen Dinge besprechen müsse. – Abends erregt Lusch's Aufgeregtheit unsere Sorge! Sehr ernsthaft muß ich zu ihr reden, die wohl sich sehnt! R. grenzenlos gütig in dem Verständnis meiner Sorge und in der Teilnahme daran.

Sonnabend 30ten R. hatte eine wehmütige Nacht, er träumte viel laut, und mir sagt er, er habe geträumt, Hans sei tot! –– Er beendigt seinen Aufsatz, und wir treffen uns auf der Piazzetta, nachdem ich wiederum eine kleine Probe gehalten habe. Bei Tisch gibt es Aufregung wegen Wechsels der Plätze, ich selbst bin sehr durch meine Ansprache an Lusch erschöpft und erregt; die durch die Übersiedelung meines Vaters reduzierte Wohnung reizt auch R., der vieles Raums bedarf. Am Nachmittag gehen wir, R. und ich, auf die Piazza, begegnen Fidi, Hausburg, Humperdinck, welch letzterer durch das Verfehlen seiner Anstellung auch R. sehr peinlich ist. Die Kinder sind abends sehr gedrückt, weil ich sie streng anlassen mußte über ihr gar zu selbständiges Gebaren, und Lusch muß ich noch ein Mal vornehmen! (Ich habe heute nach der Probe einen großen Eindruck von dem Bilde von Moretto gehabt und erzähle R. davon.)

Sonntag 31ten R. hat eine gute Nacht gehabt, doch fühlt er sich nicht wohl. Beim Frühstück sprechen wir viel über Lusch; er meint, sie solle mit nach Ungarn zu ihrem Großvater, es wäre eine Möglichkeit der Verheiratung da gegeben. Letzte Probe für mich; dann mit Fidchen zu Besarel, dem Holzschnitzer, schließlich mit R. auf der Piazzetta zusammengekommen (nachdem ich für Lusch die Photographie nach dem Moretto gekauft und mit Jouk. die Madonna Pesaro im Dogenpalast flüchtig betrachtet).* Bei Tisch ist er halb ärgerlich, halb vergnügt. Wie es heißt, das neue Jahr begänne [an] einem Montag, sagt er: Das fängt auch wieder gut an, und erzählt von einem, der zur Hinrichtung geführt wurde und der frug: »Welcher Tag ist heute?« »Montag«, »nun, die Woche fängt wieder gut an!« – – Er hat seinen Aufsatz abgeschickt (gestern nachmittags las er ihn mir zu meiner großen Freude vor). Am Nachmittag erhalten wir einige Besuche, unter welchen der des Herrn Passini uns beiden ganz angenehm ist. Der dankerfüllte Brief eines Choristen aus Darmstadt erfreut R., und ein wunderlicher von Seidl unterhält ihn. Er setzt eine Depesche an den König auf, welche Lusch abends zum Amt trägt. Wir machen ein Sylvester-Whist und sind alle heiter dabei, die Kinder schmelzen Wachs. (Die Photographie nach dem Moretto macht R. einen großen Eindruck, und er wirft es mir vor, daran gezweifelt zu haben.)

* Zeichen im Text, unten nachgetragen: »Beides geschah gestern, und meine Besichtigung des Moretto vorgestern.«

1883

Januar

Montag 1ten R. meinte gestern, man solle nicht das Jahr, [sondern] nur die Geburtsfeste wünschen, doch ist er nicht gegen unsere kleine Gratulation bei der Fürstin, und obgleich er Krämpfe hat, kommt er später selbst hin. Bei Tisch ist er etwas ärgerlich, er will in's Theater, weil die »Baruffe Chiozzotte« gegeben werden, von denen er immer gesprochen; mein Vater bittet, zu Hause bleiben zu dürfen, Lusch und Jouk. sollen ihm Gesellschaft leisten; es verstimmt R., daß nicht alles hingeht. Aber das Theater erheitert ihn bald, und wir kehren durchaus befriedigt heim. Stück und Spiel haben uns ergötzt. Nachher lesen wir in Goethe's »Reise« seine Beschreibung des Stückes und finden sie etwas nichtssagend.

Dienstag 2ten R. hatte eine gute Nacht; es ist heller Sonnenschein, ich schreibe einige Briefe, mein rechtes Auge erhält plötzlich einen schwarzen Kreis, und ich muß Lesen und Schreiben aufgeben. Mit R. fahre ich aus; er erzählt mir viel von der Geschichte der Perser, und mit unbedingter Bewunderung. Ich zeige ihm das Moretto'sche Bild, welches er für eines der schönsten hält, die es überhaupt gibt. – In sehr guter Stimmung kehren wir heim. Bei Tisch, eines schlimmen Charakters sich zeihend, sagt er: »Mit mir muß man vorsichtig und nachsichtig sein.« – Dann macht er viele Witze über die Zivil-Ehe und sagt zu meinem Vater: »Du hast gemeint: zu viel Ehe.« Die Nachricht, daß der älteste Sohn von Freund Feustel sich erschossen habe, bringt ernste Gespräche auf. Abends sind wir zu drei mit Jouk. – R. spricht über Renaissance und liest einiges über Venedig in der »Italienischen Reise« von Goethe, die ihm nicht sehr behagt. Vorher hatte er uns eine jüdische Sache vor Gericht aus der Zeitung vorgelesen, seine Verwunderung darüber kundgebend, daß eine solche Sprache unter uns gesprochen werden darf.

Mittwoch 3ten R. hat ziemlich gut geruht und schreibt einige Briefe an Fritz Brandt und einigen Sängern; gestern schrieb er an Levi. Heute erhält er ein tief-ernstes Schreiben von diesem, welches ihm den besten Eindruck macht. Leider erhält er aber vom Vater, wie er ihn in der Frühe besucht, einen recht schlimmen! Und bei Tisch gibt es viel Durcheinander; auch glaubt mein Vater einen Augenblick, daß über ihn gelächelt wird, was mich sehr schmerzt. Wir fahren aus am Nachmittag, R. und ich, er empfindet Kummer über seine Gesundheit und daß die Krämpfe nicht schwinden. Dann machen wir einen Besuch bei unsren Hausherren (Della Grazias), welche ganz als steiermärkische Edelleute sich ausnehmen; R. sieht darin den Beweis, wie der Adel überall germanischer Abstammung ist. Abends wird geplaudert, mein Vater ist nicht da, er kommt etwas später hinzu, ⟨verlangt Bier,⟩* und die Aufgeregtheit R.'s hierbei gibt – ach! – Veranlassung zu einer kleinen Auseinandersetzung zwischen uns!

Donnerstag 4ten R. schläft gut; und meine Konsultation des Augenarztes fällt beruhigend aus, was ich R. mit Heiterkeit mitteile. Er ruft mich des öfteren zu sich, um mir einiges aus der Perser-Geschichte mitzuteilen, die er unvergleichlich geistvoll findet. Er schreibt an Feustel in herrlicher Weise (ich lasse eine Abschrift von dem Briefe nehmen) und bei Tisch – da außerdies die Nachricht des Selbstmordes des G^fen^ Wimpfen kommt – wird dieses Thema verhandelt. Da R. das Beispiel des Nerva (ich glaube, er meint Otho) als eines Selbstmordes zum Besten der andren [anführt], will mein Vater das nicht gelten lassen, das ärgert R. sehr, ⟨er klagt über das, was er die »turbulente Somnolenz« meines Vaters nennt⟩*, außerdem geniert ihn die Verkleinerung unsres Raumes sehr, alles scheint ihm dadurch zuwider! Marie Dönhoff erscheint dazwischen, lieblich freundlich; selbst R. angenehm, der sonst streng gegen sie im Urteil ist und neulich sagte: »Was ist denn der Mensch an sich, wenn die Gesellschaft ihm über alles geht.« Sie gewinnt ihn dadurch, daß sie sehr ernst von dem Einfluß Malwida's auf ihre Mutter zu Gunsten der Idealität in der Auffassung der Dinge spricht. Abends sind R. und ich, beide allein, alles bei der Fürstin H. Wir sprechen, R. und ich, wie es eben geschieht, wenn wir zu zweit sind. Die Gedanken Gob.'s über die – künstliche – Gelehrten-Herstellung der 2ten Jerusalem, auch sein Ausspruch über die griechischen Philosophen: »c'étai[en]t des artistes« – – ergibt reichen Stoff. Dann kommt R. auf den Gedanken Carlyle's über die Kolonien zurück und entgegnet, daß das, was nicht seinen Boden gefunden hätte, vielleicht noch nicht als alt zu bezeichnen wäre. Dann sagt er mir, er würde den Aufsatz über männlich und weiblich nicht schreiben, höchstens gelegentlich seine Gedanken darüber andeuten... Leider aber wird seine Stimmung gegen meinen Vater immer schwieriger und aufgebrachter!

Freitag 5ten R. hat gut geruht, er hat von mir im Traum gesprochen. ⟨Am Morgen ist er immer erregt gegen meinen Vater!⟩* Lusch erzählt von der Deklamation der »Lenore«! Gestern hatte R. sich darüber ausgelassen, wie widerwärtig ihm derartige Vergnügungen seien; wobei man nicht anders könne, als sich über einen andren zu entsetzen, und es ihm doch nicht sage. Wir fahren zusammen bis zum Rialto, gehen dann zu Fuß nach dem Mark.-Pl., R. hat seinen Krampf. Wir fahren heim, das Makart'sche Portrait der Gräfin ist, bei uns aufgestellt, R. widerwärtig. Doch unsre Freundin selbst wird von ihm freundlichst empfangen; den Kindern

* ⟨ ⟩ von fremder Hand mit Tinte unkenntlich gemacht.

ruft er bei Tisch zu, da sie doch alle nachmachten, sollten sie die Gräfin nachmachen! – Zu H. Hausb. spricht er sehr ernst, sich das Grinsen abzugewöhnen. Abends, während die andren Whist spielen, sind wir zu drei mit Marie; sie teilt uns ihre Lage mit, R. erwidert mit der Kundgebung unsrer Schicksale. Er spricht das schöne Wort aus: »Die Natur hat lange gebraucht, bis sie die Leidenschaft hervorbrachte; sie ist es, die man zum Höchsten lenken kann; die Musik ist ihre Verklärung, hängt einzig unter allen Künsten mit ihr zusammen.« Nach all und inmitten all der expansiven Unterhaltung mit unsrer Freundin ist R. immer grenzenlos gütig gegen mich, liebevoll erregt. Beim Abendbrot wirft er mir – gegenübersitzend – das Wort: Ich liebe dich, zu! – – Daß ein Teil der Gesellschaft heute sich bei uns das Makart'sche Bild auf Einladung meines Vaters hin ansah, ist ihm eine Pein gewesen. (Er liest mir von der Überschwemmung am Rhein; der Aufruf endigt: Es fehlt an Geld, was ihm entsetzlich dünkt; an Geld, um die Überschwemmten zu retten!)

Sonnabend 6ten R. hat gut geschlafen, beim Frühstück ergibt die Anwesenheit unsrer Freundin allerhand Gespräche über Welt- und Lebensdinge, über unsre Freundin Mimi u.s.w. – – Um die Mittags-Zeit wandern wir zu Fuß, allein das Wetter ist rauh, R. führt mich zu einem von ihm entdeckten Relief bei einem Traghetto, dort nehmen wir eine Gondel, und heiter über den Unsinn kehren wir heim. – Ein sehr verständiger Brief des H. Scaria, der ihm zum Engagement von Siehr rät, erfreut R. (Gestern meldete H. Neumann telegraphisch die Sendung von 10.000 fr.) Bei Tisch aber ist R. sehr ernst, ich glaube, seine Teilnahme für unsre Freundin ist etwas erschöpft; er ist schweigsam, und die Belebung des Gespräches fällt mir ob. Am Nachmittag und am Abend ist er leidend. ⟨Die Art und Weise meines Vaters kränkt ihn, er nennt ihn gar nicht anders als König Lear, und seine Beziehungen die 100 Ritter, und seine Veranstaltungen die Learik⟩.* Heute abend sind wir zu zweit, wir besprechen zuerst den Tod von Gambetta, den R. eher für ein Glück für Frankreich erachtet, dann die Geschichte der Perser, welche mit R.'s Ahnungen zusammenstimmt, endlich liest er – da Eva es begonnen – für uns beide aus »Ende gut, alles gut«. In der Nacht höre ich ihn halb schlafend, halb wachend sagen: König Lear, gräßlicher Mensch – aber zu mir: Dir bin ich gut, du bist mir die liebste von allen. (Beim Abendgespräch gestern erzählte die Gräfin von den Aufführungen des Ringes in Wien und rühmte sie ungemein, namentlich Winkelm., Scaria, Materna. R. spricht dann über seine verschie-

* ⟨ ⟩ von fremder Hand mit Tinte unkenntlich gemacht; ab »er nennt ihn« sehr schwer zu dechiffrieren, s. Anm.

denen Stoffe, immer Lohengrin als den allertraurigsten findend; er erzählt auch von dem Vorschlag Lüttichau's: Tannhäuser in Rom Verzeihung finden lassen und Elisabeth heiraten.)

Sonntag 7ten In der Frühe kommen wir, ich weiß nicht wie, auf Gambetta und gedenken der »Kapitulation« und daß z. B. Nietzsche gar kein Verständnis dafür hatte. R. sagt, es sei die vollständige Phantasielosigkeit, welche das Verständnis verhindere. Lusch kommt zum Frühstück und erzählt uns von der Soirée. Um die Mittagszeit fahre ich mit R. zum Banquier Reithmeyer, wo R. sich Geld von Königsberger Tantiemen mit guter Laune holt. Unsre Freundin Marie speist mit uns; R. eher schweigsam und am Nachmittag verstimmt. Doch abends ist er wieder heiter, er sprudelt von Witzen; wie man von den Juden spricht, sagt er: »Ja, unsere deutsche Bildung würde in Eis erstarren, wenn nicht dieser Schmierocco wäre«! Und gar viel ähnliches. Da mein Vater ausgeht, so greifen wir zur Lektüre, R. liest uns aus: »Was ihr wollt« in seiner herrlichen Weise vor.

Montag 8ten Hans' Geburtstag! An welchem ich erfahren darf, daß er eine Probe gehalten hat!... R. hatte eine gute Nacht, er ist heiter und kommt im Verlauf des Morgens öfters zu mir herein, um mir einiges aus seinem Brief an Levi zu lesen. Unser Mittagessen geht ohne [die] kleine Gräfin [vor sich], welche leidend ist. Wir besuchen sie, ich zuerst allein, dann holt mich R. ab, und wenn er auch gar freundlich gegen die Liebliche ist, so ist der Eindruck, den er von ihrer Elegance im Bett erhält, ein ganz trostloser! Und so sind die Tage traurig gestempelt! ––– Während mein Vater Whist spielt, liest R. mir und Eva aus »Lear« vor, die Scene, wo Kent in den Block geheftet wird, und wir kommen überein, daß man Shakespeare scenenweise lesen müsse, da man sonst ihn wirklich niemals kennt. Mein Vater und die andren kommen unbemerkt hinzu, was R. überrascht und freut. –– Ganz wundervoll strahlte in diesen Tagen R.'s Antlitz, und wenn sein Auge mich anblickte, schuf es mir »Wonne und Weh zugleich«. Heute empfand ich es unsäglich!...

Dienstag 9ten R. hat gut geschlafen, aber er ist beunruhigt, ich muß froh sein, daß unsre Freundin sich entfernt! Alles stört ihn. Am Vormittag hat er seinen Krampf und ist eher still bei Tisch. Er beginnt einen Brief an den König. Am Nachmittag fährt er aus, ich erwarte ihn im Vorzimmer, um ihn zu begrüßen, er ist aber verstimmt, und abends wächst diese Verstimmung bis zum Zorn. Die Art und Weise meines Vaters, der Whist-Tisch, auch die Verengung unseres Raumes und die Bewegung, welche durch den Besuch entsteht, all dies setzt ihn außer sich, und lange, lange nachdem alles entfernt ist, übergibt er sich dem Unmut, den ich nur durch stilles Mit-Leiden mit ihm beschwichtigen kann! ––– Als Curiosum will ich noch erwähnen, daß das schwarze Auge und die schwarzen Haare unsrer Freundin R. unfraulich sind.

Mittwoch 10ten R. hat erträglich geschlafen und ist gar gütig gegen mich; wie er findet, daß ich angegriffen aussehe, sagt er, es sei nicht möglich, daß seine Art zu sein mich zu Kräften kommen ließe. Da ich ihm sage, daß auch das Leiden bei ihm Glück sei und daß, wenn er mich andren in Ton und Wort und Gebaren vorzieht, ich es ihm doch einzig zu verdanken habe, so entsteht bei uns die schönste Stimmung, die mich mit Schwingen über den Tagesnöten erhält! Diese sind R.'s Gesundheit, seine Krämpfe, dann sein Ärger über das z. B., was er dem König abzudisputieren habe; er sagt: Er habe völlig am Nachmittag einen Satz an dem Brief in der Wut geschrieben. Auch drücken ihn die kleinen Räume, es fehlen ihm Bücher und Noten, doch wie ich ihm vorschlage, nach Wahnfried zurückzukehren, will er sich nicht entschließen; gegen 6 Uhr spielt uns mein Vater das Andante aus der A dur Symph. und das Scherzo allegretto aus der F dur; R. kommt zweimal tanzend bei letzterer herein, was Fidi sehr lachen macht. Beim Abendbrot darauf ist er sehr gut gelaunt, und wie von Oberdank und Bombenwerfen die Rede ist, wirft er unsrer Freundin vor, auch Bomben geworfen zu haben, und auf ihre Einwendungen sagt er ihr: »Doch doch, Sie sind eine Bombonnière!« Abends kommt Dr. Kurz, von Jouk. empfohlen, er nennt das Leiden R.'s eine Magen-Neuralgie und findet es ein gutes Zeichen, daß er vor, nicht nach der Mahlzeit zumeist seine Krämpfe hat. – Wie wir allein sind, spricht R. gegen das breite Tempo, welches mein Vater vom Andante der A dur genommen hat, welches er als eine Verkennung des Charakters des Stückes bezeichnet, und dann teilt er mir mit, er habe eine Menge Themen, würde eine Symphonie schreiben, wie sollte er aber zur Ruhe dazu kommen? (Neulich abends im Bett singt er mir das Thema eines »kriegerisch-lustigen Trauermarsches«.) – Wir gedachten heute in Liebe Friederike Meyer's.

Donnerstag 11ten Im Traume höre ich R. sagen: »Wenn er mich geschaffen hat, wer hat's ihm geheißen, und wenn ich sein Ebenbild bin, ist es die Frage, ob es mir angenehm ist.« – R. beschließt heute seinen Brief an den König, ich bringe unsre Freundin zur Bahn; wie ich heimkomme, finde ich R. sehr aufgeregt durch die Anmeldung von Freund Großen's Besuch, er bittet telegraphisch, zu warten auf die Wirkung seines Briefes. Die Mahlzeit geht lebhaft-gemütlich vor sich; wir sprechen u. a. von Mme Viardot, R. erzählt seine Erfahrung mit dieser Künstlerin. – R. hat einen hübschen Brief von H. Siehr, dem er den sehr verständigen von H. Scaria zuschickt. Am Nachmittag macht er meinem Vater einen Besuch, dem er es vorschlägt, bei uns zu bleiben. In einer Zeitung hat gestanden, wir bewohnten eine somptuos möblierte 1te Etage, mein Vater hätte ein bescheidenst eingerichtetes Mezzanin, das ärgert R. Abends sind wir allein, R. und ich; bevor er auch mit den jüngeren Mädchen nach Malip. geht, liest uns Siegfried die ersten Scenen seines Lustspieles: »Die Lügner« vor!... Wir freuen uns des Knaben, er ist schön und begabt, R. meint, der Gotthard sei gut gewesen. – Von früheren Beziehungen sprechend meint R., er schäme sich ihrer; wie ich R. sage, daß man solcher großherzigen Täuschungen sich nie zu schämen habe, sagt er: »Ich habe immer wenig sprechen lassen – wenn ich hätte sprechen lassen, dann wär's freilich auch nicht hübsch gewesen.« Wie wir zu zweit sind, lesen wir in »Hamlet« (die Scene von Polonius, dem König und der Königin, dann Hamlet und Ophelia, H. und Güldenstern & Rosen[kranz] – u.s.w. bis zu dem Prolog der Schauspieler) mit immer gesteigertem Staunen, Ergriffenheit, ja Erschütterung des ganzen Wesens, und mir ist es, als ob: Richard, Hamlet, Shakespeare zu eins würde, als ob ich den einen durch den andren begriffe, als ob ohne R.'s Stimme nie Hamlet begriffen werden könne, ohne Shakespeare's Genie R.'s Wesen nicht, endlich ohne diese Schöpfung des Hamlet beide nicht. Die Güte der Wahrhaftigkeit in Hamlet, wie könnte ich sie so empfinden, wenn ich sie nicht durch R. kennte!

Freitag 12ten Die Krämpfe beginnen bei R. heute gleich in der Frühe und dauern über 2 Stunden! Er speist nicht mit uns und überhaupt gar nicht. Endlich um 5 Uhr kommt Dr. Keppler, der sich für Massage erklärt, gleich damit beginnt und R. eine Erleichterung für in einem Monat verspricht! R. ist ungemein dadurch gehoben, ach! und ich!... Er sagt mir, wenn ich zu ihm eintrete, müsse er mich bitten, mich zu entfernen, und wenn ich fort sei, sei er traurig, daß ich nicht da sei! –– Abends wird Whist gespielt, aber auch die Frage der bevorstehenden Abreise unsres Freundes Jouk. zum 100jährigen Jubiläum seines Vaters besprochen, ihm – wenn auch mit Kummer – zur Reise zugeredet!...

Sonnabend 13ten Die Nacht R.'s war gut, und es wird heute zwei Mal massiert. Dazu gar vieles. Vor allem die Ankunft unseres Freundes Groß, der R.'s Telegramm erst in Kufstein erhalten hat. Es wird von München aus (der Ausstellung wegen) gebeten, daß wir nur 10 Aufführungen in diesem Jahre und zwar im Juli veranstalten möchten. R. ist darüber sehr ungehalten zuerst, dann aber gibt er nach, freilich nachdem er gesagt, es sei wohl das beste, alles aufzugeben, worauf aber er der Kinder gedenkt und meint, man müsse ihnen das Beispiel der Stetigkeit geben. Um 2 Uhr geschieht die Abreise meines Vaters* – R. vermeint Traurigkeit über sich

* Auf der nächsten Seite, unter Sonntag, dort ohne Bezug, unten nachgetragen: »Bei Gele-

selbst öfters bei ihm wahrgenommen zu haben. Vorher feierten wir den Geburtstag unsres guten Paul's, R. hält ihm eine Rede, und abends spielt er ihm ein Marsch-Motiv, das er dann für ihn aufschreibt. Wie wir allein bleiben, spricht er von der Auffassung der Persönlichkeit Alexander's seitens Gobineau's, welche durchaus der seinigen (R.'s) entspricht. –– Und dann später, wie er in seiner Stube ist, höre ich ihn auf dem Klavier sanft spielen, die schwankenden Gestalten nahen wieder, er sagte gestern, seine Symphonien würden eine Melodie, in einem Satz ausgesponnen, und er spielt des öfteren heute eine eigne Melodie im englischen Volkston, welche ihm durch den Sinn gekommen.

Sonntag 14ten R. hatte eine gute Nacht, und ich glaube, daß die Massage ihm in der Tat wohltut, wenn auch manche Unruhe damit verbunden ist, z. B. sehr spätes Frühstücken. Er schreibt Briefe an Sänger (Materna) und an Heckel. Ein Brief von Lenbach mit Anzeige seines Besuches läßt R. mich über meine Schwärmerei für diesen Künstler aufziehen, wie ich depreciere, sagt er: Wenn man jemanden wie dich zum Necken hat, läßt man sich das nicht so bald entgehen. Scirocco-Sturm, man kann nicht ausgehen. Abends wird geplaudert, was durch einen Zwischenfall sehr heiter gesteigert wird. R. hatte – aus Vorurteil gegen Dr. Keppler – einen Dr. Kurz engagiert, dessen Mittel aber ihm nicht zusagten, er nahm darauf Dr. Keppler. Nun erschien der drei Mal die Woche zu kommen Engagierte, und R. fällt ihm, wie er sagt, »in den Rachen«. –– Wir befreien ihn und müssen sehr über die Komplikationen lachen! –– R. setzt sich an's Klavier und phantasiert, schöne Melodien, die ihm, wie er uns mitteilt, haufenweise immer beikommen. Ich nenne es den Lohn seines gesammelten Wesens, daß diese Blüten nun in ihm ersprießen!* – Ich weiß nicht, wie es dazu kam, daß wir von der Beirufung eines Geistlichen am Sterbebett sprachen; ich sagte, daß, wenn ich durchaus verstehe, daß das Leben uns zu diesem Beistand triebe, ich nicht begriffe, daß mit dem Tode man nicht unbedingt für sich sein wolle und daß jemand wie Marie Much. z. B., der so großartig zu scheiden vermochte, noch den Priester zuließ; R. meint, es geschehe dies schließlich doch aus Angst vor der Hölle.

Montag 15ten Immer Massage für R. und darauf einen unerfreulichen Eindruck von einem Brief von G[fin] La Tour an mich! Es ist uns, R. und mir, als ob auch sie ihren Freund nicht gekannt hätte!... Wir gehen heute zum ersten Male nach langer Zeit wieder spazieren; ich kehre in S. Marco

genheit des Lebens meines Vaters bedenkt es R., was aus ihm geworden wäre, wenn es so weiter wie in Wien (1863) gegangen wäre. Unmöglich, sich es vorzustellen.«

* Zeichen im Text, nächste Seite unten, unter Montag, nachgetragen: »›So werden wir sein‹, sagt er zu mir, wie er gespielt hat. ›Ja, so werden wir tönen‹ – antworte ich ihm.«

ein, während R. etwas besorgt, dann treffen wir bei Lavena zusammen. Bei Tisch führen wir die altgewohnten Gespräche wieder, z. B. heute über italienische Kirchen-Musik; wir suchen es uns zu erklären, daß mein Vater die Neigung dafür gänzlich verloren habe. R. gedenkt des schönen Eindrucks des Miserere von Leo (Neapel) auf ihn und beklagt die Simplizität – ganz andren Stiles –, welche die jetzigen Kirchenkompositionen hätten. Am Nachmittag machen wir einen 2ten Spaziergang zum Platz. Ich mache mit Lusch einen Besuch bei Fürst H., wir versäumen uns, kehren um 8 Uhr erst heim. R. in Sorge und daher mit Recht gegen uns ungehalten; mein herzliches um Verzeihung Bitten besänftigt ihn; leider ist Lusch eher leichtfertig-trotzig gestimmt, was mich sehr bekümmert. Nun wird von der Familie, von der Entdeckung gesprochen! Ich frage, was das sei, R. spielt eine pompös-funebre Intrada, worauf »Harlekin, du mußt sterben« folgt, um wiederum in die feierlichen Klänge zu verfallen; großes Gelächter erzeugt unfehlbar diese Vorführung. Unsere Abendgespräche drehen sich 1° um den Ruhm, ob er wünschenswert sei; Freund Jouk. meint, er gebe dem Menschen die absolute Freiheit, R. und ich, wir können uns zu keiner großen Schätzung desselben bekennen. Dann sprechen wir von meinem Vater, was bei ihm das Innere, das Gefühl wohl sei? R. sagt, er begriffe nicht, daß, wie er meinen Bruder gekannt, er nicht alles aufgegeben, um mit diesem zu leben. Vieles über meinen Bruder, über meine Schwester! ... (R. hat heute den Vortrag von Freund Wolz. gelesen und sich sehr darüber gefreut.)

Dienstag 16ten R. träumte den alten Traum, daß er mich gekränkt habe, daß ich fortgehen wollte, daß er darauf vor Hunger sterben wollte. – Die Konsultation von Dr. Keppler ergibt, daß ich den denkbar energischsten Herzschlag habe, und da er über R.'s Befinden auch durchaus beruhigt ist, scherzen wir beim Frühstück, daß wir wohl nie beide sterben würden! Es regnet wieder, folglich kein Ausgang! R. liest in der Broschüre von Dr. Förster, wie er sagt, um sich für sein Vorwort zu Stein's Buch zu schrauben. Bei Tisch spricht er von dem Vortrag von Wolz. und sagt, er würde bedenklicher sein über den Wert desselben, wenn er von der andren, von der feindlichen Seite irgend etwas Bedeutsames sähe; es sei aber nichts da, und so freue er sich dieser Kundgebungen und seiner Parteigänger. – Wie ich mit seinem Häschen Stiefel spiele, sagt er: »Er ist herrlich, das Bild von allem, was unser Mitleid erwecken soll; darauf schießt der deutsche Kaiser!« Er kommt im Verlauf des Tages darauf, welch ein entsetzlicher, in der Welt noch nicht dagewesener Zustand dieses jetzige Militärwesen sei. – Da ich langsam im Roman von Tolstoi fortfahre, sprechen wir über Nap. und über die seltsame Bewunderung, die er den

Zeitgenossen eingeflößt! – Ich weiß nicht, wie wir darauf kommen, über Reformation und den Zustand der katholischen Kirche nach ihr zu sprechen; wie ich den h. Franz von Sales erwähne, sagt R.: Er habe kein Vertrauen in diese späten fr. Heiligen mit ihrem eleganten Habit, er könne sie sich wenigstens nicht vorstellen. Er schreibt heute an Freund Sulzer über die Persergeschichte, da er sich entsinnt, daß Sulzer ähnliche Ansichten wie Gob. über die Perser ausgesprochen. Abends spielt er die sehr ausgeführte Harlekin-Improvisation mit am Schluß »Du lieber Augustin«! Der Tod tanze nun mit Harlekin!... Und spät abends liest er die zwei ersten Gespräche von Faust und Mephisto mit unaussprechlicher Bewunderung, Freude, Entzücken, »das ist deutsch«, sagt er! Shakespeare zeigt uns die Welt, wie sie ist, Goethe zeigt uns die Heiterkeit des freien Geistes über diese.

Mittwoch 17ten R. erzählt mir, daß in der Nacht, wie er aufgewacht sei, habe er nochmals über die Beschwörung des Pudels (Faust) nachgedacht, und mit gesteigerter Bewunderung. Er liest heute in der kleinen Schrift von B. Förster, bedenklich über manches (er sagt u. a.: »Man wirft so einen Gedanken hin wie ich über Bach und die deutsche Sprache, die machen daraus eine unveräußerliche, feste Sache, nun haben wir's«), aber auch erfreut durch einiges, wie z. B. daß Walhalls Burg zum Grals-Tempel wurde. Wir fahren, da [die] Sonne scheint, in offener Gondel über den Cannaregio in's offene Meer, dann von da zum Rialto, wo wir aussteigen; der Gang nach Haus – da R. wieder nahe an seinem Krampf-Zustand ist – würde ihm peinlich, wenn nicht alles, was er sieht, ihn zerstreute, so z. B. zwei Männer, die miteinander sprachen, der eine unbeweglich mit großem runden Hut, Radmantel, vorn ein[em] aus blauen Lappen zusammengeflickten Rock, schwarz-bärtig, der andre grau, ohne Bart, mit braun-gelber Jacke, Hosen und Mütze, sehr heftig gestikulierend. Unser Tisch-Gespräch hat zum Haupt-Thema die Tiere. – Wie wir mit der Gondel in Cannaregio einfuhren, frugen wir uns, warum die Deutschen die Sonne weiblich gemacht. »Es ist eine ungeheure Huldigung dem weiblichen Wesen«, fährt R. [fort], »den Mond haben sie als Buschklepper angesehen, der so nachts für sich herumstreicht.« – Er ist leidend heute, und es gibt keine Massage*; da bei Gelegenheit des bevorstehenden Jubiläums seines Vaters Jouk. mir die Biographie desselben gebracht, lasse ich sie durch Loldi mir vorlesen, R. kommt hinzu und sagt: ›Er hätte uns beiden, Mutter und Tochter, lange zusehen können‹. Beim Kaffee hatten wir über ver-

* Zeichen im Text; nächste Seite unten: »Dr. Keppler bietet ihm zu Beobachtungen Anlaß, er ist ihm ganz angenehm, trotzdem er kein Auge habe; er meint, es gebe Wesen, die eine Spezialität seien, sonst gar keine Menschen.«

schiedene Gesellschafts-Geschichten durch Lusch und Jouk. reden hören, R. rief aus: »Daß es doch immer Frauen sind, von denen man hört! Nie von einem Mann!« Abends spielt er (gestern etwas aus Walküre und das Vorspiel des 3ten Aktes der Msinger, mit Ärger über den Flügel und seine Unfertigkeit), und wie ich seine Verstimmung oder Gereiztheit gewöhnlich bei der Musik überdenke, spreche ich mit ihm darüber und [über] die viel ruhigere Stimmung, welche die Beschäftigung mit Büchern ihm hinterließ. Er sagt: Ich spräche gelassen ein großes Wort aus, gibt mir aber recht; dann freut er mich dadurch, daß er erklärt, vollkommen zufrieden mit den 10 Aufführungen zu sein. Er geht heute so weit, sich zu fragen, ob man nicht alles aufgeben sollte und möglichst viele Mittel zu gewinnen suchen, um unabhängig zu leben!... (Er meint, H. Neum. würde wohl die Sache aufgeben müssen, und frägt sich, ob die V. & B. ihm unter den jetzigen Umständen zahlen werden.) Dann geht er die treulosen Freundschaften durch: Nietzsche, Gersdorff, meint, es sei förmlich eine Schande für uns, daß wir sie nicht besser zu fesseln wußten. Und innerlich sich wohl sagend, daß es auch keine Menschen in seinem Sinne waren, singt er: »Cilie, in deinem Bett ist eine große Maskje!« Daß das Programm des neulichen Konzertes, wo die T.-Ouvertüre gespielt wurde, diese mit »W. Tell«-Ouv. als höchstes Lob verglich, läßt R. bemerken, daß alles, was die Italiener, vornehmlich Rossini, als Ensemble, Chor etc. [hätten], von furchtbarer Gemeinheit sei, während bei den Franzosen nicht, und er gibt mir recht, wie ich sage: Es sei eine größere Kultur bei den Franzosen. Wir beschließen den Abend mit Scenen aus »Don Carlos«, Ende 1ter und Beginn 2ter Akt; und R. sagt, es sei eine Freude, die Feinheit und die meisterlichen Züge in diesen Jugend-Werken zu verfolgen.

Donnerstag 18ten R. träumte, daß ihn Minna weinen gesehen hatte und daß sie dadurch ganz übermütig – sie glaube, es galt ihr – mit der Kaffeemaschine so hantiert hätte, daß er glaubte, sie sei wahnsinnig geworden. – Dann, daß wir beide einen hohen Schneeberg bestiegen und daß wir Rus dabei an der Leine führten!... Die Massage ist heute sehr spät, dazu Sonnenschein, R. meint, es sei warm, läßt wiederum die Felle entfernen; wir frieren sehr. Die Mittagessen-Stimmung ist dadurch ärgerlich, und mehr denn ein Mal kommen mir die Tränen in die Augen! Ein etwas langer Nachmittagsschlaf erholt R., und wir wandeln sehr heiter durch unsere große Enfilade, die er sich stets freut wieder gewonnen zu haben. Abends wird er auch massiert; es scheint ihm in der Tat gut zu bekommen. Nach dem Abendbrot liest er uns in »D. Carlos« weiter, er sagt: Er habe die Reife des Werkes überschätzt früher, jetzt freue er sich der herrlichen Züge. Den Monolog von K. Ph. nennt er shakespearisch und die Aufgeregtheit von D. Carlos, wie er sich von der Königin gerufen wähnt, einzig. – Dann schlägt er das erste Thema (der Hörner) von der »Freischütz«-Ouvertüre an; wie wir uns dessen freuen, sagt er: »Ja, was das mir gewesen ist!«

Freitag 19ten Er hat gut geschlafen und ist so heiter aufgelegt, daß der Dr. vor Lachen ihn eine Weile lang nicht massieren kann. Er hatte ihm gesagt: Die Magen-Sonde sei ein Eingriff in seine persönlichen Rechte! Bei Tisch plaudern wir gemütlich, Erinnerungen an P^{rz} Georg. Gegen 1 Uhr besucht er »die Prinzen«. – Gestern nämlich begegneten wir dem $\mathrm{G}^{\mathrm{fen}}$ Bardi und erkannten ihn nicht, R. ging ihm nach, um sich zu entschuldigen, und meldete sich dann. Er findet, wie er sagt, zwei liebenswürdige Österreicher, mit denen er scherzt. Darauf machen wir unseren Spaziergang im botanischen Garten. Beim Kaffee zeigt uns die Italie, zu unserem Staunen allerhand Neues aus Frankreich, P^{rz} Nap. verhaftet in Folge eines Manifestes, es stimmt uns lebhaft, weil wir gerade bei Tisch von dem entsetzlichen 2ten Dezember und der darauf folgenden Bewunderung der Welt der Könige für N. III. [sprachen]. – (Auch daß man Jagden mit Chorälen beginnt, wird besprochen.) Über den Vegetarismus spricht R. mit dem Dr. und beklagt die Torheit der Vegetarier, welche die Milch, doch die von der Natur uns gegebene Nahrung, verpönen. – Am Nachmittag fahren wir zur Piazzetta, R. & ich, und erfreuen uns Venedigs im Mondschein. Abends liest er uns im »D. Carlos« weiter, wir schließen mit der Scene des Mis Posa und Carlos im 4. Akt. R. freut sich der *schlanken*, freien Gestalt des Mis, und wie ich ihm sage: Ich glaubte, diese Dinge, nun beinahe lächerlich gemacht, würden in der Schätzung der Menschen noch wachsen, sagt er mir, gewiß, das ist die arische Idealität, das haben wir hervorgebracht. Dann spielt er den Anfang der 9ten! Einem Phantasieren vergleicht er ihn und sagt: Diese erhabene Naivität! Wie lange dauert es, bis man zu dieser gelangt! In den ersten Symphonien ist er noch wie im Gerüst!

Sonnabend 20ten Unser Frühstück bringt das Thema auf* des Lebens der Kinder, ob man sie ganz von der Gesellschaft absondern kann und darf, ob sie nicht in der Isolierung mit uns überboten werden? Eva z. B. ist merkwürdig gereizt, und der Dr. untersagt solche Lektüren wie »D. Carlos«. Eine Schwierigkeit, die ich meinem guten Stern anvertraue! Wir fahren aus, R. fühlt sich angegriffen, er geht zu Lavena, während ich in die Markuskirche eintrete und wie goldumflossen mir vorkomme. Bei der Heimfahrt erzählt er mir seinen Traum; er sei mit mir einen hohen Berg

* Ursprünglich: »uns auf das Thema«, dann verändert.

hinangegangen und habe gemeint, er führe mich, bis er gemerkt habe, ich stützte ihn, und zu einer immer ängstlicher werdenden Engigkeit des Pfades sei er inne geworden, daß ich mit unsinniger Anstrengung ihn stützte, darauf sei er erwacht. R. ist sehr weicher Stimmung und sagt uns bei Tisch, wir müßten seine ärgerlichen Bemerkungen wie von gestern abend nicht so ernst nehmen. Er teilt einiges sehr Drollige aus den Fl. Blättern mit (wie Tiroler Juden-Masken-Ball, Veilchen gefällig) und behauptet, diese Zeichner seien ihm lieber als alle jetzigen Maler. Am Nachmittag wandert er zu Fuß nach dem Cannaregio (ich beim Antiquar). Wie ich heimkomme, suche ich ihn auf, er zeigt mir, was er als Ergebnis seines Spazierganges aufgesetzt hat: »Das viele Reden und Hören verhindert das Sehen.« »Das fruchtbare Sehen: was der Blick alles erkennt, der so über eine Brücke [hin]über streift!« Abends sprechen wir von Schiller's »Don Carlos«, das Wort der Königin: Ich schätze keinen Mann mehr, das ich also verstanden hatte: da Sie sterben, faßt R. als bittersten Vorwurf der Liebe gegen Posa, daß er sich geopfert. Wir sprechen über die große, tiefe Zartheit dieser Wendungen, und wie ich es hervorhebe, wie rührend dies sei, wenn man sich diese zarten Seelengebilde um Schiller's dürftige Existenz in Loschwitz vorstelle, erwidert R. freundlich-barsch: »Wo sollen sie denn kommen? Etwa am spanischen Hof?« Er liest uns aber heute nicht vor.

Sonntag 21ten Für den Sonntag setzt R. die Massage aus, und ich bitte ihn überhaupt, die Sonde aufzugeben, von der ich mir einbilde, daß sie seine Nerven aufregen muß. Er hat für heute eine Partie anberaumt, wir sollen auf dem Markusplatz speisen, und richtig, der Nebel lagert auf Venedig! Er hat seine Vorrede für Stein's Buch heute begonnen, das stimmt ihn gut. Aber es ist kalt, im »Cappello nero« ist die Mahlzeit nicht bereit, ich lese einen sehr hübschen Brief vom guten Ponsch* vor, das hilft; beinahe aber droht die Stimmung recht übel zu werden, doch dadurch, daß wir ganz für uns sind mit Jouk., wird R. nicht gereizt, und allmählich stellt sich selbst eine sehr gute Stimmung ein. Wir wollen heim, werden von dem Andrang zurückbewogen und sehen vom Restaurant aus den Maskenzug, in welchem ein Koch R. immer grüßt; R. auch erwidert. Man meint, 20.000 Menschen seien auf dem Platz; die Kinder – auf R.'s Geheiß fortgegangen, waren aber wiedergekehrt – sehen mit uns dem Gewühle zu, der »schwarzen Masse, in welcher fleischfarbene Flecke sich zeigen«, seltsamer, nicht heimlicher Eindruck. Wie wir zu zweit heimfahren, R. und ich, ergeht er sich über Anblick und Eindruck, beides so traurig, »und doch«, sagt er, »was nicht der Masse näherzukommen versucht,

* Für: Bonus, Boni, Blandine.

ist nicht viel wert!« Er begibt sich zur Ruhe, ich mache einen Besuch, wie ich heimkommend zu ihm eintrete, wacht er auf. Abends spielt er von Weber aus »Euryanthe« und auf meine Bitte wieder von »Freischütz«, wir freuen uns, daß nach Beethoven so durchaus Neues geschaffen werden konnte, was doch Beeth. nichts von seiner Größe nehme. H. v. Wolkoff besucht uns, R. nicht unangenehm, und da er eine treffende Bemerkung über Sänger und Orchester macht (er meint, Stimme und Instrumente mischten sich nicht), rühmt R. seine richtige Empfindung, sagt, das Orchester müßte gleichsam der Boden sein, auf welchem der Sänger wandle, und verführt durch dieses Gespräch setzt er sich an das Klavier, spielt und singt die Scene von Fafner's Erscheinen vor Siegfried, das Erwachen Brünnhilde's, dann auf meine Bitte Vorspiel des 3ten Aktes von Tristan. Das alles aber regt ihn auf; er spricht zerstreut, und wie er uns etwas von Dr. Rahn erzählen will, entfällt es ihm ganz.*

Montag 22ten Und beinahe die ganze Nacht über spricht er und ist unruhig, kann auch nicht arbeiten. Der gestrige Tag war zu viel. Wir fahren zum Platz, er setzt sich unter dem Porticus, verweilt aber kurz dort. Ich erhalte einen Brief von H. v. Bürkel, den ich aber ihm nicht mitteile; er meldet, daß der König bei seinem Willen einer Aufführung des Parsifal im Mai (München) bleibe. – Die gestrige Partie gilt ihm als gelungen, und er sagt, man müsse ihn nur immer tüchtig räsonieren lassen, die Schmähungen seien bei ihm die Vorboten der guten Laune. Zwei Depeschen des Vaters Rubinstein's rühren uns sehr und erregen unseren Unwillen gegen die Härte des Sohnes. – Abends wird nicht massiert, da der Dr. eine schwere Operation vorhat. Ein Brief von Dr. Landgraf an Dr. Kurz (!) freut R. sehr, er sagt, wir könnten Landgraf zu unsren Besten rechnen. Abends sind wir zu dritt, R., Jouk. und ich, R. hat es gern, er bedarf der Ruhe und daß ihn nichts zum lebhaften Sprechen bewege. Er klagt über sein Gedächtnis, heute vermeinte er, einen Brief von Jos. Rub. erhalten zu haben. Ich glaube, daß das, was er jetzt entwirft für Stein's Buch, der Grund davon ist. Über den seltsamen Zustand in Frankreich kommen wir zu sprechen, R. sagt: »Sie haben keine Fahne mehr.« Dann über Rußland, man sollte dort Gob.'s Gedanken beherzigen. – (Neulich bei Gelegenheit der aufgeworfenen Frage, ob Jouk. dem Jubiläum seines Vaters beiwohnen wolle, kam R. darauf zu sprechen, wie peinlich es ihm sein würde, sich etwa sagen zu müssen, daß Fidi's Wege durch seinen Ruhm gehemmt werden. Vor allem wünschte man seine Kinder ganz selbstisch und frei.)

* Sechs Seiten später, unter 24. Januar, unten nachgetragen: »Note zum 21ten. R. hat H. Hausburg strengstens über seinen Lebenswandel apostrophiert und ihn erbärmlich gefunden!«

Da das Wetter heute wieder herrlich war, müssen wir heiter der gestrigen Nebel gedenken, welche wie eine tückische Klammer sich ausnehmen, um R. den Scherz zu verderben. – R. spielte am Abend das Trio des Menuettes aus der g moll Symphonie, sich der Anmut desselben erfreuend, er meinte aber, er glaube nicht, daß in den öffentlichen Aufführungen diese Sachen noch wirkten; ich meinte, daß ich es im Gefühl hätte, daß sowohl die Mozart'schen Symph. wie die Schiller'schen Dramen von den öffentlichen Aufführungen schwinden würden, daß aber ihr Gehalt von denjenigen, auf die es ankäme, immer höher geschätzt werden würde. R. erwägt – mir zustimmend – dabei, was wohl als vollendet in der Kunst gelten könne; er sagt: Eine antike Statue.

*Dienstag 23ten** R. hat gut geschlafen und faßt den Entschluß, sich nur ein Mal des Tages massieren zu lassen. Beim Frühstück plaudern wir ruhig miteinander, und ich fasse den festen Vorsatz, das aller-allerwenigste ihm mitzuteilen, um sein teures Sinnen nicht zu durchkreuzen oder überlasten. Er arbeitet etwas, und um halb 1 fahren wir bei herrlichem Wetter auf die Piazzetta, wandern beinahe bis zum Arsenal, setzen uns eine Weile im Giardinetto und kehren um 3 Uhr zurück. Bei der Hinfahrt erwähnte R. die Bach'schen Fugen, »das Chaos wird hier zur Harmonie«, die übrigen Formen findet er dagegen spielerisch, und gestern beklagte er es, daß die Musik so der Zeit unterworfen sei, vielleicht nur nicht in der Anwendung auf das Drama. Bei der Heimfahrt singe ich den ersten Satz der c moll Symphonie, was R. Spaß macht. Unser Mittagessen ist heiter, und daß wir zwei Besuche erhalten (Graf Bardi und Fürstin Hatzfeldt) ist R. nicht unangenehm. – Er liest in Gob.'s Werk weiter, mit wachsendem Staunen über die Studien des Autors. Abends Plauderei, welche R. mit dem Hirtengesang und Pilgerchor aus Tannhäuser beschließt. Er sagt, er sei der Welt noch den Tannhäuser schuldig. Gestern bei Gelegenheit von Erinnerung an Blandinen's Trauung besprachen wir es, welch ein Unheil es sei, heutzutage als Katholik geboren zu sein, und R. setzt es auseinander, wie es Tendenz bei dieser Kirche geworden sei, Intelligenz und Schönheitssinn zu verwerfen und auf das gemeine Volk sich zu stützen und zugleich dieses in der Verdummung zu erhalten. Heute bei der Spazierfahrt erzählte er es mir, wie in Siam ein Elefant wütend geworden sei und nun man ihm zuerst die Augen ausgerissen und dann halb verhungern lassen! »Der Mensch ist das dümmste Tier«, fährt er schmerzlich fort, ich wende das Wort Spontini's über Rienzi auf die Natur und sage: Sie schiene wirklich mehr getan zu haben, als sie gekonnt, worauf R. sagt: »Bis der

* Irrtümlich »22ten«.

Erlöser am Kreuz kommt.« -- Ich meine: »Als Reparation all des Unheils«, er: »Als Drang der ganzen Natur, den Willen zum Leben aufzuheben.«

Mittwoch 24ten Unser Gespräch führt uns auf den Vorschlag Neumann's, hier in Venedig die Nibelungen aufzuführen. R. rät ab. Er begibt sich dann zu seinem Vorwort; gestern abend war er noch zu mir gekommen – vor dem Auskleiden –, um mir zu sagen, wie schön er den Schluß der »Cornelia« fände. Um die Mittagszeit ruft er mich und liest mir den Beginn seines Briefes an Stein, der mich zu Tränen rührt. Da ich scherze: »Du mußt doch alles herausschwatzen«, scherzt er wieder: Er könne mir nichts recht machen. In der Gondel gedenkt er Falstaff's: »Sag, daß ich taub bin«, lacht und meint, daß er das immer sagen möchte, wenn man ihn anredet; dann der Schauspieler, die alles ausschwatzen, und gedenkt des furchtbaren Sinnes, den bei Hamlet dieses Ausschwatzen bekommt. Gestern erwähnt er es, wie töricht es gewesen sei, dem Sein oder Nicht-Sein eine allgemein philosophische Bedeutung zu geben, es sei eben Hamlet, der rede. – Große Kälte, Nordwind, R. sucht eine Schnalle für den Pelz, den er mir gegeben; wir finden nichts und frieren sehr. Heimgekommen bekümmert uns Lusch's Zustand sehr; sie ist zu Bett, ich konsultiere Dr. Keppler. In Folge dessen Gespräche über die jetzige Stellung der Frauen, die R. als eine unnatürliche bezeichnet. Ach! Viele, viele schwere Sorge! --- R. erzählte von einem jungen Paar, welches sich aus Liebesnot umgebracht, und fügt hinzu: »Das ist noch immer die eigentliche Lebenstragödie«, – er gedenkt, wie das Thema im »Faust« zwischen Lise und Bärbel verhandelt wird, volkstümlich unerbittlich. Den schweren Gedanken gibt meine Erwähnung, wie hübsch seine Stube (blaue Grotte) sei, eine Diversion, wir kommen auf seine Neigungen für Farben, für Wohlgerüche, welch letztere er sehr stark haben muß, da er schnupfe; »das Schnupfen ist eigentlich meine Seele«, sagt er sehr drollig; zuerst beschreibt er, wie sanft glänzende Farben ihn stimmten, aber im Laufe des Gespräches leugnet er jeden Zusammenhang und sagt sehr bestimmt: »Es sind Schwächen.« – Dann gedenken wir des Hebefestes in Bayreuth (1873)*, und er drückt sein Staunen über das Theater aus, »daß es da ist, daß ich das zu Stande gebracht habe mit meinen Partituren!« --**

* Irrtümlich steht hier »(1874)«, s. Anm. ** Zeichen im Text, vier Seiten später, unter 26. Januar, unten nachgetragen: »*Mittwoch 24ten.* Bei Gelegenheit des Hebefestes und des Schwindels, der einen auf der Höhe hätte ankommen können, erzählt R. von einer Bergpartie mit K. Ritter, wo dieser in unbeschreiblichen Zustand geriet: ›Ich sah ihn schon unten im Abgrund, dachte, nun hast du die Mutter auf dem Hals, schrieb den Brief‹ -- was uns ungeheuer erheitert!

Donnerstag 25ten R. hat nachts die Scene von Valentin und Gretchen gelesen und sagt, welch erbärmliche Rolle da Faust spiele, auch auf den Bildern, wenn man ihn noch so schön male. Ich meine, daß in Liebesdingen die Frauen immer fesselnder seien, nur einzig nicht in Tristan.* – R. hat sich erkältet, und die Sorge vor der Gesichtsrose befällt mich. Die Kälte soll übermäßig heute draußen sein, wir gehen nicht aus, R. arbeitet an seinem Vorwort. Bei Tisch wird von dem persönlichen Anteil der fürstlichen Generäle an Schlachten gesprochen, R. meint, er sei nicht groß, mit dem Gucker versicherten sie sich des Standes der Dinge; Menschen wie Fr. d. Große und G. Adolf habe es nicht gelassen, sie hätten sich selbst umsehen müssen, wie es stünde. In Lusch's Stube weilend am Nachmittag diktiere ich einen Brief an Boni, R. kommt hinzu und nimmt die Feder für Eva und schreibt einen Satz. Auch der Besuch des Gettatore G^f Vesuce gibt ihm Veranlassung zu einem Scherz, er zieht dessen Mantel im Vorzimmer an und geht zu Lusch, um um sie zu werben! – Er wird massiert, und es scheint ihm gut zu gehen, er klagt es aber, daß das Leben ein ewiger Winter sei, die kurzen Tage peinigen ihn. – Abends muß ich ihm endlich den Inhalt des Bürkel'schen Briefes mitteilen; er ist sehr erregt, aber doch ohne Zorn, faßt den Entschluß, ein eigenes Orchester zu engagieren, und sagt mir: Ich solle schreiben, seine Gesundheit erlaube nicht, ihm derartige Mitteilungen zu machen. – Dann mag er von etwas andrem reden, er kommt auf: Ob sein, ob nicht sein (wie er es korrigiert), und sagt, es könne nicht krankhaft genug, ja larmoyant gesprochen werden, es sei ein Grübeln, ein Faseln, welchem einen philosophischen Sinn zu geben eine Torheit gewesen sei. – Dann aber, in der Schlafstube, kommt er auf die Bestimmung des Königs wieder, spricht die Anwandlung aus: alles aufzugeben! »Meine Werke sind da!«

Freitag 26ten R. ist beruhigt, und beim Frühstück sagt er mir, er wisse nicht, ob er seine künftige Abhandlung als »Das Weibliche im Menschlichen«, oder »Das Ewige im Weiblichen« betiteln werde. Dann erzählt er mir von einem Arsaciden, dem ein ihm von Augustus geschenktes Weib über alles gegangen sei. Dann geht er zur Arbeit und ist zufrieden mit dem, was er macht. Aber um die Mittagszeit, wie ich ihm den Passus aus H. v. B.'s Brief mitteilen muß (er hat gestern den Brief nicht lesen wollen), gerät er in Aufregung, wenn auch die Aussicht, erst im Frühjahr 84 die Aufführung zu veranstalten, eine erfreuliche ist. Wir fahren dann nach dem Platz bei schönem Sonnenschein, aber er fühlt sich leidend, und auch

* Drei Seiten später, erste Note unter dem 26. Januar, unten nachgetragen: »25ten. In der Frühe Depesche von Neumann, für welchen R. Teilnahme empfindet für die Nöte, die er mit ›semitischem Ernst‹ durchmache.«

nach Hause [zurück]gekehrt weicht »die Schwere« nicht, er kommt spät zu unserem Mahl, das er verlassen wieder. – Ein Brief von Freund Stein bringt uns die Frage nahe, ob wir ihm nicht zum Bruch mit der Familie und Zuflucht zu uns dann doch raten sollen. Ob Glasenapp, ob Stein bei Siegfried, ist die Frage. Der Abend geht traulich-still vor sich unter Plauderei über allerhand, R. eher schweigsam, aber gern zuhörend. Nur ab und zu lodert es in ihm auf wie bei einem halb erloschenen Feuer, was der König ihm antue, indem er diese Separat-Aufführung befehle.

*Sonnabend 27ten** R. hat gut geschlafen, und er arbeitet, worüber er scherzhaft bemerkt, daß er solch einen langen Aufsatz, wie ich ihn gemacht, nicht mehr zu Stande brächte. Gegen ein Uhr fahren wir aus nach S. Mosè; R. ist aber etwas aufgeregt und bleibt es [den] Tag über um so mehr, als der Dr. heute nicht kommt. Die Abend-Plauderei behagt, nur regt er sich bei der Besprechung von Peter Cornelius' Äußerung in München über R. (rauhe Schale guter Kern) sehr auf. Wir lesen am Schluß des Abends die »Zueignung« von Goethe, wobei R. wieder sein geringes Vergnügen an Lyrik zu erkennen gibt.

Sonntag 28ten R. hatte eine unruhige Nacht, ein Diät-Fehler (Bier) hat sie ihm, wie es scheint, verursacht. Er arbeitet, und wir fahren bei wundervollem Wetter zur Piazzetta, wo Vorbereitungen für das Maskenfest stattfinden. Bei Tisch ist R. etwas verstimmt, wie er das Wort bringt: »Die beste Gesellschaft läßt dich fühlen, daß du Mensch mit Eseln bist«, lachen wir sehr, und er erklärt uns, der Brief von J. Rubinstein an mich habe ihm das eingegeben! – Ein Brief Richter's empfiehlt den Baritonisten Sommer, R. antwortet. Vorher erklärte er mir, durchaus nicht auf die Kinder-Krankheiten in Richter's Haus eingehen zu wollen. Wie er am Nachmittag zu mir kommt, sage ich ihm, was das Thema meines Gespräches gewesen wäre, nämlich das Glück, welches er empfinden müsse, wenn er ein Werk von sich aufschlüge und diese absolute Vollendung gewahre; er verneint die Freude, weil ihm allerhand Nebengedanken über Aufführung und derlei ankämen. Aber das Publikum, welches die Sachen immer wieder sich ansähe, interessiert ihn. Er freut sich auch der sehr großen Einnahme in Wien. Abends wird leider über die Heizung in Wahnfried gesprochen, und ich spreche es in der Hoffnung auf Veränderung aus, daß unsre Luftheizung keine gute mir scheint, was R. verstimmt. Er

* Unten auf der folgenden Seite, unter Sonntag, unten nachgetragen: »*Note zu Sonn. 27ten.* R. erzählt mir seinen Traum, er sei in dem violetten Schlafgewand, welches er eben anhat, in's Theater mit mir gegangen in eine Loge; da habe man sich unschicklich gegen ihn benommen, er habe sich aber / nicht zeigen wollen und doch fast gemußt, ich sei darüber in die größte Verlegenheit geraten, worüber er erwachte.« / »R. überdenkt, ob Stein, ob Glasenapp für Fidi.«

beruhigt sich aber und liest noch die letzten Seiten von Gob.'s »Histoire des Perses« am Schluß des Abends uns vor.

Montag 29ten Kein Morgengespräch heute, da ich zu Bett bleiben muß einer Erkältung wegen, dafür aber um die Mittagszeit die Vorlesung des schönen Vorwortes zu den Stein'schen Dialogen! R. geht aus, trifft auf dem Markus-Platz die Kinder und kehrt heiter mit Lusch heim. Viel Scherz bei Tisch über einen Brief des Kapellmeisters Levi an mich, woraus sich ergibt, daß ich an ihn diktiert, an Lenbach aber eigenhändig geschrieben hätte. Am Nachmittag wird R. massiert, und scheint entschieden diese Kur ihm gut zu bekommen.* Abends lesen wir den 4ten Akt und die erste Scene des 5ten Aktes von »D. Carlos« zu Ende, mit inniger Freude an der Kraft der Idealität, die sich darin offenbart und die Schiller's Eigentum [ist].** Vorher hatten wir Vergnügen an Melodien, von Freund Tappert aufgefunden (u. a. eine vom Sänger Rizio!). Und Freude hat R. an den Kindern, an Fidi zumal, der ohne Inspiration, nur mit Routine in der Durchgangs-Stube kalligraphisch höchst säuberlich dichtet! (Von Loldi sagte er gestern, »sie plumpst einem in die Seele«.) – Ein Thema, auf welches er des öfteren kommt, das ist die jetzige Tracht der Frauen; neulich, wie er eine Photographie unter den Arkaden betrachtete, rief er aus: »Wenn ich den Staat zu regieren hätte, da würdet ihr so herumlaufen!« Er sagt: »In einen Harem höchstens gehören solche gekleidete Frauen.« Er spricht noch abends darüber und erwähnt einen Stich im Cappello nero mit der Frauen-Kleidung des Directoire, welche er sehr hübsch findet.

Dienstag 30ten R. hat eine erträgliche Nacht gehabt, die Post bringt ihm einen hübschen Brief vom Sänger Winkelmann, der ihn freut. Er schreibt ⟨an⟩*** seinen Aufsatz ab und geht dann für sich, da ich immer noch erkältet, spazieren. Er kehrt sehr erfreut durch den Anblick der lebendigen Gäßchen [heim] und meint, es sei besser, er ginge nicht mit mir, wenn es auch ganz dumm sei, aber er schäme sich mit mir seiner Krampf-Anfälle, der Nötigung, langsam zu gehen. Er ist besorgt, mich damit zu kränken, weiß nicht, daß einzig das, was ihm frommt, mich freut! Er hat mir ein schönes Kaffee-Service gebracht und kam ganz heiter in dem Wissen der Überraschung heim. Bei Tisch ereiferte sich Jouk. gegen die Vaporetti; R. erwiderte, daß er sich nicht so sehr dabei aufhalten könne, da sie zu dem Ganzen unsrer heutigen Welt gehörten, wo auch der Jude Guggenheim ein Wohltäter von Venedig sei; und wenn man Venedig in

* Nächste Seite, unter Dienstag, unten nachgetragen: » *Zu Montag.* Beim Abend-Brot sprachen wir viel über Raimund's Stücke, die R. hoch pries.« ** [ ] statt »sind«. *** ⟨ ⟩ eingefügt.

seinem alten Zustand erhalten wollte, so müsse man auch die alten Geschlechter zur Bewohnung der Paläste einsetzen! – Zum Kaffee besuchen uns die freundlichen Maler Passini und Ruben, die aber auf R. einen vertrockneten Eindruck machen und ihm die heitersten Späße eingeben. Sonst ist er, wie jetzt öfters in der Dämmerung-Stunde, gedrückter Stimmung; er beklagt es, daß unser Palast so weit vom Platze sei, meint, wir hätten kein Glück mit unseren Einrichtungen (was er gleich zurücknehmen will, als er befürchtet, mich dadurch traurig zu machen); wir wären wohl zum letzten Male in Italien, sagt er, und würden künftig nur eine große Reise im Jahre machen.* Er würde aber alles tun, wovon er annähme, daß ich es gern hätte. – Abends liest er uns in der Zeitung l'Italie die Darstellung der Lage in Frankreich vor. (Vorher, beim Abendbrot, war große Unruhe dadurch entstanden, daß wir die Nachricht erhalten, Dr Neumann käme nun doch nach Venedig mit dem »Ring«, trotzdem R. entschieden G^{f} Contin abgeraten hat. R. telegraphiert auf das energischste an Neumann dagegen.) – R. fordert Lusch auf, etwas zu musizieren, leider benimmt sie sich kindisch dabei und schlägt es ab. R. spielt nun allein, zuerst das Andante der 4ten Symphonie (»für uns die 3te«, wie er sagt) und aus der 9ten »froh, froh, wie seine Sonnen«. – – – Er hebt es wiederum hervor, was das für ein bedeutender Zug bei Beeth. sei, in seinen Symphonien die Sentimentalität ganz ausgelassen zu haben, die in seinen Sonaten, Quartetten so vorherrsche. Sie seien wie große Epen, Dramen. Dort (in Sonaten etc.) musiziere er, in der Symphonie musiziere die Welt durch ihn. Er hält sich über den Unsinn auf der Nachfolger, welche solche Sentimentalität nun eingeführt hätten. Am Schluß des Abends sagt er zu mir, er könne sich noch eine Art symphonischer Werke in einem Satze vorstellen, wie der Kaisermarsch z. B., wo keine Gegenüber-Stellung der Themen, aber eines aus dem andren emporkeimt. Aber er will nicht mehr musizieren, es rege ihn auf. (Freude an Fidi, der jetzt prächtig aussieht.) – Die Beschreibung des Schlosses des Königs in der Italie kränkt R.; ⟨er schämt sich dabei des ganzen Verhältnisses. Beklagt es, daß nicht Rothschild ihm eine Million geschenkt⟩** ...

Mittwoch 31ten In der Frühe allerhand Betrachtung über die Kinder. Sorge, besonders um Lusch. Loldi unwohl. Dann geht R. zum König von Bayern über, und wir stellen Betrachtung über das Leben an, welches in dem Verhältnis, das alles zu lösen schien, ein[en] unzuahnenden Quell

* Zeichen im Text, zwei Seiten später, unter Mittwoch, unten nachgetragen. »*Zu Dienstag.* An Neapel (Villa d'Angri) denkt er immer gern; neulich meinte er kühn, Venedig müßte da liegen, wo Capri ist! Daß man beides vereinigt hätte.« ** ⟨ ⟩ von fremder Hand mit Tinte unkenntlich gemacht.

von Bitternissen ergab! – – Ich habe R. aus der Revue d. d. M. einen Aufsatz von M. Ducamp über die Paris[er?] nach Sedan [gegeben], und er interessiert ihn auch, nur meint er, der Autor irre, wenn er annehme, daß Bismarck den Krieg mit Frankreich gewünscht und klug herbeigeführt habe. Er hätte eine unumgängliche Notwendigkeit vorausgesehen. – R. spediert heute seinen Brief an H. v. Stein ab; er kommt um die Mittagsstunde zu mir herein, und da er mich husten hört (»statt Glocken, Bellen«), nennt er mich: »Phylax, der so manche Nacht Haus und Hof getreu bewacht«, und wie gern nehme ich den Namen an! Er erzählt mir, welchen unbeschreiblichen Eindruck das: »Phylax kam zum Sterben!« seiner Kindheit gemacht. Da es heute regnet, geht R. nicht aus und ist dessen ganz froh. Bei Tisch wird mit den Mädchen viel gescherzt, er (R.) habe bereits an Schnappauf geschrieben, um sie nach St. Gilgenberg abzuführen! Dr Neumann telegraphiert*, daß die Aufführung in Venedig nicht stattfindet, eine Beruhigung! R. hat sich sehr heute darüber gefreut, daß ihm Hoffmann's Tropfen mit Valeriana so geholfen und seine Arbeit durch Stillung der Krämpfe befördert. Er ist ebenfalls bei der Stuben-Promenade am Nachmittag sehr heiter; und höre ich ihn auch vorher etwas improvisieren, der beseligende Geist der Musik regt sich in ihm, dabei ist er auch gar überschwenglich gut für »Phylax«. Abends besuchen uns H. v. Wolkoff und Frau Pinelli, R. durchaus nicht unangenehm, welcher den Abend mit: »Harlekin, du mußt stererererrrerrrebenenene« beschließt.

Februar

Donnerstag 1ten Unruhige Nacht für R., wenigstens viel lautes Sprechen darin. Auch klagt er über Ohrenreißen, und ich tröpfle ihm ein wenig laue Milch in das Ohr. Wir haben Scirocco und Regen, doch schlage ich es R. vor, ein wenig auszufahren. Er wird aber davon nicht erheitert, und abends nimmt er keine Mahlzeit ein und klagt recht sehr über Schwere. Doch im Verlauf des Abends erheitert er sich und fühlt sich auch besser. Ein Brief von Boni ist uns eine wahre Labsal; ich darf es wirklich erleben, daß dieses Kind die Wege wandelt, die ich ihr gewiesen!

Freitag 2ter R. hat gut geschlafen, wir sind beschaulicher Stimmung beim Frühstück, R. spricht ein wenig über die Novelle von G. Sand, »Les Maîtres mosaïstes«, die ihn wenig interessiert, und meint, es sei die italie-

* Telegramm aus Brüssel vom 31. 1. 1883 beigelegt.

nische Renaissance die ganze Poesie der Franzosen. Er entwirft heute seinen Brief an Glasenapp. Schwere Gedanken! Ob wir überhaupt wieder nach Venedig kommen? Nach Italien? Hier vermißt er viel, und doch graut ihm vor der Einsperrung im Norden. Wie er beim Frühstück das Glockengebimmel hört, sagt er, man könne es Faust nicht übelnehmen, daß er darüber unwillig würde. – Wir fahren bei herrlichstem Wetter nach der Piazzetta; die Volksmenge, welche des Festes wegen sich hier tummelt, ist ihm aber unlieb, wir wandeln durch die Merceria nach dem Rialto, wo wir von der Seite einsteigen, den Fleischerladen vermeidend, der vorgestern R. einen entsetzlichen Eindruck gemacht. – Beim Kaffee besprechen wir, R. und ich, das absolut Unpersönliche von Shakespeare. In der Revue hatte R. gelesen, daß Th. Gautier, besser gestellt, hätte Frankreich 5000 Verse noch schenken können: »Das verstehen die unter Dichter!« R. ist überzeugt, daß alle Sonette von Shakesp. für andre gemacht worden sind: »Schweigen und sehen, das Weltbild entstand ihm aus dem Sehen, im übrigen wird er dafür gesorgt haben, daß seine Schauspieler gut spielten, das sieht man aus ›Hamlet‹.« – – Um die Dämmerstunde kommt er mit Jouk. im Salon zu mir, er klagt über die langen Abende, auch das Vermissen der Bücher. Ein Brief von Malw. Meys. erregt seinen Ärger wegen seiner Auslassungen über Gobineau. Das Wort: »die Gesellschaft«, erregt immer seinen Ärger! – R. spielt dann – à propos von *Phylax* – die »Wilde Jagd«, das Gebell der Hunde, dann mancherlei von Weber, endlich aber kommen wir auf die Msinger, und er spielt viel daraus, sich dieses holden Werkes erfreuend. »Mach deine Schuh« – das wäre damals seine Stimmung gewesen. Wie wir uns zu Bett [begeben], frägt er sich: ›Ob er wohl Marke wiedersehen würde‹, ›er fürchte, wir verheimlichten ihm manches‹. – Ich beruhige ihn. Erinnerung an Molly, er schläft dann ein.

Sonnabend 3ten R. war etwas unruhig diese Nacht, und er fühlt sich beim Frühstück und im übrigen Vormittag so wenig wohl, daß er sich außer Stand erklärt, etwas zu schreiben. (Die Aussagen Malwida's über Gob. ärgern ihn immer noch.) Er fährt gegen Mittag mit Evchen aus und kehrt erheitert zurück. Freundliches Mahl mit Plauderei über allerhand; wozu Illustr. Z. und Fl. Bl. den Hauptstoff liefern. Am Nachmittag fährt er auch wiederum aus. Wir wandern dann auf und ab durch den langen, jetzt von ihm nicht mehr sehr gemochten Vendramin! In der Schmeitzner'schen Monatsschrift steht ein Aufsatz über Nietzsche's »Fröhliche Wissenschaft«; ich spreche davon, und R. blickt hinein, um seinen ganzen Widerwillen dagegen kund zu geben. Alles sei von Schopenhauer entlehnt, was Wert habe. Und der ganze Mensch sei ihm widerwärtig. In der

I. Z. liest uns Jouk. die Beschreibung des Zusammenstoßes der zwei Schiffe in der Nähe von Hamburg. Ganz entsetzlich!... Abends spät, wie wir uns zur Ruhe begeben, erwähnt es R., daß »Fl. und Flock« in Berlin zum 500ten Male in steter Gegenwart des Kaisers gegeben worden war! Ich füge den König von B. mit Versailles hinzu, und da hat man Deutschland! Daß Fidi heute auf dem Platz durch das Telephon eine Sängerin gehört hat, unterhält R.

Sonntag 4ten R. erzählt mir den schönen Traum, den er hatte: Er war mit Schopenhauer zusammen, der ungemein heiter und freundlich war (ganz weiß und von dem R. sich sagte, nein, wer sollte sich denken, daß das dieser große Philosoph sei; und dann machte R. Sch. aufmerksam auf einen Schwarm Nachtigallen, die aber Sch. kannte). – Dann kommt R. wieder auf Nietzsche; meint, die eine Photographie hätte genügt, um ihn als Geck zu kennzeichnen, und erklärt ihn für absolut nichtig, ein rechtes Beispiel für das Nicht-Sehen. Dann geht R. auf die »M. mosaïstes« über und meint, solche psychologischen Novellen-Feinheiten seien ihm ganz unmöglich, der Mythus hätte ihn gleich in zu große Linien versetzt. – Gegen 1 Uhr liest er mir seinen ausführlichen Brief an Freund Glasenapp vor.* Es ist Scirocco, R. geht nicht aus. Erwartung Levi's, gegen 4 Uhr kommt er; uns allen sehr angenehm. Der Abend wird verplaudert, »Harlekin, du mußt sterben« gespielt; auch erzählt Levi, daß ihm Nietzsche einen »jungen Mozart« empfohlen, und zwar einen absolut nichts könnenden Musiker! Das ergibt Nachdenken! R. sagt zu mir schließlich: Nietzsche habe gar keine eignen Gedanken gehabt, kein eignes Blut, alles sei fremdes Blut, welches ihm eingegossen worden sei (R. schreibt einen Zusatz an meinen Brief an Malwida).**

Montag 5ten R. ein wenig müde, obgleich er gut geschlafen hat. Clärchen's Tod aus der »Egmont«-Musik – gestern vom Kmeister gespielt – mit den kirchlichen Akkorden beschäftigt ihn immer; wie so etwas einem kommt, es hatte ihn gestern an: »überm Sternenzelt muß ein guter Vater wohnen« erinnert – – Nietzsche's Erbärmlichkeit geht ihm auch wieder durch den Sinn. Gegen halb eins fahren wir aus zu unsrem kranken Jouk., dessen neues Bild: Manolo, der Gondolier mit seiner Mutter, R. sehr gefällt, der humoristisch das ausdrückt: »Endlich machen Sie ein gutes

* Sieben Seiten später, dritte Note unter 6. Februar, unten nachgetragen, aber irrig »3ten« datiert: »*Note zu Sonntag 4ten.* R. erzählte bei Tisch von dem wahnsinnigen Eindruck, den ihm der Galop infernal in der Großen Oper in Paris gemacht.« ** Unten nachgetragen unter Montag: »*Note zu einem der vorigen Tage.* Ich drückte mein Erstaunen über das Gedicht ›Die Lenore‹ und die Beliebtheit desselben aus, R. sagt: ›Versteht sich, ist das ein elendes Gedicht, Bauern-Pfaffen-Poesie.‹«

Bild!« Wir gehen dann auf der Zattere, von da fahren wir zum M.-Platz, wo R. mir vorschlägt, in die Kirche zu treten, um die Kuppel der Zuccato zu suchen, die wir aber nicht finden! Wir betrachten die andren Mosaiken, und R. meint, es sei doch kurios, daß man des Alters, der Echtheit wegen die steifen schwarzen Kerle den neueren Mosaiken vorzöge, die doch viel angenehmer seien.* Bei Tisch mancherlei über die Vorbereitungen zum Pars. mit dem K.meister. Beim Kaffee bespricht man des Königs Defizit, er gäbe 500.000 M. jährlich für das Theater (exklusive der Separat-Aufführungen) aus; es wird das Beamten-Heer eines solchen Theaters besprochen, und mit Vergnügen gedenkt R. Bayreuths, unseres Theaters, wo gar keine Beamten, unser Freund Groß alles besorgend. Am Nachmittag geht er allein aus, sieht Gondeln mit Kinder-Masken vor Giovanelli vorfahren, kommt aber müde, ja matt heim. Er wird heute massiert. – Was heute sein Gemüt einnimmt, das ist das Atelier von Jouk.; er wünscht, daß ich bei Bardis um eine Nordstube im Palast für ihn bitte. Abends wird die Besetzung des Parsifal besprochen und die Freude, welche R. an der Kundry von [der] Materna hatte; auch erklärt er seinen Wunsch, zuerst Tannhäuser in Bayreuth zu geben; habe er diesen festgesetzt, so habe er mehr erreicht, als wie wenn er Tristan gegeben. – In diesen beiden Tagen beschäftigt ihn die Villa d'Angri, er ist nicht ungeneigt, sie wieder zu beziehen, und teilt sie ein, er wolle inmitten solch eines Effektes wohnen. Im Bett sagt er mir: Ich habe die Wohnung eingeteilt. Und beim Einschlafen vernehme ich von ihm göttliche Worte zu mir, solche, die ich nicht wiedersagen darf, die wie meine Schutzengel mich umgeben und wie meine heiligsten Schätze tief tief im Herzen sich senken! »Gute Nacht, mein Engel«, sagt ich ihm gestern, »gute Nacht, Weibchen, das ist noch viel mehr«.

*Dienstag 6ten*** R. ist trotz guten Nächten in der Frühe immer sehr müde.*** Doch allmählich ermuntert er sich beim Frühstück; am Schluß

* Zwei, drei und vier Seiten später, erste Note unter Dienstag, jeweils unten nachgetragen: »In der Gondel sprach er bei Gelegenheit der ›M. mosaïstes‹ von den Blei-Dächern und wie es wie eine Art von Natur-Weisheit manchem scheinen könnte, mit dem / einzelnen Individuum gleichgültig zu verfahren, alles auf die Gattung zu geben. ›Aber‹, sagt er, ›die Natur erhält das kräftige Beste, und die Menschen haben es von je zu zerstören gesucht.‹ – Betrachtung des Irrtums Gob.'s mit der k. Kirche; und bei der Heimfahrt, wie ich die geschlossenen, unbewohnten Paläste betrachte, sagt R.: ›Das ist Eigentum! Der Grund alles Verderbens, Proudhon hat die Sache noch viel zu materiell aufgefaßt, denn das Eigentum bedingt die Ehen in Rücksicht darauf und dadurch die Degeneration der Race. Das hat mir gefallen von Heinse in seinen ›Seligen Inseln‹, daß er sagt: Sie hatten kein Eigentum, um den vielen Übelständen vorzubeugen, die damit verbunden sind.‹ –« ** Irrtümlich »5ten«. *** Zwei Seiten später, zweite Note an diesem Tag, unten nachgetragen: »Zu Dienstag: *Bullrich* von Hutten nennt er drollig das Salz, welches er einnimmt!«

desselben liest er mir im Berl. Tagblatt einen Bericht über den Vortrag von Renan, in welchem dieser die Existenz einer jüdischen Race leugnet. Mit Lusch und dem K.meister besuche ich das Bild von Moretto; auf dem Heimweg höre ich inmitten des Gedränges und Geräusches: Psch, und weiß gleich, daß R. da ist; ich sage es meiner Begleitung, die sehen sich um, und wirklich, R. sitzt auf der Bank beim Dogenpalast und in sehr guter Stimmung, die Luft ist herrlich, und zwei schönen Knaben von 5 und 7 Jahren, welche mit Sand auf der Bank spielten, hat er mit Freude zugesehen und etwas Geld ihnen in die Grube gelegt. Bei Tisch erzählt R. dies, dann spricht er von »Graphic«, den er gestern mit Vergnügen angesehen; beim Kaffee lese ich den gestern bereits gesehenen, sehr witzigen Aufsatz von Tappert über das Buch von Hagen! Gegen Abend liest uns R. die zwei schönen Gedichte von Kant vor; und gegen 9 Uhr machen wir uns zur Fastnacht auf dem Platz auf. R. tut es für die Kinder, die es ihm auch durch ihre Heiterkeit lohnen. Der Eindruck ist ein gemischt[er]; der Zug der Beerdigung des Carnavals hat für R. mit der Melodie, die er für alt hält, etwas Rührendes, aber wie er mit den Kindern auf dem Podium gewesen ist, kommt er in Cappello nero zu mir traurig zurück. Arme Handwerksleute hupften da, ohne recht zu wissen, weshalb. Die Mitternachts-Glokken aber und das Auslöschen der Flammen wirken wieder schön. Von der Stube aus hatte er die Fassade der Procuratien angesehen und erklärt, wie langweilig, phantasie- und erfindungslos er sie fände, wie er dies 58 ein Mal dem Maler Rahl erklärt hätte, wie anders ein gotischer Dom zu ihm spräche als diese nachgebildete Monotonie. Er sei damals mit dem Tristan beschäftigt gewesen, wo jede Faser lebe! Dann kommt er auf uns, wie unsere Beziehung rätselvoll damals, ganz Tristan, »das Werk war vorgegessen Brot«. – – Gegen 1 Uhr kehren wir heim. R. nicht ganz unzufrieden, beim Einschlafen aber höre ich ihn sagen: »Ich bin wie Othello, mein Tagwerk* ist vorbei.« Ob ich ihm gut sei, frug er mich vorher – er sei so schwierig! Bei Tisch hatten wir das Bild von Moretto besprochen, R. es sehr rühmend, nur aber den Christus zu weich [findend], zu schmerzlich leidend; wie Jouk. den Christus von Leon. d. Vinci hervorhebt, stimmt R. durchaus ein und sagt: Ich hab ihn noch gesehen!

Ascher-Mittwoch 7ten Wir sind spät auf in Folge des gestrigen Abends; R. frühstückt mit Fidi, der mir gestern Sorge durch plötzliches Verschwinden machte, der aber nicht einen Moment dadurch R. beunruhigte. Gegen 1 Uhr fahren wir aus, R. und ich, nach S. Michele, er fühlt

* Ende der in Heft XXI vorn eingehefteten Schreibkladde. Das Heft selbst trägt die Vorbemerkung: »Ascher-Mittwoch/Venedig/1883«.

sich aber nicht wohl, und wir kehren gleich um. Er fühlt sich beim Mittagstisch unbehaglich, und hat sich wohl gestern erkältet. Gegen 5 Uhr legt er sich zu Bett, liest in den Kaisergeschichten von Sueton; der Dr. findet kein Fieber. Wie R. im Bett lag, besprach ich mit ihm das Evangelium von Lukas (die Erzählung der Sünderin auf das Bild von Moretto bezüglich).

Donnerstag 8ten Ich frühstücke an R.'s Bett, da er sich nicht wohl fühlt. Gegen 10 Uhr steht er auf, kommt aber nicht zu Tisch, um sich nicht aufzuregen; kurz vor Tisch bringt er in der Zeitung die Nachricht von dem Tode unseres Freundes Dohm. Wie wir am Schluß unsrer Mahlzeit angelangt sind, hören wir ihn laut singen »Don Giovanni tu m'invitasti!« Er kommt auf einen Augenblick zu uns herein, verläßt uns aber bald, um sich nicht aufzuregen. Gegen 4 Uhr kommt er in den Salon, und wir plaudern über allerhand, wobei ich ihm aber verschweige, daß Scaria Schwierigkeiten macht!... Abends nimmt R., nachdem der Dr. ihn massiert hat, das Mahl mit uns ein und weilt noch einige Zeit bei uns, wobei [durch] die Erzählungen des Kapellmeisters von der Krankenpflege im Krieg R. auf seinen (Goethe'schen) Gedanken der Chirurgie für Siegfried zurückkommt. Er war beim Beginn des Abends etwas verstimmt, doch allmählich erheiterte er sich und ist ganz heiter-offener Laune, freut sich plötzlich meines »gescheiten Gesichtes«! Viel Heiterkeit über das Verhältnis von Fidi zu Hausburg: »Er in's Café, ich in die Kirche.«

Freitag 9ten R. meldet mir, daß wir 11 Stunden lang geschlafen! Beim Frühstück besprechen wir die organisierte Auswanderung durch B. Förster, von welcher wir vernehmen, daß sie zahlreich vor sich gehe, daß Eltern ihre Söhne ihm anvertrauen; das erschrickt R. sehr, da er kein großes Vertrauen hegt. – Um 12 Uhr ungefähr spielt er eine Melodie, die sehr schön klingt, kommt dann zu mir, zeigt sie mir zierlich geschrieben auf einem schönen Blatt; er habe diese, wie er seine Ton-Schnitzel ordnete, gefunden, wie sei das Blatt aber liegen geblieben... Endlich fällt es ihm ein, daß es als Widmungs-Blatt im Parsifal stehen sollte! Ich scherze darüber, daß ich allerdings enttäuscht gewesen wäre, nichts zu finden! Nun liegt es im Buch. Daß er übrigens diese Noten-Schnitzel nie gebrauchen würde, behauptet er. In der Gondel meldet er mir, daß er seine Arbeit über Männliches und Weibliches doch machen würde und dann Symphonien, dann nichts Schriftliches mehr, nur die Biographie wolle er schreiben. Beim Ordnen seiner Blätter seien auch meine ihm in die Hand gekommen; wie ein Schwarm von Allerseelen wehe es ihn an, sagt er! Seinen Aufsatz: »Heldent. und Christentum«, den er heute wiedergelesen, hält er für sein Bestes; wir kommen dabei auf Gob., der so weit und so scharf gesehen, dabei aber nicht genug in die Tiefe geblickt. Wir fahren nach dem Bacino, wandeln unter den Arkaden nach S. Mosè, um einen hellblauen Atlas-Stoff zu sehen, der R. gefallen. Mittagstisch mit den Kindern, der K.meister ist krank, Jouk. leistet ihm Gesellschaft! Ein Brief vom Papa Rub. bildet das Gespräch und einige drollige Mitteilungen von Lusch! Am Nachmittag kommt R. zu mir in [den] roten Salon, wir plaudern über seine Lektüre, Sueton, der ihm einige Teilnahme für Cäsar erweckt. Abends spricht R. über seine* Parteigänger, die wie gemacht seien, um die Gedanken, die er ausspricht, der Lächerlichkeit preiszugeben. (Er nimmt Stein** aus). Er sagt zu Jouk., daß er niemals daran gedacht haben würde, daß die Blätter mehr als zwei Jahre dauern würden; er überlegt es sich, wie es mit Wolz. werden soll. Und schließlich beklagt er es laut, daß er Wahnfried gegründet, auch die Festspiele scheinen ihm absurd!... Mit unserem Freund Jouk., der allein abends gekommen, besprechen wir den Gesundheitszustand des armen K.meisters! R. meint, das Judentum sei ein furchtbarer Fluch; z. B. nicht die Möglichkeit, eine Christin zu ehelichen; neulich habe er die Geschichte des israelitischen Dr.s Markus [bedacht], der unter Tränen ihm gestand, er liebe seine Schwester (Cäcilie), würde sie aber nie heiraten dürfen, denn wenn er sich taufen ließ, verlöre er seine Praxis! Dies habe er, R., vor Levi erzählt, es müsse ihn tief treffen!... Wie Joukowsky fort (die Juden, die guten, seien zur »sanftergebenen Askese verurteilt«) ist, zeigen die Kinder ihre kleinen Vorbereitungen für morgen (100jähriger Geburtstag von dem Vater von Jouk.). Die Zeichnung von Loldi erregt R.'s völlige Bewunderung!

Sonnabend 10ten R. träumt von seiner Mutter, die er bei Brockhausens getroffen, die aber ganz jugendlich anmutig – wie er sie höchstens durch ihr Porträit sich zurückrufen könnte – und auch sehr elegant gewesen. – R. fühlt sich aber nicht wohl und ist sehr deprimiert; am Schluß des Frühstückes sagt er: ›Er hasse sich, weil er mich plage!‹ – Ich studiere Fidi einen Spruch für zu Tisch ein, R. meint ihn zu lang, er geht zu sich und entwirft einen Vers. Wir kommen spät zu Tisch, weil er seinen Krampf hat. Doch ist er in guter Stimmung, erzählt einiges aus den Fl. Blättern, dann wird sein 100jähriger Geburtstag erwähnt, den wir sicher zu erleben und zu feiern hoffen! R. steht einen Augenblick vom Tisch auf, dann kommt er wieder, der Champagner ist eingeschenkt, Fidi erhebt sich, hat aber alles vergessen, ich souffliere ihm wohl von der Ferne, aber es hilft wenig, da wird R., wie er es bestellt hat, die Depesche gebracht, er liest

* Von fremder Hand abgeändert in »einige seiner«. ** Danach von andrer Hand eingefügt: »u. W.« (= Wolzogen).

den heitren Spruch vor, und die Wirkung ist herrlich. Eine große Heiterkeit ist siegreich eingezogen! – Aber sie darf leider den Tag über uns nicht beistehen; unser armer Kmeister ist sehr krank, und wie abends der Dr. das Wort Gemütsleiden fallen läßt, kommt es uns nahe, daß sein Umgang mit uns am Ende ihm Schwermut verursachen muß! R. bereut es beinahe, die Geschichte von Dr. Markus neulich erzählt zu haben! Er ist übernommen, in seinem Beruf wird er schikaniert – auch unsertwegen! – – – Nach der traurigen Erwähnung dieses Falles (der Kmeister bleibt bei uns liegen), entfernt sich R. etwas, und wie er zurückkommt, besprechen wir andere Dinge, die Stadt Paris, ihre einzelnen Schönheiten und ihre Langweiligkeiten, dann kommen wir auf die S.* Kapelle, die R. ein Unding nennt; er möchte wissen, ob sie Bewunderung erregt, als sie eröffnet worden sei. Ich bringe ihm das Gedicht von M.A. über diese Kapelle, welches ihm sehr gefällt.

Sonntag 11ten R. hat im Traum die Schröder-Devrient gesehen; indem er es mir erzählt, sagt er mir: »All mein Weibsen geht jetzt an mir vorüber.« Wir sprechen dann bei Gelegenheit eines Briefes meines Vaters, worin er sich entschuldigt, nicht für die Überschwemmten zu spielen, über die schlimme Lage meines Vaters, immer als Klavierspieler aufgefaßt zu werden, und über die Schlimmheit der Laufbahn selbst, die solche Aufregung mit sich gebracht, daß er nur zu den äußersten Gegenmitteln greifen konnte; wir schließen, indem wir meinen, daß er als großer Mensch sich aus der schlimmen Sache gezogen. – Es regnet, der Barbier bewundert R.'s Witz: »Piova di primavera«, sagt er, »di seconda vera«, erwidert R. – Er erzählt mir das heiter beim Frühstück. Wie ich ihn beim Schluß frage: ›Ob er mir gut sei‹ – erwidert er: »Die einzig mir Isolde enthält, wie wär Isolde mir aus der Welt.« – Um 12 Uhr kommt er zu mir und meldet, daß er seine Arbeit begonnen, und zwar so stark gpfeffert, daß wohl Wolz. es wohl nicht würde drucken wollen. Er liest mir die erste Seite vor und meint, die Motive seien klar genug hingestellt!

Unser armer Kmeister macht viel Sorge. Bei R. geht das bis zum Unmut, er meint, man dürfe mit den Israeliten eigentlich nicht umgehen! Entweder würden sie gemütskrank darüber, oder es drücke sich durch Hochmut wie bei J. Rub. aus. Dieses Thema wird bei Tisch besprochen, R. beinahe ganz verstimmt darüber. – Abends sind wir zu zwei, R. und ich, die schönen Kinder sind bei der Fürstin. Wir lesen »Undine« (in Jouk.'s Vaters durchgesehenen Papieren gefunden) und haben Vergnügen an der sehr geglückten Gestalt. Vorher, wie R. aus der Leonoren-Ou-

* Sixtinische.

vertüre den Anfang spielte, hatte der Kmeister R. mitgeteilt, daß in den verschiedenen Skizzen Beethoven »töt' erst sein Weib« die Note h für Weib gesetzt habe. R. behauptet dann, er [habe] sich des öfteren verschrieben. Er spricht sich gegen sogenannte Kühnheiten auf das entschiedenste aus. Und sagt, wenn ich die Eroica aufführte, würde ich mir das [ ]* ausbitten (im Finale). – Gegen Mittag kam er in meine Stube: »Ich habe einen Brief von Cyriax.« »Ist etwas darin.« »Du wirst schon sehen.« Wie ich die Hände abgetrocknet, seh ich hin, es ist ein Scherzo-Thema auf ein[em] Couvert von Cyriax, er spielt es dann auf seinem Klavier.

Montag 12ten R. ist ein Mal nachts aufgestanden und hat unter seinen Papieren sein Chèque-Buch gesucht, aber nicht gefunden, was ihn etwas beunruhigt. Er erzählt mir heiter beim Frühstück, daß sein Barbier ihm Komplimente über seine Fortschritte im Italienischen gemacht, R. hatte vom Regen gesagt: »Piova fruttuosa.« In der Tat ist Scirocco da; wir nehmen Abschied vom armen Kmeister, der noch recht angegriffen ist. R. hat an seinem Aufsatz gearbeitet, bei Tisch erzählen die Kinder und Jouk. allerhand Drolliges von der gestrigen Soirée, was R. amüsiert und zu den drastischsten Witzen und Anekdoten ermuntert. Am Nachmittag fährt er aus, mit Eva – da ich Fürst. Hatzf. erwarte –, und erzählt, wie er heimkommt, daß er Eva Schokolade gegeben. Vor dem Abendbrot bringt er mir einen in der Zeitung abgedruckten Brief meines Vaters, wo er quasi sich in der Judenfrage rechtfertigt; der Brief ist sehr gut geschrieben, aber wir bedauern, daß er sich bewogen fühlte, ihn zu schreiben. Er denkt daran, daß die Fürstin ihn in all das Elend hineingebracht, und sagt: »Dein Vater geht vor lauter Cavalerie** zu Grunde!« Beim Abendbrot besprechen wir mit den Kindern das Meer und seine Geschöpfe; vorher die Gefängnisse, die Strafen (the tread-mill), alles zum Schutz des Eigentumes. (Gestern hatte mir R. sehr hübsche, freimütige Auslassungen von Bismarck über seine Sehnsucht, aus den Geschäften herauszukommen, gelesen.) Er liest in »Undine« vor, deren ersten Teil er vorzieht. Er macht viele Scherze darüber, daß das Exemplar, welches zur Übersetzung des Vaters Jouk. gedient hat, voller Tintenkleckse sei, und zitiert den Scherz aus den Fl. Blättern, eines Knaben, der die Tintenkleckse seines Heftes damit entschuldigt habe, daß sein Schul-Nachbar, ein kleiner Mohr, Nasenbluten gehabt. –– Wie ich schon zu Bett liege, höre ich ihn viel und laut sprechen, ich stehe auf und gehe in seine Stube: »Ich sprach mit dir«, sagt er mir und umarmt mich lange und zärtlich: »Alle 5000 Jahre glückt es!« »Ich sprach von den Undinen-Wesen, die sich nach einer Seele seh-

* [ ] Leerstelle im Text, s. Anm. ** Sic! Richtig wohl Chevalerie.

nen.« Er geht an das Klavier, spielt das Klage-Thema »Rheingold, Rheingold«, fügt hinzu: »Falsch und feig ist, was oben sich freut.« »Daß ich das damals so bestimmt gewußt habe!« – – Wie er im Bette liegt, sagt er noch: »Ich bin ihnen gut, diesen untergeordneten Wesen der Tiefe, diese[n] sehnsüchtigen.«*

⟨Nachtrag. Zu den letzten Bemerkungen von Papa gehörte es, daß er bei Tisch (vermutlich am Montag) [sagte], er habe den Aufsatz von H. v. Stein über den Chor von Aischylos mit vieler Zufriedenheit gelesen. Über Aischylos selbst rief er aus: »Meine Bewunderung für ihn wächst immer, der Adler des Zeus für die trächtige Häsin der Artemis, das erinnert an Fürstenblut für Ochsenblut von der Herzogin von Anhalt.« Abends vorher hatte er sich befragt mit Mama, ob er in der zweiten Auflage seiner Werke »Die Kapitulation« wieder aufnehmen würde, da sie so dumm auch in Deutschland aufgenommen worden sei und auch von seinen Freunden gar nicht verstanden. Bei dem letzten Tisch und auch den letzten Abend sagte er: Das Beste, was einem widerfahren könne, sei ein Exil nach Ceylon, die kurzen Tage drückten ihn, es schien ihm, als ob es ein ewiger Winter wäre; zu Joukowsky sagte er: »Sie haben gelacht, wie ich gesagt habe, ich bin der unglücklichste Mensch, daß ich mein schönes Haus mit solch einem S.-Klima gebaut habe, doch ist es so.« Mit Mama erwog er, wie wenig die Stadt Bayreuth ihm geboten, trotzdem sie beide Versuche nach allen Seiten getan, er könne sich kaum vorstellen, daß Siegfried ganz dort aushalten wird, so sei er am Schluß noch immer wie im Neubeginn; doch mutete ihn ein Bildchen aus der Braunschweiger Umgebung sehr an; wenn nur das Wetter besser wäre. Es fehlte ihm die Bibliothek, er würde gern jeden Abend ins Theater gegangen sein, am liebsten immer so etwas wie die »Baruffe Chiozzotte« gesehen haben. Mit warmer Anerkennung sprach er noch von den Dialogen von Stein, von der »Cornelia« und der »Catharina von Siena«, indem er das zusammenbrechende Wandeln und Lächeln, dazu die heilige Intrige [hervorhob].

An dem Abend allein mit Mama (Sonntag), wie er sich an das Klavier setzte, sagte er: »Das Ewige im Weiblichen« sollte seine letzte Arbeit sein, vielleicht höchstens noch über italienische Kirchenmusik und deutsche Militärmusik. Bei einer der letzten Ausfahrten mit Mama nahm er sich vor, an den Herzog v. Mecklenburg zu schreiben, es bedauernd, den freundli-

* Ende der Aufzeichnungen Cosima Wagners. Über den Tod Richard Wagners am 13. Februar 1883 s. Anm. Die folgenden Eintragungen ⟨ ⟩ stammen von der Tochter Daniela. Datierung unbestimmt, Niederschrift vermutlich unmittelbar nach Wagners Tod, auf einer neuen Seite beginnend.

chen Herrn vielleicht gekränkt zu haben, und des Erbherzogs sehr herzlich gedenkend.

Eine der letzten Äußerungen seines Unwillens gegen die Staatswirtschaft war bei Gelegenheit des sich in den Reichstag tragen lassenden Bismarck, um zu melden, daß der Kaiser für die Überschwemmten soundso viel hunderttausend Mark gebe, welche Summe gar nicht aus seiner Kasse, sondern aus den Dispositionsfonds, also vom Volk herstammte.

Einer der Träume in den zwei letzten Nächten war, daß er Briefe von Frauen erhalten hat, einen von Frau Wesendonck, [einen von] einer von Papa oder Mama vergessenen Frau; daß er die beiden nicht aufmachte, sondern zu beiden Seiten auf den Tisch hinlegte und sich sagte: Wenn nun Cosima eifersüchtig wird.*

Wie die Rede vom Atelier war, das er gern Joukowsky in Palazzo Vendramin erlangen wollte, erwiderte er Mama, die ihn um Sitzung für sein Portrait bat, er wolle sich nicht mehr malen lassen, er sei mit der einen Photographie, trois quarts, zufrieden, und über Bilder hörte er überhaupt gar nicht mehr gerne sprechen. Ein Scherz, den er im Verlauf des Januars beim Anziehen mit Georg machte und den er Mama bei einer Gondelfahrt erzählte, war: »Was ist der Unterschied zwischen der Flanelljacke und einem Baum; der eine wächst in die Länge und die andere in die Kürze.«

Bei einer der letzten Fahrten nach der Piazzetta, wie die Gondel umbog nach dem Kanal der Seufzerbrücke, erzählte Papa der Mama von einem Elefanten in Siam, der, zu einem Festaufzug dienend, plötzlich wahnsinnig geworden wäre und einiges Unheil angerichtet, worauf aber die Menschen das unschuldige Tier geblendet in der scheußlichsten Weise und sonst zu Tode gemartert hätten, wobei Papa sich in Betrachtungen über die erbärmliche Torheit und Schlechtigkeit erging.〉

* Unter der nächsten (letzten) Seite der Nachtrag unten: »Vielleicht Friederike Meyer, von welcher Papa noch in den letzten Tagen sprach, indem er annahm, daß sie vermutlich gestorben sei.«

Anhang

Einige Worte, die das Objekt und seinen Zustand beschreiben, seien vorangestellt. Sie erweisen sich in Anbetracht des Alters und der Geschichte dieser Tagebücher als durchaus angebracht, denn kein anderes, auch nur annähernd vergleichbares kulturhistorisches Dokument des 19. Jahrhunderts blieb so lange verborgen und verschlossen.

In der Kassette, die zur Aufbewahrung diente, befanden sich – außer noch nicht näher geprüften Briefen – 21 auch äußerlich unbeschädigte Quarthefte im Format 17,2 mal 22 cm, mit schwarz bezogenen Pappdeckeln, die an drei Seiten mit grünen Bändern zu verschließen waren. Die Hefte wurden, soweit noch feststellbar, anfangs in Luzern gekauft. Auf den Rücken sind nachträglich die Zeitspannen der Eintragungen in Gold eingraviert worden. Die Hefte sind daumendick, sie ergeben aufeinandergelegt einen Stoß von etwa 35 cm Höhe. Ihr Umfang ist unterschiedlich und schwankt zwischen 160 und 356 Seiten. Sie sind voll beschrieben, mit Ausnahme des letzten Heftes, das nach 100 Seiten und einem kurzen Nachtrag beim Tode Richard Wagners abbricht. Auch die Zeilenzahl differiert von Heft zu Heft zwischen 14 und 36, so daß sich, auch durch die unterschiedliche Dichte und Ausführlichkeit der Niederschrift, eine sehr ungleiche Verteilung auf Jahrgänge ergibt. Beginn und Ende der Hefte sind in dieser Ausgabe durch Fußnoten angezeigt. Eine inhaltlich sinnvolle Zäsur für den Druck in zwei Bänden empfahl sich nach etwa drei Vierteln des Heftes IX, auf S. 179 von 234, am Ende des Jahres 1877, womit die Vorgeschichte und der Ablauf der ersten Bayreuther Festspiele, das Atemholen danach, die Anzeichen einer neuen Krise des Unternehmens und der Beginn der Kompositionsarbeit am »Parsifal« mit erfaßt waren (vgl. auch die beiden Vorworte).

Die Niederschrift enthält Hinzufügungen und Nachträge von eigener Hand, die in dieser Ausgabe durch Winkelklammern ⟨ ⟩ und Fußnoten, sowie Hinzufügungen und Fortschreibungen von fremder Hand (Richard Wagner), die durch *Kursivschreibung* und Fußnoten kenntlich gemacht sind. Den 21 Heften lagen außerdem Telegramme, Notizzettel und Zeitungsausschnitte bei, auf die durch Fußnoten hingewiesen wird. Sofern der Text der Tagebücher direkt auf die Anlagen Bezug nimmt, und sofern diese Beigaben für den Zusammenhang irgend wichtig sind, werden sie in den Anmerkungen zum entsprechenden Tageseintrag abgedruckt. In anderen Fällen geben die Fußnoten über deren Inhalt Auskunft. Meist befanden sich die Anlagen nicht mehr an der ursprünglichen oder richtigen Stelle; sie waren herausgefallen und wurden offenbar willkürlich wieder beigefügt. Fast immer konnten die Seite oder das Datum ermittelt werden; einige Male ließ sich nur noch das Heft angeben, das die Anlagen enthielt.

Die Niederschrift ist nachweislich lückenlos. Kein einziges Blatt aus den 21 Heften ist entfernt worden. Es wurden auch keine Seiten überklebt. Wohl aber sind im letzten Drittel des gesamten Textes ganze Sätze nachträglich und, wie mit Sicherheit geschlossen werden kann, von fremder Hand gestrichen und unkenntlich gemacht worden. Doch davon später.

Dem Leser und der künftigen Forschung wird in dieser Ausgabe also kein einziges Wort vorenthalten. Im ersten Band fehlt nichts, mit Ausnahme ganz weniger Wörter oder Silben, die durch Überschreiben, durch Flecke oder Verwischen der Tinte so unerkennbar geworden sind, daß ihre Enträtselung ein bloßes Ratespiel gewesen wäre; handelt es sich um ein einzelnes Wort, so ist es im Text durch den einfachen Vermerk [unleserlich] ersetzt, andernfalls ist die Zahl der Wörter angegeben. Zum Glück sind diese Stellen so geringfügig, ihre Zahl so minimal, daß sie in jeder Hinsicht unerheblich bleiben. Daß es zu einer solchen Vollständigkeit des Textes kommen würde, war allerdings nach erster Einsichtnahme in die Tagebücher kaum zu erhoffen, denn die Schrift Cosima Wagners ist – vom Anfang einmal abgesehen – nicht immer leicht zu entziffern. Die Lesbarkeit nimmt im Lauf der Jahre vor allem durch das sich vermindernde Augenlicht der Schreiberin beträchtlich ab. Es gibt Hefte, die eines langen Einlesens bedurften, bis sie sich entschlüsselten. Aber das war bei weitem nicht das Hauptproblem. Etwas andres kam hinzu.

So gut nämlich der materielle Befund des Objekts ausfällt, so desolat ist, aus philologischer Sicht, der Zustand der Textur – eine verzweifelte Feststellung, zu der man sich am Ende durchringen muß. Die Zahl der Fehlerquellen ist unendlich: Auslassungen, Schreibversehen, unrichtige Relativpronomen und Endungen (Dative, Akkusative, davon wird noch zu sprechen sein), Verwechslungen, unkorrekte Wiedergabe von Namen und Titeln, willkürliche Interpunktion und Orthographie, was sich nicht nur auf die Großzügigkeit der Rechtschreibung, wie sie das 19. Jahrhundert kannte und übte, zurückführen läßt, kurz: bei erster Lektüre verschwamm der Text zuweilen ins gänzlich Ungenaue oder sogar Unverständliche.

Cosima Liszt war französisch erzogen worden. Oft gibt der französische Sprachhabitus den Aufzeichnungen ein fremdartiges Gepräge: das Wort »noch« erscheint selten im Zusammenhang von »immer nicht«. Sie schreibt »R. und ich, wir...«, verwendet oft erstaunliche Partizipialkonstruktionen oder Satzverkürzungen, die ihnen nachgebildet sind; sie prägt Wendungen wie »Besuch an« und »Unterschied mit«, und sie wechselt in der Schreibweise von Fremdwörtern. Zwar wuchs sie zweisprachig auf, beherrschte mehrere Sprachen und besaß vor allem im Deutschen einen untrüglichen Instinkt für Stil und Form, was sich in ihren literarischen Urteilen widerspiegelt, aber im täglichen Gebrauch, vor allem bei der Niederschrift des Tagebuchs, nahm sie es nicht so genau. (Es ist ja doch verwunderlich, daß sie, die später auf so buchstabengetreue Einhaltung alles Überlieferten pochte, Titel und Zitate – sogar aus Wagnerschen Werken – fast immer mit lässiger Beiläufigkeit wiedergab.) Aus all dem ergab sich die Unmöglichkeit, den Sprachstand unverändert zu belassen, wollte man den Intentionen Cosima Wagners, ihre Aufzeichnungen als überprüfbare *Mitteilungen* an die Nachwelt gelangen zu lassen, nicht geradezu zuwiderhandeln! Bei *textgetreuer* Wiedergabe, an der selbstverständlich festzuhalten war, mußte die *Verständlichkeit* des Gemeinten den Vorrang haben.

Dieser Verständlichkeit stand vor allem die Interpunktion des Originals entgegen. Cosima Wagner setzt zum Teil überhaupt keine Kommata, oder sie setzt sie, ebenso wie das Semikolon, gleichsam als Betonungs-Akzent nach einem gewichtigen Wort und damit häufig an der falschen Stelle, wodurch der Zusammenhang des Satzes oft ganz sinnwidrig zerrissen wird. So heißt es (unter dem 13. Februar 1869), »dann bespricht er den heutigen Vorfall, und sagt ich möchte alles was er gesagt habe, nur als im Fieber gesprochen, betrachten«, und dies ist nur ein kurzes und relativ unkompliziertes Beispiel – längere Sätze sind verwirrender. Eine andere Stelle (8. Januar 1870): Cosima fragt sich, wäre es wohl moralisch besser gewesen, bei Hans von Bülow zu bleiben? Die Antwort: »Ich glaube es allein, ich glaube auch fest, daß das nicht meine Bestimmung war.« Buchstäblich beim letzten Korrekturvorgang setzte sich die Überzeugung durch, daß auch hier das Komma falsch stand und den Sinn veränderte; es muß heißen: »Ich glaube es, allein ich glaube auch fest ...« Die im Anhang gedruckten, buchstabengetreuen Seiten geben noch einigen Aufschluß. Die Interpunktion mußte daher, unter Beachtung charakteristischer Eigenheiten des Sprachduktus, vorsichtig angeglichen werden.

Nicht anders verhielt es sich mit der fehlerhaften und zum Teil von Seite zu Seite abweichenden Schreibweise von Eigennamen, deren Beibehaltung es unmöglich gemacht hätte, Personen miteinander zu identifizieren oder hinterher wieder aufzufinden (Tyfflipp und Düfflipp; Körper, Koerper und Coerper; Bismark und Bismarck; Nitsche, Nietsche und

Nietzsche, usw.). Mit Ausnahme von Spitz- oder Rufnamen (Lulu, Loulou und Lullu, auch durchgehend und offensichtlich falsch Daniella) wurde daher die richtige oder, bei Umschriften aus fremden Sprachen (Muchanoff und Mouckhanoff), die häufigste und in der Zeit gebräuchlichste, in die Wagner-Literatur zumeist schon eingeführte Schreibweise gewählt, eine gravierende Abweichung jedoch, ebenso wie ein prinzipieller Zweifel, in den Anmerkungen mitgeteilt. – Die Schreibweise von Tribschen und Wesendonck ist nicht nur durchgehend, sondern auch richtig; Tribschen mit *ie* ist eine nachträgliche etymologische Erfindung Richard Wagners, Wesendonk mit einfachem *k* wurde erst von Wesendoncks Sohn Karl angenommen, in Briefausgaben eingeführt und von der Literatur übernommen.

Dem Prinzip der Edition folgend, mußten zwangsläufig auch andere irrige Schreibungen oder Flüchtigkeiten behoben werden, vor allem, wo mehrere Schreibweisen ununterbrochen, oft nur durch Zeilen getrennt, miteinander wechselten, so Brochure, Brochüre und Broschüre; Fön und Föhn; Clavier und Klavier; Concert, Koncert und Konzert; Brod, Brodt und Brot, oder das in sächsischer Phonetik analog Rätsel reizend gebildete Bräthsel (für Brezel). Ausgenommen blieben intendierte Fremdwortschreibungen und alter Sprachstand jedoch dann, wenn Abweichungen nicht vorkamen und die alte Schreibweise auch heute noch gebräuchlich oder bekannt ist (wie bei Cigarre oder Centner), und schließlich, wenn es sich eindeutig um eine bewußt angewandte französische Schreibweise handelt, die von Cosima, gemäß ihrer Herkunft und Erziehung, auch im ursprünglichen, aus dem Französischen abgeleiteten Sinn benutzt wird. Dies gilt in erster Linie für Race – das Wort Rasse, ein im Lauf der Jahrzehnte mit neuem Inhalt gefülltes Wort, kannte sie nicht – und Extase, ein Wort, das in der französischen Spätromantik seine Bedeutung als »Leidenschaftlichkeit« gegenüber dem aus dem Griechischen unmittelbar abgeleiteten Ekstase neu auflud. Dieser so eigenwillige Text ließ sich nicht mechanisch einem Duden-Purismus unterwerfen. Es hätte auch die Grundstimmung des Textes verfälscht, zeitübliche Begriffe und Abkürzungen (»Th.« für Thaler) oder etwa das Wagnersche »ächt« (das übrigens auch Schopenhauer gebrauchte) generell abzuändern.

Auf eine seltsame Flüchtigkeit weist der Dialog zwischen Cosima und Richard Wagner vom 26. August 1873 eigens hin: es sind ihre fehlerhaften und zum Teil kuriosen Dative und Akkusative. Sie schreibt: »R. arbeitet an seine Partitur«, oder »wenn er an den Parzival arbeitet« oder »führte ich die Kinder im Garten« – was das ein- oder andermal richtig sein kann, meist jedoch falsch. Kamen eindeutige Artikel-Fehler oder

Flüchtigkeiten vor, wurden sie angeglichen; bei »im Garten«, manchmal auch schwer lesbar: »in Garten«, wurde statt »im« ein »in [den]« geschrieben. Auf dieselbe Weise ist, wo unbedingt erforderlich, »immer [noch] nicht« ergänzt. Jede fehlende Silbe, jedes zum Verständnis des Satzes hinzugefügte Wort ist durch eckige Klammern [] deutlich gekennzeichnet. Abkürzungen von Namen und Werktiteln wurden grundsätzlich belassen; die häufigsten sind durch das dieser Ausgabe beigegebene Verzeichnis erläutert oder, wenn der Sinnzusammenhang auf der Seite nicht eindeutig zu erkennen war, durch eine Fußnote erklärt.

Das abgehängte Genitiv-'s bei Namen wurde als sinnvoll beibehalten, fehlende Anführungszeichen am Ende eines Zitats wurden stillschweigend ergänzt und bei Titeln literarischer Werke dann eingeführt, wenn sie ohnedem unkenntlich waren oder im Satz Verwirrung stifteten. Dagegen sind die allgemein bekannten Titel der Wagnerschen Musikdramen nicht eigens hervorgehoben worden. Handelt es sich um indirekte Rede, die Cosima, Richard Wagner zitierend, häufig ebenfalls in Anführungszeichen schließt, so wurde ein einfaches Anführungszeichen verwendet. Unterstreichungen sind durch *Kursivsatz* gekennzeichnet und bei Datierungen vereinheitlicht, angehäufte Gedankenstriche und Punkte auf drei begrenzt worden.

Wenn auf alle diese Eigentümlichkeiten der Textgestaltung so ausführlich eingegangen wird, so um einerseits zu begründen, daß eine partielle und willkürlich eingefrorene altertümliche Schreibweise (etwa das th, und auch das im Original nicht durchgehend) wissenschaftlich nicht zu halten war – man hätte zum Teil ins Altertümliche »zurückkorrigieren« müssen, wenn es einmal »Misverständniss«, ein andermal »Missverständnis«, erst »diess«, dann aber doch »dies« lautete. Andrerseits soll durch diese detaillierte Beschreibung noch einmal dargelegt werden, daß die *Texttreue* auf die Silbe genau gewährleistet wurde. Nach so vielen Mystifikationen um den schriftlichen Nachlaß Wagners (und Nietzsches), nach so mancher »arrivistischer Korruption«, wie Thomas Mann das einmal nannte, erscheinen solche Versicherungen durchaus nicht überflüssig. Der Leser soll wissen, woran er ist.

Zur Kontrolle überlagerten sich mehrere Arbeitsvorgänge. Die Abschrift wurde in der Richard-Wagner-Gedenkstätte Bayreuth besorgt. Diese Abschrift, in der fragliche Stellen gekennzeichnet oder offengelassen waren, wurde durchgesehen und mit dem Original vollständig verglichen. Stellten sich bei der Arbeit an den Anmerkungen nachträglich Zweifel ein, wurde das Original noch einmal herangezogen.

Einer klaren sachlichen Abgrenzung wegen wurden Erläuterungen zur

Textgestalt in die Fußnoten, alle übrigen Erklärungen und Kommentare in die Anmerkungen des Anhangs verwiesen.

Die Aufteilung in Fußnoten und Anmerkungen erwies sich bei weiterem Fortgang als ein großer Vorteil, denn ab der Mitte der Aufzeichnungen nehmen die Randbemerkungen und Nachschriften Cosima Wagners bedeutend zu, und da sie sich nur selten in einen Satzzusammenhang einordnen ließen, sondern mit losem Bezug zum Inhalt auf die freien Ränder verteilt sind, wurden sie als Fußnoten den Seiten an Ort und Stelle beigegeben.

Auch die behutsame Angleichung von Orthographie und Interpunktion bewährte sich, nur sind die Fehler und Versehen in den letzten Jahren der Niederschrift andere als vorher: es kommen mehr irrige Wiederholungen und Auslassungen vor. Wo die Wiederholungen nichts sind als Flüchtigkeitsfehler (zweimal »haben« hintereinander, »sich« vor- und nachgestellt, wiederholte Artikel), da wurde stillschweigend berichtigt; notwendige Ergänzungen, meist bei Seitenwechsel, sind jedoch immer durch eckige Klammern [ ] gekennzeichnet. Für die oft verwirrende Schreibweise von Eigennamen nur ein Beispiel: Joukowsky, Jukoffsky und Schukofski. Nur wenn die Namensträger nicht einwandfrei identifiziert werden konnten, blieb der Eigenname wie geschrieben, und die Aufklärung findet sich in den Anmerkungen. Cosimas Schreibweise verändert sich im übrigen fortlaufend. Die Endung »-iren« bei Fremdwörtern wird jetzt auch gelegentlich »-ieren« geschrieben. Bei Fallfehlern – Dativ und Akkusativ – ist, wo nötig, ein [en] ergänzt, oder »im« in »in [den]« aufgelöst. Die mit C beginnenden Fremdwörter, vor allem, wenn sie dem Französischen entstammen und durchgehend so geschrieben sind, wurden belassen, wie überhaupt der Text über alle Verdeutlichungs-Bemühungen hinaus sein Eigentümliches und Charakteristisches behalten sollte. Auch einiges syntaktisch Fehlerhafte, schwer Korrigierbare und nicht Ergänzbare blieb unverändert stehen. Generell angeglichen wurden nur die zuweilen zweifelhaft lesbaren »Rüfe« statt »Rufe« (obwohl sie auch im »Parsifal« vorkommen), die »Chilenier« wurden zu »Chilenen«, die »Indier« zu »Indern«.

Was die Besonderheiten und Sonderbarkeiten in Band II betrifft, so bleibt vor allem die Frage der gestrichenen Stellen und Manipulationen von fremder Hand zu kommentieren. Es handelt sich dabei nicht nur um Tilgungen, wie sie eine der hier beigefügten Faksimile-Seiten demonstriert, sondern auch um einige offenkundige und durchsichtige Wort- und Buchstaben-Fälschungen (»Protzigkeit« Bismarcks in »Trotzigkeit«; »Wolz.«, also Wolzogen, in den allgemein als Bösewicht bekannten Agenten »Batz«) und um eine weitere Torheit, die erst bei genauem Vergleich der Abschrift mit dem Original und bei der Einordnung der Anlagen an die richtige Stelle ans Licht kam. Da blieben auf zahlreichen Seiten rätselhafte Schatten. Sie lassen auf nicht mehr vorhandene Beilagen schließen, die das Papier – und wohl Jahrzehnte lang – einfärbten und die Schrift ausbleichten. Hier waren also ursprünglich Zeitungsausschnitte oder Zettel eingelegt, die nicht mehr aufzufinden sind. An einigen Stellen (siehe die Fußnoten) konnte das belegt und der Inhalt zumindest erahnt werden. Manches Textbezügliche ließ sich (in den Anmerkungen) rekonstruieren. Andere Anlagen, auf die sich im Text kein Hinweis findet, sind verloren. Sie können herausgefallen, können aber auch dem törichten Tilgungsbedürfnis einer »fremden Hand« zum Opfer gefallen sein. Mit Sicherheit läßt sich über den Verantwortlichen für diese Eingriffe natürlich nichts sagen. Sie sind aber, wie man aus der Beschaffenheit der Tinte und analog den Schatten schließen kann, späteren Datums. Und außer Cosima selbst, die nach dem Tod Wagners vermutlich keinen Blick mehr in die Tagebücher warf, zumindest nicht nach ihrem Zusammenbruch 1906, haben nur Carl Friedrich Glasenapp, Richard Graf Du Moulin Ekkart und Eva Chamberlain Zugang zu den 21 Heften gehabt. Nach 1911 hat die Tochter sie nicht mehr aus der Hand gegeben; ein unbefugter späterer Zugang ist heute nicht mehr zu ermitteln.

An einigen Stellen liegt auf der Hand, was verborgen werden sollte: Äußerungen, die auf Hans von Wolzogen (der ja bis 1938 noch lebte) oder auf Wagners Verhältnis zu Liszt Schatten geworfen hätten. Was ersteren angeht, so modifiziert es allerdings einiges an Wagners Verhältnis zu den »Bayreuther Blättern« und paßt in den Kontext kritischer Äußerungen zu diesem Hof-Organ, die wir erst jetzt erfahren! Was letzteren betrifft, so ist es einfach kleinlich, denn die persönlichen Spannungen zwischen Wagner und Liszt schmälern weder Liszts Größe noch Wagners Dankbarkeit. Andere Eingriffe zielten wohl darauf ab, den Machthabern der neuen »nationalen Ära«, die 1935, bei Schenkung der Tagebücher an die Stadt Bayreuth, angebrochen war, keinen Vorwand zu liefern, Richard Wagners »Patriotismus« und Bismarck-Treue in Frage zu ziehen oder ihn durch die gelegentliche Deftigkeit seiner Ausdrücke zu desavouieren und als »nationalen Heros« untauglich zu machen. Zu alledem hätte es jedoch radikalerer Streichungen bedurft. Der »Korrektor« ging äußerst willkürlich und dilettantisch vor und nahm sich wohl auch nicht die Zeit zu einer nochmaligen, vollständigen Lektüre.

In allem denken wir heute anders. Von dem Anspruch der Edition auf Wissenschaftlichkeit und Vollständigkeit ganz abgesehen, handeln wir Cosima nicht zuwider, wenn wir in ihrem Sinne das Bild Wagners vermenschlichen und voll wiederherstellen. Von den 50 Streichungen, Veränderungen und Löschungen sind 41 mit großer Schwierigkeit, aber ohne technische Hilfsmittel vollständig entziffert worden. Die Öffnung der restlichen 9 war langwierig und kompliziert. 6 dieser Stellen konnten dem Sinn nach zuverlässig, der Wörtlichkeit nach fast zuverlässig gelesen werden. Über die inhaltliche Tendenz der drei restlichen Stellen (27. Nov. 1881, 29. Nov. 1882 und 23. Dez. 1882) gibt es keinen Zweifel; sie betreffen Hans von Wolzogen und die Bayreuther Blätter sowie zweimal Franz Liszt. Eine philologische Genauigkeit dieses Textes – insgesamt nur etwa 30 Wörter oder knapp drei Druck*zeilen* – konnte jedoch nicht erreicht werden. Von einem chemischen Verfahren, das die entsprechenden Seiten (und Gegenseiten) zerstört hätte, mußte Abstand genommen werden. Trotz dieser Einschränkung kann man mit gutem Gewissen sagen: es fehlt nichts. Die Ausgabe wird dem Anspruch der Vollständigkeit und Zuverlässigkeit gerecht.

Was das Verständnis dieses Textes betrifft, so bedarf es allerdings gerade zu Band II eines umfangreichen Anmerkungs-Apparates. Einiges ist außerdem nachzutragen. Was heißt Überziehung, Überziehen? Richard Wagner pflegte seine Kompositionsskizzen und Partituren meist in Bleistift auszuführen, um ändern zu können, wenn Modulation, Tonartverschiebung oder Instrumentierung nach dem Gesetz der »Schwere« der folgenden Sequenz oder Motivbiegung sich als nicht vollständig treffend erwies – und vor allem beim »Parsifal« hat er häufig geändert. Cosima, der getreuen Helferin auch darin, blieb nun die Aufgabe, die fertigen Teile mit Tinte nachzuziehen, d. h. zu »überziehen«, und den Bleistift auszuradieren.

Der kontinuierliche Prozeß der »Parsifal«-Entstehung, aber auch der eingehendere, genauere Bericht über die schriftstellerischen Arbeiten und den Briefwechsel – vor allem die Korrespondenz mit dem König – erlaubten es, in den Anmerkungen zu Band II auch durchgehend auf die Partitur des »Parsifal« und die simultanen Quellen zu verweisen. Dabei hat sich am Rand ergeben, daß die Zahl der vermißten Briefe Ludwigs II. an Richard Wagner offenbar noch größer ist, als man nach Kenntnis des 1936 edierten Königsbriefwechsels befürchten mußte. Diese Briefe befanden sich auch nicht in der Kassette, in der die Tagebücher aufbewahrt worden sind. Sie bleiben verschollen. An Hand der Tagebücher war es möglich, den Schriftwechsel beinah von Brief zu Brief zu verfolgen. Mehr und mehr gibt sich Richard Wagner gegen Lebensende auch Erinnerungen hin, so daß aus der Einordnung der in »Mein Leben« zum Teil dargestellten Episoden, aus den musikalischen und schriftlichen Zeugnissen, auf die verwiesen wird, und dem Briefwechsel ein nahezu lückenloses Bild der in Richard Wagner lebendigen »Autobiographie« und des Ablaufs der letzten Lebensjahre entsteht, wie es die Forschung bisher nicht besaß. Die Anmerkungen zu diesem Bereich nahmen naturgemäß zu.

Aufzählungen von Werken bei Schriftstellern, Komponisten usw. beschränken sich auf das im gegebenen Zusammenhang Unerläßliche, da gewöhnlich Einzelwerke an anderer Stelle folgen und angemerkt werden und das Bild abrunden. Bei den großen Distanzen, die der Leser zurückzulegen hat, erwies es sich als ratsam, gelegentlich den Namen eines Autors bei Musik- und Literaturtiteln zu wiederholen oder früher gegebene Erläuterungen kurz in Erinnerung zu rufen. Sofern Personen, etwa des Berliner oder Wiener Adels, nur mit dem Familien- oder Geschlechtsnamen angegeben waren oder in anderem Zusammenhang von unbestimmten Personen die Rede war (»ein Herr X«, »eine Frau Y«), konnte zuweilen nicht ermittelt und mußte daher auf eine Anmerkung verzichtet werden. Schwierig wurde manchmal die Entscheidung, wo ein geschichtlicher Zusammenhang zu erläutern und wo er als bekannt vorauszusetzen war. Bei dem nun einmal begrenzten Umfang des Apparats muß der Leser hin und wieder auf eigene Erkundungen und Exkursionen entlassen werden. Noch ein technischer Hinweis für den weniger geschulten Benutzer: Den Gepflogenheiten vergleichbarer Editionen folgend zeigen die über den Seiten stehenden sogenannten *Kolumnentitel* immer jenen Tag und Monat an, die auf der Seite zuletzt *beginnen.* Das mag auf den ersten Blick verwirrend sein, es gibt aber keine brauchbare Alternative.

Nun ist zu danken: der einschlägigen, zum Teil entlegensten Literatur für die Quellenforschung, an der Ungezählte mitwirkten, im historischen wie im biographischen, im musikalischen wie im literarischen Bereich; zu danken ist der Kritik, aufmerksamen Lesern und den zahlreichen Informanten, die mit Hinweisen bei der Kommentierung behilflich waren.

Besonderer Dank gilt den beiden Hauptmitarbeiterinnen der Ausgabe: Irmgard Pflaum und Christiane Zentgraf.

Martin Gregor-Dellin

1869

nuar. — Mit Weihnachten, meinem 31ten Geburtstage sollte dieses Buch
beginnen; ich bekam es in Luzern nicht. So soll denn der erste Tag
des Jahres, auch der Anfang meiner Berichte an euch meine Kinder
enthalten. Ihr sollt jede Stunde meines Lebens kennen, damit ihr
mich dereinst erkennen könnt; denn sterbe ich früh, so werden die
andren gar wenig über mich euch sagen können, sterbe ich al
so werde ich wohl nur noch zu schweigen wissen. Ihr sollt mir
so helfen meine Pflicht erfüllen — ja meine Kinder, meine Pflic
Was ich damit meine, werdet ihr später erfahren. Alles will
euch die Mutter von ihrem jetzigen Leben sagen, denn sie glau
dass sie dies kann.

Das Jahr 1868 bezeichnet ~~ist~~ den äusseren Wendepunkt meines Lebens g
sen, in diesem Jahre wurde es mir gegönnt das zu bethätigen w
seit fünf Jahre mich beseelte. Dieser Bethätigung habe ich nic
nachgesucht, sie nicht herbeigeführt, das Schicksal hat sie mir
auferlegt. Damit ihr mich versteht muss ich euch bekennen d
bis zu der Stunde wo ich meinen wahren innersten Beruf erka
mein Leben ein wüster, unschöner Traum war, von welchem ic
euch nichts erzählen mag, denn ich begreife ihn selbst nicht, un
verwerfe ihn mit der ganzen Kraft meiner jetzt geläuterten Seel
Der Anschein war und blieb ruhig, das Innere war verödet, bi
als das Wesen sich mir offenbarte, welches mir rasch erhellte d
ich noch gar nicht gelebt. Eine Wiedergeburt, eine Erlösung, ei
Ersterben alles Nichtigen und Schlechten in mir, ward mir mei

Faksimile der Handschrift von Heft I, Seite 1; 1. Januar 1869 (Cosima Wagner)

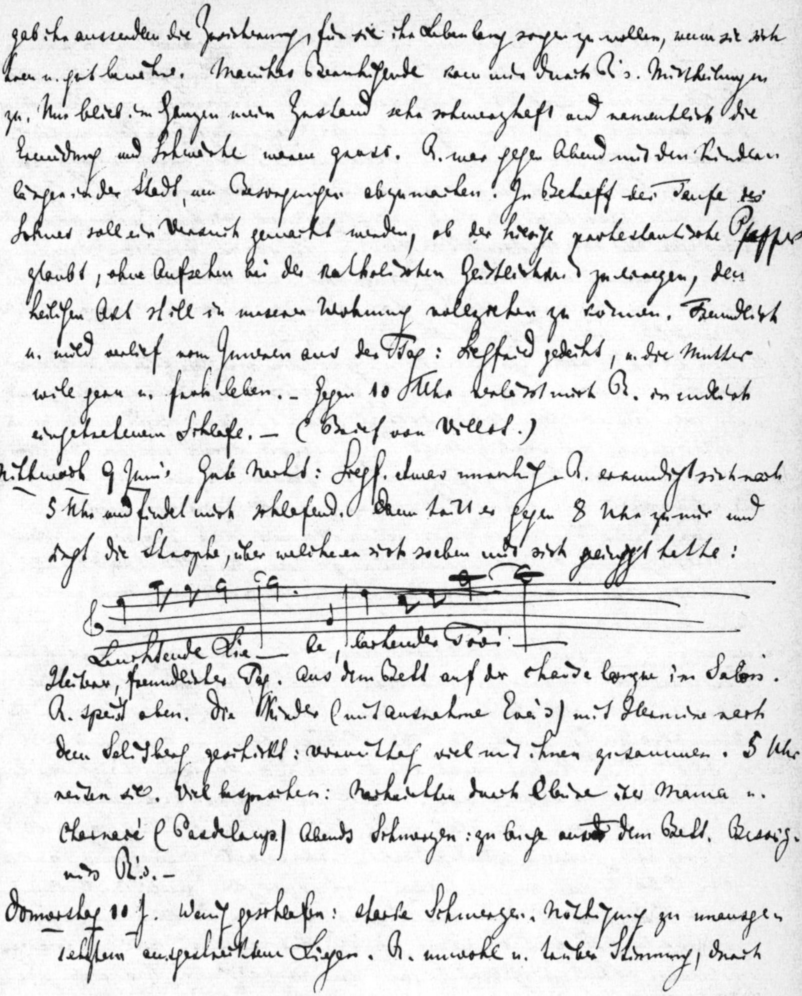

Faksimile der Handschrift von Heft I, Seite 133; 8.–10. Juni 1869 (Richard Wagner)

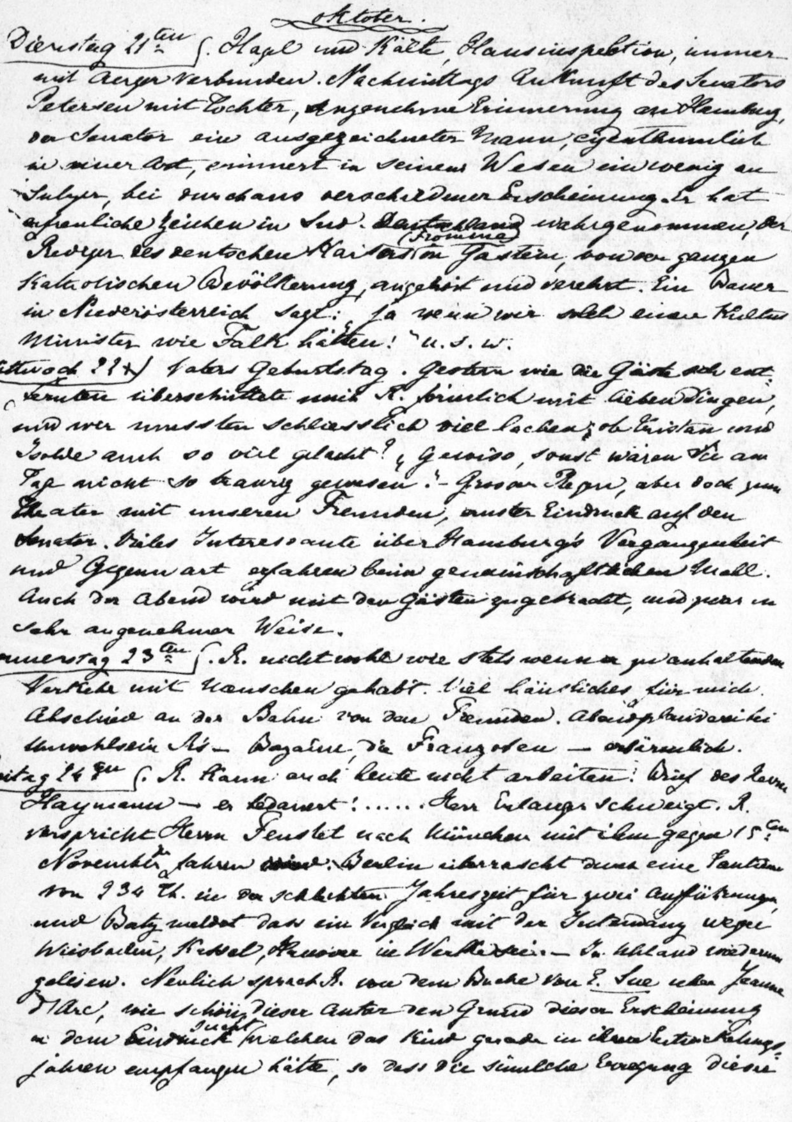

Oktober.

Dienstag 21ten. Hagel und Kälte, Hausinspektion, immer mit Aerger verbunden. Nachmittags Ankunft des Senators Petersen mit Tochter, angenehme Erinnerung an Hamburg, der Senator ein ausgezeichneter Mann, eigenthümlich in seiner Art, erinnert in seinem Wesen ein wenig an Sulzer, bei durchaus verschiedener Erscheinung. Er hat erfreuliche Zeichen in Süd-~~Deutschland~~ wahrgenommen, der Redner des deutschen Kaisers [Fromme] in Gastein, von der ganzen katholischen Bevölkerung angehört und verehrt. Ein Bauer in Niederösterreich sagt: Ja wenn wir nur einen Kultus Minister wie Falk hätten! u. s. w.

Mittwoch 22ten Vaters Geburtstag. Gestern wie die Gäste sich entfernten überschüttete mich R. förmlich mit Liebesdingen, und wir mussten schliesslich viel lachen; ob Tristan und Isolde auch so viel gelacht? „Gewiss, sonst wären sie am Tag nicht so traurig gewesen!“ – Grosser Regen, aber doch zum Theater mit unseren Freunden, mächtiger Eindruck auf den Senator. Vieles Interessante über Hamburg's Vergangenheit und Gegenwart erfahren beim gemeinschaftlichen Mahl. Auch der Abend wird mit den Gästen zugebracht, und zwar in sehr angenehmer Weise.

Donnerstag 23ten. R. nicht wohl wie stets wenn er zu anhaltenden Verkehr mit Menschen gehabt. Viel häusliches für mich. Abschied an der Bahn von den Freunden. Abends plaudern bei Unwohlsein R's – Bazaine, die Franzosen – erbärmlich.

Freitag 24ten R. kann auch heute nicht arbeiten. Brief des Herrn Haymann – er bedauert! ..... Herr Erlanger schweigt. R. verspricht Herrn Feustel nach München mit ihm gegen 15ten November zu fahren. Berlin überrascht durch eine Tantième von 934 Th. in der schlechten Jahreszeit für zwei Aufführungen und Batz meldet dass ein Vergleich mit der Intendanz wegen Wiesbaden, Kassel, Hannover im Werke sei. – In Uhland wiederum gelesen. Neulich sprach R. von dem Buche von E. Sue über Jeanne d'Arc, wie schön dieser Autor den Grund dieser Erscheinung in dem Eindruck sucht welchen das Kind gerade in den Entwickelungsjahren empfangen hätte, so dass die sinnliche Erregung dieser

Faksimile der Handschrift von Heft VII, Seite 20; 21.-24. Oktober 1873 (Cosima Wagner)

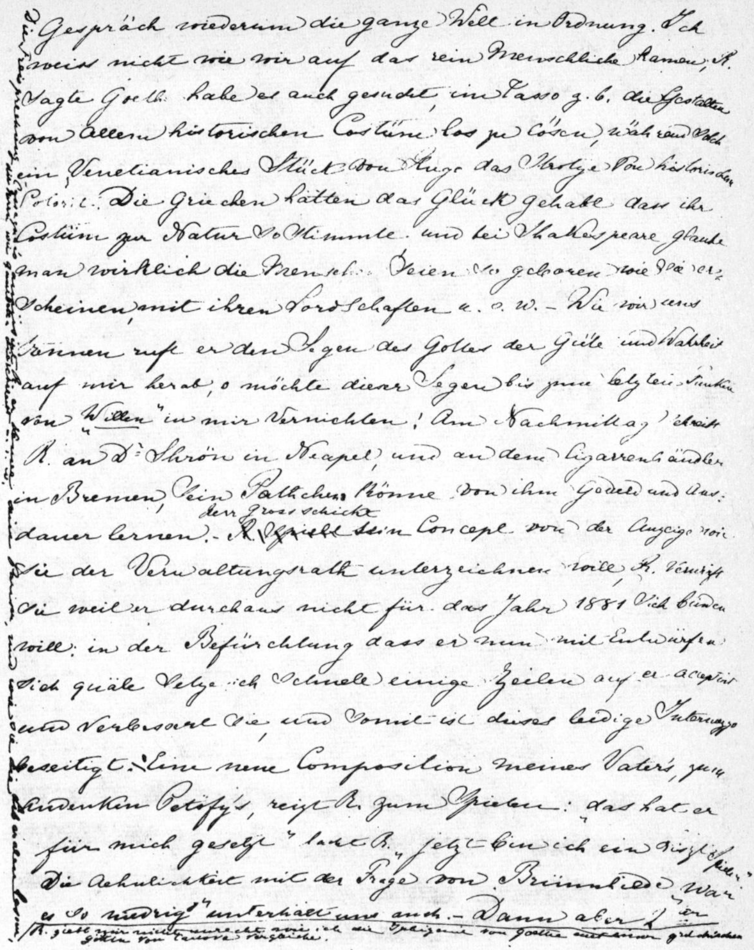

Gespräch wiederum die ganze Welt in Ordnung. Ich
weiss nicht wie wir auf das rein Menschliche kamen, R.
sagte Goethe habe es auch gesucht, im Tasso z. B. die Gestalten
vom allem historischen Costüm los zu lösen, während doch
ein Venetianisches Stück von Hugo das Stolze vom historischen
Colorit. Die Griechen hätten das Glück gehabt dass ihr
Costüm zur Natur so stimmte. und bei Shakespeare glaube
man wirklich die Menschen seien so geboren wie sie er-
scheinen, mit ihren Lordschaften u. s. w. – Wie wir uns
trennen ruft er den Segen des Gottes der Güte und Wahrheit
auf mir herab; o möchte dieser Segen bis zum letzten Funken
von „Willen" in mir vernichten! Am Nachmittag schreibt
R. an Dr Schrön in Neapel, und an dem Cigarrenhändler
in Bremen, sein Pathchen könne von ihm Geduld und Aus-
dauer lernen. – R. schickt dem Gross[...] sein Concept von der Anzeige wie
sie der Verwaltungsrath unterzeichnen wolle, R. schreibt
sie weil er durchaus nicht für das Jahr 1881 sich binden
will; in der Befürchtung dass er nun mit Entwürfen
sich quäle setze ich schnelle einige Zeilen auf er acceptirt
und verbessert sie, und somit ist dieses leidige Intermezzo
beseitigt. Eine neue Composition meines Vaters, zum
Andenken Petöfy's, reizt R. zum Spielen: „das hat er
für mich gesetzt" sagt R. jetzt bin ich ein [...] spiel"
Die Aehnlichkeit mit der Frage von Brünnhilde „War
es so niedrig" unterhält uns auch. – Dann aber
R. giebt mir nicht unrecht wie ich die Iphigenie von Goethe mit einer griechischen Göttin von Canova vergleiche.

Faksimile der Handschrift von Heft XIII, Seite 84; 8. Juli 1879 (Cosima Wagner)

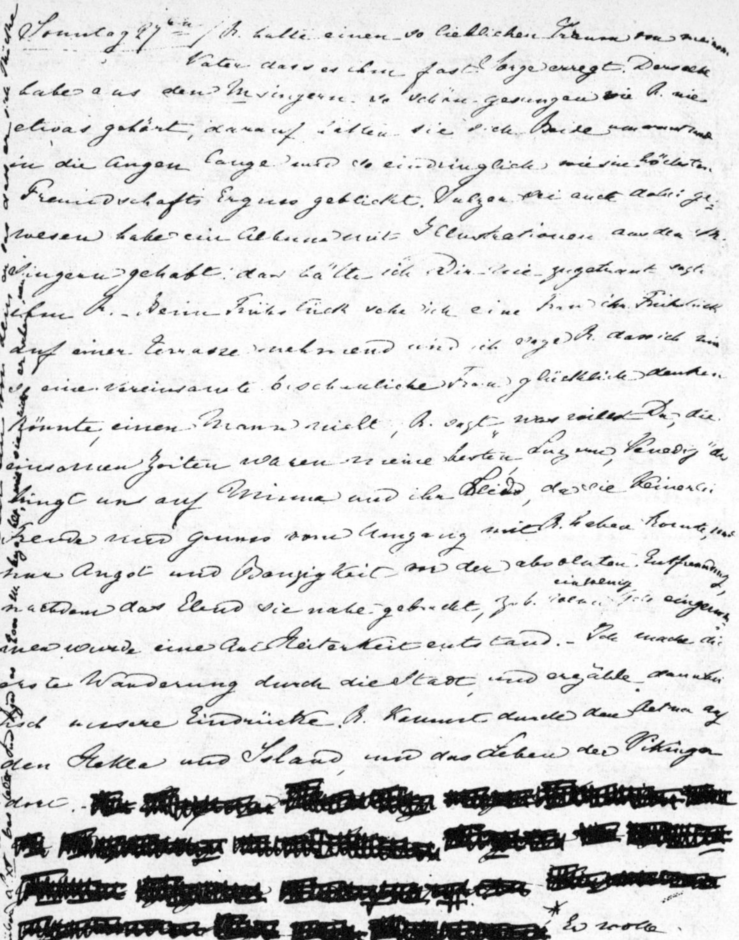

Sonntag 27ten / R. hatte einen so lieblichen Traum von meinem Vater dass es ihm fast Sorge erregt. Derselbe habe aus den Meistersingern so schön gesungen wie R. nie etwas gehört, darauf hätten sie sich Beide unverwandt in die Augen lange und so eindringlich wie sie höchsten Freundschafts Erguss geblickt. Dazu sei auch dabei gewesen habe ein Album mit Illustrationen aus den Meistersingern gehabt, das hätte ich Dir wie zugedacht sagte ihm R. – Beim Frühstück sehe ich eine Frau ihr Frühstück auf einer Terrasse nehmend und ich sage R. dass ich mir so eine vereinsamte beschauliche Frau glücklich denken könnte, einen Mann nicht, R. sagt, was willst Du, die einsamen Zeiten waren meine besten, Luzern, Venedig, da bringt uns auf Minna und ihr Leiden, daß sie keinerlei Freude und Genuss vom Umgang mit R. haben konnte, nur Angst und Bangigkeit vor der absoluten Entfremdung, nachdem das Elend sie nahe gebracht, z.B. [illegible] eingeengt, aus wurde eine Art Heiterkeit entstand. – Ich mache die erste Wanderung durch die Stadt, und erzähle darauf R. unsere Eindrücke. R. kommt durch den Aetna auf den Hekla und Island, und das Leben der Vikingen dort. – [redacted] * Er wolle.

[illegible]

Faksimile der Handschrift von Heft XVIII, Seite 160; 27. Nov. 1881 (Cosima Wagner) mit Streichungen von fremder Hand

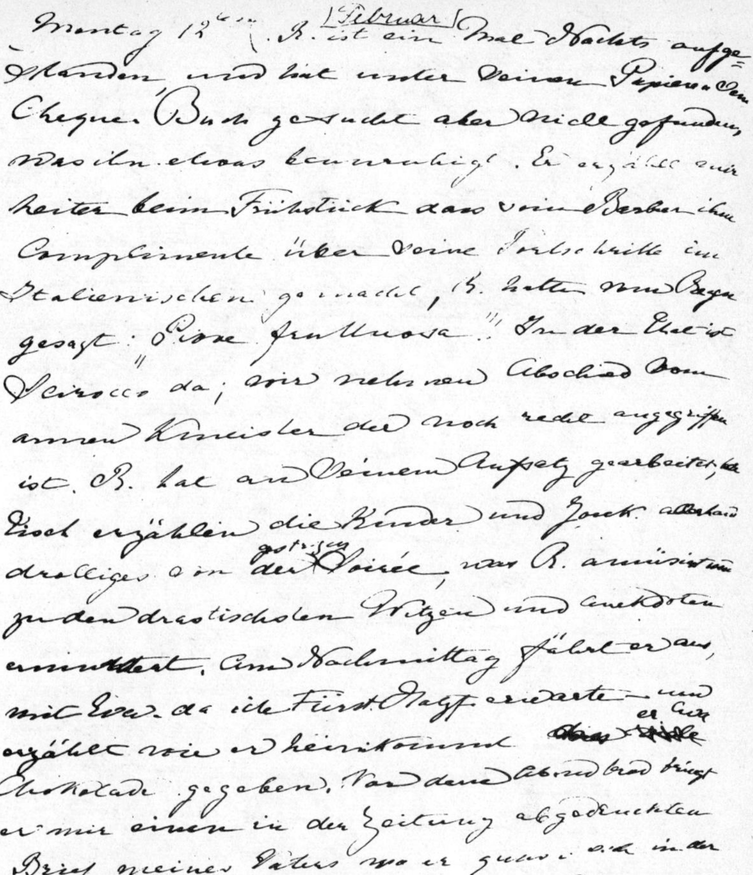

Montag 12ten [Februar] R. ist ein Mal Nachts aufgestanden und hat unter seinen Papieren sein Cheque-Buch gesucht aber nicht gefunden, was ihn etwas beunruhigt. Er erzählt mir heiter beim Frühstück dass sein Barbier ihm Complimente über seine Fortschritte im Italienischen gemacht, R. hatte vom Regen gesagt: „Piove fruttuosa“! In der Luft ist Scirocco da; wir nehmen Abschied vom armen Künstler der noch recht angegriffen ist. R. hat an seinem Aufsatz gearbeitet; bei Tisch erzählen die Kinder und Jouk. allerhand Drolliges von der gestrigen Soirée, was R. amüsirt und zu den drastischsten Witzen und Anekdoten ermuntert. Am Nachmittag fährt er aus, mit Eva, da ich Fürst Hatzf. erwarte – und erzählt wie er heimkommt er habe ~~Eva~~ Chokolade gegeben. Von dem Abendbrod bringt er mir einen in der Zeitung abgedruckten Brief meines Vaters wo er gewissermassen sich in der Judenfrage rechtfertigt, der Brief ist sehr gut geschrieben, aber wir bedauern dass er sich bewogen fühlte ihn zu schreiben. Er denkt daran dass die Fürsten ihn in all das Elend hineingebracht und sagt:

Faksimile der Handschrift Heft XXI, drittletzte Seite der Eintragungen Cosima Wagners, 12. Febr. 1883

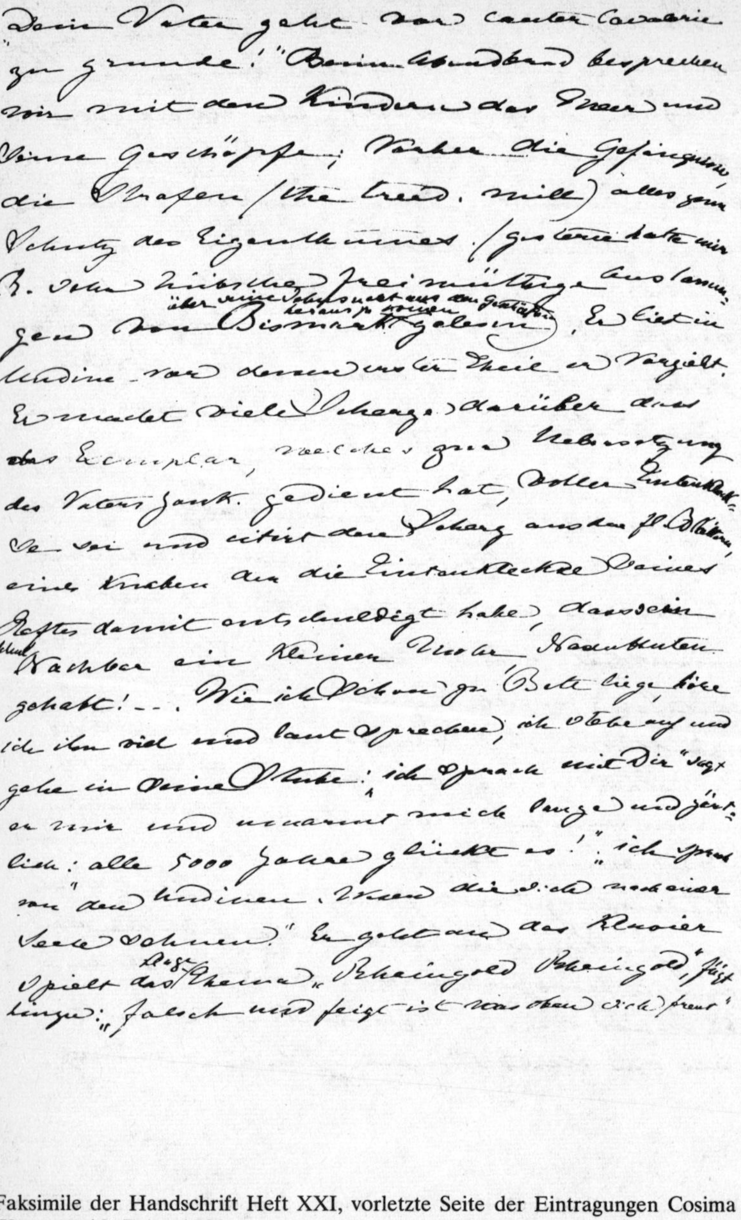

Dein Vater geht von lauter Cavalerie
zu Grunde!" Beim Abendbrod besprechen
wir mit den Kindern das Meer und
seine Geschöpfe; vorher die Gefängnisse
die Strafen (the tread-mill) alles zum
Schutz des Eigenthumes. (Gestern hatte mir
R. schon Lübke's freimüthige Auslassung
über seine Sehnsucht aus den Geschäften herauszukommen
gegen von Bismarck gelesen.) Er liest in
Undine, von dessen erstem Theil er erzählt.
Er macht viele Scherze darüber, dass
das Exemplar, welches zur Uebersetzung
des Vaters Hand gedient hat, voller Eintunkflecke
sei und citirt den Scherz aus den Fl. Blättern,
eines Knaben, der die Eintunkflecke seines
Heftes damit entschuldigt habe, dass sein
Schul-Nachbar ein kleines Nasenbluten
gehabt!.. Wie ich schon zu Bett liege, höre
ich ihn viel und laut sprechen; ich stehe auf und
gehe in seine Stube; "ich sprach mit Dir" sagt
er mir und umarmt mich lange und zärt-
lich: "alle 5000 Jahre glückt es!". "ich sprach
von den Undinen. Wesen die sich nach einer
Seele sehnen." Er geht an das Klavier
spielt das Klage-Thema „Rheingold Rheingold", fügt
hinzu: „falsch und feig ist was oben sich freut".

Faksimile der Handschrift Heft XXI, vorletzte Seite der Eintragungen Cosima Wagners, 12. Febr. 1883

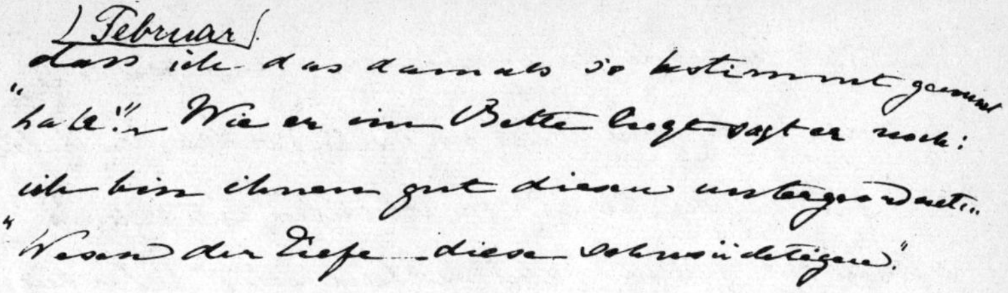
[Februar]
dass ich das damals so bestimmt gemeint
habe!" – Wie er im Bette liegt, sagt er noch:
ich bin ihnen gut, diesen Untergeordneten,
"Wesen der Tiefe – diese Sehnsüchtigen."

Faksimile der Handschrift Heft XXI, letzte Seite der Eintragungen Cosima Wagners, 12. Febr. 1883

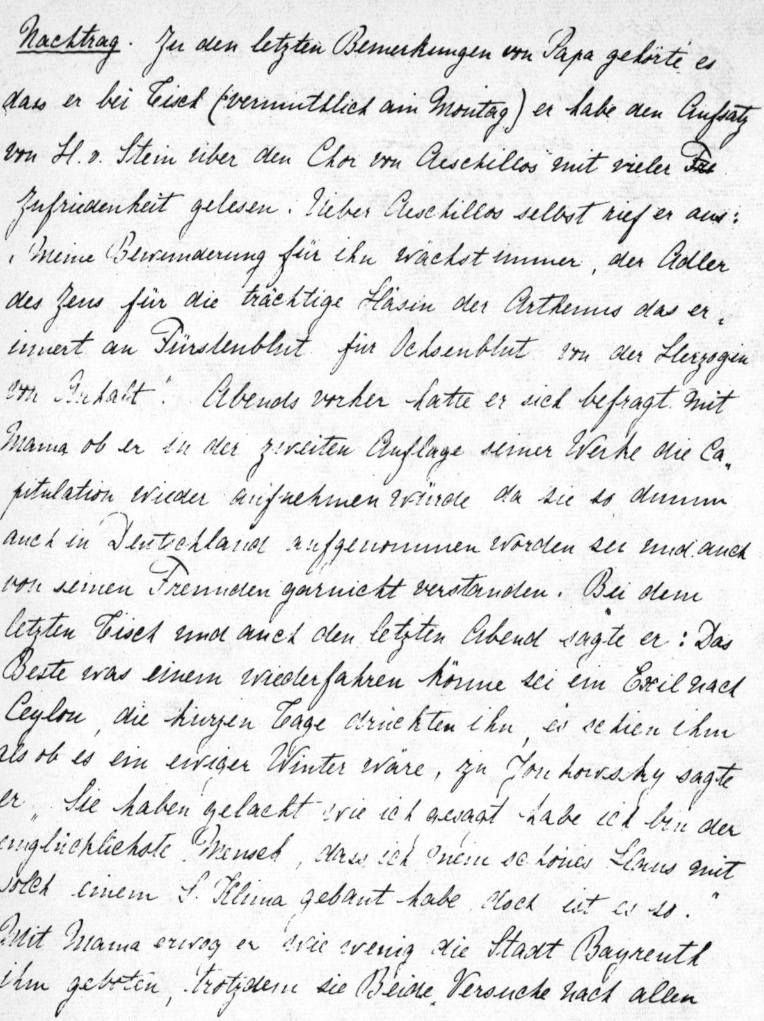
Nachtrag. Zu den letzten Bemerkungen von Papa gehörte es
dass er bei Tisch (vermutlich am Montag) er habe den Aufsatz
von H. v. Stein über den Chor von Aeschylos mit vieler Zu
Zufriedenheit gelesen. Ueber Aeschylos selbst rief er aus:
'Meine Bewunderung für ihn wächst immer, der Adler
des Zeus für die trächtige Häsin der Arthemis das er-
innert an Fürstenblut für Ochsenblut von der Herzogin
von Anhalt'. Abends vorher hatte er sich befragt mit
Mama ob er in der zweiten Auflage seiner Werke die Ca-
pitulation wieder aufnehmen würde da sie so dumm
auch in Deutschland aufgenommen worden sei und auch
von seinen Freunden garnicht verstanden. Bei dem
letzten Tisch und auch den letzten Abend sagte er: Das
Beste was einem widerfahren könne sei ein Exil nach
Ceylon, die kurzen Tage drückten ihn, es schien ihm
als ob es ein ewiger Winter wäre, zu Joukowsky sagte
er, „Sie haben gelacht wie ich gesagt habe ich bin der
unglücklichste Mensch, dass ich mein schönes Haus mit
solch einem S. Klima gebaut habe. Doch ist es so."
Mit Mama erwog er wie wenig die Stadt Bayreuth
ihm geboten, trotzdem sie Beide Versuche nach allen

Faksimile der Handschrift Heft XXI, erste Seite des Nachtrags (Daniela von Bülow) heit. Ein Brief meiner früheren Dienerin welcher sagt dass das Elend des Volkes alles Maass, seit dem Krieg überschreite veranlasst R. über die grossen Städte zu sagen dass dieselben aufhören müssten den dieselben brächten Pöbel hervor und Pöbel sei undeutsch; es sei sehr zu bedauern dass der erste Reichsrath nach Berlin berufen würde, er wünsche dass kleinere Städte, Erfurt, Halberstadt u. s. w., wieder Leben gewännen, anstatt dass die grossen Städte sich noch immer vergrösserten, und unter dem Anschein von Prosperität den ärgsten Krebsschaden des Reiches bildeten. – Verwunderung R's darüber dass der Kladeradatsch von Juden redigirt würde, da die Juden eigentlich keinen Witz hätten, sie seien vortreffliche Objekte der witzigen Beobachtung, aber sie selbst könnten die Welt nicht beobachten. Heine, eine Ausnahme; der Daimon familiaris der damaligen üblen Zustände in Deutschland. – Abends bringt das Gespräch auf Gounod, welches denn eine fürchterliche Musiklitteratur durchwandern lässt, Faust, Prophet, Hugenotten, Bellini, Donizetti, Rossini, Verdi, alles hintereinander, mir wird physisch übel, ich nehme ein Band Goethe (Paralipomena zu Faust) und suche Rettung. Doch nichts hilft, ich leide und leide. R. wird es auch zu arg und bittet Richter aufzuhören nachdem dieser ihm zu beweisen gesucht dass Verdi nicht schlechter als Donizetti war. Endlich kommen wir, Gott weiss wie auf die Orgelfugen von Bach! Richter musste zwei davon spielen, und da waren wir denn im weitesten Feld der Betrachtungen und Verwunderungen. Ich sagte R. dass für meine Empfindung der Unterschied von Bach und Beethoven darin läge dass ersterer alle meine

Buchstabengenaue Abschrift von Heft III, Seite 134; 12. Februar 1871 so weit gebracht.«

Sonnabend 17ten Wie ich in den Zeitungen die Zerstörungen von Paris lese, bemerke ich mit erstaunen dass eigentliche alles künstlerisch Werthvolle gerettet ist, »ja« sagt R. »der Dämon der Menschheit ist zugleich sein Genius, er drängt nach Erkenntniss, und blind waltend wie er scheint verschont er doch was ihm diese Erkenntnis ermöglicht. Erhaltend wie zerstörend alles ist bei ihm That. Uebrigens dass die Comonisten wirklich ganz Paris in Brand stecken wollten, ist der eine grandioser Zug; sie sind mir ekelhaft durch ihr Regierungsspiel gewesen, ihre Heuchelei, ihre galonirte pedantische Organisation, der Franzose weiss es nicht anders, dass sie aber den Ekel vor der Pariser Cultur bis zum Brand empfanden ist grandios. Nun können die Deutschen sich nichts denken was ohne dieser Civilisation sein, ich habe es mir damals gedacht in mein Kunstwerk der Zukunft. Nichts sah ich in Deutschland erstehen, aber ich sah dass der Boden von woher alles Schlechte gekommen dass uns überfluthet, schwankt, und nun entwarf ich mir eine neue Welt.« – Am Morgen hatte mir R. zugerufen: »weisst Du wie die Note der ganzen neueren Musik heisst?« Sie heisst *Cis,* es ist das Cis des ersten Thema der Eroica; er hatte vor Beethoven, wer hat nach ihm diesen Seufzer in der völligen Ruhe eines Thema's ausgestossen?« – Fönsturm, grösste Hitze durch ihn herbei geführt. Brief der Mutter; alles dünkt ihr Schwarz. Ich kopire meinen Brief an Bon Shack und sende ihn ab. Abends Friedrich der Grosse.

Sonntag 18ten R. hat eine sehr üble Nacht gehabt in Folge des Wetter's das sich gänzlich verändert hat; Regen und Kälte wieder da. Pr Nietzsche schickt Siegfried's Tod zurück, er hat ihn selbst kopirt! Auch seine Abhandlung schickt er mit.

Abschrift von Heft IV, Seite 29; 16.–18. Juni 1871

Alwina Fronemann gestorben!

und viele Andere. Der Schluss geschieht unter solcher Ergriffenheit, dass alle Theilnehmenden sich gestehen nicht zu wissen, wie sie das gewöhnliche zumal das gewöhnliche Theaterleben werden ertragen köñen.

Am 13ten giebt R. dem Orchester und den noch anwesenden Sängern ein Gartenfest, und hält ihnen eine Anrede, in welcher er dankend erwähnt dass solche Zeiten Gefühle wecken welche gewöhnlich in ihnen schlummerten. Er fordert meinen Vater auf für die Orchestermusiker zu spielen welche zum Theil ihn nicht gehört hätten, der Vater thut es, und spielt herrlich seine für den Augenblick so gut gewählte Legende des h. Franciscus. – Auf den darauf folgenden Tag. Abschied von Allen, mit grosser Ergriffenheit. Mein Vater welchen Frau v. Meyendorff hier besucht hat fährt am Dienstag 17ten ab. In den letzten Tagen seiner Anwesenheit trifft noch der seltsame Lohn ein welcher ihm seitens der Oeffentlichkeit zu Theil wird. Da man nun nichts mehr über ihn, dessen Verhältniss zu Allen, und Wunderwirkungen offenkundig geworden, sagen kann, so bin ich es welche man mit Schmach bedeckt, ich kränke Alle, verhetze meinem Manne alle Freunde, Pr Hofmann, Betz, Niemann Richter u.s.w. ja bis zum Münchner Theaterschneider hätte ich gekränkt. R. giebt eine öffentliche Erklärung ab, dass alles erlogen sei, und schreibt nun an Richter dass sein Verhalten zu unserem Hause (niemals zu erscheinen wenn er aufgefordert wurde) den Vorwand zu derlei Schmahungen gäbe, und er von ihm ein reuiges Bekenntnis und ein Versprechen dass diess künftig anders würde. Langes Schweigen seitens Richter's, dazwischen Briefe an mich, ein vollständiges Tollhaustreiben wozu die Zurückschickung der Partie seitens Niemann wohl die meiste Veranlassung gab; R. erkennt Herrn Julius Lang an vielem, und Bon Perfall: Vogel hatte nämlich den Auftrag sich bei R. zu erkundigen, ob dieser erwidern würde wenn

Abschrift von Heft VIII, Seite 100; 23. August 1875

1805 *Marie de Flavigny, spätere Gräfin d'Agoult, Mutter Cosimas, am 3. Dez. in Frankfurt/Main geb.*

1806/7 Napoleon I. schlägt Preußen, Friede von Tilsit.

1809 Joseph Haydn am 31. Mai in Wien gest.

1810 Robert Schumann am 8. Juni in Zwickau geb.

1811 Charles Dickens am 7. Febr. in Landport geb. *Franz Liszt am 22. Okt. in Raiding/Ungarn geb.* Heinrich von Kleist am 21. Nov. bei Potsdam gest.

1812 Napoleons Feldzug gegen Rußland.

1813 *Richard Wagner am 22. Mai in Leipzig geboren.* Giuseppe Verdi am 10. Okt. in Roncole geb. Im Okt. Völkerschlacht bei Leipzig. *Friedrich Wagner, Richards Vater, am 23. Nov. gest.*

1814 *Ludwig Geyer heiratet am 28. Aug. Wagners Mutter Johanna Rosina, mit Richard nach Dresden.* Wiener Kongreß.

1815 Napoleons Niederlage bei Belle Alliance am 18. Juni.

1817 Wartburgfest der deutschen Burschenschaften.

1818 Karl Marx am 5. Mai in Trier geb.

1819 Gottfried Keller am 19. Juli in Zürich geb. Theodor Fontane am 30. Dez. in Neuruppin geb.

1821 *Ludwig Geyer am 30. Sept. in Dresden gest.* Fedor M. Dostojewski am 21. Nov. in Moskau geb. Gustave Flaubert am 12. Dez. in Rouen geb.

1822 *Richard unter dem Namen Geyer in der Kreuzschule.* E. T. A. Hoffmann am 25. Juni in Berlin gest.

1824 Lord Byron am 19. April in Missolunghi gest. Bedřich Smetana am 2. März in Leitomischl geb. Anton Bruckner am 4. Sept. in Ansfelden geb.

1825 Jean Paul am 14. Nov. in Bayreuth gest.

1826 Carl Maria von Weber am 5. Juni in London gest.

1827 Ludwig van Beethoven am 26. März in Wien gest. *Richard wieder unter dem Namen Wagner Weihnachten nach Leipzig.*

1828 Henrik Ibsen am 20. März in Skien geb. Leo N. Tolstoi am 9. Sept. in Jasnaja Poljana geb. Franz Schubert am 19. Nov. in Wien gest.

1829 *Wagner erlebt Wilhelmine Schröder-Devrient auf der Bühne und beschließt, Musiker zu werden.*

1830 *Hans von Bülow am 8. Jan. in Dresden geb.*

1832 Goethe am 22. März in Weimar gest. Hambacher Fest der demokratisch-nationalen Bewegung am 27. Mai.

1833 *Wagner beginnt seine erste Oper »Die Feen«.* Johannes Brahms am 7. Mai in Hamburg geb.

1834 *Wagner Musikdirektor in Bad Lauchstädt und Magdeburg, lernt Minna Planer kennen. Liszt lernt die Gräfin d'Agoult kennen.*

1835 Erste Bahnlinie Nürnberg–Fürth am 7. Dez. eröffnet.

1836 *Uraufführung von Wagners zweiter Oper »Das Liebesverbot« am 29. März in Magdeburg. Nach Königsberg, am 24. Nov. Trauung mit Minna Planer.*

1837 *Wagner Musikdirektor in Riga. Cosima am 25. Dez. in Bellagio am Comersee geb.*

1839 *Wagners Flucht auf dem Seeweg nach London, danach Paris.*

1840 *Erste Begegnung mit Liszt.* Emile Zola am 2. April in Paris geb. Pjotr Iljitsch Tschaikowsky am 7. Mai in Wotkinsk geb.

1842 *Wagner verläßt Paris. Uraufführung des »Rienzi« am 22. Okt. in Dresden.* Liszt Hofkapellmeister in Weimar.

1843 *Uraufführung des »Fliegenden Holländers« am 2. Jan. in Dresden, Wagner wird Dresdner Hofkapellmeister.*

1844 Friedrich Nietzsche am 15. Okt. in Röcken bei Lützen geb.

1845 Ludwig II. am 25. Aug. in Nymphenburg geb. *Uraufführung des »Tannhäuser« am 19. Okt. in Dresden.*

1848 *Wagners Mutter am 9. Jan. in Leipzig gest. Wagner bekennt sich mehrfach zu revolutionären Bestrebungen.* Der Ausbruch der Revolution in Wien am 13. März führt zum Sturz Metternichs. *Liszt in Dresden, Freundschaft mit Wagner beginnt.* Liszt läßt sich in Weimar nieder. Frankfurter Nationalversammlung.

1849 August Strindberg am 22. Jan. in Stockholm geb. *Wagners revolutionäre Aufsätze und Teilnahme am Dresdner Mai-Aufstand.*

1850 *Exil in Zürich. Affäre mit Jessie Laussaut in Bordeaux.* Honoré de Balzac am 18. Aug. in Paris gest. *Uraufführung des »Lohengrin« unter Liszt am 28. Aug. in Weimar.*

1852 *Wagner vollendet die »Ring«-Dichtung in Zürich.*

1853 *Im Juli Besuch Liszts in Zürich, Bruderschaftstrunk Wagners mit Liszt und Herwegh. Italienreise. Konzeption des »Rheingold«-Vorspiels am 5. Sept. in La Spezia. Am 10. Okt. bei Liszt und seinen Kindern in Paris, Cosima im 16. Lebensjahr erstmals gesehen.*

1854 *Wagner liest Schopenhauers »Die Welt als Wille und Vorstellung«.* Ausbruch des Krimkrieges.

1855 *Zweiter Londoner Aufenthalt Wagners.*

1856 Heinrich Heine am 17. Febr. in Paris gest. Sigmund Freud am 6. Mai in Freiburg/Mähren geb. *Liszt bei Wagner in Zürich.* George

Bernard Shaw am 26. Juli in Dublin geb. Schumann am 29. Juli in Endenich b. Bonn gest.

1857 *Wagner bezieht das Asyl neben der Villa Wesendonck. Komposition des »Ring« unterbrochen. Hans von Bülow und Cosima am 18. Aug. in Berlin getraut, Bülows Hochzeitsreise nach Zürich. Wagner beginnt »Tristan und Isolde«, Tristan-Harmonik.*

1858 *Spannungen zwischen Minna Wagner und Mathilde Wesendonck. Erster Gedanke Wagners an Trennung von Minna. Beim Abschied von Wesendoncks Bülows zugegen. Wagner nach Venedig, Minna nach Dresden.*

1859 *Wagner in Luzern und Paris, Minna kehrt dahin zurück.* Knut Hamsun am 4. Aug. in Garmostraet geb.

1860 *Konzerte Wagners in Paris und Brüssel.* Gustav Mahler am 7. Juli in Kalischt geb. Arthur Schopenhauer am 21. Sept. in Frankfurt/Main gest. *Daniela von Bülow am 12. Okt. geb.*

1861 *Pariser »Tannhäuser«-Skandal 13.–25. März.* Im April Ausbruch des Sezessionskrieges in den USA. *Wagner in Karlsruhe, Wien, Venedig, Mainz, Paris.* Liszt läßt sich in Rom nieder.

1862 *Wagner mit Minna in Biebrich, endgültige Trennung. Beziehungen zu Friederike Meyer und Mathilde Maier. Im Juli mit Bülows.* Bismarck preuß. Ministerpräsident. *Wagner am Jahresende nach Wien.* Gerhart Hauptmann am 15. Nov. in Ober-Salzbrunn geb.

1863 *Blandine von Bülow am 20. März geb.* Gründung des Allgemeinen Deutschen Arbeitervereins am 23. Mai, Lassalle wird Präsident. *Wagner am 28. Nov. in Berlin mit Cosima, »Bekenntnis, uns einzig gegenseitig anzugehören«.*

1864 Deutsch-dänischer Krieg. Ludwig II. König von Bayern. *Flucht Wagners aus Wien, am 4. Mai von Ludwig II. in München empfangen.* Richard Strauss am 11. Juni in München geb. *Cosima Juni/Juli bei Wagner im Haus Pellet am Starnberger See.*

1865 *Isolde, Cosima und Richard Wagners erstes Kind, am 10. April in München geb. Uraufführung von »Tristan und Isolde« am 10. Juni in München. Autobiographie »Mein Leben« am 17. Juli begonnen. Wagner muß Bayern am 10. Dez. verlassen.*

1866 *Minna Wagner am 25. Jan. in Dresden gest. Wagner mit Cosima in der Schweiz, am 30. März Tribschen entdeckt, am 15. April von Wagner bezogen.* Der deutsch-österreichische Krieg bricht am 14. Juni aus. Schlacht bei Königgrätz. Siemens erfindet den Dynamo.

1867 *Cosima in Tribschen. Eva, zweites Kind Cosima und Richard Wagners, am 17. Febr. geb.* Gründung des Norddt. Bundes.

1868 *Uraufführung der »Meistersinger« am 21. Juni in München. Wagner lernt am 8. Nov. Nietzsche bei Brockhaus in Leipzig kennen. Cosima trifft am 16. Nov. nachts in Tribschen ein.*

1869 *Beginn der Tagebuch-Niederschrift Cosimas am 1. Jan.* Nietzsche Professor in Basel. *Siegfried, drittes Kind Cosima und Richard Wagners, am 6. Juni in Tribschen geb. Uraufführung des »Rheingold« am 22. Sept. in München.* I. Vatikanisches Konzil.

1870 Dickens am 9. Juni in Gadshill gest. *Uraufführung der »Walküre« am 26. Juni in München. Cosima am 18. Juli geschieden.* Ausbruch des deutsch-französischen Krieges am 19. Juli. *Trauung Cosima und Richard Wagners am 25. Aug. in Luzern.*

1871 Gründung des Deutschen Kaiserreichs am 18. Jan. Bismarck Reichskanzler. *Wagner wählt Bayreuth als Festspielort und kündigt Festspiele an.*

1872 *Übersiedlung Wagners nach Bayreuth im April. Grundsteinlegung des Festspielhauses am 22. Mai.*

1873 *Richtfest des Festspielhauses am 2. Aug.* Erste schwere Krankheitsanfälle Nietzsches.

1874 *Am 28. April Haus Wahnfried bezogen. Bruckner im Sept. bei Wagner in Bayreuth.* Arnold Schönberg am 13. Sept. in Wien geb.

1875 Thomas Mann am 6. Juni in Lübeck geb. *Bayreuther Proben.*

1876 *Marie d'Agoult am 5. März gestorben. Erste Bayreuther Festspiele mit dem »Ring des Nibelungen«, ab 13. Aug. Im Sept. Italienreise, letzte Begegnung Wagners mit Nietzsche in Sorrent.*

1877 *Dritter Londoner Aufenthalt Wagners. »Parsifal« begonnen.* Edison erfindet den Phonographen.

1878 Berliner Kongreß. Pariser Weltausstellung.

1879 Edison erfindet die Glühlampe.

1880 *Wagner in Italien.* Flaubert am 7. Mai in Croisset gest.

1881 Dostojewski am 9. Febr. in St. Petersburg gest. Béla Bartók am 25. März in Nagy Szent Miklós geb. Pablo Picasso am 25. Okt. in Malaga geb.

1882 Igor Strawinsky am 18. Juni in Oranienbaum/St. Petersburg geb. *Zweite Bayreuther Festspiele am 26. Juli mit der Uraufführung des »Parsifal« eröffnet. Wagner im Sept. nach Venedig.*

1883 *Wagner am 13. Febr. im Palazzo Vendramin, Venedig, gest., 16. Febr. Überführung über München nach Bayreuth, 18. Febr. Beisetzung im Garten von Haus Wahnfried.* Karl Marx am 14. März in London gest. Franz Kafka am 3. Juli in Prag geb. Anton von Webern am 3. Dez. in Wien geb.

1884 Smetana am 12. Mai in Prag gest.
1885 Alban Berg am 9. Febr. in Wien geb. Daimler erfindet den Kraftwagen mit Verbrennungsmotor.
1886 Ludwig II. am 13. Juni im Starnberger See ertrunken. *Liszt im Juni in Bayreuth, am 31. Juli in Bayreuth gest.*
1887 Erfindung der Schallplatte und des Grammophons.
1889 Nietzsche fällt in geistige Umnachtung.
1890 Gottfried Keller am 16. Juli in Zürich gest. Elektrische Bogenlampe eingeführt.
1893 Tschaikowsky am 6. Nov. in St. Petersburg gest.
1894 *Hans von Bülow am 12. Febr. in Kairo gest.*
1895 Paul Hindemith am 16. Nov. in Hanau geb.
1896 Bruckner am 11. Okt. in Wien gest.
1897 Brahms am 3. April in Wien gest.
1898 Bertolt Brecht am 10. Febr. in Augsburg geb. Fontane am 20. Sept. in Berlin gest.
1900 *Wagners Tochter Isolde heiratet den Dirigenten Franz Beidler.* Nietzsche am 25. Aug. in Weimar gest.
1901 Verdi am 27. Jan. in Mailand gest.
1902 Zola am 29. Sept. in Paris gest.
1906 Ibsen am 23. Mai in Oslo gest. *Letzte Festspiele unter Cosimas Leitung.* Elektrisches Licht allgemeine Beleuchtungsart.
1908 *Wagners Tochter Eva heiratet Houston Stewart Chamberlain. Siegfried Wagner übernimmt die Leitung der Festspiele.*
1910 Tolstoi am 20. Nov. in Astopowo gest.
1911 Gustav Mahler am 18. Mai in Wien gest.
1912 Strindberg am 14. Mai in Stockholm gest.
1914 Ausbruch des Ersten Weltkriegs.
1915 *Siegfried Wagner heiratet Winifred Williams.*
1917 *Wieland Wagner geb.* Oktoberrevolution in Rußland.
1918 Kriegsende. Am 9. Nov. Ausrufung der Deutschen Republik.
1919 Ebert Reichspräsident. *Wolfgang Wagner geb.*
1923 Hitler unternimmt in München den Marsch zur Feldherrnhalle.
1925 Hindenburg Reichspräsident. *Wiederaufnahme der Bayreuther Festspiele nach dem Kriege.* Gründung der Reichs-Rundfunk-Gesellschaft. Wiederzulassung der NSDAP.
1929 Ausbruch der Weltwirtschaftskrise im Okt.
1930 *Cosima Wagner am 1. April gest. Siegfried Wagner am 4. Aug. gest.*

1878

1. Januar

Parsifal empfangen: In diesen Tagen erhielten u. a. Ludwig II. und Franz Liszt die 1877 abgeschlossene Dichtung des »Parsifal«, vgl. Bd. I, S. 1257, Anm. zu 29. Dez. 1877; Nietzsche am 3. Jan., am darauffolgenden Tag schreibt Nietzsche an Reinhard von Seydlitz: »Eindruck des ersten Lesens: mehr Liszt als Wagner, Geist der Gegenreformation; mir, der ich zu sehr an das Griechische, menschlich Allgemeine gewöhnt bin, ist alles zu christlich, zeitlich beschränkt; [...] Die Sprache klingt wie eine Übersetzung aus einer fremden Zunge. Aber die Situation und ihre Aufeinanderfolge – ist das nicht von der höchsten Poesie? Ist es nicht eine letzte Herausforderung der Musik?« – *»Die sündige Welt...«:* »Den sündigen Welten mit tausend Schmerzen«, »Parsifal« I, Takt 1204ff., Stimmen der Jünglinge; vgl. hinfort »Parsifal«, Partitur, hrsg. von Egon Voss und (I. Akt) Martin Geck, Bd. 14 der Richard Wagner Gesamtausgabe, Verlag B. Schott's Söhne, Mainz. – *er arbeitet:* an der am 2. Aug. 1877 begonnenen Komposition des »Parsifal«, Kompositionsskizze I. Akt ab 17. bzw. 24. Sept. 1877, vgl. dort Bd. I. – *Feustels:* Friedrich F. (1824–1891), Bayreuther Bankier und Vorstand des Kollegiums der Gemeindebevollmächtigten, Förderer RWs und Mitglied des Verwaltungsrats der Bayreuther Festspiele, liberaler Abgeordneter des Reichstags. – *Bürgermeister:* Theodor Muncker (1823–1900), Bürgermeister seit 1863, Mitglied des Verwaltungsrats der Festspiele. – *»Divina Commedia«:* von Dante Alighieri (1265–1321). – *des neuen Kabinettssekretärs:* Ludwig von Bürkel (gest. 1903).

2. Januar

Grafen Apponyi: Albert Graf von A. (1846–1933), ungar. Politiker, später Minister u. Präsident des ungar. Abgeordnetenhauses; mit Liszt befreundet. – *Hans:* Hans von Bülow (1830–1894), s. Bd. I passim, insbes. S. 1124, Anm. zu 8. Jan. 1869. – *v. Wolzogen:* Hans von W. (1848–1938), Schriftsteller, 1877 nach Bayreuth berufen, redigierte die Bayreuther Blätter, künftig abgekürzt BBl.; verfaßte zahlreiche Schriften über Lautsymbolik, Orthographie, Sprache und Schrift, über den deutschen Glauben sowie über RWs Gestalten und Ideen, »Erinnerungen an Richard Wagner« 1883. – *»der sündigen Welt«:* s. Anm. zu 1. Jan.

3. Januar

seiner Mutter: Johanna Rosine (1778–1848), Tochter des Weißenfelser Bäckermeisters Pätz, heiratete Friedrich Wagner 1798, Ludwig Geyer 1814. – *»Lützow's wilde Jagd«:* für Männerchor von Carl Maria von Weber (1786–1826), nach Theodor Körner, »Leyer und Schwert«, 1814. – *Organisation des Patronatsvereins:* Der Verein, im Sept. 1877 gegründet, vgl. Bd. I, sollte zunächst RWs Schulplan finanziell tragen; als dieses Vorhaben scheiterte, diente er ab 1878 der Durchführung der Festspiele 1882: durch eine dreijährige Mitgliedschaft (1878–80) erwarben 1700 Mitglieder mit 15 Mark Beitrag pro Jahr eine Festspielkarte; 1881 ging die Mitgliederzahl zurück, 1400 blieben Vereinsmitglieder und sicherten sich durch weitere zwei Jahre (1881–82) eine zweite Karte. Die BBl. erhielten die Mitglieder kostenlos. Das Bayreuther Patronat sollte nach RWs Willen die Stipendienstiftung unterstützen –, vgl. »Offenes Schreiben an Herrn Friedrich Schön in Worms«, 16. Juni 1881, im Tagebuch 1882 mehrfach, s. auch Anm. zu 11. Juni 1882; abgedruckt in BBl. Juli 1882 und in Ges. Schr., Bd. 10, vgl. auch die leichter zugängliche Volksausgabe »Sämtliche Schriften und Dichtungen«, 12 Bde.; das Patronat ging im Mai 1883 in den »Allgemeinen Richard Wagner-Verein« auf. – *»Die Araber«:* »Histoire de l'Islamisme«, Geschichte der Araber, von Reinhart Dozy, niederländ. Orientalist.

5. Januar

Ruf von Titurel: »Mein Sohn Amfortas, bist du am Amt?« in »Parsifal« I, Takt 1246ff. – *»Schmerzensblatt«:* 1857 komponierte RW das Lied »Schmerzen«, es gehört zu den Wesendonck-Liedern. – *Lusch:* Daniela von Bülow (1860–1940), älteste Tochter Cosimas, meist Daniella geschrieben, auch Loulou oder Lulu gen.; heiratete 1886 den Kunsthistoriker Henry Thode, 1914 geschieden, 1911–30 verantwortlich für das Kostümwesen der Bayreuther Festspiele.

6. Januar

Pohl: Richard P. (1826–1896), Musikschriftsteller, mit RW befreundet. – *»Fantasie«:* Klavierfantasie in fis-moll aus dem Jahr 1831. – *Hill:* Karl H. (1831–1893), sang 1876 in Bayreuth den Alberich. – *Schuré:* Edouard Sch. (1841–1929), französ. Schriftsteller, Musikhistoriker und Kritiker, wirkte für RW in Frankreich. – *Fl. Blätter:* Fliegende Blätter, illustriertes humoristisches Wochenblatt, gegründet 1844 von Kaspar Braun und Friedrich Schneider in München.

7. Januar

Ross oder Georg: beides Diener in Wahnfried, vgl. »Briefe Cosima Wagners an ihre Tochter Daniela von Bülow 1866–1885«, hrsg. von Max Freiherr von Waldberg, Stuttgart u. Berlin 1933, künftig abgekürzt Br. an Daniela, am 14. Sept. 1879 u. a. m.; Georg Lang Diener seit 1876. – *an seinem Aufsatz:* »Zur Einführung«, 1. Aufsatz in den BBl., Jan. 1878, in Ges. Schr. Bd. 10. – *»Coriolan«:* von Shakespeare.

8. Januar

B. Blätter: Bayreuther Blätter, 1878–1938 redigiert von Hans von Wolzogen, vgl. Bd. I, 13. Jan. u. 4. Dez. 1877. – *Dr. Landgraf:* Dr. Karl L. in Bayreuth, RWs Hausarzt. – *Senff:* Berthold Wilhelm S. (1815–1900), dt. Musikverleger, gründete 1843 die »Signale für die musikalische Welt«.

9. Januar

Rossini's »Moses«: »Mosè in Egitto«, Oper 1818, von Gioacchino Rossini (1792–1868), Meister der jüngeren opera buffa. – *C dur Ouvertüre:* RW komponierte die Konzertouvertüre im März 1832, am 16. Nov. 1877 bot Cosima das Werk dem Schott-Verlag an, später wurde es zurückgezogen, vgl. Ludwig Strecker, »Richard Wagner als Verlagsgefährte«, Mainz 1951, künftig abgekürzt Strecker.

10. Januar

»zu diesem Amt verdammt zu sein«: Amfortas in »Parsifal« I, Takt 1294ff. – *Korrektur des Idylls:* »Siegfried-Idyll« 1870, am 25. Dez. 1870 im Treppenhaus von Tribschen uraufgeführt, 1877 bot RW es für 6000 Mark dem Schott-Verlag an, vgl. Bd. I und Strecker S. 289ff.

11. Januar

Sieger: Prosaskizze RWs zu einem buddhistischen Drama, entstand am 16. Mai 1856, Ges. Schr. Bd. 11.

12. Januar

Fidi: Sohn Siegfried Wagner (1869–1930), Komponist von Opern und Instrumentalwerken, Dirigent, Regisseur, Leiter der Bayreuther Festspiele 1908–30, vgl. Bd. I, Geburt am 6. Juni 1869, Anm. S. 1123 zu 1. Jan. 1869. – *»Jessonda«:* Oper 1823, von Louis (Ludwig) Spohr (1784–1859), dt. Komponist, Geiger und Dirigent.

13. Januar

Vreneli: Verena Stocker geb. Weidmann (gest. 1906), verheiratet mit Jakob St., seit 1859 in RWs Diensten, bewirtschaftete Tribschen. – *in der Biographie geirrt:* Die Angabe RWs in »Mein Leben«, er habe am Karfreitag des Jahres 1857 (10. April) im »Asyl« bei der Villa Wesendonck seinen »Parsifal« vom Karfreitagsgedanken aus konzipiert, war immer strittig: RW zog erst am 28. April ins »Asyl«; vgl. »Mein Leben«, vollständige, kommentierte Ausgabe, hrsg. von Martin Gregor-Dellin, List Verlag, München 1976, S. 561, künftig abgekürzt ML. – *schöner Brief des Königs:* Ludwig II. von Bayern (1845–1886), regierte ab 1864, vgl. Bd. I, S. 1123, Anm. zu 1. Jan. 1869; Brief datiert Hohenschwangau, 9. Jan. 1878: »O wie sehne ich mich nach ›Parcifal‹!« Vgl. »König Ludwig II. und Richard Wagner. Briefwechsel«, hrsg. vom Wittelsbacher Ausgleichs-Fonds und von Winifred Wagner, bearbeitet von Otto Strobel, 5 Bde., Karlsruhe 1936–39, Bd. 3, S. 114f., künftig abgekürzt KBr. – *Wiener Akademiker:* der Akademische Wagnerverein Wien schickte 978 Mark, vgl. BBl. März 1878. – *Kürschner:* Joseph K. (1853–1902), dt. Schriftsteller, gab u. a. das »Richard-Wagner-Jahrbuch« 1886 heraus. – *Vater desselben:* Alfred Freiherr von Wolzogen (1823–1883), 1854–66 Regierungsbeamter in Breslau, seit 1868 Intendant des Hoftheaters in Schwerin, Vater der Schriftsteller Hans und Ernst von W. – *Kmeister Schmitt:* Aloys Sch. (1827–1902), Kapellmeister in Schwerin.

15. Januar

Statistik der Mitglieder des Patr.-Vereines: s. Anm. zu 3. Jan. 1878. – *Kummer durch einen Brief von Hans:* darin drückt Hans von Bülow sein Entsetzen über den Schluß des ersten Aktes »Parsifal« aus und bezichtigt RW der »Geschmacklosigkeit des ›Gansschwan‹«, ausführlich bei Richard Graf Du Moulin Eckart, »Cosima Wagner. Ein Lebens- und Charakterbild«, 2 Bde., Berlin 1929 und 1931, Bd. 1, S. 816f., künftig abgekürzt Du Moulin. »Gansschwan« vgl. Anm. zu 3. Febr. 1878.

16. Januar

Marsillach: Joaquin M. (1859–1883), Dr., Vertreter des Bayreuther Patronatvereins in Barcelona, schrieb »Ricardo Wagner«, ensayo biográfico-critico, Barcelona 1878, und »Contraréplica«, Madrid 1879. – *»Die Spanier«:* »Histoire des Musulmans d'Espagne de 711–1110«, 1861, dt. 1873, von Reinhart Dozy.

17. Januar

»Don Carlos«: von Schiller.

18. Januar

Glasenapp: Carl Friedrich G. (1847–1915), seine Biographie RWs war zunächst auf 2 Bde. angelegt, Bd. 1 1876, Bd. 2 1877, bis 1911 auf 6 Bde. erweitert, künftig vornehmlich Bd. 6. – *Lesimple:* August L., Buchhändler in Köln, im Vorstand des Kölner Wagner-Vereins. – *Lindau:* Paul L. (1839–1919), dt. Journalist und Schriftsteller, schrieb u. a. »Nüchterne Briefe aus Bayreuth«, Breslau 1876, »Bayreuther Briefe vom reinen Toren«, Breslau 1882. – *Sonate A dur:* von RW, 1832, vgl. Bd. I, 12. Nov. 1877, und Strecker S. 292; erst 1960 veröffentlicht. – *Spohr:* Louis Sp. (1784–1859), dt. Komponist.

20. Januar

Berlioz' Partituren vom Requiem und Te Deum: Hector B. (1803–1869), französ. Komponist, »Grande Messe des Morts«, das Requiem für die Beisetzung des Generals Damrémont im Invalidendom, Paris 1837, und »Te Deum«, Werk für drei Chöre, Orchester und Orgel, op. 22, Paris 1855.

21. Januar
Angelo Neumann: (1838–1910), 1862–76 Bariton an der Wiener Hofoper, seit Mai 1876 Operndirektor und administrativer Leiter des Stadttheaters Leipzig, führte hier am 28./29. Apr. 1878 »Rheingold« und »Die Walküre«, am 21./22. Sept. 1878 »Siegfried« und »Götterdämmerung« auf, Dirigent Anton Seidl; im Mai 1881 folgten vier »Ring«-Zyklen im Berliner Viktoriatheater; Neumann gründete das reisende Wagner-Theater, Tournee durch In- und Ausland vom 1. Sept. 1882 bis 5. Juni 1883 mit 135 »Ring«-Vorstellungen und 58 Wagner-Konzerten; Unkosten 40000 Mark pro Woche, Teilnehmer 31 Sänger und Sängerinnen, 66 Orchestermusiker, 2 Kapellmeister, 24 Chorherren, 1 Regisseur, 1 Inspizient, 1 Maschineninspektor, 1 Theatermeister, 16 Bühnenarbeiter, 1 Beleuchtungsinspektor, 1 Theaterinspektor, 1 Sekretär, 1 Reisemarschall; ständiger Dirigent Anton Seidl; Transport mit Extrazug aus 12 Waggons; 1883 wurde N. Theaterdirektor in Bremen, 1885 in Prag, Maifestspiele in Prag und Tourneen, Dirigenten u. a. Gustav Mahler, Karl Muck, Franz Schalk und Leo Blech. N. schrieb »Erinnerungen an Richard Wagner«, Leipzig 1907, künftig abgekürzt Neumann.
22. Januar
»Wein und Brot des letzten Mahles«: »Parsifal« I, 2. Bild, Knabenstimmen aus der Höhe, Takt 1493. – *»Heinrich IV.«:* von Shakespeare.
24. Januar
»Den Erlöser, den ihr preist«: geändert in »selger Tröstung Liebesgeist / in den Wein, der euch nun floß, / in das Brot, das heut ihr speist«, »Parsifal« I, Jünglinge aus der mittleren Höhe, Takt 1517ff. – *Darwin:* Charles D. (1809–1882), engl. Naturforscher, »Die Entstehung der Arten durch natürliche Zuchtwahl«, 1859, dt. 1863. – *»Das Herz von Midlothian«*, Roman 1818, von Walter Scott (1771–1832), engl. Romancier.
26. Januar
»Selig in Liebe«: »Parsifal« I, Ritter, Jünglinge, Knaben, Takt 1563ff.
27. Januar
Friedensgerüchte im Osten: im russ.-türk. Krieg 1877/78 drangen nach der verlustreichen Schlacht von Plewna 1877 und der Eroberung des umkämpften Schipka-Passes die russ. Truppen im Winter bis in die unmittelbare Nähe von Konstantinopel vor; die Türkei suchte um Waffenstillstand nach, der am 31. Jan. in Adrianopel geschlossen wurde; am 3. März Vorfriede von San Stefano, durch den Berliner Kongreß stark zuungunsten Rußlands abgeändert.
28. Januar
v. Hülsen: Botho von H. (1815–1886), ab 1851 Intendant des Hoftheaters in Berlin, ab 1867 auch der preußischen Hoftheater in Hannover, Kassel und Wiesbaden, Gegner RWs; H. führte die Abendtantiemen ein. – *Standhartner:* Dr. Joseph St. (1818–1892), Arzt in Wien, enger Freund RWs seit 1861.
29. Januar
»selig im Glauben...« nach Parsifal's Verstoßung: »Parsifal« Schluß I, aus der höchsten Höhe, Takt 1660ff.
30. Januar
Pollini: Bernhard P. (1838–1897), Ps. für Baruch Pohl, Sänger und Impresario, ab 1874 Direktor des Hamburger Stadttheaters, ab 1876 auch des Altonaer Theaters.
31. Januar
Tribschen, mein Kommen dahin: am 16. Nov. 1868; vgl. Bd. I, 1. Jan. 1877 und

Anm. S. 1122. – *Ankunft der zwei älteren Kinder:* 22. Juni 1869, vgl, Bd. I; Daniela s. Anm. zu 5. Jan. 1878, Blandine von Bülow, gen. Boni (1863–1941), heiratete 1882 den Grafen Biagio Gravina.

1. Februar

Kmeister Eckert: Karl E. (1820–1879), dt. Dirigent und Komponist, Kapellmeister in Stuttgart, Berlin und Musikdirektor in Wien, mit RW befreundet. – *Voltz... Batz:* Karl Voltz, Mainz, und Karl W. Batz, Wiesbaden, Theateragenten, mit denen RW am 24. Febr. 1872 einen Vertrag über die Wahrnehmung von Aufführungsrechten und Tantiemen schloß.

2. Februar

Brief des Königs: datiert Linderhof den 27. Jan. 1878, an Cosima Wagner, s. KBr. Bd. 4, S. 218f. – *Jeannie:* Name eines jungen Mädchens in dem Roman »Das Herz von Midlothian« von Walter Scott.

3. Februar

»Récits d'un chasseur«: »Aufzeichnungen eines Jägers«, 1852, von Iwan Turgenjew (1818–1883), russ. Dichter und realist. Erzähler. – *»Das Gefängnis von Edinburgh«:* »La prison d'Edinbourg« im 2. Bd. von Walter Scott, Œuvres complètes, traduction de Louis Barré, Paris 1857; es handelt sich um den französ. Titel des Romans »Das Herz von Midlothian«. – *Autos:* A. sacramentales, eigentlich Fronleichnamsspiele, vor allem von Calderón. – *der Gänser:* Gurnemanz zu Parsifal: »Doch rät dir Gurnemanz: laß du hier künftig die Schwäne in Ruh, / und suche dir Gänser die Gans!« in »Parsifal« I, Takt 1647ff.

4. Februar

»Was ist deutsch«: in BBl. Febr. 1878 und Ges. Schr. Bd. 10.

6. Februar

»Trompeter von Säckingen«: Epos 1854, von Joseph Victor von Scheffel (1826–1886), dt. Lyriker, Versepiker und Erzähler; die gleichnamige Oper von Viktor Ernst Neßler wurde erst 1884 uraufgeführt. – *Symphonie von Brahms:* 2. Symphonie in D-dur von Johannes Brahms (1833–1897), unter Hans Richter am 30. Dez. 1877 in Wien uraufgeführt, vgl. 3. Febr. 1879. – *in den »Presbyterianern«:* historischer Roman von Walter Scott, dt. Berlin 1878.

7. Februar

Frau Dr. Herz: orthopädische Turnlehrerin in Coburg. – *Papst im Sterben:* Pius IX., Papst seit 1846, vorher Graf Mastai-Feretti (1792–1878), schärfster Gegner liberaler Zeitströmungen, starb am 7. Febr. – *Russen in Konstantinopel:* russ. Truppen drangen bis an die Stadtgrenze und in die Außenviertel von Konstantinopel vor, vgl. Anm. zu 27. Jan. – *Gambetta:* Léon G. (1838–1882), französ. Staatsmann, bekämpfte das Kaiserreich, proklamierte nach Sedan im Sept. 1870 die Republik, bis 6. Febr. 1871 Minister, später gemäßigter Republikaner, Vertreter des Revanche-Gedankens, Nov. 1881–Jan. 1882 Ministerpräsident. – *Roscher:* vermutlich fehlerhaft für Eugène Rouher (1814–1884), Advokat, Staatsminister des zweiten Kaiserreichs; Cosima bezieht sich auf die Debatte in der Deputiertenkammer vom 11. Jan. 1878; unwahrscheinlicher: Jules Roche (1841–1923), französ. Politiker, bekämpfte als Journalist das Kaiserreich, ab 1876 in Paris Redakteur des Blattes »La Justice«, 1879 in den Pariser Stadtrat gewählt, 1890–92 Handelsminister. – *Richard's Tag:* hl. Richard (gest. um 720 in Lucca), Angelsachse, Heiliger und legendärer König. – *dem Vater:* Franz Liszt (1811–1886), s. Bd. I, vor allem Anm. zu 9. Jan. 1869.

9. Februar

»ah, Ferrières«: Gut und Schloß, das Rothschild für zwei Millionen Franc gekauft hatte. – *des Präsidenten:* Carl Alexander von Burchtorff, 1876–93 Regierungspräsident von Oberfranken. – *g moll Symphonie:* von Wolfgang Amadeus Mozart, falls die Korrektur in »g« nicht auf einem Irrtum beruht; möglich Mozarts KV 183 oder, noch eher (die Themen »in Diamant fassen«!) KV 550. – *Seidl:* Anton S. (1850–1898) aus Pest, Dirigent an Angelo Neumanns Wagner-Theater, später USA, dirigierte 1897 »Parsifal« in Bayreuth. – *Zeitung von Herrn Tappert:* Wilhelm T. (1830–1907), Musikforscher, Lehrer an der Neuen Akademie der Tonkunst Berlin, 1878–81 Redakteur der Allgemeinen Deutschen Musikzeitung, veröffentlichte u. a. »Richard Wagner im Spiegel der Kritik, Wörterbuch der Unhöflichkeit«, 1876.

12. Februar

Das Leid... von außen brach es herein: Diese Notiz ist der einzige Hinweis auf eine Auseinandersetzung zwischen Cosima und RW über seine Beziehungen zu Judith Gautier (1846–1917), Tochter Théophile Gautiers. Mit ihr, die inzwischen von Catulle Mendès geschieden war, hatte sich seit den Festspielen 1876 eine briefliche Romanze entwickelt. Der Bayreuther Bader Bernhard Schnappauf besorgte die Briefe. Am 28. Jan. 1878 hatte RW Judith noch als »geliebtes Weib«, am 6. Febr. als »Teure, die ich liebe«, apostrophiert, am 10. Febr. schreibt RW ihr plötzlich: »Ich habe Cosima gebeten, sich mit den Bestellungen zu befassen... Seien Sie lieb zu Cosima: schreiben Sie ihr gut und ausführlich. Ich erfahre dann alles.« Der Briefwechsel hört auf und wird von Cosima als »freundschaftlich-geschäftliche« Korrespondenz weitergeführt. Offenbar hatte also Cosima alles aufgedeckt oder RW ihr den heimlichen Briefwechsel gestanden; mit Ausnahme einer Vermutung von Louis Barthou nahmen die Biographen bisher an, es gebe keinen Anhaltspunkt für eine Auseinandersetzung. Vgl. dazu auch »Die Briefe Richard Wagners an Judith Gautier«, hrsg. von Willi Schuh, Zürich 1936.

14. Februar

Pr. Haase: Friedrich H. (1825–1911), war als Nachfolger Heinrich Laubes 1870–76 Direktor des Stadttheaters Leipzig, RW führte gegen ihn einen Prozeß wegen Tantiemen, vgl. Richard Wagner, »Briefe«, Sammlung Burrell, Frankfurt 1953, S. 743f., künftig abgekürzt Burrell. – *Rudolphi:* Adolf von R. (1825–1890), Generalleutnant, Flügeladjutant, Kammerherr und 1872–90 Generalintendant des Hoftheaters in Braunschweig.

15. Februar

Lichtenberg: Georg Christoph L. (1742–1799), Schriftsteller der dt. Aufklärung, Satiriker und Meister des Aphorismus. – *Dresdner Aufstand:* Beginn der Kämpfe am 5. Mai 1849, ML ab S. 405, notwendige Korrekturen hinsichtlich der Beteiligung RWs und annähernd vollständige Rekonstruktion in Martin Gregor-Dellin, »Richard Wagner. Sein Leben – Sein Werk – Sein Jahrhundert«, München 1980, abgekürzt GD, »Richard Wagner«. – *Episode in Freiberg:* am 9. Mai 1849 trennt sich RW auf der Flucht in Freiberg von Heubner und Bakunin und entgeht dadurch der Verhaftung, vgl. ML S. 422 und GD, »Richard Wagner«.

16. Februar

Groß: Adolf von G. (1845–1931), Bayreuther Bankier, Schwiegersohn Feustels, nach RWs Tod weiterhin enger Berater Cosimas in allen Rechts- und Finanzangelegenheiten. – *Marke und Brange:* Neufundländer. – *Loldi:* Isolde (1865–1919), erstes, erbrechtlich nicht anerkanntes Kind Cosimas und RWs, heiratete 1900 den Dirigenten Franz Beidler (1872–1930). – *Glatz:* Dr. jur. Franz G., Tenor aus Ungarn, sang am 10. März 1875 in RWs Budapester Konzert, änderte später seinen Namen in Gassi, war Mitglied der kgl. ungar. Oper in Budapest. – *ex ungue leone:* doppelt unsinnig, richtig: ex ungue leonem, Redensart: An der Klaue erkennt man den Löwen, von dem preuß. Abgeordneten sinnlos gebraucht statt: aus der freien Hand.

17. FEBRUAR

Eva: (1867–1942), zweites Kind Cosimas und RWs, heiratete 1908 den engl. Kulturkritiker und Rassentheoretiker Houston Stewart Chamberlain (1855–1927), der ab 1879 in Genf, Dresden, Wien, ab 1908 in Bayreuth lebte; über ihren Einfluß auf das Schicksal der Tagebücher vgl. Vorwort zu Bd. I – *des Maienfestspieles:* Text von Hans von Wolzogen; Vorbereitungen zu RWs 65. Geburtstag am 22. Mai 1878, ausführliche Schilderung in Gla. Bd. 6, S. 102ff.

19. FEBRUAR

»Höllenrose«: Klingsor: »Dein Meister ruft dich Namenlose, / Urteufelin, Höllenrose!« in »Parsifal« II, Takt 112. – *Lichtenberg über Cook:* »Einige Lebensumstände von Capt. James Cook, größtenteils aus schriftlichen Nachrichten einiger seiner Bekannten gezogen«, von Georg Christoph L.

20. FEBRUAR

»Fal-parsi, Parsifal«: »Dich nannt ich, tör'ger Reiner: ›Fal-parsi‹ – Dich reinen Toren: ›Parsifal‹«, in »Parsifal« II, Takt 788ff.; die Etymologie stammt von Görres, der 1813 im »Lohengrin« Parsi-fal, der reine oder arme Dumme, für arabisch erklärte, wissenschaftlich jedoch nicht haltbar. – *Bismarck in seiner Rede:* berühmte Reichstagsrede vom 19. Febr. 1878. – *Papst Leo XIII.:* Kardinal Gioacchino Pecci (1810–1903), nach dem Tod Pius' IX., vgl. Anm. zu 7. Febr., zum Papst gewählt.

22. FEBRUAR

Materna: Amalie M. (1845–1918), Sopranistin, 1864–94 an der Wiener Hofoper, sang 1876 in Bayreuth die Brünnhilde und 1882 die Kundry.

23. FEBRUAR

Andrássy: Graf Julius (oder Gyula) A. (1823–1890), österreich. Minister des Auswärtigen, brachte 1872 mit Bismarck und Gortschakow das Dreikaiserbündnis zustande, nahm 1879 seinen Abschied.

24. FEBRUAR

das neue Dresdner Hoftheater: Einweihung des neuen Semperschen Hauses am 2. Febr. 1878. – *Hochzeitsoper in Berlin:* Hochzeit von Prinzessin Charlotte von Preußen (1860–1919), Tochter des späteren Kaisers Friedrich III., Schwester Wilhelms II., mit Erbprinz Bernhard von Sachsen-Meiningen (1851–1926), Herzog 1914–18, am 18. Febr. 1878; aufgeführt wurden »Clemenza di Tito« von Mozart und »Olympia« von Spontini; RW äußert sich dazu in den Aufsätzen »Was ist deutsch?« und »Über das Opern-Dichten und -Komponieren im Besonderen«, Ges. Schr. Bd. 10 – *Dido abbandonata von Marschall Kalb:* »Heute abend ist große Opera Dido – das süperbeste Feuerwerk – eine ganze Stadt brennt zusammen...«, Hofmarschall von Kalb in Schillers Drama »Kabale und Liebe« III, 2.

25. FEBRUAR

»Deutsche Reichspost«: Vorläufer der »Reichspost«, der 1893 in Wien gegründeten christlich-sozialen Zeitung. – *»Waverley«:* »W., or, Tis sixty years since«, Roman 1814, von Walter Scott.

26. FEBRUAR

Raff: Joachim R. (1822–1882), dt. Musiker und Komponist, 1856–77 Klavierlehrer in Wiesbaden, danach Leiter des Hochschen Konservatoriums in Frankfurt/ Main; RW begegnete ihm März 1862 während seiner Biebricher Zeit; Raff instrumentierte Wagners Huldigungsmarsch (1864) für Symphonieorchester. – *B dur Symphonie:* Nr. 4, op. 67, von Beethoven. – *F dur:* fast immer Nr. 8, op. 93, von Beethoven.

27. FEBRUAR

Oberhofmeisterin: Frau von Bernhard von Bülow d. Ä. in Schwerin.

28. FEBRUAR

»Teufelsbraut«: Klingsor: »lacht und höhnt er nun laut / durch dich, des Teufels Braut?« in »Parsifal« II, Takt 247 ff. – *damals in Starnberg:* nach dem 29. Juni 1864 in Haus Pellet, Kempfenhausen am Starnberger See, endgültige Besiegelung des Bundes zwischen Cosima und RW. – *liest in dem Vorwort:* Ludwig Schemann, »Die Musik und ihre Klassiker in Aussprüchen Richard Wagners«, Leipzig 1878.

1. MÄRZ

Jauner: Franz J. (1832–1900), 1875–80 Direktor der Hofoper in Wien. – *R. Franz:* Robert F. (1815–1892), dt. Komponist romantischer Lieder, Universitätsmusikdirektor in Halle an der Saale.

2. MÄRZ

Kipke: Karl K. (1850–1923), Musikschriftsteller in Leipzig. – *Fritzsch:* Ernst Wilhelm F. (1840–1902), Musikverleger in Leipzig, druckte RWs »Gesammelte Schriften und Dichtungen«, ebenso das Musikalische Wochenblatt. – *Schott's Söhne:* Musikverlag in Mainz, seit 1859 Kontakt mit RW. – *Strecker:* Dr. Ludwig St. (1853–1943), leitete seit 1875 den Schott-Verlag, später Inhaber. – *Seitz junior:* Rudolf S. (1842–1910), Maler in München, Sohn von Franz S. – *Vossischen Zeitung:* Berlin, hervorgegangen aus einem 1704 gegründeten Wochenblatt, seit 1751 im Besitz von Voß, seit 1824 täglich erscheinend. – *Robespierre:* Maximilian de R. (1758–1794), französ. Revolutionär, Anwalt, Jakobiner, Führer der Bergpartei, betrieb die Vernichtung der Girondisten, erster Diktator, durch die Verschwörung vom 27. Juli 1894 gestürzt und hingerichtet. – *La vertu:* die Tugend.

3. MÄRZ

Frau v. Schleinitz: Marie Freifrau von Sch. (1842–1912), geb. von Buch, mit dem preuß. Hausminister Alexander Graf von Sch. (1807–1885) verheiratet, in zweiter Ehe 1886 mit dem österreich. Diplomaten Anton Graf von Wolkenstein; förderte RW entscheidend, enge Freundschaft mit Cosima, von ihr häufig »Mimi« genannt. – *Mimir:* Riese in der nord. Mythologie, Hüter der Weisheitsquelle unter der Weltesche Yggdrasil, ursprünglich nicht identisch mit Mime.

6. MÄRZ

c moll Symphonie: Nr. 5, op 67, von Beethoven. – *Eroica:* Nr. 3 in Es-dur, op. 55, von Beethoven. – *wie Plewna:* bei Plewna bahnte sich die türk. Niederlage gegen die russ. Truppen an; General Osman Nuri Pascha mußte sich am 10. Dez. 1877 aus Proviantmangel geschlagen geben.

7. MÄRZ

»une page d'amour«: es handelt sich eindeutig um »Une page d'amour«, 1878, von Emile Zola (1840–1902), aus dem Romanzyklus »Les Rougon-Macquart«; Lassalle s. Anm. zu 18. März 1878 und zu 5. Mai 1879. – *Wohltemperierten Klavier:* von Johann Sebastian Bach (1685–1750). – *Philipp Emanuel:* Carl Philipp Emanuel Bach (1714–1788), Sohn von Johann Sebastian B., Kirchenmusikdirektor in Hamburg, komponierte im Stil des Rokoko und der Empfindsamkeit, bildete die Sonaten-Form aus. – *»Romeo und Juliet«:* »I Capuleti ed i Montecchi«, Oper

1830, von Vincenzo Bellini (1801–1835), Hauptvertreter der romant. Oper in Italien. – *»Straniera«:* Oper 1829, und *»Norma«:* Oper 1831, von Bellini. – *Renan, »La poésie des races celtiques«:* Ernest R. (1823–1892), französ. Religionswissenschaftler und Schriftsteller.

9. März

»Euryanthe«: Oper 1823, von Carl Maria von Weber.

10. März

Rollwenzel: Wirt an der Königsallee zur Eremitage bei Bayreuth, Lieblingsaufenthalt Jean Pauls, heute »Rollwenzelei«. – *Heckel:* Emil H. (1831–1908), Musikalienhändler in Mannheim, gründete den ersten Wagner-Verein in Mannheim 1871, Verdienste um das Zustandekommen der Bayreuther Festspiele. – *Aufführung der Msinger:* Uraufführung der »Meistersinger« am 21. Juni 1868 in München, Dirigent Hans von Bülow.

11. März

Mit einer milden Gabe: offenbar verschrieben, schwer leserlich; für: Mit einem wilden Gehabe? – *Nicolai-Schule:* RW besuchte das Nikolai-Gymnasium in Leipzig vom 21. Jan. 1828 bis Ostern 1830. – *»ich fürchte Porges«:* Heinrich P. (1837 bis 1900), Chordirigent, Musikschriftsteller und Mitredakteur der Neuen Zeitschrift für Musik, 1867 Redakteur der Süddeutschen Presse in München, 1871 Musikdirektor, Solorepetitor und musikalischer Assistent bei den ersten Aufführungen des »Parsifal« 1882, Verfasser zahlreicher Schriften über RW; die Bemerkung bezieht sich auf den im Märzheft der BBl. beginnenden Aufsatz »Über die Begründung der Kunst durch die Religion« von P. – *Grenze von Riga:* Von Mitau kommend überschreitet RW mit Minna und dem Hund Robber am 10. Juli 1839 heimlich die russ.-ostpreuß. Grenze, da die Gläubiger in Deutschland nicht durch Bekanntwerden eines Paßgesuches aufmerksam werden sollen, vgl. ML S. 169.

12. März

Aufsatz »Modern«: in BBl. März 1878 u. Ges. Schr. Bd. 10.

13. März

Du Moulin: Eduard Graf Du M., Vater des Cosima-Biographen Richard Graf Du M.-Eckart, Vertreter des Patronatvereins in Regensburg. – *Meyerbeer:* Giacomo M. (1791–1864), Hauptvertreter der Großen (französ.) Oper, »Robert der Teufel«, »Die Hugenotten«, »Der Prophet«, »Die Afrikanerin«. – *Don Ottavio:* in »Don Giovanni« von Mozart. – *»Sieben Worte« von Haydn:* »Die sieben Worte des Erlösers am Kreuz«, Passionsoratorium, umgearbeitet aus 7 Orchesteradagios, 1801, auch für Streichquartett, von Joseph Haydn (1732–1809). – *Gaspérini:* Auguste de G., Arzt, gehörte zu RWs Pariser Freundeskreis, führte ihn 1860 in die Pariser Gesellschaft ein. – *»Le beau désordre«:* das schöne Durcheinander.

14. März

Ludw. Geyer: Ludwig G. (1778–1821), RWs Stiefvater; Schauspieler, Dramatiker, Porträtmaler, heiratete RWs Mutter am 28. Aug. 1814. – *Adolph Wagner:* (1774–1835), Onkel RWs, Privatgelehrter in Leipzig, Schriftsteller und Übersetzer. – *Demetrios Poliorketes:* (um 336–283 v. Chr.), 294 König von Makedonien, Sohn des Antigonos, eroberte Megara, stellte in Athen die Demokratie wieder her, unterlag 288 Pyrrhos, Biographie von Plutarch. – *Lord Chesterfield:* »Lord Chesterfield's Ironie« von Georg Christoph Lichtenberg. – *Mendelssohn's ignorierendes Verschwindenmachen:* Felix M.-Bartholdy (1809–1847), dt. Komponist; ihm, der seit 1835 die Leipziger Gewandhauskonzerte leitete, schickte RW seine am 10. Jan. 1833 im Gewandhaus aufgeführte Symphonie in C-dur im April 1836 »als

Geschenk« (Brief vom 11. Apr. 1836). RW hoffte wohl auf eine weitere Aufführung; die Partitur ging verloren, aus den Orchesterstimmen stellte Anton Seidl 35 Jahre später die Partitur wieder her; RW führte sie zum 45. Geburtstag Cosimas im Teatro Fenice in Venedig auf, vgl. Weihnachten 1882. – »*Minna und Clara*«: RWs Frau Minna (1809–1866), s. Anm. zu 29. Juli, und RWs Schwester Klara (1807–1875) verh. Wolfram nahmen mit RW in der Parterreloge an der Uraufführung des »Rienzi« in Dresden am 20. Okt. 1842 teil, vgl. ML S. 244.

15. März

Magdala: Dorf und Staatsgut östl. Weimar, hier traf RW nach der Flucht aus Dresden vom 20. bis 22. Mai 1849 mit Minna zusammen, bevor er in die Schweiz weiterreiste, vgl. ML S. 427. – *Tode J.'s II.:* Joseph II. (1741–1790), röm.-dt. Kaiser 1765, Sohn Maria Theresias, gewährte Religionsfreiheit und Reformen. – *Jommelli:* Niccolò J. (1714–1774), italien. Komponist. Hofkapellmeister in Stuttgart.

16. März

Pio IX.: s. Anm. zu 7. Febr. – *Rubinstein:* Anton R. (1829–1894), russ. Pianist, Dirigent und Komponist, seit 1862 Direktor des Petersburger Konservatoriums, schrieb Opern, Klavierkompositionen und Lieder. – »*Schiffbruch der Medusa*« *von Reißiger:* Karl Gottlieb R. (1798–1859), dt. Musiker, 2. Kapellmeister unter RW in Dresden, Komponist, am bekanntesten die Oper »Die Felsenmühle«. – *Joachim:* Joseph J. (1831–1907), Violinvirtuose, 1868 Direktor der Hochschule für Musik, 1869 kgl. Professor.

17. März

»*Verfluchtes Weib, was frägst du dies*«: Klingsor: »Was frägst du das? Verfluchtes Weib!« in »Parsifal« II, Takt 225 f. – *B*[on] *Bradwardine:* in W. Scotts »Waverley«. – *Wolfdietrich:* Gestalt der german. Heldensage, Ausgabe von A. Amelung und O. Jänicke im »Deutschen Heldenbuch« Bd. 3 u. 4, 1871–73, auch von A. Holtzmann, der den »Großen Wolfdietrich« herausgab. – *Simrock's Arbeit:* Karl S. (1802–1876), dt. Germanist und Schriftsteller, Prof. in Bonn, übersetzte in seinem »Heldenbuch«, 6 Bde. 1843–49, die volkstümliche Epik des Mittelalters, übertrug das Nibelungenlied, gab »Deutsche Volksbücher«, 13 Bde. 1839–43 heraus und verfaßte ein »Handbuch der deutschen Mythologie«, 1855. – *J. Grimm:* Jacob G. (1785–1863), Begründer der dt. Sprachwissenschaft durch seine Forschungen und Werke über Grammatik, Altertumskunde, Mythologie und das Dt. Wörterbuch; mit seinem Bruder Wilhelm G. (1786–1859) Hrsg. von »Kinder- und Hausmärchen« und »Deutschen Sagen«.

18. März

Pr. Minckwitz: Johann M. (1812–1885), Leipzig, dt. Übersetzer und Philologe, Verfasser einer Verskunst, übertrug aus dem Griech. Euripides (1836), Sophokles (1850), Aischylos (1853), Aristophanes (1854) und Homer (1854). – *Kaiser von Brasilien:* Dom Pedro II. (1825–1891), regierte ab 1830, bis 1840 unter Vormundschaft, 1876 Gast in Bayreuth; 1889 gestürzt. – *J. Schmidt:* Julian Sch. (1818–1886), Journalist und Literaturhistoriker, mit Gustav Freytag Redakteur des »Grenzboten«, gegen seine »Geschichte der dt. Literatur seit Lessings Tod«, 3 Bde., 2. Aufl. 1855, die auf älteren Aufsätzen fußte, richtete sich die Kampfschrift Ferdinand Lassalles und Lothar Buchers »Herr Julian Schmidt, der Literaturhistoriker«, 1862. – *Lassalle:* Ferdinand L. (1825–1864), Gründer der sozialdemokratischen Arbeiterbewegung in Deutschland, 1863 Präsident des Allgemeinen Deutschen Arbeitervereins, Hauptwerk »Das System der erworbenen Rechte«, s. auch Anm. zu 5. Mai 1879. – *Gottschall:* Rudolf G. (1823–1909),

Jurist, wegen liberaler Bestrebungen aus dem Staatsdienst abgewiesen, Redakteur, Dramaturg und Schriftsteller, seit 1865 Leipzig, schrieb Epen, historische Dramen und Lustspiele; 1877 geadelt. – *Leisewitz:* Johann Anton L. (1752–1806), dt. Dichter des Sturm und Drang. – *Hey:* Julius H. (1831–1909), Gesangslehrer, schrieb u. a. »Richard Wagner als Vortragsmeister 1864–76«. – *Biographie Schopenhauer's:* »Schopenhauers Leben«, 1878, von Wilhelm von Gwinner (1825–1917), Jurist und Philosoph, schrieb auch »Schopenhauer aus persönlichem Umgange dargestellt«, 1862, und »Schopenhauer und seine Freunde«, 1863.

19. März

Es dur Quartett: gemeint ist das späte op. 127 von Beethoven.

20. März

geschipkat: Wortbildung nach dem im russ.-türk. Krieg mehrfach umkämpften und schließlich erstürmten Schipka-Paß in Bulgarien! – *Böcklin:* Arnold B. (1827–1901), schweizer. Maler, hatte abgelehnt, für den »Ring« 1876 die Bühnenbilder zu entwerfen. – *Architekt Sitte:* Camillo S. (1843–1903), Architekt, Maler, Fachschriftsteller. – *»W.verwandtsch.«:* Goethes Roman »Die Wahlverwandtschaften«.

21. März

an den Autor zu schreiben: der Brief an Porges, datiert 22. März, in »Wagner an seine Künstler«, hrsg. von Erich Kloss, Berlin und Leipzig 1908.

22. März

30 Jahre seit den Märztagen: In Wien, Berlin und Frankfurt/Main brachen 1848 Aufstände aus, in Dresden strömte das Volk auf die Straße, der König gewährte Wegfall der Zensur, vgl. ML S. 373f.

23. März

Schröder-D.: Wilhelmine Sch.-Devrient (1804–1860), dt. dramatische Sängerin, in Beethovens »Fidelio« berühmt geworden, starker Eindruck RWs in der Jugend; sie wurde 1849 wegen Teilnahme am Dresdner Aufstand ausgewiesen. – *die Marchisivs:* Barbara (1834–1919) und Carlotta (1836–1872), ital. Sängerinnen, Schülerinnen von Luigi Fabbrica; sangen in Italien, Paris, London, St. Petersburg.

24. März

»Ihr seid –– ein Senator«: Jago zu Brabantio in Shakespeares »Othello«, I. Akt, 1. Szene, RW setzt Senator gleich Esel, vgl. seinen Aufsatz »Über die Anwendung der Musik auf das Drama«, BBl. Okt. 1879 u. Ges. Schr. Bd. 10. – *Friedmann:* vgl. RWs Aufsatz »Modern«, Ges. Schr. Bd. 10; ein Edmund Friedemann schrieb »Das Judentum und Richard Wagner«, 1869. – *Episode mit der Näherin:* Karoline Luise Marquet in Berlin hatte gegen Schopenhauer wegen »wörtlicher und tatsächlicher Beleidigung« geklagt (bei Gwinner). – *Bierey:* Gottlob Benedikt B. (1772–1840), Komponist und Theaterdirektor, 1808 Nachfolger von C. M. v. Weber als Theaterkapellmeister in Breslau; s. auch ML S. 88; war ab 1807 mit RWs Stiefvater Ludwig Geyer befreundet und förderte RWs ältesten Bruder Albert.

26. März

»Scene am Bach«: 2. Satz der Symphonie Nr. 6, F-dur, op. 68, »Pastorale«, von Beethoven.

27. März

v. Perfall: Karl Freiherr von P. (1824–1907), Intendant des Münchner Hoftheaters seit 1867. – *Brief Sch.'s an die dänische Akademie:* Die Preisschrift Schopenhauers

»Über das Fundament der Moral« war 1840 von der kgl. Dänischen Societät der Wissenschaften abgelehnt worden. – *Briefes an Bismarck:* RWs Brief vom 24. Juni 1873; RW sandte Bismarck die Schrift »Das Bühnenfestspielhaus zu Bayreuth«, Leipzig 1873, mit einem Begleitbrief, in dem er B. den »großen Neubegründer deutscher Hoffnungen« nannte. – *Pusinelli:* Dr. Anton P. (1815–1878), Dresdner Arzt, Freund von RW aus den Jahren 1842–49, behandelte Minna Wagner. – *Sulzer:* Johann Jakob S. (1821–1897), Schweizer Staatsschreiber 1847, führend in der demokratischen Partei des Kantons Zürich, seit 1849 mit RW befreundet, 1858 Stadtpräsident von Winterthur.

28. März

Bizonfy: Franz B. (1828–1912), besuchte Schopenhauer im Juni 1855, vgl. Brief Schopenhauers an Frauenstädt vom 29. Juni 1855. – *Großherzog von Meckl.:* Friedrich Franz II. (1823–1883), seit 1842 Großherzog von Mecklenburg-Schwerin.

29. März

König von W.: Karl (1823–1891), König von Württemberg seit 1864. – *Kossak:* Ernst K. (1814–1880), Philologe und Musikschriftsteller, Begründer der Berliner Musikzeitschrift »Echo«. – *meinen ›Ring des Nibelungen‹ nicht mehr beachtet:* zu Schopenhauers Reaktion auf den Ring vgl. Bd. I, 16. Jan. 1869 (Fußnote). – *Feenouvertüre:* »Eie Feen«, RWs erste zu Ende komponierte Oper, 1833/34; in München 1888 uraufgeführt. – *De Sanctis:* Francesco de S. (1817–1883), italien. Literaturhistoriker und Philosoph, beteiligte sich 1848 am Aufstand gegen die Bourbonen, übersetzte Hegels »Logik«, schrieb die »Storia della litteratura italiana«, 2 Bde., Neapel 1872.

30. März

Houris: alte Schreibweise für Huris, Paradiesjungfrauen, nach mohammedan. Jenseits-Glauben von unvergänglicher Schönheit. – *Kügelgen... Mord... Namen des Mörders:* Gerhard von K. (1772–1820), Maler, lebte u. a. in München, Rom, zuletzt Dresden, zeichnete Goethe, Wieland, Herder, Schiller, Schopenhauer, Vater des Malers und Schriftstellers Wilhelm von K.; starb auf dem Heimweg von seinem Weinberg in Loschwitz bei Dresden am 27. März 1820 »unter den Händen eines Raubmörders«, dessen Name nicht mehr bekannt ist. – *Notiz der Musik. Zeitung:* eine Fußnote o. D. über einen Vortrag von Wilhelm Heinrich Riehl (1823–1897), dt. Kulturhistoriker und Musikschriftsteller; Riehl habe die Beethovensche Musik derjenigen Haydns mit den Worten gegenübergestellt, daß der »modernste Musiker am liebsten geige, was man viel besser mit Worten sagen kann«; die Zeitung kritisiert Riehl, er solle sich nicht »auf Dinge einlassen, die man haßt, weil man sie nicht kennt«. – *Eos krokopeplos, Eos rhododaktylos:* griech., die Morgenröte mit dem Safrankleid und den Rosenfingern.

31. März

Gellert-Beethoven'schen... Lieder: Sechs Lieder op. 48 von Beethoven, nach Texten von Christian Fürchtegott G. (1715–1769). – *Meudon... Jadin:* Am 29. Apr. 1841 zogen sich Wagners aus Paris in eine billigere Wohnung in Meudon zurück; der Hausbesitzer Jadin war ein Pariser Original, vgl. ML S. 213f.

1. April

Ordenskollegen Brahms: RW erhielt den Maximilians-Orden gleichzeitig mit Brahms (12. Dez. 1873), wollte ihn zuerst ablehnen, wurde aber belehrt, daß er damit das unabhängige Ordens-Kapitel beleidige; s. auch Bd. I, S. 772, 31. Dez. 1873. – *Olympia-Ouvertüre:* zur Oper »Olympiade« (1784). – *Trochäen des*

»Tromp. v. S.«: Scheffels »Trompeter von Säckingen«, Epos 1854. – *Voß' Übersetzung:* Johann Heinrich V. (1751–1826), dt. Dichter und Übersetzer, »Luise«, Idyll 1783, bedeutende Homer-Übertragung.

2. April

Stern: Prof. Dr. Adolf St. (1835–1907), dt. Literaturhistoriker und Schriftsteller; Cosima hatte ihn telegrafisch gebeten, Kränze für den am 1. Apr. gestorbenen Dr. Anton Pusinelli zu besorgen. – *»Baruffe Chiozzotte«:* volkstümliches Lustspiel von Carlo Goldoni (1707–1793), unter den jährlich 8 Komödien, die G. für das Theater San Luca in Venedig schrieb; stellt Raufhändel unter den Seeleuten und Einwohnern von Chioggia auf der Lagune von Venedig dar; vgl. auch 1. Jan. 1883; erwähnt in Goethes »Italienischer Reise«. Erster Teil, 10. Okt. 1786. – *H. Porges' Aufsatz:* Heinrich P.'s Aufsatz »Über die Begründung der Kunst durch die Religion« erschien in Fortsetzungen in den BBl. 1878. – *Freund W. liest seinen Aufsatz:* Wolzogen besprach im Aprilheft der BBl. das Buch von Schemann »Die Musik und ihre Klassiker in Aussprüchen Richard Wagners«. – *Lindau:* s. Anm. zu 18. Jan. 1878. – *Brandt:* Carl B. (1828–1881), Darmstadt, 1876 techn. Direktor in Bayreuth. – *Schmitt, dem Gesangslehrer:* Friedrich Sch. (1812–1884), ursprünglich Tenor, schrieb u. a. »Große Gesangsschule für Deutschland«; RW berief Sch. 1864 nach München, aber seine Methode des dt. Belcanto versagte.

3. April

schreibt an Frau P.: der Brief an Frau Pusinelli abgedruckt in »Briefe an Freunde und Zeitgenossen«, hrsg. von Erich Kloss, Berlin und Leipzig 1909.

4. April

Katalog... von E. Kastner: Emmerich K. (1847–1916), bis Jan. 1873 in der Nibelungenkanzlei tätig. – *»Erwartung«:* 1840 komponierte RW das Gedicht von Victor Hugo »Attente« aus »Les Orientales«; die zitierte Übersetzung in der Tat fast sinnlos.

5. April

»Komm, holder Knabe«: Blumenmädchen in »Parsifal« II, Takt 567 ff. – *Aufsatz über das Ballett G. Egmont:* Besprechung des Balletts »Gräfin Egmont« von Josef Rota, Musik von Giorza und Strebinger, in der Österreichischen Zeitung vom 8. Okt. 1861, P. C. gezeichnet. – *»Misérables«:* Roman von Victor Hugo (1802–1885) – *»Ivanhoe«:* Roman von Walter Scott.

6. April

Kronprinzen: Friedrich Wilhelm (1831–1888), als Friedrich III. dt. Kaiser und König von Preußen 1888 für 99 Tage, von Ernst Curtius erzogen, liberal, starb an Kehlkopfkrebs. – *seine Frau:* die engl. Prinzessin Viktoria (1840–1901), älteste Tochter der engl. Königin Viktoria, war seit 1858 mit Friedrich Wilhelm verheiratet, Witwennamen ab 1888 Kaiserin Friedrich, von ihrem Sohn Wilhelm II. ausgeschaltet. – *Marie D.:* Gräfin Marie Dönhoff (1848–1929), geb. Prinzessin di Camporeale, verheiratet mit Graf Karl D., 1. Sekretär der dt. Botschaft in Wien, in zweiter Ehe 1886 mit Bernhard Fürst von Bülow (1849–1929), dt. Staatsmann, 1900–09 Reichskanzler. – *Frl. Olden:* Fanny Bertram (1855–1905), Sängerin, trat 1878 erstmals in Dresden auf, ab Herbst in Frankfurt, später Leipzig, New York, München, sang u. a. Brünnhilde und Isolde, verheiratet mit dem Tenor Karl Moran, ihr Künstlername war Fanny Moran-Olden. – *Heine:* Heinrich Heine (1797–1856), »Romanzero«, G. 1851. – *»Mignonne«:* Lied von RW, 1840. – *Arie der Agathe:* aus dem »Freischütz« von C. M. v. Weber. – *Danse macabre von St.-Saëns:* Camille Saint-Saëns (1835–1921), französ. Komponist, Oper »Samson und

Dalila« 1877, Symphonien, symphon. Dichtungen, Kammermusik. – *Panaritium:* eitrige Entzündung, Nagelbettgeschwür.

7. APRIL

»Gedenk der Treue…«: Brünnhilde, »Götterdämmerung«, Vorspiel: »Gedenk der Eide, / die uns einen; / gedenk der Treue, / die wir tragen; / gedenk der Liebe, / die wir leben.« – *Laplace:* Pierre Simon Marquis de L. (1749–1827), französ. Physiker, Mathematiker und Astronom. – *Frl. Götz:* verschrieben, mit Sicherheit Auguste Götze (1840–1908), dt. Sängerin, wirkte 1870–89 als Lehrerin für Gesang am Dresdner Konservatorium; dort trat Fanny Moran-Olden (vgl. Anm. zu 6. April) zuerst auf. – *Schwester Claire:* RWs Schwester Klara Wolfram (1800 bis 1874), mit ihrem Mann zeitweilig in Magdeburg und Nürnberg am Theater; später Chemnitz.

9. APRIL

»Crime« von Hugo: »L'Histoire d'un crime«, der Staatsstreich Napoleons III., von Victor H., 2 Bde., 1877.

10. APRIL

Rossano: richtig Rossaro. Es handelt sich um den italien. Komponisten Carlo R., der am 7. Febr. 1878 in Turin gestorben war. Den Brief schrieb der Sohn Sigismondo R., ebenfalls Komponist. – *»Wasserspiele«, »Schutz-Engel«:* »Les jeux d'eaux à la Villa d'Este« aus den Threnodien: »Aux Cyprès à la Villa d'Este«, 1878; und »Angelus. Prière aux anges gardiens«, 1878, beides Klavierstücke von Franz Liszt.

11. APRIL

Balzac: Honoré de B. (1799–1850), französ. Romancier. – *Gutzkow:* Karl G. (1811–1878), dt. Dramatiker und Romancier, führend im »Jungen Deutschland«, 1847–49 Dramaturg in Dresden, vorübergehend in der Bayreuther Heilanstalt St. Gilgenberg, seit 1869 Berlin.

13. APRIL

Bon Seydlitz: Freiherr Reinhard von S., Maler und Schriftsteller, Freund und Briefpartner Nietzsches, seit 1876 Präsident des Münchner Wagner-Vereins.

16. APRIL

Heyse: Paul H. (1830–1914), dt. Erzähler, Lyriker und Übersetzer, neben Geibel Haupt des Münchner Dichterkreises bis 1864, erhielt 1910 den Nobelpreis. – *Album-Sonate:* Eine Sonate für das Album von Frau M. W. (das ist Mathilde Wesendonck), 1853. – *Albumblatt für Betty Schott:* in Es-dur, 1875.

17. APRIL

P^{cess} Elvira aus der »Stummen«: »Die Stumme von Portici«, Oper 1828, von François Auber (1782–1871).

18. APRIL

Tauler's Predigten: Johannes T. (um 1300–1361), Straßburger Dominikaner, bedeutender Volksprediger der dt. Mystik, 80 Predigten erhalten.

19. APRIL

»Wein und Brot…«: s. Anm. zu 22. Jan. 1878.

21. APRIL

Richter: Hans R. (1843–1916), dt. Dirigent, 1868/69 München, 1871–75 Budapest, danach bis 1900 Wien; Dirigent der Bayreuther Festspiele 1876, dirigierte bis 1912 in Bayreuth vornehmlich »Ring« und »Die Meistersinger«. – *Makart:* Hans M. (1840–1884), österr. Maler, dessen prunkvolle Historiengemälde den Stil der Gründerzeit mitbestimmten.

22. April
»Odysseus« von M. Wesendonck: Mathilde W. (1828–1902), s. Bd. I, S. 1128/9, Anm. zu 31. Jan. 1869; trat seit 1865 mit historischen Schauspielen hervor, »Gedichte, Volksweisen, Legenden und Sagen« erschienen 1874, das dramatische Gedicht »Odysseus« 1878. – *Der Schluß von V. Hugo:* immer, wie in den Vortagen, »L'Histoire d'un crime«; der Schluß erzählt die Katastrophe von Sedan.

23. April
Major Müller: der Traum kann sich nur auf den Leutnant Hermann M. aus Dresden beziehen, den Geliebten der Schröder-Devrient, der durch ihre Beteiligung an der Revolution kompromittiert war, 1849 den Dienst quittierte und in die Schweiz ging. – *Apokalypse von Esra:* viertes Buch des Alten Testaments. – *die Briefe von Clemens Romanus:* Clemens I., gen. Romanus, Bischof von Rom um 92–101, einer der sog. Apostolischen Väter; die »Briefe an die Korinther« erschienen dt. 1875/76. – *C. Frantz:* Constantin F. (1817–1891), dt. politischer Schriftsteller, ständestaatlich-konservativer Föderalist, sah in der Bismarckschen Reichsgründung nur ein Provisorium und forderte einen mitteleuropäischen Staatenbund.

24. April
Juden in Ashby: Isaac d'York in Walter Scotts Roman »Ivanhoe«.

25. April
Schrift von Freund Nietzsche: »Menschliches, Allzumenschliches: Ein Buch für freie Geister«; die Nietzsche-Philologie nahm das Erscheinen bisher für Mai an; N. schickte das Buch mit falschen Erwartungen nach Bayreuth. Zur Aufnahme in Bayreuth schreibt N. an Peter Gast am 31. Mai: »Von Bayreuth aus ist es in eine Art von Bann getan: und zwar scheint die große Exkommunikation über seinen Autor zugleich verhängt. [...] Wagner hat eine große Gelegenheit, Größe des Charakters zu zeigen, unbenutzt gelassen.« – *Voltaire:* François-Marie Arouet, gen. V. (1694–1778), französ. Schriftsteller der Aufklärung, Anwalt der Menschenrechte, Mitautor der Encyclopédie.

27. April
Vogl: Heinrich V. (1845–1903), dt. Tenor, seit 1865 an der Münchner Hofoper. – *Marschner's »Templer«:* »Der Templer und die Jüdin«, Oper 1829, von Heinrich M. (1795–1861), dt. Komponist der romant. Oper, nicht ohne Einfluß auf RW in dessen Jugend. – *»Weiße Dame«:* »Die weiße Dame«, Oper 1825, von François Adrien Boieldieu (1775–1834), vertritt neben Auber die französ. Spieloper.

28. April
Gozzi: Carlo Graf G. (1720–1806), italien. Dichter, lieferte die Vorlage für RWs erste Oper »Die Feen«. – *Goldoni:* Carlo G. (1707–1793), italien. Lustspieldichter, Erneuerer der italien. Komödie nach dem Vorbild von Molière, ab 1762 in Paris. – *Birken:* heute Ortsteil von Bayreuth.

29. April
Jefferson's Worte in London: Joseph J. (1829–1905), amerikan. Schauspieler, berühmt durch seine Version von Rip van Winkle nach Washington Irving; RW sah und hörte ihn am 8. Mai 1877, s. Bd. I. – *Waldhütte:* Waldgasthof westl. von Bayreuth, Richtung Kulmbach.

30. April
Das 4te J.: nach Juden, Jesuiten und Journalisten. – *Bürckel:* Ludwig von B., Kabinettssekretär König Ludwigs II.

1. Mai
Schelper: Otto Sch. (1844–1906), Bariton, dt. Konzert- und Opernsänger, Leip-

zig. – *Paracleta:* herbeigerufener Helfer; Beiwort für Christus und den Hl. Geist.

2. Mai

Hans Herrig: (1845–1892), dt. Schriftsteller, schrieb historische Dramen, Libretti und Aufsätze; seine Annäherung an RW (Bd. I) von diesem zunächst begrüßt.

3. Mai

Jäger: Ferdinand J. (1838–1902), Wagner-Tenor, sang 1882 den Parsifal. – *Schluß seines Aufsatzes:* 2. Teil von »Publikum und Popularität«, BBl. Juni 1878 und Ges. Schr. Bd. 10. – *Löffler:* Johann Heinrich L. (1833–1903), Organist, Komponist und Lehrer, Aufsatz »Kundry in Richard Wagners Bühnenweihfestspiel Parsifal«, BBl. April und Mai 1878. – *»Perlenschnur«:* »Die Perlenschnur«, Melodram 1839, von Karl von Holtei (1798–1880), Musik von Adolf Müller (1801–1886). – *Sagarika:* wahrscheinlich richtig: Sageretia, in Amerika, Java, China und am Fuß des Himalaja beheimatete Pflanze, kleine schwarze Früchte, eßbar und beliebt.

6. Mai

»Perlenschnur«: Lustspiel von Mayères, 1851 uraufgeführt, oder Melodram von Holtei?

8. Mai

v. Loën: August Friedrich Freiherr v. L. (1828–1887). 1867–87 Generalintendant des Hoftheaters in Weimar. – *Großherzog:* Karl Alexander von Sachsen-Weimar-Eisenach (1818–1901), regierte ab 1853, ließ die Wartburg wiederherstellen und förderte Künste und Wissenschaften. – *»Kenilworth«:* Roman von W. Scott.

9. Mai

»Kampf mit dem Drachen«: Wolzogens Aufsatz »Drachenkampf« erschien in BBl. Juli 1878. – *Schmeitzner:* Ernst Sch., Verleger, u. a. Nietzsches, Schloßchemnitz. – *Daniel's Geburtstag:* Daniel Liszt (1839–1859), jüngstes Kind Franz Liszts und der Gräfin Marie d'Agoult, starb im Hause Hans von Bülows in Berlin.

10. Mai

»sie bettete dich«: Kundrys Worte von »Nein, Parsifal, du tör'ger Reiner!« bis »Gebettet sanft auf weichen Moosen«, in »Parsifal« II, Takt 813–842.

12. Mai

auf den deutschen Kaiser geschossen: Max Hödel (1857–1878), ein Arbeitsloser aus Sachsen, unternahm am 11. Mai ein Attentat auf Kaiser Wilhelm I.; danach legt Bismarck dem Reichstag das Sozialistengesetz vor mit den »wider die gemeingefährlichen Bestrebungen der Sozialdemokratie« gerichteten Ausnahmebestimmungen zur Unterdrückung der Presse- und Vereinigungs-Freiheit; die Mehrheit des Reichstags (243 gegen 60 Stimmen) verhält sich zunächst ablehnend, die Nationalliberalen geben erst nach dem zweiten Attentat ihren Widerstand auf, vgl. ab 2. Juni u. Anm. zu 28. Aug. 1878.

14. Mai

Wandsbecker Boten: 1770–75 hrsg. von Matthias Claudius (1740–1815), dt. Lyriker und Prosaschriftsteller.

15. Mai

J. Rubinstein: Josef R. (1847–1884), russ. Musiker, in der Bayreuther Nibelungenkanzlei tätig, schrieb die Klavierauszüge für das Siegfried-Idyll und »Parsifal«; seine oft erwähnten »Bilder« (hier: »Tonbild«) waren Klavierarrangements aus den Werken RWs. – *des hérités:* fehlerhaft für déshérités, Enterbte.

16. Mai

Pr. Holtzendorff: Franz von H. (1829–1889), dt. Kriminalist, Staats- und Völkerrechtslehrer, seit 1857 Prof. in Berlin und 1873 in München, bekämpfte die Todesstrafe und trat für eine Strafrechtsreform ein. – *Vera Sassulitsch:* (1853–1919), russ. Nihilistin, 1869 inhaftiert, 1871 verbannt, 1877 in St. Petersburg, verwundete am 5. Febr. 1878 den Staatshauptmann von St. Petersburg durch einen Pistolenschuß, um die Mißhandlung eines Studenten im Gefängnis zu rächen; am 11. Apr. 1878 freigesprochen, ging in die Schweiz, nahm Verbindung zu Marx und Engels auf, kehrte 1917 nach Rußland zurück und wurde zu einer Gegenspielerin Lenins.

18. Mai

Sorokoumowski: Paul S. spendete 200 Mark; das Versprechen, weitere 10000 Mark zu stiften, hielt er nicht, vgl. BBl. Okt. 1878. – *Humboldt:* Alexander von H. (1769–1859), dt. Naturforscher, Reisen 1790 durch Westeuropa, 1799–1804 Süd- und Mittelamerika, 1829 Ural, Altai, chines. Dsungarei und Kaspisches Meer, Hauptwerk »Kosmos«, 5 Bde. 1845–62. – *Dr. Eiser:* Dr. Otto E., Arzt und Vertreter des Patronatvereins in Frankfurt/Main; in den BBl. 1878 erschienen mehrere Aufsätze von ihm.

20. Mai

das lebende Bild: gemeint ist das satirische Lustspiel »Die neue Delila«, das Ludwig Geyer vermutlich zum 40. Geburtstag für RWs Mutter schrieb (19. Sept. 1818); die Hirten Damoet und Philemon stellten Geyer und dessen Freund, Kriegsrat Georgi, dar.

22. Mai

Mrs. Cooper: Bonne, engl. Erzieherin.

23. Mai

Pr. Overbeck: Franz O. (1837–1905), protestant. Theologe, 1870–75 Hausgenosse Nietzsches in Basel, bis 1897 dort Professor, schrieb u. a. »Über die Christlichkeit unserer heutigen Theologie« 1873, »Zur Geschichte des Kanons« 1880.

25. Mai

Bennigsen: Rudolf von B. (1824–1902), dt. Politiker, ab 1867 im Reichstag, 1873–79 Präsident des Abgeordnetenhauses; als Führer der Nationalliberalen unterstützte er vermittelnd Bismarcks Politik.

27. Mai

Brief des Königs: vom 24. Mai, Hochkopf, »die Folgen von 70 und 71 verbittern mir die Existenz, die sich wahrlich anders hätte gestalten sollen«, KBr. Bd. 3, S. 124f. – *Aufsatz Bellini:* »Bellini. Ein Wort zu seiner Zeit«, erschien in »Der Zuschauer«, Riga, 7. Dez. 1837, Rigaer Zeitung Dez. 1837, Nr. 4621, Ges. Schr. Bd. 12.

28. Mai

Dr. Franz aus Zabern: Vertreter des Patronatvereins Zabern, Elsaß.

30. Mai

Glück ohne Ruh: vgl. Goethes Gedicht »Rastlose Liebe«; Cosima hat die Zeilen umgestellt.

1. Juni

Lenbach: Franz von L. (1836–1904), dt. Maler, 1863–68 in Italien und Spanien, nach 1868 in München; erfolgreichster Porträtist seiner Zeit. – *morose:* mürrisch, grämlich.

2. Juni

Attentat auf den Kaiser: Extra-Ausgabe des Bayreuther Tagblatts, 2. Juni 1878: »Telegramm. Berlin, 2. Juni. Bei der heutigen Spazierfahrt nachmittags zwei einhalb Uhr wurde auf den Kaiser geschossen. Der Kaiser, von der Kugel getroffen, wurde, nach dem Palais zurückgekehrt, in ärztliche Behandlung genommen. Die

Schüsse fielen aus dem Hause Nr. 18 unter den Linden. Der Kaiser wurde am Arm und an der Backe verwundet. Die Verwundungen rühren von Rehposten und Schroten her. Der Attentäter soll sich nach der That selbst entleibt haben.« Der Attentäter, Dr. Karl Nobiling, konnte noch vernommen werden, er entstammte einer Offiziersfamilie, studierte Landwirtschaft, las die (konservative) »Germania« und die Deutsche Allgemeine Zeitung und war wie Hödel ein konfuser Einzelgänger; die Zeitungen schrieben, ein Bruder solle sozialdemokratische Versammlungen besucht haben. – *Frauenstädt:* Julius F. (1813–1879), Autor philosophischer Schriften, Anhänger, Erbe und Hrsg. Schopenhauers.

3. JUNI

»Bestimmung der Oper«: »Über die Bestimmung der Oper«, geschrieben als Vortrag in der kgl. Akademie der Künste in Berlin am 28. Apr. 1871, Ges. Schr. Bd. 9; RW war Ehrenmitglied der Akademie seit 1869. – *Minister Pfeufer:* Siegmund Freiherr von P., Polizeidirektor in München, 1866 entlassen, vgl. KBr. Bd. 2, S. 46. – *Besuch von Herrn v. Lutz:* Johann Freiherr von L. (1826–1890), bayer. Staatsmann, 1863 Kabinettssekretär, 1867–71 Staatsminister, 1880–90 Ministerpräsident; am 6. Dez. 1865 überbrachte er die vom Kabinett erzwungene Aufforderung Ludwigs II., RW solle Bayern verlassen.

4. JUNI

Hagen: Edmund von H. (geb. 1850), Philosoph und Wagner-Schriftsteller. – *Widmung an Feuerbach:* RW widmete »Das Kunstwerk der Zukunft« 1850 Ludwig F. (1804–1872); F., Philosoph, Materialist und Atheist, schrieb u. a. »Das Wesen des Christentums« 1841 und »Grundsätze der Philosophie der Zukunft« 1843. – *»Jüdin«:* »La juive«, Oper 1835, von Jacques Fromental Halévy (1799–1862), französ. Opernkomponist. – *Versammlung der Fürsten:* Berliner Kongreß der europäischen Staatsmänner vom 13. Juni bis 13. Juli, regelte die russ.-türk. Friedensbestimmungen. – *Klindworth:* Karl K. (1830–1916), Pianist, Dirigent und Komponist, seit London 1855 mit RW befreundet, Adoptivvater von Winifred Williams, die 1915 Siegfried Wagner heiratete. – *als ich Siegfried zur Welt brachte:* 6. Juni 1869, vgl. Bd. I. – *deroutiert:* irregeleitet. – *»Schlacht bei Vittoria«:* Schlacht-Symphonie »Wellingtons Sieg oder die Schlacht bei Vittoria«, op. 91, von Beethoven.

5. JUNI

Math. Maier: Mathilde M. (1833–1910), Notarstochter aus Alzey, mit RW ab 1862 befreundet. – *A. Frommann:* Alwina F. (1800–1875), Malerin und Vorleserin der Königin von Preußen, Kaiserin Augusta; sie stammte aus einer Jenaer Buchhändlerfamilie. – *Meysenbug:* Malwida Freiin von M. (1816–1903), dt. Schriftstellerin, ergriff 1848 Partei für die demokratische Bewegung, 1852 ausgewiesen, bis 1859 London, nach 1861 Paris, Florenz, Rom, Ischia und Bayreuth, schrieb Romane, Erzählungen und Erinnerungen. – *Plutarch:* (um 50–um 125), griech. Philosoph und Historiker, Lebensbeschreibungen und »Moralia«. – *Broschüre... von Freund Wolzogen:* Hans von W.: »Die Sprache in Richard Wagner's Dichtungen«, Leipzig 1878.

6. JUNI

Schöner Brief des Königs: datiert Linderhof, den 3. Juni 1878. – *Aufsatz über »Bühnenweihfestspiel«:* H. v. Wolzogens Arbeit erschien in BBl. Okt. 1878. – *Völu-Spa:* Volospá, altnord. anonymes Gedicht, Weissagung der Seherin, in drei Fassungen bekannt, Eingangsstück der alten oder Lieder-Edda, einen kürzeren Text überliefert die Hauksbók, zitiert in der Edda des Snorri Sturluson; Taten der

Götter, Vorhersage des Weltendes: Raknarök. – *Herrn Schlemm:* Oscar Sch. (geb. 1850) schrieb in BBl. Nov. 1878 »Vom ›gebildeten Deutschen‹. Ein Beitrag zur Charakteristik der Spezies«. – *»Harlekin, du mußt sterben«:* vgl. auch 15./16. Jan. u. 1. Febr. 1883; möglicherweise aus der musikalischen Pantomine von G. B. Bierey, »Harlekin im Schutz der Zauberei«; auch Ferdinand Kauer schrieb eine populäre Pantomine »Harlekin«, 1813.

7. Juni

vor 40 Jahren: richtig vor 43 Jahren; Ende Juli, 26. oder 27. Juli 1835, auf der Reise von Karlsbad nach Nürnberg, kam RW zum erstenmal durch Bayreuth. – *Scaria:* Emil S. (1840–1886), sang 1882 den Gurnemanz im »Parsifal«. – *O. Beta:* Ottomar B. (geb. 1845), dt. Schriftsteller und Journalist, Mitarbeiter des Berliner Tageblatt, über frühere Kontakte zwischen B. und RW vgl. auch Bd. I, Anm. zu 15. Mai 1873.

8. Juni

Podagristen: an Fußgicht Erkrankte; könnte sich auf die Führer der Reichstagsfraktionen, wie Windthorst, beziehen. – *Moltke:* Helmuth Graf von M. (1800–1891), preuß. Generalfeldmarschall, Generalstabschef und ab 1872 Mitglied des Herrenhauses.

9. Juni

»die Liebe lerne kennen«: Kundry zu Parsifal, »Parsifal« II, Takt 965f. – *Circus Renz:* E. Renz, Breslau, fragte brieflich am 2. Juli 1878 bei RW an, ob er den Walküren-Ritt im Zirkus aufführen dürfe. – *Dr. Berr:* Regierungs- und Kreismedizinalrat, wohnte mit seiner Frau Amalie B. in der Siegfriedstraße Bayreuth. – *»Einladung zum Tanz«:* richtig künftig immer: »Aufforderung zum Tanz«, 1819, von C. M. v. Weber.

10. Juni

Carstens: Asmus Jakob C. (1754–1798), Zeichner und Maler. – *Julia Capulet:* in Shakespeares »Romeo und Julia«. – *Gladstone:* William Ewart G. (1809–1898), engl. Staatsmann, griff 1876/77 Disraeli scharf wegen seiner türkenfeindlichen Politik an, 1880–85 Premier; war ursprünglich konservativ, dann liberal. – *Cobden:* Richard C. (1804–1865), engl. Wirtschaftspolitiker, für Freihandel und Demokratisierung, schloß 1860 den engl.-französ. Handelsvertrag (Cobdenvertrag) ab. – *Mutter Lehmann:* Maria Theresia L. geb. Löw (1807–1883), dramatische Sängerin, Mutter von Lilli (1848–1929) und Marie (1851–1931) L. – *»Wie der Hirsch nach dem Wasser...«:* »Wie der Hirsch schreit nach frischem Wasser, so schreit meine Seele, Gott, zu dir«, Psalm 42.

11. Juni

Peloton: Rotte, kleiner Haufen. – *Biographie:* Fortsetzung des Diktats von »Mein Leben«, Vierter Teil.

12. Juni

Humboldt: Alexander von H., s. Anm. zu 18. Mai. – *Helmholtz:* Hermann von H. (1821–1894), dt. Physiker und Physiologe, Prof. in Königsberg, Bonn, Heidelberg, zuletzt Berlin, bereitete u. a. eine umfassende Elektrizitätslehre vor. – *›Geschichte des Materialismus‹:* »Geschichte des Materialismus und Kritik seiner Bedeutung in der Gegenwart« von Friedrich Albert Lange (1828–1875), dt. Philosoph und Sozialpolitiker, Prof. in Zürich und Marburg, Kantianer, trat für Sozialismus und Gewerkschaften ein. – *»Medea«:* »Médée«, Oper 1797, von Luigi Cherubini (1760–1842), an Gluck anknüpfender, an der Grenze zwischen Klassik und Romantik stehender Komponist französ. und italien. Opern. – *Spontini:* Gasparo Sp.

(1774–1851), Opernkomponist, Direktor der Italienischen Oper in Paris, 1820–42 Hofkapellmeister in Berlin, RW porträtierte ihn in ML, ab S. 291.

13. JUNI

König von Hannover: Georg V. (1819–1878), regierte 1851–66; nach der Kapitulation im Krieg gegen Preußen und der Einverleibung Hannovers »depossediert«, d. h. enteignet, lebte er in Wien und Paris.

15. JUNI

Schnappauf: Bernhard Sch., Bader in Bayreuth, Ochsengasse, diente RW auch als »Butler« und begleitete ihn auf Reisen nach Italien.

17. JUNI

Begegnung in Reichenhall: Olliviers und RW treffen am 12. Aug. 1861, von München kommend, in Bad Reichenhall ein und werden dort von Cosima empfangen, am nächsten Tag reist RW über Salzburg nach Wien weiter, ML S. 675. – *Dittmar:* Dr. Dittmar (gest. 1877), Dekan von Bayreuth, vgl. Bd. I. – *Bon Staff:* (gest. 1879), Nachbarn in Bayreuth, Cosima vor allem mit der Baronin Klara Staff-Reitzenstein und den Kindern befreundet, vgl. Bd. I und Br. an Daniela.

18. JUNI

im Jahre 1835: vgl. Anm. zu 7. Juni 1878.

19. JUNI

Arnold von Brescia: (Anfang 12. Jh.–1155), kirchlicher Reformator, wurde hingerichtet, weil Friedrich I. ihn gegen das Versprechen der Kaiserkrönung an Papst Hadrian IV. auslieferte.

20. JUNI

Bhagavad-gita: Bhagavadgítá, Sanskrit, »Des Erhabenen Sang«, das berühmteste religiös-philosophische Dichtwerk der Inder, im 6. Buch des Mahábhárata, in Europa durch die engl. Übersetzung von Charles Wilkins, 1785, bekannt; latein. von August Wilhelm von Schlegel, 1823; dt. in der von Cosima benutzten Schreibweise des Titels von R. Boxberger, Berlin 1870. – *Freund C.:* Julius Cyriax (gest. 1892), mit seiner Frau Anna C. Freunde RWs aus London. – *»tat twam asini«:* tat twam asi heißt etwa: das bist du; RW verwendet das Wort in »Religion und Kunst«, hier verändert zu: ihr seid Esel.

21. JUNI

loi de la raison: Gesetz der Vernunft. – *seiner Schwester Claire:* Klara (1807–1875), Sängerin, heiratete 1828 den Sänger und späteren Kaufmann Heinrich Wolfram (1800–1874) in Chemnitz.

22. JUNI

Catulle Mendès: (1841–1909), französ. Schriftsteller, heiratete 1868 Judith Gautier (1846–1917), Besuch in Tribschen und langjährige Beziehungen s. Bd. I ab 16. Juli 1869, nach 1871 wegen RWs Lustspiel »Eine Kapitulation« Ende der Freundschaft, von Judith Gautier geschieden. – *Belloni:* Gaetano B. war 1841–47 Liszts Sekretär. – *Giacomelli:* Musikschriftsteller und Konzertagent in Paris, gab »La Presse théatrale [später] et musicale« 1855–65 heraus, auch für Liszt und Bülow tätig. – *»ich will nicht«:* Kundry zu Klingsor in »Parsifal« II, Takt 296f. – *Cosimo von Medici:* (1389–1464), italien. Staatsmann, Florenz verlieh ihm den Ehrennamen »Vater des Vaterlandes«.

23. JUNI

Vishnu: Wischnu, auch Hari, im Brahmanismus einer der drei Hauptgötter.

24. JUNI

Seligmann in Köln: nicht ermittelt. – *Eckhoff:* Konrad E. (1720–1778), gilt als

Vater der deutschen Schauspielkunst. – *Rée's Umgang:* Dr. Paul R. (1849–1901), Arzt, Schopenhauerianer, mit Nietzsche befreundet, dann mit Lou von Salomé, schrieb »Psychologische Beobachtungen« und »Der Ursprung der moralischen Empfindungen«.

25. JUNI

Disraeli: Benjamin D. (1804–1881), Earl of Beaconsfield, engl. Staatsmann und Schriftsteller, konservativ, 1874–80 an der Spitze der Regierung bis zum Sieg der Liberalen unter Gladstone, setzte auf dem Berliner Kongreß trotz der türk. Niederlage die Interessen Englands gegen Rußland durch; umfangreiches Romanwerk. – *»Tancred«:* Melodram 1813, von Rossini. – *»Tancred« von Voltaire-Goethe:* »Tancrède«, Drama 1760, von Voltaire (1694–1778), dt. von Goethe 1802.

26. JUNI

Obernitz: Geheimrat von O., Freund Bismarcks. – *Fürstin B.:* Johanna Fürstin von Bismarck (1824–1894), Frau Otto von Bismarcks. – *Miss Cartwright:* Wanda C., engl. Politikerin, mehrfach, vor allem 1881, in Br. an Daniela erwähnt. – *Lasker:* Eduard L. (1829–1884), dt. Politiker, Mitglied des Reichstags seit 1867, bis 1881 Führer des linken Flügels der Nationalliberalen, Gegner von Bismarcks Schutzzollpolitik.

27. JUNI

Ernst: Moritz E. (1826–1900), Schauspieler und Theaterdirektor, seit 1875 Direktor des Stadttheaters in Köln. – *in der Euterpe an als 46tes Jubiläum:* die C-dur-Symphonie wurde im Nov. 1832 in Prag uraufgeführt, in Leipzig Weihnachten 1832 in der »Euterpe« und am 10. Jan. 1833 im Gewandhaus gespielt. – *Tod der Königin von Spanien:* am 26. Juni 1878 starb Maria de las Mercedes, Frau von König Alfons XII. von Spanien. – *Pr. Bernays:* Michael B. (1834–1897), dt. Literaturhistoriker, 1873–90 Prof. in München.

28. JUNI

nopelt und popelt: sächsisch für: fein herausmacht, vorwärtskommt.

29. JUNI

Hanslick: Eduard H. (1825–1904), österreich. Musiktheoretiker und Ästhetiker, Kritiker der Spätromantik in der Musik, Urbild des Beckmesser, 1861 Prof. in Wien, zeigte sich 1882 nach der Uraufführung des »Parsifal«, wie Angelo Neumann in »Erinnerungen an Richard Wagner«, Leipzig 1907, berichtet, »auffallend schweigsam und um vieles nachsichtiger«, kommt 1882 im Tagebuch nicht vor!

30. JUNI

»O Götter, weidet euer Auge«: »Oh! heilge Götter! Hehre Geschlechter! Weidet eu'r Aug an dem weihvollen Paar!« Brünnhilde in »Götterdämmerung«, Vorspiel. – *im »Schiff«:* München, Briennerstraße 21, von RW am 27. Sept. 1864 gemietet. – *Herwegh:* Georg H. (1815–1875), revolutionärer dt. Lyriker, 1849 Teilnahme am badischen Aufstand, Flucht in die Schweiz, stand RW im ersten Züricher Exil nach 1849 nahe, s. ML und GD, »Richard Wagner«; Cosima war mit Semper Pate von Herweghs Sohn Marcel.

1. JULI

Levi: Hermann L. (1839–1900), dt. Dirigent, 1864–72 Hofkapellmeister in Karlsruhe, 1872–96 in München, dirigierte die Uraufführung des »Parsifal« 1882 in Bayreuth, vgl. weitere Anm.

2. JULI

Slade: Medium; Prof. Zöllner – vgl. Anm. zu 27. Febr. 1879 – wollte 1877 durch Versuche mit dem Medium S. seine Hypothese einer »vierten Dimension« beweisen; unsichtbare Niederschrift von Geistern. – *»Les récits mér.« von Thierry:* »Les récits des temps mérovingiens, précédés de considérations sur l'histoire de France«, 2 Bde. 1840, dt. 1855, achte (französ.) Aufl., revue et corrigée, 1864, von Augustin Thierry (1795–1856), französ. Geschichtsschreiber, Sekretär des Sozialisten Saint-Simon, Historiker der genetischen Methode, Hauptwerk »Histoire de la conquête de l'Angleterre par les Normands«, 3 Bde. 1825. – *seine Schwiegermutter mit zwei Schwägerinnen:* Wolzogens Schwiegermutter, die Generalswitwe Ottilie von Schoeler, ihre Töchter Auguste und Marie von Sch.

3. Juli

Osman Pascha: O. Nuri P. (1837–1900), türk. Feldherr, Verteidiger von Plewna, mußte aus Proviantmangel am 10. Dez. 1877 kapitulieren und kehrte erst 1878 aus russ. Gefangenschaft zurück. – *Depossedierung des Königs von Hannover:* Georg V., s. Anm. zu 13. Juni. – *Karl V.:* (1500–1558), röm.-dt. Kaiser 1519, 1556 abgedankt. – *Dorn:* Heinrich D. (1804–1892), dt. Dirigent, 1839 Musikdirektor in Riga, später Berlin, komponierte und schrieb »Aus meinem Leben«, 3 Bde. 1870–72; über die gespannten Beziehungen RWs zu Dorn in Riga s. ML. – *»Publikum und Popularität« ... Fortsetzung:* für das Augustheft der BBl. mit einer Erwiderung an den (nicht genannten) Nietzsche; Ges. Schr. Bd. 10. – *»Delila«:* s. Anm. zu 20. Mai 1878, das lebende Bild. – *König ... Zustimmung zu den Gesetzen:* Bismarck strebte 1878 eine Reorganisierung der Reichsämter an; das Stellvertretungsgesetz bedurfte der Zustimmung des Bundesrats; zugleich wurde mit der Finanzreform ein neues Steuergesetz (Tabak-, Reichsstempel- und Spielkartensteuer) eingeführt.

4. Juli

h. Ixora: Gattung der Rubiazeen, Sträucher oder kleine Bäume, in Ostindien und auf dem malaiischen Archipel beheimatet. – *»Der du von dem Himmel bist, alles Leid ...«:* richtig »alle Freud und Schmerzen stillest«, Goethe, »Wandrers Nachtlied«. – *»Euphrosyne«:* Schauspiel 1878, von Otto Franz Gensichen (1847–1933), dt. Schriftsteller.

5. Juli

Cyriax: s. Anm. zu 20. Juni. – *Lachner:* Franz L. (1803–1890), dt. Komponist, beliebt waren seine Orchestersuiten. – *ô Richard, ô mon roi ...:* o mein König, alle Juden haben ihn im Stich gelassen. – *»Olympia«:* Oper von Spontini, s. Anm. zu 24. Febr. u. 12. Juni 1878.

6. Juli

Feustel an seine Wähler: F. war nationalliberaler Reichstagsabgeordneter. – *v. Trützschler:* Wilhelm Adolf von T. (1818–1849), Appellationsgerichts-Assessor in Dresden, 1848 Abgeordneter der Frankfurter Nationalversammlung, als Teilnehmer des badischen Aufstands am 14. Aug. 1849 in Mannheim standrechtlich erschossen; ML S. 389ff. – *Semper:* Gottfried S. (1803–1879), dt. Baumeister und Architekt, 1834–49 Dresden, Flucht über London und Paris, 1855 Zürich, nach 1871 in Wien; über RWs langjährige Beziehungen zu S. in Bd. I u. ML. – *beim Kongreß:* Berliner Kongreß der europäischen Staatsmänner vom 13. Juni bis 13. Juli.

7. Juli

Bleichröder: Gerson von B. (1822–1893), Mitinhaber des 1803 gegründeten Berliner Bankhauses Samuel B., das Bismarcks Vertrauen genoß. – *Strauß:* David Friedrich St. (1808–1874), dt. Philosoph und Theologe, 1848 Liberaler, später für Bismarck, schrieb »Das Leben Jesu, kritisch bearbeitet« und »Der alte und der neue Glaube«. – »*Si jamais on m'y repend*«: Wenn man mir jemals wieder damit kommt. – *Bakunin:* Michael B. (1814–1876), russ. Anarchist, beteiligt am Dresdner Aufstand 1849, dort enge Verbindung mit RW, s. ML; zum Tode verurteilt und an Österreich, 1851 an Rußland ausgeliefert, 1860 aus Sibirien geflohen, in London 1873 Bruch mit Karl Marx, zuletzt in Genf und Italien.

9. JULI

Frau von Bülow: Franziska von B. geb. Stoll (1800–1888), Mutter Hans von B.s.

10. JULI

Schlegel: August Wilhelm von Sch. (1767–1845), Dichter und Interpret der dt. romantischen Bewegung, Übersetzer Dantes, Calderóns und Shakespeares.

11. JULI

A dur Symphonie: Nr. 7, op. 92, von Beethoven. – *amerikanischen Marsch:* auch Philadelphia-Marsch: »Großer Festmarsch zur Eröffnung der hundertjährigen Gedenkfeier der Unabhängigkeitserklärung der Vereinigten Staaten von Nordamerika«, 1876 für 5000 Dollar komponiert. – *Kaisermarsch:* von RW, 1871. – »*La Juive*«: Oper »Die Jüdin« von Halévy.

12. JULI

Prozeß Hödel: vgl. 12. Mai; Max Hödel wurde am 16. Aug. 1878 in Berlin-Moabit hingerichtet.

13. JULI

Reiseabenteuer von Herrn Will und Frau Vorstel: Will und Vorstel für RW und Cosima gebildet nach Schopenhauers Hauptwerk »Die Welt als Wille und Vorstellung«; Reise vom 14. Sept. bis 6. Okt. 1868 nach Oberitalien und durch das Tessin, bei gefährlichen Überschwemmungen und Gewitter, in den Annalen, ML S. 767f. – *Der Mandarin:* Kleid, vgl. »Maradscha« usw. – *Julierberg:* Paß in Graubünden, hier, fand RW am 16. Juli 1853, von Chur kommend, könne er sich Wotan und Fricka vorstellen (»Rheingold«: Freie Gegend auf Bergeshöhen). – *Nichte Fr. Ritter:* Franziska R. (1829–1895), Tochter von RWs Bruder Albert (1799–1874), heiratete 1854 Alexander R. (1833–1896).

14. JULI

König Humbert: Umberto I. (1844–1900), König von Italien 1878.

15. JULI

Piloty: Karl von P. (1826–1886), Maler in München, seit 1874 Direktor der Kunstakademie, gestaltete pathetische Augenblicke der Weltgeschichte; worauf RWs Hinweis sich bezieht, ist nicht zu ermitteln.

17. JULI

Karikaturen von Kietz: Ernst Benedikt K. (1816–1892), dt. Porträtzeichner und Lithograph in Dresden, Schüler von Delaroche, Freund RWs seit der ersten Pariser Zeit (1840), s. ML; K. lebte 1838–70 in Paris. – *Roman... katholisches Gepräge:* Balzacs »Le curé de village«, »Der Landpfarrer«, ist nach seinen eigenen Worten »eine Darstellung der kathol. Reue«.

18. JULI

Georgi: Kriegsrat, Freund von Ludwig Geyer in Dresden, s. Anm. zu 30. Jan. 1869.

19. JULI

»*Sommernachtstraum*« *von Tieck:* die von Ludwig Tieck (1773–1853) im kgl. Schauspielhaus Berlin 1843 inszenierte Erstaufführung von Shakespeares »Sommernachtstraum« brachte das Stück als romant.-poet. Märchenspiel auf die Bühnen. – *Erinnerungen an Moskau:* März/April 1863 Konzerte und Empfänge in Moskau, MLS. 732–34.

20. Juli
»Sangst du nicht, dein Wissen«: richtig »Sangst du mir nicht, dein Wissen / sei das Leuchten der Liebe zu mir?« Siegfried zu Brünnhilde in »Siegfried« III, Walkürenfels.
23. Juli
Gounod's »Faust«: Charles G. (1818–1893), französ. Komponist, Oper »Margarethe« 1859, in Frankreich auch »Faust« gen. – *rien rien:* nichts, nichts. – *tiens tiens:* So so! Sieh einer an!
25. Juli
Ginnungagáp: gähnende Kluft, in der nord. Mythologie das mit Eis gefüllte Chaos, aus dem sich die Welt bildete; RW bezeichnet damit das »Leben Jesu« von David Friedrich Strauß. – *seinen Aufsatz:* »Publikum und Popularität«, 3. Teil. – *Reichensperger:* August R. (1808–1895), Mitglied des Reichstags, schrieb u. a. »Die christlich-germanische Baukunst«; Aufsatz von ihm auch in den BBl. Jan./Febr. 1882. – *»Oper und Drama«:* gilt als theoret. Hauptwerk RWs, geschrieben 1850/51, Ges. Schr. Bd. 3/4. – *Kundry's »ich bin müde«:* »Parsifal« I, Takt 236f. – *»Erlösung dem Erlöser«:* Schluß »Parsifal« III, Takt 1109ff. – *Schluß-Abhandlung:* s. o. »seinen Aufsatz«. – *Plüddemann:* Martin P. (1854–1897), dt. Komponist und Musikkritiker, schrieb »Die Bühnenfestspiele in Bayreuth, ihre Gegner und ihre Zukunft«, Colberg 1877. – *Chordirektor Fischer:* Wilhelm F. (1789–1859) in Dresden, vgl. ML u. RWs Nachruf in Ges. Schr. Bd. 5.
26. Juli
Kaiser Maximilian: M. I. (1459–1519), röm.-dt. Kaiser, Sohn Friedrichs III. – *den Schlaf süß anredet:* »Süßer Schlaf! Du kommst wie ein reines Glück ungebeten«, in »Egmont« V, Gefängnis. – *Goethe und M. Willemer:* Marianne von W. geb. Jung (1784–1860), verheiratet mit dem Bankier Johann Jakob v. W., 1814/15 Begegnungen mit Goethe in der Gerbermühle, Freundschaftsbund, in bedeutenden Gedichten des »West-östlichen Divans« festgehalten; »Briefwechsel zwischen Goethe und Marianne von Willemer. (Suleika)«, war gerade erst bei Cotta, Stuttgart 1877, erschienen. – *Niemann:* Albert N. (1831–1917), dt. Tenor, sang 1861 den Tannhäuser in Paris, seit 1866 am Hoftheater Berlin, 1876 erster Siegmund in Bayreuth; über sein Verhalten während des »Tannhäuser«-Skandals in Paris vgl. ML S. 640, 644f., 650.
28. Juli
Sostegno e gloria d'[ell]'umanità: Stütze und Ruhm der Menschheit.
29. Juli
»Einsam bin ich, nicht allein«: Arie aus »Preciosa« von C. M. v. Weber. – *Rosalien's:* (1803–1837), RWs älteste, frühverstorbene Schwester, sie heiratete 1836 den Schriftsteller und Dozenten Dr. Oswald Marbach (1810–1890). – *Minna... in Dresden:* Minna Wagner geb. Planer (1809–1866), RW lernte die Schauspielerin 1834 in Bad Lauchstädt kennen und heiratete sie 1836 in Königsberg, kurz danach Ehekrise, Minna brannte mit einem Kaufmann Dietrich durch, RW reiste ihr nach, Trennung in Dresden; darauf spielt RW hier an. Endgültige Trennung 1862. – *gegen die Einsiedels einen Alimentationsprozeß für Nathalie:* Nathalie Planer, verh. Bilz (1826–1892), uneheliche Tochter Minna Planers vor ihrer Verheiratung mit RW, Vater der kgl. sächs. Garde-Hauptmann Ernst Rudolf von Einsiedel; N. wurde zeitlebens als Minnas Schwester ausgegeben. – *Aufsatz von Dr. Schemann:* Dr. Karl Ludwig Sch. (1852–1938), Bibliothekar und Schriftsteller, schrieb u. a. »Die Gral- und die Parzival-Sage mit ihren hauptsäch-

lichsten dichterischen Verarbeitungen«, der Aufsatz erschien in drei Fortsetzungen in den BBl. 1879. – *vor 40 Jahren:* genau vor 39 Jahren mit dem Schiff von Pillau über Kopenhagen, Norwegen (Insel Boröya) nach London.

31. Juli

austérités: Bußübungen.

1. August

Wilhelmj: August W. (1845–1908), dt. Geigenvirtuose und -pädagoge, Konzertmeister in Bayreuth 1876. – *›Ducs de Bourgogne‹ von Barante:* »Histoire des ducs de Bourgogne de la maison de Valois (1364–1477)«, 1824–26, siebente Aufl. in 12 Bdn., 1853, von A. G. Prosper Baron de Barante (1782–1866), französ. Historiker und Diplomat; vertrat die an Scott gebildete romant. Dichtung, Mitglied der Académie Française. – *der Klarinettist, welchen Weber:* Johann Gottlieb Kotte (1797–1857), von Carl Maria von Weber 1817 nach Dresden berufen, dort an der Hofoper 1. Klarinettist.

2. August

Kellermann: Berthold K. (1853–1926) aus Nürnberg, Schüler von Lina Ramann und Liszt, 1876 mit Liszt in Bayreuth, Lehrer am Sternschen Konservatorium in Berlin als Nachfolger von Bülow und Tausig bis 1878, dann Hauslehrer und Kopist in Bayreuth, auf Empfehlung Liszts, für freie Station und 60 Mark monatlich, ab 1881 Dirigent in München, 1888 Prof., Liszt-Interpret und Mitarbeiter an der Liszt-Gesamtausgabe. – *über die Musik das liebende Weib:* richtig: über die Musik als das liebende Weib. – *Palestrina:* Giovanni Pierluigi da P. (um 1525–1594), italien. Komponist, P.-Renaissance im 19. Jh., »Stabat mater« mit Vortragsbezeichnungen für Kirche und Konzertaufführung eingerichtet von RW 1877. – *far tesoro:* Schatz machen, Reichtum häufen.

4. August

Klostergroom: Klosterdiener. – *Aufsatz über Walhall:* »Walhall«, 3. Teil von »Beiträge zur Kritik des modernen Kunstgeschmackes« von Hans von Wolzogen, BBl. Aug. 1878. – *›Kunst und Revolution‹:* »Die Kunst und die Revolution«, RWs Schrift aus dem Jahr 1849, Ges. Sch. Bd. 3. – *›Das Kunstwerk der Zukunft‹:* 1849, ebd.

5. August

Briefe an Senff: vgl. Anm. zu 8. Jan. 1878.

6. August

Jungfer Züß: Züß Burzlin in »Die drei gerechten Kammacher«, Erzählung 1856, von Gottfried Keller (1819–1890); den schweizer. Erzähler lernte RW im ersten Züricher Exil nach 1849 näher kennen. – *Glagau:* Otto G. schrieb u. a. »Des Reiches Not und der neue Kulturkampf«; G. gab die Zeitschrift »Der Kulturkämpfer« heraus, für die in den BBl. geworben wurde.

7. August

E dur Sonate: für Klavier, op. 109, von Beethoven.

8. August

Petersburger Erinnerungen: 24. Febr. bis 18. März 1863 in Gesellschaft von Seroff, Anton Rubinstein, der Großfürstin Helene Pawlowna und der Hofdame Editha von Rhaden, Petersburger Konzerte, vgl. auch 19. Juli 1878 und ML S. 725–732, 734f.

11. August

die Gewalt der Race (Fußnote): schwer leserlich, vermutlich Gewalt der Rede gemeint.

12. AUGUST
schöner Brief des Königs: vom 9. Aug.: »Auch mich ekelt das elende deutsche Reich, wie es sich leider Dank dem nüchternen, ideallosen Preußenthum unter jenem märkischen Junker gestaltet hat, im höchsten Grade an«, KBr. Bd. 3, S. 132. – *Louis XI.:* (1432–1483), König von Frankreich ab 1461.
13. AUGUST
»Garrick in Bristol«: Lustspiel in 4 Akten von Johann Ludwig Deinhardstein (1794–1859) auf den engl. Schauspieler und Wiedererwecker Shakespeares David Garrick (1716–1779).
14. AUGUST
»Kindschy«: richtig Kintschy, Konditor im Leipziger Rosenthal; Ausflugslokal, von RW häufig während seiner Studentenzeit besucht. – *die französischen Milliarden:* 5 Milliarden Francs waren die Reparationssumme, die Frankreich ab 26. Febr. 1871 innerhalb dreier Jahre für den verlorenen Krieg zu zahlen hatte.
15. AUGUST
Sucher: Joseph S. (1843–1908), österreich. Dirigent, 1876–78 am Stadttheater Leipzig, dirigierte dort den »Ring«, anschließend in Hamburg und Berlin; S. war verheiratet mit der Sängerin Rosa S. Hasselbeck (1849–1927), die 1886 in Bayreuth die Isolde sang. – *Zumpe:* Hermann Z. (1850–1903), dt. Dirigent und Komponist, 1872–75 in der Nibelungenkanzlei, später Stuttgart, Schwerin, München, 1902 Münchner Generalmusikdirektor, Vorgänger Mottls. – *Brendel:* Franz B. (1811–1868), dt. Musikschriftsteller, seit 1844 Redaktion der Neuen Zeitschrift für Musik, setzte sich für die »Neudeutsche Schule« ein, »Geschichte der Musik«, Leipzig 1867.
16. AUGUST
›Reformation‹ von Ranke: Leopold von R. (1795–1886), dt. Historiker, 1825–71 Prof. in Berlin, bedeutend für die Quellenforschung, »Deutsche Geschichte im Zeitalter der Reformation«, 6 Bde. 1839–47. – *III von »Publ. & Pop.«:* Die BBl. im Aug. bringen die Fortsetzung von »Publikum und Popularität« mit Seitenhieben auf die »Professoren«, RWs Revanche auf »Menschliches, Allzumenschliches« von Nietzsche; am 3. Sept. schreibt dieser an Franz Overbeck: »Wagners bitterböse unglückliche Polemik gegen mich im Augustheft der Bayreuther Blätter habe ich nun auch gelesen: es tat mir wehe, aber nicht an der Stelle, wo Wagner wollte.«
17. AUGUST
Drei Pringsheime: Rudolf P. (1821–1901), Gutsbesitzer und Unternehmer aus Schlesien, Palais in der Wilhelmstraße Berlin; sein Sohn Dr. Alfred P. (1850–1941), Mathematiker, 1877 Habilitation an der Universität München, 1886 Prof., heiratete 1878 Hedwig Dohm (1855–1942), Tochter von Ernst Dohm (vgl. Anm. zu 4. Juni 1881), Alfred P. bearbeitete Kompositionen RWs für Klavier, schrieb auch »Richard Wagner und sein neuester Freund, eine Erwiderung auf Herrn Dr. Gotthelf Häblers ›Freundesworte‹«, erschienen bei E. W. Fritzsch, Leipzig 1873; seine 1883 geb. Tochter Katja heiratete 1905 Thomas Mann. Dritte Pringsheim: wahrscheinlich Sophie P. in Berlin, wohl nur entfernt verwandt, unterzeichnete den Aufruf zur Verkaufsausstellung zugunsten Bayreuths, s. Bd. I, S. 1218, Anm. zu 1. Juli 1874. Die bislang nicht bekannten Austritte der P.s hängen mit den Veröffentlichungen in den BBl. zusammen und sind vermutlich durch die kritischen Ausfälle von Constantin Frantz gegen Bismarck verursacht.
18. AUGUST
Kammermusiker Thiele: Julius Th. (1816–1891), Waldhornbläser, kam durch

Vermittlung des Dresdner Kreuzkantors Julius Otto zur kgl. Kapelle nach Dresden. Wegen schlechter Bezahlung wurde er später selbständiger Porzellanmaler. – *»Der Schwanengesang«:* »Wie ruhig wallst du«, Gedicht von Karl Leberecht Immermann (1796–1840), dt. Epiker und Dramatiker. – *Frau Schröder:* Sophie Sch. (1781–1868), dt. Schauspielerin und Sängerin, Mutter der Sängerin Wilhelmine Sch.-Devrient; gemeint ist das Konzert am 26. Nov. 1842 im Leipziger Gewandhaus, vgl. RW »Sämtliche Briefe«, hrsg. von Gertrud Strobel und Werner Wolf, Bd. 2, Leipzig und Mainz 1970, S. 179, künftig abgekürzt Sämtl. Br., sowie ML S. 248–251; dort auch der Abend *bei Brockhausens:* Friedrich Brockhaus (1800 bis 1865), Verlagsbuchhändler, verheiratet mit RWs Schwester Luise (1805–1871).

19. August

Luise Voß: auch Isa V., geb. Gräfin Henckel-Donnersmarck, enge Freundschaft mit Cosima.

21. August

Frau von Meyendorff: Olga von M. geb. Prinzessin Gortschakoff, Frau des russ. Gesandten in Weimar, Baron Felix v. M. – *von Bronsart:* Hans B. von Schellendorff (1830–1913), seit 1867 Intendant in Hannover, verheiratet mit der Komponistin Ingeborg Stark von B. (1840–1913).

25. August

Trauungstag: Donnerstag, 25. Aug. 1870 in Luzern, s. Bd. I, S. 277. – *Frl. Schinkel:* Susanne Sch., Tochter des Baumeisters und Malers Karl Friedrich Sch. (1781–1841), Schwester der Mutter Hans von Wolzogens, in Br. an Daniela häufig als Tante Schinkel oder Tante Susanne erwähnt.

26. August

»ich sah ihn und lachte«: »ich sah ihn – ihn – und lachte«, Kundry in »Parsifal« II, Takt 1178ff.

27. August

Dante-Symphonie: Symphonie zu Dantes Divina Commedia, 1857, von Liszt.

28. August

Sozialisten-Gesetz: »Gesetz gegen die gemeingefährlichen Bestrebungen der Sozialdemokratie«, Ausnahmegesetz vom 21. Okt. 1878, am 19. Okt. 1878 in dritter Lesung mit 221 gegen 149 Stimmen angenommen; es war auf 3 Jahre befristet, wurde aber wiederholt verlängert und erst 1890 außer Kraft gesetzt. – *»Orpheus«:* symphonische Dichtung, 1854, von Liszt.

29. August

un repaire des voleurs: Schlupfwinkel von Dieben, Diebesnest.

3. September

Schöner Brief des Königs: vom 30. Aug., KBr. Bd. 3, S. 134f. – *»bist du Erlöser«:* Kundry in »Parsifal« II, Takt 1135f. – *»Die Bergwerke von Falun«:* »Die Bergwerke zu Falun«, Erzählung, aus »Die Serapionsbrüder« von E. T. A. Hoffmann (1776–1822), erschien 1819. – *»Runenberg«:* »Der Runenberg«, Novelle von Ludwig Tieck (1773–1853), erschien bereits 1804, also früher, RW hatte recht.

4. September

L. XI.: Ludwig XI. (1423–1483), König von Frankreich ab 1461.

5. September

der H. Direktor empört: gemeint sind Bernhard Pollini, s. Anm. zu 30. Sept. 1878, und Josef Sucher, s. Anm. zu 15. Aug. 1878.

6. September

Die Lancaster: Earl- und Herzogtitel mehrerer Nebenlinien des engl. Königshauses Plantagenet, Heinrich IV. regierte ab 1399, das Haus L. erlosch 1471. – *Musiol:* Robert M. (1846–1903), Musikschriftsteller, u. a. Autor vom »Konversationslexikon der Tonkunst«. – *Dr. Wille:* Dr. François W. (1811–1896), Journalist und Publizist, verheiratet mit der Schriftstellerin Eliza W. geb. Sloman (1809–1893), verließen beide nach republikan. Aktivitäten 1851 Norddeutschland und zogen auf ihr Gut Mariafeld bei Zürich, dort enger Umgang mit RW, s. ML. – *»Und ob mich Gott und die Welt verstößt«:* Kundry in »Parsifal« II, Takt 1267 ff. – *Hacker:* Ludwig H. aus Würzburg, schrieb »Erziehungsgeschichte Goethe's in pädagogischen Studien«, Erlangen 1874/78. – *Peter Kroll und Jungfer Sternickel:* Dresdner Originale um 1820–30. – *Ottilie:* (1811–1883), RWs Schwester heiratete 1836 den Philologen Prof. Dr. Hermann Brockhaus (1806–1877), den Bruder von Friedrich B., der 1828 Luise geheiratet hatte.

7. September

Schlacht bei Arcole: Dorf in der Provinz Verona, nahe dem Napoleon I. im Nov. 1796 ein österreich. Heer zurückschlug. – *Proudhon'sche Theorien:* Pierre Joseph P. (1809–1865), utopischer Sozialist und Theoretiker, von Einfluß auf RW, der P.s Thesen über Eigentum 1840 gesprächsweise in Paris kennenlernte, näher durch August Röckel in Dresden, vgl. ML S. 387, Lektüre von P.s »De la propriété« Juni 1849 Paris, vgl. ML S. 433. – *»Berlioz« und »der Dr.«:* Hähne und Hühner, vgl. Gla. Bd. 6, S. 132. – *Frau Neumann:* Hedwig N. geb. Schröder, befreundete Familie in Berlin. – *»Nur wer das Fürchten nicht kennt…«:* »Nur wer das Fürchten nie erfuhr, schmiedet Notung neu«, Wanderer zu Mime in »Siegfried« I, 2. Szene. – *»Euryanthe«:* Oper 1821, von C. M. v. Weber, Wilhelmine Schröder-Devrient sang die Titelrolle. – *Diana's Liebe zu Endymion:* Diana (Artemis/Selene) liebt den Zeus-Enkel, schenkt ihm 50 Töchter und versenkt ihn, den Gedanken an seinen Tod nicht ertragend, in ewiger Jugend in Schlaf.

8. September

»in Ewigkeit wärst du verdammt mit mir«: Parsifal im II. Akt, Takt 1276 ff. – *»die Labung, die dein Leiden endet«:* ebd. Takt 1293 ff. – *»ein Andres ist's«:* ebd. Takt 1306 ff. – *Schauspielerin Hacker:* unbekannt, auch nicht in ML.

10. September

Lipiner: Siegfried L. (1856–1911), Epiker und Dramatiker, schrieb u. a. »Renatus«, 1878. – *seinen Aufsatz:* über »Publikum und Popularität« von RW, BBl. Apr. 1878. – *Schwester Claire:* Stiefschwester Claire Charnacé. – *Begegnung in Basel (1867):* 7. Apr. 1867, RW kam von München über Basel, wo er Bülow die Nachricht seiner Berufung nach München überbrachte, mit Cosima weiter nach Tribschen am 9. Apr. – *Neffen von Malwida:* Karl von Meysenbug (geb. 1840), war 1876–1903 Hofmarschall und Oberhofmarschall des Fürsten Reuß zu Gera und lebte danach seinen literarischen Neigungen. – *Fürsten Reuß:* Heinrich XVII., R. jüngere Linie.

11. September

Radierung: nach dem Porträt von Hubert von Herkomer, 1877, vgl. Bd. I, 27. Mai 1877, und Brief an den König vom 11. Sept., »mein böses, bitterböses Portrait«, »der grimmige Richard«, KBr. Bd. 3, S. 136. – *polnische Freundin:* Emilie Sierzputowska, Freundin Marie Muchanoffs, seit deren Tod mit Cosima befreundet, vgl. Bd. I, S. 935 f., 16. Sept. 1875.

12. September

Alexander von Rußland: A. II. Nikolajewitsch (1818–1881), Zar ab 1855, 1861 Aufhebung der Leibeigenschaft, 1874 Heeresreform, in St. Petersburg am 13. März

1881 ermordet, s. 14. März 1881 und Anm. dazu. – *Berlioz:* hier der Hahn im Hühnerhof von Wahnfried.

13. September

»Zwei Grenadiere«: »Les deux grenadiers«, Lied von RW, 1839/40, Text von Heinrich Heine. – *Adam Czartoryski:* Fürst Adam Georg C. (1770–1861), bewohnte Schloß Montsermeil bei Paris.

14. September

Standhartner: s. Anm. zu 28. Jan. 1878. – *»Il s'est exposé...«:* Er hat sich selbst als Wagner-Freund dargestellt, und in dieser Eigenschaft war er allerdings da unten genug ausgesetzt. – *»Der glückliche Abend«:* Mai 1841, publiziert in der »Gazette musicale«, Paris 1841, Nr. 56–58, »Ein glücklicher Abend«, 3. Stück in »Ein deutscher Musiker in Paris«, Ges. Schr. Bd. 1.

15. September

Genelli: Bonaventura G. (1798–1868), in Deutschland lebender Maler und Zeichner, »Dionysos unter den Musen« in Wahnfried; das Bild hatte RW in seiner Jugend im Haus von Friedrich Brockhaus stark beeindruckt. – *R. und mich:* wohl versehentlich für M. (Malwida) und mich. – *»Der Künstler und die Öffentlichkeit«:* in der »Gazette« 1841. – *»Der Virtuos und der Künstler«:* in der »Gazette« 1840, Nr. 58, beide als 6. und 5. Stück in »Ein deutscher Musiker in Paris«, Ges. Schr. Bd. 1.

16. September

Bruder Albert: (1799–1874), Sänger und Regisseur, seit 1819 an zahlreichen Theatern, 1857–65 Berliner Hofoper, zuletzt RW entfremdet. – *Cornelius:* Peter C. (1824–1874), dt. Komponist und Textdichter, in Wien und München mit RW in enger Verbindung, Opern »Der Barbier von Bagdad« 1858, »Der Cid« 1865. – *Baumgartner:* Wilhelm B. (1820–1867), schweizer. Chordirigent, Komponist und Musiklehrer, war mit RW und Gottfried Keller befreundet. – *Weißheimer:* Wendelin W. (1838–1910), dt. Kapellmeister, Musiklehrer und Komponist, RW bekannt seit seiner Biebricher Zeit 1862. – *Ritter:* Karl Gottlieb R. (1830–1891), Sohn von Karl und Julie R. (1794–1869), die RW finanziell förderten (vgl. ML), Bruder von Alexander R., der RWs Nichte Franziska heiratete; anfangs musikalisch tätig, stand RW ab 1851 in Zürich nahe, später auch Schriftsteller, schrieb u. a. »Theorie des deutschen Schauspiels«, 1880; trennte sich von RW 1858 in Venedig.

17. September

Bauplänen aus den Jahren [um] 52: in Zürich, Zeltweg, wohl eher 1853, als RW Theatereinnahmen erwartete und die zweite Wohnung, Zeltweg 13, kostspielig einrichtete.

18. September

»Laß mich dich Göttlichen lieben«: Kundry in »Parsifal« II, Takt 1380ff. – *»Ja, diese Stimme«:* Parsifal im II. Akt, Takt 1100–1119.

19. September

Robber: Neufundländer aus Riga, ging 1839 in Paris verloren, ML S. 188. – *Gfrörer:* August Friedrich G. (1803–1861), dt. Geschichtsforscher, Mitglied der Frankfurter Nationalversammlung 1848, Hauptwerke »Geschichte des Urchristentums«, 3 Bde. 1838, »Gustav Adolf, König von Schweden«, 2 Bde. 1835–37, und »Papst Gregor VII. und sein Zeitalter«, 7 Bde. 1859–61. – *Köhler:* Louis K. (1820–1886), dt. Pianist, Dirigent und Musikschriftsteller.

20. September

»Cosa stravagante«: wunderliche Sache (für Cosima). – *Lagarde:* Paul de L. (1827–1891), dt. Orientalist und Kulturphilosoph, ständisch-konservativ und national, trat für eine dt. Nationalkirche ein.

21. September

Dühring: Karl Eugen D. (1833–1921), dt. Philosoph, Naturforscher und Volkswirtschaftler, 1877 Entzug der Lehrerlaubnis in Berlin, bekämpfte Jenseitsreligionen wie Judentum und Christentum, auch die Lehren von Marx; Philosophie als Mittel vernünftiger Gestaltung der Wirklichkeit; einer der Haupt-Urheber des antisemitischen Wortschatzes der Deutschen, RW verhaßt. – *Depesche:* am 21. Sept. war in Leipzig »Siegfried« aufgeführt worden, Georg Unger sang die Titelpartie, vgl. 23. Sept. und Anm. dazu. – *In München soll die Götterdämmerung:* die Erstaufführung hatte am 15. Sept. stattgefunden.

22. September

Lüttichau: August Freiherr von L. (1786–1863), zunächst Oberforstmeister, 1824–62 Generaldirektor des Dresdner Hoftheaters. – *»Nero«:* Oper 1879, von Anton Rubinstein, Text nach Jul. Barbier. – *»Messalina«:* Schauspiel von Pietro Cossa (1830–1881), 1876 vertont von Luigi Mancinelli (1848–1921); der italien. Komponist M. war auch einer der ersten Wagner-Dirigenten in Italien. – *Brahms, der ihm die Stimmen in Wien korrigiert:* zusammen mit Tausig, Cornelius und Weißheimer für die Konzerte in Wien 1862/63. – *Sgambati:* Giovanni S. (1841–1914), italien. Komponist, von RW beim Schott-Verlag empfohlen. – *»Alexandersfest« von Händel:* gemeint ist »Alexander's Feast or the Power of Musick«, 1736, Oper von Georg Friedrich Händel (1685–1759).

23. September

Depeschen aus Leipzig: nach dem beiliegenden Zeitungsausschnitt schreibt RW am gleichen Tag an Angelo Neumann u. a.: »Es stünde mir schlecht, Ihrem Muthe, Eifer und großem Geschicke nicht die offenste und vollste Anerkennung zu zollen, weshalb ich Ihnen, sowie Herrn Director Dr. Förster, hiermit auf das Unumwundenste meinen Dank ausspreche. Wollen Sie aber auch dem ganzen künstlerischen Personale, welches der Bewältigung der ungemeinen Schwierigkeiten der Darstellung meines Werkes sich so eifrig widmete, außer meinem Dank hierfür noch das Eine von mir mittheilen, nämlich, daß der schöne Eifer unserer Künstler mich weniger verwundert, als die Tüchtigkeit und der Muth des Directors: dieser letzteren Eigenschaft unserer Theaterführer bin ich in der That äußerst selten begegnet, wogegen die Sänger und Musiker (wenn auch nicht ihre Lehrer) von je meine Stütze im Kampfe gegen die öffentliche Theatermeinung waren. Ich denke hiermit Ihren werthen Künstlern das meinem Herzen wohlthuende Lob gesagt zu haben. So möge ich denn nun glücklich wieder in meine Vaterstadt heimgekehrt sein, von welcher sonderbare musikalische Umstände mich so lange Jahre fern hielten!« – *das unsichtbare Theater:* der Ausdruck ist nicht neu, Goethe gebraucht ihn bereits in seinem Brief vom 28. Aug. 1807 an Adam Müller über Kleists »Zerbrochenen Krug«: »Nur schade, daß das Stück auch wieder dem unsichtbarem Theater angehört.« – *Commune in Paris:* Aufstand vom 18. März bis 29. Mai 1871, blutig niedergeschlagen.

24. September

»Postillon von Lonjumeau«: komische Oper, 1836, von Adolphe Adam (1803–1856), französ. Komponist. – *Löwe'sche Balladen:* Karl L. (1796–1869), dt. Lieder- und Balladenkomponist.

25. September

Kulke: Eduard K., Musikschriftsteller, schrieb u. a. in der »Neuen Zeitschrift für Musik« 1878, Bd. 74, mehrere Beiträge über den »Ring des Nibelungen«.
26. SEPTEMBER
Marsillach: s. Anm. zu 16. Jan. – *Letamendi:* Dr. José de L., Prof. der Anatomie, schrieb im Septemberheft der BBl. »Gedanken über die Bedeutung der künstlerischen Bestrebungen Richard Wagner's«.
27. SEPTEMBER
Arie von Jean de Paris: »Welche Lust gewährt das Reisen«, Arie der Prinzessin von Navarra aus dem I. Akt der Oper »Jean de Paris« von Boieldieu.
28. SEPTEMBER
Bulwer'schen Romane: Edward Bulwer-Lytton (1803–1873), engl. Schriftsteller und liberaler Politiker, »The last Days of Pompeii«, 1835, »Rienzi«, 1835, »My Novel«, 1843, »What will he do with it?«, 1859, »The Haunted and the Haunters«, 1859. – *»l'homme du caveau«:* wörtlich: der Mann des Kellers, Kellermann! vgl. Anm. zu 2. Aug. – *Stern:* Julius St. (1820–1883), gründete mit A. B. Marx und Th. Kullak 1850 das Berliner »Stern'sche« Konservatorium. – *Wunder in einem Hôtel:* Vom 28. März bis 6. Aug. 1859 vollendete RW im Hotel Schweizerhof, Luzern, die Komposition von »Tristan und Isolde«, Kompositions- und Orchesterskizze parallel geführt. – *Jungfernkranz:* »Wir winden dir den Jungfernkranz«, Brautjungfern in »Der Freischütz«, III. Akt, von C. M. v. Weber. – *Publikum beim Liebesverbot:* RWs zweite Oper »Das Liebesverbot«, Jan. 1836 abgeschlossen, am 29. März in Magdeburg als »Die Novize von Palermo« uraufgeführt, Publikum interesselos, zwei Tage später kann eine nochmalige Aufführung wegen einer Schlägerei des Theaterpersonals nicht stattfinden; über die Umstände näher in ML S. 127ff.
29. SEPTEMBER
der junge Brandt: Fritz B. (1854–1895), Bühnenmeister, Sohn und Schüler von Carl B. in Darmstadt, übernahm nach dessen Tod die technische Leitung bei den Bayreuther Festspielen 1882 und 1884.
30. SEPTEMBER
Lord Chatham: William Pitt, Earl of Ch. (1708–1778), engl. Staatsmann, während des Siebenjährigen Krieges unterstützte er Friedrich den Großen, 1766–68 noch einmal Minister. – *»Erlösung biete ich auch dir«:* richtig »Erlösung, Frevlerin, biet ich auch dir«, Parsifal im II. Akt, Takt 1374ff.
1. OKTOBER
Lecky: William Edward Hartpole L. (1838–1903), engl. Geschichtsschreiber, Positivist, »History of the rise and influence of the spirit of rationalism«, 2 Bde. 1865, »History of European morals from Augustus to Charlemagne«, 2 Bde. 1869, dt. »Sittengeschichte Europas von Augustus bis auf Karl den Großen«, übersetzt von H. Jolowicz, 2 Bde., 2. Aufl. (vordatiert) 1879; »History of England in 18th Century«, 8 Bde. 1878–90. – *Haeckel:* Emil H. (1834–1919), dt. Naturforscher, entwicklungsgeschichtliche Studien, berühmt durch seine »Welträtsel«. – *Laplace:* s. Anm. zu 7. April 1878. – *Leben Lykurg's:* Biographie von Plutarch (um 50–um 125), griech. Philosoph und Geschichtsschreiber; nach der Legende über Lykurgos, den Gesetzgeber Spartas, auf den die zwischen dem 9. und 6. Jh. entstandenen Einrichtungen Spartas zurückgeführt werden. – *Mein Bruder:* Daniel Liszt (1839–1859), jüngstes Kind Franz Liszts und der Gräfin Marie d'Agoult, starb am 13. Dez. 1859 im Haus von Bülows in Berlin.
2. OKTOBER

Anders: Gottfried Engelbert A. (1795–1866), adliger Abstammung, lebte unter diesem Namen in Paris, ab 1833 Angestellter der Nationalbibliothek, Abt. Musik; 1839–42 mit Lehrs und Kietz engster Freund RWs in Paris, ML ab S. 180. – *Dichter Wolff:* Julius W. (1834–1910), Fabrikant, Gründer und Leiter der »Harzzeitung«, Offizier, Professor; Butzenscheiben-Lyriker, Erzähler, Dramatiker, u. a. »Der Rattenfänger von Hameln«, »Der wilde Jäger«, »Tannhäuser« und »Till Eulenspiegel redivivus«, 1874. – *»Wäre ich besonnen…«:* »Wär' ich besonnen, hieß ich nicht der Tell«, Wilhelm Tell im III. Akt, 3. Szene bei Schiller. – *Beethoven-Novelle:* »Eine Pilgerfahrt zu Beethoven«, in der »Gazette musicale« 1840, vier Forts., 1. Teil von »Ein deutscher Musiker in Paris«, Ges. Schr. Bd. 1; darin wird der Erzähler »R…« genannt, identisch mit *Reichardt:* Johann Friedrich R. (1752–1814), dt. Kapellmeister in Berlin und Kassel, Komponist von Liedern und Singspielen Goethes sowie Orchesterwerken, Salinendirektor in Giebichenstein bei Halle a. d. Saale, mit den dt. Frühromantikern befreundet, u. a. Verfasser von »Vertraute Briefe, geschrieben auf einer Reise nach Wien und den österreichischen Staaten zu Ende des Jahres 1808 und zu Anfang 1809«, darin Erinnerungen an Beethoven. – *»Schindler«:* Anton Sch. (1798–1864), ab 1816 Sekretär Beethovens, schrieb eine Beethoven-Biographie, auf Grund neuester Erkenntnisse von Forschern in der DDR fälschte er Beethovens Konversations-Hefte. – *»Gestiefelte Kater«:* ein Kindermärchen in 3 Akten, 1797, von Ludwig Tieck (1773–1853), Dichter der dt. Frühromantik.

3. Oktober

wie Kant für Lampe: Martin Lampe, mehr als 40 Jahre Diener des dt. Philosophen Immanuel Kant in Königsberg. – *Rudolphi:* s. Anm. zu 14. Febr. 1878. – *Ozean-Arie:* »Ozean, du Ungeheuer«, Arie der Rezia im II. Akt »Oberon« von C. M. v. Weber.

4. Oktober

L. Geyer: Ludwig G., s. Anm. zu 14. Febr. 1878. – *Nachtstücke von Schumann:* 4 Nachtstücke für Klavier, op. 23.

5. Oktober

Runa: Hausangestellte. – *Polonius… »Zum Sakrament, ich wollte etwas sagen«:* richtig »Beim Sakrament, ich habe was sagen wollen«, »Hamlet« II, 1. Szene. – *»War es mein Kuß«:* Kundry: »So war es mein Kuß, der Welt-hellsichtig dich machte?« in »Parsifal« II, Takt 1343ff. – *Dresdner Kotzebue'sch:* August von K. (1761–1819), dt. Dichter der Goethezeit, Diplomat, von Karl Ludwig Sand ermordet; Anspielung auf Ludwig Geyers Nachahmung Kotzebuescher Dramen. – *Déchiffrieren:* vom Blatt lesen.

6. Oktober

»Favorite«: »Die Favoritin«, Oper 1840, von Donizetti. – *»Tell«:* »Wilhelm Tell«, Oper 1829, von Rossini. – *Duprez:* Gilbert D. (1806–1896), französ. Tenor, Große Oper Paris. – *Feier für Weber in Dresden:* RW veranlaßte die Überführung der Asche C. M. v. Webers von England nach Dresden und komponierte eine Trauermusik, die Beisetzung fand am 15. Dez. 1844 statt, vgl. ML S. 309ff. – *die Devrient:* Wilhelmine Schröder-D. – *Mayer:* F. L. August M., Sänger und Komponist, Dresden. – *»Die Bürgschaft«:* Oper von Mayer, Dresden 1823, Text von Eduard Heinrich Gehe (1793–1850), Dramatiker und Librettist. – *Kaspar… Samiel:* Figuren in Webers »Freischütz«. – *Goldmark:* Karl G. (1830–1915), österreich. Komponist, gehörte zur »Neudeutschen« Richtung, 6 Opern, darunter »Die Königin von Saba«, 1875, Text von Mosenthal. – *Marschner:* Heinrich M.

(1795–1861), dt. Komponist romant. Opern, u. a. »Der Vampyr« 1828, »Hans Heiling« 1833.

7. Oktober

»der Glaube lebt«: Knabenstimmen in »Parsifal« I, Takt 1229ff. – *»Soirées de Vienne«:* Valses caprices d'après Schubert, 1852, von Liszt. – *Hohenlohe mit Frau:* Konstantin Fürst zu H.-Schillingsfürst (1828–1896), Obersthofmeister am Wiener Hof, seit 1859 verheiratet mit Marie geb. Sayn-Wittgenstein (1837–1897), Tochter von Carolyne, der Freundin Liszts, und Nikolaus von S.-W. – *Dönhoffs:* Marie D., s. Anm. zu 6. Apr. 1878, und Karl Graf D., 1. Sekretär der dt. Botschaft in Wien, Ehe 1883 geschieden.

8. Oktober

Zeno: (336–264 v. Chr.), Stifter der stoischen Schule. – *Epikur:* (341–271 v. Chr.), griech. Philosoph. – *Rüpel:* RWs Pudel in Magdeburg 1835/36.

9. Oktober

»Lachte, lachte«: »Parsifal« II, Takt 1404ff. – *Frau Vogl:* Therese V. (1845–1921), Sopranistin, seit 1865 an der Münchner Hofoper, Sieglinde der Uraufführung von »Walküre« am 26. Juni 1870, verheiratet mit dem Tenor Heinrich Vogl, s. Anm. zu 27. April 1878.

10. Oktober

Heute vor 25 Jahren: RW dinierte in Paris mit Liszt und seinen Kindern, wobei er die nicht ganz sechzehnjährige Cosima zum erstenmal sah. – *Litaneien:* Die »Litanei«, eine lange Reihe von charakterisierenden Anreden, RWs Wesen rühmend, mit dem Refrain »Richard, behalte mich lieb«, wurde erstmals vollständig abgedruckt in Du Moulin Bd. 1, S. 841. – *Seneca:* Lucius Annaeus S. (um 0–65), röm. Schriftsteller und Philosoph, Berater Neros, zum Selbstmord gezwungen. – *Blandine:* (1835–1862), war seit 1857 mit dem französ. Politiker Emile Ollivier (1825–1913) verheiratet. – *Daniel:* Daniel Liszt. – *Gouvernanten:* Frau Patersi de Fossombroni und Frau von Saint-Mars, 1850–55 Paris, vgl. Du Moulin. – *Marie Hohenlohe:* s. Anm. zu 7. Okt. – *Fürstin C.:* Carolyne Fürstin von Sayn-Wittgenstein geb. von Iwanowska (1819–1887), seit 1848 mit Franz Liszt befreundet und bis 1861 dessen Lebensgefährtin in Weimar. – *Horseshoe Tavern:* Londoner Schifferkneipe in der Nähe des Towers, Absteige RWs nach der Ankunft aus Riga am 12. Aug. 1839, vgl. ML S. 175. – *Reinhold:* in Shakespeares »Hamlet« richtig Reynaldo.

11. Oktober

›Camilla‹ von Paër: Ferdinando P. (1771–1839), in Parma geborener, in Paris lebender, gefeierter Komponist der opera buffa, 43 Opern. – *Auber:* Daniel François A. (1782–1871), Hauptvertreter der französ. Spieloper.

12. Oktober

Zinzendorf: Nikolaus Ludwig Graf von Z. (1700–1760), dt. pietist. Geistlicher, Stifter der Brüdergemeine in Herrnhut, verfaßte auch Kirchenlieder.

15. Oktober

Brief an den König: Bericht über die Beendigung des II. Akts »Parsifal«, der Brief endet: »In anbetender Liebe blickt mein Weib mit mir zu ihm hinauf, den meine Kinder in staunender Demuth als den Schutzengel ihres Daseins über sich schweben sehen, und dem ich meine Seele mit freudigster Andacht übergebe als Sein unsterbliches Eigen, für diese Welt: ›Richard Wagner‹.« Bayreuth, 15. Okt. 1878, KBr. Bd. 3, S. 138f. – *bei Eyßer:* Nikolaus E., Schreinermeister und Möbelfabrikant in Bayreuth.

16. Oktober
»Eine Pilgerfahrt bei Beethoven«: richtig: »zu B.«, RWs Novelle, s. Anm. zu 2. Okt.
17. Oktober
fuyards: Flüchtlinge. – *»Das Ende eines Musikers in Paris«:* in der »Gazette musicale« 1840, 2. Stück aus »Ein deutscher Musiker in Paris«, Ges. Schr. Bd. 1.
18. Oktober
in Leopardi: Giacomo L. (1798–1837), italien. Lyriker, Dichter des Weltschmerzes und des Pessimismus; »Gedichte und Prosaschriften«, übersetzt von Paul Heyse, 2 Bde., Berlin 1878, darin u. a. das Gedicht »An Italien« und die Dialoge »Friedrich Ruysch und seine Mumien«, »Tristan und ein Freund«, »Plotinus und Porphyrius«; RW erwähnt L. auch in seinem Aufsatz »Wollen wir hoffen?« 1879; Frédéric Ruysch (1638–1731) war ein berühmter holländischer Anatom.
19. Oktober
Doré: Gustave D. (1832–1883), Zeichner und Illustrator von Rabelais, Balzac, Dante, Cervantes u. a. – *Scene aus »Champs« von Berlioz:* »Scène aux champs«, 2. Satz aus der »Symphonie fantastique«, op. 14, von Louis Hector Berlioz (1803–1869).
20. Oktober
Windthorst: Ludwig W. (1812–1891), hannoverscher Staatsmann, Partikularist, ab 1870 führend in der Zentrumspartei, Gegner Bismarcks, berühmter Redner, 1881–87 an der Spitze der oppositionellen Reichstagsmehrheit. – *zehn Jahre:* seit der Uraufführung der »Meistersinger« am 21. Juni 1868 in München.
21. Oktober
»carnet«: Notizbuch.
22. Oktober
Vaters Gesundheit: Liszts 67. Geburtstag. – *Richardum Cosima:* richtig: Richardus et Cosima. – *Erinnerungen... Berlin... Leipzig, ich in Trauer:* Am 1. Nov. 1862 sind Bülows Gäste eines Gewandhauskonzertes in Leipzig unter Wendelin Weißheimer; RW dirigiert – vor fast leerem Hause – zu Beginn die Uraufführung des »Meistersinger«-Vorspiels und zum Schluß die »Tannhäuser«-Ouvertüre; Cosima in Trauer wegen des Todes ihrer Schwester Blandine am 11. Sept. 1862.
24. Oktober
wir setzen auf den Thron: sinngemäß zu ergänzen: wir setzen ihn auf den Thron. – *Elsa Uhlig:* (geb. 1849 oder 50), Tochter des Geigers Theodor U. (1822–1853), Freund RWs in Dresden, der den Klavierauszug »Lohengrin« schrieb; es ging um RWs Briefe an U., vorwiegend aus Zürich, die 1888 erschienen.
25. Oktober
Damrosch: Leopold D. (1832–1885), Komponist und Geiger, Magdeburg, Berlin und Breslau, ab 1872 Dirigent in New York, von großem Einfluß auf das amerikan. Musikleben. – *Buch eines Niederländers:* Edmond van der Straeten (1826–1895), belg. Musikschriftsteller, schrieb u. a. »Voltaire musicien«, Paris 1876, Brüssel 1878.
26. Oktober
»Es muß ein Wunderbares sein«: Lied 1857, von Franz Liszt, Text von Oskar von Redwitz. – *chaleur de cœur:* Herzensbrunst, Herzenshitze. – *Mitterwurzer:* Anton M. (1818–1876), österreich. Sänger, 1839–70 Bariton an der Dresdner Hofoper, sang den Wolfram der »Tannhäuser«-Uraufführung 1845. – *mein Garrick:* An-

spielung auf den engl. Schauspieler, Theaterdirektor und Wiedererwecker Shakespeares David G. (1717–1779).

27. Oktober

Benedikt in Boulogne: Julius B. (1804–1885), engl. Komponist, das Gespräch fand vermutlich am 20. Aug. 1839 in Boulogne-sur-mer statt, RW traf an diesem Tag Meyerbeer in Boulogne. – *gants jaunes:* gelbe Handschuhe, die Claqueure. – *gants blancs:* weiße Handschuhe. – *Gradus ad parnassum:* Klavier-Etüdenwerk von Muzio Clementi (1752–1832), italien. Pianist und Komponist; auch das grundlegende kontrapunktische Lehrwerk der Neuzeit von Johann Joseph Fux (1660 bis 1741). – *»Cela doit vous plaire«:* das muß Ihnen gefallen; Berlioz erzählt die Anekdote am Ende seines Artikels »Concerts de Richard Wagner. La musique de l'avenir« im Journal des débats, 9. Febr. 1860. – *v. d. Straeten:* s. Anm. zu 25. Okt., Buch eines Niederländers.

28. Oktober

von meiner Mutter: Marie Cathérine Sophie Gräfin d'Agoult geb. de Flavigny (1805–1876), Ps. Daniel Stern, Tochter des Vicomte Alexandre Victor de F. und Marie Bethmann aus dem Frankfurter Bankhaus B., heiratete 1827 den Grafen Charles d'A., mit ihm Tochter Claire, verheiratete Charnacé; war 1834–39 mit Liszt liiert, mit ihm Kinder Blandine, Cosima und Daniel; Mittelpunkt eines schöngeistigen Salons in Paris, ab 1848 Hinwendung zu politischen Themen, schrieb Romane und Geschichtswerke. – *Oktober vor 10 Jahren:* am 14. Okt. 1868 fand eine entscheidende Aussprache zwischen Cosima und Hans von Bülow in München statt. – *Prinzeß Auguste:* von Sachsen-Weimar (1811–1890), seit 1829 mit dem späteren Kaiser Wilhelm I. vermählt, Königin von Preußen 1861, »Rienzi« wurde am 24. Okt. 1847 in Berlin erstaufgeführt.

29. Oktober

R.'s Hochzeitshaus: in Königsberg-Tragheim, Hochzeit mit Minna Planer am 24. Nov. 1836.

30. Oktober

Nuitter: Ps. für Charles Louis Etienne Truinet (1828–1899), französ. Librettist und Musikschriftsteller, übersetzte »Rienzi«, »Fl. Holländer«, »Tannhäuser« und »Lohengrin«, leitete das Archiv der Großen Oper Paris, mit RW befreundet. – *die Wiese wird in D dur, 3/4 Takt:* gemeint ist der Karfreitagszauber. – *Gruß an den König:* »Gruß seiner Treuen an Friedrich August den Geliebten« (von Sachsen), Aufführung 12. Aug. 1844, Komposition RWs für Männerchor. – *›Mignonne‹, ›Dors‹:* »Dors entre mes bras, enfant plein de charmes«, Lieder RWs, 1840. – *Viardot:* Pauline V.-Garcia (1821–1910), Mezzosopranistin span. Herkunft, verheiratet mit dem französ. Historiker Louis Viardot; ab 1840 am Italienischen Theater, ab 1849 an der Großen Oper Paris, trat nach 1863 nicht mehr auf. – *drei Märsche:* Huldigungsmarsch 1864, Kaisermarsch 1871, Großer Festmarsch zur Hundertjahrfeier der Unabhängigkeitserklärung der Vereinigten Staaten von Nordamerika 1876. – *wenn das Gleichnis vorüber:* Anspielung auf den Schluß von Goethes »Faust«: »Alles Vergängliche ist nur ein Gleichnis.«

1. November

Knevels'schem Hause: Magdeburg. – *Sperl:* Etablissement Sp. in der Wiener Leopoldstadt, bestand etwa 30 Jahre, Johann Strauß Vater schrieb den Sperlgalopp. – *Friederike Meyer:* Schauspielerin, RW war mit ihr in der Biebricher Zeit befreundet, reiste mit ihr nach Wien, dort zerschlug sich ein Engagement. – *alten Strauß:* Johann St. der Ältere (1804–1849), Walzer-Komponist in Wien. – *des*

Karrens in Frankfurt: Aug. 1862, RW fährt Cosima in einer Handkarre, worüber Hans von Bülow eifersüchtige Bedenken äußert; der Vorfall ist geschildert in ML S. 709. – *a moll Quartett:* op. 132 von Beethoven. – *Märsche von B., von Kirchner:* Theodor K. (1823–1903), bis 1875 Direktor der kgl. Musikschule in Würzburg.

2. NOVEMBER

Grant: Ulysses Simpson G. (1822–1885), 1869–77 der 18. Präsident der Vereinigten Staaten von Amerika. – *Effloreszenz:* Hautblüte.

3. NOVEMBER

Frl. Chiorni: Gla.: Chiomi. Nicht näher ermittelt.

4. NOVEMBER

Trocadero in Paris: Landzunge mit Fort bei Cadiz, 1823 von den Franzosen erobert; zur Erinnerung daran Anhöhe am rechten Seineufer in Paris benannt, wo zur Weltausstellung 1878 von Darioud und Bourdais ein kolossaler Palast erbaut wurde, dessen Mittelteil einen Festsaal für 6000 Personen enthielt. – *Schnorr:* Julius Sch. von Carolsfeld (1794–1872), Historienmaler, 1846–71 Direktor der Dresdner Gemäldegalerie, Vater des Dresdner Tenors und Wagner-Sängers Ludwig Sch. von Carolsfeld. – *Kaulbach:* Wilhelm von K. (1805–1874), dt. Maler, Akademiedirektor in München. – *Cornelius:* Peter C. (1783–1867), dt. Maler, ging 1811 nach Rom, schloß sich den Nazarenern an, danach Düsseldorf, München, Berlin. – *Pecht:* Friedrich P. (1814–1903), dt. Kunstschriftsteller, Historien- und Porträtmaler, ab 1855 in München.

5. NOVEMBER

»Fernand Cortez«: Oper 1809, von Gasparo Spontini. – *»les ardeurs légitimes«:* die berechtigten Sehnsüchte.

6. NOVEMBER

nulla dies sine linea: kein Tag ohne eine Zeile, Plinius. – *Mme Christiani:* Frau Ch. geb. Wunsch gehörte 1834/35 zum Magdeburger Theaterpersonal, warf ihre Netze nach RW aus und geriet über RWs Beziehungen zu Minna Planer in eifersüchtige Erregung, vgl. ML. – *Gaillard:* Karl G. (1813–1851), dt. Schriftsteller, 1844–47 Redakteur der Berliner Musikzeitung. – *Redern:* Friedrich Wilhelm Graf von R. (1802–1883), 1828–42 Direktor des Hoftheaters in Berlin, danach nomineller Generalintendant der Hofmusik.

7. NOVEMBER

»Château démoli est à moitié reconstruit«: Ein Schloß niedergerissen ist schon halb wieder aufgebaut. – *Jaques:* in: »Wie es euch gefällt« von Shakespeare. – *Probstein:* der Narr, ebd. – *Betz:* Franz B. (1835–1900), Heldenbariton an der Hofoper Berlin, erster Hans Sachs in München 1868 und Wotan in Bayreuth 1876. – *Otto Wesendonck:* (1815–1896), Kaufmann aus dem Rheinland, später Zürich, New York und ab 1871 Dresden, verheiratet mit Mathilde geb. Luckemeyer (1828–1902); RW lernte W. 1852 in Zürich kennen und wohnte 1857/58 im sog. Asyl neben der Villa W.

8. NOVEMBER

Depesche von der Generalprobe: »Siegfried« wurde am 9. Nov. 1878 in Wien erstaufgeführt, »Götterdämmerung« folgte am 14. Febr. 1879. – *»Peigne en ours«:* wörtlich »Kamm am Bär«! Für Camembert. – *»Der Sammler«:* Zeitschrift seit 1832.

9. NOVEMBER

Münchner Maler... Döll: Heinrich D. (1824–1892), ab 1854 Theatermaler in München, stattete zahlreiche Wagner-Inszenierungen aus. – *Jank:* Christian J.

(1833–1888), Landschafts- und Dekorationsmaler, von Ludwig II. zum Hoftheatermaler ernannt. – *Dr. Busch:* Dr. Moritz B. (1821–1899), Journalist und Redakteur des »Grenzboten«, ab 1870 Assistent Bismarcks in Presseangelegenheiten, schrieb »Graf Bismarck und seine Leute während des Krieges mit Frankreich«, 2 Bde., Leipzig 1878; RW nimmt darauf Bezug in »Ein Rückblick auf die Bühnenfestspiele des Jahres 1876«, BBl. Dez. 1878 u. Ges. Schr. Bd. 10. – *Nukaiwanern:* wahrscheinlich gemeint die Bewohner der Insel Nukuhiwa im Stillen Ozean, dort Baureste aus der Vorzeit, kyklopische Steinblöcke. – *Varnhagen:* Adolfo von V. (1816–1878), brasilianischer Diplomat und Gelehrter.

10. NOVEMBER

St. Perey: richtig Saint-Péray. – *Artichauts:* Les A., Landhaus bei Genf, das RW am 23. Dez. 1865 mietete und fünf Tage später bezog, hier bis März 1866 Beginn der Komposition von »Meistersinger« I. – *Rosenfeld'sche Figur:* Friseur in Berlin, vgl. Br. an Daniela. – *Probstein und Käthe:* Narr und Bauernmädchen in Shakespeares »Wie es euch gefällt«. – *der kleine Fricke:* Richard F. (1818–1903), Ballettmeister in Dessau, war RW erstmals 1872 dort begegnet, ab Juli 1875 bei den Bayreuther Vorproben, 1876 Mitregisseur und Tanzlehrer von Wagners Kindern, schrieb »Bayreuth vor dreißig Jahren«, Dresden 1906. – *Thiers:* Adolphe Th. (1797–1877), französ. Staatsmann und Historiker, 1836 und 1840 Ministerpräsident, 1871–73 erster Präsident der französ. Republik.

11. NOVEMBER

Corelli: Arcangelo C. (1653–1713), italien. Geiger und Komponist, Hauptmeister der italien. Barockmusik, Schöpfer des Concerto grosso. – *Winter in seinem ›Opferfest‹:* »Das unterbrochene Opferfest«, Oper 1796, von Peter Winter (1754–1825). – *»Vampyr«:* »Der Vampyr«, Oper 1828, von Heinrich Marschner. – *»Dorfbarbier«:* »Der Dorfbarbier«, Singspiel 1796, von Johann Schenk (1753–1836). – *»Stehe still«:* Lied aus den »Fünf Gedichten für eine Frauenstimme« von Mathilde Wesendonck, von RW am 22. Febr. 1858 in Zürich vertont. – *»Tannenbaum«:* »Der Tannenbaum«, 1838, Komposition des Gedichts von Georg Scheurlin.

12. NOVEMBER

Tausig: Karl T. (1841–1871), Pianist, Schüler Liszts, Lehrer am Sternschen Konservatorium Berlin, schrieb den Klavierauszug zu »Meistersinger«. – *Variationen über abegg:* für Klavier 1830, op. 1, von Robert Schumann (1810–1856), Meta Abegg war eine Studentenliebe Schumanns aus Mannheim. – *C dur Ouvertüre:* Beethovens »Die Weihe des Hauses« op. 124; vgl. auch 25. Dez. 1878. – *(von dem Ende):* richtig »Vom Tode«, op. 48, Nr. 3 von Beethoven, nach Gellert. – *»Du wirst mir alle Ruhe rauben«:* Leonore in »Fidelio« I, Nr. 5, Terzett, von Beethoven. – *an Goeze:* Anti-Goeze, 1878, von Gotthold Ephraim Lessing (1729–1781), Fehde mit dem Hauptpastor Johann Melchior G. in Hamburg.

14. NOVEMBER

(Beaconsfield): Benjamin Disraeli, Earl of B. (1804–1881), engl. Staatsmann und Schriftsteller, Romane der »Young England Trilogy«.

15. NOVEMBER

»Schmetterling«: Schmetterlings-Sammlung aus Paris.

16. NOVEMBER

Vor zehn Jahren: Cosimas Ankunft in Tribschen bei Luzern 1868 nach der im folgenden Text beschriebenen Abreise von München und der nächtlichen Fahrt mit den Kindern Isolde (Loldi) und Eva. – *»Wasserträger«:* Oper 1800, von Cherubini.

– *»Drei Knäblein fein jung und weise«:* »Drei Knäblein jung, schön, hold und weise«, drei Damen in Mozarts »Zauberflöte« I, 1. Szene. – *oder an seiner Niedrigkeit:* sinngemäß: ohne seine N. – *Übergang zu dem Schiff* s. Anm. zu 30. Juni 1878.

17. November

Marie Antoinette: (1755–1793), Königin von Frankreich, Tochter Maria Theresias, wurde 1770 mit Ludwig XVI. vermählt, am 16. Okt. 1793 enthauptet. – *Genovefa... bei Tieck, Hebbel, Schumann:* »Leben und Tod der Heiligen Genoveva«, Trauerspiel 1800, von Ludwig Tieck; »Genoveva«, Tragödie 1843, von Christian Friedrich Hebbel (1813–1863), dt. Dramatiker; »Genovefa«, Oper 1850, von Robert Schumann. Die Figur des Golo wird vor allem bei Hebbel psychologisiert.

18. November

»Si jamais on m'y reprend«: Wenn man mir jemals wieder damit kommt. – *F dur Symphonie:* Nr. 8, op. 93, von Beethoven; der 3. Satz ist im Tempo di Menuetto. – *»Maskenball«:* »Gustav III.«, Oper 1833, von Auber.

19. November

»Phryne«: Schauspiel 1878, von Otto Franz Gensichen (1847–1933), dt. Schriftsteller. – *Viaresi:* Theaterdirektor in Triest.

20. November

»Via crucis«: »Les 14 Stations de la Croix«, 1879. – *Sieben Sakramente:* »Septem Sakramenta«, 1878. – *Lola Montez:* (1818–1861), Tänzerin, kam 1846 nach München, nachdem sie vorher, in Dresden, auch Liszt begegnet war; Gräfin von Landsfeld durch die Gunst Ludwigs I., der über diese Liaison stürzte, nach dessen Abdankung 1848 Flucht, in New York im Elend gestorben. – *Frl. Lango:* Schreibweise fraglich, nicht ermittelt; mehrere Sängerinnen Lange. – *Gedicht aus Starnberg:* »An Dich«, Gedicht in sieben Stanzen von RW, 1. Okt. 1864, in der RW-Gedenkstätte Bayreuth aufbewahrt.

21. November

Lauermann: August L. (1838–1897), Schauspieler und Regisseur.

22. November

cauchemareusen: alpdrückenden, nachtmährischen. – *»Chopin«:* Biographie »Frédéric Chopin« von Franz Liszt, erste Ausg. 1850. – *Vulpius:* Christian August V. (1762–1827), Schriftsteller in Weimar, Schwager Goethes, schrieb Bühnenstücke und phantast. Räuber- und Schauerromane, deren erfolgreichster »Rinaldo Rinaldini«, 6 Tle., 1797–1800. – *Orsini'sche Bombengeschichte:* Anschlag der italien. Irredentisten, nachdem Italien mit leeren Händen vom Berliner Kongreß zurückgekehrt war; anspielend auf Felice Orsini (1819–1859), italien. Verschwörer, der mit drei anderen italien. Flüchtlingen 1858 in Paris Bomben auf den Wagen Napoleons III. warf; das Königspaar blieb unverletzt, aber 10 Menschen wurden getötet, 150 verwundet. – *Schnorr:* Ludwig Sch. von Carolsfeld (1836–1865), Tenor, sang 1860–65 an der Hofoper in Dresden, erster Tristan 1865 in München, für RW Urbild aller Wagner-Sänger.

25. November

wie Bardolph Falstaff soundsoviel an Laternen ersparte: »Heinrich IV.«, I. Teil, 3. Aufzug, 3. Szene, Falstaff zu Bardolph: »O du bist ein beständiger Fackelzug, / ein unauslöschliches Freudenfeuer! / Du hast mir an die tausend Mark / für Kerzen und Fackeln erspart...« – *Freytag:* Gustav F. (1816–1895), dt. Schriftsteller, Romancier des dt. Bürgertums der Gründerzeit; »Bilder aus der deutschen Vergangenheit«, 5 Bde. 1859–67. – *»Tancred«:* »Tancred, or the new Crusade«, Roman 1847, von Benjamin Disraeli. – *Montacute:* Lord M., Sohn des Herzogs Bellamont.

26. November

Uhlig: Theodor U. – *Volkmann'sche Trio:* Robert V. (1815–1883), dt. Komponist und Pianist, schrieb u. a. Trios. – *»Hohe Braut« von König:* Roman »Die hohe Braut«, 2 Bde. 1833, von Heinrich Joseph König (1790–1869), für den sich Heinrich Laube als Redakteur der »Zeitung für die elegante Welt« eingesetzt hatte; Dramenentwurf von RW nach König 1836, für Reißiger in Dresden ausgeführt 1842, in Ges. Schr. Bd. 11. – *Champfleury:* Jules Fleury-Husson, gen. Ch. (1821–1889), französ. Schriftsteller, schrieb »Richard Wagner«, 1860. – *Israelchen:* gemeint ist Disraeli, vgl. Anm. zu 14. Nov. 1878. – *Curtius:* Ernst C. (1814 bis 1896), Geschichts- und Altertumsforscher, seit 1856 Hochschullehrer in Göttingen und Berlin, veranlaßte und leitete 1875–81 die Ausgrabung von Olympia, nahm Einfluß auf die Bildung des späteren Kaisers Friedrich III. – *Lysander:* eine der 50 überlieferten Biographien Plutarchs. – *gaieté du cerveau:* Heiterkeit des Geistes. – *Heinse:* Johann Jakob Wilhelm H. (1749–1803), Erzähler und Kunstschriftsteller des Sturm und Drang, mit dem vom Jungen Deutschland wieder aufgegriffenen Roman »Ardinghello und die glückseeligen Inseln«, 1787, auf RW, Laube und Apel 1834 von Einfluß, vgl. ML S. 88ff.

27. November

Lord Melbourne: William Lamb (1779–1848), engl. Staatsmann. – *Rudolstadt:* RW kam Aug. 1834 zu Gastvorstellungen der Bethmannschen Schauspieltruppe von Magdeburg nach Rudolstadt, wo er mit der Dichtung des »Liebesverbots« begann, vgl. ML S. 98ff. – *Armide:* Oper 1777, von Christoph Willibald Gluck (1714–1787).

28. November

von 1857 an: Bülows Hochzeitsreise im Sept. 1857 nach Zürich, Cosimas Zusammentreffen mit RW im sog. Asyl neben Villa Wesendonck. – *am 28ten [Nov.] 1863:* RW auf der Durchreise in Berlin am 28. Nov. 1863, er unternimmt vor Bülows Konzert eine Spazierfahrt mit Cosima im Wagen: »Unter Tränen und Schluchzen besiegelten wir das Bekenntnis, uns einzig gegenseitig anzugehören«, vgl. ML S. 746. – *Faust-Ouvertüre:* »Eine Faust-Ouvertüre«, 1840/55. – *begonnenen Symphonie in E dur:* RW komponierte den 1. Satz 1834. – *Mendels.'s »Meeresstille«.* »Meeresstille und glückliche Fahrt«, Ouvertüre op. 27, 1832, nach zwei Gedichten von Goethe, von Felix Mendelssohn-Bartholdy (1809–1847). – *Mordent:* eigentlich Pralltriller, verkürzter Triller ohne Nachschlag. – *»Der mir in's Herz...«:* »Der diese Liebe mir ins Herz gehaucht«, Brünnhilde in »Die Walküre« III, 3. Szene. – *»Wie aus der Ferne längst vergangner Zeiten«:* Holländer im »Fl. Holländer« II. – *Frau Dustmann:* Luise Meyer verheiratete Dustmann (1831–1899), Schwester der Schauspielerin Friederike Meyer, Sängerin; als Kaiser Franz Joseph sie als Elisabeth im »Tannhäuser« gehört hatte, engagierte er sie an die Wiener Hofoper, dort sang sie Elsa in »Lohengrin«. – *Catalani:* Angelica C. (1780–1849), italien. Koloratursängerin von internationalem Ruhm, RW erwähnt sie in seinem Aufsatz »Über eine Opernaufführung in Leipzig«, Brief an Fritzsch vom 28. Dez. 1874, Ges. Schr. Bd. 10.

29. November

Mazzini: Giuseppe M. (1805–1872), italien. Freiheitskämpfer, verteidigte 1848/49 mit Garibaldi Rom gegen die Franzosen, floh nach London. – *Schwarzenberg:* Karl Philipp Fürst zu Sch. (1771–1820), österreich. Feldmarschall, Armeebefehlshaber 1812 und 1813/14, hatte Anteil am Plan zur Völkerschlacht bei Leipzig. – *Sollen wir hoffen?:* In den BBl. Mai 1879 veröffentlichte RW den Aufsatz »Wollen wir hoffen?« Ges. Schr. Bd. 10. – *Lasker:* s. Anm. zu 26. Juni 1878. – *wie ich Zürich verließ:* 1858, am 17. Aug. Abreise aus dem sog. Asyl.

30. NOVEMBER

»pas un de trop«: nicht eines zuviel. – *»scheint mir nicht der Rechte«:* Chor auf der Festwiese, als Beckmesser sich bewirbt, in »Meistersinger« III, 5. Szene.

1. DEZEMBER

Fürst Pückler: Hermann Fürst P.-Muskau (1785–1871), bekannt durch gartenarchitektonische Schöpfungen und Reiseschilderungen.

2. DEZEMBER

General Muck: wahrscheinlich der abgelöste Standortkommandant in Bayreuth, von seinem Nachfolger wird kurz darauf, am 28. Jan. 1879, gesprochen. – *Bredow's Weltgeschichte:* Gottfried Gabriel B. (1773–1814), dt. Geschichtsschreiber, zuletzt Breslau, schrieb u. a. »Weltgeschichte in Tabellen« 1801, »Grundriß einer Geschichte der merkwürdigsten Welthändel von 1796–1810«, 1810, und »Merkwürdige Begebenheiten aus der allgemeinen Weltgeschichte« 1810.

4. DEZEMBER

Mme Sand: George S. (1804–1876), Ps. der französ. Schriftstellerin Lucile-Aurore Dupin, Mittelpunkt eines Pariser Kreises, verkehrte lange Zeit im Salon der Gräfin d'Agoult. – *Fürstin W.:* Carolyne von Sayn-Wittgenstein. – *›Ich grolle nicht‹ (Fußnote):* Die Gedichtzeile, nach Cosimas Angabe unbewußt herbeigeführt, stammt aus Heinrich Heines »Dichterliebe«, Nr. 7, vertont von Robert Schumann, op. 48. – *›Zueignung‹:* Goethes »Faust«.

5. DEZEMBER

»Terres vierges« von Turgenjew: »Neuland«, (»Nov«), Roman 1877, von Ivan T. (1818–1883), russ. Dichter und realist. Erzähler.

7. DEZEMBER

»ja wer auch nur eine Seele«: Schiller, »An die Freude«. – *»König Roderich« von K. Ritter:* Karl Ritter, s. Anm. zu 16. Sept.

9. DEZEMBER

»Freund« Schmitt: der Gesangspädagoge Friedrich Sch. (1812–1884); RW kannte ihn seit Magdeburg 1834 und berief ihn 1864 nach München.

10. DEZEMBER

»Romeo und Julie«: »Roméo et Juliette« mit Soli und Chören, 1839, von Hector Berlioz; auch in der Schrift »Über Franz Liszts symphonische Dichtungen«, Brief an M. W. (das ist Marie Wittgenstein), 1857, Ges. Schr. Bd. 5, äußert sich RW negativ. – *Trauer-Musik zu Weber's Bestattung:* Trauermusik nach Motiven aus »Euryanthe« zur Beisetzung der sterblichen Überreste C. M. von Webers, 1844, s. Anm. zu 6. Okt. 1878.

11. DEZEMBER

Rückblick über die Bayr. Festspiele: »Ein Rückblick auf die Bühnenfestspiele des Jahres 1876«, in BBl. Dez. 1878 u. Ges. Schr. Bd. 10.

12. DEZEMBER

Hellmesberger: Joseph H. der Ältere (1828–1893), österreich. Geiger und Dirigent, Direktor der Gesellschaft der Musikfreunde, 1877 Hofkapellmeister in Wien.

13. DEZEMBER

Biarritz doch nichts anderes als eine Fuchsprelle: französ. Badeort, in dem sich 1862 und 1865 Bismarck und Napoleon III. trafen. – *diese Bewegung:* in Turgenjews Roman »Neuland« (»Nov«) revolutionäre Narodniki, »Volkstümler«, und Studentenverbindungen, Vorläufer der sozialistischen Bewegung, die sich die Aufklärung der russ. Bauernschaft zum Ziele setzten. – *Solomin:* praktisch-realistisch denkender, positiver Held in Turgenjews Roman. – *Neždanow:* revolutionärer Schwärmer in Turgenjews Roman, begeht Selbstmord.

14. Dezember

Ruckdeschel: Name Bayreuther Familien, Gla. Bd. 6, S. 151, schreibt Rucktäschel, Schreibweise Cosimas unklar; das Fräulein R. habe vor etwa 200 Jahren in Bayreuth gelebt. – *Graf Magnis:* Ullersdorff, spendete 1877 eine größere Summe, um das Defizit abzutragen. – *F. Liechtenstein:* Fürst Rudolph L. (geb. 1827), Freund und Verehrer RWs aus der Wiener Zeit, später Obersthofmeister. – *»O sink hernieder«:* »Tristan und Isolde« II.

15. Dezember

»Odysseus als Frühlingsgott«: nicht ermittelt. – *Mimi:* Freifrau Marie von Schleinitz. – *die Großh. v. Baden:* Großherzogin Luise von Baden, Tochter Kaiser Wilhelms I., seit 1856 vermählt mit Friedrich I. (1826–1907). – *Herrn Albert:* Gastronom am Festspielhaus, kam aus Mannheim, führte u. a. das Schloßhotel in Heidelberg; vgl. Bd. I, S. 800, 9. März 1874. – *Mrazeks:* Franz Mrazéck (1828–1874) und Anna M., bei RW mit kurzen Unterbrechungen 1863–67 in Diensten.

16. Dezember

A. Müller: Alexander M. (1808–1863), ab 1834 Musiklehrer und Chorleiter in Zürich, RW wohnte bei ihm nach seiner Flucht aus Dresden von Juli bis Sept. 1849.

17. Dezember

»Über Schauspieler und Sänger«: erschien 1872 bei E. W. Fritzsch in Leipzig, Ges. Schr. Bd. 9. – *Karpeles:* Sigismund K., komponierender Musiklehrer in Bayreuth. – *Börne:* Ludwig B. (1786–1837), dt. Schriftsteller, politischer Publizist, emigrierte 1830 nach Paris. – *in der Zeit des Tabak-Kollegiums:* Abendgesellschaft, die König Friedrich Wilhelm I. von Preußen fast täglich abends in Berlin, Potsdam oder Wusterhausen um sich versammelte. – *Rancé:* Armand Jean le Bouthillier de R. (1626–1700), Abt in La Trappe, reformierte das Zisterzienserkloster und wurde zum Gründer des Trappisten-Ordens; RW kannte »La Vie de Rancé« von Alphonse de Chateaubriand. – *»marchand d'habits«:* Kleiderhändler; RW gebraucht den Ausdruck in »Ein Ende in Paris«, 1841.

18. Dezember

»ennuyé«: gelangweilt. – *Hummel:* Johann Nepomuk H. (1778–1837), österreich. Komponist und Klaviervirtuose, ab 1819 Hofkapellmeister in Weimar; zahlreiche Klavierkompositionen. – *Pögner:* Wilhelm P. (geb. 1808), Bassist, vor allem in Leipzig 1833–44.

19. Dezember

Einfall mit der Tafel: RW führte die Mitwirkenden auf einer Gedenktafel im Bayreuther Festspielhaus auf. – *Frl. Steinbach:* vermutlich die in Prag engagierte Sängerin S. Steinbach. – *»Träume«:* eines der Wesendonck-Lieder, komponiert am 4./5. Dez. 1857. – *Es dur Symphonie von Mozart:* KV 543.

20. Dezember

Bonfantini: der italien. Drucker G. A. Bonfantini in Basel, der die Bände I–III des Privatdrucks von »Mein Leben« in einer Auflage von 18 Exemplaren herstellte, jedoch einen Korrekturabzug zurückbehielt, s. Nachwort zu ML. – *des Würzburger Studenten:* zwei Zeitungsausschnitte beigelegt: »Ueber die gestern bereits mitgetheilte Erschießung eines Studenten durch eine Militär-Patroulle schreibt man der ›Würzburger Zeitung‹ folgendes Nähere: Der Vorfall mit dem Studenten hat sich, wie uns von speciell informirter Seite mitgetheilt wird, wie folgt, zugetragen: Der Erschossene befand sich in Gesellschaft von mehreren Commilitonen, als er bei seinem stark angeheiterten Zustande unglücklicherweise der Brückenwache ansichtig wurde und an dieser seinen Uebermuth auszulassen versuchte. Trotz seiner Trunkenheit wollte er dem Posten im Parademarsch Unterricht ertheilen, dieser verstand aber den Spaß schlecht und veranlaßte die Arretirung des unberufenen Exerciermeisters. Der Transport zur Hauptwache, welcher unter Führung eines Unterofficiers geschah, ging anfänglich ohne Störung von Statten, die Domstraße lag bereits hinter der Patroulle, die Hauptwache war in Sicht, als Herr Sicken aus Lichtenau bei Paderborn Reißaus nehmen wollte, aber leider von dem tödtlichen Bleie des Führers der Patroulle erreicht wurde und zu Tode getroffen darnieder sank. Das war um 12$^{3}/_{4}$ Uhr; Herr Dr. Rosenberger, in nächster Nähe wohnend, eilte sofort zur Stelle, mußte jedoch leider den sofort erfolgten Tod constatiren. Die Leiche wurde gegen 1$^{3}/_{4}$ Uhr in's Spital gebracht. – Darüber, ob der betreffende Unterofficier (ein Preuße) vor dem Feuern die instructionsmäßigen Haltrufe hat ertönen lassen oder nicht, gehen die Berichte schnurstracks auseinander, die Einen wollen die Rufe mit Bestimmtheit gehört haben, die Anderen behaupten das Gegentheil, es herrscht jedoch nur eine Stimme des Bedauerns über den traurigen Ausgang der ziemlich harmlosen Affaire, und sogar die strengsten Stimmen im militärischen Sinne lauten dahin, daß zum Niederschießen des Flüchtlings kein ausreichender Grund vorhanden war.« Der zweite Ausschnitt lautet: »Ein Arbeiter verlangte jüngst in Berlin von einem Schutzmann, daß er ihn arretiren solle, da er weder Arbeit noch Brod habe. Als der Schutzmann auf seine Jugend und Rüstigkeit mit dem Bemerken hinwies, daß es wohl am besten sei, sich Arbeit zu suchen und ihn zum Weitergehen aufforderte, rief er: ›Na, dann muß ich eine Majestätsbeleidigung ausstoßen‹, was er dann auch laut schreiend that.« Darunter von Cosimas Hand notiert: »Von R. uns erzählt.« – *Frickhäfner:* Architekt, Besitzer des von RW bewohnten Hauses in Biebrich. – *Weinlig:* Theodor W. (1780–1842), dt. Organist und wichtigster Kompositionslehrer RWs in Leipzig, Thomaskantor und Musikdirektor, ausführlich in ML S. 62ff.

21. Dezember

»O wär ich doch in meinen Hallen«: Aus Zahme Xenien II von Goethe, »Auf ewig hab ich sie vertrieben«, endet richtig: »O, wär ich doch aus meinen Hallen / Auch Isis und Osiris los!«

23. Dezember

Proch: Heinrich P. (1809–1878), Kapellmeister am Hoftheater Wien, war am 19. Dez. gestorben. – *»Pommerania«:* dt. Schiff, führte Expeditionen durch.

24. Dezember

Nichte Johanna: Johanna Jachmann-Wagner (1826–1894), Tochter von RWs Bruder Albert, Sängerin, 1844–46 an der Dresdner Hofoper, 1850–62 an der Berliner Hofoper; heiratete 1859 den Landrat Alfred Jachmann; nach 1862 auch Schauspielerin, 1872 am Schauspielhaus Berlin, sang 1876 in Bayreuth Walküre und Norn, war 1882–84 Gesangslehrerin an der Münchner kgl. Musikschule.

25. Dezember

Fugen-Ouvertüre: »Die Weihe des Hauses« in C-dur, op. 124, von Beethoven; im folgenden öfter falsch »Zur Einweihung«. – *Zaubergeige Fr.:* offenbar ist die Geige des Meininger Konzertmeisters Friedhold Fleischhauer gemeint. – *Konsistorialrat Kraußold:* Dr. Lorenz K. in Bayreuth.

26. Dezember

Schäffer: richtig Hermann Scheffer, Kommandierender der Bayreuther 6er Cheveauleger. – *Steckner in Leipzig:* Gustav St., Hoflieferant.

27. Dezember

Förster: August F. (1828–1889), leitete 1857–82 das Stadttheater in Leipzig, später Direktor des Wiener Burgtheaters. – *»laß mich sterben«:* Tristan zu Isolde im II. Akt, 2. Szene. – *Banquo:* Anführer des königl. Heeres in »Macbeth«.

28. Dezember

(Note zu 24.) Mac Mahon: Maurice Marquis de M. M. (1808–1893), Herzog von Magenta, französ. Marschall, Heerführer 1870, unterdrückte den Aufstand der Pariser Kommune 1871, 1873–79 Staatspräsident. – *»Des Cuirassiers, il n'y en a plus«:* Es gibt keine Kürassiere mehr; davon abgewandelt *»Des Allemands«:* Es gibt keine Deutschen mehr. – *(Note zu 25.) Miss Murchison:* Erzieherin. – *(Note zu 26.) Oberst Sch.:* Hermann Scheffer. – *(Note zu 27.) Ludwig Devrient:* (1784–1832), der Älteste der berühmten Schauspielerfamilie, von Iffland entdeckt, mit E. T. A. Hoffmann befreundet, bedeutender Charakterdarsteller, vgl. RWs »Über Schauspieler und Sänger«, Ges. Schr. Bd. 9.

29. Dezember

Paraphrase des Wortes von Mephisto: »Er findet sich in einem ew'gen Glanze, / Uns hat er in die Finsternis gebracht, / Und euch taugt einzig Tag und Nacht«, Mephisto in »Faust« I, Studierzimmerszene. – *Geologen Murchison:* Sir Roderick Impey M. (1792–1871), engl. Geologe, Erforscher der paläozoischen Formationen.

30. Dezember

einem schönen Briefe an den König: vom 29. Dez. mit Bericht über die Aufführung des »Parsifal«-Vorspiels, KBr. Bd. 3, S. 141.

31. Dezember

schreibt »Zur Einführung«: »Ein Wort zur Einführung der Arbeit Hans von Wolzogens ›Über Verrottung und Errettung der deutschen Sprache‹ «, BBl. Febr. 1879, Ges. Schr. Bd. 10.

1879

1. Januar

Oktav des Festes: einwöchige Wiederkehr. – *Weinlig:* RWs Musiklehrer in Leipzig, s. Anm. zu 20. Dez. 1878. – *damals in Zürich (1858):* Vom 21. Juli bis 16. Aug. 1858 sind Bülows noch einmal zu Gast im Asyl, vor Auflösung des Haushalts und RWs Bruch mit Minna, darauf bricht RW mit *Karl Ritter* (s. Anm. zu 16. Sept. 1878) am 25. Aug. 1858 nach Venedig auf, vgl. ML S. 582ff.

2. Januar

Dionys: wahrscheinlich Plutarchs Biographie über Dion. – *»bewirkte das der heilige Tag«:* »Wie anders schreitet sie als sonst! Wirkte dies der heilige Tag?« Gurnemanz in »Parsifal« III, Takt 148ff. – *Sänger Dupont:* Alexis D. (1791–1874), berühmter Sänger, von RW in ML erwähnt, oder Pierre D. (1821 bis 1870) aus Lyon, Sänger und Liederkomponist, 1841 in RWs »Pariser Amusements« erwähnt. – *»Mignonne«:* aus den französ. Liedern von RW, Winter 1840 in Paris. – *Droysen:* Johann Gustav D. (1808–1884), dt. Historiker, Mitglied der Frankfurter Nationalversammlung 1848, »Geschichte des Hellenismus«, 2 Bde. 1836–43. – *»Sprache«:* »Über Verrottung und Errettung der deutschen Sprache«, Aufsatz von Hans von Wolzogen in BBl. Febr. bis Nov. 1879.

5. Januar

Agesilaos: Plutarch-Biographie, Ausspruch über Tapferkeit und Gerechtigkeit auch in »Maximen von Königen und Feldherrn«; Satz möglicherweise inhaltlich falsch wiedergegeben, vgl. Plutarch 23. Kap., »wenn aber jedermann gerecht wäre, so würde man die Tapferkeit gar nicht brauchen«.

7. Januar

Xenophon: (um 430–um 350 v. Chr.) griech. Schriftsteller, »Memorabilien«.

8. Januar

Herrn Müller: Alexander M., s. Anm. zu 16. Dez. 1878. – *»Stabat mater«:* »Stabat Mater de Pergolèse«, französ. Aufsatz RWs, 1840, für die »Gazette musicale« geschrieben, in Ges. Schr. Bd. 12, Anhang. – *»Quinzaine«:* Fünfzehn, zweiwöchige Wiederkehr. – *Hansen's Geburtstag:* Hans von Bülow, geb. 8. Jan. 1830, vgl. auch Anm. zu 27. Febr. 1881. – *Besuches meines Vaters:* in Tribschen zu einer Unterredung wegen Cosima am 9./10. Okt. 1867, laut Annalen (in ML) »Liszts Besuch: gefürchtet, doch erfreulich«. – *E. Nietzsche:* Friedrich N.s Schwester Elisabeth (1846–1935), heiratete 1885 den Gymnasiallehrer, antisemit. Agitator und Kolonisator Dr. Bernhard Förster.

9. Januar

Reise nach Paris: Am 15. Jan. 1858 verläßt RW das Asyl, am 6. Febr. von Paris zurück, vgl. ML S. 569–574. – *Capuchon:* Damenmantel mit Kapuze.

10. Januar

Machiavell: Niccolò Machiavelli (1469–1527), italien. Politiker und Geschichtsschreiber, entwickelte am Beispiel der röm. Geschichte seine Theorie von der Staatsräson, Hauptwerk »Il principe«.

11. Januar

von der bevorstehenden Silbernen Hochzeit: von Kaiser Franz Joseph I. von Österreich und Elisabeth, die am 24. April 1854 geheiratet hatten, vgl. auch 30. April 1879. – *der Mensch muß müssen:* »kein Mensch muß müssen«, in Lessings »Nathan der Weise« I, 3. Szene.

12. Januar

»Wohin nun Tristan geht«: »Wohin nun Tristan scheidet, willst du, Isold', ihm folgen?« Tristan im II. Akt, 3. Szene. – *»Medea«:* Oper 1797, von Cherubini. – *»Über die Ouvertüre«:* RWs Aufsatz in der »Gazette musicale«, Paris 1841, Nr. 3–5, Ges. Schr. Bd. 1. – *»Wasserträger«:* Oper 1800, von Cherubini. – *»Abencéragen«:* »Les Abencérages«, Oper 1813, von Cherubini. – *»Anakréon«:* Oper 1803, von Cherubini. – *Palladio:* Andrea P. (1508–1580), italien. Architekt und Baumeister, von Einfluß auf den Klassizismus. – *»Vestalin«:* Oper 1807, von Spontini.

13. Januar

»wahnlos hold bewußter Wunsch«: Tristan und Isolde im II. Akt, 2. Szene. – *Rietz:* Julius R. (1812–1877), dt. Violoncellist, Kapellmeister und Komponist in Leipzig, ab 1860 Dresden, zuletzt Generalmusikdirektor. – *Vater Rabbiner:* Dr. Levi war Oberrabbiner in Gießen, vgl. Briefe Hermann Levis an seinen Vater in »Parsifal«, Programmheft der Bayreuther Festspiele 1959, künftig zitiert als Levi-Briefe.

14. Januar

»er starb, ein Mensch wie alle«: Gurnemanz in »Parsifal« III, Takt 416ff. – *Lipiner über Pr. Lagarde:* s. Anm. zu 10. Sept. u. 20. Sept. 1878.

15. Januar

Fidi's Kinder erleben: Cosima, die am 1. Apr. 1930 in Bayreuth starb, erlebte die Geburt aller vier: Wieland (1917–1966), Friedelind (geb. 1918), Wolfgang (geb. 1919) und Verena (1920).

16. Januar
letzte des zweiten Bandes: »Ursula« von Gottfried Keller.
17. Januar
Gurnemanz' Worte: »Nicht doch« bis »so weiche jeder Schuld Bekümmernis von Dir«, »Parsifal« III, Takt 459–540. – *Zwingli:* Ulrich Z. (1484–1531), Reformator der deutschsprachigen Schweiz; das Marburger Religionsgespräch 1529 besiegelte den Gegensatz Z.s und Luthers in der Abendmahlslehre.
18. Januar
»Paulus«: Oratorium 1836, von Felix Mendelssohn-Bartholdy (1809–1847). – *»Die Fahne der Aufrechten«:* »Das Fähnlein der sieben Aufrechten« von Gottfried Keller. – *Dr. Eiser:* s. Anm. zu 18. Mai 1878.
19. Januar
Siegfried mit den Nornen: Verwechslung mit den Rheintöchtern.
20. Januar
»Antigone«: Schauspielmusik zu Sophokles' »A.«, 1841, von Mendelssohn-Bartholdy. – *Patti:* Adelina P. (1843–1919), italien. Koloratursängerin, später von RW erwähnt in »Zur Einführung in das Jahr 1880«, Ges. Schr. Bd. 10. – *Nicolini:* Ernest N. (1834–1898), französ. Tenor, sang den ersten Lohengrin in London.
21. Januar
»Die Wibelungen«: »Die W., Weltgeschichte aus der Sage« schrieb RW 1848, Ges. Schr. Bd. 2. – *»Alceste«:* Oper 1767, von Gluck.
22. Januar
Brief des Königs: nicht in KBr., gilt als verloren! – *»Hadlaub«, »Narr von Manegg«:* richtig »Der Narr auf Manegg«, und *»Der Landvogt von Greifensee«:* »Züricher Novellen« von Gottfried Keller. – *»Augentrost«:* Wort erst im 15. Jh. belegt im Liederbuch der Klara Hätzlerin, Texte meistersängerlich (Anfang 14. Jh.), Ausgabe von Haltaus 1840. – *er [?]:* vermutlich verschrieben, muß ich heißen.
23. Januar
Nibelungenmythos und »Siegfried's Tod«: Der N. ist der erste Prosaentwurf zum »Ring«, 1848, »Siegfried's Tod« die Urfassung der späteren »Götterdämmerung«, 1848 entstanden, beides abgedruckt in Ges. Schr. Bd. 2.
24. Januar
Dr. Jenkins: Dr. Newell Sill J., amerikan. Zahnarzt walisischer Abstammung, ließ sich in Dresden nieder, häufig in Italien. – *Kaiserin Augusta:* (1811–1890), geb. Prinzessin von Sachsen-Weimar-Eisenach, s. Anm. zu 28. Okt. 1878.
25. Januar
»Laß mich sterben«: Tristan zu Isolde im II. Akt, 2. Szene.
26. Januar
»daß heute noch als König«: Parsifal im III. Akt, Takt 566ff. – *Sokrates und Theodota:* in Xenophon, Memorabilien 3, 11. – *Burchtorff:* s. Anm. zu 9. Febr. 1878.
27. Januar
»Entwurf zu einem Nationaltheater«: RWs »Entwurf zur Organisation eines deutschen Nationaltheaters für das Königreich Sachsen«, 1849, Ges. Schr. Bd. 2.
28. Januar
vom neuen General: Standortkommandant von Bayreuth, der offenbar General Muck ablöste.
29. Januar
cis moll Quartett: op. 131 von Beethoven.
30. Januar

Schwester Claire: RWs Schwester Klara Wolfram (1807–1875).
31. Januar
Minna in Brestenberg: im Sommer 1858, vgl. ML S. 579. – *Einleitung zu dem 3ten und 4ten Band:* der Ges. Schr., für Bd. 3, kommentiert die Revolutionsschriften. – *Wahl Grévy's:* Jules G. (1807–1891), französ. Rechtsanwalt, 1848 republikan. Abgeordneter, 1871–73 Präsident der Nationalversammlung, 1876 Kammerpräsident, 1879 zum 3. Präsidenten der Republik gewählt, 1885 erneut; 1887 zwang ihn ein Prozeß um den Schwiegersohn Wilson zum Rücktritt. – *»Liebesverbot«:* RWs zweite Oper, 1834/35. – *»Feen«:* RWs erste Oper, 1833/34, erst 1888 unter Hermann Levi in München uraufgeführt.
1. Februar
die Schröder: Wilhelmine Sch.-Devrient, s. Anm. zu 23. März 1878. – *»Laßt mir den Schleier, ich bitte«:* »Laßt den Schleier mir, ich bitte«, in der Oper »Der Templer und die Jüdin« II, Finale, von Heinrich Marschner. – *»Mir ist auf der Welt nichts lieber«:* zu ergänzen: »als das Stübchen, wo ich bin, denn mir wohnet aneinander eine schöne Nachbarin«, bei Weber oder Marschner? Nicht ermittelt. – *»Doch nichts glich dem Behagen«:* »Doch nichts glich ihrem Behagen«, Zitat aus Goethes »Wahlverwandtschaften«, von Cosima und RW gemeinsam aufgefunden, vgl. Bd. I, S. 653, 14. März 1873. – *Zwei Legenden:* aus »Sieben Legenden« von Gottfried Keller; »Das Tanzlegendchen« siebte, »Die Jungfrau und die Nonne« vierte.
2. Februar
Braunes Buch: enthält Notizen, Entwürfe und Annalen, erstmals vollständig veröffentlicht als »Das Braune Buch. Tagebuchaufzeichnungen 1865 bis 1882«, hrsg. von Joachim Bergfeld, Atlantis Verlag, Zürich 1975; künftig abgekürzt Braunes B., Cosima spielt hier offenbar auf die darin abgedruckten Verse an den König an, in denen es (S. 233) heißt: »im Schicksaalsschooss«. – *»lachender Tod«:* »Siegfried«-Finale.
3. Februar
Eintritt der g-Pauke: »Parsifal« III, Takt 623 ff., gemeint ist jedoch die Orchesterskizze, in der Partitur läßt RW die Pauke weg und setzt statt dessen Violoncello und Kontrabaß! – *durch Titurel:* richtig: durch Gurnemanz. – *Brahms'schen Symphonie:* Nr. 2, s. Anm. zu 6. Febr. 1878.
4. Februar
c moll: Symphonie Nr. 5, op. 67, von Beethoven.
6. Februar
Brief an den König über Fidi: vom 9. Febr., über Siegfrieds vortreffliche Eigenschaften und die schlechten Chancen, Künstler für »Parsifal« zu gewinnen, vgl. KBr. Bd. 3, S. 144–48.
11. Februar
»Barbier«: »Der Barbier von Sevilla«, Oper 1816, von Rossini; Finale I, Sextett: »Ist mir doch, als wär im Kopfe eine große Feuerschmiede.«
14. Februar
Gogol: Nikolai G. (1809–1852), russ. Erzähler und Dramatiker, Roman »Die toten Seelen« 1842.
16. Februar
Wolfram v. Eschenbach: (um 1170–nach 1220), ostfränk. ritterlicher Minnesänger, bedeutendster mittelhochdt. Epiker, Gralsepos »Parzival« um 1200–1210 auf der Grundlage der »Contes de Graal« des Chrétiens de Troyes.
17. Februar

»der ließ sie so gedeihen«: Gurnemanz in »Parsifal« III, Takt 692ff. – *Archimedes:* (gest. 212 v. Chr.), bedeutender Mathematiker und Mechaniker des Altertums. – *»Die drei Landsknechte«:* offenbar eine Übertragung der »Drei Musketiere« von Dumas.

18. FEBRUAR

Übergang gefunden: »Parsifal« III, Takt 702–705. – *will ihr Gebet ihm weichen:* richtig »Nun freut' sich alle Kreatur / auf des Erlösers holder Spur, / will ihr Gebet ihm weihen«, »Parsifal« III.

19. FEBRUAR

in die deutsche Theologie geblickt: Deutsche Theologie, Titel einer mystischen Schrift, Ende 14. oder Anfang 15. Jh., verfaßt von »dem Frankfurter«, einem Priester des Deutschen Ordenshauses in Sachsenhausen (Heinrich von Bergen?), von Luther 1516 und erweitert 1518 hrsg., enthält in schlichten Worten die Hauptgedanken der dt. Mystik; im 19. Jh. wurde eine vollständigere Handschrift von 1497 aufgefunden.

20. FEBRUAR

Brief des Königs: nicht in KBr., verloren!

22. FEBRUAR

Das Leben ein Traum: Anspielung auf das Schauspiel von Calderón. – *Oertl:* der Münchner Hofrat Prof. Dr. Max-Joseph Oertel (1835–1897), Ohrenarzt, verdient auf dem Gebiet der Diphtheriebekämpfung und als Kreislaufspezialist, begehrter Berater des Hochadels, später in freundschaftlichem Verhältnis zu Cosima und den Kindern; behandelte Cosima in München, vgl. 21. und 24. Febr. 1879.

25. FEBRUAR

Briefe an Schumann: vgl. Sämtl. Br., Bd. 1–3, der erste Brief an Sch. aus dem Jahr 1836.

26. FEBRUAR

Frau Jäger: Aurelia geb. Wilczek, Sängerin und Gesangslehrerin, verheiratet mit dem Tenor Ferdinand Jäger.

27. FEBRUAR

Marr: Wilhelm M., Verfasser von »Der Sieg des Judentums über das Germanentum«. 1879, und anderer antisemit. Schriften; 1876 Berichterstatter der »Gartenlaube« über die Bayreuther Festspiele. – *Pr. Zöllner:* Friedrich Z. (1834–1882), dt. Astrophysiker, Prof. in Leipzig seit 1866, später überzeugter Anhänger des Spiritismus. – *Spiritisten Slade:* Zöllners Medium.

28. FEBRUAR

Seroff: Alexander S. (1820–1871), russ. Musikschriftsteller und Opernkomponist, zuletzt Staatsrat; RWs Vorkämpfer in Rußland, vgl. Bd. I, S. 125ff., ab 9. Juli 1869. – *Großfürstin Helene:* Helene Pawlowna (1807–1873), geb. Prinzessin von Württemberg, Witwe des Großfürsten Michail Pawlowitsch, des Bruders von Nikolaus I. – *»Samson«:* Oratorium 1741, von Händel.

1. MÄRZ

»Du weinest, sieh! es lacht die Aue«: Parsifal im III. Akt, Takt 783ff. – *»Du bist elend«:* »Ja, du bist elend«, op. 7, 6 von Robert Franz, Text Heinrich Heine. – *»Sei mir gegrüßt«:* op. 20, Nr. 1, 1822, von Franz Schubert, Text Friedrich Rückert. – *Raimund:* Ferdinand R. (1790–1836), österreich. Dramatiker auf dem Höhepunkt der Tradition des Wiener Volkstheaters.

5. MÄRZ

Flucht von Hans: Am 7. Okt. 1850 traf Hans von Bülow in Zürich ein, nachdem er auf RWs Veranlassung und gegen den elterlichen Willen von Schloß Ötlishausen bei St. Gallen geflohen war.

6. März

Daudet: Alphonse D. (1840–1897), französ. Erzähler, »Lettres de mon moulin« 1869, »Tartarin de Tarascon« 1872–90.

9. März

»Singet dem Herrn«: Motette von Johann Sebastian Bach, BWV 225.

11. März

»Die Wacht am Rhein«: nach dem Gedicht von Max Schneckenburger, 1840, komponiert von W. Wilhelm, 1854; bekanntes Gemälde von Lorenz Clasen (1812–1899). – *c moll Sonate:* op. 111 von Beethoven. – *»Nirwana« von Hans:* Symphonische Dichtung, op. 20, Leipzig 1866, von Hans von Bülow.

16. März

wie Titurel hergetragen wird: »Parsifal« III, Verwandlung zum 2. Bild, Takt 856ff.

17. März

Es dur: op. 127, und *große Fuge:* in B-dur, op. 133, Quartette von Beethoven. – *»Einladung zum Tanz«:* »Aufforderung zum Tanz« von C. M. v. Weber.

18. März

»Stirbt der Fuchs, so gilt der Balg«: aus Goethes Liedern: »Nach Mittage saßen wir / Junges Volk im Kühlen; / Amor kam, und Stirbt der Fuchs / Wollt er mit uns spielen.« – *Bonus:* Boni, Blandine.

20. März

»Schweizerfamilie«: Oper 1809, von dem Wiener Komponisten und Hofkapellmeister Joseph Weigl (1766–1846), Text von Ignaz Friedrich Castelli (1781–1862). – *Hoch auf Boni:* Blandines 16. Geburtstag. – *Zusammensein in Reichenhall:* Am 12. Aug. 1861 trifft RW mit Emile und Blandine Ollivier, von Nürnberg/München kommend, in Bad Reichenhall ein, wo er von Cosima von Bülow empfangen wird, vgl. ML S. 675, am 13. Aug. Weiterreise nach Salzburg/Wien. – *Katastrophe von Szegedin:* Bei der Überschwemmung von Sz. an der Theiß, Ungarn, wurde die alte Stadt fast völlig vernichtet, danach neu aufgebaut. – *»Elegie«:* »Parsifal« III, Takt 783ff., vgl. 1. März.

21. März

Schlacht bei Torgau: Am 3. Nov. 1760 siegte Friedrich der Große bei Torgau über die Österreicher unter Daun. – *Bach's Geburtstag:* 21. März 1685.

22. März

Sixtina: Sixtinische Kapelle im Vatikan, unter Papst Sixtus IV. 1473–81 von Giovanni de Dolci erbaut, u. a. Fresken Michelangelos. – *Unger:* Georg U. (1837–1887), Tenor, sang 1876 in Bayreuth Froh und Siegfried. – *Doepler:* Carl Emil D. (1824–1905), Prof. in Berlin, schuf die Kostüme für Bayreuth 1876. – *König der Zulukaffer:* Cetewayo (oder Ketschwayo), s. Anm. zu 24. Sept. 1879! – *Steinbach:* Emil St. (1849–1919), Kapellmeister in Mainz. – *Journalisten Lindau:* Paul L., s. Anm. zu 18. Jan. 1878. – *»Nous voulons nous amuser...«:* Wir wollen uns amüsieren, wir wollen keine Erzählungen.

23. März

»Denn jede Schuld rächt sich auf Erden«: richtig »Alle Schuld...«, Schlußvers vom Lied des Harfenspielers in Goethes »Wilhelm Meisters Lehrjahre«, Bd. 2, Kap. 13.

24. März

Wallace: William Vincent W. (1814–1865), engl. Musiker und Komponist. – *Großherzog von Baden:* Friedrich I. (1826–1907), seit 1856 Großherzog. – *Roon:*

Albrecht Graf von R. (1803–1879), preuß. Kriegs- und Marineminister, führte die Heeresreform durch, die die Voraussetzung der Kriegführung Moltkes war, legte 1873 alle Ämter nieder.

26. März

Phokion: (um 402–318 v. Chr.), athen. Feldherr, der den Frieden mit Antipater vermittelte, wodurch Athen seine polit. Selbständigkeit verlor; als Makedonierfreund zum Tod verurteilt, Biographien von Plutarch und Cornelius Nepos. – *Peabody:* George P. (1795–1869), kam als Kaufmann in Massachusetts/USA zu großem Reichtum, gründete 1837 in London ein Bankgeschäft und stiftete als Mäzen Millionen von Dollar; Geburtsstadt Danvers in Peabody umbenannt.

27. März

an den König: über Reisepläne und »Parsifal«, KBr. Bd. 3, S. 149. – *Carlyle über Cagliostro:* Thomas C. (1795–1881), schott. Schriftsteller, schrieb historische Biographien und Werke über dt. Klassiker, betonte die Rolle der Persönlichkeit in der Geschichte, übersetzte Goethe; in seinen Vorlesungen und Essays auch über den italien. Abenteurer Graf Giuseppe Balsamo von Cagliostro (1743–1795).

28. März

»Kunst und Politik«: »Deutsche Kunst und deutsche Politik«, Aufsätze von RW 1867, als Buch 1868, Ges. Schr. Bd. 8. – *Aufsatz von Dr. Schemann:* »Das Bühnenweihfestspiel ›Parsifal‹ «, BBl. März 1879, 2. Teil des Aufsatzes »Die Gral- und die Parzival-Sage«, von Ludwig Sch.

30. März

Frau v. Schoeler: Ottilie von Sch., Generalswitwe, Schwiegermutter Hans von Wolzogens.

2. April

nächsten Aufsatz: »Wollen wir hoffen?« in BBl. Mai 1879. – *die weiße Dame:* Anna in der gleichnamigen Oper von Boieldieu, erscheint als Pflegerin, Cosima schreibt »Fegerin«, beruht auf dem Traum-Wortspiel RWs.

3. April

Carlyle's »Voltaire«: Collected Essays, 1839.

4. April

aber ich zeige die Bangigkeit des Herzens: fehlt vermutlich ein »nicht«. – *Arie vom Ännchen:* Ariette »Kommt ein schlanker Bursch gegangen«, II. Akt, 1. Auftritt. – *Oboisten Kummer:* Friedrich August K. (1797–1879), Oboist und Violoncellist der Dresdner Hofkapelle. – *Julie Zucker:* J. Z.(-Haase, 1800–1826), Soubrette am Dresdner Hoftheater.

5. April

Gedenkblätter von Charlotte von Kalb: (1761–1843), ihre bis 1791 reichenden Lebenserinnerungen wurden 1879 von Palleske unter dem Titel »Charlotte« neu herausgegeben. – *Aeneis:* Dichtung des röm. Dichters Vergil (70–19 v. Chr.), die den Sagenstoff von Äneas behandelt, dem trojan. Helden.

6. April

»Wintermärchen«: von Shakespeare.

8. April

Apel: Theodor A. (1811–1867), Schriftsteller, Jugendfreund RWs, früh erblindet; Sohn des Schriftstellers Johann August A.

9. April

Grote: George G. (1794–1871), engl. Geschichtsschreiber, »History of Greece«, 12 Bde. 1846–56.

11. APRIL
Steinway: St. & Sons, berühmte Klavierfabrikanten in New York.
12. APRIL
erwidert mit einer Depesche: »Es – zwang ein König die Natur / trotz Frost und rauhen Lüften / zu holder Blüth' auf Berges Flur / und lieblich zarten Düften! / Dem dankt nun Wahnfried alt und jung / Am Fest der Heilsverkündigung / Und blickt mit frohen Sinnen / Nach Monsalvates Zinnen. / R. W.« Vgl. KBr. Bd. 3, S. 152.
13. APRIL
Struensee: Johann Friedrich Graf von St. (1737–1772), Leibarzt Christians VII. von Dänemark, wurde eines Liebesverhältnisses mit der Königin bezichtigt, 1770 verdrängte er den leitenden Minister Graf Bernstorff und begann Reformen im Sinn eines aufgeklärten Absolutismus; 1772 gestürzt und hingerichtet. – *die Königin:* Karoline Mathilde von Dänemark (1751–1775), Gemahlin des geisteskranken Christian VII. (1749–1808); sie starb geschieden und verbannt in Celle. – *und ein Graf (?):* Enevold Graf von Brandt (1738–1772), mit seinem Gönner Graf Struensee am 28. April hingerichtet; benahm sich auf dem Gang zum Schafott mannhafter als jemals in seinem Leben und auf der Henkerbühne wahrhaft heldisch, während Struensee würdelos und schlottrig erschien (vgl. Mathilde von Dänemark, aus den historischen Skizzen von Johannes Scherr, Zürich 1879).
17. APRIL
B dur Fuge: Fuge für Streichquartett op. 133 von Beethoven. – *A dur Sonate:* für Klavier op. 101 von Beethoven, der Freiin Dorothea Ertmann gewidmet. – *Gräfin Erdödy:* Marie von E. (1779–1837), ihr widmete Beethoven die Sonaten für Klavier und Violoncello in C-dur und D-dur, op. 102.
19. APRIL
Entwurf zu einer Neujahrs-Posse: »Ein Lustspiel in 1 Akt«, vgl. Braunes B., S. 189ff. – *»Tasso« von meinem Vater:* Lamento e Trionfo, Symphonische Dichtung 1849, von Franz Liszt.
20. APRIL
»Rameau's Neffe«: von Denis Diderot (1713–1784), französ. Schriftsteller; »Le neveu de Rameau«, Dialog, dt. von Goethe 1805, wurde 1821 als Rückübersetzung bekannt.
22. APRIL
über W. Scott: »Essay on Scott«, 1838.
24. APRIL
Dr. Francia: José Gaspar Tomas Rodriguez da F., gewöhnlich »Dr. Francia« gen. (1763–1840), Diktator von Paraguay; Advokat, gelangte 1811 an die Spitze der Junta, begann 1814 eine grausame Schreckensherrschaft.
26. APRIL
Vollendung des Parsifal: die Orchesterskizze des III. Akts trägt das Datum 26. April 1879.
27. APRIL
Buch von Malwida: »Stimmungsbilder«, 1879, von Malwida von Meysenbug. – *Schauspieler Jefferson:* s. Anm. zu 29. April 1878.
28. APRIL
König von Sachsen: Albert (1828–1902), Heerführer 1866 und 1870/71, bestieg nach dem Tod seines Vaters, König Johann, 1873 den Thron. – *davonlaufender Kaiser (von Rußland):* Alexander II. Nikolajewitsch (1818–1881), bestieg 1855

den Thron, führte Justiz- und Heeresreformen durch; nach dem Türkenkrieg wuchs die nihilist. Bewegung stark an und entlud sich in mehreren Attentaten, so daß der Zar im Febr. 1880 dem General Loris-Melikow diktatorische Vollmachten zur Wiederherstellung der Ordnung erteilte; am 13. März 1881 erlag er einem Bombenattentat, vgl. 14. März 1881 u. Anm. dazu. – *Mirabeau:* Gabriel de Riqueti, Graf von M. (1749–1791), französ. Staatsmann, Rhetor und Schriftsteller, Präsident der Nationalversammlung 1891; sein früher Tod begünstigte die Radikalisierung der Revolution. – *Danton:* Georges D. (1759–1794), französ. Revolutionär, rief das Revolutionstribunal ins Leben, vernichtete 1793 die Girondisten, von Robespierre gestürzt und hingerichtet.

30. April

das Christkindchen: Gebet und Gedichte, s. Bd. I, S. 182, Fußnote zum 24. Dez. 1869.

1. Mai

Wolz.'schen Manuskriptes für Amerika: für »North American Review«, Aug. 1879, s. Anm. zu 10. Sept. 1879; die Arbeit erschien unter dem Titel »Das Werk und die Aufgabe meines Lebens« in »Mehr Licht«, Berlin, 23., 30. Aug. und 6. Sept. 1879. – *»Hamlet« von meinem Vater:* Ouvertüre zu Shakespeares Drama, 1858, von Franz Liszt. – *Grillparzer:* Franz G. (1791–1872), österreich. Dichter.

2. Mai

Arbeit für die Bayr. Bl.: »Über das Dichten und Komponieren«, BBl. Juli 1879. – *Wahrheit und Dichtung:* gemeint ist hier Goethes »Dichtung und Wahrheit«. – *Aufsatz über Burns:* »Essay on Burns«, 1828, von Carlyle; Robert B. (1759–1796), schott. Dichter, Vorläufer der engl. Romantik.

3. Mai

telegraphiert an den König: »Dritter Mai! Holder Mai! / Dir sei mein Lob gespendet: / Winters Herrschaft ist vorbei / Und Parsifal vollendet. / Richard Wagner.« (Beendigung der Orchesterskizze 26. Apr.), KBr. Bd. 3, S. 152. – *erste Begegnung vor 15 Jahren:* bezieht sich auf den 4. Mai 1864, König Ludwig II. empfängt RW zum erstenmal in München.

4. Mai

dépit: Ekel. – *P. Felix:* vermutlich eine Schrift des späteren Bischofs von Trier Michael Felix Korum (1840–1921), kathol. Theologe, wirkte für die Beilegung des Kulturkampfes. – *Rück-Blick auf unsere 15 Jahre:* 29. Juni 1864, Cosima von Bülow folgt RWs Einladung nach Haus Pellet, Kempfenhausen am Starnberger See, in der folgenden Woche wird ihr Bund mit RW besiegelt.

5. Mai

Helene Dönniges und Lassalle: Helene von D. (1845–1911), Tochter des Diplomaten und Geschichtsforschers Wilhelm Ritter von D., mit Lassalle befreundet seit 1863, ihretwegen duellierte sich L. am 28. Aug. 1864 mit dem rumän. Bojaren Joan Cehan Racovita (1843–1865), in dem die Familie Dönniges Helenes Verlobten sah; sie war in zweiter Ehe mit dem Schauspieler Siegwart Friedmann, in dritter mit dem Schriftsteller Serge von Schewitsch verheiratet; »Meine Beziehungen zu Ferdinand Lassalle« 1879; sie beging Selbstmord. Ferdinand L. (1825–1864), Gründer der sozialdemokratischen Arbeiterbewegung in Deutschland, 1863 Präsident des Allgemeinen Deutschen Arbeitervereins, verteidigte Sophie Gräfin Hatzfeldt in deren Scheidungsprozeß 1851–54, später Beziehungen zu Helene von Dönniges; Hauptwerk »Das System der erworbenen Rechte«, Drama »Franz von Sickingen«. Kurz vor seinem Duell in der Schweiz besuchte L. RW im Haus Pellet,

Kempfenhausen am Starnberger See; L. starb am 31. Aug. 1864 an den Folgen des anachronistischen Ehrenhandels. Mit der »Schrift von Helene Dönniges und Lassalle« ist ihr 1879 erschienenes Buch »Meine Beziehungen zu Ferdinand Lassalle« gemeint.

6. Mai

Briefe... von ihm an mich: sind fast alle vernichtet; der Archivar des Hauses Wahnfried, Dr. Otto Strobel, entdeckte 1934 das Fehlen des Briefwechsels zwischen Cosima und RW und erstattete polizeiliche Anzeige; am 9. Nov. 1934 legte Eva Chamberlain eine schriftliche Erklärung vor, daß sie die Sammlung Briefe ihres Vaters an ihre Mutter bald nach dem Tode ihres Bruders Siegfried auf dessen ausdrücklichen Wunsch verbrannt habe; die wenigen erhaltenen Briefe wurden 1979 in den Programmheften »Das Rheingold« und »Die Walküre« der Bayreuther Festspiele veröffentlicht, kommentiert von Manfred Eger. – *Brief des Königs:* nicht in KBr., verloren! – *Schön:* Friedrich Sch. (geb. 1850), Fabrikant in Worms, gilt als Vater der Stipendienstiftung, die im Mai 1882 gegründet wurde, vgl. »Offenes Schreiben an Herrn Friedrich Schön in Worms«, BBl. Juli 1882 und Ges. Schr. Bd. 10; Sch. stiftete 10000 Mark, vgl. BBl. Mai 1879, S. 152; in einem Brief an Daniela vom 12. Sept. 1879 beschreibt Cosima Sch. als »homme jeune« mit blauen Augen »plein de candeur«, er beschäftigte 1100 Arbeiter in seiner Fabrik.

7. Mai

Rohde: Erwin R. (1845–1898), Philologe, Studienfreund Nietzsches in Leipzig ab 1866, wichtiger Briefpartner Nietzsches, oft in Bayreuth zu Besuch, Bruch mit Nietzsche 1888. – *Seidl:* Anton S., s. Anm. zu 9. Febr. 1878.

8. Mai

Shelley: Percy Bysshe Sh. (1792–1822), engl. Dichter von Oden, romantischer Erzähler, Pantheist. – *»suffrage universel«:* das allgemeine Wahlrecht.

9. Mai

»einsam in trüben Tagen«: Elsa in »Lohengrin« II, 2. Szene.

10. Mai

nach Chemnitz: zu Heinrich und Klara Wolfram, RWs Schwester. – *Scheffer aus Berlin:* Musikkritiker. – *Erinnerungen an Frankfurt:* RW dirigierte am 12. Sept. 1862 in Frankfurt zum erstenmal »Lohengrin«. – *an Wien:* RW dirigierte am 2. März 1876 »Lohengrin« in Wien. – *des Generalstabswerkes:* »Der Deutsch-französische Krieg 1870–71, redigiert von der Kriegsgeschichtlichen Abteilung des großen Generalstabs«, Berlin 1872ff. – *N. III. Fürstin Metternich:* Napoleon III. erließ März 1860 den Befehl, »Tannhäuser« in Paris aufzuführen; vorausgegangen war ein diplomatisches Ränkespiel, bei dem die Fürstin Pauline M. (1836–1919), Frau des österreich. Botschafters, RWs Protektorin am Hof spielte, parallel dazu: *Wilhelm I. Mimi:* Mimi, Marie von Schleinitz, Frau des preuß. Hausministers, wirkte für RW in Berlin; die Berliner Erstaufführung von »Tristan und Isolde« fand in Gegenwart des Kaisers am 20. März 1876 statt; auf Befehl Wilhelms I. wurde der Reinerlös von etwa 5000 Talern dem Bayreuther Festspielfonds überwiesen.

13. Mai

beschließt seinen Aufsatz: »Wollen wir hoffen?« – *Seignobos:* Charles S. (1854–1942), französ. Geschichtsschreiber, studierte 1877–79 im Auftrag der französ. Regierung den Geschichtsunterricht an den dt. Universitäten. – *Ballettmeister Fricke:* s. Anm. zu 10. Nov. 1878.

14. Mai

Heinrich II.: von England (1154–89), beherrschte durch Erbe und Heirat ganz Westfrankreich und eroberte einen Teil Irlands, vertrat ein starkes Königtum gegenüber der Kirche.

15. Mai

Wiener in Prag: nicht ermittelt. – *Dr. Adler:* Guido A. (1855–1941), österreich. Musikforscher. – *Marsano:* ein Sohn des österreich. Dichters und Offiziers Wilhelm von M. (1797–1871).

16. Mai

auf einen Schubkarren: s. Anm. zu 1. Nov. 1878. – *Feilbietung seines Manuskriptes:* Im »Musikalischen Wochenblatt« vom 16. Mai 1879 offerierte C. Roeser, Musikalienhandlung in Würzburg, eine »unzweifelhaft echte Handschrift von Richard Wagner vom 1. März 1833«, die 36 Seiten umfassende Partitur zu der unvollendeten Oper »Die Hochzeit«! RW prozessierte vergeblich um die Herausgabe des Autographs, vgl. 18. Mai, 20. Juli 1879 und 16. Febr. 1881 (Prozeß verloren).

17. Mai

katexochen: griech., schlechthin. – *Herr Fürstenau:* Moritz F. (1824–1889), Flötist und Komponist in Dresden; durch seine Vermittlung erhielt RW die aus der Schweiz an Theodor Uhlig gerichteten Briefe zurück. – *Kahnt'schen Zeitung:* Chr. Friedrich Kahnt (1823–1897) war seit dem Tod von F. Brendel (1868) Redakteur der »Neuen Zeitschrift für Musik«. – *Offenbach's »Orpheus«:* »Orpheus in der Unterwelt« von Jacques O. (1819–1880), dt. Komponist und Kapellmeister; »Die schöne Helena«, »Hoffmanns Erzählungen«.

18. Mai

»Histoire d'un crime«: Streitschrift von Victor Hugo über den Staatsstreich Napoleons III. – *»Bon, je sais ce que c'est«:* gut, ich weiß Bescheid. – *des Würzburger Verlegers:* Roeser, s. Anm. zu 16. Mai. – *Beethovens Verhältnis zu Giulia:* Giulietta Guicciardi, Gräfin von Gallenberg (1784–1856), wurde als Adressatin von »An die unsterbliche Geliebte«, 1801, in Betracht gezogen; nach neuesten wissenschaftlichen Thesen wird als unsterbliche Geliebte Antonie Brentano genannt. – *Frau Tichatschek:* Pauline, zweite Frau des böhmischen Sängers Joseph T. (1807 bis 1886), der 1839–72 erster Tenor des Dresdner Hoftheaters war. – *Kmeister Fischer:* Franz F. (1849–1918), dt. Musiker, 1877–79 Kapellmeister am Hoftheater in Mannheim, anschließend München; dirigierte neben Hermann Levi 1882 »Parsifal« in Bayreuth. – *mit seinem Wotan:* Friedrich (Fritz) Plank (1848 bis 1900), der später in Bayreuth u. a. Klingsor, Kurwenal und Sachs sang.

19. Mai

Tod von Semper: Gottfried S., s. Anm. zu 6. Juli 1878, war am 15. Mai gestorben. – *Herr von Birk:* unbekannt.

21. Mai

Frau v. Wöhrmann: Baronin Emma W., Berlin, mit Marie von Schleinitz befreundet.

22. Mai

vom Pilger begrüßt: Zu RWs Geburtstag studierte Ballettmeister Fricke ein »Pantomimisches Festspiel« ein sowie ein »Maien-Festspiel« von Hans und Mathilde von Wolzogen und Susanne Schinkel; Pilger, Webia, Michel sind Figuren des Spiels, vgl. auch 26. Mai; geschildert bei Gla. Bd. VI, S. 203ff. – *»An den Geliebten«:* möglicherweise aus den Gesängen op. 75 (Nr. 5 »An den fernen Geliebten«) von Beethoven. – *es gibt ein Glück, das ohne Reu:* Elsa in »Lohengrin« II, 2. Szene.

25. Mai

Gedon: Lorenz G. (1843–1883), dt. Baumeister und Bildhauer, Schack-Palais in München, Mausoleen und Prunksäle.

26. Mai

Webias und Michelsgaben: s. Pilger, Webia, Michel, Anm. zu 22. Mai.

27. Mai

»Kunstwerk der Zukunft«: In »Das Kunstwerk der Zukunft«, 1849, Ges. Schr. Bd. 3, werden Melodie und Rhythmus als Ufer der Tonkunst bezeichnet; in *»Beethoven«:* 1870, Ges. Schr. Bd. 9, nennt RW die Melodie die »Hauptform aller Musik«. – *»Hero-worship«:* »On Heroes, Hero-worship and the Heroic in History« 1841, dt. 1853, von Carlyle.

28. Mai

schreibt R. an den König: Bericht über den Geburtstag, KBr. Bd. 3, S. 153.

29. Mai

an Doepler: RW hatte Carl Emil Doepler, der für Bayreuth 1876 die Kostüme schuf, in seinem »Rückblick« nicht genannt, wohl aus Verärgerung, vgl. dazu an zahlreichen Stellen Bd. I.

30. Mai

(Geschichte der Revolution): »Lectures on European Revolutions«, 1839, von Carlyle, oder s. 31. Mai. – *die Tarantelle aus der »Stummen«:* Klavierbearbeitung von Liszt; bei Auber im III. Akt.

31. Mai

Fr. Revolution: »History of the French Revolution«, 1837, von Carlyle. – *Bildhauer Geier:* Wilhelm G., Bildhauer in Bayreuth.

1. Juni

»Sei standhaft«: drei Knaben zu Tamino, »Zauberflöte« I, 15. Auftritt.

2. Juni

Einleitung zur »Reform des Theaters«: RWs Aufsatz »Theaterreform« am 16. Jan. 1849 im »Dresdner Anzeiger«; am 18. Jan. folgte »Nochmals Theaterreform«, beide unter dem Ps. »J. P.-F. R.«, Ges. Schr. Bd. 12.

3. Juni

Mosely: Im RW-National-Archiv Bayreuth befindet sich ein Brief von Dr. L. Mosely. – *Thukydides:* (2. Hälfte 5. Jh.), athen. Historiker, Darstellung des Peloponnesischen Krieges in 8 Bänden. – *Mommsen:* Theodor M. (1817–1903), dt. Historiker, als Mitglied des preuß. Abgeordnetenhauses Gegner Bismarcks, 1863–66 Fortschrittspartei, 1873–79 nationalliberal, 1881–84 bürgerliche Linke, erhielt 1902 den Nobelpreis für Literatur, »Römische Geschichte«, 3 Bde. 1854–56.

4. Juni

Besuch bei ihm in München mit Eva: frühestens Sommer 1867. – *Reise nach Südfrankreich mit meinem Vater:* im Okt. 1864 nach Toulon und Marseille, auf der Rückreise nach Berlin traf Cosima in München RW. – *Symphonie in C dur:* 2. Symphonie C-dur, op. 61, von Robert Schumann. – *»Rosalien«wesen:* »Rosalie«, auch Schusterfleck gen., häufige Wiederholung einer musikalischen Phrase auf verwandten Tonstufen, vgl. Josef Rubinsteins Aufsatz »Über die Schumann'sche Musik« in BBl. Aug. 1879. – *Maillart:* richtig Stanislas-Marie Maillard (1763 bis 1794), legendär gewordene Figur der Französischen Revolution von 1789.

9. Juni

»begibt mein Herr sich auf die Reise«: Olivers Arie im I. Akt von »Jean de Paris«, Oper 1812, von François Boieldieu.

10. JUNI

Polymetis: verschrieben für Polynikes, griech. Polyneikes? In der griech. Sage ein Sohn des Ödipus, Bruder des Eteokles. – *»quelle bêtise, j'ai changé de chemise«:* Welche Dummheit, ich habe das Hemd gewechselt. – *»quel plaisir d'être en voyage«:* wörtlich: welches Vergnügen, auf der Reise zu sein, die Kavatine aus »Jean de Paris« von Boieldieu. – *Camöne:* altital. Quellgöttin, Muse.

11. JUNI

Goldne Hochzeit des Kaisers: Wilhelms I. und Kaiserin Augustas, aus diesem Anlaß wurde als Gala-Vorstellung Spontinis »Olympia« in Berlin gegeben.

12. JUNI

Gedicht »Alexander«: von Pfaffen Lamprecht (Anf. 12. Jh.), nach dem französ. Alexanderslied des Albéric de Besançon etwa 1120–30 entstanden, regte RW zur Blumenaue an. – *Förster:* Dr. Bernhard F. (1843–1889), Gymnasiallehrer, antisemit. Agitator, Mitgründer des dt. Volksvereins 1881, heiratete 1885 Nietzsches Schwester Elisabeth, ab 1886 in Paraguay, scheiterte als Kolonisator.

13. JUNI

an seinem Aufsatz: »Über das Dichten und Komponieren«, Ges. Schr. Bd. 10, BBl. Juli 1879.

14. JUNI

»Fra Diavolo«: Oper 1830, von François Auber. – *Beschreibung des 10. August:* Am 10. Aug. 1792 wurde auf dem Marsfeld vom französ. Nationalkonvent eine neue radikale Verfassung beschworen; RW las das Kapitel in Thomas Carlyles »Geschichte der Französischen Revolution«.

15. JUNI

B dur: Nr. 4, op. 67, und *c moll:* Nr. 5, op. 67, Symphonien von Beethoven. – *»Alle Freiheits-Apostel«:* »Alle Freiheitsapostel, sie waren mir immer zuwider; / Willkür suchte doch nur jeder am Ende für sich«, und »Willst du viele befrein, so wag es, vielen zu dienen. / Wie gefährlich das sei, willst du es wissen? Versuchs!« Goethe, Venezianische Epigramme 50.

16. JUNI

»Isidor und Olga«: »Isidor und Olga oder die Leibeigenen«, 1826, von Ernst Raupach (1784–1852), dt. Dramatiker, ab 1823 in Berlin, Geheimer Hofrat, war mit epigonalen Stauferstücken ungewöhnlich erfolgreich. – *»Schier dreißig Jahre bist du alt«:* aus dem Singspiel »Lenore« von Karl von Holtei (1798–1880), dt. Dichter von Bühnenstücken und Liedern, Romancier, war Theaterleiter in Riga zu RWs Zeit.

17. JUNI

Dumouriez: Charles François D. (1739–1823), französ. General, nahm am Siebenjähr. Krieg teil, schloß sich 1789 den Girondisten an, 1793 geflohen, zuletzt in England. – *»Fingalshöhle«:* oder »Die Hebriden«, Ouvertüre 1830/32, von Felix Mendelssohn-Bartholdy; RW nennt die Ouvertüre »eines der schönsten Musikwerke, die wir besitzen«, vgl. BBl. 1879, S. 194. – *»Liebesmahl der Apostel«:* RWs Chorwerk, am 6. Juli 1843 mit 1200 Sängern und 100 Musikern in der Dresdner Frauenkirche aufgeführt. – *Columbus-Ouvertüre:* zu Theodor Apels Schauspiel »Columbus«, 1835.

18. JUNI

Aufsatz fertig: »Über das Dichten und Komponieren«, BBl. Juli 1879; nach mehrfacher Überarbeitung erst am 1. Juli abgeschlossen. – *Charlotte Corday:* Charlotte de C. d'Armont (1768–1793), Urenkelin Corneilles, erstach den Präsidenten des

Jakobinerklubs Marat im Bade, wurde hingerichtet. – *»Homer blind, Beethoven taub«:* der »Einfall« steht in RWs Aufsatz, BBl. Juli 1879, S. 193, Ges. Schr. Bd. 10.

19. JUNI

Tschudi: Aegidius oder Gilg von T. (1505–1572), schweizer. Geschichtsschreiber, auf den die spätere Gestalt der Tell-Sage zurückgeht, schrieb »Die urallt wahrhafftig Alpisch Rhetia« 1538, »Helvetische Chronik«, posthum, 2 Bde. 1734–36.

20. JUNI

des Sohnes Nap.'s III.: Prinz Louis Napoléon, gen. Lulu (1856–1879), Graf von Pierremont, einziger Sohn N.'s III. und der Kaiserin Eugénie, fiel am 1. Juni auf engl. Seite im Zulukrieg. – *»there is no sure foundation made on blood«:* nicht bei Shakespeare; vermutlich Carlyle in »On Heroes, Hero-worship and the Heroic in History«, vgl. 27. Mai 1879! – *»Finder wilder Märe«:* nennt Gottfried von Straßburg (12.–13. Jh.) den Dichter des Parzival. – *Grimm und Behn (?):* es ist nicht auszumachen, wen Cosima hier neben Jacob Grimm gemeint haben könnte.

21. JUNI

Czerny: Carl C. (1791–1857), österreich. Musikpädagoge, Pianist und Komponist.

22. JUNI

»Rache für Sadowa«: Dorf in Böhmen, in England und Frankreich Name der Schlacht bei Königgrätz, in der am 3. Juli 1866 Preußen die Österreicher schlug.

23. JUNI

»Prometheus«: Cosima las ganz offensichtlich die Tragödie des Aischylos vor.

25. JUNI

Sonate in Es dur: Klaviersonate op. 31, Nr. 3, von Beethoven.

26. JUNI

vor 15 Jahren in diesem Monat nach Starnberg: Am 29. Juni 1864 zu RW in Haus Pellet/Kempfenhausen, Besiegelung des Bundes.

30. JUNI

jüngste Werk von C. Frantz: »Der Föderalismus«, 1879, von Constantin F., s. Anm. zu 23. April 1878.

1. JULI

»Adelaïde«: 1814, von Franz Schubert, Text von Friedrich von Matthisson, doch ist, in Anbetracht der vorher gehörten Lieder, auf die Vertonung durch Beethoven hinzuweisen, die RW in früher Jugend beeindruckte. – *»Biklinium«:* gebildet nach Triklinium, altröm. Eßtisch; hier Sofa für zwei.

2. JULI

»lachend zu Grunde gehen«: »lachend laß uns verderben / lachend zu Grunde gehn«, Brünnhilde in »Siegfried« III, 3. Szene, Finale. – *»Für dich, Geliebter, sei's getan!«:* analog zu »Für dich, Geliebte«, Walther von Stolzing in »Meistersinger« I, 3. Szene. – *M. Muchanoff:* Marie M.-Kalergis geb. von Nesselrode (1823–1874), unterstützte RW in Paris 1860, engste Freundschaft vor allem mit Cosima in den letzten Lebensjahren, vgl. Bd. I. – *Miss Parry:* Erzieherin. – *letzten Gedanken Weber's:* Walzer in op. 26 von Carl Gottlieb Reißiger (1798–1859), Komponist der »Felsenmühle« und 2. Kapellmeister unter RW in Dresden; RW: »mein seliger Kollege« in BBl. Juli 1879, S. 195.

3. JULI

Glagau: s. Anm. zu 6. Aug. 1878. – *Maler Hildebrandt:* Eduard H. (1818–1868), dt. Maler, bildete sich auf weiten Reisen, Weltreise 1863/64, malte Landschaften aus verschiedenen Erdteilen. – *Antwort von Rezia:* »Da? – Wo? Süße Fatime, rede weiter fort!« I. Akt, 13. Auftritt.

5. Juli

»Faniska«: Oper 1806, von Cherubini. – *Glinka:* Michail G. (1804–1857), russ. Komponist, schrieb die ersten russ. Nationalopern »Das Leben für den Zaren«, 1836, und »Ruslan und Ludmila«, 1842. – *»Fée Mab« ... Scène d'amour:* Teil 4 und 3 aus der dramatischen Symphonie »Romeo und Julia« von Hector Berlioz.

7. Juli

Dr. Schrön: Prof. Dr. Otto von Sch. (1837–1917), seit 1865 Direktor des patholog. Instituts an der medizin. Fakultät der Universität Neapel. – *Brief an den König:* bitterer Brief über alle Schwierigkeiten, vgl. KBr. Bd. 3, S. 154–57. – *Pr. Fries:* Carl F., Bayreuth, Gymnasialprofessor. – *K. Kolb:* Karl Heinrich Sofian K. (1824–1895), Bayreuth, Direktor der Mechanischen Baumwollspinnerei und Kommerzienrat. – *»Er freite alle sieben Jahre«:* Anspielung auf den Fliegenden Holländer.

8. Juli

venetianisches Stück von Hugo: erster Teil des I. Akts von »Lucrèce Borgia« (1833), spielt in Venedig. – *Canova:* Antonio C. (1757–1822), italien. Bildhauer, Hauptvertreter des Klassizismus. – *Cassagnac:* Paul Granier de C. (1806–1880), französ. Publizist und Politiker, 1876 Abgeordneter, leitete mehrere Zeitungen und schrieb mehrbändige Geschichtswerke; Bonapartist, riet 1877 Mac-Mahon zum Staatsstreich. – *Gambetta:* Léon G. (1838–1882), französ. Staatsmann, Republikaner, 1881/82 Ministerpräsident. – *setze ich schnell einige Zeilen auf:* »Erklärung an die Mitglieder des Patronatvereins«, 15. Juli 1879, in Ges. Schr. Bd. 10. – *neue Komposition meines Vaters:* das Klavierwerk, »dem Andenken Petöfys« gewidmet, entstand bereits 1877; Alexander Petöfy (1823–1849), ungar. Lyriker und Nationalheld. – *»war es so niedrig«:* Brünnhilde in »Die Walküre« III, 3. Szene.

9. Juli

Klarinettist Huth: Waldemar H., Kammermusiker aus Berlin, wirkte 1876 im Festspielorchester mit.

10. Juli

Fortsetzung seines Aufsatzes: »Über das Opern-Dichten und Komponieren im Besonderen«, BBl. Sept. 1879, Ges. Schr. Bd. 10. – *Kirchen-Konzert:* Bemerkungen Cosimas auf dem Programmzettel, zum Responsorium von Palestrina: »Hier das Genie«; zur Motette von Jacobus Gallus (1591): »Da die Gattung«; zur Baß-Arie aus ›Josua‹, ›Soll ich auf Mamres Fruchtgefild‹ von Händel: »Einfach langweilig, nichtssagend«; zur Arie aus dem ›Paulus‹, ›Gott sei mir gnädig‹, von Mendelssohn: »Seichte Begleitung und ungeschickte Deklamation«; zum Jubilate aus dem 18. Jh. von H. Moore: »schön vorgetragen«; zur Motette (achtstimmig) von Ed. Grell: »seicht; Bramarbass. Begleitung«, und darunter: »›schlecht und modern‹ sagt R.«

11. Juli

R. redigiert seine Anzeige: »Erklärung an die Mitglieder des Patronatvereines«, erschien im Juli-Heft der BBl. und ist 15. Juli 1879 datiert; die Erklärung enthält keine zeitliche Festlegung für die »Parsifal«-Aufführung. – *General Manteuffel:* Edwin Freiherr von M. (1809–1885), preuß. General, 1871–73 Befehlshaber der Besatzungsarmee im Westen, 1873 Generalfeldmarschall, später Gegner Bismarcks, ab 1879 kaiserlicher Statthalter des Reichslandes Elsaß-Lothringen. – *Lionel Rothschild:* (1808–1879), Sohn des Londoner Bankiers Nathan R., Bezie-

hungen zu Disraeli, finanzierte 1875 den Ankauf der Suezkanal-Aktien. – *»Cefalo und Procris«:* Travestie auf Calderóns eigenes Werk »Celos aun del aire matan«.
14. Juli
»Liebesmahl«: »Das Liebesmahl der Apostel«, 1843.
17. Juli
Bild des Hauses... in Boulogne: RW, von London kommend, am 20. Aug. 1839 im Landhaus eines Weinhändlers, vgl. ML S. 178f. – *»König Stephan« von Beethoven:* Ouvertüre zum Festspiel »König Stephan« in Es-dur, op. 117.
18. Juli
»Nachahmung Christi«: »De imitatione Christi«. Andachts- und Erbauungsbuch von Thomas von Kempen (1379/80–1471), auch Thomas a Kempis, niederländ. Mystiker; das Buch wird oft in Br. an Daniela erwähnt.
19. Juli
Dommayer: Wirt in »Fantaisie«, Gasthof und Park in Donndorf westl. Bayreuth.
20. Juli
Sascha Ritter: Alexander R. (1833–1896), Bruder von Karl R., verheiratet mit RWs Nichte Franziska. – *Roeser:* s. Anm. zu 16. Mai (Prozeß um Autograph). – *Rühlmann:* ein Sohn des Kapellmeisters und Posaunisten Adolf Julius R. (1816–1877), 1847 hatte RW in Dresden die von Rühlmann bearbeitete Gluck-Oper »Iphigenie in Aulis« aufgeführt.
22. Juli
Hiller'sche Oper: »Romilda«, 1839, vgl. »Über das Opern-Dichten und Komponieren im Besonderen«, BBl. Sept. 1879 und Ges. Schr. Bd. 10. – *Aufstand der Bergwerker in Schlesien:* von einem »Aufstand« ist jedoch nichts bekannt, es gab zu dieser Zeit nur vereinzelte Streiks.
23. Juli
»Folkunger«: »Die Folkunger«, Oper 1874, von Edmund Kretschmer (1830–1908). – *sich... erschossen hat:* Nachricht im »Bayreuther Tagblatt« vom nächsten Tage: »Bayreuth, 24. Juli. Gestern Nachmittag zwischen 2 und 3 Uhr hat sich der Stadtgärtner Helmrich, ein im blühendsten Mannesalter stehender, in seinem Geschäfte sehr tüchtiger Mann, in der großen Restauration vor dem Richard-Wagner-Theater erschossen. Die Motive zu dieser unseligen That sind zur Zeit nicht bekannt.«
24. Juli
Sonate (fis moll): 1. Klaviersonate, op. 11, von Robert Schumann.
25. Juli
Milton: John M. (1608–1674), engl. Dichter, Puritaner, Epos »Paradise lost« 1667, »Paradise regained« 1671. – *»hochgesinnten Tithonos«:* Gemahl der Eos, Homer, »Odyssee«, 5. Gesang, 1. Vers. – *»Die Götter Griechenlands«:* erstes der großen philosophischen Gedichte Schillers, 1788, scharfe Antithese Antike–Christentum.
26. Juli
Witz... (über Brahmanen-Ehen): vgl. BBl. Sept. 1879, S. 260f., Ges. Schr. Bd. 10.
27. Juli
»Armin«: Oper 1877, von Heinrich Hofmann (1842–1902). – *»Königin von Saba«:* Oper 1875, von Karl Goldmark (1830–1915), vgl. BBl. Sept. 1879.
28. Juli
Schloemp: Edwin Sch., Leipzig, verlegte vor allem Wagner-Literatur.

29. JULI
beendet seinen Aufsatz: »Über das Opern-Dichten und Komponieren im Besonderen«.
30. JULI
Kladderadatsch: politisch-satirisches Witzblatt, seit 1848 Berlin. – *Polybios:* (2. Jh. v. Chr.), Historiker des Hellenismus in Megalopolis und Rom. – *Kleomenes von Plutarch:* K. III., König von Sparta 235 v. Chr., unterlag den Achäern, floh nach Ägypten und beging 219 Selbstmord, Biographie von Plutarch.
31. JULI
Schellingianismus: Friedrich Wilhelm Joseph Sch. (1775–1854), dt. Philosoph; Naturphilosophie aus idealist. Ansatz, die Natur das werdende Ich, Spätphilosophie Auseinandersetzung mit Hegel; Religionsgeschichte als Erfahrung des Menschen von Gott; war mit den Brüdern Schlegel befreundet, Philosoph der Romantiker. – *Daudet:* »Le Décoré du 15 août« aus »Contes du lundi«, »Les deux auberges« aus »Lettres de mon moulin«. – *»Es ist bestimmt«:* »Es ist bestimmt in Gottes Rat, daß man vom Liebsten, was man hat, muß scheiden«, ein düsterer Kompositionsentwurf RWs in a-moll (Skizze) aus der Tristan-Zeit in Venedig nach der Abreise aus dem »Asyl« in Zürich, Spätherbst 1857, mit Intervallen, die in die Tiefe abstürzen; hier verglichen mit dem Lied von Felix Mendelssohn-Bartholdy, op. 47, Nr. 4, nach dem Gedicht von Ernst von Feuchtersleben. – *Waldstein-Sonate:* C-dur, op. 53, dem Bonner Jugendfreund Graf Waldstein gewidmet.
1. AUGUST
Akrostichen: aus dem Griechischen, Gedichtform, deren Anfangs- bzw. Endbuchstaben Namen ergeben. – *v. Schlör:* vermutlich Offizier, in bayer. Diensten. – *Buonamici:* Giuseppe B. (1846–1914), italien. Pianist, seit 1868 an der Musikschule in München, Schüler Hans von Bülows. – *in F (opus 33?):* gemeint sind die Variationen in F-dur, op. 34, für Klavier.
2. AUGUST
zur 9ten: Programm RWs zur 9. Symphonie von Beethoven nach Texten aus Goethes »Faust«, s. Anm. zu 26. Sept. 1879. – *damals 59:* im Herbst 1859 in Paris half Emile Ollivier RW mit »sinnreichen Empfehlungen« weiter, s. ML S. 613.
3. AUGUST
»im Dunkeln ist gut Funkeln«: eigentlich »Im Dunkeln ist gut Munkeln«, aus »Wunderliche u. Warhafftige Gesichte Philanders v. Sittewald«, 1643, Teil 1, Gesichte 3, von Johann Michael Moscherosch (1601–1669), dt. Barock-Erzähler und Satiriker. – *»Laßt mir den Schleier«:* s. Anm. zu 1. Febr. 1879.
4. AUGUST
Daudet: »Le pape et mort« aus »Contes du lundi«. – *(die Auktion):* im II. Akt, 11. und 12. Auftritt, der »Weißen Dame«. – *in Paris, wie ich Minna noch einmal:* Paris, rue Newton; am 17. Nov. 1859 trifft Minna mit Hund und Papagei ein, RWs letzter Versuch, die Ehe wenigstens äußerlich zu retten, ständige Auseinandersetzungen, s. ML S. 613ff.
5. AUGUST
Schwestern R.'s: Rosalie (1803–1837), Luise (1805–1871), Klara (1807–1875) und Ottilie (1811–1883); nie erwähnt die früh verstorbene Theresia (1809–1814).
6. AUGUST
Turco: »Le Turco et la Commune« aus »Contes du lundi«. – *»Hernani«:* »Hernani ou l'honneur castillan«, Drama 1830, von Victor Hugo. – *Aufsatz über Schumann:* »Über die Schumann'sche Musik«, von Josef Rubinstein, BBl. 1879.

7. August
Métis: Mestize, Mischling.
8. August
le Concert de la huitième: aus den »Contes du lundi«. – *Illustrirten:* Illustrirte Zeitung, Leipzig. – *Kmeister Abt:* Franz A. (1819–1885), dt. Liederkomponist und seit 1852 Hofkapellmeister in Braunschweig. – *Frau Dr. Herz:* Orthopädin in Coburg.
9. August
Kohlhaas: »Michael Kohlhaas«, in Erzählungen 2,1810f., von Heinrich von Kleist (1777–1811). – *»Käthchen«:* »Das Käthchen von Heilbronn«, Drama 1810, von Kleist.
10. August
Hugo's »L. Borgia«: »Lucrèce Borgia«, Drama 1833. – *Dr. Kienzl aus Graz:* Wilhelm K. (1857–1941), österreich. Komponist und Musikschriftsteller, schrieb u. a. die Oper »Der Evangelimann« und eine Wagner-Biographie.
11. August
Brief des Königs: nicht in KBr., verloren!
12. August
Nohl: Dr. Ludwig N. (1831–1885), Musikschriftsteller und Beethoven-Forscher, drängte sich 1864 ungebeten in die Wagnersche »Kolonie« in München. – *Leuckert:* wahrscheinlich ist die Luckhardt'sche Musikverlagshandlung in Berlin gemeint; dort erschien, bei Raabe und Plothoco, vormals Luckhardt, die Allgemeine Deutsche Musik-Zeitung.
14. August
H. v. Weber: Ernst von W. (1830–1902), Naturforscher, Begründer des internationalen Vereins gegen die Vivisektion, Autor der Schrift »Die Folterkammern der Wissenschaft«, 1879; RWs Brief später erweitert zu »Offenes Schreiben an Herrn Ernst von Weber«, das er am 20. Sept. beginnt, BBl. Okt. 1879, Ges. Schr. Bd. 10.
15. August
seltsame Abstammung: väterlicherseits aus den belg. Niederlanden, Weinhändler, Schneider, Bildhauer, Musiker; mütterlicherseits aus der Umgebung von Bonn und Koblenz.
16. August
»Angelo«: Drama von Victor Hugo, die Figur heißt richtig Thisbé. – *»avec votre manie de tout dire«:* richtig: de tout redire; mit Eurer Verrücktheit, alles zu erwidern. – *Claude Bernard:* (1813–1878), französ. Physiologe, zahlreiche wissenschaftl. Publikationen.
17. August
»Ruy Blas«: Drama 1838, von Victor Hugo.
18. August
»selig, wie die Sonne«: »selig, wie die Sonne meines Glückes lacht«, Eva in »Meistersinger« III, 4. Szene, Quintett. – *»Das Alte Testament«:* »Das Alte Testament ›Der-von-Schiloh‹. Für jeden Wahrheitsliebenden dem wirklichen Inhalte nach zum ersten Male verständlich ausgeschrieben«, von H. Haug, Berlin 1872, vgl. Gla. Bd. 6, S. 232.
19. August
Gratulation an den König: langer Brief über Theaternöte, datiert 25. Aug., KBr. Bd. 3, S. 157–61. – *Pr. Moleschott:* Jakob M. (1812–1893), holländ. Psychologe

und Philosoph, Vulgärmaterialist, Prof. in Zürich, später in Turin und Rom. – *Hochzeitstag:* mit Hans von Bülow, Trauungsanzeige vom 18. Aug. 1857!

23. August

Haug: s. Anm. zu 18. Aug., »Das Alte Testament«.

29. August

Brief des Königs: nicht in KBr., verloren!

31. August

Bassenheims: Gräfin Caroline und Graf Waldbott von B., Tochter und Schwiegersohn des bayer. Fürsten Ludwig Kraft Ernst zu Oettingen-Wallerstein, Nachbarn RWs in Tribschen, vgl. Bd. I und Nachträge zu Bd. I (unter S. 1135) nach diesen Anmerkungen.

2. September

Judith: J. Gautier (1846–1917), französ. Schriftstellerin, Tochter des Schriftstellers Théophile G., heiratete 1868 Catulle Mendès (1841–1909); während der Festspiele 1876 entwickelte sich eine Liebesromanze RWs mit der inzwischen geschiedenen J., Briefwechsel über den Bayreuther Bader Schnappauf bis 1878, dann von Cosima weitergeführt, s. Anm. zu 12. Febr. 1878!

3. September

Extrait centuple! ›pour charmer les maris‹: Hundertfacher Extrakt! ›um die Männer zu bezaubern‹.

6. September

Cromwell: Oliver C. (1599–1658), engl. Staatsmann, besiegte Karl I., schlug den in England eingedrungenen Karl II. 1651 bei Worcester, regierte die Republik ab 1653 als Lordprotektor diktatorisch. – *Karl II.:* von England (1630–1685), griff Cromwell von Schottland her an, ab 1660 auf dem Thron; leichtlebige Hofhaltung nach französ. Vorbild; das Parlament beschloß 1679 die Habeaskorpusakte. – *Coriolan bei Aufidius:* in Shakespeares »Coriolan« IV, 5. Szene.

8. September

»Die Kapitulation«: »Eine Kapitulation. Lustspiel in antiker Manier«, Nov. 1870, s. Bd. I, Ges. Schr. Bd. 9. – *Aristophanes:* (445–385 v. Chr.), griech. Komödiendichter; RWs »Die Kapitulation« trug im Entwurf das Ps. »Aristop Hanes«. – *L. Bucher:* Lothar B. (1817–1892), dt. Politiker und Publizist, bis 1861 im Londoner Exil, im Auswärtigen Amt Legationsrat ab 1864, zeitweise Mitarbeiter Bismarcks; Testamentsvollstrecker Lassalles, mit dem er literarisch zusammenarbeitete, mit Cosima durch Hans von Bülow befreundet. – *Moses Mendelssohn:* (1729–1786), Philosoph der Aufklärung, leitete die Emanzipation des dt. Judentums ein, Freund Lessings.

10. September

v. Einem: Karl von E. (1853–1934), 1876–80 Adjutant der 8. Kavalleriebrigade in Erfurt, 1903 preuß. Kriegsminister, im 1. Weltkrieg Armeeoberbefehlshaber, nach dem Krieg propagierte er Wiederaufrüstung und völkische Erneuerung. – *»The work and mission of my life«:* für »North American Review«, Aug. 1879, Manuskript von Hans von Wolzogen; RW verbot jedoch weitere Abdrucke in dt. Zeitungen. – *»L. Lambert«:* »Louis Lambert«, Roman 1832/33, von Honoré de Balzac (1799–1850).

11. September

Swedenborgismus: nach dem schwed. Naturforscher und Philosophen Emanuel von S. (1688–1772), der mit seinen kosmologischen und telepathischen Spekulationen zahlreiche Schriftsteller von Goethe bis Baudelaire beeinflußte. – *zwei Auf-*

sätze: »Über die Anwendung der Musik auf das Drama«, BBl. Nov. 1879, und erster Hinweis auf den großen Aufsatz »Religion und Kunst«, BBl. Okt. 1880, beide in Ges. Schr. Bd. 10. – *›nun such ich ihn von Welt zu Welt‹:* Kundry in »Parsifal« II, Takt 1198 ff. – *Lascoux:* Antoine L. (gest. 1906), Anhänger RWs in Paris, Cosima nennt ihn »juge d'instruction, très sérieux, mais très Wagnérien« in Br. an Daniela, 14. Sept. 1879.

13. September

Boers: die Buren, vgl. Anm. zu 3. März 1881.

14. September

Paris... Wien... Zürich: Paris 1839–42, erste Elendszeit; 1863/64 Wien, Flucht vor Schulden am 23. März; am 26. März 1864 über Zürich zu Marie Wille, drei der hoffnungslosesten Wochen vor der Begegnung mit Ludwig II.

15. September

Aufsatz für das November-Heft: »Über die Anwendung der Musik auf das Drama.« – *Aufsatz von Freund Wolzogen:* »Über Verrottung und Errettung der deutschen Sprache«, 2. Teil, in BBl. Okt./Nov. 1879. – *Dr. Hammer:* Dr. E. G. Hammer war das Ps. für Ernst Grysanowski (gest. 1888), er schrieb u. a. »Die Verteidiger der Vivisektion und das Laienpublikum«.

18. September

Emil Devrient: (1803–1872), ab 1832 Schauspieler am Dresdner Hoftheater. – *P. Heinz:* Prinz Heinrich; Worte des Falstaff: »hauptsächlich aber einen verwünschten Zug in deinem Auge und ein albernes Hängen deiner Unterlippe«, in »Heinrich IV.« I, 2. Aufz., 4. Szene, von Shakespeare.

19. September

Quintett von Sgambati: Giovanni S. (1841–1914), italien. Pianist und Komponist, schrieb zwei Quintette, f-moll op. 4, B-dur op. 5, die auf RWs Empfehlung bei Schott erschienen.

20. September

Brief an Herrn von Weber: s. Anm. zu 14. Aug. 1879.

23. September

Berliner Frieden: Der auf dem Berliner Kongreß am 13. Juli 1878 geschlossene Friedensvertrag zur Beendigung des russ.-türk. Konflikts, schuf autonome Balkanstaaten und verminderte das russ. Übergewicht. – *Faf:* Hund.

24. September

Cetewayo: engl. Schreibweise für Ketschwayo, König der Zulus, südöstlichste Gruppe der Bantuneger, die den Zulustaat in der südafrikan. Provinz Natal Anfang des 19. Jh. straff organisierten; Ketschwayo folgte 1873 seinem Vater Panda in der Herrschaft, geriet 1879 in einen Krieg mit den Engländern, siegte am 22. Jan. bei Isandula, wurde aber von Lord Chelmsford bei Ulundi am 4. Juli besiegt und gefangengenommen; 1883 über einen Teil seines Landes wieder eingesetzt, konnte er sich gegen die rivalisierenden Häuptlinge nicht mehr behaupten und starb 1884. – *mein Vater gespielt:* Ludwig Geyer, der Schauspieler war.

25. September

sehr gute englische Übersetzung des »Parsifal«: »Parsifal. A Festival-Drama«, übersetzt von H. L. und F. Carder, bei Schott 1879.

26. September

das seinige, dem »Faust« entnommen: Am 5. April 1846 dirigierte RW beim Dresdner Palmsonntagskonzert die 9. Symphonie Beethovens; der Programmtext, von RW verfaßt, nahm Stellen aus Goethes »Faust« zu Hilfe, vgl. ML S. 343, in

Ges. Schr. Bd. 2. – *h. Cosmas:* von Cosmas und Damianus, zwei Brüdern, christl. Heiligen, die zu Märtyrern Diokletians wurden; Schutzpatrone der Ärzte und Apotheker.

27. September

Darius und Alexander: »Alexander und Darius«, Tragödie 1827, von Friedrich von Uechtritz (1800–1875), Jurist; formbewußter, aber kraftloser dt. Dramatiker und Erzähler, stand Tieck, Immermann und Hebbel nahe. – *Hephaistion:* Makedonier aus Pella, Reitergeneral und Jugendfreund Alexanders des Großen, starb 324 v. Chr. und wurde von Alexander 323 prunkvoll bestattet. – *erste Quartett von Beethoven:* op. 18, Nr. 1, in F-dur.

29. September

Nachrichten aus Wiesbaden: Telegramm, aufgegeben 28. Sept.: »Meistersinger feierten unter Jahns unübertrefflicher Leitung ohne Strich unerhörten Erfolg. Jahn und Darsteller nach Abschlüssen wiederholt demonstrativ gerufen. Einzelnes dacapo. Wilhelmj.«

30. September

»Der Sturm bricht an«: »Das Volk steht auf, der Sturm bricht los«, Lied »Männer und Buben«, gedruckt in »Leyer und Schwert« 1814, von Theodor Körner (1791–1813), dt. Dichter der Befreiungskriege. – *Herrn von Stein:* Heinrich von St. (1857–1887) aus Coburg, Dr. phil., wurde nach beendeten Studien 1879–81 Hauslehrer Siegfried Wagners, habilitierte sich 1881 in Halle (Saale) mit einer Arbeit über Giordano Bruno und wurde 1884 Privatdozent in Berlin; Autor zahlreicher philosophischer, ästhetischer und literaturwissenschaftlicher Schriften, Mitarbeiter der BBl., Briefwechsel mit Hans von Wolzogen, nach RWs Tod kurze Zeit mit Nietzsche befreundet; St. begann 1881 mit der Niederschrift seines Buches »Helden und Welt. Dramatische Bilder«, 1883, für das RW noch am 31. Jan. 1883 ein Vorwort in Briefform verfaßte, RWs letzte abgeschlossene Arbeit; weitere »Dramatische Bilder und Erzählungen« St.s erschienen 1888 aus dem Nachlaß. – *Stimmungsbilder von Dingelstedt:* Franz D. (1814–1881), Dichter, Dramaturg, 1851 Intendant des Münchner Hoftheaters, 1857 Generalintendant in Weimar, 1867 Direktor der Wiener Hofoper, 1871 Direktor des Burgtheaters; der erwähnte Titel »Stimmungsbilder« vermutlich »Literarisches Bilderbuch«, Berlin 1878, oder »Münchner Bilderbogen«, Berlin 1879. – *»Es ist gemein«:* Königin: »Du weißt, es ist gemein; was lebt, muß sterben / Und Ew'ges nach der Zeitlichkeit erwerben.« Hamlet: »Ja, gnäd'ge Frau, es ist gemein.« In »Hamlet« I, 2. Szene, von Shakespeare.

1. Oktober

»à genoux«: auf die Knie! – *Jaques:* in »Wie es euch gefällt« von Shakespeare. – *»Nur Prospero nicht«:* Figur in Shakespeares »Sturm«. – *H. v. Hagen:* Edmund von Hagen.

2. Oktober

Kriton: Dialog Platons (429–347 v. Chr.), athen. Philosoph.

4. Oktober

diese kleine Expedition: Daniela war am 31. Aug. mit Liszt nach München und dann nach Buxheim zu Graf und Gräfin Waldbott von Bassenheim gefahren, zu den früheren Nachbarn RWs in Tribschen; mit deren Tochter Marie, spätere Fürstin zu Oettingen-Wallerstein, war Daniela seit Tribschen eng befreundet.

5. Oktober

Erzählung von Sieglinde: »Eine Waffe laß mich dir weisen«, in »Walküre« I, 3.

Szene. – *Mottl:* Felix M. (1856–1911), österreich. Dirigent und Komponist, 1876 in der Nibelungenkanzlei, 1881–1903 Generalmusikdirektor in Karlsruhe, danach in München; seit 1886 Dirigent der Bayreuther Festspiele, orchestrierte vier der fünf Wesendonck-Lieder. – *Frau Lucca:* Giovanna L. führte nach dem Tod von Francesco L. (1802–1872) dessen Mailänder Musikverlag weiter, der 1888 an Ricordi überging.

6. Oktober

F dur: Symphonie Nr. 8, op. 93, von Beethoven. – *Hildebrandt:* s. Anm. zu 3. Juli 1879. – *Literat wie Hillebrand:* Karl H. (1829–1884), dt. Historiker und Publizist, seit 1871 in Florenz lebend, schrieb über die Geschichte Frankreichs und »Zeiten, Völker und Menschen«, 7 Bde. 1872–85. – *Quartett E[s] dur:* wahrscheinlich das von RW geschätzte op. 127.

8. Oktober

E. v. Hagen über die 2te Scene von Rheingold: »Richard Wagner als Dichter in der zweiten Szene des ›Rheingold‹ «, München 1879, 266 Seiten! – *»Zu Ende die ewigen Götter«:* »So ist es denn aus mit den ewigen Göttern«, Fricka in »Die Walküre« II, 1. Szene – *Edda:* ältere Soemundar- oder Liederedda, Ausgaben in Besitz RWs von Karl Simrock, 1851, und H. Lüning, 1859.

9. Oktober

Aufsatz und die endliche Abschickung: »Offenes Schreiben an Herrn Ernst von Weber, Verfasser der Schrift ›Die Folterkammern der Wissenschaft‹ «.

10. Oktober

zur Feier des 10ten: 10. Okt. 1853, RW diniert mit Liszt und seinen drei Kindern in Paris, wobei er die nicht ganz sechzehnjährige Cosima zum erstenmal sieht. – *des alten Theaters:* in Dresden. – *Herrn Angelo:* Angelo Neumann, s. Anm. zu 21. Jan. 1878. – *Kmeister Jahn:* Wilhelm J. (1834–1900), war 1864–81 Theaterkapellmeister in Wiesbaden, vgl. auch das Telegramm Anm. zu 29. Sept. 1879, ab 1881 Hofoperndirektor in Wien. – *Dannreuther:* Edward D. (1844–1905), engl. Pianist, Dirigent und Musikschriftsteller, gründete 1872 in London die Wagner-Society.

11. Oktober

»Agamemnon«: erster Teil der Orestie von Aischylos (525/24–456 v. Chr.), griech. Dramatiker. – *Fürstin von Rudolstadt:* nach der von Schiller erzählten Anekdote »Herzog Alba bei einem Frühstück auf dem Schlosse zu Rudolstadt im Jahr 1547« soll Herzog Alba durch das entschlossene Auftreten der Gräfin Katharina von Schwarzburg von weiteren Gewalttaten gegen die Bauern und Schwarzburger Protestanten abgeschreckt worden sein. – *an den König:* RW an Ludwig II. über Cosimas Tätigkeit: »Dabei führt sie für unseren Sohn ein ungemein genaues Tagebuch, worin jeder Tag im Betreff meines Befindens, meiner Arbeiten, meiner gelegentlichen Aussprüche usw. aufgezeichnet ist.« KBr. Bd. 3, S. 162–65. – *des Pfarrers Stoecker:* Adolf St. (1835–1909), evangel. Geistlicher, Hof- und Domprediger in Berlin, konservativ und antisemitisch, Mitglied des preuß. Abgeordnetenhauses 1879–98, des Reichstags 1881–93; gründete 1878 die Christlich-soziale Partei, führte 1879 den Antisemitismus in die dt. Politik ein und wurde dann Führer der ultrakonservativen »Kreuzzeitungspartei«; besuchte 1894 die Bayreuther Festspiele.

13. Oktober

an Merz: Oscar M., München, Mitglied des Patronatvereins, Solorepetitor und musikalischer Assistent 1882 in Bayreuth. – *Stellung von H. Jäger:* Der Tenor Ferdinand J. war der einzige Sänger, der sich zu der Stilbildungsschule angemeldet hatte. – *Geburtshaus:* in Leipzig auf dem Brühl, der »Roth und Weiße Löwe«. – *Biographie in Neapel:* Fortsetzung des Diktats von »Mein Leben«.

14. Oktober

Orbis pictus: illustrierte Fibel als Zeitschrift, benannt nach dem Bildwerk des Johannes Amos Comenius (1592–1670).

17. Oktober

Pastell-Bild von Lenbach: Cosima Wagner, 1879, von Franz von Lenbach.

18. Oktober

Beethoven (op. 59): Gemeint ist eines der drei Rasumowsky-Quartette, vgl. 6. Okt., hier vermutlich op. 59, Nr. 3, da Nr. 1 schon genannt und Nr. 2 ein Lieblingswerk RWs.

20. Oktober

Dühringianer: s. Anm. zu 21. Sept. 1878.

22. Oktober

»das offene Schreiben«: an Ernst von Weber, Separatdruck, zu beziehen durch die Hofbuchhandlung von H. Voigt in Leipzig. – *»Die deutsche Wacht«:* Publikationsorgan der völkischen Vereine Sachsens, Redaktion Dresden und Berlin. – *Volumnia:* Coriolans Mutter.

23. Oktober

Wolz.-Aufsatz: s. Anm. zu 15. Sept. 1879. – *Ottilie:* in den »Wahlverwandtschaften« Goethes.

24. Oktober

an seinem Aufsatz: »Über die Anwendung der Musik auf das Drama«, BBl. Nov. 1879, Ges. Schr. Bd. 10.

25. Oktober

Pr. Oncken: Wilhelm O. (1838–1905), Historiker, Prof. in Gießen, 1873–76 nationalliberaler Reichstagsabgeordneter, schrieb über Antike und Neuzeit mit nationalem und liberalem Pathos. – *Wagner-Lexikon:* »Hauptbegriffe der Kunst- und Weltanschauung Richard Wagners«, zusammengestellt von C. Fr. Glasenapp und Heinrich von Stein, Stuttgart 1883.

26. Oktober

er sei tot: gemeint ist RW. – *Schlacht bei Näfels:* Bei N. im Schweizer Kanton Glarus besiegten am 9. April 1388 die Glarner ein österreich. Ritterheer. – *Nietzsche's trostlosen Zustand:* N.s gesundheitlicher Zustand verschlechterte sich; 118 Tage des Jahres mit schweren Anfällen von Kopf-, Augenschmerz und Erbrechen, N. schrieb schon am 29. Dez. 1878 an Frau Baumgartner: »Vor Schmerz und Erschöpfung halbtodt.« – *Tischbein:* Johann Heinrich Wilhelm T. (1751–1829), Maler, Porträtist, von der Antike und den Niederländern beeinflußt, mit Goethe in Neapel. – *Bernhard von Weimar:* (1604–1639), Herzog von Sachsen-Weimar, Feldherr des Dreißigjährigen Krieges unter Gustav Adolf; RW dachte daran, ein Drama über ihn zu schreiben. – *Aufsatz über Naives und Sentimentales:* »Über naive und sentimentalische Dichtung«, 1795f., von Schiller.

27. Oktober

H. v. W., Reise nach Afrika: Ernst von Weber, Naturforscher, war mit Graf Krokkow vier Jahre in Afrika auf Diamantensuche; vgl. Br. an Daniela, 14. Sept. 1879, Cosima beschreibt ihn als »homme singulier, très grave également«. – *»M. und Moritz« von Busch:* Wilhelm Busch (1832–1908), dt. humorist.-satir. Dichter und Zeichner, »Max und Moritz« 1865. – *Dr. Gide:* Arzt.

28. OKTOBER
Quartett op. 74: Es-dur, im Text »94«, auch op. 95 möglich. – *Wort seines Onkels:* Adolph Wagner (1774–1835), Privatgelehrter in Leipzig, Schriftsteller und Übersetzer.
29. OKTOBER
Herr v. Puttkamer: Robert von P. (1828–1900), 1879–81 preuß. Kultusminister, 1881–88 Minister des Innern und Vizepräsident des Staatsministeriums, streng konservativ. – *de Fourcaud:* Comte Louis de F., Redakteur des »Gaulois«, Pariser Zeitung, 1867 gegründet, vgl. Gla. Bd. 6, S. 248f. – *»Gaulois«:* vertrat den rechten Flügel des französ. Nationalismus.
30. OKTOBER
Dühring über R. Mayer: Julius Robert von M. (1814–1878), dt. Arzt und Physiker, entdeckte um 1840 das Gesetz von der Erhaltung der Energie, Streit mit Helmholtz, Joule u. a.; Dühring schrieb: »Robert Mayer, der Galilei des neunzehnten Jahrhunderts. Eine Einführung in seine Leistungen und Schicksale«, Chemnitz (vordatiert) 1880.
31. OKTOBER
Starnberg: immer Juni/Juli 1864, Haus Pellet, Kempfenhausen am Starnberger See. – *seines Gedichtes:* Liebesgedicht »An Dich«, 1. Okt. 1864. – *Farbenlehre:* von Goethe. – *Pr. Oken:* Lorenz O. (1779–1851), dt. Naturforscher und Philosoph, Prof. in Jena, München und Zürich, bedeutend innerhalb der romant. Naturphilosophie. – *Fichte:* Johann Gottlieb F. (1762–1814), dt. idealist. Philosoph, Prof. in Jena, Erlangen und Berlin. – *Communards:* Teilnehmer des Kommune-Aufstands 1871 in Paris. – *(K. Glarus):* Kanton und Stadt in der Schweiz.
1. NOVEMBER
»Dietegen« von G. Keller: aus »Die Leute von Seldwyla«, Zweiter Band.
2. NOVEMBER
Webia: s. »Maienfestspiel« am 22. Mai 1879. – *die Urlögtrygia:* nach Jacob Grimms »Deutscher Mythologie« Örlög gleich Schicksal in der Nornensage, hier also gleichbedeutend mit Schicksalsgöttin. – *»Das verlorene Lachen«:* aus »Die Leute von Seldwyla«, Zweiter Band.
3. NOVEMBER
Wölfel: Carl W. (1833–1893), Architekt in Bayreuth.
4. NOVEMBER
»Blaubart« von Grétry: Oper 1789, von André Ernest Modeste G. (1742–1813), französ.-belg. Opernkomponist. – *»Kleider machen Leute«:* aus »Die Leute von Seldwyla«, Zweiter Band. – *Es dur Sonate:* Klaviersonate op. 7 von Beethoven. – *Hans hat seine Entlassung:* Hans von Bülow verließ Hannover, wo er seit 1877 Hofkapellmeister war, Anfang 1880 und begann seine Tätigkeit als Leiter des Meininger Hoforchesters, 1880–85. – *Tenoristen Herrn Schott:* Anton Sch. (1846–1913), dt. Sänger.
5. NOVEMBER
Gersdorff: Carl von G. (1844–1904), ab 1863 enger Freund Nietzsches und wichtiger Briefpartner, studierte Jura, war häufig in Bayreuth, gab seine wissenschaftl. Laufbahn später auf. – *Macaria:* Heilige, Entsagende; auch Makarie im zweiten Buch von Goethes »Wilhelm Meisters Wanderjahre oder Die Entsagenden«.
8. NOVEMBER
Héloïse: hier wahrscheinlich die Geliebte des Peter Abaelard (1079–1142). – *der letzte Satz:* der Novelle »Kleider machen Leute« von Gottfried Keller lautet:

»Aber in Seldwyla ließ er nicht einen Stuber zurück, sei es aus Undank oder aus Rache.«

10. November

Pr. Zöllner: Friedrich Z. (1834–1882), Prof. der Astrophysik, hatte RW den 3. Band seiner »Wissenschaftlichen Abhandlungen« geschickt, vgl. BBl. 1882, S. 186f. – *Baudelaire:* Charles B. (1821–1867), französ. Dichter, »Les fleurs du mal« 1857, schrieb im März 1861 »Richard Wagner et le Tannhäuser à Paris«. – *Diapason:* hier als musikalischer Begriff, »durch alle Töne«, Normalstimmton. – *»Mißbrauchten Liebesbriefe«:* aus G. Kellers »Die Leute von Seldwyla«, Zweiter Band.

11. November

Kastigationen: im Sinn von »gelehrten Korrekturen« am Urtext.

12. November

Lope: Félix L. de Vega Carpio (1562–1635), span. Dichter; Lyriker, Epiker, Dramatiker; Novellen und Romane. – *Salvini:* Tommaso S. (1829–1915), italien. Schauspieler, Othello galt als seine Glanzrolle. – *»O die Männer, die Männer«:* »Die Männer, o die Männer«, Desdemona in »Othello« IV, 3. Szene, von Shakespeare.

13. November

Garibaldi: Giuseppe G. (1807–1882), italien. Freiheitskämpfer, Anhänger Mazzinis 1848/49, kämpfte später gegen Österreich, 1869 gegen den Kirchenstaat, 1870 gegen die Deutschen. – *»passo di scuola«:* Gleichschritt, eigentlich Schulschritt, Übungsschritt.

14. November

an Stelle von Karl V. der Kurfürst Friedrich König: Karl V. (1500–1558), Niederländer auf dem span. Thron, 1520 von der dt. Krone Besitz ergreifend, röm.-dt. Kaiser 1519–56, im Schmalkaldischen Krieg verbündet mit dem Papst; ihm stand gegenüber Kurfürst Johann Friedrich von Sachsen (1503–1554), der 1547 unterlag; Karl V. prägte ein streng katholisches »Interim«.

15. November

Vers von Goethe: Erzählt wird eine Goethe-Anekdote; der alte G. behaglich in einer Weinstube, seinen Wein verdünnend, aus einer Gruppe von zechenden Studenten tritt einer mit lallender Zunge an ihn heran: »›Sagen Sie mal, alter Herr, bedenken Sie eigentlich das Verwerfliche Ihres Thuns? Warum fälschen Sie sündhaft die reine Bacchusgabe?‹ – Dem Frager erwidert der alte Olympier sofort mit gereizter Würde: ›Das will ich Ihnen sagen, mein junger Freund: Wasser allein macht stumm, / Das beweisen im Teiche die Fische. / Wein allein macht – dumm, / Das bezeugen die Herren am Tische! / Dieweil ich nun keines von Beiden möcht' sein, – / So trink' ich vermischt mit Wasser den Wein.‹ … Die ›Halle'sche Zeitung‹ erzählt diese bisher unbekannte Goethe-Anekdote.«

16. November

Gartenlaube: Familienzeitschrift, 1853 von Ernst Keil in Leipzig gegründet. – *Karte aus Leipzig:* von drei Medizinstudenten: »Meister! Drei teutsche Jünglinge, Studirende der Heilkunde an hiesiger Hochschule, begeisterte Anhänger der Zukunftsmusik, haben durch das Studium Ihrer neuesten Offenbarung (über die Vivisection) die Überzeugung gewonnen, daß Sie nicht nur die Sonne unseres musikalischen Himmels, sondern auch der gottgesendete Kämpe für alles Gute Wahre Schöne sind, ein Bollwerk, an dem die Bestrebungen der rohen Schergen sogenannter Wissenschaft schmählich zerschellen. Fahren Sie so fort! Meister! Der

Dank aller Edlen wird nicht ausbleiben. Weisen Sie der deutschen Jugend die Bahn, und begeistert wird sie dem leuchtenden Kometen folgen! Leipzig 15. Novb. 1879. R. Bartsch. H. Haeckel. Th. Lewald. Albertstr. 16 II.« – *Spruch von Goethe:* Zeitungsausschnitt: »Goldkörner. Man nimmt in der Welt Jeden, wofür er sich gibt; aber er muß sich auch für Etwas geben. Man erträgt die Unbequemen lieber, als man die Unbedeutenden duldet, Göthe.« – *Sismondi:* Jean Charles Léonard Simonde de S. (1773–1842), französ.-schweizer. Volkswirtschaftler, Historiker und Literaturhistoriker, Kritiker der liberalistischen Wirtschaftslehre des Adam Smith, »Histoire des républiques italiennes du moyen âge«, 16 Bde. 1807–24, »De la littérature du midi de l'Europe«, 4 Bde. 1813–19. – *Gützlaff:* Dr. v. G., »Schopenhauer über die Tiere und den Tierschutz«, Berlin 1879.

17. November

»It must be so!«: der resignierende Ausspruch Hans von Bülows: »Es muß so sein.« – *Frau Heim:* Emilie H., Sängerin, Frau von Ignaz H., Musikdirektor in Zürich, Freund RWs. – *meinen Aufenthalt im »Asyl«:* hier vermutlich 5./6. Sept. 1857 auf der Hochzeitsreise in Zürich. – *das »Grüne Gewölbe«:* königliche Schatzkammer (1560) in Dresden. – *Kietz:* der Maler Ernst Benedikt K. – *Semiramis:* sagenhafte Königin von Assyrien, Stadtgründerin, nach ihrem Selbstmord als Göttin des Krieges und der Liebeslust verehrt. – *Kyros:* Gründer des alten Perserreiches.

18. November

Broschüre: von Gützlaff, s. Anm. zu 16. Nov. – *des Aufrufes von Herrn Schön:* »Aufruf. Erklärung des Vereinsvorstandes an die Vertreter und Mitglieder des Bayreuther Patronatvereines«, Bayreuth, Okt. 1879. – *die Anekdote des Höflings:* Die auch an andrer Stelle – vgl. 26. März 1882 – eigentlich ohne Pointe wiedergegebene Anekdote wird u. a. folgendermaßen überliefert: Als Jean Baptiste Lully, der es vom Küchenjungen bis zum Hofkomponisten gebracht hatte, einmal mit Ludwig XIV. an einer Saaltür zusammenstieß und dieser ihm, gegen das Zeremoniell, den Vortritt ließ, riß Lully dem nächsten Lakaien das Windlicht aus der Hand und rief: »Nur als Fackelträger Euer Majestät!« (nach Alexander Witeschnik).

19. November

Littré: Maximilien Paul Émile L. (1808–1881), französ. Philosoph und Sprachforscher, Positivist, »Dictionnaire de la langue française«.

20. November

Mahnruf an die Deutschen: von Friedrich Nietzsche, Okt. 1873; der Aufruf zur Unterstützung des Bayreuther Festspielunternehmens wurde nicht verwendet; vgl. Programmheft »Siegfried« der Bayreuther Festspiele 1973 und (kommentiert) in GD, »Richard Wagner«. – *R. zu ersuchen:* Prof. Karl Riedel (1827–1888), Leipzig, der 1873 an Stelle Nietzsches den Aufruf schrieb. – *ersten Schwiegervater:* Gotthelf Planer (1770–1855), Dresden, Vater von Minna, RWs erster Frau; ehemals Militärmusiker (Strabstrompeter), dann Mechaniker. – *nur den armen Erzbischof:* Georges Darboy (1813–1871), seit 1863 Erzbischof von Paris, gehörte beim I. Vatikanischen Konzil zur Opposition gegen das Unfehlbarkeitsdogma, von der Pariser Kommune 1871 als Geisel verhaftet; nachdem Thiers Vermittlungsversuche abgelehnt hatte, wurde Darboy am 24. Mai in letzter Stunde mit fünf anderen Geiseln im Pariser Gefängnis La Roquette erschossen.

21. November

Brief des Königs: nicht in KBr., verloren!

22. November

Vivisektor Schiff: Physiologe in Florenz; von Prof. Schiffs vivisektorischen Experimenten berichtet Ernst von Weber in »Die Folterkammern der Wissenschaft«; in einem den BBl. Febr. 1881 beigelegten Traktat von Dr. med. Richard Nagel heißt es: »Prof. Schiff in Florenz zergliederte seit 20 Jahren jährlich 700 Hunde, das macht die Summe von 14000 Hunden aus.« – *Literatur-Buch von König:* Robert K. (1828–1900), dt. Schriftsteller, Rektor und Inspektor höherer Töchterschulen, 1864–89 Schriftleiter der Wochenschrift »Daheim«, veröffentlichte 1879 eine reich illustrierte »Deutsche Literaturgeschichte« mit streng konservativer Einstellung. – *Freiligrath:* Ferdinand F. (1810–1876), dt. Lyriker des Vormärz, schrieb politische Lyrik, auch Gedichte im Volkston und patriotische Verse 1870/71. – *Uhland:* Ludwig U. (1787–1862), dt. volkstümlicher Lyriker, der schwäb. Spätromantik, Sagenforscher u. Volkskundler, Prof. für dt. Sprache und Literatur in Tübingen bis 1833, 1848 liberaler Abgeordneter der Frankfurter Nationalversammlung. – *Rückert:* Friedrich R. (1788–1866), dt. Lyriker und Übersetzer, erschloß oriental. Dichtungen.

24. November
Magister Sillig: Lehrer RWs an der Dresdner Kreuzschule, vgl. ML S. 21f. – *»Es gefällt mir nicht«:* »Othello« III, 3. Szene, von Shakespeare.

25. November
»wie ich euch ein Beispiel gebe«: Egmonts letzte Worte, V. Akt, Schlußmonolog. – *Hangen und Bangen:* Klärchen: »Freudvoll / Und leidvoll, / Gedankenvoll sein, / Langen / Und Bangen / In schwebender Pein«, III. Akt, Klärchens Wohnung, in »Egmont«.

26. November
Dürer: Albrecht D. (1461–1521), »Die große Passion«, Holzschnitt-Serie aus 12 Szenen, 1511. – *Gebetbuch Max.'s:* Maximilians I., von Dürer. – *Kreutzer-S.:* Sonate für Violine und Klavier A-dur, op. 47, von Beethoven, nachträglich dem Geiger Rudolphe Kreutzer gewidmet.

27. November
Über München: RW führte die Jahre 1864–68 in »Mein Leben« nicht mehr aus, er scheute offenbar die Darstellung der Rolle des Königs, vgl. Vorwort zu Bd. I. und Nachwort ML. – *Theorie der Tragödie von Karl Ritter:* »Theorie des Deutschen Trauerspiels« von C. G. Ritter, trägt das Impressum Leipzig 1880. – *Schlagintweit:* Hermann von Sch. (1826–1882), dt. Naturforscher, bereiste mit seinen Brüdern Adolf (1857 in Kaschgar ermordet) und Robert Indien und Zentralasien; »Reisen in Indien und Hochasien«, 4 Bde. 1869–80. – *»Hier quillt die Träne«:* »Die Träne quillt, die Erde hat mich wieder«, Faust im I. Teil, Nacht.

28. November
»den Musikjuden«... Hiller: Ferdinand H. (1811–1885), dt. Dirigent, Pianist und Komponist von Opern, Oratorien, Orchester- und Kammermusik, 1843 Gewandhauskapellmeister in Leipzig, 1844–50 in Dresden und Düsseldorf, danach in Köln tätig. – *Besen- und Jungen-Gedicht von Goethe:* Zahme Xenien, »Johannis-Feuer sei unverwehrt, / Die Freude nie verloren! / Besen werden immer stumpf gekehrt / Und Jungens immer geboren.« – *Pustkuchen:* Aus »Invectiven«, »Goethe und Pustkuchen«, Berliner Nachrichten Nr. 149, 1822, »Pusten, grobes deutsches Wort...«, auf Johann Friedrich Wilhelm P. (1793–1834), Lehrer, Geistlicher, Redakteur und Schriftsteller; P. erregte durch eine Parodie auf Goethes »Wilhelm Meister« Aufsehen. – *Die Hexe:* Schauspiel 1878, von Arthur Fitger (1840–1909), dt. Historienmaler, ab 1869 in Bremen, schuf Monumentalbilder, Dramen und Gedichte, Feind der Moderne.

29. NOVEMBER
Bayreuther Faktotum: der Bader, Spitalhelfer und »Butler« RWs Bernhard Schnappauf, Ochsengasse? Kaum ein andrer Bader. – *Arbeit von K. Ritter:* »Theorie des Deutschen Trauerspiels«.
30. NOVEMBER
Anti-Stoecker: Titel eines Buches von E. Lefson, Berlin 1879, gerichtet gegen Pfarrer Adolf Stoecker, vgl. Anm. zu 11. Okt. 1879. – *mit seinem Freund Apel:* Theodor A. (1811–1867), Sohn des Schriftstellers Johann August A., 1830–34 Studium in Leipzig und Heidelberg, 1836 erblindet, schrieb Theaterstücke und Gedichte. – *Käthchen Westermann:* Jugendliebe RWs, nicht in ML erwähnt. – *cis moll Quartett:* op. 131 von Beethoven.
1. DEZEMBER
Pfau's: Hermann Pfau, Leipziger Taugenichts, der sich 1840/41 als Vagabund in Paris herumtrieb, vgl. ML S. 209 u. 211. – *Weltausstellung 1867 in Paris:* 28. Okt. bis 4. Nov., RW reist nach Paris, wohnt im Grand Hotel und besucht den letzten Tag der Weltausstellung. – *Herzog von Braunschweig:* s. Anm. zu 4. Dez., Herzog von Cumberland! – *Besuch des Königs von Dänemark:* Christian IX. (1818–1906), König seit 1863. – *Josephine Gallmeyer:* (1838–1884), berühmte Soubrette. – *Symphonie fantastique:* von Hector Berlioz. – *»Johannisfeuer«:* s. Anm. zu 28. Nov., Besen- und Jungen-Gedicht von Goethe!
3. DEZEMBER
»Thénardier«-artige Erscheinungen: Gestalt aus Victor Hugos Roman »Les Misérables«.
4. DEZEMBER
Herzog von Cumberland: Ernst August Herzog von C. und zu Braunschweig-Lauenburg (1845–1923), einziger Sohn König Georgs V. von Hannover und Kronprinz bis zur Einverleibung durch Preußen 1866; da er an seinen Thronansprüchen festhielt, wurde 1884 auch seine Erbfolge im Herzogtum Braunschweig nicht zugelassen, doch gelangte hier sein Sohn Carl August 1913 zur Regentschaft.
5. DEZEMBER
»Goldnen Topf«: in »Fantasiestücke in Callots Manier«, Zweiter Teil, II, von E. T. A. Hoffmann (1776–1822). – *Hofrat Carus:* Carl Gustav C. (1789–1869), dt. Psychologe, Schriftsteller und Landschaftsmaler, Leibarzt in Dresden.
8. DEZEMBER
»dahin, dahin«: »möcht ich mit dir, o mein Geliebter ziehn«, in dem »Kennst du das Land« beginnenden Gedicht »Mignon« von Goethe, mehrfach vertont, u. a. von Beethoven. – *»Have you seen Bosco«:* Bartholommeo B. (1793–1863), 1812 im französ. Heer gegen Rußland, Gefangener in Sibirien, 1814 ausgetauscht, bereiste dann als Taschenspieler ganz Europa und den Orient; auch sein Sohn Carlo B. war ein berühmter Taschenspieler. – *Andolosia:* jüngerer Sohn des Fortunatus, der durch die List einer Prinzessin sein Glückssäckel verliert, es wiedergewinnt und dann von zwei mißgünstigen Grafen beraubt und ermordet wird; nach dem Volksbuch »Fortunatus«, 2. Hälfte 15. Jh., bei Hans Sachs, »Der Fortunat mit dem Wunschhütlein« 1553; RW kannte auch Ferdinand Raimunds »Der Barometermacher auf der Zauberinsel« 1823, hier nächstliegend Ludwig Tiecks »Phantasus«, Bd. 3, Märchenlustspiel »Fortunat«, 1815/16, zweiter Teil.
9. DEZEMBER
Debatte: berichtet im »Bayreuther Tagblatt« Nr. 341 vom 9. Dez. 1879, »Politische Umschau«, angestrichen die Debatte im preuß. Abgeordnetenhaus über

Notstand in Schlesien, Schutzzölle, Kontroverse Windthorst-Richter: »Auf der Bank der Minister befand sich kein Mitglied der Staatsregierung, und so blieb die Interpellation des Abg. Richter wegen der Sistirung der Getreidezölle für Oberschlesien unbeantwortet.« – *Charivari:* »Le Ch.«, politisches Witzblatt in Paris, bedeutend zur Zeit Louis Philipps 1773–1850.

10. Dezember

Titania und Zettel: im »Sommernachtstraum« von Shakespeare. – *Ketschwayo:* engl. Cetewayo, Zulukönig, s. Anm. zu 24. Sept. 1879.

12. Dezember

Talmudjuden: Talmud, die Zusammenfassung der Lehren, Vorschriften und Überlieferungen des nachbiblischen Judentums, um 500 abgeschlossen.

14. Dezember

Kleist's Erzählung »Die Macht der Musik«: »Die heilige Cäcilie oder die Gewalt der Musik«, Eine Legende, 1810.

15. Dezember

Dr. Reuter: Johann Konrad R., prakt. Arzt und Augenarzt in Bayreuth. – *unseren jungen Freund:* gemeint ist Heinrich von Stein. – *Kmeister Fischer:* Franz F., s. Anm. zu 18. Mai 1879. – *Bêtise:* Dummheit.

16. Dezember

»Virginia«: Trauerspiel von C. G. Ritter.

18. Dezember

M. Stuart in Fotheringhay: Schloß F. in der Grafschaft Northampton, wo Maria Stuart der Prozeß gemacht (1584) und sie hingerichtet wurde (1587).

19. Dezember

Nachrichten von Italien: über Anschläge von Irredentisten, die sich nach dem Berliner Frieden unter Führung von Bovio und Imbriani-Poërio organisierten; geplantes Attentat Oberdanks auf Kaiser Franz Joseph 1882, vgl. dort; auch innenpolitisch radikal. – *Minister Puttkamer:* Robert von P., preuß. Kultusminister, s. Anm. zu 29. Okt. 1879.

20. Dezember

f moll Sonate: op. 57, »Appassionata«, von Beethoven. – *Blandine:* Cosimas verstorbene Schwester B. Ollivier. – *Freund Flachs:* Leipziger Original, stammte aus Dresden, mit Musikern befreundet, 1829 schloß sich RW ihm an, mit 16 Jahren »intimster Umgang«, ML S. 39f. und 45.

21. Dezember

Horaz: Quintus Horatius Flaccus (65–8 v. Chr.), röm. Dichter, schrieb Satiren, Epoden, Oden und Episteln mit der »Ars poetica«.

22. Dezember

Sonate 110: Klaviersonate As-dur von Beethoven.

23. Dezember

d moll Sonate: op. 31, Nr. 2. – *»Gazza ladra«:* dt. »Die diebische Elster«, Oper 1817, von Rossini. – *Frau v. Aufsess:* Witwe des Freiherrn Hans von und zu A. (1801–1872), Gründer des Germanischen Museums in Nürnberg. – *»Die Sonne sendet ihr falsches Gold«:* »Götterdämmerung« III, 1. Szene. – *»Singt Heisa den grünenden Bäumen«:* »Die Freundschaft ist falsch, und die Liebe nur Träumen«, Lied des Edelmanns Amiens in »Wie es euch gefällt« II, 7. Szene, von Shakespeare. – *der 46 Jahre von Frau v. Stein:* Charlotte von St. (1742–1827), Hofdame der Herzogin Anna Amalia in Weimar, verheiratet mit dem herzogl. Stallmeister Friedrich Freiherr v. St., Goethe lernte die um fast 7 Jahre ältere Frau v. St. 1775

kennen; nach seiner Rückkehr aus Italien 1788 – sie war 46 Jahre alt! – löste sich ihr Verhältnis.
24. Dezember
Zeitungsnotizen: Eine Frau wird am Münchner Karlstor von den Wehen überrascht und gebiert ein Kind auf der Straße; die zweite Notiz lautet: »Würzburg, 22. Dec. Die Hinrichtung des Raubmörders Holleber soll den Scharfrichter Scheller ungemein angegriffen haben, und zwar deshalb, weil derselbe so ausnehmend reumüthig gestorben. Von der Richtstätte heimkehrend, verwechselte er zwei Mal seinen Gasthof und soll sich geäußert haben, er werde seine Stelle niederlegen.« – *Armand Pensier:* »Ein Chorgesang des Aeschylos« (Agamemnon 104–248), BBl. Dez. 1879, S. 359ff.; das »beibehaltene« Pseudonym hatte Heinrich von Stein erstmals verwendet in »Die Ideale des Materialismus, lyrische Philosophie von Armand Pensier«, Köln 1878. – *Wie ich nach Venedig ging:* 17. Aug. 1858, tags zuvor waren Bülows noch zu Besuch in Zürich; ab 29. Aug. in Venedig Arbeit an »Tristan und Isolde«.
26. Dezember
Rubinstein's Aufsatz: »Einige Betrachtungen über den musikalischen Stil der Gegenwart in Deutschland«, BBl. März 1880.
28. Dezember
Friedrich Axmann: Erzählung »Des Todfeindes Rache«, nicht näher zu ermitteln. – *neuen Buche des armen Nietzsche:* Ende Nov./Anf. Dez. erschien »Der Wanderer und sein Schatten«. – *Nihilisme écoeurant:* widerlicher Nihilismus. – *Aufsatz zu Neujahr:* »Zur Einführung in das Jahr 1880«, BBl. Jan./Febr. 1880, Ges. Schr. Bd. 10.
31. Dezember
Merkwürdiger Sylvester-Abend: Im Gespräch mit Kabinettssekretär von Bürkel regt Cosima ein Protektorat Ludwigs II. über Bayreuth an.

1880

1. Januar
Dr. Bezold: Augenarzt.
6. Januar
»Goethe« [von] Kanzler Müller: Friedrich von M. (1779–1849), Jurist, wurde 1815 weimarischer Kanzler, »Goethes Unterhaltungen mit dem Kanzler von Müller«, von diesem aufgezeichnet, gab C. A. H. Burkhardt 1870 heraus.
7. Januar
in der Seifengasse: »Man liest Folianten und Quartanten durch und wird um nichts klüger, als wenn man alle Tage in der Bibel läse; man lernt nur, daß die Welt dumm ist, und das kann man in der Seifengasse hier zunächst auch erproben«, Goethe, Unterhaltungen mit dem Kanzler von Müller, 27. Jan. 1830.
8. Januar
Gleizès: Jean Antoine G. (1773–1843), französ. Vegetarier, schrieb »Thalysia oder Das Heil der Menschheit«, 1821, dt. von R. Springer, Berlin 1872; RW nimmt in »Religion und Kunst« darauf Bezug.
10. Januar
St. Vinzenz von Paul: Vincentius a Paulo (1576–1660), Heiliger; Leiter der Caritas in Frankreich, Stifter der Lazaristen und der Barmherzigen Schwestern.

11. Januar
Rousseau: Jean-Jacques R. (1712–1778), französ. Schriftsteller, »Contrat social«, »Émile«. – *c moll Symphonie:* Nr. 5, op. 67, von Beethoven. – *Poerio:* Alessandro P. (1802–1848), italien. Patriot und Märtyrer, nahm an der neapolitan. Revolution von 1820 teil, floh dann nach Deutschland, wo er in Beziehungen zu Goethe trat, kämpfte 1848 bei der Verteidigung Venedigs gegen die Österreicher und wurde beim Ausfall von Mestre tödlich verwundet; durch seine Vaterlands- und Freiheitslieder übte er eine tiefe Wirkung aus, Briefe und Dokumente hrsg. von Imbriani 1884, »Il viaggio in Germania« hrsg. von Croce 1917.

12. Januar
Salvini: s. Anm. zu 12. Nov. 1879. – *Camorra:* neapolitanischer Geheimbund, der im 19. Jh. anfangs das Königtum der Bourbonen unterstützte, aber dann zu einer Verbrecherbande herabsank. – *»Goethes Leben« von Düntzer:* Heinrich D. (1813–1901), dt. Literaturhistoriker, außer Studien zur Literatur der Antike zahlreiche Schriften über Goethe, darunter »Goethe und Karl August«, 2 Bde. 1860–61, »Aus Goethes Freundeskreise«, 1868, und gesammelte »Abhandlungen zu Goethes Leben und Werken«, 2 Bde. 1885.

13. Januar
Max Weber: Max Maria von W. (1822–1881), Sohn von Carl Maria von W., schrieb eine Biographie seines Vaters, 3 Bde. 1864–66; Max v. W. war Zeuge der »Tannhäuser«-Uraufführung in Dresden. – *Herrnhuter:* eine dem Pietismus verwandte evangel. Freikirche; Herrnhut im Lausitzer Land wurde vom Grafen Zinzendorf 1722 für evangel. Exilanten aus Mähren als Sitz der Brüdergemeine mit Ausbildungsstätten und Heimen angelegt.

15. Januar
Mattei: Friedrich Matthäi (1777–1845), dt. Maler, Inspektor und Direktor der kgl. Gemäldegalerie in Dresden. – *Kais. Eugénie:* (1826–1920), 1853 vermählt mit Napoleon III. von Frankreich, führte einige Male die Regentschaft, unternahm 1880 eine Reise nach Südafrika, wo ihr Sohn am 1. Juni 1879 im Zulukrieg ums Leben gekommen war; sie lebte nach dem Sturz des Kaisers als Gräfin von Pierrefonds in England. – *Julian:* Flavius Claudius Julianus (332–363), gen. Apostata, der Abtrünnige, röm. Kaiser 361, suchte ein im neuplatonischen Geist erneuertes Heidentum dem Christentum entgegenzustellen; RWs Idee von Henrik Ibsen verwirklicht in »Kaiser und Galiläer«, Schauspiel 1873. – *Fröbel:* Friedrich F. (1782–1852), Volkserzieher, arbeitete bei Pestalozzi; Gründer der Kindergartenbewegung, suchte die schöpferischen Fähigkeiten des Kindes durch Spiele anzuregen.

16. Januar
»Mais vous êtes mort«: Aber Sie sind tot! – *der Vulpius:* Christiane V. (1765–1816), Schwester des Schriftstellers Christian August V. in Weimar; seit 1788 in Gemeinschaft mit Goethe, 1806 getraut, gebar ihm 5 Kinder, von denen nur August am Leben blieb.

17. Januar
über Physiognomik von Schop.: »Zur Physiognomik«, Parerga und Paralipomena, Bd. 2, Kap. XXIX. – *Karte von W.:* Hans von Wolzogen an Frau Cosima Wagner, vom 13. Jan. 1880 aus Bayreuth, über Redaktionsnöte, Dr. Bernhard Förster und dessen Auslassungen zum Evangelium. – *Méhul:* Étienne Nicolas M. (1763–1817), französ. Komponist, Oper »Joseph in Ägypten« 1807. – *»Notre-Dame de Paris«:* Roman 1831, von Victor Hugo.

18. JANUAR

Karl August: (1757–1828), Herzog, 1815 Großherzog von Sachsen-Weimar-Eisenach, bis 1775 unter der Vormundschaft der Mutter Anna Amalia, erzogen von Wieland, Freundschaft mit Goethe, berief Herder und Schiller, gründete 1791 das Weimarer Hoftheater, gab 1816 dem Land eine Verfassung. – *dumme Büchse, die Königin:* Viktoria von England (1819–1901), regierte seit 1837, deutschfreundlich unter dem Einfluß des Prinzgemahls Albert von Sachsen-Coburg-Gotha, aber bismarckfeindlich; der konservative Disraeli stand ihr nahe und veranlaßte 1876 ihre Erhebung zur Königin von Indien; sie prägte die Viktorianische Ära. – *Prinzen von W.:* Prinz von Wales, Titel des engl. Thronerben Eduard VII. (1841–1910), regierte 1901–10. – *v. Joukowsky:* Paul von J. (1845–1912), russ. Maler, lebte ab 1880 als Freund der Familie in unmittelbarer Umgebung RWs, wirkte an der Ausstattung der »Parsifal«-Aufführungen 1882 mit; v. J. war mit Henry James befreundet.

19. JANUAR

J. Schopenhauer: Johanna Sch. (1766–1838), dt. Schriftstellerin, Mutter des Philosophen, zog 1806 verwitwet nach Weimar, trat mit Novellen und Romanen hervor. – *Fürstin Ouroussoff:* Fürstin Monia Ou., ihr Mann war russ. Gouverneur.

20. JANUAR

Pungolo: italien. Zeitschrift. – *Unruhen in Ungarn:* Die unter ungar. Herrschaft stehenden Kroaten rebellierten, österreich.-ungar. Grenzlandstreit.

21. JANUAR

imbu: durchdrungen. – *A. Dumas Sohn:* Alexandre D. fils (1824–1895), französ. Schriftsteller, schrieb Romane im romant. Geschmack, »Die Kameliendame« 1848, dramatisiert 1852; »Der natürliche Sohn« 1858.

22. JANUAR

zu U. Lev.: Ulrike von Levetzow (1804–1899), die Goethe 1821 in Marienbad kennenlernte. – *Unruhen in Irland:* Unter Parnell verlangte die Irische Nationalpartei Selbständigkeit für Irland, die Irische Landpartei Enteignung der engl. Grundherren; Zunahme der Terrorakte, 1882 Ermordung zweier engl. Politiker in Dublin. – *Abolition:* Aufhebung.

23. JANUAR

Brief an den König: datiert 25. Jan., RW berichtet Ludwig II. vom täglichen Diktat seiner Autobiographie, die er »bis zu dem Zeitpunkt, wo endlich unsere volle Vereinigung dem Schicksale abgewonnen ward« (Anschluß an die Tagebücher!), auszuführen gedenke; KBr. Bd. 3, S. 166–170. – *»Les églises« von Renan:* in »Histoire des origines du christianisme«, 7 Bde. 1863–83, von Ernest R. (1823–1892), französ. Religionswissenschaftler und Schriftsteller. – *Marcion:* gnostischer Kirchengründer aus Sinope, in Rom 144 als Häretiker aus der christl. Gemeinde ausgeschlossen, verwarf das Alte Testament, streng asketische Ethik; die Marcioniten bestanden als Partei bis ins 6. Jh.

24. JANUAR

»c'était pour vous gagner«: das war, um Sie zu gewinnen. – *»Norma«:* Oper 1831, von Bellini.

28. JANUAR

Witwe von Regulus: Marcus Atilius R. (3. Jh.), röm. Feldherr aus plebejischem Geschlecht.

29. JANUAR

Corneille: Pierre C. (1606–1684), französ. Dramatiker. – *Bajasid:* B. I.

(1347–1403), osmanischer Sultan 1389, belagerte Konstantinopel, besiegte 1396 Sigismund von Ungarn, 1402 von Timur geschlagen. – *Racine:* Jean Baptiste R. (1639–1699), französ. Dramatiker. – *Krankheit (Typhus) in Paris:* 27. Okt. 1860, Unterbrechung der Probenarbeit am »Tannhäuser« bis 20. Nov., s. ML S. 641 f. – »*Comment as tu osé avoir le courage et le mérite de venir ici seule*«*:* Wie hast du es gewagt, die Kühnheit und die Tüchtigkeit zu besitzen, allein hierher zu kommen. – *Royer:* Alphonse R. (1803–1875), französ. Theaterdirektor, leitete 1853–56 das Odéon, danach Direktor der Großen Oper 1856–62; unter ihm wurde »Tannhäuser« aufgeführt; häufig in ML.

31. Januar

»*Mein Reich...*«*:* Evangelium des Johannes, Kap. 18, Vers 36.

3. Februar

Gräfin Schulenburg: verheiratet mit Dietrich Graf von der Sch. (geb. 1849), erbliches Mitglied des preuß. Herrenhauses. – *Graf Arnim:* Harry Graf von A. (1824–1881), 1872 Botschafter in Paris, 1874 wegen Begünstigung durch bestimmte Hofkreise von Bismarck abberufen; darauf wegen Nichtherausgabe von Dokumenten seiner diplomatischen Tätigkeit Herbst 1874 verhaftet, flüchtete ins Ausland und veröffentlichte die Broschüre »Pro nihilo«, Zürich 1876, in der er unter Verwendung geheimer Dokumente Bismarck angriff.

6. Februar

mit seinem Aufsatz: »Zur Einführung in das Jahr 1880«. – *Dr. Kirchner:* Dr. Friedrich K. (1848–1900), schrieb »Die ›Jetztzeit‹ und das ›Kunstwerk der Zukunft‹ «, BBl. Jan./Febr. 1880.

10. Februar

Spichern... Wörth... Mars la Tour: Schlachten des dt.-französ. Krieges 1870/71, Geschichte des Krieges fortlaufend in Bd. I.

11. Februar

Großherzog von Weimar: Karl Alexander von Sachsen-Weimar-Eisenach (1818–1901), regierte ab 1853, ließ die Wartburg wiederherstellen und förderte die Künste und Wissenschaften.

12. Februar

Tagebuch ausgesetzt: am 14. Febr. ein Brief Joukowskys beigelegt: »Der Dienst war klein, / Der Lohn enorm. / Von Königshand in / Schöner Form. / Ich küss die Hand jetzt / In Gedanken / Und werde morgen / selber danken. P. Joukofsky Leibmedicus S.M.R.W.« Antwort in Cosimas Handschrift auf der Rückseite: »Den Revolver gegen die Räuber / Gegen Miasmen den Zerstäuber, / So bewaffnet gegen den Feind / Kann man helfen dem Freund, / Schoukoffsky das war schön / geht selbst über den Schrön. Herrn Joukowsky Maler und Medicus. Sonnabend. (welcher für die Krankenstube einen Zerstäuber geschickt hatte).« Schrön: der Arzt. – »*si jamais on m'y prend*«*:* wenn man mir jemals damit kommt. – *des alten Tiefenbach:* General Wallensteins, Regimentskommandeur der Arkebusiere, in »Die Piccolomini«. – *Direktors Hübsch:* Anton H. (1801–1850), Schauspieler, 1836/37 Direktor des Königsberger Theaters.

19. Februar

Peter der Große: Peter I. (1672–1725), Zar von Rußland 1682, führte den Nordischen Krieg und veranlaßte Reformen. – *Grafen Tolstoi:* Dmitrij Aleksandrowitsch Graf T. (1823–1889), russ. Staatsmann, war 1866–80 Minister für Volksaufklärung, durch seine Maßnahmen gegen Universitäten und Studenten verhaßt, 1882–89 Innenminister, bekämpfte liberale Bestrebungen. – *Wiener Periode:* vom

14. Nov. 1861 mit Unterbrechungen bis 23. März 1864. – *unserem Siegfried vermachen:* über das Schicksal der Autobiographie »Mein Leben« und ihre öffentlichen Ausgaben ab 1911 s. Nachwort zu ML 1976.

22. FEBRUAR

»Der Gott, der mir im Busen wohnt«: Studierzimmerszene in »Faust« I von Goethe, vgl. Bd. I, S. 1255f., Anm. zu 27. Nov. 1877.

23. FEBRUAR

Kaiser von R.: Alexander II. Nikolajewitsch, s. Anm. zu 12. Sept. 1878 u. 14. März 1881. – *G. Bruno:* Giordano B. (1548–1600), ursprünglich Dominikaner, einer der ersten neuzeitlichen Denker, entwickelte eine Lehre vom Universum, geriet in die Hände der Inquisition und wurde in Rom öffentlich verbrannt.

26. FEBRUAR

Ludwig XVIII.: (1755–1824), König von Frankreich 1814–24, unterbrochen durch Napoleons 100 Tage 1815, war 1791 ins Ausland geflohen; er erließ eine Verfassung, die Grundlage einer konstitutionellen Monarchie. – *Bierbrauerei:* die wegen ihres Wiener Bieres beliebte und später noch häufig genannte deutsche Wirtschaft von Dreher, Via di Roma 289.

27. FEBRUAR

Ph. II.: Philipp II. (1527–1598), Sohn Kaiser Karls V., 1555 König von Spanien, langjährige Kriege, Abfall der Niederlande, beherrschende Gestalt der Gegenreformation. – *Biebricher Leben:* vom 8. Febr. bis 13. Nov. 1861, dann Aufbruch nach Wien. – *Pompejus:* Gnäus P. Magnus (106–48 v. Chr.), röm. Feldherr und Staatsmann, Konsul, mit Cäsar und Crassus im Triumvirat, im Bruderkrieg bei Pharsalos geschlagen, auf der Flucht getötet.

28. FEBRUAR

Cato: Marcus Porcius C. der Ältere (234–149 v. Chr.), röm. Staatsmann, Konsul, Rhetor und Anhänger altröm. Sittenstrenge.

1. MÄRZ

intercaliert: eingeschaltet. – *Ravesteijn:* Jan van R. (um 1572–1657), niederländ. Maler, bedeutend neben Frans Hals.

2. MÄRZ

»féroces soldats«: blutrünstige Soldaten. – *mugir:* brüllen.

3. MÄRZ

Pr. Holtzendorff: Franz von H., s. Anm. zu 16. Mai 1878. – *Frau Schwab:* nicht ermittelt.

4. MÄRZ

In meinen Hallen: s. Anm. zu 21. Dez. 1878. – *an Freund Feustel:* »Meine Hoffnungslosigkeit für Deutschland und seine Zustände ist durchaus vollständig.«

5. MÄRZ

Wöhrmann: Baronin Alexandra (Sascha) W. geb. v. Joukowsky war mit ihrem Mann und Sohn in der Villa Postiglione eingetroffen; ihr Bruder, Paul v. Joukowsky, berichtet darüber, vgl. Gla. Bd. 6, S. 332.

6. MÄRZ

Demetrios: Demetrios Poliorketes (um 336–283 v. Chr.), 294 König von Makedonien, 288 vertrieben, Biographie von Plutarch. – *Annalen:* in ML S. 759ff.

7. MÄRZ

Frl. Hauk: Minnie H., Baronesse de Wartegg (1852–1929), wohnte später in Tribschen und starb dort.

9. März
Frl. Pauschwitz: nicht zu ermitteln.
12. März
Graf von Schlabrendorf empfiehlt sich: kein Wortspiel; RW dachte an Gustav Graf v. Sch. (1750–1824), der 1789 nach Paris ging, 1794 durch Zufall der Guillotine entkam, zum Gegner Napoleons I. wurde und, von zahlreichen Zeitgenossen besucht und verehrt, die letzten zehn Jahre seines Lebens sein Zimmer fast niemals verließ (»sich empfahl«).
13. März
Joachim: Joseph J. (1831–1907), dt. Violinvirtuose, seit 1868 Direktor der Hochschule für Musik in Berlin, auch Dirigent und Komponist. – *Wilhelmj:* August W. (1845–1908), dt. Violinvirtuose und -pädagoge. – *Gebetbuch:* Kaiser Maximilians I., Randzeichnungen von Albrecht Dürer (und Lucas Cranach).
14. März
Loris-Melikoff: Michail Tarielowitsch Tainow Graf L.-M. (1826–1888), russ. General und Staatsmann aus Armenien, führte 1877/78 im Türkenkrieg ein Armeekorps, 1880–81 Innenminister; ein Attentat am 3. März 1880, bei dem er unverletzt blieb, steigerte seine Popularität. – *Gotthard-Bahn:* Im Okt. 1872 hatte der Bau des großen Tunnels zwischen Göschenen und Airolo begonnen, der Durchschlag erfolgte Ende Febr. 1880, der Betrieb der Gotthardbahn wurde im Mai 1882 eröffnet. – *Le génie est sédentaire:* Das Genie ist seßhaft.
17. März
»durch des Mitleides«: »Durch Mitleid wissend«, Knaben und Jünglinge aus der Höhe, in »Parsifal« I, Takt 1404ff. – *Riedel'schen Vereine:* Karl R. (1827–1888), dt. Chordirigent, Prof., Präsident des Allgemeinen Deutschen Musikvereins, hier gemeint, und Vorsitzender des Leipziger Wagner-Vereins. – *Zitate von Carlyle:* in »Stimmen aus der Vergangenheit«, BBl. März 1880. – *R. rühmt:* verschrieben: R. rügt.
18. März
das des Sieges: im dt.-französ. Krieg 1870/71; RW hatte zunächst gehofft, das Festspielunternehmen mit 300000 Mark finanzieren zu können. – *Tannhäuser in Paris:* 13. bis 25. März 1861, drei vom Jockey-Club ausgepfiffene »Tannhäuser«-Vorstellungen, ML S. 648–52.
19. März
Arbeit über die Affinitäten der Kunst und der Religion: die Urschrift dieses Aufsatzes entstand 1880. – *Lo Piccoli:* Besitzer der Villa d'Angri. – *»Véronique«:* im Roman »Le Curé de village« von Honoré de Balzac.
20. März
Wiederbeginn der Biographie: mit Wien 1862, die Stelle ist gekennzeichnet in ML S. 723. – *Muchanoff... Situation bei Bulwer:* die Szene spielt in Wien 1863, wo Marie Kalergis verh. Muchanoff RW die Wohnung des engl. Gesandtschafts-Attachés verschaffen wollte, s. ML S. 724f., es war der Sohn des berühmten Schriftstellers Edward Bulwer-Lytton, Edward Robert B.-L., s. Anm. zu 2. Mai 1880. – *Vitari:* nicht ermittelt. – *»Wunschmaid warst du mir«:* Wotan zu Brünnhilde in »Die Walküre« III, 2. Szene. – *in den neapolitanischen Geschichten:* von Marc Monnier, s. Anm. zu 26. März 1880! – *der Gott, der mir im Busen wohnt:* Studierzimmerszene in »Faust« I von Goethe, vgl. Bd. I, S. 1255f., Anm. zu 27. Nov. 1877.
21. März
Übersetzung von Dante: von Philaletes, d. i. König Johann von Sachsen

(1801–1873), regierte seit 1854, widmete sich der Dante-Forschung und übertrug Dantes »Göttliche Komödie«, 3 Bde. 1839–49. – *Pr. Witte, dem »Wunderkinde«:* Prof. Karl W. (1800–1883), Rechtsgelehrter und Dante-Forscher, erregte als »Wunderkind« namentlich durch seine Sprachbegabung Aufsehen.

22. März

aus den »Puritanern«: Oper 1835, von Bellini. – *die Körner'schen Lieder:* posthum 1814 unter dem Titel »Leyer und Schwert«, Kriegs- und Freiheitslieder von Theodor K., darunter »Jägerlied«, »Lied der schwarzen Jäger«, vertont im Chorzyklus von C. M. v. Weber. – *der »Offene Brief«:* RWs »Offenes Schreiben an Herrn Ernst von Weber«. – *Miss Tilton:* Bekannte des in Florenz und Dresden lebenden amerikan. Arztes Dr. Jenkins. – *Schurz:* Carl Sch. (1829–1906), schloß sich 1848 der demokrat. Bewegung an, entkam 1849 in die Schweiz, emigrierte 1852 in die USA, befehligte eine Division der Unionsarmee im Sezessionskrieg, wurde Gesandter, Senator und Minister; seine »Lebenserinnerungen«, 3 Bde. 1906–12, schildern auch seine Bekanntschaft mit RW Herbst 1849 in Zürich. – *des Kantors aus Zittau:* Musikdirektor Paul W. Fischer, Vertreter des Bayreuther Patronats in Zittau.

23. März

Alfons' Benehmen in Gaeta: Alfons V. von Aragonien, der Großmütige (gest. 1458), König von Neapel und Sizilien 1416; er eroberte 1435 die Hafenstadt Gaeta und vereinigte sie mit Neapel. – *dem Andenken von Seroff:* Alexander S. (1820–1871), russ. Musikschriftsteller und Komponist, Vorkämpfer RWs in Rußland, zuletzt Staatsrat, besuchte RW in Tribschen, vgl. in Bd. I.

24. März

»Herz, mein Herz«: »Neue Liebe, neues Leben, Herz, mein Herz, was soll das geben«, nach Goethe, op. 75, Nr. 2, von Beethoven. – *Reisenauer:* Alfred R. (1863–1907), Schüler von L. Köhler und Liszt, bedeutender Pianist.

25. März

Dichter Cossa: Pietro C. (1830–1881), italien. Dramatiker, Autor realistischer Charakterstudien aus der Geschichte, Versdrama »Nero«, dt. von C. Reißner 1876, vertont von Pietro Mascagni. – *Herzogin Bagnara:* kalabrisches Adelsgeschlecht, der Herzog B. war Präsident des Conservatorio di Musica in Neapel; vgl. Br. an Daniela. – *Leo:* Leonardo L. (1694–1744), italien. Komponist; »Miserere«, 8stimmiges Oratorium a cappella, 1739.

26. März

»Nouvelles Napolitaines« von Marc Monnier: (1829–1885), französ. Schriftsteller, lebte lange in Italien, Prof. für Literatur in Genf, schrieb Novellen nach italien. Stoffen, Komödien, die Abhandlung »Garibaldi« 1861, übersetzte Goethes »Faust« 1875; »Nouvelles napolitaines« 1879.

27. März

Schopenhauer über die Sprache: »Über Sprache und Worte«, Parerga und Paralipomena, Bd. 2, Kap. XXV. – *Pythagoras:* (6. Jh. v. Chr.), griech. Philosoph aus Samos, Entdecker rationaler Zahlenverhältnisse in der Natur, gründete in Unteritalien einen politisch-religiös-wissenschaftlichen Bund (Pythagoreer). – *Tachard:* in einem humorvollen Brief schreibt RW am 30. März 1880 an Daniela: »Hier wurde zuletzt viel geschrieen: Mr. Tachard hat mich persönlich ruiniert.«

28. März

Corvée: Fron.

30. März

Depesche aus Wiesbaden: Versammlung des Bayreuther Patronats in Wiesbaden am 29./30. März 1880, vgl. auch BBl. April 1880. – *Brief an den König:* datiert 31. März, gegen eine Gemeinschaft mit dem Münchner Hoftheater argumentierend, außerdem: »Diese nutzlosen Bemühungen um den Gewinn der Mittel zu einer dauernden Stiftung, welche nun einmal der elende Zustand der deutschen ›Nation‹ nicht zu gewähren vermag, machen mich endlich rasend, und ich bin entschlossen, nur um von allem diesen nichts mehr zu hören, der Sache ein gründliches Ende zu machen [...] Die Nachrichten über die Aufführungen meiner Werke machen mir nur Kummer; ich wünschte die Erlaubniss dazu überall zurückziehen zu können, und habe desshalb schon ernstlich an eine vollständige Uebersiedlung nach Amerika gedacht, weil ich dort die Mittel erhalten würde, alle zugestandenen Aufführungsrechte zurückzukaufen. Aus vielen anderen Rücksichten, namentlich auch durch meine vollständige Verzweiflung an Deutschland dazu bestimmt, muss ich auch jenes Projekt noch nicht als aufgegeben betrachten; ich erwarte klare Exposé's von jener Seite, und, finde ich sie befriedigend, so könnte mich schliesslich nur die Rücksicht auf den bereits hohen Stand meiner Lebensjahre von der Ausführung abhalten.« Vgl. KBr. Bd. 3, S. 171–75. – *ein heute empfangenes Schreiben:* datiert »Charfreitag den 26. März 1880«, KBr. Bd. 3, S. 170f.

1. April

unser zweites Wiedersehen in Berlin: zuerst 19. Febr. 1863 auf der Durchreise nach Petersburg; 23./24. April auf der Rückreise ein zweitesmal in Berlin.

2. April

Der alte Liphart: Baron, Kunstfreund, meist in Italien lebend.

3. April

Hafis: Beiname des pers. Dichters Schams od-Din Mohammed (1327–1390), schrieb Ghaselen, gesammelt in einem Diwan, dessen Übersetzung durch J. von Hammer-Purgstall (1812) Goethe anregte; Nachdichtungen von Platen, Rückert, v. Rosenzweig-Schwannau, 3 Bde. 1858–64. – *Wenn man spricht, beginnt man schon zu irren:* richtig: Sobald man..., Goethe, Gedichte, Epigrammatisch; Sprüche, Widersprüche.

4. April

Campagne von Gladstone gegen Disraeli: Benjamin D. hatte im März das Parlament aufgelöst in der Hoffnung, für sieben weitere Jahre als Premierminister gewählt zu werden, doch D. verlor die Wahl und wurde im April von Gladstone abgelöst. – *Glendower, Percy:* in »Heinrich IV.« von Shakespeare. – *»O wär ich doch in meinen Hallen«:* Paraphrase auf Goethe, s. Anm. zu 21. Dez. 1878. – *Denkmales der Königin Luise:* (1776–1810), heiratete 1793 den späteren König Friedrich Wilhelm III. von Preußen, 1806 Flucht nach Ostpreußen, 1807 Unterredung mit Napoleon in Tilsit; das Denkmal in Tiergarten stammt von Erdmann Encke, 1880.

5. April

Cottran: bringt Nachrichten von der »Lohengrin«-Aufführung in Rom, erwähnt in Br. an Daniela, vgl. auch Text 20. Mai. – *»Ah! quel bonheur ...«:* Welch ein Glück, ich habe Erfolg gehabt.

6. April

Hölderlin an Schiller: Brief vom 2. Juni 1801 (?).

7. April

Herzog von Meiningen: Georg II. von Sachsen-Meiningen (1826–1914), regierte ab 1866. – *Hornist Lewy:* in Dresden zu RWs Kapellmeisterzeit 1843–49; Cosima schreibt fälschlich »Levi«; es handelt sich aber, da es um »Lohengrin« geht, um den ehemaligen Hornisten Richard Levy in Wien, 1870–79 musikalischer Oberinspektor der Wiener Hofoper, vgl. Angelo Neumann, »Erinnerungen an Richard Wagner«, Leipzig 1907.

8. April

Hadrian: Publius Aelius Hadrianus (76–138), röm. Kaiser 117, festigte das Reich, förderte die Durchdringung mit griech. Bildung. – *Johannes Presbyteros:* Jünger Jesu, der Ende des 1. Jh.s in Ephesos gelebt hat; manche sehen in ihm den Verfasser des Johannes-Evangeliums. – *Gaspérini:* Auguste de G., Arzt, gehörte zu RWs Pariser Freundeskreis, führte RW 1860 in die Pariser Gesellschaft ein.

9. April

ergreifendsten Diktat (28ten Nov.!): Auf der Durchreise nach Löwenberg ist RW erneut in Berlin, Spazierfahrt mit Cosima: »Unter Tränen und Schluchzen besiegelten wir das Bekenntnis, uns einzig gegenseitig anzugehören.« Stelle unterdrückt in allen Ausgaben von »Mein Leben« bis 1963, s. jetzt ML S. 745f. u. Nachwort ML.

10. April

Sachets: Beutel, Kräutersäckchen. – *Pr. Rohde:* Erwin R., s. Anm. zu 7. Mai 1879. – *Erinnerungen an Tristan:* Gedicht RWs zu Isoldes 15. Geburtstag, in Kinderhandschrift (Isoldes) beigelegt: »Vor fünfzehn Jahren wurdest du geboren: / Da spitzte alle Welt die Ohren; / Man wollte ›Tristan und Isolde‹ – / doch was ich einzig wünscht' und wollte, / Das war ein Töchterchen: Isolde! / Nun mag sie tausend Jahre leben, / Und ›Tristan und Isolde‹ auch daneben! / Vivat hoch! – R. W.«

11. April

vom Tode unserer guten Brange: Beigelegt ein Brief mit der Todesnachricht, von Bürgermeister Muncker am 6. April 1880 an Cosima gerichtet, offenbar aber falsch datiert, da ein Brief des Arztes Engel an Muncker beigefügt ist, in dem dieser dem Bürgermeister am 7. April mitteilt, der Gärtner Wagners habe ihm am Vormittag den Tod Branges gemeldet; nach Engels Feststellung sei Brange »apoplektisch und ohne jeden Todeskampf gestorben«.

14. April

Bissing'scher Unsinn: Henriette von B. (1798–1879), geb. Sloman, dt. Romanschriftstellerin, Schwester der in der Schweiz lebenden Eliza Wille; Frau v. B. verursachte RW 1863 in Löwenberg und Breslau einige Wirren, versprach größere Summen, forderte aber offenbar mehr Gegenliebe, s. ML S. 746–50. – *Strömkarl:* Figur im »Tannhäuser«-Bacchanal, vgl. RWs Brief an Mathilde Wesendonck vom 10. April 1860, in »RW an Mathilde Wesendonck, Tagebuchblätter und Briefe 1853–1871«, Berlin 1904, S. 225f.

15. April

Numancia: Schauspiel 1584, von Cervantes (1547–1616). – *Bon Hofmann in Wien:* Leopold Friedrich Freiherr von H. (1822–1885), ab 1876 österreich. Reichsfinanzminister. – *Vortrag des Dr. Förster:* Dr. Bernhard F., »Richard Wagner als Begründer eines deutschen Nationalstils mit vergleichenden Blicken auf die Kulturen anderer indogermanischer Nationen«, BBl. April 1880.

16. April

Anstellung des Grafen Schönfeld: Freiherr Casimir von Sch., Stiefbruder des Fürsten Liechtenstein; 1883 offizieller Abgesandter der Bestattungsfirma Concordia in Wien, die den Sarg für RW nach Venedig transportierte. – *Bon Hirsch in Wien:* Moritz Baron von H. (1831–1896), Finanzmann und Philanthrop, Sohn des Münchner Hofbankiers Joseph H.

17. April
Scherz über den philosophischen Dichter-Greis: im Aufsatz von Förster, s. Anm. zu 15. April; S. 115. – »*De l'établissement définitif de la doctrine sur l'avènement du royaume de Dieu*«*:* »Die endgültige Aufstellung der Lehre vom Anbruch des Reiches Gottes«.
18. April
Aufenthalt in München: Durchreise am 25. März 1864, RW sieht im Schaufenster das Bild des soeben gekrönten Königs Ludwig II., »in ungemein schwieriger Lebenslage« von Schönheit gerührt, s. ML S. 751 f. – *Herzog von Meiningen mit seiner Frau:* Georg II. und Ellen Freifrau von Heldburg (1839–1923), bis 1873 als Schauspielerin Ellen Franz in Gotha, Oldenburg, Mannheim und Meiningen engagiert; dritte, morganatische Frau des Herzogs von Sachsen-Meiningen.
19. April
Camorra: s. Anm. zu 12. Jan. 1880; Darstellung in dem Werk »La Camorra, notizie storiche«, Florenz 1869, von Marc Monnier, vorher »Camorra: les mystères de Naples«, 1863, vermutlich lag die französ. Erstausgabe RW vor.
20. April
bis Pincio: auch Miccio oder Riccio lesbar; möglich ist Ricco, Modegeschäft und Schneider in Neapel, zu dem Verbindungen bestanden.
21. April
Operette: aufgeführt wurde die vierstimmige Parodie-Messe (Vokal-Symphonie) »La bataille de Marignan« von Clément Janequin (um 1480–1560); Janequin schrieb auch Chansons; es ist schwer denkbar, daß RW das Werk von Janequin als Operette bezeichnete.
23. April
an den Herzog Bagnara: in dem ausführlichen Brief ist auch der Plan einer Opernschule für das Konservatorium enthalten: »Nur ein ernstes, tiefes und anhaltendes Studium eines Meisterwerkes von Mozart, etwa der Hochzeit des Figaro, würde nach meinem Dafürhalten geeignet sein, die Schüler des Gesanges und der dramatischen Komposition auf den Weg zu leiten, den Sie in der Vokal-Komposition von denselben befolgt zu sehen wünschen. [...] In bezug auf das tragische Genre würde ich zunächst die beiden Iphigenien von Gluck und schließlich die Vestalin von Spontini empfehlen.« Vgl. Gla. Bd. 6, S. 334 f. – *vorläufig schließen will:* endgültiger Schluß der Autobiographie »Mein Leben«.
24. April
Herzogs von Sachsen: Sachsen-Meiningen. – *Brief des Kabinetts-Sekretärs:* vom 20. April, Ludwig von Bürckel schreibt u. a.: »Seine Majestät geruhten mir mitzutheilen, ich sei als Hofsekretair so unentbehrlich – ich erröthe während des Schreibens – geworden, daß eine andere entsprechende Persönlichkeit als Theater-Indendant in Vorschlag gebracht werden solle. Deßhalb stelle ich die ganz dringende Bitte auf einen andern Candidaten zu sinnen und mir denselben zur Verhütung eines etwaigen Mißvorschlags so bald als möglich bekannt zu geben.« – *Portrait von Paul III.:* Alessandro Farnese (1468–1549), 1534 zum Papst gewählt, bestätigte 1540 den Jesuitenorden, errichtete 1542 die röm. Inquisition, eröffnete 1545 das Tridentinische Konzil; Bildnis von Tizian, 1545, in Neapel. – *Ghirlandajo:* Domenico G. (1449–1494), italien. Maler, Tafelbilder und monumentale Freskomalereien, vor allem in Florenz. – *Lucas von Holland:* L. van Leyden (1494–1533), holländ. Maler und Graphiker, von Dürer beeinflußte Kupferstiche; Genrebilder, Porträts und religiöse Bilder.

26. April
Conformation: Gleichentwicklung.
27. April
Waldensern: Anhänger einer religiösen Laienbewegung, nach Waldes oder Valdus, einem Wanderprediger, 1176 in Lyon entstanden, später radikale Geheimkirche, Ablehnung von Fegefeuer, Eid, Kriegsdienst und Todesstrafe; über ganz Europa verbreitet, durch die Inquisition unterdrückt, nach der Aufhebung des Edikts von Nantes 1699 aus Frankreich ausgewiesen, 1820 den evangel. Landeskirchen angeschlossen.
28. April
Ankauf des Jamnitzer Aufsatzes: ein Meter hoher, sog. Merkelscher Tafelaufsatz des Goldschmieds Wenzel Jamnitzer (1508–1585), gekauft von Henri von Rothschild in Paris.
30. April
Sitzung für das Bild: Cosima, gemalt von Paul Joukowsky.
1. Mai
Io ti vedo: Ich sehe dich.
2. Mai
Lytton-Bulwer: Edward Robert B.-L. (1831–1891), engl. Schriftsteller und Politiker, Sohn des berühmteren Edward B.-L., s. Anm. zu 28. Sept. 1878; war Vizekönig von Indien seit 1876 und kam 1880 der Absetzung durch Gladstone zuvor, indem er seine Entlassung einreichte.
5. Mai
Vivisektions-Frage: Beigelegt ein Zeitungsausschnitt o. D., »Aus der Petitions-Commission« des Reichstags, darin u. a.: »An der Debatte hatte sich vornehmlich Herr Professor Virchow betheiligt, welcher den Nachweis führte, dass ohne die Vivisection der erzielte Fortschritt der Wissenschaft nicht zu erreichen gewesen wäre, auch den Umstand betonte, dass von Polizeiwegen gegen thierquälerische Missbräuche auskömmliche Vorkehrungen getroffen seien. Ganz allgemein herrschte in der Commission der Wunsch vor, den Petitionen gegenüber eine Stellung einzunehmen, welche dazu angethan sein sollte, der Antivivisections-Bewegung einen Riegel vorzuschieben.« Im Aprilheft der BBl. waren die Mitglieder des Bayreuther Patronats um Unterstützung dieser Petition gebeten worden.
6. Mai
Biographie zum Druck: der letzte, vierte Band des Privatdrucks wird bei Th. Burger in Bayreuth hergestellt, der Druck zieht sich jedoch bis in den Sommer hin, vgl. 26. Juli 1880 und Anm. dazu.
8. Mai
die heutigen Weiber: fehlerhaft, vermutlich »die lustigen Weiber« gemeint.
9. Mai
Ravaschieri: nicht ermittelt.
14. Mai
Schwester Luise: (1805–1871), heiratete 1828 den Verlagsbuchhändler Friedrich Brockhaus (1800–1865).
15. Mai
Delaroche: Paul D. (1797–1856), französ. Maler, schuf dramatische Darstellungen der Geschichte. – *Vetter Kühnlein:* Johann Christoph Kienlen (1784–1830), dt. Komponist, Kapellmeister und Gesangslehrer, auch in ML, S. 41 u. 101, »Kühn-

lein« geschrieben; das erheblich ältere Original aus Magdeburg ist wohl nur scherzhaft »Vetter« genannt.

17. Mai

abends Grals-Ritter: gemeint sind Humperdinck, Plüddemann, Rubinstein und Dr. Hartmann aus München, vgl. Gla. Bd. 6, S. 339.

18. Mai

Selig, die da weinen, denn sie werden getröstet sein: »Selig sind, die da Leid tragen; denn sie sollen getröstet werden.« In den Seligpreisungen der Bergpredigt, Matthäus 5.

19. Mai

Der Witz ist da, die Erde hat mich wieder: Paraphrase auf »Die Träne quillt, die Erde hat mich wieder«, in »Faust« I, Nacht. – *nur noch 4 Jahre der Biographie:* der nicht ausgeführte Teil der Jahre 1864–68, vorhanden lediglich »Annalen«, s. ML S. 759–69.

20. Mai

über die Philosophie-Professoren: in »Über die Universitäts-Philosophie«, Parerga und Paralipomena, Bd. 1. – *Mme Hartwig:* Friederike Wilhelmine H. geb. Worthon (1777–1849), Schauspielerin in Leipzig, erste Johanna in Schillers »Jungfrau von Orleans«, s. ML S. 10; RWs Vater Friedrich Wagner stattete ihr häufig Besuche ab. – *Stella Bonheur:* (1855–1901), französ. Sängerin, Mezzosopran, 1877 an der Scala in Mailand, dann bis 1880 am Apollo di Roma. – *Timon:* »Timon von Athen« von Shakespeare. – *Wanderung durch den überschwemmten Tessin:* 14. Sept. bis 6. Okt. 1868, in den Annalen geschildert, ML S. 767f.

21. Mai

über den Bart: »Aphorismen zur Lebensweisheit«, Parerga und Paralipomena, Bd. 1. – *Einleitung zum Kapitel der »scheinbaren Absichtlichkeit«:* »Transcendente Spekulation über die anscheinende Absichtlichkeit im Schicksale des Einzelnen«, Parerga und Paralipomena, Bd. 1.

22. Mai

Ein leuchtender Morgen: ausführlich bei Gla. Bd. 6, S. 340ff., und Martin Plüddemann, »Eine Geburtstagsfeier bei Wagner in Neapel 1880«, in Richard Wagner Jahrbuch, Stuttgart 1886, S. 89ff. – *Humperdinck:* Engelbert H. (1854–1921), dt. Komponist, Kapellmeister und Musikkritiker; schrieb u. a. die Opern »Hänsel und Gretel« 1893, »Königskinder« 1897/1910, »Dornröschen« 1902; musikalischer Assistent in Bayreuth 1882–94; stellte die »Parsifal«-Partiturerstschrift her; später studierte Siegfried Wagner bei H. Kompositionslehre. Über die Begegnungen mit RW schrieb H. »Parsifal-Skizzen, persönliche Erinnerungen an Italien und Bayreuth«, in »Die Zeit«, Wien 1907, auch »Bayreuther Festspielführer« 1927, S. 215ff.

23. Mai

Mme Minghetti: Donna Laura M. (1829–1915), in erster Ehe verh. mit Fürst Domenico Camporeale, in zweiter mit dem italien. Staatsmann Marco M. (1818–1886); Mutter der Gräfin Marie Dönhoff geb. Camporeale, der späteren Fürstin von Bülow. – *»Je suis amoureuse folle de vous«:* Ich bin irrsinnig verliebt in Sie. – *»Nous sommes au bord...«:* Wir stehen am Rand eines Abgrunds, meine verlegensten Empfehlungen an Monsieur Minghetti!

25. Mai

»Begibt mein Herr sich auf die Reise«: Olivers Arie im I. Akt der Oper »Jean de Paris« von Boieldieu. – *Besuch des Domes:* Kathedrale San Andrea in Amalfi.

26. Mai
Ravello: von dem »Zaubergarten« gibt Joukowsky eine ausführliche Schilderung, vgl. auch Gla. Bd. 6, S. 345f. – *Klingsor's Garten:* Nach Besichtigung des Parks vom Palazzo Rufolo schreibt RW ins Gästebuch: »Klingsor's Zaubergarten ist gefunden!« Vgl. die Eintragung Cosimas am Tagesende. – *Herr Reed:* Neville R. war Besitzer des Palazzo Rufolo in Ravello.
29. Mai
v. Rudhart: Am 7. Juli 1877 hatte Ludwig II. an Bismarck geschrieben, »daß mein für Berlin bestimmter Gesandter v. Rudhart bei Ihnen wohlwollende und vertrauensvolle Aufnahme finden werde«; in seinen »Gedanken und Erinnerungen« (Ausg. von 1922, Bd. 1, S. 416) kommentiert Bismarck dies mit »das bewährte sich bei R. nicht«.
30. Mai
Brief an den König: datiert 31. Mai, KBr. Bd. 3, S. 176–79.
31. Mai
Flaubert: Gustave F. (1821–1880), französ. Romancier, hier: »La tentation de Saint-Antoine«, 1874. – *Spohr und seiner letzten... Oper:* »Die Kreuzfahrer«, 1845, letzte Oper von Louis Spohr, vom Dresdner Theater nicht angenommen; über RWs letzte Begegnung mit Sp. vgl. ML S. 348f.
1. Juni
Photograph und Maler: P. Biondi e Figlio photographiert RW mit seinem Sohn Siegfried; Edmond Jean de Pury (1845–1911) malt das Porträt in Öl auf Leinwand; vgl. M. Geck, »Die Bildnisse Richard Wagners«, Nr. 32 u. 33.
3. Juni
Cneius: nach Gnäus Pompejus, s. Anm. zu 27. Febr. 1880.
4. Juni
Bassisten Kneisel: Wilhelm K. (gest. 1885), Baßbuffo, Mitglied der Bethmannschen Gesellschaft zu RWs Kapellmeisterzeit in Bad Lauchstädt und Magdeburg 1834–36, in ML S. 99 u. 105. – *Arie des Matteo:* Baßpartie in »Fra Diavolo« von Daniel François Esprit Auber; die Oper wurde seit 1830 häufig in Dresden gespielt.
7. Juni
setzt einiges auf: in Cosimas Handschrift: »Noten unter Richards Diktat.« In RWs Handschrift: »Protektorat – Königlicher Entschluß uns genehm, Deutsches Reich Gedanke Freunde unfruchtbar abgetan. *Früher* Nur darauf geraten wegen Schwierigkeiten in Bayern. Deshalb Intendanz Frage so wichtig. Keinen Kandidaten vorläufig, Bürkel eher befähigt, einen zu finden. Vielleicht eine Aufnahme meiner Wiener Organi[s.] mit einer ökonomischen Kontrolle (Bürkel) [(]Sekretär bleibend). Schwierig nicht unmöglich das Richtige zu finden. Erwünschtes Ziel regelmäßige Bühnenfestspiele in Bayreuth als zugleich berechnete Mustervorstellung für München von allen Werken dem gesamten deutschen Publikum an einem deutschen Ort geboten (extra Theater) Patronatverein stets die Extra-Kosten deckend. Beginn mit Parsifal 1882. Daher keine übermäßigen großen Kosten für den König.« – *Baggesen:* Jens B. (1764–1826), dän. Dichter, Theaterdirektor und Prof., Humorist und Satiriker, schrieb Erzählungen und Reisebeschreibungen. – *Musen-Almanach:* hrsg. von Friedrich Schiller 1796–1801.
8. Juni
über Raphael geschrieben: RWs Ausführungen über Raffaels Sixtinische Madonna in »Religion und Kunst«, BBl. Okt. 1880, S. 274, vgl. auch Tagebuch am

10. Juni 1880. – *von seiner Arbeit:* »Religion und Kunst«, am 19. Juli beendet, s. dort.

9. JUNI

pensive: nachdenklich. – *in Rußland bei der Thron-Besteigung:* diese sollte 1881 nach der Ermordung Zar Alexanders II. alsbald bevorstehen.

10. JUNI

Mensch mit Menschen: »Die schlechteste Gesellschaft läßt dich fühlen, / Daß du ein Mensch mit Menschen bist«, Mephisto in der Studierzimmerszene von »Faust« I von Goethe.

11. JUNI

Lübke: Wilhelm L. (1826–1893), Kunsthistoriker, publizierte 1869 mit Eduard Hanslick eine gegen RW gerichtete Broschüre »Über Richard Wagner«. – *dann, daß er nicht:* lies: daß er dann nicht.

14. JUNI

Sixtina: von Raffael in Dresden, vgl. 8. Juni 1880. – *Dialog über Tod:* »Kleine dialogische Schlußbelustigung«, § 141 von »Zur Lehre von der Unzerstörbarkeit unseres wahren Wesens durch den Tod«, Parerga und Paralipomena, Bd. 2, Kap. X. – *Pascal:* Blaise P. (1623–1662), französ. Religionsphilosoph, Mathematiker und Physiker, seine schriftstellerische Kunst Höhepunkt der klass. Prosa Frankreichs.

15. JUNI

Mme Mennikoffer: nicht ermittelt. – *Teniers:* David T. (1610–1690), fläm. Maler, bevorzugte Szenen aus dem Volksleben, Motive von Festen und Schankstuben.

16. JUNI

Enthüllung des Goethe-Denkmales: am 2. Juni 1880 in Berlin, Denkmal von Fritz Schaper, die Festansprache hielt der Vorsitzende des Denkmal-Comités, Geheimrat Dr. von Löper.

18. JUNI

aigreur: Bitterkeit. – *»Schlacht bei Vittoria«:* »Wellingtons Sieg oder die Schlacht bei Vittoria«, op. 91, von Beethoven.

19. JUNI

As dur Sonate: op. 110 von Beethoven.

20. JUNI

»quand je me pose en compositeur, alors«: wenn ich den Komponisten spiele, dann.

21. JUNI

»Steh nur auf«: »Steh nur auf, du Handwerksgesell! Die Zeit hast du verschlafen«, Wanderlied aus Schlesien, s. auch am 1. Aug. 1881. – *»Moses«:* auch »Moses in Ägypten«, Oper 1818, von Rossini.

23. JUNI

R. wieder den Schweizerbub gespielt: Anspielung auf die Verwalter des Palazzo Rufolo, die Schweizer Palumbo: Palumbello ist der Hund in der Villa d'Angri, vgl. am 26. Mai 1880.

24. JUNI

»Vieles Gewaltige lebt«: »und nichts ist gewaltiger als der Mensch«, Chor in Sophokles' »Antigone«; Schauspielmusik op. 55 von Mendelssohn-Bartholdy. – *Mitterwurzer:* Anton M., s. Anm. zu 26. Okt. 1878.

25. JUNI

Dr. Schlemm: Oscar Sch., s. Anm. zu 6. Juni 1878; »Drei Dramen. Zur Komposition geeignet. Mit einer Einführung und einer ästhetischen Studie über das musikalische Drama«, Hannover 1880.

26. Juni

zu modern: zum Gedicht »Modern« aus dem Jahr 1873, vgl. Bd. I, S. 1207, Anm. zu 22. Juli 1873; Zusatzvers zu »Laßt in den Grüften eure Ahnen módern, / wir richt'gen Kerle sind modérn«; jetzt gereimt auf Sótern und Sotérn: *bei Sautern:* Louis Sauter, Photograph und Maler, und *Sauternes:* Ort in der Gironde, bekannt durch weiße Bordeaux-Weine. – *digérer:* verdauen. – *»da sah ich ihn«:* »durch den sich Gott verkündigt«, Tannhäuser in der Romerzählung, III. Akt, 3. Szene.

27. Juni

an seinem Aufsatz: »Religion und Kunst«, vgl. 19. Juli. – *King John:* Johann ohne Land (1167–1216), König von England 1199; die aufständischen engl. Barone erzwangen von ihm 1215 die Magna Charta, Grundstein der engl. Parlamentsverfassung. – *Hegel:* Georg Wilhelm Friedrich H. (1770–1831), dt. Philosoph, »Philosophie der Weltgeschichte«: entstehende und vergehende Staaten als Manifestationen der Volksgeister, deren Abfolge den »Fortschritt im Bewußtsein des Geistes von seiner Freiheit« darstelle. – *Marc Anton:* Marco Antonio Raimondi, gen. Markanton (1480–1527/34), italien. Kupferstecher. – *Leonardo:* L. da Vinci (1452–1519). – *Nanteuil:* Robert N. (1618 oder 1623–1678), Radierer und Porträtist berühmter Zeitgenossen am französ. Hof. – *Droysen:* RW hatte in seiner Dresdner Bibliothek von Johann Gustav D. u. a. die Übersetzung von Aischylos, 2 Bde., Berlin 1832. – *Otfried Müller:* Karl O. M. (1797–1840), dt. klass. Philologe und Archäologe, schrieb eine »Geschichte der hellenischen Stämme«, deren 2. Bd. »Die Dorier« 1824, erweitert 1844, RWs Lektüre ab 21. März 1869 war; in RWs Dresdner Bibliothek. – *Hermann's (nicht des Berühmten):* Gottfried H. (1772–1848), dt. klass. Philologe, Prof. in Leipzig, dessen kritische Ausgaben von Homer und den griech. Tragikern Höchstleistungen der Textkritik darstellen; Einleitung zur Taurischen Iphigenie des Euripides, 1833.

28. Juni

Kreuz-Zeitung: Neue Preußische Zeitung, Berlin 1848–1939, konservativ.

29. Juni

Miss Ouragan: Anspielung auf Judith Gautier, die in ihrer Jugend L'Ouragan (der Sturmwind) genannt wurde. – *mit meinen beiden »Damen«:* Am 29. Juni 1864 traf Cosima mit ihren beiden Töchtern Daniela und Blandine in Haus Pellet, Kempfenhausen, ein. – *Cocquelicot-Blume:* Klatschmohn, Klatschblume. – *»gelati«:* Eis.

30. Juni

Mercur von Marc Anton: s. Anm. zu 27. Juni. – *Savonarola von Fra Bart.:* Fra Bartolomeo, eigentlich Baccio della Porta (1472–1517), italien. Maler, schuf Altar- und Andachtsbilder, ein Anhänger des italien. Bußpredigers Girolamo S. (1452 bis 1498). – *Anekdote von Frau Beer:* nicht ermittelt. – *Thymele:* Opferstein.

1. Juli

»Somnambule«: »La Sonnambula«, Oper 1830, von Vincenzo Bellini. – *F dur Quartett:* vgl. 6. Okt. 1879. – *Gräfe:* Konrad G., Maurer in Bayreuth, überlebte den Sturz.

2. Juli

Septett von Hummel: Septett d-moll, op. 74, von Johann Nepomuk H. (1778–1837), österreich. Komponist und Pianist. – *Ercole:* Hund. – *»Terres vierges«:* Roman »Neuland« von Turgenjew.

3. Juli

Stein über G. Bruno: »Der Wahn eines Helden«, Manuskript einer Schrift über Giordano Bruno von Heinrich von St., in Schmeitzners Internationaler Monatsschrift, Chemnitz Jan./Febr. 1882, und hrsg. von Friedrich Poske 1900; vgl. auch die Habilitationsschrift St.s »Über die Bedeutung des dichterischen Elementes in der Philosophie des Giordano Bruno«, 1881. – *Hähnel:* Ernst H. (1811–1891), dt. Bildhauer, schuf eine romant. Raffael-Statue und das Bronzestandbild Beethovens in Bonn; über H. in Dresden s. ML S. 333.

5. JULI

Prinzessin von Meiningen: Prinzessin Maria Elisabeth (1853–1923), aus der ersten Ehe des Herzogs Georg II. von Sachsen-Meiningen mit Charlotte Prinzessin von Preußen (1831–1855).

6. JULI

Grenze von Griechenland: Beim Berliner Kongreß 1878 wurde im Zuge der Beendigung des russ.-türk. Konflikts Griechenland eine Grenzverbesserung versprochen, die es nach der 2. Berliner Konferenz 1880 auch erhielt. – *Agio:* Aufgeld, zunächst beim Wechsel von Silber- in Goldmünzen. – *de Pury:* Edmond Jean de P. (1845–1911), französ. Maler, porträtierte RW. – *»le menton, nous sommes tous deux des menteurs«:* unübersetzbares Wortspiel auf die Ähnlichkeit zwischen RW und Napoleon, menton-menteurs: Das Kinn, wir sind alle beide Lügner. – *Goethe-Meyer'sche:* Hans Heinrich M. (1760–1832), Kunstgelehrter, schloß in Italien mit G. Freundschaft, wurde 1792 an die Weimarer Zeichenakademie berufen, ab 1806 Direktor; Berater und Mitarbeiter Goethes, »Briefwechsel mit Goethe«, 3 Bde. 1917–23. – *Correggio:* Antonio Allegri da C. (1489–1534), italien. Maler religiöser und mythologischer Motive. – *G. Romano:* Giulio R. (1492–1546), italien. Maler und Architekt.

9. JULI

über Moltke: RW schreibt in »Religion und Kunst« vom »berühmten Schlachtendenker«, der den Mangel an Religiosität als Hindernis des Friedens bezeichnet habe, vgl. BBl. 1880, S. 290.

10. JULI

Bischofs in Belgien: Joseph Hubert Reinkens (1821–1896), 1853 Prof. der Kirchengeschichte in Breslau, brach als Gegner des Unfehlbarkeitsdogmas 1870 mit der kathol. Kirche, 1872 exkommuniziert, am 12. Aug. 1873 in Rotterdam zum Bischof der Altkatholiken geweiht, vgl. Bd. I, S. 716, Fußnote zum 19. Aug. 1873.

12. JULI

»Peau de Chagrin«-Spaziergang: bezieht sich auf den Märchencharakter des Chagrinleders: »Wunschspaziergang«. – *Briefe Goethes's an Ludw. I. von Bayern:* s. Anm. zu 19. Juli.

13. JULI

»Du bist des einen Triebes«: vgl. Osterspaziergang, Goethe, »Faust« I.

14. JULI

Zwiespalt zwischen Rußland und China: in China stand der fünfjährige Kaiser Teh-tsung unter der Regentschaft von zwei Kaiserin-Witwen; an allen Grenzen erzwangen die fremden Staaten, darunter Rußland, durch Übergriffe Landabtretungen.

15. JULI

Wittelsbacher Stiftung: vgl. 19. Juli 1880. – *Rosaire:* Rosenkranz. – *Frau Helbig:* Nadine H. geb. Prinzessin Schachoffsky, verheiratet mit dem Archäologen Wolfgang H. in Rom; Schülerin Liszts. – *v. Keudell:* Robert von K. (1824–1903), preuß.

Regierungsbeamter und Diplomat, Mitarbeiter Bismarcks, 1871 Gesandter in Konstantinopel, 1873 in Rom, 1876 Botschafter am Quirinal; begabter Pianist.

16. JULI

Schiller's Urteil: richtig: Goethes Urteil. – »*Hermannsschlacht*«: »Die H.«, Drama, posthum 1821 hrsg. von Ludwig Tieck, von Heinrich von Kleist. – *Exkommunikation Friedrich's II.:* (1194–1250), Staufer, Kaiser 1220, 1227 durch Papst Gregor IV. und 1239 durch Gregor IX. in Bann, 1245 von Innozenz IV. für abgesetzt erklärt.

19. JULI

Malchen Lehmann bei Böhmes: RW war 1826/27 bei einer Familie Dr. B. in Dresden in Wohnung und Kost, vgl. ML S. 22ff. und 27, in ML heißt das Mädchen Amalie Hoffmann. – *seine Arbeit... (Schluß):* »Religion und Kunst«, BBl. Okt. 1880 und Ges. Schr. Bd. 10. – *meine Worte über die Wittelsbacher-Feier:* »Zur Feier des 25. Augusts und zur Nachfeier des Wittelsbacher Festes«, anonym in BBl. Aug. 1880, darin auch der mehrfach erwähnte Brief Goethes vom 18. Okt. 1829 an König Ludwig I. von Bayern; Wittelsbacher-Fest vgl. Anm. zu 31. Aug. 1880. – *ich kalt wäre:* vgl. Elsa, in »Lohengrin« III, 2. Szene Beginn.

20. JULI

Decamerone: Anspielung auf den Erzählungskreis des Boccaccio. – *2ten Dezember:* Am 2. Dez. 1851 brach Napoleon III. als Präsident der Republik durch blutigen Staatsstreich den Widerstand des französ. Parlaments und ließ sich am 2. Dez. 1852 zum Kaiser ausrufen. – *économie de sang:* sparsam vergossenes Blut; Schonung von Menschenleben.

21. JULI

des Großherzogs von Baden: Friedrich I. (1826–1907), seit 1856 Großherzog von Baden.

22. JULI

des Es dur Quartetts in Paris: Im Herbst 1853 waren Liszt und RW in Paris zu einer »Produktion der Quartett-Gesellschaft Maurin-Chevillard« eingeladen, gespielt wurden die Quartette Es-dur und cis-moll von Beethoven, vgl. ML S. 516.

23. JULI

Goethe... der Sakramenter: wohl im Sinne von »Tausendsappermenter«, Hansdampf in allen Gassen. – *zerbrochenen Hammers:* am Klavier.

24. JULI

»*Sänger*«: »Der Sänger«, Ballade 1783, von Goethe.

26. JULI

Langsamkeit im Druck: der 4. Bd. des Privatdrucks von »Mein Leben«, von Th. Burger in Bayreuth hergestellt, war erst im Aug. fertig. – *h. Anna:* Mutter Marias, Schutzheilige der Mütter und Bergleute, Tag 26. Juli.

27. JULI

ein Herr Oelten: nicht ermittelt. – *Peignoir:* Bademantel, Morgenrock. – *Papst J. XXII.:* (1245–1334), 1316 zum Papst gewählt, festigte das Papsttum in Avignon und wirkte im Interesse Frankreichs. – *Gräfenberg:* Badeort im schlesischen Altvatergebirge, damals Österreich, später Tschechoslowakei.

6. AUGUST

Hawthorne: Nathaniel H. (1804–1864), amerikan. Erzähler; Romane, Erzählungen, Skizzen und Essays; La lettre rouge: »The Scarlet Letter«, Roman 1850, dt. 1851.

7. August
Gedicht an Pr. Schrön: »Was man als Wonn' und Wunder preist, / wie wär Neapel selbst so schön, / behütet uns so Leib als Geist / ein Freund nicht wie Professor Schrön? / Will ich Neapel's Pracht ermessen, / wie sollt' ich dieses Freund's vergessen?«
9. August
Nierensteiner: gemeint ist der Niersteiner, nach Nierstein, einem rheinhessischen Weinort.
10. August
Ghibellinen: seit 1212–18 in Italien die Anhänger der Kaiser gegenüber den Guelfen, den Anhängern der Päpste; der Kampf zwischen beiden wütete noch nach dem Ende der staufischen Herrschaft bis ins 16. Jh. – *Magdala:* Ort und Staatsgut östl. Weimar, auf dem sich RW auf der Flucht aus Dresden vom 20. bis 23. Mai 1849 aufhielt und mit Minna traf, vgl. ML S. 427f.
11. August
Cornet à pistons: Blechblasinstrument, Kornett mit Pumpventilen. – »*Causes célèbres*«*:* »Causes célèbres de tous les peuples«, Auswahl aus dem Pitaval, 1848 ediert.
12. August
Luca della Robbia: (1399–1482), italien. Bildhauer, Meister der Frührenaissance in Florenz, schuf Reliefs, Grabmäler, Büsten und eine neue Kunst der Glasierung.
13. August
irische Frage: vgl. Anm. zu 22. Jan. 1880. – *nußbraune Mädchen:* Anspielung auf »Das nußbraune Mädchen« in Goethes »Wilhelm Meisters Wanderjahre«, Erstes Buch, Kap. 11. – *Morlacchi:* Francesco M. (1784–1841), italien. Dirigent und Komponist komischer Opern; ab 1810 Kapellmeister der Italienischen Oper in Dresden; RW war nicht direkt sein Nachfolger, allerdings nach ihm Kapellmeister in Dresden.
15. August
Brand der Bibliothek... Mommsen: die Villa von Theodor M. in Berlin war am 12. Juli niedergebrannt, dabei gingen auch die eigene Bibliothek und kostbare Handschriften auswärtiger Bibliotheken verloren. – *Schop. ... über den Intellekt:* »Den Intellekt überhaupt und in jeder Beziehung betreffende Gedanken«, in Parerga und Paralipomena, Bd. 2, Kap. III.
16. August
Gräber der Volumni: Begräbnisstätte der Volumner 6 km südöstl. von Perugia, Totengruft aus dem 2. Jh. v. Chr., eine der schönsten uns bekannten etruskischen Grabanlagen, im 19. Jh. freigelegt, vgl. dazu Br. an Daniela vom 17. Aug.: »Die Aschen Schreine mit den Gestalten, die ganze Familie wie zu einem edlen Zweck versammelt, ein zierlicher Genius die Lampe haltend, Medusenköpfe, nicht an die ›Hatz des Elends‹ sondern an die Tragik des Daseins erinnernd! Mich ergriff es zu denken, daß diese Vorgänger den Stoff preisgaben bis auf die Reliquie (die Asche) und die Form durch die Kunst verewigten, auch daß hier kein Künstler, kein besonderes Kunstwerk zu uns spricht, sondern die allgemeine Kultur eines Volkes. Auch Papa hat es sehr interessiert.«
20. August
Vaillant: Dr. V., Mornex/Schweiz, dessen Wasserheilanstalt RW von Juni bis Aug. 1856 besuchte, um eine Gesichtsrose zu heilen, vgl. ML S. 547ff.
21. August
Besuch des Domes: der Dom wurde zum Vorbild des Gralstempels im »Parsifal«.

– *Schop. über Mediziner und Ärzte:* »Zur Philosophie und Wissenschaft der Natur«, in Parerga und Paralipomena, Bd. 2, Kap. VI.

23. August

Mietsangelegenheit: das Haus wurde für 800 Lire monatlich gemietet.

24. August

Depesche an den König: Entwurf in RWs Handschrift beigelegt, Geburtstagswünsche für Ludwig II., s. KBr. Bd. 3, S. 180; in Cosimas Handschrift vermerkt: »Siena: 25/8.80«.

26. August

Antworts-Depesche vom König: am 25. Aug. aufgegeben, Dank für die Wünsche, KBr. Bd. 3, S. 180.

28. August

Mozartiana: von Ludwig Nohl (1831–1885), Musikschriftsteller, der Beitrag erschien in der Allgemeinen Deutschen Musikzeitung, 13./20. Aug. 1880. – *Postkarte:* »Hamburg, 17. Aug. 1880. Herrn Richard Wagner Bayreuth. Ich bin Präsident eines dramatischen Clubs in Chicago u. könnte dort Ihre älteren Werke zur Aufführung bringen; habe aber keine blonden Kräfte zur Besetzung der Rollen, sondern zumeist nur dunkle Juden, welche indessen begeisterte Anhänger Ihrer Kunst sind. Würden Sie rathen, es mit solchen vor einem germanischen Publikum zu riskieren? Gefl. Antwort erbitte nach Chicago und zeichne Hochachtungsvoll H. v. Leesen, Präsident Club ›Freundschaft‹ Ecke Lasalle & Randolph Str.« – *»Sei mir gegrüßt«:* Lied von Franz Schubert, nach Rückert. – *Burckhardt:* Jacob B. (1818–1897), Schweizer Geschichtsschreiber und Kunstgelehrter, Prof. in Basel 1858–93, »Geschichte der Renaissance in Italien« 1867.

30. August

Peruzzi: Baldassare P. (1481–1536), italien. Maler und Architekt, Fresko: Sibylle von Tibur in der Kirche Fontegiusta in Siena. – *Prokrok:* möglicherweise August Prokop, schrieb u. a. »Die Sicherheit der Person im Theater nebst Vorschlägen zur Reform des Theaterbaues«, Wien 1882, nach dem Brand des Wiener Theaters; darin auch über das Bayreuther Festspielhaus. – *E. v. Hagen:* Aufsatz in »Die Tonkunst«, IX. Bd. 1880, S. 312ff.

31. August

des Wittelsbacher-Festes: Am 25. Aug. war das 700jährige Bestehen der Dynastie der Wittelsbacher in Bayern gefeiert worden, vgl. auch Anm. zu 19. Juli; nach der Stammburg Wittelsbach bei Aichach benannt, gewannen die W. als Bundesgenossen der Staufer 1180 das Herzogtum Bayern zurück.

2. September

Schletterer: Hans Michel Sch. (1824–1893), dt. Musikschriftsteller, Redakteur der Augsburger Allgemeinen Zeitung, auch Domkapellmeister in Augsburg.

3. September

Ritter Toggenburg: gleichnam. Ballade, 1797, von Schiller.

5. September

Strozzi: berühmtes florentiner Adelsgeschlecht.

6. September

im päpstlichen Bette: In der Villa Torre Fiorentina soll Pius VI. (1717–1799), Papst 1775, übernachtet haben, vgl. Text vom 28. Sept. 1880. – *Gedicht von E. Geibel zur Feier von Sedan:* Emanuel G. (1815–1884), dt. Lyriker, Gedicht »Am 3. September 1870«, das Jubelgedicht endet in 7 Strophen jeweils mit »Ehre sei Gott in der Höhe!« oder »Furchtbar dräute der Erbfeind«, zuletzt: »Nimmermehr dräut uns der Erbfeind« und »Ehre sei Gott in der Höhe!« G.s Gedicht erschien zur zehnjährigen Sedanfeier in der Illustrirten Zeitung Leipzig. – *Ich dachte für's Ballett:* Anspielung auf den Erfolg des Zauber-Balletts *»Flick und Flock«:* vollständiger Titel »Flick und Flocks Abenteuer«, von Taglioni, Musik von P. L. Hertel (1817–1899), in den Jahren zwischen der Uraufführung 1858 und 1885 wurde das Ballett allein in Berlin 419 mal gespielt. – *Bismarck nun Handelsminister:* 1879 ging B. vom Freihandel zum Schutzzoll über und übernahm im Interesse des neuen Kurses in der Wirtschaftspolitik 1880 auch noch das preuß. Handelsministerium.

7. SEPTEMBER

Debut seines Bruders Albert: (1799–1874), RWs ältester Bruder, Debut als Tenor in Breslau, danach Sänger und Regisseur in Würzburg, ML S. 16 u. 81. – *Schrenck:* Karl Freiherr von Sch. (1806–1884), bayer. Staatsmann, 1846 Justiz- und Kultusminister, 1859 Nachfolger Pfordtens an der Spitze des Kabinetts, 1864 zurückgetreten; 1870/71 Gesandter in Wien, ab 1872 Präsident der bayer. Reichsratskammer. – *seinen Abend bei Bismarck:* 3. Mai 1871, vgl. Bd. I, S. 384.

9. SEPTEMBER

»An Werther«: aus der »Trilogie der Leidenschaft«, letzte Strophe, 1824, von Goethe.

10. SEPTEMBER

seine Nikolai-Hymne: »Nicolay«-Volkshymne 1837.

11. SEPTEMBER

»Tancred«: hier vermutlich wieder »Tancrède« von Voltaire, dt. von Goethe.

12. SEPTEMBER

»Was einer vorstellt«: »Von dem, was Einer vorstellt«, Aphorismen zur Lebensweisheit, Kap. IV, in Parerga und Paralipomena, Bd. 1.

13. SEPTEMBER

»Die Geschwister«: Ein Schauspiel in einem Akt, 1787, von Goethe.

14. SEPTEMBER

das Spinnerlied: Margarethe, 2. Aufzug, 1. Auftritt. – *Ballade:* Jenny, 1. Aufzug, 5. Auftritt. – *russisch-türkischen Krieg:* April 1877, Waffenstillstand Jan. 1878, Kriegsende März 1878. – *fr.-russischen Krieg:* Napoleons I. Feldzug 1812/13.

18. SEPTEMBER

»Le faux Démétrius«: Schrift 1854, von Prosper Mérimé (1803–1870), französ. Schriftsteller.

20. SEPTEMBER

ruminiert: erwägt wieder. – *drei Sonette von Petrarca:* »Tre Sonetti di Petrarca«, Benedetto sia'l giorno, Pace non trovo und Io vidi in terra angelici costumi, 1847 von Franz Liszt; mit dt. Text 1880.

21. SEPTEMBER

quasi Fantasia und D dur: Klaviersonaten von Beethoven op. 27, Nr. 1, und op. 28.

22. SEPTEMBER

seinen »Dante«: Symphonie zu Dantes Divina Commedia, 1855, von Liszt.

23. SEPTEMBER

Pr. Volkelt: Johannes Immanuel V. (1848–1930), dt. Philosoph und Ästhetiker, Prof. in Jena, entwarf eine kritische Metaphysik und baute die Ästhetik des Tragischen aus; von den Schriften vor 1880: »Das Unbewußte und der Pessimismus« 1873 (zu Schopenhauer), »Die Traumphantasie« 1875, »Der Symbolbegriff in der neuesten Ästhetik« 1876, »I. Kants Erkenntnistheorie nach ihren Grundprinzipien analysiert« 1879. – *Sodoma:* Giovanni Antonio dei Bazzi, gen. S. (1478–1549), italien. Maler, Bilder von gefühlvollem Ausdruck, von Raffael beeinflußt.

24. September

Geschichte von den Sümpfen: die Pontinischen Sümpfe, Küstenebene südöstl. von Rom am Fuß der Albaner- und Volskerberge, im 20. Jh. urbar gemacht.

25. September

Schopenhauer über Ästhetik: »Zur Metaphysik des Schönen und Ästhetik«, in Parerga und Paralipomena, Bd. 2, Kap. XIX.

26. September

Signorelli: Lucca S. (um 1441–1523), italien. Maler, Ausschmückung der Capella della Madonna im Dom zu Orvieto 1499–1505.

27. September

(das C.): Geschenk zum Namenstag. – *Brief an den König:* datiert 28. Sept., Bestimmung des »Parsifal« einzig für Bayreuth, KBr. Bd. 3, S. 181–84. – *Ferry:* Jules F. (1832–1893), französ. Politiker, schon vor 1870 Republikaner, bekämpfte den Einfluß geistlicher Orden im Schulwesen, 1880/81 und 1883–85 Ministerpräsident, betrieb die Ausdehnung des Kolonialreichs. – *»Après les Jésuites…«:* Nach den Jesuiten geben Sie acht auf die Juden.

28. September

Döll: Heinrich D. (1824–1892) war von 1854 bis zu seinem Tod Hoftheatermaler in München. – *Quaglio:* Angelo II Qu. (1829–1890), seit 1850 Hoftheatermaler in München, stattete die Münchner Uraufführungen von RWs Werken aus. – *Morosini:* Francesco M. (1618–1694), aus einer venezian. Adelsfamilie, Doge von Venedig, Admiral und Generalkapitän gegen die Türken. – *Schulenburg:* Johann Matthias Graf von der Sch. (1661–1747), sächs. und venezian. General, Feldmarschall von Venedig, verteidigte 1716 Korfu gegen die Türken.

3. Oktober

»Geisterseher«: »Der Geisterseher«, Erzählung (Fragment) 1788, von Schiller; der Stoff, die Abenteuer des Schwindlers Cagliostro, spielt in Venedig.

6. Oktober

Tesarini: Luigi T., italien. Förderer RWs.

7. Oktober

des Schweigens Herrin heißt mich schweigen: Tristan in »Tristan und Isolde« I, 5. Szene.

9. Oktober

Anhang der Biographie: nicht ausgeführt, alle Ausgaben bis 1963 ohne Anhang; die dafür offenbar bestimmten Briefe jetzt in ML. – *Frl. von Buch:* Marie (Mimi) v. Schleinitz geb. v. Buch, s. Anm. zu 3. März 1878.

10. Oktober

zum 10.: auf den 10. Okt. 1853, erste Begegnung RW–Cosima in Paris.

12. Oktober

Assunta: von Tizian (1489/90–1576).

13. Oktober

Paesiello: Giovanni P. (1740–1816), italien. Komponist, schrieb u. a. »Il Barbiere di Seviglia«, 1782.

14. Oktober

Bild von Bellini: »Madonna, Merkur, Augustinus und Doge Barbarigo«, 1488, von Giovanni B. (um 1430–1516); das Bild befindet sich nicht im Dom von Murano, sondern in S. Pietro Martire. – *»Nachbarskinder«:* »Die wunderlichen Nachbarskinder«, Novelle, in »Wahlverwandtschaften«, Zweiter Teil, zehntes Kap., von Goethe.

15. OKTOBER

Fürstin Hatzfeldt: Witwe des 2. Fürsten von H.-Trachenberg, Friedrich Hermann Anton (1808–1874), Sohn des preuß. Generals Graf Franz Ludwig von H. (1750–1827), 1803 zum Fürsten zu Trachenberg erhoben, von dem die Linie H.-Trachenberg abstammt.

16. OKTOBER

unsere Angelegenheit: Ludwig II. hatte am 15. Okt. verfügt, daß Orchester und Chor der Münchner Hofbühne für die Bayreuther Festspiele zur Verfügung stehen sollten.

17. OKTOBER

»Das Glück« von Schiller: Gedicht 1799.

18. OKTOBER

»Zu was nützt die Erkenntnis«: »Was nützt diese Erkenntnis?« Ein Nachtrag zu »Religion und Kunst«, BBl. Dez. 1880 u. Ges. Schr. Bd. 10. – *Manin:* Daniele M. (1804–1857), italien. Freiheitskämpfer, Advokat, 1848/49 Verteidiger Venedigs gegen Österreich, danach in Paris Sprachlehrer, in der Markuskirche Venedigs beigesetzt.

19. OKTOBER

»wohin Tristan geht«: »Wohin nun Tristan scheidet, willst du, Isold', ihm folgen?« Tristan in »Tristan und Isolde« II, 3. Szene.

21. OKTOBER

Kardinal-Tugenden: nicht die Sokrates', Platons und der Stoiker, sondern die christlichen: Glaube, Liebe, Hoffnung; vgl. RWs Aufsatz »Was nützt diese Erkenntnis«, BBl. Dez. 1880, S. 338ff. – *Kölner Dom-Festlichkeiten:* In der Romantik wurde der Weiterbau des 1248 von Meister Gerard begonnenen Kölner Doms beschlossen, 1842 der Grundstein gelegt und 1880 der Dom geweiht. – *Oppenheim:* Bankiers in Köln; der Sohn des Gründers Salomon O., Abraham Freiherr von O. (1804–1878) hatte wie Prinz Wilhelm von Preußen den Kölner Dombau kräftig gefördert; neben Abraham O. zwei Brüder: Simon und Dagobert O. (1809–1889).

22. OKTOBER

Ärzte aufgefordert habe: vgl. BBl. Dez. 1880, S. 340f. – *Graf Gobineau:* Joseph Arthur Graf de G. (1816–1882), französ. Schriftsteller und Diplomat, »Essai sur l'inégalité des races humaines«, 4 Bde. 1853–55, dt. von Schemann, »Histoire des Perses«, 2 Bde. 1869, »Les Pléiades« 1874, »Nouvelles asiatiques« 1876, bezeichnete die Arier als »Edelrasse«, plädierte in »La Renaissance. Scènes historiques«, 1877, für eine Moral der Stärke, beeinflußte auch Nietzsche und Houston Stewart Chamberlain.

25. OKTOBER

»Adieu, absence et retour« und die »Pathétique«: »Les adieux, l'absence et le retour«, Sonate Es-dur, »Les Adieux«, op. 81a, und op. 13, c-moll, von Beethoven.

26. OKTOBER

Frau v. W.: Emma Baronin Wöhrmann; wurde später krank und blieb den Winter über in Venedig. – *f moll:* Klaviersonate op. 57, »Appassionata«, von Beethoven.

27. OKTOBER

Ein Brief des Königs: datiert »Linderhof den 24. Okt. 1880«, zum Teil von fremder Hand geschrieben, KBr. Bd. 3, S. 185. – *seine Privat-Aufführungen:* vgl. die ausführl. Anm. zu 27. Nov. 1881! – *sehe das Konzert an:* »Konzert«, Bild des italien. Malers Pietro Longhi (1702–1785) in der Accademia di Belle Arti.

29. Oktober

Carpaccio: Vittore C. (vor 1457–vor 1526), italien. Maler, 9 Bilder aus der Ursula-Legende, 1490–95, in Venedig. – *Callot:* Jacques C. (1592–1635), französ. Kupferstecher und Radierer, Darstellungen aus dem Volksleben, der italien. Komödie und dem Dreißigjährigen Krieg.

30. Oktober

»Dann wandelt er an Freundes Hand betrübt und traurig in's kältere Land«: nach »Dann wandelt er an Freundes Hand vergnügt und froh ins bess're Land«, Sarastro in der »Zauberflöte« II, 12. Auftritt.

31. Oktober

Schwager Brockhaus: Friedrich B. – *Rosalie:* (1803–1837), RWs vertrauteste, älteste Schwester, heiratete 1836 den Schriftsteller und Philosophiedozenten Dr. Oswald Marbach (1810–1890). – *nach Königsberg:* Sommer 1836. – *Jungfer Schmidt:* nahe Briennerstraße 21, dem ersten Haus RWs in München, 27. Sept. 1864.

2. November

einige Zeilen an den König: »Der Blumen edle Spende, / der Grüsse sanfte Hast, / bei Winters Sonnenwende / sie mahnen hold zu Rast! / Euch küss' ich, theure Hände, / die einst im Sturm' ich fasst', / die, als mich Noth umkettet, / mich königlich gerettet.« – *»Joseph«:* auch »Joseph in Ägypten«, Oper 1807, von Méhul.

3. November

Busch: Wilhelm B. (1832–1908), dt. Zeichner und Dichter. – *Gedon:* Lorenz G. (1843–1883), dt. Baumeister und Bildhauer, Schack-Palais in München, Mausoleen und Prunksäle. – *Jacolliot:* Louis J. (1837–1890), französ. Orientreisender, »Voyage aux pays des éléphants«, Paris 1876.

4. November

Sitzung beim Photographen: Joseph Albert, Serie von etwa 3 Photographien; vgl. Geck S. 153. – *v. Ziegler:* Friedrich von Z. (1839–1897), Kabinettsekretär Ludwigs II.

7. November

der junge Muncker: Franz M. (1855–1926), ab 1890 Prof. für Literaturwissenschaft in München, hielt 1925 eine Festrede zu Thomas Manns 50. Geburtstag; Sohn des Bayreuther Bürgermeisters Theodor M. (1823–1900).

9. November

Gedon, der eine Büste… beginnt: Bronzebüste 1880/83, Bronzeguß posthum, vgl. Geck, Nr. 43. – *»Coppélia«:* Ballett 1870, von Léo Delibes (1836–1891), französ. Komponist von Opern und Balletten.

11. November

Programm für Parsifal: für die von RW dirigierte Aufführung des Vorspiels am 12. Nov. 1880: » Liebe – Glaube –: Hoffen?« Vgl. KBr. Bd. 3, S. 186f., abgedruckt in Ges. Schr. Bd. 12.

12. November

Bratschisten Toms: möglicherweise der Cellist Karl Thoms aus München, Mitwirkender der Bayreuther Festspiele 1882.

13. November

»Staberl's Abenteuer«: »Staberl's Reiseabenteuer«, 1822, Wiener Posse in der Serie von »St.s Hochzeit oder der Kurier« 1814, Fortsetzung von »Die Bürger von

Wien« 1814; »St.s Wiedergenesung« 1815, u. a., des Wiener Volksbühnendichters Adolf Bäuerle (1786–1859). – *Schauspieler Lang:* Ferdinand L. (1810–1882), seit 1834 in München, berühmt als Volksschauspieler, so als »Staberl«.

14. NOVEMBER

in Orlando Lasso: Künstler-Restaurant in München. – *Possart:* Ernst Ritter von P. (1841–1921), Schauspieler und Bühnenleiter, kam 1864 ans Münchner Hoftheater, berühmter Charakterdarsteller; 1872 auch Regisseur, 1878 Schauspieldirektor, 1895–1905 Generalintendant, 1893/94 und ab 1901 verantwortlich für die Musteraufführungen Wagnerscher Werke im Hof- und Prinzregententheater.

15. NOVEMBER

»Die Renaissance«: von Gobineau, s. Anm. zu 22. Okt. 1880.

17. NOVEMBER

Moritz: Jacob M., Inspektor im Festspielhaus. – *Fuchs:* Konrad F., Hausmeister.

18. NOVEMBER

Irwine: David I., Engländer, Verfasser u. a. von »Wagner's Ring of the Nibelung, and the Condition of Ideal Manhood« und »Parsifal and Wagner's Christianity«; spendete größere Summen für den Patronatverein. – *Rosenlehner:* Rudolph R., München. »Der ungenannte Münchner Spender von 1000 M. (lebenslängliches Mitglied), dessen auf S. 365 des Jahrganges 1879 Erwähnung getan worden ist, sandte wiederum 400 M. Extrabeitrag zum Fonds ein.« In BBl. 1880, S. 332.

19. NOVEMBER

Ramann: Lina R., Klavierlehrerin, unterhielt eine Musikschule in Nürnberg, schrieb »Franz Liszt als Künstler und Mensch«, 3 Bde. 1880–94, Bd. 1 (1811–1840) erschien 1880. – *Bellagio:* am Comersee, 1837 Aufenthaltsort Liszts und der Gräfin Marie d'Agoult, Geburtsort Cosimas.

20. NOVEMBER

Scene des Todes von Properzia: Bruder Bento: »Properzia, mein Kind, bereust du? ...Ja, du empfindest Reue... Nicht wahr?« Properzia: »Ich... weiß... nicht...« und *Tizian und Aretin:* anschließende Szene »In Venedig«, beides aus »Michelangelo« in Gobineaus »Renaissance«; Aretin: Pietro Aretino (1492–1556), italien. Renaissance-Schriftsteller.

21. NOVEMBER

denn du wandelst mit bedächtger Schnelle: »Und wandelt, mit bedächtger Schnelle, vom Himmel durch die Welt zur Hölle«, Direktor im Vorspiel auf dem Theater (Schluß), in »Faust« I von Goethe. – *V. Colonna:* Vittoria C. (1492–1547), italien. Dichterin; ihre »Rime« sind im Stil der Petrarcaschule mit platonisierenden Ideen durchsetzt. – *Plenipotentarius:* unbeschränkt Bevollmächtigter, Allmächtiger.

22. NOVEMBER

Biographie meines Vaters: von Lina Ramann, s. Anm. zu 19. Nov. – *unserer ersten Reise nach Italien:* Sept./Okt. 1868.

23. NOVEMBER

»Bauern als Millionär«: »Das Mädchen aus der Feenwelt oder der Bauer als Millionär«, Komödie 1826, von Ferdinand Raimund.

24. NOVEMBER

neuer Band von C. Frantz über Schelling: »Schellings positive Philosophie«, 3 Tle. 1879–80, von Constantin F., das Buch ist »Richard Wagner freundschaftlichst gewidmet«. – *Porges:* Heinrich P., s. Anm. zu 11. März 1878.

28. NOVEMBER

Festtag: Gedenken des 28. Nov. 1863, »Bekenntnis«, vgl. ML S. 746. – *Direktor erbittet sich einen Schein:* schriftliche Vollmacht für die Aufführung von »Der Ring des Nibelungen« in Berlin, vgl. Neumann S. 118.

29. November

Aberration: Abweichung. – *Melanchthon:* Philipp M. (1497–1560), dt. Reformator und Humanist, Hauptmitarbeiter Luthers ab 1521, gelehrter »Praeceptor Germaniae« als Organisator des Hoch- und Lateinschulwesens in den protestantischen dt. Ländern. – *Michael Servet:* eigentlich Miguel Serveto (1511–1553), Gelehrter, Arzt und Antitrinitarier, wurde am 26. Okt. 1553 vom Rat der Stadt Genf zum Tode verurteilt und verbrannt.

30. November

Spuk am Kaiserlichen Hof: »Faust« II von Goethe. – *Herausgabe dieser Briefe:* an Uhlig in »Wagner an Theodor Uhlig, Wilhelm Fischer und Ferdinand Heine«, Leipzig 1888; die darin vorgenommenen Retuschen und Streichungen wurden erst durch spätere Veröffentlichungen und die Sammlung Burrell, dt. Frankfurt am Main 1953, aufgehoben. – *an seine Frau Minna:* »Wagner an Minna Wagner«, 2 Bde., Berlin und Leipzig 1908. – *an A. Frommann:* Briefe an Alwine Frommann in BBl. 1912. – *an meinen Vater:* RW., »Briefwechsel mit Franz Liszt«, 2 Bde., Leipzig 1887, dritte, stark erweiterte Aufl. 1910. – *Die unsrigen aber zwischen R. und mir:* vernichtet, vgl. Vorwort Bd. I u. Anm. zu 6. Mai 1879.

1. Dezember

Bucher: Lothar B. (1817–1892), dt. Jurist, Publizist und Diplomat, radikaler Abgeordneter der preuß. Nationalversammlung 1848 und der Zweiten Kammer 1849, entzog sich 1850 der Festungshaft durch Flucht nach London, dort Korrespondent, 1861 Rückkehr, verkehrte im Hause Bülows in Berlin, Mitarbeiter und Testamentsvollstrecker Lassalles, vermittelte zwischen Lassalle und Bismarck, 1864 ins Ministerium des Auswärtigen berufen, Legationsrat und Mitarbeiter Bismarcks bis 1886. – *eine Zwangs-Spar-Kasse:* Beginn der Sozialversicherung, Bismarcks Werk, durch Kaiserliche Botschaft vom 17. Nov. 1881 ins Leben gerufen; zunächst wurde 1883 die Krankenversicherung eingeführt, es folgten 1884 die Unfallversicherung und 1889 die Invaliden- und Altersversicherung, 1911 trat die Angestelltenversicherung und 1927 die Arbeitslosenversicherung hinzu; dem dt. Beispiel folgte zuerst Österreich (1888). – *»Besen, Besen«:* Gedicht »Der Zauberlehrling« von Goethe. – *Creuzer:* Friedrich C. (1771–1858), dt. Philologe, Prof. in Marburg und Heidelberg, schrieb u. a. »Symbolik und Mythologie der alten Völker, besonders der Griechen«, 4 Bde. 1810–12, in RWs Bibliothek.

2. Dezember

seine Antwort an den König: RW schildert, er habe in der Loge einen Monolog über das Element der Musik geführt und den Vorsatz gefaßt, alle seine Werke in Bayreuth »vollendet in das Leben zu rufen«, »Parsifal soll dazu die Wege bahnen, und – dein holder König – Er wird dir unfehlbar helfen!« Vgl. KBr. Bd. 3, S. 190ff. – *Joseph in Ägypten:* Oper 1807, von Méhul.

3. Dezember

seines Ausspruches an Uhlig über den Ring: Mit dieser neuen Konzeption trete er gänzlich aus allem Bezug zum gegenwärtigen Theater und Publikum heraus, schrieb er an Theodor Uhlig am 12. Nov. 1851 aus Albisbrunn, er breche »bestimmt und für immer mit der formellen Gegenwart«. – *»doch nichts glich dem Behagen«:* »Doch nichts glich ihrem Behagen«, Zitat aus Goethes »Wahlverwandtschaften«, das Cosima und RW gemeinsam auffanden, vgl. Bd. I, S. 653, 14. März 1873.

4. Dezember
Fr. Musik-Zeitung: »Musikalisches Wochenblatt«, hrsg. von Fritzsch. – *Ehlert:* Louis E. (1825–1884), dt. Musikschriftsteller und Komponist.
5. Dezember
Depesche von H. v. Hülsen: »Geehrter Meister! Gibt gemeinschaftliche Aufführung des ›Nibelungen‹-Zyklus mit Direktor Neumann im Opernhause mir nachher das Recht, die ›Walkyre‹ gegen übliche Tantieme in mein Repertoire aufzunehmen? Antwort frei. von Hülsen.« – *»Preziosa«:* »Geschichte des Zigeunermädchens«, Novelle von Cervantes, von P. A. Wolff dramatisiert, von C. M. v. Weber vertont.
9. Dezember
Ernennung Fischer's zum Kmeister in München: Franz Fischer (1849–1918), bisher Kapellmeister in Mannheim. – *Robert Springer:* Berliner Vegetarier, übersetzte »Thalysia oder Das Heil der Menschheit« von J. A. Gleizès, Berlin 1872; in den BBl. ab Febr. 1881 erschien Sp.s »Richard Wagners regeneratorische Idee«. – *Röckel's Untat:* August R. (1814–1876), dt. Dirigent, Komponist und Schriftsteller, bayerischer Herkunft, ein Neffe Hummels, zuerst in Weimar, 1843–48 Musikdirektor in Dresden, Herausgeber der Volksblätter, engster Freund und Gesprächspartner RWs in Dresden, machte RW mit sozialrevolutionärem Gedankengut vertraut, führend in der Revolution von 1849 in Dresden, wurde verhaftet, zum Tode verurteilt, zu lebenslänglicher Haft begnadigt und 1862 aus dem Zuchthaus Waldheim entlassen; schrieb »Sachsens Erhebung und Das Zuchthaus zu Waldheim«, Frankfurt 1865; seine »Untat«: Von Ludwig II. erfuhr RW 1868, daß sich August R. über den Fall Cosima–Hans–Richard anzüglich geäußert haben sollte; R. verteidigte sich in einem würdigen Brief vom 17. Nov. 1868 aus Wien; es war wohl nur ein Gerücht, das der König benutzte, um sich selber Klarheit zu verschaffen, aber es kam zum Bruch zwischen den beiden alten Freunden. – *Stabswerk:* »Der Deutsch-französische Krieg 1870–71, redigiert von der Kriegsgeschichtlichen Abteilung des großen Generalstabs«, Berlin 1872ff. – *Gnautis auton:* richtig: Gnōthí seautón, Erkenne dich selbst; das Wort, von Solon oder Chilon stammend, war in der Vorhalle des Apollontempels in Delphi zu lesen; RW nahm das Wort für die erste Ausführung zu »Religion und Kunst«, BBl, Febr./März 1881, wobei er Pythia fälschlich damit in Verbindung brachte.
10. Dezember
Aufführung einer Oper in Gegenwart des »Meisters«: bekannte Karikatur von Adolf Oberländer in den »Fliegenden Blättern«.
11. Dezember
Ossian: Held eines südirischen, in Schottland verbreiteten Sagenkreises; aus ihm bildete sich die Gestalt des greisen erblindeten Sängers der Vorzeit; James Macpherson (1736–1796) gab seine Nachdichtungen als Originale aus dem Gälischen aus, für die Romantik bedeutsam, aber bald als Fälschungen entlarvt. – *Sterbe, höchste Gnade:* Amfortas: »Sterben... Einz'ge Gnade!« in »Parsifal« III, Takt 977ff. – *Jn. Pérès:* Jean-Baptiste P. (1752–1840), französ. Bibliothekar, weist an Hand historischer und mythologischer Betrachtungen nach, daß Napoleon I. nie gelebt hat: »Grand erratum, source d'un nombre infini d'errata«, 1835.
12. Dezember
Marat: Jean Paul M. (1744–1793), französ. Revolutionär; Sprachlehrer, Publizist und Arzt, schloß sich Danton an, hatte 1792 an den Septembermorden Anteil, 1793 Präsident des Jakobinerklubs, von Charlotte Corday ermordet.

13. Dezember
den 2ten Dez.: Staatsstreich Napoleons III. am 2. Dez. 1851, am 20. Dez. zum Präsidenten ernannt, am 2. Dez. 1852 zum Kaiser proklamiert.
14. Dezember
Schuré: Edouard Sch. (1841–1929), französ. Schriftsteller, Musikhistoriker und Kritiker, wirkte für RW in Frankreich.
17. Dezember
Bhagavad-gita: s. Anm. zu 20. Juni 1878. – *Beethoven's Geburtstag:* B. wurde am 17. Dez. 1770 in Bonn getauft. – *Louis Schlösser:* (1800–1886), Kapellmeister, Komponist und Musikkritiker, schrieb Erinnerungen an Beethoven in der Allgemeinen Musikzeitung.
18. Dezember
Amadis: Das Heldengedicht Gobineaus erschien vollständig erst aus dem Nachlaß 1887; das erste Buch des »Amadis« von Gobineau erschien dagegen schon 1876 und lag RW vor. – *Vogler:* Heinrich V., Ober- und Hauptlehrer in Bayreuth. – *Vetter Frege:* Arnold F., Sohn von Livia F. geb. Gerhardt (1818–1891), Sängerin, und Prof. Woldemar F., Tante und Onkel Hans von Bülows. – *Frau D. ... für ihren Mann:* Frau von Eugen Degele (1834–1886), Sänger, ab 1861 in Dresden, sang u. a. Holländer, Beckmesser, Wolfram.
19. Dezember
Brief von Busch: Dr. Moritz B., s. Anm. zu 9. Nov. 1878.
20. Dezember
Juif errant: der ewige Jude. – *Juif concentré:* hochgradiger Jude. – *sein Schwiegersohn:* Adolf von Groß (1845–1931), verheiratet mit Marie geb. Feustel.
21. Dezember
Ailinos, das Gute siege!: Aischylos, Agamemnon, 121 und öfter, von Cosima oft verwendeter Ausspruch. – *Altercation:* Zank. – *die Freunde:* gemeint sind Feustel, Groß und Muncker. – *»Am stillen Herd«:* Walther von Stolzing in »Meistersinger« I, 3. Szene.
23. Dezember
Lebendes Bild: von Paul von Joukowsky gemalt und RW 1881 zum Geburtstag geschenkt; es zeigt Joukowsky als Joseph, Daniela als Maria, Blandine als Engel mit Laute, Isolde als Engel mit Geige, Eva als Engel mit Schalmei und Siegfried als Jesusknaben, vgl. Text am 25. Dez. – *»schon nah dem Schlosse«:* Gurnemanz in »Parsifal« I, Takt 518ff. – *aus einem Roman von Balzac:* »La Duchesse de Langeais« (1834).
24. Dezember
der hiesige Wasenmeister: Georg Babel in Bayreuth.
25. Dezember
»Geschreibsel, Gebleibsel«: RW schenkte Cosima ein Kästchen für Papiere mit der Aufschrift: »Geschreibsel, Gebleibsel für lieb' gut' Weibsel«, analog zu dem rotwelschen Spruch »Wer schreibt, der bleibt«. – *»Wo du erscheinst«:* »Wo du erscheinst, da wird die Wildnis helle«, Lysiart zu Euryanthe, in »Euryanthe« I, 7. Auftritt, von Carl Maria von Weber.
27. Dezember
Brief des Königs: datiert »Nacht vom 24. auf 25. Dec.«, KBr. Bd. 3, S. 193f. – *sein neues Schloß:* Neuschwanstein bei Füssen, westl. von Hohenschwangau, erbaut 1869–86. – *Herr Mennier:* Gla. Bd. 6, S. 421, schreibt Meunier, gemeint ist wohl der belg. Bildhauer und Maler Constantin Meunier (1831–1905).

28. Dezember
»Le voyage au pays des éléphants«: von Jacolliot, s. Anm. zu 3. Nov. 1880. – *Real-Encyklopädie von Hederich:* Benjamin H. (1675–1748), Schulmann, publizierte ein Realschullexikon.
29. Dezember
woraus man im Hochgebirge die »Pfaffen« macht, etwas Unwahres: Papen oder Pfaffen, im Erdbau Bezeichnung für die aus Erde gebildeten Böschungskegel. – *Krupp:* Alfred K. (1812–1887), Sohn von Friedrich K. (1787–1826), der 1811 die Gußstahlfabrik gegründet und sie zu einem der bedeutendsten Werke seiner Zeit entwickelt hatte; Alfred K. richtete 1836 ein erstes Sozialwerk ein.
30. Dezember
en colère Kommando: zorniges Kommando.
31. Dezember
Gießel: Carl G. (1824–1907), Bayreuther Buchhändler, Verleger und Hrsg. des Bayreuther Tagblatts. – *1ten Satz der Es dur Symphonie:* mit großer Wahrscheinlichkeit verwechselt Cosima hier die 3. Symphonie in Es-dur von Beethoven mit der 7. Symphonie in A-dur, deren 1. Satz RW wiederholt als »Dionysosfest« bezeichnet (vgl. »Über das Dichten und Komponieren«), auch wurde die A-dur von RW in Mannheim am 20. Dez. 1871 dirigiert, s. Anm. zu 1. Jan. 1881 und vgl. Bd. I, S. 1179, Anm. zu 20. Dez. 1871. – *Helm:* Theodor Otto H. (1843–1920), österreich. Musikschriftsteller, schrieb u. a. »Beethovens letzte Quartette«, 1868, und »Beethovens Streichquartette. Versuch einer technischen Analyse«, 1873.

1881

1. Januar
in Mannheim: Konzert am 20. Dez. 1871, in dem nicht Beethovens Es-dur, sondern die A-dur Symphonie gespielt wurde, vgl. Bd. I, S. 1179; der Irrtum Cosimas ist offensichtlich, s. auch Anm. zu 31. Dez. 1880. – *Tausig:* Karl T. (1841–1871), Pianist, Schüler Liszts, schrieb den »Meistersinger«-Klavierauszug, Mitbegründer des Patronatvereins. – *von der Freischütz-Ouvertüre:* RW dirigierte am 27. Dez. 1863 in einem Wiener Orchesterkonzert, von Tausig veranstaltet, neben eigenen Werken und solchen von Liszt auch die Ouvertüre zum »Freischütz« von C. M. v. Weber. – *Dr. Schanzenbach:* Oskar Sch., Arzt in München, vermittelte 1867 zwischen RW, Ludwig II. und Fürst Chlodwig zu Hohenlohe-Schillingsfürst, dessen Hausarzt Sch. war; vgl. KBr. Bd. 2, S. 130 u. 133 und Bd. 3, S. 198, sowie über Schanzenbachs geheimgehaltenen Besuch bei RW in Tribschen 1867 den Brief an August Röckel in KBr. Bd. 4, S. 180f. – *Vermählungs-Feier des Kronprinzen:* Erzherzog Rudolf (1858–1889), einziger Sohn des österreich. Kaisers Franz Joseph, heiratete die Prinzessin Stephanie von Belgien; die Ehe war unglücklich, der Kronprinz wurde mit seiner Geliebten Mary Freiin von Vetsera am 30. Jan. 1889 in Schloß Mayerling erschossen aufgefunden. – *Gladstone:* s. Anm. zu 10. Juni 1878. – *Boers:* Buren, s. Anm. zu 3. März 1881. – *boors:* Lümmel.
2. Januar
»Spanierin in England«: »Die Spanierin in England«, Novelle 1580/1613, aus »Exemplarische Novellen« von Cervantes, s. Anm. zu 3. März 1881. – *Veronese:* Paolo V., eigentlich Caliari (1528–1588), Hauptvertreter der italien. Renaissance-Malerei. – *Tiepolo:* Giovanni Battista T. (1696–1770), italien. Maler und

Radierer, Fresken und Altarbilder in lichten Farben und spielerischer Bewegung, worauf RW hier hindeutet.

3. JANUAR

von Bissing: Henriette von B., s. Anm. zu 14. April 1880. – *Phidias:* griech. Pheidias, attischer Bildhauer des 5. Jh.s v. Chr., Athene Lemnia, Plastik in Erz um 450 v. Chr.

4. JANUAR

den Geheimrat Tusmann: Cosima schreibt fälschlich »Dustmann«, Name eines in ML vorkommenden Komponisten; richtig: der Geheime Kanzleisekretär Tusmann in »Die Brautwahl«, aus »Die Serapionsbrüder«, Dritter Band, Fünfter Abschnitt, von E. T. A. Hoffmann.

5. JANUAR

Gedanken über das Eigentum: vgl. BBl. 1881, S. 36: »Eine fast größere Heiligkeit als die Religion hat in unsrem staatsgesellschaftlichen Gewissen das ›Eigentum‹ erhalten...« – *»in heilig ernster Nacht«:* »ihm neigten sich, in heilig ernster Nacht, dereinst des Heilands selige Boten«, Gurnemanz in »Parsifal« I, Takt 575ff. – *»Brautschau«:* richtig »Die Brautwahl« in E. T. A. Hoffmanns Roman »Die Serapionsbrüder«.

6. JANUAR

G^{fin} La Tour: Marie Mathilde Ruinart de Brimont, Gräfin Sollier de La Tour (geb. um 1842), verh. mit Graf Victor de La Tour, italien. Gesandter in Stockholm; dort traf die Gräfin 1872 Gobineau, mit dem sie seither befreundet war; sie malte auch ein Porträt von Gobineau. – *Fuge 133:* Große Fuge für Streichquartett in B-dur, op. 133, von Beethoven. – *Philosophen Hartmann:* Eduard von H. (1842–1906), dt. Philosoph, versuchte die Grundlehren Schellings, Hegels und Schopenhauers zu verbinden, »Philosophie des Unbewußten«, 3 Bde. 1869; H., auch als Dichter hervorgetreten, häufig in Bd. I. – *Spamer's Lexikon:* im Verlag Otto Sp., Leipzig, gegründet 1847.

7. JANUAR

»Ottar Jarl«: »Histoire d'Ottar Jarl, private norvégien«, 1879, von Gobineau.

9. JANUAR

Marius: Gajus M. (156–86 v. Chr.), röm. Feldherr, siebenmal Konsul, im Bürgerkrieg von Sulla geächtet, floh nach Afrika, kehrte 87 zurück und eroberte mit Cinna Rom; Biographie von Plutarch. – *Resultate der Konferenz:* Die Erklärung des Vorstands des Bayreuther Patronatvereins erschien in BBl. 1881, S. 30ff., und ist unterzeichnet von Feustel, Groß, Heckel, v. Joukowsky, Kaefferlein, Muncker, Pohl, Schön und v. Wolzogen.

10. JANUAR

Wolfram: W. von Eschenbach (um 1170–nach 1220), Dichter des Gralsepos »Parzival«. – *Er hebt hervor:* Satz unvollständig, nicht zu entwirren.

11. JANUAR

Chilenen... vor Lima: Im Salpeterkrieg, den Chile gegen Bolivien und Peru seit 1879 führte, besiegten die Chilenen im Jan. 1881 das letzte peruanische Heer, sie nahmen am 17. Jan. Lima und hielten das Land bis zum Frieden von Ancón 1883/84 besetzt. – *Lese den illustre magicien vor:* »L'illustre magicien«, eine der asiatischen Novellen von Gobineau.

12. JANUAR

Wilhelmj'schen Wein: der Geiger August W. besaß ein Weingut. – *Humperdinck:* Engelbert H. war seit 8. Jan. in Bayreuth, um bis April 1882 eine Partiturreinschrift des »Parsifal« anzufertigen. – *»Dorfbarbier«:* »Der Dorfbarbier«, Oper 1796, von Johann Schenk (1753–1836), österreich. Singspiel-Komponist. – *»Donauweibchen«:* »Das Donauweibchen«, Oper 1796, von Ferdinand Kauer (1751–1831), österreich. Komponist von über 100 Opern. – *an Herrn Marsillach über sein Buch:* s. Anm. zu 16. Jan. 1878. – *Dühring gegen die Juden:* Karl Eugen D. (1833–1921), dt. Religionsphilosoph und Nationalökonom, wurde mit Bernhard Förster und Pfarrer Stoecker zum Hauptinitiator des polit. Antisemitismus, der religiös und sozial motiviert war; D. schrieb »Die Judenfrage als Racen-, Sitten- und Kulturfrage«, Karlsruhe u. Leipzig 1881.

14. Januar

Maquettes: erste Skizzen, Modellvorlagen. – *Delbrück:* Martin Friedrich Rudolf D. (1817–1903), preuß. Staatsmann, 1868 Staatsminister, 1871 Präsident des Reichskanzleramtes, rechte Hand Bismarcks, trat 1876 zurück.

15. Januar

»Gamber-Ali«: aus »Nouvelles asiatiques« von Gobineau, dt. Leipzig 1876.

16. Januar

Gedicht des Kaisers Heinrich: Heinrich IV. von Hohenstaufen (1165–1197), 1191 zum Kaiser gekrönt, Minnesänger, drei Minnelieder sind überliefert. – *»Straniera«:* »La straniera«, Oper 1829, von Bellini. – *»Romeo und Julie«:* »I Capuleti ed i Montecchi«, Oper 1830, von Bellini.

17. Januar

Besuch bei Berrs: Amalie und Dr. Berr, Kreismedizinalrat in Bayreuth. – *Kronprinz:* 1888 Kaiser Friedrich III., als Kronprinz Friedrich Wilhelm. – *Geheimrat Magnus:* M. Schwantje, Vorstand des Weltbunds zur Bekämpfung der Vivisektion; ab 1881 erschien monatlich das Vereinsorgan »Der Tier- und Menschenfreund«. – *Kronprinzessin:* Prinzessin Viktoria, s. Anm. zu 6. April 1878. – *Es dur Symphonie:* KV 543, 1788, von Mozart. – *Sonate 106:* Hammerklaviersonate B-dur von Beethoven. – *17 Jahre miteinander:* seit Juni 1864, Haus Pellet, Kempfenhausen am Starnberger See.

18. Januar

Buch über den Stil: »Der Stil in den technischen und tektonischen Künsten«, 2 Bde. 1860–63, von Gottfried Semper.

20. Januar

h. Augustinus: Aurelius A. (334–430), Kirchenlehrer, 395 Bischof von Hippo Regius, »Confessiones«, »De civitate Dei«; in seiner Lehre von Sünde und Gnade von Einfluß auf die gesamte abendländische Theologie und Philosophie. – *»ich sank in süßen Schlaf«:* Elsa, Schluß von »Einsam in trüben Tagen«, in »Lohengrin« I, 1. Szene.

21. Januar

Rossi: Ernesto R. (1827–1896), italien. Schauspieler. – *Pfarrer Delitzsch:* Franz D. (1813–1890), dt. evangel. Theologe aus Leipzig, strenger Lutheraner, förderte die Judenmission. – *Frau Pusinelli:* Witwe des Dresdner Arztes Dr. Anton P. (1815–1878), Freund RWs seit den Jahren 1842–49.

22. Januar

Broschüre von Paul de Lagarde: (1827–1891), seit 1869 Prof. der orientalischen Sprachen und der Theologie in Göttingen, schrieb polit.-patriotische Schriften und wissenschaftl. Werke; zu dieser Zeit erschienen zahlreiche kleinere Schriften, wie »Semitica« 1879, hier wahrscheinlich gemeint, sowie »Orientalia« 1879/80, »Deutsche Schriften« 1878–81. – *Ollivier:* Emile O. (1825–1913), französ. Politiker, in erster Ehe mit Cosimas Schwester Blandine verheiratet. – *Garantie-Scheine:* von 100 bis 10000 Mark für 1882–84 als Sicherheit für die Festspiele, vgl. Ziffer 5 der Erklärung des Patronatvorstandes in BBl. 1881, S. 31; s. Anm. zu 9. Jan. 1881. – *Lilli Lehmann:* (1848–1929), dt. Sängerin, seit 1870 am Hoftheater in Berlin, sang 1876 in Bayreuth Woglinde, Helmwige und Waldvogel, stellte das Blumenmädchen-Ensemble für die »Parsifal«-Aufführungen 1882 zusammen, 1886–90 in den USA, 1896 Brünnhilde in Bayreuth.

23. Januar

en cachette: heimlich, im Verborgenen. – *»alter Holzschuher«:* Dürer-Bild Hieronymus Holzschuher.

24. Januar

»Der Kulturkämpfer«: Zeitschrift für öffentliche Angelegenheiten, Berlin, gegründet 1880, hrsg. von Otto Glagau.

25. Januar

Heine… französischen Text zum Fl. Holländer: Sommer 1840 übergibt RW dem Direktor der Großen Oper Paris den von Heine beeinflußten und – wie jetzt ersichtlich wird – auch geprüften Prosaentwurf für »Vaisseau fantôme«, am 2. Juli 1841 tritt RW ihn für 500 frcs. ab; von P. Dietsch erfolglos vertont.

26. Januar

Vidriera: »Der Lizenziat Vidriera«, aus den Exemplarischen Novellen, 1613, von Cervantes. – *Duplessis-Mornay und H. IV.:* Philippe de Mornay, Seigneur Duplessis-Marly (1549–1623), französ. Staatsmann, bekannte sich 1559 zur Reformation, entging mit Not der Bartholomäusnacht und trat 1576 in die Dienste des Königs von Navarra, Heinrich IV. (1553–1610), 1589 König von Frankreich.

27. Januar

H. Popp: damals etwa 50 Popps in Bayreuth, zumeist Handwerker, Gärtner und Arbeiter.

28. Januar

Puppentheater in Heidelberg: vgl. Bd. I, S. 388, 14. Mai 1871. – *St Gallen (1856):* auf dem Programm des Konzertes vom 23. Nov. 1856 ist die Sonate op. 106 nicht verzeichnet; Liszt dirigierte eigene Werke, »Orpheus« und »Les Préludes«, sowie zwei Romanzen von Gluck, RW die 3. Symphonie von Beethoven.

29. Januar

bei einer armen Nachbarin: Frau Amalie Berr. – *Dr. Falko:* prakt. Arzt an der Heilanstalt St. Gilgenberg westl. Bayreuth, private Irrenanstalt für männl. Kranke. – *Lesghier:* Volksstamm aus der östl. Gruppe der altkaukasischen Völker in Daghestan; bezieht sich auf Gobineaus Novelle »Die Tänzerin von Schemacha«; Schemacha ist die Hauptstadt des gleichnam. Kreises im russ.-transkaukasischen Gouvernement Baku. – *»Der Narben lacht, wer Wunden nie gesehen«:* »Der Narben lacht, wer Wunden nie gefühlt«, Romeo in »Romeo und Julia« II, 2. Szene, von Shakespeare.

30. Januar

a moll Quartett: op. 132, von Beethoven. – *Programm von R.:* Programm zur 9. Symphonie Beethovens unter Verwendung von Texten aus Goethes »Faust«, 5. April 1846, in Ges. Schr. Bd. 2. – *daß ein Deutscher es war:* gemeint ist Schillers Drama »Die Jungfrau von Orleans«.

31. Januar

Aufsatz von Stein: »La renaissance. Scènes historiques par le comte de Gobineau. Paris 1877«, Besprechung in BBl. Jan. 1881.

1. Februar

Schrift von Pr. Dühring: vgl. S. 73ff. von E. Dührings Buch »Die Judenfrage als Racen-, Sitten- und Kulturfrage«, s. Anm. zu 12. Jan. 1881. – *»Vie en voyage«:* »La vie de voyage«, letzte der Nouvelles asiatiques, 1876. – *Reise über den Brünig:* am 30. März 1866 von Genf über Lausanne, Bern und Interlaken kommend, erreichen Cosima und RW den Vierwaldstätter See und erblicken Haus Tribschen. – *die Biographie zu beendigen:* nicht weitergeführt. – *Schwendi Fluh:* schroffe Felswand beim Kaltbad Schwendi im Schweizer Kanton Obwalden; Metapher für abrupten Wechsel der Mimik.

2. Februar

an eine schriftstellerische Arbeit: RW schreibt »Erkenne dich selbst«, Ausführungen zu »Religion und Kunst«, 1. Teil; Erörterung der kürzlich verkündeten »Gleichberechtigung aller deutschen Staatsbürger ohne Ansehung des Unterschiedes der Konfession«; wieder zur Judenfrage, der Deutsche solle sich erst selbst erkennen. – *im braunen Buch:* vgl. Anm. zu 2. Febr. 1879. – *Anekdote:* nicht zu ermitteln.

3. Februar

Epaminondas: (um 420–362 v. Chr.), griech. Staatsmann und Feldherr in Theben.

4. Februar

»Je ne veux pas bannir...«: Ich will dieses Orchesterinstrument nicht ausmerzen. – *Dekan C.:* Dekan Wilhelm Caselmann in Bayreuth. – *letzte Quartett:* F dur, op. 135, eher das auch 1826 entstandene cis-moll, op. 131, Cosima schreibt: das ›unsrige‹!

5. Februar

von den Pleiaden von Gob.: »Les pléiades«, Roman in offener Form, erschien 1874. – *Grafen Tyskiewicz:* Thadäus Graf T. aus Posen, Musikschriftsteller, u. a. bei der Neuen Zeitschrift für Musik; vermutlich dessen Sohn Graf Vincenz T., um 1849/50 in Paris, s. ML S. 517. – *Haranguen-Stil:* harangue: feierliche Rede. – 7 *Montagnards:* Mitglieder der Bergpartei, radikalste Partei der französ. Nationalversammlung 1848/49, im Unterschied zur Plaine (Girondisten) auf den höchstgelegenen Bänken des Parlaments sitzend. – *Artikel Aspasia:* berühmte griech. Hetäre aus Milet (um 450 v. Chr.), gebildet, kam nach Athen und war die zweite Frau des Perikles.

6. Februar

»Eifersucht, das größte Scheusal«, und *»Weine, Weib, und du wirst siegen«:* Schauspiele von Calderón.

7. Februar

»Herodes und Mariamne«: Tragödie 1850, von Hebbel. – *Eremiten:* Baßpartie in »Der Freischütz« III, von C. M. v. Weber. – *Rede des Reichskanzlers:* zum Dreikaiserabkommen zwischen Deutschem Reich, Rußland und Österreich-Ungarn; es bestand seit 1872, wurde seit 1876 durch den russ.-österreich. Gegensatz auf dem Balkan erschüttert und 1881 durch einen Neutralitätsvertrag, den Bismarck zustande brachte, erneuert; es zerfiel in der Balkankrise 1886.

8. Februar

»Herr Oluf«: »Herr Oluf reitet spät und weit« von Johann Gottfried Herder (1744–1803), Ballade von Löwe, op. 2 Nr. 2, 1824. – *»Der Wirtin Töchterlein«:* »Es zogen drei Burschen...«, letzte Zeile: »Und werde dich lieben in Ewigkeit«, Ballade von Ludwig Uhland, vertont von Löwe. – *Roulade:* »Roller«, virtuose Passage im Gesang. – *»J'ai si peu dîné«:* Ich habe so wenig gegessen. – *homme fort:*

starker Mann. – *einen 73 im braunen Buch niedergeschriebenen Gedanken:* »Es ist kein Kleines, die Weltgeschichte zu durchlaufen, und hierbei Liebe zum menschlichen Geschlechte bewahren zu sollen. Hier kann einzig das unzerstörbare Gefühl der Verwandtschaft mit dem Volke, dem Stamme, dem wir zunächst entwachsen sind ergänzend eintreten, um den, durch den Überblick des Ganzen zerrissenen Faden wieder anzuknüpfen. Hier wirkt das, als was wir uns selbst fühlen, wir haben Mitleiden und bemühen uns hoffen zu können, wie für das Loos der eigenen Familie. Wer dagegen von seinem Stamme losgerissen ist, der Kosmopolit – dieses nichtige Gespenst! – woher will der Liebe zu den Menschen hernehmen?« Braunes B., S. 236, fast wörtlich übernommen in »Erkenne dich selbst«.

9. Februar

Wolz.'s Art: Anspielung auf den homerischen Zeus. – *die schlechteste Luft:* Anspielung auf »Faust« I: »Die schlechteste Gesellschaft läßt dich fühlen, daß du ein Mensch mit Menschen bist.« – *Grisi:* Giulia G. (1811–1869), berühmte italien. Sängerin. – *Gioia:* Freude. – *Judith:* J. Gautier, ihre Mutter Ernesta war die Schwester von Giulia Grisi.

10. Februar

seinen neuen Aufsatz: »Erkenne dich selbst«, in BBl. Febr./März 1881 u. Ges. Schr. Bd. 10. – *Senfft:* Christian S., Buchbindermeister in Bayreuth, besorgte die meisten Einbände der Wahnfried-Bibliothek. – *»Deutschen Reform«:* Zeitschrift des Deutschen Reformvereins, einer antisemitischen und großdt. Partei, 1881. – *W.'s Aufsatz:* Wolzogens Aufsatz »Der Wagnerianer als Schriftsteller«, in Musikalisches Wochenblatt, Leipzig 1881, S. 85.

11. Februar

der Präsident: Regierungspräsident von Burchtorff in Bayreuth. – *A. H. Bakker Korff:* Alexander Hugo B. K. (1824–1882), holländ. Genremaler, Wiedergabe des Hauptwerks »Die Romanze«, drei alte Kaffeeschwestern in vornehmem Interieur, von denen die eine ihr Lieblingswerk »Die Romanze« auf dem Piano spielt. – *33 Variationen:* 33 Veränderungen über einen Walzer von Diabelli in C-dur, op. 120, von Beethoven. – *Gebäude der Freimaurerloge:* vom Bayreuther Markgraf Friedrich 1741 gegründet; das neue Gebäude, Hofgarten 1, wurde von Carl Wölfel 1880 gebaut, heute Freimaurer-Museum. – *»O sink hernieder«:* »Nacht der Liebe«, in »Tristan und Isolde« II. – *Br. Bauer:* Bruno B. (1809–1882), dt. Philosoph und Theologe, preuß. Konservativer, publizistisch in Fehde mit D. F. Strauß, der Tübinger Schule und den Ultramontanen; verkehrte in den 50er Jahren im Haus Hans von Bülows in Berlin.

12. Februar

»J'aime votre rude franchise«: Ich liebe Ihre rohe Freimütigkeit.

13. Februar

Obersten Schäffer: richtig Hermann Scheffer, Oberstlieutenant. – *»Der Eifersüchtige aus Estremadura«:* Novelle von Cervantes. – *Pott:* August Friedrich P. (1802–1887), dt. Sprachforscher, schrieb »Etymologische Forschungen«, 6 Bde. 1859–76, »Die Ungleichheit menschlicher Rassen, hauptsächlich vom sprachwissenschaftlichen Standpunkte, unter besonderer Berücksichtigung von des Grafen v. Gobineau gleichnamigem Werke«, 1856, durch das am 13. Febr. 1881 RW auf Gobineaus »Essai sur l'inégalité des races humaines« aufmerksam wird, um kurz darauf von dem französ. Original Kenntnis zu nehmen.

14. Februar

Hut vom Grals-Orden: der »Orden vom heiligen Gral«, in München seit 1877 bestehend, schickte RW einen Samthut mit der Inschrift »Der Meister in des Ordens Hut, der Orden in des Meisters ›Hut‹!«

15. Februar

Marschall: Hermann Marschall von Bieberstein, aus meißnischem Uradelsgeschlecht, Advokat in Dresden, mit RW befreundet, 1849 Offizier der Dresdner Kommunalgarde, am Aufstand beteiligt und in die Schweiz geflüchtet, bis zu seinem Tode Mitte der 70er Jahre Versicherungsagent und Redakteur in Zürich.

16. Februar

Paten Träger: Adolf T., Kaufmann in Leipzig. – *Advokat Hofmann:* s. Anm. zu 16. Mai 1879.

17. Februar

Eva ... geboren: 17. Febr. 1867. – *Novelle:* »Die vornehme Dienstmagd« von Cervantes; der Streit geht darin um den Schwanz eines Hammels! – *Spiel-Nacht in der Jugend:* August 1831, RW verspielt die Rente seiner Mutter, gewinnt mit dem letzten Taler alles zurück und rührt fortan keine Karte mehr an; s. ML S. 57ff. – *Auslassung an Dr. Förster:* RW lehnt ab, eine von Dr. Bernhard Förster initiierte, rabiat antisemitische »Massenpetition gegen das Überhandnehmen des Judentums« zu unterschreiben. – *Dr. Strecker:* s. Anm. zu 2. März 1878.

18. Februar

Portrait von George Eliot: (1819–1880), engl. Schriftstellerin, s. auch Anm. zu 28. Dez. 1882. – *Irwine:* s. Anm. zu 18. Nov. 1880. – *Hebriden-Ouvertüre:* von Mendelssohn-Bartholdy.

19. Februar

»Betrüglichen Heirat«: »Die (be)trügerische Heirat«, Novelle von Cervantes, darin das »Gespräch zwischen Capion und Barganza, den Hunden des Auferstehungshospitals vor der Stadt Valladolid«.

20. Februar

»Numancia«: von Cervantes. – *Dr. Heß:* Dr. Otto H., prakt. Arzt in Bayreuth. – *Krug:* Heinrich K., Tagelöhner in Bayreuth. – *G^fen Hatzfeld ... H. Bleichröder:* Tochter des Grafen von Hatzfeld-Wildenburg, Mitglieds des preuß. Herrenhauses; Bankier Gerson von B. – *»waren die Menschen, die mir wehrten«:* richtig: »Die mich bedrohten, waren sie bös?« Parsifal im I. Akt, Takt 990–92. – *Louise Michel:* (1833–1905), französ. Anarchistin, Lehrerin, nach ihrer Beteiligung an der Pariser Kommune 1871 nach Neukaledonien deportiert, nach ihrer Amnestierung und Rückkehr 1880 wiederholt im Gefängnis und im Irrenhaus, schrieb Dramen, Romane und Lebenserinnerungen, »La Commune« 1898. – *»wer ist gut«:* Parsifal nach Gurnemanz' Lachen, »Parsifal« I, Takt 993f. – *bei Willes ... Frau Wille ... Schaudern der Seele:* RW war mit Dr. François und Eliza Wille, Mariafeld bei Zürich, seit 1851 befreundet, vgl. ML; nach seiner Flucht aus Wien 1864 nahm Eliza W. ihn erneut auf; über die starken Eindrücke, die sie von ihm empfing, in Eliza W., »Fünfzehn Briefe von Richard Wagner mit Erinnerungen und Erläuterungen«, 3. vermehrte Aufl., München, Berlin, Zürich 1935, daraus Charakteristisches auch in »Dokumentarbiographie: Wagner. Sein Leben, sein Werk und seine Welt in zeitgenössischen Bildern und Texten«, hrsg. von Herbert Barth, Dietrich Mack und Egon Voss, Wien 1975, S. 164 u. 202; künftig abgekürzt Dokumentarbiogr.

21. Februar

H. v. Hülsen: s. auch das »Offene Schreiben«, Anm. zu 17. März.

23. Februar

Neumann schreibt an mich: Angelo N., selbst Jude, befürchtet wegen der neuerlichen antisemit. Agitation (Förster-Petition, s. Anm. zu 17. Febr.) die Gefährdung seiner Berliner Wagner-Pläne; auf seine Anfrage antwortet RW: »Der gegenwärtigen ›antisemitischen‹ Bewegung stehe ich vollständig fern: ein nächstens in den ›Bayreuther Blättern‹ erscheinender Aufsatz von mir wird dies in einer Weise bekunden, daß Geistvollen es sogar unmöglich werden dürfte, mich mit jener Bewegung in Beziehung zu bringen.« – *Aufsatz »Heldentum und Christentum«:* 2. Stück der »Ausführungen zu ›Religion und Kunst‹«, begonnen 23. Aug., beendet 4. Sept. 1881, in BBl. Sept. 1881 u. Ges. Schr. Bd. 10.

27. FEBRUAR

Société des amis du divorce: Gesellschaft der Freunde der Ehescheidung. – *Pr. Toussaint:* Maximilian T., kgl. Studienlehrer an der Lateinschule Bayreuth. – *Queroy:* Lokal in München, in dem am 8. Jan. 1868 Hans von Bülows Geburtstag gefeiert wurde, RW sprach einen Toast; vgl. Brief RWs an Ludwig II. vom 14. Okt. 1868, KBr. Bd. 2, S. 243–49 und Tagebuch 8. Jan. 1879.

28. FEBRUAR

Brief des Königs: nicht in KBr., verloren. – *Aufsatz von J. Rub.:* s. Anm. zu 1. März 1881. – *Dr. Landgraf... Zuchthaus:* Dr. L. war Landgerichtsarzt in Bayreuth. – *Zuchthaus-Direktor:* Ignaz Herzinger, kgl. Regierungsrat, Direktor des Zucht- und Arbeitshauses St. Georgen.

1. MÄRZ

des Briefes »mehrer Wagnerianer«: s. Anm. zu 17. März. – *dem glücklichen Schriftsteller Rub.:* Josef Rubinstein schrieb »Symphonie und Drama«, in BBl. Febr./März 1881. – *Gymnasiallehrer Köhler:* aus Köln, Br. an Daniela vom 2. März: »für Fidi ein Unter-Stein«; Köhler trotzte dem Befehl, seinen Schülern den Besuch der »Walküre« in Köln zu verbieten! – *Lesimple:* August L., Buchhändler in Köln, im Vorstand des Wagner-Vereins.

2. MÄRZ

Vermählungsfeierlichkeiten: des Kaiserenkels in Berlin, Wilhelm von Preußen (1859–1941), Sohn des Kronprinzen Friedrich Wilhelm, des späteren Kaisers Friedrich III. der 99 Tage 1888; war als Wilhelm II. 1888–1918 letzter Deutscher Kaiser und König von Preußen, starb in Doorn/Holland; er vermählte sich am 27. Febr. 1888 mit der Prinzessin Auguste Viktoria von Schleswig-Holstein-Sonderburg-Augustenburg (1858–1921); aus der Ehe gingen sechs Söhne und eine Tochter hervor. – *»Dame Kobold«:* von Calderón. – *Schlagintweit:* s. Anm. zu 27. Nov. 1879.

3. MÄRZ

in das Comité... eingeschrieben: s. Anm. zu 8. März 1881. – *durch die Boers geschlagen:* Die Buren, Kolonisten niederländ. Abkunft, die zwei Drittel der weißen Bevölkerung Südafrikas stellten, hatten die seit den napoleonischen Kriegen von England verwaltete Kapprovinz in den 1830er Jahren verlassen und im nördl. Hinterland Burenrepubliken gegründet. Nachdem 1843 Natal von den Engländern unterworfen worden war, erklärte 1877 ein engl. Kommissar das 1856 gegründete Transvaal zur brit. Kolonie. Aber die Buren erhoben sich 1880 unter Führung von Pretorius, Joubert und Krüger; am 27. Febr. 1881 besiegten sie die engl. Truppen bei Majuba Hill (worauf sich RWs Bemerkung bezieht). Die engl. Regierung Gladstone erkannte am 3. Aug. 1881 die innere Unabhängigkeit Transvaals an (1883 Krüger Präsident); vergeblicher engl. Handstreich gegen Transvaal 1895/96, im Burenkrieg 1899–1902 jedoch Sieg der engl. Übermacht und Verlust der Selbständigkeit. – *Diatribe:* aus dem Griech., gelehrte Unterhaltung, Vorlesung.

4. März
Hofgärtner: Gottlieb Eisenbarth. – *Kardinal Richelieu:* Armand Jean du Plessis, Herzog von R. (1585–1642), Kardinal 1622, leitender Minister Ludwigs XIII. von Frankreich ab 1624, setzte in Frankreich den Absolutismus und Zentralismus durch, griff in den Dreißigjährigen Krieg ein; gründete 1635 die Académie Française. – *Pr. Ihering:* Rudolf von I. (1818–1892), dt. Jurist, Prof. in Göttingen, verfaßte bahnbrechende rechtstheoretische Schriften, »Gesammelte Aufsätze«, 3 Bde. 1881–86; »Der Kampf ums Recht« 1872, »Vermischte Schriften juristischen Inhalts« 1879.
6. März
4 Minuten Musik: betrifft die Verwandlungsmusik in »Parsifal« I. – *Kolbs:* Johann Ludwig George K. (1822–1884), Landtagsabgeordneter, Leiter der Flachsspinnerei Laineck-Friedrichsthal, 1880 Kommerzienrat; Karl Heinrich Sofian K. (1824–1895), Direktor der Mechanischen Baumwollspinnerei; beide Bayreuth.
8. März
Kapitäns Darmer: der »Capitain-Lieutenant« D. war wie RW Mitglied des Comités zur Unterstützung der Verwundeten in Transvaal, vgl. Aufruf des Comités in BBl. 1881, S. 87. – *Intermeses:* Zwischenspiele von Calderón.
9. März
Lehrer Gutmann: Friedrich G., Lehrer an der Mädchenschule Bayreuth-Altstadt.
11. März
H. Burgkmair: Hans B. (1473–1531), dt. Maler und Zeichner, »Der Weißkunig« für Kaiser Maximilian I., Originale in Graz. – *»Gruß der Getreuen«:* »Gruß seiner Treuen an Friedrich August den Geliebten« (von Sachsen), 1844, über die Aufführung von RWs Werk s. ML S. 286–90.
12. März
3-Minuten-Musik: betrifft die Verwandlungsmusik in »Parsifal« I, vgl. 6. März 1881.
13. März
G.rats Löher, Archivist: Franz von L. (1818–1892), dt. Geschichtsforscher, Archivist (Urkundenbewahrer) und Schriftsteller, 1865–88 Direktor des bayer. Reichsarchivs. – *H. Bovet:* Alfred B. (gest. 1900) aus Valentigney hatte RWs Fantasie in fis-moll, 1831, im Autographenhandel gekauft und sie 1876 RW geschenkt.
14. März
Ermordung des Zaren: Alexander II. Nikolajewitsch (1818–1881), s. Anm. zu 28. April 1879; beigelegt ein »Extra-Blatt der Oberfränkischen Zeitung. Montag, den 14. März 1881. Petersburg, 14. März. Als der Kaiser gestern Nachmittags um zwei Uhr aus der Michaelmanege nach dem Winterpalast zurückkehrte wurde durch zwei Sprengbomben auf denselben ein Attentat ausgeübt. Der Kaiser wurde an den Beinen verwundet. Ein ihn begleitender Offizier und 2 Kosaken blieben todt. Mehrere Polizisten und Privatpersonen sind verwundet. / Petersburg, 14. März. Der Kaiser ist gestern Nachmittags $3^1/_2$ Uhr in Folge der erhaltenen Verwundung gestorben.« – *das »Wundertheater« von Cervantes:* eines der 8 Zwischenspiele, die C. zu den 1615 erstmals veröffentlichten Komödien schrieb; in »El retable de las maravillas« narren zwei Schausteller ein ganzes Dorf, indem sie auf der Bühne Wunderdinge zu zeigen vorgeben, die nur Personen von untadliger Abstammung sichtbar seien; die Furcht, in den Verdacht unehelicher (fremdrassiger) Geburt zu geraten, hält sie davon ab, zu gestehen, daß sie nichts sehen.
15. März

an den König: datiert 16. März, langer Brief über Festspielprobleme, KBr. Bd. 3, S. 200–5. – *Schauspieler Stein:* Eduard Franz St., eigentlich Franz Matthias Freiherr von Treuenfels (1794–1828), ab 1817 Mitglied des Stadttheaters Leipzig.

16. März

»La femme de trente ans...«: Die Frau von dreißig beginnt mit vierzig, Anspielung auf Balzacs Roman, 1831/34.

17. März

das Offene Schreiben: »Offenes Schreiben an den General-Intendanten der K. Preussischen Hoftheater, Herrn von Hülsen«, von Cosima verfaßt, unterzeichnet mit »mehre Wagnerianer«, in BBl. Febr./März 1881.

18. März

Auslassungen von Herrn St.-Saëns: »Über die Zurücksetzung eines französischen Komponisten [Gounod] gegen einen deutschen [Wagner]«; das »Fremden-Blatt« und die »Neue Freie Presse« in Wien hatten u. a. am 7. März über die Zuschrift von Camille Saint-Saëns an die französ. Zeitung »Renaissance musical« berichtet. – *Beilage der B.Bl.:* »Der wissenschaftliche Unwert der Vivisektionen in allen ihren Arten«, von Dr. Richard Nagel, BBl. Febr./März 1881. – *Aufsatz von Springer:* »Richard Wagner's regeneratorische Idee«, von Robert Springer, BBl. Febr./März 1881.

19. März

»Der Arzt seiner Ehre«: Schauspiel von Calderón. – *Don Gutierre:* bei Calderón.

20. März

Boni: Blandine, am 20. März 1863 geb. – *Donna Mencia:* de Acunna, in »Der Arzt seiner Ehre«, von Calderón.

21. März

Betz: Franz B. (1835–1900), Heldenbariton an der Hofoper Wien, erster Hans Sachs in München 1868 und Wotan in Bayreuth 1876.

22. März

in Zettel's Ton: genau: »Das nun just auch nicht«, Zettel in »Ein Sommernachtstraum« III, 1. Szene, von Shakespeare. – *Brückner:* Max B. (1836–1919), Geheimer Hofrat und Prof., und Gotthold B. (1844–1892), beide Theatermaler und Bühnenbildner aus Coburg, führten die Bühnenbilder für die Bayreuther Festspiele 1876 und 1882 aus.

23. März

Wurm ohne Hals: das in England fabrizierte Halsstück wurde 1876 versehentlich falsch montiert. – *Auslassungen gegen Ophelia:* Hamlet: »Ich weiß auch von euren Malerei'n Bescheid, recht gut... ihr schleift, ihr trippelt und ihr lispelt«, »Hamlet« III, 1. Szene.

24. März

Schwager Gal Meck: Carl von M., russ. General, seit 1839 verheiratet mit Minna Wagners Schwester Amalie geb. Planer. – *Oupnekhats (Colebrooke):* Henry Thomas C. (1765–1837), engl. Sanskrit-Forscher, Präsident der Asiat. Gesellschaft, der eigentl. Begründer der indischen Philologie, gab Quellschriften heraus; »Oupnekhats« ist der Titel der von Anquetil-Duperron übersetzten Upanishaden-Sammlung.

26. März

»Willen in der Natur«: »Über den Willen in der Natur«, Schrift 1836, von Schopenhauer.

28. März

Gedicht von Herwegh auf mich: »Auf jedes Menschen Angesicht / liegt leise dämmernd ausgebreitet / Ein sanfter Abglanz von dem Licht / Des Sternes, der sein Schicksal leitet: / Der Genius der Harmonie / Wird Dich mit seinen Wundertönen / Umrauschen und Du wirst Dich nie / Mit der verstimmten Welt versöhnen«, von Georg H., abgedruckt bei Du Moulin, Bd. 1, S. 155; H. widmete es Cosima von Bülow bei ihrem Abschied von Zürich nach der Hochzeitsreise, die sie im Sept. 1857 in RWs »Asyl« führte; RW hatte soeben den Tristan-Text beendet und vorgelesen. – »*Wie wär ich kalt, mich glücklich nur zu nennen*«: Elsa in »Lohengrin« III, 2. Szene.

29. März

Kummer's in Dresden: Friedrich August K. (1797–1879), Oboist und Violoncellist der Dresdner Hofkapelle. – *aus der Biographie die Episode dieses Konzertes:* ML S. 106ff.

30. März

Kölner Theater-Direktor: Moritz Ernst (1826–1900), seit 1875 Direktor des Stadttheaters Köln.

31. März

Racinet: Albert Charles Auguste R. (1825–1893), Zeichner in Paris, veröffentlichte »Le costume historique« (1877–86).

1. April

Lothario: in »Wilhelm Meisters Lehrjahre« von Goethe. – *Lenardo:* in »Wilhelm Meisters Wanderjahre«. – *Variat[ion]en:* op. 35 von Beethoven.

2. April

mein Sohn Amfortas: Titurel in »Parsifal« I, Takt 1246f. – *Biklinium:* Sofa für zwei Personen.

3. April

Von dem Buch des G^{fen} G.: Hier ist, trotz einer ganz ähnlichen Äußerung RWs über die »Unreife«, nicht Gobineaus Roman »Les pléiades« gemeint, sondern, wie die Aversion gegen »dicke Bücher« erkennen läßt, der »Essai sur l'inégalité des races humaines«, der 1853–55 in 4 Bdn. erschienen war; auch am 18. April sagt RW nach der Lektüre des »Essai«, man müsse sich »vor dicken Büchern hüten«. – *Geschichte von Grote:* George G. (1794–1871), engl. Historiker, »History of Greece«, 12 Bde. 1846–56. – *O. Müller:* Otfried M., s. Anm. zu 27. Juni 1880. – *Vortrag von E. Weber:* »Der Unabhängigkeitskampf der Boers in Südafrika«, Berlin 1881, die Hälfte des Reinertrags der Schrift, die 40 Pf. kostete, war für die Verwundeten der Buren bestimmt. – *Canning:* George C. (1770–1827), brit. Staatsmann, ab 1822 Außenminister, zuletzt auch Ministerpräsident; gehörte den Tories an. – *Liberté civile et religieuse pour tous:* bürgerliche und religiöse Freiheit für alle. – *Auch hat es die Nation anerkannt:* »Lohengrin« war neben »Tannhäuser« die meistgespielte Oper RWs, allein 1885 wurde das Werk von 28 dt. Bühnen 123mal gespielt, einzig übertroffen vom »Trompeter von Säckingen«.

4. April

Wanner: Wilhelm W. (1837–1894), dt. Schauspieler. – *Ein anderer schickt Dramen:* Hans Herrig, »Drei Operndichtungen«, Berlin 1881. – *Chrom. Fantasie:* und Fuge, um 1720, von Johann Sebastian Bach.

5. April

»*Der Armen Wesen ist Anschläge*«: Schauspiel von Calderón, dt. von Adolf Martin, Leipzig 1844; Cosima schreibt »Der Armen Wesen sind Anschläge«.

6. April

Bacon von Verulam: Francis B. (1561–1626), 1618 Lordkanzler und Baron von Verulam; engl. Philosoph und Staatsmann, bekämpfte die scholast. Philosophie und forderte von der Wissenschaft, von Einzelerfahrungen auszugehen (induktive Methode). – *une tempête dans un verre d'eau:* ein Sturm im Wasserglas.

7. April

Francke: Hermann F., Konzertmeister und Theaterunternehmer in London, verhandelte mit RW wegen »Tristan und Isolde« in London (21. Juni 1882); die »Francke-Pollini'sche Operngesellschaft« führte im Drury-Lane-Theater 1882 zahlreiche Werke RWs auf, das Unternehmen ging in Konkurs. – *J'en suis:* Ich bin einer davon; ich gehöre dazu.

9. April

Geburt von Isolde: 10. April 1865 in Bülows Münchner Wohnung, am gleichen Tag leitet Hans von B. die erste Orchesterprobe zu »Tristan und Isolde«.

10. April

Musikdirektor Kniese: Julius K. (1848–1905), dt. Kapellmeister und Komponist, 1882/83 musikalischer Assistent, 1888–1904 Chordirektor der Bayreuther Festspiele; Briefe und Tagebücher gab seine Tochter Julie heraus: »Der Kampf zweier Welten um das Bayreuther Erbe«, 1931; in diesem Titel wird die stark antisemit., gegen Hermann Levi gerichtete Tendenz K.s deutlich. – *Beeth. an Kotzebue:* in dem Brief vom 28. Jan. 1812 äußert Beethoven den Wunsch, »eine Oper von Ihrem einzig dramatischen Genie zu besitzen, möge es romantisch, ganz ernsthaft, heroisch, komisch, sentimental sein…«

12. April

»Cymbeline«: von Shakespeare. – *Thrasybulos:* (gest. 388 v. Chr.), athen. Feldherr.

15. April

Tintoretto: eigentl. Jacopo Robústi (1518–1594), italien. Maler, Hauptmeister des venezianischen Manierismus; Kreuzigung: Scuola di S. Rocco, Venedig, »Kreuzigung Christi«.

17. April

Enthüllung der Büste in Leipzig: eine »Kolossalbüste« von RW im Foyer des Leipziger Stadttheaters, von Prof. Melchior zur Strassen (auch Zurstrassen; 1832–1896), Kopien in verschiedenen Ausführungen wurden in den BBl. zum Verkauf angeboten.

20. April

an Freund Nuitter: Charles Truinet, s. Anm. zu 30. Okt. 1878.

22. April

Einführung der Arbeit: RW schrieb die Einführung zu Gobineaus Beitrag »Ein Urteil über die jetzige Weltlage. Als ethnologisches Resumé«, BBl. Mai/Juni 1881.

23. April

Benedix: Roderich B. (1811–1873), dt. Bühnenautor, Leipziger Thomasschüler, später Köln, Frankfurt am Main, ab 1858 wieder in Leipzig, erfolgreicher Theaterautor mit Gesellschaftsdramen und Lustspielen, »Gesammelte dramatische Werke«, 21 Bde. 1862–68; gemeint ist die Aufstellung der Büste im Leipziger Stadttheater. – *an Dr. Strecker wegen London:* nach Strecker, S. 301, handelt der Brief von Tantiemen aus Konzerten in Frankreich. – *Giorgione:* eigentlich Giorgio da Castelfranco (1476/77–1510), italien. Maler, schuf auch weltl. Werke, mit seiner Betonung der Landschaft von starker Wirkung auf die europäische Entwicklung. Das Bild ist in Braunschweig nicht nachweisbar.

24. April
schöner Brief des Königs: datiert 21. April, KBr. Bd. 3, S. 206f. – *»Einführung«:* s. Anm. zu 22. April.
25. April
von dem Bilde (Überraschung): Joukowsky malte für RWs Geburtstag am 22. Mai das Bild »Die Heilige Familie«, zu den Festlichkeiten vgl. Anm. zu 23. Dez. 1880.
29. April
M. Groß: Marie G. geb. Feustel. – *Luppa:* Ort bei Bautzen.
1. Mai
Wachsfigur von Beaconsfield... (Rausch): Benjamin Disraeli, Lord B. war am 19. April 1881 gest., möglicherweise Abguß einer Büste von Christian Rauch (1777–1857). – *Métisen:* métis: Mestize, Mischling.
2. Mai
Scaria: Emil S. (1840–1886), sang 1882 in Bayreuth den Gurnemanz im »Parsifal«. – *Scheibe:* Inspizient; am 22. Mai schrieb RW eine Gedicht »An die Berliner Symphonie-Kapelle (Römer, Scheibe) und Director Neumann«, Ges. Schr. Bd. 12.
3. Mai
Dr. Pollini: Bernhard P., Hamburg, wollte mit Kapellmeister Sucher anstelle Neumanns den »Ring« inszenieren. – *Mime »ein Jüdchen«:* Julius Lieban (1857–1940), Sohn eines jüdischen Kantors, Sänger in Wien und Leipzig, nahm an der Wagner-Tournee Neumanns teil, ab 1883 an der Hofoper Berlin; seine Glanzrolle war Mime. – *da sehe ich Grane:* Brünnhilde: »Dort seh ich Grane«, in »Siegfried« III, 3. Szene.
6. Mai
»es rast der See«: in Schillers »Wilhelm Tell«.
7. Mai
Dr. Zwingenberg: Arzt in Berlin. – *Fr. v. Heldburg:* Helene Freifrau von H. (1839–1923), ehemals unter dem Namen Ellen Franz Schauspielerin, verbunden mit dem Herzog Georg von Sachsen-Meiningen, der sie 1873 nach evangelischem Ritus heiratete.
9. Mai
Großmutters und Bruders Geburtstag: Anna Liszt geb. Lager (1788–1866) und Daniel Liszt (1839–1859).
10. Mai
alten Pr. Werder: Karl Friedrich W. (1806–1893), dt. Ästhetiker und Dramatiker, Gedichte posthum 1894, RW seit der Berliner Premiere des »Fliegenden Holländers« 1844 bekannt, s. ML S. 278f.
12. Mai
gotisch: französ. gothique wird im 16 Jh. für dt. Schrift und Bauart des Mittelalters üblich, entspricht gotisch in Deutschland seit Jablonski, Lexikon der Künste und Wissenschaften, 1721.
15. Mai
die Stellen auf Bakunin bezüglich: in ML S. 397–402, 408–11, 417–24.
17. Mai
Brief an den König: ausführlicher Bericht über Sänger und den Grafen Gobineau, KBr. Bd. 3, S. 208–13.
18. Mai
Heim in Zürich: Ignaz H., Musikdirektor in Zürich, Freund RWs. – *vous voyez la chose...:* Sie sehen die Sache als Philosoph, ich als Mann der Politik.

19. Mai
C'est la marne: Das ist der Mergel! (statt die Marne). – *Ah mais c'est une mauvaise plaisanterie:* Aber das ist ein schlechter Scherz. – *de race mélan[és]ienne:* von melanesischer Rasse.
20. Mai
Eyßers in dem Saal arbeiten: Eyßers malten die in der Kehlung der Saaldecke leer gebliebenen Felder mit den Wappen aller Städte aus, in denen Wagner-Vereine existierten; vgl. Bericht RWs in KBr. Bd. 3, S. 216, vom 19. Juni 1881. – *Thomas a Kempis:* auch Thomas von Kempen (1379/80–1471), niederländ. Mystiker, »De imitatione Christi«.
22. Mai
geht der Blumengruß vor sich: ausführliche Schilderung des Geburtstages bei Gla. Bd. 6, S. 474 ff. – *Gustav:* Gustav Schönaich (1840–1906), Dr. phil. Journalist und Schriftsteller, ein Stiefsohn des Wiener Arztes Dr. Standhartner. – *Ferdi Jäger:* (geb. 1874), Sohn des Sängers Ferdinand J., begann 1897 eine Sängerlaufbahn. – *Julchen und Elsa:* Kinder Ritters. – *»nicht Gut noch Pracht«:* weggelassener Schluß der »Götterdämmerung« von 1854, nur für Ludwig II. auskomponiert.
26. Mai
Frau Overbeck: Romaine Baronin O., mit Hans von Bülow befreundet, vgl. Br. an Daniela. – *Fr. Hofmeister:* Anna Sachse-H. (1852–1904), Sängerin, 1882–89 an der Hofoper Berlin, berühmt in Wagner-Rollen.
28. Mai
race grise: graue (gemischte, schlechte) Rasse.
29. Mai
Kathi Eckert: Witwe des Dirigenten und Komponisten Karl E. (1820–1879), Kapellmeister in Stuttgart, Berlin und Musikdirektor in Wien, mit RW befreundet.
30. Mai
»Dogme et Philosophie«: »Religions et philosophies dans l'Asie centrale« von Gobineau, RW am Vortag geschenkt mit der Widmung »Souvenir de l'admiration la plus vraie et de l'attachement le plus affectueux. Wahnfried, 29. Mai 1881.«
2. Juni
grünen Stein... verlor und wiederfand: in der Nacht zum 1. Jan. 1868, s. Annalen in ML S. 765.
4. Juni
Thomas von Aquin: (1225/26–1274), italien. Philosoph, bedeutendster Theologe des Mittelalters. – *Ernst Dohm:* (1819–1883), dt. Schriftsteller, Publizist, Satiriker, 1848 Redakteur des »Kladderadatsch«, schrieb 1849 »Der Aufwiegler in der Westentasche«, später Beziehungen zu Bismarck und Präsident des Berliner Wagner-Vereins, enge Freundschaft mit Cosima; D. heiratete 1852 Hedwig Schleh (Schlesinger), als Hedwig D. eine der bedeutenden emanzipatorischen Schriftstellerinnen des 19. Jh.s, mit Lassalle, Humboldt, Bülow, Lily Braun und Fanny Lewaldt befreundet; beider Tochter Hedwig heiratete 1878 Dr. Alfred Pringsheim, deren Tochter ist Katja Mann.
7. Juni
Aufsatz von H. Lindau: Paul L. (1839–1919), »Richard Wagner's ›Ring des Nibelungen‹ in Berlin«, in »Nord und Süd«, Berlin, Juni 1881, und »Der Abschied der Nibelungen«, in »Kölnische Zeitung« vom 30. Mai 1881. – *»Schwindet, ihr Wölbungen«:* »Schwindet ihr dunkeln Wölbungen droben«, Geister in »Faust« I, Studierzimmerszene.

8. JUNI
anonymer Brief: Dieser anonyme Brief bezieht sich auf den Vorfall in Berlin am 9. Mai 1881, als RW im zweiten Zwischenakt der »Götterdämmerung« der von Hofmarschall Grafen Eulenburg überbrachten Einladung des Kronprinzen, in seine Loge zu kommen, wegen Übermüdung nicht Folge leistete und sich mit seiner »Erregtheit« während solcher Aufführungen entschuldigte. Der anonyme Brief lautet: »Herr Wagner! Hatten Sie sich wohl den Bescheid überlegt, den Sie unserem Kronprinzen auf seine gütige und sogar *für Sie* sehr ehrenvolle Einladung gaben? Hüten Sie sich, daß man später, wenn man von Ihren Werken schreibt, nicht zuviel von Ihrem Charakter erzählt! N. N.« (Mitgeteilt in Gla. Bd. 6, S. 466.)
10. JUNI
sonfi: getarnt für: so'n Vieh; vgl. 13. Nov. 1879: »so ein Vieh wie Shakespeare«, d. h. so ein toller Kerl, also nicht abfällig gemeint. – *den griechischen Satz aufzuschreiben:* »Aien aristeuein kai hypertaton (hypeirochon) emmenai allon«; immer tapfer zu sein und der Beste von allen, in Homer, »Ilias«, Kap. 6, Vers. 208 und 11, 784.
11. JUNI
die Leiche Littré's: Emile L. (1801–1881), französ. Philosoph, Mediziner und Schriftsteller, war am 2. Juni in Paris gestorben.
12. JUNI
Verhältnis zum Nachbarhaus: gemeint ist Hans von Wolzogen.
13. JUNI
»Weiter, weiter«: Sieglinde in »Die Walküre« II, 3. Szene. – *Bangen und Langen:* s. Anm. zu 25. Nov. 1879.
15. JUNI
Heiderabad: auch Haiderabad oder Hyderabad, Stadt und Staat in Indien.
17. JUNI
Babis: Babisten, Anhänger einer religiösen Bewegung in Persien, gestiftet von Ali Mohammed, gen. Bab (1819–1849); eine Sekte, die die Lehren des Islam mystisch auslegte, soziale Reformen und eine Besserstellung der Frau anstrebte; die Anhänger wurden ermordet oder wanderten aus, vgl. Gobineau, »Religions et philosophies dans l'Asie centrale«.
18. JUNI
an seinem Brief an den König: datiert 19. Juni 1881, vgl. KBr. Bd. 3, S. 215–18, u. a. Bericht über die Geburtstagsfeier und die Erlebnisse in Berlin. – *Egusquiza:* Rogelio E. (geb. 1845), span. Maler, 1877–82 mehrmals in Bayreuth und Venedig; das Porträt von RW wurde 1900 auf der Pariser Weltausstellung gezeigt.
19. JUNI
Mottl: Felix Mottl, dt. Dirigent, s. Anm. zu 5. Okt. 1879.
20. JUNI
»in den Wipfeln«: Türmchen im Garten-Pavillon von Wahnfried. – *»Schwer sind mir die Waffen«:* Brünnhilde: »Schwer wiegt mir der Waffen Wucht«, in »Die Walküre« II, 2. Szene, Schluß.
21. JUNI
»Heldentum und Christentum«: 2. Teil der »Ausführungen zu ›Religion und Kunst‹«, 1881, Ges. Schr. Bd. 10.
24. JUNI
Rausch: Konrad R., Gärtner in Wahnfried. – *Nakó:* Graf Coloman N. von Nagy-Szent-Miklos, Kämmerer und Gutsbesitzer, und Gräfin Bertha N., bekannt mit

RW seit 1861, ungar. Adel. – *Lacrimosa:* aus dem unvollendeten Requiem von Mozart.

25. JUNI

Staudt: die Frankfurter Firma Emil St. hatte die Gaseinrichtung im Festspielhaus besorgt.

29. JUNI

»hier ein hübscher Brief«: anonymer Brief, in dem »der arme Levi so schändlich verklagt wurde (und zwar in Gesellschaft mit mir!), daß er sich gar nicht fassen konnte«, schreibt Cosima in Br. an Daniela am 1. Juli; RW wird aufgefordert, sein Werk rein zu erhalten und es nicht von einem Juden dirigieren zu lassen. Dieser im folgenden noch zu kommentierende Vorfall wurde in der Wagner-Literatur (vgl. Kniese und Strobels Kommentar in KBr. Bd. 3, S. 223) tendenziös und spekulativ aufgebauscht. Zunächst reiste Levi tatsächlich nach Bamberg ab, aber erst am nächsten Tag, wie aus Humperdincks Aufzeichnungen und Cosimas Notizen vom 30. Juni eindeutig hervorgeht; Levi blieb nur zwei Tage abwesend, s. Eintragung vom 2. Juli. – *Marianne Brandt:* (1841–1921), Altistin, 1868–86 an der Berliner Hofoper, sang 1882 die Kundry in Bayreuth.

30. JUNI

Levi – der keine Fassung findet – zu entlassen: nach Bamberg.

1. JULI

R. schreibt ihm: »Um Gottes Willen, kehren Sie sogleich um und lernen Sie uns ordentlich kennen! Verlieren Sie nichts von Ihrem Glauben, aber gewinnen Sie auch einen starken Mut dazu! Vielleicht – gibt's eine große Wendung für Ihr Leben – für alle Fälle aber – sind Sie mein Parsifal-Dirigent!« Daraufhin Beilegung des Zwischenfalls.

3. JULI

Musiker, welche meinen Vater verfolgt: bezieht sich wohl auf Johannes Brahms' Manifest gegen die neudeutsche Richtung in der Musik.

5. JULI

Befinden meines Vaters: Franz Liszt war am 2. Juli eine Treppe hinuntergestürzt.

9. JULI

Glasenapp: Carl Friedrich G. (1847–1915), Biograph RWs, 6 Bde. 1876–1911.

11. JULI

»was könntest du wehren«: Brünnhilde in »Götterdämmerung« I, Schluß. – *»auf eigner Weid und Wonne«:* Kurwenal in »Tristan und Isolde« III, 1. Szene. – *»Schweizerfamilie«:* Oper des Wiener Komponisten und Hofkapellmeisters Joseph Weigl (1766–1846).

12. JULI

»Rattenfänger von Hameln«: hier das Gedicht von Julius Wolff, nach dem Karl August Görner (1806–1884) ein Schauspiel und Viktor Ernst Neßler (1841–1890) eine Oper schrieben. – *G. Sand an meine Mutter:* George S. war mit der Gräfin Marie d'Agoult befreundet, s. auch Anm. zu 4. Dez. 1878.

13. JULI

Programm des Magdeburger Festes: die 250-Jahrfeier der Belagerung und Zerstörung der Stadt Magdeburg im Jahr 1631.

14. JULI

Oper … für das nächst-jährige Fest: möglicherweise die 100-Jahrfeier der Anerkennung der Unabhängigkeit der Vereinigten Staaten von Amerika im Frieden von Versailles 1783. – *Revue Nouvelle:* richtig La Nouvelle Revue, demokratische, polit.-wirtschaftl.-literarische Pariser Halbmonatsschrift, gegründet 1879. – »*Sappho*«: Tragödie 1819, von Franz Grillparzer.

15. JULI

Anzahl der Sibyllen, und das Werk M. Angelo's: gemeint ist das Deckengemälde in der Sixtinischen Kapelle, dort die Libysche, Cumäische, Erytreische und Delphische Sibylle. – *Freundin des G^fen^ G.:* Gräfin La Tour, s. Anm. zu 6. Jan. 1881.

16. JULI

Hillebrand in Florenz: Karl H., s. Anm. zu 6. Okt. 1879. – *La brute germanique:* das germanische Tier. – *Dannreuther:* Edward D. (1844–1905), engl. Pianist, Dirigent und Musikschriftsteller, gründete 1872 die Wagner-Society London. – *Tamtam:* s. Anm. zu 8. Aug. 1881.

17. JULI

Brief an Feustel: in dessen Eigenschaft als Bevollmächtigter des Bayreuther Patronatvereins und Vermögensverwalter RWs; der Brief, vom 18. Juli datiert, behandelt RWs finanzielle Beziehung zum Schott-Verlag, vor allem hinsichtlich der Herausgabe des »Parsifal«; am 30. Aug. 1881 fordert RW von Dr. Strecker 100 000 Mark für Klavierauszug und Partitur und erhält sie, vgl. Strecker, S. 302 ff., 308 f. – *Ausspruch des Rabbiners:* wahrscheinlich des Rabbiners der israelitischen Kultusgemeinde in Bayreuth, Dr. Salamon Kusznitzki. – *Sänger Hammerstein:* richtig: Heinrich Hammermeister (1799–1860), Bariton, Hauptrollen u. a. Templer, Don Juan. – *Frau Hartwig:* Friederike Wilhelmine H. (1774–1849), dt. Schauspielerin, erste Jungfrau von Orleans bei der Uraufführung in Leipzig, mit RWs Vater befreundet und mehrmals Patin der Familie Wagner. – *über Platen's gestern begonnenen Aufsatz:* wahrscheinlich »Das Theater als ein Nationalinstitut«, von August Graf von P. (1796–1835), dt. Dichter, von RW auch in »Deutsche Kunst und deutsche Politik« erwähnt, Ges. Schr. Bd. 8.

18. JULI

die albernen Legate von Schott selig: durch Testament vom 8. Febr. 1874 hatte Franz Schott u. a. bestimmt, daß Hausbesitz im Werte von 280 000 Gulden an die Stadt Mainz gehe zur Gründung einer Schott-Braunrasch-Stiftung für die Musikpflege in Mainz, vgl. Strecker S. 307.

19. JULI

Camões: Luis Vaz de C. (1525–1580), portugies. Dichter, ungestümes Leben, Expeditionen; seine Epen und Dichtungen sind Portugals bedeutendster Beitrag zur Renaissance und zur klass. Weltliteratur. – *tant pis:* um so schlimmer.

20. JULI

Adolf photographiert uns im Saal: vgl. Geck, Abb. Nr. 36.

21. JULI

Verrina F. beim Mantel zieht: Fiesco: »Was zerrst du mich so am Mantel? – Er fällt!« Verrina (mit fürchterlichem Hohn): »Nun, wenn der Purpur fällt, muß auch der Herzog nach!« (Er stürzt ihn ins Meer.) V. Akt, 16. Auftritt. – »*schier dreißig Jahre bist du alt*«: Anfang des sog. Mantellieds im III. Akt des Singspiels »Lenore« von Karl Holtei, 1827, aufgeführt 1828 in Berlin, nach der Melodie der alten Volksweise »Es waren einmal drei Reiter gefangen«. – *Wülfinghoff:* S. Wülfinghoff, in Regensburg engagiert, sang 1878 in München die Waltraute und Gutrune im »Ring des Nibelungen«.

22. JULI

Eine Paria-Fabel: in dem Buch von Jacolliot über Indien.

23. Juli
Dekrepitüde: Abgelebtheit, Heruntergekommenheit, Verfall. – *»Robert der T.«:* »Robert le diable«, dt. »Robert der Teufel«, Oper 1831, von Giacomo Meyerbeer. – *»Ruinen von Athen«:* Ouvertüre zum Festspiel »Die Ruinen von Athen« in G-dur, op. 113, von Beethoven.
25. Juli
Frau Sänger: Karolina S., Trödlers-Witwe in Bayreuth. – *»sein Stamm verfiel mir«:* Klingsor in »Parsifal« II, Takt 258f.; bei Wolzogens Aufsatz handelt es sich um »Zur Kritik des ›Parsifal‹«, 4. Teil, BBl. Aug. 1881, zu den Fehlern ebd. S. 239ff.
26. Juli
Werkmeister Kranich: Friedrich K. der Ältere (1857–1924), Schüler von Carl Brandt, war 1886–1914 technischer Direktor der Bayreuther Festspiele. – *»du weißt, wo du mich wiedersiehst«:* [finden kannst], Parsifal im II. Akt, Takt 1524ff., Schluß.
27. Juli
Nathalie: Nathalie Planer, verh. Bilz (1826–1892), uneheliche Tochter Minna Planers vor ihrer Verheiratung mit RW, Vater Ernst Rudolf von Einsiedel; N. wurde zeitlebens als Minnas Schwester ausgegeben.
28. Juli
Arie von Agathe: im II. Akt, 2. Auftritt.
31. Juli
Alwina Frommann: (1800–1875), dt. Malerin und Vorleserin der Königin von Preußen, Kaiserin Augusta; stammte aus einer Jenaer Buchhändlerfamilie, war am 11. Okt. 1828 Goethes Tischgast, seit 1843 mit RW befreundet, häufig in ML und in Bd. I.
1. August
»Steh nur auf«: s. Anm. zu 21. Juni 1880. – *»Kunst und Klima«:* RW schrieb den Aufsatz im Febr. 1850 in Paris, Ges. Schr. Bd. 3.
2. August
Suleika-Lieder: aus Goethes »West-östlicher Divan«, von Franz Schubert (auch von Mendelssohn-Bartholdy, Schumann und Wolf). – *»Wer nie sein Brot«:* nach Goethe, Gesänge des Harfners aus »Wilhelm Meister«, von Franz Schubert, op. 12, Nr. 1–3 (auch von Zelter und Schumann). – *»Forelle«:* »Die Forelle«, op. 32, von Franz Schubert.
3. August
in der Erwartung unseres Freundes Stein schreibt er ein Gedicht auf ihn: erstmals zu datieren: »Dort in Halle an der Saale – / Kinder, merkt es Euch zu Male! – / sass im dunklen Büchersaale, / sass zu seiner grossen Quale / sass der Herr von Stein und las. // Wollten ihm die Sinne schwanken, / sonder Zagen oder Wanken, / zog er da nach Unterfranken, / neu zu stärken die Gedanken, / Dass es Gott ihm ewig lohne, / und er bei Schukowski wohne!«
5. August
Carrie Pringle: sang 1882 in Bayreuth eine Soloblume in »Parsifal«.
6. August
Bewaffnung im Jahre 52: Offenbar spielt diese Stelle auf den Neuenburger Putsch an; im Londoner Protokoll vom 24. Mai 1852 ließ sich der König von Preußen seine Ansprüche auf das Fürstentum Neuenburg anerkennen, worauf Schweizer Royalisten unter Pourtalès 1856 den Umsturz planten; die Republikaner siegten; die

Situation führte wegen des befürchteten Eingreifens der Großmächte zu einer Gefährdung der in der Schweiz lebenden Emigranten.

7. AUGUST

an den 25ten August gedacht: Trauung Richards und Cosimas in der protestantischen Kirche Luzerns am 25. Aug. 1870. – *Sonate op. 96 von Beeth.:* in G-dur für Violine und Klavier. – »*O Mathilde*«*:* »O Mathilde, du Engel meiner Triebe«, Arnold in Rossinis »Wilhelm Tell«, I. Akt, 5. Auftritt.

8. AUGUST

Du Bois-Reymond: Emil D.B.-R. (1818–1896), Prof. der Physiologie in Berlin, Untersuchungen über elektrische Erscheinungen an Muskeln und Nerven, zahlreiche Vorträge. – *Zante:* oder Zakynthos, griech. Insel. – *Steingräber:* Eduard St., Piano- und Flügelfabrikant, Firma seit 1852 in Bayreuth; das Glocken-Klavier für »Parsifal« wurde erst allmählich entwickelt, für 1882 suchte sich RW mit Tamtams aus England zu behelfen (vgl. 16. Juli 1881), am 12. Juli 1882 telegrafierte RW an Eduard Dannreuther: »A Kingdom for a Tamtam! mit richtigem C-Diapason normal.«

9. AUGUST

R. beginnt eine Antwort: der Brief, datiert 11. Aug., an Dr. Strecker beginnt: »Daß Sie keine Krösusse sind, mißfällt mir im höchsten Grade!«

10. AUGUST

Jungfer Züß: Züß Burzlin in »Die drei gerechten Kammacher« von Gottfried Keller. – *welcher den Kaiser Alexander III. nicht erzogen hat:* Anspielung auf den Vater Joukowskys, der Erzieher Alexanders II. gewesen war, s. die ausführliche Anm. zu 12. Jan. 1883.

11. AUGUST

Tappert: s. Anm. zu 9. Febr. 1878; RWs Briefe an Johann Herbeck am 29. Juni, 6. und 13. Juli 1881 in der Neuen Freien Presse, der Aufsatz von Tappert im Deutschen Tageblatt, Berlin, 10. Aug. 1881. – *Herbeck:* Johann H. (1831–1877), österreich. Dirigent und Komponist, 1869 Hofkapellmeister und 1871–75 Direktor der Wiener Hofoper. – *in der N. freien Presse:* Neue Freie Presse, Tageszeitung in Wien, 1864 gegründet.

12. AUGUST

Abu Hema: Emissär des Scheiches El Haddab in den seit 1864, stärker ab 1871 andauernden Aufständen der Zuaven und Kabylen im französ. Protektorat Algerien; die französ. Herrschaft wurde erst 1882 nach Annexion von Tunis gefestigt. – *Körner:* Theodor K., s. Anm. zu 30. Sept. 1879, schloß sich 1813 dem Lützowschen Korps an und fiel bei Gadebusch. – *Friesen:* Karl Friedrich F. (1784–1814), schrieb die erste Verfassung der Deutschen Burschenschaft, 1810 Gehilfe des Turnvaters Jahn, fiel als ein Führer des Lützowschen Freikorps. – *Lützow:* Adolf Freiherr von L. (1782–1834), preuß. Reiteroffizier, bildete 1813 das Freikorps, bei Leipzig zum Teil aufgerieben, Gedicht von Körner »Lützows wilde Jagd«, 1813, vertont von C. M. v. Weber 1814. – *Briseis:* Lieblingssklavin des Achill, Agamemnon nimmt sie ihm weg, Ausgangssituation der Ilias. – »*es waren hochbedürftige Meister, von Lebensmüh bedrängte Geister*«*:* »Das waren...«, Hans Sachs in »Die Meistersinger« III, 2. Szene. – »*Schausp. und Sänger*«*:* »Über Schauspieler und Sänger«, RWs Schrift aus dem Jahr 1872, Ges. Schr. Bd. 9.

13. AUGUST

Bergerie: Schäferlyrik. – »*Pastoral...*«*:* Polonius in »Hamlet« II, 2. Szene, von Shakespeare.

15. August
Pfaffen Lamprecht: (Anfang 12. Jh.), dt. Geistlicher, Versdichter und Übersetzer, sein »Alexander« regte RW zur Blumenaue an.
16. August
Aygill: die nord. Sage von Aygill kannte RW aus Ludwig Uhlands »Sagenforschungen«, 1836. – *l'homme est l'animal méchant par excellence:* der Mensch ist das böse Tier schlechthin.
17. August
Arbeit von Stein über die »Wanderjahre«: in BBl. Aug. 1881.
18. August
Dr. Helferich: Arzt. – *Kostümier aus Frankfurt:* Firma Schwab und Plettung fertigte die Kostüme und Requisiten für »Parsifal« an; Johann Georg P. (1833–1890) war Obergarderobier in Frankfurt am Main. – *O wär ich doch in meinen Hallen:* Goethe, s. Anm. zu 21. Dez. 1878. – *des Besuches in Eisleben:* s. Bd. I, S. 674, 27. Apr. 1873, geschildert auch auf S. 677, 3. Mai 1873.
19. August
»An die entfernte Geliebte«: »An die Entfernte« (»So hab ich wirklich dich verloren«) von Franz Schubert.
20. August
Gedicht an den König zum 25ten: zum 36. Geburtstag Ludwigs II. am 25. Aug., in KBr. Bd. 3, S. 219f.
21. August
die Zeitung bringt einen schönen Brief von meinem Vater (1849) über R.: Franz Liszts Brief vom 14. Mai 1849 an Belloni, u.a. im Bayreuther Tagblatt abgedruckt. – *›hors de concours‹:* außer Vergleich. – *H. Winkelmann, der Tenorist:* Hermann W. (1849–1912), sang Parsifal 1882–88 und Tannhäuser 1891 in Bayreuth.
22. August
des Baues der Loge wegen: sog. Königsanbau am Festspielhaus Bayreuth. – *›Braut von Corinth‹:* Gedicht 1794, von Goethe, vertont von Löwe, op. 29.
23. August
seinen Aufsatz: »Heldentum und Christentum«, darin Entwicklung eines Heilsgedankens, der dem »Verfall des Menschengeschlechtes«, wie ihn Gobineau richtig dargestellt habe, entgegenwirken soll. – *Frau Kindermann:* Hedwig Reicher-K. (1853–1883), dt. Sängerin, wirkte an Neumanns Tournee-Theater mit. – *»Fanget an«:* Walther von Stolzing in »Die Meistersinger« I, 3. Szene.
25. August
Schmiede-Lieder: »Siegfried« I. – *»eilende Wolken, Segler der Lüfte«:* in »Maria Stuart« III, 1. Szene, von Schiller.
26. August
Sachse-Hofmeister: Anna S.-H. (1852–1904), dt. Sängerin, 1882–89 an der Hofoper Berlin. – *M. Brandt:* Marianne B. (1842–1921), dt. Sängerin, erste Altistin an der Hofoper Berlin, sang die Kundry 1882, ging 1882 an die Deutsche Oper in New York.
27. August
»Otello«: Oper 1816, von Rossini. – *Herzog von Braunschweig:* s. Anm. zu 4. Dez. 1879 (Cumberland).
29. August
»Deutschland und seine Professoren«... Pr. Zöllner: schon in »Über die Natur der

Kometen«, Leipzig 1871, kritisiert Friedrich Z. die Universitätszustände in Deutschland.

30. August

Solfeggien: Übungsläufe, Übungsstücke für Gesang ohne eigenen Text. – *»Fortunatus' Abenteuer«:* »Der Barometermacher auf der Zauberinsel«, Posse 1823, von Ferdinand Raimund.

31. August

Hagen's Wacht: »Hier sitz ich zur Wacht«, Hagen in »Götterdämmerung« I, Schluß der 2. Szene. – *Herrenrecht auf Arras:* »Das ist unser Herrenrecht auf Arras«, »Die Jungfrau von Orleans« III, 3. Szene, von Schiller. – *»Ich einem Floh...«:* Anspielung auf Goethes »Es war einmal ein König«, 1831 von RW vertont.

1. September

»Cäcilien-Ode«: Chorwerk »Ode for St. Cecilia's Day« von Händel. – *»Judas Maccabäus«:* Oratorium von Händel. – *God save the King:* nicht von Händel; engl. National- und Königshymne, 1743 gedichtet und komponiert von Henry Carey (1696–1743) nach einem von John Bull 1619 vielfach variierten Thema, lange Zeit als »Heil dir im Siegerkranz« preuß. Hymne, die Melodie wurde auch von Beethoven, C. M. v. Weber und J. Raff verwendet. – *Fould:* Achille F. (1800–1867), französ. Finanzmann, unter Napoleon III. mehrmals Finanzminister; vgl. ML S. 610, 613, 623, 625, 633. – *»Marmorbilder stehen...«:* in Goethes Mignon-Gedicht.

2. September

Trierer Bischofs Dr. Korum: Michael Felix K. (1840–1921), Prof. der Theologie, Domprediger in Straßburg, auf Empfehlung des Statthalters von Manteuffel 1881 Bischof von Trier, wirkte für die Beilegung des Kulturkampfes und veranlaßte 1891 die Ausstellung des Heiligen Rocks. – *Präsidenten Garfield:* James Abram G. (1831–1881), Altphilologe, General, Advokat, 20. Präsident der USA 1881, Republikaner; am 2. Juli durch einen Revolverschuß des Arbeitslosen Guiteau verwundet, starb am 19. Sept. 1881 an den Folgen des Attentats.

5. September

Hôtel Bellevue: in Dresden. – *»Trois ans en Asie«:* von Gobineau. – *Tharandt:* Stadt im Kreis Freital, seit 1811 Forstakademie. – *Kaibitz:* Kreis Kemnath, zwischen Bayreuth und Weiden in der Oberpfalz. – *Bug:* Ort in Oberfranken.

6. September

Bol: Ferdinand B. (1616–1680), niederländ. Maler, Schüler Rembrandts. – *Malten:* Therese M. (1855–1930), Sängerin an der Hofoper Dresden, Kundry 1882, sang auch Isolde und Eva bei den Bayreuther Festspielen.

7. September

Kmeisters Schuch: Ernst Edler von Sch. (1846–1914), österreich. Dirigent, ab 1873 an der Dresdner Hofoper, ab 1882 Hofoperndirektor in Dresden. – *Canaletto:* (1697–1768), italien. Maler, Stadtansichten von Venedig. – *Albrechtsburg (früher Finleder):* am rechten Elbufer vor der Neustadt Dresdens stromaufwärts, bei dem Dorf Loschwitz; seit 1849 Eigentum des Prinzen Albrecht von Preußen, vorher bewirtschaftet. – *Kietz' Atelier:* Gustav Adolf K. (1824–1908), dt. Bildhauer, Dresden.

8. September

Kmeister Wüllner: Franz W. (1832–1902), dt. Dirigent und Komponist, Nachfolger Bülows an der Hofoper in München. – *für den heimgekehrten König:* Friedrich August II. (1797–1854), 1836 König von Sachsen, kehrte am 12. Aug. 1844 von einer Reise nach England zurück; auf dem kgl. Landsitz Pillnitz führte RW den »Gruß seiner Treuen an Friedrich August den Geliebten« auf. – *Lüttichau:* August Freiherr von L. (1786–1863), zunächst Oberforstmeister, 1824–62 zu RWs Kapellmeisterzeit Generaldirektor des Dresdner Hoftheaters, s. ML. – *Hofrat Braun:* Dresden, nicht näher zu ermitteln. – *Lohengrin entworfen:* Kompositionsskizze, ab 15. Mai 1846 im Dorf Groß-Graupa zwischen Pillnitz und Sächs. Schweiz, vgl. ML S. 349.

9. September

verstorbenen treuen Freunde: Dr. Anton Pusinelli (1815–1878), Arzt in Dresden, mit RW seit den Jahren 1842–49 befreundet. – *Dr. Hartmann:* Ludwig H. (1836–1910), dt. Musikkritiker und Komponist, Schüler von Liszt, seit 1859 in Dresden; H. berichtete über RWs Besuch in Dresden in den »Dresdner Nachrichten«, Auszug davon im Musikalischen Wochenblatt 1881, S. 457.

10. September

Marcolini: Anfang April 1847 zieht RW in das ehemals Marcolinische Palais in der Dresdner Friedrichstadt, vgl. ML S. 354. – *Leichenbegängnis Weber's:* die Beisetzung der von England nach Dresden überführten Asche Carl Maria von Webers (1786–1826) fand am 15. Dez. 1844 statt, s. ML S. 309ff. – *Tichatschek:* Joseph Aloys T. (1807–1886), aus Böhmen stammender Tenor, an der Dresdner Hofoper 1838–72, erster Rienzi 1842 und Tannhäuser 1845.

11. September

Schlesingers: Max Sch., London, Frau Kathleen Sch. und die Familie waren nach Dresden gezogen. – *Frl. von Zettwitz:* Gräfin Marie von Z., Cosima schreibt in Br. an Daniela, 13. Sept. 1881, sie seien »am Ausgang des Freischütz von einer Hofdame der Prinzessin Georg zitternd angeredet« worden, und da man am Hof wenig »Kunstwerklich-Zukünftlich«, d. h. für Wagner, gesinnt sei, »so gehörte Mut von ihr dazu, in dieser Weise sich zu bejahen, und sie tat es mit einer angenehmen Schüchternheit«.

12. September

verstorbenen Rektors der Kreuzschule: in ML nur der Konrektor Baumgarten-Crusius erwähnt.

13. September

Klepperbein'sche Haus: RW verkehrte als Kind viel im Haus Klepperbeins, die ihn oft zu Spaziergängen und in den Großen Garten zum Kaffee mitnahmen. – *Benedix:* Roderich B., s. Anm. zu 23. April 1881.

16. September

Lascoux: Antoine L., s. Anm. zu 11. Sept. 1879.

18. September

an den König: datiert 19. Sept., lange Äußerungen über Levi und die »Parsifal«-Besetzung, KBr. Bd. 3, S. 221–25.

19. September

»Utopia« von Thomas Morus: Sir Thomas More (Morus; 1478–1535), engl. Staatsmann und Humanist, wegen Eidverweigerung auf den kgl. Supremat über die Kirche enthauptet; Hauptwerk »Utopia« 1515, dt. 1753, das eine auf Gemeineigentum aufgebaute Gesellschaft schildert. – *Stein seinen Brief:* Heinrich von St. schrieb aus Anlaß der ersten 5 Jahre der BBl. »Zum ersten Lustrum. Ein offener Brief an den Herausgeber der Bayreuther Blätter«, BBl. Okt./Nov. 1881.

20. September

»Strapontin«: Wagen mit Klappsitzen.

21. SEPTEMBER
wir zitieren M.: Thomas Morus' »Utopia«, vgl. 19. Sept. – *»Woodstock«:* Roman von Walter Scott.
25. SEPTEMBER
F. Muncker: Franz M. (1855–1926), Literaturwissenschaftler, Sohn des Bayreuther Bürgermeisters Theodor M.
26. SEPTEMBER
Burnouf: Eugène B. (1801–1852), französ. Orientalist, schrieb u. a. eine »Einführung in die Geschichte des Buddhismus«.
27. SEPTEMBER
Grâce: Anmut, Gnade.
28. SEPTEMBER
»so schüttelte sie die Locken«: »so flatterten lachend die Locken«, Parsifal im II. Akt, Takt 1109; »leidenschaftlich« im Violin-Solo.
29. SEPTEMBER
Benediktus: Freund Judith Gautiers, der selbst komponierte. – *Jadin:* Pariser Original, in Meudon 1841, ML S. 213f. – *»crapauds und araignées«:* Kröten und Spinnen. – *»ma chère enthousiaste, prenez pitié de moi«:* meine liebe Verehrerin, haben Sie Mitleid mit mir. – *à vous celui de la chétivité:* für Sie das der Schwächlichkeit.
3. OKTOBER
Wittig: Hermann W. (um 1852–um 1889), Medailleur und Bildhauer, Schüler von Radnitzky in Wien; das von ihm geschaffene Medaillon, ein 9,5 cm großes Relief, zeigt RWs Kopf nach rechts, links am Rand »H. Wittig, Villa Wahnfried 1881«. – *»ich sah ihn – ihn«:* Kundry in »Parsifal« II, Takt 1178ff., Pauke vor dem zweiten »ihn«, Takt 1179f. – *Ouvertüre zu »Lumpaci Vagabundus«:* Oper, um 1830, von Adolf Müller (1802–1886).
5. OKTOBER
E dur – As dur: op. 109 und op. 110 von Beethoven.
8. OKTOBER
Mme Minghetti: s. Anm. zu 23. Mai 1880.
9. OKTOBER
op. 111: c-moll. – *A dur:* op. 101, Klaviersonaten von Beethoven. – *Agnus Mundi qui tollis peccavi Deus:* vielleicht falsch wiedergegeben, und es sollte heißen: Agnus Mundi qui tollis peccata Dei, d. h. Lamm der Welt, der du die Sünden Gottes zu tragen hast; Wortspiel zu »Agnus Dei qui tollis peccata mundi«, d. h. Lamm Gottes, das du trägst die Sünden der Welt.
10. OKTOBER
der künftigen Königsloge: »Königsbau« für Ludwig II., der zu den »Parsifal«-Aufführungen jedoch nicht kam. – *zum ersten Male sah:* 10. Okt. 1853, RW diniert bei Liszt in Paris. – *»Ignaz Denner«:* aus »Nachtstücke«, Erster Teil, von E. T. A. Hoffmann. – *Boussole:* Kompaß.
11. OKTOBER
Tod des österreichischen Ministers Haymerle: Heinrich Freiherr von H. (1828–1881), nahm 1848 am Aufstand der Wiener Studenten teil und entging nur durch Fürsprache des Barons Hübner der standrechtlichen Erschießung; im diplomatischen Dienst seit 1850, als Kenner des Orients beim Berliner Kongreß 1878, im Okt. 1879 als Nachfolger Andrássys österreich.-ungar. Minister des Auswärtigen; starb am 10. Okt. an Herzversagen. – *Dr. Leube:* Prof. Dr. Wilhelm L. (1842–1922), Internist, Spezialist für Magenerkrankungen in Erlangen. – *»mein*

ganzes Liebes-Umfangen«: »Mein volles Liebes-Umfangen läßt dich dann Gottheit erlangen«, Kundry in »Parsifal« II, Takt 1350ff. – *Dr. Brehm:* vermutlich der Naturforscher Alfred Edmund B. (1829–1884), »Tier«-Brehm; er hielt zahlreiche Vorträge.

12. Oktober

»Urmensch« von Baer: Wilhelm B., von Cosima fälschlich »Behr« geschrieben, schrieb »Der vorgeschichtliche Mensch«, Leipzig 1874; in der Wahnfried-Bibliothek. – *Dr. Hering:* Dr. Richard H. – *Professor Weiße:* Christian Hermann W. (1801–1866), Philosoph in Leipzig, Verfasser ästhetischer Schriften, neben Fichte Vertreter des spekulativen Theismus, in ML S. 62 u. 716.

13. Oktober

Geschichte von Starkardr: in »Schriften zur Dichtung und Sage« von Ludwig Uhland (1787–1862), 8 Bde., 1865–73.

14. Oktober

Briefwechsel mit Humboldt: Schiller, Briefwechsel mit Wilhelm von H., Stuttgart und Tübingen 1830. – *»Les gens du Nord...«:* Die Leute des Nordens sind gemacht, um zu erschaffen, die des Südens, um zu bewundern. – *das ist spanisch für mich:* die hier gegebene Ableitung ist unrichtig; »Das kommt mir spanisch vor« (auch bei Grimmelshausen) stammt aus der Zeit Kaiser Karls V. (1519–1556), der mit der Einführung span. Sitten und Moden in Deutschland Befremden erregte.

15. Oktober

Alfons von Aragonien: Alfons V., der Großmütige (1396–1458), König von Aragonien, Förderer des italien. Humanismus.

16. Oktober

der junge Volontair-Kopist Hausburg: Ernst H., seit Aug. 1881 als Kopist in der »Parsifal-Kanzlei« tätig, bei den Festspielen 1882 Solorepetitor und musikalischer Assistent; H. fertigte die Partitur-Abschrift an, aus der Levi und Fischer 1882 »Parsifal« dirigierten.

17. Oktober

Inspektor aus Leipzig: Eduard Römer (1825–1889), Maschinenmeister in Leipzig; es betrifft die Übernahme des »Ring«-Inventars, vgl. Erinnerungen von Neumann S. 199ff. – *»Frauen-Treue«:* aus den »Gesammt-Abenteuern«, spätmittelhochdt. Novelle eines unbekannten Dichters des frühen 14. Jh.s, Thema Liebestod, Liebe zwischen Ritter und sich keusch verweigernder Dame, Zusammenhang mit dem Tristan-Stoff; RW bekannt durch Friedrich Heinrich von der Hagen, »Gesammtabenteuer«, 3 Bde., Stuttgart u. Tübingen 1850.

18. Oktober

Caroline: Karolinenpartie beim Billard, anderer Ausdruck für Karambolagenspiel mit dem roten Ball.

19. Oktober

Nil-Fahrt: über die geplante, nicht durchgeführte Reise nach Ägypten berichtet Cosima auch in Br. an Daniela, u. a. 19. Okt. 1881, Plan dazu von Schlesinger in Dresden. – *»Stimme von oben«:* vgl. Schluß »Faust« I, Stimme von innen, verhallend: »Heinrich! Heinrich!«

20. Oktober

neuen Dialog von Stein: Manuskript von »Solon und Krösus« aus »Helden und Welt«. – *zum dritten Mal la Marne:* die Anekdote genauer am 19. Mai 1881, s. auch Anm. dazu.

21. Oktober

Depesche an meinen Vater: zu Franz Liszts 70. Geburtstag am 22. Okt.

23. OKTOBER

»Publikum in Zeit und Raum«: »Das Publikum in Zeit und Raum«, in BBl. Okt. 1878, Ges. Schr. Bd. 10. – *über das Männliche und Weibliche:* RW plante eine Schlußabhandlung zu »Religion und Kunst«, zwei Fragmente sind erhalten: »Über das Männliche und Weibliche in Kultur u. Kunst«, Schluß des »Braunen Buches«, s. dort S. 245f., es wird in Acireale 1882 verfaßt, vgl. Tagebuch 27. März 1882; ferner »Über das Weibliche im Menschlichen«, datiert 11. Febr. 1883, vgl. dort; in Ges. Schr. Bd. 12. – *Gespenster-Geschichte von Apel:* Johann August A. (1771–1816), dt. Schriftsteller, Dramatiker und Erzähler, mit Friedrich Laun Herausgeber des »Gespensterbuchs« 1815, darin auch die Novelle »Der Freischütz«.

25. OKTOBER

Schlacht bei Möckern: Bei M. im Kreis Jerichow siegten am 5. April 1813 die Preußen unter Yorck über die Franzosen.

26. OKTOBER

bei Zürich im Sihl-Tal: Frühsommer 1857, vgl. ML S. 565.

27. OKTOBER

Fr. von Marenholtz: Bertha von M.-Bülow (1810–1893), Kinderpädagogin. – *(F.C.):* Cosima in Br. an Daniela nach Rom: »Caroline Wittgenstein einfach empörend, da er [Liszt] nur ihretwegen da ist... Denke nur um dieses Verhältnis sind wir Kinder, die wir ihn anbeteten, beständig und hart von ihm abgewiesen worden.«

28. OKTOBER

Lubbock: John L., Lord Avebury (1834–1913), engl. Naturforscher, Bankier und Mitglied des Parlaments, Darwinist; gemeint ist hier »Prehistoric times«, 1865, dt. unter dem Titel »Die vorgeschichtliche Zeit«, 2 Bde. Jena 1873/74, in der Wahnfried-Bibliothek; L. schrieb außerdem »The origin of civilisation and the primitive condition of man«, 1870, dt. 1875. – *»Physik des Himmels«:* gemeint ist die »Allgemeine Naturgeschichte und Theorie des Himmels«, Königsberg 1755, in der Kant die spätere Laplacesche Theorie von der Entstehung des Sonnensystems antizipiert.

29. OKTOBER

Lied des Troubadour: Arie von Jean de Paris, »Der Ritterschaft Zierde und Glanz«, im II. Akt der Oper »Jean de Paris« von Boieldieu.

30. OKTOBER.

»Werbel und Swemel«: Werbel und Schwemmel sind Humperdinck und Hausburg, vgl. Gla. Bd. 6, S. 534f. – *»die Klage, die furchtbare Klage«:* Parsifal: »Klage! Furchtbare Klage!« im II. Akt, Kundry-Szene, Takt 1005ff., Steigerung »die Klage, ach die Klage« Takt 1064ff. – *»unter blühenden Mandelbäumen«:* Adolars Kavatine im I. Akt der Oper »Euryanthe« von C. M. v. Weber. – *Scene mit Poins:* in »Heinrich IV.« von Shakespeare.

1. NOVEMBER

das »Unterbrochene Opferfest«: Oper 1796, von Peter Winter (1754–1825). – *in Frankfurt (1862):* irrtümlich verbessert in »1863«; bei Bülows Abreise von Biebrich Aug. 1862 begleitet RW die Freunde zwei Tage nach Frankfurt, wo man »Torquato Tasso« von Goethe sieht, mit Friederike Meyer als Prinzessin.

2. NOVEMBER

Bald sind wir in den Bergen... er denke... an Parricida: Johann P., Beiname »der Mörder« für den Herzog Johannes von Schwaben (1290–1313), der seinen Oheim König Albrecht I. ermordete; Schiller übernahm die Figur in seinen »Wilhelm

Tell«, RWs Anspielung bezieht sich auf den V. Akt, 2. Szene, Parricida: »Mein eignes Schrecknis irr' ich durch die Berge ...«, Tell: »Ihr müßt fort ins Land Italien, nach Sanct Peters Stadt...«, Parricida: »Ich fürchte nicht die Schrecken der Natur...«

3. November

Osimo: italien. Stadt in der Provinz Ancona, das antike Auximum.

9. November

des Prozesses Pizzo: bezieht sich offenbar nicht auf den berühmten Prozeß in Pizzo Okt. 1815 gegen Joachim Murat, den König von Neapel, der als Usurpator hier erschossen wurde, sondern auf ein kürzlich verübtes Raub- oder Sexualverbrechen in der Nähe von Pizzo. – *mit H. Türk:* Hauslehrer Siegfried Wagners.

11. November

»So setzest du der ewig regen«: »der heilsam schaffenden Gewalt / Die kalte Teufelsfaust entgegen, / die sich vergebens tückisch ballt!« »Faust« I, 1. Szene, Faust im Studierzimmer. – *»Ich dächt, ihr ließet euch belehren«:* ebd., Mephisto im Studierzimmer. – *»Wenn man euch Fliegengott, Verderber, Lügner heißt«:* geht diesen beiden Zitaten voran, ebd., Faust im Studierzimmer.

12. November

Pucelle: Jeanne d'Arc, gen. La Pucelle. – *Dr. Berlin:* Arzt in Palermo.

14. November

ein steifes L.: ein steifes Luder. – *kalt und starr:* Gurnemanz in »Parsifal« III, Takt 78f., Hörner gedämpft bei »wohl für tot«, Takt 82f. – *»notte [e] giorno faticar«:* bei Nacht und Tag sich plagen, Zitat aus »Don Giovanni« von Mozart, Text von Lorenzo da Ponte; »keine Ruh bei Tag und Nacht« nach der Übersetzung von Johann Friedrich Rochlitz (1769–1842). – *»nous comprenons...«:* wir verstehen, daß Sie nicht verstehen.

15. November

des österreichischen Kaisers: Franz Joseph I. (1830–1916), regierte seit 1848. – *das italienische Königspaar:* Umberto (Humbert) I. (1844–1900), regierte seit 1878, seit 1866 verh. mit seiner Kusine Margherita, Tochter des Herzogs von Genua; U. trat 1882 dem Dreibund bei, er wurde von einem Anarchisten erschossen.

16. November

»Die Hand, die samstags ihren Besen führt, wird sonntags dich am besten karessieren«: »Faust« I, Erster Schüler, Vor dem Tor.

18. November

»Sarazenin«: RW schrieb den Entwurf zu einer Oper »Die Sarazenin« in Paris, Winter 1841/42; ausgeführter Entwurf Dresden, Winter 1843; Manfred, Sohn Friedrichs II., ist darin eine Tenorpartie, vgl. »Eine Mitteilung an meine Freunde« in Ges. Schr. Bd. 4; der Entwurf »Die Sarazenin« in BBl. 1889 u. Ges. Schr. Bd. 11.

19. November

Präfekt macht R. einen Besuch: Graf Bardessone, s. KBr. Bd. 3, S. 221f.

21. November

Brief an den König: datiert 22. Nov., langer Reisebericht, KBr. Bd. 3, S. 227–31.

22. November

Grafen Tasca: Graf Almerita-Tasca.

23. November

Tocqueville: Alexis Clérel, Graf de T. (1805–1859), französ. Staatsmann, Analytiker der polit. Welt, Mitglied der Académie Française, »La démocratie en Amérique«, »L'Ancien Régime et la Révolution«, Briefwechsel mit Gobineau.

24. November
Talleyrand: Charles Maurice Herzog von T. (1754–1838), französ. Staatsmann, 1797 Außenminister, trat 1807 zurück, beim Wiener Kongreß noch einmal von Einfluß, 1830–34 Botschafter in London, letzter Repräsentant des Ancien régime.
26. November
»Rückblick«: »Ein Rückblick auf die Bühnenfestspiele des Jahres 1876», in BBl. Dez. 1878 u. Ges. Schr. Bd. 10. – *Guadalquivir:* Fluß in Spanien. – *2te Seite:* oder G-Saite? Dies ist eher anzunehmen, da RW von der Feinheit des Übergangs von der 1. zur 2. Violine spricht.
27. November
B. Blätter: die 1. Hälfte der Doppelnummer Okt./Nov. 1881 enthält u. a. Heinrich von Stein, »Zum ersten Lustrum«, s. Anm. zu 19. Sept. 1881; Bruno Bauer, »Luther's Optimismus und Pessimismus«; Heinrich Porges, »Franz Liszt«; Fritz Lemmermeyer, »Über die Tragödie«. Cosima schreibt in Br. an Daniela bereits am 21. Nov.: »Porges, vortrefflich gemeint und auch gut empfunden und gedacht, ist schlimm in der Fassung! Bruno Bauer gut, mit Ausnahme des Passus über Christentum, Stein ein wenig geziert, Lemmermeyer überflüssig.« – *Stücke über Ludwig XV.:* Ludwig II. ließ sich für Privataufführungen im leeren Residenztheater eigens Stücke schreiben, und zwar in der Hauptsache von Karl von Heigel (1835–1905), dt. Schriftsteller, Verfasser zahlreicher Novellen und Dramen, lebte in München, 1881 durch den bayer. Kronenorden geadelt; Ludwig Schneegans (1842–1922), dt. Dramatiker, Sprachlehrer, ab 1865 München; und Hermann von Schmid (1815–1880), dt. Schriftsteller, Verfasser von histor. Romanen, Tragödien und bayer. Volksstücken, Prof., 1876 durch den bayer. Kronenorden geadelt, 1877 Direktor des Münchner Gärtnerplatztheaters. – Zwischen 1876 und 1885 wurden für den König gespielt: 1876: »Der Todesengel« von Schmid; »Trianon«, Lustspiel von Bayard und Picard, dt. von A. Fresenius. 1877: »Esther«, Drama nach Grillparzer von Heigel; »Gräfin Egmont« von Schneegans; »Sakuntala oder der Erkennungsring«, nach dem Indischen des Kalidasa von Heigel; »Jeanne d'Arc« von Wetzel, bearbeitet von Schneegans; »Dur oder Moll« von Schmid; »Die Aufführung der Esther in Versailles« von Heigel. 1879: »Der Herzog von Burgund« von Heigel; »Das Testament König Karls II.« von Heigel. 1880: »Die Herzogin von Châteauroux« von Sofie Gay, dt. von Schneegans; »Ruy Blas« von Victor Hugo; »Die Memoiren der Markgräfin« von Heigel; »Aus dem Stegreif« von Schmid. 1881: »Venus und Adonis«, histor. Ballett von F. Grandaur, Musik von Max Zenger; »Marion de Lorme« von Victor Hugo, übertragen von Schneegans (am 30. April), an jenem Abend sah Ludwig II. zum erstenmal in der Rolle des Didier den Schauspieler Josef Kainz; »Ehrgeiz und Königstreue« und »Der Genius des Ruhms« von Heigel; »Les plaisirs de l'Isle enchantée«, Ballett von Fresenius, Musik von Zenger. 1882: »Der Minnesänger« von Heigel; »Amor und Bacchus«, Ballett von Fresenius, Musik von Zenger. 1883: »Die Burggrafen« von Victor Hugo, dt. von Schneegans; »Hohenschwangau« von Heigel, Musik von Grandaur; »Marie Tudor« von Victor Hugo, dt. von Schneegans; »Angelo, der Tyrann von Padua« von Victor Hugo, dt. von Heigel. 1884: »Die Welfen auf Hohenschwangau« von Heigel, Musik von Grandaur. 1885: »Eine deutsche Fürstin« von Georg Horn.
28. November
Jahrestag: »Bekenntnis« 1863. – *Aussprüchen Kant's... (von Bruno Bauer zitiert):* »man müßte sich nur schlecht auf die Schätzung des Lebenswertes verstehen, wenn

man wünschen kann, daß es länger währen solle, als es wirklich währt, denn das wäre doch nur die Verlängerung eines mit lauter Mühseligkeit ringenden Spiels«, BBl. 1881, S. 285. – *Heute Tristan:* in Berlin, vgl. auch 7. Dez. 1881.

29. November

Passus über Christentum: Bruno Bauer, BBl. 1881, S. 285. – *Pariser Quartett:* Streichquartett Maurin-Chevillard, vgl. Bd. I, S. 89, 25. April 1869, und S. 97, 22. Mai 1869. – *Vater als Judenhetzer:* Franz Liszts Buch »Des Bohémiens et de leur Musique en Hongrie«, Paris 1852, erschien 1881 in 2. Auflage, Passagen des Buches wurden heftig kritisiert. – *die »Perrücke der Prinzessin Narischkin«:* Roman von Fedor von Zobeltitz (1857–1934), dt. Offizier, Redakteur und Schriftsteller; der Roman erschien in 2 Bänden erst 1882, hier handelt es sich um einen Vorabdruck in dem von RW regelmäßig gelesenen »Deutschen Tageblatt« Berlin, 1881 gegründet, dessen Redakteur Zobeltitz war.

30. November

komponiere jetzt: ich bin kurzer, du bist langer: richtig: »du bist kurzer, ich bin langer', / alsô strîtents ûf dem anger / bluomen unde klê«, Zitat aus dem anschließend im Text erwähnten Gedicht, einem Lied Walthers von der Vogelweide (um 1170 bis um1230), Minnesänger und bedeutendster dt. Lyriker der mittelhochdt. Klassik. Dieses »Mailied« besingt in der Nachfolge mittellateinischer Vagantenlieder den Frühling und seine friedenstiftende, liebebringende und naturbelebende Funktion. Daß RW hier an die »Au« denkt, wird nahegelegt durch den »anger«, näher noch dadurch, daß drei Verse zuvor der Mai vom Dichter gelobt wird, weil er Heide und »ouwe« so schön bunt kleidet. In »Parsifal« III ertönt an mehreren Stellen das Motiv der Blumenaue in kurzen Noten der Oboe (»du bist kurzer«) und langen Tönen des Horns als Orgelpunkt (»ich bin langer«)!

2. Dezember

»durch sie ging all mein Glück verloren«: Arie der Königin der Nacht, I. Akt, 6. Auftritt der »Zauberflöte« von Mozart.

3. Dezember

Berliner Tage-Blatt: demokrat. Zeitung, 1872 von Rudolf Mosse gegründet, richtig jedoch hier »Deutsches Tageblatt« Berlin, von Hans Herrig 1881 mitbegründet, s. auch den Vorabdruck des Romans von Zobeltitz. Anm. zu 29. Nov. 1881, auch Tappert, Anm. zu 11. Aug. 1881. – *Tutto il tipo Wagneriano:* Ganz der Wagnersche Typ.

4. Dezember

»Über die Racen«: Kants Schrift »Von den verschiedenen Rassen der Menschen«, 1775. – *Aufführungen der Beeth. Symph. in Zürich:* im Exil dirigierte RW 1850–55 mehrere Konzerte der »Allgemeinen Musikgesellschaft Zürich«. – *ein R.-W.-Kalender:* »Richard-Wagner-Kalender«, bei Fromme, Wien, enthielt u. a. Daten der Proben und Aufführungen 1882.

5. Dezember

Eduard Dev.: Eduard Devrient (1801–1877), dt. Regisseur, Theaterleiter und Schriftsteller, 1844–46 Dresden, 1852–70 Karlsruhe; schrieb »Meine Erinnerungen an Felix Mendelssohn-Bartholdy und seine Briefe an mich«, Leipzig 1869. – *»Denk' nur an Tristan«:* »Tristan und Isolde« setzte sich nur schwer auf den Bühnen durch, nach München 1865 war Weimar 1874 die erste Bühne, die das Werk nachspielte, 1876 folgte Berlin, 1883 Wien. – *Tollheiten des Fürsten Pallagonia:* Goethe beschreibt den Unsinn am 9. April 1787 in seiner »Italienischen Reise«: der Prinz Pallagonia erlaube in seinem Schloß »seiner Lust u. Leidenschaft zu mißgestaltetem, abgeschmackten Gebilde den freiesten Lauf«. – *Brief an Wolz.:* der für die BBl. Jan. 1882 bestimmte Brief erschien nicht.

6. Dezember

Cheronea: Cheronaia, Schlachtenort. – *im braunen Buch:* »Die Fremdheit des Genie's in dieser Welt kann man recht gut nach den dummen Fragen ermessen, die ihm gemacht werden.« Vgl. Braunes B. S. 243.

8. Dezember

Meloria-Schlacht und ihre Folgen: Im Kampf gegen das rivalisierende Genua verlor Pisa die entscheidende Seeschlacht bei Meloria 1284 und mußte u. a. 1300 Korsika abtreten.

9. Dezember

Pr. Weiße: s. Anm. zu 12. Okt. 1881.

10. Dezember

Theaterbrandes in Wien: Am 8. Dez. 1881 brach kurz vor Beginn von Offenbachs »Hoffmanns Erzählungen« im Ringtheater Wien ein Brand aus; bei der Katastrophe kamen mehr als 400 Menschen ums Leben. – *Möros ... Damon:* der Attentäter gegen den Tyrannen von Syrakus, Dionysos I.; Schiller hatte in der 2. Fassung seines Gedichts »Die Bürgschaft« Möros oder Meros durch Damon ersetzt. – *»Der Gang nach dem Eisenhammer«:* Ballade 1798, von Schiller.

12. Dezember

Oboisten Wußtlich: nicht ermittelt, auch nicht in ML. – *Mendels.'schen Aufführung der Passion:* Felix Mendelssohn-Bartholdy, der mit der berühmten 1. Aufführung von Bachs Matthäuspassion am 11. März 1829 in der Berliner Singakademie ihre Wiederentdeckung und eine neue Hinwendung zu Bach einleitete, trieb auch in Leipzig als Dirigent der Gewandhauskonzerte 1835–47 intensive Bach-Pflege. In den Verzeichnissen der Gewandhauskonzerte ist die Matthäuspassion indessen nicht zu finden; wahrscheinlich erlebte RW eine Aufführung in der Thomaskirche zwischen 1829 und 1832. – *Sonate 106:* B-dur, für Hammerklavier, von Beethoven.

14. Dezember

aus den »Falschmünzern« und aus der »Braut«: Aubers Opern »Der Schwur, oder die Falschmünzer« (»Le serment«) 1832, und »Die Braut des Königs von Garbe«, 1864.

16. Dezember

Bon Marx: Wilhelm M., Freiherr von Marxberg (1815–1897), Polizeipräsident von Wien.

17. Dezember

Carnivorismus: Fleischfresserei. – *Aufsatz über Theater von Dr. Herrig:* Mit Bezug auf den Brand des Wiener Ringtheaters betont Hans H. in einem Artikel im Deutschen Tageblatt, Berlin, die Sicherheit des Bayreuther Festspielhauses, vgl. Gla. Bd. 6, S. 550.

18. Dezember

Friedrich III.: (1415–1493), dt. König 1440–93, Kaiser 1452, Habsburger. – *»Nathan«:* »Nathan der Weise« von Lessing. – *Bernays:* Michael B. (1834–1897), dt. Literaturhistoriker, 1873–90 Prof. in München. – *Holtzmann:* Adolf H. (1810–1870), dt. Indologe und Germanist, schrieb »Kelten und Germanen« 1855, »Germanische Altertümer mit Text, Übersetzung und Erklärung von Tacitus' Germania«, posthum 1873. – *le ciel souffre la violence:* der Himmel duldet die Gewalttätigkeit. – *Wolz. über Kleist:* »Heinrich von Kleist. Ein Gedenkblatt zum 21.

November 1881«, BBl. Okt./Nov. 1881. – *Erklärung über die Aufführung von Pars.:* »Ein offenes Wort über die Aufführungen des ›Parsifal‹« von Wolzogen, »Parsifal« werde ausschließlich in Bayreuth öffentlich dargestellt, BBl. Okt./Nov. 1881, S. 342 ff. – *Eintritt des Parsifal:* s. III. Akt, Takt 1030, Hörner und Trompeten. – *Mot:* (passendes) Wort.

19. Dezember

bei der Überschwemmung: im Tessin, Sept./Okt. 1868, vgl. Annalen in ML.

20. Dezember

Gf Tasca: Graf Almerita-T. – *Fürstin Butera:* auch Buttera, die Schwägerin der Gräfin Tasca, die B. sind ein sizilianisches Adelsgeschlecht aus der Caltanissetta, einem normannischen Kastell. – *Gambetta's Staatsstreich:* G. hatte ein Ministerium eigens zu seiner Verfügung eingerichtet; man beschuldigte ihn der Diktatur.

21. Dezember

Mme Rémusat: Claire Elisabeth Jeanne, Gräfin von R. (1780–1821), Palastdame der Kaiserin Josephine, »Mémoires«, 3 Bde. 1879/80, »Lettres«, 2 Bde. 1881.

22. Dezember

Mädchen mit höhnenden Sinnen: »Mädchen mit stolzen / Höhnenden Sinnen / Möcht ich gewinnen!« »Kühn ist das Mühen, / Herrlich der Lohn! / Und die Soldaten / Ziehen davon.« Aus der 1. und 3. Strophe des Soldatenliedes in »Faust« I, 5. Szene, Vor dem Tor; von RW 1831 in Sieben »Faust«-Kompositionen vertont.

23. Dezember

Memoiren von Frau von Rém.: hrsg. von ihrem Enkel Paul de Rémusat in den Jahren 1879/80. – *Berthier:* Alexandre B. (1753–1815), Fürst von Wagram, französ. Marschall, Oberbefehlshaber in Italien, Kriegsminister und Generalstabschef Napoleons I., ging 1814 zu den Bourbonen über, beging 1815 in Bamberg Selbstmord.

24. Dezember

Fürstin Lieven: Schwiegertochter von Christopher Andrejewitsch von L. (1774–1839), aus dt.-baltischem Adel, 1828 russ. Fürst, und der Fürstin Dorothea von L. geb. von Benkendorff (1784–1857), die in Berlin, London und Paris nach dem Tode ihres Mannes polit.-gesellschaftl. Salons unterhielt.

25. Dezember

»Polonia«: Ouvertüre 1836 von RW, sie galt als verschollen, bis RW sie 1869 durch Jules E. Pasdeloup (1819–1887) zurückerhielt und sie Cosima schenkte. – *pia Fraus:* frommer Betrug. – *Episode der »Favorite«:* In Paris 1840 stellte RW für Maurice Schlesinger Bearbeitungen und Auszüge der Oper »Favorite« von Donizetti her. – *Klepperbein:* s. Anm. zu 13. Sept. 1881.

26. Dezember

Palazzo Gangi: vgl. Anm. zu 30. Dez. 1881.

28. Dezember

meines Beichtvaters: Abbé Bucquet in Paris, vgl. Du Moulin.

29. Dezember

Herr Ragusa: Enrico R., Hotelier in Palermo, »Hotel des Palmes«. – *Depesche:* Carl Brandt war am 27. Dez. dreiundfünfzigjährig in Darmstadt an Lungenentzündung gestorben. – *in eine Grube mit Offenbach:* Jacques O. war am 5. Okt. 1880 in Paris gestorben.

30. Dezember

Fürst und Fürstin Gangi: palermitanisches Adelsgeschlecht; die Fürstin G. war die

Tochter der Gräfin Tasca. Fürst G. bot RW die Villa Camastra zur Miete an, RW zog aus dem »Hotel des Palmes« in die Villa G., die an der Piazza Porazzi lag, hier entstand im März 1882 das sog. »Porazzi-Thema«. – *Gräfin Mazzarino:* Mazzarin di M., sizilianischer Landadel.

31. Dezember

Fürstin Filangieri: Fürstin Cutò F., mit dem Haus Tasca verwandt, gehörte zur Familie des Fürsten Carlo von Satriano-F., Herzog von Taormina (1784–1867), der als neapolitan. General 1848/49 das aufständische Sizilien niederwarf, als Gouverneur bis 1854 tolerant regierte und 1859/60 Ministerpräsident und Kriegsminister Franz' II. war.

1882

2. Januar

»Der Handschuh«: Ballade 1798, von Schiller. – *Scene der beiden Kärrner:* vermutlich die in »Don Quixote«, 2. Teil, Kap. 13; sie enthält das »verständige, neue und anmutige Gespräch, welches zwischen den beiden Stallmeistern vorfiel«.

3. Januar

Linderhof: Schloß L., Oberbayern, 1869–78 für Ludwig II. von Georg von Dollmann erbaut.

5. Januar

Benvenuto Cellini: (1500–1571), italien. Goldschmied und Bildhauer, schuf Götterfiguren; seine Selbstbiographie wurde in Deutschland durch Goethes Übersetzung 1803 bekannt; berühmtes Salzfaß (1543) im Kunsthistorischen Museum Wien (s. Text). – *Kalkbrenner:* Christian K. (1755–1818), dt. Kapellmeister und Komponist, schrieb u. a. Klavierstücke und Violinsonaten; möglich auch dessen Sohn Friedrich K.

6. Januar

über Cherubini: Ankündigung des Aufsatzes von Ludwig Schemann, »Kunst und Künstler der Vergangenheit im Lichte einer Kunst der Zukunft. II. Cherubini«, in BBl. Jan./Febr. 1882, vgl. Tagebuch vom 22. Febr. 1882. – *L. Bucher:* Lothar B. (1817–1892), dt. Diplomat und Publizist, mit Bülow befreundet, literarischer Mitarbeiter und Testamentsvollstrecker Lassalles, später im Dienst Bismarcks. – *Geschichte von Salome:* »Das Tanzlegendchen«, letzte der »Sieben Legenden« von Gottfried Keller.

7. Januar

Altercation: Zank. – *»quel dommage q'un si grand…«:* wie schade, daß ein so großer Mann so schlecht erzogen ist; berühmter Talleyrand-Ausspruch gegenüber Napoleon I. – *»Regine«:* »Das Sinngedicht«, 8. Kap., von Gottfried Keller.

8. Januar

Memling: Hans M. (1430/40–1494), niederländ. Maler, vor allem von Altarbildern und Bildnissen. – *Kapelle der Rosario:* Oratorio del Rosario di S. Domenico, in der Kirche die Rosenkranzmadonna mit dem h. Domenikus von Anton van Dyck, 1628. – *an das Mahl in München 1868:* Bülows 38. Geburtstag, s. Anm. zu 27. Febr. 1881. – *Reißiger:* Karl Gottlieb R. (1798–1859), dt. Komponist und Musiker, seit 1827 1. Hofkapellmeister in Dresden.

9. Januar

den Verrückten umgebe: der Bader Bernhard Schnappauf diente auch als Helfer in der Bayreuther Heilanstalt St. Gilgenberg. – *»Armen Baronin«:* »Die arme Baronin«, in »Das Sinngedicht«, 9. Kap., von Keller.

10. Januar

»Correa«: »Don Correa«, in »Das Sinngedicht«, 11. Kap., von Keller.

11. Januar

»Die Berlocken«: in »Das Sinngedicht«, 12. Kap., von Keller.

12. Januar

Novelle der... Lucie: Lucia oder Lucie in Kap. 6 und 7 des »Sinngedichts«, »Worin eine Frage gestellt wird« und »Von einer törichten Jungfrau« ; im letzten, 13. Kap., »In welchem das Sinngedicht sich bewährt«, erzählt sie ihre Geschichte.

13. Januar

»Martha«: Oper 1847, von Friedrich von Flotow (1812–1883), dt. Komponist, der französ. opéra comique nahestehend.

14. Januar

Harold-Symphonie von Berlioz: »Harold en Italie«, Symphonie mit konzertierender Viola, 1834.

15. Januar

Renoir: Auguste R. (1841–1919), französ. Maler, fertigte in Palermo eine Porträtskizze von RW an, die er später als farbiges Porträt ausführte, einziges impressionistisches Bild RWs; bemerkenswerte Schilderung dieser Begegnung durch Renoir in einem Brief und Gespräch, vgl. dazu Geck S. 52ff. u. 155. – *Victor Noir:* Redakteur der radikalen Zeitschrift »Marseillaise« Rocheforts, im Jan. 1870 von Prinz Pierre Napoléon Bonaparte, einem Neffen Napoleons I., erschossen.

16. Januar

Brief von Dr N.: Angelo Neumann wollte mit seinem Wagner-Theater den »Lohengrin« in Paris aufführen; wegen Schwierigkeiten mit einem Dirigenten verlor RW jedes Interesse. – *Lucas v. Leyden:* (1494–1533), holländ. Maler und Graphiker.

18. Januar

Abbé Jecker: Erzieher des Grafen Mazzarino. – *mot d'ordre:* Losung, Parole. – *Eheverbindungen:* Anspielung auf eine Verbindung Danielas mit Joukowsky? – *von Lutz... 1865:* Johann Freiherr von L. (1826–1890), damals Kabinettssekretär Ludwigs II., 1867–71 Staatsminister und 1880–90 bayer. Ministerpräsident.

19. Januar

h. Blandine: Blandina, Sklavin in Lyon, Märtyrerin, 177 gekreuzigt, Patronin der Dienstmägde, Tag: 2. Juni. – *Härtel:* Breitkopf und Härtel, dt. Musikverlag in Leipzig, ab 1835 geleitet von Hermann H. (1803–1875) und Raymund H. (1810–1888), Verlagsleiter waren seit 1880 Wilhelm Volkmann und Oskar von Hase.

21. Januar

von ihrem Pater: von ihrem Vater (Hans von Bülow)? – *Plett und Schwab:* s. Anm. zu 18. Aug. 1881. – *A. Springer:* Anton Sp. (1825–1891), dt. Historiker und Kunstgelehrter, Prof. in Leipzig, trieb strenge Tatsachenforschung; »Über die Quellen der Kunstdarstellungen des Mittelalters« 1879.

22. Januar

Pr. Salinas: Prof. für Kunstgeschichte.

24. Januar

Melodie: vier Takte beigelegt und von RW mit der Bemerkung versehen: »Melodie comp. v. Shakespeare.«

25. Januar

Moleschott: Jacob M. (1822–1893), Physiologe aus Holland, zuletzt Rom; Vertreter des wissenschaftl. und weltanschaul. Materialismus. – *Dans la mer on trouve…:* Im Meer findet man in einer gewissen Tiefe Muscheln, weiter unten Schalen, und ganz unten Schelme.

26. Januar

Borghese: röm. Adelsfamilie, aus der Paul V., Papst 1605–21, stammte, ihm verdankt sie ihren Reichtum und den Fürstentitel.

27. Januar

une tendance vers le bien: eine Neigung zum Guten. – *une grande bonté:* eine große Güte. – *die R. überall findet:* hier Renan gemeint. – *Orden von Freund Schnappauf:* Das Bayreuther Tagblatt vom 21. Jan. 1882 zitiert einen Bericht über RWs Lebensstil aus den »Berliner Börsen-Courier«: der »Courier des Meisters« habe zu Ehren des Präfekten von Palermo »zum schwarzen Frack elegante weiße Glacéhandschuhe angezogen und seine sämmtlichen Orden und alle Kriegsdenkmünzen, die er als ci-devant bayerischer Soldat besitzt, ›angelegt‹. Also angethan erwartete der Courier den ›signor prefetto‹ oben an der Treppe. Der aber sah droben einen Herrn im Frack und mit vielen Orden zu seinem Empfange bereit stehen und er, – der von Richard Wagner wohl eine etwas irrige Vorstellung haben mochte, – war sehr gerührt über soviel ›Entgegenkommen‹, über die Liebenswürdigkeit, so ceremoniell schon an der Treppe von dem ›illustrissimo maestro tedesco‹ empfangen zu werden… Und unter beständigen Verbeugungen schritt er die Treppe hinauf und oben angekommen, ergriff er mit einer gewissen Inbrunst die Hand des befrackten Gentleman, der seinerseits aber durch kerzengerade, militärische Haltung auszudrücken versuchte, daß ihm augenscheinlich höchst unverdiente Ehre zu Theil würde.« Das Bayreuther Tagblatt schließt seinen Bericht: »(Der Courier des Meisters ist offenbar unser Mitbürger Herr Schnappauf, den der Correspondent des Berliner Blattes übrigens etwas zu sehr aufgeputzt hat: Herr Schnappauf besitzt außer der Medaille für Nichtcombattanten keine Orden und Feldzugszeichen, hat auch beim Militär nicht gedient, es müßten ihm denn die bei der Landwehr älterer Ordnung als Tambour-Major geleisteten Dienste angerechnet werden.)«

28. Januar

Dr Claar: Emil C. (1842–1930), eigentl. Rappaport, studierte Medizin, war dann Schauspieler und Spielleiter, seit 1879 in Frankfurt am Main Intendant des Stadttheaters.

29. Januar

an Freund Wolz. einen Brief: offener »Brief an H. v. Wolzogen« in BBl. April 1882, s. auch 11. u. 13. März 1882. – *in der Art des Abaelard:* Wie auch aus einer späteren Bemerkung RWs im »Brief an H. v. Stein« vom 31. Jan. 1883 zu schließen ist, meint RW hier nicht etwa den Briefwechsel mit Héloïse, den der französ. scholastische Denker Peter A. (1079–1142) erdichtete, sondern ein Werk von dem französ. Staatsmann, Publizisten und Schriftsteller Charles François Marie Graf de Rémusat (1797–1875), Autor philosophischer, literarischer und histor.-biograph. Schriften; er veröffentlichte u. a. »Abélard«, 2 Bde. 1845, das dialogisierte Werk »Abélard, drama philosophique«, auf das RW anspielt, erschien 1877 aus dem Nachlaß.

30. Januar

Kant über die Erdbeben: Das Erdbeben von Lissabon am 1. Nov. 1755 veranlaßte Immanuel Kant zu drei Aufsätzen über die Ursachen von Erderschütterungen. – »*Allora domani…*«*:* Nun, morgen redet man nicht von diesem Haus, sondern von

Rom, von der andren Sache. – *Aufsatz über Rousseau von Stein:* »Über Werke und Wirkungen Rousseau's« war erschienen in BBl. Dez. 1881. – *Guccia:* s. Anm. zu 21. Febr. 1882.

31. JANUAR

tutt' un altra vita: ein ganz andres Leben.

2. FEBRUAR

rue de la Tonnellerie: Nr. 3, sog. Geburtshaus Molières, von RW und Minna am 17. Sept. 1839 bezogen, s. ML S. 180.

3. FEBRUAR

Facchino: Gepäckträger.

4. FEBRUAR

»An mein Volk«: Aufruf Friedrich Wilhelms III. von Preußen am 17. März 1813 in Breslau zu Beginn der Freiheitskriege, verfaßt von Staatsrat von Hippel. – *»Piccinino«:* »Le Piccinino«, Roman, 5 Bde. 1847, von George Sand.

7. FEBRUAR

»Kawi-Sprache«: »Über die Kawisprache«, 1836/40, von Wilhelm von Humboldt (1767–1835), dt. Sprachforscher, Philosoph, Ästhetiker und Bildungstheoretiker des dt. Idealismus. – *Ruhe ist die erste B.-Pflicht:* »Ruhe ist die erste Bürgerpflicht oder Vor fünfzig Jahren«, Roman 1852 von Willibald Alexis (1798–1871), dt. Erzähler und Mitbegründer des dt. histor.-realist. Romans; der sprichwörtlich gewordene Titel geht zurück auf den an die Berliner gerichteten patriotischen Anschlagtext des Grafen von der Schulenburg 1806 nach der Schlacht bei Jena, in dem es hieß: »Die erste Bürgerpflicht ist Ruhe.«

8. FEBRUAR

kopieusen: reichlichen. – *Diner beim Kardinal:* Gustav Adolf Prinz zu Hohenlohe-Schillingsfürst (1823–1896), seit 1866 Kardinal, Bruder des dt. Politikers und späteren Reichskanzlers Chlodwig H., seit 1876 dauernd in Rom, von großem Einfluß auf die Fürstin Carolyne von Sayn-Wittgenstein.

9. FEBRUAR

Hiller: Ferdinand H. (1811–1885), dt. Dirigent, Pianist und Komponist, zuletzt in Köln tätig. – *Vorwort an Stein:* RWs Vorwort zu Heinrich von Steins Dialogen »Helden und Welt« erschien in Form eines Briefwechsels in BBl. 1883, S. 3ff.; die von RW kritisierten Dialoge erst in BBl. 1893/94.

10. FEBRUAR

Eteokles: Sohn des Ödipus, durch dessen Fluch Todfeind seines Bruders Polyneikes, sie töten sich gegenseitig; Zitat bei Aischylos, »Die Sieben gegen Theben«, 256.

12. FEBRUAR

bevorstehende Flucht des Papstes: Papst Leo XIII. erstrebte die Wiederherstellung des Kirchenstaats, dadurch geriet er in Konflikt mit dem Königreich Italien, Kabinett Depretis.

13. FEBRUAR

»mi dispiace molto«: das tut mir sehr leid.

16. FEBRUAR

»Die Instruktion«: unverständlich, verschrieben für Insurrektion?

17. FEBRUAR

Fest-Grüße: mehrfach geändertes Gedicht »Zum 17ten Februar in Palermo«, »Ein ernstes und ein heitres Lied zum 17 Februar (einem stillen Geburtstag).« In Cosimas Handschrift, das eine endend: »mit Deinem Kuss und Liebes-Umfangen / hab' ich die ew'ge Weihe empfangen«.

20. Februar
Herzog von Augustenburg: Herzog Friedrich VIII. zu Schleswig-Holstein-Sonderburg-Augustenburg (1829–1880), erhob seit 1863 Erbansprüche auf den dän. Thron; dessen Sohn Ernst Günther (gest. 1921) war danach das Haupt der Augustenburger Linie, seine Schwester war die Kaiserin Auguste Viktoria, mit Wilhelm II. vermählt.
21. Februar
C. Guccia: Marchese G., aus palermit. Adel, hatte 1881 die Aufführungen Wagnerischer Werke in München besucht, vgl. RW an Ludwig II. am 1. März 1882, KBr. Bd. 3, S. 235. – *im Pilger-Marsch:* vgl. Anm. zu 14. Jan. 1882. – *Aufsatz von Wolz.:* »Heutiges für Künftiges«, BBl. Jan./Febr. 1882. – *Anzeige einer Vegetarier-Küche:* Mitteilung über die Einrichtung eines vegetarischen Tisches während der Festspiele 1882, BBl. 1882, S. 64.
23. Februar
»Rameau's Neffe«: »Aus ›Rameau's Neffe‹ von Diderot«, mitgeteilt von Ernst Ludwig, BBl. Jan./Febr. 1882, zu *Herder:* ebd. S. 61f. – *Jommelli:* Niccolò J. (1714–1774), italien. Komponist, Hofkapellmeister in Stuttgart. – *Durante:* Francesco D. (1684–1775), italien. Komponist.
24. Februar
Goethe und Marianne Willemer: s. Anm. zu 26. Juli 1878.
25. Februar
gräflich Basewitz'schen Familie: nicht ermittelt. – *Erbgroßherzog:* Friedrich Franz III. (1851–1897), Großherzog von Mecklenburg-Schwerin ab 1883, war durch Krankheit gezwungen, den größten Teil des Jahres im Süden zuzubringen. – *»wenn ich sechs Hengste zahlen kann«:* Mephisto in »Faust« I, Studierzimmerszene, von Goethe.
26. Februar
Scherzo (Schmetterling!): op. 59, Nr. 2, in e-moll.
27. Februar
Brief an den König: datiert 1. März 1882, KBr. Bd. 3, S. 233–37.
28. Februar
Skobeleff: Michail Dimitrijewitsch S. (1843–1882), russ. General, kämpfte im Türkenkrieg vor Plewna und am Schipkapaß, wurde zeitweilig mit nihilistischen Bestrebungen in Verbindung gebracht, 1881 Gouverneur von Minsk. – *da die Beilage der B. Blätter:* »Die Tierschutzfrage im Lichte der vegetarischen Weltanschauung«, Vortrag von Otto Rabe, Anzeige und Ankündigung S. 20.
2. März
»Une nichée des gentilshommes«: »Ein Adelsnest«, Roman 1859, von Turgenjew. – *eine Melodie:* Abrundung einer früheren melodischen Erfindung aus der Zeit von »Tristan und Isolde« II zum »Porazzi«-Thema.
3. März
Verliebung des Bazar.: Bazaroff in »Väter und Söhne« von Iwan Turgenjew. – *Mme Odentsoff:* nicht ermittelt.
4. März
physische Geographie von Kant: in »Allgemeine Naturgeschichte und Theorie des Himmels«. – *im braunen Buch:* »Der Unterschied zwischen uns und Euch besteht darin, dass Euch für die Erkenntniss der Welt nur ein physiologisches, uns aber ein moralisches Interesse bestimmt. Dem Dichter stellt sich die moralische Weltordnung dar, dem Wissenschaftler die mechanische.« Letzte einer Reihe von kurzen

Eintragungen seit dem 2. Aug. 1880 vor dem abschließenden Entwurf »Über das Männliche und Weibliche in Kultur u. Kunst«, Acireale. Vgl. Braunes B. S. 244. – *Attentat auf die Königin von England:* Königin Viktoria (1819–1901), seit 1837 auf dem Thron, lebte seit dem Tod des Prinzgemahls Albert meist in Osborne auf der Insel Wight oder in Schloß Balmoral im schott. Hochland; vermutlich Anschlag der irischen Fenier. 1882 wurden der Staatssekretär Lord Cavendish und der Unterstaatssekretär Burke im Phönixpark zu Dublin von Feniern ermordet; Gladstone erließ ein neues Ausnahmegesetz gegen die Nationalisten.

5. März

Frieden von Passarowitz: serbisch Požarevac; im Frieden von P. am 21. Juli 1718 mußte die Türkei das Banat, das nördl. Bosnien, Serbien mit Belgrad und die Kleine Walachei an Österreich, den Peloponnes an Venedig abtreten. – *Forman:* Alfred F. (1840–1925), übersetzte »Tristan und Isolde«, »Ring des Nibelungen« u. a. ins Englische, in der Literatur fälschlich Normann. – *Dr. Keppler:* Dr. Friedrich K., Chirurg und Frauenarzt in Venedig, RWs Hausarzt in Venedig.

6. März

des Sohnes von Parmenion: Kassander (355–297 v. Chr.) auch Kassandros, war der Sohn Antipatros', nicht Parmenions von Makedonien; K. ist eine Figur in Voltaires Tragödie und Spontinis Oper »Olympia«. – *Grube's historischen Schriften:* »Charakterbilder aus der Geschichte und Sage«, 3 Bde. 1852, von August Wilhelm G. (1816–1884), dt. Schulmann und Schriftsteller, verfaßte volkstümliche und pädagogische Anschauungswerke. – *Bruckmann:* Friedrich B. (1814–1898), gründete 1858 in Frankfurt am Main einen Kunst- und Buchverlag, 1863 nach München verlegt; s. auch Bd. I, S. 458, 11. Nov. 1871.

7. März

bon, je sais ce que c'est: gut, ich weiß, was es ist. – *das Lied »Die Trommel gerührt«:* »Die Trommel gerühret! Das Pfeifchen gespielt!« Soldatenliedchen, von Klara und Brackenburg gesungen in »Egmont« I, Bürgerhaus. – *»Freudvoll und leidvoll«:* in »Egmont« III, Klärchens Wohnung. – *»Les Garibaldiens«:* Roman von A. Dumas, 1861. – *»Wer fühlet, wie wühlet die Pein«:* richtig »der Schmerz mir im Gebein«, Gretchens Gebet in »Faust« I, Zwinger. – *»Egmont«-Aufführung:* RW dirigierte Beethovens »Egmont« während seiner Konzerttätigkeit in Zürich 1850–55 dreimal.

8. März

Springer: Anton Sp., s. Anm. zu 21. Jan. 1882. – *Brunn:* Heinrich von B. (1822–1894), dt. Archäologe, ging 1843 nach Italien, 1865 Prof. in München, wurde 1888 Direktor der Glyptothek in München; zahlreiche Schriften, mit denen er der kunsthistorischen Betrachtungsweise den Weg in die Altertumskunde ebnete.

9. März

»Clavigo«: Schauspiel von Goethe.

12. März

die kaiserliche Hoheit: die russ. Großfürstin Anastasia Michailowna (geb. 1860), verh. mit Friedrich Franz III. Paul, Großherzog von Mecklenburg-Schwerin seit 1879. – *Phryne-artige Grausamkeit:* Phryne, griech. Hetäre (4. Jh. v. Chr.), erhielt den Namen P. (Kröte) wegen ihrer Blässe. – *Dr. Cervello:* Arzt. – *»Wißt ihr, Kinder«:* richtig: »Sagt mir, Kinder, was blüht am Maitag?« Aus dem Kinderkatechismus zu Kosels Geburtstag am 25. Dez. 1873, vgl. Bd. I, S. 768f.

13. März

Bruder Julius: (1804–1862), Goldschmied, zweitältester Bruder RWs. – *Ottilie… das Unglück:* Ottilie (1811–1883), RWs Schwester, verh. mit Prof. Dr. Hermann Brockhaus (1806–1877); das Unglück: im gleichen Jahr wie ihr Mann starb der Sohn Clemens (1837–1877), Theologe.

15. März

Graf Gravina: Biagio Graf G. (gest. 1897), zweiter Sohn des Fürsten von Ramacca, aus einem catanischen Adelsgeschlecht, heiratete am 25. Aug. 1882 Cosimas zweitälteste Tochter Blandine von Bülow. – *G^{fürst} Konstantin:* Konstantin Konstantinowitsch (1858–1915), heiratete 1884 Prinzessin Elisabeth von Sachsen-Altenburg, schrieb Gedichte und übertrug später einzelnes von Schiller, Shakespeare und Goethe ins Russ., war Präsident der Akademie der Wissenschaften.

21. März

»Les Femmes savantes«: »Die gelehrten Frauen«, Komödie von Molière (1622–1673), französ. Theaterdichter. – *Schluß des Turgenjew'schen Romans:* hier »Ein Adelsnest«, Liza und Lavreckij, sein Epilog: »Willkommen, einsames Alter! Rinne dem Ende zu, nutzloses Leben!«

22. März

»Was ist deutsch«: Aufzeichnungen RWs für Ludwig II. 1865, veröffentlicht 1878, Ges. Schr. Bd. 10.

25. März

Stein's Aufsatz über Rousseau: »Über Werke und Wirkungen Rousseau's«, BBl. Dez. 1881. – *fou:* Dummkopf. – *Vergette:* Bürste, geschorenes Stirnhaar.

26. März

Fürsten Scalea: nicht ermittelt. – *Chétiv:* kümmerlich, armselig, – *»I am a gentleman but not your slave«:* Ich bin ein Gentleman, aber nicht Ihr Sklave, – *Anekdote des Höflings:* vgl. auch die in der Anm. zu 18. Nov. 1879 wiedergegebene Version.

27. März

beginnt er die Arbeit: zweiseitiger Entwurf »Über das Männliche u. Weibliche in Kultur u. Kunst«, letzte Eintragung im Braunen B., S. 245f. – *Palmerston:* Henry John Temple, Viscount P. (1784–1865), zwischen 1830 und 1851 Außenminister der liberalen Regierungen, Ministerpräsident 1855–58 und 1859–65, strebte kontinentales Gleichgewicht und Erhaltung der Kleinstaaten an. – *qui suit sa course à l'abîme:* die ihrem Abgrund zueilt. – *bei Capua:* Capua war 1860 Zentrum des vergeblichen Widerstands der neapolitanischen Armee gegen Garibaldi.

28. März

Bon Pennisi: Baron Pasquale P., besaß eine große Münzsammlung. – *Schwester Luise:* RW wird seiner Schwester L. Brockhaus den »Lohengrin« 1845 vorgelesen haben. – *Laube:* Heinrich L. (1806–1884), Dramatiker und Journalist des Jungen Deutschland, Briefroman »Das junge Europa«, 1849–69 Direktor des Hofburgtheaters in Wien.

29. März

Fr. Dietz: möglich Sophie Die[t]z (1820–1887), sang u. a. die erste Magdalene der »Meistersinger« in München; möglich auch Friedrich Diez, Verfasser einer »Grammatik der romantischen Sprache«, 3 Bde., Bonn 1858–70, in der Wahnfried-Bibliothek, doch ist ein Bezug nicht herstellbar. – *Cynthia:* »Cynthias Knospe« in »Ein Sommernachtstraum« IV, 1. Szene, von Shakespeare.

1. April

Marchese S. Giuliano: Antonio Marchese Paternò Castello di San Giuliano

(1852–1914), italien. Staatsmann, 1879 Bürgermeister von Catania, Anhänger der Dreibundpolitik, 1882 liberaler Abgeordneter, 1905 Senator, 1910–14 Außenminister.

2. April

›*Bund*‹: »Der Bund«, 1850 gegründet, in Bern erscheinende, freisinnig-demokratische Zeitung, an der 1880–1911 J. V. Widmann, der Entdecker Robert Walsers, literarischer Redakteur war.

3. April

Fici d'India: Kaktusfeigen. – *Schreckenstein bei Teplitz:* Schreckenstein bei Aussig, den RW von Teplitz aus am 22. Juni 1842 aufsuchte; dort begann er mit der Niederschrift des Prosaentwurfs zu »Tannhäuser«, noch unter dem Titel »Der Venusberg«.

4. April

un génie d'insolence: ein Genie der Frechheit. – *Reskript des Ministers Gerber:* Karl Friedrich Wilhelm von G. (1823–1891), dt. Jurist und Staatsmann, 1871 sächs. Minister des Kultus und öffentlichen Unterrichts; seine Verfügung betraf Hausaufgaben der Schüler u. ä.

5. April

Nadar: Ps. für Gaspard Félix Tournachon (1820–1910), französ. Schriftsteller, Zeichner, Karikaturist für »Le Charivari«, Luftschiffer, Luftballonfahrer und -konstrukteur sowie Photograph; eine Photographie Nadars von RW muß als falsche Zuschreibung gelten. – *gros bon sens:* gesunder Menschenverstand. – *bonnet de coton:* Baumwollmütze. – *les sabots:* die Holzschuhe. –*Impunität:* Straflosigkeit.

7. April

Aufsatz von Wolz. »Jetziges und Künftiges«: gemeint ist »Heutiges für Künftiges« in BBl. Jan./Febr. 1882. – *Szene der Greifen und Sphinxe:* in »Faust« II von Goethe. – *in Zürich im Asyl:* nicht am Karfreitag, s. Anm. zu 13. Jan. 1878.

8. April

Fürst Ramacca: Vater des Grafen Biagio Gravina, aus catanischem Adelsgeschlecht.

9. April

Pasquino: komische Figur, nach röm. Torso benannt, auch Bezeichnung für Satire.

11. April

Antonellos: Bilder des italien. Malers Antonello von Messina (1444–1493) im Museo Nazionale in Messina.

12. April

Ex-Khedive: Ismail, ägypt. Herrscher ab 1863, »Vizekönig« unter engl. Schutz und Khedive, verkaufte 1875, in Staatsschulden geraten, die Suezkanalaktien, geriet in Konflikt mit der engl. Verwaltung, daraufhin 1878 vom Sultan abgesetzt; sein Nachfolger war Taufik (1852–1892).

14. April

»Soyez homme et vous nous avez pour amis«: Seien Sie Mensch, und Sie haben uns zu Ihren Freunden.

16. April

Strakosch: Moritz oder Maurice St. (1825–1887), Pianist und Impresario, Lehrer von Adelina Patti, 1851–60 New York, dann Paris, vgl. Neumann, Erinnerungen, S. 128ff.

17. April

Schulz-Curtius: Sekretäre in der St. James Hall, London. – *Gondellied:* vgl. 18. April.

18. April

über den Hunger: Auf einem Briefbogen des Grand Hôtel des Bains, Acireale, mit vier Zeilen Notizen von Cosima zur Reise (»Nacht Schiff Sterne Meerleuchten« usw.) von RWs Hand: »Hunger u. Liebe erhalten die Welt / – Jetzt nur noch der Hunger / bald nur noch der Durst«. – *Melodie:* beigelegt ein Blatt mit vier Notenzeilen, kalligraphische Abschrift Cosimas (mit kleinen Fehlern) von dem Gedicht RWs auf Peter Cornelius vom 13. Nov. 1861 in italien. Sprache mit italien. Rezitativmelodie, überschrieben: »Canto anticchio italiano«.

19. April

Scribe: Augustin-Eugène S. (1791–1861), französ. Lustspieldichter, »Battaglia di Donne«, gemeint ist das Lustspiel in 3 Akten »Der Damenkrieg«, S. schrieb auch die Libretti zu den Opern »Fra Diavolo«, »Die Stumme von Portici«, »Robert der Teufel«, »Die Hugenotten« und »Die weiße Dame«.

20. April

das berühmte Bild: im 1. Gesang der Ilias, »Also sprach, und winkte mit schwärzlichen Brauen Kronion; Und die ambrosischen Locken des Königes wallten ihm vorwärts von dem unsterblichen Haupt; es erbebten die Höhn des Olympos«, Übersetzung von Johann Heinrich Voß. – *»Sie ist die erste nicht«:* Mephisto in »Faust« I, Trüber Tag, Feld.

22. April

Hans' Verlobung: Hans von Bülow heiratete 1882 Marie Schanzer (1857–1941).

23. April

»Signor Formica«: »Die Serapionsbrüder«, Vierter Band, Siebenter Abschnitt, von E. T. A. Hoffmann.

24. April

Bericht über die Vivisektion: Bernhard Förster, »Die Frage der Vivisektion im Deutschen Reichstage. Ein Stück Kulturkampf«, BBl. März 1882. – *Tod von Darwin:* Charles Darwin war am 19. April 1882 gestorben.

25. April

M. Marziale: Marco M. (15. Jh.), venezianischer Maler, wirkte bei den Arbeiten am Dogenpalast mit. – *seiner künftigen größten Arbeit:* über das Männliche und Weibliche, s. Anm. zu 23. Okt. 1881. – *Ringraziamenti:* Dankesbezeigungen. – *Agapen:* gemeinsame Liebesmahle.

26. April

Zitat des P. Molinos: aus der 1675 erschienenen quietistischen Schrift »Guida spirituale« (»Geistlicher Wegweiser«) des span. Mystikers Miquel de Molinos (1640–1697), die von Papst Innocenz XI. für ketzerisch erklärt wurde; M. starb in einem Kerker in Rom. Zitiert nach »Die Serapionsbrüder«, Vierter Band, Siebenter Abschnitt, »Zacharias Werner«, Rahmengespräch zu »Signor Formica«: »Il ne faut avoir nul égard aux tentations, ni leur opposer aucune résistance. Si la nature se meut, il faut la laisser agir; ce n'est que la nature!« Man muß auf die Versuchungen nicht achtgeben und ihnen keinen Widerstand entgegenstellen. Wenn die Natur sich regt, muß man sie wirken lassen; es ist ja nichts andres als die Natur.

27. April

»Fumée«: Roman »Dym«, 1867, dt. »Rauch«, 1868, von Iwan Turgenjew; die französ. Ausgabe erschien mit einem Vorwort von Prosper Mérimée, Paris 1874. – *die berühmte Rachel:* Elisa Rachel Félix (1820–1858), gen. Elisa Rachel, französ.

Schauspielerin, gab mit sprachlichem und mimischem Ausdruck den Gestalten des klass. französ. Theaters ein neues Gepräge. – *Caracci:* oder Carracci; Agostino C. (1557–1602), der bedeutendere Annibale C. (1560–1609) und der in Bologna wirkende Lodovico C. (1555–1619), italien. Maler, gründeten in Bologna die Accademia dei Desiderosi.

28. April

ein schöner Aufsatz von Dr. Schem.: Ludwig Schemann, s. Anm. zu 29. Juli 1878; »Kunst und Künstler der Vergangenheit im Lichte einer Kunst der Zukunft. III. Eine Festbetrachtung zu Goethe's 50jährigem Todestage«, BBl. März 1882.

30. April

»80 Tage um die Welt«: nach dem Roman von Jules Verne (1828–1905), »Le tour du monde en quatre-vingts jours«, 1872/73, dt. »Die Reise um die Erde in 80 Tagen« 1875; französ. Dramatisierung von Adolphe Philippe gen. Donnery, deren dt. Fassung lautet: »Die Reise um die Erde in achtzig Tagen, nebst einem Vorspiel: Die Wette um eine Million. Spektakelstück mit Gesang, Tanz, Evolutionen und Aufzügen«, damals häufig aufgeführt und 1885 als Nr. 2208 in Reclams Universal-Bibliothek erschienen.

1. Mai

Laurention: gemeint ist die gotische Lorenzkirche, 13./15. Jh.

5./6. Mai

Beginn der Proben: Zur Geburtstagsfeier RWs.

8. Mai

an den König: datiert 13. Mai, KBr. Bd. 3, S. 238–43. – *Merz:* Oscar M., München, Solorepetitor und musikal. Assistent in Bayreuth 1882.

9. Mai

Depesche über »Siegfried«: in London, 5.–9. Mai erster »Ring«-Zyklus von Neumanns Wagner-Theater.

10. Mai

»Ottar Jarl«: »Histoire d'Ottar Jarl, private norvégien«, 1879, von Gobineau.

17. Mai

»Chiro«: für »giro«, Rundfahrt.

18. Mai

für Richter sehr günstige: Hans R. dirigierte bei den von Francke und Pollini veranstalteten Aufführungen in London »Tannhäuser«, »Lohengrin«, »Meistersinger« und »Tristan und Isolde«. – *Else Ritter:* Tochter von Alexander R.

22. Mai

Gratulation: ausführliche Schilderung bei Gla. Bd. 6, S. 600ff. – *Trinkspruch:* in Blandines Handschrift beigelegt, wegen des ungewöhnlichen Verhältnisses zum Stiefvater sei er hier wörtlich wiedergegeben: »Zum 22. Mai 1882. // Ich bin es, die es wagt, sich zu erheben, / der Jungfrau gönnet feierlich das Wort, / die bald von ihm sich trennt zu eignem Leben, / der Sein Gedenken heil'ger Schirm u. Hort / in Leid und Lust die Weihekraft soll geben, / von ihr gehütet wachsam fort und fort! – / Gewährt der Stimme, eh sie ganz verhalle, / ein[en] Spruch zu schwichtigen des Herzens Schwalle. // Du weißt es, Vater, aus wie fernen Weiten / ich angstvoll kam, bedürftig zu Dir her, / und fremd geartet, ach! in trüben Zeiten / mein Wesen schien gewiß dem Deinen hehr! / Wie aber aneinander Dir sich reichten / die Loose, leicht wohl selten, oft gar schwer, / dem flehend ahnungsdunklen, meinem Triebe, / versagtest Du niemals den Schutz der Liebe. // Er ist als Segen tief in mich gedrungen, / verkünden mutig darf ich hier es laut! / die wiedrum fernhin zieht,

Geschick bezwungen, / Dich nicht verliert, denn sie hat Dich geschaut. / Der Reim, von Dir dem Bösen abgerungen, / er wächst im Sommer mir zur Blüthe traut; / sein Sprießen, jetzt noch kindlich zart bescheiden, / wird ewiglich mich vom Gemeinen scheiden. // Und wann dereinst in künftig stillen Tagen / ein leises Mahnen sich Dir schwebend naht, / dem Herzen, welches Sorg' um mich getragen, / ein Balsam fließt, entquollen Deiner Saat, / dann sollst Du, Segensmächtiger, Dir sagen, / bewußt und froh der allerbesten That: / Blandinen's Heil, Blandinen's Seelgedeihen, / umkreist und salbet mich mit Dankes Weihen! // Der mich hoffen hieß, / Der mich glauben ließ, / Der mir Lieb' erwies – / er lebe hoch!« Von anderer Hand (Daniela?): »Palermo 9.2.« – *fällt der Chor wundervoll ein:* der von Humperdinck einstudierte Knabenchor sang aus »Parsifal«: »Der Glaube lebt«. – *zu den schwarzen Schwänen:* Geschenk von Ludwig II., RW nannte sie Parsifal und Kundry, seine Depesche an den König: »(Wie wär' ich kalt, mich glücklich nur zu nennen, / fühl' ich das Herz in Dankesbrunst entbrennen?) / Mir ward, in heilig ernstem Schwangewand, / durch Parsifal und Kundry Gruss entsandt. / Gelöst ist Titurel's, Amfortas' Noth, / da Heilung hehr der Gottgesandte bot!« – *erste Cervantes'sche Stück:* »Die beiden Plapperzungen«. – *die »Liebes-Not«:* von Cosima gedichtetes Stück, Daniela spielte die Hauptrolle darin.

23. Mai

Hotelier Albert: aus Mannheim, betrieb das Schloßhotel Heidelberg, übernahm die Bewirtschaftung der Festspiel-Gaststätte. – *k. Decken:* Ludwig II. hatte RW auch reichbestickte Seidendecken geschenkt. – *Roldan:* Ferdi Jäger, der Sohn des Sängers Ferdinand J., übernahm die Rolle des Landstreichers Roldan in »Die beiden Plapperzungen« von Cervantes. – *Konzeption des Satzes Mephisto von meinem Vater:* Zweiter Mephisto-Walzer für Orchester, 1881, von Liszt.

25. Mai

»Kawi-Sprache«: »Über die Kawisprache«, 1836/40, von Wilhelm von Humboldt.

28. Mai

Brief an H. Schön: »in meinem Sinne wäre es, wenn Sie [...] eine Stiftung in das Leben riefen, welche Unbemittelten es ermöglichte, den Aufführungen beizuwohnen«, erste Äußerung dieses Gedankens, vgl. Tagebuch 18. Mai 1882.

30. Mai

Gruß in Noten:

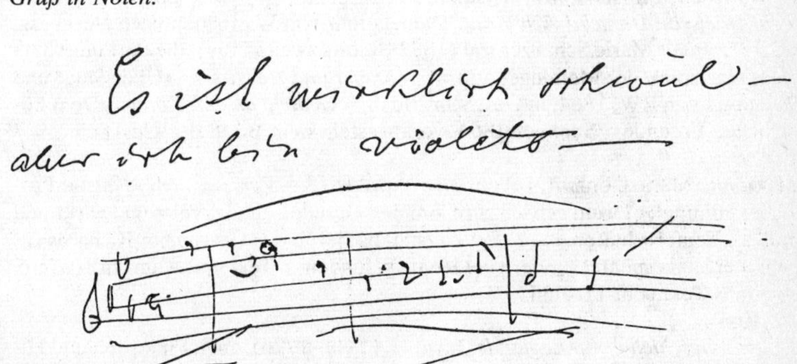

»An Frl. I. von Bülow«: RW erregte sich über die Anrede seiner erstgeborenen Tochter Isolde, die als geborene von Bülow nicht legitimiert wurde; Cosima verleugnete die Vaterschaft RWs gegenüber Dritten in den ersten Jahren nach Isoldes Geburt (1865) und ließ es 1913 im Erbstreit auf Prozeß und endgültigen Bruch ankommen.

1. JUNI

Musikfest: Rheinisches Musikfest in Aachen, zu dem Daniela gefahren war, da dort Hans von Bülow mitwirkte.

2. JUNI

d moll Symph. von Mozart: gibt es nicht; g-moll KV 550? D-dur KV 504? – *aus der Es dur:* KV 543.

3. JUNI

Winkelmann: Hermann W. (1849–1912), dt. Tenor, sang Parsifal 1882–88 und Tannhäuser 1891 in Bayreuth. – *meldet uns… den Tod Garibaldi's:* G. war am 2. Juni 1882 auf Caprera gestorben. – *Timoleon:* glückhafter Feldherr und Staatsmann aus Korinth, besiegte die Karthager 344–339 v. Chr., ordnete Syrakus und das griech. Sizilien und verzichtete 337 freiwillig auf die Macht; Lebensbeschreibungen von Plutarch und Cornelius Nepos.

4. JUNI

»Die Anbetung zum Kreuz«: »Die Andacht zum Kreuze«, Schauspiel von Calderón.

5. JUNI

Ariost: Ludovico Ariosto (1474–1533), italien. Dichter der Renaissance, Hauptwerk »Der rasende Roland«, Stanzenepos. – *Vergil:* Publius Vergilius Maro (70–19 v. Chr.), röm. Dichter, »Äneis«. – *St.-Saëns… die beste deutsche Oper nach ihm:* »Samson et Dalila«, das Werk wurde durch Vermittlung von Liszt 1877 in Weimar uraufgeführt, die französ. Erstaufführung folgte erst 1892.

6. JUNI

Thiers: Adolphe Th., s. Anm. zu 10. Nov. 1878. – *Guizot:* Guillaume G. (1787–1874), französ. Staatsmann und Historiker, bis 1848 führender Politiker des Juste-milieu, Mitglied der Académie Française.

7. JUNI

im Gärtchen von Herrn Moritz: Jakob M., Inspektor im Festspielhaus Bayreuth. – *ein Brief von Daniela! Ach Gott!:* Daniela fuhr von Wiesbaden nach Nürnberg, wo sie erstmals Marie Schanzer traf (1882 Bülows zweite Frau), die dort innerhalb eines Gastspiels der Meininger auftrat. – *»Staat und Religion«:* »Über Staat und Religion« von RW, 1864, in Ges. Schr. Bd. 8. – *Gedicht an den König:* »Dem königlichen Freunde«, Sommer 1864, vorangestellt dem Bd. 8 der Ges. Schr.

9. JUNI

M. Dönh.: Marie Dönhoff, s. Anm. zu 6. April 1878. – *Vers aus dem »Faust«:* Prolog im Himmel: »Drum geb ich gern ihm den Gesellen zu, der reizt und wirkt und muß als Teufel schaffen.« – *Tyler:* Aufständischer in der Geschichte Richards II., nicht bei Shakespeare, sondern bei Hume gefunden, s. Text und Anm. zu 10. Juni, ebenfalls Text vom 11. Juni.

10. JUNI

Hume's Geschichte von England: David H. (1711–1776), engl. Philosoph und Historiker, psycholog.-erkenntnistheoretische Analyse des Bewußtseins, von Einfluß auf die französ. Aufklärung: »Geschichte von Großbritannien«, 8 Bde. 1754–63, dt. 6 Bde. 1767–71. – *Lachmann:* Karl L. (1793–1851), dt. Philologe, wichtige

Arbeiten über das Nibelungenlied; die von L. übersetzte »Saga-Bibliothek« kannte RW schon in Dresden vor 1848.

11. Juni

Aufsatz für die B. Blätter: »Offenes Schreiben an Herrn Friedrich Schön in Worms«, darin bezeichnet es RW als wichtigste Aufgabe eines neuzubildenden Patronats, »die Mittel zu beschaffen, um gänzlich freien Zutritt, ja nötigen Falles die Kosten der Reise und des fremden Aufenthaltes solchen zu gewähren, denen mit der Dürftigkeit das Los der meisten und oft Tüchtigsten unter Germaniens Söhnen zugefallen ist«, in BBl. Juli 1882, Ges. Schr. Bd. 10; zur Geschichte des Patronatvereins s. Anm. zu 3. Jan. 1878. – *»Armida«:* Oper 1777, von Gluck. – *Pfistermeister:* Franz Seraph von Pf. (1820–1912), Kabinettssekretär Ludwigs II., überbrachte am 3. Mai 1864 in Stuttgart RW die erste Botschaft des Königs; später Hofrat, entschiedenster Gegner RWs in München; den 50. Geburtstag 1863 feierte RW jedoch mit Dr. Standhartner in Wien; Cosima meint den 51. Geburtstag, den RW am 22. Mai 1864 in Haus Pellet, Kempfenhausen, verbrachte.

12. Juni

Großherzogs von Schwerin: Friedrich Franz II. von Mecklenburg-Schwerin (1823–1883), regierte seit 1842.

13. Juni

Bericht über die Vorlesung des Parsifal: »Bericht über eine am 2. April 1882 in Braunschweig veranstaltete Lesung des ›Parsifal‹«, von Oberregisseur Hiltl ausgeführt, Bericht von Dr. Ludwig Schemann, in BBl. Mai/Juni 1882.

14. Juni

Aufsatz gegen die Fleischnahrung: In seinem Aufsatz »Die Epidemien als Kulturkrankheiten« schreibt Ernst Grysanowsky, s. Anm. zu 17. Juni 1882, u. a., die innere Reinheit sei durch blutlose Nahrung zu erkaufen, vgl. BBl. 1882, S. 142. – *»Gleich wie der Regen und Schnee«:* Kantate »Gleichwie der Regen und Schnee vom Himmel fällt«, um 1715, BWV 18, von Johann Sebastian Bach.

15. Juni

»avoir sous la main«: zur Hand haben.

16. Juni

diese Zeilen findest: zu erinnern ist gerade bei dieser langen Anrede, daß Siegfried Wagner die Tagebücher nie zu lesen bekam. – *Jean Paul:* Jean Paul Friedrich Richter (1763–1825), dt. Dichter, zuletzt in Bayreuth.

17. Juni

Dannreuther: Edward D., s. Anm. zu 10. Okt. 1879. – *Dr. Grysanowsky:* Ernst G., agitierte gegen die Vivisektion, »Die Epidemien als Kulturkrankheiten«, BBl. Mai/Juni 1882; schrieb auch unter dem Ps. Dr. Hammer.

18. Juni

»Hugenotten«: »Die Hugenotten«, Oper 1836, von Meyerbeer.

19. Juni

Proch: Heinrich P. (1809–1878), Kapellmeister und Komponist, 1840–70 am Kärntnertortheater in Wien; mit seinem Dirigieren ist gemeint »Der Freischütz« III, Verwandlung vom 1. in den 2. Auftritt. – *Musik-Lexikon von Cramer:* Carl Friedrich C. (1752–1807), gab in Hamburg 1783/87 ein »Magazin der Musik« heraus, 2 Jahrgänge.

20. Juni

das Stück... wiedergelesen: Cosimas »Liebes-Not«, zu RWs Geburtstag, s. Anm. zu 22. Mai 1882. – *in der Kopie:* »Parsifal«-Kanzlei. – *Büchlein von Streicher:* Andreas St. (1761–1833), Klavierbauer, floh 1782 mit Schiller von der Karlsschule, schrieb »Schillers Flucht« 1836, später in Wien, mit Beethoven befreundet. – *»Ariadne auf Naxos«:* Melodram 1775, von Georg Benda. – *macht dann selbst eine Zeichnung:* vgl. Dietrich Mack, »Der Bayreuther Inszenierungsstil«, München 1977, S. 81 und Abb. 57.

24. Juni

Haranguir-Unwesen: langweilig-feierliches Gefasel. – *ein Herr Strauss:* Franz St. (1822–1905), dt. Musiker, Hornist im Bayreuther Orchester 1882, Kammermusiker, Bülow nannte ihn »Joachim auf dem Waldhorn«, Vater des Komponisten Richard Strauss. – *Kopf von Froh:* Bernhardiner in Wahnfried.

26. Juni

»Die Bestimmung der Oper«: »Über die Bestimmung der Oper«, Vortrag, gehalten am 28. April 1871 in der Akademie der Künste in Berlin, deren Mitglied RW seit 1869 war; in Ges. Schr. Bd. 9. – *»Laokoon«:* »Laokoon oder Über die Grenzen der Malerei und Poesie«, 1766, von Lessing. – *Bruno Bauer:* s. Anm. zu 11. Febr. 1881. – *Bierey:* Gottlob Benedikt B., s. Anm. zu 24. März 1878.

27. Juni

»points de départ«: Ausgangspunkte (für den Ton); RW bezieht sich auf Ausführungen von Berlioz in »Grand Traité d'instrumentation et d'orchestration modernes«.

28. Juni

Gudehus: Heinrich G. (1845–1909), dt. Sänger, 1880–90 an der Dresdner Hofoper, sang in Bayreuth Parsifal, Tristan u. Walther von Stolzing.

29. Juni

Justizrat Simson: August S. (1837–1927), Geheimer Justizrat, später geadelt, Sohn des Präsidenten der Frankfurter Nationalversammlung, dann des Reichsgerichts, Martin Eduard S.; Mitglied des Aufsichtsrats der Krupp AG., Rechtsanwalt in Berlin, war in der Scheidungssache Bülow tätig und vertrat RW im Streit mit Fürstner u. a., vgl. Bd. I, 4. Sept. 1875, 16. Febr. u. 5. März 1876. – *Miss Tilton:* Helen T., Wagnerianerin.

30. Juni

Lucian: Lukianos (um 120–180), griech. Schriftsteller, schrieb u. a. »Lukios oder Der Esel«, dt. von Christoph Martin Wieland, 1788/89.

1. Juli

Hinrichtung des Mörders des Präsidenten: Guiteau, der am 2. Juni 1881 auf Präsident Garfield schoß, s. Anm. zu 2. Sept. 1881. – *Hill:* Karl H. (1831–1893), dt. Sänger, sang in Bayreuth Alberich 1876 und Klingsor 1882.

2. Juli

die Ausstellung in Nürnberg: »Bayerische Landes-, Industrie-, Gewerbe- und Kunstausstellung«; zu ihrer Eröffnung am 15. Mai 1882 war ebenfalls nicht der Protektor Ludwig II. erschienen, sondern hatte den Prinzen Luitpold mit seiner Vertretung betraut. – *Reichmann:* Theodor R. (1849–1903), dt. Sänger, sang in Bayreuth 1882–1902 Amfortas; auch Hans Sachs und Wolfram.

3. Juli

kleinen Ballettmeister: Richard Fricke, s. Anm. zu 10. Nov. 1878.

4. Juli

Klappe an der Kappe des Orchesters: An der oberen Blende des Orchestergrabens ließ RW eine Klappe anbringen, vgl. Dokumentarbiogr. Abb. 246. – *damals (1858):* Cosima und Hans von Bülow waren Gäste RWs im »Asyl« Juli/Aug., erste

Trennung RWs von Minna, seine Abreise nach Venedig. – *Tante Schinkel:* Susanne Sch., s. Anm. zu 25. Aug. 1878.

7. Juli

Betty Braun: Freundin Cosimas. – *Siehr:* Gustav S. (1837–1896), dt. Sänger, Wiesbaden, sang 1876 in Bayreuth Hagen, 1882 Gurnemanz.

8. Juli

an den König: »Ein härterer Schlag konnte mich nicht treffen als die Benachrichtigung davon, dass mein erhabener Wohlthäter keiner der Aufführungen des Bühnenweihfestspieles beizuwohnen Sich entschlossen hat. [...] Und – es ist das Letzte, was ich schaffe. Die ungeheuere Uebermüdung, die heute auch mir eben nur zu diesen wenigen Zeilen Kraft lässt, sagt mir, woran ich mit meinen Kräften bin. Von mir ist nun *nichts* mehr zu erwarten. –« Vgl. KBr. Bd. 3, S. 244. – *Accolade:* Bruderkuß, Umarmung.

9. Juli

»So war es mein Kuß...«: Kundry in »Parsifal« II, Takt 1343 ff. – *»Die Marquise de la Pivardiere«:* aus den letzten Erzählungen von E. T. A. Hoffmann. – *Arabi-Bey:* Achmed Arabi Pascha (1839–1911), Führer der ägyptischen Nationalpartei, 1882 Kriegsminister, riß alle Gewalt an sich und setzte der Einmischung Englands bewaffneten Widerstand entgegen, wurde am 13. Sept. 1882 bei Tell el Kebir geschlagen, 1901 amnestiert. – *Penzing (Dommayer):* In Penzing bei Wien, Wienstraße 221, wohnte RW vom 12. Mai 1863 bis 23. März 1864; Dommayer in Hietzing, später Parkhotel Schönbrunn, war ein beliebtes Lokal, in dem Lanner und Johann Strauß musizierten.

10. Juli

Leßmann: Otto L. (1844–1918), dt. Musikschriftsteller, gab 1881–1907 die »Allgemeine Musikzeitung« heraus. – *Frl. Dompierre:* aus München, dt. Sängerin, sang das Altsolo 1882. – *Fuchs:* Anton F. (1849–1925), dt. Sänger und Regisseur, München, sang neben Hill 1882 Klingsor, ab 1883 auch Amfortas, Kurwenal, Titurel; neben Cosima Wagner von 1884–99 Spielleiter der Festspiele.

11. Juli

Stein's Entwurf: »Das Bayreuther Patronat. Ein neuer Ruf an unsere alten Freunde«, ohne Autorenangabe in BBl. Aug. 1882. – *Oesterlein:* Nikolaus Oe. (1842–1898) aus Wien, gründete ein Wagner-Museum, das 1895 nach Eisenach verkauft wurde, dort heute Gedenkstätte im Fritz-Reuter-Haus unterhalb der Wartburg; Oe. war Hrsg. von »Katalog einer Wagner-Bibliothek«, 4 Bde., Leipzig 1882–95. – *Oupnekhat:* Sammlung der Upanishaden, vgl. Colebrooke, Anm. zu 24. März 1881.

16. Juli

Ermordung der Europäer in Alexandria: beim Aufstand von Achmed Arabi Pascha, vgl. Anm. zu 9. Juli.

18. Juli

»Bohémiens«: s. Anm. zu 29. Nov. 1881.

20. Juli

Brief des Königs: datiert 17. Juli, KBr. Bd. 3, S. 245 f.

21. Juli

Gemetzel in Alexandrien: Beim Aufstand von Arabi, s. Anm. zu 9. Juli, wurde das europäische Quartier von Alexandria zum Teil niedergebrannt.

23. Juli

Gotha'schen Kalender: Gothaische Genealogische Taschenbücher, Verlag J. Perthes, erschienen bis 1943 in 5 Abteilungen: Hofkalender seit 1763, gräfliche Häuser seit 1825, freiherrliche seit 1848, adlige erst ab 1900, briefadlige ab 1907.

24. Juli

Obsequientäten: aus Obsequien gebildet, liturgische Zeremonien.

25. Juli

M. Maier: Mathilde M. (1833–1910), Notarstochter aus Alzey, mit RW ab 1862 befreundet.

30. Juli

Mihalovich: Edmund von M. (1842–1929), ungar. Komponist, Schüler Hans von Bülows. – *Apponyi:* Albert Graf von A. (1846–1933), ungar. Staatsmann, Abgeordneter in Wien seit 1872, 1878 Führer der gemäßigten nationalen Opposition, später Minister und Präsident des ungar. Abgeordnetenhauses.

31. Juli

Zeitungsartikel: summarische Kritik der gestrigen 3. Aufführung von »Parsifal«, »brillant, das Orchester klang wunderbar, ebenso die Chöre. Geradezu hinreißend war die Wirkung derselben im Gralssaal im 1. und 3. Aufzug. Die Solisten waren auch gestern wieder durchweg vorzüglich«, hervorgehoben werden Reichmann (Amfortas), Scaria (Gurnemanz), Frau Materna (Kundry) und Winkelmann (Parsifal); gemeldet werden Beifallsstürme nach dem 2. und 3. Aufzug, danach habe RW mit sichtlicher Ergriffenheit gesprochen: »Ich danke Ihnen herzlichst für den meinen Künstlern gespendeten reichen Beifall; er ist mir ein Beweis, daß Sie mit deren Leistungen zufrieden waren.« Hierauf neuer Jubel, bis »der Vorhang sich zurückschlug, und die Mitwirkenden, in der letzten Scene gruppirt, dem dankbaren Auditorium sich zeigten«; neben der Würdigung der Aufführung auf dem Zeitungsausschnitt ein Randstrich, darunter von RWs Hand: »ausgezeichnet, RW«.

1. August

»Ich bin müde«: Anspielung auf Kundry in »Parsifal« I, Takt 236f.

3. August

Erziehers für Siegfr.: ein Dr. Dorda aus Österreich, offenbar böhmischer Herkunft, vgl. Text vom 3. Sept. 1882.

9. August

Passini: Ludwig Johann P. (1832–1903), dt. Maler und Kupferstecher.

10. August

»Melle de Scudéry«: »Das Fräulein von Scuderi«, im Roman »Die Serapionsbrüder«, Dritter Band, Sechster Abschnitt, von E. T. A. Hoffmann; C.s Schreibweise nach der franz. Heldin der Novelle, Madeleine de Scudéry (1607–1701), französ. Autorin galanter und heroischer Gesellschafts- und Schlüsselromane.

12. August

Fritz Brockh. samt Schwester: Friedrich Arnold Brockhaus (1838–1895), Sohn von Hermann B. und RWs Schwester Ottilie; Jurist, 1871 Prof. in Basel, später Kiel, Marburg und Jena.

14. August

E. Sierz.: Emilie Sierzputowska, Freundin von Marie Muchanoff, nach deren Tod Cosima nahestehend, vgl. Bd. I, S. 935f., 16. Sept. 1875. – *Alex. Schl.:* Alexandra von Schleinitz, Nichte des Grafen Alexander und der Gräfin Marie von Schl., schrieb »Das Bayreuther Festspielhaus«.

15. August

habt Dank etc.: »Recht so! Habt Dank! – Ein wenig Rast. Nach wilder Schmerzensnacht –«, Amfortas in »Parsifal« I, Takt 259ff.

16. August
Unzelmann: berühmte Schauspielerfamilie im 18. und 19. Jh. – *Gerlach:* im Bereich des Theaters mehrere Gerlachs, direkte Beziehung zu RW hatte nur Dr. Friedrich Ernst G. in Leipzig, Gla. Bd. I, S. 37.
17. August
»so flatterten die Locken«: »so flatterten lachend die Locken«, Parsifal im II. Akt, Takt 1109.
19. August
Trauungs-Angelegenheit: Ziviltrauung am 25. Aug. in Wahnfried, kirchliche Trauung am 26. Aug. 1882 in der katholischen Schloßkirche; es geht im folgenden vor allem um die Anerkennung der Ehe in Italien. – *Kontrakt mit Venedig:* Mietvertrag des Palazzo Vendramin.
21. August
»Seherin des Orients«: »Die Seherin des Morgens«, Schauspiel von Calderón.
24. August
an den König: aufgegeben 25. Aug.: »Verschmähtest Du des Grales Labe, / Sie war mein Alles dir zur Gabe, / Sei nun der Arme nicht verachtet, / Der dir nur gönnen, nicht mehr geben kann. / Richard Wagner.« Vgl. KBr. Bd. 3, S. 246. – *kleinen Vers für Boni:* »Der Glaube lebt, / Die Taube schwebt, / Die Haube, Schwesterlein, / Sei dir beschert.«
25. August
Fürsten Castelcicala: Don Fabricio Ruffo, Fürst von C. (1755–1832), neapolitan. Diplomat, Gesandter des Königreichs beider Sizilien in England und Frankreich.
26. August
Pr. Bernays: Michael B. (1834–1897), dt. Literaturhistoriker, 1873–90 Prof. in München.
27. August
Anwesenheit des deutschen Kronprinzen: darüber berichtet das Bayreuther Tagblatt vom 28. Aug. 1882: »Gestern Nachm. 3 Uhr 35 tafen S. K. K. Hoheit der Kronprinz des Deutschen Reiches und von Preußen mit dem fahrplanmäßigen Zuge von Bamberg kommend, in Begleitung des Oberhofmarschalls S. Maj. des Königs von Bayern, Frh. von Malsen, und 4 Kavalieren und Adjutanten hier ein. Eine zahlreiche Menschenmenge erwartete ihn am Bahnhofe und längs des Weges zum Festspielhause. Am Bahnhof waren die Herren Reg.-Präs. von Burchtorff, Bankier Friedrich Feustel, Bahn- und Postinspektor Düring, Rechtsrat Mengert zur Begrüßung des hohen Gastes erschienen. Als S. K. Hoheit den Wagen verließ, brachen die Versammelten in stürmische Hochrufe aus, die sich auf dem Wege zum Theater wiederholten. Er fuhr sofort zum Festspielhaus wo ihn die Verwaltungsräte Muncker, Groß und Heckel begrüßten. Er begrüßte darauf die Gräfin von Schleinitz, bot ihr den Arm und besichtigte die Umgebung des Wagnertheaters von der Terrasse und dem Balkon der Königsloge aus, von der reizenden Gegend sichtlich überrascht und erfreut. Punkt 4 Uhr erschien S. K. Hoheit mit der Herzogin Marie Elisabeth von Meiningen in der Königsloge, worauf alsbald die Vorstellung ihren Anfang nahm.«
28. August
Großherzog von Weimar: Karl Alexander von Sachsen-Weimar-Eisenach (1818–1901), regierte seit 1853. – *Prinzessin von Meiningen:* Prinzessin Maria Elisabeth (1853–1923), aus der ersten Ehe des Herzogs Georg II. von Sachsen-Meiningen mit Charlotte Prinzessin von Preußen (1831–1855).

29. August

im dritten Akt: beginnend mit dem 23. Takt der Verwandlungsmusik des III. Akts dirigiert RW, Hermann Levi steht neben ihm und berichtet zwei Tage später seinem Vater: »Am Schlusse des Werkes brach im Publikum ein Jubel los, der jeder Beschreibung spottet. Aber der Meister zeigte sich nicht, blieb immer unter uns Musikanten sitzen, machte schlechte Witze, und als nach 10 Minuten der Lärm im Publikum noch immer nicht aufhören wollte, schrie ich aus Leibeskräften: Ruhe! Ruhe! Das wurde oben gehört, man beruhigte sich wirklich, und nun fing der Meister (immer vom Pulte aus) an, zu reden, erst zu mir und dem Orchester, dann wurde der Vorhang aufgezogen, und das ganze Sänger- und technische Personal war oben versammelt, der Meister sprach mit einer Herzlichkeit, daß alles zu weinen anfing – es war ein unvergeßlicher Moment!« Vgl. Levi-Briefe. – *nach der Gal.-Probe von T. und I.:* »Tristan und Isolde«, Generalprobe 11. Mai 1865 in München. – »*Sterben, einzige Gnade*«: »Sterben... Einz'ge Gnade!« in »Parsifal« III, Takt 977ff.

30. August

Frl. Galfy: Hermine Godeffroy gen. Galfy (1848–1933), Sängerin aus Wien, sang 1882 den 1. Knappen und Soloblume, ihre Hauptpartien waren Senta und Sieglinde. – *G^{f}. Wolkenstein:* Anton Karl Simon Graf W.-Trostburg (1832–1913), österreich. Diplomat, 1882 Botschafter in St. Petersburg, heiratete 1886 die verwitwete Gräfin Marie von Schleinitz geb. von Buch.

2. September

im historischen Kränzchen: historisch-politisches Kränzchen oder »Donnerstagsclub«, seit 1861 in Bayreuth, bestehend aus Gymnasialprofessoren und Honoratioren; RW nahm seit 1872 oft daran teil, vgl. Bd. I.

3. September

Dr. Dorda (Erzieher für Fidi): aus Böhmen, derselbe wie am 3. Aug. 1882. – *Amen der Dresdner Messe:* das sog. liturgische Dresdner Amen, das RW vom Kreuzchor in Dresden her kannte und in den »Parsifal«-Chören musikalisch verarbeitet hat, erstmals verwendet als Erlösungsmotiv »Salve regina coeli! Salve!« der Nonnen hinter der Szene in »Das Liebesverbot«, 1835. – *Kmeister Naumann:* Johann Gottlieb N. (1741–1801), dt. Musiker, Kapellmeister in Dresden, komponierte zahlreiche Opern, Oratorien und Kirchenmusikwerke.

4. September

von Ziegler: Friedrich von Z., Kabinettssekretär Ludwigs II. – *R.'s Dank-Anzeige ist in den Zeitungen:* im Bayreuther Tagblatt erst am 5. Sept. 1882: »Denjenigen meiner freundlichen Mitbürger, sowie den jungen Männern und artigen Töchtern, welche durch ebenso willige als würdevoll geschickte Mitwirkung zu dem Gelingen einer edlen Ausführung der szenischen Aktionen in den Vorstellungen des Parsifal so höchst erfreulich beitrugen, sage ich, wie dies bereits persönlich immer gern geschah, hiermit auch vor aller Öffentlichkeit meinen herzlichen Dank. Wir sind durch solche geglückte Mitwirkung auf die Pfade einer schönen Anteilnehmung der Bayreuther Bürgerschaft auch an dem der Welt vorzuführenden Kunstwerke selbst geraten, deren förderliche Bedeutung in Erwägung ziehen zu dürfen mir als ein nicht wertloser Erfolg der erlebten Festspiele erscheint. 3. September 1882. Richard Wagner.« – *während Shakespeare noch die Hexe in ihr wiedergab:* La Pucelle in »Heinrich VI.« – *Conto der Spiele:* dem Tagebuch beigelegt sind ein Brief von Friedrich Feustel, Bankgeschäft, und eine handschriftliche Aufstellung Feustels über Einnahmen und Ausgaben; danach betragen die Einnahmen aus dem

Kartenverkauf M 244 805, das Patronat-Vereins-Vermögen M 141 220,66 und der Erlös des verkauften Nibelungen-Inventars M 52 000, zusammen M 438 025,66. Dem stehen gegenüber an Ausgaben: M 44 000 für Dekorationen und Skizzen, M 80 000 für Sänger und Orchester, M 13 000 maschinelle Einrichtung Carl Brandt, M 40 000 Fritz Brandt, M 32 000 für Königsbau und bauliche Reparaturen, M 6000 für musikalische Kanzlei Humperdinck, Hausburg, Jäger, M 12 000 für Insertionen, M 12 000 für Bayreuther Blätter 1881 einschließlich Honorar Wolzogen, M 7000 für Feuerversicherung, M 15 000 für Gas, M 27 000 für Kostüme, M 6000 diverse (und 885,88 nicht aufgeführt), zusammen M 294 885,88. Ergibt einen Überschuß von M 143 139,78.

5. September

an den König: datiert 8. Sept., ausführlicher Festspielbericht, KBr. Bd. 3, S. 246–49. – *an die Goethe-Philister:* »Die Goethe-Pedanten«, Sonett 1845.

6. September

Sulzer über Parsifal: Dr. Jakob S., Winterthur, Freund Wagners aus der Zürcher Zeit nach 1849, schrieb »Das Bühnenweihfestspiel in Bayreuth«, in »Der Bund«, Bern, 5. Sept. 1882.

8. September

Dr. Meyer: Gustav M., kgl. Advokat und Rechtsanwalt in Bayreuth.

9. September

»Bravo«: »The Bravo«, Roman 1831, von James Fenimore Cooper (1789–1851), amerikan. Erzähler.

11. September

»Fuenteovejuna«: Drama von Lope de Vega.

12. September

H. Zeisel: Jakob Z., Bader und Chirurg in Bayreuth. – *Schack:* August Friedrich Graf von Sch. (1815–1894), schrieb eine »Geschichte der dramatischen Literatur und Kunst in Spanien«, Hrsg. und Übersetzer Lope de Vegas, übersetzte aus den oriental. Literaturen und gründete mit seinen Sammlungen eine Gemälde-Galerie in München. – *An Freund Wolz. schickt er sein Ultimatum:* BBl. Sept./Okt. 1882, S. 1, »im Auftrage Richard Wagner's« veröffentlicht, darin werden die bisherigen Patronatsmitglieder aufgefordert, die BBl. für jährlich 20 Mark zu abonnieren, wodurch sie das Anrecht auf einen Platz bei den Festspielen erwerben, und die Stipendien-Stiftung zu unterstützen.

13. September

Teil von Max' Arie: »Durch die Wälder, durch die Auen«, in »Der Freischütz« I, 4. Auftritt.

15. September

Abellino, der große Bandit: Titel des populären Romans (anonym 1793) von Heinrich Zschokke (1771–1848), Schweizer Schriftsteller; als Trauerspiel »Abellino, der Bandit von Venedig« 1795, zahlreiche Übersetzungen und Bearbeitungen der Vorlage.

16. September

»Les doux accents de l'Italie«: Die sanften Akzente Italiens. – *»Dich teure Halle, grüß ich wieder«:* Elisabeth in »Tannhäuser« II. – *Naturforscher Wallace:* Alfred Russel W. (1823–1913), engl. Zoologe und Weltreisender, teilte die Erde in tiergeographische Regionen ein und regte 1858 durch seine Zuchtwahl-Theorie Darwin zur Veröffentlichung seiner Forschungen an. – *»Land und Meer«:* »Über Land und Meer«, illustrierte Wochenschrift, 1858 in Stuttgart von E. Hallberger und F.

W. Hackländer gegründet, seit 1881 im Besitz der Deutschen Verlagsanstalt. – *Niaiserie:* Albernheit.

17. September

»Balzac chez lui«: Paris 1862, von Léon Gozlan (1803–1866), französ. Romancier und Dramatiker, schrieb auch »Balzac en pantoufles«, Paris 1859. – *die Erwähnung von Montfaucon:* Es handelt sich um einen berühmten Galgen. – *Staegemann:* Max St. (1843–1905), dt. Sänger, seit 1863 am Hoftheater in Hannover, ab 1882 Direktor des Leipziger Stadttheaters.

18. September

Buche über Buddha: »Buddha, sein Leben, seine Lehre, seine Gemeinde«, Berlin 1881, von Hermann Oldenberg (1854–1920), dt. Indologe, 1878 Dozent in Berlin, veröffentlichte Übersetzungen altind. Texte sowie wissenschaftl. und allgemeinverständliche Schriften.

19./20. September

Telegramm Glasenapp's: Riga, 15. Sept. 1882: »Alle Zweifel an meiner Befähigung sind durch das in mich gesetzte Vertrauen beseitigt, wir können uns in wenig Wochen frei machen und [er]warten nur genauer[e] Bestimmungen, unsere Empfindungen dabei wortlos. Glasenapp.«

25. September

Prinzen Biron: Calixt B. Prinz von Curland (1817–1882).

27. September

Palma Vecchio: P. il V. (1480–1528), italien. Renaissancemaler. – *ein gräßlichstes Ereignis:* Dazu schrieb Cosima am 28. Sept. an Groß: »Wir sind hier unter einem schrecklichsten Eindruck; unter den Augen der Kinder, von einem Bademeister geführt, von der ganzen Familie bewacht, ist gestern ein 19jähriges Mädchen, Tochter eines Grafen Platen, seit acht Tagen Braut eines Grafen Wolewsky im Lido ertrunken! Die entsetzlichste Nachlässigkeit und Feigheit ist an dem Unglück schuld, welches eine Anzahl Menschen dem Wahnsinn nahe bringt! Der Bademeister hat es wirklich über das Herz gebracht ohne dem ihm dringend anvertrauten Wesen heimzukehren, und keine Barke war bereit um zu suchen, nichts.« – *Flattusen:* Schmeicheleien.

28. September

er schreibt in der Frühe an Wolz.: RW erläutert das »Ultimatum« und wendet sich gegen »Vereinswirtschaft« und »Genossenschaft«: »Also – ein nach meinem Tode eintretendes, vielleicht schon bei meinen letzten Lebzeiten mich leitendes Comité – will ich nicht! Und somit weder Verein noch...« Unvollständig abgedruckt in »Richard Wagner an seine Künstler«, Berlin und Leipzig 1908. – *Fénelon:* François de Salignac de la Mothe F. (1651–1715), französ. Theologe und Schriftsteller, religiös-literarische Schriften mit gemütsbetonter Frömmigkeit, Verteidiger des Quietismus. – *»mangez un veau le vendredi...«:* essen Sie ein ganzes Kalb am Freitag, Monseigneur, aber seien Sie ein Christ. – *»Phantasus«:* 3 Bde., Berlin 1812–16, von Ludwig Tieck (1773–1853), Dichter der dt. Frühromantik. – *»Liebe, Ehre, Macht«:* von Calderón. – *Bruder Albert:* s. Anm. zu 7. Sept. 1880.

29. September

Wolkoff: wahrscheinlich Wassilij Alexejewitsch W. (geb. 1842), russ. Bildnismaler. – *Joseph Schroeder:* offenbar ein Wagnerianer, »Begründer des Idealismus« ein Scherz.

30. September

Riemer: Friedrich Wilhelm R. (1774–1845), dt. Philologe und Literaturhistoriker,

Berater Goethes und Mitherausgeber der Ausgabe letzter Hand. – *Falk:* Johannes Daniel F. (1768–1826), dt. Schriftsteller und Philanthrop, schrieb u. a. das Weihnachtslied »O du fröhliche« und Goethe-Erinnerungen 1832. – *Kunst-Meyer:* Hans Heinrich M. (1760–1832), Kunstgelehrter, schloß in Italien Freundschaft mit Goethe, 1792 nach Weimar berufen, Berater Goethes. – *im Strand:* im alten Londoner Strand Theatre spielten 1832–1905 sehr verschiedene Ensembles, zeitweilig auch geschlossen. – *»Les deux frères Corses«:* nicht ermittelt. – *Bild von Bellini:* berühmte »Thronende Madonna und Heilige« von Giovanni B. – *Heinse:* Johann Jakob Wilhelm H. (1749–1803), dt. Schriftsteller, Roman »Ardinghello und die glückseeligen Inseln« 1787, Künstlerroman des Sturm und Drang, RW las das Buch erstmals mit Laube und Apel 1834, s. ML S. 88ff.

1. OKTOBER

Köppen: »Die Religion des Buddha und ihre Entstehung«, 2 Bde., Berlin 1857–59, von Fr. Köppen; vgl. auch Bd. I ab S. 754.

3. OKTOBER

Aufsatz von Gob. mit seiner Einführung: BBl. Mai/Juni 1881. – *Atman:* Weltseele in der indischen Philosophie; Cosima schreibt »Atma«, was eine Verwechslung mit dem schwarzen Pudel Schopenhauers, der so hieß, nahelegt.

4. OKTOBER

nicht so: irrtümlich auch »nicht doch«; Gurnemanz zu Kundry in »Parsifal« III, Takt 459. – *Fr. v. Uexküll:* wahrscheinlich die Schauspielerin Ida Aalborg-Uexküll, nach Br. an Daniela zeitweise in Berlin tätig, ab 1896 auch in Meiningen.

7. OKTOBER

er liest Wolz.'s Aufsatz: s. Anm. zu Dr. Wahrmund ... Dr. Ebers am 8. Okt. – *Irrtum der 9 Bände:* von Gobineau waren bis dahin 10 Werke (in 14 Bänden) erschienen. – *vom Phonographen:* Thomas Alva Edison (1847–1931), amerikan. Ingenieur, erfand 1877 den Phonographen. – *Lassalle's ... in Starnberg:* Ferdinand L. besuchte RW in Haus Pellet, Kempfenhausen am Starnberger See, im Aug. 1864 unmittelbar vor seinem Duell in Genf am 28. Aug., an dessen Folgen er drei Tage später starb; die einzige Notiz darüber in den Annalen 1864: »Lassalle«, s. ML S. 760. – *Frl. v. Dönniges:* Helene von D., s. Anm. zu 5. Mai 1879; bisher war unbekannt, daß sie Lassalle auf dieser letzten Reise und zu RW begleitete; das von Cosima gebrauchte »dargestellt« muß aber nicht »vorgestellt« bedeuten.

8. OKTOBER

Frl. Belce: Luise Reuss-B. (1862–1945), sang 1882 eine Soloblume, bis 1933 bei den Bayreuther Festspielen, auch in der musikal. Einstudierung tätig. – *Dr. Wahrmund ... Dr. Ebers:* Das Buch von Prof. Adolf Wahrmund, »Babyloniertum, Judentum und Christentum«, und der Aufsatz von Prof. Georg Moritz Ebers, »Ursprung und Entwicklung der altägyptischen Religion«, gedruckt in »Die Gegenwart«, 1882, Nr. 1, wurden von Hans von Wolzogen in seinem Aufsatz »Die Ungleichheit der menschlichen Racen. Nach des Grafen Gobineau Hauptwerke«, ausführlich zitiert, vgl. BBl. Sept./Okt. 1882; Adolf Wahrmund (1827–1913) war Orientalist und Lehrer für Arabisch an der Orientalischen Akademie Wien; Georg Moritz Ebers (1837–1898) war Ägyptologe und Romanschriftsteller, Prof. in Jena und Leipzig, lebte zuletzt in München. – *Madonna von Bellini:* in der Sakristei von S. Maria Gloriosa dei Frari, »Madonna mit Kind und Heilige«. – *Beecher-Stowe:* Harriet B.-St. (1811–1896), amerikan. Erzählerin, verfaßte den gegen die Sklaverei gerichteten Roman »Onkel Toms Hütte«, 1852. – *Dr. Herrig:* Hans H.

(1845–1892), dt. Schriftsteller, seit 1881 Redakteur des hier gemeinten »Deutschen Tageblatts« Berlin.

10. Oktober

der 10te: am 10. Okt. 1853 dinierte RW bei Liszt in Paris und sah Cosima zum ersten Mal. – *Glasenapp'schen Chronik:* Gla. Bd. 6, S. 711, berichtet von einer untauglichen »Chronik der Festspieltage« eines Mitarbeiters der BBl. – *»Qui de son âge n'a pas l'esprit...«:* Wer sich nicht seinem Alter entsprechend zu betragen weiß, den trifft alles Mißgeschick seines Alters; RW zitiert (wie auch am 14. Okt.) ungenau zwei Verse von Voltaire: »Qui n'a pas l'esprit de son âge / De son âge a tout le malheur.« – *v. Glümer:* ehemaliger preuß. Leutnant, Gefangener im Zuchthaus Waldheim, erwähnt in August Röckels »Sachsens Erhebung und das Zuchthaus zu Waldheim«, s. Anm. zu 9. Dez. 1880. – *ein Herr Hampel:* unbekannt.

11. Oktober

Maria Ägypterin: die »Maria Aegyptiaca« von Tintoretto in der Scuola di S. Rocco, Venedig. – *drei Göttern Lituaniens:* Die litauische Mythologie enthält dem Griechischen verwandte Züge, Dreiheit: Hauptgott Dievas, die Erdmutter Zemýna und die Schicksalsgöttin Laima; RW hat aber vermutlich bei dieser Gelegenheit von einer eigenen Komposition gesprochen: auf den freigebliebenen Seiten der Kompositionsskizze seiner Ouvertüre »Rule Britannia« fand sich eine musikalische Schauspiel-Einlage mit Opfergesängen, die drei altpreußisch-litauischen Gottheiten dargebracht werden: Pikullos, Perkunos und Potrimpos, erstmals fragmentarisch gedruckt bei Glas. I, S. 275f. – *Ch. Hagn:* Charlotte von H. (1809–1891), dt. Schauspielerin, viel auf Gastspielreisen.

12. Oktober

»Wie sie fassen, wie sie lassen...«: Tristan und Isolde im II. Akt. – *»Du bist der Lenz«:* Sieglinde in »Walküre« I, 3. Szene. – *»Ich wünsche Katharina von Bora«:* Gemeint ist der feuchte griechische Wind, die Bora, die in Venedig von Nordosten, von der Meerseite, kommt; RW leitet scherzhaft ab von der Nonne K. v. B., Luthers Ehefrau.

13. Oktober

Torquemada: Juan de T. (1388–1468), span. Kardinal, Theologe und Verteidiger der päpstlichen Allgewalt. – *Zanipólo:* im venezianischen Dialekt für SS. Giovanni e Paolo. – *Colleoni:* Denkmal des italien. Söldnerführers Bartolomeo Colleoni (1400–1475) von A. Verrocchio (1481–1488). – *Landsknecht:* Glücksspiel mit Karten.

14. Oktober

Duett zwischen Valentine und Marcel: im III. Akt der »Hugenotten« von Meyerbeer. – *neuesten Buches von Jules Verne:* in Frankreich erschien 1882 »Les forceurs de blocus«, »Die Blockadebrecher«. – *Dr. Thode:* Henry Th. (1857–1920), dt. Kunsthistoriker, Prof. in Heidelberg, bis 1891 Direktor des Städelschen Kunstinstituts in Frankfurt am Main; heiratete 1886 Daniela von Bülow, Cosimas älteste Tochter; die Ehe wurde 1914 geschieden. – *in meinem Notizbüchel:* einige Notizbücher, in Kleinoktav, befinden sich im Richard-Wagner-Museum, Haus Wahnfried; sie enthalten Stichworte, Gedächtnishilfen und im letzten Büchlein zwei Zeichnungen RWs im Profil und en face von Paul von Joukowsky, gezeichnet am Vorabend von RWs Tod, 12. Febr. 1883. – *Witz mit den Hugenotten:* der Witz ist nicht überliefert, Gla. Bd. 6, S. 707, berichtet jedoch von großer Heiterkeit, als RW von der Orgie, dem Bacchanal oder Nonplusultra an Fröhlichkeit im I. Akt der »Hugenotten« von Meyerbeer sprach.

15. OKTOBER
Abschied von... Stein: Heinrich von St. verließ RW, um sich in Halle an der Saale zu habilitieren. – »*An Euch*«: ursprünglicher Titel für den Rückblick auf 1882, s. Anm. zu 22. Okt. 1882.

16. OKTOBER
e moll Sonate: op. 90, von Beethoven.

18. OKTOBER
»*Väter und Söhne*«: Schauspiel 1882, von Ernst von Wildenbruch (1845–1909), dt. epigonaler Dramatiker des wilhelminischen Zeitalters, als Erzähler Realist. – *Sammlung Hitopadesa:* »Die heilsame Unterweisung«, das wichtigste, vom Pantchatantra abgeleitete didaktische Erzählwerk der Sanskritliteratur, zwischen 10. u. 14. Jh., Verfasser Narayana; hrsg. dt. von A. W. von Schlegel und C. Lassen, 2 Bde., Bonn 1829–32.

19. OKTOBER
Geschichte von Venedig: »Histoire de la république de Venise« von Pierre Antoine Bruno Graf Daru (1767–1829), französischer Schriftsteller und Staatsmann.

20. OKTOBER
im »*Grafen von Paris*«: »Count Robert of Paris«, Roman 1832, von Walter Scott. – *Vareger:* in Walter Scotts Roman »The Pirate«.

21. OKTOBER
S. Rocco: in der Scuola S. Rocco Gemälde von Sebastiano Ricci (1659–1734) und Tintoretto.

22. OKTOBER
beginnt R. seinen Aufsatz für die Blätter: »Das Bühnenweihfestspiel in Bayreuth 1882«, s. Anm. zu 4. Nov. – *Carpaccio:* Vittore C. (1457–1526), italien. Maler, Andachtsbilder in venezian. Umwelt, 9 Bilder der Ursula-Legende in einem eigenen Saal der Accademia.

23. OKTOBER
A. Meißner: Dr. Alfred M. (1822–1885), Mediziner und Schriftsteller aus Böhmen, lebte in Leipzig, Prag und mit Heine befreundet in Paris, seit 1869 in Bregenz, er schrieb Gedichte, Dramen, Romane und Erzählungen.

24. OKTOBER
Bacino: B. di San Marco, Becken am Anlegeplatz. – *nichtzahlenden Voltz und Batz:* die Theateragenten hatten den Vertrieb für RWs Werke außer für den »Ring« und »Parsifal«; der Vertrag sah eine Mitsprache RWs bei »Tristan« vor, die V. und B. nicht beachteten; darüber kam es zum neuerlichen Streit, die Agenten verweigerten die Abrechnung.

25. OKTOBER
Freund... gestorben ist: Gobineau starb am 13. Okt. 1882 in Turin, s. Anm. zu »Sectionsbefund« am 5. Nov. 1882. – *Messe von Palest.:* »Missa Papae Marcelli« nach Papst Marcellus II. (1555) von Giovanni Pierluigi da Palestrina.

26. OKTOBER
ich über G.: gemeint ist der von Cosima geschriebene, mit »Wahnfried« unterzeichnete Nachruf: »Graf Arthur Gobineau. Ein Erinnerungsbild aus Wahnfried«, in BBl. Nov./Dez. 1882, vgl. auch die Erwähnungen an mehreren Tagen zwischen 5. und 19. Nov. – »*Die fröhliche Wissenschaft*«: von Nietzsche, am 30. Aug. 1882 im Verlag E. Schmeitzner, Chemnitz, erschienen; daran schließt sich die Entstehung von »Also sprach Zarathustra« an.

27. OKTOBER
Pharao: oder auch Faro, Glücksspiel.
29. OKTOBER
Ada Pinelli: Ada P. (-Rizzutto) geb. von Treskow, Ps. Günther von Freiberg (1840–nach 1916), Tochter eines preuß. Offiziers, ging 1865 nach Italien und lebte meist in Florenz, 1866–81 mit J. Pinelli, einem Beamten des italien. Justizministeriums, verheiratet; danach in Venedig als Hausdame der Fürstin Hatzfeldt, ab 1886 in Wien, zuletzt in Berlin; schrieb Novellen und Romane. – *N. Lengbach:* Neulengbach bei Wien. – *Graf Sándor:* aus ungar. Adel, seit Wien 1861 mit RW bekannt; die Fürstin Metternich war eine geb. Sándor.
31. OKTOBER
»Kleinen Buches von Bismarck«: mit großer Wahrscheinlichkeit von dem Publizisten Dr. Moritz Busch, s. Anm. zu 9. Nov. 1878. – *die Meldung von T.'s Tod:* Tybalts Tod, »Romeo und Julia« III, 2 Szene, Julia-Wärterin.
3. NOVEMBER
»Giani Lupo«: nicht ermittelt, auch Gla. Bd. 6, S. 710, nennt nur diesen Titel.
4. NOVEMBER
R. beendigt seine Arbeit: »Das Bühnenweihfestspiel in Bayreuth 1882«, darin über die Schwierigkeiten mit der Wandeldekoration, außerdem heißt es: »Wer kann ein Leben lang mit offenen Sinnen und freiem Herzen in diese Welt des durch Lug, Trug und Heuchelei organisierten und legalisierten Mordes und Raubes blicken, ohne zu Zeiten mit schaudervollem Ekel sich von ihr abwenden zu müssen? Wohin trifft dann sein Blick? Gar oft wohl in die Tiefe des Todes.« Auch der »Parsifal« verdanke seine Entstehung der Flucht vor der Welt. Vgl. BBl. Nov./Dez. 1882 und Ges. Schr. Bd. 10. – *S. Giovanni Crisostomo:* letztes Werk Bellinis, »Der h. Hieronymus und Heilige«; Sebastiano del Piombo (1485–1547) schuf das Altarbild in S. Giovanni Crisostomo: »Der h. Johannes Crisostomus mit Heiligen«.
5. NOVEMBER
Sectionsbefund: handschriftlich beigelegt: »Geringgradiger blutig-seröser Erguß in die Bauchhöhle. Hochgradiger Magen-Darmcatarrh. Verfettung (hochgradig) und Vergrößerung der Leber, Lungenhyperämie. Herzklappenfehler. Wahrscheinliche Todesursache: Herzschlag.« – *Nachruf:* Cosima über Gobineau. – *Freund Pohl, der »Jesus von Nazareth« erwartet:* Richard P. hatte im »Musikalischen Wochenblatt« 1882, S. 532ff., seine »Bayreuther Briefe« mit der Hoffnung beschlossen: »Ob Richard Wagner uns noch ein Werk schenken werde – wir wissen es nicht, wir hoffen es aber! Es könnte nur noch einen Stoff behandeln, der über allen erhaben ist... ›nämlich den menschlichen Jesus von Nazareth‹.« Möglicherweise wußte Pohl auch von dem (sozialrevolutionär beeinflußten) dichterischen Entwurf »Jesus von Nazareth« aus dem Jahr 1848; Erstveröffentlichung 1888, Ges. Schr. Bd. 11. – *Für und Wider:* Entgegnung Wolzogens im »Musikalischen Wochenblatt« 1882, S. 518ff., auf eine von Wilhelm Tappert publizierte »Blumenlese aus den Berichten über die Aufführungen des Bühnenweihfestspieles Parsifal«.
6. NOVEMBER
Brief Schop.'s: Berliner Nachdruck eines in der »Frankfurter Zeitung« veröffentlichten Briefes von Arthur Schopenhauer an den Kapellmeister des Frankfurter Stadttheaters vom 5. Nov. 1844; darin beschwert sich Sch. über störende Geräusche in den Logen, Lärm beim Schließen usw. – *Kirche und Bild:* in Santa Maria Formosa Triptychon von Bartholommeo Vivarini da Murano (1432–um 1491) und

Polyptychon des Palma il Vecchio, »Die h. Barbara und Heilige«. – *Paten:* Kaufmann Adolf Träger in Leipzig. – *Richard Geyer:* RW hieß bis zum 14. Lebensjahr nach seinem Stiefvater Geyer.

7. November

Schlacht bei Roßbach: Bei Roßbach, Kreis Merseburg, siegte Friedrich der Große am 5. Nov. 1757 über die Franzosen und die Reichsarmee. – *Aufsatz von Stein:* Besprechung von Renan, »Marc Aurèle«, in BBl. Sept./Okt. 1882, S. 311. – *Ibach:* Rudolf I., Pianoforte-Fabrikant in Barmen, auch Vertreter des Patronatvereins Barmen; der Ibach-Flügel steht im Richard-Wagner-Museum Haus Wahnfried. – *»Der Jüngling von Elvershöh«:* Ballade von Karl Loewe (1796–1869) nach »Elvershöh«, aus dem Dänischen von Johann Gottfried Herder.

9. November

»die Hexe«: die Fürstin Carolyne von Sayn-Wittgenstein. – *Cima:* Giovanni Battista, gen. Cima da Conegliano (um 1459–1517/18), italien. Maler; in Madonna dell'Orto »Johannes der Täufer und Heilige«. – *Edgar Poe:* Edgar Allan P. (1809–1849), amerikan. Dichter in der Nachfolge der Romantik, Erzähler des Phantastischen und Vorläufer der Moderne. – *»Lenore« von Holtei:* Karl von H., s. Anm. zu 16. Jan. 1879, schrieb das Singspiel »Lenore« 1829. – *die Venezianischen Epigramme:* »Epigramme«, Venedig 1790, von Goethe. – *Properz:* Sextus Propertius (um 50–nach 16 v.Chr.), Klassiker der röm. Elegiendichtung, Einfluß auf die abendländischen Humanisten, Klassiker und Neulateiner. – *Catull:* Gaius Valerius Catullus (um 85–um 54 v.Chr.), röm. Dichter, nahm sich die griech. Dichtung der hellenistischen Zeit zum Vorbild, Liebesgedichte auf Lesbia. – *Tibull:* Albius Tibullus (gest. 19 v. Chr.), latein. Dichter, Liebe und Landleben besingend.

10. November

Morosini: venezian. Adelsgeschlecht (12.–17. Jh.), Dogen, Gesandte, Humanisten; Francesco M. (1618–1694), Doge und Generalkapitän gegen die Türken; bei der Insel San Clemente handelt es sich um eine kleine Insel zwischen der Giudecca und dem Lido, deren Kirche aus dem 17. Jh. an der Fassade ein Denkmal für Francesco und Tommaso M. von Andrea Cominelli, Architekt und Bildhauer um 1700, aufweist; im Innern der Kirche befindet sich ein Grabmal des Giorgio und des Pietro M. von Le Court (dat. 1677/78).

11. November

Die Geschichte der Perser: »Histoire des Perses«, 2 Bde. 1869, von Gobineau. – *Mahdi:* Mohammed Ahmed (1844–1885), Führer der Aufständischen im ägyptischen Sudan, gab sich für den vom Propheten verheißenen Mahdi (Erlöser) aus, erhob sich mit Anhängern des Derwischordens der Samarija und errang 1881–83 durch mehrere Siege die Herrschaft über Kordofan, 1884 vom engl. Gouverneur in Khartum anerkannt.

12. November

Antwort von Falstaff dem Chorsinger: nach der Schlegel-Tieckschen Übersetzung von Falstaffs Worten gegenüber dem Oberrichter in Shakespeares »Heinrich IV.«, 2. Teil, I, 2, »For my voice – I have lost it with hallooing, and singing of anthems«: Was meine Stimme betrifft, die habe ich mit lautem Chorsingen verdorben. – *überhaupt keine historische Figur:* mit Ausnahme von Hans Sachs, den RW sehr wohl sprechen ließ.

13. November

Telegramm: aus Wien vom 13. Nov.: »Gestern in meinem Konzerte Vorspiel Parsifal aufgeführt, stürmische Aufnahme, glänzenden Erfolg, da capo exekutieren müssen. Wärmste Gratulation Eduard Strauß.« Eduard St. (1835–1916), österreich. Komponist und Kapellmeister, Bruder von Johann St. dem Jüngeren, übernahm 1870 die Straußsche Kapelle. – *cauchemars:* Alpdrücken. – »*Königin von Saba*«*:* Oper 1875, von Karl Goldmark. – »*Makkabäer*«*:* »Die Makkabäer«, Oper 1875, von Anton Rubinstein. – »*Lucia*«*:* »Lucia di Lammermoor«, Oper 1835, von Gaetano Donizetti. – *Wahnfried (Fuenteovejuna):* Ort in der gleichnamigen span. Dichtung; in diesem Zusammenhang könnte er RWs Sehnsucht ausdrücken, Wahnfried nach Spanien zu verlegen, auszuwandern.

14. November

Quadrat-Melodie: Bezeichnung RWs für einen periodisch gebauten Tonsatz, vor allem der Wiener Klassik; RW nennt es auch die Quadratur der Tonsatzkonstruktion.

15. November

Aufsatz von H. Schäffer: über die Aufführungen von Angelo Neumann im Viktoria-Theater, zu den Werken positiv, kritisch gegenüber Neumanns Unternehmen und den Sängern Vogl, unterzeichnet Carl Schäffer; richtig Carl Schäfer, im Vorstand des Berliner Patronatvereins. – *Fr. R. Kindermann:* Hedwig Reicher.-K. (1853–1883), Tochter von August K., dt. Sängerin, in München, Karlsruhe, Hamburg, Leipzig, Berlin; sang bei Neumanns Tournee Fricka und Brünnhilde, starb während dieser Tournee in Triest. – *Herzog von Bordeaux:* Graf von Chambord, Henri V. von Frankreich, sollte in Palazzo Vendramin einziehen; das beruht auf einem Irrtum, vielmehr handelte es sich um Grafen Bardi, Sohn und Erbe des verstorbenen Herzogs von Parma, durch seine Mutter, eine Tochter des Herzogs von Berry, Neffe Heinrichs von Frankreich. – »*Il y a beaucoup de mensonges*«*:* Es gibt viele Lügen. – *Reise zu Fuß:* Frühjahr 1827, Fußwanderung RWs mit dem Dresdner Jugendfreund Rudolf Böhme nach Prag, s. ML S. 24f.

16. November

an den König: datiert 18. Nov., vom »Wunsche, alle meine Werke [...] noch einmal mustergiltig der Welt vorzuführen«, und vom Tod Gobineaus handelnd, s. KBr. Bd. 3, S. 250–54. – *im Giustiniani:* RW bezog den Palazzo G. am Canal Grande am 30. Aug. 1858, s. ML S. 586f.; die Episode mit dem Commissionair ist in ML nicht erwähnt, daher mußte auch die unterschiedliche Schreibweise Zuski, Susky und Suski belassen werden. – *eine Postkarte:* »An den Meister Richard Wagner, zur Zeit in Venedig, 13. XI. 82. Am 100jähr. Geburtstage Esaias Tegnér's. Bitte, ERHABENER MEISTER, (es gilt eine Wette) zu sagen, ob DEINE Seele wol schon der Gedanke im Herzen berührt hat, Frithiof's und Ingeborg's Liebe im Musischen Drama zu singen, ob die Germanische Welt solch' herrliches Werk darf erhoffen. – Marianne, Tochter des Gymnasial-Oberlehrer Neide, Breslau, Matthiasstr. 14, II.« – *Frithjofs-Sage:* isländ. Sage von einem norweg. Helden, wahrscheinlich 14. Jh., enthalten in den Fornaldarsöger, Bd. 2, 1829. – *Tegnér:* Esaias T. (1782–1846), schwed. Dichter, schrieb die von RW als »verwässert« bezeichnete Fassung der »Frithiofs-Saga«, Gedicht 1825, dt. von Helvig 1826; T. ist der Klassiker der schwed. Literatur, wurde 1812 Prof. des Griechischen, 1824 Bischof von Växjö.

17. November

nach dem Häschen sehen: auf Grund der Lektüre von Oldenbergs »Buddha« und der darin vorkommenden Erzählung vom Häschen schenkte Cosima RW ein goldenes Uhrgehänge in Form eines Häschens, s. wiederholt später u. Anm. zu 28. Nov. 1882. – *gegen Ponsch:* Kosename für Blandine verh. Gravina; das Verhalten des Königs könnte hier nur im Hinblick auf Blandines Hochzeit getadelt sein.

18. NOVEMBER

Weißheimer, den die Tagesordnung aufstachelte: Wendelin W. (1838–1910), dt. Kapellmeister, Musiklehrer und Komponist, RW bekannt seit seiner Biebricher Zeit 1862 und als unaufgeführter Opernkomponist nicht gewogen, nahm u. a. Anstoß an den in RWs Musikdrama dargestellten Versammlungen der Meistersinger. – *Ludwig Sand:* Karl Ludwig S. (1795–1820), Mitglied der Jenaer Burschenschaft, ermordete am 23. März 1819 in Mannheim den Theaterdichter und Diplomaten August von Kotzebue (1761–1819) als vermeintlichen russ. Spion; der Mord war für die Gegner der dt. Sache Anlaß zu den sog. Demagogenverfolgungen. – *Bernh. v. W.:* Bernhard von Weimar (1604–1639), Feldherr des Dreißigjährigen Krieges unter Gustav Adolf; RW hatte erwogen, ein Drama über ihn zu schreiben. – *Tauentzien:* Friedrich Bogulaw von T. (1710–1791), preuß. General, Verteidiger der Festung Breslau 1760 und später deren Gouverneur. – *A. Wagner:* RWs Onkel Adolph W. – *das Zitat:* frei nach Hamlets Monolog, III. Akt, 1. Szene. – *Malcolm und Macduff:* Malcolm, Sohn des Königs von Schottland; Macduff, Edler in »Macbeth« von Shakespeare. – *»Il vaux mieux de méprendre que ne pas voir«:* Es ist besser, sich zu versehen, als gar nichts zu sehen.

19. NOVEMBER

bei Giovanelli: im Palazzo G. (15. Jh.) wertvolle Bilder, u. a. von Giorgione, Antonello da Messina und Bordone. – *»da traf mich sein Blick«:* Kundry in »Parsifal« II, Takt 1186ff. – *Dvořák:* Antonin D. (1841–1904), tschech. Komponist, mit Smetana Schöpfer der tschech. Kunstmusik, gefördert von Brahms und Bülow; Oper »Rusalka«, Symphonien und Kammermusik.

20. NOVEMBER

Köstlin: Heinrich Adolf K. (1846–1907), Theologe und Musikwissenschaftler, schrieb über die Ästhetik der Musik und den evangel. Kirchengesang; seine »Geschichte der Musik«, Tübingen 1875, in der Wahnfried-Bibliothek, hier: »Die religiösen Anschauungen Richard Wagners. Von Dr. H. A. Köstlin«, in »Beilage zur Allgemeinen Zeitung«, München 15., 16. u. 17. Nov. 1882.

23. NOVEMBER

er nimmt sich vor, an Dr. H.: der Offene Brief an Dr. Hans Herrig wurde nicht geschrieben. – *Corelli:* Arcangelo C. (1653–1713), italien. Komponist. – *Boccherini:* Luigi B. (1743–1805), italien. Komponist. – *»Liedes ohne Worte«:* wahrscheinlich op. 109 für Violoncello und Klavier; für Klavier schrieb Mendelssohn-Bartholdy eine größere Zahl von »Liedern ohne Worte«. – *»An die Entfernte«:* 1822/23, von Franz Schubert. – *»Ständchen«:* von Franz Schubert, hier wohl »Leise flehen meine Lieder«. – *»mit leichten Waffen bezwingt er die Welt«:* »Winterstürme wichen dem Wonnemond […] mit zarter Waffen Zier bezwingt er die Welt«, Siegmund in »Die Walküre« I, 3. Szene. – *Papous:* die Papuas, Eingeborene von Neuguinea.

25. NOVEMBER

überdenkt sein Vorwort: zu Steins Buch »Helden und Welt«, als »Brief an H. v. Stein« geschrieben und in BBl. 1883 S. 5ff. gedruckt; Ges. Schr. Bd. 10. – *»Leyer und Schwert«:* Theodor Körners patriotische Kriegs- und Freiheitslieder, nach seinem Tod erschienen und 1814 von C. M. v. Weber als Chorzyklus vertont. – *vieux paresseux:* alter Faulpelz. – *Ruben:* Franz Leo R. (1842–1920), dt. Maler, 1869–74 in Rom, später in Wien und Venedig ansässig, malte u. a. die Lohengrin-Bilder in Hohenschwangau.

26. November
Madonna dei Frari im Dogenpalast: wahrscheinlich irrt Cosima hier; bei dem Bild handelt es sich um Tizians »Madonna Pesaro« in der Kirche S. Maria Gloriosa dei F., auf diesem Altarbild steht hinter Petrus ein geharnischter Krieger mit dem Banner der Kirche. Nicht ausgeschlossen ist jedoch eine vorübergehende Verbringung des Bildes zu Ausstellungszwecken in den Dogenpalast, vgl. auch 31. Dez. 1882. – *Cyrus:* Kyros II. (gest. 529 v. Chr.), der Große, Gründer des alten Perserreiches, fiel im Kampf mit den Massageten im Iran.
27. November
»Da gedacht ich Brünnhilde dein«: Waltraute: »Da brach sich sein Blick, er gedachte, Brünnhilde, dein«, in »Götterdämmerung« I, 3. Szene.
28. November
der kleine Hase: Figur, vgl. 17. Nov. 1882 u. Anm., dazu Entwürfe eines Widmungsgedichts in zwei Fassungen, »Ein Häschen, welches Männchen macht«, Überschrift: »Das Glück als Schriftsteller. 28ten November.« – *Dr. Wille:* Dr. François W., Mariafeld bei Zürich, verh. mit der Schriftstellerin Eliza W. – *F dur Quartett:* op. 18, Nr. 1 oder 59, Nr. 1, da RW bei op. 135 gewiß nicht seine Abneigung »gegen das Scherzo« aussprechen würde.
29. November
den Vers mit Dr. Luther: endgültige Fassung »Das Häs'chen«: »Ich und der Doktor Luther, / trug Jeder ein Häs'chen klein! / Ihm beschmutzt' es das Ärmel-Futter, / Das meinige liess es rein, / wie mag das sein?« – *H. v. Holtzendorff:* Franz von H., s. Anm. zu 16. Mai 1878; in dem Streit mit Voltz und Batz sollte Adolf von Groß von ihm auf Grund eines ausführlichen Exposés ein Gutachten einholen. – *»Die Königin von Cypern«:* Oper 1841, von Halévy. – *Lamarck:* Jean Baptiste de Monet de L. (1744–1829), französ. Naturforscher, Abstammungslehre in »Histoire naturelle des animaux sans vertèbres«, 7 Bde. 1815–22.
30. November
Brief des Königs: datiert 26. Nov., erkundigt sich u. a. nach dem Sohn Siegfried, letzter Brief des Königs an RW, KBr. Bd. 3, S. 154f.
2. Dezember
Schauspieler Pauli: Ludwig Ferdinand P. (1793–1841), wirkte seit 1819 am Dresdner Hoftheater, Hauptrollen waren Jago, Falstaff, Mephisto. – *beginnt seine Arbeit:* »Brief an H. v. Stein«. – *»Hannibal«:* italien. Dramatisierungen des Stoffes von P. D. Colonia S. J., 1696, F. Trenta, 1766, und L. Scevola, 1805. – *»Weihn.-Baum«:* »Weihnachtsbaum«, 12 Stücke für Klavier, 1874–76, von Franz Liszt.
3. Dezember
Roman von Tolstoi: »Krieg und Frieden«, 1863/69, von Leo Tolstoi (1828–1910).
4. Dezember
Probe der »Geschwister«: Goethes Schauspiel wurde im Palazzo Malipiero bei der Fürstin Hatzfeldt als Liebhaberaufführung gespielt; u. a. wirkte Daniela mit. – *»Der Magister«:* gemeint ist Johann Sebastian Bach, der die Kompositionen des »Wohltemperierten Klaviers« als Lehrstücke verstand. – *Weber's A dur Sonate:* Klaviersonate in As-dur, op. 39, von C. M. v. Weber.
5. Dezember
»Hermann der Befreier«: Titel eines der von Siegfried Wagner verfaßten Theaterstücke.
6. Dezember
Flucht zu meinem Vater (49): aus Dresden nach Weimar zu Liszt, Abschied von

Minna in Magdala, von da nach Zürich. – »*Weibes [Wonne] und Wert*«: Loge in »Rheingold«, 2. Bild.

7. Dezember

Amazily: Princesse mexicaine in Spontinis Oper »Fernand Cortez«.

8. Dezember

»*Stiefel muß sterben...*«: »ist noch so jung, jung, jung«, Volkslied aus der Zeit des Siebenjährigen Krieges.

11. Dezember

Grafen Contin: Giuseppe C. di Castelsepio, gründete 1877 die Società »Benedetto Marcello« zur Aufführung alter und zeitgenöss. Musik; Sitz dieser Schule waren von 1880–95 die Redoutensäle der Fenice.

12. Dezember

Sonett zu lesen: »Der Sklave, den im Kerker hält gefangen / Sein Herr mit rauhen Kräften hoffnungslos...«

13. Dezember

des alten Lang: Ferdinand L., s. Anm. zu 13. Nov. 1880. – *daß Frauen Männerrollen geben:* vgl. jedoch Adriano im »Rienzi«!

14. Dezember

Duprez: Gilbert D. (1806–1896), französ. Tenor, Große Oper Paris. – *Rebecca's Rufe:* Irrtum, richtig: Recha. – *des Buches von Th. Gautier:* Théophile G. (1811–1872), französ. Dichter und Kunsthistoriker, Vater von Judith G.; gemeint ist »Voyage en Italie«, 1852. – *seine Symphonie aufführen:* die vor einem halben Jahrhundert entstandene Symphonie in C-dur.

15. Dezember

Tamerlan: Timur-i-Läng (1336–1405), asiat. Eroberer aus Samarkand, der im Vorderen Orient Zerstörungen anrichtete und bis Delhi kam; er schlug den Osmanen-Sultan Bajasid I. – *Frontali:* Raffaele F. (1849–1916), italien. Geigenvirtuose und Prof. – »*das Reis*«: vgl. »Die Meistersinger« III; auf der Festwiese fordert nach Walthers Preislied das Volk Eva auf: »Reich ihm das Reis, sein sei der Preis!«

16. Dezember

On voit que vous n'avez rien de mieux à faire: Man sieht, daß Sie nichts Besseres zu tun haben.

17. Dezember

»*Unterbrochenen Opfer-Fest*«: »Das unterbrochene Opferfest«, Oper 1796, von Peter Winter (1754–1825). – *Hedwig L.:* gemeint ist die Fürstin H. Liechtenstein. – *Ohrfeige für Meyer:* vermutlich für den Bayreuther Rechtsanwalt Gustav M. in einem Rechtsstreit mit den Agenten Voltz und Batz, da in einem Notizbuch Cosimas der Name M. unmittelbar neben denen von Voltz und Batz steht.

18. Dezember

Bassani: Agent. – *die Nachricht:* Hans von Bülow, der bereits seit vier Monaten krank war, hatte sich durch einen Sturz im Bad eine Kopfverletzung zugezogen; die nicht ausgesprochene Vermutung zielte wohl auf einen Schlaganfall; vgl. auch die »Nachricht« am Ende der Eintragung vom 29. Nov. 1882.

19. Dezember

»*Sängers Fluch*«: »Des Sängers Fluch«, Ballade von Ludwig Uhland.

20. Dezember

Filippi: Filippo F., Kritiker aus Mailand. – *Goneril... Regan:* Lears Töchter in »König Lear« von Shakespeare.

21. Dezember

Soirée meines Vaters mit Don Carlos: bei einer Soiree bei Paul Metternich wurde Liszt dem span. Kronprätendenten Don Carlos Maria de los Dolores de Borbón (1848–1909) vorgestellt. – *Stretta:* Finale, beschleunigte Schlußpassage in Arien. – *Mosca:* Liszt meinte offenbar Luigi M. (1775–1824), italien. Opernkomponist, u. a. »Die Italienerin in Algier« 1808; sein Bruder Giuseppe M. (1772–1839) schrieb ebenfalls etwa 40 Opern. – *über den Luxus:* »Die Härte des Luxus« von Meta Wellmer, in BBl. Nov./Dez. 1882, S. 370ff. – *»Land und Meer«:* die Familienzeitschrift »Über Land und Meer«, s. Anm. zu 16. Sept. 1882. – *Nekrolog von Pr. Zöllner:* »Ein Beitrag zur Würdigung des Menschen, des Kämpfers, des wissenschaftlichen Charakters«, von Bernhard Förster, in BBl. Nov./Dez. 1882, S. 361ff.; der Astrophysiker und Spiritist Prof. Friedrich Zöllner war am 25. April 1882 in Leipzig gestorben.

22. Dezember

Fenice: Teatro Fenice in Venedig.

23. Dezember

›Cilie‹: RWs Stiefschwester Cäcilie Geyer (1815–1893), heiratete 1840 den Buchhändler Eduard Avenarius (1809–1885), war neben der »vertrautesten«, der ältesten Schwester Rosalie, durch die gemeinsamen Kindheitserlebnisse eine Zeitlang die Lieblingsschwester RWs.

25. Dezember

»Ici on parle Français«: Hier wird französisch gesprochen; mit großer Schrift auf einem Blatt DIN A 4.

26. Dezember

Worth'schen Toilette: Damenschneider in Paris; am 17. Mai 1881 hatte RW an den König geschrieben, Herr Seitz jun. habe Kostüme für die Blumenmädchen entworfen, die an die demi-monde des berühmten Worth erinnern. – *Oberdank:* Wilhelm O. (1858–1882) oder Guglielmo Oberdan, italien. Irredentist, entzog sich 1878 der österreich. Dienstpflicht und faßte in Italien den Plan, Kaiser Franz Joseph während seines ersten Besuchs in Triest im Aug. 1882 durch ein Bombenattentat zu ermorden; die Verschwörung wurde am Tag vor dem geplanten Anschlag entdeckt, O. gefaßt und am 20. Dez. gehängt.

28. Dezember

Bericht über die Symphonie: »Bericht über die Wiederaufführung eines Jugendwerkes. An den Herausgeber des ›Musikalischen Wochenblattes‹« (Fritzsch) erschien 1883, s. Ges. Schr. Bd. 10. – *Mrs Lewes (George Eliot):* George Eliot, Ps. für Mary Ann Evans (1819–1880), engl. Romanschriftstellerin, verheiratet mit dem engl. Kritiker, Schriftsteller und Goethe-Biographen George Henry Lewes (1817–1878). – *Savonarola:* Girolamo S. (1452–1498), italien. Dominikanermönch und Bußprediger, exkommuniziert, gehängt und verbrannt.

29. Dezember

»accessible«: zugänglich.

30. Dezember

beendigt seinen Aufsatz: Der »Bericht über die Wiederaufführung eines Jugendwerkes« schließt mit dem Vermerk »Venedig, Sylvester 1882«. – *Bilde von Moretto:* in der Kirche S. Maria della Pietà: »Christus im Hause des Pharisäers«, 1544, von Moretto da Brescia (1498–1555), italien. Maler.

31. Dezember

Besarel: Valentino B. (1829–1902), venezian. Bildhauer und Bildschnitzer. – *an den König:* Telegramm ging verloren, nicht in KBr.

1883

1. Januar

»Baruffe Chiozzotte«: volkstüml. Lustspiel von Goldoni, s. Anm. zu 2. April 1878; Schreibweise bei Goldoni auch »Le barufe chiozote«, bei Goethe, Cosima und im Nachtrag der Tochter auch » *Chioggiotte*«. – *in Goethe's »Reise«:* ausführliche Beschreibung von »Le Baruffe Chiozzotte«, welches »allenfalls zu übersetzen wäre: Die Rauf- und Schreihändel von Chiozza«, in Goethes »Italienischer Reise«, Erster Teil, 10. Okt. 1786.

3. Januar

Della Grazias: Hausherr des Palazzo Vendramin war Graf Chambord, Herzog von Bordeaux (gest. 1883), der Stiefsohn des Herzogs de la Grazia, Marchese Luchesi Pally.

4. Januar

des G^{fen} Wimpfen: Graf Felix von W. (1827–1882), auch Wimpffen, war österreich. Gesandter in Rom und Botschafter in Paris, starb am 30. Dez. 1882. – *Nerva:* Marcus Coccejus N. (gest. 98), röm. Kaiser. – *Otho:* Marcus Salvius O. (32–69), röm. Kaiser. – *turbulente Somnolenz:* stürmische (oder lärmende) Benommenheit. – *2ten Jerusalem:* das »Zweite Jerusalem« ist die Vorstellung des himmlischen Jerusalems, ein eschatologisches Produkt frühchristlicher Spekulation um ein der irdischen Wirklichkeit entsprechendes ideales Modell; speist sich aus dem Alten Testament, vor allem jedoch aus der Johannes-Apokalypse. – *»c'étai[en]t des artistes«:* das waren Künstler.

5. Januar

Deklamation der »Lenore«: »Lenore fuhr ums Morgenrot«, Gedicht von Gottfried August Bürger (1747–1794), dt. Lyriker und Balladendichter des Sturm und Drang. – *Portrait der Gräfin:* Marie Dönhoffs, s. Anm. zu 6. April 1878.

6. Januar

Traghetto: Fähre. – *er nennt ihn:* der Sinn dieser schwer zu dechiffrierenden Stelle ist deutlich; RW vergleicht den gesellschaftlichen Lebenswandel Liszts mit dem von König Lear. RW las in dieser Zeit Shakespeares Stück. – *Tod von Gambetta:* Léon G., s. Anm. zu 7. Febr. 1878, war am 31. Dez. 1882 gestorben. – *»Ende gut, alles gut«:* von Shakespeare. – *Lüttichau:* s. Anm. zu 8. Sept. 1881.

7. Januar

auf Gambetta und gedenken der »Kapitulation«: G. tritt als »Mitglied der Regierung« in RWs Lustspiel »Eine Kapitulation« auf (Ges. Schr. Bd. 10), ebenso Nadar als Luftschiffer, Perrin, V. Hugo u. a. – *Banquier Reithmeyer:* RWs Bankgeschäft am Markusplatz in Venedig.

8. Januar

»Wonne und Weh zugleich«: wahrscheinlich Bezug auf »Die Walküre« I, Siegmund, 2. Szene: »gehrt ich nach Wonne, weckt' ich nur Weh«, und Sieglinde, 3. Szene: »Tränen und Trost zugleich«.

10. Januar

Dr. Kurz: Dr. A. Kurz, Via 22 Marzo 2190. – *Friederike Meyer:* Schauspielerin, RW war mit ihr seit der Biebricher Zeit befreundet, vgl. ML, sie ging mit ihm 1862 nach Wien, erhielt jedoch kein Engagement und kehrte zu Herrn von Guaita zurück, vgl. auch 12. Febr. 1883.

11. Januar

heute seinen Brief an den König: datiert 10. Jan., letzter Brief RWs an Ludwig II., KBr. Bd. 3, S. 256–59. – *Viardot:* Pauline V.-Garcia (1821–1910), Mezzosopranistin span. Herkunft, ab 1840 am Italienischen Theater, 1849–63 an der Großen Oper Paris. – *somptuos:* von somptueux, prunkvoll. – *Mezzanin:* von mezzanino. Zwischenstock. – *der Gotthard sei gut gewesen:* auf Sohn Siegfried bezogen; Mitte Sept. 1868 reisten RW und Cosima über den St. Gotthard nach Italien, nicht ganz neun Monate vor Siegfrieds Geburt! Unwahrscheinlicher ist die Erklärung, mit Gotthard habe RW eine Figur in Siegfrieds Jugenddramen gemeint. – *Dr. Keppler:* Dr. Friedrich K., Chirurg und Frauenarzt in Venedig, s. seinen Krankheitsbericht unter dem 13. Febr. 1883.

12. Januar

zum 100jährigen Jubiläum seines Vaters: Wassilij Andrejewitsch Joukowsky (1783–1852), russ. Dichter, 1815 Vorleser der Kaiserin Maria Feodorowna, 1817 Lehrer der Großfürstin Alexandra Feodorowna, 1826 Erzieher des Thronfolgers Alexander Nikolajewitsch, mit dem er 1837/38 Westeuropa bereiste; seit 1841 dauernd in Deutschland. J. schrieb lyrische Gedichte, Balladen und »empfindsame« Erzählungen und wird als einer der genialsten Übersetzer der Weltliteratur eingeschätzt; er übertrug Gray, Goethe, Schiller, Byron, Moore, Bürger, Uhland, Rückert, auch Homers »Odyssee« (1848/49). Sein 100. Geburtstag fiel auf den 9. Febr. 1883.

13. Januar

der Ausstellung wegen: eine der »Landesausstellungen« in München.

14. Januar

depreciere: abbitte, das Urteil abschwäche.

15. Januar

Lavena: Konditorei an der Nordseite des Markusplatzes. – *Miserere von Leo (Neapel):* s. 25. März 1880 und Anm. dazu. – *Harlekin, du mußt sterben:* möglicherweise aus der musikalischen Pantomime von G. B. Bierey, »Harlekin im Schutz der Zauberei«; auch Ferdinand Kauer schrieb eine populäre Pantomime »Harlekin«, 1813.

16. Januar

Broschüre von Dr. Förster: Bernhard F., »Parsifal-Nachklänge. Allerhand Gedanken über Deutsche Cultur, Wissenschaft, Kunst, Gesellschaft von Mehreren empfunden«, Leipzig 1883, vgl. BBl. 1883, S. 57ff. – *Vorwort zu Stein's Buch:* »Brief an H. v. Stein«, mit 31. Jan. 1883 datiert, in BBl. 1883, S. 5ff. und Ges. Schr. Bd. 10. – *h. Franz von Sales:* (1567–1622), 1602 Bischof von Genf, mit Johanna Franziska von Chantal stiftete er 1618 den Orden der Salesianerinnen; seit 1922 Schutzheiliger der kathol. Schriftsteller.

17. Januar

»Cilie«: RWs Stiefschwester Cäcilie, s. Anm. zu 23. Dez. 1882.

18. Januar

Enfilade: Zimmerflucht. – *Monolog von K. Ph.:* Philipp II., König von Spanien, Monolog im III. Akt, 5. Auftritt.

19. Januar

Prz. Georg: Georg von Preußen (1826–1902), Neffe des Königs und Kaisers Wilhelm I., 1866 General, trat nach 1877 unter dem Ps. G. Conrad mit dramatischen Arbeiten hervor, seine Erinnerungen »Vergilbte Blätter« erschienen 1872 anonym. – *G^fen^ Bardi:* Graf B., verheiratet mit Adelgunde von Braganza, Sohn und Erbe des Herzogs von Parma; seine Mutter war die Tochter des Herzogs von Berry, eines Neffen Heinrichs von Frankreich; Graf B. und Gräfin Adelgunde wohnten ebenfalls im Palazzo Vendramin. – *Italie:* L'Italie, Zeitung. – *Prz. Nap. verhaftet:* Prinz Napoléon Jerôme, genannt Plon-Plon (1822–1891), jüngster Sohn von Jerôme, dem Bruder Napoleons I., aus zweiter Ehe, 1876/77 Mitglied der Linken in der französ. Kammer, 1879 Haupt der Familie, überwarf sich mit seinem Sohn Victor, mußte 1886 Frankreich verlassen und starb in Rom.

21. JANUAR

Dr. Rahn: (-Escher), früherer Arzt RWs ab 1852 in Zürich, von Wesendoncks empfohlen.

22. JANUAR

Brief von H. v. Bürkel: RW hatte in seinem letzten Brief an den König vom 10. (Anm. zu 11.) Jan. 1883 die Separatvorstellungen des »Parsifal« in München als technisch unmöglich bezeichnet; Kabinettssekretär von Bürkel teilte in seinem Brief vom 20. Jan. mit, daß Ludwig II. auf seinem Wunsch beharre, jedoch in eine Verschiebung auf Frühjahr 1884 einwillige. Cosima antwortet ihm am 29. Jan. 1883. Die Separatvorstellungen des »Parsifal« finden dann am 3., 5. u. 7. Mai 1884, am 5. u. 7. Nov. 1884 und am 26., 27. u. 29. April 1885 statt. – *g moll Symphonie:* wahrscheinlich KV 550 von Mozart, der 3. Satz ist als Menuett (Allegretto) geschrieben.

23. JANUAR

c moll Symphonie: Nr. 5, op. 67, von Beethoven.

24. JANUAR

Vorwort: »Brief an H. v. Stein«. – *»Cornelia«:* Dialog Heinrich von Steins. – *im »Faust« zwischen Lise und Bärbel:* Hier irren RW und Cosima; es handelt sich um die Szene in »Faust« I zwischen Gretchen und Lieschen am Brunnen, in welcher beide über das (abwesende) Bärbelchen sprechen. – *des Hebefestes in Bayreuth (1873):* Richtfest des Festspielhauses am 2. Aug. 1873, vgl. Bd. I, S. 711f. – *Bergpartie mit K. Ritter:* Mit Karl R. und Theodor Uhlig unternimmt RW Anfang Juli 1851 eine Bergpartie, s. ML S. 481f.

25. JANUAR

Gettatore Gf Vesuce: nicht ermittelt, der Name ist fast unleserlich geschrieben.

26. JANUAR

seine künftige Abhandlung als »Das Weibliche im Menschlichen«: Das Fragment wird den Titel tragen »Über das Weibliche im Menschlichen«, geplant als Abschluß von »Religion und Kunst«. – *Arsaciden:* Arsakiden, Dynastie im Partherreich.

28. JANUAR

»Die beste Gesellschaft läßt dich fühlen...«: Paraphrase auf »Die schlechteste Gesellschaft läßt dich fühlen, / Daß du ein Mensch mit Menschen bist«, Mephisto in der Studierzimmerszene von »Faust« I. – *Baritonisten Sommer:* Karl S., Bariton an der Wiener Hofoper, sang dort u. a. den Telramund 1881.

29. JANUAR

Sänger Rizio: Name undeutlich geschrieben, wahrscheinlich jedoch David Rizzio (1533–1566), Bassist, Zuschreibung schottischer Lieder; Wilhelm Tappert gab verschiedene Quellenwerke heraus, u.a. »Wandernde Melodien« 1868.

30. JANUAR

Vaporetti: Dampfer. – *der Jude Guggenheim:* Meyer G. (1828–1905) aus Lengnau in der Schweiz, wanderte 1847 nach den USA aus und baute um 1888 Hüttenwerke; sein Sohn Daniel G. (1856–1930) setzte das Mäzenatentum seines Vaters fort und stiftete die Daniel and Florence G. Foundation.

31. Januar
Revue d. d. M.: Revue des Deux Mondes, in Paris erscheinende Halbmonatsschrift für Geschichte, Politik, Literatur und Kunst, 1829 gegr. – *M. Ducamp:* Maxime D. (1822–1894), französ. Schriftsteller, Erzähler, Kritiker, Autor von Reisebüchern und sozialpolit. Schriften, hier »Les convulsions de Paris«, 4 Bde. 1878f. – *»Phylax, der so manche Nacht«:* aus dem Gedicht »Der Hund« von Christian Fürchtegott Gellert (1715–1769), dt. Volksschriftsteller, Dramatiker und Fabeldichter. – *St. Gilgenberg:* Heilanstalt für männliche Patienten in Bayreuth.
2. Februar
»Wilde Jagd«: »Lützows wilde Jagd«, Gedicht von Körner, vertont von Weber. – *»Mach deine Schuh«:* Hans Sachs in »Die Meistersinger« III, 4. Szene.
3. Februar
Schmeitzner'schen Monatsschrift: Internationale Monatsschrift, Chemnitz, Verlag E. Schmeitzner. – *des Zusammenstoßes der zwei Schiffe:* die Kollision des dt. Postschiffes »Cimbria« in der Nordsee; 400 Tote.
4. Februar
»M. mosaïstes«: »Les Maîtres mosaïstes«, Roman von George Sand (1837). – *Nietzsche einen »jungen Mozart« empfohlen:* Peter Gast, eigentlich Heinrich Köselitz (1854–1918), von Nietzsche geschätzter Komponist mit RW entgegengesetzter, musikalisch retrospektiver Haltung, Oper »Der Löwe von Venedig«, 1891, erfolglos; er war an der Edition von Nietzsches Nachlaß beteiligt. – *»Die Lenore«:* Ballade von Gottfried August Bürger (1747–1794).
5. Februar
Zattere: Fondamenta della Z., eine der Inseln Venedigs. – *Zuccato:* San Marco, Kuppelmosaiken. – *Proudhon:* s. Anm. zu 7. Sept. 1878. – *Heinse:* s. Anm. zu 29. Sept. 1882.
6. Februar
»Graphic«: engl. illustrierte Wochenschrift für Literatur, Kunst, Wissenschaft und allgemeine Fragen, 1869 gegründet. – *Buch von Hagen:* Besprechung des Buches »Beiträge zur Einsicht in das Wesen der Wagner'schen Kunst« von Edmund von Hagen durch Wilhelm Tappert im »Musikalischen Wochenblatt« 1883, S. 65. – *Procuratien:* Prokurazien, dreistöckige Paläste an der Nord- und Südseite des Markusplatzes. – *Maler Rahl:* Carl R. (1812–1865), österreich. Maler und Kupferstecher, RW traf ihn 1858 in Venedig.
7. Februar
Sueton: Gaius Suetonius Tranquillus (um 70–nach 140), röm. Schriftsteller, Kanzleichef Hadrians, Lebensbeschreibungen der Kaiser.
8. Februar
von dem Tode unseres Freundes Dohm: Ernst D., s. Anm. zu 4. Juni 1881, war am 5. Febr. 1883 gestorben.
9. Februar
organisierte Auswanderung durch B. Förster: Bernhard F. gründete in San Bernardino, Paraguay, die Kolonie Nueva Germania, scheiterte und starb dort 1889. – *Markus:* Episode nicht in ML. – *Cäcilie:* Stiefschwester RWs C. Geyer (1815 bis 1893), heiratete 1840 den Buchhändler Eduard Avenarius (1809–1885).
10. Februar
Gedicht von M. A.: »An Giovanni von Pistoia« von Michelangelo.
11. Februar
»Piova di primavera«, »di seconda vera«: Frühlingsregen, das Wortspiel »prima«,

»seconda« – erste, zweite – nicht zu übersetzen. – *»Die einzig mir Isolde enthält...«:* »Die mir Isolden einzig enthält«, Tristan im III. Akt, 1. Szene. – *seine Arbeit begonnen:* »Über das Weibliche im Menschlichen«, als Abschluß von »Religion und Kunst« für die BBl. geplant, Fragment; darin eine neue Wendung seines Denkens: »Macht des Menschen über die Natur«, der Mensch »über das natürliche Gattungsgesetz erhoben«. – *»Undine«:* Erzählung 1811, von Friedrich Freiherr de la Motte Fouqué (1777–1843), dt. Dichter der Romantik; E. T. A. Hoffmann komponierte 1816 die Vorlage. RW las in einem Exemplar, auf dessen durchschossenen Seiten Joukowskys Vater die russ. Übersetzung der »Undine« niedergeschrieben hatte. – *wenn ich die Eroica aufführte:* nach Levi hätte er das »as« der 2. Violine in »g« geändert, vgl. Gla. Bd. 6, S. 767.

12. Februar

»Piova fruttuosa«: fruchtbringender Regen. – *tread-mill:* Tretmühle. – *liest in »Undine« vor:* dabei entstehen die beiden letzten Porträtskizzen Joukowskys in Cosimas Notizbuch. – *»Rheingold, Rheingold«:* Rheintöchter in »Rheingold«, Schluß. – *»Falsch und feig ist, was oben sich freut«:* richtig »was dort oben sich freut«.

NACHTRAG (DER TOCHTER)

Herzogin von Anhalt: Irrtum der Tochter, da RW den Ausspruch bei früherer Gelegenheit richtig zugeordnet hat. Es handelt sich um die Gräfin Katharina von Schwarzburg, gen. die Heldenmütige, die 1538–67 verwitwet in Rudolstadt residierte und sich mit dem Wort »Fürstenblut für Ochsenblut« vor ihre beraubten Untertanen stellte; bekannt geworden durch Schillers Erzählung »Herzog Alba bei einem Frühstück auf dem Schlosse zu Rudolstadt im Jahr 1547«. – *Friederike Meyer:* nach vergeblichen Versuchen, ihre Bühnenlaufbahn in Wien, Venedig und Coburg fortzusetzen, nahm die Schauspielerin 1863 vom Theater Abschied und lebte, mit einem Herrn von Guaita verbunden, zurückgezogen mit zwei Kindern »auf einem kleinen Gütchen am Rhein« (ML S. 738).

13. Februar

Cosima Wagners Aufzeichnungen brechen am Vorabend von RWs Tod ab. Am 13. Februar 1883 scheint es, dem Zeugnis der Tochter Isolde zufolge, am Vormittag zu einer heftigen Auseinandersetzung zwischen Cosima und RW wegen des bevorstehenden Besuches der Sängerin Carrie Pringle gekommen zu sein; RW läßt sich beim Mittagstisch entschuldigen. Im Arbeitszimmer schreibt er an dem Aufsatz »Über das Weibliche im Menschlichen«. Nach den letzten Notizen: »Gleichwohl geht der Prozeß der Emanzipation des Weibes nur unter extatischen Zuckungen vor sich. Liebe – Tragik«, erleidet er einen Herzanfall, gegen 15.30 Uhr stirbt er in Cosimas Armen.

Wagners Hausarzt in Venedig, Dr. Friedrich Keppler, schreibt über RWs Krankheit und die Ursache seines Todes: »Richard Wagner litt an einer weit vorgeschrittenen Herzerweiterung, speziell Erweiterung der rechten Herzkammer mit consecutiver fettiger Degeneration des Herzfleisches. Außerdem war er mit einer ziemlich ausgedehnten Magenerweiterung und einer rechtsseitigen inneren Leistenhernie behaftet. Letztere war besonders schwer zurückzuhalten und außerdem lange Zeit durch ein möglichst unpassendes Bruchband malträtiert worden, so daß der erste Rath, den ich ihm überhaupt ertheilte, in der Verordnung eines passenden Bruchbandes bestand.

Die Leiden, von denen Richard Wagner in den letzten Monaten seines Lebens heimgesucht war, bestanden zunächst in Störungen, die vom Magen und Darm ausgingen, vor allem in hochgradigem Matorismus, hiezu gesellten sich dann, aber immer erst secundär sowohl durch directe mechanische Beengung des Brustraumes in Folge der massenhaften Gasentwicklung in Magen und Gedärmen, als durch Reflex von Magen- auf die Herznerven, qualvolle Störungen in der Herzaction, welche schließlich durch Ruptur der rechten Herzkammer die Katastrophe herbeiführten; daß die zahllosen psychischen Aufregungen, welchen Wagner durch seine eigenthümliche Geistesanlage und Geistesrichtung, durch seine scharf prononcirte Stellung zu einer Reihe brennender Fragen in Kunst, Wissenschaft und Politik, durch seine merkwürdige gesellschaftliche Position, alltäglich ausgesetzt war, viel zur Beschleunigung des unglücklichen Endes beigetragen haben, ist selbstverständlich.

Der Anfall selbst, der dem Leben des Meisters ein so jähes Ende setzte, *muß* eine ähnliche Veranlassung gehabt haben, doch kann ich mich auf diesbezügliche Vermuthungen nicht einlassen.

Die ärztliche Behandlung, die ich Wagner angerathen hatte, bestand in Massage des Unterleibes und Applikation eines passenden Bruchbandes; arzneiliche Behandlung vermied ich soviel als nur möglich, da Wagner die üble Gewohnheit hatte, viele und starke Arzneimittel, welche ihm von verschiedenen Ärzten, die er schon früher consultirt hatte, verordnet worden waren, oft in großen Mengen durcheinander einzunehmen.« (In Henry Perl, »Richard Wagner in Venedig«, Augsburg 1883.)

Paul von Joukowsky gibt in einem Brief an Malwida von Meysenbug vom 22. Febr. 1883 folgende Schilderung der Todesstunden RWs: »Man sagt, es wären viel falsche Gerüchte gewesen über unseres Meisters Tod. Er war herrlich wie sein Leben; wir alle warteten auf Ihn zu Tische, da er uns hatte sagen lassen anzufangen zu essen. Unterdessen hatte er nach dem Doktor geschickt wegen seiner gewöhnlichen Krämpfe; dann hatte er durch Betty Frau Wagner rufen lassen. Dies war gegen $2^1/_2$; um 3 kam der Doktor, was uns alle beruhigte: gegen 4 aber wurden wir besorgt, da niemand aus den Zimmern kam; plötzlich kam Georg und sagte nur, *alles sei aus*. Er ist schon um 3 ungefähr, in den Armen seiner Frau gestorben, ohne Leiden, eingeschlafen mit dem erhabensten und friedvollsten Antlitz, dessen Anblick mich nie mehr verlassen wird. Sie ist den ganzen ersten Tag und die erste Nacht mit ihm allein gewesen. Dann ist es dem Doktor gelungen, sie in ein anderes Zimmer zu bringen. Seitdem habe ich sie nicht mehr gesehn, werde sie nie mehr sehn, denn niemand wird sie sehn, außer den Kindern und Gross mit seiner Frau, welcher der Vormund ist. Sie wird in den obern Räumen des Hauses einzig seinem Andenken und ihren Kindern leben; das übrige Leben hat für sie aufgehört. Schreiben Sie daher nur an die Kinder, denn sie wird keinen Brief mehr lesen. Da ihr sehnlichster Wunsch nicht in Erfüllung ging, mit ihm zu sterben, so wird sie wenigstens tot sein für alle übrigen und das Leben führen, welches ihr einzig gemäß ist, das einer Nonne, welche ihren Kindern noch ein himmlischer, stündlicher Trost ist. Das ist groß und ganz wie alles was sie getan…«

Chiffren für Literatur

BBl.	Bayreuther Blätter, redigiert von Hans von Wolzogen, Chemnitz und Bayreuth 1878–1938
Br. an Daniela	Briefe Cosima Wagners an ihre Tochter Daniela von Bülow 1866–1885, hrsg. von Max Freiherr von Waldberg, Stuttgart und Berlin 1933
Braunes B.	Richard Wagner, Das braune Buch, Tagebuchaufzeichnungen 1865 bis 1882, vorgelegt und kommentiert von Joachim Bergfeld, Zürich und Freiburg i. Br. 1975
Burrell	Richard Wagner, Briefe, Die Sammlung Burrell, hrsg. von John N. Burk, Frankfurt am Main 1953
Dokumentarbiogr.	Dokumentarbiographie: Wagner. Sein Leben, sein Werk und seine Welt in zeitgenössischen Bildern und Texten, hrsg. von Herbert Barth, Dietrich Mack und Egon Voss, Vorwort von Pierre Boulez, Wien 1975
Du Moulin	Richard Graf Du Moulin Eckart, Cosima Wagner, Ein Lebens- und Charakterbild, 2 Bde., München 1929/31
Geck	Martin Geck, Die Bildnisse Richard Wagners, München 1970
Ges. Schr.	Richard Wagner, Gesammelte Schriften und Dichtungen, 12 Bde., Leipzig 1871–1911, und Richard Wagner, Sämtliche Schriften und Dichtungen, Volksausgabe in 12 Bdn., Leipzig o. J.
Gla.	Carl Friedrich Glasenapp, Das Leben Richard Wagners, 6 Bde., Leipzig 1894–1911
KBr.	König Ludwig II. und Richard Wagner, Briefwechsel, hrsg. vom Wittelsbacher Ausgleichs-Fonds und von Winifred Wagner, bearbeitet von Otto Strobel, 5 Bde., Karlsruhe 1936–39
ML	Richard Wagner, Mein Leben, vollständige, kommentierte Ausgabe, hrsg. von Martin Gregor-Dellin, München 1976
Neumann	Angelo Neumann, Erinnerungen an Richard Wagner, Leipzig 1907
»Parsifal«	Parsifal, Partitur, hrsg. von Egon Voss und (I. Akt) Martin Geck, Bd. 14 der Richard Wagner Gesamtausgabe, Mainz 1972f.
Sämtl. Br.	Richard Wagner, Sämtliche Briefe, hrsg. von Gertrud Strobel und Werner Wolf, Leipzig und Mainz, 1967ff.
Strecker	Ludwig Strecker, Richard Wagner als Verlagsgefährte, Mainz 1951

Verzeichnis

der in Text, Fußnoten und Anmerkungen häufig vorkommenden Abkürzungen.

B.	Beethoven
B$^{on(in)}$	Baron(in)
D^{r}	Direktor
Frh.	Freiherr
G^{al}	General
G^{f}, G^{fin}	Graf, Gräfin
Gr.	Graf, Gräfin
Großh.	Großherzog(in)
h.	heilig, Heilige(r)
K., kgl.	König, königlich(e)
Km.	Kapellmeister
Kmeister	Kapellmeister
L	Lohengrin
Ms., MS	Meistersinger
Msinger	Meistersinger
N	Nietzsche
P.	Parsifal
Pr.	Professor
R.	Richard
Rub.	Rubinstein
W.-Verein	Wagner-Verein
W., Wolz.	Wolzogen

Anm.	Anmerkung
B., Bd.	Band
Bde.	Bände
dt.	deutsch, deutsche(r)
geb.	geboren, geborene
gen.	genannt
Ges. Schr.	»Gesammelte Schriften und Dichtungen«
gest.	gestorben
hrsg.	herausgegeben
Jh.	Jahrhundert
Kap.	Kapitel
ML	»Mein Leben«
Ps.	Pseudonym
RW	Richard Wagner
s.	siehe
S.	Seite
Tl., Tle.	Teil, Teile
verh.	verheiratet(e)
vgl.	vergleiche
I, II usw.	Akte von Dramen, Opern und Musikdramen

Personenverzeichnis

Werkverzeichnis

Cosima Wagner

Das zweite Leben

Briefe und Aufzeichnungen 1883–1930.
Herausgegeben von Dietrich Mack. 1980. 899 Seiten
mit 36 Abbildungen. Leinen

Die – bislang überwiegend unveröffentlichten – Briefe und Aufzeichnungen Cosima Wagners aus den 47 Jahren nach Richard Wagners Tod.
Dokumente souveräner Rhetorik und Zeugnisse für die Kultur- und Geistesgeschichte der Jahrhundertwende und des beginnenden 20. Jahrhunderts.

»Völlig zu Recht bezeichnet Dietrich Mack seine Sammlung von Briefen und Aufzeichnungen, die Cosima zwischen 1883 und 1930 geschrieben, diktiert, mitgeteilt hat, als ›Das zweite Leben‹. Mack hat diesem Sammelband ein intelligentes Vorwort vorangestellt, überdies hilfreiche Anmerkungen und ein sehr brauchbares Register beigegeben. So ist ein fast 900 Seiten starkes Lesebuch entstanden, in dem sehr viel Unbekanntes und einiges Unerwartete steht. Aus einem riesigen Bestand von Briefen, Aufzeichnungen, Antworten und Tagebuchdokumenten hat Mack nur einen Bruchteil auswählen können. Cosima hat über 1600 Briefe an so anspruchsvolle Partner wie Felix Mottl, Hermann Levi, Hans Richter, Engelbert Humperdinck, Adolf von Gross, Hugo von Tschudi herausgehen lassen, von Partnern, denen sie seltener schrieb – Strauss, Mahler, klugen Aristokraten und ihren Familienangehörigen – gar nicht zu reden. Was wir vor uns haben, ist also eine Mischung aus Anthologie und Stichprobe.«

Joachim Kaiser, Süddeutsche Zeitung

»... war Cosima groß? Der Briefwechsel gibt uns Materialien zu einem umfassenden Urteil ...«

Sender Freies Berlin

Piper